ROSTER

OF

SOLDIERS FROM NORTH CAROLINA

IN THE

AMERICAN REVOLUTION

WITH AN APPENDIX CONTAINING
A COLLECTION OF MISCELLANEOUS
RECORDS

This volume was reproduced from
An 1932 edition located in the
Publisher's Private Library,
Greenville, South Carolina

All rights reserved. No part of this publication may be reproduced,
stored in a retrieval system, transmitted in any form,
posted on to the web in any form or by any means
without the prior written permission of the publisher.

Please direct all correspondence and orders to:

www.southernhistoricalpress.com
or
SOUTHERN HISTORICAL PRESS, Inc.
PO BOX 1267
375 West Broad Street
Greenville, SC   29601
southernhistoricalpress@gmail.com

Originally published: Durham, NC 1932
Reprinted by:
Southern Historical Press, Inc.
Greenville, SC
ISBN #0-89308-921-4
All rights Reserved.
Printed in the United States of America

FOREWORD

For years there has seemed an urgent need for a concrete one-volume publication giving the names and records of the men serving in the Revolution from each of the thirteen original states comprised in our Republic. Students particularly regret the lack of such a reference book. Patriotic souls, proud of the sacrifice their forefathers made in this struggle, have openly expressed a desire that such data be collected and made more accessible to the reading public generally.

The Daughters of the American Revolution have been most eager to uphold the ideals of their Revolutionary ancestors, and to pass on to future generations a knowledge of the part these men played in those trying years, 1776-1783. With their usual enthusiasm the North Carolina Daughters, at the request and instigation of the National Board in April, 1929, undertook such a compilation for their own state. That same month the plan was presented before the Executive Board Meeting in Raleigh, and met with hearty approval. Mrs. R. Duke Hay, Historian, sought the coöperation of the State Historical Commission, and the resources of the state archives were placed at her command. A committee of three was appointed to work with the Historian: viz., Mrs. J. R. Briggs, Mrs. R. T. Gowan of Raleigh, and Mrs. Wm. Ray Snow of Winston-Salem. These met in Raleigh the 3rd of July, 1929, at the Historical Building, with Dr. A. R. Newsome, Chairman of the State Historical Commission. Requirements and the matter of research were gone into most rigidly and searchingly.

At the end of that day the project appeared an Herculean task, with difficulties undreamed of on all sides. The source material from which to gather a complete list of soldiers of that period was scattered. County seats and private homes held important documents, newspapers and old letters which would have aided wonderfully. Could the task have been tackled a hundred years ago, it would have been easier. Destructive court house fires had taken heavy toll, and the aging process of time had made many pages of State records almost illegible. Names of men who fought as bravely as any recorded in the present list could not be deciphered, and thus it appeared no complete compilation, at this late date, was possible. But it is a fact much invaluable material *was* preserved and this encouraged the workers to persist in the undertaking.

FOREWORD

The compilers of this book and the North Carolina Daughters of the American Revolution generally wish to extend their appreciation for the loan of the Margaret Gregory Overman fund, without which this publication would probably not have been possible.

In such a work as this, devised as it is for posterity, the aim primarily must be for accuracy and authenticity, therefore only such records and documents as have the *State* and *National* stamp of recognition have been employed. It has been a labor of love, there is no claim for originality, since all materials used have been copied. Errors there may be, but such are the records. Human hands have done the best they could with the matter available.

One big question in the outset was the approximate number of men North Carolina furnished from 1776-1783. Deductions are purely problematical, since enlistments ranged from three months to three years, and many were reënlisted. Ashe's History, page 721, estimates 22,000 different names on the muster rolls of the North Carolina troops. Here was the definite task of finding these names and such records as remain, with the resultant records of approximately 36,000 names. It was deemed advisable to apportion the work among the members of the committee.

Mrs. Chas. R. Whitaker, Regent at the time, secured from Washington a copy of "U. S. War Department Report of Pensions" 1835. A work of unquestioned authority, however it was not classified as to states. The loan was for such limited time that Mrs. Whitaker personally undertook the task of weeding out the North Carolina names. This proved a contribution of more than 1,400 names with references.

Mrs. J. A. Briggs and Mrs. R. T. Gowan, of Raleigh, were untiring in their work of compiling Revolutionary accounts, comptroller records, and thereby adding many thousand names.

Mrs. Wm. Ray Snow, of Winston-Salem, literally sat up with the work, going again and again to Raleigh, keeping untiringly at the tedious work of research through dust-covered boxes of unclassified material, sorting, deciphering and copying. She has had a part in every phase of the work and much praise is due her.

The Historian took for her big task the work of copying the 10 Regiments with their records, artillery, company rosters, and various miscellaneous records; Pierce's Register, and Army Accounts in Vol. XVII, State Records.

No more faithful, efficient and self-sacrificing co-workers could have been found to assist a historian in the undertaking than this splendid committee. Each and all have wrought nobly, proving the fact of their rich heritage from forefathers, who in their wise vision planted the tree of Constitutional Freedom, whose sweet spirits have been, are now and shall be enjoyed by their descendants so long as cherished ideals and memories keep alive a just spirit of pride and patriotism.

We are deeply indebted to the Joseph K. Ruebush Company, publishers of "King's Mountain Men," by Katherine Keogh White, for the privilege of including in this volume the names of North Carolina men who participated in the battle of King's Mountain.

Remembering that "Tree of Freedom, was planted by Virtue, raised by Toil, and nurtured by the Blood of Heroes," the North Carolina Daughters of the American Revolution dedicate this volume to the memory of those heroes of the eight most tragic, yet glorious years of our national history. Heroes they are whose names we preserve and love, and the unknown heroes whose names we do not know, but whom we also love and venerate.

GERTRUDE SLOAN HAY (MRS. R. DUKE),
Historian.

Winston-Salem, N. C.
December, 1931.

COMMITTEE ON COMPILATION AND PUBLICATION

State Regent, 1928-1931
Harriett Reed Whitaker (Mrs. Chas. R.)
Southern Pines

State Historian, 1929-1933
Gertrude Sloan Hay (Mrs. R. Duke)
Winston-Salem, N. C.

Maude Reynolds Snow (Mrs. Wm. Ray)...............Winston-Salem
Louisa Hall Briggs (Mrs. J. A.).........................Raleigh
Olivia Barkley Gowan (Mrs. R. T.).......................Raleigh

CONTENTS

	PAGE
FOREWORD	vii
PIERCE'S REGISTER	3
HEITMAN'S REGISTER	25
ALPHABETICAL LIST OF OFFICERS OF THE CONTINENTAL ARMY, BY HEITMAN	27
ROSTER OF THE CONTINENTAL LINE FROM NORTH CAROLINA	51
1st Regiment—Col. Thos. Clark	51
2nd Regiment—Col. Alexander Martin	58
3rd Regiment—Col. Jethro Sumner	65
4th Regiment—Col. Thomas Polk	70
5th Regiment—Col. Edward Buncombe	77
6th Regiment—Col. Gideon Lamb	85
7th Regiment—Col. James Hogun	91
8th Regiment—Col. James Armstrong	97
9th Regiment—Col. John Williams	100
10th Regiment—Col. Abraham Shepard	104
NORTH CAROLINA REVOLUTIONARY ARMY ACCOUNTS	179
Vol. II. Book A.A.—Pages 1-44 Inclusive	179
Vol. II. Book ZZ—Pages 46-73	193
Vol. IV. N. C. Army Accounts. Old Series—Vol. IV—Remarks of Commissioners	201
Vol. V. Old Series Vol. 5—L. Book, No. 11, & 175 to 180	210
Vol. X. Old Series, Vol. 10—Books 18 & 19; Vol. II, Commissioners Statements A. B. C.	223
MILITARY LAND WARRANTS, CONTINENTAL LINE (PART I)	233
FORM OF VOUCHERS	313
LIST OF SOLDIERS' NAMES TAKEN FROM VOUCHERS, AND THE DISTRICT	314
COMPTROLLER'S OFFICE VOUCHERS, SHOWING BRANCH OF SERVICE, AND DISTRICT	318
COMPTROLLER'S OFFICE CERTIFICATES, 1780-1782	343
VOUCHERS FOR SOLDIERS IN CONTINENTAL LINE, 1783-92	345
COMPTROLLER'S OFFICE CERTIFICATES, 1785	350
SUNDRY NAMES	354
NORTH CAROLINA PENSION ROLL BY COUNTIES, COPIED FROM U. S. WAR DEPARTMENT REPORT, REPORT ON PENSIONS, 1835	418
HEIRS OF SOLDIERS WHO DIED IN SERVICE, AS CLAIMANTS FOR PENSIONS	470
REFERENCE PAGES (BY COUNTIES)	474
APPENDIX	477
The King's Mountain Men	479
War Department Letter Concerning James Rutledge	487

CONTENTS

APPENDIX (Continued)   PAGE
- Revolutionary Soldiers Living in Rutherford County, 1831-1837 487
- Revolutionary Soldiers from Gaston County in Battle King's Mountain 488
- North Carolina Debtor to Capt. Chas. Polk and Company, of Foot Services Done 489
- The State of North Carolina to Capt. Chas. Polk and His Company to Cross Creek 490
- The Public of North Carolina for Services Done, Capt. Chas. Polk's Company of Militia Foot-soldiers, etc. 490
- North Carolina's Record in War—Vol. 4, 1904-1905 495

MECKLENBURG DECLARATION OF INDEPENDENCE 496

COLONIAL RECORDS OF NORTH CAROLINA 498

STATE RECORDS OF NORTH CAROLINA LINE 504

PENSIONS UNDER ACTS OF 1818 AND 1832, AS REPORTED TO CONGRESS IN 1835 (Clark's Records Vol. XXII) 571

BOX OF MILITIA RETURNS, 1770-1779 590

LIST OF SOLDIERS IN CONTINENTAL SERVICE FOR 3 YEARS IN 6TH BATTALION 592

LIST OF VOLUNTEERS AND DRAFTED MEN, HALIFAX RETURN, MCH. 1779 593

OFFICERS WHO SERVED IN THE SECOND BATTALION JAN. 9-SEPT. 9, 1778 594

LIST OF MEMBERS CAPT. WM. WILLIAMS COMPANY, 7TH ORANGE MILITIA 596

PAY ROLL OF CAPT. TURNER'S COMPANY 597

LIST OF CAPT. JOSHUA BOWMAN'S COMPANY, FEB. 19, 1778 598

MUSTER ROLL OF PART OF 6TH NORTH CAROLINA REGIMENT 599

STATE RECORDS 602
- Third N. C. Battalion—Officers and Non-Commissioned Officers 602
- Pension Roll (Clark's) Incomplete 603
- Officers N. C. Continental Battalion (First Establishment) 603
- Roll of Soldiers, Second N. C. Battalion 605

MEMBERS SENATE AND HOUSE, 1779 614

MISCELLANEOUS STATE RECORDS (CLARK'S) 616

INDEX 629

ROSTER
OF
SOLDIERS FROM NORTH CAROLINA
IN THE
AMERICAN REVOLUTION

PIERCE'S REGISTER

From Seventeenth Report of the National Society
Daughters American Revolution

The general index of the register is preserved in MSS. in the Library of Congress
N. C. Certificates 89,501 to 91,938

A

[Page 150]

No.
- 90271. Abbott, John
- 89932. Abute, John
- 90455. Acock, Simon
- 89912. Adams, David
- 90057. Adams, William
- 90423. Adams, William
- 91417. Adams, William
- 89901. Adams, Zachariah
- 91057. Adcock, Edward
- 90302. Adkins, Richard
- 91161. Adkins, Samuel
- 89502. Aiken, Gideon
- 91533. Aikens, Gideon
- 90875. Aiken, Gideon
- 90593. Airs Ezekial
- 90276. Akins, Gideon
- 91022. Albrith, John
- 90036. Albrooks, William
- 90953. Albrooks, William
- 90620. Alderman, Daniel
- 89877. Adams, Phil
- 90604. Alderman, John
- 91163. Aldridge, Francis
- 89793. Alduson, Robert
- 90763. Alexander, Ezekial
- 91601. Alexander, William
- 91844-6. Alexander, William
- 91936. Alexander, William
- 90947. Alexon, Peter
- 90714. Allen, Elijah
- 89846. Allen, James
- 90752. Allen, Jonathan
- 91003. Allen, Joheph
- 91436. Alsbrook, Claburn
- 89815. Allsbrood, Jesse
- 89501. Ambrose, David
- 90820. Ambrose, David
- 91468. Ambrose, David
- 90374. Anderson, George
- 90405. Anderson, Thomas
- 89720. Ashlock, Jesse
- 89780. Andrews, Alfred
- 90176. Andrews, Joseph

No.
- 90982. Angel, Thomas
- 90525. Aram, Elijah
- 91110. Archdeacon, Richd.
- 91619-21. Armstrong, John
- 91921. Armstrong, John
- 91893. Armstrong, Thomas
- 91646-8. Armstrong, William
- 91899. Armstrong, William
- 90475. Arnel, William
- 90770. Arnold, Aaron
- 90750. Arrington, John
- 90610. Arters, Stephen
- 90595. Artis, John
- 91397. Ashe, Charles
- 91733-5. Ashe, Samuel
- 91913. Ashe, Samuel
- 89673. Ashue, Charles
- 90101. Askins, John
- 90125. Aspey, John
- 91388. Atkins, Benj.
- 91453. Atkinson, James
- 91354. Atkinson, Joel
- 91086. Atwood, John
- 91168. Audler, Etancis
- 91427. Avery, George
- 91078. Avery, Isam

B

- 91331. Bacchus, Joseph
- 90584. Bacchus, William
- 91583. Bacot, Peter
- 91862. Bacot, Peter
- 90254. Baggott, John
- 90522. Bailes, John
- 90301. Bailey, Archibald
- 91667. Bailey, Benjamin
- 91668. Bailey, Benj.
- 91669. Bailey, Benj.
- 91905. Bailey, Benj.
- 89508. Bailey, John
- 90825. Bailey John
- 91473. Bailey, John
- 90182. Bailey, Stephen
- 90216. Baits, James
- 89756. Baker, Benjamin

[3]

No.		No.	
90285.	Baker, James	90694.	Benton, Nathan
90137.	Baker, John	90412.	Berry, James
91355.	Baker, John	90111.	Best, John
90077.	Baker, Joseph	90737.	Betts, Mathias
91439.	Baker, Joseph	90711.	Betts, William
91056.	Baldwin, Edward	90220.	Bexley, James
89966.	Ball, Hosea	90335.	Bibbe, Solomon
90815.	Baxter, Lemuel	89850.	Bilbe, Edward
89506.	Baxter, Samuel	90309.	Billops, Richard
90879.	Barko, Leyman	89818.	Billups, Thomas
89945.	Ballard, Dudley	81141.	Bingham, John
91325.	Ballard, Jacob	91521.	Binham, Drury
91649-50.	Ballard, Kedar	90784.	James Block
91561.	Ballard, Kedar	91261.	James Block
90272.	Ballard, Lewis	90801.	Blacke, Given
90484.	Ballard, Wyatt	90591.	Blanchard, Micajah
91426.	Balstaff, Frederick	89895.	Blaxton, Henry
90586.	Barce, John	89794.	Bletcher, Jacob
90536.	Barker, Isaac	89635.	Blount, Frederick
91527.	Barko, Leyman	90855.	Blount, Frederick
91005.	Barnes, Moses	91503.	Blount, Frederick
91194.	Barnet, Sion	91573.	Blount, Reading
90118.	Barnhill, David	91754.	Blount, Reading
90464.	Barrett, Joseph	91755.	Blount, Reading
90180.	Bass, Hardy	91756.	Blount, Reading
90940.	Bateman, William	91877.	Blount, Reading
89627.	Bates, Luke	90121.	Blount, Thomas
90924.	Bates, Luke	90239.	Blunt, Benjamin
91571.	Bates, Luke	91605.	Blythe, Joseph
91787-9.	Banot, Peter	91760.	Blythe, Joseph
91344.	Baxley, Joseph	91761.	Blythe, Joseph
91464.	Baxter, Samuel	91762.	Blythe, Joseph
91060.	Baxter, Thomas	91938.	Blythe, Joseph
90012.	Baxter, William	91426.	Boga, Benjamin
89968.	Beasley, William	91406.	Boyakin, James
89510.	Bynum, Drury	91193.	Boid, Benjamin
89923.	Bynum, Elijah	91275.	Boling, Thomas
89727.	Butler, Lawrence	90908.	Bond, James
90072.	Beaverhouse, Abraham	89512.	Bond, James
91292.	Belew, John	91320.	Bond, Richard
90048.	Bell, George	89959.	Boon, David
91326.	Bell, James	89772.	Boon, Elisha
90587.	Bell, Josiah	90040.	Boston, Andrew
91590.	Bell, Robert	90041.	Boston, Christopher
91829.	Bell, Robert	90389.	Boweles, Benjamin
91830.	Bell, Robert	90897.	Bowers, Jiles
91831.	Bell, Robert	91531.	Bowers, Jiles
91891.	Bell, Robert	90224.	Bowers, Solomon
91678.	Bell, Samuel	90173.	Boyce, John
90767.	Bell, William	81999.	Boyd, Thomas
89843.	Bennet, Richard	91652.	Bradley, Gee
90930.	Benton, Dempsey	91653.	Bradley, Gee
89688.	Benton, John	91654.	Bradley, Gee
90114.	Benton, Josiah	91900.	Bradley, Gee

No.		No.	
90948.	Brady, John	89916.	Browning, Elijah
90200.	Brady, Benjamin	89872.	Browning, Mark
91198.	Bragwell, John	91339.	Brumager, Edward
90119.	Branch, Burrell	90766.	Bryan, Kedar
90061.	Brannen, Thomas	89987.	Bryant, Charles
91390.	Brantley, Amos	90904.	Bryant, Dempsey
91433.	Brantley, John	90017.	Bryant, James
91231.	Braswell, George	90066.	Bryant, John
90230.	Brawn, Solomon	90958.	Bryant, John
91557.	Bryan, Dempsey	91380.	Bryant, John
91661.	Brevard, Alexander	91434.	Bryant, John
91662.	Brevard, Alexander	89509.	Bryant, William
91663.	Brevard, Alexander	90844.	Bryant, William
91903.	Brevard, Alexander	91492.	Bryant, William
91595.	Brevard, Joseph	89648.	Bryon, Dempsey
91915.	Brevard, Joseph	91706.	Budd, Samuel
91802.	Breevard, Joseph	91707.	Budd, Samuel
91803.	Breevard, Joseph	91708.	Budd, Samuel
91804.	Breevard, Joseph	91884.	Budd, Samuel
91420.	Brewer, William	91876.	Bull, Thomas
90719.	Brewer, Henry	90944.	Bullock, Nathan
89714.	Briant, Hezekiah	91293.	Bunch, Clement
89938.	Brickles, William	89670.	Bunkley, Michael
90031.	Briggs, Robert	90128.	Bunkley, Thomas
89511.	Bright, Charles	90935.	Bunn, Jesse
89984.	Bright, Charles	90408.	Burke, David
90874.	Bright, Charles	90400.	Burke, Elihu
91522.	Bright, Charles	89668.	Burket, Uriah
90558.	Bright, Jesse	91422.	Burnes, David
90457.	Bright, John	91502.	Burnet, William
90627.	Bright, Simon	90056.	Burnett, James
91386.	Brintley, Micharl	90105.	Burnett, John
89700.	Bristow, Philemon	90854.	Burnett, William
91403.	Brockley, William	89951.	Burnhill, James
90214.	Brothers, David	91267.	Burroughs, Aaron
90250.	Brown, Arthur	90407.	Burruss, John
91106.	Brown, Benjamin	90332.	Burton, John
91007.	Brown, Isaac	91604.	Bush, William
89745.	Brown, James	91796.	Bush, William
90161.	Brown, James	91797.	Bush, William
90249.	Brown, James	91798.	Bush, William
89749.	Brown, John	91866.	Bush, William
91249.	Brown, John	90733.	Busley, William
89629.	Brown, Joseph	98819.	Butts, Archibald
90821.	Brown, Joseph		
91469.	Brown, Joseph		C
89504.	Brown, Thomas		
90837.	Brown, Thomas	91217.	Cain, Richard
91485.	Brown, Thomas	91333.	Callahan, Martin
90297.	Brown, Warner	91688.	Callendar, Thomas
91105.	Brown, Warren	91689.	Callendar, Thomas
89622.	Brown, William	91690.	Callendar, Thomas
90853.	Brown, William	9163.	Callendar, Thomas
91501.	Brown, William	90618.	Calvet, Stephen
		90222.	Cameron, Alexander

No.		No.	
90720.	Cameron, Daniel	90449.	Chaves, Caesar
89952.	Campbell, Israel	90378.	Cheavus, William
90289.	Campbell, Jesse	91462.	Chester, David
91589.	Campbell, John	89513.	Chester, David
91823.	Campbell, John	90813.	Chester, David
91824.	Campbell, John	90991.	Chester, John
91825.	Campbell, John	90106.	Chubbuck, Jeremiah
91932.	Campbell, John	91908.	Claddenin, John
90648.	Campbell, Niel	91817.	Claike, Thos.
89518.	Campbell, Walter	91818.	Claike, Thos.
90422.	Campbell, William	91819.	Claike, Thos.
91584.	Campen, James	91727.	Clandennin, John
91805.	Campen, James	91728.	Clandennin, John
91806.	Campen, James	91729.	Clandennin, John
91807.	Campen, James	89520.	Clark, Isaac
91885.	Campen, James	90891.	Clark, Isaac
90905.	Campen, John	91567.	Clark, Isaac
91552.	Campen, John	91588.	Clark, Thomas
90098.	Canady, Thomas	91528.	Clarke, Isaac
90636.	Cannon, Edward	90082.	Clarke, Thomas
91438.	Capel, Charles	90740.	Clarke, Thomas
90395.	Caps, Francis	91607.	Clarke, Thomas
90268.	Card, William	91608.	Clarke, Thomas
90725.	Carleton, David	91609.	Clarke, Thomas
90724.	Carleton, John	91931.	Clarke, Thomas
90575.	Carmack, John	90555.	Clarkson, Thomas
91099.	Carrel, Hardy	90999.	Clay, David
90569.	Carrol, Benjamin	90029.	Clayton, Lambert
89624.	Carrol, William	91227.	Clifton, Cloid
89878.	Carroll, John	90549.	Clowen, Wm.
91580.	Carter, Benjamin	90551.	Clower, Daniel
91778.	Carter, Benjamin	90708.	Clubb, Samuel
91779.	Carter, Benjamin	89799.	Coats, Benjamin
91780.	Carter, Benjamin	90582.	Cobb, Henry
90009.	Carter, Isaac	91289.	Cofield, Samuel
90996.	Carter, Isaac	90121.	Cogdell, William
91489.	Carter, John	90454.	Cogen, Robert
91081.	Carter, Moses	90969.	Colbreath, Archibald
89835.	Carter, Sewel	90568.	Cole, Abner
89834.	Carter, William	90179.	Cole, Charles
90693.	Cartwright, Joseph	89575.	Cole, Martin
89994.	Cason, Cannon	90909.	Cole, Martin
91063.	Cason, Thomas	91555.	Cole, Martin
90704.	Casteen, Wm.	89647.	Cole, William
90841.	Caste, John	90903.	Cole, William
89658.	Caswell, Thomas	91550.	Cole, William
90386.	Cavender, James	91769.	Coleman, Benjamin
90373.	Cavender, William	91770.	Coleman, Benjamin
90293.	Chance, Philemon	91771.	Coleman, Benjamin
89516.	Chandler, Thomas	91880.	Coleman, Benjamin
91927.	Chapman, Samuel	89991.	Coleman, John
89710.	Chappel, Samuel	90665.	Coleman, Joseph
90280.	Chaulton, George	90190.	Coleman, Levi
90028.	Chavers, Drury	90366.	Collins, Hezekiah

No.
90560. Collins, Jeremiah
90523. Collins, John
90580. Collins, John
90939. Collins, John
91162. Collins, John
91208. Collins, Shadrack
91577. Colman, Benjamin
90772. Colsan, James
91109. Colsan, James
90895. Colter, Levy
91201. Colwell, David
90376. Combs, George
89649. Compen, John
90383. Conn, John
91402. Connaway, William
91155. Conner, Benjamin
91243. Conner, Dorsey
89934. Conner, James
90519. Conner, John
90441. Conway, Francis
89662. Cook, Allen
91166. Cooke, William
90432. Cooker, Joseph
90260. Cooksey, Hazekiah
90263. Cooksey, Thomas
90470. Coombs, Robert
91048. Coomer, Hugh
90027. Cooper, Benjamin
90033. Cooper, Frederick
91291. Copelin, Job
89980. Cornelius, John
90697. Corroner, Christopher
91318. Cotants, John
90775. Cotree, Mathew
91530. Cotter, Levi
91274. Cox, Jesse
90404. Cox, John
90732. Cox, John
91640. Craddock, John
91641. Craddock, John
91642. Craddock, John
91882. Craddock, John
90283. Crane, Stephen
90211. Creamor, James
90640. Cremortice, William
91268. Crews, Ethelred
90643. Crice, Theophilus
91721. Croucher, Anthony
91722. Croucher, Anthony
91723. Croucher, Anthony
90168. Croven, Peter
90046. Crow, James
90963. Crumpton, James
91269. Crumpton, Thomas

No.
91890. Crutcher, Anthony
91224. Cunagin, William
89972. Cunningham, William

D

90103. Daniel, Jeptha
91350. Daniel, Job
91664. Daves, John
90629. Davis, Aaron
91323. Davis, Archibald
90109. Davis, Joel
90726. Davis, John
91337. Davis, John
91365. Davis, Joseph
89838. Davis, Micajah
91061. Davis, Robert
90397. Davis, Thomas
90030. Davis, William
90747. Davis, William
91424. Dawsey, William S.
90024. Dawson, John
91430. Deal, John
89911. Davis, James
89521. Dean, Abraham
90253. Dean Moses
89646. Dean Philip
90901. Dean, Philip
91549. Dean, Philip
89654. Dean Robert
90165. Dean, Robert
91147. DeGunsalis, Ferdinand
90380. Dempsey, Allen
91215. Depriest, James
91416. Derraberry, Andrew
90154. Dickins, James
91400. Dickins, Thomas
91042. Dickson, Michael
90777. Diddin, Jacob
90403. Dillard, James
91739. Dixon, Charles
91740. Dixon, Charles
91741. Dixon, Charles
90994. Dixon, Chasell
90241. Dixon, Jeremiah
91857. Dixon, Tilman
91700. Dixon, Tilmon
91701. Dixon, Tilmon
91702. Dixon, Tilmon
91550. Dixon, Wayne
91602. Dixon, Wayne
91851. Dixon, Wayne
91852. Dixon, Wayne
91934. Dixon, Wayne
90023. Dobbins, James

No.
91047. Dobbins, Wm.
91136. Dobson, Joseph
91631. Doherty, George
91632. Doherty, George
91633. Doherty, George
91923. Doherty, George
91922. Donoho, Thomas
89801. Dollar, Jonathan
91287. Donalson, Jacob
91628. Donoho, Thomas
91629. Donoho, Thomas
91630. Donoho, Thomas
91188. Dotey, Isaac
90878. Douglas, William
89524. Douglass, Wm.
91526. Douglas, William
91133. Dowdle, John
90606. Downing, Thomas
90633. Dubust, Jacob
89754. Donally, Hugh
91041. Dodd, Thomas
89721. Ducast, Ezekial
91736. Dudley, Thomas
91737. Dudley, Thomas
91738. Dudley, Thomas
91914. Dudley, Thomas
90968. **Due, John**
90948. Dukes, John
89805. Duncan, George
89522. Dunick, Peter
91389. Dunnagan, David
89713. Dunstan, Charles
91027. Durden, Mills
90360. Durham, Humphrey
89671. Durham, William

E

90044. Eagle, Thomas
91119. Earhart, Philip
91930. Eaton, James
89962. Edwards, David
93091. Edwards, John
89960. Edwards, John, Sr.
89527. Edwards, John, Jr.
90487. Elder, William
89823. Ellis, Bartholemu
89589. Ellis, Aaron
90090. Ellis, James
90443. Elixon, Peter
90785. Eller, John
90778. Eller, Joseph
90647. Ellis, Robt.
91197. Ellunes, James
89674. Elmes, Charles

No.
90313. Elmes, James
90163. Elmore, James
91262. Elsmore, Ephraim
91068. Emlin, David
91064. Emmery, William
90146. Enax, David
90315. Enderkin, Francis
90282. Engrum, Tobias
20328. Enman, William
90626. Essoms, Thomas
90689. Esters, John
89948. Estridge, Ephriam
89652. Etherage, John
90918. Etherage, John
91563. Etherage, John
91239. Etherington, William
90615. Enganus, William
90381. Euing, George
89864. Evans, Charles
90672. Evans, John
90291. Elliot, Zacheriah
89808. Evans, Maurice
89736. Evans, Reuben
91679. Evans, Thomas
91680. Evans, Thomas
91681. Evans, Thomas
91928. Evans, Thomas
92029. Evans, Nel
90245. Ewell, Caleb
90156. Eweman, Christopher
90709. Ezell, Timothy

F

89530. Faithfood, William
91513. Faithful, William
90865. Faithful, William
89970. Fain, William
90554. Farebee, Thomas
91376. Farmer, Jesse
89532. Faulks, James
90574. Faulks, James
91516. Faulks, James
90868. Faulks, John
91691. Faun, William
91692. Faun, William
91693. Faun, William
91619. Faun, William
89958. Fauner, Benjamin
89957. Fauner, William
91600. Fenner, Richard
91838. Fenner, Richard
91831. Fenner, Richard
91840. Fenner, Richard
91889. Fenner, Richard

No.
91634. Fenner, Richard
91635. Fenner, Richard
91636. Fenner, Richard
91887. Fenney, Thomas
90578. Fentice, Moses
91892. Fergus, James
89914. Ferguson, Irom
91460. Ferguson, Peter
89917. Ferguson, Robert
90189. Ferrel, James
91305. Farrel, Clement
89774. Ferrell, John
90334. Ferrill, Gabriel
90950. Fields, John
90603. Fight, Conrod
91303. Finney, Samuel
91592. Finney, Thomas
91841. Finney, Thomas
91842. Finney, Thomas
91843. Finney, Thomas
89528. Fist, Thomas
86689. Flannagan, Dennis
90139. Flemming, James
93101. Floch, Lewis
91216. Flood, Benjamin
90458. Flood, Enoch
91265. Flood, Frederick
89781. Flowers, William
90331. Flye, Charles
90686. Folk, James
91039. Follock, Jesse
91270. Folly, John
90003. Forbes, William
91593. Ford, John
91847. Ford, John
91848. Ford, John
91849. Ford, John
91912. Ford, John
91038. Fortune, William
91111. Fortune, William
90089. Foster, Richard
89990. Foster, William
91315. Foster, William
89879. Fountain, David
89894. Fountain, James
89529. Fowler, Abraham
90846. Fowler, Abraham
91496. Fowler, Abraham
90986. Fowler, George
90382. Frederick, Christopher
90467. Freeman, Howell
90474. Freeman, Moses
90673. Freeman, Roger
91150. Froger, John

No.
90803. Frost, Miller
91370. Fryer, William
90049. Fryes, John
91054. Fuller, John
90998. Fulsher, Cason
91236. Furnavil, Richard
91213. Futral, Joseph

G

89751. Gagens, Michael
90656. Gailor, James
89539. Gainer, Samuel
90886. Gainer, Samuel
91541. Gainer, Samuel
90178. Gallimore, John
90152. Gallimore, William
91407. Gandy, Ephriam
89734. Ganess, Wiley
89807. Ganis, Bigford
90306. Gardner, Thomas
90327. Garland, William
89763. Garns, James
90588. Garrett, Samuel
90461. Garris, Hardy
91160. Garrisen, Stephen
89870. Gatlin, Edward
91297. Gatlin, Jesse
89857. Gay, Allen
89830. Gay, Babel
89898. Gay, Henry
90350. Gay, James
91404. Gay, James
89899. Gay, Richard
91449. Gay, William
91154. Gazloy, Charles
90893. George, Britain
91534. George Britain
89537. George Britain
91080. George Lewis
91591. Gerrard, Charles
91835. Gerrard, Charles
91836. Gerrard, Charles
91837. Gerrard, Charles
91886. Gerrard, Charles
90431. Gibbson, David
89535. Gibson, Collin
89986. Gibson, Henry
90471. Gilbert, John
89258. Gilham, Thomas
91311. Gill, Alexander
89650. Gill, John
90911. Gill, John
91557. Gill, John
91094. Gill, Robert

ROSTER OF NORTH CAROLINA SOLDIERS

No.
91117. Gillespie, Isaac
89534. Gilmore, Thomas
90579. Ginn, Elijah
89743. Ginn, Hardy
90728. Ginn, Jacob
90437. Ginn, James
91184. Ginnings, George
89803. Gist, Robert
89536. Glandor, Major
89836. Glover, John
89885. Glover, John
90256. Godet, John
90037. Gonzelos, Ferdinand
91157. Good, John
91450. Gooden, Martin
91134. Gooden, Robertson
91212. Gooden, Willie
90743. Gooding, Thomas
89788. Goodson, Israel
90727. Goodson, John
89859. Goodwin, John
89765. Goon, William
90486. Gordon, Sol
90710. Graff, Anthony
90406. Graham, Arthur
90387. Graham, Francis
90952. Graham, Francis
89773. Graham, John
90634. Graham, John
90867. Graham, John
91515. Graham, John
89664. Graham, William
89892. Grant, Giles
91089. Grant, John
91603. Graves, Francis
91793. Graves, Francis
91794. Graves, Francis
91795. Graves, Francis
91910. Graves, Francis
90476. Gray, Cox
89666. Gray, Henry
89641. Grayham, John
91875. Green, James W.
91853. Green, James W.
91854. Green, James W.
91855. Green, James W.
89907. Green, Sutton
91458. Green, William
90026. Greenman, Caleb
90781. Grice, Gabriel
90207. Griffin, Dempsey
90393. Griffin, Edward
90122. Griffin, Ezekiah
90203. Griffin, James

No.
90790. Griffin, James
91558. Griffin, William
90913. Griffin, William
90357. Grindstaff, Micharl
91095. Grinnage, John
91401. Grissell, Willie
90547. Guard, Joshua
89686. Guin, Roland
91167. Guinn, Samuel
89538. Gurley, Joseph
89882. Gurley, Joseph
90896. Gurley, Joseph
91532. Gurley, Joseph

H

91250. Haddock, Andrew
91582. Hadley, Joshua
91784. Hadley, Joshua
91785. Hadley, Joshua
91786. Hadley, Joshua
91860. Hadley, Joshua
91283. Hadley, William
90843. Hadsock, Peter
91491. Hadsock, Peter
90339. Hagenton, Jesse
86983. Hailey, Caleb
86984. Hailey Caleb
86735. Haines, John
90007. Hair, James
91576. Hall, Clement
91763. Hall, Clement
91764. Hall, Clement
91765. Hall, Clement
91879. Hall, Clement
89996. Hall, James
90341. Hall, James
90356. Hall, Jesse
89746. Hall, John
91129. Hall, John
91321. Hall, John
90445. Hall, Joshua
90478. Hall, William
90212. Halloway, Thomas
89995. Hambleton, Stewart
90218. Hallaway, Thomas
89995. Hambleton, Stewart
41410. Hammock, Samuel
89656. Hammon, Isaac
90676. Hammond, Isaac
90202. Hammontre, Griffin
91660. Handy, Levin
89729. Haney, Anthony
91392. Harden, Lewis
89547. Hardick, Richard

No.		No.	
90462.	Hardick, Richard	91409.	Hedgepathe, Abraham
90197.	Harding, Israel	90247.	Hem, John
89630.	Hardrock, Peter	90227.	Henderson, Robert
90861.	Hardwick, Richard	90032.	Hendricke, Albert
91509.	Hardwick, Richard	91276.	Hendricks, Samuel
91091.	Hargrave, Hezekiah	90695.	Henry, William
91715.	Hargrave, Hezekiah	91001.	Hensley, William
91716.	Hargrave, Hezekiah	91071.	Henson, William
91717.	Hargrave, Hezekiah	90961.	Herrington, Jiles
91871.	Hargrave, Hezekiah	91226.	Herrington, Samuel
90559.	Harman, James	90107.	Herrington, Thomas
91613.	Harney, Selbey	90929.	Herrington, Thomas
91614.	Harney, Selbey	90195.	Hester, John
91615.	Harney, Selbey	90688.	Hester, Joseph
91896.	Harney, Silbey	90018.	Hews, James
91448.	Harper, Jett	90993.	Hickman, Jacob
90231.	Harper, John	89690.	Hicks, Micajah
90155.	Harper, Moses	91240.	Hicks, Micajah
90235.	Harper, Moses	91088.	Highfield, Hezekiah
89677.	Harper, Soseph	90002.	Hill, Jesse
89669.	Harper, William	90201.	Hill, John
91045.	Harris, Benjamin	91599.	Hill, John
91127.	Harris, Edward	91832.	Hill, John
89922.	Harris, Elijah	91833.	Hill, John
90310.	Harris, Henry	91834.	Hill, John
91348.	Harris, Jesse	91935.	Hill, John
89889.	Harris, Nelson	90371.	Hill, Richard
89848.	Harris, Robert	90346.	Hill, Robert
90765.	Harris, Thomas	89777.	Hill, Samuel
90010.	Harrison, Francis	91122.	Hill, Solomon
89769.	Harrison, Henry	89543.	Hill, Thomas
90769.	Harrison, Henry	90696.	Hill, William
89928.	Harrison, Thomas	90362.	Hilton, Arnold
89852.	Harrison, William	91444.	Hind, Daniel
89544.	Hart, Adam	89724.	Hinde, John
90836.	Hart, Adam	91396.	Hinds, Benjamin
91484.	Hart, Adam	89703.	Hinds, Lewis
91234.	Hart, Samuel	90590.	Hobbs, Jacob
90316.	Harvey, Absolom	90166.	Hobbs, Joseph
90892.	Harvey, Joshua	90305.	Hodgepeth, Peter
91533.	Harvey, Joshua	90217.	Hodges, William
90020.	Hassell, Joseph	90745.	Hogg, Andrew
90459.	Hatch, Alexander	90757.	Hogg, Gideon
91169.	Hawkins, Ephraim	91625.	Hogg, Thomas
91258.	Hawkins, Lorton	91626.	Hogg, Thomas
91811.	Hayes, Robert	91627.	Hogg, Thomas
91812.	Hayes, Robert	91897.	Hogg, Thomas
91813.	Hayes, Robert	91145.	Holland, Bazil
91870.	Hayes, Robert	91446.	Holland, Daniel
91358.	Hayes, William	90639.	Holland, Henry
90259.	Haynes, William	91159.	Hollinghead, Benjamin
91587.	Hayse, Robert	91174.	Hollinghead, Thomas
89954.	Headright, John	91052.	Hollis, James
89933.	Hedgeforth, John	89541.	Holly, Benjamin

No.	
90649.	Holly, John
91597.	Holmes, Hardy
91820.	Holmes, Hardy
91821.	Holmes, Hardy
91822.	Holmes, Hardy
91918.	Holmes, Hardy
90532.	Holmes, John
90533.	Holmes, Josiah
91345.	Holston, Bazel
90370.	Holt, Thomas
89712.	Honey, John
91082.	Hood, Charles
91083.	Hood, William
90209.	Hooder, John
91255.	Hope, William
90292.	Hopkins, Joseph
90365.	Hopper, John
90277.	Horn, Henry
90349.	Hornsby, Thomas
90149.	Howard, Edward
90104.	Howard, Joseph
89924.	Howard, William
89925.	Howard, Willis
90183.	Howell, Dempsey
89655.	Howey, Joshua
91445.	Howry, Burrell
90237.	Hubbard, John
90153.	Huddleton, Robert
90949.	Hudson, Miles
90348.	Huffey, John
89747.	Huggins, James
89768.	Huggins, Luke
91260.	Hughes, William
91108.	Hughes, Willis
89546.	Hukins, James
90822.	Hukins, James
91537.	Hukins, James
90420.	Hunsucker, Abraham
90094.	Hunter, Asa
91044.	Hurley, David
89623.	Hurley, John
90675.	Hurley, John
90869.	Hurley, John
91517.	Hurley, John
91040.	Hurley, Joseph
90126.	Huse, Joseph
90354.	Hutchens, Edward
90099.	Hutson, Miles
90434.	Hutway, John

I

91125.	Ijmes, Vachil
91637.	Ingles, John
91638.	Ingles, John
91639.	Ingles, John

No.	
91881.	Ingles, John
89550.	Ives, James
90849.	Ives, James
91497.	Ives, James
91586.	Ivey, Curtis
91790.	Ivey, Curtis
91791.	Ivey, Curtis
91792.	Ivey, Curtis
91929.	Ivey, Curtis
89548.	Ivey, David
90005.	Ivey, Reuben

J

89551.	Jack ......
91074.	Jackson, Coleby
90213.	Jackson, James
91415.	Jacobs, Josiah
91306.	Jacobs, Primas
90534.	Jacobs, Zachariah
90581.	James, Benjamin
89865.	James, Jeremiah
91429.	James, William
89738.	Jarvis, John
91123.	Jarvis, John
89906.	Jeffrey, Drewry
90147.	Jeffries, Jacob
90281.	Jenneson, Absolom
90623.	Jero, Alexander
90278.	Jessey, John
90110.	Johnson, Absolam
89555.	Johnson, Crawford
89862.	Johnson, Daniel
90127.	Johnson, John
90540.	Johnson, John
91865.	Johnson, Joseph
90824.	Johnston, Crawford
91472.	Johnston, Crawford
90754.	Johnston, Ephraim
90964.	Johnston, Frederick
90566.	Johnston, William
89552.	Joiner, Benjamin
90829.	Joiner, Benjamin
91478.	Joiner, Benjamin
90483.	Jones, Abraham
91032.	Jones, Abraham
89904.	Jones, Benjamin
90473.	Jones, Britain
90638.	Jones, David
91185.	Jones, Francis
90093.	Jones, Frederick
90266.	Jones, Frederick
89905.	Jones, Freeman
89876.	Jones, Griffith
90096.	Jones, Henry
90388.	Jones, Isaac

No.
89696. Jones, James
90311. Jones, James
90325. Jones, James
89786. Jones, John
90482. Jones, John
90614. Jones, Jonathan
89549. Jones, Josiah
90921. Jones, Josiah
91568. Jones, Josiah
91103. Jones, Moses
89927. Jones, Nathan
91334. Jones, Nathan
89789. Jones, Nathan
91685. Jones, Samuel
91686. Jones, Samuel
91687. Jones, Samuel
91895. Jones, Samuel
90227. Jones, Thomas
90304. Jones, William
90516. Jones, William
90275. Jones, Zachariah
89554. Jordan, Caleb
90823. Jordan, Caleb
90846. Jordan, Fountain
90295. Jordan, Zeblin
91471. Jorden, Caleb
91494. Jorden, Fountain
90565. Jorden, Nathan
90299. Jordon, Stephen

K

90616. Kates, Thomas
90499. Kean, Jacob
90613. Kean, Saucer
91360. Keay, James
91443. Keay, William
90018. Keel, Charles
90257. Keel, Hardy
90658. Keen, William
90805. Keener, John
90796. Keener, Martin
91278. Kellehan, Isaac
91062. Kelley, James
90945. Kellum, George
90932. Kellum, John
91346. Kelly, John
90799. Kenedy, John
91372. Kenedy, John
90637. Kenedy, Richard
91381. Kent, Levy
91366. Kersey, James
90538. Ketter, Nehemiah
91207. Kidds, John
91251. Kilpatrick, Hugh
90186. Kilyan, Jacob

No.
90131. Kilyon, John
90300. King, Anthony
90322. King, David
89557. King, Edward
90915. King, Edward
91049. King, Edward
91560. King, Edward
91093. King, Vincent
90608. King, Woody
90133. Kittle, Jacob
90485. Knight, Absolom
90286. Knight, George
89556. Knight, Miles
90910. Knight, Miles
91556. Knight, Miles

L

89558. Lacho, Francis
91313. Lackey, Thomas
91581. Lamb, Abner
91799. Lamb, Abner
91800. Lamb, Abner
91801. Lamb, Abner
91872. Lamb, Abner
89778. Lain, Jacob
89562. Lamb, Gibbs
90888. Lamb, Gibbs
91543. Lamb, Gibbs
89560. Leach, John
90679. Lead, Alende M.
89563. Lewis, Isaac
90744. Lamb, John
90655. Land, Henry
90087. Land, John
90594. Lane, Benjamin
90563. Lane, Citizen
90570. Lane, Timothy
91008. Lane, William
91028. Larcy, Patrick
91463. Larbe, Francis
90814. Larbo, Francis
90609. Lassiter, Jesse
91378. Lassiter, James
90229. Laston, Camas
90248. Laughinghouse, John
91096. Law, John
90333. Lawbun, James
90450. Lawrence, Joseph
91724. Lawrence, Nat
91894. Lawrence, Nath
89730. Lawrence, William
90735. Lawson, William
91481. Leach, John
91387. Lee, Aaron
90941. Lee, James

No.		No.	
89561.	Lee, John	91752.	Lytle, Archibald
90831.	Lee, John	91753.	Lytle, Archibald
91474.	Lee, John	91581.	Lytle, William
90312.	Lee, Richard	91781.	Lytle, William
90833.	Leech, John	91782.	Lytle, William
90946.	Leggett, Abraham	91783.	Lytle, William
90507.	Leigh, Lewis	91920.	Lytle, Archibald
90812.	Leighton, William	91926.	Lytle, William
91219.	Lepard, William		
91025.	Lesley, John		**M**
89831.	Lethgo, William	90767.	McAffee, John
88917.	Letour, Conrad	90644.	McCall, Benjamin
89900.	Lett, James	91059.	M'Callister, John
90025.	Lewis, David	90793.	McCarthy, James
90079.	Lewis, Frederick	90433.	M'Caskey, Allan
89884.	Lewis, Hardy	89514.	M'Cay, Daniel
90862.	Lewis, Isaac	90039.	M'Clannen, Thomas
91510.	Lewis, Isaac	90788.	McClenchorn, Malcom
90320.	Lewis, James	91204.	M'Clund, John
90550.	Lewis, Jones	89760.	M'Clunney, William
90683.	Lewis, Jonathan	90786.	M'Cormic, Archibald
90399.	Lewis, Marshall	91367.	M'Coy, John
89890.	Lewis, Richard	90866.	M'Craw, Roger
90261.	Lewis, Richard	91514.	M'Craw, Roger
89701.	Lewis, Thomas	91114.	M'Culloh, Francis
90442.	Lilley, Lewis	90517.	McDaniel, Hugh
91221.	Linden, Patrick	89525.	McDonald, Arthur
91050.	Lindsey, James	90885.	McDonald, Arthur
90287.	Litter, George	91540.	McDonald, Arthur
90288.	Litter, William	90653.	M'Donald, Col.
91058.	Littleton, William	90716.	M'Donald, Daniel
91124.	Loller, John	90116.	M'Dugald, Dugald
91412.	Long, James	90243.	M'Durmid, Malcomb
89226.	Long, John	90687.	M'Farland, Morgan
90415.	Long, John	90839.	M'Farter, Daniel
89564.	Long, Wiliam	89531.	M'Fater, Daniel
90822.	Long, William	91487.	M'Fater, Daniel
91470.	Long, William	89726.	M'Gee, Thomas
90055.	Loomax, William	89737.	M'Ginnis, Daniel
91916.	Loomis, Jonathan	90242.	M'Gounds, John
89654.	Love, Samuel	89519.	M'Graw, Roger
89499.	Loveday, Thomas	90809.	McIntyre, Charles
91138.	Low, Thomas	90808.	McIntyre, Gilbert
91036.	Loyesey, Boling	90225.	M'Intyre, James
90321.	Lucas, Thomas	90920.	M'Intire, William
91034.	Lucas, Thomas	91562.	M'Intire, William
90876.	Lucey, Burrel	91340.	McIntosh, Morticae
91524.	Lucey, Burrel	90680.	M'Kay, John
89559.	Lucy, Bunel	90662.	M'Kee, William
91069.	Ludwick, Lewis	89632.	M'Kenny, Robert
89500.	Lynn, David	90847.	M'Kenny, Robert
91939.	Lynn, David	91004.	M'Kensey, Alexander
91302.	Lyons, William	89651.	M'Kensey, William
91572.	Lytle, Archibald	90668.	M'Kensie, Hugh
91757.	Lytle, Archibald	90635.	M'Ketham, John

No.
91495. M'Kinney, Robert
90518. M'Kinsey, William
90917. M'Kinsey, William
91561. M'Kinsey, William
89714. M'Knight, Andrew
91606. M'Lain, William
90021. M'Lamore, John
90780. M'Lane, Hugh
91031. M'Laren
90669. M'Laughlin, Alexander
90679. M'Lead, Alenonde
90797. M'Leod, John
91673. M'Nees, John
91674. M'Nees, John
91675. M'Nees, John
91907. M'Nees, John
90804. M'Neil, Hector
91574. M'Ree, Griffith J.
91757. M'Ree, Griffith J.
91758. M'Ree, Griffith J.
91759. M'Ree, Griffith J.
91898. M'Ree, Griffith J.
90642. M'Ree, John
91118. M'Swine, William
89608. M'Vay, Eli
90850. M'Vay, Ely
91498. Ely
89607. M'Vay, John
89942. Mabery, Benjamin
91187. Madra, Darling
89762. Madross, John
90095. Mainer, Josiah
91170. Mainis, Frederick
91087. Malottee, Jacob
91222. Manders, William
90810. Manley, Allen
91295. Manley, Littleton
90150. Manley, Moses
91431. Manley, Moses
91294. Manley, William
91241. Manning, John
90792. Manuel, Jasse
90244. Marlin, James
90674. Maroney, Anthony
91181. Marritt, Drury
89855. Marsh, Barnett
91709. Marshal, Dixon
91710. Marshal, Dixon
91711. Marshal, Dixon
89840. Marshall, Adam
91867. Marshall, Dixon
90062. Martin, Absolam
91223. Martin, Gabriel
91361. Martin, Jeile

90232. Martin, Joshua
90444. Mashum, William
89764. Mason, Patrick
89571. Mason, Philip
91566. Mason, Philip
90236. Mason, William
91158. Massey, Joseph
91172. Massey, Philip
90088. Maston, Thomas
91459. Mathews, Jacob
90764. Mathews, John
90169. Mathias, James
89701. Mathias, Moses
90761. Mathias, Stephen
90355. Matterson, George
90067. Mathews, Daniel
90345. Mathews, Riot
91165. Matzlear, John
90573. May, Joseph
91290. Meaner, Henry
90273. Medlin, Shadrack
90794. Meek, John
91393. Meeks, William
90047. Meggs, James
89860. Melteri, Jethro
89771. Melton, Benjamin
91019. Meredith, William
90524. Messick, Aaron
91242. Michel, Abner
91248. Michell, Willial
89573. Middleton, Solomon
90835. Middleton, Solomon
91483. Middleton, Solomon
90016. Midget, William
90411. Miller, Benedic
91189. Miller, Conrad
91271. Miller, Conrad
91146. Miller, George
89643. Miller, Henry
90898. Miller, Henry
91546. Miller, Henry
90562. Miller, John
90123. Miller, Martin
90258. Miller, Martin
90798. Miller, Peter
91343. Mills, Jacob
91676. Mills, James
91677. Mills, James
91678. Mills, James
91917. Mills, James
90436. Mills, John
90063. Mires, David
90102. Misser, John
90739. Mitchell, Charles
91457. Mitchell, Drewry

No.		No.	
90730.	Mitchell, George	91092.	Muckleya, William
89953.	Mitchell, John	91186.	Mullen, Michael
90035.	Mitchell, John	91655.	Mumford, Joseph
91375.	Mitchell, Oliver	91656.	Mumford, Joseph
89929.	Mitchell, Theophilus	91657.	Mumford, Joseph
89867.	Mitchell, William	91901.	Mumford, Joseph
89976.	Mitchell, William	89897.	Munger, Jesse
90734.	Molden, Humphrey	91616.	Murfee, Hardy
91235.	Monk, James	91617.	Murfee, Hardy
90084.	Moody, Thomas	91618.	Murfee, Hardy
91205.	Moon, Sampson	91856.	Murfee, Hardy
89711.	Mooney, William	91309.	Murfree, James
91814.	Moor, James	90632.	Murphy, Archibald
91815.	Moor, James	90759.	Murphy, Patrick
91816.	Moor, James	89963.	Murry, Alexander, L.
90771.	Moor, John	89682.	Murry, Morgan
90205.	Moor, Lemuel	90469.	Musknock, George
90641.	Moor, Willis	91253.	Myers, George
91029.	Moore, Elijah		**N**
91682.	Moore, Elijah	90171.	Neal, Christopher
91683.	Moore, Elijah	90196.	Neal, Philip
91684.	Moore, Elijah	91622.	Nelson, John
90491.	Moore, George	91623.	Nelson, John
91000.	Moore, James	91624.	Nelson, John
91014.	Moore, James	89903.	Nettles, Shadreck
91596.	Moore, James	90630.	Newark, Nicholas
91873.	Moore, James	89628.	Newbury, Mathew
90234.	Moore, Jesse	90758.	Newby, Mathew
91015.	Moore, Simeon	90818.	Newby, Mathew
90124.	Moore, William	91467.	Newby, Mathew
90069.	Morgan, Benjamin	90666.	Newman, Joseph
89570.	Morgan, Bennet	91085.	Newton, Edward
90816.	Morgan, Bennet	90552.	Newton, Edward
91465.	Morgan, Bennet	90526.	Newton, Joseph
91441.	Morgan, Isaac	89719.	Newton, Levi
89866.	Morgan, John	90811.	Newton, Patrick
90140.	Morgan, John	90504.	Nicheus, Malicha
90391.	Morgan, Reuben	90225.	Nicholas, William
89566.	Morgan, Sampson	89886.	Nichols, Henry
90863.	Morrin, Morris	90503.	Nichols, John
90192.	Morris, Abraham	90585.	Nichols, Joseph
89567.	Morris, Coffin	91097.	Nichols, William
90990.	Morris, Nathan	89813.	Nicholson, Isaac
90424.	Morris, William	89804.	Nisio, Nicholas
91175.	Morris, Witt	90091.	Nithucut, William
89569.	Morrison, Alexander	90174.	Nobles, Hezekiah
90013.	Morriston, John	90983.	Nobles, John
90065.	Morton, William	90368.	Nothern, Solomon
89572.	Mott, Benjamin	90463.	Nowell, Josiah
91466.	Mott, Benjamin	90329.	Nube, Francis
89574.	Mott, Edgerton	90426.	Nusom, Thomas
90817.	Motte, Benjamin	89576.	Nuson, Nathreldred
91535.	Motte, Edgerton		**O**
90880.	Motte, Edgerton	90542.	Oberton, John
91142.	**Moy, John**	90075.	O'Bryan, Richard

No.		No.	
90011.	Odder, Peter	90330.	Patterson, William
90115.	Oliver, John	91610.	Patton, John
91335.	Oliver, William	91611.	Patton, John
91383.	Olphin, William	91612.	Patton, John
90451.	Omery, Jacob	90187.	Panks, John
91411.	O'Neal, Benjamin	90065.	Paul, Philip
91272.	O'Neale, John	90906.	Payford, William
89874.	Orange, William	90453.	Pearce, Edmund
90973.	Order, Peter	91697.	Pearl, James
91362.	Osborne, Jesse	91698.	Pearl, James
90398.	Osborne, Squire	91699.	Pearl, James
91299.	Osbourne, Morgan	91864.	Pearl, James
90997.	Osteen, William	90435.	Pearse, Ephraim
90448.	Outlaw, James	90113.	Pearson, Thomas
90731.	Overton, John	89581.	Pendleton, Benjamin
90746.	Owen, John	90782.	Penrice, Francis
89839.	Owens, Etheldred	90556.	Penrice, Samuel
89896.	Owens, Enoch	90506.	Perkins, David
		90384.	Perkins, Thomas

P

89967.	Padgett, John	91053.	Petrie, Peter
91553.	Pafford, William	91013.	Pettie, John
89583.	Paford, William	90185.	Pettiford, Elias
90175.	Page, Benjamin	90148.	Pettiford, Philip
91017.	Page, Solomon	89988.	Pettijohn, Abraham
90776.	Palmer, Thomas	90034.	Pettis, James
91023.	Palmore, Elisha	91076.	Phillips, Aaron
91352.	Parish, Edward	91328.	Phillips, William
91079.	Parker, Abraham	91384.	Philips, Zachariah
90654.	Parker, Amos	90001.	Pierce, Israel
90753.	Parker, Amos	90419.	Pierson, Richard
90774.	Parker, Arthur	91225.	Piland, Peter
91239.	Parker, James	90427.	Pinkston, William
89578.	Parker, Jepteth	90059.	Pinneger, Martin
89784.	Parkes, William	90194.	Pitman, John
91220.	Parkes, William	91210.	Pitts, James
90294.	Parks, Andrew	89580.	Platt, John
89891.	Parks, Hugh	90852.	Platt, John
90298.	Parks, Peter	91500.	Platt, John
90181.	Parrott, Nathaniel	91177.	Pollock, Jesse
90303.	Parry, John	89757.	Potis, Lewis
89946.	Parum, William	91192.	Potter, Daniel
89915.	Pasens, James	90172.	Pouh, Henry
90717.	Pasmore, David	40417.	Powell, George
91594.	Pasteur, Thomas	90715.	Powell, William
91808.	Pasteurs, Thomas	90352.	Powers, Absolom
91809.	Pasteurs, Thomas	90567.	Powers, James
91810.	Pasteurs, Thomas	90367.	Powers, Jesse
91869.	Pasteurs, Thomas	90369.	Powers, Moses
89828.	Pate, Coride	90375.	Pratt, Thomas
89827.	Pate, Edward	90840.	Pravey, Nehemiah
91452.	Patrick, Spencer	91488.	Pravey, Nehemiah
90460.	Pattaway, James	89735.	Prevet, John
91107.	Patten, John	90975.	Price, Abner
90651.	Patterson, Duncan	90167.	Price, Edward

No.		No.	
90466.	Price, Lewis	89729.	Riddle, James
90919.	Price, William	90749.	Riggins, James
91564.	Price, William	89973.	Riggins, William
89691.	Privet, Peter	90559.	Rigsby, James
91075.	Privet, William	90070.	Riles, William
90748.	Procter, Aaron	90670.	Riley, Edmund
91414.	Proctor, William	91046.	Riley, William
		91121.	Riley, William
	Q	90791.	Rinehart, Jacob
90452.	Quillany, Shadrack	90721.	Rising, David
90078.	Quinn, David	89587.	Rivers, Benjamin
		90890.	Rivers, Benjamin
	R	91545.	Rivers, Benjamin
89930.	Raifield, Caleb	90162.	Rix, William
91575.	Raiford, Robert	90970.	Roberson, John
91766.	Raiford, Robert	90392.	Roberts, Moses
91767.	Raiford, Robert	89640.	Roberts, Richard
91768.	Raiford, Robert	90619.	Roberts, Richard
91878.	Raiford, Robert	90860.	Roberts, Richard
90045.	Ralph, Thomas	91508.	Roberts, Richard
90318.	Raper, James	91115.	Roberts, William
90951.	Rahter, Hardy	90501.	Robertson, John
89913.	Ratley, Benjamin	90043.	Robertson, Mark
90269.	Rawson, Daniel	89723.	Robertson, Thomas
10667.	Ray, Archibald	90270.	Robertson, Upsher
91182.	Rayma, John	90972.	Robeson, John
90030.	Razor, Christopher	90136.	Robinson, Mark
90159.	Read, Benjamin	90006.	Robinson, Willoughby
91247.	Reams, William	90756.	Rochee, Amos
90228.	Reasoner, John	90646.	Rochell, Aaron
89672.	Reaves, Frederick	91324.	Roe, Jessee
90571.	Reddick, Abraham	91416.	Roger, Daniel
91670.	Reed, Jesse	89800.	Rogers, Dunstan
91671.	Reed, Jesse	90050.	Rogers, James
91672.	Reed, Jesse	89820.	Rogers, Parker
91906.	Reed, Jesse	90928.	Rogers, Parker
90120.	Reed, William	90685.	Rogers, William
91012.	Reel, Joshua	90700.	Rogers, William
90314.	Retley, Micajah	90472.	Rolany, Daniel
91456.	Reynolds, William	90160.	Rolls, James
85996.	Rhea, Joseph	91130.	Roman, Thomas
91924.	Rhodes, Joseph T.	90223.	Roper, George
91578.	Rhodes, Joseph, Tho	89961.	Ross, James
91772.	Rhodes, Joseph, Tho	91009.	Roundtree, Jesse
91773.	Rhodes, Joseph, Tho	90204.	Rowe, Jesse
91774.	Rhodes, Jose, Tho	90344.	Rowland, William
90592.	Rhodes, Nathan	91353.	Rozier, Daniel
90495.	Ribber, Daniel	91369.	Rozier, David
89883.	Richards, Curtis	90943.	Rozier, John
90631.	Richards, Nicholas	90684.	Runnels, Ephraim
90967.	Richardson, Andrew	90409.	Russ, Epaphros
90429.	Richardson, Ellis	91113.	Rutherford, Thomas
89837.	Richardson, John	89822.	Rutland, Randolph
89854.	Richardson, Richard	89821.	Rutland, Reding
90464.	Richardson, William	89634.	**Ryal, William**
89887.	Ricks, Benjamin		
91152.	Rictor, Lewis		

No.		No.	
91499.	Ryal, William	91749.	Scurlock, James
90851.	Ryal, William	91750.	Scurlock, James
89586.	Ryan, Cornelius	91937.	Scurlock, James
90914.	Ryan, Cornelius	90760.	Seaborne, Joseph
91559.	Ryan, Cornelius	90279.	Seagraves, John
89584.	Ryon, Patrick	91077.	Seagreaves, John
		90064.	Searly, Christopher

S

No.		No.	
		89775.	Sears, Asia
90377.	Sailor, George	89695.	Searsey, Asa
89591.	Salmon, Vincent	90857.	Seayers, Robert
90834.	Salmon, Vincent	91505.	Seayers, Robert
91482.	Salmon, Vincent	89679.	Sebriel, Joshua
90401.	Sampson, Isaac	90489.	Seburn, Joseph
89989.	Sanderlin, Josiah	89680.	Segraves, Jacob
90962.	Sanderlin, Robert	90738.	Sellers, Jordan
91057.	Sanders, Henry	89766.	Sellis, Thomas
89659.	Sanders, Robt.	90528.	Sessams, Asel
91273.	Sanders, Samuel	89637.	Seyers, Robert
91742.	Sanders, William	91579.	Sharpe, Anthony
91743.	Sanders, William	91775.	Sharpe, Anthony
91744.	Sanders, William	91776.	Sharpe, Anthony
91330.	Sanders, William	91777.	Sharpe, Anthony
89589.	Santee, Caesar	91925.	Sharpe, Anthony
90827.	Santee, Caesar	89596.	Sharpe, Benjamin
91476.	Santee, Caesar	90883.	Sharpe, Benjamin
90019.	Santee, Michael	91538.	Sharpe, Benjamin
89941.	Saunders, John	91712.	Shaw, Daniel
90496.	Saunders, Thomas	91713.	Shaw, Daniel
91408.	Savage, Micajah	91714.	Shaw, Daniel
90468.	Savage, Moses	91868.	Shaw, Daniel
90737.	Savage, Thomas	90660.	Shaw, Duncan
90428.	Sawyer, Joseph	90933.	Shearer, Frederick
90989.	Scarborough, Nathan	90768.	Sheffield, William
90372.	Scarborough, Samuel	89731.	Shelton, James
90602.	Scarborough, Shadrick	89594.	Shepherd, John
90661.	Scarlet, Thomas	90872.	Shepherd, John
90071.	Scorborough, Stephen	91520.	Shepherd, John
90712.	Scorlet, James	90074.	Shepherd, William
90718.	Scorlet, William	90942.	Shepherd, William
90296.	Scott, Dannis	91002.	Shepherd, Willoughby
91209.	Scott, Dennis	90068.	Sherod, Benjamin
91026.	Scott, Drury	91132.	Shippard, Bird
89871.	Scott, Emanuel	90416.	Shoemaker, Randal
91437.	Scott, Isaac	90596.	Shrode, Adam
90337.	Scott, Isam	90199.	Shurley, Thomas
89126.	Scott, James	90807.	Shy, Jesse
91428.	Scott, James	89592.	Sidle, Jesse
90611.	Scott, Saul	89971.	Sikes, Henry
90974.	Scott, Thomas	90505.	Sikes, James
90705.	Screws, Joseph	91347.	Silas, Thomas
91263.	Screws, William	91100.	Silvester, Nathan
91425.	Scrugs, Richard	91148.	Simkins, Joseph
90358.	Scudder, Abner	90479.	Simmonds, Alexander
90800.	Scurlock, James	90520.	Simmonds, Jeremiah
91748.	Scurlock, James	90645.	Simmons, John

No.		No.	
89979.	Simmonds, John	90988.	Smith, Stephen
90117.	Simmons, Willis	89718.	Smith, Thomas
91300.	Simons, Felix	89965.	Smith, William
89902.	Simons, John	90233.	Smith, William
90992.	Simpkins, John	90324.	Smith, William
89636.	Simpson, John	91442.	Snell, Allen
90856.	Simpson, John	90512.	Snider, Anthony
91504.	Simpson, John	89935.	Snider, Christain
90514.	Simpson, Richard	89694.	Solomon, Lazarus
89597.	Simpson, Samuel	90240.	Solomon, William
90889.	Simpson, Samuel	89414.	Southall, Furney
91544.	Simpson, Samuel	91322.	Spain, Thomas
90513.	Simpson, William	90957.	Spearman, George
90238.	Sinclair, William	90430.	Spearpoint, Joseph
90184.	Sink, Paul	89944.	Spears, Kindred
90338.	Sippo, Hill	91391.	Spears, Willis
90877.	Sisk, James	90385.	Speers, Joseph
91525.	Sisk, Janes	90246.	Spelmore, Aaron
90576.	Skinner, Evan	90465.	Spelmore, Jacob
91418.	Skinner, John	90021.	Spewell, Godfrey
90545.	Skipper, James	89863.	Spires, Thomas
90762.	Slade, Frederick	91090.	Springfield, Michael
90177.	Slade, James	90092.	Springs, Micajah
91055.	Slade, Nathan	90262.	Squires, Andrew
91718.	Slade, Stephen	89847.	Stacks, Benjamin
91719.	Slade, Stephen	89893.	Stallion, Moses
91720.	Slade, Stephen	91423.	Stamy, John
91888.	Slade, Stephen	90956.	Standley, James
91808.	Slade, Thomas	90440.	Stanfield, James
90692.	Slaughter, John	91598.	Steed, Jesse
90690.	Slaughter, Rob't.	91826.	Steed, Jesse
89697.	Smart, John	91827.	Steed, Jesse
89921.	**Smith, Aaron**	91828.	Steed, Jesse
89985.	Smith, Benjamin	91874.	Steed, Jesse
91191.	Smith, Burrel	90707.	Steel, William
91021.	Smith, Ezekial	90741.	Steelman, William
90132.	Smith, Henry	90494.	Stephens, Benjamin
89997.	Smith, Isaac	90447.	Stephens, Hugh
90702.	Smith, Jacob	89702.	Sterling, Elihu
91200.	Smith, Jacob	89707.	Stevens, Henry
89593.	Smith, James	89706.	Stevens, James
90541.	Smith, James	91286.	Stevens, Thomas
90922.	Smith, James	91180.	Stewart, Charles
91569.	Smith, James	91643.	Stewart, Charles
90703.	Smith, Jeremiah	91644.	Stewart, Charles
90701.	Smith, Job	91645.	Stewart, Charles
89744.	Smith, John	91883.	Stewart, Charles
90527.	Smith, John	90206.	Stewart, Daniel
91139.	Smith, John	91037.	Stewart, Dempsey
91327.	Smith, John	91104.	Stewart, Dempsey
91211.	Smith, Peter	91301.	Stewart, James
89841.	Smith, Richard	91316.	Still, John
91341.	Smith, Richard	91153.	Stilliard, Peter
91178.	Smith, Samuel	89716.	Stillwel, Jacob

No.		No.	
90042.	Stiwall, Frederick	91732.	Tatum, James
90755.	Stokely, Peter	91911.	Tatum, James
90546.	Stokely, Peter	89999.	Taxey, Nathaniel
90058.	Stone, John	89603.	Tayborn, Joel
90802.	Strange, William	90830.	Tayborn, Joel
89733.	Stricking, Frederick	89943.	Taybourn, Burrell
89931.	Strickland, John	91479.	Taybourn, Joel
91016.	Stringer, Hezekiah	91280.	Taylor, Abel
89639.	Stringer, John	89660.	Taylor, Abraham
90509.	Stringer, John	89600.	Taylor, Benjamin
90871.	Stringer, John	90414.	Taylor, Emanuel
91519.	Stringer, John	91281.	Taylor, James
90252.	Stringer, Mingar	89849.	Taylor, John
90215.	Stringer, Noah	91279.	Taylor, John
90722.	Stuart, Daniel	90521.	Taylor, Lewis
90729.	Stuart, John	90054.	Taylor, Samuel
91385.	Sturdevant, Charles	91349.	Taylor, Valentine J.
90624.	Suggs, Aleygood	90985.	Taylor, William
90625.	Suggs, Ezekial	91116.	Terry, Pompey
89223.	Suit, Jesse	90308.	Thackston, William
90598.	Sulivant, Owen	89869.	Thomas, Amasa
90130.	Sullivan, James	89642.	Thomas, Caleb
89588.	Sullivan, John	90859.	Thomas, Caleb
91694.	Summers, John	91507.	Thomas, Caleb
91695.	Summers, John	90144.	Thomas, James
91696.	Summers, John	89810.	Thomas, Philemon
91859.	Summers, John	90076.	Thomas, Philip
91230.	Sumner, Francis	89856.	Thomas, Samuel
89709.	Sumner, George	90251.	Thomas, Stephen
90060.	Surls, Thomas	89819.	Thomas, Thomas
89875.	Sweat, Abraham	89598.	Thomas, William
89645.	Sweat, David	90845.	Thomas, William
90900.	Sweat, David	91493.	Thomas, William
91548.	Sweat, David	90607.	Thompson, George
90342.	Swinney, Thomas	90004.	Thompson, Jesse
89920.	Syas, Jesse	90353.	Thompson, John
90135.	Sykes, Dempsey	91065.	Thompson, John
90960.	Sykes, James	91131.	Thompson, John
89684.	Sweetman, William	89881.	Thompson, Nicholas
89590.	Sykes, Sampson	89667.	Thompson, Samuel
90838.	Sykes, Sampson	91066.	Thompson, William
91486.	Sykes, Sampson	91202.	Thompson, William
91033.	Sylvester, Nathan	91018.	Thristin, William
		90597.	Tice, Henry
	T	90605.	Tice, James
91120.	Taddss, James	91284.	Tillery, Jacob
89840.	Tailton, James	90083.	Tillman, William
89947.	Talton, Joseph	90410.	Tilly Jacob
91314.	Talton, Joseph	90073.	Tilman, Aaron
91338.	Tann, Drury	90188.	Tinon, James
90193.	Tanner, Jinnings	89964.	Tins, Jonathan
91329.	Tarber, Samuel	89761.	Tipper, William
91858.	Tatum, Howell	91073.	Tippet, George
91730.	Tatum, James	90979.	Talbert, John
91731.	Tatum, James	90481.	Tomlinson, Aaron

ROSTER OF NORTH CAROLINA SOLDIERS

No.
- 89626. Toney, Anthony
- 90923. Toney, Anthony
- 91570. Toney, Anthony
- 90336. Toney, John
- 91440. Torbush, Robert
- 90537. Townley, Philemon
- 90477. Trader, Jonathan
- 89604. Trapp, Elijah
- 91126. Trent, William
- 90488. Trotman, Thomas
- 90319. Tucker, Curell
- 89599. Tucker, Gray
- 89625. Tucker, James
- 90912. Tucker, James
- 90561. Tucker, John
- 91006. Tucker, John
- 90015. Turner, Arthur
- 89806. Turner, David
- 89687. Twigg, David
- 89601. Tyack, Thomas
- 89661. Tyer, Thomas
- 91413. Tyler, Moss
- 89602. Tyler, Owen
- 90881. Tyler, Owen
- 91536. Tyler, Owen
- 90497. Tyler, Thomas
- 91382. Tyner, Daniel
- 90959. Tyner, William
- 91398. Tyser, Ellis

U
- 89663. Uell, William
- 90907. Underdoo, Dempsey
- 91554. Underdoo, Dempsey
- 89605. Undudoo, Dempsey
- 91143. Unger, Lawrence

V
- 90100. Vallo, Nicholas
- 91231. Vance, David
- 90583. Varden, David
- 90361. Vaughn, William
- 91238. Vessire, Lemuel
- 91067. Viccory, Luke
- 91190. Vick, Jacob
- 89704. Vick, Joseph
- 91256. Vicker, Thomas
- 91298. Vickery, Marmiduke
- 89608. Vickry, John
- 90198. Vines, John
- 90530. Vines, John
- 90531. Vines, Samuel
- 89609. Vose, Joseph
- 90902. Vose, Joseph

W
- 90081. Waddle, James
- 91264. Wade, John

No.
- 91098. Wadsworth, William
- 91199. Waide, Elisha
- 91356. Wainwright, Obediah
- 90085. Walden, John
- 89888. Walker, Jeremiah
- 89939. Walker, John
- 90938. Walker, William
- 91266. Wall, Jonathan
- 90480. Wall, Richard
- 90773. Wallace, Thomas
- 89615. Wallis, George
- 90129. Wallis, James
- 90145. Wallis, John
- 91214. Walter, Nathaniel
- 90977. Walters, Jeremiah
- 90916. Walters, Solomon
- 91703. Walton, William
- 91704. Walton, William
- 91705. Walton, William
- 91861. Walton, William
- 90577. Warberton, Solomon
- 91310. Warbuton, Thomas
- 91512. Warbuton, Thomas
- 91176. Ward, William
- 89978. Ward, Willis
- 90146. Warf, George
- 90364. Warren, Archibald
- 90363. Warren, John
- 90364. Warren, Archibald
- 90363. Warren, John
- 91342. Warren, Samuel
- 90086. Warwick, Wiat
- 89617. Waters, Solomon
- 89620. Waters, Solomon
- 91565. Waters, Solomon
- 91368. Watkins, Benjamin
- 90787. Watson, Alexander
- 89638. Watson, Lott
- 90858. Watson, Lott
- 91506. Watson, Lott
- 90789. Watson, Neal
- 90143. Watt, James
- 90413. Weaks, Dixon
- 90601. Weathers, Willis
- 89853. Weaver, Benjamin
- 89845. Weaver, Daniel
- 90226. Weaver, Edward
- 89992. Webb, Jacob
- 90543. Webb, John
- 91196. Webb, Lewis
- 89998. Webb, Rice
- 91351. Webb, Samuel
- 90681. Weeks, Levi
- 91330. Welch, Noel C.
- 90112. Welch, Thomas

IN THE AMERICAN REVOLUTION   23

No.		No.	
90894.	Welch, William	90599.	Wilkins, George
91529.	Welch, William	90671.	Wilkins, Kinchen
89612.	Wells, John	90219.	Wilkins, Thomas
90842.	Wells, John	91359.	Wilkins, Thomas
91490.	Wells, John	90307.	Wilkinson, John
89614.	Welsh, William	91909.	Wilkinson, Reuben
91135.	Welsh, James	89610.	William, Peter
90539.	West, Merideth	89919.	Williams, Allenby
90955.	West, Samuel	89190.	Williams, Benjamin
89873.	West, William	91447.	Williams, Benjamin
90151.	Westbrok, William	91419.	Williams, Colden
90826.	Westerdale, Francis	90650.	Williams, David
91475.	Westerdale, Francis	91308.	Williams, Dudley
90723.	Western, John	89633.	Williams, Edward
89613.	Westudale, Francis	90544.	Williams, Edward
90899.	Whaley, Ezekial	89619.	Williams, Francis
91547.	Whaley, Ezekial	90887.	Williams, Francis
90657.	Wheeler, Asa	91542.	Williams, Francis
89705.	Wheeler, Benjamin	91285.	Williams, Jeremiah
91159.	Wheeler, David	90713.	Williams, John
89621.	White, Benjamin	91933.	Williams, Nath
90832.	White, Benjamin	91745.	Williams, Nathan
90981.	White, Benjamin	91746.	Williams, Nathan
91480.	White, Benjamin	91747.	Williams, Nathan
90446.	White, Church	90080.	Williams, Nicholas
91031.	White, Churchill	90553.	Williams, Robert
90995.	White, David	90108.	Williams, Samuel
90742.	White, Edgar	90267.	Williams, Stephen
91377.	White, George	90954.	Williams, Stephen
90170.	White, Hampton	91229.	Williams, William
89616.	White, Jacob	90510.	Williamson, Charles
91405.	White, John	91336.	Williamson, Francis
90138.	White, Philip	90340.	Williamson, William
91379.	White, William	90265.	Williford, Theophilus
91070.	Whitehead, John	89978.	Willing, Evan
90980.	Whitehouse, Anthony	90664.	Willson, James
90934.	Whitfield, Willis	90402.	Willson, Robert
91457.	Whitley, Micajah	90053.	Willson, Thomas
91237.	Whittaker, Robert	91183.	Willson, Thomas
91252.	Widener, Samuel	89683.	Willson, William
91102.	Wiggins, Arthur	90208.	Willson, William
91277.	Wiggins, James	91144.	Wilson, John
89949.	Wiggins, Elisha	91288.	Wilton, James
89611.	Wiggins, Levi	89857.	Winburn, Philip
91477.	Wiggins, Levi	91450.	Winder, Levin
90828.	Wiggins, Levy	91451.	Winder, William
91101.	Wiggins, Mathews	91452.	Winder, William
90652.	Wiggins, William	91453.	Winder, William
89940.	Wilburn, Zachariah	91454.	Winder, William
89676.	Wilder, William	90438.	Winley, James
90000.	Wiley, James	91164.	Winne, Zachariah
91307.	Wilford, Archibald	90418.	Winters, Moses
91374.	Wilford, Archibald	89832.	Wise, Jesse
91371.	Wilford, James	89790.	Witley, Micajah
90134.	Wilkins, Elijah		

No.		No.	
91303.	Witt, Burgess	91020.	Woodward, Edward
91445.	Wood, Bennet	90359.	Workman, Peter
89618.	Wood, Charles	91228.	Worrel, John
91539.	Wood, Charles	91435.	Worsley, Leman
90884.	Wood, Charles	90617.	Wright, Abraham
90284.	Wood, Isaac	91203.	Wright, Ewel
89699.	Wood, John		
90264.	Wood, John		Y
90157.	Wood, Sampson	90783.	Yarborough, David
90706.	Wood, William	91658.	Yarborough, Edward
91024.	Wood, Willis	91659.	Yarborough, Edward
89910.	Woodard, Henry	91660.	Yarborough, Edward
89693.	Woodle, Geremiah	91902.	Yarborough, Edward
91332.	Woodle, John	91432.	Yates, Thomas
89692.	Woodle, Joseph	91282.	Yeates, David
89937.	Woodrough, Edw. H.	91233.	Yorden, John
91245.	Woodward, David	91149.	Young, Michael

HEITMAN'S REGISTER

[Pages 45, 46, 47]

NOTE—The records of the North Carolina regiments are very meager, owing to the constant and arduous campaigns in the Carolinas, etc., with frequent loss of all their baggage and records. Hence the following list is incomplete, and arrangement defective.

FIRST NORTH CAROLINA LINE

Col. James Moore, 1st Sept. 1775 to 1st Mch. 1776.
Col. Francis Nash, 10th Apr. 1776 to 5th Feb. 1777.
Col. Thomas Clark, 5th Feb. 1777 to close of war.
Lt. Col. Francis Nash, 1st Sept. 1775 to 10th Apr. 1776.
Lt. Col. Thomas Clark, 10th Apr. 1776 to 5th Feb. 1777.
Lt. Col. Wm. Davis, 5th Feb. 1777 to 1st June 1778.
Lt. Col. Robert Mebane, 1st June 1778 to 8th June 1779.
Lt. Col. Hardy Murfree, 1st Apr. 1778 to July 1782.
Lt. Col. John B. Ashe, 2nd Nov. 1778 to ....
Lt. Col. Wm. L. Davidson, 9th June 1779 to 1st Feb. 1781.
Major Wm. Davis, 10th Apr. 1776 to 5th Feb. 1777.
Major Caleb Granger, 5th Feb. 1777 to 26th Apr. 1777.
Major John Walker, 26th Apr. 1777 to 22nd Dec. 1777.
Major James Emmet, 22nd Dec. 1777 to 1st June, 1778.
Major John B. Ashe, 1st June, 1778 to 2nd Nov. 1778.
Major John Nelson, 6th Feb. 1782 to close of war.

SECOND NORTH CAROLINA LINE

Col. Robert Howe, 1st Sept. 1775 to 1st Mch. 1776.
Col. Alexander Martin, 10th Apr. 1776 to 22nd Nov. 1777.
Col. John Patten, 22nd Nov. 1777 to 1st Jan. 1783.
Lt. Col. Alexander Martin, 1st Sept. 1775 to 10th Apr. 1776.
Lt. Col. John Patten, 10th Apr. 1776 to 22nd Nov. 1777.
Lt. Col. Selley Harney, 22nd Nov. 1777 to 6th Feb. 1782.
Major John Patten, 1st Sept. 1775 to 10th Apr. 1776.
Major John White, 20th Apr. 1776 to 1st Feb. 1777.
Major Hardy Murfree, 1st Feb. 1777 to 1st Apr. 1778.
Major Reading Blount, 6th Feb. 1782 to close of war.

THIRD NORTH CAROLINA LINE

Col. Jethro Summer, 15th Apr. 1776 to 9th Jan. 1779.
Lt. Col. Wm. Ashton, 15th Apr. 1776 to 4th Oct. 1777.
Lt. Col. Lott Brewster, 25th Oct. 1777 to 15th Mch. 1778.
Lt. Col. Henry Dixon, 12th May 1778 to 20th June 1779.
Lt. Col. Robert Mebane, 7th June 1779 to close of war.
Major Samuel Lockhart, 15th Apr. 1776 to 12th Oct. 1777.
Major Henry Dixon, 8th July 1777 to 12th May, 1778.
Major Pinketham Eaton, 22nd Nov. 1777 to 24th May 1781.
Major James Emmet, 15th Feb. 1778 to 1st June 1778.
Major Thomas Hogg, 1st June 1778 to ....
Major Griffith J. McRae, 11th Sept. 1781 to close of war.

Fourth North Carolina Line

Col. Thomas Polls, 16th Apr. 1776 to 28 June 1778.
Lt. Col. James Thackston, 15th Apr. 1776 to 1st Jan. 1781.
Major Wm. L. Davidson, 15th Apr. 1776 to 4th Oct. 1777.
Major John Armstrong, 6th Oct. 1777 to 17th July 1782.
Major John Nelson, 3rd Feb. 1778 to 6th Feb. 1782.
Major George Doherty, 13th Oct. 1781 to .. Feb. 1782.
Major Thomas Donahoe, 6th Feb. 1782 to close of war.

Fifth North Carolina Line

Col. Edward Buncombe, 15th Apr. 1776 to 19th Oct. 1777.
Lt. Col. Henry Irwin, 15th Apr. 1776 to 4th Oct. 1777.
Lt. Col. Wm. L. Davidson, 4th Oct. 1777 to 9th June 1779.
Major Levi Dawson, 15th Apr. 1776 to 19th Oct. 1777.
Major Thomas Hogg, 12th Oct. 1777 to 1st June 1778.
Major Reading Blount, 12th May 1778 to 6th Feb. 1782.

Sixth North Carolina Line

Col. John A. Lillington, 15th Apr. 1776 to 6th May 1776.
Col. Gideon Lamb, 26th Jan. 1777 to 1st June 1778.
Lt. Col. Wm. Taylor, 15th Apr. 1776 to 1st June 1781.
Lt. Col. Archibald Lytle, 1st Feb. 1781 to close of war.
Major Gideon Lamb, 15th Apr. 1776 to 26th Jan. 1777.
Major John B. Ashe, 26th Jan. 1777 to 1st June 1778.
Major Thomas Donahue, 13th Oct. 1781 to 6th Feb. 1782.
Major George Doherty, 17th July 1782 to close of war.

Seventh North Carolina Line

Col. James Hogun, 26th Nov. 1776 to 9th Jan. 1779.
Lt. Col. Robert Mebane, 26th Nov. 1776 to 1st June 1778.
Major Lott Brewster, 26th Nov. 1776 to 25th Oct. 1777.
Major Wm. Fenner, 24th Oct. 1777 to 1st June 1778.

Eighth North Carolina Line

Col. James Armstrong, 26th Nov. 1776 to 1st June 1778.
Lt. Col. James Ingram, 26th Nov. 1776 to 8th July 1777.
Lt. Col. Samuel Lockhart, 12th Oct. 1777 to 19th Oct. 1777.
Lt. Col. Levi Dawson, 19th Oct. 1777 to 1st June 1778.
Major Selby Harney, 26th Nov. 1776 to 22nd Nov. 1777.

Ninth North Carolina Line

Co. John P. Williams, 7th Apr. 1777 to 1st June 1778.
Lt. Col. John Luttrell, 27th Nov. 1776 to 1st June 1778.
Major Wm. Polk, 27th Nov. 1776 to ....

Tenth North Carolina Line

Col. Abraham Shepard, 17th Apr. 1777 to 1st June 1778.
Lt. Col. Adam Perkins, 17th Apr. 1777 to 1st June 1778.
Major ......, ..., ..., ...

(It appears that a new Tenth North Carolina was organized in 1779 as a State Regiment.)

ALPHABETICAL LIST OF OFFICERS OF THE CONTINENTAL ARMY BY HEITMAN

Including many officers of the Militia during the war of the Revolution, 1775 to 1783, showing the various ranks they held, how long they served, when and where wounded, taken prisoners, exchanged, died, etc., and all cases in which thanks, swords, or medals were awarded by Congress.

Pages
- 64. Aitkin, James, Chaplain 4th N. C., 5th Apr. 1777; in service in July 1777; name also spelled Atkin.
- 64. Albarty, Fred'k., Ensn. N. C. Reg., 1781; died Aug. 29th, 1831.
- 65. Alderson, Simeon, Capt. 5th N. C., 17th Apr. 1776; retired June 1, 1778.
- 65. Alderson, Thomas, Ensn. 5th N. C., 3d May 1776 to ....
- 65. Alexander, Charles, 2nd Lt. 4th N. C., Nov. 1776, 1st Lt. 20 Jan. 1776 to ....
- 65. Alexander, Hezekiah, Paymaster 4th N. C., 16th Apr. 1776, 1st Lt. 20 Jan. 1777; retired 1st June 1778.
- 66. Alexander, Robert, Capt. N. C. Militia, 1776.
- 66. Alexander, William, Ensn. 10th N. C., May 10, 1781, Lt. Sept. 8, 1781; transferred to 4th N. C. Feb. 6, 1782 and served to close of war.
- 66. Alexander, William Lee, Capt. of a N. C. Regt. in 1779 and 1780.
- 67. Allen, Charles, Ensn 2nd N. C. Oct. 20, 1775, Lt. June 8, 1776, Capt. .., 1777, transferred 15th N. C. June 1, 1778, and served to ....
- 68. Allen, John, Lt. 5th N. C. Oct. 1, 1776 to ....
- 68. Allen, Richard, Capt. N. C. Militia at King's Mtn. Oct. 1780; died Oct. 10, 1832.
- 68. Allen, Thomas, Capt. 1st N. C. Sept. 1, 1775; resigned, Aug. 15, 1776.
- 69. Allen, Thomas, 1st Lt. 3rd N. C. Mch. 17, 1778; taken prisoner at Charlestown May 12, 1780; died in prison 26th Aug. 1780.
- 69. Allen, Walter, Ensn. 5th N. C. Mch. 28, 1777, Lt. 4th Oct. 1777 to ....
- 70. Amis, Thomas, Commissary 3rd N. C. Dec. 22, 1776 to ....
- 70. Amis, William, Commissary 3rd N. C. May 6, 1776, retired Dec. 1, 1776.
- 71. Anderson, Simon, Capt. 5th N. C. Apr. 16, 1776 to ....
- 72. Andrews, Richard, Ensn. 2nd N. C. Nov. 1, 1777, 2nd Lt. .. Mch. 1778; taken pris. at Ft. Fayette, June 1st, 1779, exchanged Mch. 26, 1781; 1st Lt. May 10, 1780; wounded at Eutaw Springs, Sept. 8, 1781, and rendered no subsequent service.
- 74. Armstrong, Andrew, Lt. 6th N. C. Apr. 16, 1776, Capt. Oct. 12, 1777, served to ....
- 74. Armstrong, James, Capt. 2nd N. C. Sept. 1, 1775, Col. 8th N. C. Nov. 26, 1776, retired June 1, 1778, Col of a N. C. State Regt., wounded at Stono Ferry, June 20, 1779.
- 74. Armstrong, James, Lt. N. C. Dragoons, Oct. 1777 to Jan. 1781.
- 74. Armstrong, John, Col. N. C. Militia, wounded at Stono Ferry June 20, 1779.
- 75. Armstrong, John, Capt. 2nd N. C. Sept. 1, 1775, May 4th N. C. Oct. 6, 1777; Deputy Adjutant Gen. to Gen. Gates Aug. 3rd, 1780; wounded at Stono Ferry June 20, 1779, Lt. Col. 1st N. C. July 17, 1782, retired Jan. 1, 1783.
- 75. Armstrong, Thomas, 1st Lt. 5th N. C. Apr. 16, 1776, Capt. Oct. 25, 1777, wounded and taken prisoner at Fort Fayette June 1, 1779, exchanged Dec. 1779, taken prisoner at Charleston May 12, 1780, exchanged July 1781, Aid-de-camp to Gen. Sumner Feb. 11, 1782 to close of war, Brevet Majr. Sept. 30, 1783.
- 75. Armstrong, William, Ensn. 1st N. C. Jan. 4, 1776, 2nd Lt. Apr. 10, 1776, 1st Lt. Jan. 1, 1777, Capt. Aug. 20, 1777, wounded at Ramsour's Mill, June 20, 1780, transferred to 3rd N. C. Feb. 6, 1782, retired Jan. 1, 1783.

[27]

Pages
77. Ashe, John, Brig. Gen. N. C. State Troops. His command was defeated at Briar Creek, Mch. 3, 1779, was betrayed into hands of enemy at Wilmington, N. C., Feb. 1, 1781, suffered severe confinement until he died Oct. 24, 1781.
77. Ashe, John, Jr., Capt. 4th N. C. Apr. 16, 1776 to ....
77. Ashe, John Baptista, Capt. 6th N. C., Apr. 16, 1776; major 6th N. C. Jan. 26, 1777, transferred to 1st N. C. 1st June 1778, Lt. Col. Nov. 2, 1778; served to ....; died Nov. 27, 1802.
77. Ashe, Samuel, Lt. and paymaster, 1st N. C. Sept. 1, 1775; resigned Apr. 16, 1776; Capt. 1st Troops N. C. Dragoons, Lt. Troops Mch. 7, 1777 to 1st Jan. 1781; died 1814.
77. Ashe, Samuel, Jr., Ensn. 1st N. C. .., 1779; taken prisoner at Charleston May 12, 1780; exchanged June 14, 1781; Lt. Jan. 23, 1781; .... in 3rd N. C. in Feb. 1782; served to close of war; died 3 Nov. 1835.
77. Ashton, William, Lt. Col. 3rd N. C. Apr. 15, 1776; resigned Oct. 25, 1777.
77. Atkin, James, see Aitkin.
78. Avery, Waitstill, Col. N. C. Militia 1778 to close of war; died 1821.
80. Bacot, Peter, Ensn., 1st N. C. Sept. 19, 1776; 2nd Lt. Feb. 8, 1777; 1st Lt. Oct. 4, 1777; taken prisoner at Charlestown, May 12, 1780; exchanged June 14, 1781; Capt. Sept. 8, 1781; served to close of war; died Aug. 13, 1821.
80. Bagley, James, Lt. N. C. Militia, 1780-1781.
80. Bailey, Benjamin, Ensn., 7th N. C. Nov. 28, 1776, Lt. Dec. 22, 1776; transfd. to 1st N. C. June 1, 1778, Capt. Sept. 8, 1781; transfd. to 3rd N. C. Jan. 1, 1782; retired Jan. 1, 1783.
81. Baird, James, Capt. N. C. Militia, 1776.
82. Baker, John, Surgeon's Mate 3rd N. C. 1777 and 1778.
82. Baker, John, 1st Lt. 7th N. C. Nov. 28, 1776, Capt. July 6, 1777; retired June 1, 1778; Col. N. C. Militia; wounded at Bulltown Swamp, Nov. 19, 1778.
82. Baker, Peter, Lt. 1st N. C. Feb. 8, 1777 to ....
84. Ball, Hosea, Ensn. N. C. Militia, 1779.
84. Ballard, Kedar, 1st Lt. 3rd N. C. Apr. 16, 1776, Capt. Oct. 4, 1777; Regimental paymaster, Oct. 10, 1779; taken prisoner at Charleston May 12, 1780; prison parole Aug. 1781; retired Jan. 1, 1783; died Jan. 15, 1834.
86. Barber, John, Capt. N. C. Militia, 1776.
86. Barber, William, Lt. 1st N. C. Apr. 19, 1776 to ....
88. Barnes, Thomas, Ensn. N. C. Militia in 1780.
89. Barret, William, Capt. 3rd N. C. Apr. 16, 1776, to ....; 1st Lt. 3rd. Cont. Dragoons Apr. 10, 1778; Capt. May .., 1779; retained in Baylor's Consolidated Regt. of Dragoons Nov. 9, 1782, served to close of war; died 1815.
89. Barrow, Jacob, Lt. 7th N. C. Dec. 22, 1776 to ....
89. Barrow, Samuel, Lt. 7th N. C. Nov. 28, 1776 to ....
90. Barton, John, Capt. N. C. Militia, at King's Mt'n. in Oct. 1780; died 1827.
92. Baxter, Andrew, Jr., Lt. N. C. Militia; wounded at Camden, May 10, 1781; died 1814.
94. Beattie, Thomas, Major N. C. Militia, 1776.
95. Beavans, Robert, 1st Lt. 2nd N. C. May 1776; on roll for Aug. 1776.
97. Beeks, William, Lt. & Adjutant 7th N. C. Nov. 22, 1777; retired June 1, 1778.
97. Beene, Jesse, Capt. N. C. Militia at King's Mtn. 1780 (name also spelled Bean).
97. Beeson, Edward, Capt. N. C. Militia, .., 1779.
97. Bell, Green, Capt. 7th N. C. Nov. 28, 1776 to ....
98. Bell, Robert, Ensn. 10th N. C. May 18, 1781, Lt. Sept. 8, 1781; transfd. to 2nd N. C. Feb. 6, 1782; served to close of war.
98. Bell, Robert, Lt. 1st N. C. on roll for .. Nov. 1777.
101. Berryhill, William, Lt. 1st N. C. Sept. 1, 1775 to ....
101. Bertie, Thomas, Ensn. 8 N. C. Nov. 28, 1776 to ....

Pages
101. Bethel, William, Capt. N. C. Militia at Guilford, Mch. 15, 1781.
102. Bickerstaff, John, Ensn. 2nd N. C. June 8, 1776 to ....
105. Blackly, Ebenezer, Surgeon's Mate 10th N. C., on roll for July 1778.
107. Blanton, Rowland, Ensn. 7th N. C. Nov. 28, 1776, to ....
108. Blount, Jacob, Paymaster, N. C. Militia, 1777.
108. Blount, James, Capt. 2nd N. C. Sept. 1, 1775 to ....
108. Blount, Jess, Commissary 8th N. C. Dec. 11, 1776 to ....
108. Blount, Reading, Capt. 3rd N. C. Apr. 16, 1777; Maj. 5th N. C. May 12, 1778; transfd. to 2nd N. C. June 1, 1778; transfd. to 1st N. C. Jan. 1, 1781; served to close of war. Died Oct. 12, 1807.)
108. Blount, Thomas, Lieut. 5th N. C. 28th Apr. 1777, to ....
108. Blount, William, Paymaster 3rd N. C. Dec. 11, 1778, to .... (Died Mch. 21, 1800.)
108. Blunt, Whitmal, Lt. 4th N. C. Nov. 20, 1776 to ....
108. Blyth, Joseph, Surgeon, 1st N. C. July 12, 1776; taken prisoner at Charleston, May 12, 1780; exchgd. June 14, 1781; in 4th N. C. Feb. 1782 & served to close of war.
109. Blyth, Samuel, Ensign, 1st N. C. Mch. 28, 1776; 2nd Lt. July 7, 1776; resigned, May 16, 1778.
109. Broadley, George, Capt. 3rd N. C. Sept. 19, 1778, to ....; in service Jan. 1780.
113. Bowman, Joshua, 2nd Lt. 1st N. C. Sept. 1, 1775; 1st Lt. Nov. 15, 1775; Capt. Sept. 18, 1776; wounded at Charleston, May 12, 1780; killed at Ramseur's Mill June 20, 1780.
114. Boyd, Adam, Ensn. 1st N. C. Jan. 4, 1776; 2nd Lt. Mch. 3, 1776; Chaplain 2nd N. C. Oct. 1777; Brigade Chaplain, Aug. 18, 1778 to June 1780. (Died 1800.)
114. Boyd, Hugh, Surgeon 4th N. C. Apr. 17, 1776 to ....
116. Bradford, William, Jr., Lt. Col. Deputy Quartermaster General in 1778.
117. Bradley, Gee, 1st Lt. 3rd N. C. May 12, 1776; Capt. Sept. 19, 1778; taken pris. in Charleston May 12, 1780; exchanged June 1781; retired 1st Jan. 1783.
117. Bradley, Richard, Paymaster 3rd N. C. Mch. 5, 1777; retired June 1, 1778.
118. Brandon, John, Capt. N. C. Militia at King's Rev. in Oct. 1780.
118. Brandon, William, Lt. 1st N. C. Sept. 1, 1775; resigned Mch. 8, 1776.
119. Brevard, Alexander, Ensn. 4th N. C. Nov. 27, 1776; 1st Lt. Dec. 9, 1776; transf'd. to 1st N. C. June 1, 1778; Capt. Oct. 20, 1780; transf'd. to 4th N. C. Feb. 6, 1782; retired Jan. 1, 1783; served as Col. N. C. Militia in 1779. (Died 1829.)
119. Brevard, Ephraim, Surgeon 1st N. C. ....; taken pris. at Charleston, May 12, 1780. (Died 1783.)
119. Brevard, Joel, Capt. 9th N. C. Nov. 28, 1776; resigned June 1, 1778.
119. Brevard, John, 1st Lt. 9th N. C. Nov. 28, 1776 to ....
119. Brevard, Joseph, Ensn. 10th N. C. May 9, 1781; Lt. Aug. 1, 1781; transf'd. to 2nd N. C. Feb. 12, 1782; Regimental Quartermaster, Mch. 13, 1782; served to close of war.
120. Brewster, Lott, Maj. 2nd N. C. Nov. 27, 1776; Lt. Col. 3rd N. C. Oct. 25, 1777; resigned Mch. 15, 1778.
120. Brice, Peter, Ensn. 9th N. C. Nov. 28, 1776 to ....
120. Brickell, Thomas, Capt. 7th N. C. Nov. 28, 1776 to ....; appears to have been taken prisoner, but when and where taken not stated.
121. Bright, Simon, Capt. 2nd N. C. Sept. 1, 1775; resigned May 3, 1776.
121. Brinkley, John, Capt. N. C. Militia, 1780-1781.
121. Brinkley, William, Capt. 3rd N. C. Apr. 16, 1776; retired June 1, 1778.
125. Brown, James S., Lt. Col. N. C. Militia; was prisoner in 1778; where and when taken not stated.
125. Brown, John, Ensn. 1st N. C. Nov. 15, 1775; 2nd Lt. Jan. 4, 1776; Capt. Apr. 26, 1777; was at King's Mtn. in Oct. 1780; on list for June 1778, he is dropped with remark transferred to one of the Dragoon Regiments of N. C.

Pages
- 126. Brown, Morgan W., 1st Lt. 9th N. C. Nov. 28, 1776; resigned Oct. 12, 1777; served as a volunteer and was taken prisoner at Charleston May 12, 1780. (Died 1840.)
- 128. Bryan, Benjamin, Ensn. 2nd N. C. Apr. 27, 1777; 2nd Lt. 7th N. C., July 15, 1777; retired June 1, 1778.
- 128. Bryan, Hardy, Commissary 7th N. C. Dec. 11, 1776 to ....
- 128. Bryan, John, Capt. N. C. Militia; killed at his home by Tories Mch. 12, 1782.
- 129. Bryant, John, Jr., Lt. 7th N. C. Nov. 28, 1776 to ....
- 129. Bryer, Benjamin, Ensn. 7th N. C. Apr. 27, 1777; 2nd Lt. July 15, 1777; retired June 1, 1778.
- 129. Buck, Stephen, Ensn. N. C. Militia, 1780-1781.
- 130. Budd, Samuel, 1st Lt. 2nd N. C. Nov. 11, 1777; Capt. ... 1779; taken pris. at Charleston, May 12, 1780; exchanged June 14, 1781; retired 1st Jan. 1783.
- 131. Buford, William, 2nd Lt. 2nd N. C. May 15, 1777; 1st N. C. Dragoons July 16, 1777; was a Capt. 1781; was wounded at Stono Ferry, Sept. 8, 1781; and served to close of war. (Died 1810.)
- 132. Bull, Thomas, Surgeon's Mate 10th N. C. Dec. 1780 to 1783.
- 132. Bullock, Daniel, Lt. 9th N. C. Nov. 28, 1776 to ....
- 132. Buncombe, Edward, Col. 5th N. C. Apr. 15, 1776; died Nov. 1777, while a prisoner, of wounds received at Germantown, Oct. 4, 1777.
- 136. Bush, John, Ensn. 8th N. C. Nov. 28, 1776; 1st Lt. Aug. 5, 1777; transferred 5th N. C. June 1, 1778; Adjutant Aug. 7, 1781; served to ....
- 136. Bush, William, Ensn. 8th N. C. Apr. 10, 1777; 2nd Lt. Aug. 15, 1777; transferred to 1st N. C. June 1, 1778, 1st Lt. Feb. 1, 1779; Capt. 1781, and served to close of war. (Died 1821.)
- 137. Butler, John, Brigadier Gen. N. C. Militia, 1780-1781.
- 138. Bynum, Turner, Capt. N. C. Militia, 1781.
- 140. Callahan, John, Lt. N. C. Militia at King's Mtn. Oct. 1780.
- 140. Callender, Thomas, Ensn. 1st N. C. June 6, 1776; 2nd Lt. Jan. 1, 1777; 1st Lt. July 8, 1777; Capt. Lt. Mch. 30, 1780; taken prisoner at Charlestown May 12, 1780; exchanged June 14, 1781; Capt. May 12, 1780; retired Jan. 1, 1783. (Died Aug. 20, 1828.)
- 141. Campbell, Arthur, Col. N. C. Militia in 1780.
- 141. Campbell, James, Ensn. 4th N. C. Dec. 11, 1776; Lt. 10 N. C. Apr. 19, 1777; 1st Lt. Dec. 21, 1777; Quartermaster Sept. 10, 1778; transferred to 2nd N. C. June 1, 1778; Capt. Dec. 14, 1778; wounded and taken prisoner at Stono Ferry June 20, 1779; exchanged June 14, 1781, and served to close of war (name also spelled Campen.)
- 141. Campbell, John, 1st Lt. 10 N. C. Apr. 20, 1777; transferred to 4th N. C. June 1, 1778; Capt. Apr. 5, 1779; retired Jan. 1, 1783.
- 141. Campbell, John, 2nd Lt. 2nd Continental Artillery June 29, 1781; and served to June 1783.
- 143. Cannon, Lewis, Lt. 10th N. C. Apr. 19, 1777 to ....
- 145. Carpenter, Peter, Ensn. 8th N. C. Nov. 28, 1776 to ....
- 146. Carroway, Gideon, Lt. 8th N. C. Nov. 28, 1776 to ....
- 146. Carroll, Butler, Ensn. 10th N. C. mentioned in 1777.
- 146. Carson, Andrew, Privt. and Capt. N. C. Partisan Rangers under Gen. Davidson, 1776-1782. (Died Jan. 29, 1841.)
- 146. Carter, Benjamin, 1st Lt. 4th N. C. Dec. 22, 1776; Capt. 1 Jan., 1779; transferred to 2nd N. C. Feb. 6, 1782, and served to close of war. (Died Jan. 20, 1830.)
- 147. Caruthers, Andrew, Lt. N. C. Militia at King's Mtn. Oct. 1780. (Died 1818.)
- 148. Caswell, Richard, Col. N. C. Partisan Rangers, 1776 to 1777; Maj. Gen. N. C. Militia 1780 to close of war; was also Gov. of N. C. at sometime. (Died Nov. 20, 1789.)

Pages
148. Caswell, William, **Ensn.** 2nd N. C. Sept. 1, 1775; Capt. 5th N. C. Apr. 16, 1776 to ......
148. Caustaphan, James, Ensn. 7th N. C. Nov. 28, 1776 to ......
151. Chapman, Samuel, 2nd Lt. 8th N. C. Nov. 28, 1776; 1st Lt. Aug. 1, 1777; transfr'd. to 4th N. C. June 1, 1778; Capt. Apr. 5, 1779, and served to close of war.
151. Charlton, William, Ensn. 10th N. C. Mch. 14, 1779; 2nd Lt. Sept. 1779; wounded Stono Ferry, June 20, and died June 21, 1779.
152. Cheese, John, Ensn. 1st N. C. June 12, 1776; 2nd Lt. Jan. 20, 1777; resigned Apr. 1, 1777.
152. Cheesboro, John, Paymaster 6th N. C. July 3, 1777; Ensn. Apr. 25, 1778; retired June 1, 1778.
153. Child, Francis, 1st Lt. 6th N. C. Apr. 16, 1776; Capt. Jan. 26, 1777; transferred to 3rd N. C. June 1, 1778; taken prisoner at Charleston May 12, 1780.
153. Child, James, Ensn. 1st N. C. Sept. 1, 1775 to ......
153. Childs, James, Ensn. 1st N. C. Sept. 1, 1775 to ......
154. Childs, Thomas, Capt. N. C. Militia in 1780. (Died Sept. 15, 1820.)
154. Christman, Nathaniel, Capt. N. C. Militia; was a prisoner; exchanged 7th June, 1782; when and where taken not stated.
154. Christman, Richard, Capt. N. C. Militia in 1780.
154. Chronicle, William, Maj. N. C. Partisan Rangers; killed at King's Mtn. Oct. 7, 1780.
157. Clark, Jonathan, Lt. N. C. Militia, 1779-1780.
158. Clark, Thomas, Maj. 1st N. C. Sept. 1, 1775; Lt. Col. Apr. 10, 1776; Col. Feb. 5, 1777; wounded Stono Ferry June 20, 1779; taken pris. at Charleston, May 12, 1780; retired Jan. 1, 1783. (Died Dec. 25, 1792.)
158. Clark, Thomas, Ensn. 9th N. C. Nov. 28, 1776; Lt. Feb. 1, 1777; transfr'd. to 4th N. C. July 1st, 1778; Capt. Feb. 10, 1779; served to ......
158. Clark, Thomas, Capt. N. C. Artillery Co. Jan. 1, 1777; last record of him is June 1779.
160. Clendenin, John, Ensn. 3rd N. C. Apr. 15, 1776; 2nd Lt. Oct. 29, 1777; 1st Lt. Dec. 23, 1777; Regimental Quartermaster Dec. 14, 1779; taken prisoner at Charleston, May 12, 1780; exchgd. June 14, 1781; served to close of war. Brevet Capt. Sept. 30, 1783, (name also spelled Clendinin and Clending).
160. Cleveland, Benjamin, Ensn. 2nd N. C., Sept. 1, 1775; Lt. Jan. 1776; Capt. Nov. 23, 1776; retired 1st June, 1778; Col. N. C. Militia, Aug. 1778, to close of war, died .... Oct. 1806.
160. Cleveland, Larkin, Lt. N. C. Militia; wounded at Lovelady Ford, N. C., Sept. 30, 1780.
160. Cleveland, Robert, Capt. N. C. Militia at King's Mtn. Oct. 1780. (Died 1812.)
161. Clinch, James, Ensn. 2nd N. C. Sept. 1, 1775 to ......
163. Coffield,. Benjamin, Adjutant 6th N. C. May 17, 1777 to July 1, 1778.
164. Coleman, Benjamin, Capt. 5th N. C. Apr. 30, 1777, transferred to 2nd N. C. June 1, 1778; taken pris. at Charleston May 12, 1780.
164. Coleman, Charles, Regimental Quartermaster, 4th N. C. Oct. 14, 1777 to ......
165. Coleman, John, Ensn. 9th N. C. Nov. 28, 1776 to ......
165. Coleman, Theophelus, Lt. 7th N. C. Nov. 28, 1776 to ......
165. Coles, William T., Capt. 4th N. C. Apr. 16, 1776 to ......; was in service July 1776.
165. Collier, John, Col. N. C. Militia, 1780-1781.
167. Conger, Stephen, Adjutant 1st N. C. Jan. 29, 1778; retired June 1, 1778.
169. Cook, George, 2nd Lt. 10th N. C. Apr. 19, 1777; 1st Lt. July 10, 1777; transferred to 1st N. C. June 1, 1778; taken prisoner at Charleston May 12, 1780.

Pages
169. Cook, James, Ensn. 2nd N. C. Sept. 1, 1775; Capt. 3rd N. C. Apr. 16, 1776; retired June 1, 1778.
169. Cook, Richard D., Capt. 9th N. C. Nov. 28, 1776; retired June 1, 1778.
170. Cooley, Samuel, Surgeon 5th N. C. Apr. 17, 1776; retired June 1, 1778; Surgeon Virginia Militia in 1780.
171. Cooper, Soloman, Lt. 10th N. C. Jan. 20, 1778 to ......
171. Cooper, William, Lt. 5th N. C. Apr. 16, 1776 to ......
171. Coots, James, Lt. 4th N. C. Nov. 20, 1776 to ......
172. Cotgrave, Arthur, 1st Lt. 2nd N. C. Mch. 26, 1778; taken prisoner at Charleston, May 12, 1780; exchanged June 14, 1781, and served to close of war.
172. Cotton, Josiah, Capt. 7th N. C. Nov. 28, 1776; retired June 1, 1778.
172. Cotton, Thomas, Capt. N. C. Militia in 1780.
173. Council, Arthur, Capt. 6th N. C. Apr. 16, 1776; died .. April, 1777.
173. Council, Robert, Ensn. 1st N. C. Jan. 4, 1776; 2nd Lt. July 7, 1776; resigned Sept. 10, 1776; Ensn. 1st N. C. Mch. 28, 1777; 2nd Lt. July 8, 1777; Capt. Co. of N. C. Dragoons July 1, 1778, and served to close of war.
173. Covington, James, Lt. 9th N. C. Nov. 28, 1776 to ......
173. Covington, William, Adjutant 4th N. C. Mch. 28, 1777 to ......
173. Cowan, David, Lt. 10th N. C. Mch. 20, 1779; Capt. 1781, and served to ......
173. Cowan, Thomas, Capt. N. C. State Troops, wounded at Eutaw Springs Sept. 8, 1781. (Died 1817.)
173. Cowan, Thomas, Capt. N. C. Militia 1780-1781; (Died 1817.)
174. Craddock, John, Ensn. 2nd N. C. May 3, 1776; 2nd Lt. May 16, 1776; 1st Lt. Jan, 1777; Capt. Lt. Dec. 24, 1777; wounded and taken prisoner at Charleston May 12, 1780; pris. on parole until retired Jan. 1, 1783.
174. Crafton, Bennett, Adjutant 6th N. C. Apr. 15, 1776 to ......
175. Craighead, ..., Capt. N. C. Militia; wounded at Hanging Rock Aug. 6, 1780.
176. Craik, Thomas, Deputy Commissary Gen. Nov. 23, 1776 to ......
177. Craven, James, Ensn. 1st N. C. June 12, 1776; 2nd Lt. Jan. 1, 1777; 1st Lt. July 28, 1777; dishonorably discharged Nov. 20, 1779.
177. Crawford, Charles, Capt. 2nd N. C. Sept. 1, 1775; retired June 1, 1778.
177. Crawford, David, Ensn. 1st N. C. June 10, 1777; Lt. .....; wounded at Hanging Rock, Aug. 6, 1780.
177. Crawford, William, Ensn. 1st N. C. 4th Jan. 1776; 2nd Lt. Mch. 28, 1776; resigned Aug. 5, 1776.
177. Creecy, John, Lt. N. C. Militia, 1780-1781.
177. Crenshaw, Arthur, Ensn. 2nd N. C. ....; taken prisoner at Charleston, May 12, 1780; exchanged June 14, 1781; served to ......
179. Crutcher, Anthony, Ensn. 5th N. C. Feb. 27, 1780; Lt. May 18, 1781; transferred to 2nd N. C. Feb. 6, 1782; served to close of war.
182. Curtis, John, Lt. 5th N. C. Oct. 1, 1776 to ......
182. Curtis, Joshua, Ensn. 4th N. C. July 1, 1777; resigned Feb. 21, 1778.
182. Curtis, Reuben, Ensn. 2nd N. C. in 1777.
182. Curtis, Thomas Ensn. 8th N. C. Nov. 28, 1776 to ......
184. Daly, Joshua, 1st Lt. 7th N. C. Dec. 19, 1776; Capt. Oct. 12, 1777; retired June 1, 1778.
184. Dance, Etheldred, Ensn. .... N. C. Reg. in 1781; (Died Feb. 4, 1828.)
185. Daniel, James, Lt. 9th N. C. Nov. 28, 1776 to ......
185. Daniel, Stephen, Ensn. 1st N. C. Jan. 4, 1776; resigned June 3, 1776.
186. Darnall, Henry, Lt. and Adjutant 5th N. C. Apr. 15, 1776; Capt. Oct. 1, 1776; retired June 1, 1778.
186. Daves, John, Quartermaster 2nd N. C. June 7, 1776; Ensn. Sept. 30, 1776; 1st Lt. Oct. 4, 1777; wounded at Stony Point, July 16, 1779; taken pris. at Charleston May 12, 1780; exchanged June 1781; transferred to 3rd N. C. Jan. 1, 1781; Capt. Sept. 8, 1781; retired Jan. 1, 1783. (Died Oct. 12, 1804.)

Pages
- 186. Daves, John, Ensn. 10th N. C. May 6, 1781 to ....
- 186. Davidson, George, Capt. 1st N. C. Sept. 1, 1775; resigned Feb. 5, 1777.
- 186. Davidson, Thomas, Lt. N. C. Militia, 1780-1781.
- 186. Davidson, William Lee, Maj. 4th N. C. Apr. 15, 1776; Lt. Col. 5th N. C. Oct. 4, 1777; transferred to 3rd N. C. June 1, 1778; transferred to 1st N. C. June 9, 1779; served also as Brig. Gen. N. C. Militia ....; killed at Cowan's Ford Feb. 1, 1781.
- 187. Davie, William Richardson, Entered the Army in 1776, as a Volunteer; Lt. of Dragoons Pulaski Legion, Apr. 5, 1779; Capt. .. May 1779; wounded at Stono Ferry, June 20, 1779; Col. N. C. Cavalry State Troops, Sept. 5, 1780, and served to close of war; Brig. Gen. U. S. Army July 19, 1798; honorably dischgd. June 15, 1800. (Died Nov. 18, 1820.)
- 187. Davis, Abraham, Adjutant 7th N. C. Dec. 22, 1776; resigned Nov. 21, 1777. (Name also spelled Dawes.)
- 189. Davis, William, Capt. 1st N. C. Sept. 1, 1775; Maj. Apr. 10, 1776; Lt. Col. 1st N. C. Feb. 5, 1777; retired June 1, 1778.
- 189. Dawes, Abraham. See Davis.
- 189. Dawes, Josiah, Regimental Quartermaster 7th N. C. July 10, 1777 to ....
- 189. Dawson, Henry, Capt. 2nd N. C. Nov. 29, 1776; resigned Oct. 11, 1777.
- 189. Dawson, Levi, Maj. 5th N. C. Apr. 15, 1776; Lt. Col. 8th N. C. Oct. 19, 1777; retired June 1, 1778.
- 192. De Keyser, Lehancius, Adjutant 1st N. C. Sept. 16, 1775; 2nd Lt. Jan. 4, 1776; 1st Lt. Feb. 3, 1776; resigned Dec. 10, 1776.
- 193. Dellinger, John, Capt. N. C. Militia, 1776.
- 193. de Medici, Cosmo. See Medici.
- 193. Dennis, William, 1st Lt. 8th N. C. Nov. 28, 1776; Capt. Sept. 30, 1777; retired June 1, 1778.
- 194. Dent, William, Commissary 9th N. C. Dec. 11, 1776 to ....
- 196. Dickenson, Richard, Ensn. 6th N. C. Apr. 12, 1777; Lt. Oct. 12, 1777; transferred to 1st N. C. June 1, 1778; cashiered Nov. 20, 1779.
- 196. Dickerson, Nathaniel, Lt. 9th N. C. Nov. 28, 1776 to ....
- 197. Dickey, John, Capt. N. C. Militia 1779-1781. (Died 1808.)
- 197. Diggs, Anthony, Lt. 5th N. C. Aug. 20, 1777; retired June 1, 1778.
- 198. Dillon, James, 2nd Lt. 7th N. C. Jan. 1, 1777; 1st Lt. Oct. 12, 1777; transferred to 2nd N. C. June 1, 1778; killed at Eutaw Springs Sept. 8, 1781.
- 198. Dillon, John, Lt. 10th N. C. .. Feb. 1779 to ....
- 198. Dixon, Charles, Ensn. 6th N. C. Apr. 2, 1777; Paymaster, Jan. 19, 1778; transferred to 3rd N. C. July 1, 1778; Lt. Feb. 8, 1779; wounded at Eutaw Springs Sept. 8, 1781; transferred to 4th N. C. Feb. 6, 1782; retired Jan. 1, 1783.
- 198. Dixon, Henry, Capt. 1st N. C. Sept. 1, 1775; arranged to 8th N. C. Jan. 1777; Maj. 3rd N. C. Oct. 4, 1777; Lt. Col. May 12, 1778; wounded at Stono Ferry June 20, 1779; transferred to 2nd N. C. Feb. 6, 1782; died July 17, 1782.
- 198. Dixon, Joseph, Maj. N. C. Militia at Kings Mtn. Oct. 1780. (Died Apr. 14, 1825.)
- 198. Dixon, Tilghman, 1st Lt. 1st N. C. Oct. 20, 1775; Capt. Feb. 5, 1777; taken prisoner at Charleston May 12, 1780; exchanged June 14, 1781; retired Jan. 1, 1783.
- 199. Dixon, Wynne, Ensn. 10th N. C. Mch. 1, 1781; 2nd Lt. July 5, 1781; transferred to 1st N. C. Feb. 1782; served to close of war. (Died Nov. 24, 1829.)
- 199. Dobbins, Hugh, Lt. 9th N. C. .., 1777 to June 1, 1778.
- 199. Dobson, ..., Capt. N. C. Militia, killed at Ramsour's Mill June 20, 1780.
- 199. Doherty, George, 1st Lt. 6th N. C. Apr. 16, 1776; Capt. Oct. 28, 1776; transferred to 4th N. C. June 1, 1778; Maj. Oct. 13, 1781; and served to June 1783.
- 200. Donoho, Thomas, 1st Lt. 6th N. C. Apr. 16, 1776; Capt. Sept. 10, 1776; Maj. Oct. 13, 1781; in 4th N. C. Feb. 6, 1782; served to close of war. (Died 1825.)

Pages
202. Douglas, Robert, Lt. of Kingsbury's Co. N. C. Artillery July 19, 1777; omitted July 1778.
202. Douglas, William, Regimental Quartermaster 4th N. C. Feb. 10, 1777 to ....
203. Dowal, David, Capt. N. C. Militia, 1776.
205. Dudley, Guilford, Lt. Col. N. C. Militia, 1780-1781.
206. Dudley, Thomas, Musician 6th N. C. in 1776; Ensn. May 1778; transferred to 3rd N. C. June 1, 1778; 2nd Lt. June 20, 1779; 1st Lt. Mch. 1, 1781; wounded at Eutaw Springs Sept. 8, 1781, served to close of war.
207. Duncan, Robert, Regimental Paymaster, 4th N. C. Dec. 1, 1777, retired June 1, 1778.
210. Eagle, Joseph, Ensn. 4th N. C. Jan. 1, 1776; resigned Mch. 20, 1776.
210. Earl, William, Capt. N. C. Militia 1780-1781.
210. Easton, Seth, Lt. 7th N. C. Nov. 28, 1776 to ....
210. Eaton, Pinketham, Capt. 3rd N. C. Apr. 16, 1776; Maj. 8th N. C. 22, 1777; retired June 1, 1778; Col. N. C. Militia; wounded at Briar Creek Mch. 3, 1779; and was killed at Fort Grierson May 24, 1781.
211. Eborne, John, Lt. 5th N. C. Oct. 1, 1776 to ....
211. Eborne, Thomas, Lt. 5th N. C. Apr. 16, 1776 to ....
212. Edmunds, Nicholas, Capt. 3rd N. C. in 1777; served to ....
215. Elmer, Eli, 1st Lt. Clark's Co. N. C. Artillery Jan. 1, 1777; resigned Feb. 13, 1780.
216. Ely, Eli, 1st Lt. 7th N. C. Dec. 11, 1776; Capt. Oct. 12, 1777; retired June 1, 1778.
216. Ely, Samuel, Capt. 7th N. C. Dec. 17, 1776; resigned Feb. 17, 1778.
217. Emmet, James, Capt. 3rd N. C. Apr. 16, 1776; Maj. 1st N. C. Dec. 22, 1777; retired June 1, 1778.
217. Enloe, John, Capt. 5th N. C. Apr. 16, 1776; resigned Oct. 25, 1777.
218. Espy, Samuel, Capt. N. C. Militia; wounded at King's Mtn. Oct. 7, 1780; (Died Dec. 29, 1838.)
219. Evans, Thomas, Ensn. 2nd N. C. June 6, 1776; 2nd Lt. July 19, 1776; 1st Lt. May 15, 1777; Adjutant Nov. 22, 1778; taken prisoner at Tappan Sept. 28, 1778; exchanged Nov. 4, 1780; retained in 1st N. C. Jan. 1, 1781; Capt. June 1st, 1781; transferred to 4th N. C. Feb. 6, 1782; and served to close of war.
220. Ewell, William, Lt. 5th N. C. Apr. 20, 1777 to ....; name also spelled Hewell.
221. Faircloth, William, Lt. 10th N. C. Jan. 20, 1778; retired June 1, 1778.
221. Falls, ..., Capt. N. C. Partisan Rangers ....; killed at Ramseur's Mill, June 20, 1780.
223. Fawn, William, 2nd Lt. 3rd N. C. Apr. 15, 1777; 1st Lt. Oct. 4, 1777; Capt. Lt. Mch. 30, 1780; wounded and taken prisoner at Charleston May 12, 1780; Capt. ....; retired Jan. 1, 1783.
223. Fear, Edmund, Capt. N. C. Militia at King's Mtn. Oct. 1780.
224. Fenner, Richard, Ensn. 2nd N. C. Jan. 10, 1779; taken prisoner at Charleston May 12, 1780; exchanged June 14, 1781; Lt. May 12, 1781; and served to close of war.
224. Fenner, Robert, Lt. 2nd N. C. Jan. 1, 1776; Capt. May 20, 1777; taken prisoner at Charleston May 12, 1780; served to close of war; Brevet Maj. Sept. 30, 1783.
224. Fenner, William, 1st Lt. 2nd N. C. Sept. 1, 1775; Capt. May 1, 1776; Major 7th N. C. Oct. 24, 1777; retired June 1, 1778.
225. Fergus, Janus, Surgeon 1st N. C. May 24, 1776; resigned .... Apr. 1777; Surgeon's Mate 1st N. C. Feb. 21, 1782; Surgeon Aug. 20, 1782, and served to close of war.
225. Ferrell, Micajah, Ensn. 9th N. C. Nov. 28, 1776 to ....
225. Ferrebee, Joseph, Lt. 10th N. C. May 5, 1777 to ....
225. Ferrebee, William, Lt. 7th N. C. Nov. 28, 1776; transferred to 4th N. C. June 1, 1778; Capt. July 1, 1781; retired Jan. 1, 1783.

Pages
225. Ferrell, Luke L., Lt. 10th N. C. ...., 1778 to ....
225. Ferrell, William, Ensn. 8th N. C. Sept. 8, 1777; 2nd Lt. Oct. 10, 1777; transfr'd. to 2nd N. C. June 1, 1778 and served to ....
227. Finney, Thomas, Ensn. 2nd N. C. Nov. 12, 1777; Lt. Jan. 23, 1781; taken prisoner at Charleston May 12, 1780; exchanged June 14, 1781, served to close of war.
231. Foakes, Yelverton, Lt. and Regimental Quartermaster 1st N. C. Feb. 3, 1776; resigned Aug. 1, 1776.
231. Foard, Hezekiah, Chaplain 5th N. C. Apr. 20, 1777; retired June 1, 1778.
231. Forbes, Arthur, Col. N. C. Militia; wounded at Guilford Mch. 15, 1781; and died in April 1781.
231. Forbes, John, Capt. N. C. Militia in 1781; killed at Guilford Mch. 15, 1781.
232. Foreman, Caleb, Lt. 8th N. C. Nov. 28, 1776 to ....
233. Forney, Peter, Capt. N. C. Rangers, serving in S. C. 1780-1781 (D. 1834.)
235. Fowkes, Yelverton, Quartermas't'r. 1st N. C. Feb. 3, 1776; resign'd. Aug. 1, 1776.
236. Francis, ..., Capt. N. C. Partisan Rangers; killed at Shallow Ford, Feb. 6, 1781.
236. Franklin, Jesse, 1st Lt. Capt. and Maj. N. C. Militia 1776-1782. (Died Sept. .., 1823.)
236. Franklin, John, Capt. N. C. Militia at King's Mtn. Oct. 1780. (D. Sept. 20, 1823.)
241. Gakae, James, Surgeon 1st N. C. Dec. .., 1775; resigned May 1776.
241. Gamble, Edmund, Ensn. 1st N. C. Mch. 28, 1776; 2nd Lt. July 7, 1776; 1st. Lt. Jan. 20, 1777; transferred to N. C. Dragoons State Regt. June 1, 1778, and served to close of war.
243. Gardner, James, Capt. 2nd N. C. May 1776; resigned May 15, 1777.
243. Gardner, William, Ensn. 2nd N. C. Sept. 1, 1775 to ....; 2nd Lt. Oct. 20, 1775, and served to ....
244. Gaston, Alexander, Capt. N. C. Militia; murdered by Tories Aug. 20, 1781. Where not stated.
244. Gaston, Robert, Capt. 2nd N. C. Feb. 1776 to ....
244. Gatling, Levi, Ensn. 10th N. C. .., 1777; Lt. Feb. 12, 1778; cashiered Aug. 25, 1778.
245. Gee, Howell, Ensn. 7th N. C. Apr. 15, 1777; Lt. Nov. 1777; Capt. ...., and served to ....
245. Gee, James, 1st Lt. 2nd N. C. Sept. 1, 1775; Capt. May 3, 1776; died Nov. 12, 1777.
245. Geikee, James, Surgeon 1st N. C. Dec. .. 1775, resigned May .. 1776.
245. Gerrard, Charles, Ensn. 5th N. C. Apr. 30, 1777; 2nd Lt. Dec. 19, 1777; 1st Lt. 2nd N. C. June 1, 1778; taken prisoner at Charleston May 12, 1780; exchanged June 14, 1781; transferred to 1st N. C. Jan. 1, 1781; served to close of war.
247. Gibson, Thomas, Ensn. of a N. C. Reg. Feb. 20, 1780; taken prisoner at Charleston May 12, 1780; exchanged June 14, 1781.
248. Gillespie, Robert, Ensn. 4th N. C. .... 1777; Lt. Aug. .. 1777; served to ....
250. Glechan, John, Capt. 7th N. C. Nov. 28, 1776; resigned Oct. 11, 1777.
250. Glover, William, 1st Lt. 6th N. C. Apr. 16, 1776; Capt. May 7, 1776. Retired June 1, 1778.
250. Godfrey, William, Lt. 8th N. C. Nov. 28, 1776; resigned Aug. 15, 1777.
252. Goodin, Christopher, Lt. 6th N. C. Apr. 16, 1776; transferred to 3rd N. C. June 1, 1778; Capt. Jan. .. 1779; killed at Eutaw Springs, Sept. 8, 1781.
252. Goodloe, Robert, Capt. N. C. Militia 1779-1781. (D. 1797.)
252. Goodman, William, Capt. 4th N. C. Oct. 1, 1776; killed at Eutaw Springs Sept. 8, 1781.
252. Goodwin, John, Lt. N. C. Militia, 1781.
253. Gordon, Charles, Maj. N. C. Partisan Rangers ..; wounded at King's Mtn. Oct. 7, 1780; (D. Mch. 24, 1799.)

Pages

255. Graham, George, Ensn. 1st N. C. Sept. 1, 1775; 2nd Lt. Jan. 4, 1776; resigned Apr. 15, 1776; served subsequently as Capt. of N. C. Rangers.
255. Graham, Joseph, served as Lt. & Capt. N. C. Rangers from Sept. 1778; Maj. N. C. Partisan Rangers 1780; wounded at Charlotte Sept. 26, 1780. (D. Nov. 12, 1836.)
256. Graham, Richard, Lt. 2nd N. C. June 8th, 1776; Capt. Jan. 1778; retired June 1, 1778.
256. Graham, William, Col. N. C. Militia, 1776-1781, (D. May 3, 1835.)
256. Grainger, Caleb, Capt. 1st N. C. Sept. 1, 1775; Maj. Feb. 5, 1777; resigned Apr. 26, 1777.
256. Grainger, John, 1st Lt. 2nd N. C. Sept. 1, 1775 to ....
256. Granberry, George, Capt. 3rd N. C. Apr. 16, 1776 to ....
256. Granberry, John, Lt. 3rd N. C. ... 1777 to ....
256. Granberry, Thomas, Capt. 3rd N. C. Apr. 16, 1776; was taken prisoner; when and where not stated. (D. May 20, 1830.)
257. Grant, Reuben, Ensn. 6th N. C. Apr. 16, 1776; Lt. June 6, 1776; served to ......
257. Grant, Thomas, Ensn. 6th N. C. Apr. 16, 1776 to ...... (D. 1828.)
257. Graves, Francis, Reg. Quartmstr. 8th N. C. Sept. 1, 1777; Lt. 10th N. C. Oct. 26, 1777; transfd. to 3rd N. C. June 1, 1778; 1st Lt. July 14, 1779; transfd. to 1st N. C. ... July 1780; taken prisoner at Charleston May 12, 1780, exchanged June 14, 1781; and served to close of war.
258. Gray, John, Capt. 3rd N. C. Apr. 16, 1776; retired June 1, 1778.
259. Green, James W., Surgeon's Mate 10th N. C. June 10, 1778; Surgeon Dec. 7, 1779; taken prisoner at Charleston May 12, 1780; exchanged June 14, 1781; transfd. to 1st N. C. Feb. 6, 1782; served to close of war.
260. Green, Joseph, Commissary 8th N. C. Dec. 11, 1776 to ....
260. Green, William, Capt. 1st N. C. Sept. 1, 1775; resigned Jan. 4, 1776.
260. Green, William, Ensn. 6th N. C. June 6, 1776; 2nd Lt. Oct. 28, 1776; 1st Lt. Aug. 27, 1777; served to ....
261. Greensbury, Thomas, Capt. 3rd N. C. Apr. 16, 1776; resigned Dec. 28, 1779.
261. Greer, Robert, 2nd Lt. 8th N. C. Nov. 28, 1776; 1st Lt. Apr. 24, 1777; retired June 1, 1778.
262. Gregory, Dempsey, Capt. 10th N. C. Apr. 19, 1777; resigned May 22, 1778.
262. Gregory, Isaac, Brig. Gen. N. C. Militia, wounded at Camden Aug. 16, 1780.
264. Groves, William, 1st Lt. 5th N. C. Apr. 16, 1776; Capt. Aug. 17, 1777; retired June 1, 1778. (Name also spelled Graves.)
265. Guion, Isaac, Surgeon 1st N. C. Sept. 1, 1775; resigned Dec. ... 1775; Commissary & Paymaster 7th N. C. Mch. 11, 1776; retired July 1, 1778.
265. Gurley, William, Capt. 8th N. C. Nov. 28, 1776 to ....
266. Hadley, Joshua, 1st Lt. 6th N. C. Apr. 1, 1776; transfrd. to 1st N. C. June 1, 1778; Capt. June 13, 1779; wounded at Eutaw Springs Sept. 8, 1781; served to close of war. (D. Feb. 8, 1830.)
266. Hair, John L., Lt. 1st N. C. Aug. 16, 1777 to ....
267. Hall, Clement, 1st Lt. 2nd N. C. Sept. 1, 1775; Capt. Apr. 19, 1777; Brevet Majr. Sept. 30, 1783; served to close of war.
267. Hall, James, Capt. 9th N. C. ... 1777 to ......; Lt. Col. N. C. Militia; killed at Cowan's Ford, Feb. 1, 1781.
268. Hall, Robert, Surgeon 3rd N. C. Apr. 17, 1776; resigned Feb. 28, 1777.
268. Hall, Thomas, Ensn. 1st N. C. Dec. 24, 1776; 2nd Lt. Feb. 8, 1777; resigned Apr. 3, 1777.
268. Hall, William, Capt. N. C. Militia, 1779-1781; served as Col. and Brig. Gen. Tennessee Militia during war of 1812. (D. June 3, 1825.)
269. Halling, Solomon, Surgeon 4th N. C. in 1779 to close of war.
269. Hambright, Frederick, Capt. N. C. Militia, 1776; Lt. Col. N. C. Riflemen Militia, wounded at King's Mtn. Oct. 7, 1780. (D. Mch. ... 1817.)

Pages
270. Hamilton, Hanse, Surgeon 7th N. C. Apr. ... 1777 to ....
271. Hammond, George, Lt. N. C. Militia; wounded at Eutaw Springs Sept. 8, 1781.
271. Hampton, Andrew, Capt. N. C. Militia in 1776, Col. N. C. Militia at King's Mtn. Oct. 1780; (Died Oct. 8, 1805.)
272. Handcock, William, Ensn. 6th N. C. Apr. 28, 1777; 2nd Lt. Aug. 1, 1777; resigned Aug. 27, 1777.
274. Hardy, William, Paymaster Battalion N. C. Light Dragoons Sept. 10, 1777 to .....
274. Hargrave, William, Ensn. 10th N. C. Jan. 16, 1778, transfrd. 1st N. C. June 1, 1778; Lt. Mch. 30, 1780; taken at Charleston May 12, 1780, exchanged June 14, 1781; retired Jan. 1, 1783.
274. Harjett, Fredrick, Capt. 8th N. C. Nov. 28, 1776 to ....
275. Harney, Selby, Maj. 8th N. C. Nov. 26, 1776; Lt. Col. Nov. 6, 1777; transfrd. to 2nd N. C. June 1, 1778; taken pris. at Charleston May 12, 1780; exchanged ....; transfrd to 3rd N. C. Feb. 6, 1782; Col. Sept. 30, 1783, & served to close of war.
275. Harper, Andrew, Brigade-Major to Gen. Hogun in 1779.
275. Harper, Jonathan, Lt. Col. N. C. Militia, 1780-1781.
276. Harris, Thomas, Capt. 4th N. C. Apr. 16, 1776; reported as Maj. in 1781; served to .... (D. Aug. 31, 1826.)
276. Harris, West, Lt. 9th N. C. Nov. 28, 1776; Lt. N. C. Dragoons .., 1777 to Jan. 1780.
277. Harrison, Richard, Maj. N. C. Militia in 1780.
277. Harrison, William, Ensn. 7th N. C. Dec. 11, 1776; 2nd Lt. Dec. 19, 1776; 1st Lt. July 15, 1777; Capt. .., 1779; served to close of war. (D. July 18, 1831.)
277. Hart, Anthony, 2nd Lt. 3rd N. C. Apr. 16, 1777; 1st Lt. Nov. 22, 1777; taken pris. at Charleston, May 12, 1780; exchgd. June 14, 1781; Capt. 1781; served to close of war.
277. Hart, John, 2nd Lt. 6th N. C. May 7, 1776; 1st Lt. ....; Capt. 6th Aug. 1779, and served to .....
277. Hart, Nathaniel, Capt. N. C. Rangers; killed by Indians at Blue Lick Springs, Kentucky, Aug. 19, 1782.
278. Hart, Samuel, Lt. 9th N. C. Nov. 28, 1776 to ....
278. Hart, Thomas, Commissary 6th N. C. Apr. 23, Oct. 28, 1776.
278. Harvey, James, Paymaster, 7th N. C. Dec. 11, 1776 to ....
278. Harvey, John, Capt. N. C. Militia at King's Mtn. in Oct. 1780.
280. Hawkins, Philemon, Col. N. C. Militia, 1776-1781. (D. 1801.)
282. Hays, James, Lt. 7th N. C. Nov. 28, 1776 to ....
282. Hays, Robert, Ensn. 4th N. C. Aug. 16, 1777; 2nd Lt. Jan. 1, 1778; transfrd. to 1st N. C. June 1, 1778; 1st Lt. Feb. 16, 1780; taken pris. at Charleston, May 12, 1780; exch'gd. June 14, 1781; served to close of war.
284. Henderson, Michael, Capt. 9th N. C. Nov. 28th, 1776 to ....
285. Henderson, Pleasant, Lt. 6th N. C. Apr. 16, 1776 to ....; Maj. N. C. Militia, 1780-1781. (D. 1842.)
285. Henderson, Richard, Capt. in N. C. Militia, 1780-1781.
286. Herndon, Benjamin, Maj. N. C. Militia at King's Mtn. Oct. 1780. (D. Dec. 31, 1819.)
287. Herndon, Joseph, Capt. N. C. Militia at King's Mtn. Oct. 1780.
287. Herritage, John, 1st Lt. 2nd N. C. Sept. 1, 1775; Capt. May 3, 1776; resigned May 15, 1777.
287. Herron, Armwell, Capt. 10th N. C. Apr. 19, 1777; retired June 1, 1778.
287. Hewell, William, Lt. 5th N. C. Apr. 20, 1777 to .... Name also spelled Ewell.
287. Hewes, Joseph, a signer of the Dec. of Independence. D. Nov. 10, 1779.
288. Hickman, William, Lt. 4th N. C. .., 1777 to ....
289. Hicks, William, Ensn. 9th N. C. Nov. 28, 1776 to ....; was Capt. N. C. Militia in 1781.

Pages
- 290. Hill, John, Ensn. 10th N. C. Apr. 4, 1781; Lt. July 5, 1781; transfrd. to 4th N. C. Feb. 6, 1782; served to close of war.
- 290. Hill Williams, Lt. 1st N. C. Sept. 1, 1775 to ....
- 291. Hilton, William, 2nd Lt. 6th N. C. Apr. 1, 1777; 1st Lt. Oct. 12, 1777; transfrd. to 1st N. C. July 1, 1778; killed at Stony Point, July 15, 1779.
- 293. Hodges, John, Ensn. 5th N. C. May 4, 1776; Lt. Oct. 1, 1776; was in service as a Capt. in 1780 and 1781; served to ....
- 293. Hodgton, Alvery, Lt. & Adjt. 3rd N. C. in 1777, and served to ....
- 294. Hogg, Thomas, 1st Lt. 1st N. C. Sept. 1, 1775; Capt. Apr. 10, 1776; Maj. 5th N. C. Sept. 19, 1777; transfrd. to 3rd N. C. June 1st, 1778; taken pris. at Charleston May 12, 1780; exchgd. Mch. 1781, and served to close of war; Brevet Lt. Col. Sept. 30, 1783.
- 294. Hogun, James, Maj. Georgia Militia in 1776; Col. 7th N. C. Nov. 26, 1776; transfrd. to 3rd N. C. June 1, 1778; Brig. Gen. Cont. Army, Jan. 9, 1779; taken pris. at Charleston May 12, 1780 and died in Captivity Jan. 4, 1781.
- 296. Holland, James, Lt. and Capt. N. C. Militia, 1776-1781.
- 296. Holland, Spier, Ensn. 5th N. C. Mch. 24th, 1776; 1st Lt. Oct. 25, 1777, and served to ....
- 297. Hollingsworth, Charles, Lt. 4th N. C. .., 1777 to ....
- 297. Hollowell, Samuel, Lt. 8th N. C. Sept. 20, 1777; retired June 1, 1778.
- 297. Holmes, Hardy, 2nd Lt. 1st N. C. Nov. .., 1776; 1st Lt. .., 1777 to ....; Capt. ...; wounded at Eutaw Springs, Sept. 8, 1781; served to close of war.
- 300. Hooper, William, a signer of the Dec. of Indpndce. D. Oct. 11, 1790.
- 302. Houston, Christopher, Capt. N. C. Rangers 1776-1782. (D. May 12, 1837.)
- 302. Houston, James, Capt. N. C. Rangers, 1777-1780; wounded at Ramsour's Mill, June 20, 1780. (D. Aug. 2, 1819.)
- 304. Howe, Robert, Col. 2nd N. C. Sept. 1, 1775; Brig. Gen. Cont. Army, Mch. 1, 1776; Maj. Gen. Oct. 20, 1777; and served to close of war. (D. Nov. 12, 1785.)
- 304. Howell, Elias, Ensn. 8th N. C. Nov. 12, 1776; 2nd Lt. July 12, 1777; retired July 1, 1778.
- 309. Hunt, Jesse, Capt. N. C. Militia, 1778.
- 310. Hunter, James, Maj. N. C. Militia at Guilford in March 1781.
- 313. Inglas, John, 1st Lt. 2nd N. C. May 3, 1776; Capt. Oct. 24, 1777; taken pris. at Charleston May 12, 1780; exchgd. June 1781; served to close of war; Brevt Maj. Sept. 30, 1783.
- 313. Ingram, James, Lt. Col. 8th N. C. Nov. 27, 1776; resigned July 8, 1777.
- 313. Irwin, Henry, Lt. Col. 5th N. C. Apr. 15, 1776; killed at Germantown Oct. 4, 1777.
- 313. Irwin, John, Ensn. 1st N. C. Mch. 28, 1777; 2nd Lt. Apr. 4, 1777; resigned Aug. 28, 1777; Col. N. C. Militia in 1780-1781.
- 313. Isaacs, Elisha, Col. N. C. Militia ..; wounded and taken pris. at Camden Aug. 16, 1780; exchgd. July 1781.
- 315. Ivey, Curtis, Ensn. 5th N. C. Apr. 23, 1777; 1st Lt. Oct. 10, 1777; transfrd. to 3rd N. C. June 1, 1778; Capt. Feb. 1, 1779; transfrd. to 4th N. C. Feb. 6. 1782; served to close of war. Name also spelled *Ivory*.
- 317. Jacobs, John, Ensn. 6th N. C. June 2, 1776; 2nd Lt. Nov. 1, 1776; resigned Mch. 1, 1778.
- 317. James, John, Capt. 6th N. C. Apr. 16, 1776 to ....
- 318. Jarvis, John, Capt. 10th N. C. Apr. 19, 1777 to ....
- 318. Jarvis, Samuel, Col. N. C. Militia in 1780.
- 320. Johnson, James, Regimental Quartermaster, 6th N. C. Apr. 2, 1777; retired June 1, 1778; Capt. N. C. Militia at King's Mtn. ..., Oct. 1780. (D. July 23, 1805) (?)
- 321. Johnson, Joshua, Lt. 9th N. C. Nov. 28, 1776 to ....

IN THE AMERICAN REVOLUTION 39

Pages
321. Johnson, Samuel, Lt. 10th N. C. ...; wounded at King's Mtn. Oct. 7, 1780. (Died Sept. 15, 1834.)
322. Johnston, Gilbert, Capt. N. C. Rangers under Marion in 1780 & 1781. (D. 1794.)
323. Johnston, Hugo, Capt. N. C. Militia; wounded at Wiggins Mill, Geo. Apr. 1781. (D. 1794.)
322. Johnston, James, Capt. N. C. Militia, 1776, and at King's Mtn. in 1780. (D. July 23, 1805.) (?)
322. Johnston, John, Capt. N. C. Militia, 1779-1781.
322. Johnston, Jones, Col. N. C. Militia; killed at Stono Ferry, June 20, 1779.
322. Johnston, Joseph, Ensn. 9th N. C. Nov. 28, 1776; transfrd. to 1st N. C. June 1, 1778; 1st Lt. Feb. 1, 1779; taken pris. at Charleston, May 12, 1780; exchngd. June 1781; served to close of war.
322. Johnston, Launcelot, Surgeon 9th N. C. Dec. 22, 1776; retired June 1, 1778; Surgeon N. C. Militia in 1779-1780. (D. Sept. 19, 1832.)
323. Johnston, William, Capt. N. C. Militia at King's Mtn. Oct. 1780.
323. Jones, Allen, Lt. Col. & Col. & Brig.-Gen. N. C. Militia, 1775-1782. (D. Nov. 10, 1798.)
324. Jones, Daniel, Capt. 3rd N. C. May 12, 1776; retired June 1, 1778.
324. Jones, David, 1st Lt. 4th N. C. Nov. 27, 1776; omitted Jan. 1, 1778.
324. Jones, John, Col. N. C. Partisan Rangers, ...; wounded at Pacolett River, N. C. July 14, 1780.
325. Jones, Maurice, Lt. 6th N. C. June 15, 1776 to ....
325. Jones, Philip, Lt. 8th N. C. Nov. 28, 1776; Capt. Lt. of Kingsbury's Independent Co. N. C. Artillery, July 19, 1777; taken pris. at Charleston May 12, 1780.
325. Jones, Samuel, Ensn. 8th N. C. Nov. 28, 1776; 1st Lt. 10th N. C. Oct. 4, 1777; transfrd. to 3rd N. C. June 1, 1778; Capt. Sept. 11, 1781; retired Jan. 1, 1783.
325. Jones, Samuel, Ensn. 2nd N. C. ..... (D. July 7, 1778.)
325. Jones, Thomas, Ensn. 7th N. C. Apr. 7, 1777; Lt. Aug. 15, 1777; retired June 1, 1778.
325. Jones, Timothy, Lt. 10th N. C. Apr. 19, 1777; retired June 1, 1778.
326. Jones, Wm., Brig.-Gen. N. C. Militia, 1780-1781.
327. Karr, James, Lt. of a N. C. Reg. in 1781. (D. Mch. 13, 1823.)
327. Keais, Nathaniel, Capt. 2nd N. C. Sept. 1, 1775; retired June 1, 1778.
329. Kennedy, Robert, Capt. N. C. Militia at King's Mtn. Oct. 1780.
329. Kennedy, Thomas, Capt. N. C. Militia; wounded at Ramsour's Mill, June 20, 1780. (D. June 19, 1836.)
329. Kennon, John, Lt. 6th N. C. Apr. 16, 1776 to .....
330. Kennon, William, Lt. and Commissary 1st N. C. Sept. 1, 1776; resigned Apr. 1777.
331. Kilby, William, Ensn. 2nd N. C. June 6, 1776. (D. Apr. 6, 1777.)
331. Kilby, Wm. Tyler, Ensign 2nd N. C. June 6, 1776, (D. Apr. 6, 1777.)
332. King, James, Ensn. 1st N. C. June 1, 1776; 2nd Lt. Aug. 15, 1776; 1st Lt. Apr. 3, 1777; Capt. Mch. 30, 1780; taken pris. at Charleston May 12, 1780, and died in captivity.
333. Kingsbury, John, Capt. Independent Co. N. C. Artillery, July 19, 1777; taken pris. at Charleston May 12, 1780.
336. Knott, William, Lt. 4th N. C. ...., 1777 to ....
336. Koen, Caleb, Lt. 10th N. C. Apr. 19, 1777 to ....
337. Lacey, John. Ensn. 2nd N. C. May 20, 1779 to ....
337. Lackey, Christopher, 2nd Lt. 5th N. C. May 3, 1776; 1st Lt. .., 1777; transfrd. to 3rd N. C. June 1, 1778; served to ....
338. Lamb, Abner, Ensn. 1st N. C. .., 1780; Lt. June 1, 1781; wounded at Eutaw Springs, Sept. 8, 1781; served to close of war.
338. Lamb, Gideon, Maj. 6th N. C. Apr. 15, 1776; Lt. Col. May 6, 1776; Col. Jan. 26, 1777; retired June 1, 1778.

Pages
- 339. Lane, Isaac, Lt. N. C. Militia at King's Mtn. in Oct. 1780.
- 340. Langford, Alloway, Ensn. 8th N. C. Feb. 8, 1777; 2nd Lt. Aug. 1, 1777; 1st Lt. Oct. 12, 1777; retired June 1, 1778.
- 340. Lanier, David, Lt. N. C. Militia in 1780.
- 340. Lanier, James, Ensn. 8th N. C. Nov. 28, 1776; 2nd Lt. Aug. 26, 1777; retired June 1, 1778.
- 340. Lanier, William, Ensn. N. C. Militia, 1780.
- 341. Lasiter, Jethro, Ensn. 7th N. C. Nov. 28, 1776; 2nd Lt. Dec. .., 1776; 1st Lt. Oct. 12, 1777; retired June 1, 1778.
- 342. Lawrence, Nathaniel, Ensn. 3rd N. C. June 1, 1777; taken pris. at Fort Fayette, June 1, 1779; exchanged Apr. 18, 1781; retained at Lt. 2nd N. C. to rank from Jan. 23, 1781; retired Jan. 1, 1783.
- 347. Lemmy, Joseph, Ensn. 1st N. C. Jan. 4, 1776; 2nd Lt. Jan. 18, 1776; died July 1776. Name also spelled McLemmy.
- 347. Lenear, James, Ensn. 8th N. C. Nov. 28, 1776; resigned Oct. 12, 1777. Name also spelled Lenoir.
- 347. Lenoir, William, Capt. N. C. Rangers, .., 1776; wounded at King's Mtn. Oct. 7, 1780; (D. May 6, 1839.)
- 349. Lewis, James Martin, Lt. N. C. Militia; wounded at King's Mtn., Oct. 7, 1780.
- 349. Lewis, Joel, Lt. 10th N. C. Aug. 1, 1779; Capt. 4th N. C. ...; wounded at King's Mtn. Oct. 7, 1780; was a Maj. in 1782, and served to ..... (D. Nov. 22, 1816.)
- 349. Lewis, Joseph, Lt. 8th N. C. Nov. 28, 1776; resigned Oct. 10, 1777.
- 349. Lewis, Micajah, Capt. 1st N. C. July 25, 1777; transfrd. to 4th N. C. June 1, 1778; Major ....; wounded at King's Mtn. Oct. 7, 1780; died Feb. 28, 1781, of wounds received at Pyle's defeat, Feb. 25, 1781.
- 350. Lewis, William, Lt. 9th N. C. Mch. 1777 to .....
- 350. Ligman, John, Capt. N. C. Militia, 1780-1781.
- 350. Lillington, John, Lt. 1st N. C. Sept. 1, 1775; resigned May .., 1776; Col. N. C. Militia, 1779-1782.
- 350. Lillington, John Alexander, Col. 6th N. C. Apr. 15, 1776; resigned May 16, 1776; Brig.-Gen. N. C. Militia, 1776-1783. (D. 1786.).
- 352. Linton, Wm. 2nd Lt. 3rd N. C. July 24, 1776; 1st Lt. Apr. 14, 1777, and served to ...... (D. Feb. 28, 1827.)
- 352. Liscombe, John, Ensn. 6th N. C. Apr. 28, 1777 to ......
- 355. Locke, Francis, Col. N. C. Militia 1779-1781. (D. Jan. 8, 1823.)
- 355. Locke, George, Lt. N. C. Militia; killed at Charlotte Sept. 26, 1780.
- 355. Lockhart, Samuel, Maj. 3rd N. C. Apr. 15, 1776; Lt.-Col. 8th N. C. Oct. 12, 1777; resigned Oct. 19, 1777; was taken pris. at Charleston May 12, 1780, is then called Col.
- 356. Long, Nehemiah, Lt. 5th N. C. Oct. 4, 1776 to ......
- 356. Long, Nicholas, Col. N. C. Militia in 1775; Col. Deputy Quartermaster, General Southern Department, May 7, 1776 to ....; Col. 43rd U. S. Infantry Aug. 4, 1813; honorably dischg'd. June 15, 1815. (D. Aug. 22, 1819.)
- 356. Loomis, Abner, Ensn. 8th N. C. Feb. 8, 1776; 2nd Lt. Aug. 27, 1777; resigned Nov. 15, 1777.
- 356. Loomis, Jonathan, Surgeon, 8th N. C. Nov. 26, 1776; transfrd. to 3rd N. C. June 1, 1778; taken pris. at Charleston, May 12, 1780; exchanged June 14, 1781; served to close of war.
- 357. Looney, David, Major N. C. Militia 1779-1782. (D. 1810.)
- 357. Lord, William, Paymstr. 1st N. C. Dec. 12, 1776; resigned Mch. 5, 1777; Lt. 10th N. C. Aug. 1, 1779, and served to .....
- 358. Love, Amos, Lt. 6th N. C. Apr. 16, 1776, to .....
- 358. Love, David, Surgeon N. C. Brigade Aug. 18, 1779 to Aug. 1, 1781; was taken pris., when and where not stated.

Pages
359. Lowe, John, Lt. 10th N. C. Apr. 19, 1777; retired June 1, 1778. (D. 1826.)
359. Lowe, Philip, Ensn. 2nd N. C. Sept. 1st, 1775; Lt. May 3, 1776; resigned Feb. 1, 1777; Maj. 4th Georgia June 18, 1778; Lt. Col. .., 1780; retired Oct. 1, 1780.
360. Lumos, Jonathan, Surgeon 3rd N. C. Nov. 26th, 1776; retired Jan. 1, 1783.
361. Luton, James, Ensn. 2nd N. C. Apr. 1, 1777; resigned Mch. 3, 1778.
361. Luttrell, John, Lt. Col. 9th N. C. Nov. 27, 1776; retired June 1, 1778.
361. Lynch, John, Lt. 7th N. C. Nov. 28, 1776 to .....
363. Lytle, Archibald, Capt. 6th N. C. Apr. 16, 1776; Lt. Col. 6th N. C. Jan. 26, 1777; wounded at Stono Ferry, June 20, 1779; taken pris. at Charleston May 12, 1780; exchgd. Feb. 9, 1782; Col. Sept. 30, 1783; served to close of war.
363. Lytle, Micajah, Lt. 3rd N. C. May 3, 1776 to .....
363. Lytle, William, Ensn. 9th N. C. Dec. 6, 1776; Lt. Apr. 16, 1777; transfrd. to 1st N. C. June 1, 1778; Capt. Jan. 28, 1779; transfrd. to 4th N. C. Feb. 6, 1782; served to close of war. (D. 1829.)
363. Mac & Mc. (Mc arranged as if spelled Mac.)
363. McAllister, Neil, Ensn. 1st N. C. Sept. 1, 1775; 2nd Lt. Jan. 4, 1776; 1st Lt. June 29, 1776; resigned June 20, 1777.
364. McCann, John, Lt. 6th N. C. Apr. 16, 1776; killed Oct. 4, 1777, at Germantown, Pa.
364. McCarthy, Florence, Ensn. 4th N. C. May 1, 1777 to ....
364. McCauley, Matthew, Lt. 10th N. C. Apr. 19, 1777 to ....
364. McClammy, Joseph, Ensn. 2nd N. C., Oct. 20, 1775 to ......
365. McClelland, Daniel, Capt. in a N. C. Regm't in 1780 & 1781.
366. McClure, James, Ensn. N. C. Militia, wounded at Hanging Rock Aug. 6, 1780.
366. McClure, William, Surgeon 6th N. C. Apr. 17, 1776; transfrd. to 2nd N. C. June 1, 1778; transfrd. to 1st N. C. .., 1780; taken pris. at Charleston May 12, 1780; exchanged June 14, 1781; served to close of war. (D. Oct. 25, 1828.)
367. McCrory, Thomas, Capt. 9th N. C. Nov. 28, 1776 to .....
368. McDougall, James, Cornet 3rd Continental Dragoons Jan. 8th, 1777 to ......
368. McDowell, Charles, Col. N. C. Militia, 1779-1781. (D. Mch. 31, 1815.)
369. McDowell, Joseph, Sr., Major N. C. Militia at King's Mtn. Oct. 1780, and at Cowpens in Jan. 1781; served subsequently as Col. and Brig.-Gen. in N. C. Militia. (D. Aug. 11, 1801.)
369. McDowell, Joseph, Capt. N. C. Militia 1780-1781; (was cousin of Joseph McDowell, Sr.); died Feb. 27, 1795.
369. McFadden, James, Capt. N. C. Militia, 1776.
370. McGibbony, Patrick, Ensn. 4th N. C., Nov. 27, 1776; Lt. Dec. 9, 1776; served to ......
370. McGlaughlan, John, Capt. 7th N. C. Nov. 28, 1776 to ......
371. McIlwaine, Stringer, Lt. 2nd N. C. in 1777.
372. McKinney, James, Ensn. 5th N. C. May 9, 1776 to ......
373. McKissick, Daniel, Capt. N. C. Militia; wounded at Ramsour's Mill, June 20, 1780.
373. McLane, John, Capt. 4th N. C. Apr. 16, 1776 to ......
373. McLane, Wm., Surgeon's Mate 10th N. C. Jan. 1, 1783 to close of war. (D. Oct. 25, 1828.)
373. McLaughlan, John, Lt. 1st N. C. May 6, 1776; Capt. 1780, and served to ......
373. McLean, William, Surgeon's Mate 1st N. C. in 1779 to 1781; name also spelled McLane. (D. Oct. 25, 1823.)
374. McNaughton, John, 2nd Lt. 8th N. C. Nov. 28, 1776; 1st Lt. Aug. 5, 1777; retired June 1, 1778.
374. McNees, John, 2nd Lt. 3rd N. C. Mch. 8, 1777; 1st Lt. Nov. 20, 1777; taken pris. at Charleston May 12, 1780; exchgd. June 14, 1781; transfrd. to 1st N. C. Jan. 1, 1781; was in 3rd N. C. Feb. 1782, and served to close of war.

Pages
375. McNeil, Hector, 1st Lt. 1st N. C., Sept. 1, 1775; deserted Feb. 3, 1776.
375. Mason, John, 1st Lt. 7th N. C. Nov. 28, 1776; Capt. Dec. 11, 1776; retired June 1, 1778.
375. McRee, Griffith John, Capt. 6th N. C. Apr. 16, 1776; transfrd. to 1st N. C. June 1, 1778; taken pris. at Charleston May 12, 1780; Maj. 3rd N. C. Sept. 11, 1781, and served to close of war; Capt. of Artillerists and Engineers, June 2, 1794; resigned 29th Apr. 1798. (D. Oct. 3, 1801.)
376. McReynolds, Robert, Ensn. 10th N. C. Apr. 19, 1777 to ......
376. McRory, James, Ensn. 9th N. C. May 2, 1777 to ......
376. McSheehy, Miles, Adjutant 9th N. C. Feb. 12, 1777 to ......
377. Magness, Wm., Capt. N. C. Militia, 1776-1777.
377. Mallett, Daniel, Commissary 4th N. C. Apr. 23, 1776 to ......
377. Mallett, Peter, Commissary 6th N. C. Oct. 28, 1776; of the 5th N. C. Apr. 23, 1777 to June 1, 1778, when retired.
380. Marshall, Dixon, Ensn. 1st N. C. Mch. 28, 1777; 2nd Lt. Apr. 26, 1777; 1st Lt. July 1779; taken pris. at Charleston May 12, 1780; exchgd. June 14, 1781; served to close of war. (D. Aug. 22, 1824.)
381. Martin, Alexander, Lt. Col. 2nd N. C. Sept. 1, 1775; Col. May 7, 1776; resigned Nov. 22, 1777. (D. Nov. 12, 1807.)
381. Martin, James, 1st Lt. 2nd N. C. May 3, 1776; Capt. 5th N. C. Apr. 20, 1777; retired June 1, 1778; Col. N. C. Militia 1780-1781.
382. Martin, Samuel, 1st Lt. 2nd N. C. June 8, 1776; Capt. June .., 1780; served to ...... (D. Nov. 26, 1836.)
383. Mason, Richard, Ensn. 2nd N. C. Sept. 4th, 1778; Lt. ... 1779; Capt. 1781, and served to close of war.
384. Masterson, James, Ensn. N. C. Militia in 1780.
385. May, James, Capt. 8th N. C. Nov. 28, 1776; resigned Aug. 5, 1777.
387. Mebane, Robert, Lt. Col. 7th N. C. Nov. 28, 1776; transfrd. to 1st N. C. June 1, 1778; Lt. Col. Commandant 3rd N. C. June 7, 1779; taken pris. at Charleston May 12, 1780.
387. Medaris, John, 1st Lt. 3rd N. C. Apr. 15, 1777; Capt. Dec. 23, 1777; tranfrd. to 1st N. C. Feb. 6, 1782; and served to close of war. Brevet Maj. Sept. 30, 1783.
387. Medici, Cosmode, Capt. Independent Co. N. C. Light Horse Mch. 3, 1777; Company dischgd. Jan. 1, 1779.
389. Mercer, John, Ensn. 7th N. C. Nov. 28, 1776; resigned Nov. 22, 1777.
389. Meredith, Wm., Capt. N. C. Militia at King's Mtn., Oct. 1780.
390. Messick, Jacob, Ensn. 8th N. C. Nov. 28, 1776; Lt. Apr. 24, 1777; retired June 1, 1778.
392. Miller, James, Lt. N. C. Militia in 1777; Capt. N. C. Militia at King's Mtn. Oct. 1780.
394. Mills, Benjamin, 1st Lt. 8th N. C. Nov. 28, 1776; resigned July 12, 1777; 1st Lt. N. C. Dragoons July 15, 1777, and served to Jan. 1781.
394. Mills, James, 1st Lt. 8th N. C. Nov. 28, 1776; transfrd. to 1st N. C. June 1778; appears to have been a Capt. in 10th N. C. in 1779, and is reported to have been killed in a skirmish in Mch. 1781.
395. Mitchell, George, Capt. 6th N. C. Apr. 16, 1776 to ......
396. Mitchels, Nathaniel, Regimental Quartermaster 3rd N. C. ....; dismissed Oct. 31, 1778.
396. Montford, Joseph, 1st Lt. 3rd N. C. Apr. 16, 1776; Capt.-Lt. Feb. 1777; Capt. Jan. 9, 1779; taken pris. at Charleston May 12, 1780; exchanged and served to close of war; Capt. 1st U. S. Infantry June 3, 1790; killed Apr. 27, 1792 by Indians near Fort Jefferson, Ohio.
398. Moore, Alfred, Capt. 1st N. C. Sept. 1, 1775; resigned Mch. 8, 1777. (D. Oct. 15, 1810.)

Pages
- 398. Moore, Dempsey, 1st Lt. 6th N. C. Apr. 16, 1776; resigned Aug. 27, 1777.
- 398. Moore, Elijah, 1st Lt. 10th N. C. Oct. 12, 1777; transfrd. to 1st N. C. June 1, 1778; Capt. Sept. 11, 1781; transfrd. to 4th N. C. Feb. 6, 1782; retired Jan. 1, 1783.
- 399. Moore, Isaac, Capt. 10th N. C. Apr. 19, 1777; transfrd. to 1st N. C. June 1, 1778; (D. July 10, 1778.)
- 399. Moore, James, Col. 1st N. C. Sept. 1, 1775; Brig.-Gen. Continental Army, Mch. 1, 1776. (D. Apr. 9, 1777.)
- 399. Moore, James, Ensn. 1st N. C. .., 1780; Lt. July 1, 1781; wounded at Eutaw Springs Sept. 8, 1781; did not rejoin regiment.
- 399. Moore, Maurice, Ensn. 1st N. C. Sept. 1, 1775; 2nd Lt. Jan. 4, 1776; killed Jan. 18, 1776 at ....
- 399. Moore, Robert, Ensn. 9th N. C. Nov. 28, 1776; was a Capt. in 1778 and 1779.
- 399. Moore, Roger, Capt. 4th N. C. Apr. 16, 1776; resigned Nov. .., 1776.
- 400. Moore, Stephen, Lt. Col. N. C. Militia, taken pris. at Charleston May 12, 1780.
- 400. Moore, William, Surgeon's Mate, 10th N. C. Jan. 19, 1778; resigned May ..., 1778.
- 400. Morehead, James, Lt. 10th N. C. Mch. 23, 1779 to ....
- 401. Morgan, Benjamin, Ensn. 3rd N. C. Nov. 28, 1776 to ......
- 404. Moseley, William, Paymstr. 6th N. C. Dec. 11, 1776; resigned May 1777.
- 405. Moslander, Abel, Lt. 4th N. C. Jan. 25, 1777 to ......
- 405. Mossam, Richard, Ensn. 10th N. C. Sept. 4, 1778 to ......
- 407. Mumford, Joseph, Capt. 1st N. C. Jan. 9, 1779; taken pris. at Charleston, May 12, 1780.
- 408. Murfree, Hardy, Capt. 2nd N. C. Sept. 1, 1775; Maj. Feb. 1, 1777; Lt. Col. 1st N. C., Apr. 1, 1778, & served July 1782. (D. Apr. 6, 1809.)
- 408. Murphy, Archibald, Col. N. C. Militia in 1777. (D. 1817.)
- 408. Murray, William, Ensn. 4th N. C. Apr. 1, 1777 to ......
- 409. Myrick, John, Ensn. 7th N. C. Nov. 28, 1776; Lt. Dec. 11, 1776 to ......
- 409. Nash, Clement, 1st Lt. 2nd N. C. May 3, 1776; resigned Feb. 1, 1777; Capt. 3rd Georgia, Apr. 10, 1777; was taken prisoner at Briar Creek Mch. 3rd, 1779; exchanged ....; taken pris. at Charleston May 12, 1780.
- 409. Nash, Francis, Lt. Col. 1st N. C. Sept. 1, 1775; Col. Apr. 10, 1776; Brig.-Gen. Continental Army Feb. 5, 1777; died Oct. 7, 1777 of wounds received at Germantown Oct. 4, 1777.
- 410. Neal, Andrew, Lt. N. C. Militia, 1776.
- 410. Neal, William, Lt. 9th N. C. Nov. 28th, 1776 to ......; was a Capt. N. C. Militia at King's Mt'n. in Oct. 1780.
- 410. Neale, Henry, Ensn. 1st N. C. Sept. 1, 1775; 2nd Lt. Jan. 4, 1776; 1st Lt. Mch. 28, 1776; Capt. Feb. 5, 1777; resigned Apr. 3, 1777; name also spelled Neill.
- 410. Nelson, Alexander, Ensn. 4th N. C. July 1, 1777 to ......
- 410. Nelson, John, Capt. 4th N. C. Apr. 16, 1776; Maj. 1st N. C. Feb. 3, 1778; taken pris. at Charleston May 12, 1780; exchanged Mch. 1781, transferred to 1st N. C. Feb. 1782; retired Jan. 1, 1783.
- 414. Nicholson, Robert, 1st Lt. 10th N. C. Apr. 19, 1777; transfr'd. to 1st N. C. June 1, 1778; resigned June 25, 1779. (Died May 21, 1819.)
- 415. Nixon, Thomas, Capt. 8th N. C. Nov. 28, 1776; resigned Sept. 20, 1777.
- 415. Noble, Wm. Lt. 7th N. C. Nov. 28, 1776, to ......
- 417. Nuthall, Nathaniel, Ensn. 9th N. C. May 20, 1777; Adjutant May 26, 1777; transferred to 3rd N. C., June 1, 1778; dismissed Oct. 31, 1778.
- 419. Oldham, John, Capt. N. C. Militia at Guilford in March 1781. (D. 1831.)
- 419. Oliver, John, Ensn. 2nd N. C. Sept. 1, 1775 to ......
- 420. O'Neal, Charles, Ensn. 3rd N. C. Apr. 18, 1777; 2nd Lt. July 20, 1777; retired July 1, 1778.

Pages
421. Orrell, Thomas, Ensn. 10th N. C. Mch. 14, 1778; retired June 1, 1778.
421. Osborn, Alexander, Col. N. C. Militia, 1775-1776. (D. 1776.)
422. Outlaw, Edward, Ensn. 6th N. C. Apr. 16, 1776 to ......
422. Owen, Stephen, Ensn. 8th N. C. Jan. 1777; Lt. Aug. 15, 1777; retired June 1, 1778.
422. Owens, John, Lt. 6th N. C. May 7, 1776 to ......
424. Palmer, Joseph, Ensn. 5th N. C. June 6, 1776 to ......
426. Parker, Kedar, 2nd Lt. 6th N. C. May 7, 1776; 1st Lt. Sept. 19, 1776; retired June 1, 1778.
426. Parkinson, James, 1st Lt. 2nd N. C. May 1777. (D. Mch. 26, 1778.)
428. Pasteur, John, Lt. 6th N. C. July 2, 1776 to ......
428. Pasteur, Thomas, Ensn. 4th N. C. July 15, 1777; 2nd Lt. Dec. 29, 1777; transfrd. to 1st N. C. June 1, 1778; Regimental Adjutant June 26, 1779; 1st Lt. Nov. 10, 1779; taken pris. at Charleston May 12, 1780; exchgd. Dec. 1780; and served to close of war; Lt. Infantry U. S. Army June 3, 1790; Capt. 1st U. S. Infantry, Mch. 5, 1792; assigned to 1st Sub. Legion Sept. 4, 1792; assigned to 1st U. S. Infantry Nov. 1, 1796; Major 2nd Infantry Apr. 11, 1803. (D. July 29, 1806.)
428. Pasteur, William, Paymaster 4th N. C. Dec. 12, 1776 to ......
428. Pasteur, William, Surgeon 2nd N. C. Sept. 1, 1775 to June 1776.
429. Patten, John, Maj. 2nd N. C. Sept. 1, 1775; Lt. Col. Apr. 10, 1776; Col. Nov. 22, 1777; taken pris. at Charleston May 12, 1780; retired Jan. 1, 1783.
429. Patten, William, Surgeon 2nd N. C. Sept. 1, 1775 to ......
431. Payne, Michael, Capt. 2nd N. C. Sept. 1, 1775 to ......
432. Pearce, George, Ensn. 9th N. C. Nov. 28, 1776 to ......
432. Pearce, James, Capt. N. C. Militia in 1780. (D. Apr. 1, 1833.)
432. Pearl, James, Ensn. 8th N. C. Nov. 28, 1776; Lt. Oct. 29, 1777; transfrd. to 1st N. C. June 1, 1778; Capt. July 17, 1780; retired Jan. 1, 1783.
435. Penn, John, a Signer of the Declaration of Independence. Died Sept. 14, 1788.
436. Perkins, Adam, Lt. Col. 10th N. C. Apr. 7, 1777 to ......
437. Perry, George, Maj. N. C. Militia in 1776.
437. Phifer, Caleb, Col. N. C. Militia, 1776-1777. (D. 1811.)
439. Phifer, Martin, Capt. Independent Company N. C. Light Horse, Mch. 1777 to Apr. 1780. (D. 1837.)
440. Phillips, Joseph, Capt. 4th N. C. Apr. 16, 1776 to ......
441. Pickett, Thomas, Ensn. 1st N. C. Oct. 20, 1775 to Jan. 1776.
441. Pickett, William, Capt. 1st N. C. Sept. 1, 1775 to Jan. 4, 1776, when his company was broken up.
442. Pike, Benjamin, 1st Lt. 6th N. C. Apr. 16, 1776; Capt. Apr. 28, 1777; (D. Oct. 12, 1777.)
442. Pilley, John, Ensn. 2nd N. C. Dec. 11, 1776 to ......
443. Pitts, John, Capt. N. C. Militia in 1780.
444. Polk, Charles, Lt. 4th N. C. Apr. 25, 1777 to ......
444. Polk, Thomas, Col. N. C. Regiment, 21 Dec., 1775; Col. 4th N. C. Apr. 16, 1776; resigned June 28, 1778; Brig.-Gen. N. C. Militia 1781 to close of war. (D. 1793.)
445. Polk, William, Maj. 9th N. C. Nov. 27, 1776; wounded at Germantown Oct. 4, 1777; retired June 1, 1778; Col. N. C. Militia and State Troops, 1779-1781. (D. Jan. 4, 1834.)
446. Pope, Henry, Ensn. 1st N. C. Sept. 1, 1775; Capt. 8th N. C. Nov. 28, 1776; retired June 1, 1778.
447. Porter, James, Maj. N. C. Militia ....; died Oct. 16, 1780 of wounds received at King's Mtn. Oct. 7, 1780.
448. Porter, Robert, Capt. N. C. Militia, 1776-1779.
448. Porterfield, Dennis, Ensn. 6th N. C. Apr. 16, 1776; Lt. Apr. 2, 1777; transfrd. to 1st N. C. June 1, 1778; Capt. Feb. 1, 1779; killed Sept. 8, 1781, at Eutaw Springs.

Pages
450. Powell, Isaac, Lt. N. C. Militia, 1780-1781.
450. Powers, James, 2nd Lt. 7th N. C. Nov. 28, 1776; 1st Lt. Apr. 20, 1777; transfrd. to 3rd N. C. June 1, 1778; served to ...... (D. 1818.)
450. Poynter, John, Capt. 7th N. C. Nov. 28, 1776 to ......
454. Pugh, Whitmill, Ensn. 2nd N. C. Sept. 1, 1775 to ......
454. Purviance, James, Capt. N. C. Militia, 1779-1781.
455. Pyatt, Peter, Lt. 10th N. C. Mch. 30, 1781 to ......
456. Quinn, Michael, 1st Lt. 8th N. C. Nov. 28, 1776; Capt. Aug. 1, 1777; retired June 1, 1778.
457. Raiford, John 2nd Lt. 2nd N. C. .., 1777; resigned Feb. 1st, 1778.
457. Raiford, Peter, Capt. in 1st N. C. in 1779; served to ......
457. Raiford, Robert, Capt. 8th N. C. Nov. 28, 1776; transfrd. to 2nd N. C. June 1, 1778; served to close of war; Brevet Maj. Sept. 30, 1783.
457. Raindtree, Reuben, Lt. 10th N. C. Apr. 19, 1777; omitted Jan. 1, 1778.
457. Ramsay, Allen, Lt. 7th N. C. Dec. 19, 1776; omitted Jan. 1778.
457. Ramsay, Matthew, Capt. 9th N. C. Nov. 28, 1776; transferred to 4th N. C. June 1, 1778; resigned Nov. 1781.
457. Ramsey, Ambrose, Col. N. C. Militia in 1780.
459. Read, James, Ensn. 1st N. C. Jan. 4, 1776; 2nd Lt. July 6, 1776; 1st Lt. July 7, 1776; Capt. July 8, 1777 to .....; Col. N. C. Militia; taken pris. at Charleston May 12, 1780. (D. 1803.)
460. Read, Jesse, 2nd Lt. 6th N. C. Oct. 20, 1776; 1st Lt. Oct. 25, 1777; transfrd. to 2nd N. C. June 1st, 1778; transfrd. to 3rd N. C. Jan. 1, 1781; taken pris. at Eutaw Springs Sept. 8, 1781; Capt. Oct. 15, 1781; served to close of war.
460. Reddick, John, Lt. N. C. Militia, 1780-1781.
460. Redpith, John, Lt. 4th N. C. Aug. 20, 1777; died Oct. 13, 1777 of wounds received at Germantown Oct. 4, 1777.
461. Reed, George, Capt. N. C. Militia; killed at Hanging Rock Aug. 6, 1780.
461. Reed, Samuel, Capt. N. C. Militia 1780-1781. (D. 1810.)
462. Reese, George, Lt. 9th N. C. Nov. 28, 1776 to ......
463. Respess, John, Ensn. 8th N. C. Nov. 28, 1776; resigned Apr. 24, 1777.
463. Reynolds, Elisha, Lt. N. C. Militia at King's Mtn. in Oct. 1780. (D. Dec. 13, 1836.)
464. Rhodes, Joseph, Lt. 8th N. C. Nov. 28, 1776; Capt. Aug. 5, 1777; retired June 11, 1778.
464. Rice, Hezekiah, 1st Lt. 1st N. C. Sept. 1, 1775; Capt. Nov. 28, 1776; omitted Jan. 1778.
464. Rice, Jeptha, Quartermstr. Sergt. 9th N. C. Nov. 28, 1776; Ensn. Mch. 15, 1777; retired June 1, 1778.
465. Rice, John, Adjutant 1st N. C. Dec. 10, 1776; Ensn. Mch. 28, 1777; 2nd Lt. Apr. 3, 1777; 1st Lt. 1st Continental Dragoons June 1, 1778, and served to Nov. 9, 1782. (D. June 30, 1830.)
466. Richardson, John, Ensn. 10th N. C. Feb. 1777; omitted Jan. 1, 1778.
466. Richardson, Joseph, Ensn. 6th N. C. Jan. 1777; 2nd Lt. Aug. 27, 1777; retired June 1, 1778.
467. Ridley, William, Surgeon, 3rd N. C. Apr. 21, 1777; resigned Nov. 21, 1777.
469. Roberts, John (N. C. and Va.), Lt. 5th N. C. Mch. 28, 1777; retired June 1, 1778; Capt. Va. Convention Guards Jan. 11, 1779; Maj. Mch. 5, 1779; retired May 1, 1781. (D. Nov. 30, 1843.)
469. Robertson, Charles, Maj. N. C. Rangers ...; wounded at Wofford's Iron Works Aug. 8, 1780.
471. Robinson, Septimus, Ensn. 1st N. C. Mch. 28, 1776; 2nd Lt. July 7, 1776. (D. Dec. 10, 1776.)
471. Rochel, John, Capt. 3rd N. C. Nov. 28, 1776; omitted Jan. 1778.

Pages
471. Rochel, Lodowick, 1st Lt. 3rd N. C. Nov. 28, 1776; resigned Nov. .., 1777.
471. Rochester, Nathaniel, Paymstr. N. C. Militia in 1775 & 1776; Col. N. C. Militia & Commissary-Gen. of Military Stores in N. C. May 10, 1776 to 1782.
472. Rogers, John, Jr., Paymstr. 5th N. C. Dec. 11, 1776 to .....
472. Rogers, Patrick, Regimental Quartermstr. 1st N. C. Nov. 3, 1776; Ensn. Mch. 28, 1777; 2nd Lt. Apr. 3, 1777; (D. Apr. 19, 1778.)
473. Rolston, Isaac, Ensn. 2nd N. C. June 8, 1776; 1st Lt Jan. 1777; retired June 1, 1778.
473. Rolston, Robert, Ensn. 1st N. C. Sept. 1, 1775; 2nd Lt. Jan. 4, 1776; 1st Lt. Mch. 28, 1776; Capt. Mch. 8, 1777; resigned Aug. 29, 1777.
474. Ross. Francis, Lt. 9th N. C. Nov. 28, 1776 to ......
475. Roulledge, William, 1st Lt. 4th N. C. Jan. 25, 1777; resigned Aug. 20, 1777.
475. Rountree, Reuben, Lt. 10th N. C. Apr. 19, 1777 to .....
475. Rowan, John, Lt. N. C. Militia, 1780. (D. July 27, 1825.)
475. Rowan, Robert, Capt. 1st N. C. Sept. 1, 1775; resigned June 29, 1776.
477. Rushworm, William, Lt. 3rd N. C. Apr. 16, 1777; omitted Jan. 1, 1778; Cornet N. C. Dragoons, 1778-1780.
477. Russell, George, Lt. N. C. Militia at King's Mtn. Oct. 1780.
478. Rutherford, Griffith, Brig.-Gen. N. C. Militia; wounded and taken pris. at Camden Aug. 16, 1780; exchgd. June 14, 1781. (D. Dec. .., 1799.)
478. Rutherford, John, Maj. N. C. Militia; killed at Eutaw Springs, Sept. 8, 1781.
480. Salter, James, Commissary 2nd N. C. Dec. 19, 1776 to .....
480. Salter, Robert, Commissary 2nd N. C. Apr. 23, 1776; resigned Dec. 1, 1776.
480. Sanders, Richard, Capt. N. C. Militia, 1782.
482. Saunders, Jesse, Capt. 6th N. C. Apr. 16, 1776; resigned May 1776.
482. Saunders, William, Ensn. 6th N. C. Apr. 2, 1777; transfrd. to 1st N. C. June 1, 1778; Lt. Feb. 6, 1779; Capt. Feb. 8, 1779; transfrd. to 4th N. C. Feb. 6, 1782; retired Jan. 1, 1783.
483. Sawyer, Levi, 2nd Lt. 2nd N. C. May 15, 1776; resigned Mch. 16, 1778.
483. Sawyer, William, Ensn. 2nd N. C. May 15, 1776 to ......
487. Scull, John Gambier, Ensn. 1st N. C. June 1, 1776; 2nd Lt. Nov. 21, 1776; 1st Lt. Apr. 26, 1777; was a Capt. in 1780, and served to close of war.
487. Scurlock, James, Lt. 10th N. C. Sept. 1, 1780; Capt. Sept. 11, 1781; transfrd. to 4th N. C. Feb. 6, 1782; retired Jan. 1, 1783.
487. Seawell, Benjamin, Col. N. C. Militia, 1780-1781.
489. Sevier, John, Col. N. C. Militia 1777, to close of war; Brig.-Gen. U. S. Army, July 19, 1798; honorably dischgd. June 15, 1800. (D. Sept. 24, 1815.)
490. Sevier, Robert, Capt. N. C. Militia; mortally wounded at King's Mtn. Oct. 7, 1780.
490. Sevier, Valentine, Capt. N. C. Militia at King's Mtn. in Oct. 1780. (D. Feb. 23, 1800.)
491. Sharp, Anthony, 1st Lt. 9th N. C. Nov. 28, 1776; Capt. Aug. 24, 1777; transfrd. to 1st N. C. June 1, 1778; transfrd. to 4th N. C. Feb. 6, 1782; and served to close of war; Brevet Maj. Sept. 30, 1783.
491. Sharp, John, Ensn. of Capt. Pemberton's Company N. C. Rangers; in service Oct. 1780.
491. Sharpe, Anthony, Capt. 1st N. C. ...; in service in 1779.
491. Sharpe, Joseph, Capt. N. C. Militia, 1780-1781.
491. Shaw, Daniel, Ensn. 6th N. C. Apr. 2, 1777; 2nd Lt. Oct. 11, 1777; transfrd. to 1st N. C. June 1, 1778; 1st Lt. Oct. 1, 1779; Regimental Quartermaster June 1, 1778; taken pris. at Charleston May 12, 1780; exchgd. June 14, 1781, and served to close of war.
492. Shelby, Moses, Capt. N. C. Militia; wounded at King's Mtn. Oct. 7, 1780, and again wounded at Augusta, Ga., in Apr. 1781.

Pages
493. Shepard, Abraham, Col. 10th N. C. Apr. 17, 1777; retired June 1, 1778.
494. Shepherd, William, 1st Lt. 10th N. C. .., 1777; Capt. Jan. 20, 1778; retired June 1, 1778.
495. Shipman, James, Capt. N. C. Militia, 1779-1780.
496. Shute, Thomas, Ensn. 10th N. C. Apr. 19, 1777; retired June 1, 1778; (D. Jan. 15, 1819.)
498. Simons, Peter, Capt. 5th N. C. Apr. 16, 1776 to ......
498. Singletary, Joseph, Lt. N. C. Militia, 1777.
498. Singletary, William, Lt. 8th N. C. Nov. 28, 1776; resigned Oct. 26, 1777.
498. Singleton, Richard, Capt. N. C. Militia in 1776.
498. Singleton, Robert, Ensn. 10th N. C. 1777; omitted May 1778.
498. Sitgreaves, John, Lt. N. C. Militia in 1776. (D. Mch. 4, 1802.)
499. Slade, Stephen, Quartermstr.-Sergt. 2nd N. C. May 12, 1776; Regimental Quartermstr. Jan. 1, 1778; Ensn. Sept. 5, 1778; Lt. Jan. 11, 1780; exchgd. June 14, 1781; 1st Lt. Jan. 13, 1781, and served to close of war.
499. Slade, William, Ensn. 4th N. C. Jan. 2, 1777; 2nd Lt. Apr. 26, 1777; transfrd. to 1st N. C. June 1, 1778; Regimental Adjutant June 1, 1778; resigned Feb. 18, 1780. (D. 1791.)
499. Slaughter, John, Capt. 5th N. C. in 1779.
500. Sledge, Arthur, Ensn. 7th N. C. Dec. 19, 1776 to ......
500. Sloan, Archibald, Lt. N. C. Militia, 1780-1781.
500. Slocum, Ezekiel, Lt. N. C. Militia in 1776.
501. Smith, ..., Capt. N. C. Partisan Rangers, ...; killed at Ramsour's Mill, June 20, 1780.
503. Smith, Jabez., Ensn. 5th N. C., Jan. 1777; 2nd Lt. Sept. 1, 1777; retired June 1, 1778.
504. Smith, John, Ensn. 9th N. C. Nov. 28, 1776 to ......
506. Smith, Minor, Capt. N. C. Militia; wounded at King's Mtn. Oct. 7, 1780; is also reported as being from Virginia.
506. Smith, Robert, 1st Lt. 2nd N. C. Sept. 1, 1775; Capt. 4th N. C. Apr. 16, 1776; transfrd. to 3rd Continental Dragoons Jan. 9, 1777; retired Nov. 4, 1778.
507. Smith, Samuel, Ensn. 2nd N. C. May 3, 1776 to ......
509. Snowden, Nathaniel, Lt. 10th N. C. June 5, 1778 to ......
509. Snowden, William, Lt. 7th N. C. Nov. 28, 1776 to ......
509. Southerland, Ransom, Commissary 4th N. C. Apr. 23, 1776 to ......
509. Spain, Augustin, Capt. N. C. Militia 1780-1781.
510. Speed, ..., Capt. N. C. Militia, wounded at Stono Ferry, June 20, 1779.
511. Spicer, John, Capt. 2nd N. C. Dec. 11, 1776 to ......
512. Spratt, Thomas, Lt. 9th N. C. Nov. 28, 1776 to ......
513. Spycer, James, Paymstr. 5th N. C. in 1777, and 1778; name also spelled Spicer.
514. Standin, Thomas, Ensn. 2nd N. C. Oct. 20, 1775; Lt. May 3, 1776; Capt. Jan. 1777; resigned May 15, 1777.
516. Stedman, Benjamin, Capt. 5th N. C. Apr. 16, 1776; omitted Jan. 1, 1778.
516. Steed, Jesse, Ensn. 10th N. C. June 1, 1781; Regimental Quartermstr July 13, 1781; Lt. Sept. 8, 1781; transfrd. to 1st N. C. Feb. 6, 1782; retired Jan. 1, 1783.
519. Stevenson, Silas, 1st Lt. 10th N. C. Nov. 28, 1776; Capt. Apr. 19, 1777; retired June 1, 1778.
520. Stewart, Charles, 1st Lt. 5th N. C. July 23, 1777; transfrd. to 2nd N. C. June 1, 1778; Capt. Lt. Jan. 1, 1779; taken pris. at Charleston May 12, 1780; exchgd. June 14, 1781; Capt. May 18, 1781; killed at Eutaw Springs, Sept. 8, 1781.
520. Stewart, George, Lt. 9th N. C. Nov. 28, 1776 to ......
520. Stewart, Joseph, Lt. 9th N. C. Nov. 28, 1776 to ......
520. Stewart, Nicholas, Lt. 2nd N. C. Apr. 30, 1777 to ......
521. Stinson, James, Capt. N. C. Militia at King's Mtn. in Oct. 1780.

Pages
527. Suggs, George, Lt. 5th N. C. Nov. 1776 to ......
527. Summers, John, Ensn. 1st N. C. Mch. 28, 1776; 2nd Lt., July 7, 1776; 1st Lt. Feb. 5, 1777; Capt. July 10, 1778; taken pris. at Williamson's plantation, July 12, 1780; retired Jan. 1, 1783.
527. Sumner, Jethro, Col. 3rd N. C. Apr. 15, 1776; Brig.-Gen. Continental Army, Jan. 9, 1779, and served to close of war. (D. Mch. 18, 1785.)
528. Sutton, James, 2nd Lt. 2nd N. C. Dec. 16, 1776; resigned Mch. 10, 1778.
529. Swan, Nimrod, Regimental Quartermaster, 5th N. C. June 18, 1777; omitted Jan. 1, 1778.
530. Sykes, William, Ensn. N. C. Militia in 1781.
533. Tarrant, Manlove, Ensn. 2nd N. C. May 3, 1776; Lt. June 8, 1776; Capt. Oct. 24, 1777; retired June 1, 1778.
533. Tartanson, Francis, Capt. 8th N. C. Jan. 16, 1777; resigned Sept. 10, 1778.
533. Tate, James, Chaplain, 1st N. C. Oct. 13, 1775; Brigade Chaplain N. C. Troops, June 1, 1778, and served to close of war.
533. Tate, Joseph, 1st Lt. 2nd N. C. Sept. 1, 1775; Capt. May 16, 1776. (D. June 2, 1777.)
533. Tatum, Absolom, 1st Lt. 1st N. C. Sept. 1, 1775; Capt. June 29, 1776; resigned Sept. 19, 1776.
533. Tatum, Howell, Ensn. 1st N. C. Sept. 1, 1775; 2nd Lt. Jan. 4th, 1776; 1st Lt. Mch. 28, 1776; Capt. Apr. 3, 1777; taken pris. at Charleston May 12, 1780; exchgd. June 14, 1781; resigned May 20, 1782.
533. Tatum, James, Ensn. 9th N. C. Aug. 12, 1777; 2nd Lt. Jan. 1, 1778; transfrd. to 3rd N. C. June 1, 1778; 1st Lt. Dec. 14, 1779; taken pris. at Charleston May 12, 1780, and was a pris. on parole to close of war. (D. Sept. 10, 1821.)
534. Taylor, Christopher, Capt. N. C. Militia at King's Mtn. Oct. 1780.
534. Taylor, John, Ensn. 1st N. C. Sept. 1, 1775 to ......
534. Taylor, John, Lt. and Paymstr. 8th N. C. July 24, 1777; omitted Jan. 1, 1778.
534. Taylor, Philip, Capt. 6th N. C. Apr. 16, 1776; retired June 1, 1778.
535. Taylor, William, Lt. Col. 6th N. C. May 7, 1776 to ......
537. Thackston, James, Lt. Col. 4th N. C. Apr. 15, 1776; retired Jan. 1, 1781.
539. Thomas, John, Ensn. 9th N. C. Nov. 28, 1776 to ......
541. Thompson, Lawrence, 1st Lt. 1st N. C. Sept. 1, 1775; Capt. Aug. 15, 1776; retired June 1, 1778.
541. Thompson, Samuel, Lt. 6th N. C. Apr. 16, 1776 to ......
541. Thompson, William, Capt. N. C. Militia in 1778-1779.
544. Tillery, John, Lt. 3rd N. C. ...., 1777; omitted Jan. 1, 1778.
544. Tinning, ..., Col. N. C. Militia, 1779-1780.
545. Toole, Henry Irwin, Capt. 2nd N. C. Sept. 1, 1775; resigned Apr. 1776.
546. Toschey, William, Ensn. 2nd N. C. May 3, 1776 to ......
548. Triplett, Charles, Ensn. 1st N. C. Sept. 19, 1776; died Dec. 1776.
549. Trousdale, James, Capt. N. C. Militia, 1780-1781. (D. 1818.)
551. Turbee, William, Lt. 3rd N. C. July 6, 1777. (In service Jan. 1780.)
551. Turner, Berryman, Ensn. 1st N. C. Sept. 1, 1775 to ......
551. Turner, Jacob, Capt. 3rd N. C. Apr. 16, 1776; killed at Germantown Oct. 4, 1777.
552. Turner, Robert, Lt. 10th N. C. Feb. 1778; retired June 1, 1778.
554. Usher, William, Surgeon, 3rd N. C. Dec. 4, 1776 to Mch. 1777.
554. Vail, Edward, 1st Lt. 2nd N. C. Sept. 1, 1775; Capt. Aug. 21, 1776; cashiered Dec. 21, 1777; name also spelled Veal.
555. Vance, David, Ensn. 2nd N. C. Apr. 20, 1776; 1st Lt. June 8, 1776; retired June 1, 1778; Capt. N. C. Militia at King's Mtn. in October 1780, and in the South Carolina Campaign in 1781. (D. 1813.)
555. Vance, John Carlow, 1st Lt. of Capt. Kingsbury's Company N. C. State Artillery, July 19, 1777; taken pris. at Charleston May 12, 1780; exchanged June 14, 1781.

Pages
556. Vanoy, Andrew, Capt. 10th N. C. Apr. 19, 1777; retired June 1, 1778.
559. Varcaze, James, Lt. 10th N. C. Mch. 17, 1778; retired June 1, 1778.
559. Varner, Robert, Ensn. 1st N. C. Mch. 28, 1776; 2nd Lt. July 7, 1776; 1st Lt. Mch. 8, 1777; cashiered Oct. 1, 1779.
559. Vaughan, Benjamin, Capt. N. C. Militia in 1776.
559. Vaughan, James, 1st Lt. 7th N. C. Nov. 28, 1776; Capt. July 6, 1777; resigned Aug. 27, 1777.
560. Verner, James, Capt. Lt. 1st N. C. May 8, 1777, and served to ...... (In service Jan. 1780.)
560. Vernon, Richard, Lt. and Capt. N. C. Militia, 1779-1781.
561. Visson, Henry, Ensn. 2nd N. C. Sept. 1, 1775 to ......
562. Wade, Joseph J., Capt. 9th N. C. Nov. 28, 1776; omitted Jan. 1, 1778.
565. Walker, Felix, Lt.-Col. N. C. Militia, at King's Mtn. Oct. 1780. (D. 1829.)
565. Walker, John, Capt. 1st N. C. Sept. 1, 1775; Maj. Apr. 26, 1777; Lt.-Col. and Aid-de-Camp to Gen. Washington Feb. 17, 1777; resigned Dec. 22, 1777. (D. Dec. 2, 1809.)
565. Walker, Joseph, Capt. 7th N. C. Nov. 28, 1776; omitted Jan. 1, 1778.
565. Walker, Solomon, Ensn. 6th N. C. Apr. 16, 1776; 2nd Lt. Apr. 20, 1777; resigned Aug. 27, 1777.
566. Walker, William, Lt. 2nd N. C. .....; taken pris. at Charleston May 12, 1780; exchgd. June 14, 1781.
566. Wall, James, 1st Lt. of Capt. Kingsbury's Company N. C. Artillery July 19, 1777; resigned July 20, 1779.
566. Wallace, James, Lt. 10th N. C. Nov. 30, 1778; omitted July 1, 1779.
567. Wallis, James, Ensn. 3rd N. C. Nov. 30, 1778 to ......
567. Walsh, John, Capt. 8th N. C. Nov. 28, 1776; omitted Jan. 1, 1778.
567. Walton, William, 2nd Lt. 7th N. C. Apr. 20, 1777; transfrd. to 1st N. C. June 1, 1778; 1st Lt. Aug. 15, 1778; taken pris. at Charleston May 12, 1780, and made his escape; Capt. Aug. 1, 1781; retired Jan. 1, 1783. (D. 1816.)
568. Ward, Edward, Capt. 8th N. C. Nov. 28, 1776; resigned Aug. 1, 1777.
568. Ward, William, Capt. 5th N. C. Apr. 16, 1776 to ......
573. Washington, Robert, Adjutant 3rd N. C. Apr. 15, 1776 to ......
574. Washington, William, Ensn. 9th N. C. Aug. 15, 1777; retired Jan. 1, 1778.
574. Waters, James, Ensn. 1st N. C. Dec. 24, 1776; 2nd Lt. Mch. 29, 1777; resigned Apr. 23, 1777.
575. Waters, Samuel, Ensn. 1st N. C. Dec. 24, 1776; 2nd Lt. Mch. 29, 1777; resigned Apr. 23, 1777.
575. Waters, William, Ensn. 1st N. C. Sept. 19, 1776; 2nd Lt. Feb. 5, 1777; 1st Lt. Sept. 19, 1777; on roll for June 1778; is reported as transferred to Cavalry Regiment June 1, 1778.
576. Watson, Thomas, 1st Lt. 7th N. C. Nov. 28, 1776; resigned Apr. 12, 1777.
577. Webb, Elisha, Ensn. 7th N. C. Nov. 28, 1776 to ......
578. Webb, John, Commissary 3rd N. C. Apr.,23, 1776 to ......
583. Whedbee, Richard, 2nd Lt. 7th N. C. May 1, 1777; 1st Lt. Aug. 15, 1777; dismissed Jan. 15, 1778.
585. Whitaker, Hudson, Ensn. 7th N. C. Dec. 22, 1776 to .....; Capt. ....; wounded at Hickory Hill, June 28, 1779.
586. White, Isaac, Lt. N. C. Militia at King's Mtn. Oct. 1780. (D. 1821.)
586. White, James, Capt. N. C. Militia, 1779-1781. (D. 1821.)
586. White, Joseph, Capt. N. C. Militia at King's Mtn. in Oct. 1780.
586. White, Matthew, Lt. 6th N. C. Nov. 2, 1776; killed at Germantown Oct. 4, 1777.
587. White, Thomas, 1st Lt. 6th N. C. Apr. 16, 1776; Capt. Jan. 20, 1777; retired June 1, 1778.
587. White, William, Ensn. 7th N. C. Apr. 17, 1777; omitted Nov. .., 1777.

Pages
588. Whitehall, Alexander, Capt. N. C. Militia in 1780.
593. Wilkinson, Reuben, Lt. 4th N. C. Dec. 20, 1776; retired June 1, 1778.
593. Wilkinson, Reuben, Ensn. 3rd N. C. May 1, 1779; Lt. .., 1780; retired July 21, 1782.
594. Williams, Benjamin, 1st Lt. 2nd N. C. Sept. 1, 1775; Capt. July 19, 1776; and served to ....; was in service Jan. 1780.
594. Williams, Daniel, 1st Lt. 6th N. C. Apr. 16, 1776; Capt. Apr. 1, 1777; retired June 1, 1778; Capt. N. C. Militia, 1780-1781. (D. 1823.)
595. Williams, James, 1st Lt. 4th N. C. June 2, 1776; Capt. Apr. 3, 1777. (D. May 2, 1778.)
595. Williams, John, 1st Lt. 2nd N. C. Sept. 1, 1775; retired June 1, 1778.
595. Williams, John P., Capt. 5th N. C. Apr. 16, 1776; Col. 9th N. C. Nov. 26, 1776; retired June 1, 1778.
595. Williams, Joseph, Lt. Col. N. C. Militia, 1777-1780. (D. 1827.)
596. Williams, Nathaniel B., 2nd Lt. 8th N. C. Nov. 28, 1776; retired June 1, 1778; 1st Lt. 10th N. C. Jan. 23, 1781; transfrd. to 4th N. C. Feb. 6, 1782, and served to close of war.
596. Williams, Ralph, Lt. 9th N. C., Nov. 28, 1776; omitted Jan. 1, 1778.
596. Williams, Robert, Surgeon 3rd N. C. June 1778 to 1781. (D. Oct. 12, 1840.)
596. Williams, Samuel, Capt. N. C. Militia at King's Mtn. in Oct. 1780.
596. Williams, Theophilus, Ensn. 6th N. C. Apr. 2, 1777; omitted Jan. 1, 1778.
597. Williams, William, Ensn. 2nd N. C. Dec. 11, 1776 to ......
597. Williams, William, 1st Lt. and Adjutant 4th N. C. Sept. 1, 1775; wounded at Germantown Oct. 4, 1777; Capt. Invalid Regiment Apr. 1, 1778, and served to Apr. 23, 1783.
597. Williams, William B., Maj. 1st N. C. June 13, 1776 to ......
598. Wilson, James, Capt. 10th N. C. Apr. 19, 1777; resigned May 25, 1778.
599. Wilson, Robert, Surgeon, 6th N. C. June 8, 1776 to ......
599. Wilson, Whitfield, Regimental Quartermstr. 3rd N. C. Apr. 24, 1777; resigned Oct. 1, 1777.
599. Winborne, John, Lt. 7th N. C. Nov. 28, 1776. (D. Nov. .., 1777.)
601. Winston, Joseph, Maj. N. C. Militia at King's Mtn. Oct. 1780. (D. Apr. 28, 1815.)
601. Witherspoon, David, Lt. N. C. Militia at King's Mtn. in Oct. 1780. (D. 1828.)
602. Withrow, James, Capt. N. C. Militia, at King's Mtn. in Oct. 1780.
602. Womack, William, Regimental Quartermstr, 1st N. C. Jan. 1778; retired June 1, 1778.
603. Wood, Matthew, 1st Lt. 3rd N. C. July 24, 1776; Capt. Nov. 22, 1777; retired June 1, 1778. (D. Oct. 28, 1832.)
603. Wood, Samuel, Capt. N. C. Militia at King's Mtn. in Oct. 1780.
603. Wood, Solomon, Lt. 8th N. C. Nov. 28, 1776 to ......
604. Woodhouse, John, Ensn. 2nd N. C. Sept. 1, 1775 to ......
606. Wooten, Shadrach, Ensn. 5th N. C. Nov. 28, 1776 to ......
606. Worth, Joseph, Ensn. 2nd N. C. Oct. 20, 1775; 1st Lt. May 3, 1776. (Died Apr. 6, 1777.)
607. Wright, Daniel, Capt. N. C. Militia, 1779-1780.
609. Yancey, Charles, Lt. 9th N. C. Nov. 28, 1776 to ......
609. Yarborough, Edward, Ensn. 3rd N. C. May 8, 1776; Lt. Apr. 16, 1777; Capt.-Lt. Jan. 9, 1777; Capt. May 10, 1779; retired Jan. 1, 1783.
611. Zollikoffer, John Conrad, Capt. N. C. Militia, 1778-1780. (D. 1796.)

ROSTER OF THE CONTINENTAL LINE FROM NORTH CAROLINA

Reference: North Carolina State Records, Clark, Vol. XVI, 1782-1783

Copy of a Register showing the names alphabetically (in Regiments) rank, dates of commission and enlistment, periods of service, and occurrences, taken from the original muster and pay rolls of the North Carolina Line of the late Army of the United States.

1ST REGIMENT—COL. THOS. CLARK

Name and Rank	Company	Dates of Enlistment and Commission	Period of Service	Occurrences
A P. 1002-3				
Atkins, David, Sergt....	Bowman's	1777		Dischgd. Nov. 1777
Armstrong, Wm., Lt....	Hogg's	"		{Capt. 29 Aug. '77 {Deranged 1 Jan, '83
Angline, Cornelius, Pt...	Dixon's	"	3 yrs.	Died July 1777
Adams, Niper, Pt.......	"	"		Died 27 July 1777
Adcock, George, Pt.....	Reid's		2½ yrs.	Died 21 Aug. '78
Allen, Jesse, Sergt......	Child's	16 Apr. '76	"	{P.C.June'78, Sergt.Sep'78 {Dischgd. 10 Nov. '78
Apperson, Wm., Pt.....	Brown's	13 June "	"	Dischgd. 16 Mar. '79
B (P. 1009)				
Bradley, Richd., Capt...		5 Mar. '77		Omtd June '78
Brown, John, Capt......		26 Apr. "		Omtd June '78
Brennon, Chrisn, Pt....	Brown's	1777	2½ yr.W	{Corpl. Apr. '78 {Omtd June '78
Bryley, Charles, Pt.....	"	"	"	Killed 17 Sept. '77
Bagnel, John, Pt........		1777	2½ yrs.	Omtd Feb. '78
Burrow, Wyly, Pt......	Tatum's	"	W	Corpl.Mar.'78,Pt.July '78
Barnard, Peter, Pt......	Dixon's		"	Destd. 14 Sep. '78
Bowman, Joshua, Capt..		18 Sept. '76		Killed 30 Mar. '80
Blythe, Samuel, 1 Lt....	Bowman's	5 Feb. '77		Resigned 16 Apr. '78
Baker, Peter, 2 Lt......	"	8 Feb. '77		
Bell, John, Musc........	"	1777	"	P. C. June '78
Blue, Neil, Pt..........	"	"	W	{Corpl. 1 July '79 {Destd 7 Dec. '79
Barnes, Britton, Pt.....	"	"		Omtd Sep. '77, Destd.
Berry, John, Pt.........	"	"		Omtd Sep. '77, Destd.
Bozar, Thomas, Pt......	Thompson's	"	W	
Brown, Collins, Pt......	Dixon's	"	"	Died 14 Apr. '78
Barber, Wm., Pt........	"	"	"	{Pris. 14 Apr. '79 {News Nov. '79
Bailey, H. Wm., Sergt...	Hogg's	5 Nov. '76	3 yr. W	{Pt. 22 Oct. '77—Sergt 21 Mar.'79. Omtd Nov. '79
Brown, Thos., Sergt.....	"	1 Aug. '76	3 yrs.	{Pt. May '78 {Omtd Mar. '79
Bowman, Robt., Pt.....	Dixon's		W	Destd in 1776
Blake, Wm.............	Rolston's		"	{Sergt. Oct. '77,Pt.May'78 {Corpl. Nov. '79, Sergt 10 Feb. '80
Batey, Hugh, Pt........	"		"	{Corpl. Nov.'77, Died 6 Aug. '78
Bowlin, Jereh, Pt.......	"		"	Destd 4 Aug. 1777
Bowlin, Baxter, Pt......	"	Nov. '77	"	Omtd Jan. '78
Boyd, Adam...........	"	Oct. "	"	{Omtd Nov. '79 {News in '79

Name and Rank	Company	Dates of Enlistment and Commission	Period of Service	Occurrences
Browne, Wm., Pt.	Tatum's	1 Sep. '77	3 yrs W	
Barko, Wyllis, Pt.	Dixon's	23 Sep. "	3 yrs.	Dead Nov. '78
Bryan, Randle, Pt.	Bowman's	1 Oct. '76	3 yrs.	Omtd Nov. '79
Bradley, Richd., Corpl.	Reid's	9 Aug. '77	"	
Burges, Isaac, Pt.	Sharp's	15 Aug. '77	"	Died 10 July '78
C (P. 1025)				
Cross, Martin, Drummer	Brown's	1777		{Fife Major. '79, Destd. 9 Dec. '79
Clark, Isaac, Pt.	"			
Carmichael, Robt., Pt.	"			
Costen, Henry, Pt.	"			
Clark, Jacob, Pt.	"			
Cubert—Drummer	"		"	Omtd Jan. '78
Campbell, Wm., Pt.	"	10 Sep. '76	"	
Cole, Martin, Pt.	"	'77	"	Omtd Jan. '78
Churn, Jno., Pt.	Tatum's	"	W	
Conner, Chas., Pt.	"	"	"	Omtd June '78
Conolly, Jno., Pt.	"	"	"	Omtd Jan. '78
Caper, Robt., Pt.	Dixon's	"	"	{Pt. Oct. '77. Died 25 Oct. '77
Council, Robbenon	Bowman's	"		1st Lt. 20 Aug. '77
Christopher, Simon, Pt.	"		W	Omt. Feb. '78
Ceeley, Tobias, Pt.	"			Destd Sep. '77
Curry, Robt., Pt.	"	28 May '76		Destd 15 June '77
Cox, Wm., Pt.	"	22 Aug. "		Destd 31 Aug. '77
Carney, Anth'y, Sergt.	Thompson's	1777		{Dischg.20 Jan.'78.Mustd. Pt.Mar.'78.Omtd July'79
Condon, Jno.	"	Oct. "		Omtd Jan. '78
Callender, Thos., Lt.	Dixon's	1 Jan. '77		{Pris. 12 Mar.'80. Capt.'80 Deranged 1 Jan. '83
Colley, Wm., Corpl.	"	1777		{Sergt. 1 Jan. '78. Sergt. Maj. 19 Mar. '78
Craven, Jas., Lt.	Hogg's	"		Dismissed 20 Nov. '79
Cook, Jno., Pt.	"	"	3 yrs.	Destd Jan. '77
Chester, David, Sergt.	Rolston's	23 Oct. '76	W	{Irner Sgt. '79. Mustd.Sgt. Jan. '82
Clark, Thos., Col.		5 Feb. '77		{Pris. 12 May '80. Deranged 1 Jan. '83
Christmas, Jos. D. Maj.		1 Sep. '75	W	Pt. July '79
Conger, Step'n, S. Maj.		10 Oct. '76	3 yrs.	{ Act'g Adj't Sept. '77. Omtd '78
Cole, Martin, Sgt. Maj.		18 Nov. '76	"	{Transf'd to Gen. Guards 19 Mar.'78. Mustd. Sgt. for War in 1782
Cox, Wm. Armon		10 June '76		Omtd Nov. 1777
Cochran, Jno., Pt.	Armstrong's	19 May '79	2½ Yrs.	
Cartwright, Robt., Pt.	"	10 Nov. '77	W	
Cartwright, Thos., Pt.	"	20 Sep. '77	W	Corpl. July '79
Chalk, Wm., Pt.	Tatum's	29 Dec. '76	3 yrs.	Sergt. March 1780
Clinton, Jno., Sergt.	Reid's	19 Apr	2½ yrs.	{Pt. June 1778, Dischgd. 28 Oct. '78
Cole, Robt., Pt.	Sharp's		3 yrs.	Died 28 April '78
Carter, Jno., Pt.	"	30 May '77	"	
D (P. 1039)				
Disarn, Francis, Pt.	Brown's	1777		Died 12 Mch 1778
Dixon, Tilman, Capt.		5 Feb. "		{Mustd. Pris. '81, Exchg. Mar.'81.Derang'dJan.83

Name and Rank	Company	Dates of Enlistment and Commission	Period of Service	Occurrences
Dolohide, Silas, Pt.	Dixon's	1777	W	Dest'd 19 Jan. 1780
Dunsee, Edward, Sergt.	Bowman's	"		Dest'd 28 Sept. 1777
Dorner, John, Pt.	"	"		Dest'd 28 Aug. 1777
Davis, Benj., Pt.	Thomson's	Nov. "	W	Dischd 28 Feb. '78
Davis, Jas, Pt.	"	15 June "	"	Mustd. Aug. '78
Dixon, Henry, Capt.	"	1 Sept. '75		Maj. 1777. See 3rd Reg.
Douglas, Wm., Pt.	Dixon's	1777	W	
Dennis, Robt., Pt.	"	"	"	In 9th Reg. 1777
Donaldson, Francis, Pt.	"	"	"	Detchd 6 May '77
Dyches, Isom, Pt.	Ralston's	"	"	
Davis, Wm., Lt. Col.		5 Feb. "		Omtd June 1778
Dupree, Jas. Arms.		10 June '76		Omtd Nov. '77
Dondalout, Henry, Pt.	Tatum's	26 Jan. '77	3 yrs.	{Corpl. Feb. '79, Dischgd 27 Jan. '80
Douge, Jas., Pt.	Ely's			Died 3 May 1778
Dellong, Francis, Musc.	Dixon's	13 Sep. "	3 yr. W	
Davis, Jas., Pt.	Bowman's			Dischgd 28 May '78
Dickinson, Geo., Pt.	Reid's	8 Aug. '78	3 yr. W	Destd 11 May '79
Duncan, Jesse, Pt.	"	May '76	2½ yrs.	Dischgd 28 May '79
Douglas, Jno., Pt.	"	"		{Omitd Sept. '78, Unfit for Service
Donaldson, David, Pt.	Sharp's	15 Feb. '78	3 yrs.	Destd 20 May '79
Dowell, Jas., Pt.	Brown's	May "	W	

E (P. 1049)

Name and Rank	Company	Dates of Enlistment and Commission	Period of Service	Occurrences
Edge, Thos., Pt.	Thompson's	1777	W	Dischgd 28 Feb. '78
Erwin, Jno., Ensn.	Dixon's	"		Resigned 25 Aug. '77
Ethridge, Jno., Pt.	"	"	W	
Ecret, Robt., Fife Maj.		1 Sep. '75		Omtd Jan. '78
Everet, Jno., Pt.	Tatum's			Dead Aug '78

F (P. 1055)

Name and Rank	Company	Dates of Enlistment and Commission	Period of Service	Occurrences
Fikes, Jas., Sergt.	Thompson's	1777	W	Died Jan. 1778
Furguson, Jno., Pt.	Dixon's	"	"	
Fowler, Dan'l, Pt.	Armstrong's	1 June '76	3 yrs.	Dischgd 28 June '79

G (P. 1062)

Name and Rank	Company	Dates of Enlistment and Commission	Period of Service	Occurrences
Griffin, Josh, Pt.	Brown's	1777	W	Died 4 Mar. '78
Griffis, Allen, Pt.	Tatum's	"	"	Omtd Jan '78
Gambell, Edm'd, Lt.	Thompson's	20 Jan. '77		Omtd June '78
Gandip, Jno., Musc.	"	"	W	{Pt. Feb. '78. Mustd. June '78
Gibson, Jno., Pt.	"	"	"	Omtd Feb. '78
Green, Wm., Pt.	Thompson's	1777	W	Omtd Jan. '78
Goldsmith, Jesse, Musc.	Dixon's	"	"	Pt. June '78
Griffiths, Jno., Pt.	"	"	"	{Trans. Mar. '78 to his Excy Guards, Mus.N. '79
Grifford, Jas., Pt.	"	"	"	Missing 12 Sept. '77
Glover, Thos., Pt.	"	"	"	Executed 24 Oct. '78
George, Brittian, Pt.	"	"	"	
Grimes, Elisha, Pt.	Hogg's	"	3 yrs.	Destd 28 May '77
Gough, Wm., Corpl.	"	11 Nov. "	"	{Pt. Sept. '77. Omtd Feb. '79. Mustd Nov. '79
Germany, Thos., Pt.	Tatum's	4 Sept. "	"	
Gilston, Sam'l, Sergt.	Ely's	6 Oct. "	"	Ir. Mr. Sergt 17 June '79
Gregory, Wm., Sergt.	Reid's	12 June "	"	Omtd Nov. '79
Gunter, Joel, Pt.	Child's	6 Dec. '76	2½ yrs.	Dischgd 29 Jan. '80

H (P. 1072)

Name and Rank	Company	Dates of Enlistment and Commission	Period of Service	Occurrences
Harrison, Jas., Pt.	Brown's	1777	3½ yr. W	
Hall, Thos., Lt.	Dixon's	8 Feb. "		Resigned 10 Apr. '77

Name and Rank	Company	Dates of Enlistment and Commission	Period of Service	Occurrences
Hamilton, Jno., Sergt...	Bowman's	1777		Omtd Jan. '78. Must 1 Jan. '79, in 4th Reg.
Henry, Jno., Pt.........	"	"	W	
Holt, Thos., Pt.........	"	"		Omtd Nov. '77
Hancock, Isaac, Corpl...	Dixon's	"	W	Sergt. 12 Oct. '77. Pt. 1 Feb. '80
Horseford, Jas..........	"	"	"	Corpl. 1 Feb. '80
Hochammer, Philip, Pt..	Dixon's	1777		Dest. 12 Oct '77. Mustd. Apr. '78
Haynes, Wm., Pt.......	"		"	Died 23 Mar. '78
Harris, Jno., Pt.........	"		"	Omtd Jan. '78
Hopper, Wm., Q. M. Sgt.	"	28 Sep. '76	"	Sergt. 20 Sep. '77. Q. M. Sergt. Dec. '77. Dischg 11 June '78
Hogg, Thos., Capt......		1 Mar. '76	"	Maj. 4 Oct.'77 in5thReg.
Harris, Peter, Agt Am'r.		10 June "		Omtd Sep. 1777
Hale, Thos., D.M.M.G..		20 June '77		Omtd Sep. 1777
Heimbergh, Fred, Sergt.		15 Mar. '78		
Haynes, Jno., Pt........	Armstrong's			Dischgd June '78
Hood, Wm., Pt.........	"			Died 14 Feb. '78
Horton, Jas., Pt........	Tatum's	May '78	W	Died 3 June '78
Horton, Levy, Pt.......	"	"	"	
Haddock, Andrew, Sgt. .	Reid's		2½ yrs.	Dischgd 8 Apr. '78
Hall, Jas., Pt...........	"	1 Jan. '77	3 yrs.	Dischgd 1 Feb. '80
Hair, Jno. L., Lt........	Sharp's	16 Aug. "		Omtd June '78
Holley, Joseph, Lt......	"	9 June "	"	Died 1 Sep. '78
Hedspeth, Mar'duke,Pt.	Child's	1778	W	
Harrell, Jno., Pt........	Brown's	14 Apr. '76	2½ yrs.	Dischgd 6 Oct. '78

I (P. 1086)

Name and Rank	Company	Dates of Enlistment and Commission	Period of Service	Occurrences
Ingraham, Jno., Sergt...	Dixon's	1777	W	Destd Sep. '77
Irwin, Jas., Musc.......	Hogg's	1 Jan. "	3 yrs.	Pt. Jan. '78

J (P.1086)

Name and Rank	Company	Dates of Enlistment and Commission	Period of Service	Occurrences
Johnson, Willeby, Pt....	Thompson's	'77	W	Destd Sep. '77
Johnson, Thos., Pt......	"	"	"	Destd Jan. '80
Jones, Thos., Pt........	Hogg's	"	3 yrs.	Omtd June '78
Jacobs, Peter, Pt........	"	1 Jan. "	3 yrs W	
Johnson, Jas., Pt........	Ralston's	"	W	Omtd Sept. '77
Jones, Wm., Pt.........	Tatum's	21 Sep. "	3 yrs.	Destd 28 June '79
Jordon, Robt., Pt.......	Reid's	"	"	Died 24 Aug. '78
Jones, Jno., Sergt.......	Child's	8 Sep. "	"	

K (P. 1095)

Name and Rank	Company	Dates of Enlistment and Commission	Period of Service	Occurrences
Kelly, Wm., Pt.........	Brown's	1777		Omtd June '78
King, Jas., Lt...........	Tatum's	3 Apr. "		Capt. 1 Apr. '80 Died 8 Sep. '80
Kennedy, Isaac, Pt.....	Bowman's	"		Destd Aug '77
Kittle, Jacob, Pt........	Armstrong's	9 Oct. "	3 yrs.	
Kelley, Jno., Pt.........	Ely's		"	
Keith, Jno., Pt..........	Reid's		W	Musc. Sick 10 Feb. '80

L (P. 1100)

Name and Rank	Company	Dates of Enlistment and Commission	Period of Service	Occurrences
Lucy, Fred'k, Pt........	Tatum's	1777	W	
Linch, Lawne, Pt.......	"	"	"	
Lawson, Richard, Pt....	Dixon's	"		Killed 4 Oct. '77
Lewis, Wm., Pt.........	"	"		Musc Sep.'77. Pt. June'78
Lamb, Gibbs, Pt........	"	"		Corpl. 1 Apr. '82
Lucas, Edw'd, Pt.......	Dixon's	1777	W	Destd 18 Feb. '78.Mustd June '78 in 2nd Reg. Omtd Feb. 79

Name and Rank	Company	Dates of Enlistment and Commission	Period of Service	Occurrences
Ledum, Jno., Pt.	Dixon's	14 Oct. '77	3 yrs.	Omtd May '79
Lock, Jno., Sergt.	Bowman's	25 Apr. '76	2½ yrs.	Pt. June '78. Dischgd Oct. '78
Lapsley, Jas., Pt.	"			Destd 15 Aug. '77
Logan, Wm., Pt.	Sharp's	15 Dec. '77	3 yr. W	

M (P. 1108)

Name and Rank	Company	Dates of Enlistment and Commission	Period of Service	Occurrences
Manchester, Isaac, Fifer.	Brown's	1777	W	Destd 21 May '79
Mott, Dan'l, Pt.	"	"	"	Omtd July '79
Mott, Edge, Pt.	"	"	"	Corpl. Nov. '79 Pt. '82
McCoy, Rich'd, Pt.	"	"	"	Destd Aug. '78
McGibbon, Neil, Pt.	"	"	"	Omtd Aug. '78
Mills, Joseph, Sergt.	"	"	"	Pt. Jan. '78 Omtd Feb. '78
Marshall, Dixon, 2nd Lt.	"	26 Apr. '77	"	Deranged 1 Jan. '83
McCobb, Jas., Pt.		Nov. '77	"	
McCarthur, Alex., Pt.		10 Mar. "	3 yrs.	
Morrison, Alex., Sergt.	Tatum's			Pt. 14 Aug.'77. Sergt Oct. '77. Dischgd May '83
Mash, Jno., Pt.	"			Under Sentence Aug. '77
Millegan, Jas., Lt.	"	29 Aug. "	"	From Hogg's Co. Omtd May '78
McBride, Duncan, Pt.	Bowman's		W	
Mash, Jno., Pt.	"			Destd Aug. '77
Mash, Ely, Pt.	"			Destd Aug. '77
Marshall, Dixon, Ensn.	Thompson's	28 Mar. "	"	See above
Morgan, Wm., Corpl.	"		"	
Martin, Joel, Pt.	"			Omtd Aug. '78
Martin, Robt., Corpl.	Dixon's	13 Dec. '76	3 yrs.	Destd 1 Feb. '80
Melton, Wm., Pt.	"		W	Corpl. 1 Nov. '77
Merriam, Philip, Pt.	"		"	Omtd Feb. '79
Mellegan, Jas., Ensn.	Hoggs'			See above
Mooney, Thos., Pt.	"		3 yrs.	Destd Jan. '77
McNeal, Arch'd., Pt.	Dixon's		W	Destd 1 Jan. '77
Mingo—Asse Armourer.	"	10 June '76		Omtd Sep. '77
Morris, Philem, Pt.	Tatum's	11 Jan. '78	3 yrs.	
Merchant, Caleb, Pt.	"	10 Sep. '77	"	Trans. to 6 Reg. '79
Marshall, Emanuel, Pt.	"	Mar. '78	"	Died 5 Apr. '78
Marshall, Wyllis, Sergt.	Dixon's	16 Jan. '77	"	Pt. Nov. '78 Omtd May '79
McDoug, Jas. or Sam'l, Pt.	"	Apr. '78	"	Omtd Mar. '79
McCullock, Alex., Pt.	Reid's	10 Oct. '77		
Mitchell Abner, Pt.	Child's		2½ yrs.	Dischgd 1 Nov. '78
McGee, Peter, Pt.	"	May '78	W	Corpl. Mar. '79 Sergt. Nov. '79

N (P. 1123)

Name and Rank	Company	Dates of Enlistment and Commission	Period of Service	Occurrences
Needham, Thos., Sergt.	Tatum's	1777	W	Pt. Sep. '77. Serg. Dec. '77 Omtd Jan. '78
Norton, Wm., Musc.	Bowman's	"		Pt. Feb. '78. Dead Sep. '78
Norton, Jacob, Musc.	Hogg's	"	W	Pt. June '78 Died 28 July '78
Newman, Reuben, Pt.	Reid's	1 May '76	2½ yrs.	Dischgd 10 Nov. '78

O (P. 1128)

Name and Rank	Company	Dates of Enlistment and Commission	Period of Service	Occurrences
Orr, Chas., Pt.	Brown's	'77	W	Corpl. 1 Sep. '77 Died 20 June '78
Oliver, Abisha, Pt.	Thompson's	'77		Omtd Jan '78
O'Bar, Daniel, Pt.	Dixon's		W	
O'Bar, Robt., Pt.	"		"	

Name and Rank	Company	Dates of Enlistment and Commission	Period of Service	Occurrences
O'Bar, Mich'l, Pt.	Dixon's		W	Omtd Jan. '78
P (P. 1132)				
Porter, Wm., Pt.	Brown's	1777		Died 5 Mar. '78
Parker, Jas., Pt.	"	"	W	Destd 10 Sep.'78. Mustd Nov.'78. Destd 28 June79
Peavey, Thos., Pt.	Dixon's	"	"	Omtd Jan. '78
Parks, Jno., Pt.	"	1779		Destd 7 Jan. '80
Pew, Arthur, Pt.	Tatum's	20 Feb. '78	3 yrs.	
Phillips, Mich'l, Pt.	Dixon's	9 Sep. '77	"	
Parker, Sam'l, Pt.	"	1 Dec. '78	"	Omtd Mar. '79
Patrick, Benj., Musc.	Reid's			Omtd June '78
Price, Samuel	Sharp's	15 Nov. '77	3 yrs.	
Peck, Fred'k, Pt.	"	1 Dec. "	"	
Power, Wm., Pt.		13 May '77	"	Dischgd 30 Nov. '78
R (P. 1142)				
Rice, Jno., Lt.	Brown's	8 Apr. '77		Omtd June '78
Royals, Joseph, Pt.	"	"		Died 6 Mar. '78
Rogers, Pat'k, 2nd Lt.	Tatum's	3 Apr. "		Died 19 Apr. '78
Roberts, Sam'l, Musc.	"	"	3 yrs.	Died 3 Apr. '78
Richards, Geo., Pt.	Dixon's			Omtd Apr. '78
Rozer, Jordan, Pt.	Thompson's			Destd 1 Feb. 1780
Rozer, Chas., Pt.	"			Destd 28 Mar. '83
Rowell, Jesse, Pt.	"			
Reed, Jas., 1st Lt.	Dixon's	7 July '76		Capt. 8 July '77 and Pris. 1 June'78. Pris.12 May'80
Rice, Thos., Sergt.	"	1777		Died 5 Sep. '77
Rolston, Robt., Capt.		8 Mar. "		Omtd Oct. '77
Roark, Jas., Pt.	Rolston's	9 Sep. '76	W	
Roback, Wm., Musc.	"			Omtd July '78
Roberts, Jno., Pt.	"		"	
Ralph, Jno., Pt.	Ely's			Died 4 Apr. '78
Robertson, Jno., Pt.	Reid's			Omtd Feb. '78
Runnals, Joseph, Pt.	Child's			Corpl. 8 Nov. '79
Rodgers, Arthur, Pt.	Brown's	24 May '76	2½ yrs.	Died 22 Oct. '78
Roberts, Wm., Pt.	"	1 Jan '77	W	Omtd Aug. ?? Destd '79
S (P. 1152)				
Scull, Jno., Lt.	Brown's	26 Apr. '77		
Spillards, Jese, Pt.	"	1777	3 yr. W	Destd Mar. '83
Smith, Wm., Sergt.	"	1 Aug. "	3 yrs.	
Stanton, Jno., Sergt.	Tatum's	1777	W	Pt. June '78 Sergt. Mar. '80
Smith, Henry, Pt.	"	"	"	
Stevens, Joseph, Pt.	"	5 Mar. "	"	
Summers, Jno., Lt.	Dixon's	5 Feb. '77		Capt. 10 July '78 Mustd 12 May '80 Deranged 1 Jan. '83
Southerland, Geo., Pt.	"	"		Sergt. Oct. '77 Omtd Jan. '78
Stevens, Thos., Pt.	Bowman's	"	"	Destd Aug. '77
Summers, Jno., 1st Lt.	"	"	"	Supposed in Dixon's Co. above
Spikes, Joseph, Pt.	Thompson's	"	W	Destd 12 Sep. '77 Mustd Nov. '77
Stewart, Chas., Sergt.	"	"	"	Omtd Jan. '78
Summers, Jas., Musc.	Dixon's	"	"	F. Maj. 1 June'78. Pt. Dec. '78. Sergt. 1 Feb. '80
Stillwell, Jacob, Musc.	"			Dischgd 1 Feb. '78

Name and Rank	Company	Dates of Enlistment and Commission	Period of Service	Occurrences
Simpson, Jno., Pt	Dixon's	1777	W	
Smith, Owen, Pt	"	"		Died 17 Aug. '77
Smith, Joseph, Corpl	"		3 yrs.	Destd 24 Mar. '77. Mustd Pt. May '78
Southerland, Wm., Pt	"		"	Omtd Sep. '77
Strader, Geoe., Pt	"		W	Destd 1776
Sheppard, Jno., Pt	Ralston's		"	
Stewart, Wm., Pt	"		"	Omtd Sep. '77
Stillwell, David, Pt				
Shields, Wm., Wag.Mak.	"			Omtd Sep. '77
Springs, Sdrh, Asst. Or		10 Jan. '76		Springs Sedgwick Ar. Omtd Nov. '77
Smith, Thos		"		Omtd Sep. '77
Sawyer, Henry, Pt	Tatum's		3 yrs.	Died Aug. '78
Smith, Geor., Pt	Dixon's	6 Oct. '77	3 yr. W	Sergt. Nov. '78
Saxton, Jerch, Pt	Bowman's	"	W	Died 25 Apr. '79
Stroud, Jno., Pt	Sharp's	15 May "	3 yrs.	Omtd Aug. '78
Steem, Wm., Pt	"	7 Jan. "	3 yrs.	Omtd Feb. '79

T (P. 1160)

Name and Rank	Company	Dates of Enlistment and Commission	Period of Service	Occurrences
Turner, John, Sergt	Brown's	1 Aug. '77		Pt. June 1778
Turner, Wm., Pt	"	1777		Died 24 May '78
Townley, Wm., Pt	"	"		Omtd Feb. '78
Tatum, Howell, Capt		3 Apr. "		Resigned 20 May '82
Tapp, Geo., Pt	Tatum's	1777	W	Dischgd 10 Dec. '78
Tailor, Wm., Pt	"			Destd 25 July '77
Trantham, Martin, Pt	Bowman's			Omtd Dec. '77
Thompson, Lawr., Capt.		15 Aug '76		Omtd Jan. '78
Thomas, Lem'l, Pt	Dixon's	1777	W	
Tate, Jas., Chaplain		13 Oct. '75		Omtd 1 June '78. Said to be transfd to 4th Reg.
Thomas, Abisha, D. 2. M. G.		1 May '76		Omtd Nov. '77
Tatum, Jno., Pt	Ely's		3 yrs.	Dischgd 10 May '79
Trowell, Wm., Musc	Bowman's	1778	W	Pt June '78 Destd 13 June '83
Thrift, Mills	Child's	"	"	Died May 1779

V (P. 1177)

Name and Rank	Company	Dates of Enlistment and Commission	Period of Service	Occurrences
Vaughn, Jas., Pt	Brown's	1777		
Varner, Robt., Pt	Dixon's	8 Mar. "		
Ventress, Lem'l, Pt	Tatum's	25 Dec "	3 yrs.	Dischgd 1 Sep. '78
Vaugh, Rich'd, Pt	Child's		2½ yrs.	Died 2 June '78
Vize, Henry, Pt	"	1778	"	

W (P. 1180)

Name and Rank	Company	Dates of Enlistment and Commission	Period of Service	Occurrences
Welch, Wm., Corpl	Brown's	1777	W	Destd 28 Sep. '77
Wesbrook, Wm., Pt	"	"	3 yrs.	Destd 12 Feb. '79
Wotlon, Chrisn., Pt	Tatum's	"	W	
Williams, Jno., Pt	"	"	"	
Williams, Thos., Pt	"	"	"	
Ward, Thos	Dixon's	"	3 yrs.	Omtd June '78
Wearing, Jas., Pt	Bowman's	30 June "		Destd 2 July '77
Waters, Wm., Lt	Thompson's	5 Feb. "		Omtd June '78
Wood, Jno., Pt	"	4 Apr. "	W	Sergt. Jan. Pt. June '78
Wynne, Knibb, Sergt	Dixon's	1777	"	Omtd Jan. '78
William, David, Sergt	"	"		Dischgd 27 Sep. '77
Wynne, Jones, Pt	"	"	W	
Watkins, Shad'k, Pt	"	"	"	
Wilson, Jno., Pt	"	"	"	Died 21 Feb. '78

Name and Rank	Company	Dates of Enlistment and Commission	Period of Service	Occurrences
Weeks, Sylvanus, Pt....	Dixon's	1777	W	Died 15 Mar. '78
Wynne, Wm., Pt........	"	"	"	Omtd Jan. '78
Walters, Jno., Musc.....	Hogg's	"	"	Dm. Maj. July '79
Walton, Rich'd, Pt......	"	"	3 yrs.	Omtd Sep. '78
Waters, Sam'l, Lt.......	Ralston's	29 Mar. '77		Resigned May '77
Woodward, Jno., Pt.....	"		W	
Walker, John, Maj......		26 Apr. '77	"	Resigned 22 Dec. '77
Williams, Wm., B. Maj..		13 June '76		{Omtd Nov.'77. See him in 4 th Reg.
Walker, Thos., D. W. M. Gl......		5 Apr. '77	"	Omtd Sep. '77
Wilkins, Joshua, Pt.....	Tatum's	15 Aug. '77	3 yrs.	
Wyatt, Jno., Sergt......	Ely's	"	"	Died 29 Apr. '77
Wharton, Lem'l, Pt.....	Dixon's	1 Dec. 76	"	
White, Stephen, Sergt...	Reid's			Died 28 June 78
White, Wm., Pt........	"			Died 31 Mar. 78
White, Henry, Pt.......	"	9 May 76	2½ yrs.	Dischgd 10 Nov. 78
Williamson, Henry, Pt..	"	May 76	3 yrs.	Dischgd 27 May 79
Y (P. 1194)				
Young, Jas., Pt.........	Bowman's	1777		{Omtd July 79 Mustd Nov 79
York, Wm.............	Dixon's	"	W	
Z (P. 1195)				
Zakel, James, Pt........	Granberry's	2 Apr. '76	W	Pris. 1 June '79

2ND REGIMENT—COL. ALEXANDER MARTIN

Name and Rank	Company	Dates of Enlistment and Commission	Period of Service	Occurrences
A (P. 1003)				
Adams, Lanier, Pt......	William's	1777		Omtd Jan. 1778
Allen, Chas., Capt......		"		Omtd Jan. '78
Ambrose, David........	Allen's	"	W	Pt. Apr. '78. Musc. '81
Alexander, William.....	"	"	"	Died 14 Mar. '78
Allen, William.........	"	"		Died Jan. 7, '78
Andrews, Rich'd, 2nd Lt.	Gee's	"		{Pris. 1 June '79. Musc. '81. Resigned '82
Alexander, Joseph, Pt...	Fenner's	Apr. "	3 yrs.	Destd. 1 Jan. '80
Alexander, Wm., Musc..	"	"		Pt. Sep. '77
Alderson, Simon, Pt.....	Vail's	"	W	{Sergt. 20 May '79 Pris. 1 June '79
Armstrong, John, Capt..		1 Sep. '75		{Maj. 4 Oct. '77 in 4th Reg.
B (P. 1010)				
Baxter, Sam'l, Sergt.....	William's	22 Nov. '76		{Pt. 1 Jan.'78. Pris. 1 June '79. Corpl. Nov. '79. Musc. Sergt. Jan. '82
Bull, Mich'l, Musc......	"		3 yrs.	Pt. Jan. '78 Died Jan. '79
Bruties, Pt.............	"			Omtd Jan. '78
Bruce, Thos., Pt........	"			Omtd Jan. '78
Budd, Sam'l, Lt........	Allen's		W	{Omtd June '78 Pris. 8 Sep. '81 Capt. Deranged 1 Jan. '83
Bogle, Arch'd, Sergt.....	"		W	
Bone, Jas., Corpl.......	"	15 Jan. '77	3 yrs.W	{Pt. Jan. '78 Died 17 June '83
Bryan, Wm., Musc.....	"	"	W	Pt. June '78
Best, Thos., Pt.........	"	"	"	Deserted 17 Feb. '80

Name and Rank	Company	Dates of Enlistment and Commission	Period of Service	Occurrences
Bates, Frederick, Pt.	Allen's	'77		
Bell, Benj., Corpl.	Hall's	"		Died 17 Apr. '78
Bosen, Jacob, Sergt.	Martin's	29 Nov. '76	W	
Branch, Job, Corpl.	"	"		{ Pt. June '78 Dischgd 29 Jan. '08
Bright, Chas., Pt.	"	7 Aug. '77	3 yrs. W	{ Corpl. Nov. '78 Sergt. 21 Feb. '79
Beal, Jno., Pt.	"	"	2½ yrs.	Died 16 May '78
Berry, Solom, Sergt.	Gee's	"	3 yrs.	Pt. 31 Jan. '80
Brown, Joseph, Pt.	"	9 Nov. '76	"	{ Musc. Corpl. for War Sep. '82
Berry, John, Pt.	"	'77	"	{ Corpl. Dec. '78. Sergt. Nov. '79. Pt. 10 Feb. '80
Beaman, Jereh, Pt.	"	"	W	
Bullock, Balaam, Pt.	"	"	"	{ Pris. 1 June '79 Musc. Nov. '79
Borows, John, Pt.	Fenner's	"		Omtd Apr. '78
Buford, Wm., 2nd Lt.	Vail's	15 May '77		Resigned Aug. '77
Bateman, Jona., Pt.	"	"	"	Died 8 Apr. '78
Bailey, Josh., Pt.	"	1 Dec. '76	3 yrs.	{ Sergt. 1 July '79 Dischgd 16 Feb. '80
Barnes, Jas., Pt.	Armstrong's	"	W	{ Sergt. Aug.'77. Pt. 1 July '78. Destd 25 Oct. '78
Babb, Josh.	"	19 June '76	3 yrs.	Musc.Apr.'78.Pt. June'78
C (P. 1026)				
Cheshire, H'dy., Dm. Maj.		1777		Omtd Nov. '77
Cary, Jno., Pt.	William's	"		Omtd Jan. '78
Craddock, John, Lt.	"	"	W	{ Capt. 21 Dec. '77. Pris. 12 May '80. Deranged 1 Jan. '83
Campin, Jas., Lt.	"	"		
Colihorn, Robt., Pt.	Allen's	"	W	Dead 16 May '78
Cole, Geoe., Pt.	"	"	"	Dischgd 30 Jan. '80
Cashway, Josh, Pt.	Hall's	"		Pris. 1 June '79
Carman, Stepn, Corpl.	Martin's	"	"	{ Sergt. Oct. '77 Destd 20 Feb. '79
Collins, Sam'l, Musc.	"	"	3 yrs.	Died 18 Apr. '78
Cotgrave, Arthur, Lt.	"	"	"	Resigned 1 Aug. '82
Chamberlain, Chris., Pt.	"	"	"	Died 22 May '78
Christain, Jas., Pt.	"	19 May "	3 yrs.	
Cheshire, H'y, Musc.	Gee's	"	"	Omtd Nov. '77
Curry, Jno., Pt.	"	"	W	Dischgd 10 Nov. '78
Collins, Jno., Pt.	"	18 Mar. '76	2 yrs.	Dischgd 30 Sep. '78
Cox, Joseph, Pt.	Fenner's	"	"	{ Corpl. Jan. '78 Died 23 Apr. '78
Campbell, Pat'k, Pt.	"	18 Aug. "	"	{ Sergt. Sep. '77 Dischgd 1 May '79
Cook, Joseph, Pt.	"	'77		Omtd Sep. '77
Calf, Robt., Pt.	"	"		{ Mustd Sep. '77 Omtd June '78
Curtis, Reuben, Ensn.	"	"		Omtd Jan. '78
Carson, Jno., Sergt.	Armstrong's	18 Mar. '76	W	{ Pt. Nov. '78 Pris. 1 June '79
Cook, Stephen, Pt.	"	20 Dec. "	3 yrs.	Died Nov. 19, '79
Curtis, Barth., Volnt.	"	'77		Omtd Dec. '77

Name and Rank	Company	Dates of Enlistment and Commission	Period of Service	Occurrences
D (P. 1040)				
Davis, John, 2nd Lt.....		1777		Lt. Oct.'77. Capt. 8 Sep. '81. Deranged 1 Jan. '83
Davis, Thos., Sergt.....	Hall's	"		Sergt. Maj. Nov. '77. Pt. Feb.'78. Sergt. Nov. '78
Dring, Thos., Pt........	Allen's	"		Died 11 Sep. '77
Davis, Wm., Corpl......	Hall's	7 Nov. '76	W	Pt. June '78 Corpl. 1 Apr. '79
Dodge, Jonah, Musc....	"	1777		Destd 10 Feb. '79
Davis, Asa, Musc.......	"	"	"	Pt. June '78
Deal, Isaac, Pt.........	"	"		Destd 1 Jan. '79
Deal, Wm., Pt..........	"	"		Died Mar. 5, '78
Dawson, Math., Pt.....	"	"		Trans. 1 Jan. '79 to the Invalids
Dudley, Jno...........	"	"	"	Sergt. Sep.'77. Pt. Jan. '78. Destd 15 Jan. '80
Daughtry, Dempsy, Pt..	"	"		Omtd Jan. '78
Deal, Reuben, Pt......	Martin's	"	3 yrs.	Died 28 Apr. '78
Drake, Cove, Sergt.....	Gee's	"	2½ yrs.	Dischgd 2 Aug. '78 from his Excy. Guards
Dillard, Sampson, Corpl.	"		W	Pt. Dec. '78
Dunbar, Dunn, Corpl...	"	12 Jan. '76	"	Pt. Nov. '78 Destd 30 Apr. '79
Davis, Fred'k, Pt......	"	12 Dec. "	3 yrs.	Dischgd 31 Jan. '80
Drew, Wm., Pt.........	"	'77	W	
Davis, Jno., Pt.........	Vail's	"		
Davis, Zach, Pt........	Fenner's	3 Nov. '76	3 yrs.	
Day, Jno., Pt..........	Armstrong's	'77	W	Died Jan. 14, '78
E (P. 1049)				
Edmons, Abel, Pt......	William's	1 Feb. '77	3 yrs.	Dischgd 1 Feb. '80
Emory, Stephen, Pt....	"	1 " "	"	Died Oct, '78
Evans, Thos., 1st Lt....	Martin's	19 July '76		Adj't 22 Nov.'78 Capt. June '81. Deranged 1 Jan. '83
Ellis, Robt., Pt.........	Fenner's	3 Sep. '76	3 yrs.	
Edwards, Jno., Pt......	Armstrong's	1 June '76	"	Died 15 Feb. '78
F (P. 1055)				
Finney, Thos., Sergt. Maj........		1777		2nd Lt. 12 Nov. '77
Finner, Rich'd P., Mr...		"		Ensn. 10 Jan. '80 Lt. 12 May '81
Fields, Lewis, Pt........	Hall's	"		Destd Aug.'77. Mustd Sep.'78. Destd Nov. '78. Wag. Mast. 22 Aug. '79. Omtd Oct. '79
Fryar, Josiah, Pt.......	Gee's	"	W	Died June 18, '78
Foisett, Robt., Pt.......	"	20 Nov. '76	3 yrs.	
Felps, Garret, Pt.......	"	'77		30 Jan. '78
Foxa, John, Pt.........	"	"		
Fenner, Wm., Capt.....		"		Maj. 24 Oct.'77, 7 Reg.
Flounder, Robt., 1st Lt..	Fenner's	1 Jan. '76		Capt. 4 Oct. '77 P. Mr. 1 June '78 Deranged 1 Jan. '83
Flood, Alex, Pt.........		4 July '77	3 yrs.	Mustd Jan. '78
G (P. 1062)				
Geedin, Isaac, Fife Maj.		7 Nov. '76	3 yrs.	Musc. Dec. '77 Pt. Nov. '78

Name and Rank	Company	Dates of Enlistment and Commission	Period of Service	Occurrences
Griffin, Edmond, Pt.....	William's	7 Nov. '76	3 yrs.	Trans. to his Excy's Guards '78. Dischgd 31 Jan. '80
Glover, Sam'l, Sergt....	Allen's	'77	W	Pt. July '79 Died 23 Feb. '80
Glass, Jas., Pt.........	Hall's	"		Destd Aug. '77
Gee, Jas., Capt........	"	"		Died 12 Nov. '77
Gallop, Mathew, Corpl..	Gee's	"		Pris. June '79. See Lyile's Coy. Mustd in '81
Gregory, Thos., Pt......	"	"		
Goslin, Ambrose, Pt.....	Fenner's	"		Died Sep. 1, '77
Gamberlin, Jas., Corpl..	Vail's	14 Dec. '76	3 yrs.	Pt. June'78. Pris. June'79. Mustd Nov. '79 Dischgd 30 Jan. '80
Glasgow, Caleb, Pt......	"	'77	W	Dischgd Sep. '78
Gurley, Simon, Pt......	"	"	"	Died 6 May '78
Garret, Thos., Pt......	"	"	"	Destd 11 Dec. '79
Gallop, Isaac, Pt......	"	22 May "	3 yrs.	
Glenn, Tobias, Musc....	Armstrong s	"		In 4th Reg. Dec. 77
Grant, David, Pt......	"	"	W	Destd 1 Jan. 80
H (P. 1073)				
Harney, Selby, Lt. Col..		22 Nov. '77		Mustd Pris. '81 Mustd Jan. '82 Deranged 1 Jan. '83
Harvey, John, Pt.......	William's	17 Sep. '76	3 yrs.	Destd 1 Jan. '80
Huste, John, Pt........	"	Nov. "	"	
Harvey, Joshua, Pt.....	Allen's		W	Pris. 1 June'79. Mustd '83
Hall, Clement, Capt. ...		19 Apr. '77		
Howell, John, Pt.......	Hall's	17 June "	3 yrs.	
Harris, Wm., Pt........	Martin's	7 Nov. '76	"	
Harris, Jno., Pt.........	"	'77		Omtd Nov. '77. Mustd Apr.'77. Dischgd May'78
Howard, Pat'k, Pt......	Gee's	"	W	Destd time not known and Mustd Jan. '78
Humphreys, Dan'l, Pt...	"	18 Mar. '76	2½ yrs.	Dischgd 30 Sep. '78
Huling, Jacob, Sergt.....	Fenner's	'77		Pt. Sep. '77
Hair, Robt., Pt.........	"	"		Destd Dec. '77
Hoskins, Eben'z., Pt....	Armstrong's	1 Apr. "	W	Destd 1 Sep. '78
Hazle, Thos., Pt........	"	"	"	Died 28 Feb. '78
I (P. 1086)				
Ingles, Jno., Lt. & Adj't.		1777		Capt. 12 Nov.'77. Pris. 12 May '80 Deranged 1 Jan. '83
Irwin, Nich's, Pt......	Hall's	7 Oct. '76	W	Destd 29 Apr. '79
Ingles, Jno., 1st Lt......	Gee's	'77		Capt. Nov.'77 (See above)
J (P. 1088)				
Jones, Brinson, Corpl. ...	William's	'77		Dead June '78
Jolly, Malachi, Pt.......	"	"		In 8 Reg. Dec. '77(John Moore in his stead)
Jennet, Solomon, Pt.....	"	1 Feb. "	3 yrs.	
Jewell, Sm'l............	"	27 Jan. "	"	
Jacob, Jno., Lt.........	Allen's	1 Nov. '76		Omtd Feb. '78
Jennings, Thos., Pt.....	"	20 Dec. "	W	Corpl. 30 Apr. '79 Distg 30 Jan. '80
Jackson, Robt., Pt......	"	1 June '77	3 yrs.	Pris. 1 June '79 Mustd Nov. '79

ROSTER OF NORTH CAROLINA SOLDIERS

Name and Rank	Company	Dates of Enlistment and Commission	Period of Service	Occurrences
Johnson, Henry, Musc..	Hall's	'77	W	Corpl. May '78 Destd 1 Apr. '79
Jenkins, Dempsey......	"	19 June "	3 yrs.	
Jones, Robt............	"	"	"	Omtd Jan. '79
James, Noah, Corpl.....	Gee's	7 Nov. '76	"	
Johnson, John, Pt......	Fenner's	20 Nov. "	"	Omtd Feb. '78
Johnson, Benj., Corpl..	Vail's	26 Dec "	"	Dischgd 30 Jan. '80
Jordon, Nath'l, Pt.....	Armstrong's		W	Died 24 Jan. '78
K (P. 1095)				
Kelly, Wm., Pt.........	Brown's	1777	W	Omtd June '78
King, Jas., Lt.........	Tatum's	3 Apr. "		Capt. 1 Apr. '80 Died 8 Sep. '80
Kennedy, Isaac, Pt.....	Bowman's	"		Destd Aug. '77
Kettle, Jacob, Pt.......	Armstrong's	9 Oct. "	3 yrs.	
Kelly, Jno., Pt........	Ely's		"	
Keith, Jno., Pt........	Reid's		W	Musc. Sick 10 Feb. '80
L (Pp. 1100-1101)				
Litten, Abell, Pt........	Gee's	1 Dec. '76	3 yrs.	Musc. Nov. '77 Dm. Maj. 1 Nov. '78
Linch, John, Sergt......	"	'77	"	Pt. Feb.'78. Trans.1 July '79 to 2nd Virga. Reg.
Leach, Jno., Corpl.....	Fenner's	25 Nov. '76	2½ yrs.	Sergt. 1 Nov.'77. Pt. Jan. '78. Mustd '81
Linton, Theheu, Sergt...	"	'77		Pt. Nov. '77 Died 3 Dec. '77
Little, Jno., Pt........	"	25 Sep. '76	3 yrs.	Destd 15 Aug. '78
Lacey, Jno., Sergt.......	Vail's	'77	W	Sergt. Maj. Feb.'78 Sergt. June'78. Ensn. 20 May'79 Resigned in '79
Latham, Phineas, Sergt..	"	"	"	Pt. 24 May'79. Pris. June '79. Mustd Nov. '79
Low, Geo., Pt..........	"	"	"	Destd 15 Aug. '78
M (P. 1109)				
Martin, Alex., Col......		1777		Resigned 22 Nov. '77
Murfree, Hardy, Maj...		1 Feb. "		Lt. Col. 1 Apr. '77 Deranged 1 Jan. '83
McClure, Wm., Surg....		1 May '76		
Mason, Philip, Dr.Maj..		'77	W	
Martin, Sam'l, Lt.......	William's	"	"	Resigned Aug. '77
Morning, Jno., Pt.......	"	"	"	Omtd Jan. '78
Marshall, Robt., Pt.....	"	"	"	Destd Aug. '77
Moore, John, Pt........	"	Dec. "	"	For Malachi Jolly, Died 31 Dec. '78
Montague, Bryan, Pt...	Allen's	"	"	Omtd Jan. '78
McDonald, Thos., Pt....	"	"	"	W
Montague, Sam'l, Pt....	"	"	"	Omtd Jan. '78
Morgan, Bennet, Sergt..	Hall's	7 Nov. '76	3 yrs.	
Martin, Henry, Corpl...	"	"	"	Pt. June '78
Martin, James, Capt....	"	20 Apr. '77		Omtd Jan. '78
Miller, James, Pt.......	Martin's	"	3 yrs.	Omtd Feb. '78
Moore, Ralph, Pt.......	"	1 June "	"	Or Moon, Omtd Nov.'77 Mustd Oct. '78. Died 20 Dec. '78
Mitchel, Wm., Pt......	"	2 " "	"	Musc. Feb. '78. Pt. June Musc. July '79
Mathews, Jacob, Musc..	Gee's	"	W	Pt. June '78
Molbone, Malachi, Pt...	"	"	"	Destd 10 July '79

IN THE AMERICAN REVOLUTION 63

Name and Rank	Company	Dates of Enlistment and Commission	Period of Service	Occurrences
Marchant, John, Pt.	Fenner's	'77	W	Died 20 Apr. '78
McPherson, Abell, Sergt.	"	"	"	Q. M. Sergt. 20 Dec. '79
Mason, Philip, Musc.	Vail's	"	"	See Dm. Maj. above
Messick, Joseph, Pt.	"	"	"	Destd 10 July '79
McGuire, Silas, Pt.	"	"	"	Died 1 July '78
McIlwane, Stringer, Lt.	Armstrong's	"	"	Omtd Oct. '77
Mexico, Abue, Corpl.	"	"	"	{Pt. June '78 / Died 20 June '78}
McConnel, Philip, Pt.		"	"	Dischgd 10 Sep. '78
McDowell, Geo., Pt.		"	"	Destd 8 Mar. '78
N (P. 1123)				
Nicholas, Geo.or Jno.,Pt.	Hall's	1777		Omtd Jan. '78
Nicholas, Sam'l, Sergt.	Gee's	"		Died 22 July '77
Negrove, Fred'k, Musc.	Fenner's	"		Omtd Jan. '77
Nash, Joseph, Pt.	Vail's	"	W	Destd 15 Mar. '79
Negroe, Benj'n, Musc.	Armstrong's	"		Dischgd Dec. '77
Nicholas, Geo., Pt.	"	"	"	{Destd 1 Mar.'78. Mustd May '78. Destd 17 Mar.'79}
O (P. 1128)				
Osborn, Joseph, Pt.	Gee's	1777	W	Destd 10 Aug. '78
P (P. 1132)				
Pattin, Jno., Lt. Col.		1777		{Col. 22 Nov.'77. Pris. 12 May '80. Deranged 1 Jan. '83}
Parkinson, Jas., Lt.	William's	"		Died 26 Mar. '78
Pierce, Thos., Pt.	"	"	3 yrs.	Died 2 Jan. '78
Philip, Geo., Pt.	Allen's	"	W	
Pollard, Wm., Pt.	Martin's	"	"	Omtd Sep. '77
Patterson, Jno., Pt.	Gee's	"	W	Destd 1 May '79
Powers, David, Pt.	Fenner's	"	"	Died 3 May '78
Pyot, Thos., Pt.	"	"	"	Omtd Jan. '78
Parr, Noah, Pt.	Vail's	"	"	Pt. Aug. '78
Pond, Jno., Pt.	Armstrong's	"	"	{Destd 28 June '79. Mustd Nov.'79. Destd 5 Feb.'80}
R (P. 1142-3)				
Reff, Chas., Sergt.	William's	1777		Destd Nov. '77
Ring, Jas., Musc.	"	"	"	Died 13 Sep. '77
Ring, Jas. Sen., Pt.	"	"	"	Died 1 Dec. '77
Richardson, Jno., Pt.	Allen's	"	W	{Corpl. July '78. Destd 30 Apr. '79}
Rolston, Isaac, Lt.	Hall's			Omtd Apr. '78
Roberts, Rich'd, Pt.	"	10 July "	3 yrs.	Pris. 1 June '79
Raiford, Jno, Lt.	"	"	"	Resigned Jan. '78
Runner, Corns, Sergt.	Martin's	"	W	{Corpl. Oct. '77. Died 29 Apr. '78}
Richards, Wm., Pt.	"	"	"	
Roe, Sam'l, Pt.	Gee's	9 Apr. '76	2½ yrs.	Dischgd 10 Nov. '78
Ridgeway, Jno., Pt.	"	'77	W	Dest 6 Dec. 79
Raper, Robt., Pt.	Fenner's	"		
Raper, Jno., Pt.	"	22 Dec '76	3 yrs.	{Musc. July '79. Dischgd 1 Feb. '80}
Royal, Jas., Corpl.	"	'77		Died 6 Mar. '78
Raper, Caleb, Pt.	Vail's			Omtd Oct. '77
Royal, Wm., Pt.	Armstrong's	26 June '77	3 yrs.	Omtd Apr. '78
S (P. 1153)				
Spicer, Jno.		1777		Omtd Nov. '77

Name and Rank	Company	Dates of Enlistment and Commission	Period of Service	Occurrences
Slade, Stephen, Qr. Mr. Sergt........		1777		Qr. Mr. 1 Jan. '78. Ensn. Sep. '78. Lt. 11 Jan. '81 Deranged 1 Jan. '83
Sanders, Wm., Pt.......	Williams's	1 Feb. "	3 yrs.	Dischgd 1 Feb. '80
Smith, Wm., Pt........	"	18 Dec. '76	"	Dischgd 30 Jan. '80
Sebron, Joseph, Pt.....	"	1 Feb. '77	"	Dischgd Nov. '78, (Unfit For Service)
Stevenson, Wm., Pt.....	"	1 Jan. "	"	
Sanders, Andrew, Pt....	"	1 Feb. "	"	Corpl. 13 Nov.'78. Pris. 1 Jne '79. Dischgd 1 Feb. '80
Scott, Thos., Pt........	"	16 June "	"	Music Jan. '78
Stradley, Edward, Corpl.	Allen's	"	W	Pt. 15 May '79
Smith, Jno., Pt.........	"	17 July '76	3 yrs.W	Pris. 1 June '79
Smith, Jere., Pt........	"	'77	W	Dischgd 30 June '80
Squires, Skidmore, Pt...	"	20 Nov. "	3 yrs.	Destd 14 Feb. '79
Smith, Jno., Pt.........	Hall's	"	"	Died 27 Feb. '78
Smith, Jno. Jr., Pt.....	"	7 Nov. '76	"	Destd 17 Feb. '80
Sanderlin, Levy, Pt.....	"	'77	2½ yrs.	Destd 25 Dec.'77. Mustd Jan.'79. 5 Reg. Corpl. June '79
Steelman, Jno., Pt......	"	"		Destd Aug. '77
Sessions, Jno., Pt.......	"	"		Omtd Nov.'77. Mustd '79
Smith, Redick, Musc....	Martin's	5 Dec. '76		Pt. June '78 Corpl. July '79
Simmons, Jas., Pt.......	"	'77	3 yrs.	
Simmons, Malachi, Pt...	"	"		Died 1 May '78
Sewells, Dan'l, Pt......	"	"	W	Died 14 Apr. '78
Squires, Jno., Pt........	"	22 May "	3 yrs.	
Smith, Wm., Pt........	Gee's	"	W	Died 28 Feb. '78
Siborn, Wm., Pt........	"	"	"	
Sanderlin, Jno., Pt......	"	"	"	Destd 25 Dec. '77
Shepard, Jno., Pt.......	"	"	"	
Spear, David, Sergt.....	"	26 Dec. '76	3 yrs.	Sergt. Maj. 1 June '78 Reduced 1 Feb. '79
Smith, Caleb, Pt........	"	'77	W	
Smith, Wm., Sergt......	Fenner's	7 Dec. '76	3 yrs.	Pt. Aug. '78
Shackler, Philip, Corpl..	"	23 Mar. "	W	Pt. Jan. '78
Spires, Absolm, Pt......	"	20 Nov. "	3 yrs.	
Sawyer, Wm., Ensn.....	Vail's	15 May '76		Omtd Sep.'77, Supposed Levy Sawyer, 2 Lt., Armstrong's Co.
Spain, Eps, Corpl.......	"	'77	W	Sergt. 1 Dec.'77. Pt. June '78. Sergt Oct.'78. Pt. 1 Jan. '80
Sterling, Isaac, Pt......	Vail's	"	"	Sergt. Dec. '77 Died 5 Apr. '78
Scott, Jas., Pt..........	"			Omtd Nov. '77
Scandrett, Jas., Sergt...	Armstong's	10 Aug. '76	2½ yrs.	Omtd Feb. '79
Sawyer, Levy, 2nd Lt...	"	'77		Resigned 1 Mar. '78
Steward, Wm., Musc....	"	27 June "	3 yrs.	Pt. Mar. '78 Destd 1 Jan. '80

T (P. 1168)

Name and Rank	Company	Dates of Enlistment and Commission	Period of Service	Occurrences
Tiffin, Thos., Sergt.....	William's	26 Oct. '76	3 yrs.	Pt. 1 Jan. '78 Dischgd 31 Jan. '80
Turner, Benj., Pt.......	"	'77		Died 1 Dec. '77
Thorogood, Francis, Pt..	Allen's	"	W	Corpl. 15 July '79

IN THE AMERICAN REVOLUTION 65

Name and Rank	Company	Dates of Enlistment and Commission	Period of Service	Occurrences
Truit, Franklin, Pt......	Hall's	'77	W	
Tillman, Belitha, Pt.....	"	"		Omtd Nov. '77
Talton, Jas., Pt........	"	"		Omtd Jan. '78
Thom, Thos., Pt........	Martin's	"	3 yrs.	Died July 20, '78
Taylor, Jno., Pt........	Gee's	"	W	
Tellet, Avery, Pt......	"	"	"	{Pris. 1 June '79 {Mustd Nov. '79
Tarrant, Manlove, 1 Lt.	Vail's	15 May "		{Capt. 24 Oct. '77 {Omtd June '78
Thomas, Jno., Pt.......	Armstrong's	3 Mar. "	W	
Truit, Stephen, Pt.....		1 July "	3 yrs.	
U (P. 1176)				
Upton, Jno., Pt........	Allen's	14 Dec. '76	3 yrs.	Corpl. Feb. '79
V (P. 1179)				
Vance, David, Lt.......	Hall's	20 Apr. '76		Omtd June '78
Vail, Edw'd, Capt.....		21 Aug. "		Cashiered 21 Dec. '77
Vick, Isaac, Pt........		16 Sep. '77	3 yrs.	
W (P. 1181)				
Williams, Benj., Capt...		1777		Resigned 1 Jan. '79
Williams, Chas., Pt....	William's	"		Died 15 May '78
Washington, Wm.,Sergt.	Allen's	"		Omtd Nov. '77
Webb, Chas., Corpl.....	"	"	W	Pt. Feb. '79
Wooten, Wm., Pt.......	"	"	"	Died 21 Apr. '78
Watson, Thos., Sergt....	Hall's	"	"	Omtd Jan. '78
Williams, Jno., Lt......	Martin's	21 Apr. "		Omtd Apr. '78
White, Dempsey, Pt....	"	20 Mar. '76	2½ yrs.	Destd 1 Nov. '78
Weeks, Hardy, Pt......	"	'77		Destd Aug. '77
Waymouth, Corbin, Pt..	Gee's	18 Dec. '76	3 yrs.	{Corpl. Nov.'78. Pris. 1 {June'79. Dischgd1Jan.'80
White, Jno., Pt........	"	'77	W	Died 16 May '78
Wiggins, Absolm, Pt....	"	"	"	Omtd Jan. '78
Westerdale, Francis Musc..............	Fenner's	30 Mar. '76	3 yrs.	{Pt. June '78. Mustd War {Jan. '82
Webster, Rich'd, Pt.....	"	23 Dec. '76	"	
Wilson, Aaron, Pt......	"	'77		{Pris. Sep.'77. Mustd June {'78. Destd 15 June '79
Willis, Geo., Pt........	"	10 Oct. '76	3 yrs.W	{Pris. 1 June '79 {Mustd Nov. '79
Webb, Joshua, Pt.......	"	20 May '77	3 yrs.	
Waldron, Thos., Musc...	Vail's	'77	W	Pt. June'78
Williams, Frans., Pt....		"	"	Pris. 2 June'79. Mustd '82
White, Rich'd, Pt.......	Armstrong's	2 Oct. '76	2½ yrs.	{Pris. 1 June '79 {Mustd Nov. '79

3RD REGIMENT—COL. JETHRO SUMNER

Name and Rank	Company	Dates	Period	Occurrences
A (P. 1003)				
Ashton, Wm., Lt. Col...		15 Apr. '76		Resigned 25 Oct. '77
Acock, Moses, Pt.......	Turner's	'77	2½ yrs.	Dead May, '78
Acock, Robt., Pt.......	"	20 Apr. '76	"	Dischgd 10 Nov. '78
Aged, Benj'n, Pt.......	"	11 May "	"	Dischgd 10 Nov. '78
Ammis, Jas., Pt........	Granberry's	25 May "	"	Dischgd 10 Nov. '78
Angel, Benj'n, Pt.......	Emmet's			Dischgd Mar. '78
B (P. 1011)				
Brewster, Lott, Lt. Col..		25 Oct. '77		Resigned 15 Mar. '78
Braoley, Rich'd, Mr. P..		"		See him in 1st Reg.

Name and Rank	Company	Dates of Enlistment and Commission	Period of Service	Occurrences
Barrow, James, Drum...	Eaton's	'77		Dr. Maj. Sep. '77 Omtd Sep. '78
Bridges, Benj., Pt.......	Turner's	20 Apr. '76	2½ yrs.	Dischgd Oct. '78
Bennet, Pt.............	"	8 May '76	"	Sergt. Oct. 25,'78. Corpl. June '78. Dischgd 10 Nov. '78
Brandon, Wm., Pt......	"	1 May '77	3 yrs.	Omtd Jan. '78
Ballard, Keedar, Lt.....	Emmet's	16 Apr. '76	2½ yrs.	Capt. Nov.'77. M. 1. Oct. '79. Pris. 12 May '80. Deranged 1 Jan. '83
Bartholomew, Jno., Pt..	Turner's		"	Dischgd Oct. '78
Butts, Jona, Sergt.......	Granberry's	'76	"	Dischgd Oct. 17, '77
Butts, Jacob, Sergt.....	"	"	"	Omtd Oct. '77
Butts, Job., Corpl......	"	"	"	Dischgd Oct. '78
Bailey, Lewis, Pt.......	"	10 Apr. "	"	Dischgd Oct. '78
Bilberry, Nath., Pt.....	"	20 Apr. "	"	Omtd Jan. '78
Brinkley, Wm., Capt....		"		Omtd Jan. '78
Bradley, James, Capt...		16 Apr. '77		Omtd June '78
Baler, Norris, Pt........	Eaton's	18 Apr. '76	"	Dischgd 30 Nov. '78 F'od. 20 Feb. '80
Bennett, Moses, Pt.....	"		"	Dischgd 10 Nov. '78
Bradley, Gee, Lt........	Eaton's			Capt. 19 Sep.'78. Pris. 12 May '80. Deranged 1 Jan. '83
Bugg, Wm., Pt.........	Emmet's	25 May "	2½ yrs.	Dischgd 10 Nov. '78
Benton, Keedar, Pt.....	"	16 Apr. "	"	Dischgd 16 Oct. '78
Bargoner, Jno., Pt......	"	"	"	Dischgd 10 Nov. '78
Benton, Jesse, Sergt.....	"	11 May "	"	Omtd Oct. '77
Blanchet, Jno., Musc....	"	11 Oct. "	"	Mustd 2nd Reg. 27 Mar. for W.
C (P. 1027)				
Coleman, Chas., Qr. Mast. Sergt......		'77		Qr. Mast. 14 Oct. '77 Omtd Sep. '78
Christian, Jno., Fife....	Emmet's	11 May '76	2½ yrs.	Fife Maj. 17 Aug.'77. Pt. June'78. Dischgd Oct.'78
Carter, Giles, Pt........	Turner's	1 Mar. '77	3 yrs.	
Champion, Thos., Pt....	"	18 Apr. '76	2½ yrs.	Dischgd Nov. 10, '78
Clark, Jno., Pt.........	"		"	Dischgd Oct, 10, '78
Curry, Thompson, Corpl.	Granberry's	4 May "	"	Sergt. Nov. '77 Dischgd Oct. '78
Cone, W., Pt...........	"	'77	"	Died 16 Sep. '77
Carey, Andrew H., Sergt.	Eaton's	Apr. '76	"	Dead Sep. '77
Cordle, Rich'd, Pt......	"	1 Nov. "	"	Omtd June '79
Cannon, Benj., Musc....	"	Apr. "	"	Died May 1, '78
Clendenin, Jno., Ensn...	Emmet's	15 Apr. "		Lt. 23 Dec.'77. Qr. Mast. 14 Dec.'79. Pris. 8 Sep.'81 Deranged 1 Jan. '83
Copeland, Rich'd, Pt....	"	17 May "	2½ yrs.	Dischgd Oct. '78
Clifton, Rich'd, Pt......	"	"	W	Died Feb. '78
D (P. 1041)				
Dixon, Henry, Maj.....		8 July '77		Lt. Col. 12 May '78 Died 17 July '82
Davis, Sam'l, Pt........	Turner's	"	2½ yrs.	Dischgd Oct. '78
Dondon, Sm'l, Pt.......	"	"	"	Pris. 11 Sep. '77
Dixon, Geo., Musc......	Granberry's	July '76	"	Omtd June '78
Doley, Nath'l, Sergt. ...	"	June "	"	Omtd June '78

IN THE AMERICAN REVOLUTION

Name and Rank	Company	Dates of Enlistment and Commission	Period of Service	Occurrences
Dunning, Jas., Pt.......	Emmet's	15 May '76	2½ yrs.	Dischgd Oct. '78
E (P. 1050)				
Edwards, Benj., Pt.....	Turner's	'77	2½ yrs.	Omtd June '78
Elloms, Chas., Pt.......	"	28 Oct. '76		Dischgd 1 May '79
Eaton, Pinketham, Capt.		16 Apr. "		{ Maj. 22 Nov.'77. Omtd Jan.'78. Mustd Jan. '79 in 5th Reg.
Edmunds, Nicholas, Capt..................		'77		Omtd Jan. '78
Emmet, Jas., Capt.....		16 Apr. '76		{ Maj. Feb. '78 Omtd June '78
F (P. 1056)				
Fawn, Wm., Lt.........	Turner's	15 Apr. '77		{ Pris. 12 May '80. Capt. Deranged 1 Jan. '83
Fryar, Wm., Pt.........	Emmet's	3 May '76	2½ yrs.	Dischgd 10 Nov. '78
G (P. 1063)				
Goodridge, Mat'w, Sergt.	Turner's	25 Apr. '76	2½ yrs.	Destd Oct. '77
Granberry, Thos., Capt..		16 Apr. "	"	Resigned 27 Dec. '77
Gee, Wm., Corpl........	Granberry's	23 Apr. "	"	{ Sergt. Nov.'77. Pt. June '78. Dischagd Oct. '78
Glover, Jno., Pt........	"	27 Apr. "	"	Dischgd 10 Nov. '78
Garland, Elisha, Pt.....	Eaton's	4 Jan. '77	"	Dischgd Oct. '78
Garland, Jno...........	Eaton's	29 Apr. '76	2½ yrs.	Omtd 10 Nov. '78
Granberry, Jno., Lt.....	"	'77		Omtd May
Green, Josiah, Pt.......	Emmet's	"		Omtd Sep. '77
H (P. 1073-4)				
Hodgton, Alvery, Lt. and Adj.........		'77		Omtd Jan. '78
Hudson, Isaac, Sergt. Maj...........		24 May "	2½ yrs.	Omtd Sep. '78
Hudson, Chamberlain, Corpl..............	Turner's	7 May '76		{ Sergt. 25 Oct.'79. Pt. June '78. Dischgd Oct. '78
Hutston, Abin, Pt......	"			
Hastings, Wylie, Pt.....	"	27 Jan. '77	3 yrs.	
Howell, Henry, Pt......	Granberry's	"	2½ yrs.	Destd Aug. '77
Harrison, Jas., Pt.......	"	20 Apr. '76	"	Dischgd Oct. '77
Hart, Anthony, Lt......	"	'77		{ See 2nd Reg. Com. P. 1064
Hall, Delany, Pt........	Brinkley's	"	"	Died 13 Mar. '78
Hood, Arch'd, Pt.......	"	2 May '76	"	Dischgd Oct. '78
Hitchcock, Fred'k, Pt...	"	20 Apr. '76	"	Dischgd Oct. '78
(P. 1074)				
Hull, Jackson, Pt.......	"	'77	3 yrs.	Dead Jan. '78
Hart, Anthony, Lt......	Eaton's	16 Apr. "		{ And Adj. June '78 Resigned 1 Apr. '82
Hart, Thos., Pt.........	"	"	2½ yrs.	Dead June '78
Hardy, Thos., Pt.......	"	"	"	Dischgd Oct. '78
Harris, Geo., Pt........	Emmet's	"		Missing 4 Oct. '78
Hern, Drury, Pt........	"	15 May '76		Dischgd 10 Nov. '78
J (P. 1089)				
Jeffries, Thos. Pt.......	Turner's	'77	2½ yrs.	Omtd Jan. '78
Jones, Rich'd, Pt.......	"	15 Apr. '76	"	Dischgd Oct. '78
Jones, Jacob, Pt........	Granberry's	20 Apr. "	"	Dischgd 10 Nov. '78
Judge, Jas., Pt.........	"	"		Dischgd Oct. '78
Jones, Thos., Pt........	"	10 May '76		Dischgd Nov. '78
Jumper, Rich'd, Pt.....	Eaton's		12 Mo.	Omtd Jan. '78

Name and Rank	Company	Dates of Enlistment and Commission	Period of Service	Occurrences
Johnson, Thos., Pt.	Eaton's		12 Mo.	Died 20 May '78
Jones, Dan'l, Capt.				Omtd June '78
Jones, Josiah, Pt.	Emmet's	17 Apr. '76	2½ yrs.	Dischgd Oct. '78
Jones, Hesk., Pt.	"	11 Apr. "	"	Dischgd 16 Oct. '78
K (P. 1095)				
Knight, Reuben, Musc.	Emmet's	16 Apr. '76	2½ yrs.	{Pt. June '78 {Dischgd 1 Feb. '80
King, Jno., Pt.	"	'77	W	Omtd June '78
Kippey, Peter, Pt.				{Mustd Jan. '78 {Omtd Feb. '78
L (P. 1101)				
Lockhart, Sam'l, Maj.		15 Apr. '76		Lt. Col. '77 in 8th Reg.
Linton, Wm., Lt.	Turner's	24 July '76		Resigned 1 Nov. '78
Lane, Jesse, Pt.	"	1 Mar. '77	3 yrs.	
Lackey, Chri'r., Lt.	Granberry's	'77		Omtd Dec. '77
Lacy, Burwell, Pt.	"	"		Corpl. 1 Apr. '82
Lucey, Isom, Pt.	Emmet's	"		
Lucus, Valentine, Pt.	"	22 Apr. '76		Dischgd Oct. '78
M (P. 1110)				
Metissick, Thos, Corp.	Turner's	25 Apr. '76	2½ yrs.	{Pt. June '78 {Dischgd 30 Oct. '78
Mathews, Edw'd, Musc.	"		"	Dischgd 10 Aug. '78
Medlin, Shadrack, Pt.	"		"	A.W.O.L. Jan. '78
Meacon, Jas., Pt.	"			Omtd Sep. '77
Massey, John, Pt.	"			Dischgd 3 Feb. '78
Meacon, Wm., Pt.	"			Omtd Sep. '77
Montford, Joseph, Lt.	Granberry's	16 Apr. "		{Capt. Jan. 9,'79. Pris. 12 May '80. Deranged 1 Jan. '83
McMullen, Jas., Musc.	"	10 May '76	"	Dischgd 10 Nov. '78
Manning, Timothy, Pt.	"	'77		
Medearis, John, Lt.	Eaton's	15 Apr. "		{Capt. 23 Dec. '77 {Omtd in '82
Marshall, Geo., Pt.	"	22 Apr. '76	W	Destd 10 July '79
Massey, Thos., Sergt.	Everett's	'77	2½ yrs.	Died 12 Mar. '78
McDonald, Gus, Musc.	"	1 May '76	3 yrs.	Dischgd 1 May '76
McDonald, Thos., Pt.	"	" "	"	Dischgd 1 May '76
N (P. 1123)				
Neil, Jno., Pt.	Turner's	'77	2½ yrs.	Died Nov. '77
Nunnery, Henry, Pt.	Granberry's	5 May '76	"	Dischgd Oct. '78
Norton, Wm., Pt.	Eaton's	'77	3 yrs.	Died Jan. '78
O (P. 1128)				
Owen, Omery, Pt.	Turner's			Died Jan. '78
O'Neal, Chas., Ensn.	Granberry's	18 Apr. '77	2½ yrs.	{Lt. 20 July '77 {Omtd June '78
Oram, Jno., Pt.	"	"	"	Died 11 Mar. '78
Orr—, Pt.	Emmet's	"		Omtd Sep. '77
P (P. 1133)				
Penticost, Dancey, Sergt.		20 Apr. '76	2½ yrs.	{Qr. Mast. Sergt Nov.'77 {Omtd Sep. '78
Powell, Jno., Corpl.	Turner's	16 Apr. "	"	Pt. '78. Dischgd Oct. '78
Philips, David, Pt.	"	16 Apr. "	"	Dischgd Oct. '78
Potaway, Macaja, Pt.	Granberry's	20 Apr. "	"	Dischgd Oct. '78
Potter, Jno., Pt.	"	"	"	Dischgd Oct. '78
Pulley, Isom, Pt.	"	5 May "	"	Dischgd Oct. '78

IN THE AMERICAN REVOLUTION

Name and Rank	Company	Dates of Enlistment and Commission	Period of Service	Occurrences
Prichel, Jno., Pt.	Granberry's	'77	2½ yrs.	Omtd 7 Sep. '77
Pulley, Jas., Musc.	"	12 May '76	"	Pt. June '78
				Dischgd 12 Nov. '78
Parkerson, Jno., Corpl.	Eaton's	16 Apr. "	"	Sergt. 1 Aug.'77. Corpl. June'78. Pt. 15 July '79
Perry, Jerry, Pt.	"	29 Apr. "	"	Dischgd 10 Nov. '78
				Corpl. From Feb to June '78
Portress, Jno., Pt.	"	'77	"	Died 1 May '78
Polson, Jno., Corpl.	Emmet's	11 May '76	"	Sergt. Oct. '77
				Dischgd 16 Oct. '78

R (P. 1143)

Name and Rank	Company	Dates of Enlistment and Commission	Period of Service	Occurrences
Ridley, Wm., Surgn.		21 Apr. '77		Absent no leave Nov. '77
Richards, Jos., Sergt.	Turner's	25 Apr. '76		Pris. 4 Oct. '77
Rotley, Jno., Pt.	"	'77	3 yrs.	Died 30 July '78
Roberts, Kitchin, Pt.	Brinkley's	"	2½ yrs.	Died 10 Mar. '78
Roper, Jas., Pt.	"	7 Apr. "	3 yrs.	
Rushworm, Wm., Lt.	Eaton's	16 Apr. "		Omtd Jan. '78
Raifield, Spencer, Pt.	"	10 May '76	2½ yrs.	Dischgd 10 Nov. '78
Robinson, Ruben, Pt.	Emmet's	'77		Died 4 Sep. '77

S (P. 1154)

Name and Rank	Company	Dates of Enlistment and Commission	Period of Service	Occurrences
Sumner, Jethro, Col.		15 Apr. '76		Brig. Gen. 9 Jan. '79
Savage, Mich'l, Pt.	Turner's	Apr. "	2½ yrs.	Dischgd Oct. '78
Sherrin, Jacob, Pt.	"	'77	"	Corpl. 7 Nov. '77
				Died 20 May '78
Solsberry, Benj'n, Pt.	"	26 Oct. '76	"	Dischgd Oct. '78
Shoementon, Hezk., Pt.	Granberry's	20 Dec. "	"	Dischgd Nov. '78
Swenet, Jas., Pt.	"	'77	"	Destd Aug. '77
Smith, Thos., Pt.	"	"	"	Destd Aug. '77
Strickler, Jno., Pt.	"	15 Mar. "	"	Dischgd 10 Nov. '78
Smith, Simon, Pt.	"	20 Apr. '76	"	Dischgd 10 Nov. '78
Stevens, Lewis, Pt.	"	5 May "	"	Dischgd 10 Nov. '78
Sturt, Henry, Pt.	"	15 May "	"	Dischgd 10 Nov. '78
Sweat, Wm., Pt.	Eaton's	20 Apr. "	"	Dischgd 10 Nov. '78
Scott, Jno.	"	'77		Omtd June '78. Mustd Jan. '79 in 4th Reg.
Smith, Wm., Pt.	"	"	"	Died 31 Mar. '78
Santy, Caesar, Pt.	"	22 Feb. '77		Pris. 1 June '79
				Mustd '81 for War
Spells, Henry, Pt.	"	5 May '76		Dischgd 1 Dec. '78
Simpson, Sm'l, Pt.	"	'77	2½ y. W	Corpl. 1 Apr.'79. Pt. '82
Skinner, Jno., Corpl.	"	1 May '76		Pt. June '78
				Dischgd 1 Nov. '78
Sypress, Robt., Sergt.	Emmet's	15 May "		Dischgd Oct. '78
Smith, Wm., Pt.	"	22 Dec. "		Dischgd 1 Feb. '80

T (P. 1169)

Name and Rank	Company	Dates of Enlistment and Commission	Period of Service	Occurrences
Turner, Jacob, Capt.		16 Apr. '76		Killed 4 Oct. '77
Turner, Bryan, Sergt.	Turner's	22 Apr. '77		Destd 15 Oct. '77
Threat, Fred'k, Pt.	"	5 May '76	2½ yrs.	Dischgd Oct. '78
Toby, Wm., Pt.	Eaton's	4 May "	W	Corpl. Oct. '77. Pt. June '78. Pris. 1 June '79
Tillery, Jno., Lt.	"	'77		Omtd Jan. '78
Tulston, Wm., Pt.	"	"		Destd Aug. '77
Thurston, Wm., Pt.	Emmet's	16 Apr. '76	2½ yrs	Dischgd 16 Oct. '78

W (P. 1181-2)

Name and Rank	Company	Dates of Enlistment and Commission	Period of Service	Occurrences
Wilson, Whitfield Qr. Mast.		24 Apr. '77		Promoted 14 Oct. '77
				Omtd Jan. '78

Name and Rank	Company	Dates of Enlistment and Commission	Period of Service	Occurrences
Wood, Mathew, Lt......	Turner's	24 July '76		Capt. 22 Nov. '77 Omtd Jan. '78
Wheeler, Sam'l, Pt......	"	18 Apr. "	2½ yrs.	Dischgd 10 Nov. '78
Williamson, Wm., Pt.... (P. 1182)	"	16 Apr. "	"	Dischgd 10 Nov. '78
Willis, Augustor, Sergt. .	Eaton's	24 Sep. "	"	Omtd June '78
Welch, Basil, Pt........	"	1 Nov. "	"	Dischgd 1 Dec. '78
Whitley, Haniford......	"	22 Apr. "	"	Dischgd 10 Nov. '78
Wiggins, Willis, Corpl...	Emmet's	11 Apr. "	"	Sergt. Oct.'77. Corpl. June'78.Dischgd 17 Oct. '78
Wiggins, Henry, Pt.....	"	'77	"	Omtd June '78
Wiggins, Noah, Pt......	"	"	"	Dischgd 11 May '78
White, Jno.............	"	"	"	Died 12 Apr. '78
Y (P. 1194)				
Yarborough, Ruben,,Sgt.	Turner's	25 Apr. '76	2½ yrs.	Dischgd 30 Oct. '78
Young, Jno., Corpl......	"	1 Aug. "		Pt. June '78 Dischgd 31 Oct. '78
Yarborough, Edd., Lt...	"	16 Apr. '77		Capt. Jan. '79 Deranged 1 Jan. '83

4TH REGIMENT—COL. THOS. POLK

Name and Rank	Company	Dates of Enlistment and Commission	Period of Service	Occurrences
A (P. 1004)				
Atkins, James, Chaplain		5 Apr. '77		Resigned 10 Aug. '77
Anderson, James, Dm. Maj...........		25 Jan. "		Died 12 June '78
Armstrong, John, Maj...		4 Oct. "		Lt. Col. 17 July '78 Deranged 1 Jan. '83
Andrews, Abiel, Lt......	William's...	"	W	Omtd Jan. '78
Alexander, Chas., Lt....	Lewis'	20 Jan. "		Omtd Jan. '78
B (P. 1012)				
Ballentine, Jas., Sergt. Maj...........		20 Apr. '77		Omtd Jan. '78
Bishop, Chris., Musc....	Williams'	"	2½ yrs.	Dischgd 8 Nov. '77
Bracher, Sam'l, Pt......	"	"	1½ yrs.	Dischgd Nov. '77
Benton, Jesse, Pt.......	"	"	W	Omtd Feb. '78
Bootle, Thos., Pt.......	Philips'	20 May '76	"	Destd 26 Oct.'77. Mustd Feb.'78. Dischgd 26 May '79
Betts, Mathew, Pt......	"	"	2½ yrs.	Dischgd 25 Nov. '77
Brown, Joseph, Pt......	"	4 Apr. '77	3 yrs.	Destd 10 Sep. '78
Brevard, Alex., Lt......	Goodman's	9 Dec. '76		Capt. Oct. 20, '80 Deranged 1 Jan. '83
Belew, Chas., Pt........	Philips'	20 May "	2½ yrs.	Sergt. Apr. '78 Omtd Dec. '78
Beseley, John, Corpl....	Goodman's	'77	3 yrs.	
Bonny, Gideon, Corpl...	"	"	"	
Bush, Chany, Pt.......	"	"		Died 2 Jan. '78
Boggs, Jno., Pt.........	"	"		Dischgd 15 July '79
Burges, Geo., Pt........	"	15 July '76	3 yrs.	Dischgd 28 Jan. '80
Burges, Peter, Pt.......	"	1 Jan. '77	"	Destd 3 Feb. '80
Boggs, Ezkl., Pt........	"	1 Jan. "	"	Dischgd 25 July '79
Bryly, Wm., Pt.........	Harris'	26 July '76	"	Time Out 31 Oct. '77
Burtson, Jesse, Pt......	"	'76		Time Out 31 Oct. '77

Name and Rank	Company	Dates of Enlistment and Commission	Period of Service	Occurrences
Barksdale, Henry, Sergt.	Lewis'	20 Apr. '76	3 yrs.	Corpl. June '78. Sergt 10 Nov. '78. Dischgd 1 May '79
Boon, Joseph, Pt.	"	"	2½ yrs.	Omtd Jan. '78
Barrow, Jno., Pt.	Lewis'	20 Apr. '76	2½ yrs.	Dischgd 10 Nov. '78
Boyes, Jesse, Pt.	"	22 Apr. "	"	Dischgd 10 Nov. '78
Bryant, John, Pt.	"	4 July "	3 yrs.	Sergt. 1 Nov.'77. Pt. Apr. '78. Omtd Jan. '79
Beafield, Stephen, Pt.	"	"	"	Died 1 Feb. '78
Bird, Moses, Musc.	"	"	"	Omtd Jan. '78
Burus, Jno., Sergt.	Smith's	20 May "	3 yrs.W	Pt. June '78. Sergt. 10 Nov. '78. Destd 25 Dec. '79
Brown, Peter, Pt.	"	"	"	Omtd May '78
Biddlehizer, Lewis, Pt.	"	17 June '77	"	Omtd Feb. '79
Bullock, Thos., Sergt.	Nelson's	'77	"	Omtd Feb. '78
Bullock, Martin, Corpl.	"	20 Feb. "	"	Pt. June '78 Dest. Dec. '78
Bradley, Jas., Pt.	"	"	"	Dischgd May '79
Baker, Thos., Pt.	"	14 Feb. "	"	Destd 10 Dec. '79
Benton, David, Pt.	"	15 June '76	"	Dischgd 15 June '79
C (P. 1029)				
Covington, Wm., Adj.		28 Mar. '77		Died 13 Apr. '78
Conger, Jona, Qr. Mast. Sergt.		25 Jan. "		Promoted 11 Sep. '77
Curry, Jno., Pt.	Williams'	"	W	Missing 16 Sep. '77
Cox, Philip, Pt.	"	"	1 yr.	Dischgd Aug. '77
Cortslow, Thos., Pt.	"	"	"	Dischgd Aug. '77
Clack, Wm., Pt.	Philips'	20 May '76	3 yrs.	Sergt. Sep.'77. Pt. June '78. Pris. 14 Apr. '79
Crab, Benj., Sergt.	Goodman's	1 Dec. "	2½ yrs.	Dischgd 18 Nov. '78
Crump, Edward, Pt.	"	1 Mar. "	3 yrs.	Destd 24 Mar. '79
Cullum, Israel, Pt.	"	'77	"	Died 7 July '77
Cavender, Wm., Pt.	"	Sep. "		Time Out 31 Oct. '77
Caswell, Thos., Pt.	"	15 July '76	3 yrs.	Corpl. Dec. '78 Dischgd 16 June '79
(P. 1028)				
Chetry, Alex., Pt.	"	" "		Dead May '78
Campbell, Martin, Pt.	"	1 June '77		
Coots, Jas., Lt.	"	20 Nov. '76	3 yrs.W	Omtd June '78
Coplin, Reuben, Corpl.	Harris'			Time Out 31 Oct. '77
Clarke, Jno.	"	'77		Corpl. Sep. Dischgd 1 Nov. '77
Curbo, Jas., Pt.	"	6 May '76	3 yrs.	Destd 1 Jan. '80
Curbo, Wm., Pt.	"	20 Apr. "	"	Dischgd 10 May, '79
Coleman, Wm., Pt.	"	'77		Destd Aug. '77
Cole, Wm. I., Capt.	"	20 Apr. '76		Omtd Jan. '78
Carter, Benj'n, 1st Lt.	Cole's	22 Nov. "		Cap. 1 Jan. '79
Crider, Jacob, Corpl.	"	'77	3 yrs.	Destd 3 Oct. '77
Collins, Josh, Musc.	"	"	"	Destd 15 Feb. '78
Cooper, Jno., Corpl.	"	"		Died 16 Apr. '78
Cooper, Wm., Pt.	Lewis'	20 Apr. '76	2½ yrs.	Dischgd 10 Nov. '78
Charney, David, Pt.	Smith's			Omtd Sep. '77
Curtis, Joshua, Ensn.	Nelson's			
Caruthers, James, Corpl.	"	1 May "	3 yrs.	Pt. June '78 Dischgd 10 May '79
Coulson, Hy., Pt.	"	June 7 "	"	Dischgd 1 June '79

Name and Rank	Company	Dates of Enlistment and Commission	Period of Service	Occurrences
Cummings, Jno., Pt.	Nelson's		3 yrs.	Omtd Feb. '79
Carruthers, Thos., Pt.	"	27 Apr. '76	"	Dischgd 2 May, '79
Clark, Jno., Corpl.	"	Oct. '77	"	Pt. June '78
Curtis, Peter, Musc.	"	"	"	Destd Sep. '77
D (P. 1041)				
Davidson, Wm., Maj.		15 Apr. '76		Lt. Col. Oct. '77 in 5 Reg.
Douglas, Wm., Qr. Mast.		10 Feb. '77		Omtd Jan. '78
Duncan, Robt., P. Mast.		"		Omtd Jan. '78
Dillard, John, Sergt.	Williams'	"	2½ yrs.	Omtd Sep. '77
Dilliard, Wm., Pt.	"	15 May '76	2½ yrs.	Dischgd 10 Nov. '78
Downs, Jno., Pt.	"		W	{Corpl. 10 Nov. '78 {Sergt. Jan. '80
Dignam, Thos., Pt.	"			Dischgd 10 Nov. '78
Dailey, Jereh, Pt.	"			Dischgd 10 Nov. '78
Dillard, Osborn, Pt.	"			Omtd Sep. '77
Darley, Jno., Pt.	"			Omtd Apr. '78
Douglas, Jno., Pt.	"			
Dodson, Chas., Pt.	Philips'	"	"	
Davidson, Josh, Pt.	Goodman's	20 Apr. "	2½ yrs.	Dischgd 10 Nov. '78
Daviees, John, Pt.	"	1 July '77	3 yrs.	{Destd Dec.'77. Mustd in {Aug. Destd 22 Sep. '78
Dodd, David, Sergt.	Harris'	4 May '76	"	{Pt. June '78. Corpl Aug. '78. Dischgd 15 May '79
Dodd, Jesse, Pt.	"	"	W	{Omtd Sep.'77. MustdJan. '78. Dischgd 15 Nov. '79
Davis, Hugh, Pt.	Cole's	10 June '77	3 yrs.	Destd 7 Dec. '79
Derrum, Nath'l, Pt.	Nelson's	20 June '76	"	Dischgd 20 June '79
Dixon, Jereh, Pt.	"	'77	"	
Donally, John, Pt.	"	7 May '76	"	Omtd Oct. '78
F (P. 1056)				
Freeman, Dn'l, Pt.	Williams'	3 May '76	2½ yrs.	Dischgd 10 Nov. '78
Faulkner, Francis, Pt.	Philips'	25 May "	3 yrs.	{Sergt. Sep.'77. Pt. June '78. Dischgd 25 May '79
Filsby, Rich'd, Musc.	Nelson's	14 Feb. '77	"	{Pt. June '78. Mustd Oct. '78. Time Out Feb. '80
E (P. 1050)				
Eslick, Jas., Pt.	Williams'	'77	3 yrs.	Omtd Feb. '78
Earl, Jas., Pt.	"		"	Omtd Sep. '77
Eldridge, Levy, Pt.	Philips'	"	W	Destd 20 Nov. '77
Evans, Joseph, Pt.	Goodman's	"	3 yrs.	{Pt. June '78 {Dead Apr. '78
Ellison, Andrew, Pt.	Cole's	7 May '76	"	Pris. 14 Apr. '79
Evans, Jno., Pt.	Smith's	10 Apr. "	"	Dischgd 1 May '79
Erwin, Jno., Pt.	"	'77	"	Omtd Sep. '77
Eves, Wm., Pt.	"	"	"	Dischgd 10 Aug. '77
Eliot, Jno., Pt.	"	"	"	Omtd Sep. '77
G (P. 1064)				
Glenn, Tobias, Musc.	Williams'	Dec. '77		{From 2nd Reg. Omtd {July '78
Goodman, Wm., Capt.	"	1 Oct. '76		{Omtd June '78. Mustd {Jan. '79 in 4th Reg.
Gillispie, Robt., Ensn.	Goodman's	'77		Lt. Aug. '77 Omtd Jan.'78
Glenn, Geo., Pt.	"	15 May "		Omtd Nov. '79
Garrick, Black., Musc.	Smith's	"		Omtd Jan. '78
Gilmore, Thos., Pt.	"	16 May "		
Griswit, Thos., Pt.	"	"		Dead Jan. '78
Goff, Thos., Pt.	"	"		Omtd Sep. '77

IN THE AMERICAN REVOLUTION 73

Name and Rank	Company	Dates of Enlistment and Commission	Period of Service	Occurrences
H (P. 1074)				
Harrison, Geo., Pt.....	Philips'	20 May '76	2½ yrs.	Omtd Jan. '79
Hickman, Wm., Lt......	Goodman's	'77		Resigned 25 Aug. '77
Howell, Edw'd, Corpl...	"	6 May '76	"	Dischgd 10 Nov. '78
Henry, John, Pt........	"		"	Dead Jan. '78
Harris, Thos., Capt.....		16 Apr. "		Omtd Jan. '78
Hurley, Jno., Pt........	Harris'	'77		Dead July '77
Howard, Geo., Pt......	"	5 May '76	3 yrs.	Dist 15 May '79
Hughes, Jno., Sergt.....	"	20 Dec. "	3 yrs.	Distchgd 25 June '79
Holland, Reason, Pt....	"	Oct. '77	W	{Omtd Dec. '77 {See him in 5th Reg.
Hyde, Andrew, Musc....	"	20 June "	3 yrs.	Pt. Dec.'77. Omtd Sep.'78
Hudson, Thos., Pt......	Lewis'	'77	W	Omtd Sep. '78
Harmon, Robt., Musc...	Smith's	30 Dec. '76	3 yrs.W	{Pt. June '78 {Dead 17 Apr. '79
Hurton, Hugh, Pt......	"	5 July "	"	Dischgd 5 July '79
Hughes, Jno., Pt.......	"	1 May "	"	{Corpl. Oct. '77. Pt. June {'78. Dischgd 14 May '79
Hood, Geo., Sergt.......	Nelson's		"	Dischgd 7 May '78
J (P. 1089)				
Johnson, Wm., Pt......	Williams'	'77		Omtd Sep. '77
Johnson, Reuben, Pt....	Philips'	"	W	
Jarvis, Levy, Pt........	"	25 May '76	2½ yrs.	Omtd Dec. '78
Johnson, Crawford, Pt..	Cole's	11 Apr. "	W	
Jones, David, 1st Lt....	Nelson's	3 Apr. '77		{Omtd Jan. '78. Mustd {Jan. '79 4th Reg.
Jackson, Wm., Pt.......	"	1 May '76	3 yrs.	Dischgd 1 May '79
K (P. 1096)				
Knott, Wm., Lt........	Philips'	'77		{Omtd Jan. '78. Mustd {Feb. '79 5th Reg.
King, Joseph, Musc.....	Goodman's	1 Jan. "	3 yrs.	{Pt. Jan. '78 {Dischgd 28 Jan. '80
Kilgo, Jas., Musc.......	Harris'	"		Time Out 31 Oct. '77
Kidwell, Elisha, Pt......	Cole's	1 May '76	3 yrs.	Omtd Apr. '79
Knop, Adm., Pt........	"	'77	12 Mo.	Dischgd 10 Aug. '77
Kirk, Jno., Pt..........	Nelson's	19 May "	3 yrs.	
L (P. 1102)				
Lorain, Henry, Sergt....	William's	'77	W	{Corpl. June '78 {Died 13 July '78
Loyd, Leonard.........	Philips'	"	"	Omtd Jan. '78
Lufman, John..........	Goodman's	30 July '76	3 yrs.	Dischgd 31 July '79
Lipscomb, Wyllis, Pt...	"	30 July "	3 yrs.	Dischgd 31 July '79
Logan, Philip, Musc. ...	Cole's	24 Apr. "	2½ yrs.	Dischgd 10 Nov. '78
Linsey, Walter, Pt......		'77		Destd 12 Sep. '77
Lewis, Macaja, Capt....		29 July "		{Retired from Service 23 {Jan. '81
Low, Wm., Musc.......	Lewis'	21 Apr. '76	3 yrs.	Dischgd 1 May '79
Lille, Lewis, Pt.........	"			Dischgd 13 Aug. '79
Larry, Cornelius, Pt....	"		W	Destd 23 June '79
Laferty, John, Pt.......	Smith's	10 June "	3 yrs.	Dischgd 15 June '79
Linn, Robt., Pt........	Nelson's	19 May "	"	Dischgd 16 May '79
M (P. 1110-11)				
Moslander, Abel, Lt....	William's	25 Jan. '77		Omtd Jan. '78
Mathews, Chas., Pt....	"	"	18 Mo.	Dischgd 1 Nov. '77
Murray, Wm., Ensn. ...	"	1 Apr. "		{Destd Jan. '78. Mustd {Jan. '79 in 4th Reg.
Miller, Josiah, Pt.......	Goodwin's	20 July '76	3 yrs.W	Omtd Nov. '79

Name and Rank	Company	Dates of Enlistment and Commission	Period of Service	Occurrences
Martin, Rich'd, Pt.	Goodwin's	7 May '76	2½ yrs.	Dischgd 10 Nov. '78
Moore, Thos., Pt.	"	1 Nov. "	"	Dischgd 10 Nov. '78
Mahaney's, Wm., Pt.	"	28 July "	3 yrs.	Dischgd 25 July '79
Medum, Jno., Pt.	"	"	"	Omtd Dec. '77
McGibbony, Pat'k, Lt.	Harris	9 Dec. "		{Omtd June '78. Mustd Jan. '79 4th Reg.
McGill, Jas., Pt.	"	'77		Dischgd 28 July '77
Martin, Rich'd, Pt.	"	"	W	Omtd June '78
Manora, Nich., Pt.	"	"	3 yrs.	Destd 6 June '77
McCarthy, Florence, Ensn.	Cole's	1 May '76		Omtd Jan. '78
Moore, Wm., Sergt.	"	20 Sep. "		{Omtd Feb. '78. Said to be promoted
McCloud, Dan'l, Pt. (P. 1111)	"	5 May "	3 yrs.	Dischgd 10 May '79
Moore, Nath'l, Pt.	Cole's	'77	1 yr.	Dischgd 10 Aug. '77
Mitchell, Fred'k, Pt.	"	"	"	Dischgd
McMullen, Jerome, Pt.	"	"	W	Omtd Apr. '78
McCullough, John, Pt.	"	8 Feb. "	3 yrs.	{Pris. 14 Apr. '79 Mustd Nov. '79
Mitchell, Job, Pt.	Lewis'		2½ yrs.	Omtd Sep. '77
Murray, Chas, Sergt.	Smith's	1 May '76	3 yrs.	{Pt. Oct. '77 Dischgd 10 Nov. '78
Murray, John, Pt.	"	'77	"	Sergt. Oct. '77
Morrow, Sam'l, Corpl.	"	1 May '76	"	{Pt. June '78 Dischgd 14 May '79
McGlauhlin, John, Pt.	"	6 May "	"	Dischgd 14 May '79
Martin, Arch'd, Pt.	"	'77	"	Omtd Sep. '77
McOllister, Dan'l, Pt.	"	"	"	Dischgd 11 Aug. '77
McDaniel, Hugh, Sergt.	Nelson's	"	3 yrs.	Omtd Feb. '78
McClelland, Jas., Sergt.	"	1 May '76	"	Dischgd 1 May '79
Mitchell, Arthur, Pt.	"	'77	"	Omtd Jan. '78
Mattlock, John, Pt.	"	18 Apr. '76	"	{Corpl. Feb. '78. Sergt. Dec. '78. Dischgd 1 May '79
Mitchell, Josh, Pt.	"	6 May "	"	Dischgd 14 May '79
N (P. 1124)				
New, Wm., Pt.	Williams'	'77		Dischgd Nov. '77
Nicholson, Isaac, Pt.	Phillips'	"		Des'd 24 June '79
Needham, Jno., Pt.	Goodman's	1 June "		
Nevy, Fred'k, Pt.	Cole's	"		Omtd Jan. '78
Nooning, Wm., Pt.	Lewis'	"		Died 2 June '78
Newbern, Thos., Pt.	"	23 Apr. '76		Dischgd 10 Nov. '78
Nelson, Alex., Ensn.	Smith's	1 July '77		{Omtd Jan. '78. Mustd Jan. '79 in 4th Reg.
Nelson, John, Capt.	"	"		{Maj. 3 Feb. '78. Pris 12 May '80. Deranged 1 Ja. '83
Nelson, Robt., Pt.	Nelson's	2 May '76	3 yrs.	Dischgd May '79
Nash, Jno., Pt.	"	19 Nov. "	"	{Corpl. Dec. '78. Sergt. May '79. Dischgd Nov. '79
Newport, Jas., Pt.	"	'77	"	Destd 16 Sep. '77
P (P. 1133)				
Polk, Thos., Col.		15 Apr. '76		
Pearce, Jacob, Pt.	Williams'	'77	W	Omtd Jan. '78
Pritchett, Edw'd, Pt.	"	"	"	
Pemel, Jno., Pt.		"	"	Died Nov. '77

IN THE AMERICAN REVOLUTION 75

Name and Rank	Company	Dates of Enlistment and Commission	Period of Service	Occurrences
Philips, Joseph, Capt....	Philips'	16 Apr. '76		Omtd Jan. '78
Philips, Rich'd, Pt......	"	10 May "	3 yrs.	Dischgd 20 May '79
Patrick, Wm., Pt.......	"	'77	2½ yrs.	Destd 26 Oct. '77
Patrick, Jno., Pt.......	"	"	"	Destd 26 Oct. '77
Patrick, Andrew, Pt....	"	1 Apr. "	3 yrs.	Dischgd 10 Nov. '78
Parr, Isaac, Sergt.......	Goodman's	24 Dec. '76	2½ yrs.	
Partree, Emanuel, Pt....	"	'77	3 yrs.	Died 4 Oct. '77
Parks, Hugh, Pt........	"	20 May '76	"	Dischgd 20 May '79
Parker, Thos., Pt.......	"	30 July '76	"	Dischgd 31 July '79
Pasture Thos, Ensn.....	Harris'	15 July '77		{Lt. 29 Dec.'78. Adjt. 26 June '79. Pay. Mast. 19 Oct. '82
Pierce, Wm............	Cole's	"	3 yrs.	Invalid Aug. '77
Proudfoot, Jno., Pt.....	"	20 May "	W	
Prescott, Aaron, Pt.....	Lewis'	"	2½ yrs.	Died 4 Nov. '77
Prescott, Chas., Pt......	"	"	W	Died 15 Aug. '77
Polk, Chas., Lt........	Smith's	25 Apr. "		Omtd Jan. '78
Prewet, Joshua, Pt......	Nelson's	1 June '76	3 yrs.	Dischgd 1 June '79
Prewet, Ransom, Pt....	"	"	"	Dischgd 1 June '79
R (P. 1144)				
Routledge, Wm., Lt.....	Williams'	25 Jan. '77		Resigned 20 Aug. '77
Ross, Jno., Pt..........	"	"	W	
Richards, Chas., Pt.....	"	"	12 Mo.	Dischgd Aug. '77
Robinson, Hugh, Pt....	Philips'	"	W	{Corpl. Sep. '77 Destd 6 Oct. '77
Rigsby, Fred'k, Pt......	Philips'	9 May '76	3 yrs.	{Corpl. Oct. '77. Pt. June '78. Dischgd 10 May '79
Reeves, Sam'l, Pt.......	"	10 May "		{Trans. to his Excellency's Guards
Rainey, Jas, Sergt......	Goodman's	26 Apr. "	3 yrs.	{Pt. June '78 Dischgd 1 May '79
Rayburn, Geo., Pt......	"	25 July "		Dischgd 25 July '79
Ramsey, Joel, Pt.......	"	20 May "		Dischgd 20 May '79
Riggans, Powell, Pt.....	"	20 May "		Dischgd 20 May '79
Ryan, Hercules, Pt.....	"	1 May '77		Died 24 Nov. '77
Rinefield, Henry, Pt.....	Harris'	"	3 yrs.	Dischgd 18 Oct. '77
Redpith, Jno., Lt.......	Cole's	20 Aug. "	"	Died 13 Oct. '77
Reed, Wm., Pt.........	"	"	W	Omtd Nov. '79
Ryan, Pat'k, Pt........	"	27 June "	"	{Corpl. Apr. '79. Sergt. July '79. Died 6 Sep. '82
Rough, Peter, Pt.......	"	"	3 yrs.	Died 15 Mar. '78
Rearding, Jereh, Pt.....	"	20 May "	"	
Robinson, Jacob, Pt.....	"	6 May '76	"	Dischgd 1 May '79
Raby, Cader, Pt........	Lewis'	"	2½ yrs.	Destd 26 Oct. '77
Raby, Adam, Pt........	"	"	"	Omtd Sep. '77
Ralph, Lewis, Sergt.....	Smith's	12 Feb. '77	3 yrs.	{Pt. Feb. '78 Omtd Nov. '79
Richards, Chas, Pt......	Nelson's		W	Omtd Jan. '78
Rose, Wm., Pt.........	"	23 Apr. '76	3 yrs.	{Sergt. May '78 Pt. June '78
S (P. 1155)				
Sellers, Henry, Sergt....	Philips'	1 May '76	3 yrs.	Dischgd 25 Dec. 79
Shepard, Wm., Pt......	"	"	"	Omtd Apr. '78
Simmons, Isler, Sergt....	Goodman's	1 Oct. "	"	{Pt. Aug. '78 Dischgd Nov. 10, '79
Smith, Thos., Pt.......	"	25 July "	"	Dischgd 25 July '79

Name and Rank	Company	Dates of Enlistment and Commission	Period of Service	Occurrences
Smith, Sm'l, Pt........	Goodman's	20 May '76		Corpl. 1 Dec. '78
				Dischgd 20 May '79
Smith, Clem, Pt.......	"	25 July "	3 yrs.	Dischgd 20 July '79
Simpson, Smith........	"	'77	"	Omtd June '78
Street, Jno., Sergt......	Harris'	"		Time Out 31 Oct. '77
Stokes, Young, Pt......	"	"		Time Out 31 Oct. '77
Stokes, Drury, Pt......	"	"		Time Out 31 Oct. '77
Swearingham, Van., Pt..	"	"		Time Out 31 Oct. '77
Saxton, Jas., Sergt.....	Cole's	7 May "		Pt. Jan. '78
				Pris. 14 Apr. '79
Spearpoint, Joseph, Pt..	"	"		Omtd Mar. '78
Spindler, Boston, Pt.....	"	2 Oct. "		
Smiter, Valente, Pt.....	"	"	3 yrs.	Destd 12 Oct. '77
Smith, Robt., Capt.....	"	16 Apr. '76		Omtd Jan. '78
Scanthing, Pat'k, Pt....	Smith's	26 Apr. "	"	Dischgd 1 May '79
Simmons, Benj., Pt.....	"		"	Omtd Jan. '78
Shaw, Robt., Pt.......	"			Dischgd 10 Aug. '77
Syrus, Jas., Pt.........	Nelson's			Dischgd 13 Oct. '77
Smith, Jno., Pt........	"		"	Mustd Jan. '78
				Omtd June '78
(P. 1154)				
Standfast, Wm., Sergt...	Williams'	'77		Qr. Mr. Sergt. 11 Sep. '77
				Sergt. Aug. '78. Destd 1
				Jan. '80. Pt. 1 Apr. '79
Steed, Jesse, Sergt.....	"	"	2½ yrs.	Omtd Jan. '78
Sill, Thos., Pt.........	"	"	W	Omtd Sep. '77
Seymore, Sol., Corpl....	"	1 May '76		Pt. June '78
				Dischgd 10 Nov. '78
Slade, Wm., Lt........	Philips'	1 May '77		And Adjt. June '78. 1 Lt.
				25 June '79. Resigned 18
				Feb. '80
Smith, Benj., Sergt.....	"	20 May '76	3 yrs.	Pt. June '78
				Dischgd 25 May '79
T (P. 1169)				
Thaxton, Jas., Lt. Col...		15 Apr. '76		Retired from Service
				Jan. '81
Tipper, Jno., Pt.......	Williams'	10 May "	2½ yrs.	Dischgd 10 Nov. '78
Timbrel, Jno., Pt.......	"	'77		Omtd Sep. '77
Thompson, Jno., Pt.....	"	"		Dischgd Aug. '77
Taylor, Jno., Musc.....	Philips'	"	3 yrs.	Omtd June '78
Tilley, Lewis, Pt.......	"	1 Apr. "	"	
Tucker, Rich'd, Pt.....	Goodman's	25 July '76	"	
Thompson, John, Pt.....	Cole's	'77	1 yr.	Dischgd 10 Aug. '77
Thompson, Dan'l, Musc.	Nelson's	14 Feb. "	3 yrs.	Pt. Feb. '79
				Dischgd Feb. '79
U (P. 1176)				
Usher, Wm., Surg......		24 Apr. '77		Resigned 1 Nov. '77
W (P. 1182)				
Williams, Jas., Capt.....		3 Apr. '77		Died 2 May '78
Wade, Dan'l, Musc.....	Williams'	"	W	Omtd Feb. '78
White, Geo., Pt........	"	"	"	
Williamson, Wm., Pt....	"	"	18 Mo.	Dischgd Nov. '77
Waters, Isaac, Pt.......	"	"	"	Dischgd Nov. '77
Wile, Martin, Pt........	Philips'			Destd 26 Oct. '77
Williams, Wm., Lt......	Harris'	9 Dec. '76	3 yrs.	Omtd Jan. '78
				See 5th Reg.

IN THE AMERICAN REVOLUTION 77

Name and Rank	Company	Dates of Enlistment and Commission	Period of Service	Occurrences
Wright, Adam, Musc....	Harris'	'77	W	Omtd Mar. '78 Mustd Jan. '79
Wright, Thos., Pt......		29 Apr. '76	3 yrs.	Dischgd 10 May '79
Watts, Andrew, Pt.....		'77	"	Died 19 Feb. '78
Weaver, Lewis, Corpl...	Cole's	"	"	Omtd Sep. '77
Watson, Jas., Pt.......	"	"	"	Destd 22 Sep. '77
Wren, Wm., Pt.........	"	13 May '76	"	Corpl. 10 Feb. '80
Wilkinson, Reuben, Lt..	Lewis'	20 Dec. "		Resigned 21 July '82
Wills, Willis, Pt.......	"	'77	"	Died 16 Nov. '77
White, Ezx'l, Pt.......	"	4 May '76	"	Dischgd 14 May '79
Whitmel, Blunt, Lt.....	Smith's	20 Nov. "		Omtd Jan. '78
Wilson, Geo., Musc.....	"	'77	"	Omtd Jan. '78
Webb, Jno., Pt.........	"	"		Dischgd 16 Aug. '77
Wright, Jno., Pt.......	"	"		Omtd Sep. '77
Ward, Jno., Pt.........	Nelson's	16 May '76	3 yrs.W	
Willard, Maj., Pt......	"	16 May "	"	
Ward, Drewry, Pt......	"	16 May "	"	Dischgd 16 May '79

5TH REGIMENT—COL. EDWARD BUNCOMBE

Name and Rank	Company	Dates of Enlistment and Commission	Period of Service	Occurrences
A (P. 1004)				
Allen, Thos., 2nd Lt. ...	Stedman's	1777		
Armstrong, Thos., 1 Lt..	Williams'	16 Apr. '76		Capt. 25 Oct. '77. Pris. 1 June '79. Mustd '81 A.D.C. 28 Mar. '82
Arthur, Jno. L., Pt......	Caswell's	27 Mar. '77	3 yrs.	Corpl. Nov. '79
Ammons, Jordan, Pt....	"	20 Apr. "	W	
Angel, Thos., Pt........	"	12 May "		Pris. 1 June '79 Mustd Nov. '79
Anderson, Jas., Pt.....	"	"	2½ yrs.	Died 14 Nov. '77
Anderson, Thos., Musc..	"	18 Dec. '76	3 yrs.	Pt. Jan. '78 Destd 30 Apr. '79
Allen, John, Lt.........	"	1 Oct. "		Omtd Jan. '78 Died Sep. '80
Arnold, Arthur, Pt......	Blount's		W	Omtd Feb. '78
Allen, Walter, Ensn.....	"	28 Mar. '77		Lt. 1 Oct. '77 Omtd 4 Oct. '78
Atkins, Benj'n, Pt......	"	"	3 yrs.	Omtd June '78
Allison, Achis, Pt.......	Darnal's	"	W	Pris. 1 June '79 Mustd Nov. '79
Anderson, Wilson, Corpl.	Enloe's	"	3 yrs.	Dead 15 Mar. '78
Albertson, Henry.......	"	"	"	Destd 29 Feb. '80
Anderson, John.........	"	"	"	Destd 29 Feb. '80
Alderson, Simon, Capt..	"	16 Apr. '76		Omtd Sep. '77
Aldridge, Joseph, Pt.....	Alderson's	18 Dec. "	"	Dischgd 20 May '79
Abbitt, Ezekial, Musc...	"	"	"	Omtd Jan. '78
B (P. 1013)				
Buncombe, Edw'd, Col..		15 Apr. '76		Pris. 4 Oct. '77 Omtd Jan. '78
Boyd, Adam, Chaplain..		1 Oct. '77		Omtd June '78 Mustd in '79
Brownlay, Robt., Corpl..	Stedman's	"	W	Sergt. Nov. '78
Burk, Jacob, Pt........	"	"	"	
Barnes, Wm., Pt.......	"	"	3 yrs.	Missing 4 Oct. '77
Bowers, Wm., Pt.......	"	"	W	Dead June '78

Name and Rank	Company	Dates of Enlistment and Commission	Period of Service	Occurrences
Banks, Wm., Pt.	Stedman's			Corpl. 10 Nov. '78
				Destd 1 Apr. '79
Blount, Thos., 1st Lt.	"	28 Apr. '77		Omtd Jan. '78
Braboy, Jacob, Pt.	Williams'	9 May '76	2½ yrs.	Dischgd 10 Nov. '78
Boon, Whylis, Pt.	"		"	Omtd Feb. '78
Bailey, Benj'n, 2nd Lt.	"	1 Oct. "		Capt. Sep. 8, '81
				Deranged 1 Jan. '83
Brooks, Asa, Sergt.	Caswell's	'77	3 yrs.	Qr. Mr. Sergt. Jan. '78
				Died 3 June '78
Benson, Bailey, Pt.	"		"	Dischgd 8 Feb. '80
Burtonshell, Joshua, Pt.	"	"	"	Destd Nov. '77
Blount, Reading, Capt.		16 Apr. '76		Maj. '82
Bradley, Sam'l, Pt.	Blount's		"	Omtd June '78
Broom, Mason, Pt.	"	2 Apr. "	2½ yrs.	Dischgd Oct. '78
Burnet, David, Pt.	"		W	Omtd Feb. '78
Brown, Thos., Pt.	"		"	
Bond, Rich'd, Pt.	"		2½ yrs.	Omtd Feb. '78
Burges, Absalom, Sergt.	Darnal's	'77	W	Pris. 1 June '79
				Mustd Nov. '79
Brown, David, Pt.	"	"	"	Dischgd Apr. '78
Belch, Philip, Pt.	"	"	3 yrs.	Died 21 Nov. '77
Brand, Jno., Pt.	"	"	2½ yrs.	Destd Aug. '77
Blocksom, Sovvain, Pt.	Enloe's	29 Nov. '76	3 yrs.	Dischgd 30 Jan. '80
Bullock, Jno., Pt.	"	20 Apr. "	2½ yrs.	Dischgd 10 Nov. '78
Butler, Clareys, Pt.	"	20 Apr. "	"	Dischgd 10 Nov. '78
Benham, Drury, Corpl.	"	16 Dec. "		Sergt. Sep. '77. Pt. June '78. Corpl. 15 May '79 Sergt. 25 July '79
Baker, Jno., Pt.	"	'77		Destd 15 Mar. '77
Blake, Chris., Pt.	Alderson's	"	2½ yrs.	Died 30 Apr. '78
Blount, Jas., Pt.	"	"	"	Dischgd 6 Oct. '77
Blurton, Henry, Sergt.	Coleman's	"	"	Omtd Jan. '78
Brady, Jas., Pt.	"	"	"	Corpl. 1 Sep. '77
				Omtd Jan. '78
Blurton, Edw'd, Pt.	"	"	"	Omtd Jan. '78

C (P. 1028)

Name and Rank	Company	Dates of Enlistment and Commission	Period of Service	Occurrences
Cooley, Sam'l, Surg.		16 Apr. '76		Omtd Jan. '78
Carter, John, Pt.	Stedman's	'77	W	
Coggins, Jas., Pt.	"	"		
Crutcher, H'y., Ensn.	"	20 Aug. "		Resigned 11 Dec. '77
Carter, Sam'l, Pt.	Williams'	26 Apr. '76	2½ yrs.	Corpl. Nov. '77. Pt. Apr. '78. Dischgd 16 Oct. '78

(P. 1029)

Name and Rank	Company	Dates of Enlistment and Commission	Period of Service	Occurrences
Church, Wm., Pt.	"	12 May "		Dischgd 12 Nov. '78
Cooper, Jer'h, Pt.	"	'77	2½ yrs.	Omtd Apr. '78
Cooper, Nath., Pt.	"	5 May '76	"	Dischgd 10 Nov. '78
Clark, Abner, Pt.	"	'77	"	Died 28 Jan. '78
Craig, Geo., Pt.	"	"	"	Died Nov. '77
Carter, Robt., Pt.	"	4 May '76	"	Dischgd 10 Nov. '78
Cornelius, Isaac, Pt.	"	'77	"	Dischgd 10 Nov. '78
Collins, Jno., Pt.	"	"	"	Dischgd 1 Mar. '79
Charles, Winoke, Pt.	"	Dec. "	"	Destd 28 Aug. '77
Cornelius, Isaac, Pt.	"	16 Apr. '76	"	Omtd Jan. '77
Caswell, Wm., Capt.		16 Apr. "	"	Omtd Jan. '77
Cole, Thos., Corpl.	Caswell's	26 Nov. "	3 yrs.	Pt. June '78
				Dischgd 8 Feb. '80

Name and Rank	Company	Dates of Enlistment and Commission	Period of Service	Occurrences
Carmady, Jas., Corpl.	Caswell's	'77	3 yrs.	Pt. Jan. '78 Died 12 May '78
Carvin, Thos., Pt.	"	26 Nov. '76		
Cox, Wm., Pt.	"	16 Apr. "	2½ yrs.	Omtd Sep.'77. MustdOct. '78. Dischgd 10 Nov. '78
Caps, Wm., Pt.	"	'77	"	
Cummings, Benj'n, Pt.	Blount's			Dead 5 May '78
Clagburn, Shubal, Pt.	"	28 Oct. '76		Corpl. Dec. '77 Pt. Nov. '78
Cooper, Wm., Lt.	Darnal's	16 Apr. "		Omtd Oct. '77
Cotanch, Malachi, Pt.	"	11 Jan. '77	W	Destd 30 Jan. '80
Cooper, Josh, Pt.		1 Nov. '76	3 yrs.	Pris. 1 June '79. Mustd Nov. '79, "re-enlisted"
Cherry, Dan'l, Pt.	"	'77	1 yr.	Died 18 Oct. '77
Cason, Wm., Pt.	Enloe's			Died 5 Mar. '78
Curtis, Jno., Lt.	Alderson's	16 Oct. '76		Omtd Sep. '77
Carter, Edw'd, Sergt.	"	'77		Omtd Jan. '78
Coble, Shadrock, Pt.	"	"		Killed 4 Oct. '77
Corbett, Alex'r, Pt.	"	"	W	Destd 28 Aug. '77
Coleman, Benj'n, Capt.		30 Apr. "		
Crutches, Anth'y, Sergt.	Coleman's	14 May "	3 yrs.	Ensn. 27 Feb. '80. Lt. 18 May'81. Deranged 1 Jan. '83
Carrell, Benj., Pt.	"	"	2½ yrs.	Died Aug. '77
D (P. 1042)				
Dawson, Levy, Maj.		15 Apr. '76		Lt. Col. 19 Oct. '77 in 8th Reg.
Davidson, Wm. L., 1st Lt. Col.		4 Oct. '77		1st Reg. '79. Retired 1 Jan. '81
Daniel, Jno., Corpl.	Stedman's	"	W	Pt. '77. Died 30 Dec. '77
Deggs, Anth'y, Ensn.	Williams'	20 Mar. "		Lt. 20 Aug. '77. Omtd Jan. '78
Davis, Wyllis, Pt.	"	"	2½ yrs.	Omtd June '78
Davis, Aaron, Pt.	"	"	"	Omtd Jan. '78
Dempsey, Squire, Pt.	"	"	"	Died 17 May '78
Diggins, Edw'd, Pt.	Caswell's	"	"	Destd Nov. '77
Draper, Roger, Pt.	Blount's		"	Died 16 Apr. '78
Darnal, Henry, Capt.		1 Oct. '76		Omtd Jan. '78
Duggin, Thos., Pt.	Darnal's	'77	"	Missing 4 Oct. '77
Duggin, Jesse		"	"	Killed 4 Oct. '77
Dean, Benj'n, Pt.	Enloe's	2 Apr. "	3 yrs.	Mustd 27 of Mar for W
Dennis, Hezekiah, Pt.	Alderson's	"	"	Died 12 Jan. '78
E (P. 1051)				
Eburn, Thos., Lt.	Stedman's	16 Apr. '76		Omtd Oct. '77
Elks, Wm., Pt.	"	'77	W	Omtd Feb. '78
Edulus, Thos., Musc.	"	"	2½ yrs.	Omtd Jan. '78
Eburn, Jno., Lt.	Williams'	1 Oct. '76		Omtd Jan. '78
Ewell, Wm., Lt.	Blount's	20 Apr. '77		Omtd Jan.'78
Early, Jas., Pt.	Darnal's	"	W	Destd Aug. '77
Enloe, John, Capt.		16 Apr. '76		Omtd Oct. '77
Erwin, Jas., Pt.			"	Destd Sep. '78
F (P. 1056)				
Ford, Hezekiah, Chap'n.		20 Apr. '77		Omtd Sep. '77
Flury, Wm., Sergt.	Stedman's	"	W	Died 16 Mar. '78
Frazzle, Dan'l, Sergt.	Williams'	23 Apr. '76	2½ yrs.	Pt. Apr. '78 Dischgd Oct. '78

Name and Rank	Company	Dates of Enlistment and Commission	Period of Service	Occurrences
Farmer, Wm., Pt.	Williams'	29 Apr. '76	2½ yrs.	Dischgd 24 Oct. '78
Fooks, Jno., Pt.	Caswell's	24 May "	"	Dischgd 1 Dec. '78
Fooks, Jas., Pt.	"	'77	"	Omtd Oct. '77
Fowler, Abin, Pt.	Blount's	6 May '76	W	
G (P. 1064)				
Giles, Jno., Qr. Mast. Sergt.		22 Aug. '77		Omtd Jan. '78
Gaskins, Wm., Sergt.	Stedman's	"	W	{Pt. Aug. '78 {Corpl. Mar. '79
Green, Jno., Pt.	"	"	3 yrs.	Died 20 Aug. '77
Garet, James, Pt.	"	"	W	Omtd Feb. '78
Gerald, Chas., Ensn.	Williams'	30 Apr. "		Lt. 19 Dec. '76
Groves, Wm., 1st Lt.	Caswell's	16 Apr. "		{Capt. 17 Aug. '77 {Omtd Jan. '78
Griffin, Jas., Corpl.	Blount's	1 Dec. '76	3 yrs.	Dischgd 1 Feb. '80
Glanhan, Jer'h, Sergt.	Darnal's	'77	W	Died 21 Apr. '78
Garret, Dan'l, Corpl.	"	"	"	Dischgd 15 Oct. '77
Gaddy, Thos., Pt.	"	21 May '76	W	{Corpl. Aug. '77 {Pt. June '78
Gainer, Sam'l.	"	'77	3 yrs.W	
Gladhan, Dan'l.	"	"	3 yrs.	Omtd Jan. '78
Garret, Thos.	"	"	2½ yrs.	Destd Aug. '77
Goldsbury, Wm., Pt.	Enloe's	"	3 yrs.	Omtd June '78
H (P. 1074)				
Hogg, Thos., Maj.		4 Oct. '76		{Deranged 1 Jan. '83. See {1st Reg.
Holland, Spear, Ensn.	Stedman's	24 Mar. "		{Lt. 25 Oct. '77. Omtd {Jan. '78
Hammon, John B. Sergt.	"	7 May "	2½ yrs.	Dischgd 10 Nov. '78
Harris, Jas., Pt.	"	27 May "	W	
Harris, Stephen, Pt.	"	'77	2½ yrs.	Omtd Sep. '77
Hamilton, Jno., Pt.	"	"	W	
Hodges, Jno., Lt.	Williams'	1 Oct. '76		Omtd Jan. '78
Howard, Solomon, Sergt.	"	28 Apr. "	2½ yrs.	{Pt. Jan. '78 {Dischgd Oct. '78
Holden, Jas., Corpl.	"	'77	"	Omtd Jan. '78
Hollenbeck, Jno., Corpl.	"	"	"	{Pt. Nov. '77 {Omtd Feb. '78
Holmes, Shadrock, Pt.	"	"	"	Omtd Feb. '78
Hooks, Epha'm, Pt.	"	9 May '76	"	Dischgd 9 Nov. '78
Hicks, Jno., Pt.	"	'77	"	
Hicks, Jas., Pt.	"	"	"	Omtd Feb. '78
Hoggard, Wm., Pt.	"	29 Apr. '76	"	Dischgd 29 Oct. '78
Hill, Thos., Pt.	"	26 Apr. '76	"	{Corpl. Nov. '77 {Dischgd Oct. '78
Holland, Josiah, Pt.	"	'77		Died June '77
I (P. 1087)				
Irwin, Henry, Lt. Col.		15 Apr. '76		Killed 4 Oct. '77
Ivy, Curtis, Ensn.	Williams'	23 Apr. '77		Lt. 10 Oct. '77
Ivy, Jas., Pt.	Alderson's	15 Nov. '76	3 yrs.W	
Inglish, Joseph, Musc.	"	'77	3 yrs.	Died 17 Dec. '77
J (P. 1090)				
Jones, Chas., Pt.	Williams'	'77	2½ yrs.	Died 2 Mar. '78
James, Edwin, Pt.	"	4 May '76	"	Dischgd 6 Oct. '78
Jenkins, Abr'n, Corpl.	"	22 Apr. "	"	{Sergt. 15 May '78. Corpl. {June '78. Dischgd Oct. '78
Jenkins, Robt., Pt.	"	29 Apr. "	"	Dischgd 29 Oct. '78

IN THE AMERICAN REVOLUTION

Name and Rank	Company	Dates of Enlistment and Commission	Period of Service	Occurrences
Jones, John, Pt.	Caswell's	'77	2½ yrs.	Killed 4 Oct. '77
Jenkins, Wm., Pt.	Blount's	"	"	Omtd Apr. '78
Johnson, John, Pt.	"	"	2½ yrs.	Omtd Feb. '78
Jones, Jas., Pt.	Enloe's	18 Nov. '76	3 yrs.	
Jacobs, Joshua, Pt.	Alderson's	'77	"	Killed 11 Sep. '77
Johnson, Holland, Sergt.	"	20 May '76	"	{Corpl. Jan. '78. Pt. July '78. Dischgd 20 May '79
Jones, Jones Lytleton, Pt.	"	'77	"	Died 20 Sep. '77
Jeffrey, Jno., Pt.	Coleman's	"	2½ yrs.	

K (P. 1096)

Name and Rank	Company	Dates of Enlistment and Commission	Period of Service	Occurrences
Kennedy, Archibald, Sergt. Maj.		1 Aug. '77		Omtd Sep. '77
Knight, Morgan	Blount's	"		Omtd Feb. '78
Kennedy, Benj'n, Sergt.	Darnal's	"		{Omtd Jan. '78 Mustd Jan. 5th Reg.
Kennedy, Geo., Pt.	"	"		Destd Aug. '77
Kennedy, Jno., Pt.	"	"		Destd Aug. '77
Killingswith, Jno., Musc.	"	"	W	Pt. Jan. '78

L (P. 1102)

Name and Rank	Company	Dates of Enlistment and Commission	Period of Service	Occurrences
Lott, Job, Pt.	Williams'	1777	2½ yrs.	Died June '77
Lewis, Amos, Pt.	Blount's	14 May '76	"	Dischgd 4 Nov. '78
Lodge, Lewis, Pt.	"	1 Oct. "	3 yrs.	Omtd Feb. '78
Long, Nehemh, Lt.	"	1 Oct. "		Omtd Jan. '78
Loyd, Burrel, Pt.	Darnal's	'77	W	Omtd Feb. '79
Ligget, Dan'l, Pt.	"	"	2½ yrs.	{Destd Aug. '77 Mustd Jan. '79 5th Reg.
Laughinghouse, Thos. Pt.	Enloe's	"	3 yrs.	Omtd Jan. '78
Lisk, Jas., Pt.	"	"	"	Omtd Jan. '78
Lucas, Mathew, Pt.	Coleman's	"	W	Killed 4 Oct. '77

M (P. 1111)

Name and Rank	Company	Dates of Enlistment and Commission	Period of Service	Occurrences
Miller, Henry, Maj.		8 Mar. '77	3 yrs.	{Omtd between Jan. and Sep. '79
McDowal, Peter, Pt.	Stedman's	"	W	Destd 1 Nov. '79
McGuire, Mich'l, Pt.	"	"	"	Dischgd 25 Apr. '78
Maddry, John, Corpl.	Williams'	13 May '76	2½ yrs.	Destd 13 Nov. '78
Martin, Jas., Musc.	"	15 July "	"	{Pt. Jan. '78. Mustd May '78. Pt. June '78. Dischgd 10 Nov. '78
Morris, Rich'd, Pt.	"	17 Aug. "	"	
Morris, Jno., Pt.	"	"	"	Dischgd 16 June '78
Morgan, Chas., Corpl.	"			{Sergt. Nov. '77. Pt. Jan. '78. See Blount's Co., 3rd Reg.
McNees, Jno., 2nd Lt.	"	8 Mar. '77		{Capt. 2 Nov. '82. Deranged Jan. 1, '83
Murphy, Thos, Pt.	Caswell's	"	2½ yrs.	Died 3 Feb. '78

(P. 1112)

Name and Rank	Company	Dates of Enlistment and Commission	Period of Service	Occurrences
McElroy, Sm'l, Pt.	"	'77	"	Omtd Feb. '78
Moore, Jos., Corpl.	Blount's	2 May '76	"	{Pt. Sep. '77. Dischgd Oct. '78
Miller, Henry	"		W	Corpl. Feb. '80. Sergt in '82
Moore, Fred'k, Pt.	"		"	
Moore, Thos., Pt.	Blount's			Dischgd 10 Nov. '78
Moore, Jacob, Pt.	"			Died 28 Apr. '78
Moye, Geo., Pt.	"			Dischgd 10 Nov. '78
Morris, Jas., Corpl.	Darnal's	'77		Pt. Jan. '78. Omtd Feb. '78
Morris, Benj'n, Pt.	"	"		Omtd Feb. '78

Name and Rank	Company	Dates of Enlistment and Commission	Period of Service	Occurrences
McAllister, Jas., Pt.	Darnal's	'77		Died 7 Mar. '78
McAltree, Barnabas, Pt.	"	"		Omtd Sep. '78
Moore, Wm., Pt.	"	"	2½ yrs.	Destd Aug. '77
Moulborn, Sol'n, Sergt.	Enloe's	"	3 yrs.	Died 27 Feb. '78
Maulborn, David, Sergt.	"	"	"	Dischgd 30 Jan. '80
Meeks, Robt., Corpl.	Anderson's	8 Dec. '76	"	Pt. Jan. '78 / Dischgd 1 Mar. '80
Mathews, John, Pt.	"	25 Dec. "	"	Corpl. Mar., Pt. June. Corpl. 28 Aug. '78. Dischgd 1 Jan. '80
McCoy, John, Pt.	"	'77	2½ yrs.	Died 10 Mar. '78
Moons, Shad'k, Pt.	"	"	3 yrs.	Died 5 Oct. '77
Moseley, Thos., Pt.	"	"	"	Omtd Mar. '78
Middleton, Daniel, Pt.	"	"	"	Omtd Feb. '78
Moore, Lemuel, Pt.	"	"	"	Music Nov. '77. Pt. Jan. '78. Musc. Feb. '78. Died Apr. 26, '78
Meeks, Wm., Pt.	"	"	"	

N (P. 1124)

Name and Rank	Company	Dates of Enlistment and Commission	Period of Service	Occurrences
Nobles, Hez'k, Musc.	Williams'	5 May '76	2½ yrs.	Pt. Sep. '77 / Dischgd Oct. '78
Newsom, Rand'l, Musc.	Caswell's	'77	3 yrs.	Omtd Jan. '78 Mustd '79
Nash, Francis, Pt.	"	"	"	Died 1 Mar. '78
Nelson, Wm., Pt.	Enloe's	"	"	Died 15 Aug. '78
Nichols, Jas., Pt.	Alderson's	18 Apr. '76	2½ yrs.	Dischgd 30 Oct. '78

O (P. 1129)

Name and Rank	Company	Dates of Enlistment and Commission	Period of Service	Occurrences
Owens, Jno., Pt.	Caswell's	'77	3 yrs.	Died 2 Feb. '78
O'Guien, Jno., Pt.	Darnal's	"	2½ yrs.	Destd Aug. '77

P (P. 1134)

Name and Rank	Company	Dates of Enlistment and Commission	Period of Service	Occurrences
Paul, Stephen, Pt.	Stedman's	'77		Died 27 Sep. '77
Pierce, Wm., Pt.	Williams'	"		Omtd Feb. '78
Ponder, Wm., Pt.	"	30 June '77	3 yrs.	Musc. Sep. '77. Pt. Sep. '78
Pierce, Thos., Pt.	"	"	2½ yrs.	Died Oct. '78
Peoples, Wm., Pt.	Caswell's	1 Apr. '76	"	Dischgd 1 Oct. '78
Parker, Arthur, Pt.	"	16 Apr. "	"	Dischgd 10 Nov. '78
Parish, John, Pt.	"	1 Sep. "	3 yrs.	Destd 20 Nov. '79
Procter, Wm., Pt.	Blount's	15 May "	2½ yrs.	Dischgd 10 Nov. '78
Padget, Solomon, Pt.	Darnal's	'77		Destd Aug. '77
Paramore, Amos, Corpl.	Enloe's	"	3 yrs.	
Pilchard, Jno., Pt.	"	"	"	Omtd Jan. '78
Pope, Sm'l, Pt.	Alderson's	"	2½ yrs.	
Private, Miles, Pt.	"	15 Nov. '76	3 yrs.	Omtd Feb. '78
Phillips, Bush, Pt.	Coleman's	'77	2½ yrs.	Omtd Sep. '77
Patterson, Jno., Pt.	"	"		Mustd 4th Reg. Jan. '79 for 3 yrs.

R (Pp. 1144-45)

Name and Rank	Company	Dates of Enlistment and Commission	Period of Service	Occurrences
Reid, Jese, Lt.	Stedman's	20 Oct. '76		Pris. Sep. '81. Capt. 1 Apr. '82. Deranged 1 Jan. '83
Rue, Chas., Pt.	"	'77	W	Omtd Dec. '77
Rhodes, Chas., Sergt.	William's	14 May '76	2½ yrs.	Dischgd 25 Oct. '78
Ryan, Thos., Musc.	"	1 Oct. "	"	Dischgd 30 Oct. '78
Rhodes, Isaac, Pt.	"	28 Oct. "	"	Dischgd 28 Oct. '78

(P. 1145)

Name and Rank	Company	Dates of Enlistment and Commission	Period of Service	Occurrences
Rickerson, Jese, Pt.	Caswell's	27 Mar. '77	3 yrs.	
Robert, John, Lt.	"	"	"	Omtd June '78
Roberts, Thos., Sergt.	Blount's	"	"	Mustd Pt. '79 by name of Thos. Robertson

Name and Rank	Company	Dates of Enlistment and Commission	Period of Service	Occurrences
Robertson, Jacob, Sergt.	Blount's	'77	2½ yrs.	Pt. Sep.'77. Omtd Dec.'77
Reasons, Wm., Musc....	"	10 Sep. '76	3 yrs.	Pt. Jan.'78. Destd June '79. See him re-enlisted for 18 Mo.
Russell, Major, Pt......	"	6 Dec. "	W	
Robertson, Benj'n, Pt...	"	17 Aug. "	3 yrs.	Music No. '78. Omtd June '79
Russell, Jno., Pt........	"	'77	2½ yrs.	Died 8 Jan. '78
Recford, Morris, Pt.....	Coleman's	"	"	Corpl. Oct. '77 Omtd Jan. '78
Rogers, Eli, Pt.........	"	12 Aug. "	3 yrs.	Corpl. 1 Mar. '80
S (Pp. 1155-56)				
Swan, Nimrod, Qr. Mr..		18 June '77		Omtd Jan. '78
Stedman, Benj'n, Capt..		16 Apr. '76		Omtd Jan. '78
Sanders, Duss, Pt.......	Stedman's	1777	W	Missing 11 Sep. '77
Smith, Jabez, Ensn.....	"			Lt. Sep.'77. Omtd Jan.'78
Stollings, Jas., Pt.......	Williams'	"	2½ yrs.	Omtd Feb. '78
Sanders, Jas., Pt........	"		"	Died 17 Sep. '78
Sykes, Adam, Pt........	"		3 yrs.	Omtd Feb. '78
Scollar, Isaac, Pt.......	"		2½ yrs.	Killed 4 Oct. '77
(P. 1156)				
Sanders, Jas., Pt........	"	Dec. '77	"	Omtd Jan. '78
Stewart, Chas., Lt......	Caswell's	23 July '77		Pris. 12 May '80.Capt. Deranged 1 Jan. '83
Stringer, Sam'l, Sergt....	"	"		Destd 1 Oct. '78
Smith, Thos., Corpl.....	"	26 Nov. '76		Sergt. Aug. '78. Pt. 19 Nov.'79. Dischgd 8 Feb. '80
Seymore, Phelix, Pt.....	"	26 Nov. "	3 yrs.	Dischgd 8 Feb. '80
Stringer, Josiah, Pt.....	Blount's	6 Nov. '77	"	Corpl.Nov.'78. Sergt.June '79. Dischgd 1 Feb. '80
Shockley, Isaac, Pt......	"		2½ yrs.	Died 5 Nov. '77
Smithwick, Wm., Corpl.	Darnal's	"	W	Sergt. Oct. '77. Corpl. Jan. '78. Sergt Nov. '79
Sellinger, Absolem, Pt...	"	"	"	Died 3 May '78
Smithwick, Edd or Edw'd, Pt..........	"	"	"	Omtd Feb. '78
Smith, Wm., Pt........	"	"	3 yrs.	Destd Aug. '77
Simpson, Joseph, Pt.....	"	"	2½ yrs.	Destd Aug. '77
Smith, David, Pt.......	"	20 Nov. '76	W	
Spain, Augustus, Sergt..	Enloe's	'77	3 yrs.	Omtd Feb. '78
Smith, Thos., Pt........	"	24 Oct '76	"	
Smith, Wm., Pt.........	Alderson's	'77	"	Omtd Feb. '78
Swindle, Jese, Pt.......	"	"	"	Omtd Mar. '78
T (P. 1170)				
Taylor, Jas, Sergt. Maj..		28 Mar. '77		Omtd Jan. '78
Tyak, D. Thos., Fife Maj.............		21 June "	W	Mustd Musc. Jan. '82
Thomas, Ashia, Pt......	Williams'	29 Apr. '76	2½ yrs.	Dischgd 10 Nov. '78
Thomas, Thos., Pt......	"	14 May "	"	Dischgd 10 Nov. '78
Todwine, Coleman, Sgt.	Caswell's	'77	3 yrs.	Omtd Jan. '78
Taylor, Jas. Jr., Pt......	"	"	"	
Taylor, Abue, Pt.......	"			
Taylor, Jas. Sr., Pt......	"		2½ yrs.	Omtd Feb. '78
Thomas, John, Musc....	Blount's		W	Pt. Dec. '77
Taylor, Joseph, Pt......	"		2½ yrs.	Dischgd 30 Jan. '79
Truelock, Sutton, Pt....	"	12 Aug. '76	3 yrs.	

Name and Rank	Company	Dates of Enlistment and Commission	Period of Service	Occurrences
Trainer, Arthur, Sergt...	Darnal's	15 Nov. '76	W	Omtd Sep. '77. Mustd Pt. Jan. '78. Pris. 1 June '79
Thompson, Goodwin, Pt.	"	'77	3 yrs.	Died 22 Aug. '77
Tyson, Jas., Corpl......	Alderson's	9 Dec '76	"	
Tyson, Henry, Corpl....	"	" "	"	Pt. June '78 Dischgd 30 Jan. '80
Tharp, Bishop, Pt......	"	'77	"	Omtd Mar. '78
Talton, Wm., Pt........	Coleman's	"	2½ yrs.	Omtd Jan. '78
V (P. 1177)				
Verrier, Jas., Adj't.....		1 Oct. '76		Ensn. 20 Aug. '77. Lt. June '78. Resigned Nov. 22, '78
Vance, David, Pt.......	Williams'	29 Apr. "	2½ yrs.	Dischgd 10 Nov. '78
Vance, Elijah, Pt.......	"	12 May "	"	Dischgd 10 Nov. '78
W (P. 1183)				
Watson, Robt., Pt......	Stedman's	16 May '76	W	Destd 20 Apr. '79
Williams, P. Jno. Capt..	"	10 Apr. "		Omtd Jan. '78
West, Joseph, Sergt.....	Williams'	12 May "	2½ yrs.	Pt. Nov. '77. Sergt. Jan. '78. Pt. 20 May '78. Dischgd Oct. '78
Whitley, Arthur, Pt.....	"	2 May "	"	Dischgd 10 Nov. '78
Whitley, Wm., Pt......	"	'77	"	Died 2 Nov. '77
Williams, Thos., Pt.....	"	"	"	Died 20 July '77
Watson, Mich'l, Pt......	Caswell's	26 Nov. "	3 yrs.	
Williamson, Chas., Pt...	"	" "	"	Pris. 1 June '79
Williams, Thos., Pt.....	"	"	2½ yrs.	Omtd June '78
Wamble, Benj'n, Pt.....	"	16 Apr. '76	"	Dischgd 10 Nov. '78
Wilcox, Geo., Corpl.....	Blount's	"	3 yrs.	Died 4 Nov. '77
Warner, Jno., Pt........	"	6 Apr. "	2½ yrs.	Dischgd Oct. '78
Williams, Sam'l, Musc..	Darnal's	10 Nov. "	W	Pt. June '78
White, Malachi, Pt.....	"	'77		Omtd July '79 Mustd Nov. '79
Webb, Joseph, Pt.......	"	"		Omtd Feb. '78
Ward, Job, Pt..........	"	"		Omtd Feb. '78
Wiley, Stephen, Pt......	"	"	2½ yrs.	Omtd Sep. '77
Woolard, Jesse, Pt......	"	"	W	Pris. 1 June '79. Mustd Nov. '79. Mustd 27 Mar. '80
Warren, Edw'd, Pt......	"	"		
Warren, Wm., Pt.......	"		2½ yrs.	Dischgd Apr. '78
White, Dan'l, Musc.....	Enloe's		3 yrs.	Pt. Oct. '77. Musc. Jan. '78. Pt. Apr. '78. Dischgd 10 Nov. '78
Wiggins, Thos., Pt......	"		"	Died 27 Apr. '78
Wood, Jno., Sergt.......	Alderson's	20 Oct. '76	"	
Weat, Nath'l, Pt........	"	'77	"	Dead 30 Nov. '77
Williamson, Jno., Pt....	"	"	2½ yrs.	Omtd Feb. '78
Willson, Wm., Pt.......	"	"	3 yrs.	Omtd Feb. '78
Williams, Elisha, Pt....	"	18 Dec '76	"	Dischgd 20 May '79
Woesley, Bryan, Pt.....	"	15 Apr. '77	"	
Williamson, Robt., Pt...	"	"		Omtd Feb. '78
Wise, Jno., Pt..........	Coleman's	"	2½ yrs.	Omtd Jan. '78 Mustd Corpl. Jan. '79
Ward, Thos., Pt........	"	"	W	Destd 22 July '77
Warren, Zebn., Musc....			"	Died 15 Feb. '78

6TH REGIMENT—COL. GIDEON LAMB

Name and Rank	Company	Dates of Enlistment and Commission	Period of Service	Occurrences
A (P. 1005)				
Ashe, John B., Maj.....		26 Jan '77		Lt. Col. 2 Nov. '78
Arthur, Wm., Sergt.....	Taylor's	"	2½ yrs.	Destd 25 Aug. '77
Adams, Eze'cl, Pt.......	Donohoe's	"	"	Destd 25 Aug. '77
Alexander, Levy, Pt.....	"	"	"	Dead Aug. '77
Adkinson, Jno., Corpl...	White's	24 Apr. '76	"	Pt. June '78 / Omtd Nov. '78
Armstrong, Andrew, Lt..	McRees'	19 Sep. "		Omtd Dec. '77
B (P. 1014)				
Beausnaut, Jos., Sergt...	Donohoe's	1777	2½ yrs.	Omtd Jan. '78
Burus, Sterral, Pt.......	"	"	W	Destd Aug. '77
Barker, Jesse, Pt........	"	"	"	Dest Aug. '77
Barker, Dan'l, Pt.......	"	"	"	Dest Aug. '77
Barnes, Hez'l, Pt.......	"	16 Apr. '76	2½ yrs.	Corpl. Sep. '77 / Dischgd 10 Nov. '78
Burges, Joseph.........	"	'77		Dead Aug. '77
Braunon, Jos., Pt.......	White's	15 Apr. '76	3 yrs.	Sergt. Nov. '77. Pt. Sep. '78. Dischgd 17 May '79
Brown, Jos., Pt.........	"	8 May "	"	Dischgd 10 May '79
Baker, Wm., Pt.........	"	26 Jan. "	"	Dischgd 1 Apr. '79
Burnsides, David, Sergt.	Doherty's			Omtd Jan. '78
Brantley, Jno., Pt......	"	1 May '76	"	Dischgd Nov. '78
Belsire, Thos., Pt.......	"		W	Missing 4 Oct. '77 / Mustd July '78
Blount, Jno., Pt........	"		"	Dead 24 Jan. '78
Berry, Robt., Pt........	"	'77	"	Omtd July '79
Blanks, Nich'ls, Pt......	"	2 May '76	"	Dischgd 10 Nov. '78
Boyd, Jno., Sergt.......	McRees'	'77		P. C. June '77 / Sergt. Nov. '79
Brees, Thos., Pt........	Child's	2 May "	3 yrs.	Corpl. Feb. '78 / Pt. June '78
C (P. 1030)				
Caffield, Benj., Adj.....		17 May '77		Omtd Jan. '78
Cheesborough, Jno., P. Ner..............		3 July "		Ensn. 23 Apr. '79 / Omtd July '79
Cook, Jno., Corpl.......	Taylor's	"	2½ yrs.	Omtd Nov. '78
Cummings, Geo., Sergt..	Donoho's	16 Apr. '76	"	Pt. Dec. '77. Sergt. Mar. '78. Pt. Oct. '78. Dischgd 3 Nov. '79
Campbell, Wm., Corpl..	"	'77	W	Died Feb. '80
Carter, Jno., Sergt......	"	25 June '76	"	Dischgd 16 May '79
Casidy, Jno., Pt........	"	'77	2½ yrs.	Died 28 Jan. '78
Carter, Jno., Jr. Pt......	"	"	W	
Craft, Stephen, Pt......	"	"	2½ yrs.	Omtd Jan. '78
Craft, Jas., Pt..........	"	"	"	Omtd Jan. '78
Cleaner, Jacob, Sergt....	White's	6 May '76	"	Pt. May '78 / Dischgd 20 Oct. '78
Cates, Mathew, Pt......	"	30 June "	" W	
Conver, Jno., Pt........	"	15 Aug. "	"	Time Out Feb. '80
Craig, Gerald, Sergt.....	Doherty's	24 May "	"	Pt. June '78 / Omtd Oct. '78
Carter, Hibbard, Pt.....	"		W	Died 11 Apr. '78
Carroll, Wm., Pt.......	"			Omtd Jan. '78
Campbell, Jno., Pt......	"		"	Omtd Feb. '78

Name and Rank	Company	Dates of Enlistment and Commission	Period of Service	Occurrences
Claben, Chas., Pt.	Doherty's		W	Missing 11 Sep. '77
Clarke, Neil, Pt.	McRee's			Omtd June '78
Craige, Arch'd, Pt.	"			Killed 4 Oct. '77
Corinth, Wm.	"	Oct. '77	"	Died 27 Feb. '78
Collins, Math'w, Pt.	"	"	"	Dischgd 4 June '78
Childs, Francis, Capt.		26 Jan. "		Returned from Service Jan. '81
D (P. 1042)				
Davis, Granville, Sergt.	Taylor's	22 Apr. '76	2½ yrs.	Pt. Aug. '78. Omtd Sep. '78
Davis, Arch'd, Pt.	"		"	Omtd Feb. '78
Douglas, Jno., Pt.	"		W	Omtd Feb. '77
Donoho, Thos., Capt.		10 Sep. "		Maj. 13 Oct. '81. Deranged 1 Jan. '83
Dudley, Thos., Musc.	Donoho's	'77	W	Omtd Jan. '78. See him forward as Lt.
Dixon, Henry, Pt.	"		2½ yrs.	Died Aug. '77
Davis, Cyrus, Corpl.	"	29 Apr. '76	"	Pt. June '78. Dischgd 9 Sep. '78
Davis, Sam'l, Musc.	White's	"	"	Corpl. Nov. '77. Omtd Jan. '78
Dowling, Dennis, Pt.	"	"	"	Omtd Nov. '77
Doherty, Geo. Capt.		28 Oct. '76		Promoted May 17 July '82. Deranged 1 Jan. '83
Dickenson, Rich'd, Ensn.	Doherty's	2 Apr. '77		Lt. 10 Oct. '77. Dismissed Service 20 Nov. '79
Dudley, Geo., Corpl.	"	"		Dischgd 27 Oct. '77
Dixon, Chas., Ensn.	McRees'	2 Apr. "		P. M. 19 Jan. '78. do 8 Feb '79. Deranged 1 Jan. '83
Davis, Wm., Pt.	White's	"	2½ yrs.	Destd May '78. Mustd 5th Reg. Dischgd Apr. '79
Dennis, Abner, Pt.	Williams'	"	"	Died Sep. '78
Dennis, Wm., Pt.	"	16 Apr. '76	"	Dischgd 10 Nov. '78
Desern, Fred'k, Pt.	Childs'	'77	W	Dischgd 20 Jan. '80
Dixon, Jno., Pt.	"	"	3 yrs.	Omtd Sep. '78
Dixon, Joel, Pt.	"	2 June "	"	
E (P. 1051)				
Ellis, Jno., Pt.	Donoho's	'77	W	Destd Aug. '77
Evans, Thos., Pt.	White's	Oct. "	2½ yrs.	Died 30 Apr. '78
Elkins, Josh, Corpl.	Doherty's		W	Missing 4 Oct. '77
Elkins, Shad'k, Musc.	"	23 Mar. "	"	Pt. June '78. Destd 1 Jan. '80
Edwards, John, Corpl.	Childs'	"		Omtd Feb. '78
F (P. 1057)				
Franklin John, Fife Maj.		1 July '77		Omtd Mch. '78, Musc. Nov. '79, Destd 11 Dec. '79
Freeman, Nath'l, Corpl.	Doherty's	1777	W	Pt. Jan. '78
Forrester, Thos., Pt.	McRees'	"		Killed 4 Oct. '77
Flinn, David, Pt.	Childs'	"	3 yrs.	Destd Sep. '78
Farrow, Thos., Pt.	"	"		Died 8 Feb. '78
G (P. 1065)				
Griffin, Robt., S. Maj.		15 May '77		Omtd Nov. '78
Goodin, Chris'n., Lt.	Taylor's	19 Sep. '76		Omtd Jan. '78, Mustd. Jan. '79 as Capt. in 5 Reg.
Goodman, Sam'l, Corpl.	"	12 May "	2½ yrs.	Pt. June '78, Corpl. Sep. '78, Omtd Nov. '78

IN THE AMERICAN REVOLUTION 87

Name and Rank	Company	Dates of Enlistment and Commission	Period of Service	Occurrences
Gouch, Jno., Pt.	Taylor's		W	
Gouch, Wm, Pt.	"		"	Omtd Feb. '78
Garland, Humphy, Pt.	"			Omtd Jan. '78
Green Wm., Lt.	"	28 Oct. "		Omtd Sep. '78
Gibson, Wm., Musc.	"	6 May '77	W	{Pt. Apr. '78, Omtd June '78
Gilbert, Peter, Pt.	Donoho's		"	Destd Aug. '77
Griffin, Jas., Pt.	"	"	"	Destd Aug. '77
Geary, Geo., Pt.	"	16 Apr. '76	"	Dischg 10 Nov. '78
Geary, Josh, Pt.	"	'77	2½ yrs.	Dead Aug. '77
Grant, Wm., Pt.	"	"	"	Dead Aug. '77
Garvy, Mathew, Pt.	Doherty's	"	W	Dead Mar. '78
Godfrey, Clemt., Pt.	"	18 Dec. '76	W	
Gunn, Alexr., Sergt.	McRees'	'77	"	Omtd Jan. '78
Gordon, Alexr., Pt.	"	"	"	Destd 10 Jan. '80
Godfrey, Wm., Pt.	"	"	"	{Omtd Jan.'78, Mustd Corpl. Jan.'79, 5 Reg. for 3 yrs.
Grissom, Robt., Musc.	Childs'	1 June '76	3 yrs.	{Pt. Oct. '78, Destd 6 June '79
Garvey, Thos., Pt.	"	2 " "	W	
H (P. 1076)				
Hyman, Joseph, Pt.	Taylor's	1777	W	Omtd June '78
Harris, John, Pt.	"	"	"	Omtd Nov. '77
Hopkins, Richd., Pt.	"	9 May '76	2½ yrs.	Omtd Nov. '78
Hadley, Joshua, Lt.	"	1 Apr. '77	"	Capt. 13 June '79
Hubbard, Elisha, Sergt.	"	Nov. '77	W	Omtd Dec. '78
Herbert, Wm., Sergt.	Donoho's	"	"	{Omtd Jan. '78, Mustd Jan. '79 in 4 Reg.
Hadnot, West, Sergt.	"	"	"	{Pt. Nov. '77, Omtd Nov. '78
Hurley, Wm., Corpl.	"	"	2½ yrs.	Omtd Feb. '78
Hammonds, Edw., Corp.	"	"	W	Destd Aug. '77
Howard, Wm., Pt.	"	"	2½ yrs.	Destd Aug. '77
Haycraft, Mark, Pt.	"	"	"	Destd Aug. '77
Haslip, Chas., Pt.	"	"	"	Omtd Sep. '77
Huggin, Jeff, Pt.	"	"	"	Omtd Sep. '77
Hopkins, Isaac, Pt.	"	"	"	{Destd Aug. '77, Mustd Feb. '79 in 5 Reg.
Hammond, Judah, Pt.	"	"	"	Dead Aug. '77
Hudson, Thos., Sergt.	"	"	"	Died 3 Apr. '78
Hurt, Wm., Pt.	"	"	"	Killed 4 Oct. '77
Hilton, Wm., Lt.	White's	1 Apr. '77		{Omtd June '78, Mustd Jan. '79 in 5 Reg.
Hart, Sm'l, Musc.	"	6 May "	2½ yrs.	{Pt. July '78, Omtd Nov. '78
Hewings, Thos., Pt.	"	"	3 yrs.	Omtd Oct. '77
Hicks, Henry, Pt.	"	"	2½ yrs.	Dead Dec. '77
Higgins, Thos., Pt.	Doherty's	"	W	Died 27 Mar. '78
Humphreys, Randle, Pt.	McRees'	"	"	
Hewet, Ebenezer, Pt.	"	2 Apr. "	"	
Harris, Goodman, Pt.	Williams'	9 May '76	2½ yrs.	Dischgd 10 Nov. '78
Hays, Thos., Pt.	"	9 May "	3 yrs.	Dischgd 10 Nov. '78
Higgins, Peter, Pt.	"	'77	2½ yrs.	Died 24 Mar. '78
Hancock, Wm., Lt.	Pikes'	28 Apr. "		Resigned 28 Aug. '77

Name and Rank	Company	Dates of Enlistment and Commission	Period of Service	Occurrences
Hopkins, Isaac, Pt......	Pikes'	10 May '77	3 yrs.	Omtd Jan. '78, Mustd Jan. '79
J (P. 1090)				
Johnson, Jos., Qr. Mast.		2 Apr. '77		Omtd Jan. '78
Jones, Sam'l, Lt........	Donoho's	1 Jan. "		Died July '78 (There appears to be two of the same name, one promoted to Capt. in '81. See Ford
Jameson, Thos., Pt......	White's			Omtd Nov. '78
Jarvis, Thos., Sergt.....	Donoho's			Omtd Jan. '78
Jackson, Zacka., Sergt...	"	13 June '76		Trans. 22 Mar. '78 to Gen'l Guards, dischgd 13 July '79
Jackson, John, Pt........	"			Destd 12 July '79
Jones, Thos., Pt.........	"			Omtd Jan. '79, Mustd Jan. '79 in 5 Reg. and Destd Apr. '79
Johnson, Benj., Pt......	Williams'	9 May "	2½ yrs.	Dischgd 10 Nov. '78
Johnson, Littleton, Sergt	Childs'			Omtd Feb. '78
K (P. 1097)				
Kee, Jona, Musc........	Donoho's	1777	W	Pt. June '78, Dischgd 21 Aug. '78
Kees, Joseph, Sergt.....	"	5 May '76	2½ yrs.	Pt. Nov. '77, Time Out Nov. '78
Kelly, Jas., Pt..........	"	'77	3 yrs.	Died 15 Apr. '78
Kelly, Edwd., Pt.......	"	"	W	
Kinkaid, Wm., Pt......	Doherty's	"	2½ yrs.	Omtd Nov. '78
King, Jas., Pt..........	Williams'	"	"	
L (P. 1103)				
Lamb, Gideon, Col.....		26 Jan '77		Retired from Service Jan. 1781
Little, Arch'd, Lt. Col...		"		Not Mustd from Jan. '78, till 7 Nov. '82
Little, Wm., Lt........	Taylor's	16 Apr. '76		Capt. Jan. 28th '79
Loyd, Thos., Sergt......	Donoho's	1777	2½ yrs.	Omtd Jan. '78
Later, Ambroze, Pt.....	"	"	"	Destd Aug. '77
Lock, Wm., Pt.........	"	"	"	Died 22 May '78
Leathers, Moses, Pt.....	White's	27 Apr. '76	"	Omtd Nov. '78
Legar, Jas., Pt.........	Doherty's	11 Dec. '"	3 yrs.	Omtd Nov. '79
Laws, Jno., Pt..........	"		2½ yrs.	Sergt. Feb. '78, Died 7 Mar. '78
Lott, Geo., Pt..........	"		W	
Landus, Jno., Pt........	McRees'		"	
Liscombe, Jno., Ensn....	Williams'	28 Apr. '77		Omtd Jan. '78
M (P. 1112)				
Mixom, Chas., Ensn....	Taylor's	2 Apr. '77		Omtd Sep. '77
McElroy, Wm., Pt......	"		W	Omtd Aug. '78
Morse, Farrell, Pt......	"		2½ yrs.	Died 13 Mar. '78
Moore, Dempsey, Lt....	Donoho's	28 Oct. '76		Omtd Sep. '77
McIntire, Wm., Pt......	"	'77	W	
McDowel, David, Pt....	"	"	2½ yrs.	Omtd Jan. '78
Mallery, Levy..........	"	"	W	Destd 10 Oct. '78
Medows, Abm., Pt......	"	"		Destd 18 Feb. '80
Melton, Jona, Pt.......	"	16 Apr. '76	2½ yrs.	Dischgd 10 Nov. '78
Morton, W.............	"		"	Destd Aug. '77
Morgan, John..........	White's	26 Apr. "		Dischgd 10 May '79
Mount, Rich'd, Pt......	"	31 May "		Omtd Mar. '79
McCann, John, Lt......	Doherty's	1 Jan. '77		Killed 4 Oct. '77

Name and Rank	Company	Dates of Enlistment and Commission	Period of Service	Occurrences
McDonald, Arthur, Pt...	Doherty's	'77	W	Corpl. 1 Dec.'78, Pt. '82
McBride, Duncan, Pt...	"	"	2½ yrs.	{Corpl. Nov. '77, Omtd Nov. '78
McCoy, Dan'l...........	"		W	
McDonald, Hugh, Pt....	"		2½ yrs.	Omtd Nov. '78
McDonald, Alex'r, Pt...	"		3 yrs.	{Corpl. 20 May '79, Time Out Jan. '80
McRee, J. Griffith, Capt.	"	16 Apr. '76		{Pris.'81, Exchgd Mar.'81, Major 11 Sep. '81
McCoy, John, Pt.......	McRee's	'77	W	
McFalter, Dan'l, Pt.....	"	"		{Destd 17 May '78, Mustd '81
McDonald, Malcolm, Pt.	"	"		Omtd June '78
N (P. 1125)				
Nelson, Robt., Qr. Mster Sergt......		1 Jan. '77		Omtd Jan. '78
Noble, Wm., Sergt......	Donoho's	"	2½ yrs.	{Omtd Jan. '78, Mustd '79 in 4 Reg.
Norkell, Wm., Pt.......	McRees'	"	W	Destd 1 Nov. '77
O (P. 1129)				
Owens, Daniel, Pt......	Donoho's	'77	2½ yrs.	Destd Aug. '77
Owen, David, Pt.......	McRees'	"	"	Died 28 Apr. '78
Owen, Francis, Pt......	"	"	"	Omtd Nov. '78
P (P. 1135)				
Pendleton, Edmund, Sgt.	Taylor's	1777	2½ yrs.	Omtd Feb. '78
Parker, Jesse, Pt.......	"	26 Apr. '76	W	{Corpl. Jan. '79 Mustd Sergt. Nov. '79
Pendergrass, David, Pt..	"	30 Apr. "	2½ yrs.	Dischgd 10 Nov. '78
Perry, Jno., Pt.........	"			Omtd Sep. '77
Prescott, Willoughby,Pt.	Donoho's		3 yrs. W	
Perry, Jno.............	"	16 Apr. "	3 yrs.	Dischgd 10 Nov. '78
Pierson, Thos..........	"		2½ yrs.	Omtd Sep. '77
Pitchet, Oliver.........	"		"	Destd Aug. '77
Pierce, Theops.........	White's		3 yrs.	Died 21 May '78
Potter, Dan'l...........	Doherty's		W	{Corpl. Nov. '77, Sergt. May '78, Dischgd 21 Mar. '79
Parker, Keder, Lt.......	McRees'	19 Sep. "		{Omtd Dec. '77, Mustd Jan. '79 in 4 Reg.
Pevier, Jas., Pt.........	"	'77	W	Omtd June '78
Pike, Benj., Capt.......		28 Apr. "		Died 11 Oct. '77
Potterfield, Dennis, Lt. .	Childs'	2 Apr. "		{Omtd Jan.'78, Mustd Jan. '79 in 5 Reg., Capt. 1 Feb. '79
Pritchard, Jese, Sergt. ...	"	"		Died Feb. '78
Perry, Wm., Pt.........	"	"		Died 13 Mar. '78
Plumpus, Tinity, Pt.....	"	"		Omtd Nov. '77
R (P. 1145)				
Richards, Jacob, Pt.....	White's	1777	2½ yrs.	{Sergt. Oct., Sergt. Majr. Nov. '77, Omtd Jan. '78
Riggin, Jno., Pt........	Taylor's	"	W	Omtd June '78
Rochester, Nich's, Pt....	"	"	2½ yrs.	Omtd Sep. '77
Rochester, Wm., Pt.....	"	10 May '76	"	{Omtd Sep.'77, Mustd Sep. '78, Dischgd 21 Mar. '79
Ramsey, Wm., Pt.......	"		"	Destd Aug. '77
Rose, Jno., Pt..........	"		"	Destd Aug. '77

Name and Rank	Company	Dates of Enlistment and Commission	Period of Service	Occurrences
Robb, Wm., Corpl....	White's	24 Apr. '76	2½ yrs.	Pt. Nov. '77, Omtd Nov. '78
Roberts, Reuben, Pt....	"		3 yrs.	Omtd June '78
Robertson, Jese, Pt.....	"	24 Sep. "	"	Omtd Nov. '79
Robertson, Edw'd, Pt...	Doherty's			Sergt. Feb, Died 8 May '78
Ray, Benj'n, Pt........	"		W	
Rule, Jas., Pt..........	"		"	Missing 4 Oct. '77
Russell, Jno., Pt........	Williams'	"	"	Omtd Feb. '78

S (P. 1156)

Name and Rank	Company	Dates of Enlistment and Commission	Period of Service	Occurrences
Shores, David, Pt.......	Taylor's	9 May '76	2½ yrs.	Omtd Nov. '77
Smith, Jno., Pt.........	"		W	Omtd Sep. '78
Seagrove, Jno., Pt......	"	7 May "	2½ yrs.	Omtd Nov. '78
Saunders, Wm., Ensn...	Donoho's	2 Apr. '77		Lt. 8 Feb. '79, Deranged 1 Jan. '83
Stranges, Jas., Musc....	"		W	Pt. June '78
Scanthen, Wm., Pt.....			2½ yrs.	Omtd Nov. '78
Sharp, Benj'n, Pt.......	White's	13 May '76	3 yrs. W	Sergt. Sep. '78, Pt. '82
Sutherland, Jno., Pt....	"		2½ yrs.	Omtd Oct. '77
Staples, Robt., Musc....	Doherty's		W	Omtd Jan.'78, Mustd Jan. '79 in 5 Reg.
Stevenson, Benj'n, Pt...	"		"	Died Feb. '79
Smith, Thos., Pt........	"		"	Omtd Jan. '78
Sawyer, Thos., Pt.......	"	24 Apr. '77	3 yrs.	Destd 6 Feb. '80

(P. 1157)

Name and Rank	Company	Dates of Enlistment and Commission	Period of Service	Occurrences
Smith, Job, Pt.........	"		W	Sergt. Sep. '77, Omtd Jan. '78
Simpson, Benj., Pt.....	"			Omtd Apr. '78
Slaven, Sam'l, Musc.....	McRees'		"	Died 15 Apr. '78
Sellers, Dan'l, Pt.......	"		"	
Stafford, Jno., Pt.......	"		2½ yrs.	Omtd Nov. '78
Shaw, Dan'l, Ensn......	Williams'	2 Apr. '77		2 Lt. 11 Oct.'77, Qr. Mr. 1 June '78, Deranged 1 Jan. '83

T (P. 1170)

Name and Rank	Company	Dates of Enlistment and Commission	Period of Service	Occurrences
Taylor, Philip, Capt. ...		16 Apr. '76		Omtd June '78, Mustd '79 in 5 Reg.
Thomas, Philip, Pt......	Taylor's		W	Omtd Sep. '77
Tilley, Avery, Pt.......	Donoho's		2½ yrs.	Destd Aug. '77
Thomas, Rich'd, Pt.....	White's		"	Dischgd 7 June '78
Thurnell, Jno., Pt......	Doherty's		W	Dead Nov. '78
Terrall, Richmond, Pt...	McRees'		"	

V (P. 1178)

Name and Rank	Company	Dates of Enlistment and Commission	Period of Service	Occurrences
Vickory, Henry, Pt.....	Taylor's	'77	2½ yrs.	Died 18 June '77
Vanpelt, Peter, Pt......	Donoho's	"	"	Destd Aug. '77
Vowells, Wm., Pt.......	White's	1 May '76	3 yrs. W	

W (P. 1184)

Name and Rank	Company	Dates of Enlistment and Commission	Period of Service	Occurrences
Wilson, Robt., Surgn....		16 Apr. '76		Died 28 Oct. '77
West, Levey, Musc.....	Donoho's	'77		Dr. Maj. Sep. '77, Omtd Jan. '78
Wood, Chas., Pt........	Taylor's	"	W	Corpl. May '79, Pt. '82
Weatherspoon, Laure,Pt.	"	"		Destd 5 July '77
Williams, Theo., Ensn...	"	2 Apr. "		Omtd Jan '78
Waid, And'w, Pt........	"	25 Apr. '76	2½ yrs.	Omtd Nov. '78
Williams, Sol'n, Corpl...	Donoho's	1777	"	Omtd Sep. '77
Ward, Jas., Pt..........	"	"	W	Destd Aug. '77
Waters, Jno., Pt........	"	"	2½ yrs.	Destd Aug. '77

Name and Rank	Company	Dates of Enlistment and Commission	Period of Service	Occurrences
Weeks, Silas, Pt.	Donoho's	'77	2½ yrs.	Died 22 May '78
Weeks, Levy, Pt.	"	3 May '76	"	Dischgd 10 Nov. '78
Weeks, Theophilus, Pt.	"	"	"	Destd Aug. '77, Mustd Jan. '78, Dischgd 10 Nov. '78
Windslow, Silvester, Pt.	"	'77		Destd Aug. '77
White, Thos., Capt.	"	20 Jan. "		Omtd Jan. '78, Mustd in '79, 5 Reg.
Woodman, Edwd., Pt.	White's	18 Apr. '76	2½ yrs.	Omtd Nov. '78
Warren, Mathew, Pt.	"		3 yrs.	Died 9 Feb. '78
Webley, Sam'l, Pt.	Doherty's		W	Died 8 Dec. '77
Williams, Geo., Corpl.	"	28 June "	2½ yrs.	Pt. June '78, Dischgd 14 Jan. '79
White, Jno., Sergt.	McRees'	'77	"	Died 6 Jan. '78
Walker, Moses, Pt.	"	Oct. "	"	Omtd Feb. '78
Williamson, Dan'l, Capt.		1 Apr. "		Omtd Jan. '79, Mustd Jan. '79
White, Mathew, Lt.	Williams'	'77		Omtd Nov. '77
Walker, Solomon, Lt.	Pikes'	28 Apr. "		Resigned 28 Aug. '77
Williamson, Geo., Pt.	Childs'	"	W	Destd 3 Sep. '78
Weeks, Cornes, Sergt.	"	"	3 yrs.	Omtd Dec. '77, Say dischgd Apr. '79
Y (P. 1194)				
Yates, John, Pt.	White's		2½ yrs.	Omtd Feb. '78
Young, Isaac, Pt.	Childs'		"	Died Feb. 13th '78
Young, Wm., Pt.	"			Died Feb 13th '78
Yarborough, Rich'd, Pt.	Montfort's	20 July '78	9 mo.	
Yoeman, Harris, Pt.	Quinn's	"	"	
Yates, Sam'l, Pt.	Ballard's	"	"	
Yet, Jas., Pt.	"			See Jas. Jew
Young, Jno., Pt.	"	1779	3 yrs.	
Yates, Wm., Pt.	McRees'	9 May '81		Omtd Aug. '81 Sick
Yewman, Christ'r, Pt.	Donoho's	25 " "	12 mo.	See Ewman Waltons Co.
Yarborough, David, Pt.	Bailey's	18 June '82	"	
Yates, Thos., Pt.	Bacot's	1782	18 mo.	
Yordon, Philip, Pt.	Carter's	"	"	
Yoeman, Harris, Pt.	Raiford's	"	"	Destd 11 June '83
Young, Mich'l, Pt.	Sharp's	"	"	
Yates, David, Pt.	Lytle's	"	"	
Yarborough, Jas., Pt.				Mustd dead 1779

7TH REGIMENT—COL. JAMES HOGUN

Name and Rank	Company	Dates of Enlistment and Commission	Period of Service	Occurrences
A (P.1077)				
Archer, Dempsey, Pt.	Ely's	Nov. '77	3 yrs.	Dead 14 Feb. '78
Alexander, Benj., Pt.	Walker's	" "	"	Dischgd 27 Feb. '80
Alsworth, Joseph, Pt.	"	" "	"	Destd 17 Sep. '77
Ames, John, Pt.	McGlanhan's	" "	"	Died 15 Nov. '77
Ames, Thos., Pt.	"	1 Feb. "	"	Destd 12 Feb. '79
Anderson, William,	"	" "	"	Destd Apr. '77
B (Pp. 1014-15)				
Bryan, John, Musc.	McGlanhan's	'77	3 yrs.	Destd Aug. '77
Brewster, Lott, Majr.		24 Nov. '76		Lt. Col. 25 Oct. '77 in 3rd Reg.
Beeks, Wm., Maj. Sergt.		'77		Adj't. Dec. '77
Brickall, Mathias " "		Dec. "		Omtd Jan. '78

Name and Rank	Company	Dates of Enlistment and Commission	Period of Service	Occurrences
Brewer, Benj., Pt........	Dawson's	'77	3 yrs.	Dead 25 Oct. '77
Bennet, Jas., Pt........	"	"	"	Dead July '77
Brown, Thos., Pt........	"	"	"	Destd Apr. '77
Brickell, Thos., Capt....	"	28 Nov. '76	"	Omtd Jan. '78
Brickell, Mathew, Sergt.	Brickell's	8 Dec. "	3 yrs.	Omtd Jan. '78
Bryant, Jno., Sergt......	"	28 Jan. '77	"	Omtd Oct. '77
Branton, Eph'm, Pt.....	"	"	W	{Corpl. Oct. '77, Died 12 Mar. '78
Barker, Jas., Pt........	"	"	"	Destd July '77
Burnham, Jesse, Pt.....	"	"	"	Destd Apr. '77
Bush, Wm., Pt.........	"	"	W	Destd Apr. '77
Baker, Jno., Lt.........	Walker's	28 Nov. '76		{Capt. to July '77, and P. Mr. June '78, Omtd '79
Brown, Benj., Corpl.....	"	'77	3 yrs.	Died Feb. '78
Bryan, Jno.............	"	"	"	Destd 17 Sep. '77
Bennett, Jas., Pt........	"	"	"	Died 26 Jan. '76
Barho, Thos., Corpl.....	Poynter's	10 Jan. "	"	{Pt. Jan. '78, Corpl. June '78, Destd 11 Dec. '79
Barlow, Christ, Pt......	"	19 Dec. '76	"	Omtd Feb. '78
Bartley, Henry, Pt......	"	13 Mar. '77	"	Omtd Feb. '78
*Bryan, Benj., Ensn.....	McGlanhan's	27 Apr. "		Omtd Nov. '77
Billops, Thos., Musc.....	"	11 Mar. "	3 yrs.	
(*Brickler's perhaps)				
C (P. 1031)				
Cooper, Henry, Sergt....	McGlanhan's	1777		{Qr. Mr. Sergt. 18 Dec.'77, Sergt. June '78, Qr. Mr. Sergt. 12 Feb. '79
Carr, Solmn, Pt.........	"	"	3 yrs.	Dischgd 1 Feb. '80
Canstanphin, Jas., Ensn.	Dawson's	28 Nov. '76		Omtd Oct. '77
Cobb, Wm., Pt..........	"	'77	"	Died Jan. 26, '78
Chalco, Wm., Pt........	Brickell's	"	W	Destd Apr. '77
Crether, Jereh, Pt.......	"	"	"	Died 14 Mar. '78
Carter, Wm., Pt........	Walker's	"	3 yrs.	Died 17 Apr. '78
Conn, David, Pt.........	"	"	"	Omtd Sep. '77
Chesson, Joshua, Pt.....	"	4 Feb "	"	Dischgd 8 Feb. '80
Cail, Amo, Pt...........	Vaughn's	1 Feb. "	"	Died Dec. '77
Corbin, Arthur, Pt......	"	2 Dec. '76	"	Dischgd 1 Feb. '80
Cooper, Jno., Pt........	McGlanhan's	'77	"	Died July '77
Cooper, Josiah, Pt......	"	"	"	Died 29 Nov. '77
Cowan, Robt., Pt.......	"	7 Jan. "	"	{Distd Apr. '77, Mustd June '78, Corpl. Nov.'78, Sergt. Sept. '79
Connor, Wm., Pt........	"	"	"	Died 21 Apr. '78
Connor, Jacob, Pt.......	"	"	"	Died 6 Feb. '78
D (P. 1043)				
Daws, Abrm., Adjt......		22 Dec. '76		Resigned 22 Nov. '77
Daws, Jonah, Qr. Mr....		10 July '77		Omtd Jan. '78
Duke, Buckner, Pt......	Macon's	"	3 yrs.	Destd Aug. '77
Dawson, Hy., Capt......		28 Nov. '76		Omtd Jan. '78
Duke, Jas., Pt..........	Dawson's	25 Dec. '77	"	
Daniel, Josh, Musc.......	"	"	"	Dead July '77
*Dayley, Joshua, Lt.....	Pointer's	12 Dec. '76		{Capt. 12 Oct. '77, Omtd Jan. '78
Dillon, Benj., Ensn......	Walker's	28 Nov. "		{Lt. 12 Oct.'77, Omtd Jan. '78, Mustd 4th Reg. Feb. '79

Name and Rank	Company	Dates of Enlistment and Commission	Period of Service	Occurrences
Davenport, Asahel, Cpl.	Walker's	'77	3 yrs.	Pt. Oct. '77, Omtd Dec. '77
Douge, Jas., Sergt.	Pointer's	16 Jan "	"	Dischgd 28 Jan. '80
Dailey, Jno., Sergt.	"	8 Jan. "	"	Pt. Jan. '78, Died Dec. 15, '78
Davis, David, Pt.	"	15 Jan. "	"	Destd Aug. '77
Doniho, Henry, Pt.	McGlanhan's	26 Jan. "	"	Destd Apr. '77
Druge, Griffin, Corpl.	Pointer's	May "	"	
Douge, Joab, Musc.	"	11 May "	"	

E (P. 1051)

Name and Rank	Company	Dates of Enlistment and Commission	Period of Service	Occurrences
Ely, Eli, Lt.	Macon's	11 Dec. '76		Capt. 12 Oct. '77, Omtd Jan. '78
Ely, Leml., Capt.		28 Nov. "		Resigned 14 Feb. '78
Easton, Seth, Lt.	Brickell's	"		Resigned Aug. '77
Ellis, Wm., Pt.	"	'77	W	Destd Apr. '77
Evans, Geo., Pt.	Walker's	20 Dec. '76	3 yrs.	Destd Aug. '77, Mustd and distd Sep. '79
Eastmead, John, Pt.	"	1777	"	Died Aug. '77

F (P. 1057)

Name and Rank	Company	Dates of Enlistment and Commission	Period of Service	Occurrences
Fenner, Wm., Maj.		25 Oct. '77		Omtd Sep. '78
Ferrabee, Wm., Lt.	Macon's	28 Nov. '76		Capt. 1 July '81, Resigned '82
Frazer, Alex'r, Sergt.	Brickell's	8 Dec. "		Destd Aug. '77
Fenton, Joshua, Pt.	"	1777	W	Died 24 Mar. '78
Forbus, Joshua, Sergt.	Walker's	"	3 yrs.	Transf'd Apr. '78 to his X. C. L. N. C'y guards, Dischgd 18 Dec. '79
Finley, Abm., Pt.	"	23 Dec. '76	"	
Freeman, Sam'l, Pt.	"	'77	"	
Fox, Wm., Sergt.	Pointer's	11 Jan. "	"	Omtd May '78
Ford, Elias, Pt.	McGlanhan's	11 Apr. "	"	Corpl. Sep. '77, Sergt. 7 Nov. '78

G (P. 1066)

Name and Rank	Company	Dates of Enlistment and Commission	Period of Service	Occurrences
Ginon, Isaac, P. M.		1777		Omtd Jan. '78
Gee, Howell, Ensn.	Macon's	15 Apr. "		Lt. Nov. '77, Omtd Jan. '78
Gibbs, Joel, Pt.	"	"	3 yrs.	Mustd Nov. '77, Mtd '78
Griffin, Wm., Pt.	Dawson's	"	"	Omtd Feb. '78
Garnes, Anth'y, Pt.	Ely's	14 July "	"	
Godfrey, Francis, Pt.	Brickell's	"	W	Dead 28 Nov. '77
Green, Abm., Pt.	"	"	"	Destd Apr. '77
Goodwin, Tiney,	"	"	3 yrs.	Destd 25 July '77
Green, Abm., Pt.	"	"	W	Omtd Jan. '78
Greenwood, Jno., Sergt.	Walker's	"	3 yrs.	Prisoner 11 Sep. '77
Goodwin, Wm., Pt.	"	10 Mar. "	3 yrs. W	
Garrel, Jno., Sergt.	Pointer's	10 Jan "	3 yrs.	Omtd Jan. '78
Grandy, Obdh., Pt.	"	18 Jan "	"	Omtd Sep. '77
Gerrel, Wm., Pt.	"	10 Jan. "	"	Omtd Sep. '77
Griffith, Edwd, Sergt.	Vaughn's	28 Dec. '76		Died Jan. '77
Griffin, Isaac, Musc.	"	1 Mar. '77	3 yrs.	Sergt. Nov. '77
Gold, David, Pt.	McGlanhan's	7 Jan. "	"	Died Oct. '78
Gideon, Lewis, Pt.	"	"	"	Destd Apr. '77
Garnes, Jeffrey, Pt.	Ely's	Nov. "	"	Died 22 Jan. '78

H (P. 1077)

Name and Rank	Company	Dates of Enlistment and Commission	Period of Service	Occurrences
Hogan, Jas., Col.		24 Nov. '76		Omtd* between Jan. and Sep.'79, Died 4 Jan. '81
Hamilton, Hanse, Surgn.		Apr. '77		Died Jan. '78

Name and Rank	Company	Dates of Enlistment and Commission	Period of Service	Occurrences
Harvey, Jas., P. M.		28 Nov. '76		Died Oct. '77
Hardison, Hardy, Q.M. Sergt.		14 Apr. '77		Died 18 Dec. '77
Harrison, Wm., Lt.	Mason's	19 Dec. '76		Omtd Jan. '78
Hays, Jas., 2nd Lt.	Dawson's	28 Nov. "		Omtd Oct. '77
Haynes, Chrisr., Sergt.	"	15 Apr. '77	3 yrs.	Dischgd 3 Nov. '77
Haynes, Bythell, Sergt.	"	9 Apr. "	"	Destd 17 Sep. '77
Hathaway, Jno., Pt.	"	"		Omtd Feb. '78
Hall, Jas., Pt.	"	"		Omtd Oct. '77
Hobbs, Moses, Pt.	"	"	"	Omtd Feb. '78
Harrison, Jas., Sergt.	Ely's	"	"	Died Aug. '77
Howell, Fred'k, Pt.	"	6 Aug. "	3 yrs. W	{Omtd July '79, Mustd Nov. '79

(*Because promoted to Brig. Gen. 9 Jan. 1779)

J (P. 1091)

Name and Rank	Company	Dates of Enlistment and Commission	Period of Service	Occurrences
Jones, Thos., Ensn.	Macon's	17 Apr. '77		{Lt. 15 Aug. '77, Resigned 17 May '78
Jackson, Edwd., Pt.	"	29 Mar. "	3 yrs.	Died 30 Apr. '79
Jackson, Basil, Pt.	Brickell's	"	W	
Jones, Wm., Pt.	"	"	"	Destd Apr. '77
Jones, Jona, Corpl.	Pointer's	10 Jan. "	3 yrs.	Dischgd 29 Jan. '80
Jethro, Josiah, Corpl.	Vaughn's	13 Feb. "	"	Omtd Jan. '78
Jones, Jno., Pt.		14 Jan. "	"	Died 12 Sep. '78
Josea, Wm., Pt.	"	2 Mar. "	"	Destd Aug. '77

K (P. 1097)

Name and Rank	Company	Dates of Enlistment and Commission	Period of Service	Occurrences
Kilpatrick, Robt., Musc.	Dailey's	9 Aug. '77	3 yrs. W	

L (P. 1103)

Name and Rank	Company	Dates of Enlistment and Commission	Period of Service	Occurrences
Lassiter, Jethro, Ensn.	Dailey's	28 Nov. '76		{Lt. 12 Oct. '77, Omtd Nov. '78
Linch, Jno., Lt.	Ely's	"		Omtd Nov. '78
Laden, Thos.	Brickell's	11 Apr. '77	3 yrs.	
Long, Jno., Pt.	"	"	"	Died 24 Feb. '78
Lewis, Wm., Musc.	Walker's	19 Dec. '76	"	Dr. Maj.'79, Dischgd '79
Leftyear, Uriah, Pt.	"	19 Mar. '77	3 yrs. W	Destd 26 Mar. '79
Lewis, Joshua, Pt.	"	"	3 yrs.	Omtd Jan. '78
Love, Thos., Pt.	Pointer's	20 Mar. "	"	Omtd Feb. '79
Lumberly, Simon, Pt.	Vaughan's	13 Mar. "	"	Died Feb. 78
Luten, Lemuel, Corpl.	McGlanhan's	"	"	Died Sep. '77

M (P. 1113)

Name and Rank	Company	Dates of Enlistment and Commission	Period of Service	Occurrences
Mebane, Robt., Lt. Col.		24 Nov. '76		{Col. 9 Feb. '79, Killed Oct. '81
Macon, John, Capt.		12 Dec. "		Omtd Jan. '78
Moore, John, Lt.	Ely's	28 Nov. "		Omtd Nov. '77
Miller, John, Corpl.	Brickell's	1777	W	Died 4 Mar. '78
Modlin, Jereh, Pt.	"	"	"	Omtd Feb. '78
Modlin, Benj., Pt.	"	"	"	
McKabe, Joshua, Pt.	Walker's	"	3 yrs.	Died Feb. '78
Maun, Thos., Pt.	"	18 Dec. '76	"	{Corpl. Mar. '79, Destd 14 Feb. '80
Morrisett, Henry, Pt.	"	'77	"	Died 28 Mar. '78
Mercer, John, Ensn.	"	28 Nov. '76	"	Resigned 22 Nov. '77
McCuller, Joseph, Sergt.	"	'77	"	Died 3 Apr. '78
Morgan, Jos., Pt.	"	18 Dec. '76	"	{Corpl. Dec.'76, Pt. June '78, Dischgd 29 Jan. '80
Morrison, Isaac, Pt.	Pointer's	8 Mar. '77	"	{Destd 5 Dec.'77, Mustd Sep.'78, Destd Nov. '78
Mauning, Chas., Pt.	Vaughan's	3 Jan. "	"	Destd 12 Sep. '77

Name and Rank	Company	Dates of Enlistment and Commission	Period of Service	Occurrences
McGlanhan, John, Capt.	Vaughan's	28 Nov. '76		Resigned 12 Oct. '77
Monk, Israel, Pt.	McGlanhan's	1777		Destd Apr. '77
(P. 1114)				
Monk, Nollingham, Pt.		13 June "	3 yrs.	Dischgd 19 Jan. '80
Moss, Robt., Pt.		"	"	Omtd Feb. '78
N (P. 1125)				
Nosworthy, Sam'l, Pt.	Macon's	1777	3 yrs.	Omtd Jan. '78
Norris, Thos., Pt.	Walker's	"	"	On Bd the Gallies Nov. '77
				Destd 28 July '78
Northgroves, Wm., Msc.	Pointer's	19 Jan. "	"	Destd 9 May '77
Nichols, Jno., Pt.	McGlanhan's	11 Mar "	"	
O (P. 1129)				
Outlaw, Lewis, Pt.	Brickell's	1777	W	Omtd Oct. '77
Overton, Joab, Corpl.	Pointer's	4 Feb. "	3 yrs.	Pt. June '78,
				Died 29 Apr. '79
Odin, Robt., Corpl.	McGlanhan's	"	"	Pt. Sep. '77,
				Died 25 Dec. '77
P (P. 1135)				
Platt, Sam'l, Sergt. Mr.		16 May '77		Omtd Dec. '77
Pound, Sam'l, Pt.	Macon's	"	3 yrs.	Destd Aug. '77
Peal, Dan'l, Pt.	Brickell's	26 Dec. '76	3 yrs. W	
Pierce, Wm., Pt.	"	'77	W	Destd Apr. '77
Powers, Jas., Lt.	"	28 Nov. '76		Omtd between Jan. and Sep. '79
Parker, Wm., Sgt. Maj.		'77	3 yrs.	Pris. 11 Sep. '77, Mustd Pt. and Destd May '79 in 5 Reg.
Parks, Sam'l, Pt.	Walker's	"	"	Died 27 Nov. '77
Pointer, John, Capt.		28 Nov. '76		Omtd Jan. '78
Portlock, Caleb, Pt.	Pointer's	1 Sep. '77	3 yrs.	
Price, Micajah, Pt.	McGlanhan's	"	"	Died 15 Nov. '77
R (P. 1146)				
Robertson, Henry, Musc.	Dawson's	1777	3 yrs.	Died 6 Feb. '78
Robins, Jas., Pt.	"	1 Jan. "	"	Dischgd 1 Feb. '80
Robins, John, Pt.	"	"	"	Omtd Jan. '78
Reed, Joseph, Sergt.	Brickell's	20 Jan. "	"	Died Aug. '77
Redner, Geo., Musc.	"	"	3 yrs.	Died 4 Nov. '77
Ramsay, Allen, Lt.	Walker's	19 Dec. '76	"	Omtd Jan. '78
Roe, Lemuel, Corpl.	Pointer's	4 Jan. '77	"	Pt. Nov. '77, Dischgd 1 Feb. '80
Rose, John, Pt.	"	"	"	Destd 16 Apr. '77
Ramsay, Mills, Pt.	Vaughan's	1 Jan. "	"	Died 2 Jan. '78
Rasko, Tettle, Pt.	"	14 Jan. "	"	Corpl. Jan. '78, Died 24 Feb. '78
Ray, Stephen, Pt.	McGlanhan's	"	"	Died 31 Mar. '78
S (P. 1157)				
Smith, Wm., Sergt.	Macon's	20 Feb. '77	3 yrs.	Died 9 Apr. '78
Smith, Drew, Pt.	Dawson's	"	"	Destd 25 Oct. '77
Seals, Jno., Pt.	"	"	"	Died Oct. '77
Sowel, Zadock, Pt.		8 Jan. "	3 yrs. W	
Smith, John, Musc.	Dailey's	Nov. "	3 yrs.	Died 24 Feb. '78
Soddin, Jno., Pt.	Brickell's		W	Claimed by Capt. Gregory Sep. '77
Smith, Sm'l, Pt.	"	"	3 yrs.	
Sawyer, Miller, Musc.	Walker's	16 Dec. '76	3 yrs. W	
Sanders, Joseph, Pt.	"	'77	3 yrs.	Omtd Oct. '77
Snell, Jas., Pt.	"	14 Apr. "	"	

Name and Rank	Company	Dates of Enlistment and Commission	Period of Service	Occurrences
Sanders, Isaac.........	Walker's	'77	3 yrs.	Died May '78
Simpson, Andrew, Pt....	"	21 May "	"	Corpl. June '78, Sergt. July '79
Salter, Jno.............	"	May "	"	Music Dec. '77, Destd Jan. '80
Sykes, Zedekiah, Pt.....	Pointer's	4 Feb. "		Dischgd 8 Feb. '80
Sawyer, Willis.........	"	13 Jan. "		Dead May '78
Schoolfield, Benj., Pt...	"	15 Jan. "		Died 27 Jan. '78
Spense, Jabez., Pt......	"	"		Omtd Oct. '77
Simmons, Anthy., Pt....	"	14 Feb. "		Omtd Sep. '77
Smith, Wm., Pt........	McGlanhan's	"	"	Destd Apr. '77
Smith, Malachi, Pt.....	"	"	"	Destd Apr. '77

T (P. 1171)

Name and Rank	Company	Dates of Enlistment and Commission	Period of Service	Occurrences
Tow, Chris'r, Corpl.....	Brickell's	1777	W	Destd 1 Sep. '77, Mustd Feb. and died 1 Apr. '78
Troy, Jas., Pt..........	Walker's	"	3 yrs.	Omtd Apr. '78
Thompson, Edwd., Pt...	"	"	"	Died 3 Feb. '78
Turner, Jno., Pt........	Vaughan's	13 Feb. "	"	Destd Oct. '77
Taylor, Thos., Pt.......	"	14 Mar. "	"	Destd Aug. '77
Todd, Thos., Musc......	McGlanhan's	"	"	Died Sep. '77
Todd, Wm., Pt.........	"	1 Jan "	3 yrs. W	Omtd Feb. '78, Mustd July '78, Corpl. 1 Feb. '80
Todd, Ephm., Pt.......	"	"	"	Omtd Feb. '78
Todd, Jas., Pt..........	"	"	"	Died
Thomson, Andrew, Pt...	"	"	"	Omtd Oct. '78, said to be Transfd.

U (P. 1176)

Name and Rank	Company	Dates of Enlistment and Commission	Period of Service	Occurrences
Upton, Josiah, Pt.......	Pointer's	4 Feb. '77	3 yrs.	Omtd Apr. '78
Upton, Willis, Pt.......	"	14 Feb. "	"	Died 1 July '78

V (P. 1178)

Name and Rank	Company	Dates of Enlistment and Commission	Period of Service	Occurrences
Vaughan, West, Pt.....	Dailey's			Died 20 Feb. '78
Vandeford, Noah, Pt....	Walker's			Died 5 Mar. '78
Venters, Moses, Pt......	Pointer's			Dischgd 28 Jan. '80
Vaughan, Jas., Capt.....		28 Nov. '76		Resigned Aug. '77

W (Pp. 1184-85)

Name and Rank	Company	Dates of Enlistment and Commission	Period of Service	Occurrences
Witherington, Wm., Sgt.	Dawson's	13 June '77	3 yrs.	Pt. June '78, Dischgd 1 Feb. '80
Williams, Jno., Pt......	"	"	"	Omtd Jan. '78
Whedbey, Rich'd, Lt....	Brickell's	28 Nov. "	"	Omtd Jan. '78
Walter, Dempsey, Pt....	"	"	W	Missing 4 Oct. '77
Ward, Wm., Pt.........	"	"	"	Destd Apr. '77
Wiggins, Wm., Pt......	"	"	"	Destd Apr. '77
Walker, Joseph, Capt...	Walker's	28 Nov. '76		Omtd Jan. '78
Winburn, Jno., Lt......	"	28 Nov. "		Omtd Nov. '77, Dead
Woods, Wm., Fifer.....	"	1777	3 yrs.	Destd 17 Sep. '77
Williams, Thophis, Pt...	"	"	"	Corpl. Sep., Sergt. Nov. '77, Died Mar. '78
Williams, Zadock, Pt....	"	23 Dec. '76	"	Dischgd 29 Jan. '80
Winborne, Henry, Pt....	"	24 May '77	"	
Witherington, Jos., Pt...	"	6 May "	"	
Wakefield, Wm., Musc..	Pointer's	23 Jan. "	"	Pt. Nov. '77, Dischgd 28 Jan. '80
Walter, Wm., Pt.......	Brickell's			Omtd Oct. '77
Williams, Benj., Pt.....	Pointer's			Sergt. 1 May '79
Walton, Wm., Lt.......	"	17 Apr. '77		Capt. 1 Aug. '81, Deranged 1 Jan. '83
White, Wm., Ensn......	"	"		Omtd Nov. '77

Name and Rank	Company	Dates of Enlistment and Commission	Period of Service	Occurrences
Wiggins, Jas., Sergt.....	Vaughan's	1 Jan. '77	3 yrs.	Destd 19 Sep. '77
Williams, Jno., Pt......	"	21 Feb. "	"	Dischgd 1 Mar. '80
Welburne, Robt., Pt....	"	18 Mar. "	"	Corpl. Mar. '78
Washington, Eth'd, Musc...............	"	12 July "	3 yrs. W	
Watson, Thos., Lt......	McGlanhan's	28 Nov. '76		Resigned 12 Apr. '77
White, Wm., Sergt.....	"	10 Dec. "		Dischgd 27 Jan. '80
White, Jas., Pt........	"	'77	3 yrs.	Died 27 Jan. '78
White, Jno., Pt........	"	4 Jan. "	"	Dead Aug. '78
Williams, Wm., Pt.....	"	16 May '76	"	{Destd Aug. '77, Mustd Jan.'78, Dischgd Nov. '78
Wharton, Jas., Pt......	"	6 Apr. '77	"	

8TH REGIMENT—COL. JAMES ARMSTRONG

Name and Rank	Company	Dates of Enlistment and Commission	Period of Service	Occurrences
A (P. 1005) Armstrong, James, Col..		26 Nov. '76		{Retired from Service Jan. '81
B (P. 1015) Bush, Wm., Ensn.......	Tartarson's	10 Apr. '77		{1 Lt. 15 Aug. '77, Adj't. 12 May '81
Blackleach, Thos. Sergt.	Walsh's	"		Pt. Jan.'78, Omtd Feb.'78
Bencham, Hodges, Sgt...	Tartarson's	"	3 yrs.	Dead 30 Mar. '78
Bush, Jno., Lt..........	Walsh's	8 Feb. "		{And Adj't. 2 Aug. '77, Omtd Jan. '78
Bryan, Wm., Sergt.....	"	"	W	Pt. Apr. '78
Boyce, Seth, Pt........	"	"		Died 5 Oct. '77
Boon, Wm., Pt........	"	1 Jan. "	3 yrs.	
Broadbent, Rich'd, Pt...	"	"	"	Destd 11 Feb. '79
Broadsher, Jno., Pt.....	"	"		Died 28 Jan. '78
Boothe, Jno., Pt.......	Raiford's	19 Feb. "	"	Omtd Feb. '78
Bourke, Chas., Pt......	"	27 May "	"	{Pris. 2 June '79, Mustd Nov. '79
Bundy, Jas., Pt.........	Tartarson's	13 Mar "	3 yrs.	Corpl. June '78
Bullock, Moses, Pt.....	"	"	"	Omtd Sep. '77
Bullock, Jno., Pt.......	"	"	"	Omtd Sep. '77
C (Pp. 1031-32) Clark, Jas., Corpl.......	Walsh's	1 Feb. '77	3 yrs.	{Pt. June '78, Corpl. Mar. '79, Dischgd 1 Feb. '80
Carmack, Jas., Corpl....	"	"		{Pt. Jan. '78, Omtd Feb. '78
Conver, Wm., Musc.....	"	"		Omtd Jan. '78
Collins, Thos., Pt.......	"	"		Omtd Jan. '78
Calaghan, Cornl's, Pt. ..	"	14 Feb. "		{Pris. 1 June '79, Dischgd 14 Feb. '80
Carter, Isaac, Pt........	"	1 Sep. "		{Pris. 1 June '79, Dischgd 20 Feb. '80
Card, Jno., Pt..........	"	"		Died 4 Oct. '77
Collins, Jno., Sergt......	Raiford's	11 Feb. '76	3 yrs.	
Collins, Benj., Pt.......	"	8 Sep. "	"	{Corpl. Nov. '77, Pt. June '78, Dischgd 16 Feb. '80
Cahoon, Jona, Musc....	"	1 Mar. '77	W	Pt. Jan.'78, Omtd Feb. '78
Chapman, Sam'l, Lt.....	Tartarson's	28 Nov. '76		{Resigned 2 Nov. '82 (Capt. from 5 Apr. '79)
Cook, Francis, Musc....	"	29 Mar. '77	3 yrs.	Pt. June '78
Colnell, Jno., Pt........	"	12 Mar. '77	"	

Name and Rank	Company	Dates of Enlistment and Commission	Period of Service	Occurrences
Coops, Wm., Pt.	Tartarson's	'77		Omtd Sep. '77
D (P. 1044)				
Dawson, Levy, Lt. Col.		19 Oct. '77		Omtd Jan. '78
Dye, Hopkins, Pt.	Walsh's	5 Jan. "	3 yrs.	Dischgd 31 Jan. '80
Delaney, John, Pt.	"	1 Apr. "	"	Pris. 1 June '79 Mustd Nov. '79
Dyson, Thos., Pt.	"	19 Jan. "	"	Musc. 1 Feb. '80
Delaney, Antich?, Sergt.	"		"	Pt. Nov.'78, Omtd Sep.'78
Duffell, Thos., Pt.	Raeford's	17 Mar. "		
Dennis, Wm., Lt.	Tartarson's	28 Nov. "		Capt. 20 Sep. '77, Omtd Jan. '78
Dennis, Jno., Pt.	"	"		Gone Home 25 Nov. '77
E (P. 1052)				
Etheridge, Dan'l, Corpl.	Walsh's			Destd Oct. '77, Joined 1 Dec.'77, Died 19 Jan. '78
Eliot, Jabez,	Quinn's	10 Nov. '76	3 yrs.	Dischgd 5 Jan. '79
F (P. 1057)				
Fox, Francis, Pt.	Walsh's	8 Feb. '77	3 yrs.	Dischgd 20 Feb. '80
Foreman, Caleb, Lt.	Raiford's	28 Nov. '76		Omtd Jan. '78
G (P. 1066)				
Graves, Francis, Qr. Mr.		1 Sep. '77		And Lt. 26 Oct. '77
Greer, Robt., Lt.	Walsh's	28 Nov. '76		Omtd June '78
Gilaspy, David, Pt.	"	'77		Omtd June '78, Mustd Jan.'79 in 5 Reg., Dischgd 14 Mar. '80
Gifford, Jas, Sergt.	Raiford's	30 Dec. '76		Pt. June '78, Destd 1 Dec. '79
Gilbert, Jos., Pt.	Tartarson's	'77		Omtd Feb. '78
H (P. 1077)				
Harvey, Selby, Maj.		26 Nov. '76		Lt. Col. 22 Nov. '77, See him in 2 Reg.
Hall, David, Sergt.	Walsh's	'77		Pt. Jan. '78, Sergt. Feb. '79, Pt. Aug. '79, Dischgd 1 Feb. '80
Hart, Jno., Pt.	"	"		Omtd Feb. '78
Huggins, Jas., Pt.	"	4 Dec. '76	3 yrs. W	
Hughes, Henry, Corpl.	"	28 June '77	3 yrs.	Pt. Jan. '78, Corpl. June, Pt. Sep. '78
Herrington, Peter, Corpl.	Tartarson's	"	"	Pt. Jan.'78, Omtd Feb. '78
Hayes, Jno., Pt.	Quinn's	Nov. "		Omtd Jan. '78, Supposed the same mustd in Hall's Co. in '82
Hollowell, Sam'l, Lt.	"	20 Sep. "		Omtd Jan. '78
J (P. 1091)				
Jackson, Thos., Pt.	Walsh's			Omtd Feb. '78
Johnson, Rich'd, Pt.	"		3 yrs.	Sergt. July '79, Dischgd 9 Feb. '80
Jolly, Malachi, Pt.	Raiford's	Dec. '77		From 2 Reg. Mustd Sergt. Jan. '79 in 4 Reg.
Jones, Philip, Lt.				Returned Pri 12 May '80 from War Office
K (P. 1097)				
Kelly, Pat'k, Pt.	Tartarson's	1777	3 yrs.	Died 26 Nov. '77
L (P. 1104)				
Lockhart, Jas. or Sam'l, Lt. Col.		Sep. '77		From 3 Reg., Omt'd Oct. '77

Name and Rank	Company	Dates of Enlistment and Commission	Period of Service	Occurrences
Loomis, Jona, Serg't....		26 Nov. '76		Resigned 19 Aug. '82
Leony, Mich'l, Sgt. Maj.		Dec '77		Omtd Jan. '78
Langford, Alloway, Ensn	Walsh's	8 Feb. "		Lt. 1 Aug. '77, Omtd Jan. '78
Lanier, Jas., Ensn.......	Tartarson's	28 Nov. '76		Resigned 12 Oct. '77
Lolley, Wm., Pt........	"	'77		Destd 20 Aug. '77
M (P. 1114)				
Middleton, Sam'l, Sergt.	Walsh's	1777		Pris. Feb., Omtd June '78
McNalty, John, Pt......	"	"		Omtd Jan. '78
Mezick, Jacob, Lt.....	"	24 Apr. "		Died 11 Dec. '77
Milton, John, Pt........	"	Nov. "		Omtd Jan. '78
Mashborne, Edw'd, Pt. .	Raiford's	9 Feb. "	3 yrs.	Omtd Feb. '78
Maddin, Bryan, Pt.....	"	16 June "	W	Omtd Jan. '78
Moore, John, Pt.......	"	"	3 yrs.	In 2 Reg. Dec. '77
Moseley, John, Pt......	Tartarson's	21 Feb. "	"	Pris. 1 June '79, Discharged 20 Feb. '80
Martin, Joel, Pt........	"	"		Omtd Sep. '77
N (P. 1125)				
Nolley, Dixon, Pt.......	Walsh's	1777		Died 10 Jan. '78
Niel, Dan'l, Pt.........	Raiford's	24 Feb. "	3 yrs.	Omtd Mar. '78
Niel, Jno., Pt..........	Tartarson's	"	"	Omtd Jan. '78
O (P. 1130)				
Oran (or Owens) Jas. Pt.	Walsh's	1777		Omtd Feb. '77
Owens, Stephen, Lt.....		15 Aug. "		Omtd June '77
Owens, Jacob, Pt.......		"		Omtd Feb. '79
O'Kelly, Pat'k, Pt.....		"	W	Omtd Sep. '78
P (P. 1136)				
Pate, Wm., Corpl.......	Walsh's	29 June '77	3 yrs.	Destd 17 Oct. '77, Joined 1 Dec. '77, Corpl. Feb. '79, Dischgd 31 Jan. '80
Parsons, Jesse, Pt......	"			Pris. 4 Oct. '77
Parsons, Sam'l, Corpl. ..	"			Pt. Jan. '78, Died 19 Mar. '78
Parsons, Roger, Pt......	"		3 yrs.	Omtd Feb. '79
Parsons, Nathan, Pt. ...	"			Pris. 4 Oct. '77
Pettit, Gideon, Musc....	Raiford's	5 Apr.		Omtd Jan. '78, Mustd May '79 in 5 Reg.
Potter, Sam'l, Pt.......	"	'77		Dead Sep. '77
Pridgion, Thos., Corpl...	"	"	3 yrs.	Pt. Feb.'78, Died Oct. '78
Proctor, Joshua, Pt.....	"	"		Omtd Mar. '78
Palmer, Robt., Pt.......	Tartarson's	"		Omtd Feb. '78
Pearl, Jos., Lt..........	Dennis'	29 Oct. "		Capt. 17 July '82, Deranged 1 Jan. '83
Q (P. 1141)				
Quinn, Mich'l, Lt.......	Walsh's	28 Nov. '76		Capt. 1 Aug. '77, Resigned 14 Dec. '79
R (P. 1146)				
Rhein, Peter, Sergt......	Walsh's	10 Feb. '77	3 yrs.	Qr. Mr. Sergt. Nov. '77, Sergt. Jan. '78, Pt. 4 July '79, Dischgd 10 Feb. '80
Rhodes, Wm., Sergt.....	"	"		Pt. Jan.'78, Omtd Feb.'78
Rowe, Jese, Musc.......	"	"		Omtd Jan. '78
Rowe, Geo., Pt.........	"	"		Omtd Jan. '78
Rhodes, Henry, Pt......	"	"		Omtd Jan. '78
Raiford, Robt., Capt....	"	28 Nov. '76		
Rollins, Robt., Sergt....	Tartarson's	'77	3 yrs.	Omtd Nov. '77

Name and Rank	Company	Dates of Enlistment and Commission	Period of Service	Occurrences
S (P. 1158)				
Stanley, Robt., Sergt....	Walsh's	1777		Pt. Jan.'78, Omtd Feb.'78
Singleton, Henry, Pt....	"	22 Feb. "	3 yrs. W	
Standley, Jos., Pt.......	"			Omtd Jan. '78
Skipper, Joseph, Pt.....	"			Died 19 Dec. '77
Spain, Thos., Musc.....	Tartarson's	10 Feb. "	3 yrs.	{Pt. June '78, {Musc. Nov. '78
Spain, Wm., Musc......	"	10 Mar. "	"	
Stevenson, Jos., Sergt...	"	"	"	Dead 12 Feb. '78
Stewart, Geo., Sergt....	"	"	"	Omtd Sep. '77
Storry, Wm., Pt........	"	"	"	Omtd Sep. '77
Simmons, Benj., Pt.....	Quinn's	"	W	Sergt. 3 Reg. Oct. '79
Sumner, Francis, Pt.....	"	15 May "	2½ yrs.	
T (P. 1171)				
Taylor, Jno., P. Mr.....		24 July '77		Omtd Jan. '78
Thurrell, Abm., Pt......	Walsh's	2 July '	3 yrs.	Died Jan. '79
Towning, Jas., Pt......	"	15 Dec. "	"	
Turner, Mathias, Corpl..	Raiford's	"	2½ yrs.	Pt. Jan.'78, Omtd Feb.'79
Turner, Dan'l, Corpl....	"	"		Pt. Nov. '77, Died Jan.'78
Tartarson, Francis, Cpt.		16 Jan. "		Resigned 19 Sep. '78
Tyson, Abm., Sergt.....	Tartarson's	"	3 yrs.	{Pt. June '78, {Omtd Feb. '79
V (P. 1178)				
Varey, Benj., Pt........	William's	1777		Destd 1 Oct. '77
W (Pp. 1185-86)				
Walsh, Jno., Capt......		28 Nov. '76		Omtd Jan. '78
Wilson, Jno., Pt........	Walsh's	1 Jan. '77	3 yrs.	Corpl. Nov. '78
Williams, B. Nath'l, Lt..	"	28 Nov. '76		Deranged 1 Jan. '83
Wise, Jno., Musc.......	Raiford's	'77		{Pt. Jan. '78, {Died 6 Mar. '77
Wiseheart, Wm., Pt.....	"			Omtd Mar. '78
Walsh, Robt., Pt........	"			Omtd Feb. '78
Whitehouse, Joel, Pt....	"		"	{Pris. 1 June '79, {Mustd Nov. '79
Williams, Robt., Sergt...	Tartarson's	"	"	{Corpl. June '78, Pt. Apr. '78, Dischgd 1 Feb. '80
Wallace, Geo., Musc....	"	1 Apr. "	3 yrs. W	Fife Maj. Dec. '82
Willowby, Jno., Pt......	"	"	3 yrs.	Died 14 Feb. '78
Wotton, Wm., Sergt.....	Quinn's	"	"	Died 1 May '78

9TH REGIMENT—COL. JOHN WILLIAMS

Name and Rank	Company	Dates of Enlistment and Commission	Period of Service	Occurrences
A (P. 1006)				
Avery, James, Pt.......	McCrory's	1777	W	Destd 28 Dec. '77
Arbuckle, John, Pt.....	"	"	3 yrs.	Destd 2 Dec. '77
Austin, Absolem, Pt.....	"	"	"	Died 7 Mar. '78
Ammons, Jas., Pt.......	Wade's	10 May "	3 yrs. W	Omtd July '79
Anthony, Jas., Pt.......	Rice's	4 May "	"	
B (P. 1016)				
Brown, Morgan, Lt.....	Cook's	28 Nov. '76		Resigned 12 Oct. '77
Bond, Elisha, Pt........	"	1 Jan. '77	3 yrs.	Dischgd 27 Jan. '80
Bond, Thos., Pt........	"	"	"	Died 13 Dec. '77
Britnal, Jas., Pt........	"	28 Mar. "	"	
Bruce, Geo., Pt........	"	15 Mar. "	"	
Britton, Jas., Pt........	"	1 Dec. '76	"	Dischgd 1 Feb. '80
Beck, Fred'k, Pt........	"	'77	"	Destd 10 Oct. '77

IN THE AMERICAN REVOLUTION

Name and Rank	Company	Dates of Enlistment and Commission	Period of Service	Occurrences
Brown, David, Pt.	Cook's	8 Jan. '77	3 yrs.	Killed or taken Oct. 4, '77, Mustd '78, Died 18 Nov. '78
Bullock, Dan'l, Pt.	"	23 Mar. "	"	Corpl. Nov. '77, Sergt. Jan. '78, Pt. June '78 Omtd Nov. '79
Bay, And'w, Sergt. Maj.		1 May "	W	Omtd Jan. '78
Bayne, John, Pt.	McCrory's		3 yrs.	Omtd Feb. '79
Black, John, Pt.	"		W	Destd Nov. '77
Brown, Wm., Pt.	"		3 yrs.	
Bullock, Dan'l, Pt.	Ramsay's			Omtd Jan. '78
Britton, Philip, Musc.	Wade's		"	Pt. Jan. '78, Dischgd 27 Jan. '80
Barrlow, Robt., Pt.	"		"	Died 12 Mar. '78
Blalock, Wm., Pt.	"		"	Destd 6 Aug. '77
Brevard, Jno., Pt.				Omtd Jan. '78
Brandon, Thos., Pt.	Brevard's	12 Jan. '77	3 yrs.	Dischgd 27 Jan. '80
C (P. 1032)				
Cook, D. Rich'd., Capt.		28 Nov. '76		Omtd Jan. '78
Clark, Thos., Ensn.	Cook's	"		Lt. Feb. '79
Christain, Jas., Sergt.	"	'77	3 yrs.	Dischgd 29 Jan. '78
Cozzart, David, Sergt.	"	18 Dec. '76	"	Pt. Feb. '78, Dischgd 27 Jan. '80
Clifton, Wm., Sergt.	"	24 Dec. "	"	Omtd Jan. '78
Cook, Thos., Sergt.	"	'77	"	Omtd Dec. '77
Carrier, Jno., Pt.	"	5 May "	3 yrs. W	Corpl. Nov. '79
Copland, Ripley, Pt.	Ramsay's	10 Mar. "	"	Dischgd 15 Mar. '80
Chappel, Sam'l, Pt.	Wade's	25 Dec. '76	"	Dischgd 1 Feb. '80
Coles, Alex'r, Pt.	"		"	Corpl. Jan. '78, Died 4 Apr. '78
Conaway, John, Pt.	Brevard's	19 June '77	"	Sergt. Jan.'78, Corpl. June '78, Pt. Aug. '78, Destd 15 Dec. '79
D (P. 1044)				
Doherty, John, Pt.	Cook's	1777	3 yrs.	Destd Aug. '77
Dennis, Robt., Pt.	"	"		Died 6 Mar. '78
Dobbins, Hugh, Lt.	McCrory's	"		Omtd June '78
Daniel, Jos., Lt.	Wade's	28 Nov. '76		Resigned Nov. '77
Dickerson, Neth., Lt.	"	"		Omtd June '78, Mustd May '79, 5 Reg.
E (P. 1052)				
Epps, Jno., Pt.	Cook's	1777	3 yrs.	Dischgd 27 Jan. '80
Epps, Wm., Pt.	"	24 Jan. '77	"	Dischgd 27 Jan. '80
Easter, David, Pt.	"	"	"	Died 22 Feb. '78
F (P. 1058)				
Fagety, Jas., Pt.	Cook's	25 Dec. '76	3 yrs.	Corpl. Nov.'77, Pt. Jan. '79, Dischgd 27 Jan. '80
Francisco, Thos., Pt.	"	'77	"	Died 23 Mar. '78
Ford, Wm., Pt.	"	"	"	Omtd Feb. '78
Ferrell, Jas., Pt.	McCrory's	16 Dec. "	"	Corpl. Jan.'78, Pt. June'78
Fee, Thos., Pt.	"	"	"	Deserted 30 June '79
Fossett, Edw'd, Pt.	"	"	"	Omtd June '78
Fowler, Wm., Pt.	"	"	"	Died 16 Mar. '78
Ferrell, Micajah, Ensn.	Wade's	28 Nov. '76		Resigned Nov. '78
G (P. 1067)				
Graham, Wm., Sergt.	Cook's	'77	3 yrs.	Supposed dead Nov. '77
Green, Sol'm, Musc.	"	"	"	Destd Aug. '77

Name and Rank	Company	Dates of Enlistment and Commission	Period of Service	Occurrences
Garret, Wm., Pt.	Brevard's	'77	3 yrs.	Omtd Feb. '78
H (P. 1078)				
Harris, Edw., Pt.	Cook's	10 Jan. '77	3 yrs.	Omtd Sep. '78
Howell, Silas, Pt.	"	"	"	Destd Aug. '77
Hays, Jno.	"	"	"	Destd Aug. '77
Howard, Isaac, Pt.	"	15 Feb. "	"	Dischgd 8 Mar. '80
Howell, Stephen, Musc.	McCrory's	28 Jan. "	"	{Mustd Pt. May '78, Died 8 July '78
Hooker, Robt., Pt.	"	"	"	Destd Nov. '77
Hicks, C. Tubel, Sergt.	Wade's			Died 27 Jan. '78
Hogan, Proser, Musc.	"		3 yrs. W	{Pt. June '79, Musc. Nov. '79, Pt. 1 Mar. '80
Hall, Jas., Pt.	"		3 yrs.	Omtd Jan. '78
Hall, Jos., Capt.		May "	"	Omtd Jan. '78
Hicks, Thos., Musc.	Rice's	"	"	Omtd Jan. '78
J (P. 1091)				
Johnson, Edw'd, Pt.	McCrory's	1777	3 yrs.	Destd Nov. '77
Johnson, Joshua, Lt.	Ramsay's	28 Nov. '76		Resigned 15 May '82
K (P. 1097)				
Knight, Sam'l, Sergt.	Brevard's	30 May '77	3 yrs.	Pt. 21 May '78
L (P. 1104)				
Lewis, Jno., Pt.	Cook's	1777	3 yrs.	Killed 4 Oct. '77
Lewis, Wm., Lt.	Rice's	Mar. "		{Omtd Jan. '78, Mustd June '79, 4 Reg.
Lutzell, Jno., Lt. Col.		24 Nov. '76		Omtd Jan. '78
M (P. 1115)				
McRory, Jas., Sergt.	Cook's	15 Apr. '76	3 yrs.	{Ensn. 2 May '79, Omtd Jan. '78
May, Major, Corpl.	"	10 Dec. '77	"	Died 27 Nov. '77
Miller, Gilbert, Pt.	"	'77	"	Omtd Sep. '77
Miller, Martin, Pt.	"	22 Dec. '76	"	{Music Sep. '77, Pt. Feb. '78, Dischgd 27 Jan. '80
Mallison, Jno., Pt.	"	'77	"	{Sergt. Nov. '77, Omtd Jan. '78
May, Thos., Pt.	"	1 Dec. '76	"	Dischgd 27 Jan. '80
McRory, Thos., Capt.	"	28 Nov. '76	"	Died 2 Nov. '77
McKinley, Dan'l, Sergt.	McCrory's	'77	W	Omtd Jan. '78
McClure, Francis, Pt.	"	"	3 yrs.	Destd Nov. '77
McGaw, Neil, Pt.	"	"	W	Destd Nov. '77
McCleyea, Jno., Musc.	"	28 July "	3 yrs. W	Pt. Aug.'78, Music Sep.'78
Morgan, John, Pt.	Wade's	"	3 yrs.	{Music Feb. '78, Died 10 July '78
Morris, Edw'd, Sergt.	Brevard's	"	"	{Reduced 3 June '78, Destd 15 June '78
McSheby, Miles, Adj't.		12 Feb.		Omtd Jan. '78
N (P. 1126)				
Niel, Wm., Lt.	Brevard's	28 Nov. '76		Omtd Jan. '78
Nuthall, Nath., Qr. Mr.		20 May '77		{And Ensn., dismissed Service 4 Nov. '78
O (P. 1130)				
O'Bryan, Dennis, Pt.	Cook's	'77	3 yrs.	{Drawn out of the Regt. Aug. '77
P (P. 1136)				
Pyatt, Peter, Sergt.	Cook's	1777	3 yrs.	{Qr. Mr. Sergt. 15 June '78, Dischgd 15 June '79
Perkins, Ab'm, Pt.	Ramsay's	"	"	Died 5 Mar. '78
Polk, Wm., Maj.		28 Nov. '76	"	Omtd Jan. '78

Name and Rank	Company	Dates of Enlistment and Commission	Period of Service	Occurrences
R (P. 1147)				
Ramage, Alex., Corpl....	Cook's	1 Jan. '77	3 yrs.	Sergt. Jan. '78, Pt. Feb. '78, Died 19 Mar. '79
Rickets, Thos., Musc....	"	"		Omtd Sep. '77, Mustd '79 in 5 Reg.
Rickets, Reason, Pt.....	"	6 Jan. "		Corpl. Jan. '78, Pt. June '78, Hanged 21 Nov. '79
Richards, Jas., Pt.......	"	"		Destd Aug. '77, Mustd '78, Dischgd 10 Nov. '78
Roberts, Vincent, Pt....	"	"	"	
Rowland, Wm., Pt......				Died 11 Mar. '78
Ramsay, Mathew, Capt.				Resigned before '82
Rochel, Jno., Pt........				Omtd Jan. '78
Rice, Hezk.............				Omtd Jan. '78
Rochel, Louise, Lt......				Resigned Nov. '77
Ricely, Jeptha, Ensn....				Not Mustd after Jan. '78
Rainey, Jas., Pt.........	Rice's	'77	3 yrs.	Omtd Nov. '79
Renney, Peter, Sergt....	"	23 June "	"	
S (P. 1158)				
Scandling, Mich'l, Musc.	Cook's	1777	W	Pt. Nov. '77, Destd Feb. '79
Seymore, Wm., Pt.......	"	"	"	Dischgd 28 Jan. '80
Sharp, Anty., Lt........	McCrory's	28 Nov. '76		Capt. 24 Aug. '77
Stewart, Jos., Pt........	"	'77	3 yrs.	Dischgd 20 Dec. '77
Siscoe.................				See Francisco
T (P. 1172)				
Tucker, Thos., Corpl....	Cook's	1777	3 yrs.	Omtd Jan. '78
Thomas, Wm., Pt.......	"	"	"	Dead Aug. '77
Thrift, Solomon, Pt.....	"	"	"	Died 15 June '78
Thrift, Ab'm, Pt........	"	17 Jan. "	"	
Thomson, Thos., Pt.....	"	"		Destd Aug. '77
Thomas, Benj., Pt......	McCrory's	"	W	Omtd Jan. '78
Tatum, Jas., Ensn......	Brevard's	12 Aug. "		Lt. 1 Jan.'78, Pris. 12 May '80, Deranged 1 Jan. '88
Templelon, Thos., Sergt.		"		Omtd Jan. '78, Mustd May '79 in 5 Reg.
V (P. 1178)				
Vandyke, Chas., Pt.....	Cook's	'77	3 yrs.	Died 3 Apr. '78
W (P. 1186)				
Walker, Jno., Sergt.....	Cook's	20 Jan. '77	3 yrs.	Qr. Mr. Sergt 20 Sep. '77, Omtd Jan. '78
White, Dan'l, Corpl.....	"	24 Dec. '76	"	Destd 10 Oct. '77
Watson, Philip, Pt......	"	16 Jan. '77	"	Dischgd 27 Jan. '80
Watts, Wm., Pt.........		"	"	Died 9 Sep. '77
Witty, Jas., Pt..........	McCrory's	21 May "	W	Destd Nov. '77, Mustd May '78
Warwick, Thos., Pt.....	"	"	3 yrs.	Omtd Jan. '78
Wade, I. Joseph, Capt. .		28 Nov. '76		Omtd Jan. '78
Washington, Wm., Ensn.	Wade's	15 Aug. '77		Omtd Jan. '78
Williams, Ralph, Lt.....	"	28 Nov. '76		Omtd Jan. '78
Worneck, Wm., Sergt. ..		'77	3 yrs.	Qr. Mr. 14 Jan. '78, Omtd June '78
Williams, John, Col.....		24 Nov. '76		Omtd Jan. '78

10TH REGIMENT—COL. ABRAHAM SHEPARD

Name and Rank	Company	Dates of Enlistment and Commission	Period of Service	Occurrences
A (P. 1006)				
Adcock, Joshua, Pt.....	Wilson's	6 May '77	3 yrs.	
Adcock, John, Pt.......	"	" " "	"	
Adams, Arthur, Pt.....	Shepard's	12 Aug. "	"	
Arnold, John, Pt........	Stephenson's	21 Apr. "	"	Omtd Jan. '78
Alcock, Wm., Pt........	"	31 Aug. "	"	Destd 20 Jan. '78
Adkins, Thos., Pt......	Gregory's	22 May "	"	
Adams, Jno., Sergt......	Hearon's	5 July "	"	Pt. June '78, Died 10 July '78
Albertson, Caleb, Pt....	Moore's	10 May "	"	Omtd Jan. '78
Adkinson, John, Pt.....	Van Noy's	26 May "	"	Mustd June '78, Pt. Sep. '78
Avent, Jas., Pt.........		15 May '76	2½ yrs.	Dischgd 10 Nov. '78
Allen, Joseph, Sergt.....		3 July '77	2 yrs.	Lt. 31 Mar. '82
Adkins, Benj., Pt.......		10 Dec. "	3 yrs.	
Amsley, James, Pt......			3 yrs. W	Mustd Sep. '78
Alsbrook, Amos, Pt.....	Montford's	20 July '78	9 mo.	
Adams, Philip, Pt.......	"	20 " "	"	
Ammons, Thos., Pt.....	"	" "	"	
Abbot, John, Musc.....	Hogg's	" "	"	
Aldridge, Thos., Pt.....	Quinn's	" "	"	
Anderson, Wm., Pt.....	Blount's	" "	"	Sergt. 25 Oct. '78, reinlisted, Corpl. 20 May '79 for 18 Mo.
Asbett, Jas., Pt.........	"	" "	"	
Axum, Philip, Pt.......	Ballard's	" "	"	
Allen, Hardy, Pt........	"	" "	"	
Adkins, Gideon, Musc...	"	16 June "	W	
Altman, Garret, Pt......	Bradley's	20 July "	9 mo.	
Aldridge, Gess, Pt......	"	" "	"	
Avarette, Thos., Sergt...	Child's	" "	9 mo.	Died 28 Nov. '78
Antory, John, Corpl....	Ballard's	22 June '79	W	
Anderson, Isaac, Pt.....	"	"	9 mo.	
Alexander, John, Pt.....	"	"	"	
Addleman, John, Pt.....	"	"	"	
Abbot, John, Pt........	Quinn's	24 June "	3 yrs.	
Allen, Joseph, Pt.......	"	"	W	
Anderson, Geo., Pt.....	"	"	9 mo.	
Andrews, Isaac, Pt......	Blount's	5 June "	"	
Allen, Wm., Pt.........	"	"	W	
Adkerson, Rich'd, Pt....	"	"	9 mo.	
Alexander, Wm., Ensn..		10 May '81		
Ashley, John, Sgt. Mgr..		5 May "		
Anderson, John, Pt.....	McRees'	28 Apr. "	12 mo.	
Adams, Wm., Pt........	"	6 June "	"	
Airs, Patt, Pt...........	"	28 Apr. "	"	
Albrooks, Wm., Pt......	"	28 Apr. "	"	Left Service 28 Apr. '82
Alsbrook, Jesse, Corpl...	Raiford's	25 Apr. "	"	Time expired 25 Apr. '82
Askins, John, Pt........	Doherty's	May "	"	Time expired 25 May '82
Allen, Jas., Pt..........	Raiford's	25 Apr. "	"	Dischgd 14 Feb. '82
Addams, Philip, Pt......	"	2 May "	"	Time out 2 May '82
Apsley, John, Sergt.....		15 May "	"	Left service 5 May '82, See above Sergt. Maj
Ashlock, Jesse, Pt.......	Dixon's	15 May "	12 mo.	Left service 21 May '82
Adams, Zach'l, Pt.......	Lytle's			

Name and Rank	Company	Dates of Enlistment and Commission	Period of Service	Occurrences
Adams, David, Pt.	Lytle's	6 June '81	12 Mo.	Left service 6 June '82
Abute, John, Pt.	"	"	"	
Ammons, Wood, Pt.	"	12 Apr. "	"	Destd 5 July '82
Allens, Arthur, Pt.	"	" "	"	Destd 7 July '82
Allen, Walter, Sergt.	Sharp's		"	
Andrews, Joseph, Pt.	Walton's	25 Apr. "	12 mo.	Time out 1 Apr. '82
*This name illegible and	partly worn a	way by age o	f paper.	
Amos, John, Pt.	Rhodes'	1781	12 mo.	Time out Apt. 12, '82
Andrews, Alfred, Corpl.	Armstrong's	"	"	Dischgd 27 Mar. '82
Anderson, Robt., Pt.	"	"	"	Left service 22 May '82
Alexander, Anth'y, Pt.	Bailey's	3 Apr. "	"	Left service 3 Apr. '82
Anderson, Thos., Pt.	Brevard's	"	"	Left service 28 May '82
Adams, William, Pt.	"	"	"	Left service 1 May '82
Anderson, Geo.	"	"	"	Left service 12 Apr. '82
Aaronheart, Jno., Pt.	"	"	"	Left service 28 Apr. '82
Ashe, Sam'l, Lt.	Hall's	23 Jan. "	"	Deranged 1 Jan. '83
Airs, Ezl., Pt.	"	"	"	Left service 21 Apr. '82
Armstrong, Benj., Pt.	"	"	"	Destd 1 Apr. '82
Artis, John, Pt.	"	"	"	Left service 1 Nov. '82
Addleman, Jno., Pt.	"	"	"	Left service 29 Sep. '82
Arters, Stephen, Pt.	"	"	"	Time out 21 Nov. '82
Abbot, John, Sergt.	Yarborough's	"	"	Time out 22 Apr. '82
Adkins, Gideon, Musc.	"	"	"	Time out 1 Apr. '82
Adkins, Rich'd, Pt.	"	"	"	Time out 17 Apr. '82
Acock, Sam'l, Pt.	Carter's	April "	"	Time out 25 Apr. '82

B (P. 1016)

Name and Rank	Company	Dates of Enlistment and Commission	Period of Service	Occurrences
Burton, Julius, Corpl.	Wilson's	12 May '77	3 yrs. W	Pt. June '78
Brown, Thos., Pt.	"	20 May "	W	
Brower, Henry, Pt.	"	" "		
Brooks, Thos., Pt.	"	1 July "		
Bryant, Ambrose, Pt.	"	16 June "		Omtd June '78
Brown, Pond, Sergt.	Shephard's	12 May "	3 yrs.	Destd 1 May '79
Barfield, Marmask, Cpl.	"	4 May "		Pt. June '78, Destd 17 Sep. '78
Barfield, Jas., Pt.	"	20 June "		Prisoner in June '79, Mustd Nov. '79
Butts, Arch'd, Pt.	"	1 Apr. '78		Mustd Oct. '78, Destd 15 June '83
Butts, Wm., Pt.	"	23 July '77		
Brown, Moses, Pt.	"	28 July "		
Bates, Luke, Pt.	"	27 Apr. "		
Bird, Hardy, Pt.	"	1 July "	3 yrs.	Pris. 1 June '79 Mustd Nov. '79
Bass, Ezdras, Pt.	"	22 Apr. "		Omtd June '78
Bryant, Wm., Pt.	"	12 July "	"	Omtd Aug. '78
Brown, Thos., Pt.	"	25 Aug. "	"	Omtd June '78
Burnett, Wm., Pt.	"	5 Sep. "	"	Destd 15 Jan. '80
Bateman, Peter, Pt.	"	12 July "	"	Omtd June '79, Reinlisted Nov. '79
Bryan, Thos., Musc.	Stephenson's	1 June "	"	Pt. June '78, Mustd July '79
Black, Martin, Pt.	"	16 May "	"	
Boyd, John, Pt.	"	14 June "	"	Died 22 Mar. '78
Boyd, Wm., Pt.	"	" "	"	
Badget, Sam'l, Pt.	"	24 Aug. "	"	Destd 20 Jan. '78
Ballentine, Malachi, Pt.	Jarvis'	2 June "	3 yrs. W	Musc 8 Mar. '79
Brable, Jas.	"	17 May "		

Name and Rank	Company	Dates of Enlistment and Commission	Period of Service	Occurrences
Bennett, Jacob, Pt......	Jarvis'	8 Sep. '77		
Bennett, Benj., Pt......	"	16 June "		Omtd June, '78
Barco, Jno., Musc......	Gregory's	24 May "	3 yrs.	Pt. June '78
Burus, Wm., Pt........	"	20 May "	"	{Musc June '78, Destd 10 Feb. '79
Barco, Leaman, Pt......	"	9 June "	"	Corpl. Apr. '82
Barker, Wm., Lt........	Moore's	19 Apr. "	"	Omtd June '78
Boswell, Wm., Sergt....	"	11 June "	"	{Pt. June '78, Corpl. Oct. '78
Brains, Mich'l, Pt......	"	20 June "	"	Died 9 Sep. '77
Bartie, Jno............	"	5 Aug. "	"	Destd 1 Jan. '83
Brooks, Geo., Sergt.....	Vanoy's	2 June "	"	{Pt. June '78, Corpl. Oct. '78, Sergt. Feb. '79
Blanchett, Thos., Sergt..	"	21 June "	"	Pt. June '78
Blanchett, Fred'k, Musc.	"	20 Aug. "	"	
Ballentine, Alex., Pt....			W	{Sergt. May '79, Pt. Jan. '80
Brown, Robt..........		30 Aug. "	3 yrs.	Dischgd 16 Sep. '78
Boyce, Arthur, Qr. Mr. Sergt........		June '78		{Sergt. June '79, Destd 2 Dec. '79
Blackley, E., Surg. Mt. .		20 Apr. "		Omtd Aug. '78
Berry, Amos, Pt........			W	{Joined 10 Jan. '78, Died 10 Apr. '78
Bray, Cornelius, Pt.....				Joined Apr. '78
Bissell, Enos, Pt........		10 Sep. '77		
Bridget, Wm., Pt.......				{Joined 11 May '78, Dead July '78
Barrow, Jas., Pt........		10 May '76	2½ yrs.	Dischgd 10 Nov. '78
Brown, Jas., Pt.........		1 July '77	3 yrs.	Destd 1 Jan. '80
Browning, Geo., Corpl...		1 July "	"	Sergt. Jan. '79
Baker, Wm., Pt.........			"	Omtd Feb. '79
Baker, Wm., Pt.........				Omtd Feb. '79
Brooks, Jno., Pt........		15 May '76	2½ yrs.	Dischgd 10 Nov. '78
Brewer, Benj'n, Pt......			"	Died 1 Aug. '78
Burgess, Philip, Pt......			W	Mustd, June '78
Barco, Wyllis, Pt.......		17 Dec. '77	3 yrs.	
Brazle, Bird, Pt........		5 May '76	2½ yrs.	Dischgd Oct. '78
Bogart, Tunis, Pt.......	Fenner's	1 Mar. '79	W	
Brazel, Jno., Pt.........				Mustd May '78
Burges, John, Pt........			3 yrs.	{Mustd Jan. '78, Omtd Feb. '78
Brandon, Wm., Pt......			"	{Mustd Jan.'78, Omtd June '78, Mustd Jan. '79 5 Reg.
Bishop, Moses, Sergt....	Colonel's	20 July '78	9 mo.	
Brown, Sam'l, Pt.......	"	"	"	
Brinkley, Mitch'l, Pt....	"	"	"	Omtd Oct. '78
Beavous, Geo., Pt......	Montford's	'78	"	
Bagley, Isaac, Corpl.....	Hogg's	20 July "	"	
Braddy, Henry, Pt......	"	" "	"	
Blago, Moses, Pt........	"	" "	"	
Blunt, Thos., Pt........	"	" "	"	
Brown, Thos., Pt.......	"	" "	"	
Braddy, Benj., Pt.......	"	" "	"	
Blango, Benj., Pt.......	"	" "	"	
Benton, Edom., Pt......	"	" "	"	Died 7 Nov. '78
Burwick, Edw'd, Pt....	"	" "	"	Destd 2 Aug. '78
Bruington, Benj., Pt....	Quinn's	20 July "	"	

Name and Rank	Company	Dates of Enlistment and Commission	Period of Service	Occurrences
Bootey, Caudel, Pt......	Quinn's	20 July '78	9 Mo.	
Bryant, Darby, Pt......	"	" "	"	
Bryant, Thos., Pt......	"	June "	"	Destd 14 June '78
Brittle, Benj., Pt......	Lt. Col.	20 July "	"	
Badgett, Jesse, Corpl....	"	" "	"	
Bass, Council, Musc.....	"	" "	"	
Boyd, Jas., Pt..........	"	" "	"	Mustd Mar. '80
Battes, John, Pt........	"	" "	"	
Boyd, Sam'l, Pt........	"	" "	"	
Bass, Uriah, Pt.........	"	" "	"	
Brevard, Adam, Pt......	"	" "	"	
Brantley, Brittin, Corpl.	Baker's	" "	"	
Burch, Jno., Musc......	"	" "		
Bell, Elias, Pt..........	"	20 July "		
Buck, Ab'm, Pt.........	"	" "		
Butler, John, Pt........	"	5 May '76	2½ yrs.	Omtd '79
Butler, Isaac, Pt........	"	" "		Dischgd 8 May '79
Broadwell, David, Pt....	"	4 May "		Omtd '79
Baker, Enos, Pt........	"	20 July '78		
Boon, Elisha, Pt........	"	"		
Bailey, Robt., Pt.......	"	"		
Brantley, John, Pt......	"	"		
Backingham, Wm., Pt...	"			Died 25 Nov. '78
Brazil, Benj., Pt........	"			Destd 9 July '78
Baker, Wm., Musc......	Blount's	20 July '78	"	
Butler, Wm., Pt........	"	"	"	
Butler, Jos., Pt.........	"	"	"	
Barber, Jno., Pt........	"	"	"	
Blanchets, Jos., Pt......	"	"	"	
Bryant, Wm., Pt........	"	26 Apr. '76	2½ yrs.	Omtd in '79
Boon, Lewis, Pt........	"	20 July '78	9 mo.	
Britt, Arthur, Pt........	"	"	"	Died Oct. 28, '78
Bolton, Richard, Sergt...	Ballard's	"	"	
Broadstreet, Jas., Corpl.	"	"	"	
Brewer, Lewis, Pt.......	"	"	"	
Boon, David, Pt........	"	"	"	
Bozman, Ethelredge, Pt.	"	"	"	Omtd Oct. '78
Brown, Sam'l, Pt.......	"	"	"	Omtd Oct. '78
Baney, Lyon, Pt........	"	"	"	Omtd Oct. '78
Barbere, Isaac, Pt......	"	"	"	
Bird, Benj., Pt.........	"	"	"	Omtd Oct. '78
Bozman, Jesse, Pt......	"	"	"	Omtd Oct. '78
Boyd, Joseph, Corpl.....	Bradley's	"	"	
Breacher, John, Corpl...	"	"	"	
Bernell, Neheh, Pt......	"	"	"	
Barrow, Dan'l, Pt.......	"	"	"	
Bennett, Wm., Pt.......	"	"	"	
Butler, Joel, Pt.........	"	"		
Burke, Meredy, Pt......	"	"	"	
Blockwell, James, Pt....	"	"	"	
Boon, Jas., Pt..........	"	"	"	
Bowers, Giles, Pt.......	"	"	"	Destd Oct. '78
Brown, John, Sergt.....	Childs'	"	"	
Beach, Robt., Pt........	"	"	"	
Bateman, Nary, Pt.....	"	"	"	
Bullock, Dan'l, Pt......	"	"	"	
Barnhill, Henry, Pt.....	"	"	"	

Name and Rank	Company	Dates of Enlistment and Commission	Period of Service	Occurrences
Bennet, Wm., Pt.	Child's	20 July '78	9 Mo.	
Brinton, John, Pt.	"	"	"	Destd 1 Aug. '78
Blythe, Joseph, Sergt.		"	"	
Bailey, Wm., Corpl.	Bradley's	21 June '79	18 mo.	
Blanton, Levy, Pt.	"	2 " "	"	
Brock, Jas., Pt.	"	30 " "	"	
Brantley, Jno., Pt.	"	30 " "	"	
Bass, Moses, Pt.	"	5 July "	W	
Brigman, Thos., Pt.	"	22 Jan. '80		Destd Sep. '79
Burnett, Chas., Pt.	Montford's		W	
Basket, Wm., Pt.	"		18 mo.	
Beeney, Joseph, Pt.	"		"	Omtd Oct. '79
Bation, David, Pt.	"		W	Destd Sep. '79
Brewer, Robt., Pt.	"	1779		Omtd Oct. '79
Blount, Thos., Pt.	Ballard's	29 June "	18 mo.	
Burshaw, Jno., Pt.	"	30 " "	"	Destd 26 Sep. '79
Burden, Thos., Pt.	"	18 " "	W	Destd 27 Oct. '79
Bunbardy, Jno., Pt.	"	22 " "	"	Destd 3 Oct. '79
Burdenton, John, Pt.	"	29 " "	"	Destd 19 Nov. '79
Brayboy, John, Pt.	"	27 Aug. '78	3 yrs.	Destd 29 Oct. '79
Bennet, Solomon, Pt.	"	29 June '79		Destd 5 Aug. '79
Bright, Job, Pt.	"	"		Corpl. Dec. '79
Barber, Wm., Pt.	"	"		
Bates, Edw'd, Pt.	"	"		
Biby, Thos., Pt.	"	"	9 mo.	Dischgd 1 Dec. '79
Barnes, Thos., Pt.	Quinn's	24 May "	18 mo.	Corpl. '80
Burrows, Sam'l, Pt.	"	24 June "	"	Omtd Oct. '79
Bass, Aaron, Pt.	"	"	"	Destd Dec. '79
Brown, Jos., Pt.	"	10 June "	"	Destd Oct. '79
Baggot, Allen, Pt.	"	5 " "	"	Omtd Oct. '79
Barnes, Wm., Pt.	"	24 " "	W	
Beaver, John, Corpl.	Blount's	1 Mar. "	9 mo.	Dischgd 1 Dec. '79
Beasley, Sam'l, Pt.	"	20 May '77	3 yrs.	
Bagley, Natham, Pt.	"	5 Aug. '79	W	Destd Oct. '79
Bailey, Wm., Pt.	"	"		Destd Sep. '79
Brannon, Jese, Pt.	"	"		Died 25 Aug. '79
Brown, Jas, Pt.	"	"		Destd Sep. '79
Bell, Robt, Ensn.	Raiford's	18 May '81	"	Lt. 8 Sep. '81
Brevard, Joseph, Ensn.		9 " "		Lt. 1 Aug. '81
Boston, Chrisn., Pt.	McRees'	28 Apr. "	12 mo.	Left service 28 Apr. '82
Boston, Andrew, Pt.	"	"	"	Left service 28 Apr. '82
Briggs, Robt.	"	9 May "	"	{Sergt. Aug. '81, Left service 9 May '82
Bell, Geo., Pt.	"	25 Apr. "	"	Left service 25 Apr. '82
Barnet, Jno. or Jas., Pt.	"	1 June "	"	Left service 1 June '82
Brandon, Thos.	"	28 Apr. "	"	Left service 28 Apr. '82
Bird, Jacob, Pt.	"	"	"	Destd 18 June '81
Billings, Ab'm, Pt.	"	"	"	Destd 13 July '81
Bryan, John, Pt.	"	20 May "	"	Left service 25 May '82
Billips, Thos, Musc.	Raiford's	15 Apr. "	"	Left service 15 Apr. '82
Brown, Henry, Pt.	"	6 June "	"	Dead Oct. '81
Bass, Dred, Pt.	"	18 May "	"	{Transferred Aug. '81 to the Legion
Bennet, Reuben, Pt.	"	5 May "	"	Time out 5 May '82
Bubby, Edw'd, Pt.	"	2 June "	"	Time out 3 June '82
Browning, Mark, Pt.	"	23 Apr. "	"	Time out 25 Apr. '82
Baker, John, Pt.	Donoho's	25 May "	"	Left service 25 May '82

IN THE AMERICAN REVOLUTION 109

Name and Rank	Company	Dates of Enlistment and Commission	Period of Service	Occurrences
Bass, Hardy, Pt.	Donoho's	14 June '81	12 Mo.	Left service 14 June '82
Bailey, Stephen, Pt.	"	"	"	Left service 14 June '82
Brinkley, Thos., Pt.	"	"	"	Sergt. Jan. '82, Left service 19 May '82
Booling, Wm., Pt.	"	"	"	Omtd in '81
Bass, Rich'd, Pt.	"	18 May "	3 yrs.	Omtd in '81
Barrot, Joseph, Pt.	"	14 June "	12 mo.	Destd 19 July '81, Mustd Jan., Left ser. 14 June '82
Brown, Jos., Pt.	"	"	"	Left service 14 June '82
Butler, Lawrence, Pt.	Dixon's	1 June "	"	Died 24 Mar. '82
Bryan, Hez'h, Pt.	"	15 " "	"	Left service 16 June '82
Brown, Jas., Pt.	"	25 Apr. "	"	Left service 16 June '82
Brown, Jno., Pt.	"	"	"	Left service 26 May '82
Burnet, Wm., Pt.	"	"	W	Left service 25 Apr. '82
Baker, Benj., Pt.	"	15 "	12 mo.	Left service 25 Apr. '82
Blount, Edmond, Pt.	"	" "	"	Omtd in '81
Busler, Jno., Pt.	"	" "	"	Left service 25 Apr. '82
Bibby, Absolom, Pt.	"	18 May "	"	Left service 21 May. '82
Butler, Jethro, Pt.	"	15 Apr. "	"	Left srevice 25 Apr. '82
Boon, Elisha, Pt.	"	4 May "	"	Time out 4 may '82
Brown, Collin, Corpl.	Lytle's	12 Oct. '80	3 yrs.	Omtd in '81
Blackstone, Henry, Mus.	"	20 June "	12 mo.	
Binum, Wm., Pt.	"	12 Apr. '81	"	Left service 12 Apr. '82
Brittle or Britton, Wm., Pt.	"	" " "	"	Left service 5 Apr. '82
Ballard, Dudley, Pt.	"	" " "	"	Left service 12 Apr. '82
Brownum, Elizah, Pt.	"	6 June "	"	Left service 6 June '82
Bonner, Wm., Corpl.	Sharp's	15 Apr. "	"	Omtd in '81
Brady, Benj., Corpl.	"	" "	"	Sergt. Jan., Left service 15 Apr. '82
Brown, Solomon, Pt.	"	2 May "	"	Destd 22 Apr. '81, Musc. Jan., Left service 21 May '82
Brown, Arthur, Pt.	"	15 Apr. "	"	Left service 15 Apr. '82
Blount, Benj., Pt.	"	" "	"	Left service 15 Apr. '82, Musc. Mar. '82, Destd June '83
Bates, James, Pt.	"	"	"	Left service 15 Apr. '82
Bexley, James, Pt.	"	5 Apr. "	"	Left service 5 Apr. '82
Baggett, John, Pt.	"	" "	"	Left service 5 Apr. '82
Bowers, Solomon, Pt.	"	"	"	Left service 15 Apr. '82
Brown, Jas., Pt.	"	15 " "	"	Dischgd 14 Feb. '82
Boyce, John, Pt.	"	"	3 yrs.	Died 25 July '82
Baggett, Drew, Musc.	Dixon's	12 Ms, No d'bt		Timeout 25 May '82
Barnhill, James, Pt.	Lyle's	"		Time out 10 June '82
Boon, David, Pt.	"	"		Time out 19 May '82
Brothers, David, Pt.	Sharp's	"		Time out 15 Apr. '82
Bailey, John, Pt.	Doherty's		W	Mustd Jan. '82
Barker, Joseph, Pt.	"	12M81 No d.		Time out 25 May '82
Burnett, John, Pt.	"	"		Time out 25 May '82
Burt, John, Pt.	"	"		Time out 25 May '82
Benton, Josh., Pt.	"	"		Time out 25 May '82
Barnhill, David, Pt.	"	"		Time out 25 May '82
Branch, Burrell, Pt.	"	"		Time out 25 May '82
Blount, Thos., Pt.	"	"		Time out 25 May '82
Burket, Uriah, Corpl.	Rhode's	"		Time out Apr. '82

Name and Rank	Company	Dates of Enlistment and Commission	Period of Service	Occurrences
Brinkley, Mich'l, Pt.	Rhode's	12M81 No d.		Dischgd 23 Jan. '82
Boyd, Benj., Pt.	"	"		Dischgd 23 Jan. '82
Benton, John, Pt.	"	"		Dischgd 17 Feb. '82
Brisler, Philemon, Pt.	"	"		Time out 14 May '82
Bable, John, Pt.	Armstrongs'		W	Mustd Jan. '82
Boya, Dempsey, Capt.	"	"		Time 1st Nov. '82
Boya, Wm., Pt.	"	"		Left service 1 Oct. '82
Bletcher, Jacob, Pt.	"	"		Left service 23 Dec. '82
Bishop, Wm., Pt.	"	"		Left sevice 1 Dec. '82
Bolton, Benj., Pt.	"	"		Left service 1 Dec. '82
Ball, Hosea, Sergt.	Bailey's	17 May '81	12 mo.	Left service 17 May '82
Beverhouse, Ab'm.	"	June "	"	Left service 26 June '82
Beesley, Wm., Corpl.	"	17 May "	"	Time out 17 May '82
Bright, Chas., Pt.	"	1 Apr. "	"	Time out 1 Apr. '82
Bryant, Chas., Pt.	"	"	"	{Re-enlisted 1 Mar. '82 in Lee's Legion
Baxter, Wm., Pt.	"	12 Apr. "	"	Left service 12 Apr. '82
Brant, Jas, Pt.	"	17 May "	"	Left service 17 May '82
Boyles, Benj., Pt.	Brevard's	"	"	Left service 12 Apr. '82
Boyles, Wm., Pt.	"	"	"	Left service 12 Apr. '82
Burk, Elihu, Pt.	"	"	"	Left service 7 June '82
Burrus, John, Pt.	"	"	"	Left service 28 Apr. '82
Burk, David, Pt.	"	"	"	Left service May '82
Berry, James, Pt.	"	"	"	Left service 25 Apr. '82
Bright, Jesse, Corpl.	Hall's	"	12 mo.	Left service 10 July '82
Bachus, Wm., Pt.	"	"	"	Left service 1 Aug. '82
Barko, John, Pt.	"	"	"	Left service 10 July '82
Bell, Josiah, Pt.	"	"	"	Left service 10 July '82
Blanchard, Michaja, Pt.	"	"	"	Left service 1 Aug. '82
Bentley, Thos., Pt.	"	"	"	Left service 1 Apr. '82
Ballard, Lewis, Corpl.	Yarborrow's	"	"	Left service 22 Apr. '82
Baker, James, Pt.	"	"	"	Left service 22 Apr. '82
Burns, Fred'k, Pt.	"	"	"	Left service 15 Apr. '82
Brown, Warren, Pt.	"	"	"	Left service 1 May '82
Bealey, Arch'd, Pt.	"	"	"	Left service 17 June '82
Billips, Rich'd, Pt.	"	"	"	Left service 22 Apr. '82
Banks, Wm., Pt.	"	"	"	Left service 1 Apr. '82
Burton, John, Pt.	"	"	"	Time out 1 May '82
Bibby, Solomon, Pt.	"	"	"	Omtd 1 Apr. '82
Brinkle, Wm., Forage Mr.	"	"	"	Omtd 1 Apr. '82
Burns, Jesse, Pt.	"	"	"	Pris. 1 Apr. '82
Bright, John, Pt.	Carter's	"	"	Time out 10 Apr. '82
Bibber, Dan'l, Pt.	"	6 June "	"	Time out 6 June '82
Ballard, Wyatt, Pt.	"	"	"	Time out 7 Apr. '82
Benton, Nathan, Pt.	Jones'	1 Jan. '82	"	
Betts, Wm., Pt.	"	6 Mar. "	"	
Brown, Henry, Pt.	"	9 Jan. "	"	For Brewer
Beesley, William, Pt.	"	2 Jan. "	"	
Baker, Isaac, Pt.	"	1 Oct. '81	"	
Betts, Mathias, Pt.	"	14 Sep. "	"	
Brookin, Thos., Sergt.	Mill's	7 Jan. '82	3 yrs	Died 5 Aug. '82
Bailee, Jno., Pt.	"	7 Feb. '81	12 mo.	Time out 7 Jan. '82
Bracker, Isaac, Pt.	"	"		Died 18 Sep. '82
Bright, Simon, Pt.	Coleman's	1 Jan. '82	"	
Bell, Wm., Pt.	"	15 May '81	"	{Re-enlisted 1 Aug. '82 for 12 mos.

IN THE AMERICAN REVOLUTION 111

Name and Rank	Company	Dates of Enlistment and Commission	Period of Service	Occurrences
Bell, Sm'l, Pt........	Coleman's	7 Feb. '82	12 mo.	
Blackstone, Henry, Pt...	"	1 Apr. "	"	Mustd 1 Sep. '82
Bradley, Rich'd, Pt.....	Hall's	" "	"	{ Mustd 1 Apr. '82, Omtd Sep. '82
Bryan, Keeder, Pt......	"	1 Feb. "	"	
Blount, Fred'k, Pt......	"	15 July "	W	
Brewer, Rice, Pt........	Jones'	1 Jan. '81	12 mo.	
Bailey, Rich'd, Pt......	"	Dec. "	"	Dischgd Oct. '82
Brantley, Jno., Pt......	"	1 Aug. '82	"	Dischgd 1 Aug. '82
Brown, Benj., Pt.......	Bailey's	17 Sep. "	18 mo.	
Banks, Joseph, Pt......	"	13 Sep. "	"	
Baker, Dempsey, Pt.....	"	10 Sep. "	"	Destd 21 June '83
Bryant, John, Pt.......	"	7 Sep. "	"	
Brown, Warren, Pt.....	"	7 Sep. "	"	
Black, Jas., Pt.........	"	1 Sep. "	12 mo.	
Black, Giren, Pt........	"	1 Aug. "	"	
Bond, Rich'd, Sergt.....	Hadley's	"	18 mo.	
Ballard, Joal, Corpl.....	"	"	"	
Bell, Jas., Corpl........	"	"	"	
Bachus, Josh, Pt........	"	"	"	
Baxley, Josh, Pt	"	"	"	{ Or Backsley, Died 6 June '83
Baker, John, Pt........	"	"	"	
Bussell, Wm., Pt.......	"	"	"	
Brummager, Edw'd, Pt..	"	"	"	
Bryant, John, Pt.......	"	"	"	
Bakot, Peter, Capt......	"	8 Sep. '81	"	
Brintley, Mich'l, Sergt. .	Bacot's	'82	"	
Bransley, Amos, Corpl. .	"	"	"	
Brewer, Moses, Pt......	"	"	"	
Brantley, John, Pt......	"	"	"	
Burgess, Bryant, Pt.....	"	"	"	
Brocky, Wm., Pt.......	"	"	"	
Boyaken, Jas., Pt.......	"	"	"	
Brewer, Wm., Pt.......	"	"	"	
Batstaff, Fred'k, Pt.....	"	"	"	
Barrer, Moses, Pt.......	"	"	"	
Burns, David, Pt.......	"	"	"	
Black, Guin, Pt........	"	"	"	
Boyd, Benj., Corpl......	Carter's	"	"	
Bennett, Sion, Corpl....	"	"	"	
Bracell, Geo., Pt.......	"	"	"	
Bagwell, John, Pt......	"	"	"	
Berry, James, Pt.......	"	"	"	Destd 25 Dec. '82
Bowers, Giles, Pt.......	Raiford's	"	W	Destd 8 June '83
Benton, Dempsey, Pt. ..	"	"	18 mo.	
Bennett, John, Pt......	"	"	"	Destd 11 June '83
Bunn, Jesse, Pt........	"	"	"	
Bateman, Wm., Pt.....	"	"	"	
Bullock, Nathan, Pt....	"	"	"	
Brady, John, Pt.......	"	"	"	
Brown, John, Pt.......	"	"	"	Destd 10 June '83
Bryant, Dempsey, Musc.	Sharp's	"	W	
Bingham, John, Pt......	"	"	18 mo.	
Bucoe, Ab'm, Pt........	"	"	"	Destd 13 June '83
Black, Geo., Sergt......	Lytle's	"	"	Destd 10 Dec. '82
Black, Jas., Pt.........	"	"	"	

Name and Rank	Company	Dates of Enlistment and Commission	Period of Service	Occurrences
Burris, Aaron, Pt......	Lytle's	'82	18 mo.	
Boling, Thos., Pt......	"	"	"	
Belew, John, Pt.......	"	"	"	
Brown, John, Sergt....	"	"	"	
Bunch, Clement, Pt....	"	"	"	
Baldwin, Edw'd, Pt....	Brevard's	"	"	
Baxter, Thos., Pt.....	"	"	"	
Blamer, John, Corpl...	Evan's	"	"	Died 13 June '83
Brown, Isaac, Pt.....	"	"	"	
Black, Martin, Pt.....	"	"	"	
Bailey, Josh., Pt.....	"	"	"	Omtd Jan. '83 transf'd.
Barnes, Moses, Pt.....	"	"	"	{Mustd '82, Resigned 19 Aug. '82
Bull, Thos., Surg. Mate.				
Bright, Wyllis, Pt.....				Musc. Destd Sep. '79
Burnham, Sam'l, Pt....				Ditto
Bright, Wm., Pt.......				Ditto
Bido, John, Pt........				Ditto
Brice, John, Pt........				Ditto
Berry, Caleb, Pt.......		1779	3 yrs.	
Boons, Wm., Pt.......				Mustd Destd Sep. '79
Boon, Jno., Pt.........	Mill's	Jan. '82	12 mo.	
Burris, Geo., Pt.......	Raiford's			{Mustd Dec. '82, Destd 2 Apr. '83
Baker, Josh, Pt........	Bacot's			{Mustd Dec. '83, Died 18 June '83
Bogas, Benajah, Pt....	Carter's			Mustd Dec. '82
Bowen, Stephen, Sergt..	Sharp's	28 July '78	3 yrs.	
Blount, Warren, Sergt...	"	10 Mar.	9 mo.	
Bryan, David, Pt......	"	"	"	
Bruington, Joshua, Pt...	"	"	"	
Bullard, Thos., Pt.....	"	"	"	
Braddy, John, Pt......	"	"	"	
Baker, Josh., Pt.......	"	"	"	
Brewer, Joshua, Pt.....	"	"	"	
Bachus, Josh., Pt......	Armstrong's	25 May '78	3 yrs.	Mustd June '79
Burnham, Sam'l, Pt....	Lt. Col.	"	"	Mustd June '79
Bright, Wyllis, Pt.....	"	22 May "	"	Mustd Feb. '79
Beasley, Sam'l, Pt.....	Medaria's		9 mo.	Mustd Jan. '79
Berry, Caleb, Pt.......	"		3 yrs.	Mustd Jan. '79
Bedo, John, Pt........	"		"	Mustd Feb. '79
Bowen, Stephen, Sergt..	Sharp's		"	Mustd Feb. See above
Bailey, Isaac, Pt......	"		"	{Mustd Feb. '79, Destd 22 Apr. '79
Bird, Moses, Musc.....	Taylor's		2½ yrs.	Mustd Jan. '79
Birgay, Wm., Pt.......	"		"	{Mustd Jan. '79, Corpl. May '79
Burns, David, Pt......	"		"	{Mustd Jan. '79, Dischgd Apr. '79
Brock, John, Pt.......	"		W	Mustd Jan. '79
Brown, Jas., Pt........	"		2½ yrs.	Mustd Jan. '79
Browning, Wm., Pt....	"		3 yrs.	{Mustd Jan. '79, Sergt. Apr. '79
Boomer, Wm., Pt......	Eaton's		"	Mustd Jan. '79
Bowen, Jas., Pt........	"		"	Mustd Jan. '79
C (P. 1033)				
Carter, David, Corpl....	Wilson's	20 Aug. '77		Died July '78

Name and Rank	Company	Dates of Enlistment and Commission	Period of Service	Occurrences
Collins, Chas., Pt.	Wilson	6 May '77		
Cocker, Hy., Pt.	"	1 July "	3 yrs.	or Coker
Coats, Benj., Pt.	"	1 Sep. "		
Cooper, Solomon, Pt.	Shepard's	20 Jan. '78		Omtd June '78
Clark, Ab'm, Pt.	"	3 May '77		Omtd June '78
Cotton, Elijah, Pt.	"	1 July "		
Caraway, Thos., Pt.	"	5 May "	3 yrs. W	
Candy, Wm., Pt.	"	16 Feb. '78	3 yrs.	Destd 14 Sep. '78
Cox, Edw'd, Musc.	"	12 June '77		Omtd Jan. '78
Cox, Thos., Pt.	"	"	3 yrs. W	{Corpl. 1 Nov. '82, Destd 13 June '83
Clements, Jno., Sergt.	Stephenson's	21 Apr. "	"	Pt. June '78
Clark, Orsborn, Sergt.	"	1 June "	3 yrs.	Do
Cook, John, Corpl.	"	21 Apr. "	"	Omtd Feb. '79
Clark, Thos., Pt.	"	"	"	Destd Apr. '78
Carter, Isaac, Pt.	"	1 Sep. "	3 yrs. W	Destd 13 June '83
Cummings, Shad'k, Pt.	"	12 " "	"	Destd 1 Mar. '83
Capps, Wm., Pt.	"	14 June "	3 yrs.	
Charleton, Wm., Pt.	"	3 " "	"	{Prisner 1 June, '79 Mustd Nov. '79
Cox, Wm., Pt.	"	"	"	Dead Nov. '78
Curry, Robt., Pt.	"	27 " "	"	Destd Apr. '78
Connor, Jno., Pt.	"	28 " "	"	Died Dec. '78
Cummings, Jno., Pt.	"	25 July "	"	Died Oct. '78
Cook, Geo., Lt.	Jarvis'	19 Apr. "		Died May '80
Carrall, Butler, Ensn.	"	"		Omtd June '78
Carlton, Jas., Corpl.	"	5 May '77		Pt. June '78
Creef, Thos., Musc.	"	14 " "		Do
Callum, Fred'k, Pt.	"	17 " "	3 yrs.	Died 12 Jan. '79
Caton, Thos., Pt.	"	12 June "	"	{Corpl. 1 Dec. '78, Pt. 20 Mar. '79
Cox, Jesse, Pt.	"	10 June "	"	{Sergt. 15 June '79, Omtd Nov. '79
Campbell, Thos., Pt.	"	18 June "		
Campbell, Solomon, Pt.	"	4 Aug. "		Dead Apr. '78
Cartwright, Josiah, Pt.	Gregory's	31 May "	3 yrs.	
Cook, Sanders, Pt.	"	"	"	
Cannon, Lewis, Lt.	Heron's	19 Apr. "		{Omtd '78, Mustd in 5th Reg. May '79
Chance, Stephen, Musc.	"	1 July "	"	Pt. June '78
Chance, Philemn, Pt.	"	" "	"	{Pris'r. 1 June '79, Mustd Nov. '79
Chew, Malachi, Pt.	Moore's	28 June "	3 yrs. W	{Corpl. May '79, Sergt. Nov. '79
Campbell, Jas., Lt.	Vanois'	19 Apr. "		{Lt. and Qr. Mr. 10 Sep. '79, Capt. 14 Dec. '79
Chumney, Robt., Pt.	"	27 June "	3 yrs.	
Covry, Shad'k, Pt.	"	30 May "	"	
Curry, Duncan, Pt.	"	24 Oct. "		
Chumney, Jno., Pt.	"	27 June "		Omtd June '78
Clampett, Govey, Pt.	"	1 Apr. "	3 yrs.	Omtd Mar. '79
Coulter, Levy, Pt.	Maj. Ash's	1 Feb. '77	2½ y. W	
Cates, Matthias, Corpl.	"	30 June '76	3 yrs.	Pt. Aug. '78
Clements, Custis, Pt.	"	1 July '77	"	
Cotton, Jno., Pt.	"	13 June "	"	Destd June '79
Cottle, Jno., Pt.	Coleman's	"		Omtd Aug. '78
Copeland, Keeder, Pt.	"	11 Sep. "	"	

Name and Rank	Company	Dates of Enlistment and Commission	Period of Service	Occurrences
Carrol, Douglas, Pt.....			3 yrs.	Mustd June '78
Connor, Jno., Pt........		18 July '77	"	
Calahan, Humphy, Pt...			W	Mustd Aug. '78, Destd 6 Oct. '78
Creekman, Mathia, Pt.			"	Mustd Mar. '79
Creed, Hazard, Pt......	Montfort's	20 July '78	9 mo.	
Cleveland, Jas., Pt.....	"	"	"	
Cain, Wm., Pt.........	"	"	"	
Crawford, Jas., Pt.....	"	"	"	
Christie, Jno., Pt......	"	"	"	
Cooley, Jeffy, Pt.......	"	"	"	Destd 21 July '78, Mustd 5 Reg. Jan. '79 for 3 yrs.
Charlescroft, Stephen, Pt.	Hogg's	1 May '76	2½ yrs.	Dischgd 2 Nov. '78
Carol, Britton, Pt......	"	20 July '78	9 mo.	
Charles, Wynnick, Pt. ..	"	"	"	
Carraway, Jno., Pt.....	Quinn's	"	"	
Caster, Jno., Pt........	"	"	"	
Caster, Jacob, Pt.......	"	"	"	
Campbell, Geo., Pt.....	"		"	
Custis, Thos., Pt.......	"		"	Dischgd 24 July '78
Cummings, Edw'd, Pt...	"	20 July '78	"	
Cornet, Bird, Pt........	Lt. Col.	"	"	
Clark, Jno., Pt.........	"	"	"	
Carter, Jno., Pt........	"	"	"	Died 18 Nov. '78
Casten, Francis, Pt.....	Baker's	"	"	
Carol, Jno., Pt.........	"	'78	"	Destd 23 July '78
Clark, H., Pt..........	Blount's	20 July "	"	
Cooper, Nath'l, Pt......	"	"	"	
Clanghorn, Timothy, Pt.	"	"	"	
Coward, Eph'm, Pt.....	"	"	"	
Chamberlain Malachi, Pt.	"	"	"	
Cobb, Nath'l, Pt........	"	"	"	
Cook, Robt., Pt........	"	"	"	
Coward, Zad'k, Pt......	"	"	"	
Collins, Jno., Pt........	"	"	"	Omtd Oct. '78
Chapell, Edw'd, Pt.....	Ballard's	"	"	
Curl, Jno., Pt..........	"	"	"	
Collins, Shad'k, Pt.....	"	"	"	
Chitham, Thos., Pt.....	"	"	"	
Choves, Solm'n, Pt.....	"	"	"	
Crabb, Hilly, Pt........	"	"	"	
Cooley, Wm., Pt........	Bradley's	"	"	
Cooley, Gab'l, Pt.......	"	"	"	
Corbit, Rich'd., Pt.....	"	"	"	
Chester, Jno., Pt.......	"	"	"	
Cockburn, Jno., Pt.....	"	"	"	
Cherry, Joshua, Pt.....	Child's	20 July '78	"	
Cotanch, Jno., Pt.......	"	"	"	Mustd Dead in Lyle's Co'y '82
Corey, Jno., Pt.........	"	"	"	
Carey, Arthur, Pt......	"	"	"	
Coats, Ezek'l, Pt.......	"	"	"	
Clark, Isaac, Pt........	"	20 Feb. '77	3 yrs. W	
Colbreath, Dan'l, Pt....	Bradley's	20 May '78	W	Destd 16 Oct. '79
Carter, Jno., Pt........	"	30 June '79	18 mo.	
Cominel, Frans., Pt.....	"	30 " "	3 yrs.	Destd Dec. '79
Cross, Anth'y, Pt.......	"	14 " "	"	Omtd Oct. '79

IN THE AMERICAN REVOLUTION 115

Name and Rank	Company	Dates of Enlistment and Commission	Period of Service	Occurrences
Chardick, Benj., Pt.	Bradley's	20 June '79	W	Destd Sep. '79
Cain, Jos., Pt.	"	27 Aug. '78	3 yrs.	
Case, Jos., Pt.	"	"	"	
Cole, Wm., Pt.	"	25 Dec. '77	"	{Dischgd before the 30 Mar. '80
Carbett, Jas., Corpl.	Montfort's	29 June '79	"	
Close, Geo., Pt.	"	26 May "	18 mo.	Omtd Oct. '79
Connor, Wm., Pt.	"	1 July "	"	Destd 10 Nov. '79
Clemmens, Jno., Pt.	"	"	"	
Cornelison, Jno., Pt.	"	1 Mar. "	9 mo.	Dischgd 1 Dec. '79
Crawley, David, Sergt.	"	"	"	Omtd Dec. '79
Clifton, Dan'l, Sergt.	Quinn's	5 June "	18 mo.	
Cain, Jno., Pt.	"	24 " "	"	
Caesar, Francis, Pt.	"	19 " "	W	Destd Dec. '79
Copland, Jas., Pt.	"	" "	9 mo.	Dischgd Dec. '79
Copland, Rich'd, Pt.	"	" "	"	Do
Chase, Blake, Pt.	"	21 May '78	3 yrs.	
Capps, Dempsey, Pt.	Blount's	20 May '77	"	
Curby, Wm., Pt.	"	5 Aug. '77	W	Destd Oct. '79
Calvard, Jno., Pt.	"	3 " "	18 mo.	Do
Copland, Rich'd, Pt.	"	5 " "	W	Do
Carter, Ab'm, Pt.	"	1779	9 mo.	Omtd Oct. '79
Cole, Jesse, Pt.	"	"	"	Destd Sep. '79
Cooley, Gab'l, Pt.	"	"	"	Died Sep. '79
Campbell, Jno., Lt.	"	20 Apr. "		
Clayton, Lambt., Sergt.	McRee's	28 Apr. '81	12 mo.	Left service 28 Apr. '82
Cooper, Fred'k, Pt.	"	"	"	{Corpl. Aug. '81, Left service 28 Apr. '82
Crow, Jas., Pt.	"	"	"	Left service 28 Apr. '82
Chambers, Jas., Pt.	"	"	"	Omtd after Apr. '82
Charborough, Stephn, Pt	"	6 June '81	"	Left service 26 June '82
Cannon, Bind., Pt.	"	8 May "	"	Destd 1 June '81
Curtis, Moses, Pt.	"	9 " "	"	Destd 28 May '81
Carter, Wm., Pt.	Raiford's	28 Apr. "	"	Time out 26 Apr. '82
Childas, Wm., Corpl.	"	5 May "	"	{Pt. 5 Jan. '82, Time out 5 May '82
Carter, Sewall, Pt.	"	1781	"	Time out 1 Apr. '82
Carrel, Jno., Pt.	"	11 June "	12 mo.	Time out 11 June '82
Connor, Wm., Pt.	Donoho's	14 " "	"	Omtd in '81
Chavons, Drury, Pt.	"	" "	"	Do
Cole, Chas., Pt. (P. 1036)	"	18 May "	"	Left service 18 May '82
Coleman, Levy, Pt.	"	25 Apr. "	"	Left service 25 May '82
Campbell, Jas., Pt.	Dixon's	"	"	Omtd in '81
Chappell, Sam'l, Sergt.	"	24 Apr. "	"	Left service Apr. 25, '82
Carns, Joshua, Pt.	"	15 May "	"	Omtd in '81
Cleaton, Coleman, Pt.	"	" "	"	Left service 28 May '82
Carmicarl, Duncan, Pt.	"	" "	"	Do
Carvin, Wm., Pt.	"	12 May "	"	Destd 20 July '81
Caton, Frank, Pt.	"	15 May "	"	Destd 18 July '81
Connor, Jas., Pt.	Lytle's	7 Apr. "	"	Left service 7 Apr. '82
Copland, John, Pt.	Sharp's	2 May "	"	Omtd in '81
Craimor, Jas., Pt.	"	15 Apr. "	"	Left service 15 Apr. '82
Carney, Jno., Pt.	"	5 " "	"	Omtd in '81
Cammeron, Alex'r, Pt.	"	24 " "	"	Left service 24 Apr. '82
Crover, Peter, Pt.	Walton's	'81	"	{Left service May '82, Time out

Name and Rank	Company	Dates of Enlistment and Commission	Period of Service	Occurrences
Clower, Jno., Pt.	Walton's	'81		Do
Campbell, Irael, Pt.	Lytle's	"		Left service 12 May '82, Time out
Chandler, Thos., Pt.	"	"	W	Mustd Jan. '82
Cooksey, Hezk., Pt.	Sharp's	"		Time out 2 Feb. '83
Cooksey, Thos., Musc.	"	"		Do
Carr, Jas., Sergt.	Doherty's	"	Time out	25 May '82
Clark, Thos., Musc.	"	"		Do
Canady, Thos., Pt.	"	"		Do
Chubbuck, Jereh, Pt.	"	"		Do
Campbell, Walter, Pt.	"	"	W	Mustd Jan. '82
Craford, Jno., Pt.	Rhode's	"		Time out 25 Apr. '82
Cronester, Jas., Pt.	Armstrong's	"	"	Mustd Jan. '82
Crosbey, Wm., Pt.	"	"	"	Mustd Jan. '82, Destd 7 May '82
Coats, Benj., Pt.	"	"	12 mo.	Left service 23 Dec. '82
Cason, Hilly, Corpl.	Bailey's	12 June '80	3 yrs.	Died 12 Aug. '82
Cunningham, Wm., Pt.	"	15 May '81	12 mo.	Left service 15 May '82
Cornelius, Jno., Pt.	"	2 May "	"	Left service 15 May '82
Case, Jona, Pt.	"	17 May "	"	Left service May 17, '82
Coleman, Jno., Pt.	"	15 May "	"	Left service May 15, '82
Cason, Canon, Pt.	"	12 June '80	3 yrs.	
Carter, Isaac, Pt.	"	25 May '81	12 mo.	Left service 25 May '82
Cooper, Benj., Pt.	"	17 May "	"	Do 17 May '82
Chavers, Drury, Pt.	"	25 May "	"	Do 25 May '82
Collins, Hez'k, Pt.	Brevard's	"		Do 25 May '82
Cavender, Wm., Pt.	"	"		Do 25 May '82
Combs, Geo., Pt.	"	"		Do 9 May '82
Chavers, Wm., Pt.	"	"		Do 12 Apr. '82
Conn, Jno., Pt.	"	"		Do 28 May '82
Cavender, Jas., Pt.	"	"		Do 25 May '82
Capps, Francis, Pt.	"	"		Do 12 Apr. '82
Cheshire, Jno., Pt.	"	"		Do 28 May '82
Cox, Jno., Pt.	"	"		Do 28 Apr. '82
Cogdill, Wm., Pt.	"	"		Do 25 Apr. '82
Campbell, Wm., Pt.	"	"		Do 28 Apr. '82
Coker, Josh., Pt.	"	"		Transf'd 20 Mar. '82, to Virga. Artillery
Clarkson, Thos., Sergt.	Hall's	"	12 mo.	Left service 21 Apr. '82
Collins, Jereh, Corpl.	"	"	"	Do 16 Aug. '82
Cale, Abner, Pt.	"	1781	"	Do 16 Aug. '82
Carroll, Benj., Pt.	"	"	12 mo.	Do 10 Nov. '82
Carroll, Wm., Pt.	"	"	"	Do 10 Nov. '82 Mustd W. Jan. '82
Carmack, Jno., Pt.	"	"	"	Do 1 Nov. '82
Collins, Jno., Pt.	"	"	"	Do 1 Aug. '82
Cob, Henry, Pt.	"	"	"	Do 1 Sept. '82
Carter, Dan'l, Pt.	"	"	"	Destd 1 Apr. '82
Carpenter, Thos., Pt.	"	"	"	Left service 12 Apr. '82
Card, Wm., Sergt.	Yarboro's	"	"	Time out 22 Apr. '82
Charleton, Geo., Pt.	"	"	"	Omtd 1 Apr. '82
Crane, Stephen, Pt.	"	"	"	Time out 22 Apr. '82
Chance, Phileman, Pt.	"	"	"	Corpl. Apr. '82, Time out 1 Oct. '83
Campbell, Jesse, Pt.	"	"	"	Time out 22 Apr. '82
Clifton, Wm., Pt.	"	"	"	Do 22 Apr. '82
Caraway, Francis, Corpl.	Carter's	12 May '82	"	Do 25 Apr. '82

Name and Rank	Company	Dates of Enlistment and Commission	Period of Service	Occurrences
Chavers, Caezer, Pt.	Carter's	19 May '82	12 mo.	Do 25 Apr. '82
Coggin, Robt., Pt.	"	1781	"	Do 7 Apr. '82
Cross Stephen, Pt.	"	19 May "	"	Do 19 Apr. '82
Combs, Robt., Pt.	"	2 " "	"	Do 2 Apr. '82
Cadle, Zack'h, Pt.	"	19 July "	"	Destd 15 Oct. '82
Cake, Phillip, Sergt.	Jones'	1 Feb. '80	W	Destd 1 Apr. '82
Cartwright, Joseph, Pt.	"	1 Jan. '82	13 mo.	
Carroner, Chris'r, Pt.	"	15 " "	"	
Casteen, Wm., Pt.	"	3 Feb. "	"	Died 14 Sep. '82
Clubb, Sam'l, Pt.	"	6 Mar. "	"	
Cameron, Dan'l, Pt.	"	4 Jan. "	"	
Cox, John, Pt.	"	19 Oct. '81	"	
Carter, John, Pt.	"	1 Feb. "	W	
Criswell, Thos., Pt.	"	8 Mar. '82	"	
Cannon, Jno., Pt.	Mill's	7 Feb. "	12 mo.	Died 25 Aug. '82
Collens, Jno., Pt.	"	6 " "	"	
Chamberlin, Dixon, Pt.	"	7 " "	"	
Clower, Dan'l, Pt.	"	13 Jan. "	"	
Clower, Wm., Pt.	"	" " "	"	
Calvert, Stephen, Corpl.	Coleman's	18 Dec. '81	"	Pt. Apr. '82
Connon, David or Edw'd, Pt.	"	"	"	
Canady, Rich'd, Pt.	"	15 Apr. "	"	
Crumety, Wm., Pt.	"	5 Dec. "	"	
Campbell, Neil, Pt.	"	25 Nov. "	"	
Coleman, Jno., Pt.	"	10 Feb. '82	"	
Cookey, Isaac, Pt.	Hall's	1 Apr. "	"	
Cason, Hilly, Pt.	Jones'	"	"	Time out
Cook, Allen, Pt.	"	5 Mar. "	W	
Clark, Thos., Pt.	"	20 Feb. "	12 mo.	
Civil, David, Pt.	"	1 Mar. "	"	
Cason, Cannon, Pt.	"	1 Jan. "	"	
Carleton, David, Pt.	"	7 Dec. '81	"	Time out Jan. 1, '83
Carleton, John, Pt.	"	" " "	"	Time out Jan. 1, '83
Coxey, Thos., Pt.	Mill's	1782	"	Time out Jan. 1, '83
Curry, Jno., Pt.	"	4 Oct. "	"	{ Do 4 Oct. '83, Qr. Mr. Sergt Dec. '82
Colston, Jas., Pt.	Bailey's	13 May "	3 yrs.	
Cunningham, Wm., Pt.	"	7 Sep. "	18 mo.	
Carrin, Emanuel, Pt.	"	" " "	"	
Conaway, Wm., Pt.	Bacot's	1782	"	
Cappell, Chas., Pt.	"	"	"	
Connor, Wm., Pt.	Carter's	"	"	
Clifton, Clay, Pt.	"	"	"	
Collins, Shad'k, Pt.	"	"	"	
Cain, Rich'd, Pt.	"	"	"	
Colwell, David, Pt.	"	"	"	Died 14 June 83
Connor, Doshey, Pt.	"	"	W	Destd 2 Apr. '83
Conn, Benj., Pt.	Raiford's	"	18 mo.	
Collins, Jno., Pt.	"	"	"	
Crumpton, Jas., Pt.	"	"	W	
Cale, Wm., Musc.	Sharp's	"	18 mo.	
Cook, Wm., Pt.	"	"	"	
Connor, Benj., Pt.	"	"	"	
Campbell, Angus, Pt.	"	"	"	
Collins, Jno., Pt.	"	"	"	Died 26 Mar. '83
Campen, Jno., Pt.	"	"	W	

Name and Rank	Company	Dates of Enlistment and Commission	Period of Service	Occurrences
Crews, Ethelred, Pt.	Lytle's	1782	18 mo.	
Crumpton, Thos., Pt.	"	"	"	
Cox, Jese, Pt.	"	"	"	
Cofield, Sam'l, Pt.	"	"	"	
Coplin, Job, Pt.	"	"	"	Died 7 Mar. '82
Comber, Hugh, Corpl.	Brevard's	"	"	
Childers, Robt., Musc.	"	"	"	Destd Mar. '83
Cayson, Thos., Pt.	"	"	"	
Carter, Henry, Pt.	"	"	"	
Carter, Moses, Pt.	"	"	"	
Croe, Wm., Pt.	"	"	"	Dischgd 1 Mar. '83
Connor, Mordicai, Pt.	"	"	"	
Carrell, Hardy, Pt.	Rhode's	1 Dec. '82	"	
Colbreath, Arch'd, Sergt.	Evans'	"	"	
Chester, Jno., Pt.	"	"	"	
Carter, Isaac, Pt.	"	"	"	Destd 11 June '83
Clay, David, Pt.	"	"	"	
Combs, Jno., Pt.	"	"	"	Destd 21 June '83
Crable, Dan'l, Pt.	"	"	3 yrs.	Mustd. Destd Sep. '97*
Coroband, Wyllis, Pt.				Do
Corbet, James, Corpl.	Sharp's	14 Dec. '78	3 yrs.	
Childers, Wm., Pt.	"	1 Nov. "	9 mo.	
Crabb, Jairah, Pt.	"	"	"	
Cowan, David, Lt.	Ramsay's	20 Mar '79		
Curling, Wm., Pt.	Armstrong's		W	Mustd Jan. '79
Calahan, Wm., Corpl.	Taylor's		3 yrs.	Do
Chace, Blake, Pt.	Eaton's	22 May '78	"	Do
Charleton, Wm., Ensn.		14 Mar. '79		Said to be Lt. 25 May '78
Carter, Stephen, Pt.	Sharp's	26 Aug. '78	W	Destd Jan. '79

D (P. 1038)

Name and Rank	Company	Dates of Enlistment and Commission	Period of Service	Occurrences
Davis, Rich'd, Pt.	Wilson's	15 May '77		
Davis, 'Case, Pt.	"	1 Oct. "		
Davis, Benj., Pt.	Shephard's	2 May "	3 yrs.	
Dean, Sterling, Pt.	"	5 July "	3 yrs. W	{Pris. 1 June '79, Mustd Nov. '79
Doming, Speakman, Pt.	"	20 June "		
Downing, Rich'd, Pt.	"	"	3 yrs.	
Defnel, Wm., Corpl.	Stephenson's	21 Apr. "	"	Pt. June '78
Defnel, David, Pt.	"	21 Apr. "	"	
Dew, John, Pt.	"			
Dove, Wm., Pt.	"			
Docan, John, Pt.				Omtd June '78
Daug, Zacha, Musc.	Jarvis'	13 May "	"	Pt. Aug. '78
Daug, Peter, Pt.	"	7	"	Omtd Sep. '78
Dunn, Jeffrey, Pt.	"	11 Nov. "	"	Died 12 Jan. '79
Dunn, Jacob, Pt.	"	Dec. "		
Dunn, Malachi, Pt.	"	"	"	Dead Dec. '78
Davis, Elisha, Sergt.	Gregory's	31 May "	"	Pt. June '78
Dawley, David, Corpl.	Heron's	29 Apr. "	"	{Pt. June '78, Corpl. Nov. '79
Donaldson, Spencer, Musc.	Moore's	18 May "	"	
Dugan, Francis, Musc.	"	14 Aug. "	3 yrs. W	Mustd 27 Mar. '80
Deal, John, Pt.	"	5 Aug. "	3 yrs.	
Drischall, David, Musc.	Vannois'	9 Aug. "	3 yrs. W	Pt. June '78
Daughty, Jese, Pt.		" '78	W	Destd 8 Jan. '80
Dukes, Hardmond, Pt.		1 May '76	2½ yrs.	Dischgd Nov. '78

Name and Rank	Company	Dates of Enlistment and Commission	Period of Service	Occurrences
Dukes, William, Pt....		6 May '76	2½ yrs.	Do
Dasher, Chris'n, Pt....		31 Mar. '78	3 yrs.	
DeEll, Wm., Pt.......		1 May '79	W	Omtd Nov. '79
Dolly, Caleb, Sergt....		3 Feb. '78	"	{Pt. June '78, Destd June '79
Dobey, Nath'l, Pt.....		23 Apr. '76		Dischgd 10 Nov. '78
Dukemore, Marina, Pt..				{Joined Apr. '78, Omtd June '78
Davis, Jno., Pt........				{Mustd Jan. '78, Dead May '78
Dunnick, Peter, Sergt...			W	{Mustd 11 May '78, Corpl. June '78, Sergt. 24 May '79 Transf'd Apr. '82
Durham, Jno., Musc....		28 June '77	3 yrs. W	
Davis, Josiah, Pt......		25 Apr. '76	2½ yrs.	Dischgd 30 Oct. '78
Dunnigan, Thos., Pt....			W	Mustd Jan. '78
Denny, Ab'm, Pt......			3 yrs.	
Davidson, Thos., Pt....			"	{Mustd June '78, Dischgd 1 Oct. '78
Dowdy, Geo., Pt.......		1778		Died Apr. '78
Drake, Ely, Pt.........	Monfort's	20 July "	9 mo.	
Duncan, Wm., Pt......	Hogg's	20 Apr. '76	2½ yrs.	Dischged 19 Oct. '78
Duncan, Geo., Pt......	"	"	"	Dischgd 19 Oct. '78
Dempsey, Jno., Pt.....	"	20 July '78	9 mo.	Destd 21 July '78
Davenport, Wm., Pt....	Quinn's	"	"	
Dean, Jno., Pt.........	"	"	"	
Doherty, Rich'd, Pt....	"	"	"	
Duberry, Solomon, Pt...	Lt. Colol.	"	"	
Davis, Sam'l, Pt.......	"	"	"	
Dean, Rich'd, Pt.......	Baker's	"	"	
Dempsey, Wm., Pt.....	"		"	Destd 30 Aug. '78
Dudley, Ambrose, Pt....		1778	"	Destd 9 July '78
Doddriel, Jas., Pt......	Blount's	20 July "	"	Corpl. 3 Oct. '78
Dunning, Uriah, Pt.....	"	" "	"	Sergt. 25 Oct. '78
Dixon, Retson, Pt......	Ballard's	" "	"	
Davis, Aaron, Pt.......	"	" "	"	
Dunn, Jacob, Pt........	"	" "	"	
Dickenson, Wm., Pt....	"	" "	"	Destd 24 July '78
Dempsey, Heszk'h, Pt...	"	'78	"	Destd 30 Aug. '78
Davis, Bartley, Pt......	Bradley's	20 July "	"	
Dawtry, Lewis, Pt......	"	"	"	
Durden, Cornelius, Pt...	"	"	"	
Dawtry, Thos., Pt......	"	"	"	
Durden, Benj., Pt......	"	"	"	
Darnald, Anth'y, Pt....	"	20 Apr. "	"	Destd Oct. '78
Dixon, Wm., Pt........	Childs'	"	"	
Daniel, Thos., Pt.......	"	"	3 yrs.	Destd 2 Aug. '78
Dubois, Nich., Pt.......	Bradley's	18 June '79	"	Destd 26 Oct. '79
Danolson, Jesse, Pt.....	Monfort's	5 " "	W	Destd 27 May '83
Durnegan, Jno., Pt.....	"	4 " "	"	Destd Sep. '79
Dunson, Wm., Pt.......		4 July "	18 mo.	
Davis, Jas., Pt.........	Ballard's	1 " "	"	Destd 19 Oct. '79
Davis, John, Pt........	"	30 June "	W	
Dikons, Edw'd.........	Quinn's	2 June "	"	Omtd Oct. '79, Corpl. '80
Dawtry, Jacob.........	"	"	3 yrs.	
Davis, Stephen.........		"	"	

Name and Rank	Company	Dates of Enlistment and Commission	Period of Service	Occurrences
Dedrick, Jacob........	Blount's		18 mo.	Joined Dec. '79 Pulaski's Legion
Dunn, Nich...........	"	7 June "	W	
Dunham, Jno........	"	25 June "	18 mo.	
Denson, Wm........	"	" "	9 mo.	Died 1 Sep. '79
Dennis, Wm........	"	" "		Died 1 Sep. '79
Dudley, Thos., Lt....	"	20 June "		Deranged 1 Jan. '83, Promoted from Musc. 6 Reg. Lt. '82
Dixon, Wynn, Ensn....	"	1 Mar. '81		
Davis, Jehu, Ensn.....	"	6 May "		
Davis, Wm., Sergt.....	McRee's	28 Apr. "	12 mo.	Left service 25 Apr. '82
Davidson, Jno., Pt....	"	25 May "	"	Left service 25 May '82
Dixon, Robt., Pt......	"	28 Apr. "	"	Destd 1 June '81
Dixon, Joseph, Pt.....	"	2 May "	W	Transf'd in '82, not known where
Duke, Wm., Sergt.....	Raiford's	5 May "	12 mo.	Pt. Feb. 1, '82, Left service 27 Apr. '82
Davis, Micajah, Pt.....	"	" "	"	Promoted 8 Jan. '82, Left service 23 Apr. '82
Duke, Sherard, Pt.....	"	" "	"	Died Oct. '81
Davidson, Jas., Pt.....		15 Apr. "	"	Destd Aug. '81, Joined 25 Dec. '81, Omtd Jan. '82, See Hardy Lewis
Dowdy, Francis, Pt....	"	19 May "	"	Destd Nov. '81
Dickings, Jas., Pt......	Donoho's	25 " "	"	Left service 25 May '82
Dunstand, Chas., Corpl.	Dixon's	12 " "	"	Do 21 May '82
Duert, Hezh., Pt.......	"	15 " "	"	Do
Davey, Jas., Pt........	Lytle's	9 July "	"	Omtd in '82
Davis, Jos., Pt........	"	6 June "	"	Left service 6 June '82
Daniels, Jno., Pt......	"	12 Apr. "		Destd 6 July '81
Duncan, Peter, Sergt....	Sharp's	30 May "		Omtd in '81
Doiland, Benj., Pt.....	"	21 May "		Do
Dixon, Wm., Pt.......	"	15 Apr. "		Do
Dean, Moses, Pt.......	"	" "		Dischgd 1 Feb. '82
Dixon, Jereh, Pt.......	"	" "		Left service 15 Apr. '82
Davis, Burrel, Pt......	"	20 June "		Omtd in '81
Dean, Robt., Pt.......	Walton's	" "		Mustd War 1 Sep. '82 Dead 11 Nov. '82
Dixon, Wynn, Lt......	Lytle's	5 July "		
Daniel, Jepha, Pt......	Doherty's	" "		Time out 26 May '82
Davis, Joel, Pt........	"	" "		Do 3 July '82
Durham, Wm., Pt.....	Rhode's	5 July '81		Time out 12 Apr. '82
Dean, Ab'm, Pt.......	Armstrong's	" "	W	Mustd Jan. '82
Davidson, Jas., Pt.....	"	" "		Time out 21 Apr. '82
Drake, Axom, Pt......	"	" "		Left service 1 Apr. '82
Dollar, Jona, Pt.......	"	" "		Do 1 July '82
Dixon, Thos., Pt......	Bailey's	25 May "	12 mo.	Do 26 July '82
Duncan, Geo., Pt......	"	2 " "	"	Do 29 May '82
Dobbins, Jas., Pt......	"	25 " "	"	Do 25 May '82
Davenport, Eph'm, Pt.	Brevard's	" "	"	Do 2 May '82
Dawson, Jno., Pt......	"	" "	"	Do 25 May '82
Durham, Humphrey, Pt.	"	" "	"	Do Do
Demry, Allen, Pt......	"	" "	"	Do Do
Dillard, Jas., Pt.......	"	" "	"	Left service 9 May '82
Davis, Leonard, Pt.....	"		W	Mustd Jan. '82
Davis, Thos., Pt.......	"			Left service 7 July '82

Name and Rank	Company	Dates of Enlistment and Commission	Period of Service	Occurrences
Davis, Thos., Pt.	Hall's	'81	12 mo.	Destd 1 Apr. '82, Mustd War Dec. '82, Destd 15 Jan. '83
Downing, Thos., Pt.	"	'82	"	Time out 29 Jan. '83
Duke, John, Pt.	Carter's	19 May '81	"	Do 19 May '82
Davis, Edw'd, Pt.	Jones'	12 Dec. "	"	
Davis, Jno.	"	3 Oct. "	"	Corpl. Apr. '82, Time out 1 Oct. '82
(P. 1047) Demry, Jehu.	Mills'	20 Jan. '82	W	Mustd 1 Apr. '82
(P. 1048) Davis, Aaron.	Coleman's	12 Dec. '81	12 mo.	
Debush, Jacob.	"	15 Apr. "	"	
Doude, Jno.	Hall's		W	Mustd Sep. '82, Destd 1 June '83
Davis, Wm., Pt.	Jones'	1 Mar '82	12 mo.	
Davis, Thos.	"	1 Feb. "	"	Destd 1 Apr. '82
Daniels, Thos, Corpl.	Mills'	"	"	Time out 1 Mar. '83
Dedrick, Jacob, Pt.	Hadley's	27 Aug. "	"	Or Bailey's Co.
Davis, John, Pt.	"		18 mo.	
Daniels, Joab, Pt.	"		"	
Davis, Joseph.	"		"	
Davis, Arch'd, Musc.	"		3 yrs.	Pt. Dec. '82
Donagin, David, Sergt.	Bacot's	"	18 mo.	
Dickons, Thos., Pt.	"	"	"	
Denrebesy, And'w, Pt.	"	"	"	
Dawby, I. Wm., Pt.	"	"	"	
Deal, Jno.	"	"	"	
Doty, Isaac, Sergt.	Carter's	"	"	
Douglas, Wm., Corpl.	Raiford's	"	W	
Dobson, Joseph.	Sharp's	"	18 mo.	
Dowdle, Jno.	"	"	"	
Donaldson, Jacob.	Lythes	"	"	
Dodd, Thos., Sergt.	Brevard's	"	"	
Dixon, Mich'l, Sergt.	"	"	"	
Dobbins, Wm., Corpl.	"	"	"	Died 28 June '83
Davis, Robt., Pt.	"	"	"	
Due, John, Sergt.	Evans'	"	"	
Dickenson, Henry.	"	"	"	
Dixon, Caswell, Pt.	"	"	"	
Durdon, Mills, Pt.	"	"	"	
(P. 1040) Dean, Philip, Pt.	Coleman's	1782	W	Mustd Jan. '79
Downing, Wm.			3 yrs.	Mustd Sep. '82
Davis, Lee, Pt.				Mustd Sep. '82
Davis, Thos., Pt.				Mustd, destd Sep. '79
Dego, Eve, Pt.			"	Mustd Jan '79
Dean, Philip, Pt.				Mustd, destd Sep. '79
Delerase, Peter, Pt.				Do
Dupriest, Jas., Pt.				Mustd Dec. '82
Donally, Hugh.	Dixon's	25 Apr. '81	12 mo.	Died 24 Jan.'82
Dupriest, Jas., Pt.	Sharp's	1 Nov. '78	9 mo.	
Davis, Stephen, Pt.	"		3 yrs.	Mustd Jan. '79
Drury, Morgan.	McRee's			Mustd Nov. '79
Drury, John, Pt.				Do
Delidge, Peter, Pt.	Lt. Colo's		3 yrs.	Mustd Jan. '79
Davidson, Emanuel, Pt.	Sharp's	14 Dec. '78		Mustd Feb. '79

Name and Rank	Company	Dates of Enlistment and Commission	Period of Service	Occurrences
Delany, Mich'l, Pt......	Doherty's		3 yrs.	Mustd Feb. '79, Destd 10 Apr. '79
Duncan, Elijah........	Taylor's		"	Mustd Feb. '79, Destd Apr. '79
Dillard, Jno., Lt........	Eaton's		"	Mustd Feb. '79
Davis, Joshua.........	Colonels'	10 June '79	18 mo.	
E (Pp. 1052-54)				
Eager, Jno., Pt.........	Wilson's	1 Oct '77	3 yrs.	
Everington, Edw'd, Pt..	Gregory's	21 May "	"	
Eastman, Benj., Pt.....	"	21 July "	"	Sergt. June '78, Pt. 7 Nov. '78
Elliott, Joseph, Pt......	Moore's	21 May "	"	Destd Apr. '78
Elliott, Jno., Sergt......	Van Noy's	16 June "	"	Pt. June '78, Pris. June '79, Mustd Nov. '79
Emboey, Jno., Pt.......	"	25 July "	"	Prisn. 1 June '79, Mustd Nov. '79
Ellis, John, Pt..........		27 Apr. '76	2½ yrs.	Dischgd 1 July '79
Ewell, Stephen, Pt......		6 June '77	3 yrs.	
Ewell, Nath'l, Pt.......		29 Aug. "	"	Dischgd 15 Sep. '78
Edwards, Brown, Pt....	Montfort's	20 July "	9 mo.	
Evans, Burrell, Pt......	"	"	"	
Edwards, Stephen, Pt...	"	"	"	
Equals, Wm., Pt........	Hogg's	"	"	Reinlisted 15 May '79, Sergt. for 3 yrs.
Eason, Wm., Pt.........	"	"	"	
Eggerton, Jesse, Pt.....	"	"	"	
Edens, Jno., Pt.........	Baker's	"	"	
Evans, Chas., Pt........	"	"	"	
Evans, Jno., Pt.........	"	1778	"	Destd 23 July '78
Evans, Chas., Pt........	Blount's	20 July "	"	
Edoc, Jas., Pt..........	Ballard's	"	"	
Ellison, Corn'ls, Pt.....	"	"	"	
Edmonds, David, Pt....	"	"	"	
Ellick, Joshua, Pt......	"	"	"	
Edwards, Lemuel.......	"	"	"	Omtd Oct. '78
Elmore, Morgan........	Bradley's	"	18 mo.	
Ellis, Absalom, Pt......	"	"	"	
Elmore, Daniel.........	"	"	"	
Ewell, Wm., Sergt......	Childs'	"	"	
Edwards, Solomon, Pt...	"	"	"	
Evans, Rich'd, Pt.......	Bradley's			
Emory, Jno., Pt........	Montfort's		9 mo.	Dischgd 1 Dec. '79
Evans, Jas.............	"		18 mo.	Do
Everidge, Isaac, Musc...	Ballard's		3 yrs.	
Edenton, Nicholas, Sgt..	Quinn's		9 mo.	Dischgd Jan. '80
Eagle, Geo., Pt.........	McRee's		12 mo.	Left service 10 Apr. '82
Ellis, Barth'w, Pt.......	Raiford's		"	Do 2 May '82
Edwards, Simon, Pt.....	"		"	Do 4 May '82
Easeley, Roderick, Pt...	"		"	Do 14 May '82
Ellis, Aaron, Pt.........	"		"	Time out 19 May '82
Evens, Chas., Pt........	"		"	Do 15 Apr. '82
Ellis, Jno., Pt..........	"		W	
Erricks, David, Pt......	Donoho's		12 mo.	Left service 14 June '82
Elmore, Jas., Pt........	"		"	Do 25 May '82
Evans, Reubens, Pt.....	Dixon's		"	Do 26 May '82
Ellis, Thos., Pt.........	"		"	Do 25 Apr. '82
Everet, Matthew, Pt....	Lytle's		"	Omtd in '81

Name and Rank	Company	Dates of Enlistment and Commission	Period of Service	Occurrences
Edwards, Jno............	Lytle's	12 Apr. '78	12 mo.	Destd July '81, Mustd Jan., Left ser. 12 Apr. '82
Esterlege, Eph'm, Pt....	"	5 " "	"	Left service 5 Apr. '82
Ewmen, Chris'r, Pt.....	Walton's	25 " "	"	Time out 25 May '82
Edwards, Jno. Jr., Pt....	Lytle's		W	Mustd Jan. '82
Ewell, Calleb, Pt.......	Sharp's	1781	12 mo.	Time out 15 Apr. '82
Ellis, Jas., Pt..........	Doherty's	"	"	Do 25 May '82
Elmes, Chs., Pt.........	Rhode's	"	"	Do 12 Apr. '82
Evans, Murin, Pt.......	Armstrong's	"	"	Left service 1 Oct. '82
Edwards, David, Sergt..	Bailey's	25 Apr. "	"	25 Apr. '82
Ewing, Geo., Pt.........	Brevard's	"	"	Do 28 Apr. '82
Elliot, Zach'r, Pt.......	Yarborough's	"	"	10 July 82
Elleums, Jas., Pt.......	"	"	"	22 Apr. '82
Enderkin, Francis, Pt...	"	"	"	Time out 22 May '82
Euman, Wm., Pt........	"	"	"	Do 22 Apr. '82
Engram, Tobias, Pt.....	Carter's	"	"	Do Do
Ellison, Peter, Pt.......	"	19 May "	"	19 May '82
Elder, Wm.............	"	1 " "	"	1 June '82
Ezell, Timothy, Pt......	Jones'	6 Mar. '82	"	
Essins, Thos., Pt.......	Coleman's	13 Dec. '81	"	
Ellis, Robt., Pt.........	"	1 Jan. '82	"	
Evans, Jno., Pt.........	"	13 " "	"	
Engavis, Wm., Sergt....	"	10 Dec. '81	"	
Esteridge, Thos., Pt.....	Jones'	1 Mar. '82	"	
Edwards, Jno., Pt.......	"	Oct '81	"	Time out 1 Oct. '82
Eller, Joseph, Pt........	Bailey's	15 Jan. '82	"	
Eller, John, Pt..........	"	" "	"	
Edmonson, Jno., Pt.....	Hadley's	1 Aug. "	18 mo.	Destd 13 May '83
Edwards, Lem'l, Pt.....	Bacot's		"	Dischgd 10 Jan. '82
Edgner, Math's, Pt.....	"		W	Destd 15 June '83
Edlow, Jno., Pt.........	Carter's	1 Aug. '81	18 mo.	
Ellums, Jas., Pt........	"	"	"	Corpl. Dec. '82
Evans, John............	Raiford's	"	"	Destd 11 June '83
Edwards, Jno., Pt.......	Sharp's	"	"	Destd 30 Apr. '83
Ethrington, Wm., Pt....	Lytle's	"	"	
Edmons, Wm., Pt.......	"	"	"	Destd 5 May '83
Elsmore, Ep'm, Pt......	"	"	"	
Emory, Wm., Pt........	Brevard's	"	"	
Emley, David, Pt.......	"	"	"	Transf'd 20 Apr. '83
Emason, Henry, Pt.....	"	"	"	Destd 23 June '83
Earhart, Philip, Pt.....	"	"	"	Transf'd Mar. '83
Eckles, Wm., Sergt..... (P. 1054)	Evans'	"	"	
Emerson, Sam'l, Pt.....	Col. Summers'	"	W	Mustd Jan. '79

F (Pp. 1058-61)

Name and Rank	Company	Dates of Enlistment and Commission	Period of Service	Occurrences
Ferrell, Enoch, Pt......	Wilson's	8 Aug. '77		
Ford, Ab'm, Pt.........	"	10 May "		
Faircloth, Wm., Lt.....	Shephard's	20 Jan. '78		Omtd June '78
Fillips, Jno., Pt........	"	26 Aug. '77		Do
Flood, Wm., Pt.........	"	5 July "	3 yrs.	
Fillips, Josh., Pt.......	"	26 Aug. "		Do
Fail, Thos., Pt..........	"	1 May "		Do
Fonville, Isaac, Corpl...	Stephenson's	21 Apr. "	3 yrs.	
Fornes, Wm., Pt........	"	28 June "	"	
Ferebee, Joseph, Lt.....	Jarvis'			
Fletcher, Wm., Sergt...	"	5 May '77	3 yrs.	Died 20 Jan. '79

Name and Rank	Company	Dates of Enlistment and Commission	Period of Service	Occurrences
Fletcher, Thos., Pt.	Lytle's		12 mo.	Pt. Jan. '79
Fisher, Jas., Pt.	"		"	Destd 6 Feb. '80
Fenton, Thos., Pt.	"			
Flora, Lazars, Pt.	"			
Flora, Rich'd, Pt.	"			
Foster, Robt., Pt.				
Foy, Patrick, Pt.		29 Jan '77	3 yrs. W	Corp. Nov.'78, Pt. Jan.'79
Flinn, Wm., Pt.			3 yrs.	{Joined 14 May '78, Died 6 July '78
Ferrell, Wm., Lt.		8 Sep. "		Killed 10 May '80
Fleetwood, Francis, Pt.			"	Destd 15 July '78
Falconer, Jas., Pt.			"	{Mustd June '78, Corpl. Nov. '78, Sergt. 15 July '79
Flood, Benj., Pt.		10 July "	"	
Ford, John, Ensn.		3 Nov. '78		Lt. '80
Fleming, John, Qr. Mr. Sergt.	Colonel's	20 July "	9 mo.	
Freeman, Jese, Pt.	Quinn's	20 " "	"	
Frazier, Thos., Pt.	"	" "		
Forms, Jno., Pt.	"	14 May '76	2½ yrs.	Omtd '79
Floyd, Jno., Pt.	Lt. Colos'	20 July '78	9 mo.	
Floyd, Buckner, Pt.	"	" "	"	
Futrell, Joseph, Pt.	"	" "	"	
Ford, Jno., Sergt.	"	1 Sep. "	"	See Ensign above*
Fisher, Jno., Pt.	Baker's	20 July '78	"	
Finch, Isom, Pt.	"	" "	"	
Foster, David, Pt.	"	" "	"	
Farmer, Jno., Pt.	Blount's	" "	"	Corpl. Oct. '78
Fountain, Solomon, Pt.	Ballard's	" "	"	
Fearless, Elisha, Pt.	Bradley's	" "	"	Omtd Oct. '78
Ferrell, Wm., Pt.	"	" "	"	
Freeman, Wm., Pt.	Childs'	" "	"	
Fields, Jno., Pt.	"	" "	"	
Faircloth, Jno., Sergt.	Bradley's	20 May "	W	
Fosdick, West, Pt.	"			Destd Sep. '79
Fling, Thos., Pt.	"	20 June '79	18 mo.	
Furney, Peter	"	1 " "	3 yrs.	Omtd Oct. '79
Ford, Lewis, Pt.	Montford's	18 " "	18 mo.	
Fisher, Wm., Pt.	"	1 Mar. "	9 mo.	Dischgd 1 Dec. '79
Foster, Wm., Pt.	Ballard's	15 June "	18 mo.	
Fontain, Jese, Pt.	Quinn's	1779	9 mo.	Dischgd Dec. '79
Farmer, Henry, Pt.	Blount's	7 June "	W	Destd Dec. '79
Fauning, Peter, Pt.	"	1 July "	"	Do
Faison, Jas., Pt.	"	7 May '78	3 yrs.	
Farmer, Jno.	"	1 Aug. '79	W	Destd Dec. '79
Field, Timothy		1777	9 mo.	Dead Sep. '79
Frieze, Jno., Pt.	McRee's	28 Apr. '81	12 mo.	Left service 28 Apr. '82
Fauney, Jno., Corpl.	Raiford's	19 May '81	"	{Transf'd Sep. '81 to S. C. Line
Fleming, Wm., Pt.	Donoho's	14 June "	"	Omtd in '81
Fleming, Jas., Pt.	"	" "	"	Left service 14 June '82
Ferrell, Jas., Pt.	"	25 May "	"	Do 25 May '82
Flinn, Jno., Pt. (P. 1059-60)	Dixon's	May "	"	21 May '82
Fearle, Ansol, Corpl.	Lytle's	6 Apr. '81	12 mo.	Omtd in '81
Furguson, Isom, Pt.	"	11 June "	"	Left service 21 June '82
Furguson, Robt., Pt.	"	" "	"	Do

IN THE AMERICAN REVOLUTION 125

Name and Rank	Company	Dates of Enlistment and Commission	Period of Service	Occurrences
Futrel, Dempsey, Pt....	Lytle's	12 Apr. '81	12 mo.	Destd 7 July '81
Fountain, Jos., Pt......	"	" "	"	Corpl. Jan., Left service 12 Apr. '82
Farmer, Benj., Pt......	"	1 June "	"	Left service 1 June '82
Farmer, Wm., Pt.......	"	" "		Do
Fountain, David, Pt....	Raiford's	1781		Time out 12 June '82
Fist, Sam'l, Pt.........	Walton's	"	W	
(P. 1060)				
Ferrell, Jno., Pt.......	Dixon's	"	12 mo.	Time out before Apr. '82
Fuller, Geo., Pt........	"	"	"	Time out May 21, '82
Freazer, Dan'l, Pt.....	Sharp's	"	"	Do Sep. 1, '82
Foster, Rich'd, Pt......	Doherty's	"	"	Do May, 25, '82
Filman, Wm., Musc....	"	"	"	Do May 25, '82
Flowers, Wm., Pt......	Armstrong's	"	"	Left service 15 Sep. '82
Fann, Wm., Corpl.....	Bailey's	12 Apr. "	"	Do 12 Apr. '82
Foster, Wm., Corpl....	"	2 May "	"	Do 2 May '82
Forbes, Wm., Corpl....	"	24 Apr. "	"	Do 24 Apr. '82
Freeman, Edw'd, Corpl..	Brevard's	"	"	Do 11 July '82
Frederick, Chrisn., Corpl.	"	"	"	Do 28 Apr. '82
Fereby, Robt., Sergt....	Hall's	"	"	Do 10 July '82
Fox, Joseph, Sergt.....	"	"	"	Do Do
Forehand, Jarvis, Pt....	"	"	"	Do 21 Apr. '82
Folks, Jas., Pt.........	"	"	"	Died 14 Sep. '82
Fentice, Moses, Pt.....	"	"	"	Time out 20 July '82
Fight, Conrod, Pt......	"	"	"	Time out 27 Dec. '82
Fly, Chas., Pt.........	Yarborough's	"	"	Omtd 1 Apr. '82
Ferrell, Gab'l, Pt......	"	"	"	Do Do
Flood, Enoch, Pt......	Carter's	12 Apr. "	"	Time out 10 Apr. '82
Freeman, Howell, Pt....	"	25 " "	"	Do 25 Apr. '82
Faithfull, Wm., Pt.....	"	"	W	Do Do
Folks, Jas., Pt.........	Jones'	1 Jan. '82	12 mo.	Mustd Jan. '81
Freeman, Moses, Pt....	Carter's	25 Apr. "	"	Mustd War 1 Apr. '82
Freeman, Roger, Pt....	Coleman's	1 Jan. "		
Fowler, Ashly, Pt......				
Foster, Wm., Pt.......	Bailey's	27 Aug. "	18 mo.	
Fields, Jno., Pt........	"	10 Sep. "	"	
Frost, Miller, Pt.......	"	1 Jan. "	12 mo.	
Furguson, Peter, Pt....	"	1 Aug. "	18 mo.	
Fryar, Willis, Pt.......	Hadley's	10 Sep. "	"	
Farmer, Jas., Pt.......	"	"	"	
Farmer, Jesse, Pt......	"	"	"	
Foster, David, Pt......	Bacot's	1782	"	Destd 19 June '83
Forbush, Robt., Pt.....	"	"	"	Died 15 June '83
Florida, Francis, Pt....	"	"	"	Destd 27 Jan. '83
Francis, Sam'l, Pt......	Carter's	"	"	Destd 10 Apr. '83
Futrell, Josh, Pt.......	"	"	"	
Farrow, Thos., Pt.....	"	"	"	Destd 14 June '83
Flood, Sam'l, Pt.......	"	"	"	
Farnavil, Rich'd, Pt....	"	"	"	
Frailey, Jno., Corpl....	Sharp's	"	"	
Felton, Sam'l, Corpl....	Lytle's	"	"	Destd 31 Mar. '83
Flood, Fred'k, Pt......	"	"	"	
Foley, Jno., Pt.........	"	"	"	
Ferrell, Clem't, Pt.....	"	"	"	
Fuller, Jno., Pt........	Brevard's	"	"	
Faddles, Jas., Pt.......	"	"	"	Died 17 Dec. '83
Fowler, Geo., Pt.......	Evan's	"	"	

ROSTER OF NORTH CAROLINA SOLDIERS

Name and Rank	Company	Dates of Enlistment and Commission	Period of Service	Occurrences
Fulcher, Cason, Pt.	Evan's	1782	18 mo.	
Francis, Ant'y, Pt.	"	"	"	
Fortune, Wm., Pt.	"	"	"	Transf'd 1 Dec. '82
Fergus, Jas., Sugn. Mt.		21 Feb. '82		{Surgeon 20 Aug. '82, Omtd in '83
Futch, Martin, Pt.	Lytle's			{Mustd Dec. '82, Destd 11 June '83
Fussell, Sam'l, Pt.	Sharp's	26 Aug. '78	W	Died 5 Apr. '79
Faircloth, Jno., Pt.	"	10 Nov. "	9 mo.	
Francis, Jno., Pt.				Mustd Nov. '79
Fountain, Jesse, Pt.	Rhode's		3 yrs.	Mustd Apr. '79
Ferrell, Jno., Pt.	Taylor's		"	Mustd Jan. '79
Ferrell, Luke, Pt.	White's			Mustd Jan. '79
Fuller, Wm., Pt.	Carter's	20 May '78	W	
G (P. 1067)				
Gray, Jas., Sergt.	Wilson's	15 May '77		
Guttery, Hy., Pt.	"	1 Nov. "		Died Oct. '78
Giligan, Jno., Pt.	"	1 Apr. '78		Destd 22 Apr. '78
Ginew, Wm., Pt.	"	6 Nov. '77		Omtd June 1
Glandon, Major, Pt.	Shepard's	30 Sep. "	3 yrs. W	
Grant, Elijah, Pt.	"	20 Aug. "	"	{Prisn. 1 June '79, Mustd Nov. '79
Gothrop, Jno., Pt.	"	25 May "		Dischgd Sep. '78
Gatlin, Levy, Ensn.	Stevenson's			{Lt. 12 Feb. '78, dismissed service Aug. '78
Griffin, Ezek'l, Pt.	"	21 Apr. "	3 yrs.	Omtd June '78
Guard, Jno., Pt.	"	24 June "	"	Died 23 Mar. '78
Gamewell, Wm., Pt.	Jarvis'	13 " "	"	
Greggs, Chas., Pt.	"	18 May "	3 yrs. W	
Gregory, Demp'y, Capt.	"	19 Apr. "		Resigned 20 May '78
Gray, Wm., Pt.	Gregory's	10 June "	"	
Grogin, Jas., Pt.	"	24 May "	"	Omtd Feb. '79
Griffith, Isaac, Pt.	"	21 May "	"	Dischgd Sergt. 1 Mar. '80
Griffin, Dan'l, Pt.	Heron's	30 May "	"	Omtd June '78
Gray, M. Wm., Pt.	"	27 Apr. "	"	
Garvis, Sykes, Pt.	"	4 May "		Destd 19 June '83
Garvis, Pigford, Pt.	"	"	3 yrs.	Music June '78
Gray, Sam'l, Pt.	"	2 June "	"	{Do Prisr., 1 June '79, Mustd Nov. '79
Gilleham, Howell, Pt.	Moore's	6 May "	3 yrs. W	Sergt. May '79
Grinder, Jno., Pt.	"	'78		Died 29 June '79
Green, Wm., Pt.	Armstrong's	July '77	3 yrs.	
Gardner, Dempsey, Pt.		'78	W	Prisr. 1 June '79
Gregory, Isaac, Pt.			3 yrs.	Mustd Apr. '78
Gilbert, Jno., Pt.				{Mustd, dead or destd 6 May '78
Gilbert, Jas., Pt.				Omtd Feb. '79
Green, W. Jas., Sur. Mt.		10 June '78		{Surgeon 7 Dec. '79, Pris. 12 May '80
Gunnel, Jno., Pt.			W	{Mustd Jan. '79, Destd 30 Jan. '80
Gunn, Jas., Pt.			3 yrs.	Mustd '78, Omtd Feb. '78
Green, Wilson, Corpl.			"	{Mustd '78, Died Apr. 18, '78
Graves, Francis, Lt.		26 Oct. '77		{And Qr. Mr. 6 Nov. '78 See him in 8th Reg.
Good, Jno., Pt.	Montfort's	20 July '78	9 mo.	

Name and Rank	Company	Dates of Enlistment and Commission	Period of Service	Occurrences
Good, Wm., Pt.	Montford's	20 July '78	9 mo.	
Gray, Henry, Pt.	"	"	"	
Green, Thos., Pt.	Hogg's	"	"	
Griffin, Jesse, Pt.	Quinn's	"	"	
Goodat, Jno., Pt.	"	"	"	
Gaskin, Joseph, Pt.	"	"	"	
Gray, Cocks, Pt.	"	"	"	
Gotson, Jas., Pt.	Lt. Col.	"	"	
Gay, Wm., Pt.	"	"	"	
Grant, Wm., Pt.	"	"	"	
Gibson, Chas., Pt.	"	"	"	
Gums, Isaac, Pt.	"	"	"	
Godwin, John, Corpl.	"	"	"	
Gro, Jas., Pt.	Baker's	"	"	Died 16 Nov. '78
Gregory, Robt., Pt.	Blount's	"	"	
Glisson, Arthur, Pt.	"	"	"	
Gray, Isom, Pt.	Ballard's	"	"	
Grant, Eph'm, Corpl.	Bradley's	"	"	
Gardner, Geo., Pt.	"	"	"	
Gay, Simon, Pt.	"	"	"	
Ginn, Hardy, Pt.	"	"	"	
Gamalion, Ab'm, Pt.	"	"	"	
Grant, John, Pt.	"	"	"	Died 16 Nov. '78
Goodridge, Lewis, Pt.	"	"	"	Dischgd 5 Dec. '78
Griffin, Martin, Pt.	Childs'	"	"	
Gurganus, Reuben, Pt.	"	"	"	
Gale, Geo., Pt.	Bradley's	25 June '79	18 mo.	Dead Dec. '79
Gainer, Stephen, Pt.	"	1 Aug. '78	3 yrs.	
Grogan, John, Pt.	Montfort's	24 June '79	W	Destd 8 Nov. '79
Gee, Jesse, Pt.	"	1 Mar. "	9 mo.	Dischgd 1 Dec. '79
Goren, John, Corpl.	Ballard's	29 June "	W	
Geniens, Miles, Pt.	"	21 June "	18 mo.	
Gardner, Thos., Pt.	"	1 July "	"	Destd 1 Oct. '79
Goodwin, Edw'd, Pt.	Quinn's	24 June "	W	
Godfrey, Ant'y, Pt.	Blount's	2 Dec. "	3 yrs.	
Gibson, Jacob, Pt.	"	20 June "	18 mo.	
Gray, Wm., Pt.	"	"	9 mo.	Omtd Oct. '79
Gonsalez, de-Ferdinando, Corpl.	McRee's	28 Apr. '81	12 mo.	Pt. Aug. '81, Left service 28 Apr. '82, re-enlisted '82 for 18 Mos.
Green, Fred'k, Pt.	"	9 May "	"	Destd 1 July '81
Gray, Babel, Pt.	Raiford's	17 May "	12 mo.	Left service 17 May '82
Glover, John, Pt.	"	2 May "	"	Do 2 May '82
Gay, Joshua, Pt.	"	9 June "	"	Do 17 May '82
Gay, Allen, Pt.	"	2 June "	"	Do 3 May '82
Goodwin, John, Pt.	"	19 May "	"	Dischgd 14 Feb. '82
Gatlin, Edw'd, Pt.	"	11 " "	"	Left service 17 May '82
Gilmore, Wm., Pt.	Donoho's	14 June "	"	Do 14 June '82
Gallimore, John, Corpl.	"	" " "	"	Pt. Jan. '82, Left service 14 June '82
Gregory, Jas., Pt.	"	" " "	"	Omtd in '81
Goslin, Simon, Pt.	Dixon's	15 May "	"	Left service 21 May '82
Garvis, Wylley, Pt.	"	12 " "	"	Do 26 May '82
Garnes, Gab'l, Pt.	"	25 " "	"	Omtd in '81
Goin, Wm., Pt.	"	" " "	"	Left service 21 May '82
Giun, Hardy, Pt.	"	25 Apr. "	"	Do 25 Apr. '82

ROSTER OF NORTH CAROLINA SOLDIERS

Name and Rank	Company	Dates of Enlistment and Commission	Period of Service	Occurrences
Gaunt, Giles, Corpl.	Lytle's	6 June '81	12 mo.	Do 12 Apr. '82
Gay, Henry, Pt.	Lytle's	15 Apr. '81	12 mo.	Left service 12 Apr. '82
Gay, Rich'd, Pt.	"	" " "	"	Do Do
Gay, Solomon, Pt.	"	" " "	"	Omtd in '81
Green, Sutton, Pt.	"	16 June "	"	Left service 16 June '82
Grindstaff, Michs., Pt.	"	6 " "	"	Do 6 June '82
Griffin, Wm.	"	" "	W	From Gee's Co. 2 Reg.
Garland, Henry, Pt.	"	2 Apr. "		Destd 5 July '81
Glover, Allen, Pt.	"	12 " "		Destd 7 July '81
Glover, Benj., Pt.	"	" " "	W	{ Destd 7 July '81, Mustd Jan. '82
Griffin, Dempsey, Pt.	Sharp's	20 June "	12 mo.	Left service 20 June '82
Godett, John, Pt.	"	5 Apr. "	"	Do 5 Apr. '82
Gurley, Joseph, Pt.	Raiford's	1781	"	{ Time out 13 Sep., re-enlisted for the war
Gerns, Jas., Pt.	Dixon's	"	"	Time out 15 Apr. reinl'd
Graham, John, Pt.	"	"	"	Do before Do
Graham, Peter, Pt.	"	"	"	Do Do
Griffin, Jas., Corpl.	Sharp's	"	"	Do 12 Do
Gilgo, Fibin, Pt.	"	"	"	Do 15 Do
Griffin, Ezk'l, Pt.	Doherty's	"	"	Do 1 Sep. Do
Grayham, Wm., Sergt.	Rhode's	"	"	Do 17 June Do
Gray, Henry, Sergt.	"	"	"	Dischgd 21 Jan., reinl'd
Giun, Roland, Pt.	"	"	"	Time out 16 July '82
Goods, Israel, Pt.	Armstrong's	"	"	Do 1 July '82
Garland, Thos., Pt.	"	"	"	Do 1 Dec. '82
Gist, Robt., Pt.	"	"	"	Do 1 Dec. '82
Garris, Begford, Pt.	"	"	"	Dischgd 21 Jan. '82
Galesby, David, Pt.	"	"	"	Left service 1 July '82
Gibson, Henry, Pt.	Bailey's	17 May '81	"	Do 17 May, '82
Garner, Dempy, Pt.	"	" "		Do 1 Apr. '82
Greenman, Caleb, Pt.	"	1 June "	"	Do 1 June '82
Gay, Jas., Sergt.	Brevard's	"		Do 28 Apr. '82
Gibson, Colin, Corpl.	"		W	Mustd Jan. '82
Grindstaff, Mich'l, Cpl.	"	"		Left service 7 June '82
Griffin, Edw'd, Pt.	"	"		Do 11 July '82
Griffin, Edw'd, Pt.	"	"		Do 11 July '82
Gragham, Arthur, Pt.	"	"		Do 15 June '82
Gibson, David, Pt.	"	"		Destd Apr. '82
Graham, Francis, Pt.	"	"	12 mo.	Left service 28 Apr. '82
Garret, Sam'l, Pt.	Hall's	"	"	Time out 1 Aug. '82
Garner, Thos., Pt.	Yarborough's	"	"	Do 1 June '82
Garland, Wm., Pt.	"	"	"	Do 22 Apr. '82
Gunn, Jas., Sergt.	Carter's	15 Apr. "	"	Do 10 Apr. '82
Garris, Hardy, Pt.	"	25 Apr. "	"	Do 25 Apr. '82
Gaskins, Wm., Pt.	"	12 May "	"	Do 25 Apr. '82
Gilbert, Jno., Pt.	"	19 " "	"	Do 19 May '82
Gray, Cox, Pt.	"	25 Apr. "	"	Do 25 Apr. '82
Gordon, Solomon, Pt.	"	12 " "	"	Do 25 Apr. '82
Goldin, And'w, Pt.	"		W	{ Mustd Aug., Destd 17 Aug. '81
Graft, Ant'y, Pt.	Jones'	6 Mar. '82	12 mo.	
Goodson, Jno., Pt.	"	11 Dec. '81	"	
Ginn, Jacob, Pt.	"	" "	"	{ Dischgd 1 Dec. '82 by the name of Elijah Ginn
Guard, Joshua, Pt.	Mills'	7 Feb. '82	"	
Graham, Jno., Pt.	Coleman's	13 Dec. '81	W	

IN THE AMERICAN REVOLUTION 129

Name and Rank	Company	Dates of Enlistment and Commission	Period of Service	Occurrences
Greece, Thoplus, Pt.....	Coleman's	10 Jan. '82	12 mo.	
Gaylor, Jas., Pt........	"	1 Jan. "	"	
Goodwin, Thos., Pt.....	Jones'	15 Mar. "	"	
Gatree, Mat'w, Pt......	Bailey's	17 Aug. "	"	
Grice, Gab'l, Pt........	"	15 Aug. "	"	
Griffin, Jas., Pt........	"	1 " "	"	
Gill, Alex'r, Pt.........	"	"	18 mo.	Died 18 June '83
Green, Hobart, Pt......	Hadley's	"	"	Destd 29 Apr. '83
Glass, Levy, Pt.........	"	20 Aug "	"	
Gammond, Jesse, Pt.....	Bacot's	1782	"	
Gay, Jas., Pt..........	"	"	"	
Gandy, Eph'm, Pt......	"	"	"	
Gidcomb, Josh, Pt......	"	"	"	Destd 15 June '83
Gay, Wm., Pt..........	"	"	"	
Grissel, Willy, Pt.......	"	"	"	
Godden, Martin, Pt....	"	"	"	
Gooden, Wyly, Pt......	Carter's	"	"	
Goodson, Uzal, Pt......	Raiford's	"	"	Destd 10 June '83
Gargas, Job, Pt........	"	"	"	Destd 11 June '83
Graham, Francis, Pt....	"	"	"	
German, Emory, Pt.....	Sharp's	"	"	Destd 5 May '83
Goodwin, Robertson, Pt.	"	"	"	
Guin, Sam'l, Pt........	"	"	"	
Goseley, Chas., Pt.....	"	"	"	
Garrison, Stephen, Pt...	"	"	"	
Good, Jno., Pt.........	"	"	12 mo.	
Ginnings, Geo., Pt.....	"	"	"	Died Jan. '83
Gill, Jno., Pt..........	Lytle's	"	W	
Gatlin, Jese, Pt........	"	"	18 mo.	
George, Lewis, Pt......	Brevard's	"	"	Transf'd Mar. '83
Gilespy, Isaac, Pt......	"	"	"	
Grant, Jno., Pt........	"	"	"	
Gill, Robt., Pt.........	"	"	"	Died 20 June '83
Grinage, Jno., Pt......	"	"	"	Destd 7 Dec. '82
Green, Jas., Pt........	"	"	"	Destd 8 June '83
Gardner, Jno., Corpl....	Evans'	"	"	
Green Randolph, Pt....	"		3 yrs.	Mustd Aug. '79
Garrison, Stephen, Pt...				Mustd Aug. '79,
Glass, Lemuel, Pt......				Destd Aug. '79
Gregory, Thos., Pt.....	Sharp's	10 Nov. '78	9 mo.	Mustd Nov. '79
Grimes, Wm., Pt.......	Dixon's			Died Jan. '82
Gibson, Thos., Ensn....	Lt. Col's	20 Feb. '80		Mustd Feb. '79,
Giun, Wm., Pt.........	Coll's	"	2½ yrs.	Destd Apr. '79
Grisham, Major, Pt.....	Lewis'	"	W	Mustd '79
German, Benj., Pt......	Coll's	"	3 yrs.	Mustd '79
Glasscow, Sam'l, Pt.....	Lt. Col's	"		Mustd Jan. '79
Gardner, Jno., Pt......	Taylor's	"	W	Mustd Jan. '79, Destd same Mustd
Greer, Jno., Pt.........	White's	"	3 yrs.	Mustd Jan. '79, Destd June '79
H (P. 1078)				
Hawkins, Wm., Pt......	Wilson's	12 May '77	3 yrs. W	
Hooper, Anth'y, Pt.....	"	16 " "	3 yrs.	
Hargrave, Wm., Ensn...	Shephard's	20 Jan. '78		Lt. 30 Mar. '80, Pris. 12 May '80, dergd 21 Jan. '80

Name and Rank	Company	Dates of Enlistment and Commission	Period of Service	Occurrences
Hay, Ab'm, Pt.	Shephard's	4 May '77	3 yrs.	
Handley, Wm., Pt.	"	28 July "	3 yrs. W	
Hayes, Isaac, Pt.	"	12 June "	3 yrs.	{ Mustd War Jan. '82, Dead Sep. '82
Harril, Peter, Sergt.	"	20 May "		{ Pt. Sep. '78, Sergt. Nov. '78, Pris. 1 June '79, Mustd Nov. '79
Hitchcock, Zack'h, Pt.	"	4 June "	"	Destd 1 Feb. '80
Hartley, Joseph, Sergt.	Stevenson's	27 June "	"	Pt. June '78
Harper, Robt., Pt.	"	21 Apr. "	"	Omtd June '78
Halstead, Lem'l, Corpl.	Jarvis'	5 May "	"	{ Pt. June '78, Dead 12 Jan. '79
(P. 1078)				
Halstead, Jolly, Pt.	"	28 May "	"	
Harrison, Jesse, Corpl.	Gregory's	21 Aug. "	"	Pt. June '78
(P. 1079)				
Hanners, Henry, Corpl.	"	18 Sep. "	"	{ Pt. June '78, Died 3 Aug. '78
Harrison, Jno., Musc.	"	24 May "	"	{ Pt. June '78, Dischgd Sep. 9, '78
Harrison, Dempsy, Pt.	"	21 Aug. "	"	Corpl. '79
Herron, Armwell, Capt.		19 Apr. "		Omtd June '78
Herron, Matt'w, Corpl.	Heron's	8 July "	3 yrs. W	{ Pt. June '78, Pris. 1 June Mustd Nov. '79
Hudler, Lem'l, Pt.	"	7 July "	3 yrs.	Died 19 Apr. '78
Haycraft, Mark, Pt.	"	13 July "	"	{ Pris. 1 June '79, Mustd Nov. '79
Holmes, Robt., Sergt.	Moore's	8 May "	"	{ Pris. 14 Apr. '79, Dischgd 1 Feb. '80
Harris, Harry, Pt.	"	7 June "	"	
Hertsock, Peter, Pt.	"	25 June "	"	Mustd Jan. '82, for War
Hendricks, Thos., Pt.	"	30 June "	"	Dead Oct. '78
Harris, Hugh, Pt.		20 May '76	"	{ Corpl. 10 Nov. '78, Dischgd 20 May '79
Hodges, Benj., Sergt.		23 Aug. '77	3 yrs. W	
Hill, Jno., Pt.		20 Sep. '78	20 mo.	Dischgd 28 Jan. '80
Hayes, Robt., Ensn.		16 Aug. '77		Lt. 9 Oct. '77
Henderson, Arch'd, Mus.		3 Feb. '78	W	{ Pt. June '78, Mussick Sep. '78
(P. 1079)				
Habbet, Ezek'l, Pt.			2½ yrs.	Dischgd 1 May '78
Hargrave, Jno., Pt.		19 May '77	3 yrs.	
Harrick, Elisha, Pt.		20 May '76	2½ yrs.	Dischgd 16 Jan. '79
Hartley, Jno., Pt.	Coleman's			Died 20 June '78
Harrard, Jas., Pt.		13 May '77	3 yrs.	
Holloman, Kinchan, Pt.		4 May '76	2½ yrs.	Dischgd 10 Nov. '78
Hill, Jno, Pt.		17 Mar. '76	3 yrs.	Dischgd 1 Feb. '80
Hayes, Theoe., Pt.		3 Mar. '77		
Herman, Jno., Pt.		Jan. '78		Omtd June '78
Hatchcock, Isom, Pt.	Montfort's	20 July '78	9 mo.	
Hobgood, Jno., Pt.	"	"	"	
Hardin, Lewis, Pt.	"	"	"	
Hatcock, Edw'd, Pt.	"	"	"	
Harris, Thos., Corpl.	Hogg's	28 Apr. '76	2½ yrs.	Dischgd 1 Nov. '78
Hawkins, Loeston, Pt.		20 July '78	9 mo.	
Howard, Edw'd, Corpl.	Quinn's	"	"	
Hill, Wm., Corpl.	"	"	"	

IN THE AMERICAN REVOLUTION 131

Name and Rank	Company	Dates of Enlistment and Commission	Period of Service	Occurrences
Hawley, Wm., Pt.	Quinn's	20 July '78	9 mo.	
Hale, Joseph, Pt.	"	"	"	
Hobbs, Peter, Pt.	"	"	"	
Hoover, Henry, Pt.	"	"	"	Died 2 Nov. '78
Hoover, Sam'l, Pt.	"	"	"	
Hamb, Wm., Pt.	"	"	"	
Haywood, Edw'd, Pt.	"	"	"	
Horton, Jno., Corpl. (P. 1079)	Lt. Cols.	1 Oct. '78	"	
Hatchcock, Wm., Pt.	"	20 July '78	"	
Hardison, Jesse, Sergt. (P. 1080)	Baker's	"	"	
Harris, Ab'm, Pt.	"	"	"	
Hooks, Willowby, Pt.	"	"	"	
Hall, Edw'd, Pt.	"	"	"	
Hunt, David, Pt.	"	"	"	
Harrison, Wm., Pt.	"	"	"	Destd 2 Aug. '78
Horpus, Basford, Pt.		1778		Destd 9 July '78
Holmes, Shad'k, Pt.	Blount's	14 May '76	2½ yrs.	Sergt. 1 July '78, Dischgd 25 Oct. '78
Hopkins, Dan'l, Corpl.	"	20 July '78	9 mo.	
Hoggart, Jno., Pt.	"	"	"	
Heal, Elisha, Pt.	"	"	"	
Hubbard, Jas., Pt.	"	"	"	
Hoggart, Pat'k, Pt.	"	"	"	
Hair, Wm., Pt.	Ballard's	"	"	
Hearn, Jas., Pt.	"	"	"	
Hare, Nich'ls, Pt.	"	"	"	
Hawkins, Henry, Pt.	"	"	"	
Hawkins, Rich'd, Pt.	"	"	"	
Howington, Wm., Pt.	"	5 May '76	2½ yrs.	Omtd in '79
Howell, Jno., Pt.	"	1778		Died 28 Sep. '78
Hinson, Elizah, Sergt.	Bradley's	20 July '78	9 mo.	
Hill, Moses, Pt. (P. 1080)	"	"	"	
Hutchins, Robt., Pt.	"	"	"	
Harper, Fred'k, Pt.	"	"	"	
Hudson, Jno., Pt.	"	"	"	
Harris, Abner, Pt.	"	"	"	
Hardison, Joseph, Pt.	"	"	"	
Hearn, Benj., Pt.	"	"	"	Dischgd 7 May '79
Harris, Jese, Pt.	"	"	"	
Hinsen, David, Pt.	"	"	"	
Hodges, Wm., Pt.	"	30 July '79	18 mo.	Destd 20 Oct. '79
Hudley, Joseph, Pt.	"	20 June "	W	Died 28 Jan. '80
Hair, Thos., Pt.	"	20 May '78	"	Destd 16 Oct. '79
Hoby, Wm., Pt.	"	20 July '79	"	Destd Sep. '79
Harrison, Dan'l, Pt.	"	20 Aug. '77	3 yrs.	
Harbut, Benj., Pt.	Montfort's	26 July '79	W	
Hodges, Joseph, Pt.	"	1 June "	18 mo.	Omtd Oct. '79
Hewett, Jeremh, Pt.	"	24 " "	2 yrs.	Destd Sep. '79
Hall, Thos., Pt.	"	1 Mar. "	9 mo.	Dischgd 1 Dec. '79
Hastings, Carter, Musc.	Ballard's	1 July "	18 mo.	
Hewlett, Chas., Pt.	"	"	"	
Huddy, Wm., Pt.	"	1779	3 yrs.	
Hood, Eph'm, Pt.	Quinn's	7 June "	18 mo.	
Hinton, Jonas, Pt.	"	1 June "	"	

ROSTER OF NORTH CAROLINA SOLDIERS

Name and Rank	Company	Dates of Enlistment and Commission	Period of Service	Occurrences
Heathcock, Aaron, Pt...	Quinn's	22 June '79	2 yrs.	
Hogun, David, Pt......	"	24 " "	W	Omtd Oct.'79, Must in'80
Hall, Jas., Pt........... (P. 1080)	"	1779	9 mo.	Dischgd Dec. '79
Hicksman, Chas., Pt....	"	"	"	Dischgd Dec. '79
Hudson, Jno., Pt.......	"	"	"	Do
Holloway, David, Corpl.	Blount's	1 Mar. "	"	Do
Hawthorn, Jno., Musc... (P. 1081)	"	"	"	Do
Hutchins, Jesse, Pt.....	"	26 July "	3 yrs.	
Harp, Rich'd, Pt.......	"	1 Mar. "	9 mo.	Dischgd 1 Dec. '79
Hopkins, Joseph, Pt....	"	25 June "	W	Destd Oct. '79
Honycutt, Jno., Pt.....	"	5 Aug. "	"	Destd Oct. '79
Hall, Nathan, Musc.....	"	"	9 mo.	Died 24 Aug. '79
Hide, Sal., Pt..........	"	"	"	Omtd Oct. '79
Hill, Wm., Pt..........	"	"	"	Do
Hill, Joseph, Pt........	"	"	"	Died 15 Aug. '79
Hussar, Francis, Pt.....	"	"	"	Omtd Oct. '79
Hickman, Corbin, Pt....	"	"	"	Do
Hicks, Hasell, Pt.......	"	"	"	Destd Sep. '79
Hall, Jesse, Pt.........	"	"	"	Do
Haygood, Wm., Pt......	"	"	"	Omtd Oct. '79
Hill, Jno., Ensn........	"	4 Apr. "	"	Lt. 5 July '81
Hendrick, Albert, Corpl.	McRee's	28 " "	12 mo.	{Sergt. Aug. '81, {Left service 28 Apr. '82
Hays, Jno., Pt.........	"	9 May "	"	Destd 1 June '81
Harmond, Jno., Pt.....	"	28 Apr. "	"	Dead Sep. '81
Hilbert, Jno., Pt.......	Raiford's	4 May "	"	Dead Dec. '81
Harris, Robt., Pt.......	"	5 " "	"	Left service 28 Apr. '82
Harrison, Wm., Pt..... (P. 1081)	"	18 " "	"	Do 18 May '82
Hewes, Joseph, Sergt....	Donoho's	25 May '79	12 mo.	Do 25 May '82
Hester, Jno., Pt........	"	14 June "	"	{Pt. Jan., {Left service 16 June '82
Howell, Dempsy, Pt.....	"	2 May "	"	Left service 2 May '82
Howard, Edw'd, Pt.....	"	14 June '81	"	Do 14 June '82
Huttliston, Robt., Pt....	"	"	"	Do 14 June '82
Hopper, Moses, Pt......	"	25 May "	"	Do 25 May '82
Hart, Adam, Pt........	"	"	W	
Hainey, Jno., Corpl.....	Dixon's	15 May "	12 mo.	Do 21 May '82
Hester, Benj., Pt.......	"	"	"	Omtd in '81
Hainey, Anth'y, Corpl. .	"	"	"	Left service 21 May '82
Hill, Geo., Pt..........	"	12 May "	"	Omtd in '81
Hancock, Henry, Pt.....	"	25 Apr. "	"	Do
Hall, Jno., Pt..........	"	"	"	Left service 25 Apr. '82
Huggins, Jas., Pt.......	"	"	"	Do 25 Apr. '82
Huggins, Luke, Pt......	"	"	"	Do 25 Apr. '82
Huggins, Mich'l, Pt.....	"	"	"	Do 25 Apr. '82
Hickman, Corbin, Pt....	"	12 May "	"	Do 26May '82
Harvey, Joshua, Pt.....	"	"	W	{Transf'd 29 July '81 to {Coll. Lee's
Holdin, Wm., Pt........	"	12 May "		{Transf'd 29 July '81 to {Coll. Lee's
(P. 1081)				
Hunter, Geo., Pt.......	"	12 Apr. '81		Destd 20 July '81
Harris, Nelson, Sergt....	Lytle's	18 Sep. '80	12 mo.	Left service 12 Apr. '82
Hassle, Stephen, Pt.....	"	5 Apr. '81	"	Omtd in '81

Name and Rank	Company	Dates of Enlistment and Commission	Period of Service	Occurrences
Hampton, Zacha., Pt.	Lytle's	6 June '81	12 mo.	Do
Hafner, Jacob, Pt. (P. 1082)	"	1 June "	"	"
Harris, Elizah, Pt.	"	1 June "	"	Left service 1 June '82
Howard, Wm., Pt.	"	12 Apr. "	"	Do 12 Apr. '82
Howard, Wilson, Pt.	"	"	"	Do 12 Apr. '82
Hodges, Wyllis, Pt.	"	"	"	Do 12 Apr. '82
Hodges, Jas., Pt.	"	"	"	Omtd in '81
Harrison, Thos., Pt.	"	"	"	Left service 12 Apr. '82
Headright, Jno., Pt.	"	1 June '81		Do 1 June '82
Hodges, Robt., Pt.	"	12 Apr. "		Destd 5 July '81
Holly, Jacob, Pt.	"	"	W	
Hedspeth, Jno., Pt.	"	12 Apr. "	12 mo.	Left service 12 Apr. '82
Harding, Israel, Sergt.	Sharp's	15 " "	"	Do 15 Apr. '82
Hamontree, Griffith, Cpl.	"	"	"	Do 15 Apr. '82
Hern, Howell, Pt.	"	21 May "		Omtd in '81
Harding, Ab'm, Pt.	"	15 Apr. "		Omtd in '81
Hodgs, Wm., Pt.	"	15 June '81	"	Left service 15 June '82
Hewell, Caleb, Pt.	"	5 Apr. "	"	Omtd in '81
Hern, Jno., Pt.	"	"		Died 20 Feb. '82
Hardy, Joseph, Pt. (P. 1082)	"	"		Omtd in '81
Harper, Jno., Pt.	"			
Hill, Green, Pt.	"			
Harper, Nathan, Pt.	"			
Hill, Jno., Pt.	"	5 Apr. '81	12 mo.	{Corpl. Jan., {Left service 5 Apr. '82
Hooker, Jno., Pt.	"	"	"	Left service 5 Apr. '82
Hobbs, Joseph, Pt.	Walton's	1781		Do 1 July '82
Hills, Sam'l, Pt.	Dixon's	"		Time out 1 Apr. '82
Holly, Benj., Pt.	Lytle's		W	Mustd War Jan. '82
Hataway, Thos., Pt.	Sharp's	"		
Hubbard, Jno., Pt.	"		12 mo.	Time out 8 Sep. '82
Haines, Wm., Pt.	"		"	Do 3 Feb. '83
Hunter, Asa, Pt.	Doherty's		"	Do 25 May '82
Hutson, Miles, Pt.	"		"	Do 25 Apr. '82
Howard, Joseph, Pt.	"		"	Do 25 May '82
Herrington, Thos., Pt.	"		"	Do 25 May '82
Hill, Thos., Pt.	"		W	{Mustd Jan. '82, {Omtd 1 Apr. '82
Harper, Wm., Pt.	Rhode's	"	12 mo.	Time out 14 June '82
Hardy, Joseph, Pt.	"	"	"	Do 25 Apr. '82
Harper, Joseph, Pt.	"	"	"	Do 14 May '82
Hicks, Micaja, Pt.	"	"	"	Do 25 Apr. '82
Hinds, Lewis, Pt.	"	"	"	Do 16 July '82
Hanberry, Jesse, Pt. (P. 1082)	Armstrong's	"	"	Do 1 Nov. '82
Harrison, Henry, Pt.	Armstrong's	31 Dec. '81	"	Died 20 Sep. '82
Helderman, Nicholas, Pt	"	"	W	
Hamilton, Stewart, Pt.	Bailey's	25 May "	12 mo.	Left service 25 May '82
Hall, Jas., Pt.	"	15 Apr. "	"	Do 15 Apr. '82
Hill, Jese, Pt.	"	2 May "	"	Do 2 May '82
Hair, Jas., Pt.	"	"	"	Do 2 May '82
Hews, Jas., Pt.	"	25 May "		Do 25 May '82
Harrison, Francis, Pt. (P. 1083)	"	15 Apr. " 2 May "		Do 15 Apr. '82
Hassel, Joseph, Pt.	"		12 mo.	Do 2 May '82

Name and Rank	Company	Dates of Enlistment and Commission	Period of Service	Occurrences
Hornsby, Thos., Qr. Mr. Sergt........	Brevard's	1781	12 Mo.	Do 28 Apr. '82
Hardy, Robt., Sergt.....	"	"	"	Do 28 May '82
Hutchins, Edw'd, Sergt..	"	"	"	Do 11 July '82
Hall, Jesse, Corpl......	"	"	"	Do 9 May '82
Hilton, Arnold, Pt......	"	"	"	Do 25 May '82
Hopper, Jno., Pt........	"	"	"	Do 9 May '82
Holt, Thos., Pt.........	"	"	"	Do 12 Apr. '82
Hill, Rich'd, Pt.........	"	"	"	Do 12 Apr. '82
Hunsucker, Ab'm, Pt. ..	"	"	"	Do 7 June '82
Harvey, John, Sergt.....	"	"	"	{Transf'd 9 Jan. '82 to Pena Line
Hobbs, Reuben, Pt......	Hall's	"	"	Time out 1 Aug. '82
Hobbs, Jacob, Pt.......	"	"	"	Time out 1 Aug. '82
Hays, John, Pt.........	"		W	{Mustd Jan. '82, see him in 8 Reg.
(P. 1083)				
Harmon, James, Corpl. .	Hall's	1781	12 mo.	Time out 16 Aug. '82
Horn, Henry, Musc.....	Yarboro's	"	"	Do 22 Apr. '82
Harris, Henry, Musc....	"	"	"	Do 10 Apr. '82
Hopkins, Joseph, Musc..	"	"	"	Do 15 Apr. '82
Hedspeth, Peter, Musc..	"	"	"	Do 7 May '82
Harvey, Absolom, Musc.	"	"	"	Omtd 1 Apr. '82
Hagenton, Jese, Musc...	"	"	"	Time out 10 Apr. '82
Hall, Jas., Musc........	"	"	"	Time out 10 Apr. '82
Hill, Robt., Musc.......	"	"	"	Omtd 1 Apr. '82
Hussey, John, Musc.....	"	"	"	Time out 22 Apr. '82
Hall, Josua, Musc.......	Carter's	25 Apr. "	"	Do 25 Apr. '82
Hoard, Micajah, Musc..	"	15 Apr. "	"	Do 25 Apr. '82
Hack, Alex'r, Musc.....	"	" "	"	Do 10 Apr. '82
Hardick, Rich'd, Musc..	"	31 July "	"	{ Do 25 July '82, re-enlisted War Apr. '82
Hall, Wm., Musc........	"	12 Apr. "	"	Time out 7 Apr. '82
Hester, Joseph, Musc. ..	Jones'	1 Jan. '82	"	
Hester, John, Musc.....	"	" "	"	
Henry, Wm., Musc......	"	25 " "	"	
Hill, Wm., Musc........	"	2 Jan. "	"	
Hammon, Isaac, Musc. .	"	1 Aug. '81	W	
Holmes, Hardy, Lt......	"	1781		
(P. 1083)				
Hayes, Southy, Pt......	Mill's	7 Feb. '82	12 mo.	
Hunt, John, Pt.........	"	6 " "	"	
Holmes, John, Pt.......	"	18 Dec. '81	"	
Holmes, Josiah, Pt......	"	" "	"	
Holland, Henry, Pt.....	Coleman's	14 Sep. "	"	
Holly, John, Pt.........	"	10 Jan. '82	"	Died 16 Sep. '82
Hurley, John, Pt.......	"	" "	"	
Hammon, Isaac, Pt.....	"	1 Nov. '81	"	Dead 1 Aug. '82
Hogg, Gideon, Pt.......	"	1 Jan. '82		
Harris, Thos., Pt.......	Hall's	1 Mar. "		
(P. 1084)				
Hurley, John, Pt.......	"		W	Mustd Sep. '82
Hicks, Dempsy, Pt......	"		"	{Mustd Sep. '82, Destd 10 Dec. '82
Hogg, Andrew, Pt......	Jones'	8 Feb. "	12 mo.	
Haws, John, Sergt......	Mills'	Jan. "	"	Time out 1 Jan. '83
Hutchison, Elizah, Pt...	Bailey's	1 Aug. "	18 mo.	Destd 5 May '83

Name and Rank	Company	Dates of Enlistment and Commission	Period of Service	Occurrences
Hews, Willis, Pt........		17 Sep. '82	18 Mo.	
Hicks, Henry..........		4 Feb. "	12 mo.	
Holston, Salathiel, Sgt...	Hadley's	1 Aug. "	18 mo.	Destd 18 June '83
Hall, John, Pt.........	"	"	"	
Halten, Brazil, Pt......	"	"	"	
Harris, Jese, Pt........	"	"	"	
Hays, Wm., Pt.........	"	"	"	
Harding, Lewis, Corpl...	Bacot's	1782	"	
Hines, Benjamin, Pt..... (P. 1084)	"	"	"	
Hammock, Sam'l, Pt....	"	"	"	
Holland, Daniel, Pt.....	"	"	"	
Henry, Burrel, Pt.......	"	"	"	
Harper, Jett, Pt........	"	"	"	
Hedgpeth, Ab'm, Pt. ...	"	"	"	
Hull, Nathaniel, Pt.....	Carter's	"	"	Destd 21 June '83
Hicks, Micaja, Pt.......	"	"	"	
Hart, Samuel, Pt.......	"	"	"	
Herrington, Samuel, Pt..	"	"	"	
Hughes, Samuel, Pt.....	"	"	"	
Hutson, David, Pt......	"	"	"	Destd 26 Nov. '82
Hollin, Jeremiah, Pt....	"	"	"	Destd 9 June '83
Henderson, Robt., Sergt.	Raiford's	"	"	
Harrington, Thos., Cpl..	"	"	"	
Harrington, Giles, Pt...	"	"	"	
Hand, Joseph, Pt.......	"	"	"	
Heath, William, Pt.....	"	"	"	
Hutson, Miles, Pt......	"	"	"	
Hall, John, Corpl.......	Sharp's	"	"	
Hawkins, Ep'm, Pt.....	"	"	"	
Hyner, Lewis, Pt.......	"	"	"	Destd 17 June '83
Holland, Brazil, Pt.....	"	"	"	
Hollenhead, Benj., Pt...	"	"	"	
Hollenhead, Thos., Pt... (P. 1084)	"	"	"	
Haddock, And'w, Sergt..	Lytle's	1782	18 mo.	
Haddock, Richard, Pt...	"	"	"	
Hawkins, Lorton, Pt....	"	"	"	
Hews, William, Pt......		"	"	
Hendrick, Sam'l, Pt.....		"	"	
Hadley, William, Pt.....		"	"	
Harris, Henry, Pt.......		"	"	
Hurley, Joshua, Sergt...	Brevard's	"	"	
Hurley, David, Pt......	"	"	"	Pt. Mar. '83
Henson, Wm., Pt....... (P. 1085)	"	"	"	
Hood, Chas, Pt........	"	"	"	
Hood, Wm., Pt........	"	"	"	
Highfield, Hezk., Pt....	"	"	"	
Hargrave, Hezk., Pt. ...	"	"	"	
Hill, Solomon, Pt.......	"	"	"	Transf'd Mar. '83
Harris, Benj., Pt.......	Rhode's	1 Aug. "	"	Sergt. 1 Aug. '83
Hickman, Jacob, Pt.....	Evans'	1782	"	
Hensley, Wm., Pt.......	"	"	"	
Hutson, Miles, Pt......		1779	3 yrs.	
Hall, Joshua, Pt........		"	"	
Harris, David, Pt......		"		Mustd, Destd Sep. '79

Name and Rank	Company	Dates of Enlistment and Commission	Period of Service	Occurrences
Hatcher, David, Pt.		1779		Mustd, Dead Sep. '79
Harbourd, Jno., Pt.		"		Mustd, Destd Sep. '79
Hussey, Jno., Pt. (P. 1085)			3 yrs.	Mustd Aug. '79
Hinds, Dan'l, Pt.	Bacot's			Mustd Dec. '82
Hope, Wm., Musc.	Lytle's			Do
Harris, Edw'd, Sergt.	Sharp's			Do
Hollis, Jas., Musc.	Rhode's			Do
Hutson, Miles, Pt.	Sharp's	14 Dec. '78	W	
Huggins, Nehemh, Pt.	"		3 yrs.	
Hedgeman, Geo., Pt.	"	10 Nov. '78		
Hedgeman, Lewis, Pt.	"	"		
Hair, Thos., Pt.	"	"		
Hicks, Chas., Pt.	"	1 Nov. '78		
Harvey, Jas., Pt.	"	"		
Harp, Mattw, Sgt. Mjr.	Armstrong's		W	Mustd Jan. '79
Hall, Davis, Pt.	Lt. Col's			Do
Hall, Joshua, Pt.	"			Do
Hall, Futrill, Pt.	Taylor's			Do
Harback, Jno., Pt.	Eaton's		W	Do

I (P. 1087)

Name and Rank	Company	Dates of Enlistment and Commission	Period of Service	Occurrences
Ivy, David, Musc.	Wilson's	12 May '77	3 yrs. W	Waggoner in '81
Ingraham, Jno., Pt.		June '79	W	Sergt. 1 Jan. '80
Inman, Wm., Pt.	Bradley's	1 Aug. "		
Ivey, Reubin, Pt.	Bailey's	25 May '81	12 mo.	Left service 25 May '82
Inglish, Jno., Pt.	Hall's		W	Mustd Apr. '82, Destd 13 June '83
Isdall, Geo., Pt.	Lytle's	1782	18 mo.	Destd 5 May '83

J (P. 1092)

Name and Rank	Company	Dates of Enlistment and Commission	Period of Service	Occurrences
Jordan, John, Pt.	Shepard's	5 May '77		Died 17 Mar. '78
Jarvis, John, Capt.				Omtd June '78
Jarvis, Willoughby, Pt.	Jarvis'	14 May "		Corpl. June, Pt. Aug. '78
Jones, Timothy, Lt.	Gregory's	19 Apr. "		Resigned Apr. '78
Jennings, John, Corpl.	"	21 May "	3 yrs.	Pt. June '78
Jones, Wm., Pt.	Heron's	22 July "	"	
Jason, Henry, Pt.	Van Noy's	29 May "		Omtd June '78
Jacobs, Benj., Pt.		16 Feb. "	2½ yrs.	Corpl. 19 May '79
Jennings, Wm., Pt.	Major's	6 Nov. "	"	Dead Oct '78
Jones, John, Pt.		14 Jan "	"	Died 15 Oct. '78
James, Wm., Pt.		1 Dec. "	"	Died 31 Oct. '78
Jones, Thos., Pt.		28 Sep. "	W	Sergt. 1 Jan. '80
Johnson, Dan'l, Pt.		16 Sep. "	3 yrs. W	
Johnson, Henry, Pt.		29 " "	3 yrs.	Musician Nov. '79
Jones, Phillip, Pt.		4 " "	"	
Johnson, Brutus, Musc.				Mustd Jan., and died 15 Feb. '78
Jones, Wm., Pt.		2 July "	"	
Joiner, Henry, Sergt.	Colonel's	20 " '78	9 mo.	
Joiner, Ely, Pt.	"	"	"	
Johnson, Balaam, Pt.	Hogg's	"	"	
Johnson, Solomon, Pt.				Dead 15 Sep. '78
Jackson, Jereh, Pt.	Quinn's	16 Oct. '78	3 yrs.	See him for war in Quinn's Co'y in '79
Johnson, Josh., Sergt. (P. 1092)	"	20 July "	9 mo.	
Jones, Isom, Pt.	Lt. Col's	20 July '78	9 mo.	
Johnson, Dempsy, Pt.	"	"	"	

IN THE AMERICAN REVOLUTION

Name and Rank	Company	Dates of Enlistment and Commission	Period of Service	Occurrences
Johnson, Barns, Pt.	Lt. Col's	20 July '78	9 mo.	
Jonican, David, Pt.	"	"	"	
Jackson, Edw'd, Pt.	Baker's	"	"	
Jones, Peter, Pt.	"	"	"	
Joiner, Nath'l, Pt.	"	'78		Destd 14 July '78
James, David, Pt.	Blount's	20 July "		
James, Jereh, Pt.	"	"	"	
James, Thos., Pt.	"	"	"	
Jackson, Fred'k, Pt.	Ballard's	"	"	
Jones, Josiah, Musc.	Bradley's	"	"	Mustd for War Jan. '82
Johnson, Mathias, Pt.	Child's	"	"	
James, Mecaja, Pt.	"	"	"	
Jones, Broton, Pt.	Bradley's	10 June '79	18 mo.	Omtd Oct. '79
Jack, Francis, Pt.	Montfort's	19 " "	"	Do
Jew, James, Pt.	"	1 Mar. "	9 mo.	Dischgd 1 Dec. '79
Johnson, Henry, Sergt.	Ballard's	1 June "	3 yrs.	Transf'd Mar. '80 to 2nd Reg.
Jordan, Caleb, Pt.	"	29 " "	W	Destd 5 Aug. '79, Mustd Jan. '82
Jeanes, Nathan, Pt.	"	1779		Dischgd 1 Dec. '79
Johnson, James, Pt.	"	"		Do
Jones, John, Pt.	"		3 yrs.	Dischgd 1 Feb. '80
Jackson, Jereh, Pt. (P. 1093)	Quinn's	24 June "	W	Omtd Oct.'79, Mustd in '80
Johnson, Thos., Pt.	"	1779	9 mo.	Dischgd Dec. '79
Jenks, Thos., Corpl.	"	"	"	Do
Johnson, Wm., Pt.	Blount's	1 July "	W	
Jones, Wm., Pt.	"	1 June "	3 yrs.	
Jones, Hardy, Pt.	"	17 Oct. "	"	
Josnes, David, Pt.		'79	9 mo.	Omtd Oct. '79
Jeffrey, Jno., Pt.		"	"	Died 15 Aug. '79
Johnson, Dan'l, Pt.	Raiford's	17 May '81	12 mo.	Left service 15 May, '82
Jones, Griffith, Pt.	"	"	"	Artificer '82
James, Jereh, Pt.	"	"	"	Left service 15 Apr. '82
Johnson, John, Pt.	Donoho's	14 June "	"	Sergt. Jan., Left service in June '82
Jenkins, Elijah	"	15 Apr. "	"	Omtd in '81
Jeffries, Jacob, Pt.	"	25 May "	"	Left service 25 May '82
Jennings, James, Pt.	"	" "	"	Omtd in '81
Johnson, Jese, Pt.	"	14 June "	"	Left service 14 June '82
Jarvis, John, Pt.	Dixon's	12 May "	"	Do 12 June '82
Jones, Berry, Pt.	Lytle's	9 July "	"	Do 26 June '82
Jones, Freeman, Pt.	"	"	"	Do 26 June '82
Jeffrey, Drewry, Pt.	"	"	"	Do 26 June '82
Johnson, Jacob, Pt.	Walton's	1781		Do 1 Apr. '82
Jones, Nathan, Pt.	Lytle's	"	"	Do 12 Apr. '82
Jackson, Jas., Pt.	Sharp's	"	"	Do 21 Aug. '82
Jones, Thos., Pt.	"	"	"	Time out 16 July '82
Jones, Fred'k, Pt. (P. 1093)	"	"	"	Do 5 Aug. '82
Joiner, Benj., Pt.	Doherty's		W	Mustd Jan. '82
Jones, Fred'k, Pt.	"	1781	12 mo.	Time out 25 May '82
Jones, Henry, Pt.	"	"	"	Do Do
Johnson, Absolom, Pt.	"	"	"	Do Do
Jones, Jas., Pt.	Rhode's	"	"	Dischgd 17 Feb. '82
Jones, John, Pt.	Armstrong's	"	"	Left service 1 Nov. '82
Jones, Isaac, Pt.	Brevard's	"		Do 10 May '82

Name and Rank	Company	Dates of Enlistment and Commission	Period of Service	Occurrences
Jordan, Nathan	Hall's	1781	12 mo.	Do 16 Aug. '82
Johnson, Wm.	"	"	"	Do 16 Aug. '82
James, Benj.	"	"	"	Do 16 Aug. '82
Jacobs, Henry	"	"	"	Do 1 Aug. '82
Jones, Zacha., Corpl.	Yarboro's	"	"	Do 1 July '82
Jesse, John, Musc.	"	"	"	Do 22 Apr. '82
Jordon, Zeb'l, Pt.	"			Do 1 May '82
Jordon, Stephen, Pt.	"			Do 1 May '82
Jones, Wm., Pt.	"			Do 22 May '82
Jones, Jas., Pt.	"			Do 13 Apr. '82
Jones, Jas., Pt.	"			Do 27 Apr. '82
Jones, Britton, Pt.	Carter's	25 Apr. "	"	Do 25 Apr. '82
Johnson, Solomon, Pt.	Jones'	15 June "	"	
Johnson, Eph'm, Pt.	"	"		
Johnson, Soasby, Pt.	"			
Jones, Sam'l, Capt.		11 Sep. "	12 mo.	{Lt. from 4 Oct. '77, Deranged 1 Jan. '83
(P. 1094)				
Jones, Wm., Pt.	Mill's	5 Feb. '82	12 mo.	
Jones, Jno., Pt.	"	6 " "	"	
Jones, Ab'm, Pt.	"	"	"	
Jacobs, Zacha, Pt.	"	18 Dec. '81	"	
Jacobs, Hezk., Pt.	"	"	"	
Johnson, John, Pt.	"	1 Jan. '82	"	
Jacobs, Wm. Pt.	"	20 Feb. '82	W	
Jones, Jona, Capt.	Coleman's	12 Dec. '81	12 mo.	
Jones, David, Pt.	"	"	"	
Jones, Benj., Pt.	Hall's		W	Left service 25 July '82
Jones, Phillip	"	1781	12 mo.	Time out 1 Nov. '82
Jordon, Fountain	"	1 Feb. '82	"	Mustd War Sep. '82
Jones, Phillip	Mill's	"	"	Time out 1 Mar. '83
James, Wm.	Bailey's	10 Sep. "	18 mo.	
Jackson, Wm.	"	1 Aug. "	"	
Jones, Moses	"	17 Sep. "	"	
Jones, Wm.	Hadley's	1 Aug "	"	
Jacobs, Joshua	Bacot's	"	"	
Jaene, Sherrod	Carter's	"	"	Destd 21 June '83
Johnson, Fred'k	Raiford's	"	"	
Jimes, Vachel, Sergt.	Sharp's	"	"	
Jones, Ezek'l, Pt.	"	"	"	
Jones, Francis	"	"	"	Transf'd 27 Dec. '82
Jacobs, Primus	Lytle's	"	"	
Jackson, Colby	Brevard's	"	"	
(P. 1094)				
Jarvis, Jno.	Brevard's	1782	18 mo.	Died 29 Nov. '82
Jordon, Rives, Corpl.	Evans'	"	"	Destd 4 June '82
Jones, Ab'm, Pt.	"	"		Omtd Jan. dead
Jarmin, Benj., Pt.	Colonel's		3 yrs.	{Mustd Jan. '79 vide Benj. German
Jones, John, Pt.	Raiford's	27 May '78	W	Mustd Feb. '79
K (P. 1098)				
Kelly, Chas., Sergt.	Wilson's	4 Aug '77	3 yrs.	{Pt. June '78, Corpl. 1 Aug. '78, Sergt. 26 Feb. '79
King, Jas., Pt.	Stevenson's	1 Aug. "	3 yrs. W	
Koen, Caleb, Lt.		19 Apr. "		
King, Enoch, Pt.	Moore's	25 June "	"	
King, Jno., Pt.		4 Oct. "	"	

Name and Rank	Company	Dates of Enlistment and Commission	Period of Service	Occurrences
Kail, Jno., Pt.		16 Apr. '77	2½ yrs.	Dischgd 31 Dec. '78
Kelly, Thos., Pt.			W	Destd 12 Sep. '78, Mustd, dischgd Jan. '79
Koen, Jno., Sergt.		30 May "	3 yrs.	Corpl. June '78
Keller, Mich'l, Pt.		6 June "	"	
Knight, Miles, Pt.		1 Nov. "	2½ y.W	Pris. 1 June '79, Sergt. 16 Feb. '80
King, Mason, Pt.	Hogg's	20 July '78	9 mo.	Destd 21 July '78
Keel, Hardy, Sergt.	Baker's	26 Dec. '76	3 yrs.	
Kitchen, Benj., Sergt. (P. 1098)	"	20 July '78	9 mo.	
Kelly, Wm., Pt.	"	"	"	
King, Thos., Pt.	"	"	"	
Kail, Jacob, Pt.	Blount's	"	"	
Kirk, Roger, Pt.	Ballard's	"	"	
King, Edw'd, Pt.	Bradley's	"	"	Mustd War in '82 in Hadley's Co'y
Killet, Joseph, Pt.	Bradley's	"	"	Destd Oct. '78
Kite, Jas., Pt.	Child's	"	"	
Kelly, Jas., Pt.	Bradley's	20 May '78	W	Destd Sep. '79
Kittle, Benj., Pt.	Montfort's	10 Aug. '79	18 mo.	Destd Sep. '79
Kenny, Robt., Pt.	Ballard's	1 July "	"	Destd 1 Oct. '79
Kickman, Corbin, Pt.	Quinn's	1777		Dischgd 22 Nov. '79
Kennedy, Wm., Sergt.	Ramsay's	"	9 mo.	Omtd Oct. '79
King, Jas., Pt.	"	"	"	Dead Sep. '79
Kent, Thos., Pt.	"	"	"	Dead Sep. '79
Kent, Thos., Pt.	"	"	"	Omtd Oct. '79
Kennedy, Benj., Pt.	"	"	"	Omtd Oct. '79
Kesley, Rich'd, Pt.	McRee's	11 June '81	12 mo.	Left service 11 June '82
Kellion, Jno., Pt.	Donoho's	25 May '82	"	Corpl. Jan., Left service 25 May '82
Kellion, Jacob, Pt.	"	"	"	Left service 25 May '82
Kettle, Jacob or Jno., Corpl.	"	"	"	Sergt. Jan., Left service 25 May '82
Kenny, Thos., Pt.	Lytle's	6 June '81	"	Omtd in '81
Keel, Hardy, Pt. (P. 1098)	Sharp's	15 Apr. "	"	Left service 15 Apr. '82
Keel, Chas., Pt.	Bailey's	1 June '81	12 mo.	Left service 1 June '82
Keen, Saucer, Pt.	Hall's	Feb. '82	"	Time out 22 Feb. '83
King, Woody, Pt.	"	1781	"	Do 21 Apr. '82
Kite, Geo., Pt.	Yarborough's	"	"	Do 22 Apr. '82
King, Anth'y, Pt.	"	"	"	Do 1 May '82
King, David, Pt.	"	"	"	Do 23 May '82
Kean, Jacob, Pt.	Mill's	4 Feb. '82	"	Do 23 May '82
Keeter, Nehemh, Pt.	"	18 Dec. '81	"	Died 6 Sep. '82
Keen, Wm., Pt. (P. 1099)	Coleman's	10 Jan '82	"	
Keates, Thos., Sergt.	"	10 Jan. "	"	Corpl. 1 Apr. '82, Pt. Sep. '82
Kittrell, Jona, Pt.	Mill's	8 Mar. "	"	
Keener, Martin, Pt.	Bailey's	1 Aug. "	"	
Kennedy, Jno., Pt.	"	"	"	
Keener, Jno., Pt.	"	"	"	
Kinsey, Wm.	Hadley's	"	18 mo.	
Kellahan, Martin	"	"	"	
Kelly, Jno., Pt.	"	"	"	
King, Edw'd, Pt.	Brevard's	"	"	

Name and Rank	Company	Dates of Enlistment and Commission	Period of Service	Occurrences
Key, Jas., Pt.	Hadley's	1 Aug. '82	18 mo.	
Kersey, Jas., Pt.	"	20 " "	"	
Kennedy, Jno., Pt.	"	10 Sep. "	"	
Kent, Levy, Pt.	"	1 Aug. "	"	
Key, Wm., Pt.	Bacot's	1782	"	
Kids, Jno., Pt.	Carter's	"	"	
(P. 1099)				
Kellum, Jno., Pt.	Raiford's	"	18 mo.	Died 28 June '83
Kellum, Geo., Pt.	"	"	"	
Kime, David, Pt.	Sharp's	"	"	
Kilpatrick, Hugh, Pt.	Lytle's	"	"	
Kingston, Sam'l, Pt.	"	"	"	Destd 12 June '83
Kellihan, Isaac, Pt.	"	"	"	
King, Vincen., Pt.	Brevard's	"	"	
Kelly, Jas., Pt.	"	"	"	
Kennedy, Mich'l, Pt.	Armstrong's		3 yrs.	Mustd June '79
Kight, Demsy, Pt.	Lt. Col's		"	Mustd Jan. '79
Kight, Chas., Pt.	"		"	Mustd Jan. '79
L (P. 11044)				
Low, Jno., Lt.	Wilson's	19 Apr. '77		Omtd Jan. '78
Lambert, Aaron, Pt.	Stevenson's	21 " "	3 yrs.	
Lester, Wm., Pt.	"	24 " "	"	Dischgd Apr. '78
Lewis, Edw'd, Pt.	"	7 May "	"	Dead May '79
Lewis, Elisha, Pt.	"	29 June "	"	Omtd Feb. '79
Lewis, Jona, Pt.	"	1 Aug. "	"	Pris. 1 June '79
Luts, Jno., Pt.	Jarvis'	25 May "		{ Corpl. June '78, Died 10 Nov. '78
(P. 1105)				
Lane, Jacob, Corpl.	Moore's	2 Aug. "	3 yrs.	Pt. June '78
Lippincott, Wm., Musc.	"	8 May "	3 yrs. W	
Lollard, Jno., Pt.	"	18 Mar. '78	3 yrs.	
Low, Rich'd, Pt.			"	Dischgd 14 June '78
Lucas, Ambrose, Pt.		14 Apr. '76	2½ y.W	Destd 1 Feb. '80
Love, Thos., Pt.		June '77	3 yrs.	
Lane, Thos., Pt.	Coleman's	1 May "	"	
Lewis, W. Sam'l, Pt.				{ Mustd May '78, Omtd June '78
Lawrence, Nath'l, Lt.	Fenner's	1 June '78		{ Pris. 1 June '79, Deranged 1 Jan. '83
Lane, Jethro, Pt.		26 June '77	3 yrs.	
Lasiter, Jacob, Pt.				{ Mustd Feb. and died 16 Mar. '78
Lucas, Famoth, Pt.	Montforth's	20 July '78	9 mo.	
Lewis, Morgan, Pt.	"	"	"	
Lewis, Jno., Pt.	"	"	"	
Lewis, Chas., Pt.	Hogg's	"	"	
Lewis, Eph'm, Pt.	"	"	"	
Lasiter, Josiah, Pt.	"	"	"	Dead 15 Sep. '78
Lambeth, Jno., Pt.	Quinn's	"	"	
Lucas, Rich'd, Pt.	"	"	"	Omtd Oct. '78
Lewis, Joshua, Pt.	Lt. Col's	"	"	
Lemon, Land, Pt.	"	"	"	
Lane, Jethro, Pt.	"	"	"	
Lewis, Jacob, Pt.	Baker's	"	"	
Lucas, Chas., Pt.	"	"	"	
Lucas, Arthur, Pt.	"	"	"	

Name and Rank	Company	Dates of Enlistment and Commission	Period of Service	Occurrences
Lacey, Jno., Pt.	Baker's	20 July '78	9 mo.	Destd 30 Aug. '78
Lee, Ab'm, Pt.	Blount's	"	"	
Leggett, Lewis, Pt.	"	"	"	
Lawrence, Joseph, Pt.	"	"	"	
Lewis, Nathan, Pt.	Ballard's	"	"	
Long, Jas., Pt.	"	"	"	
Langston, Elisha, Pt.	"	"	"	
Lee, Jesse, Pt.	"	"	"	Omtd Oct. '78
Lee, Bryan, Pt.	"	"	"	Omtd Oct. '78
Lee, Chas., Pt.	"	"	"	Omtd Oct. '78
Lovet, Moses, Pt.	Bradley's	"	"	
Lambert, Jno., Pt.	Child's	"	"	
Loyd, Jesse, Pt.	"	"	"	
Loyd, Henry, Pt.	"	"	"	
Lewis, Wyllis, Corpl.	"	"	"	
Lee, Wm., Musc.	Bradley's	15 June '79	W	
Lee, Wm., Pt.	"	20 May '78	"	Destd Sep. '79
Liner, Thomas, Pt.	"	22 " '79	18 mo.	{Destd 28 Oct. '79, Mustd Dec. '79
Lockhart, Jno., Sergt.	Montfort's	24 " '79	"	Qr. Mr. Sergt. 15 Dec. '79
Lawhorn, Sam'l, Pt.	"	26 July "	"	
Lasiter, Jas., Pt.	"	15 June "	"	Omtd Oct. '79
Linch, Thos., Pt. (P. 1106)	"	10 Aug. "	"	Omtd Oct. '79
Larouse, Joshua, Pt.	"	18 June '79	3 yrs.	Omtd Oct. '79
Labiel, Francis, Pt.	Ballard's	"	W	Omtd Oct. '79
Lovell, Jno., Pt.	"	29 June "	"	Destd 14 Nov. '79
Lewis, Joshua, Pt.	"	1 July "	18 mo.	Destd 29 Oct. '79
Lohar, Jno., Sergt.	"	20 June "	9 mo.	
Lane, Jas., Pt.		29 " "	W	Destd 5 Aug. '79
Lane, Isaac, Pt.		29 " "	W	Destd 22 Aug. '79
Lowe, Jas., Pt.	Quinn's	1779	3 yrs.	
Litten, Isaac, Sergt.	Blount's	20 June '77	"	
Little, John, Pt.	"	1 Mar. '79	9 mo.	Dischgd 1 Dec. '79
Low, Ab'm, Pt.	"	10 May "	18 mo.	
Lomax, Wm., Pt.	"	"	W	Omtd Nov. '79
Lewis, Marshall, Pt.	"	22 June "	"	Destd Oct. '79
Lovell, Wm., Pt.	"	5 " "	"	Dest Oct. '79
Lucas, Billing, Pt.	"	"	9 mo.	Died 5 Sep. '79
Lomax, Wm., Pt.	McRee's	9 May '81	12 mo.	Left service 9 May '82
Lanfield, Joseph, Pt.	"	"	"	Destd 2 July '81
Lyerly, Chrisr., Pt.	"	28 Apr. "	"	Left service 28 Apr. '82
Lee, Wm. Jr., Pt.	"	"	"	Destd 2 July '81
Lasiter, Luke, Pt.	Raiford's	13 June "	"	Left service 25 June '82
Lethgo, Wm., Pt.	"	9 Apr. "	"	Died 1 Apr. '82
Link, Paul, Pt.	Donoho's	25 May "	"	Left service 21 May '82
Lawrence, Wm., Pt.	Dixon's	12 " "	"	Do Do
Leept, Edm'd, Pt.	"	"		(Leet) Do Do
Lasiter, Jonas or Jas., Pt. (P. 1106)	"	"		Do 20 May '82
Lee, Thos., Pt.	"	29 Apr. '81	12 mo.	Do 25 Apr. '82
Lewis, Benj., Pt.	"	"	"	Do Do
Lee, Phillip, Pt.	"	12 May "	"	{Trans'd 29 July '81, to Col. Lee's
Liles, Jno., Pt.	"	"	"	Do Do
Lovin, Arthur, Pt.	"	24 Apr. '81	"	Destd 15 July '81
Lett, Jas., Pt.	Lytle's	20 June '80	3 yrs.	

Name and Rank	Company	Dates of Enlistment and Commission	Period of Service	Occurrences
Lewis, Rich'd, Sergt.....	Lytle's	1 June '81	12 mo.	
Lindenham, Isaac, Pt...	"	20 June '80	3 yrs.	
Laughinghouse, Jno., Pt.	Sharp's	15 Apr. '81	"	Dischgd 14 Feb. '82
Little, Thos., Pt........	"	"	"	Omtd in '81
Lafton, Canon, Pt......	"	15 June '81	12 mo.	Time out 15 June '82
Lewis, Hardy, Pt.......	Raiford's	Jan. '80	"	(In lieu of Jas. Davison) Time out 15 Apr. '82
Lennihan, Jno., Pt......	Lytle's	1781	"	Time out 28 May '82
Little, Guin, Pt........	"	"	"	Do 12 Apr. '82
Lewis, Rich'd, Pt......	Sharp's	"	"	Do 10 Oct. '82
Lewis, Fred'k, Corpl....	Doherty's	"	"	Do 25 May '82
Land, Jno., Pt.........	"	"	"	Do 25 May '82
Laighton, Wm., Pt......	"	"	3 yrs.	
Lewis, Thos., Pt........	Rhode's	"	"	Time out 16 May '82
Larks, Francis, Sergt....	Armstrongs'	"	W	Mustd Jan. '82
Lain, Jacob, Corpl...... (P. 1106)	"	"	12 mo.	Time out 1 Nov. '82
Louis, David, Pt........	Bailey's	12 Apr. '81	12 mo.	Left service 12 Apr. '82
Lamb, Abner, Pt.......				Lt. 1 June '81
Long, Jno., Pt......... (P. 1107)	Brevard's	1781	12 mo.	Left service 21 July '82
Lewis, Marshall, Pt.....	"	"	"	Do 28 Apr. '82
Lane, Cityzen, Pt.......	Hall's	"	"	Time out 1 Aug '82
Lilly, Isaac, Pt.........	"	"	"	Do 16 Aug. '82
Lane, Timothy, Pt......	"	"	"	Do 1 Aug. '82
Lane, Benj., Pt.........	"	"	"	Do 16 Aug. '82
Lasiter, Jese, Pt........	"	"	"	Do 12 Apr. '82
Litter, Geo., Pt.........	Yarborough's	"	"	Do 22 Apr. '82
Litter, Wm., Pt.........	"	"	"	Do 22 Apr. '82
Lee, Rich'd, Pt.........	"	"	"	Omtd 1 Apr. '82
Lewis, Jas., Pt.........	"	"	"	Omtd 1 Apr. '82
Lucas, Thos., Pt........	"	"	"	Omtd 1 Apr. '82
Lashorn, Jas., Pt.......	"	"	"	Omtd 1 Apr. '82
Lille, Lewis, Pt.........	Carter's	19 May '81	"	Time out 19 Apr. '82
Lawrence, Joseph, Pt....		25 Apr. '82	"	Do 25 Apr. '82
Lewis, Jona, Corpl,.....		5 Apr. '81	"	Do 1 Oct. '82
Love, Sam'l, Pt........		8 Mar. '82	"	Do 1 Mar. '82
Lawson, Wm., Pt.......		5 Oct. '82	"	Do 1 Oct. '82
Leigh, Lewis, Sergt......	Mill's	2 Feb. "	"	Died 17 July 82
Lewis, Jno., Pt.........	"	13 Jan. "	"	
Land, Henry, Pt........	Coleman's	"	"	Time out 1 July '83
Lewis, Isaac, Pt........ (P. 1107)	Hall's	Apr. "	W	
Long, Wm., Pt.........	"	"	"	Corpl. 1 Nov. '82
Lamb, Jno., Pt.........	Mill's	Jan. "	12 mo.	Time out Jan. '83
Lackey, Thos., Pt.......	Bailey's	4 Nov. "		
Lasiter, Jas., Pt........	Hadley's	10 Sep. "		
Lee, Aaron, Sergt.......	Bacot's	"	"	
Long, Jas., Pt..........	"	"	"	
Leopard, Wm., Pt......	Carter's	"	"	
Lindon, Pat'k, Pt.......	"	"	"	
Lambert, Enoch, Sergt. .	Raiford's	"	"	
Lee, Jas., Pt...........	"	"	"	
Leggett, Abs'm, Pt......	"	"	"	
Lollar, Jno., Sergt.......	Sharp's	"	"	
Low, Thos., Pt.........	"	"	"	
Lambley, Phillip, Pt....	"	"	"	

Name and Rank	Company	Dates of Enlistment and Commission	Period of Service	Occurrences
Leir, Jas., Pt...........	Sharp's	'82	12 mo.	Destd 14 May '83
Lyon, Wm., Pt.........	Lytle's	"	"	
Linsey, Jas., Corpl......	Brevard's	"	"	
Loving, Jno., Pt........	"	"	"	Destd 23 June '83
Littleton, Wm., Pt......	"	"	"	
Ludwick, Lewis, Pt.....	"	"	"	
Law, Jno., Pt..........	"	"	"	
Lewis, Benj., Pt........	Evan's	"	"	Destd 8 June '83
Lane, Wm., Pt.........	"	"	"	
Lucas, Thos., Pt........	"	"	"	Omtd Jan. '83. Transf'd
Larey, Pat'k, Pt........ (P. 1107)	"	"	"	
Lovesy, Boling, Pt......	"	1782	18 mo.	Omtd Jan. '83, Transf'd
Lesley, Jno., Pt.........	Coleman's	1 Aug. '82	"	
Low, Wm., Pt..........		1779	3 yrs.	
Long, Henry, Pt........		"	9 mo.	
Lord, Wm., Pt.........	Eaton's			Mustd in '79
Lewis, Joel, Pt.........	Gorden's			Mustd in '79

M (P. 1115)

Name and Rank	Company	Dates of Enlistment and Commission	Period of Service	Occurrences
McColley, Mat'w, Lt....	Wilson's	19 Apr. '77		Omtd June '78
McCollister, Joseph, Pt .	"	15 July "		
McFailin, Alex'r, Pt.....	"	4 Nov. "		Destd Jan. '80
Morse, Francis, Pt......	"	3 Apr. '78		Destd 20 Apr. '78
McRevels, Robt., Ensn .		19 Apr. '77		Omtd Aug. '78
McCollester, John, Pt...		8 Aug. "	12 mo.	Omtd Aug. '78
Martin, Jas., Sergt......	Sheppard's	4 " "	3 yrs.	
Mitchell, John, Pt......	"	15 " "		Omtd June '78
Matchet, Edw'd, Pt.....		28 July "	3 yrs. W	
Mills, Elisha, Pt........	Stevenson's	9 June "	3 yrs.	
Mahaus, Sam'l, Sergt. .. (P. 1116)	Jarvis'	12 May "	"	Corpl. June '78
Miller, John, Pt........	"	8 " "	"	Dischgd 1 Sep. '78
Morris, John, Pt........	Gregory's	15 July "	"	
May, Gardner, Musc....	Heron's	22 May "	"	{Pt. June '78, Corpl. Nov. '78, Prisr, 1 June '79
Morgan, Rich'd.........	"	26 July "	"	Died 23 Sep. '78
Miller, Dan'l, Pt........	"	14 Aug. "	"	
Moore, Isaac, Capt.....		19 Apr. "		Died 10 July '78
Mullen, Wm., Corpl.....	Moore's	14 Aug. "		Pt. June '78
Modlin, Elisha, Pt......	"	3 May "	"	Mustd 27 Mar. '80
Mundin, Joseph, Pt.....	"	17 " "	"	Died 20 Dec. '77
Modlin, Thos., Pt.......	"		"	{Corpl. Aug. '78, Pt. Mar. '79
Modlin, Miles, Pt.......	"	"	"	Omtd Sep. '78
Modlin, Zebulon, Pt.....	"	"	"	
Modlin, Ezek'l, Pt...... (P. 1116)	"	1 Dec. "		Died 20 Apr. '78
Mullen, Richard, Pt. ...	Moore's	12 Aug. '77	3 yrs.	
Mires, John, Pt.........	Vannoy's	21 " "	"	
Mason, John, Pt........	"	1 July "		Omtd June '78
McDaniel, Joseph, Pt...		"	3 yrs. W	Omtd Nov. '79
Myre, Henry, Pt........	Colonel's	1 Aug. '78	2½ yrs.	Destd July '79
Martin, Joshua, Pt......		14 May '76	3 yrs.	Dischgd 31 July '79
Martin, Richard, Pt.....		8 Aug. "	"	Dischgd 1 Apr. '79
Minshew, John, Pt......				{Mustd Apr. '78, died 14 May '78
Moore, Marmaduke, Pt.		1 Nov. '77	3 yrs. W	

Name and Rank	Company	Dates of Enlistment and Commission	Period of Service	Occurrences
Messer, Benj., Pt.			3 yrs.	Trans. to Invalids Nov.'79
Moore, Joseph, Musc.	Fenner's		3 yrs.	Mustd Jan. '78, died 16 Mar. '78
McDowell, Jesse, Pt.	"	1 June "		Pt. June '78
Myhan, Wm., Pt.	"		2½ yrs.	Died 18 July '78
Maples, Marmaduke, Pt.		7 " "	3 yrs.	Corpl. Jan. '79
Marlow, Demsy, Pt.		1 July "	"	
Man, John, Pt.				Mustd June '78, Omtd Feb. '79
Mardray, Darlin, Pt.		26 Apr. '76	2½ yrs.	Dischgd 10 Nov. '78
Mullin, Malone, Pt.		27 " "		Dischgd 10 Oct. '78
McGraw, Joseph, Pt.			3 yrs.	Mustd June '78, Omtd Oct. '78
McKeel, Mich'l, Pt.		4 May '76	2½ yrs.	Dischgd 1 Aug. '79
Mossom, Rich'd, Ensn. (P. 1116)	Hall's	4 Sep. '78		
Maudley, Wm., Pt.			3 yrs.	Mustd Jan. '79
Moore, W., Surg. Mate.		19 Jan. '78		Omtd Sep. '78
McKiel, Thos., Pt.			"	Mustd Jan. '78, Omtd June '78
McDonald, Jona, Pt.		1778		Died 20 Feb. '78
Mitchell, Beth'w, Pt.			3 yrs.	Mustd Jan. '78, Omtd Mar. '78
Moore, Reuben, Pt.	Montfort's	20 July '78	9 mo.	
Manning, Thos., Pt.	"			
Meigs, Thos., Pt. (P. 1117)	"			
Merrit, Joel, Pt.	"			
Mitchell, Jacob, Pt.	"			
Montcrief, Maxwell, Pt.	"			
Moreland, Bartlet, Pt.	"			
Micham, Paul, Pt.	"			
Murphy, Dan'l, Pt.	Hogg's			
Moore, John, Pt.	"			
Mushaw, John, Pt.	"			
Moore, Mat'w, Pt.	"			
Mitchell, Oliver, Pt.	"			
Moore, Wm., Pt.	"			
Miller, Abel, Pt.	"			
Maddry, Brylan, Pt.	"			Omtd Oct. '78
McCumber, Humpy, Pt.	Quinn's			
McAlpin, Robt., Pt. (P. 1117)	"			
McComber, Benj., Pt.	"			Dischgd 23 July '78
Murrel, Matt'w, Sergt.	Lt. Col's	20 July '78	9 mo.	
Murrell, Barnabas, Musc	"	1 Sep. "	"	
Morgan, Timothy, Pt.	"	20 July "	"	
Monger, Robt., Pt.	"	"	"	
Moore, Wm., Pt.	"	"	"	
Messley, Josiah, Pt.	"	"	"	
Mauley, Sothy, Pt.	"	"	"	
McFashin, Caleb, Pt.	Baker's	"	"	Died 4 Nov. '78
Mason, John, Pt.	"	"	"	Died 24 Nov. '78
Morris, Wm., Pt.	"	"	"	Died 24 Nov. '78
Monnyhan, John, Pt.	"	"	"	
Mitchell, Wm., Pt.	"	25 Apr. '76	2½ yrs.	Omtd in '79

Name and Rank	Company	Dates of Enlistment and Commission	Period of Service	Occurrences
Morgan, Chas., Pt.	Blount's	14 May '76	2½ yrs.	Sergt. Nov. '77, dischgd 25 Oct. '78
McDaniel, Jas., Pt.	"	20 July '78	9 mo.	
Matthews, Joseph, Pt.	Ballard's	"	"	
Malaby, Wm., Pt.	Bradleys	"	"	
Manning, John, Pt.	"	"	"	
Mills, John, Musc.	Child's	"	"	
Morris, Benj., Pt.	"	"	"	
Mount, Jereh, Pt.	"	"	"	
Moseley, Wm., Pt.	"	"	"	
Mays, Shad'k, Pt.	"	"	"	
Moon, Sampson, Pt.	"	"	"	
(P. 1117)				
McComber, Humph., Pt.	Bradley's	27 June '79	18 mo.	
Murphy, Pat'k, Pt.	"	3 May "	"	
Mitchell, Jas., Pt.	"	2 June "	"	
Maltimore, Wm., Pt.	"	10 " "	"	
McCoy, Reuben, Pt.		1 July "	"	
Miller, John, Pt.		30 June "		
Moore, Jesse, Pt.	Montfort's	20 " "	"	
McClaskey, Geo., Pt.	"	23 " "	"	Destd Sep. '79
McConnough, Dougal, Pt	"	" " "		
McMullin, Mich'l, Corpl	"	2 " "	3 yrs.	
Murphy, Wm., Pt.	"	24 " "	W	Destd 3 Nov. '79
Moss, Rich'd, Pt.	Ballard's	'79	3 yrs.	
(P. 1118)				
Marton, Jacob, Pt.	"	"	"	
Mathews, Gilbert, Pt.	Quinn's	6 June "	20 mo.	
Morgan, Wm., Pt.	"	"	3 yrs.	
Myers, Philip, Pt.	"	"	9 mo.	Dischgd Dec. '79
Madry, John, Pt.	"	"	"	Dischgd Dec. '79
McBane, Dan'l, Sergt.	Blount's	4 Aug. "	W	
Martin, Wm., Pt.	"		9 mo.	Dischgd 1 Dec. '79
Monto, Fred'k, Pt.	"	25 July "	W	Destd 17 Dec. '79
McDonald, Sam'l, Pt.	"	12 June "	18 mo.	Destd Oct. '79
McPherson, Othmiel, Pt.	"	5 Aug. "	W	Do
McPherson, Wm., Pt.	"	"	"	Do
Matthews, Jas., Pt.	"	"	"	Do
Murphy, Moses, Pt.	"	"	"	Do
(P. 1118)				
Murphy, Solomon, Pt.	Blount's	5 Aug. '79	W	Do
Mitchell, Jesse, Pt.	"	"	"	Do
McKean, John, Pt.	"	1 July "	"	Died 15 Oct. '79
Myers, Wm., Pt.			9 mo.	Omtd Oct. '79
Moore, Cuffee, Pt.		"	"	Died 17 Aug. '79
Minson, Mas., Pt.		"	"	Omtd Oct. '79
Mollet, Thos., Pt.		"	"	Destd Sep. '79
Moore, Elizah, Lt.		12 Oct. "	"	Capt. 13 Oct. '81, deranged 1 Jan. '83
Mitchell, John, Pt.	McRee's	15 May '81	"	Left service 15 May '82
McLeland, Wm., Pt.	"	28 Apr. '81	"	Do 28 Apr. '82
Murphy, Jas., Pt.	"	"	"	Dead Oct. '81
Meggs, Jas., Pt.	"	15 May "	12 mo.	Left service 15 May '82
McKenny, Robt. Pt.	"	28 Apr. "	"	Do 28 Apr. '82, Mustd War Sep. '82
Martin, Ab'm, Pt.		25 " "	"	Left service 28 Apr. '82

ROSTER OF NORTH CAROLINA SOLDIERS

Name and Rank	Company	Dates of Enlistment and Commission	Period of Service	Occurrences
Marlow, Robt, Pt.......	McRees	20 May '81	12 mo.	Destd 28 May '81, mustd for War Jan. '82, destd June '83
Myres, David, Pt.......	"	9 " '81	"	Destd 2 July '81, mustd Jan., and left service May '82
Minyard, John, Pt..... (P. 1118)	"	20 " '81	"	Destd July'81, mustd Aug. Left service 9 May '82
McCann, John, Pt......	McRee's	20 May '81	12 mo.	Destd 9 July '81
McDowell, John, Pt.....	"	18 " "	"	Destd 10 June '81
McKay, John, Pt.......	Raiford's	4 " "	"	Killed 8 Sep. '81
Mabray, John, Pt.......	"	5 " "	"	Tr. Aug. 31 to the Legion
Mann, John, Pt........	"	25 " "	"	Left service 25 May '82
Morgan, John, Pt.......	"	19 " "	"	Do 19 Apr. '82
Moses, Ab'm, Pt.......	"	18 " "	"	Do 18 May '82
Marshall, Adam, Pt.....	"	4 " "	"	Do 4 May '82
Muster, John, Pt.......	"		W	Omtd in '81
March, Barnet, Pt......	"	19 May "	12 mo.	Left service 19 May '82
Metters, Jethro, Pt.....	"	"	"	Do 19 May '82
Michel, Wm., Pt....... (P. 1119)	"	19 Apr. "	"	Do 15 Apr. '82
Michel, Ezk'l, Pt.......	"	15 June "		Destd 30 Aug. '81
Morris, Ab'm, Musc.....	Donoho's	15 Apr. "	12 mo.	Left service 15 Apr. '82
Morgan, Jno., Pt.......	"	14 June "	"	Do 14 June '82
Matthews, Jas., Pt......	"	"	"	Do Do
Manly, Moses or Morris, Pt...........	"	2 May "	"	Do 2 May '82
McDonald, Larkins, Pt..	"	14 June "	"	Do 14 June '82
Mooney, Wm., Corpl....	Dixon's	15 May "		Sergt. before Jan., Left service 21 May '82
McGehee, Thos., Pt.....	"	28 " "	"	Do 1 June '82
McGinnis, Dan'l, Pt. ...	"	12 " "	"	Trans. 7 Feb.'82 to P. line
Madara, Jno., Pt.......	"	18 " "	"	Dischgd 18 Jan. '82
Mason, Pat'k, Pt.......	"	15 " "	"	Left service 21 May '82
Mitchell, Jese, Pt...... (P. 1119)	"	15 Apr. "	"	Do 25 Apr. '82
McClainey, Wm., Pt....	"	15 May "	12 mo.	Do 21 May '82
Mungoe, Jese, Pt.......	Lytle's	12 Apr. "		
Medlock, Nath'l, Pt.....	"			
Moore, Dan'l, Pt.......	"			
Morris, Wm., Pt.......	"			
Mitchell, Theophilus, Pt.	"	12 Apr. "	"	Dead before Apr. '82
Morgan, Sampson, Pt...	"	"		Destd 8 July '81, Mustd Jan. '82 for War
Morris, Griffin, Pt......	"	"		Destd 6 July '81, Mustd Jan. '82 for War
Mabury, Benj., Pt......	"	"	12 mo.	Left service 12 Apr. '82
Martin, Jno., Pt........	"	11 June "	W	
Mitchell, Jno., Sergt....	"	12 Apr. "	12 mo.	Pt. Jan., left service 12 Apr. '82
McDermid, Malcom, Pt.	Sharp's	1 July "	"	Left service 1 July '82
McGaunds, Jno., Pt.....	"	15 Apr. "	"	Do 15 Apr. '82
Messer, Jereh, Pt.......	"	"		Omtd in '81
Moore, Lem'l, Pt.......	"	"	12 mo.	Left service 15 Apr. '82
Martin, Joshua, Pt......	"	"	"	Dead or destd 31 Jan. '82
Moore, Jese, Pt.........	"	"	"	Left service 5 Apr. '82

Name and Rank	Company	Dates of Enlistment and Commission	Period of Service	Occurrences
Morgan, Benj., Pt.	McRee's	5 Apr. '81	12 mo.	Do 1 Sep. '82
Matthews, Dan'l, Pt.	"	6 May "	"	Do 6 May '82
McKnight, Andw, Corpl.	Dixon's	1781		Time out 21 May '82
Moore, Jas.	Lytle's			Lt. 1 July '81
Moran, Wm., Pt.	Sharp's	"		Time out 12 Apr. '82
(P. 1119)				
Martin, Jas., Pt.	Sharp's	"		Time out 12 Apr. '82
McQuillin, Walter, Pt.	"	"		Died 1 Dec. '81
Millen, Martin, Pt.	"	"		Time out 1 Aug. '82
Moody, Thos., Pt.	Doherty's	"		Do 25 May '82
Masten, Thos., Pt.	"	"		Do Do
Mainer, Josiah, Pt.	"	"		Do Do
Messer, Jno., Pt.	"	"		Do 20 July '82
McDougal, Dougal, Pt.	"	"		Time out 25 May '82
Moore, Wm., Pt.	"	"		Dischgd 31 Jan. '82
Murray, Morgan, Pt.	Rhode's			Left service 1 Apr. '82
Moring, Maurice, Pt.	Armstrong's		W	Mustd Jan. '82
(P. 1120)				
Mills, Dan'l, Pt.	"	"		Dischgd 17 Jan. '82
Manley, Allen, Pt.	"	"	3 yrs.	Left servicee 1 Apr. '82
Mathis, Moses, Pt.	"	"		Do 23 Apr. '82
Middleton, Solomon, Pt.	"	"	W	
Murray, L. Alex'r, Sgt.	Bailey's	2 May "	12 mo.	Left service 2 May '82
Mitchell, Wm., Pt.	"	12 Apr. "	"	Do 12 Apr. '82
Morrison, Jno., Pt.	"	25 May "	"	Do 25 May '82
Medgett, Wm., Pt.	"	17 " "	"	Do 17 May '82
Merritt, Thos., Pt.	"	1 July "	"	Do 1 July '82
Matterson, Geo., Corpl.	Brevard's	1781	"	Do 28 Apr. '82
Morgan, Reubin, Pt.	"	"	"	Do 12 Apr. '82
Miller, Benedict, Pt.	"	"	"	Do 28 Apr. '82
Morris, Wm., Pt.	"	"	"	Do 9 June '82
Moore, Thos., Pt.	"	"	"	Do 7 June '82
(P. 1120)				
McClaskey, Allen, Pt.	"	"	"	Dischgd 12 Mar. '82
May, Joseph, Pt.	Hall's	"	"	Time out 10 July '82
Miller, Jno., Musc.	"	"	"	Do 10 July '82
Medlin, Shadrack, Corpl.	Yarborough's	"	"	Do 22 Apr. '82
Matthews, Reps., Pt.	"	"	"	Do 22 Apr. '82
Mills, Jno., Sergt.	Carter's	12 May "	"	Do 2 May '82
Mashburn, Wm., Pt.	"	19 " "	"	Do 19 May '82
Moor, Geo., Pt.	"	18 Oct. "	"	Do 18 Oct. '82
Muskinock, Geo., Pt.	"	5 June "	"	Do 6 June '82
McRay, Jno., Sergt.	Jones'	24 Mar. "	"	
McDonald, Findley, Sgt.	"	14 June '82	"	Pt. Apr. '82
Mott, Benj., Corpl.	"	1 Feb. '80	W	Sergt. Apr. '82
McFarlane, Morgan, Pt.	"	1 Jan. '82	12 mo.	
McDonald, Dan'l, Pt.	"	1 Feb. "	"	
Mitchell, Geo., Pt.	"	1 Oct. '81	"	
Mitchell, Chas., Pt.	"	25 Dec. "	"	
Malden, Hump'y, Pt.	"	5 Apr. "		
Mills, Jas., Capt.				{Mustd June '79, Deranged 1 Jan. '83
McDonald, Hugh, Pt.	Mill's	2 Feb. '82	12 mo.	
McKinsey, Wm., Pt.	"	1 " "	"	
McVay, Eli, Pt.	"	17 " "	"	Mustd War Sep. '82
Messick, Aaron, Pt.	"	6 " "	"	
McLamore, Jno., Pt.	Coleman's	15 Dec. '81	"	

Name and Rank	Company	Dates of Enlistment and Commission	Period of Service	Occurrences
Mumford, Chas., Pt..... (P. 1120)	Coleman's	11 Feb. '82	12 mo.	
McKithen, Duncan, Pt..	"	26 Dec. '81	"	
Murphy, Arch'd, Pt.....	"	18 " "	"	
McKithen, Jno., Pt.....	"	20 " "		
Moore, Wyllis, Pt.......	"	8 Nov. "		
McKee, Jno., Pt........	"	1 Jan. '82		
McGraw, Roger, Pt.....	"	25 Dec. '81		Mustd War '82
McCall, Dan'l, Pt......	"	1 Nov. "	12 mo.	
McDonald, Call, Pt.....	"	15 Jan. '82	"	
McKee, Wm., Pt........	"	16 May '81	"	
Moneyham, Thos., Pt...	"	27 Nov. "		
McVay, Jno., Pt........	"	14 Jan. '82	W	Died 6 Sep. '82
McKinsey, Hugh, Pt.... (P. 1121)	"	4 " "	12 mo.	
McCloud, Alex'r, Pt.....	"	5 " "	"	Died Oct. '82
McLaughlin, Alex'r, Pt..	"	" " "	"	
Maroney, Anth'y, Pt....	"	15 Feb. "	"	
Mathias, Stephen, Pt....	Hall's	1 Apr. "	"	
Matthews, Jno., Pt.....	"	1 Mar. "	"	
Malphus, Henry, Pt.....	"	"	"	
McAffee, Azariah or Jno., Pt............	"	1 Feb. "	"	
Myson, Zach'l, Pt.......	"	1 Dec. '81	"	
Morgan, Sampson, Pt...	"	1781	"	Time out 1 Nov. '82
Moore, Shad'k, Pt......	"	" "	"	Do 1 Oct. '82
Moore, Jno., Pt........	"			Mustd Apr. '82, Omtd Sep. '82
McCan, Hugh, Pt...... (P. 1121)	"	1 Sep. '82	W	Destd 13 June '83
McDaniel, And'w, Pt...	Jones'	1 Oct '81	12 mo.	
McKay, Dougal, Q. Mr. Sergt.........				Time out 1 Feb. '83
McSwain, McAm., Pt...	Mill's	Oct. '82	12 mo.	
Merrideth, Wm., Corpl..	Bailey's	18 Sep. "	18 mo.	Pt. Dec. '82
Manley, Moses, Pt......	"	7 " "	"	
Martin, Gabriel, Pt.....	"	17 " "	"	
McLain, Hugh, Pt......	"	20 Aug. "	12 mo.	
McCormick, Arch'd, Pt.	"	" "	"	
McClenahan, Malcome, Pt................	"	"	"	
Manewell, Jese, Pt......	"	15 July '82	"	
Moor, Wm., Pt.........	"	2 Apr. "	"	
McCarthy, Jas., Pt.....	"	2 Mar. "	"	
Meck, Jno., Pt.........	"	1 Aug. "	"	
McLeod, Jno., Pt.......	"	4 Sep. "	"	
Miller, Peter, Pt........	"	9 Aug. "	"	
McNeal, Hector, Pt.....	"	16 June "	"	
McIntire, Gilbert, Pt....	"	20 Aug. "	"	
McIntire, Chas., Pt.....	"	"	"	
McKensey, Jas., Pt.....	Hadley's	1 Aug. '82	18 mo.	Destd 24 June '82
McIntosh, Murdock, Pt.	"	"		
Mills, Jacob, Pt........	"	"		
McDonald, Benj., Pt....	"	"		Destd 20 June '83
Martin, Jese, Pt........ (P. 1121)	"	10 Aug. '82	18 mo.	
McKey, Jno., Pt........	Hadley's	1 Aug. '82	18 mo.	

Name and Rank	Company	Dates of Enlistment and Commission	Period of Service	Occurrences
Mitchell, Oliver, Pt.	Hadley's	10 Sep. '82	18 mo.	
McKinsey, Wm., Pt.	"	20 Aug. "	W	Mustd Dec. '82
Meeks, Wm., Corpl.	Bacot's	1782	18 mo.	
Morgan, Isaac, Pt.	"	"	"	
Maddry, Darling, Sergt.	Carter's	"	"	
Miller, Christo., Pt.	"	"	"	
Mitchell, Abner, Pt.	"	"	"	
Manders, Wm., Pt.	"	"	"	
McLoud, Jno., Pt.	"	"	"	
Manning, Jno., Pt.	"	"	"	
McDonnock, Jno., Pt.	"	"	"	Destd 18 May '83
May, Mich'l, Pt.	"	"	"	Destd 4 Apr. '83
Monk, Jas., Pt. (P. 1122)	"	"	"	
Mitchell, Wm., Pt.	"	"	"	
McDonald, Jas., Pt.	"	"	"	
Moon, Sampson, Pt.	"	"	"	
McIntire, Jas, Sergt.	Raiford's	"	"	
McKenney, Sam'l, Pt.	"	"	"	Destd 11 June '83
Morris, Wm., Sergt.	Sharp's	"	"	Destd 19 Apr. '83
Mabry, Philip, Pt.	"	"	"	Destd 30 Apr. '83
Morris, Jno., Pt.	"	"	"	Destd 19 Apr. '83
Manis, Fred'k, Pt.	"	"	"	Destd 27 Feb. '83
Mesey, Philip, Pt.	"	"	"	
Miller, Geo., Pt. (P. 1122)	"	"	"	
Martin, Mich'l, Pt.	Sharp's	1782	18 mo.	Destd 26 May '83
May, Jno., Pt.	"	"	"	
Metchler, Jno., Pt.	"	"	"	
Morris, Witt, Pt.	"	"	"	
Messey, Joseph, Pt.	"	"	"	Died 22 June '83
Merritt, Drury, Pt.	"	"	"	
Mullen, Mich'l, Pt.	"	"	"	Died 8 Dec. '82
Miers, Geo., Corpl.	Lytle's	"	"	
Miller, Conrad, Pt.	"	"	"	
Maynor, Henry, Pt.	"	"	"	
Marley, Wm., Pt.	"	"	"	
Manley, Littleton, Pt.	"	"	"	
Murphy, Jas., Pt.	"	"	"	
McMahan, Barnet, Pt.	Brevard's	"	"	Destd 25 Mar. '83
McAllister, Jno., Pt.	"	"	"	
McCullough, Frans., Pt.	"	"	"	Transf'd Mar. '83
McGennis, Jno., Pt.	"	"	"	Destd Mar. '83
Mallot, Jacob, Pt.	"	"	"	
McSwine, Wm., Pt.	"	"	"	Transf'd Mar. '83
McElya, Wm., Pt.	"	"	"	
Morton, Wm., Sergt.	Evan's	"	"	
Morris, Nathan, Pt.	"	"	"	
Moore, Elijah, Pt.	"	"	"	
Moore, Jas., Pt.	"	"	"	
McCarran, Dan'l, Pt. (P. 1122)	"	"	"	
McKinsey, Alex'r, Pt.	Evan's	1782	18 mo.	
Moore, Simion, Pt.	"	"	"	
McLain, Wm., Sgt. Mt.		1 Jan '83		
Morris, Wm., Pt.	Coll.	1 Dec. '79		
Malone, Isaac, Pt.	Ballard's			Mustd Feb. '80

Name and Rank	Company	Dates of Enlistment and Commission	Period of Service	Occurrences
Moglin, Freeman, Pt....	Colonel's		2½ yrs.	Mustd Feb. '79
Morehead, Jas., Lt......	Lytle's	23 Mar '79		
Miller, Wm., Pt.......	Medearis'	20 Dec. '78	3 yrs.	
McKinley, Jno., Pt.....	Taylor's		2½ yrs.	Mustd Jan. '79, Dischgd Apr. '79
McMullen, Mich'l, Pt....	"		3 yrs.	Mustd Jan. '79
Morrisett, Peter, Corpl.. N (P. 1126)	Carter's	21 May '78	W	
Nelson, Jesse, Pt........	Shepard's	12 May '77	3 yrs.	
Newell, Nathan, Pt......	"	29 Aug. '77	"	Omtd Jan. '78
Nicholson, Robt., Lt....	Moore's	19 Apr. "		Resigned 4 July '79
Norman, Thos., Pt......	"	17 June "	3 yrs.	
Nixon, Jno., Corpl......		15 May '78	"	Pt Mar. Destd 20 Apr.'79
Nichols, Wm., Pt........		4 Nov. '77	"	Pris. 2 June '79, Mustd Nov. '79
Nicholas, Jno., Pt.......	Hogg's	17 Mar. '77	"	
Nicholson, Jno., Pt......	"	20 July "	9 mo.	
Nelson, Arthur, Pt......	Quinn's	"	"	Died 24 Oct. '78
Norwood, Wm., Pt......	"	"	"	Omtd 24 Oct. '78
Newsom, Boothe, Pt....	Lt. Col's	20 July '78	9 mo.	
Norwood, Jno., Pt.......	"	"	"	
Newton, Jesse, Pt.......	Blount's	"	"	
Nichols, Jacob, Sergt....	Ballard's	"	"	
Norvel, Enos, Pt.........	"	"	"	
Nowles, Rich'd, Sergt...	Bradley's	"	"	
Newell, Jno., Pt.........	"	"	"	
Newsom, Aaron, Pt.....	"	"	"	Died 30 Oct. '78
Nobles, Jas., Pt.........	Childs'	"	"	
Newham, Francis, Pt....	Montfort's	1 July '79	18 mo.	Destd 22 Oct. '79
Night, Jesse, Pt.........	"	28 May '77	3 yrs.	
North, Jas., Pt..........	Ballard's	20 June '79	W	Omtd Oct. '79
Newsom, Nathelrid, Pt.. (P. 1126)	Quinn's	24 " "	"	
Newsom, Robt., Pt......	"	31 May "	3 yrs.	
Night, Absolom, Pt.....	Blount's	23 June "	W	Destd Oct. '79, Left service 16 Apr. '82
Nicholson, Isaac, Sergt..	Raiford's	16 Apr.	18 mo.	Sergt. Maj. Dec. '81
Newton, Levy, Pt.......	Dixon's	15 May "	"	Left service 21 May '82
Nettles, Jesse, Pt........	Lytle's	9 July "	"	Omtd in '81
Nettles, Shadrack, Pt. ..	"	"	"	Left service 26 June '82
Neil, Philip, Sergt......	Sharp's	5 Apr. '81	"	Do 5 Apr. '82
Nobles, Drury, Pt.......	"	15 Apr. "		Do 15 Apr. '82
Nichols, Henry, Pt......	Raiford's	15 " "		Do Do
Neal, Chris'r, Pt........	Walton's	1781		
Nobles, Ezl., Pt.........	"	"		
Nicholas, Wm., Pt......	Sharp's	"		Time out 23 May '82
Newton, Pat'k, Sergt....	Doherty's	"	3 yrs.	Omtd Apr. '82
Nithercut, Wm., Pt.....	"	"		Time out 25 May '82
Nonnery, Anderson, Pt..	"	"	W	Mustd Jan. '82
Nisco, Nich's, Pt........	Armstrong's	"		Left servie 25 Apr. '82
Nobles, Benj., Pt........	Bailey's	15 May "	12 mo.	Do 15 May '82
Newsom, Thos., Pt......	Brevard's	"	"	Dischgd 12 Mar. '82
Nothern, Solomon, Pt...	"	"	"	Left service 8 Apr. '82
Nichols, Joseph, Pt.....	Hall's	"	"	Do 1 Aug. '82
Nube, Francis, Pt.......	Yarborough's	"	"	Dischgd 25 Feb. '82
Neckins, Malachi, Pt...	Carter's	19 May '81	"	Time out 19 May '82
Night, Absolom, Pt.....	"	"	"	Do 1 July '82

Name and Rank	Company	Dates of Enlistment and Commission	Period of Service	Occurrences
Nowel, Josiah, Pt.	Carter's	'81	12 mo.	Do 1 Jan. '83
Newsom, Edw'd, Pt. (P. 1127)	Mill's	4 Feb. '82	"	
Nicholas, Jno., Pt.	"	6 Feb. '82	"	
Newton, Joseph, Pt.	"	7 " "	"	
Newton, Edw'd, Pt.	"	7 " "	"	
Newman, Joseph, Pt.	Coleman's	9 Feb. "	"	
Newark, Nicholas, Pt.	"	1 Nov. '81	"	
Newly, Matt'w, Sergt.	Hall's	12 Mar '82	W	
Naswoethy, Sam'l, Pt.	Mill's	27 Feb. "	12 mo.	
Nookes, Asbel, Pt.	Carter's	"	18 mo.	Destd 3 June '83
Nevill, Geo., Pt.	Lytle's	"	"	Destd 16 Mar. '83
Neil, Jno., Pt.	"	"	18 mo.	
Newton, Edw'd, Pt.	Brevard's	"	"	Died 25 June '83
Nichols, Wm., Pt.	Rhode's	1 Aug. "	"	
Nobles, Jno., Pt.	Evans'	1782	"	
Newham, Francis, Pt.	"	"	"	Destd 20 Apr. '83
Nikins, Edw'd, Pt.	Lt. Col's		3 yrs.	Mustd Jan '79
Newsom, Rand'h, Musc.	Taylor's		"	Do
Newby, Mathew, Pt.	"		"	Do
O (P. 1130)				
O'Neal, Jas., Pt.	Williams'	12 May '77	3 yrs.	
Organ, Wm., Pt.	"	8 Aug. "	"	Dischgd 21 Aug. '78
Oliver, Jno., Pt.	Stevenson's	22 Apr. "	"	Dischgd 6 June '78
Overton, Pt.	Moore's	30 June "	"	
Overton, Lem'l, Pt.	"	30 June "	"	
Oldridge, Wm., Pt.		19 Apr. '76	2½ yrs.	
Oyler, Jno., Pt.		14 Feb. '77	3 yrs.	Dischgd 22 Oct. '78
Owens, Jno., Pt.		29 Mar. "		
O'Neal, Jno., Pt.	Coleman's	18 Feb. "		
Oligood, Henry, Pt.				{Mustd Jan. '78, Omtd Jan. '78
Orange, Wm., Pt.	Montfort's	20 July '78	9 mo.	Feb. '78
Odum, Aaron, Pt.	Hogg's	"	"	
*Osborne, Jno., Pt.	Baker's	"	"	
O'Neal, Wm., Pt.	Ballard's	"	"	
O'Banion, Wm., Pt.	Bradley's	20 July '76	2½ yrs.	Dischgd 6 Nov. '78
Owens, Jno., Pt.	"	10 June '79	18 mo.	
Owens, Thos., Pt.	"	20 June "	"	
Odum, Lewis, Pt.	Montfort's	9 Aug. "	"	Omtd Oct. '79
Overton, Jas., Pt.	"	1 Mar. "	3 yrs.	
Owens, Bailey, Pt.	Ballard's	1779		Dischgd 1 Dec. '79
Owens, Thos., Pt.	"	"		Do
O'Donnelly, Benj., Pt.	Quinn's	7 June "	18 mo.	Omtd Oct. '79
O'Donnelly, Daniel, Pt.	Blount's	24 June "	W	{(Quinn's Co'y) Destd Dec. '79
Overton, Daniel, Pt.	Raiford's	20 Jan. "	3 yrs.	(Blount's)
Owen, Ethelred, Pt.	"	4 May '81	12 mo.	Left service 4 May '82
Orange, Wm.	Dixon's	14 June "		{(Raiford's) Time out 14 Dec. '82
*O'Neal, Isom	Hogg's	20 July '78	9 mo.	
O'Donnally, Hugh, Pt.	Lytle's	15 Apr. '81		{(Dixon's) Left sevice 24 Jan., dead.
Overturie, Jno., Pt.	"	6 June "	"	Left service 6 June '82
Owen, Enoch, Pt.	Doherty's	12 Apr. "	"	{(Lytle's) Left service 12 Apr. '82

Name and Rank	Company	Dates of Enlistment and Commission	Period of Service	Occurrences
(P. 1131)				
O'Bryan, Rich'd, Sergt..	Doherty's	12 Apr. '81	12 mo.	Do 25 May '82
Oliver, Jno., Pt.........	"	"	"	Do 25 May '82
Odder, Peter, Pt........	Bailey's	25 May "	"	Do 25 May '82
Osborn, Squire, Pt......	Brevard's	"	"	Do 28 Apr. '82
Outlaw, Jas., Pt........	Carter's	25 Apr. "	"	Do 25 Apr. '82
O'Merry, Jacob.........	"	3 June "	"	Do 3 June '82
Overton, Jona, Pt.......	Jones'	17 Nov. "	"	
Overton, Jno., Pt.......	Mills'	7 Jan. '82	"	Died 9 Sep. '82
Owens, Jno.............	Jones'	12 Feb. '82	"	
Oliver, Wm., Pt........	Hadley's	1 Aug. '82	18 mo.	
Osborn, Jesse, Pt.......	"	1 Aug. "	"	
Olfin, Wm.............	"	1783	"	
O'Neal, Benj., Pt.......	Bacot's	1782	"	
Osborn, Benj., Pt......	"		"	Destd 19 June '83
Oiler, Francis, Pt......	Sharp's		"	
Osborn, Morgan, Pt.....	Lytle's		"	Dischgd 31 Dec. '82
Osteen, Wm., Pt........	Evans'		"	
Order, Peter, Pt........	"		"	
O'Bryant, Jno..........	Bacot's			Mustd Dec. '82
Owles, Piram, Pt.......	Madero's		3 yrs.	Mustd Feb. '79
Orrell, Thos., Ensn.....		14 Mar. '78		
P (P. 1136)				
Pasmore, David, Pt.....	Wilson's	15 May '77		
Paden, Thos., Pt.......	"	20 " "	3 yrs.	
Pope, Wm., Sergt.......	Shephard's	5 " "	"	Pt. June '78
Pope, Sam'l, Sergt.....	"	5 May "	"	Pt. June '78, Deranged 30 June '79
Pinkum, Philip, Corpl...	"	12 Aug. "	"	Pt. June '78, Pris. 1 June '79, Mustd and Destd 6 Dec. '79
Paramore, Jas., Pt......	"	5 May "		Died 20 Oct. '78
Phelps, Jas., Pt........	"	12 May "		Music Nov. '79
(P. 1137)				
Phelps, Keeder, Pt......	Shephard's	12 May '77	3 yrs. W	Music June '78
Perkins, Isaac, Pt......	Stevenson's	16 " "	3 yrs.	
Prescott, Thos., Pt.....	"	21 Apr. "	"	Died 20 Mar. '78
Parker, Hillery, Pt.....	Jarvis'	12 May "		Died 3 Nov. '78
Pair, Wm., Pt..........	"	26 Dec. '76		
Poyner, Peter..........	"	9 May "	3 yrs.	Omtd Nov. '79
Palmore, Joseph, Pt.....	Gregory's	21 June "		Died 13 July '78
Petyjohn, Thos., Corpl..	Moore's	7 May "		Died 19 Jan. '79
Pratt, Zeba, Pt........	"	"		Mustd 27 Mar. '80
Poor, Wm., Pt..........	Vanois'	23 June "	"	
Price, Jos.............	"	25 July '77		Taken away by his master 12 Apr. '78
Pendergrass, Jno., Pt....		20 May '76	3 yrs.	Dischgd 20 May '79
Peters, Chs., Pt........	Coleman's	1778		
Pierce, Jas., Pt........	"	24 Aug '77	3 yrs. W	
Peacock, Jno., Pt.......			3 yrs.	Joined 11 May '78
Poe, David, Pt.........		15 May '76	2½ yrs.	Dischgd 10 Nov. '78
Pierce, Hardy, Pt......				Mustd June '78, Died Oct '78
Purdy, Jas., Pt........		24 May '77	3 yrs.	
(P. 1137)				
Phillips, Joseph, Pt....		1 July '77	3 yrs.	Pris. 1 June '79, Mustd Nov. '79

Name and Rank	Company	Dates of Enlistment and Commission	Period of Service	Occurrences
Brown, David, Pt.......	Cook's	8 Jan. '77	3 yrs.	Killed or taken Oct. 4, '77, Mustd '78, Died 18 Nov. '78
Bullock, Dan'l, Pt......	"	23 Mar. "		Corpl. Nov.'77, Sergt. Jan. '78, Pt. June '78 Omtd Nov. '79
Bay, And'w, Sergt. Maj.		1 May "	W	Omtd Jan. '78
Bayne, John, Pt........	McCrory's		3 yrs.	Omtd Feb. '79
Black, John, Pt........	"		W	Destd Nov. '77
Brown, Wm., Pt........	"		3 yrs.	
Bullock, Dan'l, Pt......	Ramsay's			Omtd Jan. '78
Britton, Philip, Musc....	Wade's		"	Pt. Jan. '78, Dischgd 27 Jan. '80
Barrlow, Robt., Pt......	"		"	Died 12 Mar. '78
Blalock, Wm., Pt.......	"		"	Destd 6 Aug. '77
Brevard, Jno., Pt.......				Omtd Jan. '78
Brandon, Thos., Pt.....	Brevard's	12 Jan. '77	3 yrs.	Dischgd 27 Jan. '80

C (P. 1032)

Name and Rank	Company	Dates of Enlistment and Commission	Period of Service	Occurrences
Cook, D. Rich'd., Capt..		28 Nov. '76		Omtd Jan. '78
Clark, Thos., Ensn.....	Cook's	"		Lt. Feb. '79
Christain, Jas., Sergt....	"	'77	3 yrs.	Dischgd 29 Jan. '78
Cozzart, David, Sergt...	"	18 Dec. '76	"	Pt. Feb. '78, Dischgd 27 Jan. '80
Clifton, Wm., Sergt.....	"	24 Dec. "	"	Omtd Jan. '78
Cook, Thos., Sergt......	"	'77	"	Omtd Dec. '77
Carrier, Jno., Pt........	"	5 May "	3 yrs. W	Corpl. Nov. '79
Copland, Ripley, Pt.....	Ramsay's	10 Mar. "	"	Dischgd 15 Mar. '80
Chappel, Sam'l, Pt......	Wade's	25 Dec. '76	"	Dischgd 1 Feb. '80
Coles, Alex'r, Pt........	"		"	Corpl. Jan. '78, Died 4 Apr. '78
Conaway, John, Pt......	Brevard's	19 June '77	"	Sergt. Jan.'78, Corpl. June '78, Pt. Aug. '78, Destd 15 Dec. '79

D (P. 1044)

Name and Rank	Company	Dates of Enlistment and Commission	Period of Service	Occurrences
Doherty, John, Pt......	Cook's	1777	3 yrs.	Destd Aug. '77
Dennis, Robt., Pt......	"	"		Died 6 Mar. '78
Dobbins, Hugh, Lt......	McCrory's	"		Omtd June '78
Daniel, Jos., Lt.........	Wade's	28 Nov. '76		Resigned Nov. '77
Dickerson, Neth., Lt....	"	"		Omtd June '78, Mustd May '79, 5 Reg.

E (P. 1052)

Name and Rank	Company	Dates of Enlistment and Commission	Period of Service	Occurrences
Epps, Jno., Pt..........	Cook's	1777	3 yrs.	Dischgd 27 Jan. '80
Epps, Wm., Pt.........	"	24 Jan. '77	"	Dischgd 27 Jan. '80
Easter, David, Pt.......	"	"	"	Died 22 Feb. '78

F (P. 1058)

Name and Rank	Company	Dates of Enlistment and Commission	Period of Service	Occurrences
Fagety, Jas., Pt........	Cook's	25 Dec. '76	3 yrs.	Corpl. Nov.'77, Pt. Jan. '79, Dischgd 27 Jan. '80
Francisco, Thos., Pt.....	"	'77	"	Died 23 Mar. '78
Ford, Wm., Pt.........	"	"	"	Omtd Feb. '78
Ferrell, Jas., Pt........	McCrory's	16 Dec. "	"	Corpl. Jan.'78, Pt. June'78
Fee, Thos., Pt.........	"	"	"	Deserted 30 June '79
Fossett, Edw'd, Pt......	"	"		Omtd June '78
Fowler, Wm., Pt........	"	"		Died 16 Mar. '78
Ferrell, Micajah, Ensn..	Wade's	28 Nov. '76		Resigned Nov. '78

G (P. 1067)

Name and Rank	Company	Dates of Enlistment and Commission	Period of Service	Occurrences
Graham, Wm., Sergt....	Cook's	'77	3 yrs.	Supposed dead Nov. '77
Green, Sol'm, Musc.....	"	"	"	Destd Aug. '77

ROSTER OF NORTH CAROLINA SOLDIERS

Name and Rank	Company	Dates of Enlistment and Commission	Period of Service	Occurrences
Penigar, Martin, Pt.	McRee's	28 Apr. '81	12 mo.	Left service 28 Apr. '82
Pittia, Jas., Pt.	"	11 June "	"	{Corpl. Aug. '81, Left service 11 June '82
Peck, Joseph, Pt.	"	28 Apr. "	"	Tr. Aug. '81 to Legion
Philips, Thos., Pt.	"	20 May "	"	Destd 1 June '81
Paul, Philip, Pt.	"	"	"	Left service 25 May '82
Pucket, Solomon, Pt.	"	15 June '81	"	Destd 1 Aug. '81
Pervas, Tiberius, Corpl.	Raiford's	10 May "	"	Left service 18 May '82
Powell, Axom, Pt.	"	2 " "	"	Do 2 May '82
Pate, Edw'd, Pt.	"	4 " "	"	Do 4 May '82
Pate, Cordie, Pt.	"	4 " "	"	Do 4 May '82
Philips, Lovin, Pt.	"	19 " "	"	{Transf'd Oct. '81 to So. Carolina Line
Page, Benj., Corpl.	Donoho's	14 June '81	"	{Pt. Jan., Left service 14 June '82
Parrott, Nath'l, Pt.	"	"	"	Left service 14 June '82
Pettiford, Wm., Pt.	"	"	"	Do Do
Perkerson, Drury, Pt. (P. 1138)	"	"	"	Omtd in '81
Pettiford, Philip, Pt.	Donoho's	14 June '81	12 mo.	Left service 14 June '82
Pettiford, Elias, Pt.	"	"	"	Do Do
Philips, Zacha, Pt.	"	25 May "	"	Do 25 May '82
Parks, Jno., Pt.	"	" " "	"	Do Do
Parker, Leonard, Sergt.	Dixon's	15 " "	"	Omtd in '81
Parsons, Jas., Corpl.	"	15 " "	"	Left service 21 May '82
Prebit, Jno., Pt. (P. 1139)	"	12 " "	"	Do 26 May '82
Portis, Lewis, Pt.	"	15 " "	"	Do 25 Apr. '82
Powell, Lewis, Pt.	Lytle's	25 Nov. '80	"	Omtd in '81
Pierce, Lewis, Pt.	"	12 Apr. '81	"	Destd 7 July '81
Parum, Wm., Pt.	"	5 Apr. "		Left service 5 Apr. '82
Pethosell, Thos., Pt.	Sharp's	2 May "		Omtd in '81
Platt, Jno., Pt.	"	10 Apr. '78	W	
Pierce, Ruben, Pt.		15 Apr. '81		Omtd in '81
Porter, Joshua, Pt.				Do
Porter, Wm., Pt.				Do
Purser, Joseph, Pt.				Do
Pitman, Jno., Pt.	Walton's	1781		Left service 9 June '82
Price, Edw'd, Pt.	"	"		Do 1 July '82
Porks, Henry, Pt.	"	"		Do 2 June '82
Pyeatt, Peter, Lt.	Dixon's	30 Mar '82		
Pierce, Jas., Pt.	Lytle's	'81		Time out 12 Apr. '82
Parks, Hugh, Sergt.	"	"		Do 10 June '82
Poulston, Jonas, Pt. (P. 1139)	"	"		Left service 1 Oct. '82
Pierson, Thos., Pt.	Doherty's	'81		Time out 25 May '82
Parks, Wm., Pt.	Rhode's	"		Do 12 Apr. '82
Privat, Peter, Pt.	"	"		Left service 1 Apr. '82
Perry, Robt., Pt.	Armstrong's		W	Mustd Jan. '82
Parks, Wm., Pt.	"		12 Mo.	Time out 1 Oct. '82
Pettijohn, Ab'm, Pt.	Bailey's	24 Apr. "	"	Left service 24 Apr. '82
Pearse, Israel, Pt.	"	2 May "	"	Do 2 May '82
Pharas, Ablm., Pt.	"	17 " "	"	Do 17 May '82
Powers, Absolom, Sergt.	Brevard's	"		Do 12 May '82
Powers, Jesse	"	1781		Do 12 May '82
Powers, Moses	"	"		Do 12 May '82
Praet, Thos., Pt.	"	"		Do 28 May '82

Name and Rank	Company	Dates of Enlistment and Commission	Period of Service	Occurrences
Perkins, Thos., Pt.	Brevard's	1781		Do 28 Apr. '82
Pendleton, Benj., Pt.	"	"	W	Mustd Jan. '82
Powell, Geo., Pt.	"	"		Left service 25 Apr. '82
Pinkstone, Wm., Pt.	"	"		Dischgd 20 Feb. '82
Pierson, Rich'd, Pt.	"	"		Left service 24 May '82
Penrice, Sam'l, Sergt.	Hall's		12 mo.	Do 16 Aug. '82
Powers, Jos., Pt.	"		"	Do 10 July '82
Pough, Stephen, Pt.	"		"	{Mustd War Sep. '82, Destd 10 Dec. '82
Penrice, Francis, Pt.	"		"	Time out 16 Apr. '82
Parks, Andrew, Pt.	Yarboro's		"	Omtd 1 Apr. '82
Parks, Peter, Pt.	"		"	Time out 1 May '82
Perry, Jno., Pt.	"		"	Do 17 May '82
Patterson, Wm., Pt.	"		"	Dischgd 25 Feb. '82
Pierce, Eph'm, Sergt.	Carter's	12 May '81	"	Time out 2 May '82
Phillips, David, Pt.	"	7 Apr. "	"	Do 2 Apr. '82
Pierce, Edw'd, Pt.	"	12 May "	"	Do 25 Apr. '82
Petteway, Jas., Pt.	"	25 Apr. "	"	Do 25 May '82
Price, Lewis, Pt.	"	15 " "	"	Do 25 Apr. '82
Potter, Edw'd, Pt.	"	3 June '81	"	Pris. 8 Sep. '82
Powell, Wm., Pt.	Jones'	4 Feb. '82	"	
Pasmore, David, Pt.	"	2 Dec. '81	"	
Perkins, David, Sergt. (P. 1140)	Mill's	6 Feb. '82	"	Pt. Apr. '82
Pavey, Nebemh, Musc.	"	" " "	"	War. Sep. '82
Pipkin, Wm.	"	" "	"	Died 9 Aug. '82
Petterson, Duncan, Pt.	Coleman's	15 Jan. '82	W	
Parker, Amos, Pt.	"	13 " "	12 mo.	
Poe, Henry, Pt.	Hall's		W	{Mustd Sep. '82, Destd 30 Nov. '82
Proctor, Aaron, Pt.	Jones'	1 Feb. '82	12 mo.	
Pridgeon, Francis, Pt.	Mills'	1 Dec. '81	"	
Parker, Arthur, Sergt.	Bailey's	1 July '82	"	
Page, Solomon, Corpl.	"	10 Sep. "	18 mo.	Pt. Jan. '83
Pyland, Peter, Pt.	"	17 " "	"	Pt. Dec. '82
Petty, Jno., Pt.	"	10 Sep. "	"	
Palmer, Thos., Pt.	"	13 Sep. "	12 mo.	
Penris, Francis, Pt.	"	7 Jan. "	"	Time out 7 Jan. '83
Philip, Wm., Pt.	Hadley's	1 Aug. "	18 mo.	Died 6 June '83
Parish, Edw'd, Pt.	"	"	"	Died 16 Jan. '83
Philips, Zacha, Pt.	"	"	"	Died 18 May '83
Powell, Stephen, Pt.	"	1 Aug. '82		
Powell, Lewis	"	10 Sep. "		
Price, Wm., Pt.	Bacot's	1782	18 mo.W	
Patrick, Spencer	"	"	"	
Potter, Dan'l, Corpl.	Carter's	"	"	Sergt. Dec. '82
Payford, Wm., Musc.	"	"	W	
Parks, Jas., Pt.	"	"	18 mo.	
Parks, Wm., Pt.	"	"	"	
Pitts, Jas., Pt.	"	"	"	
Pudney, Jereh, Pt.	Raiford's	"	"	Destd 11 June '82
Prozer, Jno., Pt.	Sharp's	"	"	
Pevy, Sam'l, Musc.	Lytle's	"	"	Destd 16 Mar. '83
Ponder, Thos., Sergt.	Brevard's	"	"	
Patrie, Peter, Pt.	"	"	"	
Poe, Simeon, Pt.	"	"	"	Destd 23 June '83
Pattin, Jno.	"	"	"	

Name and Rank	Company	Dates of Enlistment and Commission	Period of Service	Occurrences
Prival, Wm.	Brevard's	1782	18 mo.	
Philips, Aron	"	"	"	
Parker, Ab'm	"	"	"	
Purvis, Jos., Pt.	Evans'	"	"	Destd 21 June '83
Polmore, Elijah, Pt.	"	"	"	
Pollock, Jesse, Pt.	"	"	"	Transf'd Dec. '83
Pearse, Abner, Pt.	"	"	"	
Padget, Jno., Corpl.	Bailey's	2 May '81	12 mo.	Time out 2 May '82
Proctor, Francis, Pt.	Bacot's	"	"	Mustd Dec. '82
(P. 1140)				
Patterson, Tilman, Sergt	Sharp's	1 Nov. '78	"	
Porch, Jas., Pt.	"	"	"	
Powell, Jacob, Corpl.	"	"	"	
Phips, John, Pt.	"	10 Nov. "	"	
Parnel, Ab'm, Pt.	Major's		W	Mustd Jan. '79
Powers, Wm., Pt.	Lytle's		3 yrs.	Mustd June '79
Pendergrass, Job, Pt.	Rhode's		"	Mustd Apr. '79
Patrick, Dan'l, Pt.	Raiford's	11 Sep. '78	3 yrs.	
Perkins, Adam, Pt.	Lt. Col's		W	Mustd Jan. '79
Pendleton, Hiram, Pt.	"	22 May '78		
Q (P. 1141)				
Quinn, Thos., Pt.	Shepard's	29 Aug. '77	3 yrs.	Prisr. 1 June '79, Mustd Nov. '79
Quinby, Eleazer, Pt.		4 July '76	"	Dischgd 30 July '79
Quinn, David, Corpl.	Doherty's	1781	12 mo.	Time out 25 May '82
Quilina, Shad'k, Pt.	Carter's	"	"	Do 30 July '82
Quinn, Francis, Pt.	Bascot's	1782	18 mo.	Transf'd Dec. '82 to Penn. Line.
R (P. 1147)				
Rice, Jeptha, Qr. Mr. Sgt		15 May '81		
Randall, Andrews, Sergt.	Wilson's	" " '77	3 yrs. W	Pt. 1 July '78, Sergt. 1 Jan. '79
Rice, Timothy Corpl.	"	10 Oct. "	2½ yrs.	Pt. June '78 Omtd June '79
(P. 1147)				
Richards, Jona, Pt.	"	10 May '77		Omtd June '78
Reasons, Thos., Pt.	Shepard's	15 Aug. "	3 yrs.	
Roberts, Rich'd, Pt.	"	12 July "		Omtd June '78
Roberts, Ishmael, Pt.	"	3 June "		Do
Rutter, Joseph, Pt.	"	25 Aug. "		Died 28 May '78
Robeson, Wm., Pt.	Stevenson's	21 Apr. "	3 yrs.	Destd Apr. '78, Mustd June '78, Sergt. Aug. '78, Destd '49
Roland, Godfrey, Pt.	Jarvis'	4 Sep. "		Omtd June '78
Richardson, Jno., Ensn.	Gregory's	1 Oct. "		Do
Raindtree, Ruben, Lt.	Heron's	19 Apr. "		Do
Robets, Jas., Pt.	"	24 July "		
Redicks, Isaac, Pt.	Moore's	7 June "		
Rogers, Jno., Pt.	"	4 May "	3 yrs. W	
Razor, Jno., Pt.		29 Mar. '78	"	Pris. 14 Apr. '79
(P. 1148)				
Reardon, Dodley, Pt.	Coleman's	25 Aug. '77	3 yrs.	Dischgd 4 Dec. '78
Reed, Moses, Pt.	"	4 May "	"	
Reed, Jas., Pt.		10 Sep. "	"	
Rogers, Stephen, Pt.		17 Aug. "	"	
Right, Levy, Pt.		7 May "	"	

Name and Rank	Company	Dates of Enlistment and Commission	Period of Service	Occurrences
Risk, Wm., Pt.				Mustd June '78, Omtd Aug. '78
Roark, Nich's, Pt.		1 Jan. '77	3 yrs.	Pris. 1 June '79, Mustd Nov. '79, Dischgd 31 Jan. '80
(P. 1148)				
Roberts, Thos., Sgt. Maj		20 July '78	9 mo.	
Reeves, Jese, Pt.	Colol's	"	"	Corpl. Oct. '78
Ryles, David, Pt.	Hogg's	"	"	
Robison, Noah, Pt.	"	"	"	
Ruff, Robt., Pt.	"	"	"	
Reed, Sam'l, Sergt.	Quinn's	"	"	
Ridgeway, Joseph, Pt.	"	"	"	
Reed, Jas., Pt.	"	"	"	
Ross, Chas., Pt.	"	"	"	Dischgd 13 July '78
Remes, Joshua, Pt.	Lt. Col's	20 July '78	"	
Roberts, James, Pt.	"	"	"	
Rowell, And'w, Pt.	"	"	"	
Rowell, Isaac, Pt.	"	"	"	
Rhodes, Wm., Pt.	Baker's	"	"	
Reed, Fred'k, Pt.	"	"	"	
Richardson, Jas., Pt.	"	"	"	
Ray, Dan'l, Pt.	"	1778		Destd 9 July '78
Ractliff, Wm., Pt.	"	"		Destd 14 July '78
Reddit, Constant, Corpl.	Blount's	20 July '78	9 mo.	Sergt. 25 Oct. '78
Ragly, Blake, Pt.	"	"	"	
Robinson, Hardy, Pt.	"	"	"	
Russell, Wm., Pt.	Bradley's	"	"	
Ritto, Josiah, Pt.	"	"	"	
Reasons, Wm., Pt.	"	1 June '79	18 mo.	See him in 5 Regt.
(P. 1148)				
Roberts, Thos., Pt.	Bradley's	2 June '79	18 mo.	
Rape, F. Jno., Pt.	Montfort's	4 " "	W	Destd Sep. '79
Rock, Jack, Pt.	"	18 " "	"	
Rooks, Hardiman, Pt.	"	10 Aug. "	18 mo.	Destd Sep. '79
Ram, Jacob, Pt.	"	12 June "	W	Do
Rice, Benj., Pt.	"	23 " "	"	Do
Reynolds, Jas., Pt.	"	26 May '78	3 yrs.	
Ross, Thos., Pt.	"	1 Mar. '79	9 mo.	Dischgd 1 Dec. '79
Raws, Lawrence, Pt.	Ballard's	1 July "	W	
Ritto, Peter, Musc.	"	22 June "	"	Pt. Oct. '79, Destd 4 Jan. '80
Rowland, Fred'k, Corpl.	"	1779	9 mo.	Dischgd 9 Dec. '79
Rowe, Chas., Pt.	"	"	"	Do
Richardson, Lewis, Pt.	"	"		Supposed Rich'ds Lewis destd 1 Mar. '82
Rakes, Jas., Sergt.	Quinn's	24 June '79	18 mo.	Destd Sep. '79
Rogers, Silvester, Pt.	"	"	3 yrs.	
(P. 1149)				
Ravell, Nath'l, Pt.	"	"	18 mo.	Destd Sept. '79
Redley, Hardy, Pt.	"	"	W	Omtd Oct. '79
Russell, Wm., Pt.	"	"	"	
Russell, Jas., Sergt.	Blount's	1 May "	2½ yrs.	
Richmond, Jno., Pt.	"	1 June "	W	
Robinson, Jno., Pt.	"	1779	"	Destd Dec. '79
Ryan, Wm., Pt.	"	7 Jan. "	"	Destd Oct. '79
Razor, Chrisr., Pt.	McRee's	28 Apr. '81	12 mo.	Left service 28 Apr. '82

ROSTER OF NORTH CAROLINA SOLDIERS

Name and Rank	Company	Dates of Enlistment and Commission	Period of Service	Occurrences
Robeson, Mark, Pt.... (P. 1149)	McRee's	28 Apr. '81	12 mo.	Do Do
Ralph, Thos., Pt........	McRee's	9 May '81	12 mo.	Left service 9 May '82
Rogers, Jas., Pt........	"	28 Apr. "	"	Do 28 Apr. '82
Ramsay, Dan'l, Pt.....	"	25 May "	"	Died Oct. '81
Riel, Jno., Pt..........	"	28 Apr. "	"	Transf'd to the Legion Aug. '81
Ryan, Thos., Pt........	"	"	"	Destd 1 June '81
Rogers, Parker, Musc...	Raiford's	1 May '81	"	Left service 1 May '82
Rutland, Reding, Pt....	"	2 " "	"	Do 2 May '82
Rutland, Randolph, Pt..	"	"	"	Do Do
Robertson, Jas., Pt.....	"	13 June "	"	Do 13 June '82
Russell, Urias, Pt......	"	4 May "	"	Died Oct. '81
Richards, Curtis, Pt....	"	18 " "	"	Left service 18 May '82
Richardson, Jno., Pt...	"	10 June "	"	Do 10 June '82
Richardson, Rich'd, Pt..	"	19 May "	"	Left service 19 May '82
Rochester, Wm., Corpl..	Donoho's	14 June "	"	Omtd in '81
Roberson, Mark, Pt.....	"	"	"	Left service 14 June '82
Reed, Benj., Pt........	"	"	"	Do Do
Rall, Jas., Pt..........	"	"	"	Do 19 May '82
Riggins, Powell, Pt.....	"	"	"	Do 25 May '82
Reeks, Wm., Pt........	"	14 June "	"	Do 2 May '82
Riddle, Jas., Pt........	Dixon's	15 May "	"	Do 21 May '82
Robertson, Thos., Pt....	"	"	"	Do Do
Ratley, Benj...........	Lytle's	6 June "	"	Do 6 June '82
Rafle, Caleb...........	"	12 Apr. "	"	Do 12 Apr. '82
Robison, Jno........... (P. 1149)	"	"	"	Omtd in '81
Revell, Lazarus........	Lytle's	2 Apr. '81		Destd 5 July '81, Mustd Jan. '82 for War, Destd 10 Oct. '82
Rush, Absolom, Pt......	"	5 June "		Destd 1 July '81
Rowland, Jno., Pt......	"	"		Omtd in '81
Roberts, Moses, Pt.....	Sharp's	21 May "		See him in Brevard's Co'y
Roberts, Isaac, Pt......	"	5 " "		Omtd in '81
Reasoner, Jno., Pt......	"	1781		Transf'd before Apr. '82
Riles, Wm., Pt.........	Moore's	28 Apr. "	12 mo.	Left service 28 Apr. '82
Ricks, Benj., Sergt. Maj.		15 " "	"	Do 15 Apr. '82
Ross, Jas..............	Lytle's	1781		Do 1 Aug. '82
Roe, Jesse, Musc.......	Sharp's	"		Do 15 Aug. '82
Roper, Geo., Pt........	"	"		Do 6 June '82
Ryan, Corn's, Pt.......	Doherty's		W	Mustd Jan. '82
Red, Wm., Pt.......... (P. 1150)	"	"		Time out 25 May '82
Richards, Lewis, Pt....	"	Jan. '82	W	Destd 1 Mar. '82
Reves, Fred'k, Pt.......	Rhode's	'81	12 mo.	Dischgd 23 Jan. '82
Rhodes, Joseph.........		1 Aug. '77		
Rogers, Dunson, Pt.....		1781	12 mo.	Time out 1 Dec. '82
Robinson, Willoughby, Pt.	Bailey's	17 May "	"	Left service 17 May '82
Riggin, Wm., Pt........	"	12 Apr. "	"	Do 12 Apr. '82
Roberts, Moses, Pt.....	Brevard's	1781	"	Do 21 May '82
Russ, Jno., Pt..........	"	"	"	Do 28 Apr. '82
Raymond, Dan'l, Pt....	"		W	Mustd Jan. '82, Destd 23 Jan. '83
Richardson, Elis, Pt.....	Brevard's	1781		Destd before Apr. '82
Reddick, Ab'm, Pt......	Hall's	"	12 mo.	Time out 16 Aug. '82
Rhodes, Nath'n, Pt.....	"	"	"	Do 1 Aug. '82

IN THE AMERICAN REVOLUTION 159

Name and Rank	Company	Dates of Enlistment and Commission	Period of Service	Occurrences
Rawson, Dan'l, Sergt.	Yarborough's	1781	12 mo.	Do 27 Apr. '82
Robertson, Upsher, Pt.	"	"	"	Do 1 June '82
Rittey, Micajah, Pt.	"	"	"	Do 22 Apr. '82
Roper, Jas., Pt.	"	"	"	Omtd in '82
Rowland, Wm., Pt.	"	"	"	Do
Richardson, Wm., Pt.	Carter's	"	"	Time out 25 Apr. '82
Rowlang, Dan'l, Pt.	"	12 May "	"	Do 25 Apr. '82
Ramage, Thos., Pt.	"	25 May "	"	Died 15 Oct. '81
Runnels, Eph'm, Pt.	Jones'	23 Sep. "	"	Pt. Apr. '82
Rogers, Willoughby, Pt.	"	3 Oct. "	"	Time out 1 Oct. '82
Rogers, Wm., Pt.	"	1 Jan. '82	"	Died 29 Aug. '82
Riseing, David, Pt.	"	4 Jan. "	"	
Robertson, Jno., Pt.	Mills'	6 Feb. "	"	
Roberts, Rich'd, Corpl.	Coleman's	22 Jan. "	"	Mustd Pt. Dec.'82 for war
Richards, Nich'ls, Pt.	"	8 " "	"	
Rochel, Amos, Pt.	"	18 Dec. "	"	
Rigsby, Jas., Pt.	"	10 Jan. "	"	
Railey, Edm'd, Pt.	"	1 Feb. "	"	
Ray, Arch'd, Pt.	"	4 Jan. "	"	
Ryall, Wm., Pt.	Hall's	1 June "	W	
Riggins, Jas., Pt.	Jones'	1 Mar. "	12 mo.	
Robins, Jno., Pt.	Mills'	Apr. "	"	Time out 1 Apr. '83
Roark, Nich's, Pt.	"	Dec. '81	12 mo.	
Rhinehart, Jacob, Pt.	Bailey's		"	
Ross, Benj., Corpl.	Hadley's		18 mo.	Destd 18 June '83
Richardson, Wm., Pt.	"		W	Destd 18 Apr. '83
Ryan, Corn'ls, Pt.	"		"	
Roser, David, Pt.	"		18 mo.	
Roe, Jesse, Pt.	"		"	Music Dec. '82
Reynolds, Wm., Pt.	Bacot's	1782	"	Died Nov. 28, '82
Reams, Wm., Pt.	Carter's	"	"	
Rogers, Parker, Pt.	Raiford's	"	"	
Rivers, Benj., Pt.	"	"	W	
Roser, Jno., Pt.	"	"	18 mo.	
Rasher, Hardy, Pt.	"	"	"	
Roman, Thos., Corpl.	Sharp's	"	"	
Ramsey, Jno., Pt.	"	"	"	Transf'd 1 Dec. '82
Rown, Henry, Pt.	"	"	"	Destd 24 June '83
Rutherford, Thos., Pt.	Brevard's	"	"	
Roberts, Wm., Pt.	"	"	"	Dischgd Mar. '83
Rogers, Dan'l, Pt.	"	"	"	Transf'd Mar. '83
Riley, Wm., Pt.	"	"	"	
Richardson, And'w, Sgt.	Evans'	"	"	Sergt. Mar. '83
Robertson, Jno., Corpl.	"	"	"	
Robinson, Jno., Musc.	"	"	"	
Roundtree, Jesse, Pt.	"	"	"	
Reel, Joshua, Pt.	"	"	"	
Rochell, Geo., Pt.	Evans'			Mustd dead '79
Richards, Levy, Pt.				Mustd in '79
Robido, Peter, Pt.			3 yrs.	Mustd destd '79
Railey, Isaac, Pt.	Sharp's	17 Nov. '78		
Rutor, Lewis, Pt.	"		"	
Rogers, David, Pt.	"	10 Nov. '78	9 mo.	
Rogers, Wm., Pt.	"	" "	"	
Roberts, Wm., Pt.	"	" "		
Rogers, Wm., Pt.	Halls'		3 yrs.	Mustd Nov. '79
Rees, Jno., Pt.	Medaris'		"	Mustd Jan. '79

Name and Rank	Company	Dates of Enlistment and Commission	Period of Service	Occurrences
Rees, Roger, Pt........	Medaris'		3 yrs.	Do
Reading, Jno., Pt......	Taylor's		2½ yrs.	Do
Robertson, Thos., Pt....	"		3 yrs.	Do
Richards, Lewis, Pt.....	Eaton's		W	Do
S (Pp. 1159-67)				
Stokes, Joel, Musc......	Wilson's	6 May '77	18 mo.W	{Pt. June '78, Corpl. 20 Mar. '79, Pt. Nov. '79
Stearn, Moses, Pt.......	"	1 Feb. '78	3 yrs. W	
Simmons, Jno., Sergt....	"	15 Aug. '77	3 yrs.	Dischgd 21 Aug. '78
Serratt, Sam'l, Pt.......	"	12 May "		
Shepard, Ab'm, Col.....		1777		Omtd June '78
Shepard, Wm., Capt....		20 Jan. '78		Do
Stradley, Jos., Pt.......	Shepard's	4 May '77	3 yrs.	{Pris. 1 June '79, Mustd Nov. '79
Smith, Benj., Pt.......	"	20 Aug. "		
Stevenson, Hugh, Pt....	"	5 May "		Tr. Nov. '79 to Invalids
Smith, Jno., Pt.........	"	28 July '77	3 yrs.	
Sweat, David, Pt.......	"	12 July "	3 yrs. W	
Smith, Bryant, Pt......	"	1778		
Stringer, Jno., Musc....	"	3 June '77		
Stafford, Josiah, Pt.....	"	5 July "		
Stevenson, Silas, Capt...				Omtd June '78
Shute, Wm., Sergt......	Stevenson's	1 May "	3 yrs.	{Corpl. June '78, Pt. Oct. '78, Omtd Feb. '79
Smith, Wm., Pt........	"	13 May "	3 yrs. W	
Simmonds, Sam'l, Corpl.	Jarvis'	9 May "	3 yrs.	Pt. June '78
Sanderson, Caleb, Corpl.	"	6 " "	"	{Pt. June '78, Died 2 Dec. '78
Silvester, Luke, Pt......	"	5 " "	"	Dead Dec. '78
Simons, Jno. Jr., Pt.....	"	7 June "	"	Dischgd 1 Sep. '78
Smith, Jas., Pt.........	"	17 " "	3 yrs. W	
Scalf, Jno., Corpl.......	Gregory's	30 May "	3 yrs.	Pt. June '78
Sanderlin, Isaac, Pt....	"	22 " "	"	
Shute, Thos., Ensn......	Heron's	19 Apr. "		Omtd June '78
Skeen, Jno., Pt........	"	24 July "	3 yrs. W	
Stewart, Jos., Pt........	"		3 yrs.	
Simmons, Peter, Pt.....	Moore's	11 May "	"	Died 15 Aug. '77
Snowden, Zebu., Pt.....	"	22 " "	"	Destd Apr. '78
Sutherland, Jas., Pt.....	"	1 June "	"	
Smith, Benj., Pt........	"	3 " "	"	Died 20 Nov. '78
Sears, Jno., Pt.........	"	5 Aug. "	"	Omtd Sep. '78
Singleton, Rob, Ensn....	Vanois'		"	Omtd June '78
Simmons, Gideon, Corpl.	"	2 May '77	"	Pt. June '78
Steward, Jno., Pt.......	"	20 Aug. '77	3 yrs.	
Smith, Jno., Pt.........		12 July "	"	
Stroud, Lott, Pt........		12 May "	2½ yrs.	Omtd Feb. '79
Steell, Anthony, Pt.....		Aug. '78	"	Omtd Sep. '78
Sillard, Thos., Pt.......		3 May '77		Dischgd 1 June '79
Shaddock, Chas., Pt.....		1779	W	
Sisk, Jas., Pt...........		1 Oct. '76	3 yrs. W	Corpl. Nov. '79
Stertevant, Barnas, Pt..		31 Aug. '77	3 yrs.	{Omtd June '79, Mustd Nov. '79
Samples, Wm., Pt......	Coleman's	1778		Destd 20 Aug. '78
Southall, Stephen, Lt....		1 Apr. "		Resigned 4 Oct. '78
Story, Caleb, Pt........				{Joined 5 Apr. '78, died 16 June '78

IN THE AMERICAN REVOLUTION 161

Name and Rank	Company	Dates of Enlistment and Commission	Period of Service	Occurrences
(P. 1160)				
Saxton, Wm., Pt.			W	Joined 5 Apr. '78, Prisner 1 June '79, Mustd Nov.'79
Scull, Alex'r, Pt.		20 Apr. '77	2½ yrs.	Dischgd 30 Oct. '78
Sharpley, Jno., Pt.			W	Joined Jan. '78
Scott, Adam, Pt.			"	Mustd Apr. '78, died Oct. '78
Savage, Rans'm, Pt.		2 June '77	3 yrs.	Sergt. Feb. '78
Stevens, Jno., Pt.			W	Mustd Jan, '78, Dischgd 31 Mar. '79
Shute, Jese, Pt.		2 Dec. '78	3 yrs. W	Music Feb. '78, Pt. June '78
Scott, Wm., Pt.		3 May '77	2½ yrs.	
Schultz, Lewis, Pt.		22 Jan. "	3 yrs.	
Steptoe, Jno., Sergt.	Colonel's	20 July '78	9 mo.	
Scott, Israel, Pt.	"	"	"	
Smith, Thos., Corpl.	"	"	"	
Scurlock, Jas., Pt.	"	"	"	Lt. 1 Sep. '81, Deranged 1 Jan. '83
Spear, Joseph, Pt.	"	"	"	
Spear, Sam'l, Pt.	"	"	"	
Smith, Chas., Pt.	"	"	"	
Sweet, Geo., Pt.	"	"	"	
Sentez, Sam'l, Pt.	"	"	"	
Shanks, Jas.	"	"	"	
Smith, Elias, Pt.	Hogg's	"	W	
Smith, Henry, Pt.	"	"	9 mo.	
Sriven, Jas., Pt.		"	"	
Sanders, Job, Pt.		"	"	
Stewart, Jno., Pt.		"	"	
Simmons, Jas., Pt.		"	"	Destd 21 July '78
Selves, David	Quinn's	"	"	
Shipman, Toney, Pt.	"	"	"	
Shipman, Asa, Pt.	"	"	"	
Shipman, Jacob, Pt.	"	"	"	
Smith, Platt, Pt.	"	"	"	
Stanton, John, Pt.	"	"	"	Dischgd 14 July '78
Simpson, Moses, Pt.	"	"	"	Dischgd 7 Sep. '78
Shadforth, Whittier, Pt.	"	"	"	
Smith, Wm., Pt.	Lt. Colo's	"	"	
Scott, Sterling, Pt.	"	"	"	
Sumner, Rich'd, Pt.	"	"	"	
Scott, Wm., Pt.	"	"	"	
Short, Hardy, Pt.	"	"	"	
Short, Henry, Pt.	"	"	"	Died 27 Nov. '78
Smith, Nehemh, Musc.	Baker's	20 July '78	9 mo.	
Sherrard, Edw'd, Pt.	"	"	"	
Sherrard, Jordon, Pt.	"	"	"	
Sykes, Samps., Pt.	"	"	"	Destd 23 July '78
Stone, Benj., Pt.	Blount's	"	"	
(P. 1161)				
Skinner, Thos., Pt.	"	"	"	
Spencer, Solomon, Pt.	"	"	"	
Smith, Wm., Pt.	"	"	"	
Skinner, Wm., Pt.	"	"	"	
Sorrel, Thos., Pt.	"	"	"	Died 16 Sep. '78
Speer, Jno.	Ballard's	"	"	Omtd Oct. '78

ROSTER OF NORTH CAROLINA SOLDIERS

Name and Rank	Company	Dates of Enlistment and Commission	Period of Service	Occurrences
Scott, Mich'l, Pt.	Ballard's	20 July '78	9 mo.	
Scott, Wm., Pt.	"	"	"	
Stokes, Henry, Pt.	"	"	"	Omtd Oct. '78
Skeets, Wm., Pt.	"	"	"	
Scott, Nath'l, Pt.	"	"	"	
Smith, Wm., Pt.	"	"	"	Omtd Oct. '78
Swales, Enoch, Pt.	"	1778	"	Destd 15 July '78
Surles, Rob., Pt.	Bradley's	20 July '78	"	
Sketo, Joseph, Pt.	"	"	"	
Spence, Incell, Pt.	"	"	"	Omtd Oct. '78
Sutton, Ralph, Pt.	"	"	"	
Smith, Jas., Corpl.	Childs'	"	"	
Smithwick, Wm., Sergt.	"	"	"	
Shivers, Jese, Musc.	"	"	"	
Shurley, Thos., Pt.	Childs'	"	"	
Sheborn, Wm., Pt.	"	"	"	
Sirmore, Levy, Pt.	"	"	"	
Sanders, Benj., Pt.	"	"	"	Died Sep. '78
Spellman, Simon, Pt.	Bradley's	28 June '79	W	
Stannul, Peter, Pt.	"	22 Jan. '80		
Smith, Jas., Pt.	"			
Sug, John, Pt.	Montfort's	16 June '79		
Standley, Jona, Pt.	"	"		Dischgd Sep. '79
Smith, Wm., Pt.	"	1 Mar. "	9 mo.	Dischgd 1 Dec. '79
Stevenson, Jno., Pt.	Ballard's	21 June "	18 mo.	Omtd Oct. '79
Smith, Wm., Pt.	"	1 July "	"	Destd 19 Oct. '79
Savory, Jas., Pt.	"	1 " "	"	
Smith, Jos., Pt.	"	29 " "	W	Destd 22 Aug. '79
Stevens, Jno. Corpl.	Quinn's	1 " "	18 mo.	
Short, Chas., Musc.	"	24 " "	W	
Shivers, Jos., Pt.	"	"	3 yrs.	
Sandiford, Robt., Pt.	"	28 May "	18 mo.	Omtd Oct. '79
Strange, Eph'm, Pt.	"	24 Jan. "	"	Destd Dec. '79
Sanders, Joseph, Corpl.	Blount's	1 Mar. "	3 yrs.	
Stranges, Jas., Pt.	"	1779		
Sherrard, Rich'd, Pt.	"	7 June "	W	
Smith, Jno., Pt.	"	27 " "	18 mo.	
Stansberry, Luke, Pt.	"	12 " "	3 yrs.	
Scott, Philip, Pt.	"	11 " "	18 mo.	
Sutton, Jos., Pt.	"	1 Aug. '79	12 mo.	Destd Oct. '79
Simkins, Joseph, Pt.	Ramsay's	'79	9 mo.	Omtd Oct. '79
Shoulder, Wm., Pt.	"	"	"	Destd Sep. '79
Shabshaw, Peter, Pt.	"	"	"	Dead Sep. '79
Sears, David, Pt. (P. 1162)		"	9 mo.	Omtd Oct. '79
Smethers, Garet, Pt.		1779	"	Destd Sep. '79
Smith, Wm., Pt.		"	"	Omtd Oct. '79
Sugins, Joseph, Pt.		"	"	Dead Sep. '79
Searles, Thos., Pt.		"	"	Dead Sep. '79
Steed, Jese, Ensn.		1 June '81		{And Qr. Mr. 13 July '81, Lt. 8 Sep. '81
Styrewall, Fred'k, Pt.	McRee's	28 Apr. "	12 mo.	Left service 28 Apr. '82
Stone, Jno., Pt.	"	"	"	Do Do
Searles, Thos., Pt.	"	"	"	Do Do
Sportman, Wm., Pt.	"	"	"	{Transf'd to the Legion Aug. '81
Spears, Joseph, Pt.	"	9 May "	"	Destd 1 June '81

Name and Rank	Company	Dates of Enlistment and Commission	Period of Service	Occurrences
Smith, Thos., Pt..........	McRee's	9 May '81	12 mo.	Omtd Jan. '82. Sick
Stewart, Sam'l, Pt........	"	26 " "	"	Destd 26 May '81
Senter, Sam'l, Sergt.....	Raiford's	25 Apr. "	"	
Southhall, Furney, Pt...	"	5 May "	2 yrs. W	Pt. Sep. '82
Sanders, Robt., Musc...	"	" "	12 mo.	Left service 3 May '82
Smith, Rich'd, Pt........	"	2 May "	"	Do 2 Do
Starks, Benj., Pt..........	"	17 " "	"	Do 17 Do
Spires, Thos., Pt........	"	25 Apr. "	"	Do 25 Do
Scott, Eman'l, Pt........	"	"		Do 25 Do
Sweat, Ab'm, Pt..........	"			
Suik, Paul, Pt............	Donaho's			See Paul Luek
Sykes, Dempsey, Musc..	"	25 May '81	12 mo.	Left service 25 May '82
Stacey, Jno., Pt..........	"	14 June "	"	Time out 14 June '82
Smith, Henry, Pt........	"	" "	"	Left service June '82
Step, Jno., Pt............	"	" "	"	Omtd in '81
Stevens, Henry, Pt......	"	" "	"	Left service 14 June '82
Summers, Geo., Sergt...	Dixon's	15 May '81	"	Do 21 May '82
Seers, Asa, Pt............	"	12 " "	"	Do 21 Do
Stilwell, Jacob, Musc....	"	15 " "	"	{Pt. from 1 Jan. '82, Left service 21 May '82
Shelton, Jos., Pt........	"	12 " "	"	Do 26 Do
Swanson, Jno., Pt........	"	12 May "	"	Do 26 Do
Stricklin, Fred'k, Pt....	"	12 " "	"	Do 26 Do
Smith, Jno., Pt..........	"	25 Apr. "	"	Do 25 Apr. '82
Smith, Thos., Pt........	"	15 May "	"	Do 21 May '82
Stallions, Moses, Corpl..	Lytle's	6 June "	"	Do 6 Apr. '82
Simmons, Jno., Pt......	"	" " "	"	Do 12 Apr. '82
Salyers, Martin, Pt.....	"			Omtd in '81
Scott, Sam'l, Pt..........	"	'81		Do
Syas, Jese, Pt............	"	1 June "		Left service 1 June '82
Smith, Aaron, Pt........	"	"		Do Do
Strickland, Jno., Pt.....	"	12 Apr. "		Do Do
Strickland, Marmd'k, Pt.	"	"		Omtd in '81
Snyder, Chrisn., Pt.....	"	1 June "		Left service 1 June '82
Sykes, Sampson, Pt.....	"	12 Apr. '81		
Suet, Sam'l, Pt..........	"	2 Apr. "		Destd 6 July '81
Stewart, Coldwell, Pt....	"	2 Apr. "	W	{Destd 5 July '81, Mustd Jan. '82
Sherwood, Jordon, Pt.... (P. 1163)	"	12 " "		Destd 6 July '81
Styles, Jno., Pt..........	"	" "	12 mo.	Left service 12 Apr. '82
Saunders, Jno., Pt......	"	12 " "	12 mo.	Do 12 Apr. '82
Spears, Kindred, Pt.....	"	12 " "	"	Do 21 May '82
Solomon, Wm., Pt......	Sharp's	21 May "	"	Do 21 May '82
Stocks, Joshua..........	"			Omtd in '81
Sherly, Thos............	"	15 " "		{Sergt. Jan., Left service 5 Apr. '82
Sinclair, Wm............	"	5 " "	"	{Sergt. Jan., Left service 5 Apr. '82
Spelmore, Jacob.........	"	15 " "	"	Omtd in '81
Smith, Wm.............	"	5 " "		Left service 15 Apr. '82
Spelmore, Aaron........	"			Do 5 Apr. '82
Stringer, Winger........	"			Do 5 Apr. '82
Steward, Dan'l..........	"			Do 15 Apr. '82
Spenser, Robt...........	"			Omtd in '81
Sullivan, Jno............	"			Died 3 Apr. '83
Sherrod, Benj...........	"			Time out 1 Feb. '83

Name and Rank	Company	Dates of Enlistment and Commission	Period of Service	Occurrences
Sullivan, Jas., Corpl.	Walton's	1781		Do 25 May '82
Siddle, Jesse, Pt.			W	
Slater, Jas., Pt.			12 mo.	Time out Dec. '82
Smith, Malachi, Pt.			"	Do 25 Apr. '82
Stringer, Noah, Pt.	Sharp's		"	Do 28 Oct. '82
Squires, And'w, Pt.	"		"	Do 16 Dec. '82
Spear, Spencer, Pt.	"		W	{ Mustd Jan. '82, Destd 13 June '83
Shepard, Wm., Sergt. (P. 1163)	Doherty's	1781		Time out 25 May '82
Springs, Micajah, Pt.	Doherty's	"		Time out 25 May '82
Simmons, Willis, Pt.	"	"		Do Do
Salmon, Vincent, Pt.	"		W	Mustd Jan. '82
Sterling, Robt., Pt.	Rhode's	"		Time out 25 Apr. '82
Sebril, Joshua, Pt.	"	"		Do 24 May '82
Segraves, Jacob, Pt.	"	"		Do 25 Apr. '82
Snutman, Wm., Pt.	"	"		Do 25 Apr. '82
Stove, Warren, Pt.	"	"		Do 14 May '82
Salomon, Lazarus, Pt.	"	"		Do 25 Apr. '82
Scarsey, Asiah, Pt.	"	"		Do 24 May '82
Smart, Jno., Pt.	"	"		Do 12 Apr. '82
Sterling, Elisha, Pt.	"	"		Do 4 June '82
Stevens, Jas., Pt.	"	5 Jan. '82	12 mo.	Left service 5 Jan. '83
Stevens, Henry, Pt.	"	" " "	"	Do 5 Jan. '83
Smith, Wm., Sergt.	Bailey's	15 Apr. '81	"	{ Do 15 Apr. '82, Pt. from 26 Feb. '82
Sykes, Henry, Pt.	"	17 May "	"	Left service 17 May '82
Simmons, Jno., Pt.	"	May	"	{ Do 17 May '82, Promoted 23 Feb. '82
Still, Jas., Pt.	"	May	"	Left service 17 May '82
Smith, Benj., Pt.	"	25 May "	"	Do 25 Do
Sanderlin, Josiah, Pt. (P. 1164)	"	17 " "	"	Do 17 Do
Smith, Isaac, Pt.	"	17 " "	"	Do 17 Do
Santee, Mich'l, Pt.	"	9 " "	"	Do 9 Do
Sprewell, Godfrey, Pt. (P. 1164)	"	3 " "	"	Do 3 Do
Scudder, Abner, Pt.	Brevard's	1781	12 mo.	
Scarborough, Sam'l, Pt.	"	"	"	
Sailor, Geo., Pt.	"	"	"	
Spears, Joseph, Pt.	"	"	"	
Swindle, Solomon, Pt.	"	"	"	
Sampson, Isaac, Pt.	"	"	"	
Shoemaker, Randle, Pt.	"	"	"	
Sawyers, Joseph, Pt.	"	"	"	Dischgd 1 Apr. '82
Sperpoint, Joseph, Pt.	"	"	"	{ Transf'd 26 Mar. '82 to Artificers
Skinners, Evans, Pt.	Hall's	"	"	Left service 21 Apr. '82
Shrode, Adam, Pt.	"	"	"	Time out 27 Dec. '82
Scarborough, Shad'k, Pt.	"	"	"	Do 12 Apr. '82
Snipes, Wm., Pt.	"	"	"	Do 1 Apr. '82
Scott, Sam'l, Pt.	"	"	"	Do 13 Dec. '82
Seagroves, Thos., Pt.	Yarboro's	"	"	Do 22 Apr. '82
Scott, Dennis, Pt.	"	"	"	Do 1 May '82
Smith, Wm., Pt.	"	"	"	Do 1 May '82
Scott, Isom, Pt.	"	"	"	Omtd 1 Apr. '82
Scipio, Hill, Pt.	"	"	"	Time out 22 Apr. '82

IN THE AMERICAN REVOLUTION 165

Name and Rank	Company	Dates of Enlistment and Commission	Period of Service	Occurrences
Sweeny, Thos., Pt.	Yarboro's	1781	12 mo.	Do 2 May '82
Stanfield, Jas., Corpl.	Carter's	18 July "	"	Do 20 June '82
Stevens, Hugh, Pt.	"	25 Apr. "	"	Do 25 Apr. '82
Stevens, Benj., Pt.	"	19 May "	"	Do 19 May '82
Sanders, Thos., Pt. (P. 1164)	"	" " "	"	Do 19 May '82
Seeburn, Joseph, Pt.	Carter's	12 Oct. '81	18 mo.	Do 1 Apr. '83
Snead, Zadock, Pt.	"	25 Apr. "	12 mo.	Do 25 Apr. '82
Savage, Moses, Pt.	"	19 May "	"	Do 19 May '82
Spelmore, Jacob, Pt.	"	3 Apr. "	"	Do 25 Apr. '82
Sandiford, Amos, Pt.	"	19 May "	"	Dead Sep. '81
Smith, Rich'd, Pt.	"	25 Apr. "	"	Dead 16 Sep. '81
Sneed, Wm., Pt.	"	1781	"	Destd 15 Sep. '81
Sorrell, Lewis, Pt.	"	12 Feb. '81	"	Omtd before '82
Slaughter, Robt., Pt.	Jones'	1 Jan. '82	"	
Slaughter, Jno., Pt.	"	"	"	
Smith, Joab, Pt.	"	"	"	
Smith, Jacob, Pt.	"	"	"	
Smith, Jereh.	"	"	"	Died 14 Sep. '82
Screw, Joseph, Pt.	"	3 Feb. "	"	
Steel, Wm., Pt.	"	6 Mar. "	"	
Scarlet, Jas., Pt.	"	13 Nov. '81	"	Died 20 Sep. '82
Scarlet, Wm., Pt.	"	1 Feb. '82	"	
Stewart, Dan'l, Pt.	"	4 Jan. "	"	Died 4 Oct. '82
Stewart, Jno., Pt.	"	10 Dec. '81	"	
Sellers, Jno., Pt.	"	15 " "	"	
Sykes, Jas, Sergt. (P. 1165)	Mill's	6 Feb. '82	"	Sergt Maj. Sep. '82
Stringer, Jno., Corpl.	"	8 " "	"	Mustd Pt. for W. Dec. '82
Sniles, Anty., Pt.	"	7 " "	"	Died 7 Aug. '82
Simpson, Wm., Pt.	"	6 " "	"	
Simpson, Rich'd, Pt. (P. 1165)	"	6 " "	"	
Sullivan, Owen, Pt.	"	7 Feb. '82	12 mo.	
Simmons, Jereh, Pt.	"	25 Dec. '81	"	
Simmons, Sander, Pt.	"	"	"	
Smith, Jno., Pt.	"	1 Feb. '82	"	Died 19 Sep. '82
Sessons, Abel, Pt.	"	4 Jan. "	"	
Smith, Jas., Pt.	"	1 " "	"	
Skipper, Jas., Pt.	"	18 Dec. '81	"	
Stokeley, Thos., Pt.	"	6 Feb. '82	"	
Suggs, Ezk., Pt.	Coleman's	1 Jan. "	"	
Suggs, Eligood, Pt.	"	"	"	
Simmons, Jno., Pt.	"	18 Dec. '81	"	
Shaw, Duncan, Pt.	"	1 Jan. '82	"	
Scarlet, Thos., Pt.	"	13 Nov. '81	"	
Slade, Fred'k, Pt.	Hall's	1 Mar. '82	"	
Sheffield, Wm., Pt.	"	"	"	Time out 1 Jan. '83
Smith, Jas., Pt.	"	1 Dec. '81	"	Do 1 Dec. '82
Smith, Peter, Pt.	"	"	"	Do 1 Dec. '82
Seayres, Robt., Pt.	"	22 Aug. '82	W	
Strawn, Rich'd, Pt.	"	"	"	{Mustd Dec. '82, Destd 1 May '83
Stokeley, Peter, Pt.	Jones'	1 Mar. '82	12 mo.	Corpl. Sep. '82
Silverthan, Robt., Pt.	Mill's	10 " "	"	
Sterling, Seth, Pt.	"	10 Jan. "	"	
Smith, Rich'd, Pt.	"	1 " "	"	Died 10 Sep. '82

ROSTER OF NORTH CAROLINA SOLDIERS

Name and Rank	Company	Dates of Enlistment and Commission	Period of Service	Occurrences
Scott, Jas., Pt. (P. 1165)	Bailey's	1 Aug. '82	12 mo.	
Sowell, Wm., Pt.	Bailey's	10 Sep. '82	18 mo.	
Scurlock, Jas., Pt.	"	22 May "	12 mo.	
Strange, Wm., Pt.	"	2 Apr. "	"	
Sky, Jese, Pt.	"	5 June "	"	
Still, Jno., Pt.	Hadley's	1 Aug. "	18 mo.	
Smith, Jno., Corpl.	"	"	"	
Spain, Thos., Musc.	"	"	"	
Smith, Rich'd, Pt.	"	"	"	
Silas, Thos.	"	"	"	
Sturtevant, Chas., Sergt.	Bacot's	1782	"	
Spears, Willis, Corpl.	"	"	"	
Steptoe, Thos., Musc.	"	"	"	Destd 18 June '83
Sivet, Allen, Pt.	"	"	"	
Savage, Micaja, Pt.	"	"	"	
Skinner, Jno., Pt.	"	"	"	
Stayway, Jno., Pt.	"	"	"	
Scriggs, Rich'd, Pt.	"	"	"	
Scott, Isaac, Pt.	"	"	"	
Sykes, Jas., Pt.	"	"	"	
Smith, Burrell, Sergt.	Carter's	"	"	Died 26 Jan. '83
Scott, Dennis, Pt.	"	"	"	
Smith, Peter, Pt. (P. 1166)	"	"	"	
Sport, Wm., Pt.	"	"	"	Destd 29 Apr. '83
Smith, Jacob, Pt.	"	"	"	
Stranfield, Pt. (P. 1166)	"	"	"	Destd 7 Dec. '82
Sanderlin, Robt., Pt.	Raiford's	1782	18 mo.	
Shurer, Fred'k, Pt.	"	"	"	
Savage, Thos., Pt.	"	"	"	
Shepard, Valte, Pt.	"	"	"	
Standley, Jas., Pt.	"	"	"	
Spearman, Geo., Pt.	"	"	"	
Shepard, Bird, Pt.	Sharp's	"	"	
Stellard, Peter, Pt.	"	"	"	
Smith, Jno., Pt.	"	"	"	
Simpkins, Josh, Pt.	"	"	"	
Sheets, David, Pt.	"	"	"	Destd 23 June '83
Scews, Wm., Pt.	Lytle's	"	"	
Sanders, Sam'l, Pt.	"	"	"	
Stevens, Thos., Pt.	"	"	"	
Stewart, Jas., Pt.	"	"	"	
Simmons, Philip, Pt.	"	"	"	
Sowell, Isaac, Pt.	"	"	"	Destd 25 Nov. '82
Smith, Peter, Pt.	"	"	"	Do 10 Dec. '82
Smith, Drewry, Pt.	"	"	"	Do 10 Dec. '82
Scaff, Joseph, Pt.	"	"	"	Transf'd Jan. '83 to So. Carolina Line
Sanders, Henry, Musc.	Brevard's	"	18 mo.	
Slade, Nath'l, Pt.	"	"	"	
Seagraves, Jno., Pt.	"	"	"	
Stringfield, Aaron, Pt. (P. 1166)	"	"	"	
Scrimshire, Jno., Pt.	"	"	18 mo.	Destd 27 Nov. '82
Silvester, Nath'l, Pt.	Rhode's	1 Dec. '82	"	

IN THE AMERICAN REVOLUTION 167

Name and Rank	Company	Dates of Enlistment and Commission	Period of Service	Occurrences
Smith, Stephen, Pt.	Rhode's	1782	18 mo.	Died 3 June '83
Scarborough, Nathn, Pt.	"	"	"	
Smith, Ez'l, Pt.	"	"	"	
Sullivan, Jno., Pt.	"	"	"	Destd 21 June '83
Simkins, Jno., Pt.	"	"	"	
Silvester, Nath'l, Pt.	"	"	"	Omtd Jan. '83, Transf'd
Sheppard, Willoughby, Pt.	"	"	"	
Stewart, Dempsy, Pt.	"	"	"	Transf'd Dec. '82
Scott, Thos., Pt.	"	"	"	
Scott, Ab'm, Pt.	"	"	"	
Stringer, Hez'k, Pt.	Coleman's			
Scott, Drewry, Pt.		1 Aug. "	3 yrs.	
Sumner, Fran's, Pt.	Carter's			Mustd Dec. '82
Smith, David, Pt.	Sharp's			Do
Stewart, Chas., Pt.	"			Do
Smith, Sam'l, Pt.	"			Do
Smith, Henry, Corpl.	Walton's		12 mo.	Time out 15 June '83
Shoulders, Wm., Pt.	Sharp's	21 Oct. '78	3 yrs.	
Squares, Thos., Pt.	"	25 Aug. "	W	
Sloan, Wm., Pt.	"	10 Nov. "	9 mo.	
Sullivan, Tenig, Pt.	Tatum's		W	Mustd Nov. '79
(P. 1167)				
Shavers, Jno., Pt.	Coll.	1 Feb. '80	28 mo.	
Sersy, Luke, Pt.	"		W	{Mustd Jan. '79, Dead May '79
(P. 1167)				
Smith, Jas., Pt.	Goodman's		3 yrs.	Mustd Jan. '79
Skipper, Geo., Pt.	Doherty's		"	
Skipper, Josh.	"		"	
Smith, Josh.	Lt. Col's		"	
Saunders, Josh, Corpl.	Doherty's			Mustd Mar. '79
Smith, Reuben, Pt.	Eaton's		9 mo.	Mustd Jan. '79
Summers, Leven, Pt.	"		3 yrs.	{Mustd Jan. '79, Died 20 May '79
Snowden, Nath'l, Pt.		5 June '78		
T (P. 1172)				
Thomson, Nath'l, Pt.	Wilson's	20 May '77	3 yrs.	Prisr. 14 Apr. '79
Tyler, Wm., Pt.	"	1 Oct. "	"	Destd Jan. '80
Thompson, Willis, Pt.	Shepard's	12 July "	"	Died Oct. '78
Taylor, Wm., Pt.	"	12 Aug. "		Omtd June '78
Talor, Jese, Pt.	"	5 May "		Died 20 Mar. '78
Turner, Robt., Lt.	Stevenson's			Omtd June '78
Thompson, Wm., Sergt.	Jarvis'	5 May '77	3 yrs.	Pt. June '78
Thompson, Willough'y, Pt	"	12 Dec. "	"	Died 12 Jan. '79
Taunt, Wm., Sergt.	Heron's	26 Apr. "	"	Pt. June '78
Taylor, Elias, Musc.	"	25 July "		{Pt. June '78, Destd 25 Aug. '78
Taunt, Jese, Pt.	"	26 Apr. "		
(P. 1172)				
Tilman, Wm., Pt.	"	1 July '77	3 yrs.	
Tilman, Jno., Pt.	"	"	"	
Tilman, Belitha.	"	10 June "	"	{Corpl. 10 Oct. '78, Pt. 1 June '79, Destd 3 July '79, Mustd Nov. '79
Taunt, Thos., Pt.	"	15 Apr. '77	"	Music, June '78
Tracey, Jno., Pt.	Vanois'	24 June "		Omtd June '78

Name and Rank	Company	Dates of Enlistment and Commission	Period of Service	Occurrences
Thomas, Caleb, Pt.		1 May '77	3 yrs. W	Music 1 Jan. '78, Pt. Dec. '82
Tradder, Geo., Pt.		20 " '76	"	Corpl. July '79
Trawl, Jno., Pt.		12 Jan. '78	3 yrs.	Destd 8 Mar.'79
Taylor, Aaron, Musc. (P. 1173)		1 Apr. "	W	
Taylor, Caleb, Pt.	Coleman's	1778		Omtd Feb. '79
Tutson, Thos., Pt.				Mustd July and destd 15 Aug. '78
Thompson, Wm., Pt.		26 Apr. '76	2½ yrs.	Dischgd 10 Nov. '78
Thomas, Wm., Pt.			W	Mustd June '78
Terry, David, Pt.	Montfort's	20 July '78	9 mo.	
Turner, Thos., Pt.	"	"	"	
Tippett, Erastus, Musc.	"	"	"	
Thompson, Uriah, Pt.	"	1778		
Tann, Jas., Pt.	Quinn's	20 July "	W	Omtd '79
Thompson, Chas., Pt.	Lt. Col's	"	9 mo.	
Tharp, Jas., Pt.	"	"	"	
Tesley, Jno., Pt.	"	"	"	Died 24 Oct. '78
Todd, Josiah, Pt.	Baker's	"	"	
Todd, Jno., Pt. (P. 1173)	"	"	"	
Turner, Wm., Pt.	Baker's	20 July '78	9 mo.	
Thomas, Jere, Corpl.	"	"	"	
Tayburn, Allen, Pt.	"	"	"	Destd 23 July '78
Tann, Eph'm, Pt.	"	"	"	
Thomas, Amos., Pt.	Blount's	"	"	
Tart, Thos., Pt.	"	"	"	
Teder, Thos., Pt.	Bradley's	"	"	
Tinsley, Chas., Pt.	Child's	"	"	
Teal, Eman'l, Pt.		"	"	
Totteyaine, Winder, Pt.	Montfort's		3 yrs.	Destd Sep. '79
Tharp, Chas., Pt.	"	1 June '79	W	Destd 23 Nov. '79
Tharp, Jno., Pt.	"	"	"	Do
Taylor, Jno., Pt.	"	30 " "	"	Destd Sep. '79
Tiney, Jas., Pt.	Ballard's	1779	9 mo.	Dischgd 1 Dec. '79
Thompkins, Jordan, Pt.	"	"	"	Do
Tucker, Curl, Pt.	Quinn's	7 June "	18 mo.	Sergt. Jan. '80, Corpl. Mar. '80
Taylor, Jese, Pt.	Blount's	1 Mar. "	9 mo.	Dischgd 1 Dec. '79
Tinney, Jno., Pt.	"	"	"	Do
Tunk, Robt., Pt.	"	30 May '79	18 mo.	Corpl. 1 Dec. '79
Tharp, Eleazer, Pt.	"	1 June "	"	Destd Oct. '79
Tomblin, Jno., Pt.	"	7 " "	W	Do
Turner, Wm., Pt.	"	7 " "	"	Do
Towel, Ab'm, Pt. (P. 1173)	"	5 Aug. "	"	Do
Taylor, Sam'l, Pt.	McRee's	5 June '81	12 mo.	Left service 5 June '82
Tinker, Jno., Pt.	"	6 " "	"	Dead Oct. '81
Tysinger, Ad., Pt.	"	28 Apr. "		Destd May '81
Thomas, Philemon, Sergt	Raiford's	25 May "	"	Left service 18 May '82
Thomas, Thos., Musc.	"	15 Apr. "	"	Do 15 Apr. '82
Taylor, Jno., Pt.	"	4 July "	"	Do 4 July '82
Thomas, Sam'l, Pt.	"	19 May "	"	Do 19 May '82
Thomas, Amos., Pt.	"	15 Apr. "	"	Do 25 Apr. '82
Tabourne, Joel, Pt.	Donaho's	14 June "	"	Mustd for War Jan. '82
Tanner, Jenning, Pt.	"	"	"	Left service 14 June '82

Name and Rank	Company	Dates of Enlistment and Commission	Period of Service	Occurrences
Terrel, Jno., Pt.	Donaho's	14 June '81	12 mo.	Omtd in '81
Thomas, Jas., Pt. (P. 1174)	"	2 May '81	"	Left service 2 May '82
Tankesley, Wm., Pt.	Dixon's	15 May '81	"	Omtd in '81
Tiffin, Thos., Pt.	"	"	"	Left service 21 May '82
Tipper, Wm., Pt.	"	12 " "	"	Do 25 May '82
Turpin, Wm., Pt.	Lytle's	5 Apr. "	"	Omtd in '81
Tabourne, Burrell, Pt.	"	"	"	Left service 5 Apr. '82
Talton, Josiah, Pt.	"	1 June "	"	Do 1 June '82
Thomaston, Chas., Sergt	Sharp's	21 May "		Omtd in '81
Thomas, Stephen, Pt.	"	2 " "		Dischgd 1 Feb. '82
Talton, Jas., Pt.	Raiford's	1781		Time out 13 Sep. '82
Thompson, Nichs., Pt.	"	"		Do Sept. '82
Tillman, Aaron, Pt. (P. 1174)	Moore's	"		Left service 10 May '82
Teaner, Jas., Pt.	Walton's	1781		Left service 25 May '82
Thomas, Philip, Sergt.	Doherty's			
Thompson, Sam'l, Corpl.	Rhode's			
Tucker, Gray, Pt.	Armstrong's		W	Mustd Jan. '82
Trap, Martin, Pt.	"			{Mustd War Apr.'82, destd 10 Dec.'82, Joined 14 Dec. '82, Destd 28 May '83
Tims, Jona, Sergt.	Bailey's	25 May '81	12 mo.	Left service 25 May '82
Turner, David, Pt.	Armstrong's	1781		
Twigg, Dan'l, Musc.	Bailey's		3 yrs.	Mustd Jan. '82
Toxey, Nath'l, Pt.	"	17 May '81	12 mo.	Left service 17 May '82
Thompson, Jese, Pt.	"	15 Apr. "	"	Do 15 Apr. '82
Turner, Arthur, Pt.	"	26 July "	"	Do 26 July '82
Thompson, Jno., Sergt.	Brevard's	1781	"	Do 21 July '82
Tilley, Jacob, Pt.	"	"	"	Do 21 June '82
Taylor, Emanuel, Pt.	"	"	"	Do 14 Aug. '82
Tucker, Jno., Corpl.	Hall's	"	"	Do 16 Aug. '82
Tice, Henry, Pt.	"	"	"	Time out 15 Apr. '82
Tice, Jas., Pt.	"	"	"	Do 15 Apr. '82
Thompson, Geo., Pt.	"	1782	"	Do 15 Jan. '83
Tennison, Absolom, Pt.	Yarboro's	1781	"	Do 22 Apr. '82
Thexton, Wm., Pt.	"	"	"	Do 1 May '82
Tucker, Carrel, Pt.	"	"	"	Do 22 Apr. '82
Toney, Jno., Pt. (P. 1174)	"	"	"	Omtd 1 Apr. '81
Taylor, Benj., Corpl.	Carter's	3 June '81	W	
Tiller, Thos., Pt.	"	31 July "	12 mo.	Time out 28 July '82
Trotman, Thos., Pt.	"	19 May "	"	Do 19 May '82
Trader, Jona, Pt.	"	"	"	Do 19 May '82
Tomlinson, Aaron, Pt.	Mill's	3 Jan. '82	"	
Taylor, Lewis, Pt.	"	22 Oct. '81	"	
Townley, Philemon, Pt.	"	7 Feb. '82	"	
Tue, Alexr., Pt.	Coleman's	8 Nov. '81		
Trapp, Elijah, Musc.	Hall's		W	Mustd Apr. '82
Taylor, Benj., Pt.	"	'81	12 mo.	
Tarlton, Jno., Pt.	Jones'		W	{Mustd 1 Apr. '82, Destd 1 Sep. '82
Taylor, Ab'm, Pt.	"	1 Mar '82	12 mo.	
Tice, Thos., Pt.	"	"	"	Sergt. Sep. '82
Thornhill, Benj., Pt.	Mill's	1 Jan. '82	"	
Tarlton, Josiah, Pt.	Bailey's	13 Sep. "	18 mo.	
Tranton, Jno., Pt.	"	10 Sep. "	"	

Name and Rank	Company	Dates of Enlistment and Commission	Period of Service	Occurrences
(P. 1175)				
Trader, Jno., Pt.	Bailey's	17 Sep. '82	18 mo	Destd 21 June '83
Thurston, Wm., Pt.	"	10 " "	"	
Tennison, Matt'w, Pt.	"	10 " "	"	Destd 21 June '83
Tan, Drewry, Pt.	Hadley's	1 Aug. "	"	
Taylor, Jacob, Pt.	"	"	"	
Tarbarra, Sam'l, Pt.	"	"	"	
(P. 1175)				
Timer, Dan'l, Pt.	Hadley's	1 Aug. '82	18 mo.	
Tippet, Erastus, Musc.	Bacot's	'82	"	Destd 15 June '83
Tyson, Ellis, Pt.	"	"	"	
Tyler, Moses, Pt.	"	"	"	
Thompson, Wm., Pt.	Carter's	"	"	
Tobin, Wm., Pt.	"	"	"	Destd 28 Mar. '82
Tyler, Owen, Pt.	Raiford's	"	W	
Tyner, Wm., Pt.	"	"	18 mo.	
Trent, Wm., Sergt.	Sharp's	"	"	
Taylor, Chas., Sergt.	"	"	"	Destd 19 Apr. '83
Taylor, Benj., Corpl.	"	"	"	Destd 19 Apr. '83
Thompson, Jno., Pt.	"	"	"	
Taylor, Jno., Pt.	Lytle's	"	"	
Taylor, Abel, Pt.	"	"	"	
Taylor, Jas., Pt.	"	"	"	
Tilley, Jacob, Pt.	"	"	"	
Tinney, Sam'l, Pt.	"	"	"	Omtd Jan. '83
Tucker, Jas., Pt.	"	"	"	{Destd 10 Dec. '82, Mustd for War Jan. '83
Tucker, Jno., Pt.	"	"	"	Destd 10 Dec. '82
Thompson, Jno., Pt.	Brevard's	"	"	
Terry, Pompey, Pt.	"	"	"	Transf'd Mar. '83
Tippet, Geo., Pt.	"	"	"	
Thompson, Wm., Pt.	"	"	"	
Talbert, Jno., Pt.	Evan's	"	"	
(P. 1175)				
Tucker, Jno., Pt.	"	'82	18 mo.	
Truett, Wm., Pt.	"	"	"	Destd 8 June '83
Taylor, Wm., Pt.	"	"	"	
Tyson, Aaron, Pt.	"	"	"	21
Turner, Adam, Pt.		"		Mustd '79
Titterton, Jno., Pt.		"		Mustd, destd '79
Tiner, Jesse, Pt.	Sharp's	10 Nov. '78	9 mo.	Dischgd 13 May '79
Taylor, Sampson, Pt.	"	"		
Thomas, Jno., Pt.	"	"		
Thatcher, David, Pt.	Colonel's		W	Mustd Jan. '79
Turner, Adam, Pt.	Major's			Do
Twigg, Dan'l, Musc.	Lt. Colo's		3 yrs.	Do
Tyner, Nich's, Corpl.	Taylor's		2½ yrs.	{Mustd Jan. '79, Dischgd Apr. '79
Tyler, Moses, Musc.	"		3 yrs.	Mustd Jan. '79
Tyner, Arthur, Corpl.	"		2½ yrs.	{Mustd Jan. '79, Dischgd Apr. '79
V (P. 1179)				
Venters, Dan'l, Pt.	Stevenson's	1 Sep. '77	3 yrs.	
Vanoy, And'w, Capt.				Omtd June '78
Varcaze, Jas., Lt.		17 Mar. '78		{Omtd between Jan. and Sep. '79
Vaughan, Vincent, Pt.	Montfort's	28 July '76	9 mo.	

Name and Rank	Company	Dates of Enlistment and Commission	Period of Service	Occurrences
Vaisy, Nath'l, Sergt. (P. 1179)	Hogg's	28 July '76	9 mo.	
Vick, Jesse, Sergt.	"	"	"	
Vining, Keeder, Pt.	Quinn's	"	"	
Valentine, Peter, Pt.	Lt. Colo's	"	"	
Van, Nath'n, Pt.	Blount's	"	"	
Vincent, Benj., Pt.	Ballard's	"	"	
Vance, Jas., Pt.	Child's	"	"	Died 15 Nov. '78
Verrier, Jas., Qr. Mr.		Apr. '79		Resigned 10 Sep. '79
Vallentine, Dan'l, Pt.	Bradley's	7 June "	18 mo.	
Vandergrift, Leonard, Pt	Blount's	"	"	Destd Oct. '79
Vaughn, Wm., Pt.	McRee's	9 May '81		Destd 1 July '81
Vincen, David, Pt.	Raiford's	18 " "		Died Oct. '81
Vines, Jno., Corpl.	Sharp's	15 Apr. "	12 mo.	Left service 15 Apr. '82
Vollow, Nich's, Pt.	Doherty's	1781		Time out 25 May '82
Vick, Joseph, Pt.	Rhode's	"		Do 16 July '82
Vickny, Jno., Pt.	Armstrong's		W	Mustd Jan. '82
Vaughan, Wm., Pt.	Brevard's	'81		Left service 9 May, '82
Varder, David, Pt.	Hall's	"	12 mo.	Time out 1 Aug. '82
Vaughan, Dan'l, Corpl.	Carter's	19 May "	"	Died 26 Sep. '81
Vines, Jno., Pt.	Mill's	19 Dec. "	"	
Vines, Sam'l, Pt.	"	"	"	
Vance, David, Pt.	Carter's	1782	18 mo.	
Vaison, Lem'l, Pt.	"	"	"	
Vick, Jacob, Sergt.	"	"	"	
Vicas, Thos., Pt.	Lytle's	"	"	Music 1 Dec. '82
Vickery, Marma., Pt. (P. 1179)	"	"	"	Died 14 Dec. '82
Vaughan, Ab'm, Pt.	"	"	"	
Vickery, Luke, Pt.	Brevard's			
Vose, Joseph, Pt.		25 May '81	W	Died 10 July '83
Vaughn, Jno., Pt.	Goodwin's		"	Mustd Mar. '79
W (P. 1187)				
Wilson, Jas., Capt.		19 Apr. '77		Resigned 20 May '78
Wilkerson, Jno., Sergt.	Wilson's	29 May "	3 yrs. W	{Pt. June '78, Destd Apr. '79}
Wilkerson, Wm., Pt.	"	"	"	
Wiset, Jas., Pt.	"	5 Oct. "		Omtd June '78
Walker, Wm., Pt.	Shepard's	4 Sep. "	3 yrs.	Destd 24 Mar. '79
Weaver, Jno., Pt.	"	3 July "	"	
White, Jacob, Jr., Musc.	Stevenson's	21 Apr. "	"	Mustd for War Jan. '82
White, Joseph, Sen'r., Pt.	"	"	"	{Prisr. June, '79, Dischged 1 Mar. '80}
Webb, Joseph, Pt.	"	20 May '77	"	Omtd June '78
Webb, Jno., Pt.	"	1 Sep. "		
Wiggins, Jas., Pt.	"	12 Aug. "		
Wareley, Jno., Musc.	"	1 " "	"	{Drumr. Major 6 Aug. '78, Drum Sep. '78}
Wigley, Thos., Sergt.	Gregory's	30 Sep. "	"	Pt. June '78
Williams, Zebede., Pt. (P. 1187)	"	30 May "	"	
Wright, David, Ensn.	Moore's	19 Apr. '77		{Lt. 15 Feb. '78, Resigned 5 Feb. '80}
Williams, Jas., Sergt.	"	11 June "	3 yrs.	{Corpl. June '78, Died 24 Sep. '78}
Williams, Spencer, Sergt.	"	20 " "	"	Destd Apr. '78
Woodley, Thos., Pt.	"	17 May "	"	Omtd June '78

Name and Rank	Company	Dates of Enlistment and Commission	Period of Service	Occurrences
Wood, Edw., Pt.	Moore's	1 June '77	3 yrs.	Dischgd 1 Aug. '78
Williams, Wm., Pt.	"	20 " "	"	Prisr. 14 Apr. '79
Williams, Joseph, Pt.	"	20 " "	"	Pris. Apr.'79, Mustd Nov. '79, Mustd 27 Mar. '80
Williams, Peter, Pt.	"	30 " "	"	Corpl. Mar. '79, Sergt. 1 Feb. '80
Winham, Jno., Pt.	"	30 June '77		Destd Apr. '78
Ward, Rich'd, Sergt.	Vanois'	28 Apr. "		Omtd June
Wilkins, Andw., Pt.	"	2 May "	3 yrs.	Destd 15 Mar. '79
Wyatt, Jas., Pt.		2 Oct. "	3 yrs. W	Corpl. Apr. '83, Destd 15 June '83
White, Wm., Pt.		1 Jan. '78	"	Destd 8 Mar. '79
Waters, Jno., Pt.		15 Nov. '77	3 yrs.	Dischgd 1 Feb. '80
Wiggins, Malachi, Pt.		10 Oct. "	"	
Willford, Lewis, Pt.		25 Aug. "	3 yrs. W	
Wooten, Jesse, Pt.		4 Apr. '76	2½ yrs.	Dischgd 30 Oct. '78
Wallis, Jno., Pt.		4 June '77	3 yrs. W	Prisr. 2 June '79
Williams, Wm., Pt. (P. 1187)		5 May '76	2½ yrs.	Dischgd 10 Nov. '78
Wall, Joel, Pt.		7 Aug. '77	3 yrs.	Sergt. Apr.'78, Pt. June'78
Williams, Morson, Pt.			"	Mustd June '78, Dischgd 30 Oct. '78
Whaley, Ezl., Pt.		20 July '77	3 yrs. W	Mustd June '78, Music, Sep. '78
White, Joseph, Cadet		13 Aug. '77		Omtd Feb. '78
Wallace, Jas., Lt. (P. 1188)		30 Nov. '78		Omtd between Jan. and Sep. '79
Williams, Jacob, Pt.	Montfort's	20 July '78	9 mo.	
Wheelis, Sion, Pt.	"	"	"	
Worley, Matt'w, Pt.	"	"	"	
Wilkins, Elisha, Pt.	"	"	"	
Watson, Miles, Pt.	"	"	"	Died 12 Sep. '78
Whites, Batson, Pt.	Hogg's	"	"	
Whatson, Ephm., Pt.	"	"	"	
Wiggins, Jas., Pt.	"	"	"	
Williams, Alex'r, Pt.	"	"	"	
Watson, Solomon, Pt.	"	"	"	
Worsley, Thos., Corpl.	Quinn's	"	"	
Whaley, John, Musc.	"	"	"	
Whaley, Francis, Musc.	"	"	"	
Watson, Neal, Pt.	"	"	"	
Wood, Aaron, Pt.	"	"	"	
Warwick, Jno., Pt.	"	"	"	
Wilson, Jno., Pt. (P. 1188)	Lt. Col's	"	"	
Ward, Joseph, Pt.	"	"	"	
Wiggins, Thos., Pt.	"	"	"	
Woodward, Caleb, Pt.	"	"	"	Died Sep. '78
Wilkerson, Wm., Pt.	"	"	"	
White, Jno., Pt.	Baker's	6 Mar. '77	3 yrs.	Omtd '79
Wadkins, Jno., Pt.	"	20 July '78	9 mo.	
White, Wm., Pt.	Blount's	"	"	
Watford, Wm., Pt.	"	"	"	
Weston, Amos., Pt.	"	"	"	
Williams, Jno., Pt.	"	"	"	
White, Peter, Pt.	"	"	"	

IN THE AMERICAN REVOLUTION 173

Name and Rank	Company	Dates of Enlistment and Commission	Period of Service	Occurrences
White, Jas., Pt..	Blount's	20 July '78	9 mo.	
Wiggins, Edw'd, Pt..	"	"	"	
Wilday, Absolom, Pt...	"	"	"	{ Re-enlisted 3 June '79, Corpl. for 18 Mos.
White, Burrall, Pt..	"	"	"	Omtd Oct. '78
Whorton, Jacob, Pt..	"	"	"	
Wilson, Edw'd, Pt..	"	"	"	
Wilkins, Jordon, Corpl..	Ballard's	"	"	
Williford, Willis, Pt..	"	"	"	
Weather, Jno., Pt..	"	"	"	
Ward, Elijah, Pt..	"	"	"	
White, Haines, Pt..	"	"	"	{ Destd 30 Aug. '78, Mustd Nov. '78 for War
Whitley, Thos., Musc... (P. 1188)	Bradley's	"	"	Omtd '79
West, Ciprian, Pt..	"	20 July '78	9 mo.	
Webb, Jas., Pt..	"	"	"	
Wright, O. Prince, Pt...	Child's	"	"	Omtd '79
Wilson, Jno., Pt..	"	"	"	
Worsley, Jno., Pt..	"	"	"	
Wallard, Jas., Pt..	"	"	"	
Wallace, Rich'd, Pt..	"	"	"	
Walker, S. Rich'd, Sgt. Maj.. (P. 1189)		7 June '79	"	
Wells, Uriah, Pt..	Bradley's	8 " '78	18 mo.	Omtd Oct. '79
Warwick, Shadrach, Cpl.	Montfort's	1 Nov. "	3 yrs.	
Willoughby, Jas., Pt...	"	24 June '79	W	
Willoughby, Jno., Pt...	"	"	"	Music 1 Nov. '79
Wiggins, Chs., Pt..	"	1 " "	18 mo.	Destd 12 Nov. '79
Wilcox, David, Pt..	"	15 " "	W	Omtd Oct. '79
Walker, Thos., Pt..	"	1 July "	18 mo.	Destd 21 Oct. '79
Ward, Rich'd, Pt..	"	1 Mar. "	9 mo.	Dischgd 1 Dec. '79
Wilson, Thos., Sergt...	Ballard's	15 June "	18 mo.	Pt. Oct. '79, destd Mar.'80
White, Elisha, Pt..	"	29 June "	W	Omtd Oct. '79
Ward, Isaac, Pt..	"	1 July "	18 mo.	{ Pt. 1 Oct. '79 Destd Mar. '80
Wilkins, Wm., Pt..	"	12 Aug. "	W	Omtd Oct. '80
Ward, Ludwick, Pt..	"	29 June "	"	Destd 5 Aug. '79
Wilson, Henry, Pt..	"	1 July "	12 mo.	Destd Aug. '79
Wodle, Jacob, Sergt.. (P. 1189)	Quinn's	24 June "	18 mo.	Omtd Oct. '79
Williams, Gilstrap, Cpl..	Quinn's	22 June '79	18 mo.	Pt. Mar. '79
Wheelor, David, Musc...	"	23 May "	"	
Wiggins, Thos., Pt..	"	26 June "	"	
Womble, Jno., Pt..	"	1 " "	W	
Williams, Jas., Pt..	Blount's	8 " "	18 mo.	
Walker, Wm., Pt..	"	3 Aug. "	3 yrs.	
Warner, Hardin, Pt..	"	1 Oct. "	W	
Wright, Micaja, Pt..	"	22 June "	"	Destd Oct. '79
Walker, Jas., Pt..	"	5 Aug. "		Do
Wood, Jesse, Pt..	"	14 " "		Do
Wood, Thos., Pt..	"	"	"	Do
Walters, Walters, Pt...		1779	9 mo.	Died 30 Aug. '79
Wells, Isaac, Pt..		"	"	Destd Sep. '79
Wood, Joseph, Pt..		"	"	Do
White, Geo., Pt..		"	"	Do

Name and Rank	Company	Dates of Enlistment and Commission	Period of Service	Occurrences
Wallace, Thos., Pt.	McRee's	15 Apr. '81	12 mo.	Dead Oct. '81
White, Chrisr., Pt.	"	9 May "	"	Transf'd July '81 to the Legion
Wood, Jno., Pt.	"	28 Apr. "	"	Destd 13 July '81
White, Thos., Pt.	"	"	"	Omtd Jan. '82, Sick
Wilson, Thos., Pt.	"	11 June "	"	Left service 11 May '82
Woodruff, Jno., Pt.	Raiford's	5 May "	"	Killed 8 Sep. '81
Ward, Benj., Pt.	"	1781	"	Dead, Nov. '81
Wise, Jesse, Pt.	"	"	"	Time out 1 Apr. '82
Wilkins, Burrel, Pt. (P. 1189)	"	25 Apr. '81	"	Dead Nov. '81
Weaver, Dan'l, Pt.	Raiford's	26 June '81	12 mo.	Left service 26 June '82
Weaver, Benj., Pt.	"	25 Apr. "	"	Do 25 Apr. '82
Winbern, Philip, Pt.	"	19 May "	"	Do 19 May '82
Wilson, Joseph, Pt.	"	17 " "	"	Do 15 Apr. '82
West, Wm., Pt.	"	18 " "	"	Do 18 May '82
Wildie, Absolom, Pt.	"	6 " "	"	Do 16 Apr. '82
White, Philip, Pt.	Donoho's	14 " "	"	Do 14 June '82
Wade, Wm., Pt.	"	14 " "	"	
Wilkins, Elijah, Pt. (P. 1190)	"	14 " "	"	Corpl. Jan., Left service 25 Apr. '82
Wallis, Jno., Pt.	"	25 " "	"	Left service 25 May '82
Warf, Geo., Pt.	"	14 June "	"	
Westbrook, Wm., Pt.	"	"	"	
Wood, Sampson, Pt.	"	25 May "	"	
Wallis, Jas., Pt.	"	"	"	
Williams, Wm., Pt.	Dixon's	25 Apr. "	"	
Womble, Dempy, Pt.	"			
Walker, Jereh, Sergt.	Lytle's	7 Apr. "	"	Left service 7 Apr. '82
Ward, Jno., Pt.	"	1781	W	
Woodert, Henry, Pt.	"	6 June '81	12 mo.	Left service 6 June '82
Williams, Allenby, Pt.	"	1 " "	"	Do 6 June '82
Wheelow, H. Edw'd, Pt. (P. 1190)	"	2 Apr. "		Destd 12 July '81
Woodrow, H. Edw'd, Pt.	"	1781		
Walker, Jno., Pt.	"	12 Apr. "	12 mo.	Left service 5 Apr. '82
Wilbourne, Zach., Pt.	"	5 " "		Do Do
Walden, David, Pt.	Sharp's	2 May "		Omtd in '81
Wall, Jno., Pt.	"	15 Apr. "		Do
Wilson, Wm., Pt.	"	"	"	Left service 15 Apr. '82
Wilkins, Thos., Pt.	"	"		Do Do
Watts, Jno., Pt.	Walton's	'81		Time out 14 June '82
White, Hampton, Pt.	"	"		Do 14 June '82
Wiggins, Jas., Pt.	Lytle's	"		Do 12 Apr. '82
Wilcox, Benj., Pt.	Sharp's	"		Do 20 May '82
Wells, Jno., Pt.	"		W	Mustd Jan. '82
Weaver, Edw'd, Pt.	"	"		Time out 15 May '82
Wood, Jno., Pt.	"	"		Do 25 Apr. '82 Waggon Conductor
Williford, Theo., Pt.	"	"		Time out 24 June '82
Williams, Nichs., Corpl.	Doherty's	"		Do 25 May '82
Waddle, Jas., Corpl.	"	"		Do 25 May '82
Walden, Jno., Pt.	"	"		Do Do
Warwick, Wyatt, Pt.	"	"		Do Do
Williams, Sam'l, Pt.	"	"		Do Do
Welsh, Theo., Pt.	"	"		Do Do

IN THE AMERICAN REVOLUTION 175

Name and Rank	Company	Dates of Enlistment and Commission	Period of Service	Occurrences
Wiggins, Levy, Musc.... (P. 1190)	Doherty's	'81	W	Mustd Jan. '82, Pt. Apl. '82
Wilson, Wm., Pt........	Rhode's	1781		Time out 25 Apr. '82
Woodle, Jos., Pt........	"	"		Do 21 July '82
Woodle, Jereh, Pt......	"	"		Do Do
Wheelor, Benj., Pt.....	"	"		Do 14 May '82
Wilder, Wm., Pt........	"	"		Do Do
Wood, Jno., Pt.........	"	"		Do 1 Apr. '82
Williams, Peter, Sergt...	Armstrong's		W	Mustd Jan. '82
Whiteley, Micajah, Pt...	"			Time out 23 Apr. '82
Wells, Isaac, Pt........	Bailey's	15 May '81	12 mo.	Left service 15 May '82
Ward, Willis, Pt........	"	2 Apr. "	"	Do 2 Apr. '82
Webb, Jacob, Pt........	"	12 " "	"	Do 12 Apr. '82
Webb, Rice, Pt......... (P. 1191)	"	" " "	"	Do 12 Apr. '82
Wiley, Jas., Pt.........	"	2 May "	"	Left service 2 May '82
Workman, Peter, Pt.....	Brevard's	1781	"	Do 28 Apr. '82
Warren, Jno., Pt........	"	"	"	Do 12 Apr. '82
Warren, Archbd, Pt.....	"	"	"	Do Do
Welch, Wm., Pt.........	"		W	Mustd Jan. '82
Wilson, Robt., Pt.......	"			Left service 20 May '82
Weaks, Dixon, Pt.......	"			Do 11 July '82
Winters, Moses, Pt.....	"			Do 12 July '82
Williams, Nath'l, Pt.....	Hall's			Mustd Jan. '82
Wilcox, Jno., Pt........	"		W	{Mustd Jan. '82, Destd 9 June '83
Warburton, Solomon, Pt. (P. 1191)	"	'81	12 mo.	Time out 21 Apr. '82
Williams, Mich'l, Pt.....	"	"	"	Destd 1 Apr. '82
Wilkins, Geo., Pt.......	"	"	"	Time out 13 Dec. '82
Weathers, Philip, Pt....	"	"	"	Do 12 Apr. '82
Williams, Stephen, Sergt.	Yarboro's	"	"	Do 22 Apr. '82
Wilkerson, Wm., Corpl..	"		"	Do 1 May '82
Wood, Isaac, Pt........	"		"	Do 22 Apr. '82
Wilkerson, Jno., Pt......	"		"	Do 25 May '82
Williamson, Wm., Pt....	"		"	Do 16 May '82
Winley, Jas., Sergt......	Carter's	15 Apr. '81	"	Do 25 Apr. '82
White, Church, Pt......	"	16 May "	"	Do 16 May '82
Waggoner, Jas., Pt......	"	1781		Died 25 Feb. '82
Whitson, Benj., Pt......	"			Destd 15 Sep. '81
Weaks, Lewis, Sergt.....	Jones'	1 Jan. '82	"	
Wood, Wm., Pt.........	"	6 Mar. "	"	
Williams, Jno., Pt.......	"	10 Jan. "	"	
Weston, Jno., Pt........	"	24 Sep. '81	"	
Williamson, Adam, Cpl..	Mill's	6 Feb. '82	"	
Waters, Solomon, Musc.	"	"	W	Pt. Sep. '82
Wall, Rich'd, Pt........	"	4 Jan. '82	12 mo.	
West, Meredith, Pt.....	"	22 Dec. '81	"	
Weble, Jno., Pt.........	"	20 Jan. '82	"	
Williams, Edw'd, Pt.....	"	25 " "	"	{Mustd War Sep. '82, died 28 Mar. '83
Williams, Robt., Pt..... (P. 1191)	"	25 May '81	"	
Wright, Ab'm, Sergt....	Coleman's	1 Dec. '81	12 mo.	Pt. Apr. '82
Williams, David, Pt.....	"	10 Jan. '82	"	
Wiggins, Wm., Pt.......	"	1 Jan. "	"	
Wheeler, Asa, Pt.......	"	10 Jan. "	"	Corpl. Sep. '82

Name and Rank	Company	Dates of Enlistment and Commission	Period of Service	Occurrences
Wilson, Jas., Pt.	Coleman's	1 June '81	12 mo.	
Wilkins, Kinchin, Pt.	"	27 Nov. "	"	
White, Benj., Pt.	Hall's		W	Mustd Apr. '82
Williams, Robt., Pt.	"	1 Jan. '82	12 mo.	Time out 1 Jan. '83
Wilcox, David, Pt.	"	10 Oct. "	W	Destd 9 June '83
Watson, Lott, Pt.	"	1 Aug. "	"	
White, Edw'd, Pt.	Jones'	1 Apr. "	12 mo.	
Wallace, Thos., Sergt.	Bailey's	"	"	
White, Wm., Pt.	"	22 Oct. '82		
Wiggins, Matt'w, Pt. (P. 1192)	"	10 Sep. "	18 mo.	
Wiggins, Arthur, Pt.	"	"	"	
Woodward, Edward, Pt.	"	27 Aug. '82	"	
Watson, Alex'r, Pt.	"	12 Mar. "	12 mo.	
Watson, Neal, Pt.	"	1 Aug. "	"	
Walker, Solomon, Pt.	"	18 June "	"	
Warburton, Thos., Pt.	"	1 Aug. "	18 mo.	
Welch, C. Noah, Pt.	Hadley's	"	"	Died 21 Apr. '82
Woodell, Jno., Pt.	"	"	"	
William, Francis, Pt.	"	"	"	
Warren, Sam'l, Pt. (P. 1192)	"	"	"	
Wainwright, Obdh., Pt.	Hadley's	1 Aug. '82	18 mo.	Died 13 June '83
Watkins, Benj., Pt.	"	"	"	
Wilkins, Thos., Pt.	"	"	"	
Williford Arch'd, Pt.	"	10 Sep. "	"	
White, Geo., Pt.	"	"	"	
Webb, Sam'l, Pt.	"	1 Aug. '82	"	
White, Wm., Pt.	"	"	"	Died 26 May '83
Williams, Benj., Pt.	Bacot's	1782	"	
White, Jno., Pt.	"	"	"	
Williams, Coleden, Pt.	"	"	"	
Worsley, Leman, Pt.	"	"	"	
Whitley, Micajah, Pt.	"	"	"	
Wheeler, David, Corpl.	Carter's	"	"	
Webb, Lewis, Musc.	"	"	"	
Wade, Elisha, Pt.	"	"	"	
Woodward, David, Pt.	"	"	"	
Worrell, Jno., Pt.	"	"	"	
Williams, Wm., Pt.	"	"	"	
Williams, Seth, Pt.	"	"	"	Destd 20 Jan. '83
Wright, Ewel, Pt.	"	"	"	
Waller, Nath'l, Pt.	"	"	"	
Whittaker, Robt., Pt.	"	"	"	
Witwell, Thos., Pt. (P. 1192)	"	"	"	Destd 10 Nov. '82
Womble, Benj., Pt.	Raiford's	1782	18 mo.	Destd 11 June '83
Whitfield, Willis, Pt.	"	"	"	
Walker, Wm., Pt.	"	"	"	
Williams, Stephen, Pt.	"	"	"	
West, Sam'l, Pt.	"	"	"	
Wilson, Thos., Pt.	Sharp's	"	"	{Transf'd to Penna. 8 Feb. '83
Ward, Wm., Pt.	"	1782	"	
Wilson, Jno., Pt.	"	"	"	
Whitman, Fred'k, Pt.	"	"	"	Destd 13 June '83

Name and Rank	Company	Dates of Enlistment and Commission	Period of Service	Occurrences
West, Jas., Pt.	Sharp's	1782	18 mo.	
Wynn, Ezkl., Pt.	"	"	"	
Widener, Sam'l, Corpl.	Lytle's	"	"	
Wade, Jno., Pt.	"	"	"	
Wall, Jona, Pt.	"	"	"	
Wallace, Aaron, Pt.	"	"	"	Destd 15 May '83
Williford, Jas., Pt. (P. 1193)	Hadley's	10 Sep. "	"	
Wiggins, Elisha, Pt.	Lytle's	1782	"	
Williams, Jereh, Pt.	"	"	"	
Wilton, Jas., Pt.	"	"	"	
Witt, Berge, Pt.	"	"	"	
Williams, Dudley, Pt.	"	"	"	Omtd Jan. '78, dead
Wilford, Arch'd, Pt.	"	"	"	
Wilson, Robt., Pt. (P. 1193)	"	"	"	Destd 25 Nov. '82
Whitehead, Jno., Pt.	Brevard's	1782	18 mo.	
Ward, Elijah, Pt.	Evans'	"	"	
White, David, Pt.	"	"	"	
White, Churchill, Pt.	"	"	"	
Walter, Jereh, Pt.	"	"	"	Omtd Jan, '83, destd
Whitehouse, Anty, Pt.	"	"	"	
White, Benj., Pt.	"	"	"	Omtd Jan. '83, dead
Wood, Willis, Pt.	"	1 Aug. '82	"	
Winborn, Jno., Pt.				Mustd, destd '79
Wheeler, Emperor, Pt.			3 yrs.	Mustd '79
Wood, Bennett, Pt.	Bacot's		18 mo.	Mustd Dec. '82, Dischgd 13 Dec. '83
Williams, Nich's, Pt.	Sharp's		"	Mustd Dec. '83, Destd 29 Mar. '83
Wardsworth, Wm., Pt.	Rhode's		"	Mustd Dec. '82
White, Timothy, Musc.	Sharp's	'79	"	Dischgd 20 Mar. '79
Wiggins, Geo., Pt.	"	10 Nov. '78	9 mo.	
Wood, Jas., Pt.	Coleman's			Joined 28 Mar. '80
Williams, Geo., Sergt.	Colonel's	1 June '79	18 mo.	
Williams, Wm., Pt.	"	"	"	
Whitehead, Wm., Pt.	"		2½ yrs.	Mustd Feb. '79
Wicker, Willis, Sergt.	Lt. Colonel's			Mustd Jan. '79

The following volumes have been checked. Some of these being used:

North Carolina Revolutionary Army Accounts, Vol. I. Old Series Vol. 1, Nos. 1-5.
North Carolina Revolutionary Army Accounts, Vol. II. Old Series Vol. 1, No. 2-6; Vol. 2, Nos. 7-10.
North Carolina Revolutionary Army Accounts, Vol. III. Old Series Vol. 3. Journal of Commissioners.
North Carolina Revolutionary Army Accounts, Vol. IV. Old Series Vol. 4. Remarks of Commissioners.
North Carolina Revolutionary Army Accounts, Vol. V. Old Series Vol. 5-L; Book No. 11 & 175 to 180.
North Carolina Revolutionary Army Accounts, Vol. VI. Old Series Vol. 6. Books 21-25.
North Carolina Revolutionary Army Accounts, Vol. VII. Old Series Vol. 6. Books 26-90. Old Series Vol. 7, Books C13, C17, G16, G17.
North Carolina Revolutionary Army Accounts, Vol. VIII. Old Series Vol. 7, Book 18; Vol. 8, Books E, F; No. 1, F; No. 2, K.
North Carolina Revolutionary Army Accounts, Vol. IX. Old Series Vol. 9. Books L, Nos. 1, 2, 3, P. 39, L 26; Vol. 10, Books 12, 14, 17.
North Carolina Revolutionary Army Accounts, Vol. X. Old Series Vol. 10. Books 18 and 19; Vol. 14 Commissioners Statements A, B, C.
North Carolina Revolutionary Army Accounts, Vol. XI. Old Series Vol. 12; Books A1, A2, A11, AM15, AM16.
North Carolina Revolutionary Army Accounts, Vol. XII. Old Series Vol. 13; Books AA-ZZ.

Three books of Land warrants were also used. Vols. I, II, III *Military Land Warrants Continental Line.*

NOTE—All 12 volumes were searched. Some are not used, on account of insufficient explanation. Only service for militia, and war being used. A great volume of names had to be omitted, who did receive money for various purposes, but unless the record plainly showed military service it was deemed inexpedient to use them.

NOTE—Spelling of names has been faithfully followed, according to the old books and pamphlets, it may be noted instances occur when a name will be spelled several different ways. However, it was not deemed wise to change them in any way.

NORTH CAROLINA REVOLUTIONARY ARMY ACCOUNTS

Vol. II. Old Series, Vol. I, No. 6; Vol. II, No. 7-10. Book A.A.
Vol. II. Pages 1-44 Inclusive

[Page 1]
[Folio page 3]
Halifax, July 25th, 1783.

Journal of the proceedings of the Commissioners appointed by Act of Assembly passed in May, 1783, to liquidate and finally settle the accounts of the officers & soldiers of the Continental Line, of the State of North Carolina.

* * * * * *

Note—Vol. I, North Carolina Army Accounts, Old Series Vol. I, Nos. 1-5. Paid by John Armstrong. (No remarks to tell the status or service of the persons whose names are within the book, hence it is omitted from the Roster.)

Vol. II. Book A.A.—Pages 1-44 Inclusive

[Page 2]
[Folio page 1]
Col. John Armstrong
Lt. Anthony Crutcher
Maj. John Nelson
Capt. Howell Tatum (resigned)
Sergt. Peter Dimnneuck (?)
James West Green
Lt. William Hargrove
Capt. Thomas Armstrong
 [Folio page 2]
Capt. John Craddock
Col. Thomas Polk
Maj. William Polk
Capt. Edward Yarbrough
Lt. Stephen Slade
Willoughby Jarvis, common soldier
William Witherington, common soldier
 [Folio page 3]
Thomas Camphill, common soldier
William Thompson, common soldier
Thomas Moncriefs, common soldier
William Parr, common soldier
Tho. Fletcher, common soldier
Jolly Holstead, common soldier
Jacob Dunn, common soldier
 [Page 4]
Richard Flora, common soldier
Absolom Ellis, common soldier
William Farrell, common soldier
Richard Downman, common soldier
Capt. James Brantley
Lt. Howell Gee
 [Page 3]
Lt. Alexander Nelson
William Reasons

Capt. John McNees
Henry Horne, common soldier
Henry Overstreet, common soldier
Zachariah Dillard, common soldier
William Bools, common soldier
Jesse Bools, common soldier
Jesse Bools, common soldier
Capt. Thomas Evans
James Bond, common soldier
John Lockhart, Q. M. Sergt.
David Edwards, Sergt.
Lt. James Scurlock
Howell Truman, common soldier
Micajah Hicks, common soldier
Abraham Moses, common soldier
Jesse Camphill, common soldier
Charles Cole, common soldier
Absolom Bibboy, common soldier
Lazarus Solomon, common soldier
 [Page 4]
Wm. Barksdale, Sold.
John Guthrie, Sold.
Capt. Joseph Montfort
Phil. Adams, Sold.
James Allen, Sold.
Lenl. Carter, Sold.
William Orange, Sold.
Peter Parker, Sold.
Lt. Richard Andrews
Thomas Holt, Sold.
James Evans, Sold.
William Bynum, Sold.
Capt. Robert Fenner
Isum Scott, Sold.
Robt. Hill, Sold.
Benjamin McCulsury (?), Sold.

[179]

John Coleman, Sold.
Andrew Parks, Sold.
James Parker, Sergt.
  [Page 3]
William Bryan, Sold.
William Sweat, Sold.
John Smith, Sold.
Jesse Shutes, Sold.
Joseph Corways, Sold.
Jeptha Parker, Sergt.
Gardner Moy, Sold.
Giles Nelson, Sold.
  [Folio page 4]
Burrell Lucy, Sold.
Thomas Merritt, Sold.
William Riggins, Sold.
William Durham, Sold.
Edmund Griffin, Sold.
Capt. James Gee
Peter Duncan, Sold.
Wm. Graham, Sergt.
Simon Acock, Sold.
  [Page 5]
  [Folio page 1]
William Lomax, Sold.
John Hedgepeth, Sold.
Edward Griffin, Sold.
Jacob Ginn, Sold.
Emanuel Taylor, Sold.
Robt. Brown, Sold.
Francis Westerdhal, Sold.
Ezekiel Whaley, Sold.
Patrick Ryan, Sergt.
  [Folio page 2]
Dempsey Reed, Sold.
James Read, Capt.
Col. James Thackston
John Asply, Sergt.-Majr.
Capt. John Welch
William Kendoll, Sold.
Willam Rowland, Sold.
Philip Shackler, Sold.
  [Folio page 3]
John Etheridge, Sold.
John Wood, Sergt.
John Bertie, Sold.
Jacob White, Sold.
Major Glanders, Sergt.
Jacob White, Drummer
William Anderson, Corpl.
William Parker, Sold.
Griffin Morris, Sold.
  [Folio page 4]
Thomas Hadaway, Sold.
John Mitchell, Sold.

Spencer, Thomas, Sold.
Moses, Mathews, Sold.
Shadrack Scarbrough, Sold.
George Knight, Sold.
Etheldred Owens, Sold.
  [Folio page 6]
  [Page 1]
Simon Edwards, Sold.
Henry Gay, Sold.
Richard Gay, Sold.
John Hanbury, Sold.
George Aron, Sold.
Isaac Aron, Sold.
Isam Scott, Sold.
  [Page 2]
Lt. Thomas Finney, Sold.
Capt. Benjamine Williams
Lt. John Clendennin
Charles Edwards, Sold.
Lt. James Tatum
Joshua Gammon, Sold.
John Strickland, Sold.
  [Page 3]
Willis Hodges, Sold.
Calep (?) Rafield, Sold.
Moses Powers, Sold.
Absolom Powers, Sergt.
James Sykes, Sold.
Thomas Culloms, Sold.
Jesse Alsobrook, Sold.
  [Page 4]
William McCoran, Sold.
Shadrick Midlen, Corpl.
Stephen Arane, Sold.
Reuben Bennett, Sold.
Thomas Swinney, Sold.
Ferney Southall, Sold.
Lewis Ballard, Corpl.
Wm. Smith, Sold.
  [Folio page 1]
  [Page 7]
Wm. Smith, Sold.
John Barrot, Sold.
Samuel Lentex, Sergt.
Robert Harris, Sold.
Richard Smith, Sold.
Wm. Carter, Sold.
Elisha Wilkens, Capt.
Thomas Duffell, Sold.
  [Page 2]
Lt. John Ford
James Jones, Sold.
William Williamson, Sold.
John Archer, Sold.
Emanuel Scott, Sold.

William Vaughan, Sold.
Robert Thompson, Sold.
 [Page 3]
Tobiah Ingram, Sold.
Richard Thompson, Sold.
John Glover, Sold.
Samuel Stringer, Sergt.
Daniel Johnson, Sold.
Mark Browning
John Hill, Sold.
 [Folio page 4]
William Patterson, Sold.
William Dempsey, Sold.
Asa Sircey, Sold.
Capt. John Medearis
Joel Wall, Sergt.
John Simmons, Sold.
Robert Coggins, Sold.
Samuel Weldon, Sold.
 [Page 8]
 [Folio page 1]
Lt. Wynn Dixon
Capt. Robt. Raiford
John Mills, Sergt.
Jacob Johnson, Sold.
Dimpsey Howill, Sold.
John Fitzgarrald
Benjamin Bell, Sold.
William Bird, Sold.
 [Folio page 2]
Samuel Williams, Sold.
Michael Bunkley, Corpl.
Drew Bass, Sold.
Jeremiah Walker, Sergt.
Moses Stallions, Sold.
Thomas Hinds, Sold.
William Pritchet, Sold.
Richard Hill, Sold.
 [Folio page 3]
Jesse Mitchell, Sold.
Thomas Thomas, Sold.
Benj. Smith, Sold.
Edmund Blount, Sold.
James Fawcett, Sold.
Joseph Gurley, Sold.
Joshua Gay, Sold.
Allen Gay, Sold.
Micajah Davis, Sold.
 [Folio page 4]
Paul Machen, Sold.
Capt. John Ingles
George Browning, Sergt.
Henry Smith, Sold.
Lt. Arthur Cotgraves, decsd. (Capt. Thos. Evans, administr.)
Capt. James Pearl
David Philips, Sergt.
David Fountain, Sold.
 [Page 9]
 [Folio page 1]
Enoch Flood, Sold.
Kendrid Spears, Sold.
William Howard, Sold.
Wilson Howard, Sold.
Charles Bright, Sergt.
John Calwell, Sold.
Lt. Dixon Marshall
Samuel Chappell, Sergt.
 [Page 2]
 [Folio page 2]
Capt. John Rochell, as supernumery
Thomas Geddy, Sold.
Jesse Brown, Sold.
Samuel Thomas, Sold.
William Jones, Sold.
Roderick, Easley, Sold.
Randolph Rutland, Sold.
George Smith, Sold.
Wm. Taylor Wagh (?) on Col. Long's Certificate
 [Folio page 3]
James Dunnan, Sergt.
James Russell, Sergt.
Willis Moor, Sold.
West Warrick, Sold.
William Smith, Sold.
Hardy Ginn or (Gunn) Sold.
James Richardson, Sold.
John Mason, Sold.
Jacob Daughty
 [Folio page 4]
Stephen Williams, Sergt.
John Wood, Sold. and wagon conductor
Conrade Elbert, on Col. Long's Certificate
John Luton, Sold.
Peter Hadsock, Sold.
Elisha Hunt, Sold.
James Turner, Junr. Soldier
Abram Farrel
Bert Ellis, Soldier
 [Page 10]
 [Folio page 1]
Benjamin Starkes, Soldier
Zebulon Gordon, Soldier
Drury Bynum, Sergt.
Samuel Scarborough, Soldier
Noah Stringer, Soldier
James Griffin, Corpl.
John Taylor, Soldier
John Babb, Soldier

Evan Skinner, Soldier
[Folio page 2]
Israel Pearce, Soldier
James Hare, Soldier
John Hill, Soldier
John Padgitt, Soldier
William Mitchell, Soldier
Jacob Webb, Soldier
Moody Ring, Soldier
Zachariah Jones, Soldier
James Willie, Soldier
Daniel Massongale, Soldier
[Folio page 3]
Stephen Hassell, Soldier
Joshua Jones, Soldier
Arthur Turner, Soldier
William Forte, Soldier
Epharaim Davenport, Soldier
Lewis Massy, Sergt.
John Edwards, Soldier
Absolom Wilbie, Soldier
Richard Billops, Soldier
[Page 4]
Capt. Francis Child
Dempsey Underdo, Soldier
Curl Tucker, Soldier
Benjamin Coats, Soldier
Solomon Gordon, Soldier
John Coleman, Soldier
Benjamin Glover, Soldier
James Wiggins, Soldier
[Page 11]
[Folio page 1]
Amos Thomas, Soldier
James Ellum, Soldier
John Josey, Soldier
William Baswell, Sergt.
Peter Williams, Sergt.
Philip White, Soldier
William Arnuld, Soldier
Andrew King, Soldier
Dudley Ballard, Soldier
[Folio page 2]
David King, Soldier
Levi Ginlirie, Soldier
Elisha Petteford, Soldier
Joshua Martin, Soldier
Philip Petiford, Soldier
Moses Winters, Soldier
Hardy Bass, Soldier
William Smith, Soldier
Isaac Ledenham, Soldier
William Smith, Soldier
[Folio page 3]
Edward Bibby, Soldier

Simon Worsley, Soldier
William Wood, Soldier
Malachi Nichins, Soldier
Evan Andrews, Soldier
Rice Webb, Soldier
Absolom Ternison, Soldier
Lt. Charles Dixon
Capt. John Summers
[Folio page 4]
Col. John Patten
Capt. Tilman Dixon
Maj. George Doherty
Capt. Elijah Moore
Lt. William Saunders
William Bryant
Archibald Butts, Drummer
[Page 12]
[Folio page 1]
Samuel Baxter, Sergt.
Holland Johnston, Soldier
James Sisk, Corpl.
Henry Johnston, Corpl.
George Wallis, Fifer
Stephen Golden, Soldier
Joshua Scabriel
Lt. Lewis Cannon (resigned)
[Folio page 2]
William Gallimore, Sold.
Lt. Charles Garrard
William McLure, Surgeon
John Sheppard, Sold.
William Groves, Capt. (resigned)
Col. James Armstrong
Jesse Thompson, Sold.
Reden Rutland, Sold.
[Folio page 3]
Josiah Stafford, Sold.
Colo. James Armstrong
Colo. Archibald Little
Capt. Clement Hall
Maj. Thomas Donohu
Josiah Stringer, Sergt.
Thomas Angle, Soldier
James Griffin, Corpl.
[Folio page 4]
Henry Tison, Soldier
Amos Parcmore, Soldier
Samuel Glover, Sergt.
Jeremiah Smith, Soldier
Joel Whitehurst, Soldier
Thomas Spain, Drummer
Jacob Mathews, Soldier
Etheridge Newsom, Soldier
[Page 13]
[Folio page 1]

Lt. Thomas Pasteur
David Gillaspie, Soldier
Stephen White, Soldier
Zachariah Wilburn, Soldier
Luke Bates, Soldier
Richard Blanton, Soldier
Thomas Wiggins, Soldier
Morgan Murry, Soldier
James Roper, Soldier
  [Folio page 2]
Daniel Twigg, Soldier
Dempsey Womble, Soldier
James Summers, Sergt.
James Oram, Soldier
Thomas Land, Soldier
Lt. Col. Henry Dixon, decsd.
Drury Nobles
Joseph Hardy, Soldier
  [Folio page 3]
Joseph Hobbs
Jesse Arlack, Soldier
William McClury, Soldier
William Thackston, Soldier
...... Haney, Soldier
John Harney, Corpl.
Thomas Robertson, Soldier
Jeptha Rice, Sergt.
  [Folio page 3]
Thomas Smith, Soldier
John Carney, Soldier
William Harrison, Soldier
Capt. James Martin,
Lt. John Granbery
Capt. Clement Hall
John Arelir, Soldier
Joseph Woodland, Soldier
George Duncan, Soldier
  [Folio page 4]
Enoch Ferrell, Soldier
Benjamin Hester, Soldier
Robin Morgan, Soldier
Benjamin Morgan, Soldier
Cole Carles, Sergt.
Phil Chance, Corpl.
Lt. Nathaniel Williams
Stephen Ewell, Soldier
Wyatt Ballard
  [Folio page 2]
John Vines, Sergt.
Jeremiah Messer, Soldier
Jesse Lane
Lt. Samuel Ashe
John Rand, Soldier in Medicies Troops
William Wilkerion, Soldier
John Edwards, Soldier

David Hunt
  [Folio page 3]
William Turner
Benjamin Ricks, Sergt.
Benjamin Ricks
George Fowler, Soldier
Jarvis Forhead, Soldier
Gabriel Long, Soldier
James Amos, Soldier
Capt. William Fawn
George Andrewson
Doct. Joseph Blythe
John Gooch, Soldier
Lt. John Rudpath, decsd.
Capt. Gee Bradley
Surgeon Jonathan Loomiss
Joseph Brann, Soldier
  [Page 15]
  [Folio page 1]
Lt. Stephen Owens, Supernumery
Lt. Col. Haray Murfree, Supernumery
Capt. William Lythe
Joseph Heartly, Soldier
James Smith, Soldier
William Frim, Soldier
Elisha Boon, soldier & wagoner
Edmund Ganble, Lt. Supernumery
Capt. Nehemiah Long, resigned
Ensn. Richard Mosson, resigned
Nathanl Cooper, Soldier
David Ambrose, Drummer
Micajah Hoard
  [Folio page 3]
Thomas Flinn, Soldier
Capt. John Ba(r)ker, resigned
Amos Smart
David Arnold, Soldier
Capt. Kedar Ballard
Robert Huddleston, Soldier
Moses Savage, Soldier
Thomas Spiers
  [Folio page 4]
Henry Smith, Soldier
William Pettiferd, Soldier
William Chavus, Soldier
Henry Nichols, Soldier
Thomas Cooper, Soldier
Thomas Billops, Drummer
Buckner Floyd, Soldier
  [Page 16]
  [Folio page 1]
John Wood, Soldier
Philip Hockanner
Theophilus Hays, Soldier
Lt. ..... Parkmon

Jesse Monger, Soldier
Samuel Williams
Emd. Gaklin
John Gilbert
[Folio page 2]
Jonah Wilson
Archd. Warren
John Warren
James Conners
Jno. Parker
Wm. Marshburn
Daniel Vaughan
John Brickell, Sergt.
James Kelly
James Southerland, Certfn.
[Folio page 3]
John Kelley, Soldier
John Smith, Soldier
Lt. Thomas Clark
William Hathcock, Soldier
Ransom Savage, Soldier
Elias Fort, Sergt.
Theophilus Willeford, Soldier
Thomas Taunt, Soldier
Jonas Lasiter, Soldier
[Page 4]
Asa Sears, Soldier
Warren Stone, Soldier
James Brown, Soldier
Luke Lasiter, Soldier
Lt. John Vance
Thomas Barrott Whitehead, Soldier
John Edwards, Soldier
Capt. Jno. Brickle, Supernumery
Alex. Morrison, Soldier
[Page 17]
[Folio page 1]
William Tear, Gunner
James W. Green, Surgeon for extra service
Ewd. Mitchel, decsd.
Moses Brown, decsd.
Philemon Bristol
James Scurlock, or Will Pendergast,
  Dept. Com. of Purchases Certificate
Arch. Henderson, Drummer
John Richardson, Soldier
Alex Flood, Soldier
[Folio page 2]
Thos. Harrison, Soldier
Joseph Harrison, Soldier
James Taylor, Soldier
Edward Hutchins
John Hartly, Soldier
John Geffery, Soldier
David Sweat, Soldier

Isaac Clark, Soldier
[Folio page 3]
James Barfield, Soldier
James Folcaner, Soldier
Fred Moore, Soldier
Jesse Johnston, Soldier
James Moore, Soldier
Thomas Moore, Soldier
Henry Miller, Sergt.
James Hutchins, Soldier
William Ponder
[Folio page 4]
Capt. Benjamin Coleman
Capt. John Kinsborough, of Artillery
Lt. Curtis Ivey
Col. Gideon Lamb, decsd., the acct. ex-
  hibited by Lt. Abner Lamb, Exectr.
...... Harris, Soldier
Thomas Tucker, Soldier
Jno. Hargrove, Soldier
Jay or Jeremiah James
[Page 18]
[Folio page 1]
Abraham Taylor, Soldier
Lt. William Bush
James Purdy, Soldier
Lt. Richard Whidbie, decsd.
Samuel Thompson, Corpl.
John Walker, Soldier
William Powell, Soldier
John Wilkirson, Soldier
[Folio page 2]
Bryan Smith, Soldier
Major James Emmitt
Douglas Carrell, Soldier
John Mathews, Corpl.
Enos Bizzel, Soldier
Demsey Archer, Soldier
Jesse Archer, Soldier
Charles Dunston, Corpl.
Reuben Evans, Soldier
[Folio page 3]
William Rutledge, decsd., late Lieut.
Joseph Howard
Benjamin Reed, Soldier
Charles Ellins, Soldier
Isaac Butler, Soldier
George Lisles, Soldier
Wm. Lisles, Soldier
Henry Winburn, Soldier
Jno. White, Soldier
[Folio page 4]
Jno. M. Ashe, Lt. Col., resigned
Crawford Johnston
Samuel Gainer, Soldier

James Flemming, Soldier
William Vance, Corpl.
Hosa Bell, Sergt.
Isaac Smith, Soldier
John Simmons, Sergt.
Henry Gibson, Soldier
    [Page 19]
    [Folio page 1]
William Moorsoldin
James Will, Soldier
Henry Sykes, Soldier
Jno. Butler, Soldier
Nicholas Edwin, Soldier
Lewis Hines, Soldier
John Carter, decsd.
James Brock, Soldier
William Jno. Bryan, Soldier
    [Folio page 2]
Benjamin Flood, Soldier
Jno. Smith, Soldier
Benjamin Smith, Soldier
Briton George, Soldier
Brig. Gen. James Hogan
Robert Hayes
John Smart, Soldier
    [Folio page 3]
Jno. Christmas, Drummer
Jesse Bright, Corpl.
Joseph May, Soldier
Jno. Scott, Sergt.
James Thomas, Soldier
Lt. William Linton
James Baker, Soldier
Henry Porch, Soldier
    [Folio page 4]
Maj. Reading Blount
Martin Cole, Sergt.
Benjamin Sharp, Sergt.
James Gray, Sergt.
John Simpson, Soldier
Joseph Forlice or (Forbee) Capt.
    (deranged)
Capt. Charles Stewart, Brigdr. Qr. Mstr.
    [Folio page 1]
Lt. Col. Peter Dange (deranged)
Lt. John Mercer (resigned)
James Lankon, Soldier
William Wilson, Soldier
Elisha Sterling, Soldier
    [Folio page 2]
Robert Sterling, Soldier
Peter Aluckson
Capt. William Feribee
James Berkes, Soldier
James Simmons, Soldier

Elijah Kedwill, Soldier
Maj. Pinkethmon Eaton
Buckford Garris
    [Folio page 3]
John Stephins, Soldier
Israel Campbell, Soldier
Stephen West, Soldier
Ezekiel White, Soldier
Lt. Kedar Parker
Lt. Walter Allen
Nathaniel Doboy, Soldier
    [Folio page 4]
William Gee, Soldier
Anthony Gerner, Soldier
William Mitchell, Drummer
Simpson West Lewis, Soldier
Thomas Powell, Soldier
Absolom Spears, Soldier
William Rose, Sergt.
William Green, Soldier
William Card, Sergt.
    [Page 21]
    [Folio page 1]
William Burnett, Soldier
Thomas Hardy, Soldier
Jno. Ellis Waggoner
Hezekiah Nobles, Soldier
Vincent Salmon, Corpl.
Lt. William Hilton, decsd.
Hezekiah Nobles, Soldier
Jno. Leech, Soldier
Henry Johnston, decsd.
Malachi Simmons, Soldier
Caleb Jordan, Soldier
Ceaser Saules, Soldier
Daniel Roson, Sergt.
Micajah Whitley, Soldier
Walter Allen, Comis.
    [Folio page 3]
Jesse Richardson, Soldier
George Anderson, Soldier
James Johnston, Soldier
James Swunney or (Swinney), Soldier
Isaac Gregory, Soldier
Jno. Hill, Soldier
Robert Ellis, Soldier
John Stringer
Philip Adams
    [Folio page 4]
Lewis Hardy
Charles Webb, Soldier
James Jones, Soldier
Jno. Thomas, Soldier
Samuel Stringer, Sergt.
Lt. Richard Fenner

Thomas Pitman
 [Page 22]
 [Folio page 1]
Kadar Coupland, Soldier
James Fountain, Corpl.
Lewis Price, Soldier
Capt. Peter Bacot
Capt. Jno. Pointer
Thomas Shirly, Soldier
Jno. Atkins
Tho. Pearson, Soldier
 [Folio page 2]
Benjamin Wamble, Soldier
Jno. Dews, Soldier
Cornelius Callahan, Soldier
Alex Gunn, Sergt.
Isaac Rowell, Sergt.
Lt. Thomas Dudley
Benjamin Roberson, Soldier
Joshua Webb
 [Folio page 3]
Jeremiah Perry, Soldier
Capt. Robert Smith (resigned)
Capt. Thomas Callender
Joseph Nichols, Sergt.
Charles Keel, Soldier
Joseph Fox, Sergt.
John McLaughlin, Soldier
 [Folio page 4]
Capt. Benjamin Bailey
Capt. William Walton
Lt. Jno. Campbell
Capt. Samuel Jones
Daniel White, Soldier
Joseph Witherington, Soldier
James Whitley, Soldier
 [Folio page 23]
William Thompson, Soldier
Capt. Alex. Brevard
Thomas Shearley, Sergt.
Capt. Jas. Thos. Rhodes
Major William Fenner, decsd.
John Enloe, Capt. (resigned)
 [Folio page 2]
Jno. Weaver, Soldier
Lt. William Alexander
Capt. William Armstrong ("pretty Billy")
Josiah Talton, Soldier
Jno. Wills, Soldier
George Phillips, Soldier
Richard Daughtry, Soldier
 [Folio page 3]
Neil Watson, Soldier
John Lambert, Soldier
Thomas Prior, ?

Benj. Atkins, Corpl.
Robert Meek, Corpl.
James Tison, Sergt.
Abraham Fowler, Soldier
William Smith, Soldier
 [Folio page 4]
William Cunningham, Soldier
Thomas Saunders, Soldier
Samuel Thomas, Soldier
Josiah Jones, Drummer
Joseph Bailey, Sergt.
Lt. Levi Gatlin
Capt. Jno. Allen
 [Page 24]
 [Folio page 1]
Jesse Nelson, Soldier
Isaac Hayes, Soldier
William Pope, Sergt.-Maj.
Lt. Samuel Blythe (resigned)
Anthony Hart, Lt. & Adjutant (resigned)
George Topp, Soldier
John Epps, Soldier
 [Folio page 2]
William Epps, Soldier
Lt. Thomas Allen
William Smith, Soldier
Simon Smith, Soldier
Henry Harris, Soldier
Jno. Morris,
William Charlton, Soldier
George Moy, Soldier
 [Folio page 3]
Jeremiah Dixon, Soldier
Daniel Stewart, Soldier
Thomas Lytle, Soldier
Jno. Coupland, Soldier
John Liles, Soldier
Gideon Akins, Soldier
Wm. Jones, Soldier
 [Folio page 4]
James King, Soldier
Ozburn Clarke, Soldier
Abraham Dennis, Soldier
Richard Johnson, Soldier
Lt. David Vance
Thomas Thow, Soldier
Thomas Wiggins, Soldier
 [Page 25]
 [Folio page 1]
Moses Deen Soldier
Thomas Smith Soldier
Capt. Anthony Sharp
Lt. Jesse Steed
Mingo Stringer, Soldier
Ursell Goodson, Soldier

Jno. Messer, Soldier
  [Folio page 2]
Upshaw Roberson
Francis Williams, Soldier
Finehas Latham, Sergt.
Lt. Philip Jones
Warren Brown, Soldier
David Vance, Soldier
Arthur McDonald, Soldier
  [Folio page 3]
James Ives, Soldier
William Boon, Soldier
John Morgan, Soldier
William Powers, Soldier
John Watts, Soldier
Philip Jones, Soldier
Lt. John Carstaphen (resigned)
  [Folio page 4]
David Love, Surgeon (resigned)
William Fomes, Soldier
Mathew Creekman, Soldier
Richard Weaver, Soldier
William Drew, Soldier
James Amos, Soldier
Joel Davis, Soldier
  [Page 26]
  [Folio page 1]
Balaam Bullock, Soldier
George Richards, Soldier
John Yarbrough, Soldier
William Sinclair
Joseph Andrews, Soldier
John Hubbert, Soldier
John Scott, Soldier, decsd.
  [Folio page 2]
Lt. John Gambier (Scull)
Jno. King, Soldier
Brig. Gen. Francis Nash, decsd.
John Brantley, Soldier
Col. Thomas Clark
Henry Howell, Soldier
  [Folio page 3]
Jno. Maularn, Soldier
James Wilson, Soldier
Corbin Hickson, Soldier
Jesse Taunt, Soldier
Maj. Griffith Jno. McRee
Thomas McCoy, Soldier
David Rishell, Soldier
  [Folio page 4]
James McMullen, Soldier
Thomas Jones, Soldier
Jno. Potter, Soldier
William Taunt, Soldier
Francis Lechro, Sergt.

Roger Rice, Soldier
David Pasmore, Soldier
Jacob Brayboy, Soldier
Capt. Christopher Godins
  [Page 27]
  [Folio page 1]
Lt. Thomas Watson (resigned)
John White, Sergt.
George Williams, Soldier
Edward Weaver, Soldier
Joseph Smith, Soldier
Lt. William Green (resigned)
Absolom Powers, Soldier
Thomas Queen, Soldier
  [Folio page 2]
James Church, Soldier
Ephraim Hooks, Soldier
Micajah Davis, Soldier
John Carter, Soldier
Stephen White, decsd. Sergt.
James Robins, Soldier
Elijah Vance, Soldier
Martin Campbell, Soldier
  [Folio page 3]
William Richardson, Soldier
William Williams, Soldier
Peter Trivitts, Soldier
Hardy Garris, Soldier
Thomas Pyatt, Soldier
Thomas Davis, Sergt.
David Hale, Sergt.
Peter Hedpeth, Soldier
  [Folio page 4]
Patrick Campbell, field conductor & Sergt.
James Roper, Soldier
David Wheeler, Fifer, decsd.
David Chister, Sergt.
James Lanier, Ensn.
Lt. Jethro Lasiter
John Powell, Soldier
  [Page 28]
  [Folio page 1]
William Douglass, Soldier
Henry Brenier, Soldier
William Garris, Soldier
Dennes, Scott, Soldier
Capt. John Daves
William Lawrence, Soldier
Jesse Wise, Soldier
  [Folio page 2]
John Worsley, Soldier
Lt. Caleb Foreman
Lt. Robert Greear
Lt. Azariah Mackafoy
William Griffin, Soldier

Capt. John Hadley
Daniel Frazell, Soldier
  [Folio page 3]
Capt. John Eborn
Jesse Lassiter, Soldier
John Butler, Soldier
Benjamin Sherwood, Soldier
William Mitcheall, Soldier
Robert Combs, Soldier
Dr. Samuel Cooley
  [Folio page 4]
William Smith, Sergt., allowed on an order of
Wm. Colby, Sergt. Maj. of 1st N. C. Regt.
Hardy Jones, Soldier
Capt. Mathew Wood (resigned)
Lt. Col. Lott Bruster
Lt. Robert Bell
Richard Roberts, Soldier
  [Page 29]
  [Folio page 1]
Nicholas Long, Esqr., Deputy Quart. Mstr.
John Hall
John Medearis
Abishai Thomas
John Tillery
Jesse Potts
William Pasteur
Edwd. Gamble
Edwd. Hall
Mat. Ramsey
John Rutherford
Bat. Birdsong
John C. Bryan
Mat. McCawley
John Nichols
Charles Saunders
William Howard
Thomas Davis
William Hargrove
Robt. Christie
John Wood
Reubin Smith
Robt. Smith
Jas. Scurlock
Jarrot Edwards
John Selenarvis, gunner of Capt. Kingsborough's company of Artillery
Willis Barco, Soldier
William Thompson, Drummer
  [Folio page 2]
Lewis Powell, Soldier
Benjamin Wheelar, Soldier
John Jarvis, Soldier
John Ames, Soldier

Willis Weathers
Quinn Little
Lt. Col. Selby Harney
  [Folio page 3]
Melone Mullen, Soldier
Maj. Thomas Hogg
Dr. John Ingram
Micajah Blanchard, Soldier
Henry Jacobs, Soldier
Reubin Hobbs
Wm. Madry, Sergt.
  [Folio page 4]
Simon Wood, Soldier
Mons Walker, Soldier
Mark Haycroft, Soldier
Caleb Thomas, Drummer
William Westbrook, Soldier
Robert Wilburn, Soldier
William Smith, Sergt.
  [Page 30]
  [Folio page 1]
Jeremiah Sandelin, Soldier
Benjamin Cooper, Soldier
Joseph Webb, Soldier
John Cockburn, Soldier
William Deffnall, Soldier, decsd.
David Deffnall, Soldier
Capt. Henry Darnald, decsd.
  [Folio page 2]
Capt. William Caswell
Mason Philips, Soldier
Thomas Cole, Soldier
David Denny, Soldier
Shadrack Cumming, Soldier
John Harrell, Sergt.
Joseph Philips, Soldier
  [Folio page 3]
Sutton Truluck, Soldier
Lawson Arthur, Soldier
Bennett Morgan Sergt.
Thomas Norman, Soldier
John Dial, Soldier
Jeremiah Sutton, Sergt.
Lt. Daniel Shaw
  [Folio page 4]
William Baskett, an Indian
William Barnard, Soldier
Lt. William Ferrell
Ensign Davis Grandy
William Mullen, Soldier
Capt. Denny Porterfield, decsd.
Lt. John McNorton
  [Page 31]
  [Folio page 1]
John Garrell, Forage Marker

IN THE AMERICAN REVOLUTION

Capt. James Mills
Isaack Curlee, Soldier
Capt. Benjamin Mills
John Rogerson, Soldier
Capt. Cosimo Medicie
Jacob Lane, Soldier
[Folio page 2]
Edwd. Gamble, Supernumery Lt.
Thomas Modlin, Soldier
Micajah Parley, Soldier
Capt. Jesse Read
William Lippincott, Fifer
Richard Mullen, Soldier
Lt. William Faircloth (resigned)
[Folio page 3]
Dempsey Jinkins, Soldier
Frederick Davis, Soldier
Lt. Jeremiah Bullock
Ensign Joshua Bullock
Capt. Richard D. Cooke
Lt. Thomas Blount Whitmill
Capt. Ralph Williams
[Folio page 4]
Capt. Allen Ramsey
Capt. Samuel Chapman
Capt. William Goodman, decsd.
William Manly, Soldier
Joshua Stock, Soldier
Joseph Mitchell, Soldier
William Dove, Soldier
[Page 32]
[Folio page 1]
William Morgan, Soldier
John B. Hammond, Sergt.
Zebedee Williams, Soldier
Jesse Harrison, Soldier
William McDonald, Soldier
Thomas Cartright, Soldier
Dempsey Gardner
Robt. Cartwright
[Folio page 2]
James Whorton, Soldier
John Taylor, Soldier
Averry Tillett, Soldier
Thomas Gregory, Soldier
John Ginnings, Soldier
Thomas Atkins, Soldier
Dempsey Capps, Soldier
[Folio page 3]
Thomas Love, Soldier
Mitchell Philips, Soldier
John Scalf, Soldier
Benjamin Davis, Soldier
Samuel Price, Soldier
Caleb Partlock, Soldier

Cornelius Bray, Soldier
[Folio page 4]
Elisha Davis, Soldier
Benjamin Eastman, Soldier
Martin Black, Soldier
Isaack Purkins, Soldier
Samuel Read, Sergt.
Charles Elms, Soldier
Richard Bullock, Soldier
John Bartholomew, Soldier
[Page 33]
[Folio page 1]
James Judge, Soldier
John Watkins, Soldier
Hazzard Creed, Soldier
John Ryon, Corpl.
John Berry, Sergt.
Solomon Berry, Sergt.
Dempsey Harrison, Soldier
Wm. Gray, Soldier
[Folio page 2]
Jonathan Lewis, Soldier
Curtis Clements, Soldier
John Bullock, Soldier
Samuel Mavis, Sergt.
Jacob Watson, Soldier
John McVay, Soldier
Eli McVay, Soldier
John Norwood, Soldier
[Folio page 3]
William White, Soldier
Benjamin Johnson, Corpl.
Lt. William Harrison
Elijah Cotton, Soldier
Thomas Smith, Sergt.
Capt. John Masons
John Reece
[Folio page 4]
John Freas, Soldier
Andrew Boston
Christopher Boston
Francis Gorham, Soldier
James Gay, Sergt.
Christopher Frederick, Soldier
Joel Edwards, Soldier
Peter Workman, Soldier
Ferdenand Gonsolos, Soldier
[Page 34]
[Folio page 1]
Michael Santee, Soldier
Andrew Little, Soldier
Col. William Polk
Capt. Martin Phiffer
Lt. Charles Alexander
Capt. William Timple Coles

John Ward, Soldier
  [Folio page 2]
Dock Lancelott Johnson
Maj. Thomas Harris
Capt. Samuel Budd
Capt. Andrew Armstrong
Lt. Thomas Orrell
Capt. Philip Taylor
Andrew Allison, Soldier
  [Folio page 3]
Maurice Mooring, Corpl.
Samuel Carter, Soldier
Gibbs Lamb, Soldier
Charles Burk, Soldier
William Faithell, Soldier
Noah James, Soldier
Corbin Westmonth, Soldier
Samuel Rowe, Soldier
Daniel Umphries, Soldier
John Collins, Soldier
  [Folio page 4]
John Barco, Soldier
William Jones, Soldier
Charles Dodson, Soldier
The Revd. Adam Boyd
Israel Scott, Soldier
Thomas Means, Sergt.
T. Sykes, Soldier
Thomas Burns, Soldier
Thomas Overton, Soldier
Thomas Shute, Ensn.
  [Page 33]
  [Folio page 1]
William Pyson, Soldier
Joseph Gathey, Soldier
Angukes Davis, Soldier
John Pughe, Soldier
William Riley, Soldier
Samuel Gilston, Sergt.
William Thomas, Soldier
Henry Costin, Soldier
Drury Ward, Soldier
Robert Lynn, Soldier
  [Folio page 2]
William Capps, Soldier
William Shippard, Soldier
Lt. Hardy Holms
Capt. Frederick Haskell
Lt. John Bush
Joseph Sharp, Srgt. of Dragoons & express rider.
James Runnells, Soldier
  [Folio page 3]
The Revd. James Tate
Thomas Dunegan, Soldier

William Chalk, soldier
William Smith, Soldier
Sampson Dillard, Corpl.
Thomas Hays, Soldier
Isaack Howard, Soldier
Jesse Jeans, Soldier
Thomas Mallet, Soldier
  [Folio page 4]
John Bowers, Soldier
Lt. Joseph Johnston
David Philips, Soldier
Benjamin Johnston, Soldier
John Price, Soldier
Jesse Duncan, Soldier
Joseph Bobson, Soldier
Johnston Webb, Soldier
Ensign James Taylor
  [Page 36]
  [Folio page 1]
Jacob Richards, Soldier
William Campbell, Soldier
Benjamin Mott, Soldier
Miller Sawyer, Soldier
Thomas Bryant, Sergt.
John M. Struker
Brig. Gen. Sumner
  [Folio page 2]
John Squires, Soldier
Edw'd. Deal, Soldier
Timothy Miars, Soldier
John Wilson, Soldier
Lt. Robert Galespie
Lt. William T. Lewis
Lt. Joel Lewis
  [Folio page 3]
Capt. Micajah Lewis
Capt. Joseph Philips
Miles Knight, Sergt.
Robert Williams, Soldier
James Huckins, Soldier
Elisha Williams, Soldier
Lt. Williams Slade
  [Folio page 4]
John Conner, Soldier
Darling Madrey, Soldier
Robert Saunders
Joshua Barber, Soldier
Josiah Davis, Soldier
John Collins, Sergt.
Thomas Hart, Soldier, decsd.
Capt. Thomas White, decsd.
  [Page 37]
  [Folio page 1]
Richard Davis, Soldier
Anthony Godfrey, Soldier

John Ayer, Soldier
Benjamin Cofield, Lt. and Adjutant
  (resigned)
John Pendergast, Soldier
Job. Pendergast, Soldier
  [Folio page 2]
Ludwick Strend, Soldier
John Stroud, Soldier
Benjamin Jacobs
Lt. Henry Cannon, supernumery
Aron Hathcock
James Comer, Sergt.
  [Folio page 3]
Samuel Simpson, Corpl.
Capt. Simon Jones
James Young, Clerk to the A. C. or Issues,
  and Sub. Conductor of Wagons
Lt. James Campen
Capt. Joshua Bowman, decsd.
Lt. Patrick McGibbony (resigned)
  [Folio page 4]
Lt. James Coots (supernumery)
Farnath Lucas, Privt.
Capt. Matthew McCawley, supernumery
Lt. William Barber
Spencer Donaldson, Drummer
Richard Bradley, decsd. payms'tr.
Thomas Lucas
  [Page 38]
  [Folio page 1]
Capt. Charles Allen
Lt. James Powers (resigned)
Lt. John Lowe
Ensign William Washington (resigned)
Lt. John Hodges (resigned)
John Lee, Privt.
Benjamin Hodges, Sergt.
Howell Gillam, Sergt.
Robert Homes, Sergt.
  [Folio page 2]
Malachi Towe, Privt.
Spencer Williams, Sergt.
Levi Barker, Privt.
Lt. & Adjutant Miles M. Shebee, decsd.
Richard Ward, Privt.
Wm. Johnston
Samuel Penrice, Sergt.
Jonathan Traider
James Harmon, Corpl.
  [Folio page 3]
Jeremiah Collins, Corpl.
William Bacchus
Abram Pharo
Timothy Lane
John Miller, Drummer

Thomas Clarkson, Sergt.
John Bryan, Sergt.
Lt. Col. Robert Mebane, decsd.
  [Folio page 4]
Hardy Bird, decsd.
Richard Foster
Robert Nelson, Sergt.
John Carrol
James Sullivan, Sergt.
John Bryan
Peter Pycate, Asst. Commisary of Issues
Duncan Carmical, Soldier
Wm. Ekels, Sergt.
  [Page 39]
  [Folio page 1]
Silas Linton, Soldier
Jesse Cox, Forage Master
Benjamin Thermady, Soldier
Charles Baker, Soldier
Christopher Wootten, Soldier
Lazarus Jones, Soldier
William Gray, Soldier
Charles Wood, Soldier
James Gambling, Soldier
Dr. Giles Worth
Capt. Armwill Hearon
  [Folio page 2]
John Horton, Sergt.
David Jones, Corpl. of Artilley
George Reynolds, Sergt. of Artillery
James Dowell
Charles Butler
William Smith
James Clark, Corpl.
Lt. Reuben Roundtree
Henry Martin, Soldier
Samuel Williams
  [Folio page 3]
William Charlton, Soldier
William Davenport, Soldier
Plate Smith, Soldier
Jethro Jones, Soldier
Samuel Pearson, Soldier
Jesse Howe, Soldier
George Rowe, Soldier
James Avery, Soldier
Neal Watson, Soldier
Peter Hobbs, Soldier
  [Folio page 4]
Harris Yeoman, Soldier
George Weare, Soldier
Lt. Caleb Coen
Lt. Timothy Jones
Thomas Smith, Soldier
William Wormington, Soldier

Clement Smith
John Scarfe, Soldier
Saunders Cooke, Soldier
  [Page 40]
  [Folio page 1]
Lemonlation Lamb, Soldier
John Killingsworth, Drummer
Henry Albertson, Soldier
Zachariah Jones, Soldier
Samuel Smith, Soldier
John Roper, Soldier
Micajah Pettaway, Soldier
Marmaduke Hedgepeth
Willis Smith (invalid) Soldier
  [Folio page 2]
Joseph Hudlar, junr.
John Hudlar
Samuel Hudlar
Joseph Hudlar
Capt. Thomas McRory, decsd.
Abraham Jenkins, Soldier
William Farmer, Soldier
William Parker, Soldier
  [Folio page 3]
James Christian, Soldier
Solomon Manly, Soldier
Mark Manly, Soldier
James Horton, Soldier
Solomon Howard, Soldier
William Bryant, Soldier
Daniel Johnson, Soldier
  [Folio page 4]
John Mann, Soldier
Jacob Smith, Soldier
Robert Carter, Soldier
Matthew Wiggins, Soldier
Shadrack Holmes, Sergt.
John Leadone or (M) Soldier
John Williams, Soldier
Andrew Perkins, Soldier
  [Page 41]
  [Folio page 1]
George Brook, Soldier
John Embry, Soldier
John Elliott, Soldier
George Smith, Sergt.
Francis Fox, Soldier
Wright Bass
Belitha Tilghman
Col. Abraham Sheppard
Capt. Abraham Sheppard
  [Folio page 2]
John Tilghman
Bailey Benson
William Noble, Sergt.

Matthew Newby
  [Folio page 3]
John Daughtry
William Nelson
Cornelius Ryan
David Wilcocks, Soldier
Jem Davis (?), Soldier
Giles Bowers, Soldier
  [Folio page 4]
John Hicks, Soldier
James Hicks, an Indian
Wimoke Charbe, Indian
Sampson Phillips, Soldier
Samuel Pope, Soldier
George Copeland, Soldier
Howell Sawyer, Soldier
Bickwell Chistin, Sergt.
  [Page 42]
  [Folio page 1]
James Worley, Sergt.
Werly Griffin, Corpl.
John Fowlar, Soldier
James Bryant, Sergt.
Thomas A. Meek, Corpl.
Mason Kelly, Sergt.
James Wittey, Soldier
  [Folio page 2]
Henry Sweating, Sergt.
Ensn. & Adjutant William Beck
Isaac Gibdon, Soldier
Jeremiah Beaumount, Soldier
Philemon Thomas, Sergt.
John Johnston, Soldier
Richard Thomas, Soldier
  [Folio page 3]
Capt. Samuel Ashe
Randol Newson, Soldier
Sovereign Bloxom, Soldier
Samuel Chappel, Sergt.
Augusta Spain, Sergt.
William Gibson
Lewis Bailey, Soldier
Robert Hicks, Soldier
  [Folio page 4]
James Briston, Soldier
David Madborn, Soldier
James Harris, Soldier
James Wiggins, Soldier
Thomas Jamerson, Soldier
John Anderson, Soldier
Robert Roaper, Soldier
  [Page 43]
  [Folio page 1]
William Bobbs, Soldier
Andrew Wade, Soldier

William Dowell, Soldier
John Tellerton, or Tetterton, Soldier
Robert Fossett, Soldier
Simon Parker
Benjamin Dorton
Solmon Brown
  [Folio page 2]
Levi Wiggins
Richard Coupland
James Coupland
William Parham
Isaac Carter
Drewry Parham
James Christian
Richard Coupland
  [Folio page 3]
John Barganear, Soldier
Bird Braswell
John Christian, Fife Maj.
William Dillard
Osborn Dillard
Robert Cypert, Sergt.
James Avent
William Bugg
Solomon Seymour
  [Folio page 4]
John Hardin
William Seymour
Lt. Jephtha Rice
Etheldred Washington, Fifer
Lt. John Winborn, decsd.

Capt. Nicholas Edmunds
Lt. John L. Hare
  [Page 44]
  [Folio page 1]
Capt. Manlove Tarrant (resigned)
Josiah Holland
Wilson Liscombe
Arthur Pow
Isaac Rochell
Micajah Price
Henry Dunneloe
Robert Cowan
Theophilus Williams
Allen Manly
Jeffery Garner
  [Folio page 2]
Empry Wheeler
Hardy Morgan
Solomon Green
Dempsy Rooks
William Gooden
James Pully
Ladock Williams
Dudley Reardon
John Madray, Corpl.
Jesse Boyce
Miles Ramsey
  [Folio page 3]
Arthur Tyner
Nicholas Tyner

Vol. II. Pages 46-73. Book ZZ

An account of allowance made officers and soldiers of the late Continental Line of this State for pay and by the commissioners of Army Accounts at Hillsboro May 1, 1792.

[Page 46]
[Folio page 1]
No.
 1. Erastus Tippett, Drummer
 2. Micheil Brinkley, Privt.
 3. Ezekiel Griffin, Privt.
 4. Henry Gray, Sergt.
 5. John Long, Privt.
 6. Gabriel Ferrill, Privt.
 7. John Anderson, Privt.
 8. John Russ, Privt.
[Folio page 2]
 9. Francis Pridgen, Privt.
10. William Wiseheart, Privt.
11. Edward Jackson, Privt.
12. Benjamin Boyt, Privt.
13. Daniel Williams, Capt.
14. Lewis Lodge, Privt.
15. Thomas Castilloe, **Privt.**

No.
16. Edward H. Woodrow, Privt.
  [Folio page 3]
17. James Danage, Privt.
18. Charles Bright, Sergt.
19. John Jarvis, Capt.
20. Humphrey Molden, Privt.
21. John Hall, Privt.
22. William Boyce, Privt.
23. Loven Phillips, Privt.
24. William H. Bailey, Sergt.
25. Joseph Runnals, Corpl.
  [Folio page 4]
26. Samuel Smith, Corpl.
27. Willoughby Rogers, Privt.
28. Matthew Lucas, Privt.
29. Miles Privitt (or Pruitt), **Privt.**
30. William Haines, Privt.
31. Elisha Jenkins, Privt.

No.
32. Matthias Cates
33. John Smith, Privt.
34. Henry Williamson, Privt.
[Page 47]
[Folio page 1]
35. John Emory, Privt.
36. Job Pendergrass, Privt.
37. David Rothnell, Privt.
38. William Rothnell, Privt.
39. Abraham Finley, Privt.
40. Eli Drake, Privt.
41. Ishmael Roberts, Privt.
42. David Burke, Privt.
[Folio page 2]
43. William Morris, Privt.
44. John Parrimore, Privt.
45. Willis Lewis, Privt.
46. Emanuel Teal, Privt.
47. Reuben Gurganos, Privt.
48. Charles Tinsley, Privt.
49. William Wilson, Privt.
50. Joshua Towsan, Privt.
[Folio page 3]
51. William Brewer, Privt.
52. William Walters, Privt.
53. Elijah Clay, Sergt.
54. James Largan, Privt.
55. Alexander McKinsey, Privt.
56. Thomas McMeans, Sergt.
57. John Gass, Sergt.-Maj.
58. Thomas Hall, Privt.
59. John Rowland, Privt.
[Folio page 4]
60. William Yates, Privt.
61. James Yew, Privt.
62. Thomas Carvin, Privt.
63. James Dobbins, Privt.
64. Jonathan Times, Sergt.
65. John Toney, Privt.
66. John Fields, Privt.
67. John Step, Privt.
[Page 48]
[Folio page 1]
68. Alexander Smith, Privt.
69. Edward Prichell, Privt.
70. Major May, Corpl.
71. John Atkinson, Corpl.
72. Thomas Johnston, Privt.
73. Humphrey Durham, Privt.
74. Thomas Earley, Privt.
75. Robert Shaw, Privt.
[Folio page 2]
76. John Long, Ensn.
77. Alexandra Cole, Corpl.

No.
78. Sylvanius Weeks, Privt.
79. Isaac Walters, Privt.
80. Robert Jordan, Privt.
81. William Cormis, Privt.
82. William Hawkins, Privt.
[Folio page 3]
83. John Vickory, Privt.
84. Joseph Sawyer, Privt.
85. Adam Turner, Privt.
86. Owen Smith, Privt.
87. Zachariah Philips, Privt.
88. James Cronnister, Privt.
89. Levi Coleman, Privt.
[Folio page 4]
90. Edmund Pendleton, Sergt.
91. James Johnston, Privt.
92. Abraham Parish, Privt.
93. Nathan Lewis, Privt.
94. Willis Williford, Privt.
95. Stephen Conger, Sergt.
96. Francis Dezearn, Privt.
[Page 49]
[Folio page 1]
97. Jesse Hutchins, Privt.
98. Jesse Boseman, Privt.
99. Alexander Lemon, Privt.
100. Charles Evans, Privt.
101. Charles Evans, Privt.
102. Bartholomew Curtis, Privt.
103. Joshua Curtis, Ensn.
104. Reuben Curtis, Ensn.
[Folio page 2]
105. John Skinner, Corpl.
106. John Cottle, Privt.
107. David Brodwell, Privt.
108. Edmund Dickins, Privt.
109. Amos Alsobrook, Privt.
110. Thomas Kelly, Privt.
111. William Norton, Music
[Folio page 3]
112. Bush Philips, Privt.
113. James Bennett
114. Joel Ramsey, Privt.
115. William Poor, Privt.
116. Mecajah James, Privt.
117. Josiah Messle, Privt.
118. Isaac Scollar, Privt.
[Folio page 4]
119. John Clemons, Privt.
120. Lawrence Butler, Privt.
121. Richard Martin, Privt.
122. Erasmus Tippett, Trooper
123. Joseph Edwards, Privt.
124. Luke Stansberry, Privt.

No.
125. John Grinder, Privt.
 [Page 50]
 [Folio page 1]
126. John Portress, Privt.
127. Peter Smith, Privt.
128. William Kelly, Privt.
129. Thomas Paylor, Privt.
130. Peter Melone, Privt.
131. Ezekiel Coats, Privt.
132. Cornelius Robeson, Privt.
 [Folio page 2]
133. Thomas Wilkins, Privt.
134. James Winley, Sergt.
135. Stephen Arthur, Privt.
136. George Oliver, Privt.
137. Sterling Scott, Privt.
138. Curl Tucker, Corpl.
139. Alfred Andrews, Privt.
 [Folio page 3]
140. Frederick Desern, Privt.
141. Burwell Wilkins, Privt.
142. William Pass, Trooper
143. Joseph Alsobrook, Trooper
144. Randal Robertson, Trooper
145. Charles Thompson, Sergt.
146. George McDonald, Drummer
 [Folio page 4]
147. Richard Willis, Privt.
148. Christopher Lackey, Lt.
149. Thomas Harris, Corpl.
150. William Godfrey, Privt.
151. Samuel Johnston, Privt.
152. Charles Johnston, Privt.
153. Benjamine Johnston, Privt.
 [Page 51]
 [Folio page 1]
154. George Pettiford, Privt.
155. John Farmer, Corpl.
156. Gilbert Matthews, Trooper
157. Edward Ferrell, Sergt.
158. *Joseph Singletary, Privt.
159. *William Plummer, Privt.
 [Folio page 2]
160. Hardin Warren, Privt.
161. Robert Beech, Privt.
162. Alexander Cherry, Privt.
163. John Everitt, Privt.
164. Daniel Cherry, Privt.
165. James Morriss, Corpl.
166. Benjamin Sanders, Privt.
 [Folio page 3]
167. Shadrack Moore, Privt.

No.
168. Benjamin Kennedy, Sergt.
169. John Moore, Privt.
170. Ezekiel Habbit, Privt.
171. Elisha Mills, Privt.
172. Samuel Hart, Drummer
173. Arthur Graham, Privt.
 [Folio page 4]
174. Thomas Scarlet, Privt.
175. James Orr, Privt.
176. Hugh Forsythe, Privt.
177. Joseph Stewart, Privt.
178. Jacob Porter, Privt.
179. William Watford, Privt.
180. Joab Kail, Privt.
 [Page 52]
 [Folio page 1]
181. John Hoggard, Privt.
182. Thomas Tart, Privt.
183. Thomas Sorrell, Privt.
184. John Farmer, Privt.
185. John Cooper, Privt.
186. Edward Going, Privt.
187. Caleb Berry, Privt.
 [Folio page 2]
188. Lemuel Litten, Privt.
189. Abel Litten, Drummer
190. Willis Spann, Trooper
191. Thomas Germany, Privt.
192. Charles Kight, Privt.
193. Demsey Kight, Privt.
194. Jesse Prichard, Sergt.
 [Folio page 3]
195. Caleb Taylor, Privt.
196. Isaac Burges, Privt.
197. John Harrison, Fifer
198. Samuel Chappell, Sergt.
199. Martin Phifer, Privt.
200. Seth Wilson, Privt.
201. John Luttrell, Lt.-Col.
 [Folio page 4]
202. Gideon Simons, Corpl & Privt.
203. Henry Medlin, Privt.
204. Jaley Smith, Ensn. & Lt.
205. Abel Miller, Privt.
206. John Dickerson, Privt.
207. Carter Hastings, Fifer
208. Benjamin Ray, Privt.
 [Page 53]
 [Folio page 1]
209. Solomon Watson, Privt.
210. Ephraim Watson, Privt.
211. Jacob Nichols, Sergt.

*The accounts of Joseph Singletary and William Plummer were settled at Warrenton in the year 1786, as nine months men, etc., consequently not on muster, and reported as such by agents.

No.
212. William Sheppard, Privt.
213. Alexander Ballentine, Sergt.
214. Charles Thompson, Privt.
215. Timothy Morgan, Privt.
[Folio page 2]
216. James Tharpe, Privt.
217. Joel Tayborne, Privt.
218. Samuel Taylor, Sergt.
219. Charles Ragan, Privt.
220. Thomas Gransberry, Capt.
221. Joseph Leftyear, Privt.
222. Caleb Greenman, Privt.
[Folio page 3]
223. John Moore, Privt.
224. Levi Jarvis, Privt.
225. Martin Penniger, Privt.
226. Joseph Boyd, Corpl.
227. Jacob Parish, Privt.
228. Gabriel Cooly, Privt.
229. Jacob Ginn, Privt.
[Folio page 4]
230. James Scarlet, Privt.
231. William Alston, Lt. & Col.
232. Aron Odam, Privt.
233. Futrell Hall, Privt.
234. Howell Hearn, Privt.
235. Isaac Jones, Privt.
236. Lemuel Jelkes, Trooper
[Page 54]
[Folio page 1]
237. James Ammons, Privt.
238. William Nicholas, Privt.
239. William Tervathan, Privt.
240. Thomas Johnston, Privt.
241. Richard Sumner, Privt.
242. Jeremiah James, Privt.
243. Thomas Garner, Privt.
[Folio page 2]
244. Benjamin James, Privt.
245. John Glover, Wagoner
246. John Phillips, Privt.
247. James Lenter, Sergt.
248. Robert Wilson, Privt.
249. Thomas Bowers, Privt.
250. Benjamine McGackey
[Folio page 3]
251. James Wosson, Privt.
252. James Shannon, Privt.
253. Roll Matthews, Privt.
254. Stephen Bailey, Privt.
255. John Ashley, Privt.
256. James Campbell, Privt.
257. Nathaniel Farrar, Privt.

No.
[Folio page 4]
258. Thomas Garvey, Privt.
259. Thomas Brees, Corpl.
260. Hardy Hughkins, Privt.
261. Ephraim Reynolds, Privt.
262. Absolom Martin, Privt.
263. William Stewart, Privt.
[Page 55]
[Folio page 1]
264. John Polson, Corpl. & Sergt.
265. Willis Wiggins, Corpl. & Sergt.
266. John Warner, Privt.
267. Kader Benton, Privt.
268. Hezekiah Jones, Privt.
269. Josiah Jones, Privt.
270. Jesse Benton, Sergt.
[Folio page 2]
271. Josiah Bowers, Privt.
272. Daniel Peele, Privt.
273. Caleb Archer, Privt.
274. Arthur Monday, Privt.
275. Alexander Martin, Col.
276. Isaac Hicks, Privt.
[Folio page 3]
277. Thomas Erving, Privt.
278. Edward Morris, Privt.
279. Absolem Cameron, Privt.
280. Hance Hamilton, Sergt.
281. William Williams, Privt.
[Folio page 4]
282. Jacob Read, Privt.
283. Barnet March, Privt.
284. James Read, Privt.
285. Nicholas Edenton, Sergt.
286. Samuel Martin, Lt.
[Page 56]
[Folio page 1]
287. Micheil Huggins, Privt.
288. Robert Brownlay, Corpl. & Sergt.
289. Jacob Burke, Privt.
290. John Hamilton, Privt.
291. Burwell Lloyd, Privt.
[Folio page 2]
292. William Bowers, Privt.
293. Henry Short, Privt.
294. Isaac Gumbs, Privt.
295. Charles Gibson, Privt.
296. James Parks, Privt.
[Folio page 3]
297. Henry Dawson, Capt.
298. Isaiah Vick, Privt.
299. Norris Baker, Privt.
300. William Scott, Privt.

No.
301. William Griffin, Privt.
302. Thomas Weeks, Privt.
 [Folio page 4]
303. John Johnston, Privt.
304. Anthony Hall, Privt.
305. William Singletary, Sergt.
306. William Carrol, Privt.
 [Page 57]
 [Folio page 1]
307. Asheley Fowler, Privt.
308. Solomon Northern, Privt.
309. Edward Harris, Privt.
310. William McKinney, Wagoner
311. James McKey, Privt.
 [Folio page 2]
312. Henry Martin, Privt.
313. Caleb Barr, Privt.
314. Absalom Harvey, Privt.
315. Thomas Hudson, Privt.
316. James Hodges, Privt.
 [Folio page 3]
317. Henry Waller, Privt.
318. Jacob Gibson, Privt.
319. Patrick Rogers, Lt.
320. William Douglas, Qr. Mstr.
321. William Douglas, issuing Commissary
 [Folio page 4]
322. Jacob Seagreaves, Privt.
323. Benjamin Dickson, Trooper
324. William Wynn, Privt.
325. William Cavender, Privt.
326. Sutton Green, Privt.
 [Page 58]
 [Folio page 1]
327. Berry Jones, Privt.
328. Benjamine Farmer, Privt.
329. John Pierce, Privt.
330. Lawney Reynord, Privt.
331. David Culbertson, Sergt.
 [Folio page 2]
332. Cornelius McGraw, Privt.
333. Elijah Vickers, Privt.
334. Daniel Killian, Privt.
335. William Staggs, Privt.
336. James Hammond, Privt.
 [Folio page 3]
337. James Armstrong, Privt.
338. John Sorrell, Privt.
339. David Everheart, Privt.
340. John Lyon, Privt.
341. Thomas Kinney, Privt.
 [Folio page 4]
342. William Norris, Privt.
343. William Tilson, Privt.

No.
344. John Black, Privt.
345. Jacob Reid, Privt.
346. William Ridley, Privt.
 [Page 59]
 [Folio page 1]
347. Daniel Smith, Privt.
348. James Spann, Trooper
349. Charles Short, Musician
350. Mason Broom, Privt.
351. James Anderson, Drum Majr.
 [Folio page 2]
352. Robert McAlpin, Privt.
353. Samuel Jewell, Privt.
354. Hezekiah Shermantine, Privt.
355. Archibald Murphy, Privt.
356. Timothy Rich, Corpl.
 [Folio page 3]
357. John Vance, Capt. Artillery
358. Johns Adams, Privt.
359. Robert Moss, Privt.
360. Daniel Middleton, Privt.
361. Joel Martin, Privt.
 [Folio page 4]
362. Daniel Murfree, Privt.
363. Ephraim Lewis, Privt.
364. Michael Scott, Privt.
365. Haynes White, Privt.
366. Stephen Pall, Privt.
 [Page 60]
 [Folio page 1]
367. Caleb Story, Privt.
368. John Harvey, Privt.
369. Fredick Lucy, Privt.
370. Dempsey Johnston, Privt.
371. Owen Omerry, Privt.
 [Folio page 2]
372. Coleman Clayton, Privt.
373. Henry Smith, Privt.
374. Henry May, Privt.
375. Benjamin Brady, Corpl.
376. Noah Robeson, Privt.
377. Issued through mistake and returned.
 [Folio page 3]
378. Joshua Pritchet, Privt.
379. Thomas Brown, Privt.
380. Matthias Johnson, Privt.
381. Richard Smith, Privt.
382. Joseph Purser, Privt.
 [Folio page 4]
383. William Melton, Privt.
384. Richard Lewis, Sergt.
385. Henry Cooper, Sergt.
386. Hardy Redley, Privt.
387. Caleb Woodward, Privt.

No.
[Page 61]
[Folio page 1]
388. Saul Scott, Privt.
389. Ballenger Lucas, Privt.
390. Malichi Strickland, Privt.
391. Edwin James, Privt.
392. James Sanders, Privt.
393. William James, Privt.
[Folio page 2]
394. William Bennett, Privt.
395. Thomas Pierce, Privt.
396. Charles Morgan, Sergt.
397. Adam Rabby, Privt.
[Folio page 3]
398. John Weston, Privt.
399. Ezekiel Modlin, Privt.
400. Gabriel Cooly, already charged, see 228.
401. Edward Fossett, Privt.
402. Micajah Watson, Privt.
[Folio page 4]
403. Benjamine Williams, Privt.
404. Henry Chaver, Privt.
405. James Price, Privt.
406. William Eason, Privt.
407. James Wadkins, Privt.
[Page 62]
[Folio page 1]
408. George Murkinock, Privt.
409. Thomas Biby, Privt.
410. William McIntire, Privt.
411. John Weaver, Privt.
412. Robert Moseman, Privt.
[Folio page 2]
413. Phillip Logan, Musician
414. Giles Gaunt, Privt.
415. Miles Castilloe, Privt.
416. William Ryles, Privt.
417. Tekel Rarks, Privt.
[Folio page 3]
418. James Long, Privt.
419. John Patterson, Privt.
420. William Davis, Sergt.
421. James Talton, Privt.
422. William Talton, Privt.
[Folio page 4]
423. John Harper, Privt.
424. John Perry, Privt.
425. James Fike, Privt.
426. Michael McGuire, Privt.
427. Amos Cail, Privt.
[Page 63]
[Folio page 1]
428. John Green, Privt.

No.
429. Noah Wiggins, Privt.
430. David Danley, Corpl.
431. Robert Colchorn, Privt.
432. John Durham, Musician
[Folio page 2]
433. Robert Dennis, Privt.
434. George Campbell, Privt.
435. John Taylor, Privt.
436. John Lacey, Sergt.
437. James Walker, Privt.
[Folio page 3]
438. Baxter Boling, Privt.
439. John Whitaker, Sergt.
440. Shadrack Gallop, Corpl.
441. John Gibson, Privt.
442. Isaac Merrett, Privt.
[Folio page 4]
443. Josiah Dowdy, Sergt.
444. Samuel Barker, Privt.
445. William Gilbert, Privt.
446. Thomas Jarvis, Sergt.
447. John Taylor, Privt.
[Page 64]
[Folio page 1]
448. Andrew Phillips, Privt.
449. Matthias Goodridge, Sergt.
450. George Hargrove, Privt.
451. Johnathan Erexon, Privt.
452. Richard Ward, Sergt.
[Folio page 2]
453. James Dobbins, Privt.
454. James Davis, Privt.
455. Benjamine Davis, Privt.
456. Jordan Ammons, Privt.
457. Stephen Wiley, Privt.
[Folio page 3]
458. Frederick Callum, Privt.
459. Thomas Gregory, Privt.
460. Nicholas Icour, Privt.
461. Francis Tartanson, Capt.
462. David Shores, Privt.
[Folio page 4]
463. Moses Hopper, Privt.
464. Nicholas Hair, Privt.
465. Solomon Fountain, Privt.
466. Absalom Sallenger, Privt.
467. Hardy Hardyson, Sergt.
[Page 65]
[Folio page 1]
468. William Price, Privt.
469. William Smithwick, Privt.
470. Shubal Claghorne, Privt. & Corpl.
471. George Beck, Privt.
472. Joseph Palmer, Privt.

No.
[Folio page 2]
473. William Fox, Privt.
474. Alexander McCarter, Privt.
475. Stephen Charles Craft, Privt.
476. Reuben McCoy, Privt.
477. Edmond Howard, Corpl.
478. George Williams, Sergt.
[Folio page 3]
479. Jacob Brown, Privt.
480. Samuel Webb, Privt.
481. Valentine Beard, Lieut.
482. James Deacon, Trooper
483. Richard Pearson, Privt.
[Folio page 4]
484. John Fry, Privt.
485. Michael Legal, Privt.
486. Jacob Bennett, Privt.
487. George Moore, Privt.
488. John Reason, Privt.
489. William Adams, Privt.
[Page 66]
[Folio page 1]
490. Hezekiah Bryan, Privt.
491. James Orrell, Sergt.
492. Nicholas Blanks, Privt.
493. Michael McMullan, Privt.
494. Nicholas Dunn, Privt.
495. William McDaniel, Privt.
[Folio page 2]
496. Edward Vail, Privt.
497. Jesse Hardyson, Sergt.
498. John Fisher, Privt.
499. Thomas King, Privt.
500. Francis Coston, Privt.
501. John Harris, Privt.
[Folio page 3]
502. Charles Shaddock, Privt.
503. Henry Wiggins, Privt.
504. Stephen Thomas, Privt.
505. Henry Hawstory, Trooper
506. John Willoughby, Musician
507. James Willoughby, Privt.
[Folio page 4]
508. John Howard, Privt.
509. Joshua Elkins, Corpl.
510. William Hardin, Trooper
511. Howell Rowell, Trooper
512. Theopelus Mitchell, Privt.
513. Joseph Tate, Capt.
[Page 67]
[Folio page 1]
514. Thomas Pratt, Privt.
515. Benjamin Solebury, Privt.

No.
516. Hezekiah Cooksey, Privt.
517. Thomas Cooksey, Privt.
518. George Thompson, Privt.
519. Joshua Martin, Privt.
[Folio page 2]
520. William Smith, Privt.
521. John Mars, Trooper
522. William Todd, Privt.
523. James Todd, Privt.
524. Ephraim Todd, Privt.
525. Thomas Todd, Privt.
[Folio page 3]
526. Dempsey Boyce, Privt.
527. James White, Privt.
528. Daniel Weaver, Privt.
529. William Womack, Sergt.
530. Arthur Markum, Sergt.
531. William Pierce, Privt.
[Folio page 4]
532. Lewis Legett, Privt.
533. John Brooks, Privt.
534. Benjamin Almerry, Privt.
535. John Hamilton, Sergt.
536. Blake Rabby, Privt.
537. Solomon Spence, Privt.
[Page 68]
[Folio page 1]
538. Jeremiah Glohon, Sergt.
539. Thomas Pearson, Privt.
540. William Herbert, Sergt.
541. William Moore, Privt.
542. William Lord, Lieut.
543. Absalom Wildey, Privt.
[Folio page 2]
544. Absalom Wildey, Corpl.
545. Hugh Donally, Privt.
546. Isaac Griffin, Sergt.
547. William Jackson, Privt.
548. Francis Penrice, Privt.
549. Edward Howell, Corpl.
[Folio page 3]
550. Joseph Spears, Privt.
551. Samuel Spears, Privt.
552. Daniel Ramsey, Privt.
553. Francis Bennett, Privt.
554. Arthur Corbin, Privt.
555. Isaac Wells, Privt.
[Folio page 4]
556. Frederick Jones, Privt.
557. Oliver Johnston, Privt.
558. James O'Neal, Privt.
559. Jesse Hall, Corpl.
560. Edward Hathcock, Privt.

No.
561. Matthew Worley, Privt.
 [Page 69]
 [Folio page 1]
562. Samuel Davis, Privt.
563. John Wilson, Privt.
564. Thomas Garvey
565. Thomas Sinclair, Privt.
566. Richard Low
 [Folio page 2]
567. Alexander Scull, Privt.
568. Joshua Proctor, Privt.
569. William Leighton, Privt.
570. Andrew Simpson, Corpl.
571. John Wood, Privt.
572. Jethro Benton, Ensn.
 [Folio page 3]
573. Barnaba Murrill, Privt.
574. John Henry, Privt.
575. Jacob Hafner, Privt.
576. William Collett, Privt.
577. Abraham Kenny, Privt.
578. Daniel Matthews, Privt.
 [Folio page 4]
579. Daniel Huggins, Sergt.
580. Thomas Ralph, Privt.
581. John Nutter, Privt.
582. James Low, Privt.
583. Cornelius Love, Privt.
584. John Best, Privt.
 [Page 70]
 [Folio page 1]
585. Kinneth McKinsey, Privt.
586. Joseph Arthur, Privt.
587. David Clement, Privt.
588. Lewis Guthridge, Privt.
589. Richard Baker, Privt.
590. Timothy Murray, Sergt.
 [Folio page 2]
591. Cendall Bootey, Privt.
592. Robert McKay, Privt.
593. Ross Thomas, Privt.
594. Benjamine Neal, Privt.
595. Jeremiah Allen, Privt.
596. Benjamin Mason, Privt.
 [Folio page 3]
597. Benjamin Blango, Privt.
598. Moses Blango, Privt.
599. Henry Brady, Privt.
600. James Slaughter, Privt.
601. John Brown, Sergt.
602. Thomas McKeal, Privt.
 [Folio page 4]
603. James Abbott, Privt.
604. James Berry, Privt.

No.
605. James Chambers, Privt.
606. Henry Dixon, Privt.
607. William Smith, Privt.
608. Abreham Perkin, Privt.
 [Page 71]
 [Folio page 1]
609. Aaron Wood, Privt.
610. John Whaley, Musician
611. Jesse Freeman, Privt.
612. Lewis Conner, Privt.
613. Hillery Brinson, Privt.
614. Francis Whaley, Privt.
 [Folio page 2]
615. Cox Gray, Privt.
616. John Brown, Privt.
617. Isaac Sampson, Privt.
618. Thomas Lee, Privt.
619. James Huggins, Privt.
620. Cox Gray, Privt.
 [Folio page 3]
621. Benjamin Wilcox, Privt.
622. Mallachi Jolley, Privt.
623. John Killebrew, Privt.
624. William Duke, Privt.
625. Matthew Garvey, Privt.
 [Folio page 4]
626. Seth Eason, Lieut.
627. Cornelius Anglen, Privt.
628. Mathias Belks, Privt.
629. John Hopper, Privt.
630. Edward Bell, Privt.
631. Jonathan Hickman, Privt.
 [Page 72]
 [Folio page 1]
632. John Mullins, Privt.
633. Aron Smith, Privt.
634. Benjamine Stedman, Capt.
635. Simon Alderson, Capt.
636. William Bailey, Corpl.
637. John Brinn, Privt.
 [Folio page 2]
638. William Boomer, Privt.
639. Lewis Taylor, Privt.
640. Joshua Wilkins, Privt.
641. Godfrey Rowland, Privt.
642. Robert Allen, Privt.
643. John Miller, Privt.
 [Folio page 3]
644. Joseph Sanders, Privt.
645. Shadrack Medlin, Privt.
646. William Hopper, Sergt.
647. Elijah Garner, Privt.
648. Mack Ferguson, Privt.
649. Charles Upchurch, Trooper

No.
[Folio page 4]
650. Thomas Laughinhouse, Privt.
651. Daniel Neal, Privt.
652. Levi Branton, Privt.
653. Arthur Nelson, Privt.
654. Solomon Molborne, Privt.
655. John Carter, Privt.
[Page 73]
[Folio page 1]
656. John Wall, Privt.
657. Joseph Ward, Privt.
658. James Woolard
659. Brittain Jones, Privt.
660. Brittain Jones, Privt.
661. William Bond, Privt.
[Folio page 2]
662. John Corey, Privt.
663. James Nobles, Privt.

No.
664. Robert Ruff, Privt.
665. Benjamine Cummings, Privt.
666. James Eslick, Privt.
667. Hardy Nelson, Sergt.
[Folio page 3]
668. Noah Bartlett, Privt.
669. Elisha Lewis, Privt.
670. William Cox, Privt.
671. Joseph Cox, Privt.
672. William Deal, Privt.
[Folio page 4]
673. William Corothers, Privt.
674. John Hackleman, Privt.
675. Isaac Rolston, Lt. Allowed 130 pounds 5 shillings 2 pence & delivered to Col. R. Hays, of Cumberland, by a resolve of the General Assembly at their session in 1792.

Vol. IV. North Carolina Army Accounts. Old Series—Vol. IV—Remarks of Commissioners

No.
[Page 1]
[Folio page 1]
   Officers Accts.
[Folio page 2]
1. James Craven
[Page 2]
[Folio page 1]
2. Butler Cowell
[Folio page 2]
3. Luke Lamb Ferrell, Lt.
4. William Charlton, Lt.
5. Jacob Messick, Lt. mustrd as Lt. then Ensn., then Lt.
[Folio page 3]
6. John Dickinson, this should be Richard Dickinson who is mustered as Ensn., then Lt., then Ensn. & Lt.
7. Lemuel Ely, Capt.
8. John P. Williams, Capt.*
[Page 3]
[Folio page 2]
9. Edward Buncombe, Col.
[Folio page 3]
10. Benj'n. Bryer, Lt., appears on musters as Ensn.
[Folio page 4]
11. Acct. withdrawn

No.
12. Eli Ely, Capt.
[Page 4]
[Folio page 1]
13. John Pilly, Ensn.
14. Hugh Dobbins, Lt.
[Folio page 2]
15. Benjamin Dillon
16. Whitfield Wilson, F. M. mustrd. as Q. M.
17. John Lessenby, Lt.
[Folio page 3]
18. David Cowan, Lt.
19. Elias Hoell, Lt.
[Folio page 4]
20. William Lord, Lt.
21. Wm. Knott, Lt.
22. Wm. Murray, Lt.
[Page 5]
[Folio page 1]
23. Edward Vail, Capt.
24. John McGlahan, Capt.
25. Isaac Moore, Capt.
[Folio page 2]
26. Frederick Heimburg, Surgeon
27. Jno. Martin Gist, Lt.
[Folio page 3]
28. Zeri Rice, Lt.

* Explanation of defects in musters' Folio pages 7-8-9-10.—In Jan. 1778 a reform in the army took place, the Junior Regmts. of the N. Car. Lines were reduced; the non. com. officers & privates were incorporated with those of the elder, & the com. officers of the reduced regiments returned to the state on the recruiting service and to take charge of such men as they might be appointed to command by the state, on this principle ten Regiments were reduced to three, etc.

No.
29. John Williams, Colo.
[Folio page 4]
30. Josiah Mann, Lt.
31. Robert Singleton, Lt.
[Page 6]
[Folio page 1]
32. William Hancock, Lt.
33. Andrew Vanoy, Capt.
34. James Vaughan, Capt.

No.
[Folio page 2]
35. Micajah Ferrell, Lt.
36. James Armstrong, Lt.
37. Lovick Rochell, Lt.
38. David Jones, Lt.
[Folio page 3]
39. James McRory, Ensn.
40. William Corrington, Lt.
41. Joseph John Wade, Capt.

Non Commissioned Officers, Privates & Music

No.
[Folio page 4]
1413. Jordan Wilkins
1414. George Wilkins
1416. Peter Williams, enlisted as Corpl., then Sergt.
[Page 7]
[Folio page 1]
1429. Benj'n. Bird
1441. Wm. Cobb, appears on Musters in '77, died Jan. 26th, 1778.
1444. Wm. Pollard
[Folio page 2]
1450. John Stone
1459. John Mills, a musician of this name in Child's Company.
1469. John Pearsey, this name entered in Commissioners book as John Kersey.
[Folio page 3]
1482. John Todd
1483. Jno. Jordan
1485. Peter Poyner
1488. Stephen Truitt
[Page 8]
[Folio page 1]
1489. Abraham Clark
1490. Jacob Clark
1493. Thomas Daniel, deserted 2nd Aug. '78.
[Folio page 2]
1494. Peter Furney
1495. Joshua Larouze
[Folio page 3]
1496. Anthony Cross
1497. John Dean
1498. John Giles, Sergt.
1499. Jesse Aldridge
[Folio page 4]
1500. Jesse Duggan, killed Oct. 4th, 1777.
1501. Andrew Rowell
1504. Isaac Bagley, a 9 mos. Corporal.

No.
1506. Wm. Warren
1507. Arthur Tyner, appears on muster also as Arthur Tainer.
1508. Holland Harrel, died Aug. 28th, '77
[Page 9]
[Folio page 1]
1509. Edward Smithwick
1510. Jesse Woolard, pris. June '79, again mustered Nov. '79.
1511. Thomas Aims, deserted 12th Feb. '79.
1514. Thomas Duggin, missing 4th Oct. '77.
1515. Moses Hizzard. A Moses Hissett appears on the muster, we suppose it to be the same man. Hissett died 3rd May, '78. Moses Hizzard does not appear on the musters.
1516. Peter Simmons. Died 15th Aug. '77
1518. William Martin, (2 accts. in this name)
[Folio page 2]
1520. Francis Duggin
1523. Elisha Modlin
1524. James Williams, Sergt. then Corpl. Died Sept. 24th, '78.
1525. Joseph Williams
[Folio page 3]
1527. Zebulon Pratt
1528. Asahel Davenport
[Folio page 4]
1529. Wm. Jenkins
1530. James Harrison
1583. John Norwood
1585. Samuel Bradley
[Page 10]
[Folio page 1]
1589. Daniel Moore
1591. John Hooker
1607. John Lilly (there appears a John Lille on musters who deserted 25th Dec., '77)

No.
1608. Wm. Brownen (there is a Wm. Browning on the musters, but we cannot decide on this claim).
1626. Samuel Parker
[Folio page 2]
1636. George Brooks
1739. John Jarvis
1741. Benjamin Brittle
1742. Jesse Baggett. (There appears on the musters *Jesse Badget*, a Corpl.)
[Folio page 3]
1743. John Russell. (3 men of this name appear on the muster, etc.)
1744. Matthew Murrell, appears on muster as Sergt.
1745. John Cannon. (3 men appear of this name)
[Folio page 4]
1749. James Roberts. (2 men of this name appear)
1750. John Bettis
1752. Thomas Green
1753. John Floyd
[Page 11]
[Folio page 1]
1797. John Cummings (died Oct. '78)
1810. Isaac Morrison, deserted 5th Dec. 1777. Appears again in Sept. '78, and again deserts in Dec.
1849. Benjamin Cannon (mustered as musician, Apr. '78. Died 1st May, '78)
1877. David Jones
[Folio page 2]
1894. Wm. Brownen. (2 accts. of this name)
1940. Christopher Dasher
1950. Samuel Morrow, Corpl. then Privt.
1969. Peter Herrendon, Corpl. then Privt.
2018. Sterling Dean. Enlisted July 5, 1777.
2019. Isaac Sanderlin. Enlisted May 22, '77.
2025. Thomas Mann. Deserted Feb. 14, 1780.
[Folio page 3]
2022. Thomas Waldron, music to June 1778.
2021. Levi Right
2024. Isaac Litten, mustered as Sergt., his amount was settled as Privt.
2025. William Sexton
2026. Jabez Spence

No.
2031. Thomas Garrett, charges as Sergt., mustered as Privt., then deserted.
2033. Samuel Nichols, never appears on muster, there is a Samuel Nicholas, Sergt. "We know not if this is the same man.
2034. George Burges
2035. Thomas Jennings, Privt. & Corpl.
[Folio page 4]
2037. Thomas Caton, Privt. enlisted, then Corpl.
2039. Levi Sanderlin, enlisted '77, deserted 25th Dec. '77, mustered again Jan. '79, Corpl. June '79.
2040. John Lutt, Corpl. before he died, Nov. '78.
2041. Isaac Herrington, never appears on the musters, his amount charged to soldier serving to the southward, very few of whom ever appear on the musters. See reasons for defects in No. 8 Acct. of J. P. Williams.
2042. The same, etc.
2043. The same, etc.
2044. Willoughby Thompson
[Page 12]
[Folio page 1]
2045. Luke Sylvester
2046. } The same
2047. }
2053. Andrew Rowell
2055. Hillary Crabb
2059. The same.
2061. The same. There are 4 J. Clarkes on muster.
2062. John Morrison
2064. Stephen Powell
2066. Jo. Smith. There are 2 men of this name.
[Folio page 2]
2069. John Blanchard does not appear on musters but John Blanchet, musician appears.
2071. George Harris
2072. Daniel Sevills, we do not find this name on the musters. There is a Daniel Sewells enlisted 77, died 14th Apr. '78.
[Folio page 3]
2073. Willis Upton enlisted 14th Feb. '77, died 1st July '78.
2075. James Bennett. 2 men of this name appear.

No.
2076. Lemuel Rowe, served sometime as Corpl.
2079. James Goodson, never appears, there is a James Gotson.
2081. Joshua Lewis, 3 of this name appear.
[Folio page 4]
2095. Noell Clarke, does not appear. A name of Niel Clark appears.
2097. Jordan Wilkins, 2 accts. of this name.
2104. John Davis. We find 4 men of this name.
[Page 13]
[Folio page 1]
2106. John Williams. There are 4 of this name.
2122. Abraham Dean
2131. Abraham Green. 2 of this name on the musters, the account is entered by the Commissioners as Abraham Geen.
2134. Edmund Diggins
[Folio page 2]
2135. John Morgan. 3 of this name appear.
2137. John Dixon.
2153. Nathaniel Cooper. 2 of this name appear.
2157. William Bush, deserted April, '77.
[Folio page 3]
2158. Hardy Keel, mustered as Sergt.
2159. Hardy Robertson
2160. William Hendley
2161. James Davis
2184. Isaac Waters
2193. { John McCoy, Senr. } There is 2
2197. { John McCoy, Junr. } of this name on the musters—one for the war, settled at Halifax, & one for 2½ yrs. who enlisted in '77 & died 10th Mch. '78
[Folio page 4]
2199. Edmund Hammons, deserted Aug. 1777
2213. Daniel Peale
2214. Moses Venters
2215. Edward Matthews, music
2216. Eli Rogers
[Page 14]
[Folio page 1]
2217. Peter McGee, mustered as privt., as Corpl. & as Sergt.
2218. Caleb Saunders—*Caleb Saunderson* on the musters Corpl.

No.
[Folio page 2]
2224. John Campbell
2227. Samuel Burnham
2229. Malachi White
2230. Josiah Miller
2231. Jacob Bennett
2234. George Williamson. Deserted 3rd Sept. '78.
2235. Lemuel Halsted
2237. James Rainey, admitted as Sergt. then Privt., there is another James Rainey.
2240. John Elliott
2241. Wm. Guinn. No such name on the musters. Wm. Ginn appears.
[Folio page 3]
2242. Thomas McDaniel. No such name on the musters, but there are 2 of Thomas McDonall.
2247. Maltiah Turner
2250. John Gibson
2252. Joshua McTeebee, or McCeebe, as in the acct. or McEbbe as in the Commissioner's book. But Joshua McKabe appears in '77, died Feb. '78, and possibly may be the man.
2255. Benjamin Smith. 4 of this name.
[Folio page 4]
2257. Thomas Newberry does not appear on musters, but a Thomas Newbern appears
2259. John Hains, died June '78.
2261. Micajah Savage, Michael Savage on the musters.
2267. Wm. White, several of this name on musters.
2268. Charles Evans. 2 of this name on musters.
2280. John White. Six of this name on musters, but not one corresponding in time with this claim.
2292. Thomas Owns, or Oans. Neither appear on the musters. Thomas Owens appears & there are 2 of this name.
[Page 15]
[Folio page 1]
2296. Lorton Hawkins, mustered Lewerton Hawkins.
2298. Larkin Rogers
2299. John Ketanch (altered in acct. to Cotanch)
2301. James Vance, died 15th Nov. '78.
2305. Thomas Williams. 3 of this name.
2312. Daniel Hopkins

No.
2320. John Canaway, charges as Sergt.
[Folio page 2]
2323. John Wiatt
2324. Emanuel Marshall, enlisted Mch. '78, died Apr. 5, '78.
2327. Thomas Hendricks
2328. George Lowe, enlisted in '77, deserted 15th Aug. '78.
2329. Robert Staples
[Folio page 3]
2330. Willis Sawyer
2332. Miles Modlin
2334. Job Bright, mustered as Privt., then Corpl.
2335. Wm. Parr, never appears on muster, there is a Wm. Pair.
[Folio page 4]
2336. Malachi Dunn, mustered 3rd Dec. '77, died Dec. '78.
2337. Hillary Parker
2369. Thomas Todd, mustered in '77 for 3 yrs., died Sept. '77.
2370. Jonathan Richards, enlisted 10th May '77, died June '78.
2373. Wm. Lomax
[Page 16]
[Folio page 1]
2374. John Artis
2375. David Davis
2384. John Thornall. A John Thurnell musters but not a John Thornall; he died Nov. '78.
2395. Jonathan Henry
2397. Alexander McCulloch
2400. Wm. Martin, see No. 1518
2402. James Caton, served as Corpl. & Privt.
[Folio page 2]
2406. Peter Allison, no such name on the musters, but Peter Alexon appear.
2409. Frederick Cooper
2410-2415. The same, etc.
2416. Thomas May, died 6th Nov. '81
2417. Wm. Beasly
2418. Moses Venters. (See No. 2214)
[Folio page 3]
2419-2420. The same. Mutalis mutendis.
2421. Abraham Reddick. Inadmissible, but 1 of this name on musters, his amount was settled at Halifax & receipted by himself.
[Folio page 4]
2422. Robert Ferrebee
2424. Wm. Smith

No.
[Page 17]
[Folio page 1]
2425. Another of the same name, etc.
2426. Richard Bailey
2427. Thomas . Brinkley—as Privt. & Sergt.
[Folio page 2]
2428. Nathan Horton
2429. Mark Robertson ⎫ The vouchers
2430. Anthoney Alexander ⎬ of these 4 accounts are
2431. Levi Norman ⎨ counts are
2432. Stephen Cross ⎭ missing
2433. John Tucker, served 12 mos. as Corpl.
2434. Thomas Mullen
2435. Benjamin Carroll
[Folio page 3]
2436. Paul Sink
2437. Dempsey Sikes
2438. Wm. Duke ⎫
2439. James Rogers ⎬
2440. Henry Tice ⎨ All similar to preceding
2441. Wm. Campbell ⎨
2442. John Kettle ⎭
2443. Peter Grover (the discharge given in the name of Crover)
2444. Joseph Newman, or Numan did not commence service prior to the year 1782, consequently the U. States admits nothing to our credit for this claim.
[Folio page 4]
2445. Matthias Betts
2446. George Wilkins
2447. Jonathan Case
2448. Anderson Runnery
2449-2453. These amts. are similar to the foregoing, 12 mo. accts., etc.
2454. Wm. Morgan, S.
2455. Wm. Story
[Page 18]
[Folio page 1]
2456. Lewis Shultz
2457. Solomon Thrift
2458. West Hadnot, Sergt. & Privt.
2459. Wm. Low
2461. Peter Roberto (voucher missing)
2462. Uriah Leftyear
2463. John Downs, Privt. & Corpl.
[Folio page 2]
2464. John Keith, Privt. & Music
2465. Samuel Serrett
2466. William Graham. 2 of this name, both Sergts.

No.
2467. John Needham
2469. Charles Rozier
2470. Jesse Goldsmith, Privt. & Fifer
[Folio page 3]
2484. James Maloy
2485. Alexander McGlanghlin
2487. Charles A. Scruggs
2488. James Akins
2489. James Gifford, Sergt., then Privt. when he deserted.
[Folio page 4]
2491. Acey Davis, Privt. & Music.
2492. John Davis (several of same name)
2493. Wm. Davis, Corpl., then Privt., then Corpl. again.
2494. Solomon Jennett, musters as Privt.
[Page 19]
[Folio page 1]
2495. Jonathan Kemmy
2498. James Royal, Privt. & Corpl.
2499. James Fooks
2500. John Fooks
2501. Robert Grisson, Privt., Music
2508. Charles Murray, Sergt.
2512. Richard Atkins
2513. John Avery
[Folio page 2]
2514. John Hill
2515. James Jones
2516-2517. Similar to foregoing
2518. David Brothers
[Folio page 3]
2519. Whitaker Shadforth
2520. Frederick Blount
2521. Charles Roach, never musters but certificate admits his service.
2522. Austin Spain, Sergt.
2523. Wm. Spain, Music
2525. Peter Harrold, Sergt.
2527. Thomas Prescott, died 20th Mch. '78.
[Folio page 4]
2528. William Meeks
2549. John Smith. 13 of the names on the musters.
2551. Willis Curling
2554. Samuel Burnham. 2 of this name on musters.
2561. William Elliott, not mustered, having served in Qr. M's. Department.
2562. Jesse Brown. Similar with foregoing.
[Page 20]
[Folio page 1]
2563. Solomon Brown

No.
2565. Samuel McClelland, never appears on musters, admitted as 9 mo's. man to the Southward.
2566. The same with the foregoing.
2567. Daniel Crawley, mustered in '79 as Sergt.
2568. George Carcher, 9 mos. soldier to the Southward, never appears on musters.
2571. John Madry
2585. William Foster. 2 acts. in this name.
[Folio page 2]
2601. Charles Mannan, there appears a Charles Manning on the musters in '77, deserted same year.
2603. James Tinner, never appears, there is a James Teaner.
[Folio page 3]
2609. David Spears, or Spear or Speir
[Folio page 4]
2613. James Overton
2615. Richard Moss
2616. Isaac Etheridge, never appears, there is an Isaac Everidge, Music.
2618. Uriah Pendleton, never appears on muster, there is Hiram Pendleton mustered.
2620. Wm. Foster. See No. 2585
2637. James Butler
[Page 21]
[Folio page 1]
2645. Arthur Wright, never appears on musters, there is an Arthur Britt.
2666. Willis Johnston, a dragoon. We have no muster of the Cavalry.
2677. Morris Evans
2678. Jesse Bunn
2679. Wm. West
2680-2683. All twelve months accts. similar to above.
2690. John Marr, a dragoon. See No. 2666.
2691. Sampson Morgan
[Folio page 2]
2692. Arington Sheppard
2693. Caleb Wright, does not appear on musters, but acct. is admitted.
2695. Peter Jones
2705. Reubin Ivey
2753 to 2760. Claims of dragoons. See No. 2666.
2761. John May, only one on musters.
[Folio page 3]
2762. Bazil Holland

IN THE AMERICAN REVOLUTION 207

No.
2763. James Smith, many corresponding with this name on the musters.
2764. Wm. Myers, one of the names in Blount's Co.
2766. George Dunn, name not on the musters, 9 mo's. man to the Southward.
2768. Jesse Fulton
2770. David Gillaspie
[Folio page 4]
2772. Isaac Solomon, 9 mo's. man to the Southward, name does not appear on musters.
2773. Drury Jones, same
2780. James McNatt, never appears on musters, service as 9 mo's. man to the Southward.
2781. Wm. Dennis. We presume this should be Hezekiah Dennis, for the acct. is headed Ezekier Dennis but endorsed Wm. Dennis. The musters bear the name Ezekiah or Hezekiah.
2782. Alexander Patterson, 9 mo's. man to the Southward.
2783 to 2788. The same as above.
[Page 22]
[Folio page 1]
2789. Wm. Thomas. 2 of this name.
2790. Philip Morris
2791. James Sloan } both appear as 9 mo's. men to the Southward, names never appear on musters.
2792. John Holdbrook
2793. Thomas Bond, as above.
2797. Hugh Patterson, same.
[Folio page 2]
2799. Marmaduke Maples
2800. John Stevens, 9 mo's. man to the Southward.
2801. James Stanford, same
2803. John Ingram. 2 of this name on musters, both Sergts.
2808. James Sexton
[Folio page 3]
2817. Wm. Clifton, 9 mo's. man to the Southward, not on musters. 2 of this name appear.
2818. Nehemiah Smith
2819. Wm. Hartgrove, 9 mo's. man to the Southward.
2820. James Bell, same
2822. Joseph Hughes, same. There is a Joseph Hewes. S. enlisted in '81.

No.
2825. Thomas Reddin, 9 mo's. man to the Southward.
2838. George Roper, same
2839. John Adcock, same. There is a Jno. Adcock on musters for 3 yrs., his acct. was settled at Halifax.
2842. Charles Driver, 9 mo's. man to the Southward.
2843. Robert Woodall, same
2844. John Gallimore
[Folio page 4]
2845. John Coats
2888. John Todd
2906. John Roor, 9 mo's. man to the Southward.
2907. Finley Shaw
2908. John Rounsever
Same as before.
2909. John Black, same
2910. David Benton, same, but 1 on musters, that settled at Halifax.
2911. Anthoney Garrett, not on musters, etc.
[Page 23]
[Folio page 1]
2914. David Ivey, appears on musters as Music.
2917. John Blanchard. 2 accts. occur in this name. See No. 2069 for other.
2918. Charles Coleman, Qr. M.
[Folio page 2]
2919. Thomas Barnes, dragoon. See No. 2666.
2922. Peter Ferguson
2923. James Dilliard
2924. Hannes Steiner
2930. Robert Briggs, Privt., then Sergt.
2931. Elisha Parker, 9 mo's. man to the Southward, not on musters.
2932. John West, as above.
2937. John Blair, same.
2968. John Mahoney
[Folio page 3]
2783. John Thompson. Five of this name.
2984. John Henly. 1 appears on musters.
2993. John Morgan
2994. Thomas Green
2995. John Duke
2996. Moses Manley
3007. John Stone. 9 mo's. man to the Southward.
[Folio page 4]
3008-3010. 9 mo's. men.
3011. John Hays, war acct. etc.
3023-3024. 9 mo's. accts. to Southward.

No.
- 3025. Solomon Park, Ensn.
- 3034. William Trowell
- 3038. Thomas Manning
- 3051. Rawleigh Prendergrass
  [Page 24]
  [Folio page 1]
- 3055. Hugh Catchem
- 3056. John Griffis
- 3057. Wm. Red
- 3058. Benjamin Brady, Corpl. & Sergt.
- 3059. Albert Hendricks, Corpl. & Sergt.
- 3060-3072. All 12 mo's. accts.
- 3082. John Edwards, several of the name, etc.
- 3083-3091. 12 mo's. accts.
- 3097-3098. 9 mo's. men to the Southward.
  [Folio page 2]
- 3099. John Douglass, Sergt.
- 3100. Maurice Fennel, 9 mo's. Sergt. to the Southward, not on musters.
- 3103. Arnold Mann, dragoon. See No. 2666.
- 3104-3105. Both dragoons.
- 3106. Wm. Miller
- 3111. David Sayers, this name not on musters, but name David Sears appears.
- 3114. Richard Stranghan, war soldier, not on musters. Richard Strawn appears but his time of service commenced in 1782.
- 3127. Zeanus Bawlin, not on musters, but there is a proper discharge, which authorizes the acct.
- 3128. John O'Neal
  [Folio page 3]
- 3131. Richard Vaughn. Name not on the muster. Richard Vaughn is, etc.
- 3133. Thomas Mallett. We find Thomas Mollett in '79 for 9 mo's., deserted Sept. '79. This charge is for a 9 mo's. man to the Southward. An acct. was settled at Halifax for a Thomas Mullett, so we cannot decide between them.
- 3135. John Thompson, several of the name on musters, etc.
- 3137. Wm. Cole
- 3141. David Stokes, 9 mo's man to Southward, not on muster.
- 3152. John Jones, several on musters.
  [Folio page 4]
- 3153. Isham Ferguson, 9 mo's. man to Southward.

No.
- 3154. Jeremiah Norris, same.
- 3155. Sherwood Harris, dragoon.
- 3156. John Reeves }
- 3157. Johnstone Cruise } both dragoons
- 3160. Wm. Hall, 9 mo's. man to Southward, not on musters.
- 3161. Joseph Pack
- 3162. Elihu Burk
- 3165. Wm. Hewell, or Ewell, S. Neither Hewell nor Ewell on musters.
- 3166. Thomas Marston }
- 3167. Aaron Spilmore } nearly the same
- 3168. Thomas Daniel, mustered as Corpl.
  [Page 25]
  [Folio page 1]
- 3169 and 3170. 12 mo's. accts.
- 3171. Larkin McDonald, killed Sept. 8th, '81.
- 3172. Jesse Liddle
- 3173. Abraham Harrold, 9 mo's. to the Southward.
- 3174. Hance Pettigrew, same.
- 3175. John Brock
- 3176. Matthew Newby
  [Folio page 2]
- 3177. West Colson
- 3178. Daniel Gunn
- 3179. John Ogewin. There is a Jno. Ogiven,. cannot be applied to this name.
- 3180. Joseph Allen
- 3181. Francis Huzza. A Francis Husser on musters, etc.
- 3182. Thomas Morris, 9 mo's. man to Southward.
- 3183. William Townley, ditto.
- 3184-3190. Same.
- 3191. George Rochell, same.
  [Folio page 3]
- 3192-3193. 9 mo's. men, neither on musters.
- 3194. Jessee Hall, mustered in '79, deserted in Sept. '79.
- 3195. John Hudson. 2 of same name. See No. 3158.
- 3196. Matthias Morgan, 9 mo's. to the Southward.
- 3197. Michael McMullen, 9 mo's. to the Southward.
- 3198. George Spivey, 9 mo's. Southward, not on muster.
- 3199. Ricey Oliver, 9 mo's. Southward, not on muster.

No.
3200. Wm. Phimer, 9 mo's. Southward, not on muster.
3201. Joseph Singletory, 9 mo's. Southward, not on muster.
3202. Wm. McClennin, 9 mo's. Southward, not on muster.
3203. Arthur Graham, 12 mo's. man.
3204. Samuel Barber, not on muster.
3205. Francis Hugga. See No. 3181
[Folio page 4]
3206. Ezekiel Hawes, 9 mo's. man to the Southward.
3207. Moses Tyler, Music.
3208. Jessee Flood, 9 mo's. to Southward.
3209. John Titherton, 9 mo's. to Southward.
3211. Stephen Davis
3212. Miles Hudson
3213. Stephen Brady
3217. Person Taylor
3218. Joshua Bruant
3221. James Gaylor
3224. Nehemiah Huggins
3226. Jessee Martin
3228. James Yarborough
3229. Richard Acherson, or Achison, not on musters.
3230. James Savage, not on musters.
3231. Matthias Menson
3232. Gabriel Manley, 9 mo's., not on musters.
3235. Jefferry Cooley
[Page 26]
[Folio page 1]
3237. Robert Lockabar, same.
3239. Benj'n. Banks, same.
3240. John Neilson, same.
3241. William Burgay, same.
3242. Thomas Rickitts, 9 mo's., Music.
3243. George Wiggins, 9 mo's, Corpl.
3244. Thomas Seymour, 9 mo's. Corpl.
3245. James Lesly, 9 mo's., Corpl.
3246. Rich'd. Hopkins, 9 mo's., Privt.
3247. John Bush
[Folio page 2]
3248. Edward Robertson
3250. Matthew Davis
3251-3253. 12 mo's. accts.

No.
3259. Jeremiah Clance, 9 mo's., not on musters.
3262. Richard Brown, same.
3265-3266. Same.
[Folio page 3]
3267. Jacob Eason, dragoon. See No. 2666.
3268. Thomas Everett
3269-3273. All dragoons. See No. 2666.
3274-3281. 9 mo's. not on muster.
3282. James McDonald. May be same as James McDaniel.
3285. Benjamin Boling, 9 mo's., not on muster.
3286. Henry Woodward, 9 mo's., not on muster.
3287. Henry Philips, 9 mo's., not mustered. Died Aug. 10th, '79.
3289. James Beesley, 9 mo's. man, not on muster.
3289. David Holloway, 9 mo's., admitted as Corpl.
3290. David Blalock, 9 mo's. not on musters.
3291-3292. Same.
3293. Joseph Hill, 9 mo's. man, appears on muster.
3294-3300. 9 mo's. man, not on musters.
3306. Thomas Vernon, 9 mo's. man, not on musters.
3307. Archibald Hood, have a claim signed Archibald Wood.
[Folio page 4]
3308-3309. Both 12 mos. accts.
3310-3313. Same.
3314. Hardy Jones
3315. John Hussey
3316. Israel Harding. S. Voucher missing.
3344. John Burus
[Folio page 5]
3357. Bashford Morpass, not on muster.
3361. Hardy Tyner, not on muster.
3364. Wm. Taylor, not on muster. Voucher missing.
3365. Nehemiah Smith, not on muster. Voucher missing. Name found in muster as music.
3366. Wm. Buckley ⎱ both 9 mo's. men,
3371. Henry Bailey ⎰ not on musters

NORTH CAROLINA REVOLUTIONARY ARMY ACCOUNTS, VOL. V

OLD SERIES VOL. 5—L BOOK, No. 11, & 175 TO 180

No. 11. Pages 53-67 inclusive.

Claims allowed and passed by the Board of Auditors for the Dist. of Wilmington, from the 16th of July, 1783 (included) to the 19 of March, 1784, for which certificates are issued from No. 1459 to No. 3348 inclusive, & returned into the Comptroller's office.

Thos. Routledge
W. Dickson
Thos. Sewell

(Because many names of women were included in this list, and there was no way of ascertaining the service of the soldier through whom they received the pay, it was decided best to omit this list.)

Comptroller's Office Vouchers

No.		No.	
224.	John Baggett	3055.	Mali'k Bergis, Wilmington Dist.
334.	Alexander Ballentine	1236.	John Busbey, Wilmington Dist.
362.	Benjamin Bryer	1235.	Isea Busbey, Wilmington Dist.
422.	William Bowers	4624.	James Burnsides, Wilmington Dist.
429.	Norris Baker	4563.	James Bredric——, Salisbury Dist.
388.	Thomas Bre——	2363.	William Buffelow, Wilmington Dist.
302.	Caleb Berry	7704.	James Brandon, Salisbury Dist.
3724.	Cornelius Breas, Wilmington Dist.	7780.	John Brandon, Salisbury Dist.
5570.	Thos. Bratcher, Wilmington Dist.	2526.	Wm. Bone, Salisbury Dist.
400.	Josiah Bowers	1929.	William Boon, Wilmington Dist.
399.	Jesse Ben——	2759.	Robert Biggor, Salisbury Dist.
451.	Uriah Burket, Wilmington Dist.	1691.	James Bland, Wilmington Dist.
1109.	John Boylin, Wilmington Dist.	2270.	Ezekiah Blizard, Wilmington Dist.
5890.	Robert Brock, Wilmington Dist.	4061.	Lewis Bowell, Wilmington Dist.
5571.	Wm. Bush, Wilmington Dist.	4167.	Josiah Baggot, Wilmington Dist.
5653.	Jar—— Bush, Wilmington Dist.	1411.	John Backhannon, Salisbury Dist.
4095.	John Blue, Salisbury Dist.	1838.	Joshua B——inton, Wilmington Dist.
2424.	Nicholas Beaver, Salisbury Dist.	4116.	George Barge, Wilmington Dist.
675.	Josiah Barns, Wilmington Dist.	438.	Baxter Bohng
1928.	Elijah Bowin, Wilmington Dist.	5028.	John Gilbert, Wilmington Dist.
3995.	John Bickerstaff, Morgan Dist.	4200.	James Holmes, Salisbury Dist.
4202.	Joseph Byers, Salisbury Dist.	654.	Moses Holmes, Halifax Dist.
440.	Caleb Barr	5614.	Robt. Holmes, Salisbury Dist.
6670.	Joseph Byers, Salisbury Dist.	2227.	Isaac Holmes, Salisbury Dist.
5852.	Sam'l Bogle, Salisbury Dist.	2818.	Hardy Holmes, Wilmington Dist.
8446.	Wm. Bishop, Salisbury Dist.	274.	David Holmes, Fayetteville Dist.
711.	Samuel Bowman, Salisbury Dist.	1423.	John Holmes, Newbern Dist.
1867.	Josiah Browen, Wilmington Dist.	97.	Stewart Hambleton, Hilsboro Dist.
3961.	Michael Brocher, Wilmington Dist.	535.	John Hambleton, Hilsboro Dist.
4985.	John Boon, Wilmington Dist.	290.	John Hamilton, Hilsboro Dist.
832.	William Beard, Salisbury Dist.	3708.	John Hamilton, Salisbury Dist.
2642.	Jonathing Boyles, Salisbury Dist.	280.	Horace Hamilton, Hilsboro Dist.
3777.	Woodmond Bishop, Wilmington Dist.	5944.	Andrew Hamilton, Salisbury Dist.
4187.	Peter Beaton, Wilmington Dist.	3036.	Samuel Howard, Wilmington Dist.
681.	Samuel Bowan, Wilmington Dist.	65.	Patrick Howard
5747.	Frederick Burns, Wilmington Dist.	886.	Wm. Howard, Wilmington Dist.
6448.	Wm. Boni, Salisbury Dist.	2407.	Ely Howard, Salisbury Dist.

IN THE AMERICAN REVOLUTION 211

No.
- 2375. Benjamin Howard, Salisbury Dist.
- 773. Joseph Howard, Wilmington Dist.
- 477. Edmond Howard
- 2852. Elias Howard, Salisbury Dist.
- 4698. Elijah Howard, Salisbury Dist.
- 935. Barnet Howard, Dobbs Co. Newbern Dist.
- 508. John Howard
- 2377. Gideon Howard, Salisbury Dist.
- 7234. Henry Kittering, Salisbury Dist.
- 167. James Jenkins
- 1513. Joseph Jordan, Wilmington Dist.
- 3432. Archibald Jackson, Wilmington Dist.
- 1477. Israel Joyner, Dobbs Co., Dobbs Dist.
- 819. —— Jackson
- 1413. Solomon Jennett, Newbern Dist.
- 476. Wm. Jernigan, Newbern Dist.
- 60. Elisha Jenkins
- 1049. Britton Jarrell, Newbern Dist.
- 597. William Jackson
- 9483. John James, Halifax Dist.
- 440. Thom's Joyner, Newbern Dist.
- 1070. Edmund Jackson
- 4998. Matthew Jacobs, Wilmington Dist.
- 285. Allen Jackney
- 6. Solo— Jennet
- 147. Stephen Jessop
- 149. Josiah Jenkins
- 156. John Jordan
- 7372. Moses Jinkens, Salisbury Dist.
- 4995. Josiah Jacobs, Wilmington Dist.
- 222. Zachariah Jackson, privt.
- 3500. —— Jinkings, Wilmington Dist.
- 7942. Richard Jacks, Salisbury Dist.
- 7371. Sam'l Jenkins, Salisbury Dist.
- 6006. Matthew Jacobs, Wilmington Dist.
- 601. Simon Jeffreys, Halifax Dist.
- 145. Jacob Jeffreys, Halifax Dist.
- 1275. John Jeffreys, Newbern Dist.
- 941. John Jeffreys, Halifax Dist.
- 2001. William Jam—, Salisbury Dist.
- 6003. Josiah Jacobs, Wilmington Dist.
- 2841. John Johnston, Wilmington Dist.
- 5375. John Johnston, Salisbury Dist.
- 677. Asa J——kins
- 806. Mallachi Jolley
- 6991. Edward Jacobs, Salisbury Dist.
- 3703. William Jackson, Wilmington Dist.
- 1259. Frederick James
- 2177. Joel Johnston, Wilmington Dist.
- 3790. Elisha Jernigan, Wilmington Dist.
- 4092. Mills Jourdan, Wilmington Dist.
- 530. Lewis Jackson, Wilmington Dist.
- 1132. Benjamin Jackson
- 2708. Dan'l John, Salisbury Dist.

No.
- 3290. Benjamin Johnston, Wilmington Dist.
- 4506. Charles Johnson, Wilmington Dist.
- 6005. Jo's Johnston, Salisbury Dist.
- 1763. Charles Johnston, Newbern Dist.
- 354. Fred. Joh—, Newbern Dist.
- 1782. Frances Johnston, Wilmington Dist.
- 474. Sam'l Johnston, soldier
- 7893. And'w Johnson, Salisbury Dist.
- 4306. Archibald Johnson, Wilmington Dist.
- 3266. Robert Johnston, Wilmington Dist.
- 1810. —— Johnston, Craven Co., Newbern Dist.
- 3136. Sam'l Johnston, Wilmington Dist.
- 444. Thomas James, Capt., Wilmington Dist.
- 1318. Fountain Jordan
- 162. Richard Jarrott, Wilmington Dist.
- 1241. James Jackson
- 446. Thomas Jarvis
- 536. William James
- 616. Miles Jordan, Warrenton Dist.
- 545. Willoughby Jarvis, Warrenton Dist.
- 600. Thomas Jarvis
- 244. Benjamin James
- 547. William Jackson
- 391. Edwin James
- 793. Robt. Jackson, Newbern Dist.
- 455. Avan Jordans, Dobbs Co., Newbern Dist.
- 34. John Jarvis
- 364. Lemuel Jelkes
- 11. Edward Jackson
- 151. Robert Jordan
- 203. Micajah James
- 26. David Jones, Warrenton Dist.
- 370. Jeremiah James
- 351. Levi Jarvis
- 372. Benjamin Jones
- 397. Hezekiah Jones
- 117. Micajah James
- 11. Edward Jackson
- 398. Josiah Jones
- 380. Thomas James, Soldier
- 393. William James, Soldier
- 236. Lemuel Jelkes, Soldier
- 224. Levi Jarvis
- 1594. Grey Jourdan, Soldier, Pitt Co. Newbern Dist.
- 812. John Pool, Wilmington Dist.
- 3511. John Jarrett, Wilmington Dist.
- 545. Leiv—— Jackson, Wilmington Dist.
- 3701. James Jack, Salisbury Dist.
- 490. Samuel Jewell
- 934. James Josey, Craven Co., Newbern Dist.

LOCKE FAMILY

No.
- 884. L—— Lock, Wilmington Dist.
- 2310. Matthew Lock, Salisbury Dist.
- 610. Thomas Lock, Wilmington Dist.
- 4486. John Lock, Wilmington Dist.
- 1465. David Lock, Jr., Wilmington Dist.
- 2943. Thomas Lock, Wilmington Dist.
- 4488. Benj. Lock, Wilmington Dist.
- 2251. Matthew Lock, Salisbury Dist.
- 446. William Lock, Salisbury Dist.
- 3112. Lt. Francis Lock, Salisbury Dist.
- 3241. David Lock, Wilmington Dist.
- 1466. Benj. Lock, Wilmington Dist.
- 4097. Matthew Lock, Salisbury Dist.

No.
- 458. Alexander Lock, Salisbury Dist.
- 3085. John Lock, Wilmington Dist.
- 2952. Joseph Lock, Wilmington Dist.
- 480. Richard Lock, Salisbury Dist.
- 8954. Wm. Lock, Salisbury Dist.
- 4214. Capt. John Lock, Salisbury Dist.
- 871. William Lock, Salisbury Dist.
- .... William Lock, Warrenton Dist.
- 443. George Lock, Salisbury Dist.
- 3128. David Lock, Jr., Wilmington Dist.
- 493. Francis Lock, Salisbury Dist.
- .... William Lock, Warrenton Dist.
- 2273. George Lock, Salisbury Dist.

LAWRENCE FAMILY

No.
- 6346. ——— Lawrance, Salisbury Dist.
- 4653. Joseph Lawrance, Salisbury Dist.
- 6933. Abraim Lawrance, Salisbury Dist.
- 2000. John Lawrance, Salisbury Dist.

No.
- 5053. Adam Lawrance, Salisbury Dist.
- 1345. Joseph Lawrence, Warrenton Dist.
- 5895. Adam Lawrance, Salisbury Dist.
- 2075. John Lawrance, Salisbury Dist.

LITTLE FAMILY

No.
- 466. Thomas Little, Wilmington Dist.
- 490. John Little, Wilmington Dist.
- 108. Abraham Little, Newbern Dist.
- 172. Capt. William Lytle, Halifax Dist.
- 1155. Guinn Litle, Sold., Halifax Dist.
- 245. Col. Archibald Lytle, Halifax Dist.
- 243. William Lytle, Halifax Dist.

No.
- 5027. Thos. Little, Wilmington Dist.
- 2741. Th—— Little, Wilmington Dist.
- 356. William Lytle
- 4611. James Lyttle, Morgan Dist.
- 1794. John Little, Wilmington Dist.
- 344. Will'm Lytle
- 3005. Duncan Little, Wilmington Dist.

LASSITER FAMILY

No.
- 545. Jethro Lassiter, Halifax Dist.
- 42. Thomas Lassiter, Halifax Dist.

No.
- 1120. Jacob Lassiter, Sold., Newbern Dist.
- 137. James Lassiter, Sergt.

LARKIN FAMILY

No.
- 377. John Larkins, Wilmington Dist.
- 378. Roger Larkins, Wilmington Dist.

No.
- 33. John Larkins, Wilmington Dist.

LAMBERT FAMILY

No.
- 1782. Benj'm Lambert, Newbern Dist.
- .... John Lambert, Warrenton Dist.
- 754. Henry Lambert

No.
- 328. John Lambert, Warrenton, Dist.
- 2996. John Lambert, Wilmington Dist.

LOVE FAMILY

No.
- 4225. John Love, Wilmington, Dist.
- 451. Doct' David Love, Halifax Dist.
- 767. Cornelius Love, Hillsborough Dist.
- 3611. Capt. James Love, Wilmington, Dist.

No.
- .... Sam'l Love, Salisbury Dist.
- 3677. John Love, Salisbury, Dist.
- 2668. Alexander Love, Salisbury Dist.

IN THE AMERICAN REVOLUTION 213

No.	
3904.	James Leonard, Wilmington Dist.
4644.	Sam Leonard, Wilmington, Dist.
7625.	Jacob Leonard, Salisbury Dist.
3917.	James Leonard, Wilmington Dist.
7511.	Philip Leonard, Salisbury Dist.
4708.	Henry Leonard, Wilmington Dist.
828.	Gibbs Lamb, Soldier
387.	John Marr
846.	William Mantey, Soldier
90,088.	Thomas Masters
90,444.	William Mashum
90,810.	Allen Manley
514.	Henry May
555.	Arnold Mann
283.	B—— March
2920.	Thomas Mays
1593.	Marmaduke Maples
9957.	Absolom Mann
957.	Thomas Mann
1248.	——— Manly, privt.
8999.	William Manley
2828.	William Manning, Nash Co., Halifax Dist.
9722.	Daniel Massingill, Hampton Co., Halifax Dist.
9..4.	John Markland, Newbern Dist.
266.	John Man——
703.	Arthur Markum
8985.	William Madra, Halifax Dist.
681.	Theophilus Mitchell
1517.	——— McCullen, Wilmington Dist.
3161.	Joseph McGuo——, Salisbury Dist.
4948.	David McCall, Salisbury Dist.
712.	James McConnaguhey, Salisbury Dist.
5998.	John McCain, Salisbury Dist.
4469.	John McGaughey, Salisbury Dist.
6546.	Jno. Nesbett, Salisbury Dist.
791.	John N———, Salisbury Dist.
765.	John Nutter
77.	Jethro Nott
1617.	George Nooles, Wilmington Dist.
69.	Thomas Nail
238.	——— Nichols
2563.	Joseph Nichols, Salisbury Dist.
1658.	Joel Nichols, Newbern Dist.
3098.	Joshua Nelson, Salisbury Dist.
837.	Arthur Nelson
488.	David Nelson, Craven Co., Newbern Dist.
851.	Hardy Nelson
2132.	Wm. Neathercut, Wilmington Dist.
619.	John Nelson
1775.	James Nevil, Newbern Dist.
1101.	Martin Nilson, Newbern Dist.

No.	
5.	Alexander Nelson
1238.	James Nichols
211.	Jacob Nichols
4944.	Caleb Nichols, Wilmington Dist.
366.	William Nichols
193.	Thom's Nelson, Newbern Dist.
329.	Jacob Nichols
4307.	John Nelson, Salisbury Dist.
14.	Maj. John Nelson
70.	Phillip Niles
4944.	Sam'l Nuly, Salisbury Dist.
295.	Joseph Norton, Newbern Dist.
4943.	David Nuly, Salisbury Dist.
927.	Patrick Newton, Wilmington Dist.
4639.	James Patterson, Wilmington Dist.
419.	——— Patterson
5291.	Wm. Patterson, Salisbury Dist.
....	John Patterson
....	Thomas Patterson, Salisbury Dist.
454.	John Patterson, Salisbury Dist.
3703.	Robert Patterson, Salisbury Dist.
58.	Elisha Price
7269.	Alexander Porter, Salisbury Dist.
275.	John Price
1976.	Richard Price
552.	James Price
429.	Dixon Price
217.	Jordan Pitman
485.	William Polk, Maj.
3740.	John Pollock, Wilmington Dist.
4609.	John Porterfield, Wilmington Dist.
4577.	Den. Porterfield, Wilmington Dist.
4605.	George Pricket
4433.	William Plummer, Wilmington Dist.
1455.	Thomas Patton, Salisbury Dist.
1.	Thomas Polk
181.	Col. John Patten
1443.	James Portwent, Wilmington Dist.
5180.	Rigdon Pits, Wilmington Dist.
518.	Joshua Pritchet
92.	Isaac Powell, Newbern Dist.
154.	George Pettiford
5441.	Lt. Jn'o Pasture, Wilmington Dist.
7867.	Capt. James Purviance, Salisbury Dist.
3070.	Jerry Plummer, Wilmington Dist.
236.	Stephen Phillips
149.	John Pilly, Ensn.
522.	Joseph Purser
1662.	Eph'm Powers, Newbern Dist.
594.	James Powers
656.	John Powers
585.	Robert Powers
3195.	John Powers, Wilmington Dist.
845.	Wm. Pilgrim, Newbern Dist.

ROSTER OF NORTH CAROLINA SOLDIERS

No.
1650. William Quin, Soldier, Pitt Co., Newbern Dist.
8748. Charles Quigley, Salisbury Dist.
2739. Jno. Query, Salisbury Dist.
1486. Peter Quilman, Salisbury Dist.
3403. David Quin, Wilmington Dist.
1326. James Quinn, Wilmington Dist.
752. Thomas Reagon, Salisbury Dist.
4871. Lt. Wm. Ross, Salisbury Dist.
4780. John Russel, Wilmington Dist.
3678. Hardy Reaves, Wilmington Dist.
4559. Robert Rosiar, Wilmington Dist.
1968. Silus Register, Wilmington Dist.
281. John Ridgeway
4376. Richard Regan, Wilmington Dist.
210. Isaac Rowell, Sergt.
2037. Joseph Robinson, Salisbury Dist.
1000. John Rigby, Wilmington Dist.
55. Daniel Ruff, Dobbs Co.
5961. James Russ, Wilmington Dist.
172. James Russell, Sergt.
38. William Rothwell
389. John Rigkins
337. Capt. Wm. Thomas Rodes
201. James Roark
4233. Edward Railsback, Salisbury Dist.
598. Reuben Roundtree, Lt.
1606. John Ritter
1422. James Reynolds, Newbern Dist.
3110. Ardi'l Ronaldson, Wilmington Dist.
122. Jordan Rozier
1495. John Ryley, Wilmington Dist.
618. Jesse Robinson
1760. David Roach, Newbern Dist.
966. Isaac Randsome, Newbern Dist.
534. John Ross Dragoon
260. Nehemiah Randolph, Newbern Dist.
1257. Dudley Reardon, private
5950. Capt. Wm. Routledge, Wilmington Dist.
163. John Rayford
528. Hardy Redley
1248. Andrew Ramsey, Salisbury Dist.
69. William Rowl—
3429. Joseph Ricks, Wilmington Dist.
1601. Jesse Rooks, Wilmington Dist.
1221. Shad Riggs, Newbern Dist.
4133. Philip Raiford, Wilmington Dist.
3538. Cornelius Ryan, Wilmington Dist.
512. David Ryal, Wilmington Dist.
891. George Roaper
1174. Robert Roaper, soldier
1101. John Roaper
650. Robt. Reynolds, Newbern Dist.

No.
893. Hugh Robinson, Salisbury Dist.
3619. Thomas Ricey, Salisbury Dist.
552. Daniel Ramsey
2397. Isaac Ross, Salisbury Dist.
4314. Philip Robeson, Wilmington Dist.
699. James Robinson, soldier
136. Cornelius Robeson
4471. Rhuben Rosier, Wilmington Dist.
688. Joseph Runnion, Salisbury Dist.
303. John Riggs, Craven Co., Newbern Dist.
1043. George Reynolds, Capt.
493. Timothy Rich
379. William Ramsey, Wilmington Dist.
171. Sergt. Peter Rhem
4877. Lt. Wm. Ross, Salisbury Dist.
20. Mathew Ramsey (formerly Capt.) Salisbury Dist.
3710. Steph— Riche, Wilmington Dist.
7623. Henry Remer, Salisbury Dist.
2958. John Regan, Wilmington Dist.
511. Howell Rowell
647. Sam'l Rowland, Wilmington Dist.
3169. Lt. John Rigan, Wilmington Dist.
17. Francis Ross, Lt.
216. Math Ramsey, Capt.
232. Daniel Roson, Sergt.
696. Wm. Rix
340. Capt. Joseph Thomas Rodes
547. Allen Ramsey, Capt.
452. Thomas Rice, Sergt.
1235. Ruben Raines, Newbern Dist.
116. Mala—— Russell
1982. —— Robson, Newbern Dist.
940. Ephraim Rice, Newbern Dist.
1505. John Roach, Wilmington Dist.
3031. Nicholas Routledge, Wilmington Dist.
825. Godfrey Rowland
595. George Riggs
276. Frederick R—eingbark, Wilmington Dist.
114. Jesse Rowell, Newbern Dist.
261. Ephraim Reynolds, Newbern Dist.
8111. William Richey, Salisbury Dist.
3994. George Russell, Morgan Dist.
1349. Simon Rowse, Newbern Dist.
257. Lemuel Rowe, Newbern Dist.
611. Joseph Russ, Wilmington Dist.
1898. Joshua Rice, Craven Co., Newbern Dist.
1412. Capt. James Ruse, Salisbury Dist.
1367. —— Rowse, Soldier, Dobbs Co., Newbern Dist.

No.	
5927.	Jeremiah Rackley, Wilmington Dist.
5202.	Henry Robison, Salisbury Dist.
245.	Cornelius Robeson
1436.	David R———, Salisbury Dist.
49.	Willoughby Rogers
1113.	Cornelius Ryan
866.	Reason Ricketts
1486.	Robert Ramsey, Soldier, Dobbs Co., Newbern Dist.
573.	Morris Richards
2059.	James Ratliff, Wilmington Dist.
5810.	Solomon Roach, Wilmington Dist.
186.	Jesse Rickmon, soldier
274.	James Rowl———, private
6098.	John Redford, Salisbury Dist.
725.	Daniel Ramsey
711.	Blake Rabby
848.	Robert Rust
754.	Samuel Ross
8.	John Russ
874.	Jam's Robson, Newbern Dist.
6259.	John Richey, Salisbury Dist.
128.	Capt. Robert Raiford
688.	John Rice, Craven Co., Newbern Dist.
142.	Methusala Roland, Newbern Dist.
190.	John Riggs, Craven Co., Newbern Dist.
963.	George Robins, Newbern Dist.
1619.	Thomas Readon
310.	She——— Riggs, Craven Co., Newbern Dist.
1204.	Mathas Rolain, Newbern Dist.
2693.	Joel Rees, Salisbury Dist.
764.	Thomas Ralph
3451.	Jeremiah Rackley, Wilmington Dist.
464.	Lawney Reynord
5370.	John Ross, Salisbury Dist.
603.	John Robison, Salisbury Dist.
6483.	Wm. Rand, Salisbury Dist.
6461.	Daniel Roman, Salisbury Dist.
735.	Capt. William Reynolds, Salisbury Dist.
1524.	Shadrack Runnels, Wilmington Dist.

R

3938.	M——— Russel, Wilmington Dist.
716.	Samuel Rowan, Wilmington Dist.
1458.	Arthur Rodgers, Warrenton Dist.
4675.	Lieut. Robston, Salisbury Dist.
4534.	John Rutledge, Salisbury Dist.
3286.	Rob't. Robison, Salisbury Dist.
2004.	Peter Robeson, Wilmington Dist.
842.	James Rainey, Hilsboro Dist.
1934.	James Ratcleft, Newbern Dist.

No.	
1379.	Peter Robertson, Warrenton Dist.
279.	Henry Rutherford, Salisbury Dist.
192.	Charles Right, Hillsboro Dist.
346.	William Redley, Hillsboro Dist.
59.	John Rowland, Hillsboro Dist.
437.	Samuel Ross, Hillsboro Dist.
417.	Pekel Roske, Hillsboro Dist.
273.	James Royal, Hillsboro Dist.
657.	John Reason, Hillsboro Dist.
25.	Joseph Runnals, Hillsboro Dist.
115.	Joel Ramsey, Hillsboro Dist.
4554.	Rubin Rosias, Wilmington Dist.
5910.	Joseph Ricke, Wilmington Dist.
476.	Howell Redman
4033.	Marvin Rouick, Morgan Dist.
275.	James Rowland, Halifax Dist.
3234.	Janes Robison, Salisbury Dist.
294.	Joseph Rich, Newbern Dist.
1438.	Thomas Ryan, Warrenton Dist.
3263.	Wm. Russ, Wilmington Dist.
2719.	George Rusdwas, Salisbury Dist.
7099.	Rich'd Randolph, Salisbury Dist.
130.	Morris Raiford, Newbern Dist.
481.	William Riggins, Halifax Dist.
2154.	J——— Rhodes, Wilmington Dist.
1640.	William Russ, Wilmington Dist.
1969.	Benjamin Register, Wilmington Dist.
547.	Cornelius Roomer, Hillsborough Dist.
5869.	Benjamin Robeson, Wilmington Dist.
676.	Isaac Rolston, Hillsboro Dist.
3027.	Jacob Rogers, Wilmington Dist.
1247.	David Ramsey, Salisbury Dist.
475.	Aaron Ruther, Salisbury Dist.
452.	Lieut. Patrick Rogers, Hillsboro Dist.
648.	John Rowland, Wilmington Dist.
532.	John Radford, Johnston Co., Newbern Dist.
1169.	Elecazer Russ, Wilmington Dist.
3285.	John Robison, Salisbury Dist.
565.	William Ryles
193.	Joel Ramsey, Salisbury Dist.
8156.	Robt. Robinson, Salisbury Dist.
756.	George Rockwell
680.	Howell Rowell
7080.	Ninian Steel, Salisbury Dist.
2789.	Isaiah Sikes, Wilmington Dist.
682.	Benjamin Solebury
3419.	John Slocumb, Wilmington Dist.
276.	John Skeen, private
382.	Lt. Jesse Steed

No.		No.	
693.	John Sykes, Wilmington Dist.	4575.	Patrick Travers, Lt., Wilmington Dist.
561.	William Slade, Lt. Adjt.	403.	Moses Tyler
433.	Lt. Daniel Schaw	1129.	Hezekiah Tyson, Pitt Co., Newbern Dist.
2640.	Thomas Shelby, Salisbury Dist.	1990.	Fredrick Tyson
672.	Charles Shaddock	989.	Benja Tanner, Wilmington Dist.
174.	Thomas Scarlet	523.	James Todd
578.	William Shannon	65.	John Toney
111.	John Step	1989.	Moses Teel
194.	Ephraim Shuffield, Wilmington Dist.	48.	Charles Tinsley
241.	Richard Sumner	2538.	Col. ——— Thaxon, Wilmington Dist.
5320.	Andrew Snoddy, Salisbury Dist.	1984.	Jacob Teale, Newbern Dist.
390.	Mallachi Strickland	46.	Emanuel Teal
183.	Thomas Sorrell	4549.	Samuel Thares, Wilmington Dist.
849.	Noah Strayhorn, Wilmington Dist.	216.	James Tharpe
4689.	Fargus Sloan, Salisbury Dist.	422.	William Talton
2609.	James Sloan, Salisbury Dist.	217.	Joel Tayborn
4191.	Wm. Sloan, Salisbury Dist.	4356.	John Tolly, Wilmington Dist.
300.	Wm. Sloan, Hilsboro Dist.	574.	James Talton
575.	Wm. Sloan, Wilmington Dist.	1272.	John Tinney, Salisbury Dist.
4448.	Samuel Sloan, Salisbury Dist.	2219.	Patrick Traverse, Wilmington Dist.
2666.	Alexander Sloan, Salisbury Dist.	575.	William Talton
676.	John Sloan, Salisbury Dist.	209.	Erasmus Tippett
6301.	David Sloan, Salisbury Dist.	239.	William Tervathan
1906.	Alen Sloan, Wilmington Dist.	142.	Solomon Thrift
....	Arch Sloan, Salisbury Dist.	2012.	James Tyson, Newbern Dist.
1285.	Alexander Sloan, Wilmington Dist.	1287.	John Thipps, Newbern Dist.
3799.	Patrick Sloan, Morgan Dist.	695.	James Todd
1363.	Thos. Sloan, Salisbury Dist.	697.	Thomas Todd
1880.	Alexander Sloan, Newbern Dist.	1251.	——— Turnage, Dobbs Co., Newbern Dist.
504.	Caleb Story	1755.	Moses Tyson, Pitt Co. Newbern Dist.
1955.	George Scarlo———	1128.	Zachariah Tyson, Newbern Dist.
533.	Mallachi Strickland	1974.	——— Tyson, Pitt Co., Newbern Dist.
342.	John Stander	1586.	Aaron Tyson, Pitt Co., Newbern Dist.
3.	Frederick Stricklen		
2303.	James Sykes, Wilmington Dist.		
7531.	Wm. Standard, Salisbury Dist.		
1970.	E—ond Spivey, Wilmington Dist.		
5915.	Cornelius Sykes, Wilmington Dist.		
4808.	John Spencer, Morganton Dist.	513.	Joseph Tate
348.	James Spain	3957.	M——— Tyrrell, Wilmington Dist.
5358.	Lt. James Todd, Salisbury Dist.	819.	Hezekiah Tyson, Pitt Co., Newbern Dist.
5156.	Capt. John Todd, Salisbury Dist.	421.	James Talton
4198.	William Trent, Wilmington Dist.	492.	Jesse Teel
172.	Stephen Titus	98.	Benjamin Troublefield
191.	David Thernton	286.	Absalom Travis
407.	John Titterson	1075.	John Thomas, Salisbury Dis.
686.	Joseph Tate	5.	Amos Thomas, Halifax
610.	Moses Tyler, Warrenton Dist.	529.	Reuben Thomas, Newbern Dist.
694.	William Todd	1897.	John Thomas, Newbern Dist.
696.	Ephraim Todd	673.	Stephen Thomas, Hillsborough Dist.
64.	Jonathan Times	2161.	Isaac Thomas, Wilmington Dist.
6678.	William Tase, Salisbury Dist.		

No.		No.	
329.	Thomas Thomas, Hilsboro Dist.	792.	Jonathon Umphrey, Wilmington Dist.
252.	Edward Thompson, Hilsboro Dist.	4144.	George Underwood, Wilmington Dist.
133.	William Thomas, Hilsboro Dist.	1433.	Robert Upton, Wilmington Dist.
770.	Ross Thomas, Hilsboro Dist.	833.	Charles Upchurch, Wilmington Dist.
418.	Lemuel Thomas, Halifax Dist.	4621.	Isaac ——grove, Salisbury Dist.
1453.	Remple G. Thomas, Wilmington Dist.	7538.	Lawrence Unger, Salisbury Dist.
2785.	David Thomas, Wilmington Dist.	5186.	John Urell, Wilmington Dist.
3594.	Luke Thomas, Wilmington Dist.	3522.	James Ulren, Wilmington Dist.
688.	Nathan Thomas, Wilmington Dist.	4520.	William Underhill, Wilmington Dist.
110.	Spincer Thomas, Halifax Dist.	3751.	Wm. Wren, Wilmington Dist.
....	Philip Thomas, Wilmington Dist.	2100.	William Woodcock, Wilmington Dist.
1034.	Thomas Thompson, Wilmington Dist.	1805.	Wm. Williams, Newbern Dist.
1052.	Robt. Thompson, Wilmington Dist.	834.	Jos. Worsley, Newbern Dist.
2041.	William Toaler, Newbern Dist.	2947.	Wist Waters, Salisbury Dist.
293.	Lt. Daniel Teachy	7622.	Peter Warlow, Salisbury Dist.
524.	Ephraim Todd	559.	Sam'l Williamson, Wilmington Dist.
88.	Henry Tice	2262.	James Whaley, Wilmington Dist.
5160.	Isaac Tissom, Wilmington Dist.	1014.	Joh— Whitford, Newbern Dist.
3386.	Elisha Ternigan, Wilmington Dist.	1189.	Richard Williford, Wilmington Dist.
1274.	Aaron Tilman, Johnston Co., Newbern Dist.	3559.	Wm. Waldron, Wilmington Dist.
5427.	John Umphrey, Wilmington Dist.		

HALIFAX SEPT. 3, 1778

A list of men who Inlisted in the Continental Army from "Cartrite County" for 3 yrs.

Name	Name
John Howell	Ephriam X Runnels
Cald. O. White	Theoph'l X Norrard
Isaac X Barrington	Dannie X Ireland
Lawful X Daniel	George Sammson
Christ'r X Neal	George Gouder
George X Wair	John X Rivers
Wm. Smith	John Brayboy
Benj. X Merryhew	Obid Norwood
Francis X Neale	Benjamin German
Thomas X Neale	William Forrist
Joel Meyzick	James King
(Note X his mark.)	

FROM HYDE CO.

Name	Name
Abraham Swindell	Abel Harris X
Benjamin Mason	Elija Harris X
Robert Mackey X	James Harvey X
John Brinn X	Rass Thomas X
Benj'm Neal X	Abel Ross
Timothy Murrey X	Gabriel Coley X
Solomon Baker X	Pelig Brightman X

Onslow County

Name	Name
Major W. Clark	Hilleoy Breyon?
James Orroll	David P. Simson
Richard Thompson, Cmpl.	Joseph Wright
Jonathan Jenkins, Compl.	Mathew Litman
Thomas Weeds X	Mor'l Wood
Martin Johnston	Sam Webb
Elias C. Craig	———— Sloan
Henry Mainer	Jacob I. B. Brown
William Clark	John Wiley
John Johnston	Elijah Smith X
Jonathan Elixon	William Farris
William King	John Thornburn

No.
- 3954. James Burnside, Wilmington Dist.
- 2126. John Lockhart, Newbern Dist.
- 1161. ———— Lockhart, Newbern Dist.
- 1529. Richid Lathinghouse, Newbern Dist.
- 1353. Obediah Lawson, Newbern Dist.
- 1658. Young Lathinghouse, Newbern Dist.
- 188. Lemuel Litten, Hillsboro Dist.
- 189. Abel Lettan, Hillsboro Dist.
- 388. Samuel Linton, Salisbury Dist.
- 244. John Suffman, Hillsborough Dist.
- 369. Fred'k Lucye, Hillsborough Dist.
- 3085. Charles Lowrey, Salisbury Dist.
- 496. James Lynch, Newbern Dist.
- 1238. David Lippencutt
- 2265. Ebenezer Loflin, Newbern Dist.
- 1594. James Lockhart, Wilmington Dist.
- 54. James Largon, Newbern Dist.
- 542. William Lord?, Newbern Dist.
- 327. Frank Lockhard, Newbern Dist.
- 2125. James Lockhard, Newbern Dist.
- 1377. Joel Lockhart, Newbern Dist.
- 1703. Michaul Soper, Wilmington Dist.
- 1353. Peter Lynce, Salisbury Dist.
- 413. Philip Logan, Hillsborough Dist.
- 13. Burrell Lenox?, Halifax
- .... James Leech, Salisbury Dist.
- 463. Hardy Lilley, Newbern Dist.
- 1579. James Linch, Newbern Dist.
- 1378. Brit Lockhart, Newbern Dist.
- 6782. Wm. Leath, Salisbury Dist.
- 6152. George Leany, Salisbury Dist.
- 340. John Lyon, Hillsborough Dist.
- 1244. Geo. Linton, Newbern Dist.
- 1783. Joseph Lasley, Wilmington Dist.
- 835. Lemuel Lavender, Newbern Dist.
- 373. Sam Lavender, Newbern Dist.
- 474. John Lyon, Hilsboro Dist.
- 3256. John Lenier, Wilmington Dist.

No.
- 1025. Wm. London, Wilmington Dist.
- 2535. John Laird, Salisbury Dist.
- 2517. William Lohrey, Salisbury Dist.
- 4793. John Luckey, Salisbury Dist.
- 5468. William Leatch, Salisbury Dist.
- 2007. Samuel Lusk, Salisbury Dist.
- 4363. George Lean, Wilmington Dist.
- 858. Samuel Lusk, Salisbury Dist.
- 390. Richd Lancaster, Newbern Dist.
- 7707. David Luckie, Salisbury Dist.
- 487. Isham Lucy, Halifax Dist.
- 485. Michael Leagal, Hilsboro Dist.
- 436. John Lacey, Hilsboro Dist.
- 1067. George Lott, Halifax Dist.
- 3086. James Lowry
- 1551. James Lockerman, Wilmington Dist.
- 3623. John Lastly, Wilmington Dist.
- 784. Edward Littleton, Newbern Dist.
- 4498. David Linsaywhite, Wilmington Dist.
- 702. Lewis Lilly, Halifax
- 1090. Moses Lovuk, Halifax Dist.
- 701. John Lockhart, Halifax Dist.
- 108. Uriah Leftyear, Newbern Dist.
- 3669. John Laiton, Wilmington Dist.
- 446. William Lomax, Halifax Dist.
- 148. Christopher Lackey, Lieut., Hilsboro Dist.
- 308. John Lindsy, Craven Co., Newbern Dist.
- 913. Charles Lowry, Salisbury Dist.
- 8676. John Lockhart, Salisbury Dist.
- 173. Walter Lindsey, Warrenton Dist.
- 2734. Jno. Lowry, Salisbury Dist.
- 82. James Lockhart, Johnson Co., Newbern Dist.
- 1757. Joseph Little, Newbern Dist.

No.
1525. Isom Laram, Pitt Co., Newbern Dist.
4797. Robert Livingston, Wilmington Dist.
4416. William Lackey, Salisbury Dist.
5741. James Lister, Wilmington Dist.
6862. John Linsey, Salisbury Dist.
1451. Daniel Loving, Warrenton Dist.
4711. Wm. Larkie, Salisbury Dist.
587. John Lacey, Hillsborough Dist.
654. Micheal Legal, Hillsborough Dist.
506. Frederick Lucy, Hillsborough Dist.
201. John Luttrell, Newbern Dist.
259. William Lomax, Newbern Dist.
221. Joseph Leftyear, Newbern Dist.
6938. Robt. Lucky, Salisbury Dist.
717. William Lord
567. Phillip Logan
100. Stephen Lynch
605. Bennett Loca——
306. Martin Loughry
834. Thomas Laughinhouse
705. Lewis Leggett
4528. Capt. George Lawmon, Salisbury Dist.
1866. Wm. Lawley, Newbern Dist.
532. Lewis Leggitt, Newbern Dist.
2560. Nathaniel Laind, Salisbury Dist.
548. James Longden, Johnston Co., Newbern Dist.
3951. James ——, Wilmington Dist.
778. William Lindal
436. John Luten, Sold., Halifax Dist.
936. George Le——, Warrenton Dist.
3280. Andrew Laws, Wilmington Dist.
1201. Noel Latham, Beaufort Co., Newbern Dist.
268. William Lord, Warrenton Dist.
2495. Robert Leviston, Salisbury Dist.
2110. James Lowry, Salisbury Dist.
415. Christopher Lackey
5735. Thomas Lusk, Salisbury
3981. John Leer, Wilmington Dist.
1082. Vincent Page, Newbern Dist.
807. John Page, Newbern Dist.
683. Lemual Page, Newbern Dist.
1244. Jonathan McFarson, Wilmington Dist.
5159. John McPherson, Wilmington Dist.
4204. Ma—— McFarson, Salisbury Dist.
5798. William McCoy, Salisbury Dist.
2043. Kedar Harrill, Wilmington Dist.
3515. James Harrill, Wilmington Dist.
1213. James Hudson, Warrenton Dist.

No.
448. Thomas Hudson, Hillsboro Dist.
196. John Hudson, Hillsboro Dist.
1657. Miles Hudson, Wilmington Dist.
351. Thomas Hudson, Hilsboro Dist.
1818. Nath'l Hudson, Wilmington Dist.
2208. Lewis Hudson, Wilmington Dist.
2765. Joseph Hudson, Wilmington Dist.
3219. John Houston, Salisbury Dist.
1122. Hugh Huston, Halifax Dist.
6370. Jas Huston, Salisbury Dist.
3218. David Huston, Salisbury Dist.
.... Christopher Houston, Salisbury Dist.
4113. Daniel Houston, Salisbury Dist.
6063. Wm. Houston, Salisbury Dist.
1243. Archibald Houston, Salisbury Dist.
6787. Henry Houston, Salisbury Dist.
1334. Edward Houston, Wilmington Dist.
2333. Samuel Houston, Wilmington Dist.
955. James Reed, Newbern Dist.
4005. Andrew Reed, Salisbury Dist.
3068. Geo. Reed, Salisbury Dist.
.... Robb Reed, Salisbury Dist.
1443. Thomas Reed, Salisbury Dist.
4. Captain James Read, Halifax Dist.
1333. Andrew Reed, Wilmington Dist.
7663. Samuel Reed, Salisbury Dist.
429. Jesse Read, Capt., Halifax Dist.
284. James Read, Hillsborough Dist.
8135. James Reed, Salisbury Dist.
179. William Read, Hillsborough Dist.
7848. Alvin Reid, Salisbury Dist.
457. Jacob Reid, Hillsborough Dist.
1030. Fred'k Reed, Halifax Dist.
4030. Hugh Reed, Morgan Dist.
1085. Joshua Porter, Halifax Dist.
2566. John Porter, Wilmington Dist.
5312. James Porter, Salisbury Dist.
178. Jacob Porter, Hillsborough Dist.
5037. Alexander Porter, Salisbury Dist.
5883. Samuel Porter, Wilmington Dist.
4954. Alex'r Porter, Salisbury Dist.
638. Hugh Porter, Wilmington Dist.
504. James Pugh, Wilmington Dist.
978(?). Stephen Pugh, Newbern Dist.
7. Jeptath Parker, Halifax Dist.
5944. Francis Parker, Wilmington Dist.
5626. Josiah Parker, Wilmington Dist.
707. Samuel Parker, Hillsborough Dist.
.... Kedor Parker, Halifax Dist.
290. James Parker, Hillsborough Dist.
.... Joseph Parker, Halifax Dist.
280. Joseph Parker, Hillsborough Dist.
168. John Parker, Wilmington Dist.
4295. Jacob Parker, Wilmington Dist.

No.
1784. Sessoms Parker, Wilmington Dist.
1142. Simon Parker, Halifax Dist.
5908. Daniel Parker, Wilmington Dist.
 151. Hubard Parker, Newbern Dist.
  49?. Thomas Parker, Halifax Dist.
4616. Humphreys Parker, Morgan Dist.
5907. Daniel Parker, Wilmington Dist.
 935. Jonas Parker, Newbern Dist.
1494. Hollida Parker, Wilmington Dist.
 470. Levi Phillips, Salisbury Dist.
  88. Zacheriah Phillips, Hillsborough Dist.
 113. Bush Phillips, Hillsborough Dist.
 601. Andrew Phillips, Hillsborough Dist.
  23. Loven Phillips, Hillsborough Dist.
 608. Abraham Phillips, Hillsborough Dist.
 374. John Phillips, Hillsborough Dist.
 191. Rush Phillips, Hillsborough Dist.
5407. Risbin Phillips, Salisbury Dist.
4082. Stephen Phillips, Wilmington Dist.
8012. Thomas Phillips, Salisbury Dist.
 702. Thomas Phillips, Newbern Dist.
1403. Edward Phillips, Newbern Dist.
1788. Henry Phillips, Warrenton Dist.
 859. William Phillips, Wilmington Dist.
1142. Sampson Phillips, Halifax Dist.
 667. Isaac Perkins, Wilmington Dist.
 797. Abraham Perkins, Hillsborough Dist.
 654. Joshua Perkins, Wilmington Dist.
1417. Isaac Perkins, Wilmington Dist.
.... Addams Purkins, Halifax Dist.
 933. Absalom Powers, Halifax Dist.
2420. Adam Perkins, Salisbury Dist.
 459. ——— Turner, Edenton Dist.
4737. John Tipson, Wilmington Dist.
4385. Henry Taylor, Wilmington Dist.
4394. James Taylor, Wilmington Dist.
5514. Saban Taylor, Wilmington Dist.
3140. John Taylor, Jr., Wilmington Dist.
3396. Capt. Jonathan Taylor, Wilmington Dist.
4472. Aaron Taylor, Wilmington Dist.
4664. Thomas Taylor, Wilmington Dist.
2292. Jacob Taylor, Wilmington Dist.
4798. Michael Taylor, Morgan Dist.
5363. Elijah Taylor, Salisbury Dist.
2678. James Taylor, Salisbury Dist.
 808. John Taylor, Newbern Dist.
 706. Charles Taylor, Newbern Dist.
 742. Jacob Taylor, Newbern Dist.

No.
 823. Lewis Taylor, Hillsborough Dist.
 586. John Taylor, Hillsborough Dist.
 130. Thomas Taylor, Hillsborough Dist.
 218. Samuel Taylor, Hillsborough Dist.
 311. Caleb Taylor, Hillsborough Dist.
 168. Morris Taylor
 442. Emanuel Taylor, Halifax Dist.
 860. Thos. Taylor, Halifax Dist.
 537. James
3388. John Turner, Wilmington Dist.
1102. Thomas Turner, Wilmington Dist.
4855. James Turner, Wilmington Dist.
1621. Daniel Turner, Wilmington Dist.
3585. William Turner, Wilmington Dist.
8937. Thos. Turner, Salisbury Dist.
3360. George Turner, Salisbury Dist.
2637. William Turner, Salisbury Dist.
1035. George Turner, Newbern Dist.
 361. David Turner, Newbern Dist.
 447. Jacob Turner, Newbern Dist.
  86. Adam Turner, Hillsborough Dist.
  97. Capt. Jacob Turner, Halifax Dist.
 852. Mattas Turner, Warrenton Dist.
 937. James Thompson, Wilmington Dist.
 283. William Thompson, Wilmington Dist.
5184. Enoch Thompson, Wilmington Dist.
1464. Dugal Thompson, Wilmington Dist.
4006. Thomas Thomson, Wilmington Dist.
1067. Absalom Thompson, Wilmington Dist.
 649. Charles Thompson, Wilmington Dist.
3996. William Thomson, Wilmington Dist.
1157. John Thompson, Halifax Dist.
 224. Nicholas Thompson, Halifax Dist.
 149. Robert Thompson, Halifax Dist.
 638. Nath——— Thompson, Halifax Dist.
2157. Elijah Thompson, Newbern Dist.
4604. William Thompson, Morgan Dist.
4002. Peter Thompson, Morgan Dist.
 197. Daniel Thompson, Hillsborough Dist.
 578. George Thompson, Hillsborough Dist.
 145. Charles Thompson, Hillsborough Dist.
4046. James Prichard, Morgan Dist.

No.
4486. Littleton Pitillo, Morgan Dist.
2964. John Parnal, Wilmington Dist.
1096. Wm. Pollock, Wilmington Dist.
1708. Regdon Pitts, Wilmington Dist.
1711. Lt. Porterwent, Wilmington Dist.
4709. John Potter, Wilmington Dist.
3427. John Peterson, Wilmington Dist.
1776. Brittian Powell, Wilmington Dist.
5771. William Powell, Wilmington Dist.
3644. Capt. Arthur Pipkin, Wilmington Dist.
4112. John Porterfield, Wilmington Dist.
3465. Lieut. James Portivent, Wilmington Dist.
4042. William Pate, Wilmington Dist.
2913. Zachariah Plummer, Wilmington Dist.
3526. William Parradiso, Wilmington Dist.
3741. William Pollock, Wilmington Dist.
2947. James Perdie, Wilmington Dist.
 900. J—— Peacock, Wilmington Dist.
1309. Joab Paget, Wilmington Dist.
2372. Aaron Plummer, Wilmington Dist.
1607. John Pormpion, Wilmington Dist.
3144. John Pemberton, Wilmington Dist.
2932. Jeremiah Plummer, Wilmington Dist.
5906. John Peterson, Wilmington Dist.
2934. Moses Plummer, Wilmington Dist.
4725. J—— Pounds, Wilmington Dist.
4730. Miles Potter, Wilmington Dist.
7818. Thomas Patton, Salisbury Dist.
1362. Chas. Polk, Capt., Salisbury Dist.
8116. Sim V. Pitt, Salisbury Dist.
  29. Miles Privitt, Hillsborough Dist.
1094. James Passemore, Halifax Dist.
 248. Peter Payner, Hillsborough Dist.
 720. Francis Pellsie, Hillsborough Dist.
 405. James Price, Hillsborough Dist.
 250. Zebulon Pratt, Hillsborough Dist.
 382. Joseph Purser, Hillsborough Dist.
 378. Joshua Pritchet, Hillsborough Dist.
  80. Nathaniel Parrott, Hillsborough Dist.
 389. Joseph Pack, Hillsborough Dist.
  91. Edmund Pendleton, Hillsborough Dist.
 376. William Parr, Hillsborough Dist.
 298. John Phips, Hillsborough Dist.
 225. Martin Penegar, Hillsborough Dist.
 366. Stephen Pall, Hillsborough Dist.
  69. Edward Prickell, Hillsborough Dist.

No.
 159. William Plumer, Hillsborough Dist.
 344. Charles Pressley, Hillsborough Dist.
 914. Jacob Pollard, Newbern Dist.
1780. Wm. Priestley, Newbern Dist.
1431. Aaron Pickerin, Newbern Dist.
.... Stephen Powell, Newbern Dist.
 338. Rich'd Pate, Newbern Dist.
 123. Daniel Pate, Newbern Dist.
 454. —— Pernal, Newbern Dist.
 647. James Pollock, Newbern Dist.
 241. William Pilgrim, Newbern Dist.
1266. Ruffin Pridgen, Newbern Dist.
1117. Jno. Parramore, Newbern Dist.
 186. John Patten, Halifax Dist.
 196. David Poe, Halifax Dist.
 298. Thomas Powell, Halifax Dist.
1205. Wm. Parham, Halifax Dist.
 393. William Pridgen, Halifax Dist.
  12... Peter Powell, Halifax Dist.
1143. Thomas Pedon, Halifax Dist.
 219. Noah Parr, Halifax Dist.
 692. William Prescott, Halifax Dist.
 334. George Plumby
 734. Dave James, Wilmington Dist.
 747. Moses James, Wilmington Dist.
3400. John Jarman, Wilmington Dist.
5657. Jas. Joiner, Wilmington Dist.
3296. Leanence Jerman, Wilmington Dist.
 100. Joshua Jinkins, Wilmington Dist.
 757. Joseph Jennet, Wilmington Dist.
4207. John Jackson, Wilmington Dist.
4399. Solomon James, Wilmington Dist.
 572. Wm. Jackson, Wilmington Dist.
3590. Elisha Jennings, Wilmington Dist.
3733. John Jinkins, Wilmington Dist.
4957. John James, Wilmington Dist.
7404. James Jinkins, Salisbury Dist.
7616. Wm. Jackson, Salisbury Dist.
4103. Joel Jelton, Salisbury Dist.
4220. John Johnson, Salisbury Dist.
4585. John Johnson, Salisbury Dist.
 736. James Jinkins, Salisbury Dist.
5296. Jas—— Jack——, Salisbury Dist.
  80. Robert Jordan, Hillsborough Dist.
 909. Joshua James, Warrenton Dist.
 954. Robt. Jackson, Warrenton Dist.
 966. Thomas Jennings, Warrenton Dist.
 288. John J——, Newbern Dist.
 640. Caleb Jordan, Halifax Dist.
 381. Thomas James, Halifax Dist.
 895. Nathan Jackson, Halifax Dist.
 622. Mallachi Jolley, Hillsborough Dist.
 721. Wm. Jackson, Hillsborough Dist.
 534. Edwin James

No.		No.	
4693.	William Robison, Morgan Dist.	258.	John Richardson, Hillsborough Dist.
4991.	Hugh Ross, Morgan Dist.	69.	Anderson Runnery, Hillsborough Dist.
4679.	Christain Reinbort, Morgan Dist.	126.	Lovick Rockwell, Hillsborough Dist.
4050.	David Robinsa, Morgan Dist.	390.	Ephriam Reynolds, Hillsborough Dist.
1826.	Wm. Rhodes, Wilmington Dist.	218.	William Redd, Hillsborough Dist.
3097.	Andrew Ranaldson, Wilmington Dist.	195.	Jonathan Richards, Hillsborough Dist.
4188.	David Richards, Wilmington Dist.	25.	Joseph Rack, Hillsborough Dist.
1631.	Rich'd Rigan, Wilmington Dist.	200.	Constantine Reddick, Hillsborough Dist.
4637.	Philip Raiford, Wilmington Dist.	108?.	John Rowland, Hillsborough Dist.
4743.	Amos Renalds, Wilmington Dist.	83.	John Renton, Hillsborough Dist.
4738.	William Rollo, Wilmington Dist.	75.	Wm. Rothwell, Hillsborough Dist.
7533.	Sam'l Richard, Salisbury Dist.	74.	David Rothwell, Hillsborough Dist.
7847.	Robert Rankin, Salisbury Dist.	59.	Powell Riggins, Hillsborough Dist.
5642.	Robert Rolston, Salisbury Dist.	24.	John Reddick, Halifax Dist.
7855.	Jas. Robinson, Salisbury Dist.	157.	Aron Renn
4861.	Wm. Ross, Salisbury Dist.	135.	Solomon Ramsay
3321.	Moses Robison, Salisbury Dist.	398.	Absalom Riggs
2219.	John Red, Salisbury Dist.	171.	Jethro Randolph
330.	Lawney Reynord, Hillsborough Dist.	136.	Thos. Reddick
479.	William Ridley, Hillsborough Dist.	159.	Peter Reddick
570.	Pekel Rarke, Hillsborough Dist.	251.	Benj. Rowland
541.	Adam Rabby, Hillsborough Dist.	425.	Geni Rice
37.	David Rothwell, Hillsborough Dist.	137.	Andrew Russell
406.	Jacob Rusher, Hillsborough Dist.		
90.	John Renton, Hillsborough Dist.		
113.	Charles Rosier, Hillsborough Dist.		

NORTH CAROLINA REVOLUTIONARY ARMY ACCOUNTS, VOL. X

OLD SERIES—VOL. 10, BOOKS 18 & 19; VOL. 11, COMMISSIONERS STATEMENTS A. B. C.

The United States.
    To the State of North Carolina Dr.
[Page 64]
[Folio page 1]

    For the following payments made by said State to officers and Soldiers of the Continental Line for personal services during the late war; which payments having been made in the year 1792, were not acted upon by the General board of Commissioners.

No.
- 3. Ezekiel Griffin, Privt.
- 4. Henry Gray, Sergt.
- 5. John Long, Privt.
- 6. Gabriel Ferrell, Privt.
- 7. John Anderson, Privt.
- 8. John Russ, Privt.
- 9. Francis Pridgen, Privt.
- 16. Edward H. Woodrow

[Folio page 2]
- 20. Humphrey Malden, Privt.
- 21. John Hall, Privt.
- 22. William Bryce, Privt.
- 23. Loven Philips, Privt.
- 27. Willoughby Rogers, Privt.
- 31. Elisha Jenkins, P.
- 32. Matthias Cate, Privt.
- 39. Abraham Finley, Privt.
- 42. David Burke, Privt.
- 49. William Wilson, Privt.
- 59. John Rowland, Privt.
- 60. William Yeates, Privt.
- 63. James Dobbins, Privt.
- 64. Jonathan Thames, Sergt.

[Folio page 3]
- 65. John Toney, Privt.
- 67. John Step, Privt.
- 69. Edward Pritchett, Privt.
- 75. Humphrey Durham, Privt.
- 82. William Hawkins, Privt.
- 83. John Vickery, Privt.
- 84. Joseph Sawyers, Privt.
- 87. Zachariah Philips, Privt.
- 88. James Chronester, Privt.
- 89. Levi Coleman, Privt.
- 92. Abraham Parrish, Privt.
- 97. Jesse Hutchings, Privt.
- 100. Charles Evans, Privt.
- 108. Edmund Dickins, Privt.
- 115. William Poor, Privt.
- 120. Lawrence Butler, Privt.

No.

[Folio page 4]
- 119. John Clemmons, Privt.
- 124. Luke Stansberry, Privt.
- 127. Peter Smith, Privt.
- 131. Ezekiel Coats, Privt.
- 132. Cornelius Robertson, Privt.
- 133. Thomas Wilkins, Privt.
- 134. James Winley, Sergt.
- 135. Stephen Arthur, Privt.
- 138. Curl Tucker, Privt.
- 139. Alfred Andrews, Privt.
- 141. Burwell Wilkins, Privt.
- 145. Charles Thompson, Sergt.

[Page 65]
[Folio page 1]
- 147. Richard Willis, Privt.
- 160. Hardin Warner, Privt.
- 167. Shadrack Moore, Privt.
- 171. Elisha Mills, Privt.
- 173. Arthur Graham, Privt.
- 174. Thomas Scarlet, Privt.
- 187. Caleb Berry, Privt.
- 189. Abel Litten, Drummer
- 191. Tho. Germany, Privt.
- 198. Samuel Chappel, Sergt.
- 202. Gideon Simmons, Privt. & C.
- 203. Henry Medlin, Privt.
- 207. Carter Hastings, Mus.
- 208. Benjamin Ray, Privt.
- 217. Joel Tayborn, Privt.
- 222. Caleb Greenman
- 223. John Moore

[Folio page 2]
- 225. Martin Penagar, Privt.
- 229. Jacob Ginn, Privt.
- 230. James Scarlet, Privt.
- 234. Howell Hearn, Privt.
- 235. Isaac Jones, Privt., & as Sergt. & as Corpl.
- 238. William Nichols, Privt.

ROSTER OF NORTH CAROLINA SOLDIERS

No.
239. William Fernathan, Privt.
243. Thomas Garner, Privt.
244. Benjamin James, Privt.
245. John Glover, Wagoner
248. Robert Willson, Privt.
254. Stephen Bailey, Privt.
258. Thomas Garvey, Privt.
259. Thomas Brees, Corpl.
 [Folio page 3]
261. Ephraim Reynolds, Privt.
262. Absalom Martin, Privt.
283. Barnet March, Privt.
284. James Read, Privt.
287. Michael Huggins, Privt.
288. Robert Brownlay, Corpl. & Sergt.
289. Jacob Burke, Privt.
290. John Hamilton, Privt.
296. James Parks, Privt.
298. Isaiah Vick, Privt.
299. Norris Baker, Privt.
304. Anthony Hall, Privt.
307. Ashley Fowler, Privt.
308. Solomon Northern, Privt.
310. William McKenny, Wagoner
314. Absalom Harvey, Privt.
316. James Hodges, Privt.
 [Folio page 4]
318. Jacob Gibson, Privt.
322. Jacob Seagreaves, Privt.
325. William Cavender, Privt.
326. Sutton Green, Privt.
327. Berry Jones, Privt.
328. Benjamin Farmer, Privt.
341. Thomas Henry, Privt.
349. Charles Short, Musc.
355. Archibald Murphy, Privt.
369. Frederick Lucy, Privt.
372. Coleman Clayton, Privt.
381. Richard Smith, Privt.
382. Joseph Purser, Privt.
383. William Milton, Privt.
 [Page 66]
 [Folio page 1]
384. Richard Lewis, Sergt.
388. Saul Scott, Privt.
390. Malachi Strickland, Privt.
398. John Weston, Privt.
402. Micajah Watson, Privt.
405. James Price, Privt.
408. George Muskenoch, Privt.
410. William McIntire, Privt.
414. Giles Gaunt, Privt.
416. William Riles, Privt.

No.
418. James Long, Privt.
420. William Davis, Sergt.
421. James Talton, Privt.
423. John Harper
430. David Dawley, Corp'l. & Privt.
432. John Durham, Privt.
 [Folio page 2]
437. James Walker, Privt.
447. John Taylor, Privt.
456. Jordan Ammons, Privt.
460. Nicholas Icour, Privt.
463. Moses Hopper, Privt.
470. Shubal Claghurn, Privt. & C.
476. Reuben McKoy, Privt.
478. George Williams, Sergt.
483. Richard Pearson, Privt.
487. George Moore, Privt.
488. John Reasoner, Privt.
489. William Adams, Privt.
490. Hezekiah Bryan, Privt.
493. Michael McMullen, Privt.
494. Nicholas Dunn, Privt.
502. Charles Chaddock, Privt.
504. Stephen Thomas, Privt.
506. John Willebough, Privt.
512. Theophilus Mitchell, Privt.
514. Thomas Pratt, Privt.
516. Hezekiah Cooksey, Privt.
517. Thomas Cooksey, Privt.
522. William Todd, Privt. & Corpl.
526. Dempsey Boyce, Privt. & Corpl.
528. Daniel Weaver, Privt.
542. William Lord, Privt.
544. Absalom Wildey, Corpl.
545. Hugh Donally, Privt.
548. Francis Penrise, Privt.
552. Daniel Ramsey, Privt.
555. Isaac Wells, Privt.
 [Folio page 4]
556. Frederick Jones, Privt.
558. James Oneal, Privt.
559. Jesse Hall, Corpl.
564. Thomas Garvey, Privt.
569. William Leighton, Privt.
570. Andrew Simpson, Prvt., Corp. & Lt.
571. John Wood, Privt.
575. Jacob Hafner, Privt.
577. Daniel Matthews, Privt.
580. Thomas Ralph, Privt.
582. James Low, Privt.
600. James Slaughter, Privt.
604. James Berry, Privt.
605. James Chambers, Privt.

IN THE AMERICAN REVOLUTION 225

No.
[Page 67]
[Folio page 1]
616. John Brown, Privt.
617. Israel Simpson, Privt.
618. Tho. Lee, Privt.
619. James Huggins, Privt.
620. Cox Gray, Privt.
621. Benjamin Wilcox, Privt.
623. John Killebrew, Privt.
629. John Hopper, Privt.

No.
633. Aaron Smith, Privt.
636. William Bailey, Corpl.
639. Lewis Taylor, Privt.
640. Joshua Wilkins, Privt.
652. Levi Branton, Privt.
656. John Wall, Privt.
659. Britton Jones, Privt.
[Folio page 2]
668. Noah Bartlett, Privt.
673. William Crothers, Privt.

Volume X

The United States. . . . To the State of North Carolina. For the following payments, made by said State to the officers and soldiers of the late Continental Line, thereof for depreciation and arrears of pay for service prior to the 1st day of January, 1782, in addition to and exclusive of the settlements made at Halifax in the years 1783, 4, & 5 and at Warrenton in the year 1786.

No.
[Page 68]
[Folio page 1]
A
7. John Anderson
71. John Atkinson
109. Amos Alsobrook
135. Stephen Arthur
[Folio page 2]
139. Alfred Andrews
143. Joseph Alsobrook
231. William Alston, Lt.-Col.
237. James Ammons
255. John Ashley
273. Caleb Archer
337. James Armstrong
357. James Anderson
358. John Adams
456. Jordan Ammons
489. William Adams
534. Benjamin Almerry
586. Joseph Arthur
[Folio page 3]
595. Jeremiah Allen
603. James Abbot
627. Cornelius Anglen
635. Simon Alderson, Capt.
642. Robert Allen
B
2. Michael Brinkley
12. Benjamin Boyt
18. Charles Bright
22. William Boyce
24. William H. Bailey
42. David Burke
51. William Brewer

No.
98. Jesse Bozeman
107. David Brodwell
[Folio page 4]
113. James Bennett
120. Lawrence Butler
161. Robert Beach
187. Caleb Berry
196. Isaac Burgess
213. Alexander Ballentine
226. Joseph Boyd
249. Thomas Bowers
254. Stephen Bailey
259. Thomas Brees
267. Kader Benton
271. Josiah Bowers
[Page 69]
[Folio page 1]
288. Robert Brownley
289. Jacob Burke
292. William Bowers
299. Norris Baker
313. Caleb Barr
344. John Black
350. Mason Broom
375. Benjamin Brady
379. Thomas Brown
394. William Bennett
409. Thomas Biley
438. Baxter Bowling
444. Samuel Baker
471. George Beck
479. Jacob Brown
[Folio page 2]
486. Jacob Bennett
490. Hezekiah Bryan

No.
492. Nicholas Blanks
526. Dempsey Boyce
533. John Brooks
572. Jethro Benton
584. John Bert
589. Richard Baker
591. Cendall Booty
597. Benjamin Blango
598. Moses Blango
[Folio page 3]
599. Henry Brady
601. John Brown
604. James Berry
613. Hillary Brinson
616. John Brown
628. Matthias Betts
630. Edward Bell
636. William Bailey
637. John Brinn
638. William Boomer
652. Levi Branton
661. William Bond
668. Noah Bartlett

C

[Folio page 4]
32. Matthias Cates
53. Elijah Clay
62. Thomas Carvin
77. Alexander Cole
81. William Conner
88. James Cronnister
89. Levi Coleman
95. Stephen Conger, Adjt.
102. Bartholomew Curtis
103. Joshua Curtis, Ensn.
104. Reuben Curtis, Ensn.
106. John Cottle
119. John Clemons
[Page 70]
[Folio page 1]
131. Ezekiel Coats
162. Alexander Cherry
164. Dan'l. Cherry
185. John Cooper
198. Samuel Chappell
228. Gabriel Cooley
256. James Campbell
279. Absalom Cameron
300. William Carrol
325. William Cavender
331. David Culbertson
372. Coleman Clayton
385. Henry Cooper

No.
400. Gabriel Cooley
[Folio page 2]
404. Henry Chaves
415. Miles Castillo
427. Amos Cail
431. Robert Colchorn
434. George Campbell
458. Frederick Callum
470. Shubal Claghorn
475. Stephen Charlescraft
500. Francis Coston
516. Hezekiah Cooksey
517. Thomas Cooksey
554. Arthur Corban
576. William Collett
587. David Clement
[Folio page 3]
605. James Chambers
612. Lewis Connor
655. John Carter
662. John Carey
665. Benjamin Cummins
670. William Cox
671. Joseph Cox
673. William Carothers

D

17. James Dange
40. Eli Drake
83. James Dobbins
93. Humphrey Duchan
96. Francis Discorn
108. Edmund Dickins
[Folio page 4]
140. Frederick Discern
206. John Disheroon
297. Henry Dawson, Capt.
320. William Douglas, Q. M.
321. William Douglas
323. Benjamin Dickson
420. William Davis
430. David Dawley
432. John Durham
433. Robert Dennis
443. Josiah Dowdy
453. James Dobbins
454. James Davis
[Page 71]
[Folio page 1]
455. Benjamin Davis
482. James Deacon
494. Nicholas Dunn
545. Hugh Donnally
562. Samuel Davis

No.
606. Henry Dixon
624. William Duke
672. William Deal

E

35. John Emory
74. Thomas Early
100. Charles Evans
123. Joseph Edwards
213. John Everit
277. Thomas Erving
[Folio page 2]
285. Nicholas Edenton
339. David Everhart
406. William Eason
626. Seth Eason, Lt.
666. James Eslick
101. Charley Evans
451. Jonathan Erexon
569. Joshua Elkins

F

6. Gabriel Ferrell
39. Abraham Finley
155. John Farmer
157. Edward Ferrell

H

21. John Hall
30. William Haines
58. Thomas Hall
82. William Hawkins
97. Jesse Hutchins
[Folio page 3]
149. Thomas Harris
170. Ezekiel Habit
172. Samuel Hart
181. John Hoggard
197. John Harrison
207. Carter Hastings
233. Futrill Hall
234. Howell Hearn
260. Hardy Hukins
276. Isaac Hicks
280. Hance Hamilton, Sur.
287. Michael Huggins
290. John Hamilton
304. Anthony Hall
309. Edward Harris
314. Absalom Harvey
[Folio page 4]
315. Thomas Hudson
316. James Hodges
336. James Hammond

No.
368. John Harvey
423. John Harper
450. George Hargrove
463. Moses Hopper
464. Nicholas Hair
467. Hardy Hardison
477. Edw'd. Howard
497. Jesse Hardison
501. John Harris
508. John Howard
[Page 73]
[Folio page 1]
510. William Hardy
535. Jno. Hamilton
540. William Herbert
549. Edward Howell
559. Jesse Hall
560. Edward Hatchcock
574. John Henry
575. Jacob Hafner
579. Daniel Huggins
619. James Huggins
629. John Hopper
631. Jonathan Hickman
646. William Hopper
674. John Hackleman

J

11. Edward Jackson

F

[Folio page 3]
170. Hugh Forsyth
184. John Farmer
257. Nathaniel Farrar
307. Ashley Fowler
328. Benjamin Farmer
343. William Filson
425. James Fike
465. Solomon Fountain
473. William Fox
484. John Fry
498. John Fisher
611. Jesse Freeman
648. Mack Ferguson
66. John Fields
401. Edward Fossett

G

[Folio page 4]
3. Ezekiel Griffin
4. Henry Gray
47. Reuben Gurganos
125. John Grinder
150. William Godfrey
173. Arthur Graham

No.
- 186. Edward Gouing
- 191. Thomas Germany
- 220. Thomas Granberry, Capt.
- 222. Caleb Greenman
- 229. Jack Ginn
- 243. Thomas Garner
- 245. John Glover
  [Page 72]
  [Folio page 1]
- 258. Thomas Garvey
- 294. Isaac Gumbs
- 295. Charles Gibson
- 301. William Griffin
- 318. Jacob Gibson
- 326. Sutton Green
- 414. Giles Gaunt
- 428. John Green
- 440. Shadrack Gallop
- 441. John Gibson
- 445. William Gilbert
- 449. Matthias Goodrich
- 459. Thomas Gregory
- 538. Jeremiah Glohorn
- 546. Isaac Griffin
  [Folio page 2]
- 564. Thomas Garvey
- 588. Lewis Guthridge
- 615. Cox Gray
- 620. Cox Gray
- 625. Matthew Garvey
- 647. Elijah Garner
- 57. John Grass
  [Folio page 2]

J
- 19. John Jarvis
- 31. Elisha Jenkins
- 72. Thomas Johnston
- 80. Robert Jordan
- 91. James Johnston
- 110. Micajah James
- 151. Samuel Johnston
- 152. Charles Johnston
- 153. Benjamin Johnston
- 224. Levi Jarvis
- 235. Isaac Jones
- 236. Lemuel Jelks
- 240. Thomas Johnston
  [Folio page 3]
- 242. Jeremiah James
- 244. Benjamin James
- 268. Hezekiah Jones
- 269. Josiah Jones
- 303. John Johnston
- 327. Berry Jones
- 353. Sam'l. Jewell

No.
- 370. Dempsey Johnston
- 380. Matthias Johnston
- 391. Edwin James
- 393. William James
- 446. Thomas Jarvis
- 460. Nicholas Icour
- 547. William Jackson
- 556. Frederick Jones
- 557. Oliver Johnston
  [Folio page 4]
- 622. Malachi Jolly
- 659. Briton Jones
- 660. Briton Jones

K
- 110. Thomas Kelly
- 128. William Kelly
- 180. Job Kail
- 192. Charles Kite
- 193. Dempsey Kite
- 334. Daniel Killian
- 344. Thomas Kenny
- 623. John Killibrew
- 578. Abraham Kenny
  [Page 74]
  [Folio page 1]
- 168. Benjamin Kennedy
- 499. Thomas King

L
- 5. John Long
- 14. Lewis Lodge
- 28. Matthew Lucas
- 45. Willis Lewis
- 54. James Largan
- 76. John Long, Ensn.
- 93. Nathan Lewis
- 99. Alexander Lemon
- 148. Lemuel Litten
- 189. Abel Litten
- 201. John Luttrell, Lt. Col.
  [Folio page 2]
- 221. Joseph Leftyear
- 291. Burwell Lloyd
- 340. John Lyon
- 363. Ephraim Lewis
- 369. Frederick Lucy
- 384. Richard Lewis
- 389. Ballinger Lucas
- 413. Philip Logan
- 418. James Long
- 436. John Lacy
- 485. Michael Legal
- 532. Lewis Leggett
- 542. William Lord, Lt.

No.
560. Richard Low
 [Folio page 3]
569. William Leighton
582. James Low
583. Cornelius Love
618. Thomas Lee
650. Thomas Laughinghouse
669. Elisha Lewis

M

 20. Humphrey Molden
 55. Alexander McKinsey
 56. Thomas McMeans
 70. Major May
117. Josiah Messle
121. Richard Martin
130. Peter Malone
146. George McDonald
156. Gilbert Matthews
 [Folio page 4]
165. James Morris
167. Shadrach Moore
169. John Moore
171. Elisha Mills
203. Harry Medley
205. Abel Miller
215. Timothy Morgan
223. John Moore
250. Benjamin McGackey
253. Roll Matthews
262. Absalom Martin
274. Arthur Monday
275. Alex'r. Martin, Colo.
 [Page 75]
 [Folio page 1]
278. Edward Morris
283. Barnett March
286. Sam'l. Martin, Lt.
310. William McKinny
311. James McKey
312. Harry Martin
352. Robert McAlpin
355. Archibald Murphey
359. Robert Moss
360. Daniel Middleton
361. Joel Martin
362. Daniel Murphree
374. Henry May
383. Wm. Melton
396. Charles Morgan
 [Folio page 2]
399. Ezekiel Modlin
408. George Murkinock
410. William McIntire

No.
412. Robert Moseman
426. Michael McGuire
442. Isaac Merritt
474. Alexander McCarter
478. Reuben McCoy
487. George Moore
493. Michael McMullen
495. William McDaniel
512. Theophilus Mitchell
519. Joshua Martin
 [Folio page 3]
521. John Marr
530. Arthur Marcum
541. William Moore
573. Barnaba Murrell
587. Daniel Matthews
585. Kennith McKinsey
590. Timothy Murray
592. Robert McRay
596. Benj'm. Mason
602. Thos. McKiel
632. John Mullins
643. John Mullen
645. Shadrach Medlin
654. Solomon Molborne
332. Cornelius McGraw

N

 [Folio page 4]
 43. William Norris
111. Wm. Norton
211. Jacob Nichols
238. William Nicholas
308. Solomon Norton
342. William Norris
581. John Nutter
594. Benj'n. Neal
651. Daniel Neal
653. Arthur Nelson
663. James Nobles
667. Hardy Nelson
 [Page 76]
 [Folio page 1]

O

136. George Oliver
175. James Orr
232. Aaron Olam
371. Owen Omerry
491. James Orrell
558. James Oneal

P

  9. Francis Pridgen

No.
23. Lovan Philips
29. Miles Pruit
36. Job Pendergrass
44. John Parrimore
69. Edward Pritchell
87. Zachariah Philips
90. Edmund Pendleton
[Folio page 2]
92. Abram Parish
112. Bush Philips
115. William Poor
126. John Portress
142. William Pass
154. George Pettiford
159. Wm. Plummer
178. Jacob Porter
194. Jesse Pritchard
199. Martin Pfifer
225. Martin Panniger
227. Jacob Parish
246. John Philips
264. John Poulson
[Folio page 3]
272. Dan'l. Peal
296. James Parks
329. Jno. Price
366. Stephen Paul
378. John Pritchell
382. Joseph Purser
395. Thomas Pierce
419. John Patterson
424. John Perry
448. Andrew Philips
468. Wm. Price
472. Joseph Palmer
483. Rch'd. Pearson
514. Thos. Pratt
531. Wm. Pierce
[Folio page 4]
539. Thomas Pearson
548. Francis Penrice
608. Abram Perkins
405. James Price
568. Joshua Proctor

R

8. John Russ
25. Joseph Runnols
27. Willoughby Rogers
37. David Rothwell
41. Ishmael Robards
59. John Roland
114. Joel Ramsay

No.
[Page 77]
[Folio page 1]
132. Cornelius Robison
144. Randal Robison
208. Benj'n. Ray
219. Charles Ragan
261. Ephraim Reanolds
282. Jacob Reid
319. Patrick Rogers, Lt.
330. Launey Reynord
345. Jacob Reid
346. Wm. Ridley
356. Timothy Rich
376. Noah Robison
386. Hardy Ridley
397. Adam Rabby
416. Wm. Ryles
417. Tekel Rasko
[Folio page 2]
488. John Reason
511. Howell Rowell
536. Blake Rabby
552. Dan'l. Ramsay
641. Godfrey Rowland
664. Robt. Ruff
675. Isaac Ralston, Lt.
284. James Reid
580. Tho. Ralph

S

26. Sam'l. Smith
33. John Smith
67. John Step
68. Alex Smith
[Folio page 3]
75. Robt. Shaw
84. Joseph Sawyer
86. Owen Smith
105. John Skinner
118. Isaac Scollar
124. Luke Stansbury
127. Peter Smith
137. Israel Scott
158. Joseph Singletary
166. Benj'n. Saunders
174. Thos. Scarlet
177. Joseph Stuart
183. Thos. Sorrel
190. Miles Span
202. Gideon Simons or (L)
204. Galey Smith
[Folio page 4]
212. William Shepperd

No.
230. James Scarlett
241. Rich'd. Sumner
247. James Senter
252. James Shanon
263. William Stuart
293. Henry Short
300. Wm. Scott
305. William Singletary
322. Jacob Segraves
335. William Staggs
338. John Sorrell
347. Dan'l. Smith
348. James Span
[Page 78]
[Folio page 1]
349. Charles Short
354. Hezekiah Shermantine
364. Michael Scott
367. Caleb Story
373. Henry Smith
381. Rich'd. Smith
388. Saul Scott
390. Malechi Strickland
392. James Saunders
462. David Showers
466. Absalom Sallenger
469. Wm. Smithwick
502. Charles Shaddock
505. Henry Haws Story
515. Benj'n. Saulberry
520. William Smith
[Folio page 2]
537. Solomon Spence
550. Joseph Spears
551. Sam'l. Spears
565. Thomas Sinclair
567. Alex Scull
570. Andrew Simpson
600. James Slaughter
607. Wm. Smith
617. Isaac Sampson
633. Aaron Smith
634. Benj'n. Steadman
644. Joseph Saunders

T

[Folio page 3]
1. Erastus Tippit
46. Emanuel Tiel
48. Charles Tinsley
50. Joshua Tousan
64. Jonathan Times
65. John Toney
85. Adam Turner

No.
122. Erasmus Tippit
129. Thomas Taylor
138. Curl Tucker
145. Charles Thompson
182. Thomas Tart
195. Caleb Taylor
214. Charles Thompson
216. James Tharp
217. Joel Tayborne
[Folio page 4]
218. Sam'l. Taylor
239. William Tervathan
421. James Tarleton
422. William Tarleton
435. John Taylor
447. John Taylor
461. Francis Tartanson
504. Stephen Thomas
513. Joseph Tate, Capt.
518. George Thompson
522. William Todd
523. James Todd
524. Ephraim Todd
[Page 79]
[Folio page 1]
529. Thomas Todd
593. Ross Thomas
639. Lewis Taylor

V

83. John Vicory
298. Isaah Vick
333. Elijah Vickers
357. John Vance, Capt.
496. Edward Vale
649. Charles Upchurch

W

10. William Wiseheart
13. Daniel Williams
16. Edward H. Woodroe
34. Henry Williamson
49. Wm. Wilson
[Folio page 2]
52. William Walters
78. Silvanus Wicks
79. Isaac Walters
94. Willis Williford
133. Thomas Wilkins
134. James Winley
141. Burwell Wilkins
147. Richard Willis
160. Harden Warner

No.
199. William Watford
200. Seth Wilson
209. Solomon Watson
210. Ephraim Watson
  [Folio page 3]
248. Robert Wilson
251. James Wosson
265. Willis Wiggins
266. John Warner
281. William Williams
302. Thomas Weeks
317. Henry Waller
324. William Wynn
365. Haynes White
387. Caleb Woodward
398. John Weston
402. Micajah Watson
403. Benjamin Williams
407. James Wadkins

No.
411. John Weaver
  [Folio page 4]
555. Isaah Wells
561. Matthew Worley
563. John Wilson
571. John Wood
609. Aaron Wood
610. John Whaley
614. Francis Whaley
621. Benjamin Wilcox
640. Joshua Wilkins
650. John Wall
657. Joseph Ward
507. James Willoughby
658. James Wolard

Y

60. William Yates
61. James Yene

MILITARY LAND WARRANTS, CONTINENTAL LINE
(Part I)
A LIST OF WARRANTS FOR LANDS GRANTED THE OFFICERS AND SOLDIERS IN THE CONTINENTAL LINE OUT OF THE SECRETARY'S OFFICE

No.	To whom granted and rank	No. acres	Service in months	Location and to whom deeded and date of warrant. Within the limits of the lands allotted the officers and soldiers of the Continental Line, by Law, 1783, Oct. 14		
1.	Archibald Lytle, Lt. Col. Commdt.	7,200	84	Oct. 14,'83		Self
2.	Alexander Martin, Col. 2nd Reg.	2,314	27	"		"
3.	Alexander Morrison, Sergt.	1,000	84	"		"
4.	William Lytle, Capt.	3,840	84	"		"
5.	Demcey Underdue, Privt.	640	84	"	Col. Long	
6.	John Wilkerson, Matross.	640	84	"	"	
7.	George Topp, Privt.	640	84	"	"	
8.	Henry Johnston, Privt.	640	84	"	"	
9.	Kedar Copeland, Privt.	640	84	"	"	
10.	Major Glandon, Sergt.	1,000	84	"	"	
11.	Henry Smith, Privt.	640	84	Oct. 15	"	
12.	James Simmons, Privt.	640	84	"	"	
13.	Milond Mullins, Privt.	228	30	Oct. 16	Robt. Goodloe	
14.	John Potter, Privt.	228	30	"	"	
15.	David Phillips, Privt.	228	30	"	"	
17.	John Armstrong, Lt. Col.	5,760	84	"		Self
16.	Daniel Hilton, Heir at law to William Hilton, Lieut. Decsd.	2,560	84	"	"	
18.	George Daugherty, Maj.	4,800	84	"	"	
19.	John Maderris, Capt. 5th Reg.	3,290	72	"		"
20.	Robert Bell, Lieut.	2,560	84	"		
21.	Enoch Ferrell, Privt.	366	48	Oct. 17	Col. Moore	
22.	John Yates, Privt.	640	84	"	"	
23.	James Moore, Heir at law to Brig. Gen. James Moore, decd.	12,000	84	"	Maj. Tatum	
24.	Charles Allen, Capt.	1,695	37	"	"	
25.	Martin Pfifer, Capt.	1,149	25	"	Caleb Pfifer	
26.	Daniel McCoy, Privt.	549	72	"	David Wilson	
27.	Nathaniel Hughs, Privt.	316	41	Oct. 18	Wm. Ross	
28.	Elisha Bond, Privt.	274	36	"	"	
29.	Richard Davin, Privt.	274	36	Oct. 20		Self
30.	James McRory, Heir at law to Thomas McRory, a Capt.	3,840	84	"	"	
31.	Charles Wood, Corpl.	1,000	84	Oct. 20		Self
32.	Elijah Moore, Capt.	3,840	84	"	Alfred Moore	
33.	Nathaniel Williams, Lieut.	2,560	84	"	David Rice	
34.	Francis Child, Capt.	3,840	84	"	R. Caswell	
35.	Joshua Martin, Privt.	274	36	"	Lt. Campbell	
36.	Charles Dodson, Privt.	640	84	Oct. 21		"
37.	John Nelson, Maj. 1st Reg.	4,800	84	"		"
38.	John Gee, Heir to Capt. James Gee, desd.	3,840	84	"	Col. D. Gee	
39.	Nathaniel Dobey, Privt.	228	30	"	"	
40.	William Gee, Privt.	228	30	"	"	
41.	John Campbell, Lieut.	2,560	84	"		"
42.	James Ferrell, Privt.	274	36	"		"
43.	William Tate, Trooper.	274	36	"		"
44.	John Christie, Fife Maj.	358	30	"		"
45.	John Cyprell, Sergt.	358	30	"		"
46.	Tillman Dixon, Capt.	3,840	84	"		

No.	To whom granted and rank	No. acres	Service in months	Location and to whom deeded and date of warrant. Within the limits of the lands allotted the officers and soldiers of the Continental Line, by Law, 1783, Oct. 14		
47.	William Sanders, Lieut............	2,560	84	Oct. 21	Capt. Dixon	
48.	Winne Dixon, Lieut..............	2,560	84	"	"	
49.	John Simpson, Privt.............	640	84	"	"	
50.	John Christmas, Privt...........	640	84	"	"	
51.	Anthony Toney, Privt...........	640	84	"	"	
52.	Anthony Sharp, Capt...........	3,840	84	"		Self
53.	Jesse Steed, Lieut...............	2,560	84	"		"
54.	William Terrell Lewis, Heir of Micajah Lewis, decsd. Capt......	3,840	84	"		"
55.	William Terrell Lewis, Lieut......	1,463	48	"		"
56.	Joel Lewis, Lieut................	1,463	48	"		"
57.	James Christian, Privt. Infirn.....	640	84	"		"
58.	The Reverend Mr. James Tate, Chaplain.....................	1,553	84	"		"
59.	Joshua Hadley, Capt............	3,840	84	"		"
60.	Charles Dixon, Exec'r of the last will of Henry Dixon, Lieut Col. in trust for the legatees.........	5,760	84	"		"
61.	Charles Dixon, Lieut............	2,560	84	"	Chas. Dixon	
62.	William Armstrong, Capt........	3,840	84	"	"	
63.	Nathaniel Dickerson, Lieut.......	949	31	"	"	
64.	Daniel Freeman, Privt. Heir of Nathan Freeman, decsd........	640	84	"	"	
65.	John Barginer, Privt.............	228	30	"	"	
66.	James Witty, Privt..............	366	48	"	"	
67.	Benjamin Sharp, Sergt...........	1,000	84	"		
68.	Morriss Morgan, Privt...........	640	84	"		Self
69.	Drury Hern, Privt...............	228	30	"		"
70.	David Christee, Sergt............	1,000	84	"		"
71.	Riply Copeland, Privt............	274	36	"	Neil Copeland	
72.	William Douglass, Corpl.........	1,000	84	"		Self
73.	Thomas White, Trooper..........	228	30	"	Maj. Tatum	
74.	James Gray, Sergt...............	429	36	"		"
75.	John Giles, Sergt................	358	30	"	Maj. McKinen	
76.	Job Pendergrass, Privt...........	274	36	Oct. 22	Maj. McCauley	
77.	Thomas Clarke, Lieut...........	2,560	84	"		Self
78.	Daniel Thompson, Privt.........	274	36	"	Lt. Clarke	
79.	John Jones, Privt...............	274	36	"	"	
80.	Ralph Williams, Capt...........	1,142	25	"		"
81.	Thomas Armstrong, Capt........	3,840	84	"		"
82.	Charles Gerard, Lieut...........	2,560	84	"		"
83.	James Armstrong, Col. 8th Reg....	7,200	84	"	Capt. Armstrong	
84.	Francis Williams, Privt.	640	84	"	"	
85.	Abraham Towler, Privt..........	640	84	"	"	
86.	Jephtha Parker, Sergt...........	1,000	84	"	"	
87.	Thomas Angel, Privt............	274	36	"	"	
88.	John Nash, Sergt................	428	36	"	Col. Bledsoe	
89.	Martin Cole, Sergt...............	1,000	84	"		Self
90.	Patrick Campbell, Sergt..........	428	36	"		"
91.	James Lott, Privt...............	274	36	"	Philip Jones	
92.	John Hardin, Privt..............	228	30	"	Lt. Steed	
93.	John Bowers, Privt..............	228	30	"	"	
94.	James Avent, Privt..............	228	30	"	"	
95.	Solomon Seymore, Privt.........	228	30	"	"	
96.	William Seymore Privt..........	274	36	"	"	
97.	Silby Harney, Lt. Col. Commdt....	7,200	84	"	Jo. Ferebee	

IN THE AMERICAN REVOLUTION 235

No.	To whom granted and rank	No. acres	Service in months	Location and to whom deeded and date of warrant. Within the limits of the lands allotted the officers and soldiers of the Continental Line, by Law, 1783, Oct. 14	
98.	Pettit Cook, Heir to Geo. Cook, Lt.	2,560	84	Oct. 21	Jo. Ferebee
99.	James Porterfield, Heir to Demsey Porterfield, Capt.	3,840	84	"	John Porterfield
100.	Elizabeth Rudpeth, widow of John Rudpeth, Lieut. Decsd	2,560	84	Oct. 22	Self
101.	James White, Heir of Thomas White, Capt. Decsd	3,840	84	"	"
102.	Richard Copeland, Privt.	228	30	"	"
103.	Matthew McCauly, Lieut.	761	25	"	"
104.	John Eborn, Capt.	1,645	36	"	"
105.	James Comer, Sergt. Troops	428	36	"	"
106.	Hardy Murphey, Lieut. Col.	5,760	84	"	"
107.	Thomas Finney, Lieut.	2,560	84	"	Col. Murfree
108.	Nehemiah Long, Capt.	1,785	39	"	"
109.	William Walton, Capt.	3,840	84	"	"
110.	Richard Andrews, Lieut.	2,200	72	"	"
111.	John Granberry, Lieut.	792	26	"	"
112.	William Winborn, Heir to John Winborn, Lieut. Decsd	2,560	84	"	"
113.	James Martin, Capt.	1,462	32	"	"
114.	John Laurance Hare, Lieut.	914	30	"	"
115.	John Billops, Privt.	274	36	"	"
116.	Elisha Hunt, Privt.	640	84	"	"
117.	Ben. Johnston, Privt.	390	52	"	"
118.	John Wells, Privt.	640	84	"	"
119.	David Bizzell, Heir at law to Enus Bizzell	640	84	"	"
120.	William Mitchell, Drummer	1,000	84	"	"
121.	Ezehiel White, Privt.	274	36	"	"
122.	John Butler, Privt.	228	30	"	"
123.	William Ponder, Privt.	318	42	"	"
124.	Baker Archer, Heir to Demcey Archer, Privt.	640	84	"	"
125.	Baker Archer, Heir to Jesse Archer, Privt.	640	84	"	"
126.	Joseph Howard, Privt.	274	36	"	"
127.	Absalom Spires, Privt.	360	48	"	"
128.	John Harris, Privt.	640	84	"	"
129.	Benjamin Reed, Privt.	640	84	"	"
130.	Anthony Gaines, Privt.	640	84	"	"
131.	James Purdy, Privt.	281	37	"	"
132.	John White, Privt.	228	30	"	"
133.	William Powell, Privt.	440	55	"	"
134.	Ransom Savage, Privt.	560	70	"	"
135.	Douglass Carrol, Fifer.	4,289	36	"	"
136.	Allen Ramsey, Capt.	1,097	24	"	"
137.	Henry Winburn, Privt.	389	51	"	"
138.	Isaac Butler, Privt.	228	30	"	"
139.	Mary Knight, Relect of Jesse Knight, Decsd. Privt.	640	84	'	"
140.	Anna Manley, Relect of Solomon Manley, Decsd. Privt.	640	84	"	"
141.	Thomas Powell, Privt.	320	42	"	"
142.	James Christian, Privt.	640	84	"	"
143.	William Lewis, Privt.	274	36	"	"
144.	Demcey Jinkins, Privt.	320	42	"	"

No.	To whom granted and rank	No. acres	Service in months	Location and to whom deeded and date of warrant. Within the limits of the lands allotted the officers and soldiers of the Continental Line, by Law, 1783, Oct. 14	
145.	Joseph Mitchell, Privt............	274	36	Oct. 22	Col. Murfree
146.	Bryant Smith, Privt.............	342	45	"	"
147.	William Manley, Privt..........	274	36	"	"
148.	Giles Webb, Heir to Joseph Webb, Privt.................	640	84	"	"
149.	Martha Lewis, Relect of Sampson Lewis, Privt...................	640	84	"	"
150.	Mosson Williams, Privt.........	228	30	"	"
151.	Thomas Loyd, Heir to Leonard Loyd, Privt...................	640	84	"	L. C. Armstrong
152.	James Scurlack, Lieut............	2,560	84	"	Maj. Ramsey
153.	Matthew Ramsey, Capt..........	2,697	59	"	"
154.	The heirs of William Rollen, Pri. .	640	84	"	Lt. Steed
155.	Lucky Enloe, Legatee of John Enloe, Capt...................	1,280	28	"	Col. Glasgow
156.	Thomas Polk, Ensn. 4th Battln...	2,191	25	"	Maj. Polk
157.	William Caswell, Capt...........	1,280	28	"	Gen. Caswell
158.	John Herritage, Capt............	1,280	28	"	"
159.	Nathaniel Jones, Heir of Samuel Jones, Ensn. Decsd...........	2,560	84	Oct. 22	Self
160.	David Gillespie, Privt...........	274	36	"	Wm. Gillespie
161.	Wm. Mebane, Heir of Robert Mebane, Senr. Col. Commandant, Decsd...................	7,200	84	Oct. 23	" Self
162.	William Polk, Maj. 9th Reg......	1,888	33	"	" "
163.	Thomas Massey, Heir............	640	84	"	Lt. Steed
164.	Reuben Massey, Heir............	640	84	"	"
165.	Hon. Brig. Gen. Jethro Sumner...	12,000	84	"	Capt. Armstrong
166.	Edward Yarborough, Capt.......	3,840	84	"	Self
167.	Archibald Henderson, Drummer..	773	65	"	Col. Murfree
168.	Samuel Smith, Corpl............	429	36	"	S. Smith
169.	Kedar Parker, Capt., Samuel Parker's Heir.................	3,840	84	"	Saml. Parker
170.	Elijah Duncan, Privt............	274	36	"	" "
171.	John Burton, Adjt. 8th N. C. Battln.....................	1,168	36	"	Col. Murfree
172.	William Robb, Corpl............	357	30	"	" "
173.	Thomas Dudley, Lieut...........	2,560	84	"	Lt. Bush
174.	William Bush, Lieut.............	2,560	84	"	" "
175.	Samuel Jones, Capt.............	3,840	84	"	" "
176.	Curtis Ivey, Lieut...............	2,560	84	"	" "
177.	Hardy Jones, Privt.............	360	48	"	" "
178.	Thomas Harriss, Maj............	2,057	36	"	" "
179.	Alexander Nelson, Lieut.........	763	25	"	" "
180.	George Phillips, Privt...........	640	84	"	" "
181.	Drury Ward, Privt..............	274	36	"	" "
182.	Henry Coleston, Privt...........	274	36	"	" "
183.	William Jackson, Privt..........	274	36	"	" "
184.	Thomas Moore, Privt............	274	36	"	" "
185.	John Macon, Capt..............	1,097	24	"	"
186.	Rabon Gibbs, Heir of Joel Gibbs, Privt. Decsd..................	640	84	Oct. 24	"
187.	Robert Smith, Capt.............	1,828	40	"	Wm. Alexander
188.	William Alexander, Lieut........	2,560	84	"	"
189.	Sarah Routledge, Heir of William Routledge, Lieut......	2,560	84	"	Lt. Ivey

No.	To whom granted and rank	No. acres	Service in months	Location and to whom deeded and date of warrant. Within the limits of the lands allotted the officers and soldiers of the Continental Line, by Law, 1783, Oct. 14	
190.	Nathaniel McCann, Heir of John McCann, Lieut.	2,560	84	Oct. 24	Capt. Gillespie
191.	Hezekiah Linton, Senr. Heir of Hezekiah Linton, Privt.	640	84	Oct. 24	Wm. B. Jones
192.	Philip Taylor, Capt.	1,759	39	"	Self "
193.	Thomas Donoho, Maj.	4,800	84	"	"
194.	Demcey Womble, Privt.	640	84	"	Maj. Donoho
195.	Joseph Blythe, Surgeon	4,800	84	"	"
196.	James Dowall, Privt.	274	36	"	"
197.	John Atkinson, Privt.	228	30	"	"
198.	Henry Brewer, Privt.	360	48	"	"
199.	Thomas McKessick, Pt. Wounded	640	84	"	"
200.	Samuel Gilston, Sergt. Killed, David Gilston, Sergt.	1,000	84	"	"
201.	Lawrence Byrum, Privt.	228	30	"	"
202.	Edward Howard, Privt.	228	30	"	"
203.	James Fogertee, Privt.	274	36	"	"
204.	Robert Linn, Privt.	274	36	"	"
205.	John Ward, Privt.	640	84	"	"
206.	Edward Howell, Heir of John Howell, Privt. Decsd.	640	84	Oct. 25	Maj. Cage
207.	James Thackston, Lt. Col. Comdt.	4,352	48	"	"
208.	John Tipper, Privt.	228	30	"	"
209.	John Southerland, Privt.	274	36	"	Maj. Donoho
210.	Nathaniel Durham, Privt.	600	77	"	"
211.	Hardy Holmes, Lieut.	2,560	84	Oct. 25	C. Ivey
212.	Jacob Stillwell, Fifer.	264	39	"	Mr. Dixon
213.	Thomas Tiffin, Privt.	570	67	"	"
214.	Libba Archer, Heiress of Mark Manley, Privt.	640	84	"	Col. Murphy
215.	John Bush, Lieut.	914	30	"	Lt. Bush
216.	Samuel Knight, Privt.	274	36	Oct. 25	Self
217.	Thomas Brannon, Privt.	274	36	"	"
218.	Powell Riggins, Privt.	274	36	"	"
219.	Richard Phillips, Privt.	274	36	"	"
220.	Francis Owen, Privt.	278	30	"	Capt. Hadley
221.	David Burnsides, Sergt.	360	30	"	"
222.	William McKinsey, Privt.	640	84	"	"
223.	William Welch, Corpl.	1,000	84	"	Capt. Lytle
224.	John Bryan, Sergt.	430	36	"	Self
225.	Frederick Hargitt, Capt.	1,508	33	"	Lt. Bush
226.	James Read, Capt.	3,840	84	"	"
227.	Jacob Richards, Privt.	342	45	"	"
228.	Joseph Smith, Privt.	604	72	"	Col. Moore
229.	John Summers, Capt.	3,840	84	"	"
230.	William Fawn, Capt.	3,840	84	"	Capt. Armstrong
231.	Solomon Bibley, Privt.	274	36	"	"
232.	Demcey Moore, Lieut.	780	25	"	Col. Wm. Moore
233.	Elijah Moore, Capt.	3,840	84	"	"
234.	John Reese, Privt.	274	36	"	"
235.	Roger Reese, Privt.	274	36	"	"
236.	William Washington, Ensn.	1,096	36	"	Self
237.	Miles Knight, Sergt.	1,000	84	"	C. Ivey
238.	Stephen Bowen, Sergt.	428	36	"	"
239.	Vincent Salmon, Corpl.	1,000	84	"	"
240.	John Bailey Privt.	640	84	"	"

No.	To whom granted and rank	No. acres	Service in months	Location and to whom deeded and date of warrant. Within the limits of the lands allotted the officers and soldiers of the Continental Line, by Law, 1783, Oct. 14	
241.	Owen Tyler, Privt.............	640	84	Oct. 25	C. Ivey
242.	John Hurley, Privt.............	640	84	"	"
243.	Andrew Phillips, Privt..........	360	48	"	"
244.	Joseph Phillips, Capt...........	1,280	28	"	"
245.	Wm. Temple Cole, Capt........	1,500	34	"	"
246.	The Rev. Adam Boyd, Chaplain..	7,200	84	"	"
247.	William Daves, Lt. Col.........	2,468	36	"	Ad. Boyd
248.	John Walker, Maj..............	1,709	32	"	" "
249.	James Parkeson, Lieut..........	2,560	84	"	" "
250.	Gibbs, Lamb, Privt............	640	84	"	" "
251.	Reason Holland, Privt..........	274	36	"	Capt. Cole
252.	Andrew Allison, Privt. Wounded..	640	84	"	"
253.	William Davidson, Lt. Col. Heir, George Davidson.............	5,760	84	"	Self
254.	Daniel Huston, Heir of Neil Huston, Privt................	640	84	"	Capt. Cole
255.	William Reason, Privt..........	412	54	"	M. Nelson
256.	Benjamin Joyner, Privt.........	640	84	Oct. 27	C. Ivey
257.	James McClelland, Sergt........	429	36	"	Maj. Nelson
258.	Thomas Clark, Col.............	7,200	84	"	Maj. Boyd
259.	Phillip Jones, Capt. Lt. Artillery.	2,560	84	"	Self
260.	Andrew Lytle, Privt. Dead., Wm. Lytle Heir..................	640	84	"	Col. Lytle
261.	Robert Nelson, Sergt...........	357	30	"	Self
262.	Adam Hart, Privt..............	640	84	"	"
263.	Reading Blount, Majr...........	4,800	84	"	"
264.	Peter Baccote, Capt............	3,840	84	"	Maj. Blount
265.	Benjamin Coleman, Capt........	3,840	84	"	"
266.	Samuel Baxter, Sergt...........	1,000	84	"	Jno. Haywood
267.	Joseph Faulks, Privt...........	640	84	"	John Ellet
268.	Eli McVey, Privt...............	640	84	"	"
269.	Eli McVey, Heir of John McVey.	640	84	"	" "
270.	John Pendergrass, Privt.........	274	36	"	Self
271.	Joel Lewis, assignee of Peter Rainey, Sergt. Decsd.........	1,000	84	"	Wm. Lewis
272.	Joel Lewis, assignee of James Rainey, Privt. Decsd.........	640	84	"	"
273.	Thomas Blount, Lieut...........	853	28	"	Wm. Blount
274.	Jacob White, Privt.............	274	36	"	"
275.	Jacob White, Junr. Privt........	274	36	"	"
276.	Daniel Rice, Privt..............	640	84	Oct. 28	David Pasmore
277.	Ambrose Lowell, Privt..........	640	84	"	"
278.	The heirs of David Rothwell, Pt..	640	84	Oct. 28	Col. Phillips
279.	The heir of Henry Brizner, Decsd.	640	84	"	"
280.	John Burke, heir of James Burke.	640	84	"	"
281.	The heir of Leonard Loyd, Privt..	640	84	"	"
282.	The heir of Levi Eldridge, Privt...	640	84	"	"
283.	The heir of Abimelech Cole, Pt..	640	84	"	"
284.	The heir of Richard Gains, Pt....	640	84	"	"
285.	The heir of Andrew Bohn, Privt..	640	84	"	"
286.	The heirs of James Trayner, Pt...	640	84	"	"
287.	The heir of William Rothwell, Pt.	640	84	"	"
288.	Phillip Halcom, Privt...........	185	24	"	Self
289.	Benjamon Jacobs, Privt.........	274	36	"	"
290.	Robert Williams, Privt..........	274	36	Nov. 9,'83	"
291.	Elisha Williams, Privt..........	274	36	"	Ro. Williams

No.	To whom granted and rank	No. acres	Service in months	Location and to whom deeded and date of warrant. Within the limits of the lands allotted the officers and soldiers of the Continental Line, by Law, 1783, Oct. 14		
292.	Thomas Hogg, Majr............	4,800	84	Nov. 10	John Wood	
293.	John Ingles, Capt.............	3,840	84	"	"	
294.	John Davis, Capt.............	3,840	84	"	"	
295.	Jesse Reed, Capt..............	3,840	84	"	"	
296.	Jacob Goodman, Heir of William Goodman, decsd. Capt.........	3,840	84	"	"	
297.	John Ford, Lieut..............	2,560	84	"	"	
298.	Thomas Pasture, Lieut........	2,560	84	"	"	
299.	Jacob Matthews, Privt.........	640	84	"	"	
300.	Patrick Ryan, Sergt............	1,000	84	"	"	
301.	Sion Young, Privt.............	640	84	"	"	
302.	Thomas Smith, Privt..........	640	84	"	"	
303.	Theophilus Hays, Privt........	411	54	"	"	
304.	John Wood, Privt.............	360	48	"	"	
305.	George Wallis, Fife Maj........	857	72	Nov. 24	Jno. Williams, Esqr.	
306.	Isaac Hudson, Sergt...........	357	30	"	Self	
307.	James Bryant, heir of Ambrose Bryant, decsd................	640	84	Nov. 25	Henry Williams	
308.	John Emmery's heirs...........	640	84	"	"	
309.	James Summers, Sergt.........	857	72	"	"	
310.	Andrew Haddock, Sergt........	429	36	"	"	
311.	C. William Brooks, heir of George Brooks, Sergt.........	1,000	84	"	"	
312.	James Martin, Privt...........	274	36	"	"	
313.	William Hargrove, Lieut.......	2,560	84	"	Self	
314.	John Hargrove, Privt..........	274	36	"	Lt. Hargrove	
315.	Dan Dunbar, Corpl............	688	57	"	"	
316.	Patrick McGibbon, Lieut.......	1,920	63	Nov. 27	P. Pycatt, Com.	
317.	Peter Pycatt, Sergt............	428	36	"	"	
318.	James Coots, Lieut............	853	28	"	"	
319.	William Jackson, Privt.........	274	36	"	"	
320.	John Jeffreys, Privt...........	274	36	"	Lt. Crutchen	
321.	William Sweat, Privt..........	228	30	"	"	
322.	Gee Bradley, Capt.............	3,840	84	"	"	
323.	Samuel Hogan, heir of James Hogan, Brig. Gen. decsd.......	12,000	84	"	"	"
324.	Samuel Gainer, Privt..........	640	84	"	"	
325.	Moses Walker, Privt...........	228	30	"	"	
326.	Joseph Hartley, Privt..........	383	50	"	"	
327.	Thomas Bryant, Fifer..........	595	50	"	"	
328.	John Vance, heir of John Vance, Capt. of Artillery, decsd.......	3,840	84	"	"	
329.	John Vance, Lieut. of Artillery...	2,560	84	"	"	
330.	William Davin, Privt..........	274	36	"	"	
331.	Hobert Finner, heir of Wm. Finner, Maj. decsd............	2,057	36	"	"	
332.	Hobert Finner, Capt...........	3,840	84	"	"	
333.	James Campain, Lieut.........	2,560	84	"	"	
334.	James Tatum, Lieut...........	2,560	84	"	"	
335.	John McNeese, Capt..........	3,840	84	"	"	
336.	Andrew Armstrong, Capt......	1,280	28	"	"	
337.	Miller Sawyer, Fifer...........	1,000	84	"	"	
338.	David Love, Surgeon..........	2,057	36	Nov. 27	Lt. Crutches	
339.	Joseph Montford, Capt........	3,840	84	"	"	
340.	Howell Tatum, Capt...........	3,565	78	"	"	
341.	Blount Whitmill, Subn.........	824	28	"	"	

No.	To whom granted and rank	No. acres	Service in months	Location and to whom deeded and date of warrant. Within the limits of the lands allotted the officers and soldiers of the Continental Line, by Law, 1783, Oct. 14	
342.	James Strange, Privt.	274	36	Nov. 27	Lt. Crutches
343.	John Sugg, Privt.	274	36	"	"
344.	Anthony Crutchen, Lieut.	2,560	84	"	"
345.	Robert Hicks, Privt.	228	30	"	Sam Parks
346.	Andrew Wade, Privt.	228	30	Nov. 29	"
347.	James Brister, Privt.	228	30	"	"
348.	John Summers, Capt.	3,840	84	"	Col. Blount
349.	Francis Graves, Lieut.	2,560	84	"	"
350.	Britain George, Privt.	640	84	"	"
351.	Nathaniel Lawrence, Lieut.	2,560	84	"	"
352.	John Eaton, administrator of Pinkeyton Eaton, Majr.	4,800	84	"	"
353.	John Patton, Col. 2nd N. C. Brigade	7,200	84	"	"
354.	Thomas Atkins, Privt.	274	36	Dec. 4	Jno. Squires
355.	Cornelius Bray, Privt.	320	42	"	"
356.	William Griffin, Privt.	640	84	"	"
357.	John Squires, Privt.	320	42	"	"
358.	Solomon Berry, Sergt.	1,000	84	"	"
359.	Bennet Morgan, Sergt.	1,000	84	"	"
360.	John Berry, Sergt.	1,000	84	"	"
361.	William Jones, Privt.	274	36	Dec. 6	"
362.	Thomas Kirvin, Privt.	274	36	"	Arthur Parker
363.	Arthur Parker, Privt.	228	30	"	"
364.	James Emmet, Maj.	1,600	28	"	Capt. Gillespie
365.	Robert Gillespie, Sergt.	793	26	"	"
366.	James Campbell, Capt.	2,057	45	"	"
367.	Robert Hays, Lieut.	2,560	84	"	"
368.	Charles Wood, Privt.	274	36	"	"
369.	Patrick Murphey, Sergt.	1,000	84	"	"
370.	Miles Knight, Sergt.	1,000	84	Dec. 7	
371.	Isaac Gregory, Privt.	640	84	"	Phillip Shackler
372.	Frances Westwardhall, Privt.	640	84	"	
373.	Phillip Shackler, Privt.	640	84		
374.	John Jackson, Privt.	274	36		
375.	Nathaniel Wooten, heir of Alexr. Wooten, Privt.	640	84		Self
376.	William Smith, Privt.	640	84	Dec. 13	Majr. Allen
377.	James Clark, Privt.	274	36		"
378.	William Charlton, Privt.	274	36		"
379.	George Moye, Privt.	228	30		"
380.	Charley Butler, Privt.	228	30		
381.	Thomas Harrison, Privt.	274	36	Dec. 13	
382.	John Kingsbury, Capt. Comdt N. C. Artillery	4,800	84	Dec. 15	" "
383.	George Reynolds, Sergt. Comdt N. C. Artillery	1,000	84	"	" "
384.	David Jones, Corpl. Comdt N. C. Artillery	1,000	84	"	" "
385.	John Sillinaver, a Gunner	640	84		Wm. Patterson of Warren
386.	John Allen, Capt.	1,600	35		" Jas. Gatlent
387.	Reubin Roundtree, Lieut.	1,144	36		" "
388.	Cornelius Ryan, Privt.	640	84		" Self
389.	John Skeen, Privt.	640	84		" "
390.	John Richardson, Privt.	274	36		" "

No.	To whom granted and rank	No. acres	Service in months	Location and to whom deeded and date of warrant. Within the limits of the lands allotted the officers and soldiers of the Continental Line, by Law, 1783, Oct. 14	
391.	Benjamin Easman, Privt.	274	36		Wm. Patterson of Warren Self
392.	Robert Tossitta, Privt.	274	36	Jan. 2,'84	" "
393.	Henry Martin, Privt.	640	84		" "
394.	Thomas Brickle, Capt.	10,970	24	Jan. 6	" Thos. Davis
395.	Shadrach Lasciter, Lieut.	731	24	Jan. 6	" "
396.	Samuel Cooley, Surgeon	1,428	25		" "
397.	Benjamin Coffield, Lieut.	1,607	53		" "
398.	Richard Fenner, Lieut.	2,560	84		" "
399.	Daniel Humphries, Privt.	228	30		" "
400.	Archibald Butt, Drummer	1,000	84		" "
401.	James Rolins, Privt.	274	36	Jan. 6	" Thos. Davis
402.	William Vance, Corpl.	428	36	"	" "
403.	Cornelius Drake, Sergt.	571	48	"	" "
404.	Thomas Lewellin, Privt.	274	36	"	" "
405.	Benjamin Flood, Privt.	640	84	"	" "
406.	Griffith Donge, Sergt.	1,000	84	"	" "
407.	Richard Donge, Privt.	640	84	"	" "
408.	Martin Stricker, Privt.	228	30	"	" "
409.	Isaiah Parr, Privt.	274	36	"	" "
410.	Benjamin Williams, Capt.	1,828	40	"	" "
411.	Noah Parr, Privt.	640	84	"	" "
412.	William Farmer, Privt.	228	30	"	" "
413.	Abram Jinkins, Sergt.	357	30	"	" "
414.	Joab Donge, Privt.	274	36	"	" "
415.	William Thomas, Privt.	640	74	Jan. 7	" Wm. Scott
416.	David Pasmore, Privt.	365	48	"	" Self
417.	Charles Kelley, Sergt.	580	48	"	" David Passmore
418.	Jonathan Richards, Privt.	274	36	"	" Thos. Davis
419.	John Gillum, Heir of Howell Gillum, Sergt.	1,000	84		" "
420.	Andrew Randall, and Caty his heirs, Sergt.	1,000	84		Warrant assigned to Green Hill in presence of McWilliams
421.	John Clinton, Privt.	228	30	"	" Thos. Davis
422.	John Walker, Sergt.	357	30	"	" "
423.	Reuben Smith, Privt.	640	84		" Wm. Mullen
424.	John Sugg, Privt.	274	36	Jan. 22	" "
425.	James Strange, Privt.	274	36	"	" John McNeese
426.	William Nelson, Privt.	640	84		" "
427.	Jesse Nelson, Privt.	640	84		" "
428.	William Ewell, Sergt.	404	33	"	" Self
429.	James West Green, Surgeon	4,800	84		" Thos. Davis
430.	William Green, Privt.	640	84	Jan. 31	" "
431.	John Allen, Administrator of Thos. Allen, Sergt.	2,560	84	Feb. 2	" Self
432.	Walter Allen, Sergt.	912	30		" John Allen
433.	Kedar Phelps, Drummer	1,000	84		
434.	James Phelps, Fifer	1,000	84		" "
435.	Drewry Bynum, Sergt.	1,000	84	Feb. 9	" Self
436.	John Elliot, Privt.	365	48	Feb. 12	Jno. Elliot
437.	Joshua Adcock, Privt.	274	36	"	" "
438.	Abraham Hargis, Privt.	228	30	"	" "
439.	Cornelius Anglin, Heir, Privt.	640	84	"	" "
440.	Edward Deal, Privt.	640	84	Feb. 16	" Capt. McNeese
441.	Timothy Mears, Privt.	640	84	"	" "

No.	To whom granted and rank	No. acres	Service in months	Location and to whom deeded and date of warrant. Within the limits of the lands allotted the officers and soldiers of the Continental Line, by Law, 1783, Oct. 14	
442.	Joshua Tindal, Heir of Frances Nash...............	640	84		Jno. Elliot Capt. McNeese
443.	Jesse Donaldson, Privt..........	640	84		" "
444.	Etheldred Nusum, Privt........	640	84		" Jas. Williams
445.	Marmaduke Barfield, Privt. Decsd. Rch'd Barfield, heir.....	640	84		" I. Glasgow
446.	Wm. Barfield, Heir of Stephen Barfield..................	640	84		" "
447.	The Heirs of Abram Hay, Privt..	640	84		" "
448.	Peter Haddock, Privt..........	640	84	Feb. 19	" Self
449.	John Mackelway, Drummer.....	1,000	84		Jno. Elliot
450.	The Heir of Robert Chermmy, Pt.	640	84	Feb. 20	"
451.	The Heir of John Adcock, Privt...	640	84		"
452.	James Elliot, Privt.............	274	36		"
453.	John Stewart, Privt............	274	36		"
454.	Thomas Cole, Privt............	365	48		" "
455.	Abraham Denny, Privt.........	365	48		" "
456.	David Denny, Privt............	274	36		" "
457.	Thomas McDonald, Privt.......	640	84		" D. Gardner
458.	Demcey Gardner, Privt.........	274	36		" "
459.	The Heir of James Royal, Privt..	640	84		" "
460.	John Bullock, Privt............	228	30	Feb. 23	" James Avera
461.	Drury Bullock, Heir of Balaam Bullock, Privt...............	640	84	"	" "
462.	Drewry Bullock, Heir of John Bullock....................	640	84		" "
463.	The Heir of Moses Bullock	640	84		" "
464.	Samuel Thomas, Privt..........	640	84		" "
465.	William Richardson, Privt.......	640	84		" Ald. Thomas
466.	Burrell Lucy, Privt............	640	84		" "
467.	John Kelley, Privt.............	640	84		" "
468.	William Taylor, Privt..........	274	36		" "
469.	Hosea Gregory, Piivt...........	274	36		"
470.	John Aspley, Dragoon..........	640	84		Thos. Davis
471.	Benjamin Simmons, Sergt.......	428	36	Feb. 23	Self
472.	James Williams, Heir of Thomas Williams...................	640	84	Mar. 1, '84	" Jas. Lanier
473.	Andrew Simpson, Sergt.........	1,000	84		" Self
474.	James Lanier, Wounded, Ensign..	2,560	84	Mar. 3	" "
475.	William Capps, Privt...........	640	84		" Jas. Lanier
476.	Giles Bowers, Privt............	640	84		" W. Caswell
477.	John Davis, Privt..............	640	84		" "
478.	David Willcocks, Privt..........	640	84		" "
479.	Joseph Hudler, Privt...........	274	36		" "
480.	Samuel Hudler, Privt...........	274	36		" "
481.	Joseph Hudler, Senr. Privt......	274	36		" "
482.	John Hudler, Privt............	640	84		" "
483.	William Gray, Privt............	274	36		" "
484.	Corbin Weymouth, Privt........	365	48	Mar. 4	W. Scott
485.	Ezekiel Whaley, Fife Maj........	1,000	84	"	R. White
486.	John Smith, Privt.............	640	84	Mar. 17	" Capt. Barrow
487.	Joseph Gurley, Privt...........	640	84	"	" Self
488.	Matthew Wewley, Privt.........	640	84	"	Jas. Williams
489.	Isaac Hay, Privt...............	365	48		" "
490.	Stephen Chance, Privt..........	365	48	"	Self
491.	Stephen Slade, Lieut...........	2,560	84	Mar. 22,'84	Wm. Street

IN THE AMERICAN REVOLUTION 243

No.	To whom granted and rank	No. acres	Service in months		Location and to whom deeded and date of warrant. Within the limits of the lands allotted the officers and soldiers of the Continental Line, by Law, 1783, Oct. 14	
492.	Arthur Arnold, Privt............	640	84		Wm. Street	Self
493.	Richard Johnston, Sergt.........	428	36		"	"
494.	Luke Bates, Privt..............	640	84	Mar. 25	Montflorance	"
495.	John Baptist Ashe, Lieut. Col.....	4,457	65		"	"
496.	Thomas Duffell, Privt...........	411	54		"	Self
497.	Francis Fox, Privt..............	274	36	Mar. 30	"	"
498.	Sovereighn Blackson, Privt.......	274	36		"	Is. Wms
499.	John Killingworth, Drummer.....	714	60		"	"
500.	James Barfield, Privt............	342	45	Apr. 2, '84	Capt. McNees	"
501.	Ephraim Rogers, Privt...........	274	36		"	"
502.	John Dunagan, Privt............	640	84		"	"
503.	Sarah Benson, wife of Bailey Benson, decsd. Privt...........	640	84		"	"
504.	John Daughtrey, Privt...........	640	84		"	"
505.	Benjamin Powell, Privt..........	640	84	"	"	"
506.	James Hawkins, Privt...........	640	84		Jas. Gatlin	"
507.	Hardy Hawkins, Privt...........	274	36		"	"
508.	Stephen Truit, Privt............	640	84			A. Herring
509.	William Shute, Privt............	640	84		Jas. Person	
510.	William Slade, Lieut............	1,607	54	Apr. 11	"	Jas. Person
511.	Jesse Row, Drummer...........	428	36	Apr. 11	"	Jas. Person
512.	Samuel Pierson, Privt...........	640	84	"	"	
513.	George Row, Privt..............	640	84	Apr. 20	"	Eli Robinson
514.	William White, Privt...........	640	84		"	"
515.	Henry White, Privt.............	228	30		"	Capt. Armstrong
516.	Solomon Malborn, Sergt.........	1,000	84		"	"
517.	David Malborn, Privt...........	274	36		"	"
518.	Martin Trapp, Privt............	640	84		"	"
519.	John Benion, Privt.............	640	84		"	"
520.	John Vickery, Privt.............	640	84		"	"
521.	William Cason, Privt...........	640	84		"	"
522.	William Anderson, Privt........	640	84		"	"
523.	Robert Meeks, Privt............	274	36		"	"
524.	Jacob Robinson, Sergt..........	428	36		"	"
525.	Jeremiah Smith, Privt..........	274	36		"	"
526.	Craffor Johnston, Privt.........	640	84		"	"
527.	Peter Rhem, Sergt..............	428	36		"	"
528.	John Williams, Sergt...........	1,144	36		"	"
529.	John Craddock, Capt...........	3,840	84		"	"
530.	Frederick Blount, Privt.........	640	84		"	Montflorance
531.	George Browning, Sergt.........	1,000	84		"	"
532.	Thomas Scott, Privt............	388	51		"	"
533.	The Heirs of John White, Sergt...	1,000	84		"	"
534.	The Heir of Stephen White, Sgt...	1,000	84		"	"
535.	The Heir of Ephraim Simon......	1,000	84		"	"
536.	The Heirs of William Forrister Pt.	640	84		"	"
537.	The Heir of Archibald Craigge, Pt.	640	84		"	"
538.	Jesse Duncan, Privt............	274	36		"	"
539.	John Handcock, Heir of Isaac Handcock, Sergt..............	1,000	84		" Chas. Robinson	
540.	Joshua Pruite, Privt............	274	36		"	Self
541.	Ransom Prewite, Privt..........	274	36		"	"
542.	James Ives, Privt...............	640	84		"	Maj. Blount
543.	John Hill, Lieut................	2,560	84		"	"
544.	James Moore, Lieut............	2,560	84		"	"
545.	James Mills, Capt..............	3,840	84			

No.	To whom granted and rank	No. acres	Service in months		Location and to whom deeded and date of warrant. Within the limits of the lands allotted the officers and soldiers of the Continental Line, by Law, 1783, Oct. 14	
546.	Levi Wiggins, Privt.............	640	84		Jas. Person Maj. Blount	
547.	Simon Parker, Infirm. Privt.....	640	84		"	Lt. Steed
548.	Jesse Steed, Sergt...............	357	30		"	"
549.	Isaac Howard, Privt.............	274	36		"	"
550.	William Bugg, Privt.............	228	30		"	"
551.	Benjamin Bailey, Capt...........	3,840	84		"	M. Blount
552.	Jacob Messick, Heir of Jacob Messick, Lieut................	2,560	84		"	Col. Brown
553.	Griffith John McRee, Maj........	4,800	84	Apr. 20	Capt. Clark	
554.	Clement Hall, Capt..............	3,840	84		Capt. Armstrong	
555.	Robert McCullock, Heir of Alexander McCullock, Privt....	640	84		" Robt. McCullock	
556.	John Young, Privt...............	228	30		Isaac Hutson	
557.	Jeremiah Perry, Privt............	228	30			Self
558.	James Taylor, Sergt..............	535	45		Capt. Hensbro	
559.	William Burch, Capt. N. C. Art..	1,000	84		"	"
560.	Manlove Tarrant, Capt...........	1,371	30		"	"
561.	William Washington, Heir of Etheldred Washington, Fifer....	1,000	84		"	
562.	Samuel Lockheart, Lt. Col. (discharged on account of his indisposition)................	5,760	84		"	"
563.	Thomas Evans, Capt.............	3,840	84	"	Capt. Craddock	
564.	Richard Martin, Privt............	228	30			Jas. Martin
565.	John Douglass, Privt.............	640	84		" M. Armstrong	
566.	John Smith, dischged on account of inability, Privt...............	640	84		"	"
567.	William Birch, Heir of John Birch, Decsd. Privt.............	640	84		"	"
568.	Joseph Sparepoint, Privt.........	640	84		"	"
569.	Frederick Desern, Privt..........	274	36		"	"
570.	John Lockheart, Q. M. Sergt.....	321	27		" Col. Lockheart	
571.	Matthew Wood, Capt............	1,622	52	Apr. 20	Maj. Montflorance	
572.	John Gouge, Privt. Infirm........	640	84	"	Col. Robinson	
573.	Daniel Hargett, Devism? of Dan Miller a Privt.............	640	84	"	Capt. Hargett	"
574.	Benjamin Messer, Privt..........	274	36		"	"
575.	Felix Simmons, Privt............	274	36		"	"
576.	Phillimon Morriss, Privt.........	274	36	Apr. 21	"	"
577.	Thomas Barritt, Heir of William Barrett.....................	3,840	84	"	Colo. Lockheart	
578.	William Oharion, Privt..........	274	36	"	Geo. Rowland	
579.	David Benton, Privt.............	274	36		"	"
580.	John Matlock, Sergt.............	428	36		"	"
581.	Evan Jones, Heir of John Jones, Sergt...................	1,000	84	Apr. 21	B. Jones	"
582.	Evan Jones, Heir of Thomas Jones, Privt...................	640	84		"	"
583.	Lazarus Jones, Privt.............	352	46		"	"
584.	John Scarf, Privt................	297	39		"	"
585.	Hezekiah Linton, Heir of John Linton, Privt..................	640	84		"	"
586.	Hezekiah Linton, Heir of Jesse Linton, Sergt..................	1,000	84		"	"
587.	Thomas Smith, Privt............	274	36		"	"

IN THE AMERICAN REVOLUTION 245

No.	To whom granted and rank	No. acres	Service in months	Location and to whom deeded and date of warrant. Within the limits of the lands allotted the officers and soldiers of the Continental Line, by Law, 1783, Oct. 14		
588.	Thomas Smith, Heir of Clement Smith, Privt..............	640	84		B. Jones	Col. Lockheart
589.	Zedekiah Sikes, Privt............	274	36		"	"
590.	David Hall, Privt...............	274	36		"	"
591.	Demcey Harrison, Privt.........	383	50		"	"
592.	Samuel Ashe, Capt..............	1,500	33	Apr. 21	Colo. McCullock	
593.	Samuel Ashe, Lieut.............	2,560	84	"	"	"
594.	John Tatum, Privt..............	274	36	"	Chas. Parke	
595.	John Lock, Sergt...............	357	30	"	"	"
596.	David Cozart, Privt............	274	36	"	"	"
597.	James Dowell, Privt............	411	54	"	"	"
598.	William Burns, Heir of John Burnes, Privt................	640	84	"	"	Self
599.	Edmund Gamble Subalt.........	1,158	38		"	"
600.	Elijah Kidwell, Privt..........	640	84	"	Subt. Gamble	
601.	Frederick Reeves, Privt........	228	30	Apr. 21, '84		Self
602.	Willoughby Williams, Heir of James Anderson, Privt. Decsd..	640	84	"	"	
603.	Williams Collins, Privt. Disabled.	640	84	"	Jno Rice	
604.	William Pate, Privt............	274	36	"	Capt. Hargett	
605.	Simon Baris, Privt.............	640	84	"	Jno. Rice	
606.	Joseph Thomas Rhodes, Capt.....	3,840	84	"	Capt. Ivey	"
607.	William Laton, Heir of John Laton	640	84			
608.	William Apperson, Privt........	228	30	"	Colo. Armstrong	
609.	Stephens Garrison, Privt........	640	84		"	Self
610.	James Purkins, Heir of Abraham Purkins....................	640	84		"	Jas. Hutson
611.	Henry Johnston, Privt..........	640	84		Jno. Gray Blount	
612.	Holland Johnston, Sergt........	428	36	Apr. 21	"	Jno. Gray Johnston
613.	William Faunt, Privt...........	640	84		"	"
614.	Jesse Taunt, Drummer..........	1,000	84		"	"
615.	Thomas Taunt, Privt...........	640	84		"	"
616.	Benjamin Chadwick, Privt......	640	84		J. Glasgow	"
617.	Benj. Hodge Blount, Privt......	640	84	"	J. G. Blount	"
618.	Thomas Blount, Privt..........	274	36		"	"
619.	Cornelius Callyham, Privt......	274	36		"	"
620.	Robert Cole, Privt.............	274	36		"	"
621.	John Segrove, Privt............	228	30	Apr. 21	Col. B. Hawkins	
622.	Phinehas Latham, Sergt.........	1,000	84	"	Jno. Gray Blount	"
623.	Jesse Shute, Privt..............	640	84	"	"	
624.	William Linton, Capt...........	1,427	31		Gen. Peison	
625.	Moses Hezard, Privt. Decsd.....	640	84		Colo. Blount	
626.	Robert Calliham, Decsd. Privt....	640	84		"	"
627.	Thomas Fornes, Heir of Jonathan Fornes, Decsd.......	640	84		"	"
628.	Thomas Fornes, Heir of John Fornes, Decsd...............	640	84	"	"	"
629.	James Wall, Sergt. of Artillery....	2,560	84	"	Capt. Kingsburry	"
630.	Robert Douglas, Sergt. of Art.....	2,560	84		"	
631.	Richard Douge, Sergt...........	1,000	84	Apr. 21	Capt. Kingsburry	
632.	Archibald Gray, Sergt..........	1,000	84	Apr. 23	"	"
633.	Laughlin Campbell, Sergt.......	1,000	84	"	"	"
634.	Stephen Linn, Sergt............	1,000	84	"	"	"
635.	Joseph Flemin, Privt...........	640	84	"	"	"
636.	Malachi Russell, Privt..........	640	84		"	"

No.	To whom granted and rank	No. acres	Service in months		Location and to whom deeded and date of warrant. Within the limits of the lands allotted the officers and soldiers of the Continental Line, by Law, 1783, Oct. 14	
637.	Kindle Hislip, Privt............	640	84		Capt. Kingsburry [John Gray Johnston	
638.	David Laws, Privt.............	640	84		"	"
639.	William Campbell, Privt.......	640	84		"	"
640.	Robert Morrison, Privt........	640	84		"	"
641.	Robert Bradley, Privt.........	640	84		"	"
642.	Phillip Burgess, Privt.........	640	84		"	"
643.	James Jimmison, Privt.........	640	84		"	"
644.	Frances Lewes, Privt..........	640	84		"	"
645.	Hancock Nicholes, Privt.......	640	84		"	"
646.	Philip Cake, Privt............	640	84		"	"
647.	Michael Bullin, Privt.........	640	84		"	"
648.	John Thomasson, Privt........	640	84		"	"
649.	John Barnes, Privt............	640	84		"	"
650.	Michael Smith, Privt..........	640	84		"	"
651.	William Teer, Privt............	640	84	Apr. 23	Capt. Kingsburry	"
652.	Michael Nash, Privt...........	640	84		"	"
653.	Obadiah Winnor, Privt........	640	84		"	"
654.	James Row, Fifer..............	1,000	84		"	"
655.	John Wilkerson, Privt.........	640	84		"	
656.	Peter Dummick, Privt..	640	84		"	
657.	David Adkins, Privt...........	640	84		"	
658.	William Stewart, Privt.........	640	84		"	
659.	John Francks, Privt...........	640	84		"	
660.	Thomas Farnes, Heir of William Farnes, Privt................	640	84	"	Col. Blount	
661.	William Riardon Dennis, his Heir, Sergt.................	1,000	84		" Reuben Searey	
662.	Benjamin Smith, Sergt..........	428	36		Self	
663.	The heir of Hugh Curren, Decsd. Privt................	640	84	"	"	
664.	The heir of Elisha Curren, Decsd. Privt................	640	84	"	"	
665.	Jonathan Loomes, Surgeon.......	3,942	69	Apr. 25	Jno. Gray Blount	
666.	Charles Hood, Privt............	274	36		" Self	
667.	George Smith, Privt...........	274	36		" James Coartney	
668.	John Foddes, Heir of James Foddes, Privt................	640	84	Apr. 26	" Self	
669.	Thomas Estridge, Privt........	640	84		" Majr. Tatum	
670.	Joseph Sharpe, Sergt...........	428	36		" Self	
671.	George Cole, Privt............	274	36	Apr. 26	" "	
672.	Franklin Truitt, John Eckland his heir....................	640	84	"	Capt. Ferebee	"
673.	Joshua Forbis, Sergt...........	428	36		"	"
674.	Joseph Ferebee, Capt..........	1,371	30		"	"
675.	Thomas Hambleton, Heir to Hanes Hambleton, Surgeon...	4,800	84	"	Thos. Hamilton	
676.	William McIntire, Privt.........	640	84	"	Self	
677.	William Cole, Privt............	274	36	"	Gen. Person	
678.	John Collins, Sergt............	428	36	"	Eli West	
679.	Charles Oneal, Lieut...........	853	28	"	Self	
680.	Thomas Fletcher, Sergt.........	580	48	"	Capt. Ferebee	
681.	John Robinson, Heir of Jesse Robison, Privt...............	640	84	"	Jno. Robeson	
682.	Joseph King, Privt............	274	36	"	Wm. Ward	
683.	Adam Tate, Heir of Joseph Tate, Capt..................	3,840	84	"	A. Tate	

No.	To whom granted and rank	No. acres	Service in months	Location and to whom deeded and date of warrant. Within the limits of the lands allotted the officers and soldiers of the Continental Line, by Law, 1783, Oct. 14		
684.	William Aldridge, Privt........	228	30	Apr. 26	Daniel McMahon	
685.	William Gibson, Privt..........	640	84	"		Self
686.	William Collins, Heir of Charles Collins, Privt................	640	84	"	Jno. Rice	
687.	William Ferebee, Capt..........	3,062	67	"	Capt. Ferebee	
688.	James Caruthers, Privt.........	274	36	"	Alex. Wilson	
689.	Thomas Caruthers, Privt........	274	36	Apr. 27	"	"
690.	James Bradley, Privt...........	274	36	"		"
691.	Peggey Hart, Heir of Thomas Hart, Privt..................	640	84	"	Col. McCullock	
692.	William Lomax, Privt...........	274	36	"	Alex. Nelson	
693.	Benjamin Carter, Capt.........	3,840	84	"	Mjr. Nelson	"
694.	Charles Alexander, Lieut.......	914	30			
695.	John Reddin, Privt.............	228	30	Apr. 29	Col. Lewis	
696.	Jesse Boyce, Privt.............	236	31	"	Col. H. Murfree	
697.	John Madry, Corpl.............	333	28	"	"	"
698.	Snoden Johnston, Heir of Richard Johnston...................	640	84	"	"	"
699.	Jeremiah Pierce, Heir of Thomas Pierce...............	640	84	"	"	"
700.	Elizabeth Ray, Heir of Stephen Ray................	640	84		"	"
701.	William White, Privt...........	274	36	"	Col. Lewis	
702.	Nancey & Elizabeth Reardon, Coheirs of Dudley Reardon....	640	84		"	"
703.	Zadock Williams, Privt.........	280	37	"	"	"
704.	James Pulley, Privt............	228	30	"	"	"
705.	Chloe Goodman, Heir of Wm. Goodman...................	640	84	"	"	"
706.	Nicholas Tyner, Privt..........	266	35	"	"	"
707.	Arthur Tyner, Privt............	274	36	"		"
708.	Thomas Lassiter, Privt.........	640	84	"	Col. Murfree	"
709.	Elizabeth Underwood & Mourning Wheeler, Coheirs of Empery Wheeler....................	640	84		"	"
710.	John Ramsay, Heir of Mills Ramsay....................	640	84	"	"	"
711.	Demcey Lassiter, Heir of Jacob Lassiter...................	640	84		Col. Murfree	
					"	"
712.	John B. Hammond, Sergt.......	357	30		"	"
713.	Solomon Howard, Privt.........	228	30			
714.	Joseph Holland, Heir of Wm. Holland, Privt...............	640	84		"	"
715.	Joseph Holland, Heir of Josiah Holland, Privt...............	640	84			"
716.	John Baker, Capt..............	1,462	32		"	"
717.	Jane Manley, Heir of Allen Manley....................	640	84		"	"
718.	John Williams, Heir of Theophilus Williams..........	640	84		"	"
719.	Josiah Jones, Drummer.........	1,000	84		"	"
720.	John Williams, Privt...........	274	36			
721.	James Coalston, Privt..........	274	36	"	Col. Murfree	"
722.	James Smith, Privt.............	640	84		"	"
723.	Alexander Flood, Privt.........	304	40		Col. Murfree	"
724.	John Pearce, Heir of James Pearce	640	84		"	"

No.	To whom granted and rank	No. acres	Service in months	Location and to whom deeded and date of warrant. Within the limits of the lands allotted the officers and soldiers of the Continental Line, by Law, 1783, Oct. 14	
725.	John Pearce, Heir of Hardy Pearce	640	84		Col. Murfree	Self
726.	Jacob Rochal, Heir of Isaiah Rochell	640	84		"	"
727.	David Pen, Heir of Arthur Pen...	640	84		"	"
728.	Samuel Budd, Capt.............	3,840	84		"	"
729.	Nathan Mann, Heir of John Mann	640	84		"	"
730.	Matthew Wiggins, Privt........	274	36		"	"
731.	Adam Purkins, Privt............	640	84	Apr. 29 "	Col. Murfree	"
732.	Sarah Horton, Heiress of James Horton.......................	640	84		"	"
733.	William Bryan, Privt...........	274	36		"	"
734.	Daniel Johnston, Privt..........	274	36		"	"
735.	Robert Carter, Privt............	228	30		"	"
736.	Anthony Garnes, Heir of Jeffrey Garnes.......................	640	84		"	"
737.	Robert Leadon, Heir of John Leadon.......................	640	84		"	"
738.	Shadrach Holmes, Privt.........	228	30		"	"
739.	Isaac Rhodes, Privt.............	228	30		"	"
740.	James Bradley, Capt............	1,280	28		"	"
741.	James Ferges, Surgeon..........	4,800	84		"	"
742.	William McClure, Surgeon.......	4,800	84		"	"
743.	The Heir of Philip Whitsell, Drummer.....................	1,000	84	Apr. 29	Maj. Nelson	"
744.	The Heir of Peter Duffell, Privt...	640	84	"	"	
745.	Jeremiah Reardon, Privt.........	274	36	"	"	
746.	The Heir of John Gunn, Drummer	1,000	84	"	Alex. Gunn	
747.	Alexander Gunn, Non Commissioned Officer..............	1,000	84	"	Self	
748.	James Marr, Heir of John Marr, Jun. decsd....................	640	84	"	"	
749.	John Marr, Senr. Privt..........	335	44	"	"	
750.	Frederick Rigsbey..............	274	36	"	"	
751.	Thomas Barnes, Senr. Burwell his heir, Privt................	640	84	"		
752.	Joel Ramsey, Privt..............	274	36	"	Col. M. Armstrong	
753.	Fountain Jordan, Privt..........	640	84	"	W. Williams	
754.	The Heir of Francis Nash, Brig. Gen......................	12,000	84	"	Montflorance	
755.	James Deal, L. Dragoon.........	274	36	"	Self	
756.	Daniel Bullock, Sergt...........	1,000	84	"	Capt. Sharpe	
757.	Major May, Privt...............	640	84	"	Thomas May	
758.	Thomas May, Privt.............	274	36	"	"	"
759.	Mary Pain Elizabeth & Sarah Fenton, Coheirs of Caleb Fenton, dead.................	640	84	"	Capt. I. Ferebee	
760.	Alexander Brevard, Capt........	3,840	84	"	Maj. T. Poke	
761.	Joseph Brevard, Lieut..........	2,560	84		"	"
762.	Peter Duffey, Privt.............	640	84	"	Is. Pickard	
763.	Nathan Tomson, Privt..........	640	84		"	
764.	Hugh Hueston, Privt...........	274	36	"	Maj. Nelson	
765.	David Dodd, Privt..............	274	36	"	Colo. Love	"
766.	James Britnall, Privt...........	274	36		"	
767.	Hugh McDaniel, Heirs. Sergt.....	1,000	84		Self	
768.	Elizabeth & Laughlin Flynn, Coheirs of Thomas Flynn, Privt...	640	84		" Maj. Dauherty	

IN THE AMERICAN REVOLUTION 249

No.	To whom granted and rank	No. acres	Service in months	Location and to whom deeded and date of warrant. Within the limits of the lands allotted the officers and soldiers of the Continental Line, by Law, 1783, Oct. 14	
769.	Peter Ferguson, Privt............	228	30		Colo. Love
					Maj. Dauherty
770.	William Whitehead, Privt........	228	30		" "
771.	William Pafford, Privt...........	640	84	Apr. 30	Maj. Dauherty
772.	Nancey Butts, heiress of Wm. Butts, Privt..................	640	84	"	Capt. Wm. Algood
773.	Thomas Rutler, Heir of Joseph Rutler, Privt..................	640	84	"	" "
774.	Reuben Mitchell, Heir of John Mitchell, ecsd.................	640	84	"	" "
775.	George Elmoure, Privt...........	274	36	"	Self
776.	Benjamin Thomas, Privt..........	640	84	"	T. Thomas
777.	Duncey Campbell, Heir of Solomon Campbell.............	640	84	"	Is. Phillips
778.	The Heirs of Samuel Nicholas....	1,000	84	"	Gen. Gregory
779.	Robert Brownfield, Surgeon of the militia by virtue of an act of Assembly...................	1,000		"	Alexander
780.	Nathan Alexander, Srgt. of Militia by virtue of an act of the assembly	1,000			
781.	Valentine Lucas, Privt...........	228	30	Apr. 30	Robt. Parker
782.	The heirs of Joseph Copeland, Pt.	640	84	"	M. Ramsey
783.	Robert King, Heir of George King	640	84	"	Gen. Person
784.	The heirs of Thomas Sinclear, Pt..	640	84	"	John Armstrong
785.	Robert Eccart, Fife Majr........	297	25	"	Maj. Walker
786.	Martin Cross, Drum Majr........	607	37	"	"
787.	John Brown, heir of Clement Brown......................	640	84	"	Abm. Brown
788.	James Berry, heir of Robert Berry.	640	84	"	Col. Brown
789.	Lawrance Thomson, Capt........	1,806	39	May 4	Lt. Gamble
790.	Thomas Robeson, Privt..........	274	36	"	Self
791.	John Cockram, Privt............	228	30	"	"
793.	John Kirk, Privt................	274	36	"	Maj. Nelson
793.	John McCoy, Sergt.............	1,000	84	"	Col. Thakston
794.	William Campbell, Privt.........	640	84	"	Capt. Gillespie
795.	Joseph Case, Privt..............	274	36	May 5	Jno. Humphrey
796.	William Dillard, Privt...........	228	30	"	Col. Robeson
797.	Richard Thomas, Privt..........	228	30	"	Gen. Person
798.	Francis Fordene, Sergt..........	428	36	"	Self
799.	John Brown, Capt..............	317	38	"	Col. Brown
800.	Thomas Right, Privt............	274	36	"	Thos. Haires
801.	Osborn Dillard, Privt...........	228	30	"	Jno. Dillard
802.	William Starkey, Privt..........	640	84	May 6	Capt. Donohoe
803.	Henry Hicks, Privt.............	640	84	"	"
804.	John Clendennon, Lt............	2,560	84	"	Self
805.	Nathan Orr, heir of Charles Orr..	640	84	May 7	Col. Irwin
806.	James Turner, heir of Jacob Turner, Capt.................	3,840	84	"	Gen. Person
807.	John Dillard, Sergt.............	357	30	"	Self
808.	Julius King, heiress of James King	640	84	"	Col. Armstrong
809.	Charles Bailey, Privt............	640	84	May 8	M. Cole
810.	Randolph Humphress, Privt.....	640	84		{This warrant transfer'd to Martin Cole, from Cole to Willoughby Williams, from Williams to Green Hill, the warrant be made in Hill's name

No.	To whom granted and rank	No. acres	Service in months	Location and to whom deeded and date of warrant. Within the limits of the lands allotted the officers and soldiers of the Continental Line, by Law, 1783, Oct. 14	
811.	Andrew Bay, Sergt. Maj.........	357	30	May 8	Maj. Nelson
812.	Samuel Burton, Privt............	228	30	"	Maj. Brock
813.	Thomas Stephens, Privt.........	640	84	"	Maj. Nelson
814.	Alexander Ramage, Privt........	640	84	"	Thos. Thompson
815.	Thomas Seskon, Privt...........	640	84	"	"
816.	Thomas Thompson, Privt........	640	84	"	"
817.	The heirs of William Thompson, Privt. dcsd....................	640	84	"	"
818.	Robert Caper, Sergt.............	1,000	84	"	"
819.	Drewry Bass, Privt..............	243	32	May 10	Col. Thomas
820.	David Ivey, Privt................	274	36	"	Self
821.	Benjamin Bridges, Privt.........	274	36	May 11	Montflorance
822.	John Mires, Privt................	274	36	"	Self
823.	Frances Therrogood, Corpl......	773	65	"	"
824.	Benjamin Davis, Privt...........	376	51	"	Lt. Linton
825.	William Sexton, Privt............	640	84	"	"
826.	Thomas Sawyer, Privt...........	274	36	"	"
827.	John Jinnings, Privt.............	365	48	May 12	"
828.	Silas Linton, Privt...............	640	84	"	"
829.	Robert Cartwright, Privt........	640	84	"	"
830.	Joseph Cartwright, Privt........	640	84	"	"
831.	James Gambling, Privt..........	350	46	"	"
832.	Caleb Merchant, Privt...........	274	36	"	"
833.	Jeremiah Seston, Privt..........	640	84	"	"
834.	James Overton, Privt............	365	48	"	"
835.	Sanders Cook, Privt.............	640	84	"	"
836.	Thomas Cartwright, Privt.......	640	84	"	"
837.	Elisha Davis, Privt..............	365	48	"	"
838.	John Koen, Corpl................	571	48	"	"
839.	John Barcot, Privt...............	365	48	"	"
840.	Jesse Harrison, Privt............	274	36	May 12	Lt. Linton
841.	Robert Jordan, Privt.............	640	84	"	"
842.	Alexander Torrentine & John his heir, Privt.....................	640	84	"	John Turrentine
843.	John Robinson, Heir of Jesse Robinson, dead, Corpl.........	1,000	84	"	Col. Lytle
844.	Abram Jones, Heir of Brinson Jones, Privt...................	640	84	"	Capt. Jones
845.	Robert Vernon, Lieut............	1,280	42	"	Robert Rowan
846.	Charles McKinney, Privt........	640	84	"	The Revd. Boyd
847.	Archibald Martin, Privt.........	297	39	"	Maj. Willson Self
848.	John McGlaughlin, Privt........	274	36	"	"
849.	John Umstead, Heir of John Lytterall, Lieut. Col...........	2,262	33	May 13	Jno Umsted
850.	The Heirs of Abel Mosslander....	2,560	84	"	Col. Jno. Armstrong
851.	Elijah Roberson, allowed by the assembly for service as Sergt....	960		"	" Self
852.	James Russell....................	357	30	"	Maj. McGurkin
853.	John Story, Heir of Caleb Story..	640	84	May 14	Maj. Mays
854.	The Heirs of William Story......	640	84	"	" "
855.	The Heirs of Luke Searcey, Privt.	640	84	"	Jno. Searcey
856.	James Durning, Sergt............	428	36	"	McGeeking
857.	John English, Privt..............	640	84	"	Col. Lewis
858.	Lieut. Col. John Armstrong, Heir of Richard White.........	327	43	"	Col. Armstrong

IN THE AMERICAN REVOLUTION 251

No.	To whom granted and rank	No. acres	Service in months		Location and to whom deeded and date of warrant. Within the limits of the lands allotted the officers and soldiers of the Continental Line, by Law, 1783, Oct. 14	
859.	Samuel Glaze, Heir of Jonathan Glaze, Corpl..................	1,000	84		May 14	M. Hunter
860.	Henry Singleton, Privt...........	640	84		"	Col. Randal
861.	James Williams, Heir of Herbert Williams, non commissioned officer	1,000	84		May 14,'84	Jas. Williams
862.	Adam Wright, Fifer.............	1,000	84		"	Jas. Mebane
863.	Abner Lamb, Lieut.............	2,560	84		"	Col. Benj. Hawkins
864.	Jesse Lane, Privt..............	640	84		"	"
865.	Morgan Drury, Privt...........	640	84		"	Mijurking
866.	John Drewry, Privt............	640	84			" "
867.	Humphrey Garland, Privt.......	228	30		"	Col. E. Robertson
868.	Anthony Hart, Lieut...........	2,194	72			Col. Murfree
869.	George Marshall, Privt.........	228	30			"
870.	Thomas Calender, Capt.........	3,840	84			"
871.	Gales Carter, Privt.............	274	36		May 14	"
872.	Lewis Brown, Heir of Benjamin Brown, Privt.................	640	84			"
873.	James Smith, Heir of Joseph Smith	640	84			"
874.	Thomas Jimmason, Privt........	228	30		May 18	Col. A. Lytle
875.	William James, Privt...........	640	84		"	Self
876.	John Callahan, Privt...........	640	84		"	" "
877.	John Crabtree, Privt...........	640	84		"	"
878.	The Heir of Thomas Brukins.....	640	84		"	"
879.	Samuel Chapman, Capt.........	3,291	72			Self "
880.	John McAlister, Privt...........	274	36		May 19	Wm. Armstrong "
881.	Phileman Bristes, Privt.........	228	30		"	R. Sugg "
882.	Willis Spann, Privt.............	228	30			" "
883.	Clabern Harris, Privt...........	640	84			" "
884.	William Lock, Privt............	640	84			" "
885.	Charles Bright, Non. com. officer.	1,000	84			" "
886.	Gidean Akins, Non. com. officer..	1,000	84			" "
887.	France Law, Non. com. officer....	1,000	84			" "
888.	Benjamin Mott, Non. com. officer	1,000	84			" "
889.	David Ambrose, Non. com. officer	1,000	84			" "
890.	Henry Miller, Non. com. officer ..	1,000	84			" "
891.	William Cole, Non. com. officer..	1,000	84		May 18	" "
892.	Demcey Bryan, Non. com. officer.	1,000	84		May 19	Col. A. Lytle "
893.	James Sisk, Privt..............	640	84			"
894.	Cogerton Motte, Privt..........	640	84			"
895.	Isaac Clark, Privt..............	640	84		"	Colo. A. Lytle
896.	Arthur McDonald, Privt.........	640	84			" "
897.	James Hagins, Privt............	640	84			"
898.	Shadrach Cummins, Privt......	640	84			"
899.	Benjamin Blount, Privt.........	640	84			"
900.	Samuel Simpson, Privt.........	640	84			"
901.	Levi Coulter, Privt.............	640	84		May 19,'84	"
902.	Caleb Jordan, Privt............	640	84			"
903.	Cesar Sante, Privt.............	640	84			"
904.	Richard Hardick, Privt.........	640	84			"
905.	John Sheppard, Privt...........	640	84			"
906.	Isaac Lewis, Privt..............	640	84			"
907.	John Lee, Privt................	640	84			"
908.	John Leech, Privt..............	640	84			"
909.	William Faithfull, Privt.........	640	84			"
910.	Benjamin Rivers, Privt.........	640	84			"
911.	Robert Lewis, Privt............	640	84			"

No.	To whom granted and rank	No. acres	Service in months	Location and to whom deeded and date of warrant. Within the limits of the lands allotted the officers and soldiers of the Continental Line, by Law, 1783, Oct. 14
912.	John Grayham, Privt.	640	84	Colo. A. Lytle
913.	Robert Marlo, Privt.	640	84	"
914.	Lott Watson, Privt.	640	84	"
915.	William Ryal, Privt.	640	84	"
916.	Daniel Reymond, Privt.	640	84	"
917.	Spencer Spiers, Privt.	640	84	"
918.	Roger McRaee, Privt.	640	84	"
919.	Hugh McCann, Privt.	640	84	"
920.	Solomon Middleton, Privt.	640	84	"
921.	John Faulks, Privt.	640	84	"
922.	William Crosley, Privt.	640	84	"
923.	Benjamin White, Privt.	640	84	"
924.	Joel Paybourn, Privt.	640	84	"
925.	John Wilcox, Privt.	640	84	"
926.	James Bond, Privt.	640	84	"
927.	John Gill, Privt.	640	84	"
928.	James Tucker, Privt.	640	84	"
929.	Abraham Vaughn, Privt.	640	84	"
930.	Thomas Brown, Privt.	640	84	"
931.	John Dowd, Privt.	640	84	"
932.	Daniel McFalter, Privt.	640	84	"
933.	Nehemiah Pearcy, Privt.	640	84	"
934.	John Carter, Privt.	640	84	"
935.	Robert McKinnie, Privt.	640	84	"
936.	John Platt, Privt.	640	84	"
937.	William Brown, Privt.	640	84	"
938.	William Burnet, Privt.	640	84	"
939.	John Ellis, Privt.	640	84	"
940.	John Stringer, Privt.	640	84	"
941.	Richard Roberts, Privt.	640	84	"
942.	Caleb Thomas, Privt.	640	84	"
943.	Richard Straughon, Privt.	640	84	"
944.	Sampson Sikes, Privt.	640	84	"
945.	David Sweat, Privt.	640	84	"
946.	Joseph Voss, Privt.	640	84	"
947.	John Campen, Privt.	640	84	"
948.	William McKinney, Privt.	640	84	"
949.	Matthias Egner, Privt.	640	84	"
950.	William Price, Privt.	640	84	"
951.	Sykes Garris, Privt.	640	84	"
952.	Edmund King, Privt.	640	84	"
953.	Solomon Waters, Privt.	640	84	"
954.	Cornelius Ryon, Privt.	640	84	"
955.	John Etherige, Privt.	640	84	Col. A. Lytle
956.	William Couch, Privt.	640	84	Col. Chas. Robeson
957.	Stephen Merritt, Heir of Benjamin Merritt, died.	640	84	Maj. R. Searcey
958.	The heir of Christopher Gooden, Capt.	3,840	84	Colo. Brown C.———
959.	John King, Privt.	274	36	Lt. Clendennen
960.	David Kenedy, Privt.	640	84	Col. Robt. Rone
961.	William Cruise, Privt.	640	84 May 20,'84	"
962.	Henry Hughes, Privt.	640	84 "	"
963.	Willis Smith, Privt.	640	84 May 21	Self
964.	The Heir of James Oneal.	640	84	Mr. Dobbins
965.	The Heir of William Hurt.	640	84	Chas. Parker

No.	To whom granted and rank	No. acres	Service in months		Location and to whom deeded and date of warrant. Within the limits of the lands allotted the officers and soldiers of the Continental Line, by Law, 1783, Oct. 14	
966.	The Heir of George Adcock	640	84		Mr. Parks	
967.	The Heir of Richard Vaughan	640	84		"	Self
968.	The Heir of Gideon Lamb, Colo.	6,171	72		Col. B. Hawkins	
969.	John Ferrell, Privt	274	36	May 21	"	Self
970.	James Britain, Privt	274	36	"	"	"
971.	Phillip Britain, Privt	274	36		Jas. Brittain	
972.	Samuel Chappell, Privt	274	36		Capt. Lytle	
973.	Thomas Gennings, Privt	365	48		"	
974.	Marmaduke Moore, Privt	640	84		"	
975.	Thomas Saydon, Privt	274	36		"	
976.	Isaac Rolston, Lieut	1,240	36	"	Capt. R. Rolston	
977.	John Carter, Heir of Humphrey Carter, Privt	640	84	"	Mourning Anderson	
978.	William Hood, Privt	274	36	"	"	Self
979.	Joshua Harvey, Privt	640	84		Capt. Budd	
980.	William Madry, Sergt	357	30		Wm. Manley	
981.	Absalom Burgess, Sergt	1,000	84	May 21,'84	"	
982.	John Chumney, Sergt	428	36		James Brown	
983.	Thomas Kelley, Privt	274	36		"	"
984.	James Douge, Sergt	1,000	84		Capt. Jas. Ferebee	
985.	William Fletcher, Sergt	1,000	84		"	"
986.	Thomas Monerciff, Privt	274	36		"	
987.	Lazarus Flowron, Privt	274	36		"	
988	Richard Flowron, Privt	274	36		"	
989.	William Thompson, Sergt	428	36		"	
990.	Willibee Jarvis, Privt	274	36		"	
991.	William Parr, Privt	274	36		"	
992.	Charles Griggs, Privt	274	36		"	
993.	Thomas Campbell, Privt	274	36		"	
994.	Jolley Holstead, Privt	274	36		"	
995.	Henry Hannus, Privt	274	36		"	
996.	Peter Poyner, Privt	274	36		"	
997.	John Garrell, Sergt	440	36		"	
998.	John Collens, Privt	274	36		"	
999.	Byrd Braswell, Privt	228	30	May 24,'84	Col. Ramsey	
1000.	Isaac Burnham (an invalid) Pt.	640	84		Ben Jones	
1001.	William Long, Privt	640	84	May 24	Thos. Nelson	
1002.	James Anthoney, Privt	640	36		Col. Wm. Lewis	
1003.	Robert Rolston, Capt	1,097	24	"	"	Self
1004.	The Heir of Leonard Davis, Pt.	640	84	"	Lt. Spearpoint	
1005.	Jacob Cleon, Sergt	358	30	May 26	Col. Lytle	
1006.	John Boggs, Privt	274	36		"	
1007.	Hugh Parks, Privt	274	36		"	
1008.	Alexander McCaul, Privt	640	84		"	
1009.	Archibald McCauld, Privt	640	84		"	
1010.	Matthew Cates or (o), Privt	274	36		"	
1011.	Edward Woodman, Privt	228	30	May 26	"	
1012.	Burwell Smith, Sergt	1,000	84		"	"
1013.	David Wheeler, Corpl	1,000	84		"	
1014.	Asel Nocks, Privt	640	84	May 26	Col. A. Lytle	
1015.	Davey Conner, Privt	640	84	"	"	
1016.	Thomas Farrow, Privt	640	84	"	"	
1017.	Michael Mullen, Privt	640	84	"	"	
1018.	George Ginnis, Privt	640	84	"	"	
1019.	Joseph Massey, Privt	640	84	"	"	
1020.	Jeremiah Waters, Privt	640	84	"	"	

No.	To whom granted and rank	No. acres	Service in months	Location and to whom deeded and date of warrant. Within the limits of the lands allotted the officers and soldiers of the Continental Line, by Law, 1783, Oct. 14	
1021.	Abraham Jones, Privt	640	84	May 26	Col. A. Lytle
1022.	Stephen Smith, Privt	640	84	"	"
1023.	John Blainer, Privt	640	84	"	"
1024.	Edmund Cummins, Privt	640	84	"	"
1025.	Richard Phillips, Privt	640	84	"	"
1026.	Noel Rileet, Privt	640	84	"	"
1027.	Stephen Towell, Privt	640	84	"	"
1028.	Joseph Baxley, Privt	640	84	"	"
1029.	William Philips, Privt	640	84	"	"
1030.	Lewis Lowell, Privt	640	84	"	"
1031.	Obadiah Wainwright, Privt	640	84	"	"
1032.	William Reynolds, Privt	640	84	"	"
1033.	William Adams, Privt	640	84	"	"
1034.	Joseph Baker, Privt	640	84	"	"
1035.	John Colants, Privt	640	84	"	{Deeded to Govr Cherry of Martin County, 4th Dec. 1795.
1036.	Dudley Williams, Privt	640	84	"	"
1037.	Marmaduke Vickers, Privt	640	84	"	"
1038.	Samuel Finney, Privt	640	84	"	"
1039.	Joel Copeland, Privt	640	84	"	"
1040.	Alexander Gill, Privt	640	84	"	"
1041.	Jacob Gerrard, Privt	640	84	May 26	Col. A. Lytle
1042.	John Killon, Privt	640	84	"	"
1043.	John Gervis, Privt	640	84	"	"
1044.	John Fuller, Privt	640	84	"	"
1045.	John Grimmage, Privt	640	84	"	"
1046.	Edward Newton, Privt	640	84	"	"
1047.	William Dobbins, Privt	640	84	"	"
1048.	Robert Dean, Privt	640	84	"	"
1049.	John McVery, Privt	640	84	"	"
1050.	Edward Williams, Privt	640	84	"	"
1051.	John Sullivan, Privt	640	84	"	"
1052.	James Faulks, Privt	640	84	"	"
1053.	Clemen Ferrell, Privt	640	84	"	"
1054.	Frederick Flood, Privt	640	84	"	"
1055.	James Scarlet, Privt	640	84	"	"
1056.	David Driskell, Privt	274	36		Self
1057.	James Segare, Privt	365	48	May 27,'84	"
1058.	William Duke, Sergt	357	30		Brother
1059.	Theophilus Pearce, Privt	640	84		Capt. A. Lytle
1060.	Thomas Evins, Privt	640	84	"	"
1061.	William Morgan, Sergt	1,000	84	May 28	"
1062.	James Johnston, Sergt	1,000	84	"	Capt. Clendennen
1063.	David Pooe, Privt	640	84		"
1064.	William Morris, Privt	640	84		Self
1065.	Isaac Gateley, Privt	640	84		John Willson
1066.	William Walker, Privt	640	84		David Pasmore
1067.	Peter Rainey, Privt	640	84		Wm. T. Lewis
1068.	Thomas Reason, Privt	274	36		Capt. Alford
1069.	John McCoy, Privt	640	84		M. Cole
1070.	John Henry, Privt	640	84		"
1071.	Thomas Buncombe, Heir of Edward Buncombe, Colo	7,200	84	"	Col. Murfree
1072.	Andrew Hoddock, Heir of Henry Hicks	640	84		A. Haddock

IN THE AMERICAN REVOLUTION

No.	To whom granted and rank	No. acres	Service in months	Location and to whom deeded and date of warrant. Within the limits of the lands allotted the officers and soldiers of the Continental Line, by Law, 1783, Oct. 14		
1073.	Joseph Royal, Privt............	640	84		M. Cole	
1074.	Joel Joyner, Privt.............	640	84	May 28	"	
1075.	Andrew Haddock, Sergt.......	1,000	84		"	Self
1076.	William Ferrell, Heir of Edward Ferrell..............	640	84		Wm. Ferrell	
1077.	John Hall, Heir of Thomas Hall, Lieut.................	2,560	84		Colo. McClain	
1078.	Thomas Davis, Sergt..........	642	52		Capt. Davis	
1079.	Benjamin Hodges, Sergt.......	1,000	84		McGunken	
1080.	Spencer Donaldson, Drummer...	428	36		"	
1081.	John Deal, P.ivt..............	380	50		"	
1082.	William Mullen, Privt.........	365	48		"	
1083.	Richard Meallen, Privt........	365	48		"	
1084.	Robert Thomas, Sergt.........	428	36		"	
1085.	Isaac Moore, Capt............	3,840	84		"	
1086.	Miles McShehe, Lieut.........	2,560	84		"	
1087.	Levi Barker, Privt............	640	84		Mr. Jno. Rice	
1088.	Jacob Lane, Privt.............	274	36		Lt. Nat. Williams	
1089.	William Farrow, Privt.........	228	30		James Comer	
1090.	Francis Wilks, Privt..........	228	30		"	
1091.	Samuel Gray, Privt...........	640	84	May 28	Capt. A. Herring	
1092.	John Tilghman, Privt..........	274	36	"	"	
1093.	William Gray, Privt...........	640	84	"	"	
1094.	James Hutchens, Privt........	640	84	"	"	
1095.	Simon Totevine, Heir of Coleburn Totevine, Sergt. dcsd....	1,000	84	"		Self
1096.	Francis Sumner, Privt.........	274	36	"		"
1097.	Matthew Hearon, Privt........	640	84			"
1098.	John Smith, Privt.............	640	84			"
1099.	Bellitha Tilghman, Sergt.......	1,000	84		Capt. Shute	
1100.	William Tilghman, Privt.......	640	84		"	
1101.	Simon Totevine, Heir of Winder Totevine...................	640	84	May 28,'84	Capt. Simon Totevine	
1102.	William Becks, Ensign.........	1,096	36	"		Self
1103.	Mark Haycraft, Privt..........	640	36		Capt. Herren	
1104.	James Standley, Privt.........	274	36		"	
1105.	Robert Standley, Sergt.........	428	36		"	
1106.	Samuel Stringer, Sergt.........	571	48		"	
1107.	Benjamin Reaves, Privt........	640	84		"	
1108.	Silas Gray, Privt..............	640	84		John McNeese	
1109.	William Feloes, Sergt..........	1,000	84	"		Self
1110.	Thomas Guinn, Privt..........	365	48		Mc Williams	
1111.	Azariah Meafee (McAfee) Privt..	640	84	"	"	
1112.	Isaac Carter, Privt............	274	36		Jno. Allen	
1113.	John Caldwell, Privt..........	389	51			Self
1114.	John Smith, Privt.............	640	84			"
1115.	Benjamin Smith, Privt.........	274	36		McWilliams	
1116.	Gideon Pettit, Fifer...........	428	36	July 14,'84		Self
1117.	Joel Whitehouse, Privt........	274	36	July 17		"
1118.	The Heir of Jesse Taylor, Privt..	640	84	July 22	Sam Motlady	
1119.	Samuel Pope, Privt............	274	36	July 25	Jas. Williams	
1120.	William Pridgeon, Privt........	274	36		"	
1121.	John Hodges, Lieut...........	792	26	"	"	
1122.	Daniel White, Privt...........	228	30		"	
1123.	Anthony Diggs, Lieut..........	1,097	36	July 28	"	
1124.	Stephen Ewell, Sergt..........	523	44		"	

No.	To whom granted and rank	No. acres	Service in months	Location and to whom deeded and date of warrant. Within the limits of the lands allotted the officers and soldiers of the Continental Line, by Law, 1783, Oct. 14	
1125.	The Heir of John Bratcher, Pt...	640	84	July 28	Capt. Wm. Bush Self
1126.	Mason Broom, Privt............	274	36		Sam Holliday
1127.	Philemon Chance, Privt........	274	36		"
1128.	The Heir of James Stradley, Pt..	640	84		"
1129.	John Weaver, Privt.............	640	84		"
1130.	Robert Henderson, Pri. & Sergt..	307	30	July 31,'84	Self
1131.	James Harris, Privt............	228	30	Aug. 2, '84	Bartholomew Kelly
1132.	Lewis Bailey, Privt............	228	30	"	"
1133.	The Heir of Burwell Collins, Pt..	640	84		Saml. Parker
1134.	The Heir of Dilliard Collins, Pt..	640	84		"
1135.	The Heir of John Stovealls, Pt...	640	84		"
1136.	John Berten, Corpl.............	1,000	84		"
1137.	Peter Williams, Sergt...........	1,000	84		"
1138.	William Cronister, Privt........	640	84		"
1139.	Patrick Foy, Corpl.............	1,000	84		"
1140.	Samuel Johnston, Privt.........	185	24		"
1141.	John Psowdford, Privt..........	640	84	Aug. 2, '84	"
1142.	William Hudlestone, Privt......	640	84	"	"
1143.	Robert Hudlestone, Privt.......	640	84	"	"
1144.	Britain Johnston, Privt.........	640	84		L. Holleday
1145.	Richard Downham, Privt.......	274	36		"
1146.	Speakman Downham, Privt.....	274	36		"
1147.	Hugh Williamson, Surgeon......	4,800	84		Maj. Blount
1148.	The Heir of Arthur Council, Cpt.	3,840	84	"	"
1149.	Zadock Sowell, Privt...........	228	30		S. Holleday
1150.	Jesse Woollard, Privt...........	228	30		"
1151.	Thomas Martin, Privt..........	228	30	"	"
1152.	Thomas Aims, Heir of John Aims, Privt.................	640	84	"	"
1153.	Thomas Aimes, Privt...........	640	84	"	"
1154.	Edward Warren, Privt..........	228	30		"
1155.	Jesse Cherry, Heir of John Cherry, Privt...............	640	84		"
1156.	John Smithick, Heir of Edward Smithick, Privt.............	640	84		"
1157.	Jesse McColister, Heir of James McColister.................	640	84		"
1158.	William Duggin, Heir of Thomas Duggin, Privt........	640	84		"
1159.	William Duggin, Heir of Jesse Duggin, Privt...............	640	84		"
1160.	William Warren, Privt..........	228	30		"
1161.	Josiah Stringer, Privt...........	274	36	Aug. 13,'84	Self
1162.	James Griffin, Privt............	274	36		Jo. Stringer
1163.	Maltiah Turner, Sergt..........	1,000	84	Aug. 18	Jno. Watkins
1164.	Levi West, Drummer...........	428	36	"	"
1165.	Benjamin German, Privt.......	365	48		"
1166.	John Jordan, Heir of William Jordan.....................	640	84		J. Gordan
1167.	William Montgomery, Privt.....	640	84		Capt. Gamble
1168.	John Copeland, Sergt...........	1,000	84		"
1169.	Daniel Milton, Privt...........	640	84		"
1170.	John Roberson, Privt...........	640	84		
1171.	Flourance McCathey, Lieut.....	822	27	Aug. 27,'84	"
1172.	Sion Barnett, Privt............	320	42		"
1173.	Lewes Shilkes, Privt...........	640	84		Saml. Holladay

No.	To whom granted and rank	No. acres	Service in months	Location and to whom deeded and date of warrant. Within the limits of the lands allotted the officers and soldiers of the Continental Line, by Law, 1783, Oct. 14		
1174.	Joshua Rogers, Privt..........	640	84		Saml. Holladay	
1175.	John Anderson, Privt..........	640	84		"	
1176.	Edward Adcock, Privt.........	640	84		Col. Lytle	
1177.	John Hays, Privt.............	640	84		Saml. Holladay	
1178.	Francis Ross, Heir of Abram Ross, Privt..................	640	84	Sept. 6, '84		Self
1179.	William Fryar, Privt..........	228	30	Sept. 13		"
1180.	William Fryar, Heir of Josiah Fryar, Privt.................	640	84			"
1181.	Elisha Grant, Privt...........	640	84	Sept. 13,'84	John Price	
1182.	John Nichols, Privt............	640	84	"	"	
1183.	David Defnell, Privt...........	487	64	Sept. 15		Self
1184.	The Heirs of William Defnell....	640	84			"
1185.	Robert Raiford, Capt..........	3,840	84			"
1186.	James Morehead, Lieut........	944	31			"
1187.	John Rees, Privt..............	640	84	Sept. 20,'84	Col. A. Lytle	
1188.	Samuel Fest, Privt............	640	84	"	"	
1189.	Andrew Faddes, Privt.........	640	84	"	"	
1190.	George Stringer, Privt.........	411	54	Sept. 20,'84	Col. A. Lytle	
1191.	Richard Philsby, Privt.........	274	36	"	"	
1192.	John Addlemon, Privt.........	274	36	"	"	
1193.	Isaac Burnum, Privt............	640	84	"	"	
1194.	John Morreson, Privt..........	640	84	"	"	
1195.	Arthur Kerney, Privt..........	274	36	"	"	
1196.	Thomas Hayse, Privt..........	274	36	"	"	
1197.	William Milton, dec'd, Privt.....	640	84	"	"	
1198.	Benjamin Johnston, Privt.......	228	30	"	"	
1199.	George Woodliff, dec'd, Privt....	640	84	"	"	
1200.	James Tracey, Privt...........	274	36	"	"	
1201.	Robert Edwards, Sergt.........	1,000	84	"	"	
1202.	Thompson Harris, dec'd, Privt...	640	84	"	"	
1203.	James Rowland, Privt..........	640	84	"	"	
1204.	Samuel Daven, Drummer.......	357	30	"	"	
1205.	Daniel Clifton, Privt...........	640	84	"	"	
1206.	Moses Scathers, Corpl..........	357	30	"	"	
1207.	Ezekiel Boggs, Privt...........	274	36	"	"	
1208.	Robert Marlin, Corpl...........	428	33	"	"	
1209.	Jesse Cole, Privt..............	640	84	"	"	
1210.	Edward Cole, Privt............	640	84	"	"	
1211.	William Martin, Infirm.........	640	84	"	McWilliams	
1212.	John Welch, Capt.............	1,508	33	"	"	Self
1213.	Robert Greer, Lieut............	1,005	33	"	"	"
1214.	Daniel Twig, Privt.............	274	36	"	"	"
1215.	The heir of John Miller, dec'd, Privt..................	640	84	"	"	"
1216.	Lewis Cannon, Lieut...........	1,584	57	"	L. Cannon	
1217.	Hardy Bird & Joseph Hail, heir .	640	84		Jo. Hail	
1218.	John McCullock, Privt.........	274	36	Sept. 27,'84	Robt. Hay	
1219.	John Grinder, dec'd, Sergt......	1,000	84	"	"	
1220.	Joseph Eller, dec'd, Privt......	640	84		"	
1221.	Alexander McDaniel, Corpl......	1,000	84	Sept. 29,'84	Capt. R. Hays	
1222.	Richard Evans, Privt..........	640	84	"	"	
1223.	David Stillwell, Privt..........	403	53		"	
1224.	Syrus Daves, Privt............	228	30		"	
1225.	Micajah Davis, Privt..........	274	36		"	
1226.	James Judge, Privt............	228	30		Thos. Pridgeon	

No.	To whom granted and rank	No. acres	Service in months	Location and to whom deeded and date of warrant. Within the limits of the lands allotted the officers and soldiers of the Continental Line, by Law, 1783, Oct. 14	
1227.	James Powers, Lieut............	1,200	40		Self
1228.	John Wise, Privt...............	274	36	A. Pearce	
1299.	John Smith, Privt..............	388	51	Noah Woodard	
1230.	Redick Smith, Privt............	640	84	"	
1231.	Thomas Jones, Privt............	228	30	"	
1232.	James McMullen, Drummer.....	309	30	"	
1233.	Nathaniel Cooper, Privt........	228	30	"	
1234.	Admiral Haddock, Privt........	228	30	A. Haddock	
1235.	John Raiford, Lieut............	635	—		Self
1236.	Wm. Eckols, Sergt.............	738	63	Wm. Eckols' Cousin	
1237.	Curtis Clemons, Privt..........	274	30	Sep. 29,'84 Chance	
1238.	John Pond, Privt...............	274	30	P. Henderson	
1239.	Parker Rogers, Pfifer...........	319	27		
1240.	Darling Madry, Privt...........	228	30	Nath. W. Macon	
1241.	Wm. McIlyea, Heir of John Mcyea, Drummer............	1,000	84		Self
1242.	John Cox, Heir of Edward Cox, Privt.................	640	—	Jno. Cox	
1243.	Thomas Cox, Privt.............	274	36	"	
1244.	Richard Lidell, Privt...........	274	36	Phillips	
1245.	William Smith, Privt...........	480	63		Self
1246.	James Douge, dec'd, Privt......	640	84	Gen. Gregory	
1247.	Aquila Macomes, Privt., John Poteat, Heir, dec'd...........	640	84	Col. Wm. Moore	
1248.	Benjamin Robison, Privt........	274	36	Wm. Caswell	
1249.	Benjamin Stanaland, Junr, Heir of Robt. Stanaland, Sgt. dec'd.	1,000	84	Capt. W. Bush	
1250.	Benjamin Stanaland, Jr. Heir of James Stanaland, a Pt. dec'd.	640	84		
1251.	The Heir of Nathan Skipper, Privt., dec'd.................	640	84	Capt. Wm. Beese	
1252.	The Heir of Joseph Skipper Privt. dec'd.................	640	84	"	
1253.	The Heir of Richard Freeman, Privt. dec'd.................	640	84	"	
1254.	John Knox, Heir of William Knox, Capt. killed...........	3,840	84	John Knox	
1255.	The Heir of William Barnes Privt. dec'd.................	640	84	Capt. Joseph Ferebe	
1256.	John Brabble, Heir of James Brabble, Privt...............	640	84	"	
1257.	The Heir of James Caton, Privt..	640	84	"	
1258.	Jesse Holstead, Heir of Samuel Holstead, Privt..............	640	84	"	
1259.	Zachariah Douge, Privt.........	274	36	"	
1260.	Thomas Lane, Privt............	274	36	Chance	
1261.	Sarah Hays, Heiress to Richard Clifton, Privt................	640	84	Col. Steward	
1262.	John Hays, Privt...............	274	36	"	
1263.	John Walker, Heir of Robert Barlow, Privt................	640	84	Jno. Walker	
1264.	Andrew Cainahan, Heir of Daniel McKinly, Privt........	640	84	"	
1265.	The Heir of Edward Harris, Pt.	640	84	"	
1266.	The Heir of David Brown, Pt. ..	640	84	"	
1267.	William Saunders, Privt........	274	36	And. Saunders	

No.	To whom granted and rank	No. acres	Service in months	Location and to whom deeded and date of warrant. Within the limits of the lands allotted the officers and soldiers of the Continental Line, by Law, 1783, Oct. 14
1268.	Solomon Jennet, Privt..........	274	36	And. Saunders
1269.	Andrew Sanders, Corpl..........	428	36	Self
1270.	William Godfrey, Privt.........	274	36	
1271.	John Thomas, Privt.............	297	39	Self
1272.	Notingham Monk, Privt.........	274	36	Col. Oliver
1273.	Mary Seeberry, Heiress of Alstone Seeberry, Privt.......	640	84	John Price
1274.	Mary Campbell, Heiress of James Campbell, Privt.......	640	84	"
1275.	Eleanor Taylor, Heiress of John Bruton, Privt..........	640	84	"
1276.	Lucy Plumley, Heiress of George Plumley, Privt.......	640	84	"
1277.	Hansel Hicks, Privt............	274	36	Jas. Williams
1278.	Phillip Jones, Privt............	640	84	"
1279.	Mary Regans, Heiress of John Regans, Privt..........	640	84	Jno. Price
1280.	Thomas Anderson, Privt........	640	84	
1281.	Ishmael Roberts, Heir of Kinchin Roberts, dec'd.......	640	84	Ishm. Roberts
1282.	Jonathan Standley, Privt.......	274	36	Jno. Price
1283.	Thomas Orrell, Lieut...........	1,144	36	Col. Johnston (Onslow)
1284.	James Southerland, Privt.......	274	36	Maj. May
1285.	Charles Nelms, Privt...........	274	36	N. Macon
1286.	Anthony Dowden, Heir of Samuel Dowden, Privt. dec'd.	640	84	John Macon
1287.	Solomon Car, Privt.............	274	36	"
1288.	Daniel Jones, Capt.............	1,234	27	"
1289.	John Powell, Privt.............	228	30	"
1290.	John Parrish, Privt............	280	37	Benj. Jones
1291.	Joseph Hawley's Heir, Privt....	640	84	Gen. Person
1292.	Asa Thomas, Privt.............	228	30	"
1293.	David Pendergrass, Privt.......	228	30	"
1294.	The Heir of Robt. Gist. Privt....	640	84	"
1295.	Archiles Davis & Augustin Davis, heir, Privt...........	640	84	Col. Barton
1296.	Benjamin Ray, Privt...........	640	84	Maj. Dauherty
1297.	Davis Jones, Lieut.............	1,096	36	"
1298.	The Heir of Thomas Padgett, Privt. dec'd..................	640	84	"
1299.	The Heir of Francis Disern, Privt. dec'd..................	640	84	"
1300.	John Gambier Scull, Lieut.......	1,127	37	Sept. 29, '84 "
1301.	Maurice Rayford, Privt.........	236	31	A. Pearce
1302.	Moses Bird, Privt..............	274	36	N. Mays
1303.	Joseph Collins, Privt...........	274	36	"
1304.	Jacob Braboy, Privt............	228	30	"
1305.	Elijah Nance, Privt............	228	30	"
1306.	William Church, Privt..........	228	30	"
1307.	Ephraim Hooks, Privt..........	228	30	"
1308.	James Bond, Privt.............	396	52	Genl. Bryan
1309.	The Heir of Thomas Moseley, Pt.	640	84	
1310.	Bryan Worsley, Privt...........	640	84	
1311.	The Heir of Isaac Clark, Privt...	640	84	
1312.	James Avery, Infirm...........	640	84	J. Williams (Pitt)
1313.	The Heir of William Nelson, Pt..	640	84	J. Glasgow

No.	To whom granted and rank	No. acres	Service in months	Location and to whom deeded and date of warrant. Within the limits of the lands allotted the officers and soldiers of the Continental Line, by Law, 1783, Oct. 14	
1314.	The Heir of Jesse Nelson, Privt..	640	84	J. Glasgow	
1315.	The Heir of James Corbin, Pt. ...	640	84	"	
1316.	The Heir of Francis Corbin, Pt. .	640	84	"	
1317.	The Heir of Joseph English, ...	640	84	"	
1318.	The Heir of William Brierly.....	640	84	"	
1319.	David Vance, Privt.............	228	30	"	
1320.	Simon Smith, Heir of William, Privt.............	640	84	W. Williams	
1321.	Simon Smith, Privt.............	274	36	"	
1322.	William Mills, Corpl............	285	24	"	
1323.	Elijah Mills, dec'd, William Mills, heir, Privt.............	640	84	"	
1324.	Gardner Maye, Corpl...........	428	36	"	
1325.	Henry Albritton, Privt..........	640	84	L. Holleday	
1326.	Isaac Gregory, Privt............	640	84	Col. Long	
1327.	John Williams and Wm. Williams, Heir, Privt.........	640	84	W. Williams	
1328.	Joseph Humphries, The U. and to his heirs, Privt.............	640	84	Col. T. Johnston	
1329.	Jabeth Elliot, Infirm............	640	84		Self
1330.	The Heiress of Dixson Nolley, dec'd. Privt.................	640	84	Capt. Wm. Bush	
1331.	The heir of John Milton, dec'd. Privt.................	640	84	"	
1332.	The heir of Joseph Card, dec'd. Privt.................	640	84	"	
1333.	The heir of Seth Boyce, dec'd. Privt.................	640	84	"	
1334.	The heir of John Hart, dec'd. Pt.	640	84	"	
1335.	The heir of Christopher Folk, dec'd. Privt.................	640	84	"	
1336.	The heir of William Bond, dec'd. Privt.................	640	84	"	
1337.	The heir of Richard Broadbent, dec'd. Privt.................	640	84	"	
1338.	The heir of Jesse Person, Privt...	640	84	Mary Parsons	
1339.	The heir of Nathan Person, Pt...	640	84	"	
1340.	The heir of Roger Person, Privt..	640	84	"	
1341.	Thomas Dison, Privt...........	640	84	Col. Margett	
1342.	William Knox, Heir of Allison Knox, Privt................	640	84	"	
1343.	The Heir of Henry Darnald, Cpt.	1,325	29	W. Darnald	
1344.	Peter Harrell, Sergt.............	535	45	"	
1345.	Abraham Taylor, Privt.........	274	36	Jno. Patrick	
1346.	James Peel, Heir of Daniel Peel, Privt..................	640	84	Maj. Briole	
1347.	David Denny, Privt.............	274	36	I. G.	
1348.	Malicha White, Privt...........	640	84	Capt. Ferebee	
1349.	Reubin Wilkinson, Lieut.......	2,560	84		Self
1350.	The Heir of Henry Alligood, Pt..	640	84	Capt. Hargett	
1351.	James Gilbert, dec'd. for the Heir, Privt..................	640	84	"	
1352.	Ann Cox, Heir of Alexander Smith......................	640	84		
1353.	Jacob Bledsoe, Heir of Aron Bledsoe, a Privt.............	640	84	Capt. Bletcher	

No.	To whom granted and rank	No. acres	Service in months	Location and to whom deeded and date of warrant. Within the limits of the lands allotted the officers and soldiers of the Continental Line, by Law, 1783, Oct. 14		
1354.	Peter Alexon, Privt............	640	84		John Price	
1355.	Charles Ashe, Privt............	640	84		John Price	
1356.	Michael Quinn, Capt...........	2,102	46		Capt. Marget	
1357.	Richard Hopkins, Privt.........	228	30		D. Wilson	
1358.	The Heir of Barnabas Burns, Pt.	640	84		John Price	
1359.	The Heir of George Gardner and Lewis, Heir, Privt........	640	84		"	
1360.	Thomas Eason and Joseph Eason, heir, Privt.,.........	640	84		Col. John Armstrong	
1361.	Thomas Smith, Privt. Infirm....	640	84	Nov. 8		Self
1362.	The Heir of Peter Magee, died in service, Sergt..............	1,000	84		Maj. McRee	
1363.	The Heir of Morgan McFarlin, Privt. decsd................	640	84		"	
1364.	The Heir of Daniel Sellars, Pt. ..	640	84		"	
1365.	The Heir of Neil Clark, Privt....	640	84		"	
1366.	The Heir of Archibald Craike, Privt. killed................	640	84		"	
1367.	The Heir of Dougal McKay, dec'd, Sergt.................	1,000	84		"	
1368.	The Heir of Thomas Essins, dec'd, Privt................	640	84		Returned by Maj. Mcree to M. P. May '86	
1369.	The Heir of William Pierce, Pt..	640	84		Lt. Grimes	
1370.	The Heir of William Grimes.....	640	84		"	
1371.	John Moriss, Heir of James Morris, Privt................	640	84	Nov. 9	S. Holliday	
1372.	John Morriss, Heir of Benjamin Morris, Privt...............	640	84		"	
1373.	John Harrell, Heir of Holland Harrell, Privt...............	640	84		"	
1374.	Wm. Whitfield, Heir of Jesse Whitfield...................	640	84		"	
1375.	William Smith, Sergt...........	1,000	84		Maj. McRee	
1376.	John Smith, (Bladen) dec'd. Pt..	640	84			
1377.	Levi Dawson, Lt. Col...........	2,125	31			Self
1378.	John Turner, Privt.............	274	36		Capt. Jones	
1379.	Thomas Smith, dec'd, Saml Reed Adkins, Sergt...........	465	38			Self
1380.	The Heir of Stephen Gainey.....	640	84			
1381.	Levy Weeks, Sergt.............	500	36		"	
1382.	John Boyd, Sergt..............	476	40		Maj. Harris	
1383.	Daniel Tolar, Privt.............	640	84		Capt. Coart	
1384.	John Gothrop, Infirm, Privt.....	640	84		Col. B. Sheppard	
1385.	William Moore, wounded, Privt..	640	84			Self
1386.	Joseph Reddick, Heir of Isaac Reddick....................	640	84			
1387.	John Macon, Junr. for William Macon..............	640	84		Gen. Person	
1388.	John Macon, Junr. for James Macon................	640	84		"	
1389.	Jacob Hawley, Junr. for Benjamin Hawley, Privt......	640	84		"	
1390.	Jacob Burk's heir, Privt........	640	84		Maj. Hall	
1391.	The Heir of Michael McGuire, Privt..............	640	84		"	
1392.	The Heir of John White, Privt...	640	84		"	

No.	To whom granted and rank	No. acres	Service in months	Location and to whom deeded and date of warrant. Within the limits of the lands allotted the officers and soldiers of the Continental Line, by Law, 1783, Oct. 14
1393.	The Heir of Silas McGuire, Pt...	640	84	Maj. Hall
1394.	Michael McKeel, Privt........	342	45	"
1395.	Solomon Williams, Privt.......	640	84	Levi Weeks
1396.	Benjamin Weeks, Privt........	640	84	"
1397.	John Conner, Privt............	274	36	Self
1398.	William Morgan, Privt........	274	36	Capt. Bush
1399.	Archibald Davis, Privt........	274	36	"
1400.	Richard Margan, Privt........	640	84	"
1401.	Dixon Marshall, Lieut.........	2,560	84	Maj. T. Dixon
1402.	William York, Privt...........	533	70	(This warrant on return to be retained for Col. Wm. Terrel Lewis.
1403.	John Clark, Privt..............	226	30	
1404.	George Lott, Privt.............	640	84	
1405.	Peter Jacobs, Privt............	640	84	
1406.	Isaac Hancock, Sergt..........	1,000	84	
1407.	Robert Obar, Privt............	457	60	
1408.	Daniel Obar, Privt............	457	60	
1409.	Jones Wynne, Privt............	457	60	
1410.	Goldman Harris, Privt.........	228	30	
1411.	William Stother, Privt.........	640	84	Maj. T. Dixon
1412.	Joel Robinson, Privt...........	640	84	
1413.	Ezekiel Turner, Heir of Benjamin Turner, dec'd. Pt...	640	84	Col. Abram Jones
1414.	Zachariah Williams, Heir of Stephen Emmery, Privt. dec'd.	640	84	
1415.	Abel Edmunds, Privt...........	274	36	
1416.	Joseph Seaburn, Privt.........	274	36	
1417.	The Heir of Samuel Estis, Privt..	640	84	Maj. Donohoe
1418.	The Heir of Elijah Olliver, Privt.	640	84	"
1419.	The Heir of James Sanders, Pt...	640	84	"
1420.	The Heir of James Earl, Privt...	640	84	"
1421.	The Heir of Samuel Wilson, Pt..	640	84	"
1422.	John Morgan, Privt............	274	36	"
1423.	Rubin Roberts, Privt...........	228	30	"
1424.	The Heir of James Brown, Privt.	640	84	"
1425.	The Heir of Henry Guttery, Pt..	640	84	"
1426.	Wiley Borough, Privt..........	457	60	"
1427.	John Abbitt, Sergt.............	428	36	"
1428.	The Heir of George Hudson, Pt..	640	84	"
1429.	The Heir of Isum Carner, Privt..	640	84	"
1430.	Thomas Harris, Maj. allowed by the Gen. assembly	1,000		{Maj. Willson {(Mecklenburg)
1431.	" " "	1,000		"
1432.	" " "	1,000		"
1433.	" " "	1,000		"
1434.	Robert Whitlock, Infirm. Privt..	640	84	Maj. Donohoe
1435.	James Jones, Privt.............	274	36	Lieut. Hargett
1436.	Job Branch, Privt..............	350	46	Capt. Nath'l. Williams
1437.	Elisha Modlin, Privt...........	640	84	"
1438.	Zebod Modlin, Privt...........	640	84	"
1439.	Thomas Modlin, Privt.........	365	48	"
1440.	Henry Harris, Privt............	274	36	
1441.	John Howell, Heir of Frederick Howell, Privt.................	640	84	Maj. Howell
1442.	John Howell, Privt.............	640	84	"

No.	To whom granted and rank	No. acres	Service in months	Location and to whom deeded and date of warrant. Within the limits of the lands allotted the officers and soldiers of the Continental Line, by Law, 1783, Oct. 14
1443.	Benj. Hill or Mills, Capt........	1,142	25	Apd. a Duplicate Jan. 11th 1792, Maj. Howell Col. A Thomas
1444.	William Waters, Lieut..........	2,011	66	
1445.	James Moore, Privt............	274	36	Lut. S. Truluck
1446.	Sutton Truluck, Privt..........	274	36	Sutton Truluck
1447.	Wm. Noble, Sergt.............	500	42	Wm. Noble
1448.	Samuel Wiggins, Heir of Thomas Wiggins, Privt.......	640	84	Col. McCafferty
1449.	Bedford Garris, Privt...........	274	36	"
1450.	Joseph Cossey, Privt...........	640	84	"
1451.	The Heir of John Stepp, dec'd, Privt................	640	84	Gen. Person
1452.	The Heir of Nicholas Rogester, Corpl. dec'd................	1,000	84	"
1453.	The Heir of Patrick Robinson, Privt..............	640	84	Col. James Armstrong
1454.	Giles Nelson, Privt............	274	36	"
1455.	The Heir of Edward Hatchett, Privt. dec'd................	640	84	L. Curtis Ivey
1456.	Samuel Williams, Privt.........	640	84	"
1457.	William Laighton, Privt........	274	36	"
1458.	John Hill, Privt................	365	48	Self
1459.	Samuel Middleton, Sergt........	1,000	84	Capt. Gillespie
1460.	George Downing, Privt.........	274	36	John Price
1461.	James Brown, Privt............	274	36	Col. Hargett
1462.	John Webb, Privt..............	640	84	Self
1463.	Samuel Daves, Drummer.......	357	30	Col. Lytle
1464.	Chamberlain Hudson, Privt.....	640	84	"
1465.	Zachariah Cates, Privt..........	640	84	"
1466.	Thomas Estridge, Privt.........	640	84	"
1467.	James Brannon, Corpl..........	1,000	84	"
1468.	John Black, Privt..............	640	84	"
1469.	Samuel Churchell, Non Com. Officer....................	1,000	84	"
1470.	Joseph Smith, Privt............	640	84	"
1471.	Wiott Warwick, Privt..........	640	84	Wm. Faircloth
1472.	Thomas Johnston, Privt........	274	36	"
1473.	John Rows (or Ross), Privt.....	274	36	"
1474.	Shadrach Warwick, Privt.......	640	84	"
1475.	George Davis, Privt............	228	30	
1476.	John Morris, Heir of Benj. Morris, Privt................	640	84	Apt. before Saml. Mallery
1477.	John Morris, Heir of James Morris, Privt................	640	84	
1478.	William Whitfield, Heir of Jesse Whitfield..............	640	84	"
1479.	John Harrell, Heir of Holland Harrell....................	640	84	"
1480.	Moses Acock, dec'd. Privt......	640	84	Robt. Acock
1481.	William Acock, dec'd. Privt.....	640	84	"
1482.	Robert Acock, dec'd, Privt.....	228	30	"
1483.	Josiah Stafford, Privt...........	274	36	Dec. 20, '84 Winston Chance
1484.	Elijah Cotton, Privt............	274	36	" "
1485.	Amos Lewis, Privt.............	228	30	Self

No.	To whom granted and rank	No. acres	Service in months	Location and to whom deeded and date of warrant. Within the limits of the lands allotted the officers and soldiers of the Continental Line, by Law, 1783, Oct. 14	
1486.	William Jones, Heir of John Jones, Privt..............	640	84		Capt. A. Herring
1487.	William Jones, Privt...........	411	54		"
1488.	James Roberts, Privt..........	274	36		Philip Shackler
1489.	Benjamin Atkins, Privt........	308	42		"
1490.	The Heir of Brantley Davis.....	640	84		Capt. T. Dixon
1491.	The Heirs of Ephraim Grant, Pt.	640	84	Jan. 20, '85	
1492.	The Heirs of Joseph Parker, Sgt.	1,000	84		"
1493.	The Heirs of James Boon, Privt.	640	84		"
1494.	The Heir of John Mewshaw "	640	84		"
1495.	The Heir of John Chester, "	640	84		"
1496.	The Heir of Nehemiah Bennit "	640	84		"
1497.	The Heir of John Grant, "	640	84		"
1498.	The Heir of Jeremiah Jackson "	640	84		"
1499.	The Heir of Richard Corbert, "	640	84		"
1500.	The Heirs of Abraham Page, "	640	84		"
1501.	The Heirs of Cyperan West, "	640	84		Capt. T. Brown
1502.	The Heirs of Aaron Newshan, "	640	84		"
1503.	The Heirs of Caleb Holley, "	640	84		"
1504.	The Heirs of John Newall, "	640	84		"
1505.	The Heirs of James Blackwell, "	640	84		"
1506.	The Heirs of John Bradshaw, "	640	84		"
1507.	The Heirs of William Bennett,"	640	84		"
1508.	The Heirs of Stephen Pettis, "	640	84		"
1509.	The Heirs of Frederick Harper,"	640	84		"
1510.	The Heirs of Matthew Pollard,"	640	84		"
1511.	The Heirs of Job Sanders, "	640	84		Capt. Dixon
1512.	The Heirs of Daniel Elmore, "	640	84		"
1513.	The Heirs of John Maning, "	640	84		"
1514.	The Heirs of Meredith Berk, "	640	84		"
1515.	The Heirs of Benjamin Brewington, Privt............	640	84		"
1516.	The Heirs of Lewis Doughtry,Pt.	640	84		"
1517.	The Heirs of James King, Capt. dec'd................	3,840	84		"
1518.	The Heirs of James Vaughn, Pt..	640	84		"
1519.	The Heirs of William Southerland, Privt...........	640	84		"
1520.	George Southerland, Privt.......	274	36		"
1521.	Vinson Roberts, Pri............	308	42	Jan. 20, '85	
1522.	The heirs of Elisha Langston, Pt.	640	84		Capt. Til. Dixon
1523.	The heirs of James Perrymore, Dcsd. Privt................	640	84		"
1524.	Ezekiah Dennis, a Privt........	640	84		Samuel Hollady
1525.	John Story, Privt..............	640	84		"
1526.	Daniel Milton, Privt...........	640	84		"
1527.	Richard Bradley, Privt.........	274	36		Capt. T. Dixon
1528.	The heirs of Edward Everton, Privt. dcsd..................	640	84	Feb. 2, '85	Jo. Grimes
1529.	John Johnston, Privt. died......	640	84		W. Nichols
1530.	Hugh Stevenson, Privt.........	365	48		Col. J. Sheppard
1531.	Esau Bass, Privt...............	274	36	Feb. 3, '84	"
1532.	William Proctor, Privt.........	228	30		"
1533.	Silas Weeks' heir,.............	640	84		A. Johnson
1534.	The heir of James Allen........	640	84		Philip Shackler
1535.	Willoughby Prescot, Privt......	365	48		"

IN THE AMERICAN REVOLUTION   265

No.	To whom granted and rank	No. acres	Service in months	Location and to whom deeded and date of warrant. Wi hin the limits of the lands allotted the officers and soldiers of the Continental Line, by Law, 1783, Oct. 14	
1536.	Medaris Abraham, Privt........	274	36		Philip Shackler
1537.	Benjamin Collins, Privt........	289	34		"
1538.	Nathan Ewell, Privt...........	228	30		"
1539.	Spencer Rayfield, Privt........	228	30		Wm. Forrest
1540.	Thomas Harris, Privt..........	213	28		....
1541.	Micajah Pettyway, Privt.......	228	30		Wm. Forest
1542.	George Duncan, Privt.........	228	30		T. Parsons
1543.	George Williams, Privt........	228	30		"
1544.	James Broadstreet, Privt.......	640	84		Col. B. Sheppard
1545.	John Darden, Privt............	640	84		"
1546.	William Cron, Privt...........	640	84		"
1547.	Robert Newby, Privt..........	640	84		"
1548.	Elisha Rogers, Privt...........	640	84		"
1549.	Thomas Cox, Privt............	640	84		"
1550.	Nicholas Parrish, Privt........	640	84		"
1551.	Michael Rogers, Privt.........	274	36		John Price
1552.	Henry Parrish, Privt..........	274	36		"
1553.	Benjamin Howard, Privt.......	274	36		"
1554.	William Wadsworth, Privt.....	640	84		"
1555.	The heirs of John Anderson, Pt..	640	84		"
1556.	Thomas Price, Privt...........	274	36		Wm. Faircloth
1557.	John Simmons, Privt..........	274	36		"
1558.	Samuel Cooper, Privt.........	274	36		"
1559.	Thomas Winters, Privt........	640	84		"
1560.	Kedar Ballard, Capt...........	3,840	84		Col. Murfree
1561.	Jesse Coice, Privt.............	228	30	Feb. 22, '85	"
1562.	The heirs of Benjamin Conner, Pt.	640	84		"
1563.	William Witherington, Privt....	228	36		"
1564.	Jonathan Hopkins, Corpl......	1,000	84			Self
1565.	Thomas Geddy, Privt.........	640	84	Mar. 7, '85	Wm. Fort
1566.	Samuel Pike, Capt. his heir,.....	3,840	84		Capt. Evans
1567.	The heir of Hardy Hodges, Fifer	1,000	84		Joshua Hodges
1568.	Francis Harrison, heir of James Harrison, Privt........	640	84		J. Glasgow
1569.	Cornelius Weeks, Sergt........	429	36		Capt. Evans
1570.	Joel Bernent, or (Bermet) Sergt..	357	30		"
1571.	George Gary, Privt............	228	30	Mar. 8	"
1572.	Joseph Gary, Privt............	228	30		"
1573.	John Perry, Privt.............	228	30		Capt. Evans
1574.	Hezekiah Barnes, Corpl........	357	30		"
1575.	Abel McPherson, Sergt........	1,000	84		"
1576.	James Charlescraft, Privt......	228	30		"
1577.	Isaac Hopkins, Privt..........	274	36		"
1578.	Samuel Styron, Privt..........	640	84		"
1579.	Arthur Colgrave, Lt...........	2,246	78		"
1580.	The heir of John Abuck, dcsd....	640	84		....
1581.	Amos Baker's heirs............	640	84		Jno. Bonde
1582.	The heirs of Britain Branton, dcsd.	640	84		"
1583.	The heirs of Elias Ball, dcsd.....	640	84		"
1584.	The heirs of Robert Bailey, dcsd.	640	84		"
1585.	The heirs of Ephraim Tann, dcsd.	640	84		"
1586.	The heirs of Joseph Tann.......	640	84		"
1587.	The heirs of William Gay.......	640	84		"
1588.	The heirs of Richard Harris.....	640	84		"
1589.	The heirs of Jeremiah Thomas ..	640	84		"
1590.	The heirs of Josiah Todd.......	640	84		"

No.	To whom granted and rank	No. acres	Service in months	Location and to whom deeded and date of warrant. Within the limits of the lands allotted the officers and soldiers of the Continental Line, by Law, 1783, Oct. 14	
1591.	The heirs of Peter Jones, dcsd...	640	84		Jno. Bonde
1592.	The heirs of Edmund Sherwood.	640	84		"
1593.	The heirs of Shadrick Underwood	640	84		"
1594.	James Wyatt, Privt............	640	84		
1595.	The heirs of John Matthews, dcsd.	640	84		Capt. Gerrard
1596.	The heirs of Abraham Clark.....	640	84		Self
1597.	The heirs of John Black........	640	84	Mar. 12	Jas. Stewart
1598.	John Bartholomew, Privt.......	228	30	"	J. Marshall
1599.	Joel Gunter, Privt.............	274	36	"	"
1600.	Daniel Carrell, Privt...........	228	30	"	"
1601.	William Dunkin, Privt..........	228	30	"	"
1602.	John Glover, Privt.............	228	30	"	"
1603.	John Harris, Privt.............	228	30	"	"
1604.	The heirs of Harvel Carrell, "	640	84	"	"
1605.	The heirs of Moses Vinson, "	640	84	"	"
1606.	The heirs of Zachus Shaw, "	640	84	"	"
1607.	The heirs of James Bevers, "	640	84	"	"
1608.	The heirs of William Bevers, "	640	84	"	"
1609.	The heirs of John Hutson, "	640	84	"	"
1610.	The heirs of Francis West, "	640	84	"	"
1611.	The heirs of Arthur Rogers, "	640	84	"	"
1612.	The heirs of David Hatcher, "	640	84	"	"
1613.	The heirs of Charles Floyd, "	640	84	"	"
1614.	The heirs of Richard Mathews, "	640	84	"	"
1615.	The heirs of Newton Striplin, "	640	84	"	"
1616.	The heirs of Thomas Kent, "	640	84	"	"
1617.	The heirs of George White, "	640	84	"	"
1618.	The heirs of David Hunt, "	640	84	"	"
1619.	The heirs of William Denson, "	640	84	"	"
1620.	The heirs of Abraham Primm, Sgt.	1,000	84	"	"
1621.	The heirs of John Ajaton, Sergt..	1,000	84	Mch. 12,'85	Isc. Marshall
1622.	The heirs of Nathan Hall, Drm..	1,000	84	"	"
1623.	James Townen, Privt...........	640	84	"	"
1624.	The Heirs of William Bryant,Pt.	640	84	"	"
1625.	The Heirs of Arthur Boyce, Sgt..	1,000	84	"	Philip Miller
1626.	Frederick Moore, Privt.........	274	36	"	Wm. Moore
1627.	James Bundy, Privt............	274	36	Mch. 20,'85	Jno. Sheppard
1628.	James Williams, Privt..........	274	36	"	Ben. Sheppard
1629.	Francis Dugan, Privt...........	274	36	"	"
1630.	Elisha Modlin, Privt...........	274	36	"	"
1631.	Zebulon Pratt, Privt...........	274	36	Mch. 22,'85	Jno. Price
1632.	Benjamin Smith, (Pasquo.) Pt...	274	36	"	"
1633.	Joseph Williams, Privt.........	274	36	"	"
1634.	Woode Jones, Privt............	274	36	"	"
1635.	Michael Brannor, Privt.........	274	36	"	"
1636.	Peter Simmons, Privt..........	640	84	"	"
1637.	Thomas Pettyjohn, Privt........	640	84	"	"
1638.	Enoch King, Privt.............	640	84	"	"
1639.	Joshua Cheason, Privt..........	274	36	"	"
1640.	James Snell, Privt.............	274	36	"	"
1641.	Jonathan Lewis, Privt..........	274	36	"	Maj. Jno. Allen
1642.	Jahlul Smith, Lieut............	914	30	Mch. 30,'85	Thos. Foreman
1643.	Thomas Templeton, Sergt......	428	36	"	J. Malloy
1644.	The heirs of William Garret, Pt..	640	84	"	"
1645.	John Frazier, Privt............	640	84	"	Maj. Dixon
1646.	John Kilpatrick, Privt..........	298	30	"	Dr. McNeese

No.	To whom granted and rank	No. acres	Service in months	Location and to whom deeded and date of warrant. Within the limits of the lands allotted the officers and soldiers of the Continental Line, by Law, 1783, Oct. 14	
1647.	Thomas Hartley, heir of John Hartley, Privt.	640	84	Mch. 30,'85	Dr. McNeese
1648.	Israel Cullum, Privt.	640	84	"	Sent to Pitt Court by J. G.
1649.	The heirs of Michael Atkinson,.	640	84	"	Maj. Dixon
1650.	The heirs of Trueell Hicks, Sgt.	1,000	84	"	"
1651.	The heirs of Spencer Breedlove, Pt	640	85	"	"
1652.	Lewis Ralph, Privt.	228	30	Apr. 22	"
1653.	The heirs of James Rollen, Privt.	640	84	"	"
1654.	Robert Warwick, Privt.	228	30	"	"
1655.	William Hayse, Sergt.	1,000	84	"	"
1656.	Peter Harriss, Drummer	1,000	84	"	"
1657.	Michael Obarr, Privt.	640	84	"	"
1658.	Hardy Peterson, Privt.	640	84	"	"
1659.	Alanson Simmons, Sergt.	1,000	84	"	"
1660.	Mardecai Holdman, Privt.	640	84	"	"
1661.	John Hedspeth, Privt.	640	84	"	"
1662.	William Spoolman, Sergt.	1,000	84	"	"
1663.	Israel McCubbins, Privt.	640	84	"	"
1664.	Henry Cole, Drummer	1,000	84	"	"
1665.	Edward Butler, Sergt.	1,000	84	"	"
1666.	Joseph Williford, Privt.	640	84	"	"
1667.	Joel Borough, Sergt.	1,000	84	"	"
1668.	John Beaver, Sergt.	1,000	84	"	"
1669.	Peter Goodwin, Privt.	640	84	"	"
1670.	John Cash, Privt.	640	84	"	"
1671.	Benjamin Lyles, Privt.	640	84	"	"
1672.	Henry Rollen, Sergt.	1,000	84	"	"
1673.	Daniel Jacobs, Sergt.	1,000	84	"	"
1674.	David Rose, Sergt.	1,000	84	"	"
1675.	Ezekiel Riely, Sergt.	428	36	"	"
1676.	John Ward, Fifer.	1,000	84	"	"
1677.	Moses Weaver, Privt.	274	36	"	"
1678.	John Dodson, Privt.	274	36	"	"
1679.	Jacob Hicks, Privt.	228	30	Apr. 22	Maj. Dixon
1680.	Edmund Wright, Privt.	228	30	"	"
1681.	The heirs of John Dukes, Privt.	640	84	"	"
1682.	The heirs of Jacob Bickey, Privt.	640	84	"	"
1683.	The heirs of Drury Snider	640	84		
1684.	The heirs of William Davis	640	84		
1685.	The heirs of Jacob Gwinn	640	84		
1686.	The heirs of John Stokes, Privt.	640	84		
1687.	William Hopper, Privt.	228	30		
1688.	Isaac Hill, Privt.	228	30		
1689.	Jennings Brown, Privt.	228	30		
1690.	Henry Holley, Privt.	228	30		
1691.	Fuller Gibson, Privt.	228	30		
1692.	Simon Ford, Privt.	228	30		
1693.	Simeon Bates, Privt.	228	30		
1694.	George Beck, Sergt, for his heirs.	1,000	84	"	"
1695.	Jacob Burton, Privt.	228	30		
1696.	Andrew Burton, Privt.	228	30		
1697.	David Carter, Privt.	640	84		
1698.	William Clerk, Sergt.	1,000	84		
1699.	Daniel Campbell, Privt.	640	84		

No.	To whom granted and rank	No. acres	Service in months	Location and to whom deeded and date of warrant. Within the limits of the lands allotted the officers and soldiers of the Continental Line, by Law, 1783, Oct. 14	
1700.	The heirs of Christopher Conner, Privt..............	640	84		
1701.	The heirs of John Corbett, Privt.	640	84		
1702.	Thomas Curtis, Privt...........	274	36		
1703.	The heirs of Absalom Clifton, Pt.	640	84		
1704.	The heirs of Archibald Ray, Pt. .	640	84		
1705.	Joseph Davis, Privt............	320	42		
1706.	The heirs of William Demmitt, Pt.	640	84		
1707.	The heirs of Thomas Flemming, Privt......................	640	84		
1708.	The heirs of Anthony Godfrey, Corpl...................	1,000	84		
1709.	The heirs of Daniel Gale, Corpl..	1,000	84		
1710.	The heirs of Howell Warrod, Sgt.	1,000	84		
1711.	Sherwood H. Harris, Privt......	228	30		
1712.	The heirs of John Harmon, Pt...	640	84		
1713.	Phillip Haines, Pri. wounded in service...................	640	84		
1714.	The heirs of John Lamb, Privt...	640	84		
1715.	The heirs of Dugald McCoy, Pt..	640	84		
1716.	The heirs of Hugh McKincy, Pt.	640	84		
1717.	The heirs of Alexander McCloud, Privt.............	640	84		
1718.	The heirs of Hugh McCann, Pt..	640	84		
1719.	The heirs of Alexander McClouskin, Privt..........	640	84		
1720.	The heirs of William Myers, Pt..	640	84		
1721.	The heirs of Joseph McCulloch, Privt......................	640	84		
1722.	Abraham Mitchell, Privt.......	228	30		
1723.	The heirs of Enoch Pasmore, Pt.	640	84		
1724.	The heirs of Beverley Perkison, Privt.............	640	84		
1725.	Adams Perkins, Privt..........	274	36		
1726.	The heirs of David Rison, Privt..	640	84		
1727.	The heirs of William Rochester, Privt.............	640	84		
1728.	The heirs of John Riley, Privt...	640	84		
1729.	James Rainey, Privt...........	320	42		
1730.	Jesse Robins, Privt............	274	36		
1731.	John Reaves, Privt............	228	30		
1732.	Bernard Tatum, Privt..........	228	30		
1733.	The heirs of William Weaver, Pt.	640	84		
1734.	The heirs of Joseph Wood, Privt.	640	84		
1735.	William Wilkinson, Privt.......	274	36		
1736.	The heirs of James Gurley, Cpl..	1,000	84		
1737.	The heirs of Daniel Stewart, Pt..	640	84		
1738.	The heirs of John Saunders, Pt. .	640	84		
1739.	The heirs of John Scott, Privt. ..	640	84		
1740.	James Spence, Privt...........	228	30		
1741.	John Andrews, Privt...........	640	84	Apr. 22	Is. Sum. Martin
1742.	The heir of James Stallions, Pt. .	640	84	"	Col. Long
1743.	Moses Bennett, Privt..........	304	40	"	"
1744.	The heir of John Morris, Privt...	640	84	"	"
1745.	The heirs of John Betts, Privt...	640	84	Apr. 23	Maj. Dixon
1746.	The heirs of Jesse Beggett, Pt. ..	640	84	"	"

No.	To whom granted and rank	No. acres	Service in months	Location and to whom deeded and date of warrant. Within the limits of the lands allotted the officers and soldiers of the Continental Line, by Law, 1783, Oct. 14	
1747.	The heirs of Benjamin Brittle, Pt.	640	84	Apr. 23	Maj. Dixon
1748.	The heirs of John Balmer, Privt.	640	84	"	"
1749.	The heirs of James Ballard, Pt...	640	84	"	"
1750.	The heirs of Hillery Crab, Privt..	640	84	"	"
1751.	The heirs of Ephraim Cotten, Pt.	640	84	"	"
1752.	The heirs of John Crawford, Pt..	640	84	"	"
1753.	The heirs of William Carrell, Pt..	640	84	"	"
1754.	The heirs of Anthony Charter, Pt.	640	84	"	"
1755.	The heir of James Goodson, Pt. .	640	84	"	"
1756.	The heirs of John Gallaway, Sgt.	1,000	84	"	"
1757.	The heirs of Thomas Greene, Pt.	640	84	"	"
1758.	The heirs of Edmund Hammond, Privt............	640	84		
1759.	The heirs of Hardy Hines, Privt.	640	84	"	"
1760.	The heirs of Jacob Herring, Pt...	640	84	"	"
1761.	The heirs of James Hagwood, Pt.	640	84		
1762.	The heirs of Holladay Hathcock, Privt............	640	84	"	"
1763.	The heirs of Isaac Hutson, Pt....	640	84	"	"
1764.	The heirs of Samuel Orr, Privt...	640	84	"	"
1765.	The heirs of John Floyd, Privt...	640	84	"	"
1766.	The heirs of Jacob Ferrell, Pt....	640	84	"	"
1767.	The heirs of George Johnston, Pt.	640	84	"	"
1768.	The heirs of Hardy Johnston, Pt.	640	84	"	"
1769.	The heirs of Samuel Jones, Pt. ..	640	84	"	"
1770.	The heirs of Joshua Jones, Privt.	640	84	"	"
1771.	The heirs of John Lewis, Privt...	640	84	"	"
1772.	The heirs of Joshua Lewis, Pt....	640	84	"	"
1773.	The heirs of Mathew Murrell, Pt.	640	84	"	"
1774.	The heirs of James Murry, Pt. ...	640	84	"	"
1775.	The heirs of William Morton, Sgt.	1,000	84	"	"
1776.	The heirs of John McCoy, Junr. Privt................	640	84	"	"
1777.	The heirs of Samuel Moore, Pt. .	640	84	"	"
1778.	The heirs of John Morrison, Pt. .	640	84	"	"
1779.	The heirs of William Phillips, Pt.	640	84	"	"
1780.	The heirs of Nicholas Powell, Pt.	640	84	"	"
1781.	The heirs of Francis Powell, Pt. .	640	84	"	"
1782.	The heirs of Moses Powell, Pt. ...	640	84	"	"
1783.	The heirs of Stephen Powell, Pt..	640	84	"	"
1784.	The heirs of Mark Philips, Pt....	640	84	"	"
1785.	The heirs of Benjamin Pollock,Pt.	640	84	"	"
1786.	The heirs of Charles Smith, Pt...	640	84	"	"
1787.	The heirs of Stephen Smith, Pt. .	640	84	"	"
1788.	The heirs of Andrew Rowell, Pt..	640	84	"	"
1788.	The heirs of John Russell, Pt....	640	84	"	"
1789.	The heirs of James Wilkenson,Pt.	640	84	"	"
1790.	The heirs of Larkin McDaniel.Pt.	640	84	Apr. 25	For Gen. Person
1791.	Giles Driver, Junr., Heir of Charles Driver, Privt. killed in service................	640	84	"	"
1792.	Daniel Shaw, Lieut............	2,560	84	Apr. 27	Self
1793.	The heirs of Philip Exum, Privt..	640	84	May 4	James Thomson
1794.	The heirs of Henry Robinson, Pt.	640	84	"	"
1795.	The heirs of John Mason, Privt..	640	84	"	"

No.	To whom granted and rank	No. acres	Service in months	Location and to whom deeded and date of warrant. Within the limits of the lands allotted the officers and soldiers of the Continental Line, by Law, 1783, Oct. 14	
1796.	The heirs of William Beckenham, Privt.............	640	84	May 4	James Thomson
1798.	The heirs of Thomas Avery, Pt..	640	84	"	"
1799.	The heirs of John Worsley, Privt.	640	84		
1800.	The heirs of John Dixon, Privt..	640	84	May 11, '85	Phl. Shaekler
1801.	The heirs of Henry Dixon, Privt.	640	84	"	"
1802.	Josel Dixon, Privt...............	274	36	"	"
1803.	The heirs of Sylvanus Weeks, Pt.	640	84	"	"
1804.	Jonathan Keay, Privt............	228	30	"	"
1805.	Theophelus Weeks, Privt........	274	36	"	"
1806.	The heirs of Isaac Bagley, Privt.	640	84		
1807.	The heirs of Arthur Tyner, Pt...	640	84		
1808.	The heirs of William Green Carpenter, a Privt. ye 2nd. and certify by Thos. Armstrong that there are two of the same.	640	84	"	Jno. Smith, Surcy or ry.
1809.	Josiah Jackson, Privt............	640	84	"	"
1810.	John Haynes, Privt.............	228	30	"	
1811.	Richard Omery, heir of Owen Omery, Privt. d'cd in service..	640	84		"
1812.	The heir of Joshua Davis........	640	84		
1813.	The heirs of Ayers Gurley.......	640	84	June 13, '85 those grantained	Thos Smith. ts on this side to be re-
1814.	The heirs of James Robertson, son of Jno....................	640	84	"	"
1815.	The heirs of Capt. Geo. Gray....	3,840	84	"	"
1816.	The heirs of William Halcom.....	1,000	84	"	"
1817.	The heir of Isaac Shockley.......	640	84	"	"
1818.	The heirs of Henry Mayo.......	640	84	"	"
1819.	The heirs of William Wadkins...	640	84	"	"
1820.	John Petty, Privt...............	228	30	"	"
1821.	Saml. Dougtey.................	228	30	"	"
1822.	The heirs of Patrick Martin, Sgt.	1,000	84	"	"
1823.	The heirs of William Porter.....	640	84	"	"
1824.	The heirs of Joshua Porter......	640	84	June 13, '83	The 1st issue Thorton Yancey
1826.	John Allen, heir of Thomas Allen, Lieut.................	2,560	84		Capt. Craddock
1827.	The heir of William Coventon, Subaltern...................	2,560	84		Robt. Webb
1828.	James Richards, Sergt..........	357	30		C. H. Hill Frank
1829.	The heir of Holder Hudgin......	640	84	June 14	Capt. Bond
1830.	The heir of William Crawley....	640	84	"	"
1831.	The heir of Brittain Thomas....	640	84	"	"
1832.	The heir of Aaron Nucum.......	640	84	"	"
1833.	The heir of Robert Fletcher.....	640	84	"	"
1834.	The heirs of Charles Lewis......	640	84		"
1835.	The heirs of Joseph Bailey......	640	84	"	"
1836.	The heirs of Ephraim Surlock...	640	84	"	"
1837.	The heirs of Ephraim Rains.....	640	84	"	John Bond
1838.	The heirs of John Rains........	640	84	"	"
1839.	The heirs of William Tucker....	640	84	"	"
1840.	The heir of John Yancey.......	640	84		
1841.	Abner Everedge, Privt. Infirm...				Col. Joel Lewis
1842.	Williams Clark, Sergt..........	357	30		Col. John Armstrong

No.	To whom granted and rank	No. acres	Service in months	Location and to whom deeded and date of warrant. Within the limits of the lands allotted the officers and soldiers of the Continental Line, by Law, 1783, Oct. 14	
1843.	The heirs of Elijah Abbitt......	640	84		Col. John Armstrong
1844.	The heirs of John Hambleton....	640	84	June 15	Col. Lytle
1845.	William Minshaw, heir of Micajah Minshaw............	640	84	"	"
1846.	The heirs of Owen Smith.......	640	84		"
1847.	John Salter, Pri...............	457	60		"
1848.	Jonathan Low, Infirm.........	640	84		
1849.	The heir of James Wagoner.....	640	84	"	"
1850.	The heirs of John Allen Tharpe..	640	84	June 18	Col. Lytle
1851.	William Clark, heir of James Clark.....................	640	84	"	"
1852.	The heirs of Thomas Paddin....	640	84	"	"
8153.	Anthony Godfrey, Jr. Privt.....	274	36		
1854.	Thomas Castles, Privt.........	274	36		
1855.	The heirs of Daniel Campbell, Jr.	640	84		"
1856.	William Clower, wounded......	640	84		"
1857.	Jacob Boston, Pri..............	228	30		"
1858.	Andrew Bostain, Pri............	228	30		"
1859.	William Williams, Capt........	3,840	84		"
1860.	William Goldsburry, wounded...	640	84		
1861.	Charles Murry, Sergt..........	357	30	June 25, '85	Self
1862.	John Lawson, Pri..............	274	36	"	Col John Sheppard
1863.	John Revill, Pri...............	274	36		"
1864.	Thomas Catraway, Privt........	640	84		
1865.	Gardner Jernagan, Privt.......	274	36		"
1866.	Abram Wise, Privt.............	274	36		Wm. Tho. Love
1867.	Isham Wood, Privt.............	274	36		
1898.	Asa Jinkins, Privt.............	274	36		
1869.	The heir of George Bachelor, Pt.	640	84	"	
1870.	James Tyson, Privt.............	274	36		Maj. John Allen
1870.	The heirs of Daniel Vinters......	640	84	"	
1871.	William Blake, Heir, Sergt......	1,000	84	"	
1872.	William Reads, heir, Privt......	640	84		Jno. Elliott
1873.	John Elliot, Senr. Sergt........	642	54	"	
1874.	John Pendergrass, Privt. Infirm..	640	84	"	
1875.	The heirs of John Moye........	2,560	84		William Moye
1876.	The heirs of William Walker, Sgt.	1,000	84	July 11	Maj. Jno. Nelson
1877.	George Hook, Pri..............	274	36	"	"
1878.	The heirs of David Freeman, Pt.	640	84	"	"
1879.	The heirs of Hugh Patterson....	640	84	"	"
1880.	The heirs of David Sloan.......	640	84		"
1881.	The heirs of John Holbrooks....	640	84		"
1882.	John Bantley, Privt............	640	84		"
1884.	John Curry, Privt..............	640	84		"
1885.	George Strader, Sergt..........	1,000	84		"
1886.	William Deacon, Privt.........	182	24		"
1887.	The heirs of Dencey Marley, Pri.				Jno. Colwell
1888.	John Worseley, Pri.............	640	84		Capt. Johnston
1889.	Thomas Avery, Pri.............	640	84		"
1890.	The heirs of David Ward, Pri....	640	84	July 15	Sherrwood Barron
1891.	The heir of Abram Dean, Pri....	640	84	"	"
1892.	The heir of Morris Moore, Pri...	640	84	"	"
1893.	The heir of Overstreet Scott, Pri.	640	84	"	"
1894.	The heir of Demcey Pace, Pri....	640	84	"	"
1895.	The heir of Hack Cee, ...	640	84	"	"
1896.	The heir of James Ward, Pri.....	640	84	"	"

ROSTER OF NORTH CAROLINA SOLDIERS

No.	To whom granted and rank	No. acres	Service in months	Location and to whom deeded and date of warrant. Within the limits of the lands allotted the officers and soldiers of the Continental Line, by Law, 1783, Oct. 14	
1897.	The heir of Ethelred Ecum, Pri..	640	84	July 15	Sherrwood Barron
1898.	The heir of Samuel Scutchins, Pt.	640	84	"	"
1899.	The heir of Randal Hancock, Pt.	640	84	"	"
1900.	The heir of Jacob Murrell, Pri...	640	84	"	"
1901.	The heir of Morgan Lewis, Pri...	640	84	"	"
1902.	The heir of David Gunn, Pri.....	640	84	"	"
1903.	The heir of Benjamin Wilkins, Pt.	640	84	"	"
1904.	The heir of John Phillops, Pri....	640	84	"	"
1905.	The heir of James Hair, Pri......	640	84	"	"
1906.	The heir of William Hair, Pri....	640	84	"	"
1907.	The heir of John Hair, Pri.......	640	84	"	"
1908.	The heir of Jones Wilkins, Pri. ..	640	84		"
1909.	The heir of Elisha Wilkins, Pri...	640	84	"	"
1910.	The heirs of William Merritt, Pt.	640	84	"	"
1911.	The heir of Francis Ward, Pri. ..	640	84		
1912.	The heir of James Daget, Pri....	640	84	"	"
1913.	The heir of John Pitnon, Pri.....	640	84	July 15	Sherwood Barron
1914.	The heirs of John Aberrian, Pri..	640	84	"	"
1915.	The heir of Nathan Harris, Pri. .	640	84	"	
1916.	The heir of Frederick Jackson,Pt.				
1917.	The heirs of Stephen Joyner, Pri. decsd..................	640	84		To be retained I Macon d'd Geo. Jones for Thomas Smith
1918.	The heirs of James Harrison, Pr. decsd...................	640	84		"
1920.	Jehu Stokely, Pri................	228	30		"
1920.	Simon Frazier, Pri...............	274	36	"	
1921.	Richard Roper, Pri...............	228	30		To be retained J. Macon Rec. Thomas Smith
1922.	The heir of Shadrack Cobb, Pri..	640	84		Chas. Gerard
1923.	William Thurston, Pri..........	228	30		William Stone, Bertie
1924.	William Hoggard, Pri...........	228	30	"	"
1925.	David Nance, Lieut.............	1,097	36		Capt. Grainger
1926.	The heir of Solomon Thrift, Pri..	640	84	July 27, '85	James Lee in part for W. Dixon
1927.	Abraham Thrift, Pri............	274	36	"	
1928.	James Jackson, Pri..............	228	30	"	
1929.	The heir of Thomas Blansett, Corpl.......................	1,000	84	"	
1930.	Frederick Blansett, Pri..........	274	36	"	
1931.	John Ingram, Ser...............	797	67	"	
1932.	Nehemiah Reaves, Pri..........	228	30	"	
1933.	Berriman Redley, Pri...........	640	84	"	James Lee and part for W. Dixon
1934.	Jacob Wiggins, Ser..............	1,000	84	"	"
1935.	Drury Burgess, Pri..............	274	36	"	"
1936.	Micajah Fullington, Pri.........	228	30	"	"
1937.	Jeremiah McLain, Pri...........	640	84	"	"
1938.	James Cunningham, Pri.........	640	84	"	"
1939.	Burwell Jinkins, Pri.............	274	36	"	"
1940.	Jones Morton, Pri...............	274	36	"	"
1941.	Hezekiah Smith, Pri............	228	30	"	"
1942.	Benjamin Grimes, Pri...........	274	36	"	"
1943.	William Jakins, Pri.............	274	36	"	"
1944.	Benjamin Womwell, Pri........	228	30	"	Self
1945.	Jesse Rickeson, Pri.............	320	42	"	Aaron Lambert

No.	To whom granted and rank	No. acres	Service in months	Location and to whom deeded and date of warrant. Within the limits of the lands allotted the officers and soldiers of the Continental Line, by Law, 1783, Oct. 14	
1946.	The heir of Mellica Simmons, Pt.	640	84	July 27,'85	Daniel Wilburn
1947.	Charles Burk, Pri...............	640	84	"	"
1948.	James Amos, Pri................	640	84	"	"
1949.	The heir of Ackiss Ellison.......	640	84	"	"
1950.	Joseph West, Ser...............	357	30	"	"
1951.	Phillip Hoehamer, Pri...........	640	84	"	"
1952.	The heirs of Thomas Thope, Pri.	640	84	Aug. 6	Ja. Thompson
1953.	Marmaduke Hedgpeth, Pri......	274	36	"	"
1954.	Thomas Phillips, heir of ———— Phillips..........	640	84		Sent to Tig Jones
1955.	The heir of Wodington Abbitt, Pt.	640	84	Aug. 10	Col. Lytle for Dugle, Jr.
1956.	Harmon Duke, Non Commis Off.	439	36		For "
1957.	The heir of Abraham Low, Pri...	640	84	"	
1958.	The heir of Peter Melene, Pri....	640	84	"	
1959.	William Arthur, wounded.......	640	84	"	
1960.	Jacob Myers, wounded.........	640	84	"	
1961.	The heirs of Richard Minshew,Pt.	640	84	"	
1962.	The heir of Johnson Cruse, Pri...	640	84		
1963.	The heir of Henry Vickery, Pri..	640	84	"	
1964.	The heir of William Weatherspoon, Pri............	640	84	"	
1965.	The heir of John Hester, Pri.....	640	84	"	
1966.	The heir of David Hester, Pri....	640	84	"	
1967.	Granville Davis, Pri............	228	30	"	{Gen. Person to Col. Lytle
1968.	James Rich, wounded..........	640	84	"	
1969.	Joseph McClammey, Lieut......	2,560	84	"	{Maj. Montfloher for Gen. Ashe
1970.	William Williams, Prvt.........	640	84		Wm. Faircloth
1971.	T. Howell, Prvt................	640	84		"
1972.	Jacob Setgreaves, Prvt..........	640	84		"
1973.	John Setgreaves, Prvt..........	640	84		"
1974.	John Curlee, Prvt..............	640	84		"
1975.	Thomas Curlee, Prvt...........	640	84		"
1976.	Zachariah Pridgeon, Prvt.......	640	84		"
1977.	Jesse Richards.................	640	84		B. Sheppard
1978.	Isaac Wheeler.................	640	84		
1979.	The Heirs of Robert Sherod.....	640	84		Wm. Faircloth
1980.	The heirs of Daniel Howell, Privt	640	84		"
1981.	The heirs of John Richards, Pt. .	640	84		"
1982.	The heirs of James Gardner, Pt..	640	84		"
1983.	Isaac Dawson, Privt............	274	36	"	"
1984.	The heirs of Abraham Really, Pt.	640	84	"	"
1985.	The heirs of Edward Hail, Privt.	640	84		"
1986.	The heirs of Joseph Skeeton, Pt..	640	84		"
1987.	The heirs of Francis Beeman, Pt.	640	84		"
1988.	The heirs of Arthur Smith, Piivt.	640	84		"
1989.	The heirs of Arthur Branch, Pt. .	640	84		"
1990.	The heirs of Mark Bogue, Prvt..	640	84		"
1991.	The heirs of Benj. Blow, Privt...	640	84		"
1992.	The heirs of Joshua Fletcher, ...	640	84		"
1993.	The heirs of John Langston, Pt. .	640	84		"
1994.	The heirs of Joshua Boone, Pt...	640	84		"
1995.	The heirs of Thomas Bokin, P:. .	640	84		"
1996.	The heirs of Solomon Ward, Pt..	640	84		"

No.	To whom granted and rank	No. acres	Service in months	Location and to whom deeded and date of warrant. Within the limits of the lands allotted the officers and soldiers of the Continental Line, by Law, 1783, Oct. 14	
1997.	The heirs of Andrewson Nunnery, Privt..........	640	84		Wm. Faircloth
1998.	Runard Jones, Privt...........	640	84		"
1999.	Thomas Hursk, Privt..........	640	84		"
2000.	John Hooks, Privt.............	640	84		"
2001.	Thomas Viney, Privt..........	640	84		"
2002.	Thomas Finney................	274	36	Aug. 10	"
2003.	Elisha Besall.................	274	36		"
2004.	The heirs of John Rhone, Privt..	640	84	"	"
2005.	The heirs of John Vinson, Pt. ...	640	84		"
2006.	The heirs of John Pool, Privt....	640	84		"
2007.	The heirs of John Grandal, Pt. ..	640	84		"
2008.	The heirs of Thomas Dunn, Pt. .	640	84		"
2009.	The heirs of John Oxly Harrison.................	640	84		"
2010.	The heirs of Francis Floyd......	640	84		"
2011.	The heirs of Willis Wilson......	640	84		"
2012.	The heirs of Peter Jett..........	640	84		"
2013.	The heirs of Elisha Flood.......	640	84		"
2014.	The heirs of Edmund Seymore...	640	84		"
2015.	The heirs of Jeremiah Jett, Pt...	640	84		"
2016.	The heirs of John Marcey, Pt....	640	84		"
2017.	Sterling Deen, Privt............	640	84		Self
2018.	William Meeks................	228	30		James Hearn
2019.	The heirs of Joshua Proctor, Pt..	640	84		"
2020.	Nathaniel Laurance, Lieut.......	2,560	84		"
2021.	Samuel Thomson, Privt.........	640	84		For Gen. Person
2022.	Hance Pettigrew, a non com. offcr, wounded...............	1,080	84		{For Capt. Nickols {Hilsbro.
2023.	William Cox, Pri..............	228	30		Self
2024.	The heirs of James Williams, Cor.	1,000	84		{d'd, Wm. Cox, John {Ponds (?)
2025.	The heirs of Joseph Williams, Pri.	640	84		d'd, "
2026.	John Wood, Sergt..............	1,000	84		John Blount
2027.	Josel Wall, (or Joel) Sergt.......	1,000	84	Aug. 26	"
2028.	Robert Ellis, Pri...............	274	36	"	"
2029.	The heirs of James Pritchard,	640	84		
2030.	The heirs of William Owens, Pri. decd....................	640	84		Capt. McNeese
2031.	The heirs of George Faigan, decsd, Privt.,..............	640	84	Aug. 26	"
2032.	The heirs of George Swagot, decsd. Privt................	640	84	"	"
2033.	The heirs of Robert Hutchins, Pt.	640	84	"	"
2034.	The heirs of John Stephenson, Pt.	640	84	"	"
2035.	The heirs of John Cameron, Pt. .	640	84	"	"
2036.	The heirs of Walter White, Pt...	640	84	"	"
2037.	The heirs of Samuel Griffin, Pt. .	640	84	"	"
2038.	The heirs of Nathaniel Nelson,Pt.	640	84	"	"
2039.	The heirs of John Willoughby, Pt.	640	84	"	"
2040.	The heirs of Solomon Wood, Pt..	640	84	"	"
2041.	The heirs of Christopher Wolf, "	640	84	"	"
2042.	The heirs of Frederick Brown, "	640	84	"	"
2043.	The heirs of John Hardy, Privt..	640	84	"	"
2044.	The heirs of Daniel Morehouse, "	640	84	"	"

No.	To whom granted and rank	No. acres	Service in months	Location and to whom deeded and date of warrant. Within the limits of the lands allotted the officers and soldiers of the Continental Line, by Law, 1783, Oct. 14	
2045.	The heirs of John Bartlie, Privt..	640	84	Aug. 26	Capt. McNeese
2046.	The heirs of Moses Easten, Pt...	640	84	"	"
2047.	The heirs of Jeremiah Brantley,"	640	84	"	"
2048.	The heirs of Christopher Tryal, "	640	84	"	"
2051.	The heirs of John Brown, Privt..	640	84	"	"
2052.	The heirs of Peter Pratt, Privt...	640	84	"	"
2050.	The heirs of John Ross, Privt....	640	84	"	"
2052.	The heirs of Lewis Grant. Privt..	640	84	"	"
2053.	The heirs of Lewis Pen, Privt....	640	84	"	"
2054.	The heirs of William Lawson, Pt.	640	84	"	"
2055.	The heirs of Moses Simpson, Pt..	640	84	"	"
2056.	The heirs of William Orange, Pt.	640	84	"	"
2057.	The heirs of Thomas Sims, Pt....	640	84	"	"
2058.	The heirs of John Randall, Pt. ..	640	84	"	"
2059.	The heirs of Mathew Lawless, Pt.	640	84	"	"
2060.	The heirs of John Wright, Privt..	640	84	"	"
2061.	The heirs of Thomas Warren, Pt.	640	84	"	"
2062.	The heirs of John Nelson, Privt..	640	84	"	"
2063.	James Smithwick, Privt.........	640	84	"	John Price
2064.	The heirs of William Malebey, "	640	84	"	"
2065.	The heirs of William Jinkins, Pt.	640	84	"	J. Glasgow
2066.	Phillip Mason, drm. Maj........	1,000	84	"	Saml. Holliday
2067	The heirs of Asabel Davenport, Pt.	640	84	"	"
2068.	The heirs of John Davis, Sergt...	1,000	84	"	Thos. Davis
2069.	The heirs of Stephen Harrison, Pt.	640	84	"	Saml. Holliday
2070.	Ambrose Bull, heir of John Moran, Sergt................	1,000	84	"	J. G. Blount
2071.	Simon Alderson, Sergt..........	1,000	84	"	"
2072.	James Clark, Corpl.............	428	36	"	"
2073.	The heirs of William Kirkland	640	84		Capt. Lascitur
2074.	The heirs of Hardy Keel, Privt. .	640	84	Sept. 1, '85	"
2075.	The heirs of John Wilson, Privt..	640	84		"
2076.	The heirs of Thomas Wallace, Pt.	640	84		"
2077.	The heirs of John Wilburn, Pt...	640	84		"
2078.	The heirs of Isaac Bently, Pt....	640	84		"
2079.	The heirs of Elias Baker, Privt...	640	84		"
2080.	The heirs of James Davis, Privt..	604	84		"
2081.	The heirs of Thomas Jordan, Pt.	640	84		"
2082.	The heirs of Henry Lambert, Pt.	640	84		"
2083.	The heirs of Francis Rape, Pt....	640	84		"
2084.	The heirs of Daniel Rogers, Pt...	640	84		"
2085.	The heirs of Hardy Robeson, Pt.	640	84		"
2086.	The heirs of Nathan Cooper, Pt..	640	84		"
2087.	The heirs of John Cole, Privt....	640	84		
2088.	The heirs of Josiah Clark, Privt..	640	84		
2089.	The heirs of David Pugh, Privt..	640	84		
2090.	The heirs of William Parker, Pt..	640	84		
2091.	The heirs of John Parsmore, Pt..	640	84		
2092.	The heirs of Abram Shoecroft, Pt.	640	84		
2093.	The heirs of Willis Metts, Privt..	640	84		
2094.	The heirs of Timothy Mars, Pt. .	640	84	Sept. 1	Capt. Lascitur
2095.	The heirs of Randal Greene, Pt..	640	84		
2096.	The heirs of Jacob Griffin, Pt....	640	84		
2097.	The heirs of William Nowell, Pt.	640	84		
2098.	The heirs of Joseph Newkins, Pt.	640	84		
2099.	The heirs of William Hendly, Pt.	640	84		

No.	To whom granted and rank	No. acres	Service in months	Location and to whom deeded and date of warrant. Within the limits of the lands allotted the officers and soldiers of the Continental Line, by Law, 1783, Oct. 14	
2100.	The heirs of William Hamm, Pt.	640	84		
2101.	The heirs of Joseph Heel, Privt.	640	84		
2102.	The heirs of William Buck, Pt.	640	84		
2103.	The heirs of Josiah Langston, Pt.	640	84	Sept. 2	
2104.	The heirs of John Gibson, Privt.	640	84		John Trousdale, Orange
2105.	The heir of Samuel Warren, Pt.	640	84		James Sanders
2106.	The heirs of Vernon Alhead, Pt.	640	84		
2107.	The heirs of Charles Anderson, Pt.	640	84		
2108.	The heirs of Asa Brooks, Corpl.	1,000	84		
2109.	The heirs of William Binnell, Jr. Privt.	640	84	Sept. 9, '85	John McNees
2110.	The heirs of George Barlow, Pt.	640	84	"	
2111.	The heirs of Frederick Bagwell, "	640	84	"	
2112.	The heirs of William Binnell, Jr. Privt.	640	84		
2113.	The heirs of Jesse Brown, fifer	1,000	84		
2114.	The heirs of James Bowler, Pt.	640	84		
2115.	The heirs of James Cannady, Pt.	640	84		
2116.	The heirs of Thomas Corne, Pt.	640	84		
2117.	The heirs of Isaac Cornelius, fifer	1,000	84		
2118.	The heirs of James Capps, Corp.	1,000	84		
2119.	The heirs of William Cane, Pt.	640	84		
2120.	The heirs of Anthony Cross, Pt.	640	84		
2121.	The heirs of Michael Fling, Pt.	640	84	"	
2122.	The heirs of James Flusher, Senr. Privt.	640	84		
2123.	The heirs of James Flusher, Jr. Privt.	640	84		
2124.	The heirs of Peter Furney, Pt.	640	84		
2125.	The heirs of James Grace, Pt.	640	84		
2126.	The heirs of Samuel Griffis, Sergt.	1,000	84		
2127.	The heirs of William Groves, Pt.	640	84		
2128.	The heirs of Jonathan Harrison, Sergt.	1,000	84		
2129.	The heirs of Bernard Hilen, Pt.	640	84		
2130.	The heirs of William Harris, Pt.	640	84		
2131.	The heirs of Warburton Hubbard, Sergt.	1,000	84		
2132.	The heirs of Richd. Howard, Pt.	640	84		
2133.	The heirs of Abraham Jacobus, "	640	84	"	
2134.	The heirs of Mathew Lively, Pt.	640	84		
2135.	The heirs of Joshua Larouse, Pt.	640	84		
2136.	The heirs of Mathew Levi, Pt.	640	84		
2137.	The heirs of Nicholas Moore, Pt.	640	84		
2138.	The heirs of William Mathews, "	640	84		
2139.	The heirs of Abraham Mott, Pt.	640	84		
2140.	The heirs of Walter McFarlin, "	640	84		
2141.	The heirs of John Martin, Privt.	640	84		
2142.	The heirs of Samuel McConnough, Privt.	640	84		
2143.	The heirs of Dugald McConnough, Privt.	640	84		
2144.	The heirs of Daniel McCloud, Pt.	640	84	"	
2145.	The heirs of John McKinnis, Pt.	640	84		
2146.	The heirs of George Minory, Pt.	640	84		
2147.	The heirs of James Miller, Pt.	640	84		

No.	To whom granted and rank	No. acres	Service in months	Location and to whom deeded and date of warrant. Within the limits of the lands allotted the officers and soldiers of the Continental Line, by Law, 1783, Oct. 14	
2148.	The heirs of Jesse Nelms, Privt..	640	84		
2149.	The heirs of Richd. Oglesbey, Pt..	640	84		
2150.	The heirs of John Polk, Sergt....	1,000	84		
2151.	The heirs of Joseph Persythe, Pt.	640	84	Sept. 9, '85	James McNees
2152.	The heirs of Clement Prichard, "	640	84		
2153.	The heirs of John Reverr, Privt..	640	84		
2154.	Benjamin Reaves, Sergt.........	1,000	84		
2155.	The heirs of Daniel Raymore, Pt.	640	84		
2156.	The heirs of Jacob Redy, Privt..	640	84		
2157.	The heirs of James Reel, Privt...	640	84		
2158.	The heirs of John Seavron, Pt. ..	640	84		
2159.	The heirs of Thomas Wilsh, (Welch) Privt...............	640	84		
2160.	The heirs of William Whitman, "	640	84		
2161.	The heirs of John Ventress, Pt...	640	84		
2162.	The heirs of John Thompson, "	640	84		
2163.	The heirs of John Jones, Privt...	640	84		
2164.	The heirs of Thomas Allen, Pt...	640	84	Sept. 12,'85	Jno. Price
2165.	The heirs of Thomas Armsworth, Privt............	640	84		"
2166.	The heirs of Thomas Alford, Pt..	640	84		"
2167.	The heirs of Peter Ballard, Pt. ..	640	84		"
2168.	The heirs of Samuel Barker, Pt..	640	84		"
2169.	The heirs of Isum Burns, Privt..	640	84		"
2170.	The heirs of Sherrard Britt, Pt...	640	84		"
2171.	The heirs of Moses Brumfield, Pt.	640	84		"
2172.	The heirs of John Benson, Pt....	640	84		"
2173.	The heirs of John Bradley, Pt...	640	84		"
2174.	The heirs of Obed Bryant, Pt....	640	84		"
2175.	The heirs of Thomas Cannon, Pt.	640	84		"
2176.	The heirs of Peter Cobb, Privt...	640	84		"
2177.	The heirs of Samuel Collins, Pt..	640	84		"
2178.	The heirs of Solomon Cooper, Pt..	640	84		
2179.	The heirs of Henry Carter, Pt. ..	640	84		"
2180.	The heirs of Job Cherry, Privt...	640	84		"
2181.	The heirs of Arthur Dukes, Pt...	640	84		"
2182.	The heirs of Peter Dillard, Pt....	640	84		"
2183.	The heirs of Charles Flowers, Pt.	640	84		"
2184.	The heirs of Edward Griffin, Pt..	640	84		"
2185.	The heirs of Richard Goodnas, "	640	84		"
2186.	The heirs of Solomon Groves, Pt..	640	84		"
2187.	The heirs of Joseph Graves, Pt. .	640	84		"
2188.	The heirs of James Howell, Pt...	640	84		"
2189.	The heirs of James Harrell, Pt...	640	84		"
2190.	The heirs of Peter Howell, Pt....	640	84		"
2191.	The heirs of James Holton, Pt...	640	84		"
2192.	The heirs of Charles Hickman, "	640	84		"
2193.	The heirs of Peter Johnston, Pt..	640	84	"	"
2194.	The heirs of Martin Jones, Sergt.	1,000	84	"	"
2195.	The heirs of Taylor Joperton, Pt..	640	84	"	"
2196.	The heirs of Taylor Jones, Privt.	640	84		
2197.	The heirs of Philip Jackson, Pt...				
2198.	The heirs of Tanner Jeth, Pt. ...				
2199.	The heirs of Kedar Jones, Privt..				
2200.	The heirs of Jesse Jones, Privt...				
2201.	The heirs of John James, Privt..				

No.	To whom granted and rank	No. acres	Service in months	Location and to whom deeded and date of warrant. Within the limits of the lands allotted the officers and soldiers of the Continental Line, by Law, 1783, Oct. 14	
2202.	The heirs of Thomas Johnston, "				
2203.	The heirs of Aaron Jones, Privt..				
2204.	The heirs of Peter Knight, Pt....				
2205.	The heirs of Jesse Lee, Privt.....				
2206.	The heirs of Robert Lenier, Pt...				
2207.	The heirs of Peter Langford, Pt..				
2208.	The heirs of Abraham Mears, Sgt.	1,000	84	Sept. 12,'85	Jno. Price
2209.	The heirs of John Mears, Privt..	640	84	"	"
2210.	The heirs of Jacob Morgan, Pt...				
2211.	The heirs of Abraham May, Sgt..	1,000	84		
2212.	The heirs of James Night, Privt..	640	84	"	"
2213.	The heirs of Peter Pope, Privt...				
2214.	The heirs of John Peters, Privt..				
2215.	The heirs of Solomon Parks, Pt..				
2216.	The heirs of Benjamin Pulley, Pt.	640	84	Sept. 12,'85	Jno. Price
2217.	The heirs of John Pew, Pri'.....	640	84		
2218.	The heirs of Richard Phew, Pt...	640	84		"
2219.	The heirs of Rice Price, Privt....	640	84		"
2220.	The heirs of Joshua Parnel, Pt...	640	84		"
2221.	The heirs of Peter Payne, Privt..	640	84		"
2222.	The heirs of Abraham Peter, Pt..	640	84		"
2223.	The heirs of Servie Robertson, "	640	84		"
2224.	The heirs of Gardiner Robertson, Privt............	640	84		"
2225.	The heirs of Absolam Rogers, "	640	84		"
2226.	The heirs of William Ring, Pt. ...	640	84		"
2227.	The heirs of Aaren Renn, Privt..	640	84		"
2228.	The heirs of Peter Reddick, Pt...	640	84		"
2229.	The heirs of Jesse Rogers, Pt....	640	84		"
2230.	The heirs of Jesse Renn, Privt...	640	84		"
2231.	The heirs of Stephen Reed, Pt...	640	84		"
2232.	The heirs of John Skinner, Pt....	640	84		"
2233.	The heirs of Joseph Sparks, Pt...	640	84		"
2234.	The heirs of Samuel Shute, Pt...	640	84		"
2235.	The heirs of Joshua Searchwell, "	640	84		"
2236.	The heirs of Isaac Simmons, Pt..	640	84		"
2237.	The heirs of John Stinson, Pt....	640	84		"
2238.	The heirs of James Shanks, Pt...	640	84		"
2239.	The heirs of Joseph Surls, Pt....	640	84		"
2240.	The heirs of James Smally, Pt...	640	84		"
2241.	The heirs of Joshua Thompson, "				"
2242.	The heirs of Willey Tucker, Pt...	640	84		"
2243.	The heirs of John Thornall, Pt...	640	84		"
2244.	The heirs of Henry Taylor, Pt...	640	84		"
2245.	The heirs of Joseph Toomer, Pt..	640	84		"
2246.	The heirs of Charles Tutson, or (J), Privt...............	640	84		"
2247.	The heirs of Jacob Wells, Pt.....	640	84		"
2248.	The heirs of Peter Williams, Pt..	640	84		"
2249.	The heirs of Solomon Willis, Pt..	640	84		"
2250.	The heirs of William Wright, Pt.	640	84		"
2251.	The heirs of Titus Wood, Pt.....	640	84		"
2252.	The heirs of James Woolward, "	640	84		"
2253.	The heirs of Thomas Winstell, "	640	84		"
2254.	The heirs of Peter Ward, Privt...	640	84		"
2255.	The heirs of Thomas Wooten, "	640	84		

No.	To whom granted and rank	No. acres	Service in months	Location and to whom deeded and date of warrant. Within the limits of the lands allotted the officers and soldiers of the Continental Line, by Law, 1783, Oct. 14	
2256.	The heirs of George Wilkins, Pt..	640	84		Jno. Price
2257.	The heirs of Jordon Wilkins, Pt..	640	84		"
2258.	The heirs of Peter Wright, Pt....	640	84		"
2259.	Thomas Andrews, Privt........	640	84		"
2260.	The heirs of Duncan Ancinclash, Privt............	640	84		"
2261.	William Lowe, fife Maj........	427	36	Sept.12,'85	Self
2261.	The heirs of Arthur Parker, Lt...	1,000	84	Sept. 17	A. Pearce
2263.	The heirs of John Eller, Privt....	640	84	"	
2264.	The heirs of David Yarbrough, "	640	84		
2265.	The heirs of Jacob Dadrick, Pt. .	640	84		
2266.	The heirs of William Hawley, "	640	84		
2267.	The heirs of Samuel Hay, Pt.....	640	84		
2268.	James Roper, Privt.............	274	36		
2269.	James Price, Privt.............	274	36		
2270.	The heirs of William Allen, Decsd. Privt...............	640	84	Sept. 28	Mr. Marshal
2271.	The heirs of John Baltrip, Pt....	640	84		
2272.	The heirs of William Curk, Pt...	640	84		
2273.	The heirs of Shurrod Duke, Pt...	640	84		
2274.	James Glover, Privt.............	228	30		
2275.	Samuel Harris, Privt...........	228	30		
2276.	The heirs of John Jeffres........	640	84		
2277.	The heirs of William Lithco, Pt..	640	84		"
2278.	The heirs of William Morris, Pt..	640	84	Sept. 28,'85	Mr. Marshal
2279.	The heirs of James Talton, Pt. ...	640	84		
2280.	The heirs of Peter Valentine, Pt..	640	84		
2281.	The heirs of Uriah Russell, Pt. ..	640	84		
2282.	The heirs of Benjamin Ward, Pt.	640	84		
2283.	Joel Rigins, Privt..............	228	30		
2284.	The heirs of Burrell Wilkins, Pt..	640	84		
2285.	The heirs of John Woodrough, "	640	84		
2286.	The heirs of William Young, Pt..	640	84		
2287.	The heirs of John King, Privt....	457	60		
2288.	The heirs of Joshua Barber, Pt...	274	36		
2289.	James Roach, Privt............	502	66		
2290.	The heirs of Levi Alexander, Pt..	640	84	"	Widow Alexander
2291.	Henry Irwin, Heir of Henry Irwin, Lieut. Col.............	5,760	84		Henry Irwin
2292.	Mecaijah Savage, Privt........	228	30		William Sanders
2293.	Abraham Crump, Privt........	228	30	"	"
2294.	Ransom Savage, Sergt.........	357	30	"	"
2295.	George Summers, Sergt........	228	24	"	"
2296.	Richard Mount, Privt.........	274	36		"
2297.	James Craven, Lt..............	1,242	42		"
2298.	The heirs of James Depreast, Pt.	640	84		"
2299.	The heirs of William Vinson, Pt..	640	84		"
2300.	The heirs of Francis Mosir, Pt...	640	84		"
2301.	The heirs of Samuel Mosir, Pt...	640	84		"
2302.	Jacob Medgett................	640	84	Sept. 29,'85	William Faircloath
2303.	Lewis Jennett, Sergt...........	1,000	84		
2304.	Aaron Gaylord................	640	84		
2305.	Jeremiah Gurganus, Privt......	640	84		
2306.	Roger Wildie, Privt...........	640	84		
2307.	Absolam Colley, Privt.........	640	84		
2308.	Frederick Fairfax, Sergt........	1,000	84		

No.	To whom granted and rank	No. acres	Service in months	Location and to whom deeded and date of warrant. Within the limits of the lands allotted the officers and soldiers of the Continental Line, by Law, 1783, Oct. 14	
2309.	The heirs of Peter Mitts, Privt...	640	84		
2310.	The heirs of Jonathan Bett, Pt. .	640	84		
2311.	The heirs of William Fairfax, Pt.	640	84		
2312.	The heirs of Richard Pickle, Pt..	274	36		
2313.	Jonathan Gay, Privt.............	274	36		
2314.	Josiah Dove, Privt..............	274	36		
2315.	The heirs of Peter Lee, Privt....	274	36		
2316.	The heirs of Jesse Jitt, Corpl....	1,000	84		
2317.	The heirs of Roberson Jackson,Pt.	640	84		
2318.	Zachariah Flood, Privt..........	640	84		
2319.	Elisha Dukes, Corpl............	1,000	84		
2320.	The heirs of Willoughby Rogerson, Privt..............	640	84		
2321.	The heirs of Sampson Batts, Pt..	640	84		
2322.	Crekiel Prigin, Privt............	640	84		
2323.	The heirs of Richard Galloway, "	640	84		
2324.	The heirs of John Cator, Privt...	640	84		
2325.	Joseph Wilkins, Privt...........	640	84		William Faircloth
2326.	Joseph Flood, Privt............	640	84		
2327.	The heirs of William Bradley, Pt.	640	84		
2328.	Willis Mears, Privt.............	640	84		
2329.	Enos Goodsoon, Privt..........	640	84		
2330.	James Pulley, Privt............	640	84		
2331.	The heirs of Frederick Pugh, Pt..	640	84		
2332.	The heirs of Benjamin Woolard,"	640	84		
2333.	Jacob Basdel, Privt.............	640	84		
2334.	Joseph Candler, Privt...........	640	84		
2335.	John Gaultney, Privt...........	640	84		
2336.	Benjamin Covenan, Privt.......	640	84		
2337.	Abraham Hammons, Privt......	640	84		
2338.	Francis Berry, Privt............	640	84		
2339.	Thomas Saunderlin, Privt.......	640	84	Sept. 29,'85	Wm. Faircloth
2340.	Lemon Griffin, Privt............				
2341.	Isaac Abbott, Privt............				
2342.	The heirs of Augustine Darnald, Privt..............	640	84	"	"
2343.	The heirs of Micajah Smith, Pt..	640	84		
2344.	Willis Humphries, Privt.........	640	84		
2345.	Daniel Haston, Privt...........	640	84		
2346.	Peter Jarmany, Privt...........	640	84		
2347.	Demsey Wiggle, Privt..........	640	84		
2348.	John Grogan, Fifer.............	1,000	84	"	"
2350.	Joseph Braner, Privt...........	640	84		
2351.	Th heirs of Richard Rose, Privt..	640	84		
2352.	The heirs of Samuel Wigley, Pt..	640	84		
2353.	Joshua Murray, Privt...........	640	84		
2354.	William Charlton, Privt.........	640	84	"	Maj. R. Blount
2355.	Edmund Tison, Privt...........	274	36	" Ec'd	
2356.	Kedar Benton, Privt............	228	30	Sept. 30	Capt. Davis
2357.	George Harris, Privt............	640	84		"
2358.	Hezekiah Jones, Privt..........	228	30		
2359.	John Polson, Privt.............	228	30		
2360.	Daniel Guinn, Privt............	640	84		
2361.	Josiah Jones, Privt.............	228	30		
2362.	The heirs of James Robins, Pt...	640	84		
2363.	The heirs of Francis Speight, Pt.	640	84		

IN THE AMERICAN REVOLUTION 281

No.	To whom granted and rank	No. acres	Service in months	Location and to whom deeded and date of warrant. Within the limits of the lands allotted the officers and soldiers of the Continental Line, by Law, 1783, Oct. 14	
2364.	The heirs of Robert Blanshett, "	640	84		
2365.	The heirs of Richard Sherwell Walker, Sergt...............	1,000	84	Sept. 30	Thos. Thompson
2364.	The heir of William Ester, Pt....	640	84		"
2365.	The heir of John Carrier, Privt..	640	84		
2366.	The heirs of Jonathan Baker, Pt.	640	84		B. Sheppard
2367.	Demsey Bunington, Privt.......	274	36	"	John Faircloth
2368.	The heirs of William Benton, Pt.	640	84	"	"
2369.	The heirs of Hardy Britain, Pt...	640	84		
2370.	Isaiah Cooke, Privt.............	640	84		
2371.	Malachi Crawford, Privt........	640	84		B. Sheppard
2372.	The heirs of Jesse Dewet, Pt.....	640	84	"	John Faircloth
2373.	William Fox, Privt.............	640	84		
2374.	Jacob Grogan, Privt............	274	36	"	"
2375.	Simon Grimes, Privt............	640	84		
2376.	David Ginn, Privt..............	640	84		
2377.	Samson George, Privt..........	640	84		
2378.	The heirs of Edward Harrison, "				
2379.	Charles Harrison, Privt.........				
2380.	Lewis Hester, Privt............ "				
2381.	The heirs of Drury Harrington, "	274	36		
2382.	The heirs of Reubin Mundine, "	274	36		
2383.	The heirs of Phillip Mason, Pt...	640	84		B. Sheppard
2384.	Zebulon Mundine, Privt........	640	84		John Faircloth
2385.	The heirs of George Martin, Pt..	640	84		
2386.	The heirs of Jesse Marbery, Pt...	640	84		
2387.	The heirs of Anderson Nolly, Pt..	640	84		
2388.	The heirs of Lewis Odam, Pt. ...	640	84		
2389.	The heirs of Benjamin Palmer, "	640	84		
2390.	Thomas Piner, Privt............	640	84		
2391.	Zachariah Ponds, Privt.........	640	84		
2392.	Jesse Rowe, Privt..............	640	84		
2393.	James Savage, Privt............	640	84		
2394.	The heirs of Joseph Savage, Pt...	640	84		
2395.	Martin Titus, Privt.............	640	84		B. Sheppard
2396.	The heirs of Joseph Upton, Pt...	640	84		John Faircloth
2397.	Demcey Wigley, Privt..........	640	84		
2398.	Isaiah Wood, Privt.............	640	84		
2399.	Gabriel Weight, Privt..........	640	84		
2401.	Robert Willie, Privt............	640	84		John Faircloth
2402.	The heirs of Jesse Waughmock,Pt.	640	84		
2403.	Jonathan Wyatt, Privt..........	640	84		
2404.	Jonathan Abbett, Privt.........	640	84		Capt. J. Davis
2405.	The heirs of Lemon Baker, Pt. ..	640	84		"
2406.	The heirs of William Bryant, Pt..	640	84		"
2407.	The heirs of William Bunington, "	640	84		"
2408.	The heirs of Michael Braner, Pt.	640	84		"
2407.	The heirs of Jeremiah Banks, Pt.	640	84		"
2408.	Thomas Baxter, Privt...........	640	84		"
2409.	The heirs of David Braswell, Pt..	640	84		"
2410.	Isaac Cook, Privt..............	640	84		"
2411.	Joseph Cahoon, Privt..........	640	84		"
2412.	William Darnald, Privt.........	640	84		"
2413.	Patrick Darbey, Privt..........	640	84		"
2414.	Joshua Fowler, Privt...........	640	84		"
2415.	The heirs of Isaac Griffin, Privt..	640	84		"

No.	To whom granted and rank	No. acres	Service in months		Location and to whom deeded and date of warrant. Within the limits of the lands allotted the officers and soldiers of the Continental Line, by Law, 1783, Oct. 14
2416.	James Grogan, Privt............	640	84		Capt. J. Davis
2417.	Josiah Griffin, Privt............	640	84		"
2418.	The heirs of Daniel Ganlor, Pt...	640	84		"
2419.	The heirs of John Harrison, Pt...	640	84		"
2420.	The heirs of Augustine Harrison, Privt...............	640	84		"
2421.	Willis Hastings, Privt...........	640	84		"
2424.	The heirs of Lazerous Hart, Pt...	640	84		"
2425.	Thomas Jermany, Privt.........	640	84		"
2426.	Benjamin Lucis, Privt..........	640	84		"
2427.	The heirs of Joseph Mundine, Pt.	640	84		"
2428.	Robert Mann, Privt............	640	84		"
2429.	George Norris, Privt...........	640	84		"
2430.	Joseph Palmer, Privt...........	640	84		"
2431.	Peter Poyner, Privt............	640	84		"
2432.	Michael Phillips, Privt.........	365	48	Sept. 30	"
2433.	Samuel Price, Privt............	365	48		"
2434.	Demsey Rowe, Privt...........	640	84		"
2435.	The heirs of Isaac Sanderlin, Pt..	640	84		"
2436.	Charles Smith, Privt...........	640	84		"
2437.	Edward Sage, Privt............	640	84		"
2438.	The heirs of Thomas Sherrord, Pt.	640	84		"
2439.	John Upton, Privt..............	640	84		"
2440.	Willis Upton, Privt.............	640	84		"
2441.	The heirs of Edward Werton, Pt.	640	84		"
2442.	Thomas Wigley, Privt..........	640	84		"
2443.	Isaac Ward, Privt..............	640	84		"
2444.	Zachariah Williams, Privt.......	640	84		"
2445.	The heirs of Joshua Ballard, Pt..	640	84		{Cert'f. delv'd by B. L. for J. P. issd.
2446.	The heirs of Jonathan Cherry, "	640	84		"
2447.	The heirs of Absalom Coward, "	640	84		"
2448.	The heirs of John Eastwood, Pt..	640	84		"
2449.	The heirs of Joshua English, Pt..	640	84		"
2450.	The heirs of John Fones, Privt...	640	84		"
2451.	The heirs of Augustine Floyd, Pt.	640	84		"
2452.	The heirs of Thomas George, Pt..	640	84		"
2453.	The heirs of Henry Ginn, Privt..	640	84		"
2454.	The heirs of Andrew Grimes, Pt..	640	84		"
2455.	The heirs of Henry Griffiths, Pt..	640	84		"
2456.	The heirs of Andrew Homes, Pt..	640	84		"
2457.	The heirs of Henry Humphries, "	640	84		"
2458.	The heirs of Andrew Hines, Pt...	640	84		"
2459.	The heirs of James Howard, Pt..	640	84		"
2460.	The heirs of Jacob Jones, Pt.....	640	84		"
2461.	The heirs of Abslom Jones, Pt...	640	84		"
2462.	The heir of Elisha Ivy, Privt....	640	84		"
2463.	The heirs of Andrew King, Pt. ..	640	84		"
2464.	The heir of Peter Lanier, Privt. ,	640	84		"
2465.	The heirs of Elias Leggett, Pt....	640	84		"
2466.	The heirs of Henry McFashions, Prit.......................	640	84		"
2467.	The heirs of Griffin Morgan, Pt.	640	84		"
2468.	The heirs of Humphrey Morgan, Privt..............	640	84		"

IN THE AMERICAN REVOLUTION 283

No.	To whom granted and rank	No. acres	Service in months	Location and to whom deeded and date of warrant. Within the limits of the lands allotted the officers and soldiers of the Continental Line, by Law, 1783, Oct. 14
2469.	The heirs of Titus Peters, Pt.....	640	84	Cert'f. delv'd by B. L. for J. P. issd.
2470.	The heirs of Peter Powell, Pt....	640	84	"
2471.	The heirs of Robert Powers, Pt..	640	84	"
2472.	The heirs of George Pulley, Pt...	640	84	"
2473.	The heirs of Peter Pains, Privt...	640	84	"
2474.	The heirs of Hardy Roberts, Pt..	640	84	"
2475.	The heirs of Henry Richards, Pt.	640	84	"
2476.	The heirs of Sampson Roberts, "	640	84	"
2477.	The heirs of Joal Smith, Privt...	640	84	"
2478.	The heirs of Nathaniel Wood, "	640	84	"
2479.	The heirs of Ephraim Wyatt, "	640	84	"
2480.	The heirs of Thomas Wood, Pt. .	640	84	"
2481.	The heirs of Absalom Wallace, "	640	84	"
2482.	The heirs of John Applewhite, "	640	84	Cert. Colo. John Shepard
2483.	The heirs of Abraham Applewhite, Privt...........	640	84	"
2484.	The heirs of Marmaduke Brantley, Privt.............	640	84	"
2485.	The heirs of Randall Cross, Pt...	640	84	"
2486.	The heirs of Gran Duke, Privt...	640	84	"
2487.	The heirs of Abraham Gunn, Pt..	640	84	"
2488.	The heirs of Demcey Green, Pt..	640	84	"
2489.	The heirs of John Hathcock, Pt..	640	84	"
2490.	The heirs of John Holloway, Pt..	640	84	"
2491.	The heirs of Portis Mulford, Pt..	640	84	"
2492.	The heirs of Lewis Morgan, Pt...	640	84	"
2493.	The heirs of Abraham Short, Pt..	640	84	"
2494.	The heirs of John Winoak, Pt....	640	84	"
2495.	The heirs of Joseph Abrams, Pt..	640	84	Capt. McNees
2496.	John Atchinclash, Privt.........	640	84	"
2497.	The heirs of Avandal Blackman"	640	84	"
2498.	The heirs of Nicholass Barber, "	640	84	"
2499.	The heirs of Peter Baker, Pt.....	640	84	"
2500.	The heirs of Matthew Braker, "	640	84	"
2501.	The heirs of Hillery Crook, Pt...	640	84	"
2502.	The heirs of John Creege, Pt.....	640	84	"
2503.	The heirs of Joseph Dupont, Pt..	640	84	"
2504.	The heirs of John Dunkinson, Pt.	640	84	"
2505.	The heirs of Abraham Duester, "	640	84	"
2506.	The heirs of James Duester, Pt..	640	84	"
2507.	The heirs of Jesse Dupont, Pt....	640	84	"
2508.	The heirs of Christopher Dasher, Privt................	640	84	"
2509.	The heirs of John Dugald, Pt....	640	84	"
2510.	The heirs of James Ducawin, Pt.	640	84	"
2511.	The heirs of George Dill, Pt.....	640	84	"
2512.	The heirs of John Farmer, Pt....	640	84	"
2513.	The heirs of Joseph Farden, Pt..	640	84	"
2514.	The heirs of George Grantson, "	640	84	"
2515.	The heirs of Thomas Guist, Pt...	640	84	"
2516.	The heirs of Frederick Harper, "	640	84	"
2517.	The heirs of Benberry Hines, Pt.	640	84	"
2518.	The heirs of Levi Jinkins, Pt.....	640	84	"
	Anthony King, Privt...........	640	84	"
2519.	The heirs of David Kemp, Pt....	640	84	"

No.	To whom granted and rank	No. acres	Service in months	Location and to whom deeded and date of warrant. Within the limits of the lands allotted the officers and soldiers of the Continental Line, by Law, 1783, Oct. 14
2520.	The heirs of Andrew Litchworth, Privt.	640	84	Capt. McNees
2521.	The heirs of Nathan Lamb, Pt.	640	84	"
2522.	The heirs of Daniel Lawrecy, Pt.	640	84	"
2523.	The heirs of James Lambreck, "	640	84	"
2524.	The heirs of John Lymus, Pt.	640	84	"
2526.	The heirs of George Lynch, Pt.	640	84	
2527.	The heirs of Joseph Mallery, Pt.	640	84	
2528.	The heirs of Allen Murdock, Pt.	640	84	Capt. J. W. McNees
2529.	The heirs of John Manson, Pt.	640	84	"
2530.	The heirs of Archebald McDugald, Privt.	640	84	"
2531.	The heirs of Samuel Morron, Pt.	640	84	"
2532.	The heirs of John McDaniel, Pt.	640	84	"
2533.	The heirs of Allen McDaniel, Pt.	640	84	"
2534.	The heirs of McCloud Murdock, Privt.	640	84	"
2535.	The heirs of John Nations, Pt.	640	84	"
2536.	The heirs of Mathias O'Neal, Pt.	640	84	"
2537.	The heirs of Archibald O'Neal, "			"
2538.	The heirs of Daniel Oate, Pt.	640	84	"
2539.	The heirs of James Orr, Pt.	640	84	"
2540.	The heirs of John Reyley, Pt.	640	84	"
2541.	The heirs of Andrew Ramsey, "	640	84	"
2542.	The heirs of James Richardson, "	640	84	"
2543.	The heirs of Isaih Stedham, Pt.	640	84	"
2545.	The heirs of Nathaniel Slade, Pt.	640	84	"
2546.	The heirs of Joel Smythe, Pt.	640	84	"
2547.	The heirs of Joseph Siver, Pt.	640	84	"
2548.	The heirs of Henry Shaffer, Pt.	640	84	"
2549.	The heirs of John Strand, Pt.	640	84	"
2550.	The heirs of Richard Talifarro, "	640	84	"
2551.	The heirs of John Tripp, Pt.	640	84	"
2552.	The heirs of David Thompson, "	640	84	"
2553.	The heirs of William Thust, Pt.	640	84	"
2554.	The heirs of Brown Wallace, Pt.	640	84	"
2555.	The heirs of Casper Wimer, Pt.	640	84	"
2556.	The heirs of Goodman Welch, "	640	84	"
2557.	The heirs of Jacob Willis, Pt.	640	84	"
2558.	The heirs of Michael Bazemore, "	640	84	"
2559.	The heir of Robert Bazemore, Pt.	640	84	"
2560.	The heirs of Stephen Begworth, "	640	84	"
2561.	The heirs of Jacob Burden, Pt.	640	84	"
2562.	The heirs of Solomon Benton, "	640	84	"
2563.	The heirs of Andrew Burrn, Pt.	640	84	"
2564.	The heirs of Isaiah Brenkley, "	640	84	"
2565.	The heirs of David Brooks, Pt.	640	84	"
2566.	The heirs of John Cockar, Pt.	640	84	"
2567.	The heirs of Josiah Collins, Pt.	640	84	"
2568.	The heirs of Benjamin Daniel, "	640	84	"
2569.	The heirs of Benjamin Dundelor, Privt.	640	84	"
2570.	The heirs of Joel Grant, Privt.	640	84	"
2571.	The heirs of David Hughs, Pt.	640	84	"
2572.	The heirs of Abraham Henderson, Privt.	640	84	"

No.	To whom granted and rank	No. acres	Service in months	Location and to whom deeded and date of warrant. Within the limits of the lands allotted the officers and soldiers of the Continental Line, by Law, 1783, Oct. 14
2573.	The heirs of Job Jackson, Pt.....	640	84	Capt. J. W. McNees
2574.	The heirs of Willis McDuell, Pt..	640	84	"
2575.	The heirs of Peter McCabe, Pt...	640	84	"
2576.	The heirs of Micajah Muzles, Pt.	640	84	"
2577.	The heirs of Jacob Mitchell, Pt..	640	84	"
2578.	The heirs of Ezekeel Regbey, Pt.	640	84	"
2579.	The heirs of Amos Raynor, Pt...	640	84	"
2580.	The heirs of Edward Sparkman "	640	84	"
2581.	The heirs of Jonas Sharp, Pt.....	640	84	"
2582.	The heirs of Richard Spruell, Pt..	640	84	"
2583.	The heirs of Henry Stephens, Pt.	640	84	"
2584.	The heirs of Ezekell Slawson, Pt..	640	84	"
2585.	The heirs of Obadiah Sorrell, Pt..	640	84	"
2586.	The heirs of Semon Stillwell, Pt..	640	84	"
2587.	The heirs of Constantine Slaughter, Privt.............	640	84	"
2588.	The heirs of William Spence, Pt..	640	84	"
2589.	The heirs of William Venters, Pt..	640	84	"
2590.	The heirs of Hezekiah Warren, "	640	84	Capt. McNees
2591.	The heirs of Josiah Winkles, Pt..	640	84	"
2592.	The heirs of Daniel Wells, Pt....	640	84	"
2593.	The heirs of James Wensett, Pt..	640	84	"
2594.	The heirs of Zachariah Badwell, Corpl. died.................	1,000	84	"
2595.	The heirs of Jethro Ballender, Corpl. dcsd.................	1,000	84	"
2596.	The heir of Casper Browngary, Pri. klld..................	640	84	"
2597.	The heirs of Samuel Buffenton, Corpl. desd.................	1,000	84	"
2598.	The heirs of John Badsley, Sergt. killed................	1,000	84	"
2599.	The heirs of John Browines, Sergt. killed................	1,000	84	"
2600.	The heirs of George Collins, Pri. klld...................	640	84	"
2601.	The heirs of Metrue Castandee, Pri. kild...................	640	84	"
2602.	The heirs of William Crook, Corpl. Died.................	1,000	84	"
2603.	The heirs of Demana Draminas, drum. kild.................	1,000	84	"
2604.	The heirs of Hugh Frausher, Sergt. dcsd.................	1,000	84	"
2605.	The heirs of John Fusman, Pri. dcsd...................	640	84	"
2606.	The heirs of Henry Fetner, Corpl. kild..................	1,000	84	"
2607.	The heirs of Peter Gray, Pri.....	640	84	"
2608.	The heirs of Henry Gray, Corpl. kild..................	1,000	84	"
2609.	The heirs of Richard Gidean, Fifer, kild..................	1,000	84	"
2610.	The heirs of David Gowin, Sergt. kild..................	1,000	84	"

No.	To whom granted and rank	No. acres	Service in months	Location and to whom deeded and date of warrant. Within the limits of the lands allotted the officers and soldiers of the Continental Line, by Law, 1783, Oct. 14
2611.	The heirs of George Ingram, Pri. dcsd.	640	84	Capt. McNees
2612.	The heirs of John Muss, Pri. dcsd.	640	84	"
2613.	The heirs of Duncan McFarson, Pr. kild.	640	84	"
2614.	The heirs of Abraham McConnough, Corpl. decsd.	1,000	84	"
2615.	The heirs of John McNeel, Pr. kld.	640	84	"
2616.	The heirs of William McMurtry, Pri. kld.	640	84	"
2617.	The heirs of Thomas Melary, fifer, decd.	1,000	84	"
2618.	The heirs of John Niclett, Pri. klld.	640	84	"
2619.	The heirs of Tide Abriam, Corp. dcsd.	1,000	84	"
2620.	The heirs of George Preton, Pri. dcsd.	640	84	"
2621.	The heirs of Francis Peney, Drum. dcsd.	1,000	84	"
2622.	The heirs of David Rusters, Pr. dcsd.	640	84	"
2623.	The heirs of Peter Snither, Cpl.	1,000	84	"
2624.	The heirs of Henry Morner, Cpl.	1,000	84	"
2625.	The heirs of William Templeston, drum. kld.	1,000	84	"
2626.	The heirs of Robert Velven, Fifer, dcsd.	1,000	84	"
2627.	The heirs of Isaac Weatherley, Privt. dcsd.	640	84	"
2628.	The heirs of Olver Williams, Fifer, dcsd.	1,000	84	"
2629.	The heirs of Benjamin Williamson, Sergt. died	1,000	84	"
2630.	The heirs of Benjamin Weathers, Sergt. died	1,000	84	"
2631.	The heirs of John Askins, Pri.	640	84	Sherrard Barron
2632.	The heirs of John Admons			"
2633.	The heirs of David Boon			"
2634.	The heirs of John Baconham			"
2635.	The heirs of Elisha Boon			"
2636.	The heirs of Edward Chappell			"
2637.	The heirs of Burwell Cole			"
2638.	The heirs of Simon Corson			"
2639.	The heirs of James Carrom			"
2640.	The heirs of Aaron Cocks			"
2641.	The heirs of William Culliseon			"
2642.	The heirs of John Cloyd			"
2643.	The heirs of John Coumbs			"
2644.	The heirs of Joel Cross			"
2645.	The heirs of John Dowdy			"
2646.	The heirs of John Daffin			"
2647.	The heirs of William Etheredge			"
2648.	The heirs of John Edens			"

IN THE AMERICAN REVOLUTION 287

No.	To whom granted and rank	No. acres	Service in months	Location and to whom deeded and date of warrant. Within the limits of the lands allotted the officers and soldiers of the Continental Line, by Law, 1783, Oct. 14
2649.	The heirs of David Furlee.......			Sherrard Barron
2650.	The heirs of Jeremiah Frasur....			"
2651.	The heirs of William Gilbert....			"
2652.	The heirs of John Howell.......	640	84	"
2653.	The heirs of Ralph Hammonds..	640	84	"
2654.	The heirs of Amos Hathcock....	640	84	Sept. 30 "
2655.	The heirs of Samuel Hammock..	640	84	" "
2656.	The heirs of Hardy Hart........	640	84	"
2657.	The heirs of Henry Harrison....	640	84	"
2658.	The heirs of Robert Harrison....	640	84	"
2659.	The heirs of Robertson Hill.....	640	84	"
2660.	The heirs of Robert Hayar......	640	84	"
2661.	The heirs of James Hacksaw....	640	84	"
2662.	The heir of John Hammett......	640	84	"
2663.	The heirs of Joel Hudson.......	640	84	"
2664.	The heirs of Aaron Hollomon....	640	84	"
2665.	The heirs of James Hambleton ..	640	84	"
2666.	The heirs of James Hammon....	640	84	"
2667.	The heirs of Lewis Joyner.......	640	84	"
2668.	The heirs of John Libbincutt....	640	84	"
2669.	The heirs of James Long........	640	84	"
2670.	The heirs of Haywood Long.....	640	84	"
2671.	The heirs of Thomas Locust.....	640	84	"
2672.	The heirs of Samuel Lassiter....	640	84	"
2673.	The heirs of David Lewis.......	640	84	"
2674.	The heirs of Isham Morgan.....	640	84	"
2675.	The heirs of Daniel Mills.......	640	84	"
2676.	The heirs of Morris McCoy.....	640	84	"
2677.	The heirs of Caleb McFashon...	640	84	"
2678.	The heirs of David Nevur.......	640	84	"
2679.	The heirs of David Narress.....	640	84	"
2680.	The heirs of John Overstreet....	640	84	"
2681.	The heirs of Isham Onooles.....	640	84	"
2682.	The heirs of Isham Oneal.......	640	84	"
2683.	The heirs of Isham Petman.....	640	84	"
2684.	The heirs of David Reaves......	640	84	"
2685.	The heirs of Lewis Ricks........	640	84	"
2686.	The heirs of Elijah Revill.......	640	84	"
2687.	The heirs of James Sikes........	640	84	"
2688.	The heirs of William Short......	640	84	"
2689.	The heirs of Isham Short.......	640	84	"
2690.	The heirs of David Short.......	640	84	"
2691.	The heirs of Valentine Sheppard.	640	84	"
2692.	The heirs of Joshua Stevens.....	640	84	"
2693.	The heirs of Thomas Smart.....	640	84	"
2694.	The heirs of Jeremiah Thomas...	640	84	"
2695.	The heirs of Gray Tucker.......	640	84	"
2696.	The heirs of Thomas Talton.....	640	84	"
2697.	The heirs of Howell Underwood .	640	84	"
2698.	The heirs of Thomas Vallentine..	640	84	"
2699.	The heirs of Green Waker......	640	84	"
2700.	The heirs of James Wellman, or (Winman)................	640	84	"
2701.	The heirs of Everitt Wattson....	640	84	"
2702.	The heirs of Joseph Walkins.....	640	84	"
2703.	The heirs of John Zutson.......	640	84	"

No.	To whom granted and rank	No. acres	Service in months	Location and to whom deeded and date of warrant. Within the limits of the lands allotted the officers and soldiers of the Continental Line, by Law, 1783, Oct. 14
2704.	The heirs of Isaac Benford	640	84	Sherrard Barron
2705.	The heirs of James Bentford	640	84	"
2706.	The heirs of James Bulworth	640	84	"
2707.	The heirs of Solomon Bennett	640	84	"
2708.	The heirs of Abraham Buck	640	84	"
2709.	The heirs of James Buntin	640	84	"
2710.	The heirs of Wakor Ballard	640	84	"
2711.	The heirs of Silus Cross	640	84	"
2712.	The heirs of Henry Chaimberlin	640	84	"
2713.	The heirs of Frederick Cross	640	84	"
2714.	The heirs of Elijah Cornelus	640	84	"
2715.	The heirs of Joseph Elliott	640	84	"
2716.	The heirs of Matthew Forrest	640	84	Sherrod Baron
2717.	The heirs of Burwell Foster	640	84	"
2718.	The heirs of Joshua Garvis	640	84	
2719.	The heirs of Hardy Gun	640	84	
2720.	The heirs of Joshua Griffin	640	84	
2721.	The heirs of Samuel Green	640	84	
2722.	The heirs of Abraham Green	640	84	
2723.	The heirs of Nathan Gardner	640	84	
2724.	The heirs of Anthony Habbett	604	84	
2725.	The heirs of Ephraim Harnett	640	84	
2726.	The heirs of Charles Hansel	640	84	
2727.	The heirs of Ishum Henry	640	84	
2728.	The heirs of Festor Hammonds	640	84	
2729.	The heirs of Hardy Harris	640	84	
2730.	The heirs of John Hitson	640	84	
2731.	The heirs of Abraham Harris	640	84	
2732.	The heirs of William Hooks	640	84	"
2733.	The heirs of Chester Hickerison	640	84	
2734.	The heirs of James Hill	640	84	
2735.	The heirs of Harper Johnston	640	84	
2736.	The heirs of Joseph Jordan	640	84	
2737.	The heirs of Pilate Jordan	640	84	
2738.	The heirs of Thophilus Jones	640	84	
2739.	The heirs of Jeremiah Jordan	640	84	
2740.	The heirs of Freeman Joiner	640	84	
2741.	The heirs of Harmon Johnston	640	84	
2742.	The heirs of Daniel Ray	640	84	
2743.	The heirs of Abram Lain	640	84	
2744.	The heirs of John Lille	640	84	
2745.	The heirs of James Lain	640	84	
2746.	The heirs of John Lackey	640	84	Sherrod Baron
2747.	The heirs of Drewry Morgan	640	84	
2748.	The heirs of Febreas March	640	84	
2749.	The heirs of Henry Moveal	640	84	
2750.	The heirs of John Mayo, or (S)	640	84	
2751.	The heirs of Henry Murrell	640	84	
2752.	The heirs of Morris McFoy	640	84	
2753.	The heirs of Charles McCree	640	84	
2754.	The heirs of James Nickleson	640	84	
2755.	The heirs of Barnett Purvice	640	84	
2756.	The heirs of John Pursly	640	84	
2757.	The heirs of Isum Parker	640	84	
2758.	The heirs of Ellexana Purton	640	84	
2759.	The heirs of Randal Putman	640	84	

IN THE AMERICAN REVOLUTION 289

No.	To whom granted and rank	No. acres	Service in months	Location and to whom deeded and date of warrant. Within the limits of the lands allotted the officers and soldiers of the Continental Line, by Law, 1783, Oct. 14	
2760.	The heirs of Isaac Robertson....	640	84		
2761.	The heirs of Joshua Roberts.....	640	84		
2762.	The heirs of William Rush......	640	84		
2763.	The heirs of Foster Rives.......	640	84		
2764.	The heirs of John Sellars........	640	84		
2765.	The heirs of Elick Sneed........	640	84		
2766.	The heirs of Robert Sellars......	640	84		
2767.	The heirs of Applewhite Landers.	640	84		
2768.	The heirs of Elias Savage.......	640	84		
2769.	The heirs of John Sanders.......	640	84		
2770.	The heirs of William Shivers....	640	84		
2771.	The heirs of Meredy Scutchins ..	640	84		
2772.	The heirs of Joel Stone.........	640	84		
2773.	The heirs of Handcock Standley.	640	84		
2774.	The heirs of John Sneed........	640	84		
2775.	The heirs of Ezekiel Skipper.....	640	84		
2776.	The heirs of Hardy Skipper.....	640	84		
2777.	The heirs of Nehemiah Smith...	640	84		
2778.	The heirs of Joel Shafford.......	640	84		
2779.	The heirs of John Todd........	640	84	Sherrod Barron	
2780.	The heirs of James Underwood..	640	84		
2781.	The heirs of Patrick Venus......	640	84		
2782.	The heirs of George Vinson......	640	84		
2783.	The heirs of Charterite Vinson ..	640	84		
2784.	The heirs of Isom Whitton......	640	84		
2785.	The heirs of Solomon Wiloughby	640	84		
2786.	Charter Wiggins................	640	84		
2787.	Edward Hutchens, Sergt........	1,000	84		Self
2788.	The heirs of Hardy Atway, Pri...	640	84	Capt. McNees	
2789.	The heirs of John Bryan........	640	84	"	
2790.	The heirs of William Bryner.....	640	84	"	
2791.	The heirs of Nathaniel Biggs....	640	84	"	
2792.	The heirs of Benjamin Buckhannon................	640	84	"	
2793.	The heirs of Silas Biggs.........	640	84	"	
2794.	The heirs of John Berry........	640	84	"	
2795.	The heirs of John Barrott.......	640	84	"	
2796.	The heirs of William Bushop....	640	84	"	
2797.	The heirs of Colden Bushop.....	640	84	"	
2798.	The heirs of John Carson.......	640	84	"	
2799.	The heirs of John Capton.......	640	84	"	
2800.	The heirs of John Duggan......	640	84	"	
2801.	The heirs of Jesse Davis........	640	84	"	
2802.	The heirs of William Evans.....	640	84	"	
2803.	The heirs of Samuel Flessur.....	640	84	"	
2804.	The heirs of Gilbert Grant......	640	84	"	
2805.	The heirs of Richard Harrington.	640	84	"	
2806.	The heirs of Thomas Harwood...	640	84	"	
2807.	The heirs of John Hopkins......	640	84	"	
2808.	The heirs of Stephen Jessop.....	640	84	"	
2809.	The heirs of Samuel Jaby.......	640	84	"	
2810.	The heirs of Richard King......	640	84	"	
2811.	The heirs of John Mulkey......	640	84	"	
2812.	The heirs of Robert Magby.....	640	84	"	
2813.	The heirs of John Mills.........	640	84	"	
2814.	The heirs of James Pervie.......	640	84	"	

No.	To whom granted and rank	No. acres	Service in months	Location and to whom deeded and date of warrant. Within the limits of the lands allotted the officers and soldiers of the Continental Line, by Law, 1783, Oct. 14	
2815.	The heirs of John Roberts	640	84		Capt. McNees
2816.	The heirs of William Reaves	640	84		"
2817.	The heirs of James Richardson, Pri.	640	84		"
2818.	The heirs of Tobias Steadham	640	84	Sept. 30	"
2819.	The heirs of Drewry Simms	640	84		"
2820.	The heirs of Thomas Thomas	640	84		"
2821.	The heirs of John Tanner	640	84		"
2822.	The heirs of John Thomas	640	84		"
2823.	The heirs of William Vanderfield	640	84		"
2824.	The heirs of James Willis	640	84		"
2825.	The heirs of Benjamin Whealer	640	84		"
2826.	The heirs of Thomas Williams	640	84		"
2827.	The heirs of Samuel Weaver	640	84		"
2828.	The heirs of Jesse Asken	640	84		"
2829.	The heirs of James Albright	640	84		"
2830.	The heirs of Jesse Applewhite	640	84		"
2831.	The heirs of Stephen Ash	640	84		"
2832.	The heirs of Jacob Boon	640	84		"
2833.	The heirs of James Belch	640	84		"
2834.	The heirs of William Banns	640	84		"
2835.	The heirs of Jesse Boseman	640	84		"
2836.	The heirs of Absolum Burress	640	84		"
2837.	The heirs of Thomas Buckle, Drum	1,000	84		"
2838.	The heirs of Henry Bennet	640	84		"
2839.	The heirs of Drewry Ballard	640	84		"
2840.	The heirs of James Cowens	640	84		"
2841.	The heirs of John Capehart	640	84		"
2842.	The heirs of Zebulon Cobb	640	84		"
2843.	The heirs of William Daws	640	84		Capt. McNees
2844.	The heirs of John Drawhorn	640	84		"
2845.	The heirs of Amos Davison	640	84		"
2846.	The heirs of Solomon Danby, Fifer	1,000	84		"
2847.	The heirs of Zachariah Durham	640	84		"
2848.	The heirs of William Freeman				"
2849.	The heirs of William Fillgon				"
2850.	The heirs of George Hughs				"
2851.	The heirs of Nathaniel Holly				"
2852.	The heirs of James Hall				"
2853.	The heirs of Josiah Hadsock, Pt.	640	84		"
2854.	The heirs of Josiah Jenkins				"
2855.	The heirs of Archibald Johnston				"
2856.	The heirs of Isaiah Jackson				"
2857.	The heirs of William Kite				"
2858.	The heirs of Josiah Laster				"
2859.	The heirs of James Laster				"
2860.	The heirs of Joshua Laurence				"
2861.	The heirs of William Morgan				"
2862.	The heirs of James Morgan				"
2863.	The heirs of James Mardera				"
2864.	The heirs of Isaac McMullin				"
2865.	The heirs of Jesse Williams, Sgt.	1,000	84		"
2866.	The heirs of Solomon Miller, Pt.	640	84		"
2867.	The heirs of James Nowell	640	84		"

No.	To whom granted and rank	No. acres	Service in months	Location and to whom deeded and date of warrant. Within the limits of the lands allotted the officers and soldiers of the Continental Line, by Law, 1783, Oct. 14
2868.	Aaron Outlow			Capt. McNees
2869.	The heirs of Isaac Pelt			"
2870.	The heirs of John Persey			"
2871.	The heirs of Isaac Perry			"
2872.	The heirs of Benjamin Pender			"
2873.	The heirs of Willis Pipkin			"
2874.	The heirs of Thomas Reddick			"
2875.	The heirs of John Rainer			"
2876.	The heirs of Solomon Ramsey, Sergt.	1,000	84	"
2877.	The heirs of Andrew Russell, Pt.	640	84	"
2878.	The heirs of James Lowell	640	84	"
2879.	The heirs of Joseph Scull	640	84	"
2880.	The heirs of Joshua Simons	640	84	"
2881.	The heirs of William Sparkman	640	84	"
2882.	The heirs of John Stone	640	84	"
2883.	The heirs of Andrew Skipton	640	84	"
2884.	The heirs of Zedekiah Stone	640	84	"
2885.	The heirs of Jonathan Smith	640	84	"
2886.	The heirs of William Todd	640	84	"
2887.	The heirs of William Tyner	640	84	"
2888.	The heirs of Absolam Turner	640	84	"
2889.	The heirs of Benjamin Troublefield, Pri.	640	84	"
2890.	The heirs of Silas Valentine	640	84	"
2891.	The heirs of Jesse Witherington	640	84	"
2892.	The heirs of Jacob Witherington	640	84	"
2893.	The heirs of William Watson	640	84	"
2894.	The heirs of Joseph Whitaker	640	84	"
2895.	The heirs of Randol Wilder, Cpl.	1,000	84	"
2896.	The heirs of Isum Whealey, Sgt.	1,000	84	"
2897.	The heirs of Job Williamson, Pri.	640	84	"
2898.	The heirs of John Yearly	640	84	"
2899.	The heirs of Demsey Archer	640	84	"
2900.	The heirs of Isaah Rigleston	640	84	"
2901.	The heirs of Jesse Booth	640	84	"
2902.	The heirs of Ezekiel Burdock	640	84	"
2903.	The heirs of Aaron Baker	640	84	"
2904.	The heirs of Benjamin Brown	640	84	"
2905.	The heirs of William Baker	640	84	"
2906.	The heirs of Thomas Billips	640	84	"
2907.	The heirs of Mills Bryan	640	84	"
2908.	The heirs of Peter Clifton	640	84	Capt. McNees
2909.	The heirs of William Cobb	640	84	"
2910.	The heirs of Benjamin Doughlas	640	84	"
2911.	The heirs of Hugh Dundele	640	84	"
2912.	The heirs of Jeremiah Fletcher, Pri.	640	84	"
2913.	The heirs of Abraham Finley	640	84	"
2914.	The heirs of Thomas Farmer	640	84	"
2915.	The heirs of Garret Fulks			"
2916.	The heirs of Jesse Garrett			"
2917.	The heirs of William Gloughn			"
2918.	The heirs of David Gold			"
2919.	The heirs of Alexander McFirney			"
2920.	The heirs of William Goodwin			"

No.	To whom granted and rank	No. acres	Service in months	Location and to whom deeded and date of warrant. Within the limits of the lands allotted the officers and soldiers of the Continental Line, by Law, 1783, Oct. 14
2921.	The heirs of William Gooding...			Capt. McNees
2922.	The heirs of John Harris........			"
2923.	The heirs of Job Harris.........			"
2924.	The heirs of Samuel Hardenson..			"
2925.	The heirs of Joel Hobbs.........			"
2926.	The heirs of Timothy Hunter....			"
2927.	The heirs of Moses Hobbs.......			"
2928.	The heirs of Isaac Hobbs........			"
2929.	The heirs of John Hinton........			"
2930.	The heirs of Burwell Hughs.....			"
2931.	The heirs of John Hicks.........			"
2932.	The heirs of William Hicks......			"
2933.	The heirs of Joel Jefferson......			"
2934.	The heirs of Timothy Lee.......			"
2935.	The heirs of Hardy Lee..........			"
2936.	The heirs of Jonathan Miller....			"
2937.	The heirs of Stephen McDewell, Pri....................	640	84	"
2938.	The heirs of Edge Mott.........	640	84	"
2939.	The heirs of James Mardera.....	640	84	"
2940.	The heirs of William Newberry..	640	84	"
2941.	The heirs of William Percy......	640	84	"
2942.	The heir of Zedekiah Perkins.....	640	84	"
2943.	The heirs of Stephen Phelps.....	640	84	"
2944.	The heirs of William Putnell....	640	84	"
2945.	The heirs of Samuel Parks......	640	84	"
2946.	The heirs of William Perry......	640	84	"
2947.	The heirs of Micajah Price......	640	84	"
2948.	The heirs of Joseph Reed........	640	84	"
2949.	The heirs of John Robbins, a Pt..	640	84	"
2950.	The heirs of Hezekiah Ready....			"
2951.	The heirs of James Rogers......			"
2952.	The heirs of Lewis Rodes.......			"
2953.	The heirs of Zaddock Risby.....			"
2954.	The heirs of Moses Roche.......			"
2955.	The heirs of Timothy Rich......			"
2956.	The heirs of Mills Ramsey......			"
2957.	The heirs of Isaac Reddick......			"
2958.	The heirs of Jacob Sumner......			"
2959.	The heirs of Francis Summers...			"
2960.	The heirs of Isaac Saunders.....			"
2961.	The heirs of Thomas Sorrel, Pri..			"
2962.	The heirs of Richard Tilton.....			"
2963.	The heirs of Josiah Whitaker....			"
2964.	The heirs of Josiah Willis.......			"
2965.	The heirs of Jno. Wyns.........			"
2966.	The heirs of Jacob Wingfield....			"
2967.	The heirs of Michael Ward......			"
2968.	The heir of John Winborn......			"
2969.	The heirs of Dredd Washington.			"
2970.	The heirs of Theophilus Williams...................			"
2971.	The heirs of Isaiah Yearly......			"
2972.	The heirs of Martin Doughlass, Sergt....................	1,000	84	"
2973.	The heirs of Evan Hooker.......	1,000	84	"

IN THE AMERICAN REVOLUTION 293

No.	To whom granted and rank	No. acres	Service in months	Location and to whom deeded and date of warrant. Within the limits of the lands allotted the officers and soldiers of the Continental Line, by Law, 1783, Oct. 14
2974.	The heirs of George Trueluck, Pt.	640	84	Capt. McNees
2975.	The heirs of James Beard			"
2976.	The heirs of Ephraim Daniel			"
2977.	The heirs of Stephen Perkins			"
2978.	The heirs of John Colchester			"
2979.	The heirs of Ephaphroditus King.			"
2980.	The heirs of Jeremiah Evans			"
2981.	The heirs of Elias Dobson			"
2982.	The heirs of Joshua Allmand	274	36	Thos. Butcher
2983.	The heirs of John Balford	640	84	"
2984.	The heirs of Robert Brooks	428	36	"
2985.	The heirs of John Balson	640	84	"
2987.	The heirs of Samuel Bellwood			"
2988.	The heirs of William Barkley			"
2988.	The heirs of Moses Braxton			"
2989.	The heirs of Joel Fisher, Pri.	640	84	"
2990.	The heirs of Jacob Freeland			"
2991.	The heirs of Francis Fowler			"
2992.	The heirs of Thomas Crain			"
2993.	Timothy Cavuner			"
2994.	Sampson Cullennver			"
2995.	The heirs of George Cook, Corpl.	1,000	84	"
2996.	The heirs of Joseph Chestnut	640	85	"
2997.	Isaac Dines	274	36	Sept. 30 "
2998.	Joseph Dilmore	274	36	"
2999.	The heirs of Louis Deal	640	84	"
3000.	Benjamin Davison	274	36	"
3001.	The heirs of Philip Evans	640	84	"
3002.	Thomas Gannon	274	36	"
3003.	The heirs of Luke Head, Corpl.	1,000	84	"
3004.	The heirs of George Hopewell	640	84	"
3005.	George Hampton	274	36	"
3006.	The heirs of Willis Mammons	640	84	"
3007.	The heirs of Robert Hailey	274	36	"
3008.	The heirs of Oliver Hastin	640	84	"
3009.	The heirs of Joel Jarvis, Pri.	640	84	"
3010.	Joseph Kelly	274	36	"
3011.	The heirs of Mark Lowman, or (Lonman)	640	84	"
3012.	Lewis Lemare	274	36	"
3013.	Stephen Newton	274	36	"
3014.	Robert Nobles	274	36	"
3015.	James Owel	274	36	"
3016.	The heirs of John Owel	640	84	"
3017.	The heirs of Solomon Overton, Sergt.	1,000	84	"
3018.	Daniel Peter	274	36	"
3019.	The heirs of Mark Parrish, Cpl.	1,000	84	"
3020.	The heirs of John Pervatt, Sgt.	1,000	84	"
3021.	The heirs of Stephen Sebaston, Pri.	640	84	"
3022.	The heirs of Edmund Spalding			"
3023.	John Stedmon			"
3024.	The heirs of James Stedmon			"
3025.	The heirs of James Scalp			"
3026.	The heirs of Peter Stedmon			"

No.	To whom granted and rank	No. acres	Service in months	Location and to whom deeded and date of warrant. Within the limits of the lands allotted the officers and soldiers of the Continental Line, by Law, 1783, Oct. 14	
3027.	The heirs of John Simons			Thos. Butcher	
3028.	George Woodward			"	
3029.	Charles Warldon			"	
3030.	Aaron Walker			"	
3031.	Jonathan Wallard			"	
3032.	Zebulon Wells			"	
3033.	John Poynter, Capt.	1,508	33	George Wynne	
3034.	Howell Rowell, Pri.	228	30	Capt. Tatum	
3035.	The heirs of Robert Bowman	640	84		
3036.	John Mathews, Pri.	274	36		
3037.	John Bartee, Pri.	640	84		Self
3038.	James Carmack, Pri.	640	84	Austin Prescott	
3039.	James Underhill, Pri.	274	36	"	
3040.	James Wiggens, Pri.	640	84		Self
3041.	The heirs of John Blamer	640	84	Capt. Pearl	
3042.	James Pearl, Capt.	3,860	84	"	
3043.	The heirs of Archibald Ray	640	84		
3044.	The heirs of Thomas Wimpie	640	84		
3045.	The heirs of Thomas Dring	640	84	Lute Slade	
3046.	Daniel Potter	228	30	Col. Sherrod	
3047.	The heirs of Samuel Ross	640	84	James Mulloy	
3048.	George Wolfenden, the sole legatee of Capt. Chas. Stewart dcsd	3,840	84	Geo. Wolfender	
3049.	The heirs of William Moore	640	84	Capt. Jarret	
3050.	The heirs of Moses Moore, Pri.	640	84	"	
3051.	The heirs of Benjamin Moore, Pt.	640	84	"	
3052.	The heirs of Elisha Harris, Pri.	640	84	Col. Hinds	
3053.	Bartholomew Curtis, Pri.	185	24 m o. 10da.	Gov. Martin	
3054.	Joshua Curtis, Ens.	741	24 m o. 10da.	"	
3055.	Thomas Prescoate, Sergt.	1,000	84	Austin Prescote	
3056.	Joshua Webb, Pri.	640	84	Jno. Webb	
3057.	Charles Webb	640	84		
3058.	Benj. Coats, Pri.	365	40		
3059.	William Williams, Capt.	3,840	84 Nov. 30	Col. Long	
3060.	The heirs of John Swanson	640	84	"	
3061.	Robert Perry, Pri.	640	84	Gen. Ramsay	
3062.	The heirs of William Norton	640	84	"	
3063.	Lewis Stevens, Pri.	228	30	"	
3064.	William Pope, Pri.	365	40		Self
3065.	Edward Stradley, Pri.	640	84	"	
3066.	Frederick Cook, Pri.	640	84	Col. Wm. Polk	
3067.	The heirs of John McCormick	640	84	"	
3068.	The heirs of Anthony Black	640	84	"	
3069.	The heirs of Hance Starr	640	84	"	
3070.	The heirs of Abraham Coltain, Pt.	640	84	"	
3071.	The heirs of John Poor	640	84	"	
3072.	The heirs of Francis Bird	640	84	"	
3073.	The heirs of John Waters	640	84	"	
3074.	The heirs of Samuel Ross	640	84	"	
3075.	The heirs of Tobias Goodwin	640	84	"	
3076.	Patrick Murphrey, Pri.	640	84	Col. Whitaker	
3077.	Elisha Hunter, Pri.	640	84		Self
3078.	Caleb Hawley, Pri.	640	84	A. Stern	
3079.	Osborn Clark	640	84		
3080.	John Delaney	640	84		

No.	To whom granted and rank	No. acres	Service in months		Location and to whom deeded and date of warrant. Within the limits of the lands allotted the officers and soldiers of the Continental Line, by Law, 1783, Oct. 14
3081.	James Gifford, Sergt............	428	36	Dec. 2, '95	Frazs. Greavs
3082.	Matthias Hammon, Pri. Infrm...	640	84		Col. Wm. Polk
3083.	Daniel Williams, Capt.........	2,285	50		Col. C. Ivey
3084.	John Nichols, Privt. dcsd.......	640	84		Col. Long
3085.	The heirs of Daniel Griffin, Sgt..	1,000	84		Aaron Lambert
3086.	The heirs of Daniel McDaniel, Pt.	640	84		Col. Jno. Armstrong
3087.	The heirs of Moses Madry, Pri...	640	84		Col. Montfort
3088.	Enoch King, Pri..............	640	84		
3089.	Nathaniel Williams, Pri........	228	30		Wm. T. Lewis
3090.	Samuel Guin, Pri..............				
3091.	Francis Mosure, Pri...........	640	84		"
3092.	Matthias Pitt.................	640	84		"
3093.	William Humphries, Pri........	640	84		
3094.	Ephraim Parmaley............				
3095.	Thomas Laine, western country..	640	84		"
3096.	Edmund Griffin, Sergt.........	452	38		"
3097.	William Love, Pri.............	640	84		
3098.	The heirs of Mallicha Dawe, Pri..	640	84		Col. Harney
3099.	The heirs of Jeffrey Dan.......				"
3100.	The heirs of Thomas Jackson....				"
3101.	Robert Jackson...............	276	34		"
3102.	The heirs of Willoughby Creef, decsd.................	640	84		"
3103.	John Ralph...................	640	84		"
3104.	John Gilbert..................	640	84		"
3105.	William Ferrell, Lieut...........	2,560	84	"	"
3106.	Isaac Gallop, Pri..............	320	42		"
3107.	Jesse Prichard, Sergt...........	428	36		"
3108.	Luke Lamb Ferrell, Lieut.......	2,560	84		"
3109.	Thomas Mann, Pri.............	640	84		"
3110.	Levi Sanderlin, Pri.............	228	30		"
3111.	Benjamin Angle, Pri...........	640	84		Wm. P. Lewis
3112.	The heirs of Jeremiah Clay Sgt..	1,000	84		"
3113.	Joshua Rinehart, Pri...........	640	84		"
3114.	Allisander McKinzey, Pri.......				
3115.	David Arnold, Pri.............	274	36		Maj. Tatum
3116.	James Spann, Pri..............	228	30		"
3117.	Miles Maudlin's heirs, Pri......	640	84	Dec. 12, '85	Capt. Howell Tatum
3118.	Gilbert Matthews, Pri..........	434	67		"
3119.	The heirs of Christopher Ton...	640	84		"
3120.	The heirs of Thomas Woodley...	640	84		"
3121.	Thomas Norman...............	365	48		
3122.	Joseph and James Gray, heirs of John Gray, Capt..............	3,840	84		J. Macon
3123.	Austin Prescote...............	640	84		James McCafferty
3124.	The heirs of Jacob Bermit, or (Bennit) Pri.................	640	84		Isles Simmons
3125.	Isles Simmons, Sergt...........	428	36		Self
3126.	Benjamin Crabb...............	274	36		Isles Simmons
3127.	William Thompson............	228	30		Howell Tatum, Esq.
3128.	James Barnes.................	274	36		Wm. Hays
3129.	John Muckleroy, Pri...........	274			"
3130.	David Edwards, Pri...........	573	69		Col. ....
3131.	Matthias Bates, infirm. Pri......	640	84		W. T. Lewis
3132.	Joel Morrison, Pri.............	640	84		"
3133.	Jesse Edwards, Pri.............	640	84		"

No.	To whom granted and rank	No. acres	Service in months	Location and to whom deeded and date of warrant. Within the limits of the lands allotted the officers and soldiers of the Continental Line, by Law, 1783, Oct. 14	
3134.	Jesse Williams, Pri..............	640	84		W. T. Lewis
3135.	The heirs of Patrick Rogers, Lt..	2,560	84		Capt. Bacote
3136.	The heir of William Lewis......	640	84		Jas. Lewis
3137.	The heirs of John Hartley......	1,000	84		Hartley
3138.	Jacob Gridor, non com. Off......	428	36		.... Rutherford
3139.	The heirs of John Kelly, decsd...	640	84		
3140.	William Parks, Pri..............	640	84	Dec. 17,'85	Auga. Wood
3141.	The heirs of Thomas Pedon.....	640	84		
3142.	William Mahains, Pri...........	274	36		Isles Simmons
3143.	The heirs of William McDonald.	640	84		"
3144.	The heirs of Alexander Cherry...	640	84		"
3145.	John Beasley, fifer.............	357	30		"
3146.	John Solman, Pri...............	274	36		
3147.	The heirs of Luke Silvester......	640	84		
3148.	The heirs of Joseph Stephens....	640	84		Levi Ivey
3149.	Isaac Hays....................	640	84		"
3150.	James Bullock.................	640	84		Elijah Robertson
3151.	The heirs of Richard Sanders....	640	84		"
3152.	The heirs of Samuel Ewell......	640	84		"
3153.	The heirs of John Carlton.......	640	84		"
3154.	The heirs of Stephen Garriss....	640	84		"
3155.	Estridge Newton, Sergt.........	1,000	84		"
3156.	John Overton, Pri..............	274	36		"
3157.	Ross Thomas, Pri...............	274	36		"
3158.	The heirs of Peter Sanders......	640	84		
3159.	Arthur Corbin, Pri.............	274	36		Maj. Tatum
3160.	Francis Harrison, heir of James Harrison, (Bertie) Pri........	640	84		
3161.	The heirs of Charles Adams, Pri.	640	84		
3162.	The heirs of Henry Baldwin, Pri.	640	84		"
3163.	The heirs of Lewis Beard, Pri....	640	84		"
3164.	The heirs of Joseph Brachen, Pri.	640	84		"
3165.	The heirs of John Coram, Pri....	640	84		"
3166.	The heirs of John Clay, Pri.....	640	84		"
3167.	The heirs of Zach'h Davis, Pri...	640	84		"
3168.	The heirs of Henry Ferrel, Pri...	640	84		"
3169.	The heirs of John Ferrel, Pri.....	640	84		"
3170.	The heirs of Peter Graham, Pri..	640	84		"
3171.	The heirs of Joel Gibson, Pri.....	640	84		"
3172.	The heirs of William H...., Pri.	640	84		"
3173.	The heirs of .... H......, Pri..	640	84		"
3174.	....	640	84		"
3175.	The heirs of Jeremiah Litteral, Pri...................	640	84		"
3176.	The heirs of Jacob Miles, Pri....	640	84		"
3177.	The heirs of Henry McClarney, "	640	84		"
3178.	The heirs of John Parrot, Pri....	640	84		"
2179.	The heirs of Jesse Perkins, Pri...	640	84		"
3180.	The heirs of Will Pendergrass, "	640	84		"
3181.	The heirs of Thomas Ponder, "	640	84		"
3182.	The heirs of James Paul, Pri.....	640	84		"
3183.	The heirs of Moses Richardson, "	640	84		"
3184.	The heirs of James Ray, Pri.....	640	84		"
3185.	The heirs of Limage Stringer, Pri.	640	84		"
3186.	The heirs of Jeremiah Stillwell, "	640	84		"
3187.	The heirs of Thomas Swaim, Pri.	640	84		"

No.	To whom granted and rank	No. acres	Service in months	Location and to whom deeded and date of warrant. Within the limits of the lands allotted the officers and soldiers of the Continental Line, by Law, 1783, Oct. 14
3188.	The heirs of Joseph Terry, Pri...	640	84	Maj. Tatum
3189.	The heirs of Oliver Terry, Pri....	640	84	"
3190.	The heirs of Garrot Watts, Sgt...	1,000	84	"
3191.	The heirs of John Wisdom, Pri...	640	84	"
3192.	The heirs of William Whitlock, "	640	84	"
3193.	The heirs of Thomas Ware, Pri..	640	84	"
3194.	The heirs of James Wright, Pri. .	640	84	"
3195.	The heirs of Thomas Watts, Sgt.	1,000	84	"
3196.	The heirs of Thomas Waters, Pri.	640	84	"
3197.	The heirs of William Whitton...	640	84	"
3198.	The heirs of Micaijah Woodward.	640	84	"
3199.	The heirs of Thomas Whitehead.	640	84	"
3200.	William Rose, Sergt...........	420	36	Maj. Tatum
3201.	Isham Tulley, Pri.............	274	36	"
3202.	William Dove.................	274	36	Self
3203.	Isaac Perkins.................	274	36	"
3204.	John Artist...................	274	36	Ar. Pearce
3205.	William Lomack...............	274	36	"
3206.	The heirs of Richard Nash, Pri. dcsd....................	640	84	"
3207.	John Spence, Pri..............	274	36	Col. Harney
3208.	George Buges, Pri.............	274	36	
3209.	William Mains, Pri............	274	36	
3210.	The heirs of Hodges Bencham, Pt.	640	84	
3211.	Willoughby Thompson's heirs, "	640	84	Jas. Ferebee, esqr.
3212.	Ned Thompson................	640	84	
3213.	Charles Dailey, Pri............	274	36	Colo. R. Blount
3214.	The heirs of Arthur Britt, Pri....	640	84	"
3215.	Miller Sawyer, Pri.............	274	35	Colo. L. Harney
3216.	Wm. Barber, Pri..............	640	84	E. Everingen
3217.	The heirs of Stephen Paul, Pri...	640	84	Col. Eborn
3218.	Charles Rue, Pri..............	640	84	"
3219.	Joshua Jacobs.................	640	84	
3220.	Thomas Germins..............	640	84	Colo. L. Harney
3221.	Moses Bass...................	640	84	J. Glasgow
3222.	....	640	84	"
3223.	John Pugh Williams, Capt......	1,371	30	Self
3224.	The heirs of James Craig, Pri....	640	84	T. Frohock
3225.	Jacob Cruder, non comd. officer..	428	36	Gen. Rutherford
3226.	The heirs of John Patterson, Pr..	640	84	"
3227.	Jesse Allen, Pri................	228	30	Gen. Person
3228.	The heirs of Abner Dennis, Pri...	640	84	"
3229.	The heirs of Francis West, Pri...	640	84	"
3230.	The heirs of Newton Striplin, Pri.	640	84	"
3231.	Jacob Watson, Pri. disr. infirmity...................	640	84	Saml. Williams
3232.	The heirs of James Barber, Pri...	640	84	"
3233.	William Zealott, Pri............	274	30	"
3234.	Jonathan Zealott, ...	274	30	A. Pearce
3235.	John Hughs, Sergt.............	428	36	Gen. Rutherford
3236.	John Brukins, Pri..............	274	36	Jno. Price
3237.	John Waseley, Pri..............	274	36	"
3238.	Arthur Corban, Pri............	274	36	"
3239.	The heirs of John Lynch, Pri....	640	84	A. Pearce
3240.	Zebulon Masey, Pri............	640	84	Jno. Price
3241.	William Brownen, Pri..........	640	84	"

No.	To whom granted and rank	No. acres	Service in months	Location and to whom deeded and date of warrant. Within the limits of the lands allotted the officers and soldiers of the Continental Line, by Law, 1783, Oct. 14	
3242.	Samuel Brownen, Pri............	640	84		Jno. Price
3243.	The heirs of Taylor Willis, Pri...	640	84		"
3244.	The heirs of Britain Bass, Pri....	640	84		"
3245.	Sampson Collins, Pri...........	274	36		"
3246.	The heirs of William Batley, Pri..	640	84		"
3247.	William Frost, Pri..............	640	84		"
3248.	Michael Bockner, Pri...........	640	84		"
3249.	Benjamin Willis, Pri............	640	84		"
3250.	Samuel Rolan, Pri..............	640	84		"
3251.	James Rolan, Pri...............	274	36		"
3252.	Aron Blackmore, Pri............	640	84		"
3253.	Samuel Tucker, Pri.............	640	84		"
3254.	William Brumley, Pri...........	640	84		"
3255.	The heirs of Joseph Hanners, Pri.	640	84		"
3256.	The heirs of Christopher Church, Pri.................	640	84		"
3257.	The heirs of Thomas Catton, Pri.	640	84		Capt. Ferebee
3258.	The heirs of Solomon Truett, Pri.	640	84		"
3259.	The heirs of Thomas Trenton, "	640	84		"
3260.	The heirs of Malachi Valentine, "	640	84		"
3261.	The heirs of William Simmons, "	640	84		"
3262.	The heirs of Jonathan Henry, "	640	84		"
3263.	The heirs of George Williamson, Pri...	640	84		"
3264.	William Carpenter, Pri..........	185	24		"
3265.	The heirs of Joseph Evans, Pri...	640	84		"
3266.	The heirs of John Brunt........	...	..		"
3267.	The heirs of Emanuel Paratree..	...	..		"
3268.	The heirs of Smith Simpson.....	...	..		"
3269.	Matthew Dawson, Pri...........	640	84	Dec. 24,'85	"
3270.	West Hadnot, Sergt.............	1,000	84	"	J. Ellis, N. Bern.
3271.	Nimrod Swaim, Sergt............	351	30	"	Butcher Swaim
3272.	James Morgan, Pri..............	274	36	"	Col. Murfree
3273.	Demsey Capps, Pri..............	274	36		R. Redding
3274.	The heirs of Francis Burke, Pri..	640	84		Capt. Hall
3275.	The heirs of Thomas Pettijohn, "	640	84		"
3276.	The heirs of Abner Cale, Pri.....	640	84		"
3277.	William Morris, Sergt...........	1,000	84		Jno. Hambleton
3278.	Timothy de Monroe, Lieut......	1,000	84		Elish. Roberts
3279.	Wilton Willis, Pri..............	...	..	....	....
3280.	Solomom Whitley,..	640	84		
3281.	James McBride, Pri.............	640	84		Jno. Price
3282.	James Mallaby, Pri.............	640			"
3283.	The heirs of Daniel Etheridge, Corpl.......................	1,000	84		Capt. Rhoades
3284.	The heirs of Abraham Therrell, Pri................	640	84		"
3285.	The heirs of William Rhoads, Sgt.	1,000	84		"
3286.	The heirs of Henry Rhoades, Pri.	640	84		"
3287.	William Phelps, Pri.............	640	84		Colo. Morring
3288.	The heirs of William Casteele, Pri.	640	84		Capt. Gelaspie
3289.	The heirs of William Rodgers, "	640	84		"
3290.	Colo. Har_____.........				Self
3291.	....				"
3292.	Solomon Parks................	236	24		Col. A. Lytle
3293.	The heirs of John Williams, Pri..	640	84		"

No.	To whom granted and rank	No. acres	Service in months	Location and to whom deeded and date of warrant. Within the limits of the lands allotted the officers and soldiers of the Continental Line, by Law, 1783, Oct. 14	
3294.	Thomas McDaniel, Pri........	274	36		Col. A. Lytle
3295.	John Elliot, Pri...............	277	38		"
3296.	Thomas Boyd, Pri.............	228	30		"
3297.	William Price, Pri............	640	84		"
3298.	The heirs of Peter Farmer, Sgt...	1,000	84		"
3299.	Estrige Avery's Heirs...........	640	84	Jan. 7, '86	Col. Armstrong
3300.	The heirs of Peter Black.......	640	84		"
3301.	William Burk.................	228	30		"
3302.	Giles Bruce, Pri...............	228	30		"
3303.	The heirs of William Caldwell...	640	84		"
3304.	The heirs of Lemuel Caldwell....	640	84		"
3305.	The heirs of Antony Cobb......	640	84		Col. M. Armstrong
3306.	The heirs of James Dotey......	640	84		
3307.	The heirs of Isaac Dunbar.....	640	84		
3308.	The heirs of Bennet Dudley.....	640	84		
3309.	The heirs of Matthias Dudley...	640	84		
3310.	The heirs of William Duggs.....	640	84		
3311.	The heirs of Stephen Gole......	640	84		
3312.	The heirs of William Garrison...	640	84		
3313.	The heirs of Haston Gordon....	640	84		
3314.	....	...	..		
3315.	Thomas Hollingsworth.........	...	..		
3316.	....	...	..		
3317.	The heirs of Estridge Nelson....	640	84		
3318.	The heirs of Robert Nixon......	640	84		
3319.	The heirs of Elijah Roberts.....	640	84		
3320.	The heirs of Stephen Roger, Sgt..	1,000	84		
3321.	The heirs of Samuel Ricly......	640	84		
3322.	The heirs of Thomas Ricly......	640	84		
3323.	The heirs of Archer Roundtree.	640	84		
3324.	The heirs of Alexander Stokely, Sergt................	1,000	84		
3325.	The heirs of George Smithy.....	640	84		
3326.	The heirs of Stephen Williard...	640	84		
3327.	The heirs of Evan Watkins.....	640	84		
3328.	The heirs of Thompson Chapman	640	84		
3329.	The heirs of Etheldred Bailey...	640	84		
3330.	The heirs of Charles Osser, Sgt...	1,000	84		Capt. W. Shelby
3331.	The heirs of Charles Bowman, "	1,000	84		
3332.	The heirs of Peter Barnett......	640	84		
3333.	The heirs of Archibald Beckham.	640	84		
3334.	The heirs of Burwell Ballard....	640	84		
3335.	The heirs of Henry Cammell....	640	84		
3336.	Samuel......................	640	84		
3337.	The heirs of_____.........				
3338.	....				
3339.	The heirs of George Carter......	640	84		"
3340.	James Dunning................	274	84		
3341.	The heirs of Thomas Daniel, Sgt.	1,000	84		
3342.	The heirs of Joseph Fletcher....	640	84		
3343.	Timothy Fields................	274	36		
3344.	The heirs of John Fuller........	640	84		
3345.	The heirs of William Fuller.....	640	84		
3346.	The heirs of George Flanigan....	640	84		
3347.	The heirs of Nicholas Garvis....	640	84		
3348.	The heirs of John Greenway.....	640	84		

No.	To whom granted and rank	No. acres	Service in months	Location and to whom deeded and date of warrant. Within the limits of the lands allotted the officers and soldiers of the Continental Line, by Law, 1783, Oct. 14
3349.	The heirs of William Gafford....	640	84	
3350.	William Haynes...............	320	42	
3351.	The heirs of James Hardgroves..	640	84	Capt. M. Shelby
3352.	The heirs of John Huver.......	640	84	"
3353.	The heirs of Solomon Hunter, Sgt.	1,000	84	"
3354.	The heirs of Corbin Hickman....	640	84	"
3355.	The heirs of Daniel Hackner.....	640	84	"
3356.	The heirs of John Hitchcock.....	640	84	"
3357.	The heirs of Lewis Hammond...	640	84	"
3358.	The heirs of Joseph_____....	...	..	"
3359.	The heirs of Henry Leck........	...	..	"
3360.	....	...	..	
3361.	Samuel Murray................	274	36	"
3362.	The heirs of Francis Mann......	640	84	"
3363.	The heirs of Patrick McConnical.	640	84	"
3364.	The heirs of Alex. MacFarland..	640	84	"
3365.	The heirs of Joseph Mendenhall.	640	84	"
3366.	Jacob Martin..................	620	42	"
3367.	Gray Mabry...................	228	30	"
3368.	John Mabry...................	228	30	"
3369.	The heirs of William Norwood...	640	84	"
3370.	The heirs of John Punang.......	640	84	"
3371.	Jesse Patterson................	320	42	"
3372.	Samuel Porter.................	320	42	"
3373.	The heirs of Joseph Robertson...	640	84	"
3374.	The heirs of Mark Rogers.......			"
3375.	Joseph Roberts................	228	30	"
3376.	The heirs of John Shaw.........	640	84	"
3377.	The heirs of Thomas Sully......			"
3378.	The heirs of Archibald Smith....			"
3379.	The heirs of Peter Stokes.......			"
3380.	The heirs of William Sherwood..			"
3381.	The heirs of Littleberry Stone...			"
3382.	The heirs of William Turner.....	...	..	"
3383.	....	...	..	"
3384.	The heirs of Thomas Tate......	...	..	"
3385.	The heirs of Jesse White........	640	84	"
3386.	The heirs of Lewis Webb.......	640	84	"
3387.	The heirs of George Wilson.....	640	84	"
3388.	The heirs of William Johnson....	640	84	"
3389.	Benjamin Jones................	320	42	"
3390.	The heirs of Timothy McKinne .	640	84	"
3391.	The heirs of William Carr, Sgt...	1,000	84	"
3392.	The heirs of Abraham Step, Sgt..	1,000	84	Colo. M. Armstrong
3393.	The heirs of George Hearn......	640	84	Drewry Hearn
3394.	The heirs of Shadrach Zeallott, Pri................	640	84	A. Pearce
3395.	Joshua Zeallott................			
3396.	The heirs of Nelson Zealott, Sgt..	1,000	84	
3397.	The heirs of Janajah Yarkins, Sgt.	1,000	84	"
3398.	Timothy Zarlett, Pri...........	640	84	Jan. 19	"
3399.	Zachariah Zarlett, Pri..........	640	84	
3400.	James Zarlett, Pri.............	640	84	
3401.	Nicholas Tyner the heir of Arthur Pearce Tyner, Pri. dcsd.	640	84	
3402.	Andrew McAndrews, Pr........			

IN THE AMERICAN REVOLUTION   301

No.	To whom granted and rank	No. acres	Service in months	Location and to whom deeded and date of warrant. Within the limits of the lands allotted the officers and soldiers of the Continental Line, by Law, 1783, Oct. 14	
3403.	Joshua Devenshire, Pri..........				
3404.	Collins Nelson, Pri.............				
3405.	Ambrose Jacobas, Pri...........				
3406.	Zebulon Thomas................	...	..		
3407.	Aaron Bush....................	...	..		
3408.	....	...	..		
3409.	....	...	..		
3410.	Andrew Gray....................				
3411.	Isaiah Weaver, Pri..............	640	84		
3412.	Whitaker Neal, Pri..............	640	84		
3413.	Abner Lath, Pri.................	640	84		
3414.	John Brooks, Pri................	640	84		
3415.	Mason Bailey, Pri...............	640	84		
3416.	The heirs of John Billego, Pri....	640	84		
3417.	Hampton Borden, Pri............				
3418.	Jonathan Bass, Pri...............				Thomas Butler
3419.	Morris Bailey, Pri...............				
3420.	The heirs of Baker Braswell, Pt..	...	..		
3421.	Lawrence Colbert, Pri...........	...	..		
3422.	Obed Colven, Pri................	...	..		
3423.	Phillip Colden, Sergt............	428	36		
3424.	Allen Crockley, Pri..............	640	84		
3425.	Abraham Croker, Pri............	274	36		
3426.	West Dorman, Pri...............	640	84		
3427.	The heirs of Joseph Drummon, Pri..................	640	84		
3428.	George Dilloway, Pri............	274	36		
3429.	George Ware, Pri................	274	36		D. Welburn
3430.	Jonas Fluallen, Pri..............	640	84		Thos. Butcher
3431.	James Poole, Pri.................	640	84		
3432.	Josiah Lasciter, Pri..............	640	84		
3433.	George McCl_____..........	640	84		
3434.	Jeremiah Hughlet................	640	84		
3435.	....	640	84		
3436.	Richard Knowles, Pri............	640	84		M. Armstrong
3437.	Garret Altman, Pri..............	640	84		"
3438.	James Bridger...................	640	84		
3439.	Abraham Ginalien...............	640	84		
3440.	Morgan Elmore..................	640	84		
3441.	The heirs of Joseph Alexander, Pt.	640	84	Feb. 2, '86	Capt. Shelby
3442.	The heirs of John Best..........	640	84		
3443.	The heirs of Robert Beach......	640	84		
3444.	The heirs of Ignatious Beach....	640	84		
3445.	The heirs of Navey Bateman....	640	84		
3446.	The heirs of Edmund Bean......	640	84		
3447.	The heirs of William Bean......	640	84		
3448.	Robert Bean, Pri.................	228	30		"
3449.	The heirs of Jesse Bean.........	640	84		
3450.	The heirs of John Cotanch......	640	84		
3451.	The heirs of John Cockburn.....	640	84		"
3452.	Charles Cox, Pri.................	228	30		
3453.	Jeremiah Steelley, Pri...........	274	36		
3454.	The heirs of Peter Cotanch......	640	84		
3455.	Abner Carr, Sergt...............	428	30		
3456.	Henry Dickinson, Pri............	274	36		
3457.	The heirs of Numa Davis.......				

No.	To whom granted and rank	No. acres	Service in months	Location and to whom deeded and date of warrant. Within the limits of the lands allotted the officers and soldiers of the Continental Line, by Law, 1783, Oct. 14
3458.				
3459.	George Dealer	274	36	Feb. 2, '86
3460.	The heirs of Thomas Everitt	640	84	
3461.	The heirs of Thomas Elliott	640	84	
3462.	The heirs of Martin Griffin	640	84	
3463.	The heirs of William Howard	640	84	Capt. Shelby
3464.	The heirs of Joseph Hill	640	84	"
3465.	The heirs of David Hair	640	84	"
3466.	The heirs of Charles Holland	640	84	"
3467.	The heirs of Hanry Hover	640	84	"
3468.	The heirs of Charles Janus, or (James)	640	84	"
3469.	Samuel Kirkindall	274	36	"
3470.	The heirs of Joshua McKeel	640	84	"
3471.	The heirs of Nicholas Martin			"
3472.	The heirs of Samuel Mitchell			"
3473.	The heirs of Charles Marshall			"
3474.	The heirs of Samuel Rose			"
3475.	The heirs of Jacob Rhodes	640	84	
3476.	The heirs of James Stevenson	640	84	
3477.	The heirs of John Steele	640	84	"
3478.	The heirs of Peter Starn	640	84	"
3479.	The heirs of David Sampson	640	84	"
3480.	The heirs of John Smart	640	84	"
3481.	The heirs of Dred Si_____	...	..	"
3482.		...	..	"
3483.		...	..	"
3484.		...	..	"
3485.	The heirs of William Myham	640	84	"
3486.	Hance Whitley, Pri.	228	30	"
3487.	The heirs of Benjamin Brewer	640	84	"
3488.	Henry Drewery, Pri.	228	30	"
3489.	The heirs of Arthur Jones, Pri.	640	84	"
3490.	Thomas Boyer, Pri.	640	84	J. McNees
3491.	Nathan Butler, Privt.	640	84	
3492.	Job Carpenter, Pri.	640	84	
3493.	Archibald Burdon, Pri.	640	84	
3494.	Jarrell Fitchjarrell	640	84	Ben. Sheppard
3495.	Jacob Sampson, Pri.	640	84	
3496.	Arthur Sears, Pri.	640	84	
3497.	Joal Stratin, Pri.	640	84	
3498.	Seth Spear, Pri.	640	84	
3499.	Baletha Anderson, Pri.	640	84	
3500.	William John Alsobon, Pri.	640	84	"
3501.	Drewry Fadlock, Pri.	640	84	"
3502.	Arthur Jolock, Pri.			"
3503.	Ahab Thompson, Pri.			"
3504.	The heirs of Thomas Trouter, Pri.			"
3505.	Phillip Williams, Pri.	640	84	"
3506.	Walter Walker, Pri.	640	84	"
3507.	Walter Watkins, Pri.	274	36	
3508.	George Zaney, Pri.	640	84	
3509.	Isaac Holden	274	36	
3510.	Zacha Hughes	640	84	
3511.	The heirs of Gilbert Harrison, Pt.	640	84	
3512.	Joshua Pasmore, Pri.	640	84	

IN THE AMERICAN REVOLUTION 303

No.	To whom granted and rank	No. acres	Service in months	Location and to whom deeded and date of warrant. Within the limits of the lands allotted the officers and soldiers of the Continental Line, by Law, 1783, Oct. 14		
3513.	George Manshare, Pri........	640	84			
3514.	John Mosland, Pri...........	640	84			
3515.	William Nobleand, Pri.......	640	84			
3516.	Menoah Jolley, Pri..........	274	36			
3517.	David Joice.................	640	84			
3518.	Howell Johnston.............	640	84			
3519.	Andrew Lector...............	640	84			
3520.	Jonathan Lockland...........	640	84			
3521.	Patrick Lroper..............	274	36			
3522.	The heirs of Simon Rosean...	...	..			
3523.	George Southerland, Pri.....	274	36			
3524.	James Stoboth, Pri..........	640	84			
3525.	Frederick Hathcock, Pri.....	228	30	{Capt. Hart for Col. Long		
3526.	Robert Wilburn..............	320	42	Capt. Hart for Lt. Ford		
3527.	Andrew Nathan, Pri..........	274	36	Capt. McNees		
3528.	Absalom Akinclas, Pri.......	274	36			
3529.	John Apleton, Sergt.........	1,000	84			
3530.	John Browner, Pri...........	274	36			
3531.	Samuel Brooks, Pri..........	274	36			
3532.	Isaac Bloodgood, Pri........	274	36			
3533.	....	...	..			
3534.	....	...	..			
3535.	Sampson Cannon, Pri.........	274	36			
3536.	Samuel Carry, Pri...........	274	36			
3537.	Robert Howell, Pri..........	274	36			
3538.	The heirs of Hugh Joiner....	640	84			
3539.	Absolom McNeel, Pri.........	274	36	"		
3540.	John McDash.................	274	36			
3541.	Joseph McDilton.............	274	36			
3542.	The heirs of Zebulon McNeel, Corpl.....................	1,000	84			
3543.	Isaiah Story................	274	36			
3544.	Peter Stephenson............	274	36			
3545.	Andrew Stewart..............	...	..			
3546.	Michael Sugg................	...	..			
3547.	Hooker Robertson............	274	36	John McNees		
3548.	Elijah Taylor...............	274	36	"		
3549.	Abram Sheppard, Col.........	2,571	30			Self
3550.	Benjamin Dillon, Lieut......	2,560	84	Capt. McShelby		
3551.	The heirs of Thomas Joyner, Lt..	2,560	84	{The warrants to Co. retndwtc		
3552.	William Sheppard, Capt......	1,252	30			Self
3553.	The heirs of William Watts..	640	84	Dec. 27	Alt. Watts	
3554.	Jacob Eason, Pri............	228	30			Self
3555.	William Gough, N. C. Officer..	1,000	84	Aug. 1787		"
3556.	Cornelius Robinson, Pri.....	274	36			"
3557.	John Womble, Pri............	640	84	Capt. Gerrard		
3558.	Austin _____, Sergt.......	428	36	"		
3560.	Eps Spain, Sergt............	1,000	84	"		
3561.	Thomas Spain, Fifer.........	1,000	84			
3562.	William Spain, Fifer........	1,000	84			
3563.	The heirs of John Stewart, Sergt..	1,000	84	Oct. 20, '87	{Capt. Nath. Moore Col. Muffree for John Baker	
3563.	The heirs of Garrett Phelps....	640	84			

ROSTER OF NORTH CAROLINA SOLDIERS

No.	To whom granted and rank	No. acres	Service in months	Location and to whom deeded and date of warrant. Within the limits of the lands allotted the officers and soldiers of the Continental Line, by Law, 1783, Oct. 14	
3564.	The heirs of Wm. Hardgroves, Sergt..........	1,000	84		Col. Muffree for John Baker
3565.	Samuel Reddit, Pri...........	366	49		do C. for Cons Jas. Reddit Baker.
3566.	William Nichols, or (Nicholby)..	640	84		do C. for Nichols
3567.	Kinchin Holliman, Pri..........	228	30		" Self
3568.	Joseph Bailey, Sergt..........	...	..		C. for Bailey
3569.	Thomas Davidson, Pri. infirm...	640	84		
3570.	Wilson Liscomb, Pri...........	274	36	Oct. 24	Col. Murfree for soldier
3571.	Alex'r Acquard................	274	36	"	" "
3572.	William Knott, Lt.............	1,882	54		Const. Redditt.
3573.	Caleb Portlock................	274	36	Dec. 3, '87	Col. Daugh
3574.	James Barror, drummer........	357	30	Dec. 13, '87	
3575.	Richard Webster, Pri..........	640	84		Self
3576.	Thomson Curry, Sergt.........	357	30		"
3577.	Sampson Dillard, Pri..........	640	84	Dec. 14,'78	Capt. Ingles
3578.	Marmaduke Maples............	278	48		Wm. Groves
3579.	Henry F_____.................				McCreecy
3580.	William Alexander.............	200	acres pursuant to a resolve Dec, 21, 1787		
3581.	"	200	" Same sent Jno. Slade by Uncle David		
3582.	"	"	"	"	
3583.	"	"	"	"	
3584.	"	"	"	"	
3585.	....				
3586.	John Stevens.................	228	30	Mch. 10,'88	Harrison Bailey
3587.	Tymmothy Manner, Pri.......	228	30		Elias Fort Edgecomb Co.
3588.	Matthew Collins, Pri..........	640	84		B. Caswell for self.
3589.	The heirs of Samuel Horton, Pri.	640	84		
	George Loe, Pri...............	294	36	June 27,'88	Wm. Richards, Perquimans
3590.	Jeremiah Sutton, Sergt.........	1,000	84		
3591.	William Boswell, Sergt.........	1,000	84		
3592.	Joseph Brown, Pri.............	640	84		William Richards, Perquimans
3593.	Robert Staples................	228	30		
3594.	The heirs of Willis Gregory, Pri..	640	84		" "
3595.	Clement Godfrey, Pri..........	274	36		
3596.	The heirs of Thomas Hendricks, Pri.............	640	84		
3597.	John Rogerson, Pri............	360	48	June 27,'88	"
3598.	Samuel Hart..................	274	36	Apr. 9, '88	J. Mulloy
3599.	The heirs of John Bowman.....	640	84		Stokeley Donaldson
3602.	The heirs of William Wateis, Pri.	640	84		"
3603.	William Haire................	640	84		
3604.	....	...	..		Joseph Hardy
3605.	Daniel Notestine..............	...	..		Maj. Montflorance
3606.	....				Marmaduke Maples
3607.	Cisimo de Medicies, Capt......	1,872	41	Nov. 18, '88	d'd self
3608.	The heirs of Thomas Jaison, decd.	640	84		Wm. Davis, Moore County
3609.	The heirs of Jonathan Cahoon, fifer....................	1,000	84	Nov. 1788	Capt. Wm. Bush
3610.	Miles Hudson, Privt...........	274	36		Wm. D. Williams
3611.	The heirs of Emanuel Marshall..	640	84		"
3612.	William Hoggs, Heir, Sergt.....	1,000	84		Rich'd Fenner

No.	To whom granted and rank	No. acres	Service in months	Location and to whom deeded and date of warrant. Within the limits of the lands allotted the officers and soldiers of the Continental Line, by Law, 1783, Oct. 14	
3613.	....				
3614.	Isaac Anderson, Pri...........	183	24		Gen. Rutherford
3615.	The heirs of Thomas Eason.....	640	84		Maj. Lewis
3616.	John Wood, Privt..............	...	..		
3617.	The heirs of Daniel McCarron...	...	..		
3618.	The heirs of Petor Ordon.......	640	84	Dec. 10,'88	Simon Totwine
3619.	The heirs of Patrick Leary.....	640	84		
3620.	The heirs of Mills Dourday.....	640	84		
3621.	The heirs of Archibald Colbreath.	640	84		
3622.	The heirs of Edmon Jackson....	...	42		Capt. Faison
3623.	The heirs of William Cheek.....	640	84		
3624.	Arthur Adams..................	274	30		d'd Col. Armstrong by Wm. Williams
3625.	Thomas Rutherford............	640	84		Andrew Griffin, do as above.
3626.	The heirs of _____........				d'd to Col. Armstrong, surveyor by W. Williams
3628.	....				"
3629.	The heirs of Thomas Bond......	640	84		Maj. Graham d'd surveyor by Wm. Williams
3630.	Edward Ruth, Infirm...........	640	84		Same as above
3631.	John Kerr, Infirm..............	640	84		Same as above
3632.	John Taylor...................	640	84		For Howell Tatum, d'd surveyor as above
3633.	Noah Wiggens.................	228	30		Same as last above
3634.	Samuel Wheeler...............	228	30		Alx. Nelson, d'd Surveyor by Wm. Williams
3635.	Melcher Fair, Infirm...........	640	84		Same as above
3636.	John Keeth's heirs,............	640	84		"
3637.	Alexander Cameron, Pri........	491	64		" " "
3638.	Joseph Cowen, or (Cowan), Pri.	...	..		"
3639.	The heir of Philip Morris.......	...	..		"
3640.	The heirs of Julius Burton......	640	84		For Col. Lytle, d'd surveyor by Wm. Williams
3641.	William Guinn, Pri.............	274	36		Same as above
3642.	The heirs of Micajah Menshen ..	640	84		" "
3643.	The heirs of Henry Howell......	640	84		" "
3644.	Henry Davis' heirs.............	640	84		" "
3645.	The heirs of Stephen Smith.....	640	84	"	Simon Tolwine
3646.	The heirs of John Blammer.....	640	84		"
3647.	The heirs of Zebulon Phillips....				"
3648.	The heirs of _____........				"
3649.	The heirs of John Atkins.......				"
3650.	The heirs of Ayler Thomson.....				"
3651.	....				
3652.	The heirs of James Dosier.......	640	84	Dec. 10,'88	Simon Tolwine
3653.	The heirs of Demsey Stripes.....	640	84	same	same
3654.	The heirs of Danill McCoy......	640	84	"	"
3653.	The heirs of James Lerr........	640	84	"	"
3655.	The heirs of Stephen Jones......	640	84	"	"
3656.	The heirs of John Dillan........	640	84	"	"
3657.	The heirs of Peter Morgan......	640	84	"	"
3658.	The heirs of Thomas Morrow....	640	84	"	"
3659.	The heirs of Crawford Newsom..	640	..	"	"
3660.	The heirs of Daniel Quillin......	...	..	"	"
3661.	The heirs of Burwell Herring....	...	..	"	"

No.	To whom granted and rank	No. acres	Service in months	Location and to whom deeded and date of warrant. Within the limits of the lands allotted the officers and soldiers of the Continental Line, by Law, 1783, Oct. 14	
3662.	The heirs of Joseph Griffen......	...	..	Dec. 10,'88	Simon Tolwine
3663.	The heirs of Henry Newton.....	640	84	"	"
3664.	The heirs of Thomas Goodman..			Ditto	"
3665.	The heirs of John Taylor.......	640	84	"	"
3664.	The heirs of John Pain.........	640	84	"	"
3665.	The heirs of Armon Pain.......	640	84	"	"
3666.	The heirs of James Henderson...	640	84	"	"
3667.	The heirs of Henry Ramsey.....	640	84	"	"
3668.	The heirs of James Clyer.......	640	84	"	"
3669.	The heirs of Peter Truit........	640	84	"	"
3670.	The heirs of John Dew.........	...	..	"	"
3671.	The heirs of John Gardnor......	...	..	"	"
3672.	....			"	"
3673.	The heirs of Aron Tison........	640	84	"	"
3674.	The heirs of John Nobles.......	640	84	"	"
3675.	The heirs of Henry Dickerson...	640	84	"	"
3676.	The heirs of James Purview.....	640	84	"	"
3677.	The heirs of Isaac Brown.......	640	84	"	"
3678.	The heirs of Elisha Palmer......	640	84		
3679.	The heirs of James Sullivan.....	640	84		
3680.	The heirs of Francis Newham...	640	84		
3681.	The heirs of Elijah Ward.......	640	84		
3682.	The heirs of Nathan Scarborough.	...	..		
3683.	The heirs of William Oston......	...	..		
3684.	The heirs of Nathaniel _____.	...	..		
3685.	The heirs of William L_____.	...			
3686.	The heirs of Edward Robinson,Pt.	640	84	June 27, '89	John Buchannon
3687.	John Standen, Pri.............	...	66	Sept. 12,'89	d'd Gen. John Moran of Chowan County
3688.	Arnold Mann, Pri.............	228	30		
3689.	Benaiah Turner, Lt............	2,560	84		David Turner, Bertie
3690.	John Roberts, Pri.............	372	49		d'd Col. Hardy Murfree
3691.	Daniel Sivel's heirs, Pri........	640	84	Nov. 25	ditto for Walton of Nasheville
3692.	The heirs of John Blanehard....	640	84	"	
3693.	Benjamin Dickson.............	182	24	Dec. 1st	d'd Col. Martin Fifer
3694.	Robert Hardon................	182	24	"	"
3695.	George Farr...................	182	24	"	
3696.	James Humphries.............	182	24	"	
3697.	George Carlock...............	182	24		
3698.	....	182	24		
3699.	....	182	24		
3700.	....	...	..		
3701.	....	...	..		
3702.	Francis Edleman, Pri..........	274	36	Nov. 27	Caleb Fifer, Esqr.
3703.	Peter Seener, Pri..............	182	24	"	"
3704.	Henry Carsey, Pri. or (Cersey)..	182	24		"
3705.	Jacob Cersey, Pri..............	182	24		"
3706.	Francis Seals, Pri..............	182	24		"
3707.	John Ross, Pri.................	182	24		"
3708.	Henry Nunnery, Pri...........	228	30	"	Col. Eph. Phillips
3709.	John Smith, trooper...........	182	24	"	Caleb Fifer
3710.	Peter Dunnock, Sergt..........	360	..		Capt. Medicis Rras. Owens
3711.	The heirs of David Owens......	640	..	"	
3712.	Hopkins Dye, Pri..............	274	36	"	_____ Maples
3713.	William Maclain, Surgeons mate.	640	84		

No.	To whom granted and rank	No. acres	Service in months	Location and to whom deeded and date of warrant. Within the limits of the lands allotted the officers and soldiers of the Continental Line, by Law, 1783, Oct. 14	
3714.	The heirs of David Jones, Corpl.	...	..		
3715.	Moses Newsom, Pri.	...	..		
3716.	William Brown.	274	36		O. Smith
3717.	Robert Lypeart, Pri.	228	30		Self
3718.	William Cail, Pri.	640	84		
3719.	Rice Johnston, Pri.	274	36		
3720.	Abraham Poole, Pri.	640	84		
3721.	Lewis Lodge.	640	84		Wm. T. Taylor
3722.	Benj. Mott, heir of Daniel Mott, Pri.	640	84	Nov. 23, '90	John Dickson
2723.	The heirs of Jesse Goldsmith.	640	84		Wm. Bethell
3724.	William White, Sergt.	357	30		Murfree
3725.	The heirs of Samuel Serrett.	640	84		Gen. Person
3726.	John Carter, Pri.	228	30		"
3728.		640	84		"
3729.	Davis Cyrus.	762	..		
3730.				Mch. 25,'91	d'd to S. Martin for S. Halling
3731.	Hezekiah Shoematstine, Pri.	228	30	Jan 13, '92	Thos. Blount
3732.	William McKenzie, Pri.	640	84	"	"
3733.	The heirs of Frederick Jones.	640	84		"
3734.	The heirs of Samuel Glover, Sgt.	1,000	84		John Durand's wife relect of Glover
3735.	The heirs of Duncan Schaw.	640	84		Singletary
3736.	The heirs of John Anderson, Pri.	640	84		Mr. Beard
3737.	The heirs of James Smith.	640	84		"
3738.	Henry Gray, Sergt.	1,000	84		"
3739.	John Taylor, Pri.	640	84		Col. Dange
3740.	Isaac Leadingham, Pri.	274	26		_____ Dawson
3741.	John Raper, Pri.	...	..		
3742.	Robert Raper, Pri.	...	..		
3743.	The heirs of William Wisehart, Pt.	...	..		
3744.	David Wilcox, Pri.	274	36	Jan. 18, '92	Capt. Rhodes, Duplin
3745.	Joel Ramsey, Pri.	274	36		Maj. Jno. McKay
3746.	John Curry, Pri.	640	84		Maj. Winston
3747.	Nathaniel Bilberry, Pri.	228	30	Feb. 22	A. Johnston
3748.	Samuel Green, Pri.	228	30	Mch. 4, '92	d'd Wm. Martin
3749.	David Clagg, Pri.	274	36	May 3,'92	James Galbraith
3750.	John Sheppard, Maj.	1,714	30	May 6	d. Self
3751.	Peter Dauge.	274	36	June 1	d. Self
3752.	Joab Overton, Pri.	640	84	June 8	d'd Ben Eastman
3753.	Maltire Balantine.	640	84	"	
3754.	William Gamewell.	640	84	"	
3755.		...	..	"	
3756.	Samuel Jewel.	640	84	July 3, '92	d'd Docky Leigh
3757.	The heirs of William Henry Bailey, Pri.	640	84	Aug. 1, '92	Chs. Mabins
3758.	Joseph Ryals, Pri.	640	84	"	
3759.	Edward Pritchet, Pri.	640	84		Self
3760.	William Smith, Pri.	274	36	Aug. 18	"
3761.	David Grant, Pri.	640	84	Sept. 5	"
3762.	John Eppes, Pri.	274	36		Wm. Hargrove
3763.	Samuel Carter, Pri.	228	30	Oct. 1	Self
3764.	James Moore, Pri.	228	30	"	Capt. Coit
3765.	Joseph Spaight, Pri.	640	84	Oct. 20	"

No.	To whom granted and rank	No. acres	Service in months	Location and to whom deeded and date of warrant. Within the limits of the lands allotted the officers and soldiers of the Continental Line, by Law, 1783, Oct. 14	
3766.	The heirs of James Johnston, Pri.	640	84		Charity McDaniels, wife of Johnston
3767.	The heirs of Alexander Cole	640	84		"
3768.	Thomas Garvey, Pri	640	84		
3769.	Wm. Morgan, Pri	640	84	Nov. 29, '92	Mr. Singletary
3770.	Ebenezer Hewit	640	84	"	d'd "
3771.	Theophilus Williams, Ens.	1,096	36	Dec. 6, '92	Self
3772.	Henry Costen, Pri.	640	84	Dec. 23, '92	d'd Capt. Barnes
3773.	Richard Laws, Pri.	274	36	"	d'd to Mr. Alexander
3774.	Benj. Kennedy, Sergt.	500	42	"	d'd Jesse Cherry
3775.	Stephen Rogers, Pri.	356	48	"	d'd Mr. Jasper
3776.	John Poe's heirs	640	84	"	James Williams, esqr.
3777.	Richard Morris	228	30	"	d'd to Mr. Grant
3778.	John Richard Lacey	852	52	Dec. 26, '92	d'd to Col. John Allen
3779.	Thomas Breace	...	..	....	delivered Wm. Russell
3780.	John Reynolds				" "
3781.	The heirs of Ezekiel Modlin	640	84	Dec. 27	d'd Mr. Cherry
3782.	Henry Cooper, Pri.	440	36	"	d'd Mr. Cherry
3783.	Peter Dauge, Lt. Col.	2,057	30	Dec. 28, '92	Self
3784.	Stephen Congur, Sergt. Majr.	357	30	"	Genl. Mabane
3785.	The heirs of Wm. Reed	640	84	Jan. 22, '93	d'd Col. Robt. Hays
3786.	Micajah Watson, Pri.	365	48	May 20	d'd to Col. Murfee
3787.	Alex. Ballentine, Sergt.	1,000	84	Nov. 15, '93	Thos. O'Neil
3788.	The heirs of George Bell	640	84		Alex McMillan, Salisbury
3788.	The heirs of John Dixon, Sergt.	1,000	84	"	
3789.	The heirs of John Cummins, Pri.	640	84	"	
3790.	The heirs of Wm. Lusk, Pri.	640	84		
3791.	The heirs of James Summeral, Sergt.	1,000	84	"	
3792.	The heirs of David Johnson, Pri.	640	84	"	
3793.	The heirs of James Douglass, Pri.	640	84		"
3794.	The heirs of Thomas Flemming, Pri.	640	84		"
3795.	The heirs of Wm. Houston, Pri.	640	84		"
3796.	The heirs of Moses Davis, Pri.	640	84		"
3797.	James Worley, Sergt.	1,000	84	Dec. 18, '93	d'd to Jno. Kilby
3798.	The heirs of Willis Sawyer, Pri.	640	84		d'd to Caleb Grandy
3799.	William Willoams, Pri.	228	30		d'd to Edmund Branch
3800.	John Brooks, Pri.	228	30		d'd to self
3801.	Hopkins Dye, Pri.	274	36		d'd to Mr. Berford of Caswell County
3802.	The heirs of James Honeford	640	84		d'd to "
3803.	The heirs of Thomas Eason, Pri.	640	84	Jan. 1, '94	d'd to Isaac Broks
3804.	The heirs of Southey Hays, Pri.	640	84		d'd to Josiah Lewis
3805.	Thomas Parker, Pri.	640	84		d'd to Mjr. Ferebee
3806.	Hillary Parker				"
3807.	The heirs of James Jenkins				"
3808.	The heirs of Joshua Daley, Capt.	3,840	84	Jan. 6, '94	d'd to Gen. Gregory
3809.	The heirs of Charles Shaddock	640	84	Jan. 7, '94	M. Brooks, esqr.
3810.	The heirs of Colin McDonald			Jan. 8, '94	d'd to Marma Maples
3811.	Alexander McArthur, Pri.	274	36	Jan. 10, '94	d'd to Mjr. Rhodes
3812.	Stephen Owens, Lieut.	2,097	36		Mr. Jasper
3813.	The heirs of Tras Discum	640	84		Arch'd. Hampbell
3814.	Norris Baker, Pri.	640	84		"
3815.	Boston Splendor	640	84		Col. Dixon, Lincoln Co.

IN THE AMERICAN REVOLUTION 309

No.	To whom granted and rank	No. acres	Service in months	Location and to whom deeded and date of warrant. Within the limits of the lands allotted the officers and soldiers of the Continental Line, by Law, 1783, Oct. 14	
3816.	The heirs of Ruebin Grady	640	84	Maj. Jno. Nelson	
3817.	William King, Pri.	...	..		Self
3818.	Anthony Garret, Pri.	...	..		
3819.	Jonathan Lain's heirs to Jethro Lain				
3820.	Arch'd Wood, Pri.	228	30	Aug. 21,'94	d'd to Saml. Davis
3821.	Alexander Cameron, Pri.	320	42	Jan. 1795	d'd to self
3822.	The heirs of Ephraim Lennon	640	84	Duncan Stuart, esqr.	
3823.	The heirs of Edmund Jackson	640		Capt. Fawn	
3824.	Robt. Edwards, Pri.	320	42	Phil. Hodges	
3825.	The heirs of Edward Robeson, Sergt.	1,000	84	A. McMullin	
3827.	William Proctor, Sergt.	500	42	Phil. Hodges	
3827.	Michael McMullin, Pri.	274	36	Bradley	Self
3828.	The heirs of Benj. Dillon, Lt.	...	..	Mr. Spruill	
3829.	Dugald Kelly	...	..	Jan. 31, '95	Phil. Hodges
3830.	Jacob Apley	...	..	Feb. 2, '95	"
3831.		...	..		"
3832.	The heirs of John Lane, Sergt.	1,000	84	Feb. 3, '95	B. Gen McKinne
3833.	James Avery, Pri.	228	30		M. Holliday
3834.	The heirs of Thos. Forster	640	84		Mr. Lucas, (Luea)
3835.	The heirs of Wm. Charlton, Lt.	2,560	84		Jo. Ferebee
3836.	The heirs of Archibald Murphey	640	84	Feb. 7, '95	Mr. D. Stuart
3837.	The heirs of Michael Delaney	640	84	Mch. 16	Phil Hodges
3838.	The heirs of William Leighton	640	84	"	"
3839.	The heirs of Abraham Thurrell	640	84	"	"
3840.	The heirs of Roger McCoy	640	84		{Jno. Hadley by Mr. Dixon
3841.	The heirs of Duncan Morrison	640	84		"
3842.	The heirs of Arch'd. McDonald	...	..		
3843.	The heirs of John Holley, Jr.	...	..		
3844.	The heirs of Samuel Carter	640	84	Aug. 31,'95	Philemon Hodge
3845.	The heirs of John McNulty	640	84	"	"
3846.	The heirs of Etheridge Edwards	640	84	"	"
3847.	The heirs of John McLemore	640	84		{ " for Duncan Stewart
3848.	The heirs of Edward Newman	640	84	"	for "
3849.	The heirs of Jordan Ammon	640	84	"	"
3850.	The heirs of Stephen Arthur	640	84		" for James Carraway
3751.	The heirs of Abell Sessums	640	84	"	" for Duncan Stewart
3852.	The heirs of Theophilus Grice	640	84	"	"
3853.	The heirs of Abram Wright	...	..	"	"
3854.	Williams Carey	...	..		d'd to Philemon Hodge
3855.	John Dunbar	...	..		"
3856.	The heirs of Robert White	640	84	Sept. 22	d'd to P. Hodge
3857.	The heirs of James Oram	640	84	"	
3858.	The heirs of Benjamin Johnston	640	84	"	
3859.	The heirs of Ephraim Bratcher	640	84	Oct. 12	{d'd to Duncan Stuart, esqr.
3860.	The heirs of David Williams	640	84		"
3861.	The heirs of Alexander Few	640	84		"
3862.	The heirs of Edward Cannon	640	84		"
3863.	The heirs of Joseph Edge	640	84		"
3864.	The heirs of Marmaduke Edge	640	84		"
3865.	The heirs of Henry Malpus	640	84		"
3866.	The heirs of Richard Lewis	...	..		"

No.	To whom granted and rank	No. acres	Service in months	Location and to whom deeded and date of warrant. Within the limits of the lands allotted the officers and soldiers of the Continental Line, by Law, 1783, Oct. 14	
3867.	William Ryal	...	..		d'd to Duncan Stuart, esqr.
3869.	Nehemiah Pevy, fifer	1,000	84	Oct. 12	"
3870.	The heirs of Jacob Teal	640	84	"	
3871.	The heirs of John Morpus	640	84	"	
3872.	The heirs of Marmaduke Larrimore	640	84	"	
3873.	The heirs of Oliver Jones	640	84	Nov. 2	d'd to Wm. Dixon
3874.	The heirs of Moses Looney	640	84	"	
3875.	The heirs of John Kerkendawl	640	84	"	
3876.	The heirs of Henry Step	640	84	"	
3877.	Reuben Johnson, Pri	640	84		James Welborn, esqr.
3878.	William Ch_____		84		Thomas Banks
3879.	The heirs of Samuel Pope	...	..		
3880.		...	..		J. Holladay, esqr.
3881.	The heirs of Richard Evans, Pri.	640	84	Nov. 13	d'd to Phil. Hodges, esqr.
3882.	Bryan Worsley, Pri	365	48		Capt. Lytle
3883.	Isaac Sanderlin, Pri	640	84		Wm. Snowden
3884.	The heirs of John Calvin	640	84		d'd to Phil. Hodge.
3885.	Harden Warner, Pri	320	42		"
3886.	Job Smith, Sergt	355	30		Himself
3887.	John Warner, Pri	320	42		P. Hodges
3888.	The heirs of Richard Warner	640	84		"
3889.	Reubin Knight, fifer	357	30		Mr. Wolfendon, Bertie County
3890.	Lewis Jenkins	374	..		Self
3891.	Joseph Witherington				
3892.	Joseph Aldridge				
3893.	William Epps, Pri	274	36	Nov. 21,'95	
3894.	Charles Upchurch, Pri	228	30		d'd to self
3895.	William Capps, Pri. farmer	274	36		d'd to Nathan Powell of Johnston
3896.	Dumon Brown, Pri	228	30	Nov. 25	d'd Benj. FitzRandolph
3897.	Matthew Powell's heirs, Pri	640	84	"	
3898.	The heirs of Abel Sullivan	640	84	"	
3899.	The heirs of Solomon Martel	640	84	"	
3900.	The heirs of Miles Martin	640	84		
3901.	John Dimery	640	84		
3902.		...	..		
3903.	Thomas Dodd	...	..		d'd Wm. Ferrall
3904.		...	..		
3905.	The heirs of George Bruce, Pri.	640	84	Nov. 26	Mr. P
3906.	Thomas Morriss, Pri	274	36	Nov. 28,'95	Mr. Jones
3907.	The heirs of Andrew Squires	640	84		"
3908.	Joseph Collins, drummer	428	36		"
3909.	Thomas Ansgood's heirs	640	84		"
3910.	John Manifee, Sergt	357	30		d'd Jos. Stuart
3911.	The heirs of Holdin Simmons, Pt.	640	84		"
3912.	The heirs of Alexander McDaniel, Pri	640			"
3913.	The heirs of William Winbright, Pri	640	84		"
3914.	The heirs of Caleb Roper, or (Raper) Pri	640			Col. Murfree
3915.	Benjamin Dorton, Pri	228	36		Jos. Stuart
3916.	Drury Parham, Pri	...	..		

IN THE AMERICAN REVOLUTION

No.	To whom granted and rank	No. acres	Service in months	Location and to whom deeded and date of warrant. Within the limits of the lands allotted the officers and soldiers of the Continental Line, by Law, 1783, Oct. 14	
3917.	Thomas Shute, Ensn........	...	..		
3918.	The heirs of Timothy Carter....	...	..		
3919.	The heirs of Dennis Trimnal, Pri.	640	84	Dec. 8, '95	Delivered to Duncan Stuarth for
3920.	The heirs of Underhill Jones.....	640	84	"	"
3921.	The heirs of Simmons Jay......	640	84	"	"
3922.	The heirs of Leonard Keller.....	640	84		"
3923.	The heirs of Oliver Pasmore.....				"
3924.	The heirs of Conrod Halfaker....	640	84		"
3925.	The heirs of Stephen Moglin....	640	84		"
3926.	Malachi Foke heir of James Foke.....................	640	84		Self
2927.	The heirs of Duncan McBride...	640	84		Douglas Lucas
3928.	The heirs of Edmund Bilbey....	...	..		Hodges
3929.	The heirs of David Canddy.....	...	..		"
3930.	John Cantrell.................	...	..		d'd William Dick
3931.	John Childers.................	...	..		"
3932.	Jones Posam..................	...	..		"
3933.	The heirs of Andrew Storm, or (Stonn).................	640			d'd to Wm. Dick
3934.	The heirs of Miles Jones........	640			"
3935.	The heirs of Solomon Jones.....	640			"
3936.	The heirs of John Folar.........	640			"
3937.	Isaac Linsney.................	274	36		
3938.	The heirs of Jacob Saunders.....	640	84		Wm. Ferrell
3940.	The heirs of Sylvanus Stone.....	640	84		"
3941.	Patrick McCoy, Pri.............	640	84		Ben Sheppard
3942.	Benford Jones, Pri.............	640	84		"
3943.	Robert Biggs. The heirs of Eli Marsh.........	...	..		
4944.	The heirs of Joseph _____...	...	..		
3945.	The heirs of Gideon (Petit)?.....	...	..		
3946.	John Mosely, Pri..............				
3947.	The heirs of Matthews Bagley...	640	84		d'd Stockley Donelson
3948.	The heirs of John R. Stephenson.	640	84		" "
3949.	The heirs of Reuben McCormack	640	84		" "
3950.	The heirs of David Davis........	640	84		" "
3951.	The heirs of Miles Clayton......	640	84		" "
3952.	The heirs of Zedekiah Brock....	640	84		" "
3953.	The heirs of Arthur McRory....	640	84		" "
3954.	Igntius Chissum, Pri...........	274	36		"
3955.	James Chissum, Pri............	640	84		"
3956.	John McCallister..............	274	36		"
3957.	David Manifee................	...	..		"
3958.	....	...	..		"
3958.	James McCoy.................				"
3959.	Charles McParish.............	640	84		"
3960.	James R. Whitney, Pri.........	640	84		"
3961.	The heirs of Thomas Richey, Cpl.	1,000	84		" "
3962.	The heirs of Watson Andrews,Pt.	640	84	Mch. 8, '96	Wm. Ferrell
3963.	Zion Bradley.................	228	30		"
3964.	The heirs of Nathaniel Richard Brickle.....................	640	84		"
3965.	The heirs of Lemuel Bullock....	1,000	84		"
3966.	The heirs of Watson Reed, Pri...	640	84		
3967.	Nicholas Russell, Pri...........	228	30		

No.	To whom granted and rank	No. acres	Service in months	Location and to whom deeded and date of warrant. Within the limits of the lands allotted the officers and soldiers of the Continental Line, by Law, 1783, Oct. 14
3968.	The heirs of Jonah McAdoe.....	640	84	Mch. 8,'98
3969.	The heirs of John Davis........	640	84	"
3970.	The heirs of Abraham Johnston.	640	84	
3971.	The heirs of Gresham T_____ ..	...	..	
3972.	The heirs of John G_____......	...	..	
3973.	The heirs of Nathan B. Williams.	...	..	
3974.	Thomas Bennet, Pri............	228	30	Nov.19,'95 {delivered Joseph Williams
3975.	William Williamson............	228	30	d'd "

VOUCHERS

The following are the usual form of vouchers found in the *Comptroller's Records*.

(1)
State of North Carolina.
Salisbury District No. 5727 Agreeable to an act of the General Assembly, passed in Hoke County the 14th July 1781..................was allowed nine pounds Shillings Specie for Militia Service by board of Auditors. Dec. 17th, 1783.
By order.

Harris...
Hill Cathey

(2)
North Carolina.   No. 1622.
Agreeable to Act of Assembly passed in December 1785, the State of North Carolina is indebted to...of the Continental Line of this State. Thirty-nine pounds, nineteen Shillings Specie in account of his pay to January 1st, '89, with interest from the first of Aug. 1783. Dated at Warrenton the first of May, 1786.
f 36, 19
                                                                H. Montford.
....} Commissioners.
....

(3)
North Carolina.
Agreeable to Act of Assembly, passed January, 1792, the State Aforesaid is indebted to........
....of the late Continental Line, the sum of six pounds Specie, being the fourth in pay and interest to 1st August 1783, for which delivered to..........
.....................................payments.
    Hillsborough, 1st May, 1792.
                                                J. M. Binford
                                                B. Sanders   Comns.

(4)
North Carolina.   No..............
Agreeable to an Act of the Assembly passed in May one thousand seven hundred and eighty-three, the State of North Carolina is indebted to..........................Capt. of the Continental Line of this State, one hundred ninety-seven pounds, 5 Shillings, 8 pence, with interest from the date, account of his pay and subsistance to 1st......................., 177..... Dated at Halifax the first day of August, 1783.
f 197-5-8.
                                                Willie Jones   }
                                                H. Montford   } Coms.

(5)
No................. State of North Carolina, 21st March 1783.
    As Auditors for the District of Wilmington. This is to Certify that.......................
....................................is allowed the sum of twenty-five pounds, fifteen shillings specie for his services in the Militia as returned in pay roll No........................
    Lewis Holmes.   O.K.
f 25, 15.
                                                Hen. Dickson
                                                Thos. Routledge

(6)
No................   f.., .., .. Specie.
By virtue of the authority vested in us, by an Act of the General Assembly, passed at Newbern, January 1792, we hereby certify that the State of North Carolina is indebted to..............
................................soldier in the Continental Line, of said State. The sum of twenty pounds, two shillings, and eight pence specie, with interest from the 1st day of August, 1783, as appears by vouchers lodged in this office.
    Hillsborough 1st May, 1792.
    By order,
...., Clk.
....} Commissioners.
....

(7)
North Carolina.
Newbern District.
This may certify that.. of........................Co. for Militia duty as per Capt............................pay roll, was allowed the sum of ....pounds ....Shillings Specie, this 5th day of March, 1782.
........................., Clk.
....} Dist.
....} Auditors

The list of names taken from these vouchers follows, with their number and what district.

	No.	
1. Benj'm. Armstrong	5727	Salisbury Dist.
2. James Armstrong	1622	
3. Andrew Armstrong, Capt.	477	
4. Capt. William Armstrong	358	
5. Lt. Thomas Armstrong	2960	
6. Cha. Armstrong	3915	Dist. of Wilmington
7. John Armstrong	4741	Salisbury Dist.
8. John Armstrong	4685	Salisbury Dist.
9. John Armstrong	3801	Morgan Dist.
10. John Armstrong	4063	Dist. of Wilmington
11. John Armstrong	935	Dist. of Wilmington
12. Lt. John Armstrong	5786	Dist. of Wilmington
13. John Armstrong	2099	Dist. of Wilmington
14. Capt. John Armstrong	1743	Dist. of Wilmington
15. Lt. John Armstrong	899	Dist. of Wilmington
16. John Armstrong	2782	Dist. of Wilmington
17. Lt. Col. John Armstrong	28	
18. Mathew Armstrong	3736	Salisbury Dist.
19. Capt. William Armstrong	5548	
20. Richard Armstrong	4822	Morgan Dist.
21. Lt. Abel Armstrong	4792	Salisbury Dist.
22. Jediah Alexander	9235	Salisbury Dist.
23. Lt. Abel Armstrong	5549	Salisbury Dist.
24. Capt. Wm. Armstrong	34	
25. James Armstrong	471	
26. Col. Martin Armstrong	683	Salisbury Dist.
27. William Armstrong	132	Hillsborough Dist.
28. Capt. Able Armstrong	4727	Salisbury Dist.
29. Capt. William Armstrong	359	
30. Capt. William Armstrong	360	
31. James Armstrong	592	Salisbury Dist.
32. James Armstrong	337	
33. Capt. Able Armstrong	1977	Salisbury Dist.
34. James Armstrong	6196	Salisbury Dist.
35. John Alston	320	Dist. of Wilmington
36. William Alston	231	
37. Col. Phil. Alston	20	
38. William Alston	358	
39. Dan Alexander	5294	Salisbury Dist.
40. Elias Alexander	5293	Salisbury Dist.
41. Capt. William Alexander	3054	Salisbury Dist.
42. Jediah Alexander	2603	Salisbury Dist.
43. Andrew Alexander	3322	Salisbury Dist.
44. Capt. Thos. Alexander	8516	Salisbury Dist.
45. Capt. Charles Alexander	8672	Salisbury Dist.
46. Isaac Alexander	4296	Salisbury Dist.
47. Anthony Alexander	1360	
48. Joseph Alexander	152	
49. David Alexander	3277	Salisbury Dist.
50. Charles Alexander	3316	Salisbury Dist.
51. Moses Alexander	5105	Salisbury Dist.
52. Nat. Alexander	2681	Salisbury Dist.

IN THE AMERICAN REVOLUTION 315

		No.	
53.	Abram Alexander	5272	Salisbury Dist.
54.	Jno. Alexander	5245	Salisbury Dist.
55.	Capt. Thomas Alexander	5099	Salisbury Dist.
56.	Capt. Thomas Alexander	5287	Salisbury Dist.
57.	Capt. William Alexander	3274	Salisbury Dist.
58.	Roland Alexander	3897	
59.	Elias Alexander	3700	Salisbury Dist.
60.	Wm. B. Alexander	1374	Salisbury Dist.
61.	Capt. Stephen Alexander	3213	Salisbury Dist.
62.	Col. George Alexander	1165	Salisbury Dist.
63.	William Alexander	3705	Salisbury Dist.
64.	Capt. Wm. Alexander	5242	Salisbury Dist.
65.	Dan. Alexander	2598	Salisbury Dist.
66.	Gabriel Alexander	7890	Salisbury Dist.
67.	Isaac Alexander	6657	Salisbury Dist.
68.	Benjamin Alexander	151	
69.	Isaac Alexander	3287	Salisbury Dist.
70.	Isaac Alexander	6665	Salisbury Dist.
71.	Charles Alexander	1395	Salisbury Dist.
72.	William Alexander	2605	Salisbury Dist.
73.	Amos Alexander	2950	Salisbury Dist.
74.	David Alexander	5289	Salisbury Dist.
75.	Ezekiel Alexander	20	
76.	Ezekiel Alexander	3717	Salisbury Dist.
77.	Abner Alexander	3716	Salisbury Dist.
78.	Jonah Alexander	3746	Salisbury Dist.
79.	Thomas Alexander	3699	Salisbury Dist.
80.	Moses Alexander	2685	Salisbury Dist.
81.	John Alexander	2607	Salisbury Dist.
82.	Thomas Alexander	2620	Salisbury Dist.
83.	Capt. Wm. Alexander	6638	Salisbury Dist.
84.	Thos. Alexander	3310	Salisbury Dist.
85.	Moses Alexander	596	Salisbury Dist.
86.	Capt. Stephen Alexander	2533	Salisbury Dist.
87.	Ezekiel Alexander	5674	Salisbury Dist.
88.	Abram Alexander	1358	Salisbury Dist.
89.	John Alexander	145	Morgan Dist.
90.	Wm. Alexander	3294	Salisbury Dist.
91.	Ezrah Alexander	6059	Salisbury Dist.
92.	George Alexander	1477	Salisbury Dist.
93.	Wm. Alexander	8299	Salisbury Dist.
94.	Elijah Alexander	5507	Salisbury Dist.
95.	Elis. Alexander	3312	Salisbury Dist.
96.	Abraham Alexander	3609	Salisbury Dist.
97.	Mathew Alexander	5247	Salisbury Dist.
98.	Edward Alexander	3711	Salisbury Dist.
99.	Roland Alexander	3869	Salisbury Dist.
100.	John Alexander	3305	Salisbury Dist.
101.	Isaac Alexander	5295	Salisbury Dist.
102.	.... Atkins	27	
103.	Benjamin Atkins	230	
104.	Silas Atkins	663	Dist. of Wilmington
105.	David Adkins	1170	
106.	John Adkins	3440	Dist. of Wilmington

		No.	
107.	James Atkins	4881	Dist. of Wilmington
108.	James Atkins	645	Dist. of Wilmington
109.	James Adkins	3161	Dist. of Wilmington
110.	Isaac Atkins	3970	Dist. of Wilmington
111.	Ese.... Adkins	8986	Dist. of Wilmington
112.	Harrison Adkins	5445	Dist. of Wilmington
113.	Richard Adkins	280	Dist. of Wilmington
114.	Capt. Stafford	1744	Newbern Dist.
115.	Lt. John Adams	7655	Salisbury Dist.
116.	Benjamin Adams	2143	Dist. of Wilmington
117.	Jacob Adams	792	Salisbury Dist.
118.	Capt. Fred	1861	Newbern Dist.
119.	John Adams	495	
120.	Ceasar Adams, of Pitt Co.	1506	Newbern Dist.
121.	Thomas Adams	419	
122.	William Adams	658	
123.	John Adams	358	
124.	William Adams	489	
125.	James Adams	1816	Salisbury Dist.
126.	Bird Adams, of Johnson Co.	515	Newbern Dist.
127.	Levi Adams, of Pitt Co.	1047	Newbern Dist.
128.	Arthur Adams	1008	
129.	Benja. Adams	242	
130.	Elisha Adams	4596	Salisbury Dist.
131.	William Adams	3952	Morgan Dist.
132.	Peter Adams	1165	Newbern Dist.
133.	Robert Adams	4356	Morgan Dist.
134.	John Adams	2093	Salisbury Dist.
135.	Philip Adams	72	
136.	Daniel Adams	4614	Salisbury Dist.
137.	David Adams	497	Newbern Dist.
138.	Elijah Adams	4237	Salisbury Dist.
139.	William Averitt	682	Dist. of Wilmington
140.	William Averitt	706	Dist. of Wilmington
141.	Lewis Averitt	4558	Dist. of Wilmington
142.	Benjamin Averitt	5213	Dist. of Wilmington
143.	Lewis Averitt	757	Dist. of Wilmington
144.	Demsey Archer	97	Dist. of Wilmington
145.	Michel Albright	5362	Salisbury Dist.
146.	Simon Albright	410	Salisbury Dist.
147.	Jacob Albright	536	Salisbury Dist.
148.	Peter Albright	806	Salisbury Dist.
149.	Thomas Archibald	6501	Salisbury Dist.
150.	David Alderman	1788	Dist. of Wilmington
151.	Andrew Allison	4090	Salisbury Dist.
152.	Thomas Ammons	994	
153.	David Allison	6209	Salisbury Dist.
154.	Hugh Ayer	6624	Salisbury Dist.
155.	John Atkins	726	
156.	Col. John Ashe	183	
157.	Samuel Ashe	820	
158.	Benjamin Arnall	4355	Dist. of Wilmington
159.	Henry Alligood, Sold.	418	
160.	Theophilus Allison	7166	Salisbury Dist.

		No.	
161.	John Adcock	57	
162.	Rich'd. Allison	7139	Salisbury Dist.
163.	James Atkinson	115	Dist. of Wilmington
164.	Jos. Allison	5107	Salisbury Dist.
165.	Philip Aman	3749	Dist. of Wilmington
166.	Richard Alliston, of Pitt Co.	2815	Newbern Dist.
167.	David Alphin	4964	Dist. of Wilmington
168.	Hardy Adkison	465	
169.	Samuel Alis., privt.	202	
170.	Moses Adcock	1212	
171.	Thomas Aid	3009	Dist. of Wilmington
172.	Richard Andrews	25	
173.	Reuben Aid	3010	Dist. of Wilmington
174.	Garrett Altman	842	
175.	Stephen Anders	1159	Dist. of Wilmington
176.	Andrew Andrews	335	
177.	Alfred Andrews	139	
178.	Joseph Andrews	889	
179.	Hugh Andrews	5076	Salisbury Dist.
180.	Andrew Andrews	465	Dist. of Wilmington
181.	Leonard Andrews	7509	Salisbury Dist.
182.	Joseph Andrews	2791	Dist. of Wilmington
183.	Capt. Joseph Andrews	875	Dist. of Wilmington
184.	Andrew Andrews	40	
185.	Joseph Andrews	878	Dist. of Wilmington
186.	James Avery	728	
187.	John Avery	25	
188.	Wm. Avery	4849	Dist. of Wilmington
189.	William Avera	4828	Dist. of Wilmington
190.	Daniel Avery, of Johnston Co.	1189	Newbern Dist.
191.	John Avery, of Craven Co.	1767	Newbern Dist.
192.	Capt. Alexander Avera	4822	Dist. of Wilmington
193.	Alex. Avera, of Johnston Co.	661	Newbern Dist.
194.	John Alban Avera, of Johnston Co.	34	Newbern Dist.
195.	Thos. Avery	5728	Dist. of Wilmington
196.	Andrew Avery, of Johnston Co.	1159	
197.	Alex. Avera, of Johnston Co.	578	Newbern Dist.
198.	William Avera, of Johnston Co.	648	Newbern Dist.
199.	Jonathan Avera, of Johnston Co.	479	Newbern Dist.
200.	John Anderson	4551	Morgan Dist.
201.	Charles Anderson	1774	
202.	John Anderson	829	Dist. of Wilmington
203.	Francis Anderson	4771	Dist. of Wilmington
204.	Wm. Anderson	1208	Dist. of Wilmington
205.	John Anderson, soldier	388	Dist. of Wilmington
206.	George Anderson, soldier	734	Dist. of Wilmington
207.	Thos. Anderson, of Craven Co.	681	Newbern Dist.
208.	Joseph Anderson, of Craven Co.	1915	Newbern Dist.
209.	Wm. Anderson, of Pitt Co.	414	Newbern Dist
210.	David Anderson, of Pitt Co.	1059	Newbern Dist
211.	Lawrence Anderson, of Pitt Co.	1179	Newbern Dist
212.	Thomas Anderson, of Wayne Co.	2037	Newbern Dist.
213.	John Anderson, of Pitt Co.	2014	Newbern Dist.
214.	Jno. Anderson, of Pitt Co.	1187	Newbern Dist.

215. James Anderson, Soldier	351	
216. John Anderson, Soldier	7	
217. Wm. Anderson, of Pitt Co.	919	Newbern Dist.
218. Frances Anderson, of Pitt Co.	1223	Newbern Dist.
219. Isaac Anderson	1132	
220. James Anderson	448	
221. Isaac Anderson, Soldier	287	
222. William Anderson	7844	Salisbury Dist.
223. Leonard Anderson	632	Salisbury Dist.
224. William Anderson	1249	Salisbury Dist.
225. William Anderson	5816	Salisbury Dist.
226. James Anderson	796	Salisbury Dist.
227. Dempsey R. Allen, of Pitt Co.	1579	Newbern Dist.
228. Alex'r. Allen	2713	Salisbury Dist.
229. Ric'd. Allen	784	Dist. of Salisbury
230. John Allen	5108	Dist. of Salisbury
231. Capt. Richard Allen	1029	Dist. of Salisbury
232. John Allen, of Craven Co.	1351	Newbern Dist.
233. Capt. Rich'd. Allen	818	Dist. of Salisbury
234. Robt. Allen	7244	Salisbury Dist.
235. Thomas Allen	931	
236. Joe Allen	4723	Dist. of Wilmington
237. Capt. Richard Allen	751	Dist. of Salisbury
238. Alex. Allen	8701	Salisbury Dist.
239. ...... Allen, Soldier	434	
240. Jeremiah Allen	778	
241. Robert Allen	826	
242. Josiah Allen	243	Newbern Dist.
243. Hugh Allen	....	Salisbury Dist.
244. Thomas Allen	4575	Salisbury Dist.
245. Alexander Allen	4005	Dist. of Wilmington
246. Elkanah Allen	4713	Dist. of Wilmington
247. John Allen	4121	Morgan Dist.
248. Robert Allen, Soldier	642	
249. Reuben Allen	4947	Salisbury Dist.
250. Charles Allen, soldier of Pitt Co.	1554	Newbern Dist.
251. Andrew Allen	1451	Salisbury Dist.

REFERENCE, COMPTROLLER'S OFFICE

Vouchers in Box B-1 follow

		No.	
	Moses Branch	472	
	Moses Branch	5053	
	Moses Branch	3359	
	Jesse Branch	3680	
	Thomas Branch	3361	
	Jesse Branch	5808	
Militia	Thos. Battle, Ensn.	5480	
	Thos. Battle	3566	
	Ephriam Battle	157	
	Thos. Battle	5740	
Militia	Wm. Brown	7257	Salisbury Dist.

		No.	
	Wm. Brown	8013	Salisbury Dist.
	Jesse Brown	2074	
	Stephen Brown	1487	
	Daniel Brown	2651	Salisbury Dist.
	Dempsey Brown	1036	Wilmington Dist.
	Richard Brown	3114	
Militia	......Brown, Wake Co.	....	
	Jesse Brown	5765	
Militia	Daniel Brown	2718	Salisbury Dist.
	James Brown	5151	
Continental	Moses Brown, soldier	633	
Militia	Charles Brown	1399	
	George Brown	....	Morgan Dist.
	Edwin Brown	3900	
Continental	Bezelys Bowme	581	Halifax Dist.
	Ben Brown	4969	
Continental	Robert Brown, soldier	441	Halifax Dist.
	Samuel Brown, soldier, Pitt Co.	1633	Newbern Dist.
	Richard Brown	6496	Salisbury Dist.
	James Brown	1286	
	Nathan Brown	481	
	Rich'd. Brown	1450	
	Charles Brown	5820	
Continental	George Brown, Sergt.	104	
	Willie Brown	1190	Halifax Dist.
	Charles Brown	1390	
	George Brown	3234	
	George Brown	1430	Warrenton Dist.
Continental	Jesse Brown	....	Hillsborough Dist.
	Demcy Brown, of Johnston Co.	1256	Warrenton Dist.
Militia	Francis Brown, of Johnston Co.	....	Newbern Dist.
	George Brown	3102	
	Charles Brown	1365	
	Peter Brown, in Company of Ashbury, commanded by Col. James Moore.	....	Wilmington Dist.
Militia	Thomas Brown	1288	Salisbury Dist.
	Thomas Brown	805	
	Thomas Brown	1474	Salisbury Dist.
Continental	Thomas Brown	733	Halifax Dist.
Continental	..... Brown	1620	Warrenton Dist.
	Otway Burns	48	
	Jo. Burch	278	
	David Byors	8017	Salisbury Dist.
	Stephen Bearfield	274	
	Timothy Bloodworth	6011	
	John Beck	1834	
	Lewis Bruenton	5559	
	Peter Baleman	6004	
	Benjamin Brantley	3090	
	Daniel Bowney	1695	
	Joseph Bivin	1685	
	David Beaty	6335	Salisbury Dist.
Militia	Ephraim Battle	157	
Militia	Richard Bass	5039	

		No.	
Continental	Moses Bass	1405	
	Hardy Bass, (volunteer on back of certificate)	120	
Militia	Burwell Bass	5051	
Militia	Richard Bass	571	
Militia	William Bass	536	
Militia	Larsin Bennett	1124	
Continental	James Bennett	192	
	Francis Bennett	726	
Militia	D..... Bennett	3777	
Continental	Jacob Bennett	655	
Militia	William Bennett, of Dobbs Co.	2411	Newbern Dist.
	Stephen Bennett	4096	
Militia	Will Butler, Craven Co.	885	Newbern Dist.
Continental	Jethro Butler, Militia duty	982	
Continental	William Butler	83	
Militia	Arthur Butler, Craven Co.	500	
Militia	James Butler	5537	
Continental	Lawrence Butler	207	
	Elias Butler	1,5749	Salisbury Dist.
	Simon Butler	6065	Halifax Dist.
	Christopher Butler	2590	Salisbury Dist.
	Robert Butler	74	Wilmington Dist.
	Stephen Butler	3103	Halifax Dist.
	John Butler	292	Halifax Dist.
	Laurence Butler	89-727	
	John Butler	4315	Halifax Dist.
	William Butler	90	Wilmington Dist.
	Zachariah Butler	2940	Wilmington Dist.
	John Butler	6675	Halifax Dist.
Militia	Joseph Butler	861	Wilmington Dist.
	James Butler	817	Hillsborough Dist.
	Stephen Butler	7198	Halifax Dist.
	Stephen Butler	7174	Halifax Dist.
	Andrew Butler	6113	Halifax Dist.
	Willis Butler	3206	Edenton Dist.
	Charles Butler	5882	Wilmington Dist.
	Capt. James Butler	5878	Wilmington Dist.
	Andrew Butler	6086	Halifax Dist.
	Wm. Butler	5549	Wilmington Dist.
	Lawrence Butler	121	Hillsboro Dist.
	Thos. Byam Butler	392	
	James Butler	754	Salisbury Dist.
	James Butler	330	Wilmington Dist.
	Willis Butler	609	Edenton Dist.
	Samuel Butler	2424	Wilmington Dist.
	John Butler	4316	Halifax Dist.
	Samuel Butler	2922	Wilmington Dist.
	John Butler	898	Wilmington Dist.
	Stephen Butler	1534	Wilmington Dist.
	Curry Butler	851	Edenton Dist.
	Fort Butler	1348	Hillsborough Dist.
	Zackariah Butler	2649	Wilmington Dist.
	Capt. James Butler	5537	Wilmington Dist.

IN THE AMERICAN REVOLUTION 321

		No.	
	Jethro Butler	2074	Edenton Dist.
	John Butler	4273	Washington & Sulivan Co.
	Wm. Butler	1523	Wilmington Dist.
Militia	Wm. Butler	1678	Wilmington Dist.
Militia	Wm. Butler	1684	Newbern Dist.
	John Butler	9528	Halifax Dist.
	Arthur Butler	500	Newbern Dist.
	Elisha Butler	23	Newbern Dist.
Continental	James Butler	1471	Warrenton Dist.
Continental	William Butler	83	Hillsborough Dist.
Continental	James Butler	1471	Newbern Dist.
Militia	Charles Butler	928	Newbern Dist.
Continental	Jethro Butler	982	Halifax Dist.
Militia	Wm. Butler	835	Newbern Dist.
Continental	Hardy Brogden	1209	
	Hanod Brogden	2233	Halifax Dist.
	Hardy Brogden	497	Halifax Dist.
Militia	Thomas Brogden	2039	Newbern Dist.
	William Brogden	316	Halifax Dist.
Militia	John Brogden	2406	Newbern Dist.
	John Bridges	2644	Halifax Dist.
	Benjamin Bridges	6729	Halifax Dist.
Militia	David Bridges	77	Morgan Dist.
	Ben Bridges	386	Halifax Dist.
	William Bridges	3408	Morgan Dist.
	David Bridges	125	Salisbury Dist.
	William Bridges	2038	Salisbury Dist.
	Thomas Bridges	719	Halifax Dist.
	Wm. Bridges	6730	Halifax Dist.
	Benjamin Bridges	....	
Militia	Isaac Bridges	26	Morgan Dist.
	Will'm. Bridges	698	Newbern Dist.
	Benjamin Bridges	2896	Halifax Dist.
	Moses Bridges	4665	Morgan Dist.
	Nathan Bridges	5703	Halifax Dist.
	Peter Bennet, Capt.	309	Hillsborough Dist.
	Peter Bennett	20	Hillsborough Dist.
	Peter Bennett	530	Hillsborough Dist.
	Leonard Bradley	5391	Salisbury Dist.
	Edward Bradley	4974	Salisbury Dist.
Militia	John Bradley	3352	Wilmington Dist.
	Richard Bradley	12	Rutherford Co.
	Richard Bradley	2850	Wilmington Dist.
	William Bradley	1261	Hillsborough Dist.
Militia	Thomas Bradley	4907	Morgan Dist.
	John Bradley	146	Salisbury Dist.
	Richard Bradley	6738	Halifax Dist.
	James Bradley	3378	Salisbury Dist.
	Thomas Bradley	3640	Halifax Dist.
	John Bradley	840	
	Capt. James Bradley	33	Halifax Dist.
	Capt. James Bradley	34	Halifax Dist.
	Rich'd. Bradley	8039	Halifax Dist.
	James Bradley	3971	Wilmington Dist.

		No.	
	Wm. Bradley	2729	Halifax Dist.
	Capt. Geo. Bradley	347	Halifax Dist.
	Stephen Bradley	6735	Halifax Dist.
	Enoch Bradley	2964	Hillsborough Dist.
	John Bradley	248	Morgan Dist.
	James Bradley	1649	Salisbury Dist.
	John Bradley	23	Rutherford Dist.
	Burrill Bradley	3810	Halifax Dist.
	James W. Bradley	3316	Salisbury Dist.
	Burnell Bradly	3941	Salisbury Dist.
	Walter Bradly	1642	Morgan Dist.
Continental	Nimrod Bradly	1949	Warrenton Dist.
	William Bradly	2299	Halifax Dist.
Militia	John Bradly	5110	Salisbury Dist.
	Benjamin Bradly	8725	Halifax Dist.
	Benjamin Bradly	1947	Halifax Dist.
	James Bradly	2867	Wilmington Dist.
	Walter Bradly	1530	Morgan Dist.
Militia	Thomas Bradley	473	Wilmington Dist.
	Samuel Bradley	2141	Halifax Dist.
	Rich'd. Bradley	7104	Halifax Dist.
	Ben Bradley	5320	Halifax Dist.
	Harton Bradley	3504	Morgan Dist.
	Arnold Bradley	686	Halifax Dist.
	John Bradley	2499	Salisbury Dist.
	James Bradley	267	Halifax Dist.
	Jacob Bradley	66	Wilmington Dist.
Militia	Lieut. Len Bradley	132	Salisbury Dist.
	Thomas Bradley	6673	Halifax Dist.
	Gee Bradley	609	Halifax Dist.
	Samuel Bradley	529	Halifax Dist.
	James Bradley	129	Hillsborough Dist.
	Wm. Bradley	2539	Halifax Dist.
	William Bradley	1853	Hillsborough Dist.
	James Bradley	5829	Hillsborough Dist.
	James Bradley	1522	Hillsborough Dist.
	James Bradley	346	Halifax Dist.
	James Bradley	5754	Halifax Dist.
	James Bradley	316	Halifax Dist.
	Benjamin Bradley	1066	Halifax Dist.
	Enoch Bradley	6797	Hillsborough Dist.
	Leonard Bradley	2450	Salisbury Dist.
Militia	John Bradley	178	Wilmington Dist.
Continental	Capt. James Bradley	35	Halifax Dist.
Continental	William Bradley	831	Warrenton Dist.
	Capt. James Bradley	36	Halifax Dist.
	Thomas Bradley	9358	Halifax Dist.
Continental	Corpl. Richard Bradley	1043	Halifax Dist.
Continental	Samuel Bradley	422	Hillsborough Dist.
	Wm. Bradley	216	
	Capt. Gee Bradley	346	Halifax Dist.
	Capt. Gee Bradley	345	Halifax Dist.
Continental	Robert Bradley	1174	Halifax Dist.
	James Bradley	8	Halifax Dist.

		No.	
Militia	Mathew Ghaston	4843	Salisbury Dist.
Militia	Jeremiah Gaylord	1000	Newbern Dist.
Militia	Neil Galbreath	3839	Wilmington Dist.
Militia	John Galbreath	1849	Newbern Dist.
Militia	Basil Gaither	5086	Salisbury Dist.
Militia	Benjamine Gaither	4634	Salisbury Dist.
Militia	Peter Gaither	2903	Wilmington Dist.
Militia	Anthony Gilbard	4956	Wilmington Dist.
Militia	Aaron Gurganus	1439	Newbern Dist.
Militia	Charles Gorden	4470	Salisbury Dist.
Continental	Patrick Gaul	661	
Continental	James Gutray	1472	Warrenton Dist.
Continental	Arandall Grant	260	Gen. Assembly
Continental	Francis Good	472	Gen. Assembly
Continental	Daniel Gaugh	618	Gen. Assembly
Continental	John Grinder	126	Newbern Dist.
Militia	George Gary	528	Wilmington Dist.
Militia	Burges Gaither	5089	Salisbury Dist.
Militia	Peter Gates	3120	Wilmington Dist.
Militia	James Gardner	2383	Salisbury Dist.
Continental	Thos. Garland	1289	Gen. Assembly
Continental	Handy Garris	795	Gen. Assembly
Militia	Henry Garroth	1945	Gen. Assembly
Militia	Peter Growel	3174	Salisbury Dist.

Chapman Family

Militia	James Chapman	4573	Salisbury Dist.
Militia	Abner Chapman	4078	Wilmington Dist.
Militia	David Chapman	4049	Wilmington Dist.

Cunningham's

Militia	James Cunningham	2523	Salisbury Dist.
Militia	Joseph Cunningham	76.31	Salisbury Dist.
	Lieut. Joseph Cunningham	47.77	Salisbury Dist.
Militia	Joseph Cunningham	2374	Salisbury Dist.

Cains

Militia	Wm. Cains	1257	Wilmington Dist.
Militia	Wm. Cains	688	Wilmington Dist.
Militia	Wm. Cains	715	Wilmington Dist.
Militia	Wm. Cains	4734	Wilmington Dist.
Militia	Samuel Cains	2366	Wilmington Dist.
Militia	John Cains	713	Wilmington Dist.
Militia	Thomas Cains	4507	Wilmington Dist.
Militia	James Cains	695	Wilmington Dist.
Militia	John Cains	2953	Wilmington Dist.
Militia	James Cains	3265	Wilmington Dist.
Militia	Samuel Cains	2927	Wilmington Dist.
Militia	James Cains	714	Wilmington Dist.
Private in State Legion	Elisha Cains	1025	Wilmington Dist.

Cannon's

Militia	David Cannon	1882	Wilmington Dist.
Militia	Penn Cannon	1689	Newbern Dist.

		No.	
Militia	Caleb Cannon	378	Newbern Dist.
Militia	Dennis Cannon	2428	Wilmington Dist.
Militia	Arch Cannon	1349	Newbern Dist.
Continental	Benjamin Cannon	277	Hillsboro Dist.
Militia	Benjamin Cameron Cannon	557	Newbern Dist.
Militia	Henry Cannon	1067	Newbern Dist.
Continental	Lewis Cannon	155	Halifax Dist.
Militia	Radford Cannon	1653	Newbern Dist.
Militia	John Cannon	1136	Newbern Dist.
State Troops	John Cannon	2247	Newbern Dist.
State Troops	Reeding Cannon	2246	Newbern Dist.
Militia	Farnifold Cannon	1513	Newbern Dist.
Militia	Pugh Cannon	1059	Newbern Dist.

Coles'

Continental	Alexander Cole	77	Newbern Dist.
Continental	Alexander Cole	143	Hillsboro Dist.
Continental	George Cole	96	Hillsboro Dist.
Continental	Robert Cole	223	Hillsboro Dist.
Continental	Robert Cole	332	Hillsboro Dist.
Militia	Thomas Cole	1712	Newbern Dist.
Militia	Willis Cole	....	Wilmington Dist.
Continental	Martin Cole	252	
Militia	Stephen Cole	8992	Salisbury Dist.
Continental	George Cole	96	Hillsboro Dist.
Militia	Joab Cole	2228	Salisbury Dist.

Carraways

Militia	Lieut. Bed'r. Carraway	5024	Wilmington Dist.
Militia	James Carraway	3886	Wilmington Dist.
Militia	Francis Carraway	1392	Halifax Dist.
Militia	John Carraway	4909	Wilmington Dist.
Militia	Jessie Carraway	183	Newbern Dist.
Militia	John Cleveland	2846	Salisbury Dist.
Militia	Joseph Cowen	5230	Salisbury Dist.
Militia	Joseph Cowen	889	Salisbury Dist.
Militia	Joseph Cowen	6946	Salisbury Dist.
Militia	...... Clark's	5667	Salisbury Dist.
Militia	David Clark	5495	Wilmington Dist.
Militia	David Clark	5058	Wilmington Dist.
Militia	David Clark	3346	Wilmington Dist.
Militia	David Clark	1809	Wilmington Dist.

Cartwrights

Continental	Thomas Cartwright	851	Halifax Dist.
Line	Heze Cartwright	933	Newbern Dist.

Corbett Family

Militia	John Corbett	3468	Wilmington Dist.
Militia	John Corbett	864	Newbern Dist.
Militia	Thomas Corbett	3473	Wilmington Dist.
Militia	Thomas Corbett	1723	Wilmington Dist.

IN THE AMERICAN REVOLUTION 325

CRAWFORD FAMILY

		No.	
Militia	Capt. Charles Crawford	3987	Wilmington Dist.
Militia	John Crawford	5789	Salisbury Dist.
Militia	John Crawford	2096	Wilmington Dist.
Militia	Moses Crawford	4592	Wilmington Dist.
Militia	John Crawford	7849	Salisbury Dist.
Militia	John Crawford	4167	Salisbury Dist.
Militia	James Crawford	4065	Salisbury Dist.
Militia	Charles Crawford	4216	Wilmington Dist.
State Troops	Benjamine Crawford	498	Newbern Dist.

CHAVIS FAMILY

Continental Line	C...... Chavis	699	Halifax Dist.
Militia	Ishamael Chavis	4808	Wilmington Dist.
Militia	Ishamael Chavis	4478	Wilmington Dist.

CHERRY

Continental	Joshua Cherry	212	Hillsboro Dist.
Continental	Alexander Cherry	270	Hillsboro Dist.
Continental	John Cherry	1146	Warrenton Dist.
Militia	Willis Cherry	3675	Wilmington Dist.
Continental	Alexander Cherry	162	Newbern Dist.
	Willis Cherry	3356	Wilmington Dist.
Militia	Lemuel Cherry	1737	Newbern Dist.
Militia	Willis Cherry	3799	Wilmington Dist.
Militia	Daniel Cherry	164	Newbern Dist.

COOLY FAMILY

Continental Line	Gabriel Cooly	400	Newbern Dist.
Militia	Francis Cooly	4837	Wilmington Dist.
Militia	Francis Cooly	5854	Wilmington Dist.
Militia	Francis Cooly	4768	Wilmington Dist.
Continental	Gabriel Cooly	255	Hillsboro Dist.
Militia	Francis Cooly	3929	Wilmington Dist.
Militia	Francis Cooly	760	Wilmington Dist.
Militia	Frank Cooly	4588	Wilmington Dist.
Militia	Francis Cooly	4891	Wilmington Dist.

COTTON FAMILY

Continental Line	Sergn't. John Cotton	399	Halifax Dist.
Continental Line	Capt. Samuel Chapman	517	Halifax Dist.
Militia	Weeks Chapman	1823	Newbern Dist.

CATHEY FAMILY

Militia	William Cathey	2305	Salisbury Dist.
Militia	John Cathey	2775	Wilmington Dist.
Militia	Capt. James Cathey	869	Salisbury Dist.
Militia	James Cathey	5461	Salisbury Dist.
Militia	George Cathey	4560	Salisbury Dist.
Militia	Richard Cathey	6725	Salisbury Dist.

		No.	
Militia	James Cathey	4475	Salisbury Dist.
Militia	Alex Cathey	8310	Salisbury Dist.

Caldwell Family

Militia	David Caldwell	2717	Salisbury Dist.
Militia	David Caldwell	7048	Salisbury Dist.
Continental Line	Thos. Caldwell	94	Halifax Dist.
Militia	James Caldwell	6506	Salisbury Dist.

Campbell

Continental Line	Patrick Campbell	475	Halifax Dist.
Continental Line	Wm. Campbell	1178	Halifax Dist.
Militia	Hugh Campbell	4035	Salisbury Dist.
Militia	John Campbell	4369	Wilmington Dist.
Continental Line	Wm. Campbell	1420	
Militia	John Campbell	4281	Wilmington Dist.
Continental	George Campbell	434	Hillsboro Dist.
Militia	John Campbell	3245	Salisbury Dist.
Militia	John Campbell	7392	Salisbury Dist.
	Dugall Campbell	4113	Wilmington Dist.
	Anguis Campbell	8437	
Militia	Robert Campbell	3898	Morgan Dist.
Militia	John Campbell	4022	Morgan Dist.
Militia	John Campbell	2776	Salisbury Dist.
Militia	John Campbell	1402	Salisbury Dist.
Militia	John Campbell	2985	Wilmington Dist.
Militia	David Campbell	6436	Salisbury Dist.
Militia	Robert Campbell	4018	Wilmington Dist.
Militia	Archibald Campbell	444	Salisbury Dist.
Militia	Duncan Campbell	4278	Wilmington Dist.
Militia	James Campbell	256	Hillsboro Dist.
Continental	George Campbell	585	Hillsboro Dist.
Continental	Solomon Campbell	82	Hillsboro Dist.
Militia	John Campbell	7407	Salisbury Dist.
Militia	John Campbell	4123	Wilmington Dist.
Militia	John Campbell	4625	Wilmington Dist.
Continental	John Campbell	204	Hillsboro Dist.
Militia	William Campbell	1878	Newbern Dist.
	Private William Campbell	283	
Militia	Neil Campbell	4447	Wilmington Dist.
Militia	Colin Campbell	2561	Salisbury Dist.
Militia	Alex Campbell	5975	Salisbury Dist.
Militia	Daniel Campbell	4318	Wilmington Dist.
Militia	Charles Campbell	4982	Wilmington Dist.
Continental	James Campbell	86	Halifax Dist.
Continental	Thomas Campbell	24	Halifax Dist.
	Capt. James Campbell	3820	Wilmington Dist.
Militia	Michel Campbell	4310	Wilmington Dist.
Militia	Andrew Campbell	3637	Salisbury Dist.

CARSON

		No.	
Militia	Alex Carson	4481	Salisbury Dist.
Militia	Charles Carson	3608	Salisbury Dist.
Militia	John Carson	4003	Morgan Dist.
Militia	Robert Carson	6515	Salisbury Dist.
Militia	Hugh Carson	2376	Salisbury Dist.

CHAMBERS

Militia	Robert Chambers	2534	Salisbury Dist.
Militia	Henry Chambers	4036	Salisbury Dist.
Militia	Arthur Chambers	2665	Salisbury Dist.
Militia	William Chambers	857	Salisbury Dist.
Militia	James Chambers	4799	Salisbury Dist.

COX

Continental	John Cox	171	Hillsboro Dist.
Militia	Solomon Cox	4074	Wilmington Dist.
Continental	Joseph Cox	671	Hillsboro Dist.
Continental	William Cox	670	Hillsboro Dist.
Militia	Caleb Cox	2986	Salisbury Dist.
Militia	John Cox	1224	Newbern Dist.
Militia	Joseph Cox	2987	Salisbury Dist.
Militia	Charles Cox	3558	Wilmington Dist.
Militia	Simon Cox	3022	Wilmington Dist.
Militia	Elisha Cox	47	Newbern Dist.
Militia	Aaron Cox	3560	Wilmington Dist.
Militia	John Carruth	7763	Salisbury Dist.
Militia	Stephen Coston	3532	Wilmington Dist.
Militia	Joab Crage	3037	Salisbury Dist.
Continental	Ezekiel Coats	240	Hillsboro Dist.
Continental	James Cronnister	161	Hillsboro Dist.
Continental	Elijah Clay	102	Hillsboro Dist.
Continental	Dempsey Carol	1677	Wilmington Dist.
Continental	Jonmiah Chilos	4449	Morgan Dist.
Continental	William Clifton	1929	Warrenton Dist.
Militia	Reuben Cock	3570	Wilmington Dist.
Militia	Conrad Corneilson	763	Salisbury Dist.
Militia	Patrick Cannady	5762	Wilmington Dist.
Militia	Shadrack Carvons	866	Wilmington Dist.
Continental	Charles Coleman	217	Hillsboro Dist.
Continental	Israel Cullom	359	
Militia	Wm. Charlton	511	Newbern Dist.
Militia	James Cason	1113	Wilmington Dist.
Continental	Samr Connol	815	Warrenton Dist.
Militia	Wm. Croswell	8939	Salisbury Dist.
Continental	Robert Chumley	987	Halifax Dist.
Militia	Henry Canwas	7258	Salisbury Dist.
Continental	Thos. Carothers	427	Halifax Dist.
Continental	John Curls	757	
Militia	Eleazor Cummins	8947	Salisbury Dist.
Militia	Wm. Coonie	4577	Morgan Dist.
Militia	Fredrick Coolock	679	Salisbury Dist.

Cooper's

		No.	
Militia	James Cooper	977	Newbern Dist.
Continental	Thomas Cooper	728	Halifax Dist.
Continental	Nathaniel Cooper	357	Hillsboro Dist.
Militia	Samuel Cooper	881	Salisbury Dist.
Continental	Joseph Cooper	1425	Warrenton Dist.
Continental	Frederick Cooper	159	Hillsboro Dist.
Militia	William Cooper	2303	Salisbury Dist.
Continental	Henry Cooper	385	Hillsboro Dist.
Continental	Benjamin Cooper	840	Halifax Dist.
Continental	James Cooper	678	Halifax Dist.
Militia	Willis Cooper	1527	Wilmington Dist.
Militia	John Cooper	3394	Wilmington Dist.
Continental	William Cooper	1211	Warrenton Dist.
Continental	John Cooper	....	Hillsboro Dist.
Militia	David Clay	201	
Militia	Joseph Christie	5172	Salisbury Dist.
Militia	Gibson Cumbo	4459	Wilmington Dist.
Continental	Joseph Crief	544	
Continental	Thomas Cullas	153	
Continental	William Capps	131	Hillsboro Dist.
Continental	William Carroll	306	Hillsboro Dist.
Continental	Thomas Castilloe	15	Hillsboro Dist.
Continental	James Crounister	89	Hillsboro Dist.
Militia	John Culp	1346	Salisbury Dist.
Militia	Frederick Copper	7691	Salisbury Dist.
Militia	George Clans	484	Newbern Dist.
Militia	Benjamin Cummings	524	Newbern Dist.
Militia	William Covington	1259	Wilmington Dist.
Continental	William Covington	129	Hillsboro Dist.
Continental	William Clifton	132	Hillsboro Dist.
Militia	Henry Carrigher	2490	Salisbury Dist.
Militia	Henry Crasy	3121	Salisbury Dist.
Militia	Robert Croswell	6705	Salisbury Dist.
Continental	Johnson Crusse	1616	Warrenton Dist.
Militia	Amos Catrill	317	Newbern Dist.
Continental	Peter Cammell	56	
Continental	William Cavender	325	Hillsboro Dist.
Continental	Samuel Chappell	314	Hillsboro Dist.
Continental	John Coats	248	Hillsboro Dist.
Continental	David Crawley	174	Hillsboro Dist.
Continental	Stephen Couger	169	Hillsboro Dist.
Militia	Lieut. Clayton	8370	Salisbury Dist.
Militia	Shuibal Claghorn	470	Hillsboro Dist.
Continental	John Carmack	43	Halifax Dist.
Continental	Thomas Chitten	209	Halifax Dist.
Continental	Levi Coleman	90	Hillsboro Dist.
Continental	John Curk	944	Halifax Dist.
Continental	Georg Claunce	343	Hillsboro Dist.
Militia	Jos. Causay	420	Newbern Dist.
Militia	Joseph Crispin	989	Newbern Dist.
Militia	Michl. Curmon	998	Newbern Dist.
Militia	Windeth Corbitt	1596	Newbern Dist.
Continental	Butler Cowell	170	Hillsboro Dist.

IN THE AMERICAN REVOLUTION 329

		No.	
Continental	Job Carlisle	471	
Militia	Thomas Carrel	1290	Salisbury Dist.
Militia	Charles Caten	7325	Salisbury Dist.
Militia	Francis Coston	3510	Wilmington Dist.
Continental	Elisha Coward	426	Halifax Dist.
Continental	Wm. Couppels	8720	Salisbury Dist.
Militia	Joseph Clindinner	8374	Salisbury Dist.
Militia	John Carson	3650	Salisbury Dist.
Militia	John Cummins	5982	Wilmington Dist.
Continental	Searj. John Cake	255	
Militia	Joseph Cokron	1242	
Militia	William Cokron	1240	
Continental	Henry Cobb	98	Hillsboro Dist.
Continental	Thomas Carvin	112	Hillsboro Dist.
Continental	Mathias Cates	63	Hillsboro Dist.
Continental	Levi Coleman	162	Hillsboro Dist.
Continental	Richard Clifton	57	Warrenton Dist.
Militia	Lemand Carver	2505	Salisbury Dist.
Militia	John Conoly	4150	Morgan Dist.
Continental	Capt. Francis Child	48	Halifax Dist.
Continental	Stephen Cougar	96	Hillsboro Dist.
Continental	William Cavender	459	Hillsboro Dist.
Militia	Richard Caney	2870	Wilmington Dist.
Continental	Laniel Carroll	1338	Halifax Dist.
Militia	George Crozine	1337	Salisbury Dist.
Militia	Stephen Cade	3789	Wilmington Dist.
Militia	George Croncraft	2497	Salisbury Dist.
Continental	Joshua Cheason	846	Halifax Dist.
Continental	William Childers	138	Halifax Dist.
Continental	Stephen Coock	1205	
Militia	James Cobb	827	Newbern Dist.
Militia	Shadrack Cummins	369	Halifax Dist.
Continental	James Cavender	141	Halifax Dist.
Continental	John Chester	243	Newbern Dist.
Militia	Wm. Crylwas	6080	Salisbury Dist.
Militia	Wm. Cassel	4213	Wilmington Dist.
Militia	John Carruthors	4986	Salisbury Dist.
Militia	Peter Currell	2423	Salisbury Dist.
Militia	Isam Carver	4495	Wilmington Dist.
Continental	Thomas Chittem	208	Halifax Dist.
Militia	John Corbett	1777	Wilmington Dist.
Militia	Henry Cragg	58	Wilmington Dist.
Militia	Richard Cullom	5725	Wilmington Dist.
Militia	John Cummins	4971	Wilmington Dist.
Continental	Zachariah Cates	599	Halifax Dist.
Militia	John Caru	7846	Salisbury Dist.
Militia	John Curry	9249	Salisbury Dist.
Militia	John Corger	2392	Salisbury Dist.
Continental	James Carothers	426	Halifax Dist.
Continental	John Cottle	107	Hillsboro Dist.
Militia	Elias Cragg	54	Wilmington Dist.
Continental	James Crimor	1031	Halifax Dist
Militia	James Cason	1093	Wilmington Dist.
Militia	Philip Coonce	868	Newbern Dist.

		No.	
Militia	Wm. Clayton	942	Newbern Dist.
Militia	Joseph Cansway	81	Halifax Dist.
Continental	Robert Carmicheil	210	Hillsboro Dist.
Militia	Georg Cusick	5144	Salisbury Dist.
Militia	Wm. Carrel	4892	Wilmington Dist.
Militia	George Carcher	341	Hillsboro Dist.
Continental	Robert Cook	267	Hillsboro Dist.
Continental	Wm. Corothers	678	Hillsboro Dist.
Continental	William Clack	157	Hillsboro Dist.
Continental	Benjamine Cummings	665	Hillsboro Dist.
Militia	Wm. Chapel	2930	Salisbury Dist.
Militia	Saml Charlecroft	1517	Newbern Dist.
Militia	John Corben	247	Newbern Dist.
Continental	Robert Cates	598	Halifax Dist.
Militia	Joshua Carbet	526	Newbern Dist.
Continental	David Crawley	89	Hillsboro Dist.
Continental	Ephraim Coward	1478	Warrenton Dist.
Militia	Isaac Cokerwas	5746	
Militia	John Cone	1709	Newbern Dist.
Militia	David Carlton	357	Newbern Dist.
Militia	John Carrell	1188	Newbern Dist.
Militia	Thomas Chance	1080	Newbern Dist.
Militia	Abraham Congleton	795	Newbern Dist.
Continental,	Colonel Thos. Clark	41	
Militia	William Cash	3093	Salisbury Dist.
Militia	James Clendinson	6516	Salisbury Dist.
Militia	John Cunkerton	5000	Morgan Dist.
Militia	Wm. Cimmon	5383	Salisbury Dist.
Continental	Wm. Master	1026	Halifax Dist.
Continental	John Cottle	183	Hillsboro Dist.

Clark Family

Militia	John Clark	521	Newbern Dist.
Militia	Nathan Clark	931	Newbern Dist.
Militia	John Clark	....	
Militia	John Clark	5577	Wilmington Dist.
Continental	William Clark	280	Halifax Dist.
Militia	Jessie Clark	1445	Salisbury Dist.
Militia	Jonas Clark	681	Salisbury Dist.
Militia	John Clark	4477	Wilmington Dist.
Militia	Wm. Clark	1922	Newbern Dist.
Militia	Nathan Clark	1808	Wilmington Dist.
Militia	Benjamin Clark	1801	Wilmington Dist.
Militia	Wm. Clark	1099	Newbern Dist.
Militia	Thos. Clark	1642	Wilmington Dist.
Continental	Thos. Clark	286	Halifax Dist.
Militia	Arthur Clark	4857	Morgan Dist.
Militia	George Clark	367	Newbern Dist.
Militia	Jesey Clark	6847	Salisbury Dist.
Militia	Wm. Clark	2881	Wilmington Dist.
Militia	Benjamine Clark	2792	Wilmington Dist.
Militia	Wm. Clark	2103	Wilmington Dist.
Militia	Nathan Clark	2811	Wilmington Dist.
Militia	Benj. Clark	5499	Wilmington Dist.

		No.	
Militia	Wm. Clark	4608	Morgan Dist.
Continental	Wm. Clark	231	Halifax Dist.
Militia	Joseph Clark	6650	Salisbury Dist.
Militia	Wm. Clark	1451	Wilmington Dist.
Militia	James Clark	8294	Salisbury Dist.
Militia	Daniel Clark	5566	Wilmington Dist.
Continental	Benj. Clark	189	Halifax Dist.
Militia	Jonas Clark	1446	Salisbury Dist.
Militia	Jonathan Clark	3742	Salisbury Dist.
Militia	John Clark	5930	Salisbury Dist.
Militia	Archibald Curry	5057	Wilmington Dist.
Militia	John Coffen	3818	Morgan Dist.
Continental	Mathew Cates	550	Halifax Dist.
Continental	John Coats	284	Hillsboro Dist.
Continental	Wm. Charton	312	Halifax Dist.
Continental	Jeremiah Chubbock	938	Wilmington Dist.
Continental	Johnston Cruise	564	Hillsboro Dist.
Continental	Fredrick Callum	625	Hillsboro Dist.
Continental	Arthur Corbin	554	Hillsboro Dist.
Continental	Stephen Craft	643	Hillsboro Dist.
Continental	Shubal Claghorn	638	Hillsboro Dist.
Continental	Henry Cobb	106	Hillsboro Dist.
Continental	Coleman Clayton	372	Hillsboro Dist.
Continental	Lieut. Arthur Colgrave	137	Halifax Dist.
Continental	James Camper	459	Halifax Dist.
Continental	Hugh Calchnon	62	Hillsboro Dist.
Continental	Charles Coleman	47	Hillsboro Dist.
Militia	Michel Centchal	536	Salisbury Dist.
Continental	John Caven	950	Halifax Dist.
Continental	Robert Colchorn	431	Hillsboro Dist.
Continental	William Collett	576	Hillsboro Dist.
Continental	John Connoway	371	Hillsboro Dist.
Continental	Henry Chavers	404	Hillsboro Dist.
Continental	David Culbertson	331	Hillsboro Dist.
Continental	James Craven	291	Hillsboro Dist.
Continental	John Chesire	162	Hillsboro Dist.
Militia	William Caps	238	Morgan Dist
Continental	Amos Cail	579	Hillsboro Dist.
Continental	George Conder	560	Halifax Dist.
Continental	George Carcher	533	
Continental	John Callas	30	
Militia	William Caps	4930	Morgan Dist.
Continental	Henry Chavers	551	Hillsboro Dist.
Continental	Colemay Clayton	512	Hillsboro Dist.
Continental	Gabriel Cooly	539	Hillsboro Dist.
Continental	Cery Curry	2940	Salisbury Dist.
Continental	Michal Clifford	4593	Salisbury Dist.
Continental	Thos. Carraway	391	Halifax Dist.
Militia	Frederick Corlock	4881	Salisbury Dist.
Militia	Jessie Cock	3569	Wilmington Dist.
Militia	Henry Chester	715	Newbern Dist.
Militia	Robert Carver	4496	Wilmington Dist.
Militia	James Cotterhed	1091	Newbern Dist.
Militia	James Crandal	774	Newbern Dist.

		No.	
Militia	Jacob Clifford	762	Salisbury Dist.
Militia	Thos. Cabeen	4630	Wilmington Dist.
Continental	Butler Cowell	322	
Continental	Capt. Francis Child	49	Halifax Dist.
Continental	James Carstapher	530	Halifax Dist.
Militia	James Crunkleton	4210	Salisbury Dist.
Militia	William Crumdy	631	Wilmington Dist.
Continental	John Christmas	619	Halifax Dist.
Continental	William Chalk	867	Halifax Dist.
Militia	Archibald Curry	227	
Militia	Daniel Calbraith	2272	Wilmington Dist.
Militia	Lieut. Absolan Cleveland	2841	Salisbury Dist.
Militia	Capt. Larkin Cleveland	778	Salisbury Dist.
Militia	William Caton	310	Newbern Dist.
Militia	John Cornelius	782	Newbern Dist.
Continental	David Culbertson	465	Hillsboro Dist.
Militia	David Carney	6538	Salisbury Dist.
Militia	William Chapel	602	Salisbury Dist.
Militia	Lambert Clay	7836	Salisbury Dist.
Militia	Thomas Carey	4013	Morgan Dist.
Militia	John Corothers	2835	Salisbury Dist.
Continental	Pleasant Childers	186	Halifax Dist.
Militia	David Carney	449	Salisbury Dist.
Militia	William Cosse	4667	Salisbury Dist.
Militia	Lorance Cossen	4656	Salisbury Dist.
Militia	Philip Christopher	7574	Salisbury Dist.
Continental	Abel Crump	1207	Warrenton Dist.
Continental	Peter Conoly	167	
Continental	Nicholas Cozime	628	Salisbury Dist.
Militia	Robert Corothers	2873	Salisbury Dist.
Continental	Thomas Cookey	691	Hillsboro Dist.
Continental	West Colson	609	Warrenton Dist.
Continental	William Collett	760	Hillsboro Dist.
Continental	Arthur Corbin	729	Hillsboro Dist.
Militia	David Corlock	2576	Salisbury Dist.
Continental	Lieut. Benj. Coffield	571	Halifax Dist.
Militia	Thomas Connor	8459	Salisbury Dist.
Militia	William Crumdy	631	Wilmington Dist.
Militia	Stephen Cade	3039	Wilmington Dist.
Militia	Thos. Creil	4424	Wilmington Dist.
Militia	J. Cumberland	7633	Salisbury Dist.
Continental	Capt. Francis Child	46	Halifax Dist.
Continental	Francis Coston	669	Hillsboro Dist.

ELLIOTTS

Continental	John Elliott	1106	Halifax Dist.
Militia	Zack Elliott	1046	Newbern Dist.
Militia	Edward Elliott	3689	Salisbury Dist.
Militia	Alexander Elliott	7278	Salisbury Dist.
Continental	William Elliott	706	Hillsboro Dist.
Continental	John Elliott	845	Edenton Dist.
Militia	Thomas Elliott	3685	Salisbury Dist.
Militia	Jessie Eliot	3878	Wilmington Dist.
Militia	Gilbert Ecles	4604	Wilmington Dist.

		No.	
Militia	Joseph Edmiston	3058	Salisbury Dist.
Militia	Lewis Evitt	4107	Salisbury Dist.
Militia	Thos. Estes	4583	Salisbury Dist.
Militia	Joseph Gulbarger	4538	Salisbury Dist.
Militia	Nathaniel Ewing	3139	Salisbury Dist.
Militia	Jno. Eagle	4693	Salisbury Dist.
Militia	Peter Edleman	5336	Salisbury Dist.
Continental	Edward Earp	304	Halifax Dist.
Militia	John Evers	3035	Wilmington Dist.
Militia	Russel Earl	3712	Wilmington Dist.
Militia	Philip Egle	5369	Salisbury Dist.
Continental	Abner Easton	1534	Newbern Dist.
Militia	Thomas Edins	3731	Wilmington Dist.
Militia	James Evers	3225	Wilmington Dist.
Continental	Noah Eggleston	1433	Newbern Dist.
Militia	James Eggleston	3110	Wilmington Dist.
Continental	Caleb Estwood	577	
Continental	Benj. Eastman	852	Halifax Dist.
Continental	Ephraim Etheridge	608	Halifax Dist.
Militia	Benjamin Ellwell	4487	Wilmington Dist.
Militia	John Erwin	4409	Salisbury Dist.
Militia	John Evers	3785	Wilmington Dist.
Militia	Philip Eagle	5344	Salisbury Dist.
Militia	Mathew Clendennin	5818	Salisbury Dist.
Militia	William Elkins	2988	Wilmington Dist.
Militia	Gilbert Eccles	4104	Wilmington Dist.
Militia	Mial Gwalt	3202	Salisbury Dist.
Militia	John Eccles	4124	Wilmington Dist.
Militia	Joshua Elkins	2989	Wilmington Dist.
Militia	James Evers	4545	Wilmington Dist.
Militia	Thos. Easton	1900	Newbern Dist.
Militia	Abner Ecleon	1891	Newbern Dist.
Militia	Randolph Elmore	1265	Newbern Dist.
Militia	Wm. Earle	3942	Wilmington Dist.
Militia	Thomas Edmonson	1609	Newbern Dist.
Continental	Charles Emes	261	Halifax Dist.
Continental	Capt. John Enloe	154	Halifax Dist.
Continental	Capt. John Eborn	473	
Continental	Capt. Nicholas Edmunds	630	Halifax Dist.
Militia	Capt. John Eborn	1635	Newbern Dist.
Continental	Capt. Harrell	8931	Halifax Dist.
Continental	Maj. Perkethman Eborn	....	Halifax Dist.
Militia	Isaac Eason	4070	Wilmington Dist.
Militia	Mike Gnott	2923	Salisbury Dist.
Militia	George Eagle	5342	Salisbury Dist.
Continental	Charles Ellams	....	Halifax Dist.
Militia	Thomas Enox	4789	Wilmington Dist.
Militia	Zenos Eborn	1901	Newbern Dist.
Militia	Col. James Emmitt	2122	Wilmington Dist.
Militia	Capt. William Owens	5066	Wilmington Dist.
Militia	Abel Edmunds	950	Newbern Dist.
Militia	Lum Enzor	2747	Wilmington Dist.
Militia	Richard Elwell	796	Wilmington Dist.
Militia	Benjamin Elledge	876	Halifax Dist.

		No.	
Militia	James Everitt	1054	Newbern Dist.
Militia	Daniel Eubank	42	Newbern Dist.
Militia	Samuel Erixon	1045	Wilmington Dist.
Militia	Kitt Edmonds	1542	Wilmington Dist.
Militia	A.... Erixon	1040	Wilmington Dist.
Militia	John Baylus Earl	31	Morgan Dist.
Militia	Benjamin Eason	1511	Wilmington Dist.
Continental	Shadrack Elkins	1955	Warrenton Dist.
Militia	Mal Everidge	401	Newbern Dist.
Continental	John Ethridge	35	Halifax Dist.

EDWARDS FAMILY

Continental	John Edwards, Johnston Co.	2123	Newbern Dist.
Continental	John Edwards	737	Halifax Dist.
Militia	William Edwards	1781	
Militia	Henry Edwards	2054	Wilmington Dist.
Continental	Simon Edwards	112	Halifax Dist.
Continental	Joseph Edwards	124	Hillsboro Dist.
Militia	Micajah Edwards	1230	Newbern Dist.
Continental	Lemuel Edwards	239	Hillsboro Dist.
Militia	John Edwards (Jones Co.)	105	Newbern Dist.
Militia	John Edwards (Wayne Co.)	1034	Newbern Dist.
Militia	John Edwards (Hampton Co.)	9611	Halifax Dist.
Continental	Charles Edwards	19	Halifax Dist.
Militia	Joshua Edwards	336	Wilmington Dist.
Militia	Stephen Edwards	1234	Newbern Dist.
Militia	Jacob Edwards, Johnson Co.	1188	Newbern Dist.
Militia	Israil Edwards, Pitt Co.	1582	Newbern Dist.
Continental	Ruben Edwards	1793	Warrenton Dist.
Continental	Joel Edwards	98	Halifax Dist.
Militia	Andrew Edwards	1781	Wilmington Dist.
Militia	Solomon Edwards	903	Newbern Dist.
Continental	Robert Edwards	9	Halifax Dist.
Militia	Obidiah Edwards	518	Wilmington Dist.

ELLIS FAMILY

Militia	Capt. Henry Ellis	1961	Newbern Dist.
Continental	Absalom Ellis	39	Halifax Dist.
Militia	William Ellis	219	Newbern Dist.
	Capt. William Ellis	701	Wilmington Dist.
Militia	John Ellis	2434	Salisbury Dist.
Militia	Shadrack Ellis	1780	Newbern Dist.
Continental	James Ellis	159	Hillsboro Dist.
Continental	Joseph Ellis	459	Newbern Dist.
Continental	Robert Ellis	188	Halifax Dist.
Continental	Ebenezar Ellis	1464	Newbern Dist.

FLETCHER

Continental	Thomas Fletcher	30	Halifax Dist.
Militia	Capt. William Fletcher	1022	Salisbury Dist.
Continental	James Fletcher	239	
Continental	Nathan Fletcher	1231	Warrenton Dist.
Continental	John Fletcher	581	
Continental	Reuben Fletcher	1228	Warrenton Dist.

Fords & Fort Families

		No.	
Militia	Lieut. John Fort	2401	Wilmington Dist.
Militia	John Ford	4800	Wilmington Dist.
Militia	Thos. Fort	479	Wilmington Dist.
Continental	Lieut. John Ford	110	Halifax Dist.
Continental	Nowel Fort	229	Wilmington Dist.
Continental	James Ford	3196	Wilmington Dist.
Continental	John Fort	2785	Wilmington Dist.
Continental	John Ford	5116	Salisbury Dist.
Militia	Henry Fesperman	645	Salisbury Dist.
	Fowler	83	
Continental	Jacob Freeland	660	Wilmington Dist.
Militia	Daniel Fowler	2196	Wilmington Dist.
Militia	Francis Fortner	5148	Wilmington Dist.
Militia	Thos. Frohack	8883	Salisbury Dist.
Militia	Lieut. Edmund Fear	4187	Morgan Dist.
		6160	Salisbury Dist.
Military	Capt. George Farragut	443	Fayetteville
Continental	Abraham Fardwell	1102	Halifax Dist.
Militia	Aaron Fegan	4184	Wilmington Dist.
Militia	Kelbey Faison	3608	Wilmington Dist.
Militia	William Forney	3707	Salisbury Dist.
Militia	John Faulkner	4180	Wilmington Dist.
Militia	Isarel Folsom	4331	Wilmington Dist.
Militia	John Faulkner	4360	Wilmington Dist.
Militia	John Fraser	6823	Salisbury Dist.
Militia	William Flowers	5539	Wilmington Dist.
Militia	Thomas Faircloth	1249	Newbern Dist.
Continental	William Fann	733	Halifax Dist.
Continental	James Falconer	472	Newbern Dist.
Militia	John Flowers, Wayne Co.	1041	Newbern Dist.
Militia	Cason Fulskir	322	Newbern Dist.
Militia	Caleb Fautner	4212	Wilmington Dist.
Militia	James Farnal	5332	Wilmington Dist.
Militia	William Tonvielle	594	Newbern Dist.
Continental	John Fooks	37	Hillsboro Dist.
Continental	Edward Fossett	407	Hillsboro Dist.
Militia	James Falkner	1263	Newbern Dist.
Militia	Stephen Fatheroe, Pitt Co.	394	Newbern Dist.
Militia	Wickliff Frank	882	Newbern Dist.
Militia	Stephen Fatherly, Pitt Co.	1540	Newbern Dist.
Militia	John Faulke, Johnson Co.	1176	Newbern Dist.
Militia	Edward Flanagan	897	Newbern Dist.
Militia	Stephen Fosterby	1540	Newbern Dist.
Continental	James Pike	425	Hillsboro Dist.
Militia	Moses Fox	3721	Wilmington Dist.
Continental	John Fisher	498	Hillsboro Dist.
Continental	Peter Ferguson	354	Hillsboro Dist.
Militia	Flud Foley	1772	Wilmington Dist.
Militia	Thomas Flowers	186	Wilmington Dist.
Continental	John Farmer	184	Hillsboro Dist.
Continental	Timothy Field	125	Hillsboro Dist.
Continental	John Field	116	Hillsboro Dist.
Continental	Hugh Forsythe	289	Hillsboro Dist.

		No.	
Continental	Philip Fishburn	392	Hillsboro Dist.
Continental	Ashby Fowler	440	Hillsboro Dist.
Continental	Nathaniel Farron	385	Hillsboro Dist.
Militia	Sutton Trueclink	1788	Newbern Dist.
Militia	Andrew Hemphill	4819	Salisbury Dist.
Continental	Jotham Felps	1253	Warrenton Dist.
Militia	Robert Tillingham	1874	Newbern Dist.
Militia	Uriah Floyed	2011	Newbern Dist.
Militia	Benjamine Fulcher	279	Newbern Dist.
Militia	John Faircloth	5040	Wilmington Dist.
Continental	James Finney	1463	Warrenton Dist.
Continental	Andrew Franks	1953	Warrenton Dist.
Continental	William Foster	1454	Warrenton Dist.
Continental	Capt. William Fawn	342	Halifax Dist.
Continental	Maj. William Fenner	180	Halifax Dist.
Militia	Lieut. Jos. Frisor	6298	Salisbury Dist.
Militia	John Tucker	621	Newbern Dist.
Militia	Arch Fluelin	447	Newbern Dist.
Militia	John Fulcher	199	Newbern Dist.
Militia	Griffin Floyed	258	Newbern Dist.
Continental	Franklin Truit	960	Warrenton Dist.
Continental	Mack Ferguson	648	Hillsboro Dist.
Continental	Nicholas Pennell	393	Hillsboro Dist.
Militia	Martin Fulch	1563	Wilmington Dist.
Militia	William Towler	1572	Wilmington Dist.
Militia	Jacob Fryont	5069	Wilmington Dist.
Militia	William Farris	2929	Wilmington Dist.
Militia	Benjamin Fitz	3173	Wilmington Dist.
Militia	Ed Fogerty	614	Wilmington Dist.
Continental	Mack Ferguson	832	Hillsboro Dist.
Continental	Jessie Freeman	795	Hillsboro Dist.
Continental	William Fox	641	Hillsboro Dist.
Continental	Benj. Farmer	462	Hillsboro Dist.
Continental	William Filson	477	Hillsboro Dist.
Continental	John Farmer	266	Hillsboro Dist.
Continental	Morris Pennell	607	Hillsboro Dist.
Militia	Nicholas Fennel	3210	Wilmington Dist.
Continental	Aaron Freeman	33	Newbern Dist.
Militia	Thos. Fornes	908	Newbern Dist.
Continental	Jessie Fulton	561	
Continental	William Taunt	221	Halifax Dist.
Militia	John Faircloth	5040	Wilmington Dist.
Continental	Thomas Fulcher	....	
Continental	Isham Ferguson	172	Warrenton Dist.
Continental	Solomon Fountain	465	Hillsboro Dist.
Continental	Capt. William Fawn	342	Halifax Dist.
Continental	Francis Fox	1131	Halifax Dist.
Continental	James Falconer	531	Halifax Dist.
Continental	Alexander Flood	530	Halifax Dist.
Continental	John Franks	1165	Halifax Dist.
Continental	Richard Fenner	307	Halifax Dist.
Continental	George Fowler	736	Halifax Dist.
Continental	William Farell	40	
Militia	John Fail	642	Newbern Dist.

		No.	
Militia	John Faison	7021	Salisbury Dist.
Militia	John Frizel	5372	Salisbury Dist.
Militia	James Findley	95	Salisbury Dist.
Continental	Nathaniel Farrow	257	Hillsboro Dist.
Militia	Ephraim Faulkner	4067	Wilmington Dist.
Militia	John Fuller	1306	Newbern Dist.
Militia	Capt. Samuel Flemhen	6023	Salisbury Dist.
Militia	John Towler	5941	Wilmington Dist.
Militia	James Farmer	755	Wilmington Dist.
Militia	John Fling	513	Wilmington Dist.
Continental	Brittain Forster	755	Hillsboro Dist.
Militia	John Finney	2756	Salisbury Dist.
Militia	Thad Tuliker	550	Newbern Dist.
Continental	William Town, Capt.	168	
Militia	William B. Fonville	1834	Newbern Dist.
Continental	James Fountain	207	Halifax Dist.
Militia	Thos. Fergison	5181	Salisbury Dist.
Militia	Elias Faison	5562	Wilmington Dist.
Militia	William Forister	2510	Salisbury Dist.
Militia	William Feamster	4411	Salisbury Dist.
Militia	John Firgy	4341	Salisbury Dist.
Continental	James Fawcett	146	Halifax Dist.
Militia	George Gulham	1097	Newbern Dist.

Gray F.

Continental	Cox Gray	615	Hillsboro Dist.
Continental	Henry Gray	4	Hillsboro Dist.
Militia	James Gray	8719	Salisbury Dist.
Militia	Lodwick Gray	1497	
Militia	Thomas Gray	6683	Salisbury Dist.
Militia	Robert Gray	8709	Salisbury Dist.
Militia	Jonathan Gray	4659	Salisbury Dist.
Continental	Archabald Gray	1153	Halifax Dist.
Militia	William Gray	6241	Salisbury Dist.
Militia	John Gray	4203	Salisbury Dist.
Militia	Jessic Greer	734	Salisbury Dist.

Gibson F.

Continental	John Gibson	441	Hillsboro Dist.
Continental	Jacob Gibson	318	Hillsboro Dist.
Continental	William Gibson	1182	Halifax Dist.
Militia	George Gibson	1239	Salisbury Dist.
Militia	Joseph Gibson	6365	Salisbury Dist.
Continental	Charles Gibson	295	Hillsboro Dist.

Graham F.

Continental	James Graham	558	
Militia	Lieut. John Graham	7775	Salisbury Dist.
Militia	Robert Graham	2700	Salisbury Dist.
Militia	Hugh Graham	6838	Salisbury Dist.
Militia	Benjamine Graham	4869	Wilmington Dist.
Militia	Samuel Graham	482	Salisbury Dist.
Militia	Alexander Graham	4004	Morgan Dist.

Griffeth F.

		No.	
Militia	Edward Griffeth	6435	Salisbury Dist.
Continental	John Griffeth	61	Hillsboro Dist.
Militia	William Griffeth	646	Newbern Dist.
Continental	Isaac Griffeth	176	Halifax Dist.
Continental	Henry Griffeth	586	

Greer F.

Militia	John Greer	2078	Wilmington Dist.
Continental	Lieut. Robert Greer	548	Halifax Dist.
Militia	Thomas Greer	2825	Salisbury Dist.
Militia	David Greer	1336	Wilmington Dist.
Militia	Joseph Greer	4569	Wilmington Dist.
Militia	Moses Greer	2488	Salisbury Dist.

Garner

Continental	Thomas Garner	243	Hillsboro Dist.
Continental	Elijah Garner	831	Hillsboro Dist.
Militia	Francis Garner	2644	Salisbury Dist.
Militia	John Garner	2692	Salisbury Dist.

Gay

Continental	Bable Gay	700	Halifax Dist.
Militia	Simon Gay	488	Wilmington Dist.
Militia	Robt. Gay	7668	Salisbury Dist.
Militia	James Gay	4730	Salisbury Dist.
Continental	Allen Gay	155	Halifax Dist.

Gilmore

Militia	James Gilmore	3271	Salisbury Dist.
Militia	Thomas Gilmore	3888	Wilmington Dist.
Militia	James Gilmore	3985	Wilmington Dist.
Militia	Thomas Gilmore	4594	Wilmington Dist.
Militia	Charles Hud Gilmore	4028	Wilmington Dist.
Militia	John Gilmore	2973	Wilmington Dist.
Militia	William Gilmore	5386	Salisbury Dist.
Militia	Stephen Garner	803	Wilmington Dist.

Garen

Militia	Samuel Garen	3449	Wilmington Dist.
Militia	...... Gurley	1300	Newbern Dist.
Militia	Peter Gates	4547	Wilmington Dist.
Militia	William Goodfrey	3137	Wilmington Dist.
Militia	Gideon Gain	4464	Wilmington Dist.
Militia	Nicholas Gaither	5081	Salisbury Dist.
Militia	George Gentil	4665	Salisbury Dist.
Militia	Needham Gause	4674	Wilmington Dist.
Militia	William Gilbert	4474	Wilmington Dist.
Militia	Charles Gause	4661	Wilmington Dist.
Militia	Peter Goble	2419	Salisbury Dist.
Militia	Jesse Gloscolk	4598	Salisbury Dist.
Militia	Jacob Gaster	5416	Salisbury Dist.
Militia	Joseph Guest	4350	Wilmington Dist.
Militia	James Gilbert	5032	Wilmington Dist.
Militia	Needham Gardner	1269	Newbern Dist.

		No.	
Militia	Josiah Godwin	500	Newbern Dist.
Militia	James Guy	5481	Salisbury Dist.
Militia	Dugald Gillis	3028	Wilmington Dist.
Militia	Lazarus Gatlin	1341	Newbern Dist.
Continental	Samuel Glover	518	Halifax Dist.
Continental	Capt. Christopher Gooden	408	Halifax Dist.
Continental	Thomas Geddie	107	Halifax Dist.
Continental	Jonathan Gebbins	5777	Wilmington Dist.
Continental	Henry Gamileon	4947	Wilmington Dist.
Militia	Thos. Gains	5288	Wilmington Dist.
Militia	Joseph Guest	4302	Wilmington Dist.
Continental	Joseph Gurley	151	Halifax Dist.
Militia	James Geddie	1587	Wilmington Dist.
Militia	Lieut. Thomas Gooden	1036	Salisbury Dist.
Militia	T.... Gauff	3650	Wilmington Dist.
Militia	Lieut. Denis Glisson	1204	Wilmington Dist.
Militia	John Gordon	737	Salisbury Dist.
Militia	John Gore	1322	Wilmington Dist.
Militia	Thomas Gauff	1977	Wilmington Dist.
Militia	Francis Gloss	1406	Salisbury Dist.
Militia	Thos. Gedding	1556	Wilmington Dist.
Militia	Lewis Grantham	653	Wilmington Dist.
Militia	Hugh Goloher	642	Salisbury Dist.
Militia	William Gilbert	96	Newbern Dist.
Militia	William Gulley	482	Newbern Dist.
Militia	Thomas Gardner	1045	Newbern Dist.
Militia	Anthony Curley	1237	Newbern Dist.
Militia	Mathew Ganey	1287	Wilmington Dist.
Militia	Nicholas Gargan	3285	Wilmington Dist.
Militia	William Guy	1754	Wilmington Dist.
Militia	Henry Goff	1131	Newbern Dist.
Militia	Lewis Gurly	1171	Newbern Dist.
Militia	Denis Gladson	799	Newbern Dist.
Militia	Michael Gurley	547	Newbern Dist.
Militia	Lenard Garver	616	Salisbury Dist.
Militia	Arthur Gurley	1237	Newbern Dist.
Continental	William Goldsberry	1425	Halifax Dist.
Militia	David Gargainus	756	Newbern Dist.
Militia	Fisher Gaston	....	Newbern Dist.
Militia	Stephen Gargainus	804	Newbern Dist.
Continental	Samner Gainer	229	Assembly
Militia	Lewis Gurley	1291	Newbern Dist.
Militia	Thos. Girens	44	Newbern Dist.
Militia	George Gurley	1226	Newbern Dist.
Militia	Fisher Gaskin	289	Newbern Dist.
Militia	Jacob Godwin	1830	Wilmington Dist.
Militia	John Goff	1774	Wilmington Dist.
Continental	William Gaskin	21	Newbern Dist.
Militia	Reeding Grist	2000	Newbern Dist.
Militia	John Gardner	374	Newbern Dist.
Militia	Benjamine Garriss	1496	Newbern Dist.
Militia	Wm. Barry Grove	5165	Wilmington Dist.
Militia	Daniel McGoodwin	3615	Salisbury Dist.
Militia	Edward Gaither	960	Newbern Dist.

		No.	
Militia	Abner Goodwine	3728	Wilmington Dist.
Militia	Moses Granberry	1507	Newbern Dist.
Militia	Joseph Galbreath	4272	Salisbury Dist.
Militia	Capt. Bazel Grant	5279	Wilmington Dist.
Militia	Capt. Thomas Givens	3606	Salisbury Dist.
Continental	Thomas Geddy	106	Halifax Dist.
Continental	John Gilbert	201	Halifax Dist.
State Troops	John Garner	525	Newbern Dist.
Militia	Samuel Ginton	4510	Wilmington Dist.
Militia	Cornelius Grainjer	5115	Wilmington Dist.
Militia	John Gates	2962	Wilmington Dist.
Militia	Benjamine Gaylord	1928	Newbern Dist.
Militia	Francis Glass	4261	Salisbury Dist.
Militia	Will Grant	5092	Wilmington Dist.
Continental	Searj. Samuel Gilston	804	Halifax Dist.
Militia	Douglas Geater	5571	Salisbury Dist.
Militia	James Gaylard	1872	Newbern Dist.
Continental	Isaac Gallop	32	Hillsboro Dist.
Militia	Edwards Gates	2961	Wilmington Dist.
Militia	Elias Grantham	652	Wilmington Dist.
Militia	James Gaddy	4263	Wilmington Dist.
Militia	Winfield Gaylard	1437	Newbern Dist.
Militia	William Gurley	1295	Newbern Dist.
Continental	Thomas Garrott	1457	Warrenton Dist.
Continental	George Glenn	1482	Warrenton Dist.
Continental	James Glasco	1431	Warrenton Dist.
Militia	John Gates	2931	Wilmington Dist.
Continental	Samuel Gainer	538	Halifax Dist.
Militia	James Gee	4631	Wilmington Dist.
Militia	Elias Garrison	5117	Salisbury Dist.
Continental	Lieut. Edmund Gamble	96	Halifax Dist.
Militia	John Galbraith	4267	Salisbury Dist.
Continental	Joseph Gurley	151	Halifax Dist.
Militia	James Gilbert	5032	Wilmington Dist.
Militia	Thomas Gains	4288	Wilmington Dist.
Militia	Henry Gamilson	4947	Wilmington Dist.
Militia	Jonathan Gibbins	5777	Wilmington Dist.
Continental	Christopher Goodin	408	Halifax Dist.
Continental	Sergt. Sam Glover	518	Halifax Dist.
Militia	Dugald Gillis	3028	Wilmington Dist.
Militia	James Guy	5481	Salisbury Dist.
Militia	Lieut. Dennis Glissom	1204	Wilmington Dist.
Militia	John Gordon	737	Salisbury Dist.
Militia	John Gore	1322	Wilmington Dist.
Militia	Thos. Gauff	1977	Wilmington Dist.
Militia	Francis Glass	1406	Salisbury Dist.
Militia	Thos. Gedding	1556	Wilmington Dist.
Militia	Lewis Grantham	653	Wilmington Dist.
Militia	William Gilbert	96	Newbern Dist.
Continental	John Godett	6	Newbern Dist.
Continental	Capt. John Granger	1306	Newbern Dist.
Militia	James Gatlin	329	Newbern Dist.
Militia	Capt. Joshua Guest	1227	Wilmington Dist.
Militia	John Grantham	650	Wilmington Dist.

		No.	
Militia	Jeblick Gitstrape	855	Newbern Dist.
Continental	Q. M. Edmund Gamble	423	Halifax Dist.
Militia	Nathan Grantham	1038	Newbern Dist.
Militia	William Gowers	153	Newbern Dist.
Militia	Frederick Grady	2138	Wilmington Dist.
Militia	Joshua Gist	1841	Wilmington Dist.
Militia	Andrew Gurley	545	Newbern Dist.
Militia	Jeremiah Gurley	155	Newbern Dist.
Militia	James Gattin	925	Newbern Dist.
Militia	Edward Gattin	1013	Newbern Dist.
Militia	Hardy Gattin	466	Newbern Dist.
Militia	Stephen Gattin	1886	Newbern Dist.
Militia	Levi Gattin	1811	Newbern Dist.
Militia		745	Newbern Dist.
Militia	Levi Gattin	....	
Militia	William Gattin	412	Newbern Dist.
Militia	John Gattin	934	Newbern Dist.
Militia	Abel Gober	127	Newbern Dist.
Continental	Samuel Gilston	803	Halifax Dist.
Militia	John Gilmon	1243	Wilmington Dist.
Militia	James Gayley	590	Salisbury Dist.
Militia	William Glover	4555	Wilmington Dist.
Militia	Peter Gates	4547	Wilmington Dist.
Militia	William Godfren	3137	Wilmington Dist.
Militia	Gideon Gain	4464	Wilmington Dist.
Militia	Nicholas Gaither	5081	Salisbury Dist.
Militia	George Gentil	4665	Salisbury Dist.
Militia	Needham Gause	4674	Wilmington Dist.
Militia	Peter Gobble	2419	Salisbury Dist.
Militia	Jessie Glascock	4598	Salisbury Dist.
Militia	Jacob Garster	5416	Salisbury Dist.
Militia	Joseph Guest	4350	Wilmington Dist.
Militia	Jonas Goodwin	....	Newbern Dist.
Militia	Benjamine Harden	5035	Wilmington Dist.
Militia	Thomas Harden	86	Hillsboro Dist.
Militia	Isarael Harding	307	Hillsboro Dist.
Militia	Joshua Hill	1563	Newbern Dist.
Militia	Isaac Hill	5475	Wilmington Dist.
Militia	Solomon Harden	522	Wilmington Dist.
Continental	John Harden	542	Wilmington Dist.
Continental	William Harden	679	Hillsboro Dist.
Continental	Jonas Hinton	108	Wilmington Dist.
Militia	Noah Hinton	1238	Edenton Dist.
Militia	Isaac Hinton	2167	Newbern Dist.
Continental	William Hilton	125	Halifax Dist.
Continental	Arnold Hilton	1343	Halifax Dist.
Militia	Philip Hewitt	4693	Wilmington Dist.
Militia	John Hewitt	4703	Wilmington Dist.
Militia	Richard Hewitt	4732	Wilmington Dist.
Militia	John Hewitt	5606	Wilmington Dist.
Militia	Sam House	3327	Wilmington Dist.
Militia	Isam House	3555	Wilmington Dist.
Continental	Archabald Hood	171	Hillsboro Dist.
Militia	John Hood	2934	Salisbury Dist.

		No.	
Militia	Edward Harris	1179	Wilmington Dist.
Continental	Edward Harris	442	Hillsboro Dist.
Continental	James Hicks	1137	Halifax Dist.
Militia	Lewis Hicks	3819	Wilmington Dist.
Continental	Serj. James Harrison	366	Hillsboro Dist.
Militia	Richard Harrison	2490	Wilmington Dist.
Continental	John Harrison	313	Hillsboro Dist.
Militia	James Harrison, Jones Co.	2	Newbern Dist.
Militia	Shadrack Hill	3016	Wilmington Dist.
Militia	James Hill	5475	Salisbury Dist.
Militia	George Hill	4724	Wilmington Dist.
Militia	John Hill	3280	Salisbury Dist.
Militia	Robert Hill	3024	Salisbury Dist.
Continental	John Hill	190	Halifax Dist.
Militia	Thos. Hill	5448	Wilmington Dist.
Continental	William Hill	321	Hillsboro Dist.
Militia	Edward Hall	3920	Wilmington Dist.
Continental	Q. M. Edward Hall	119	Halifax Dist.
Militia	Thomas Harper	689	Newbern Dist.
Continental	Frederick Harper	827	Halifax Dist.
Continental	John Harper	423	Hillsboro Dist.
Militia	William Harper	1520	Wilmington Dist.
Militia	James Harper	5737	Wilmington Dist.
Militia	Lieut. Robert Hicks	3720	Wilmington Dist.
Militia	John Hicks	1063	Wilmington Dist.
Militia	Lieut. Thomas Hicks	3634	Wilmington Dist.
Continental	Charles Hicks	294	Hillsboro Dist.
Continental	Corbin Hicks	1167	Halifax Dist.
Continental	Trubal Hicks	8797	

HAWKINS

		No.	
Militia	Ezekiel Hawkins	5595	Wilmington Dist.
Militia	Uriah Hawkins	5461	Wilmington Dist.
Militia	Joseph Hawkins	4637	Salisbury Dist.
Militia	John Hawkins	5594	Wilmington Dist.
Continental	Lofton Hawkins	1245	Warrenton Dist.
Militia	M.... Hawkins	4658	Wilmington Dist.
Militia	John Hawkins	4909	Morgan Dist.
Militia	William Hawkins	153	Hillsboro Dist.

HOLDEN

		No.	
Militia	Job Holden	4653	Wilmington Dist.
Militia	Moses Hicks	10..	Wilmington Dist.
Militia	Robert Hall	7104	Salisbury Dist.
Militia	Joseph Hall	6464	Salisbury Dist.
Militia	Wm. Hall	6300	Salisbury Dist.
Continental	Wm. Hall	380	Warrenton Dist.
	Capt. Wm. Hall, Nash Co.	8808	Halifax Dist.
Continental	James Hall	221	Hillsboro Dist.
Militia	James Hall	698	Halifax Dist.
Continental	Thomas Hall	55	Hillsboro Dist.
Militia	Thomas Hall	4266	Salisbury Dist.
Militia	Drury Hall	802	Newbern Dist.
Militia	Sam Hall	2159	Wilmington Dist.
Continental	Anthony Hall	304	Hillsboro Dist.
Continental	Jessie Hall	292	Hillsboro Dist.

HALLS

		No.	
Continental	Abner Hall	1416	Newbern Dist.
Continental	Joshua Hall	1430	Warrenton Dist.
Continental	Capt. Clement Hall	230	Halifax Dist.
Militia	Capt. Hugh Hall	6997	Salisbury Dist.
Militia	Morgan Hall	1259	Salisbury Dist.
Militia	Alexander Hall	7180	Salisbury Dist.
Continental	Futrell Hall	233	Hillsboro Dist.
Militia	David Hall	1903	Wilmington Dist.
Militia	Martin Hall	923	Newbern Dist.

HENRY

Continental	John Henry	574	Hillsboro Dist.
Militia	Hugh Henry	3026	Salisbury Dist.
Militia	John Henry	5945	Salisbury Dist.
Continental	John Henry	30	Halifax Dist.
Militia	James Henry	5885	Salisbury Dist.
Continental	Jonathan Henry	388	Warrenton Dist.
Militia	Joseph Humphry	5423	Wilmington Dist.

HOWELLS

Continental	Edward Howell	724	Hillsboro Dist.
Continental	Dempsey Howell	433	Halifax Dist.
Continental	Silas Howell	257	Assembly
Militia	Hopkins Howell	1260	Newbern Dist.

HUGHES

Continental	Joseph Hughes	16	Warrenton Dist.
Militia	Samuel Hughes	3269	Salisbury Dist.
Militia	James Hughes	4773	Wilmington Dist.
Continental	Willis Hughes	1404	Halifax Dist.
Militia	Thomas Hughes	....	Newbern Dist.
Continental	John Hughes	144	Warrenton Dist.

COMPTROLLER'S OFFICE CERTIFICATES
1780-1782

Pages (Miscellaneous)

192. Frederick Haimburg	Wilmington Dist.
5616. Cap. Phil. Hodge	Wilmington Dist.
7687. Capt. James Holstan (?)	Salisbury Dist.
5038. Nathan Jackson	Wilmington Dist.
957. James Raulens	Wilmington Dist.
1724. Nicholas Richards	Wilmington Dist.
4935. Henry Rooks	Wilmington Dist.
642. Solomon Rose	Wilmington Dist.
205. Patrick Ryan	Halifax Dist.
2997. Capt. John Regan	Wilmington Dist.
425. John Rutherford	Halifax Dist.
1627. William Ridley	Warrenton Dist.
777. John Knight	
1066. Obadiah Roundtree	
339. Thomas Reason, Sold.	Halifax Dist.
3573. John Roach	Wilmington Dist.

Pages   (Miscellaneous)
3261. David Templeton ....   Salisbury Dist.
 304. John Tinsley, Johnson Co. ....   Newbern Dist.
 633. Amos Tilton ....
1183. Hardy Tyner ....   Warrenton Dist.
 130. Wm. Tilman ....   Halifax Dist.
2865. Hailey Tatum ....   Salisbury Dist.
1704. Thomas Tyson ....
 336. Capt. John Thomas ....   Halifax Dist.
1061. James Waltom ....   Wilmington Dist.
 201. Arthur Tony, privt. ....   Halifax Dist.
 522. William Todd, Sold. ....   Hillsborough Dist.
  85. Henry Trice, Sold. ....   Warrenton Dist.
  99. Joshua Towsan ....   Hillsborough Dist.
 114. Jonathan Times ....   Hillsborough Dist.
 115. John Toney ....   Hillsborough Dist.
 104. Howell Tatum, Capt. ....   Halifax Dist.
1027. Allen Tayburn ....   Halifax Dist.
1267. Benj. Tedderton ....   Newbern Dist.
1124. Aron Tyson ....   Newbern Dist.
1435. Thomas Thornton, Jones Co. ....   Newbern Dist.
   1. Erastus Tippett ....   Hillsborough Dist.
1578. Milchar Tar ....   Warrenton Dist.
 304. William Thornton, Hyde Co. ....   Newbern Dist.
2233. ...... Thulley ....   Wilmington Dist.
1180. Amos Traverse ....   Newbern Dist.
 461. Francis Tartauson ....   Hillsborough Dist.
 629. Francis Tartauson ....   Hillsborough Dist.
 118. R'd Tumberlic, Sen, Wayne Co. ....   Newbern Dist.
5158. David Torry ....   Wilmington Dist.
3250. Thomas Tawnsend ....   Wilmington Dist.
6636. Adam Todd ....   Salisbury Dist.
5459. Parnel Truet ....   Wilmington Dist.
 249. Curl Tucker ....   Hillsborough Dist.
 138. Curl Tucker ....   Hillsborough Dist.
  30. John Tucker ....   Hillsborough Dist.
 948. Matthew Tuckers ....   Wilmington Dist.
 378. Richard Tucker ....   Warrenton Dist.
 548. Richard Tucker ....   Warrenton Dist.
7606. Wm. Tucker ....   Salisbury Dist.
9252. Wm. Tockker ....   Salisbury Dist.
2726. George Tucker ....   Salisbury Dist.
1655. Joshua Tucker ....   Newbern Dist.
 873. Wright Tucker ....   Newbern Dist.
1757. Matthew Tucker ....   Wilmington Dist.
1211. Matthew Tucker ....   Wilmington Dist.
  50. Joshua Towsan ....   Hillsborough Dist.
 536. Blake Rabby ....   Hillsborough Dist.
 331. Phillip Fishburn ....
 456. Jesse Fountain ....
  55. Moses Frost ....
 484. John Fry ....   Hillsborough Dist.
1064. Sutten Freeluck, Craven Co. ....   Newbern Dist.
1651. George Fowler ....   Newbern Dist.
 916. Daniel Frizle, Sold. ....   Halifax Dist.

Pages
1044.	George Frisher	Newbern Dist.
810.	Peter Fries	Salisbury Dist.
6340.	Wm. Falls	Salisbury Dist.
2302.	Arthur Fosque, Craven Co.	Newbern Dist.
4415.	James Fast	Wilmington Dist.
5423.	Jacob Frisher, or (Fischer)	Salisbury Dist.
43.	Jesse Fulton	Warrenton Dist.
4335.	John Faulkner	Wilmington Dist.
5913.	John Finney	Salisbury Dist.
359.	Thomas Fenton	Warrenton Dist.
4908.	Ebenezer Frilson	Wilmington Dist.
233.	Simon Fitspatrick	
12.	John Fookes	
191.	Francis Fowler	
71.	James Fookes	
593.	William Fluellen	Halifax Dist.
195.	John Fusman	
1853.	Calap Folkner	Wilmington Dist.
951.	Isham Forge	Halifax Dist.

VOUCHERS FOR SOLDIERS IN CONTINENTAL LINE 1783-92

Continental	Durham Hall	Franklin Co.
Continental	Francis Harrison	Tyrell Co.
Continental	Nelson Harris	Warren Co.
Continental	Joseph Hopkins	State of N. C.
Continental	Edward Hutchins	Dobbs Co.
Continental	Josiah Holmes	Brunswick Co.
Continental	Griffin Hammontree	Craven Co.
Continental	Robert Hardy	Pitt Co.
Continental	Capt Richard Hadock	Hillsboro
Continental	John Hayse	N. C. Co.
Continental	Wilson Howard	Martin Co.
Continental	John Hewey	Burk Co.
Continental	Micajah Heard	Bertie Co.
Continental	Thomas Halaway	Halifax Co.
Continental	Isaac Hayes	Dobbs Co.
Continental	Sonthy Hayes	Bladen Co.
Continental	Joshua Hayes	
Militia	Solomon Hills	Wilmington Co.
Continental	John Holmes	Brunswick Co.
Continental	Richard Hardewick	Bertie Co.
Continental	Joshua Hall	Abbeville Co.
Continental	John Hassey	New Hanover Co.
Continental	Alexander Hatch	Orange Co.
Continental	Henry Hicks	Randolph Co.
Continental	John Arnold	Randolph Co.
Continental	Thomas Hill	
Continental	Peter Hedgepeth	Wake Co.
Continental	William Haynes	Surry Co.
Continental	Willis Howard	Edgecomb Co.
Continental	Joseph Hassel	Tyrell Co.
Continental	John Hinds	Burk Co.
Continental	Lewis Hinds	Wayne Co.

Continental	Benjamine Holley		Greenville Co.
Continental	Thomas Harrison		Dobbs Co.
Continental	Samuel Hill		Rockingham Co.
Continental	Jessie Hanberry		Edgecomb Co.
Continental	Nicholas Helderman		Lincoln Co.
Continental	William Hodges		Wake Co.
Continental	Richard Hill		Franklin Co.
Continental	Asa Hunter		Onslow Co.
Continental	Henry Harris		Randolph Co.
Continental	Hezekiah Hargrove		Wilkes Co.
Continental	Israel Hardway		Beaufort Co.
Continental	Abbot Hendricks		Rockingham Co.
Continental	James Hall		Franklin Co.
Continental	James Hedgepeth		Burtie Co.
Continental	Jessie Hill		Tyrell Co.
Continental	Stewart Hamilton		Warrenton Co.
Continental	Jessie Hall		Wake Co.
Continental	John Holly		Sampson Co.
Continental	James Hollis		Tyrell Co.
Continental	Joseph Handley		Granville Co.
		No.	
Continental	Richard Atchison	627	Warrenton Dist.
Continental	Jerekirah Ashley	1203	Halifax Dist.
Continental	Amos Ashbrook	110	Hillsboro Dist.
Continental	Capt. Samuel Ashe	618	Halifax Dist.
Continental	Lieut. Richard Andrews	26	Halifax Dist.
Continental	John Adcock	1799	Warrenton Dist.
Continental	Benjamine Almerry	709	Hillsboro Dist.
Continental	Joseph Arthur	770	Hillsboro Dist.
Continental	Jordan Ammonds	623	Hillsboro Dist.
Continental	Drury Anthony	680	N. C. A.
Continental	John Anderson	7	Hillsboro Dist.
Continental	James Adkins	55	Hillsboro Dist.
Continental	Joseph Allen	288	Hillsboro Dist.
Continental	James Ammons	385	Hillsboro Dist.
Continental	Joseph Alsobrook	253	Hillsboro Dist.
Continental	Alfred Andrews	250	Hillsboro Dist.
Continental	Benjamine Angle	402	Hillsboro Dist.
Continental	John Ashley	383	Hillsboro Dist.
Continental	Amos Alsobrooke	186	Hillsboro Dist.
Continental	Philip Axum	818	Halifax Dist.
Continental	Thomas Aldridge	1089	Halifax Dist.
Continental	John Athison	137	Hillsboro Dist.
Continental	Cornelius Anglen	627	Hillsboro Dist.
Continental	Thomas Abbot	482	Newbern Dist.
Continental	Caleb Archer	273	Hillsboro Dist.
Continental	James Abbot	787	Hillsboro Dist.
Continental	James Adkins	45	Hillsboro Dist.
Continental	Jordan Ammons	450	Hillsboro Dist.
Continental	John Abbot	498	Halifax Dist.
Continental	John Andrews	1175	Halifax Dist.
Continental	James Amos	514	Halifax Dist.
Continental	Joseph Arthur	586	Hillsboro Dist.
Continental	Stephen Arthur	135	Hillsboro Dist.
Continental	John Atkison	71	Hillsboro Dist.

		No.	
Continental	Elias Ashburne	179	N. C.
Continental	Simon Alderson	819	Hillsboro Dist.
Continental	Robert Adcock	318	N. C.
Continental	Robert Acock	126	Hillsboro Dist.
Continental	Moses Acock	128	Hillsboro Dist.
Continental	Joseph Aldridge	558	Hillsboro Dist.
Continental	William Acock	1200	Warrenton Dist.
Continental	Nathan Arrindal	1471	Newbern Dist.
Continental	Benjamine Angle	164	Hillsboro Dist.
Continental	Jessie Aldridge	272	Hillsboro Dist.
Continental	David Arnold	551	Halifax Dist.
Militia	Thomas Atherson	2760	Wilmington Dist.
Militia	Joshua Davis	976	Halifax Dist.
Militia	John Deal	907	Newbern Dist.
Militia	David Hill	1030	Newbern Dist.
Militia	Richard Hill	1072	Newbern Dist.
Militia	.... Dubberly	925	Newbern Dist.
Militia	Epsilom Dimont	654	Newbern Dist.
Militia	John Dubberly	978	Newbern Dist.
Militia	Thomas Downs	377	Newbern Dist.
Militia	Paul Deale	1671	Newbern Dist.
Militia	Colin Enson	893	Newbern Dist.
Militia	Abner Easton	1694	Newbern Dist.
Militia	Sanders Easton	593	Newbern Dist.
Militia	Joshua Chestnutt	2770	Wilmington Dist.
Militia	Samuel Cromose	805	Newbern Dist.
Militia	Robert Croswell	8786	Salisbury Dist.
Continental	Thuball Cleghorn	287	N. C. Assem.
Militia	John Cade	1201	Wilmington Dist.
Militia	Stephen Cade	915	Wilmington Dist.
Militia	Henry Alberton	729	Newbern Dist.
Militia	Jessie Ashlock	150	Halifax Dist.
Militia	Nelson Allcock	654	Newbern Dist.
Militia	Joel Champin	1432	Wilmington Dist.
Militia	Howel Ammons	1515	Wilmington Dist.
Militia	Dempsey Ammons	791	Wilmington Dist.
Militia	Charles Gasin	1484	Wilmington Dist.
Militia	Charles Gilkey	5223	Salisbury Dist.
Militia	Sam Granger	971	Newbern Dist.
Continental	Stephen Cross	1362	Warrenton Dist.
Militia	Thomas Crumpton	1787	Wilmington Dist.
Militia	Waggoner Robert Christie	436	Halifax Dist.
Continental	....	....	
Militia	Cullen Connely	2776	Wilmington Dist.
	....	656	Wilmington Dist.
Continental	James Christian	1099	Halifax Dist.
Militia	Abso Carrell	475	Newbern Dist.
Militia	Isaac Charlecraft	1019	Wilmington Dist.
Militia	William Crosby	7996	Salisbury Dist.
Militia	William Kincade	4258	Wilmington Dist.
Militia	Lazrus Creel	656	Wilmington Dist.
Militia	James Chilley	29	Newbern Dist.
Continental	Drummer, John Killingsworth	1076	Halifax Dist.
Militia	Jessie Rouse	1254	Newbern Dist.
Militia	Charles King	5631	Wilmington Dist.

		No.	
Militia	William Keen	2991	Wilmington Dist.
Militia	Thomas Bishop	3706	Wilmington Dist.
Militia	Daniel Blue	1462	Wilmington Dist.
Militia	William Conn	1331	Salisbury Dist.
Militia	William Kilson	5857	Salisbury Dist.
Militia	George Kerr	5502	Salisbury Dist.
Militia	Joseph Bland	5108	Wilmington Dist.
Militia	John Bighorn	5005	Salisbury Dist.
Militia	Robt. Beaty	5066	Salisbury Dist.
Militia	Mark Brum	4436	Wilmington Dist.
Militia	George Barge	4782	Wilmington Dist.
Militia	George Blocker	3959	Wilmington Dist.
Militia	William Blocker	3947	Wilmington Dist.
Militia	John Busby	4790	Wilmington Dist.
Continental	Levi Barker	999	Halifax Dist.
Militia	Joshua Barron	1281	Newbern Dist.
Continental	Joseph Robsen	888	Halifax Dist.
Militia	James Brantly	1859	Wilmington Dist.
Militia	Robert Bannerman	4946	Wilmington Dist.
Militia	Michael Blacker	3945	Wilmington Dist.
Militia	Mathias Bever	2705	Salisbury Dist.
Militia	James Beats	3733	Salisbury Dist.
Militia	Elias Bost	2572	Salisbury Dist.
Continental	Taylor Bowles	636	N. C. Assem.
Continental	William Brickle	609	Halifax Dist.
Continental	Lieut. Samuel Budd	437	Halifax Dist.
Militia	William Baldin	1505	Newbern Dist.
Continental	Daniel Barrow	813	Halifax Dist.
Militia	Capt. John Brownfield	4896	Salisbury Dist.
Militia	Jonathan Bryan, Ens.	5281	Wilmington Dist.
Continental	William Brownen	122	N. C. Assem.
Continental	Horress Barker	40	N. C. Assem.
Continental	Thomas Bedford	46	Halifax Dist.
Continental	Thomas Bane	247	Halifax Dist.
Militia	William Boldwin	2662	Wilmington Dist.
Militia	Abram Barrow	5208	Wilmington Dist.
Militia	John Brinson	3723	Wilmington Dist.
Militia	William Blue	4422	Wilmington Dist.
Militia	John Balch	5506	Salisbury Dist.
Militia	Jacob Bean	5334	Salisbury Dist.
Militia	John Burnes	4959	Wilmington Dist.
Militia	Thomas Burnet	5199	Wilmington Dist.
Militia	Thomas Killon	3715	Wilmington Dist.
Militia	Jacob Karray	4481	Wilmington Dist.
Militia	Michael Kenan	4943	Wilmington Dist.
Militia	Samuel Kelongh	5263	Salisbury Dist.
Militia	John Kemp	3123	Wilmington Dist.
Militia	William Kineade	3964	Wilmington Dist.
Militia	David Kenadye	3303	Salisbury Dist.
Militia	Andrew Kilpatrick	2659	Salisbury Dist.
Militia	Joseph Kerr	2445	Salisbury Dist.
Militia	John Kemp	3254	Wilmington Dist.
Militia	Joseph Kennedy	5937	Salisbury Dist.
Militia	Capt. Nathan King	2967	Wilmington Dist.

		No.	
Militia	Joseph Knox	5889	Salisbury Dist.
Militia	Samuel Kinston	4890	Salisbury Dist.
Militia	Owen Kenan	5107	Wilmington Dist.
Militia	William Kineade	....	Wilmington Dist.
Militia	James Knowles	3253	Wilmington Dist.
Militia	Jessie Braur	4359	Wilmington Dist.

COMPTROLLER'S VOUCHERS

Mc's.

No.		
208.	Archibald McDougall	
1027.	James McDogal	Halifax Dist.
2111.	Donald McDugald	Wilmington Dist.
198.	John McDugal	Salisbury Dist.
2098.	Alexander McDugald	Wilmington Dist.
1572.	Anguish McDugald	Wilmington Dist.
101.	Charles McHenry	
466.	Isaac McHenry	Fayetteville, Office of Compt's.
2664.	John McHenry	Salisbury Dist.
..7.	John McCarty	
4197.	Thomas McClendon	Wilmington Dist.
4195.	Isaac McClendon	Wilmington Dist.
3823.	Alexander McKay	Wilmington Dist.
7246.	Sam'l McCollom	Salisbury Dist.
7154.	Daniel McCollom	Salisbury Dist.
3956.	John McCay	Wilmington Dist.
1566.	Daniel McKinney	Halifax Dist.
4931.	Florince McCarthy	Wilmington Dist.
2963.	Jno. McKein	Salisbury Dist.
2939.	Sam'l McLure	Salisbury Dist.
8913.	John McConnel, Sergt.	Salisbury Dist.
7881.	William McKnight	Salisbury Dist.
205.	Thomas Mackey	Edenton Dist.
8363.	John McMullen	Salisbury Dist.
3620.	Robert McCachran	Salisbury Dist.
4688.	John McConnar	Salisbury Dist.
6284.	Thos. McCullock	Salisbury Dist.
6236.	Wm. McCain	Salisbury Dist.
4078.	Alexander Mackay	Salisbury Dist.
4507.	Daniel MacNeil	Wilmington Dist.
3237.	William McRee	Wilmington Dist.
3235.	William McRee	Wilmington Dist.
2784.	William McRee	Wilmington Dist.
3238.	Samuel McRee	Wilmington Dist.
....	Maj. Griffith John McRee	
2783.	Samuel McKee	Salisbury Dist.
4402.	Turpin McRee	Wilmington Dist.
3451.	Ambrose McKee	Salisbury Dist.
4760.	John McFarson	Wilmington Dist.
2345.	Neil McNier	Wilmington Dist.
1760.	Duncan McIntire	Wilmington Dist.
4797.	Neill McCrainey	Wilmington Dist.
6535.	Jno. McCord	Salisbury Dist.

No.
2610. Murdock McIntire	Wilmington Dist.
.... Chas. McClane	Salisbury Dist.
5621. Dan'l McCraine	Wilmington Dist.
6457. John McIntosh	Salisbury Dist.
3025. Robert McBride	Salisbury Dist.
5174. Robert McBride	Salisbury Dist.
4498. Alex McConnel	Salisbury Dist.
5193. David McBride	Salisbury Dist.
1469. James McCall	Salisbury Dist.
730. James McCracken	Salisbury Dist.
3652. Nathan'l McCann	Wilmington Dist.
7751. Dan'l McCloud	Salisbury Dist.
6208. Samuel McCleary	Salisbury Dist.
3248. Francis McC.	Salisbury Dist.
1377. Wm. McClearie	Salisbury Dist.
6.... Wm. McCawn	Salisbury Dist.
2028. Adom McNeely	Salisbury Dist.
3307. Andrew McCombs	Salisbury Dist.
1572. John McGinty	Salisbury Dist.
1254. James McGown	Salisbury Dist.
7466. Roger McPeak	Salisbury Dist.
6042. Thos. McClure	Salisbury Dist.
5681. D.... McCord	Salisbury Dist.
1387. Dinskin McCown	Salisbury Dist.
3667. David McKinley	Salisbury Dist.
3247. David McCullot	Salisbury Dist.
4259. Capt. N.... McCrany	Wilmington Dist.
3932. William McKinzie	Wilmington Dist.
3093. Wm. McRee	Wilmington Dist.
3247. Moses Skirpir	Salisbury Dist.
313. Isam Sellers	Wilmington Dist.

COMPTROLLER'S OFFICE CERTIFICATES
1785

B.
3374. J.... iah Blackman	Wilmington Dist.
1765. Right Base	Wilmington Dist.
703. Patrick Barr	Salisbury Dist.
2939. James Beard	Wilmington Dist.
309. Joseph Britton	Wilmington Dist.
1497. Clifton Bowen	Wilmington Dist.
14. Batte Birdsong, Lt.	
5327. John Beck, Junr.	Wilmington Dist.
2094. John Bowman	Salisbury Dist.
4021. Thomas Beaty	Salisbury Dist.
3479. John Bland	Wilmington Dist.
3072. Wm. Buffelow	Wilmington Dist.
4778. David Bray	Salisbury Dist.
1959. Benj. Brandon	Salisbury Dist.
2077. Hugh Barr	Salisbury Dist.
2720. Rice Blackman	Wilmington Dist.
2067. James Bowman	Wilmington Dist.
4904. Wm. Barnett	Salisbury Dist.
2130. John Bennet	Wilmington Dist.
1525. John Boykin	Wilmington Dist.

No.		
1576.	James Burdox	Wilmington Dist.
3243.	Richard Bruen	Wilmington Dist.
1417.	Richard Bolton	Halifax Dist.
1627.	John Brabham	Wilmington Dist.
1246.	John Bored	Wilmington Dist.
7598.	William Bodenhammer	Salisbury Dist.
3350.	Robert Bratney	Salisbury Dist.
3224.	Samuel Br	Salisbury Dist.
321.	James Blanton	Wilmington Dist.
4481.	Daniel Brannon	Wilmington Dist.
2006.	William Ballinger	Salisbury Dist.
5550.	Frederick Boykin	Wilmington Dist.
2547.	Thomas Bone	Salisbury Dist.
447.	Jacob Boston	Salisbury Dist.
5231.	Neil Braley	Salisbury Dist.
722.	William Bucke, Craven Co.	Newbern Dist.
794.	Jno. Boing, Pitt Co.	Newbern Dist.
1081.	Isaac Bowen, Pitt Co.	Newbern Dist.
1300.	Wm. Bush	
261.	Tom Borring	Wilmington Dist.
1759.	Huston Beesley	Wilmington Dist.
3659.	Barnet Brock	Wilmington Dist.
3601.	Joshua Bruenlon	Wilmington Dist.
3838.	Wm. Belew	Morgan Dist.
5154.	Thomas Bishop	Salisbury Dist.
20166.	Thomas Brinkley	Salisbury Dist.
5787.	Hezekiah Burns	Wilmington Dist.
1032.	Benjamin Biggs	Salisbury Dist.
3850.	Robt. Boyle	Salisbury Dist.
1239.	Stephen Beton	Wilmington Dist.
3530.	John Berryman	Wilmington Dist.
3503.	Nat. Burrap	Wilmington Dist.
3605.	William Bush	Wilmington Dist.
343.	Capt. Wm. Fawn	Halifax Dist.
433.	Isham Finch	Newbern Dist.
1203.	Daniel Frissell	Warrenton Dist.
354.	Patrick Foy	Halifax Dist.
3755.	James Foy	Wilmington Dist.
3186.	James Foy	Wilmington Dist.
5134.	Thos. Flere or (Flen)	Wilmington Dist.
1849.	John Folkner	Wilmington Dist.
756.	David Forster	Halifax Dist.
1201.	John Floyd	Halifax Dist.
4839.	John Foster	Salisbury Dist.
5327.	Jacob Frick	Salisbury Dist.
214.	Benjamin Fordice	Salisbury Dist.
4815.	Binga Freeman	Wilmington Dist.
6942.	Thos. Ferguson	Salisbury Dist.
194.	Hugh Frasier	
259.	Henry Fitner	
1180.	Isham Finch	
5875.	Elisha Faison	Wilmington Dist.
3166.	Joshua Faroah	Wilmington Dist.

No.		
1455.	Edmond Fogetty	Wilmington Dist.
50.	Peter Foster	
68.	Peter Foster	
3245.	James Farr	
3643.	Lt. John Farrior	Wilmington Dist.
1105.	Lt. John Fillyan	Wilmington Dist.
7830.	Capt. Galeth Falls	Salisbury Dist.
1648.	John Fields	Newbern Dist.
847.	John Fields	Newbern Dist.
66.	John Fields	Hillsborough Dist.
392.	Morris Fennell	Warrenton Dist.
341.	John Flend, Sold.	Halifax Dist.
5855.	Will Falls	Salisbury Dist.
4597.	Mich'l Ferrel	Wilmington Dist.
2063.	Francis Fox	Wilmington Dist.
5265.	Rich'd Farr	Wilmington Dist.
781.	J..... Fox	Wilmington Dist.
5234.	John Fryar	Wilmington Dist.
7630.	Peter Fry	Salisbury Dist.
408.	Enoch Flood, Sold.	Halifax Dist.
432.	Henry Frinch	Newbern Dist.
1153.	John Fowler	Halifax Dist.
4315.	James Finney	Salisbury Dist.
2471.	Jacob Fifer	Salisbury Dist.
481.	Newsom Faircloth, Johnson Co.	
1395.	Samuel Freeman	Warrenton Dist.
4475.	John Flowers	Wilmington Dist.
5337.	Frederick Fennel	Salisbury Dist.
598.	Backner Floyd	
343.	William Filson	Newbern Dist.
328.	Benjamin Farmer	Newbern Dist.
2092.	James Fisher	Salisbury Dist.
9275.	John Fichpatrick	Salisbury Dist.
140.	James Foods	Newbern Dist.
352.	John Flowers	Wilmington Dist.

		No.	
Continental	Holland Johnson	628	Halifax Dist.
Continental	James Johnson	939	Halifax Dist.
Continental	Benjamine Johnson	844	Halifax Dist.
Continental	Archibald Johnson	148	Assem.
Continental	Oliver Johnson	557	Hillsboro Dist.
Continental	Mathias Johnson	380	Hillsboro Dist.
Continental	Thomas Johnson	72	Hillsboro Dist.
Militia	Charles Johnson	3088	Wilmington Dist.
Militia	Travis Johnson	1161	Newbern Dist.
Militia	Adam Johnson	7910	Salisbury Dist.
Militia	Nathaniel Johnson	450	Salisbury Dist.
Militia	Joseph Johnson	4969	Salisbury Dist.
Militia	Alexander Johnson	4788	Wilmington Dist.
Militia	Crafford Johnson	3630	Wilmington Dist.
Militia	William Johnson	3831	Wilmington Dist.
Continental	Isaac Johnson	635	Assem.
Militia	Thomas Nobles	901	Newbern Dist.
Militia	James Nobles	663	Hillsboro Dist.

		No.	
Militia	Levi Nobles	1193	Newbern Dist.
Militia	Philemon Nobles	....	Newbern Dist.
Militia	Hezekia Nobles	239	
Militia	Francis Nelms	5909	Wilmington Dist.
Continental	Aron Newsom	350	Hillsboro Dist.
Continental	Colo. John Patten	....	Halifax Dist.
Continental	John Nelson	401	Hillsboro Dist.
Militia	James Ramsey	3950	Wilmington Dist.
Militia	William Ross	1424	Salisbury Dist.
Militia	William Register	1983	Wilmington Dist.
Militia	Alex Newberry	7247	Salisbury Dist.
Militia	William Naile	1246	Salisbury Dist.
Militia	Philip Wolf	7653	Salisbury Dist.
Militia	Moses Winsley	8918	Salisbury Dist.
Militia	John Wason	5597	Salisbury Dist.
Militia	Joseph Robinson	2648	Salisbury Dist.
Militia	John Richardson	4800	Morgan Dist.
Militia	Thos. Robison	2945	Wilmington Dist.
Militia	Samuel Robison	6924	Salisbury Dist.
Continental	Thomas Richardson	134	N. C. Assem.
Militia	Lewis Johnson	541	Newbern Dist.
Continental	Barnaby Johnson	1830	Warrenton Dist.
Continental	Daniel Johnson	1093	Halifax Dist.
Continental	Charles Johnson	263	Hillsboro Dist.
Continental	Samuel Johnson	262	Hillsboro Dist.
Continental	Reuben Johnson	12	Hillsboro Dist.
Continental	Benjamine Johnson	264	Hillsboro Dist.
Continental	Amos Johnson	246	Hillsboro Dist.
Continental	John Johnson	433	Hillsboro Dist.
Continental	Dempsey Johnson	507	Hillsboro Dist.
Militia	Robert Johnson	59	Newbern Dist.
Militia	Absolom Johnson	507	Newbern Dist.
Militia	Jeremiah Johnson	1435	Newbern Dist.
Militia	Jacob Johnson	4175	Wilmington Dist.
Militia	Joseph Johnson	5059	Salisbury Dist.
Militia	Richard Johnson	537	Wilmington Dist.
Militia	Ambrose Johnson	1698	Newbern Dist.
Militia	Solomon Johnson	77	Wilmington Dist.
Militia	Starling Johnson	502	Newbern Dist.
Militia	John Robinson	5580	Salisbury Dist.
Militia	David Robinson	4717	Salisbury Dist.
Militia	George Robinson	6941	Salisbury Dist.
Militia	Andrew Richardson	1792	Newbern Dist.
Militia	Benjamine Richardson	22	Newbern Dist.
Militia	Moses Johnston	1218	Newbern Dist.
Continental	Arthur Pew	1242	Halifax Dist.
Continental	William Jackson	268	Halifax Dist.
Continental	Edward Howard	645	Hillsboro Dist.
Continental	Samuel Serrett	111	Hillsboro Dist.
Continental	James Spann	481	Hillsboro Dist.
Continental	Alexander Scull	744	Hillsboro Dist.
Militia	William Pickrin	31	Newbern Dist.
Militia	James Barson	546	Newbern Dist.
Militia	David Richardson	4171	Wilmington Dist.

		No.	
Militia	Silvenus Phumphry	823	Newbern Dist.
Militia	John Patrick	936	Newbern Dist.
Militia	Bazil Preater	6907	Salisbury Dist.
Militia	Asher Pipkin	2820	Wilmington Dist.
Militia	Joseph Paltan	2448	Salisbury Dist.
Militia	Levy Pharies	6325	Salisbury Dist.
Militia	Edmund Ricks	1962	Newbern Dist.
Militia	Adam Williams	1144	Wilmington Dist.
Militia	Joseph Silver	6984	Salisbury Dist.
Continental	Benjamine Robeson	754	Halifax Dist.
Continental	Caleb Parr	1302	Halifax Dist.
Continental	Jacob Parett	477	Newbern Dist.
Continental	John Pollard	1770	Warrenton Dist.
Continental	James Pollard	1772	Warrenton Dist.
Continental	John Padgett	1215	Warrenton Dist.
Continental	James Paxton	522	N. C. A.
Continental	Joshua Pelt	287	N. C.
Continental	Colo. John Patton	891	Halifax Dist.
Continental	Jeremiah James	242	Hillsboro Dist.
Continental	Isaac Joy	479	N. C.
Continental	Elisha Jenkins	31	Hillsboro Dist.
Militia	Joshua Johnson	217	Wilmington Dist.
Militia	Andrew Snoddy	8946	Salisbury Dist.
Militia	Dinnard James	353	Newbern Dist.
Militia	Edward Pearsall	2109	Wilmington Dist.
Militia	Jeremiah Pearsall	3645	Wilmington Dist.
Militia	James Pearsall	1007	Wilmington Dist.
Militia	William Peterson	2207	Wilmington Dist.
Militia	William Harbison	4489	Morgan Dist.

SUNDRY NAMES

Continental	John Norwood	982	Halifax Dist.
Continental	John Webb	752	Halifax Dist.
Continental	Samuel Webb	648	Hillsboro Dist.
Militia	Fred Mills	1743	Newbern Dist.
Militia	Nahor Norris	1303	Newbern Dist.
Militia	Sepean Sheppard	2246	Wilmington Dist.
Continental	Benjamine Williams	550	Hillsboro Dist.
Continental	George Wilkie	582	Halifax Dist.
Militia	John Bartlett	220	Newbern Dist.
Continental	Benjamine Womble	211	Halifax Dist.
Militia	John Ward	2990	Wilmington Dist.
Militia	Nathan Norris	1370	Newbern Dist.
Continental	Arthur Nelson	653	Hillsboro Dist.
Militia	Benjamine Swan	3734	Wilmington Dist.
Militia	William Swan	3083	Salisbury Dist.
Continental	Pugh Williams	350	
Continental	Georg Williams	646	Hillsboro Dist.
Continental	Robert Williams	950	Halifax Dist.
Militia	Samuel Walker	3034	Salisbury Dist.
Militia	Joel Williams	7742	Newbern Dist.
Militia	William Williams	1205	Newbern Dist.
Continental	Capt. Ralph Williams	463	Halifax Dist.

		No.	
Continental	Colo. Samuel Williams	4214	Halifax Dist.
Continental	Capt. Samuel Williams	9	
Militia	Richard Williams	3727	Wilmington Dist.
Militia	Nicholas Williams	1761	Wilmington Dist.
Militia	Jeremiah Williams	2051	Wilmington Dist.
Continental	Clayborn Williams	182	N. C. Assm.
Militia	James Williams	3614	Wilmington Dist.
Continental	Zeb Williams	330	Hillsboro Dist.
Continental	John Williams	....	Halifax Dist.
Continental	Harper Johnson	1171	Warrenton Dist.
Militia	Robert Walker	1438	Salisbury Dist.
Militia	Isaac Williams	6043	Salisbury Dist.
Militia	Thomas Williams	3496	Wilmington Dist.
Militia	Absolom Johnson	....	Newbern Dist.
Militia	Robt. Johnson	6929	Salisbury Dist.
Continental	Samuel Johnson	352	Halifax Dist.
Militia	Jeremial Malpas	1599	Wilmington Dist.
Militia	Daniel Magell	....	Wilmington Dist.
Militia	James Malpas	1583	Wilmington Dist.
Militia	Robert Magee	1526	Wilmington Dist.
Militia	William Magee	2830	Wilmington Dist.
Militia	Thos. Marsh	1508	Wilmington Dist.
Militia	John Manor	1020	Wilmington Dist.
Militia	James Marlow	5460	Salisbury Dist.
Militia	Josiah Maples	4158	Wilmington Dist.
Militia	Peter Mallard	1500	Newbern Dist.
Continental	Dempsey Marlow	245	Hillsboro Dist.
Continental	Charles Mannan	....	N. C. A.
Continental	Isham Macklin	361	N. C. A.
Continental	John Manning	810	Halifax Dist.
Continental	Joseph May	241	Halifax Dist.
Continental	Daniel Mapenjale	101	Halifax Dist.
Continental	..... Morris	837	Halifax Dist.
Militia	John Marlow	695	Salisbury Dist.
Militia	John Massey	2986	Wilmington Dist.
Militia	Jeremiah Maples	4036	Wilmington Dist.
Militia	Donnal Mackay	4077	Salisbury Dist.
Militia	Philip Magee	1547	Wilmington Dist.
Militia	Daniel Maxwell	40	Salisbury Dist.
Continental	John Marr	69	Hillsboro Dist.
Continental	Samuel Marrow	278	Hillsboro Dist.
Militia	Amos Richardson	4801	Morgan Dist.
Continental	Jacob Robinson	1207	Halifax Dist.
Continental	William Richardson	389	Halifax Dist.
Continental	Powell Riggan	76	Hillsboro Dist.
Militia	James Ruthledge	2445	Salisbury Dist.
Militia	John Rop	614	Salisbury Dist.
Militia	Mark Runnals	4419	Wilmington Dist.
Militia	William Runnals	4430	Wilmington Dist.
Militia	Searjt. Peter Robel	5402	Salisbury Dist.
Militia	Simon Rivenbark	2224	Wilmington Dist.
Militia	George Quick	1877	Wilmington Dist.
Militia	Thos. Quinn	2328	Wilmington Dist.
Militia	Mark Prigion	2169	Wilmington Dist.

			No.	
Militia	Will Peters		1063	Newbern Dist.
Militia	Nathan Prine		1862	Wilmington Dist.
Militia	William Ramsey		4258	Salisbury Dist.
Militia	Argulas Pointer		3059	Wilmington Dist.
Militia	John Parrimore		1976	Newbern Dist.
Militia	Everit Pollard		885	Newbern Dist.
Militia	Robert Purser		693	Newbern Dist.
Militia	James Purser		697	Newbern Dist.
Continental	Henry Pythrus		48	Warrenton Dist.
Continental	John Platt		1039	Halifax Dist.
Continental	Colburn Solevine		322	Halifax Dist.
Continental	William Pollard		117	N. C. A.
Continental	William Proctor		1155	Halifax Dist.
Continental	John Potter		824	Haifax Dist.
Continental	John Pond		1359	Halifax Dist.
Continental	Drury Parham		1208	Halifax Dist.
Continental	Jessie Pritchard		194	Hillsboro Dist.
Continental	Francis Pridgen		9	Hillsboro Dist.
Continental	Martin Phifer		199	Hillsboro Dist.
Continental	Augustin Prescoll		91	Hillsboro Dist.
Continental	John Peekman		439	N. C. A.
Continental	Abraham Prim		358	Halifax Dist.
Continental	John Parr		90	N. C. A.
Continental	John Poor		93	Hillsboro Dist.
Continental	Joshua Pelt		49	
Militia	Thomas Pittman		4253	Wilmington Dist.
Militia	Charles Payn		400	Salisbury Dist.
Militia	Joshua Pharough		4534	Wilmington Dist.
Militia	James Patterson		5430	Salisbury Dist.
Militia	Samuel Phariss		850	Wilmington Dist.
Militia	Balam Peoples		1125	Newbern Dist.
Militia	John Porterfield		4058	Wilmington Dist.
Militia	James Jackson		4545	Salisbury Dist.
Militia	Cary Jernigan		160	Newbern Dist.
Militia	John Jonas		7782	Salisbury Dist.
Militia	William Norkett		1575	Newbern Dist.
Militia	Nicholas Norkett		1963	Newbern Dist.
Militia	Joseph Jackson		382	Newbern Dist.
Militia	Richard Carson		803	Newbern Dist.
Militia	Michael Petteway		837	Newbern Dist.
Militia	Thomas Jenkins		3760	Newbern Dist.
Militia	John Yates		928	Morgan Dist.
Militia	Joseph Young		5256	Salisbury Dist.
Militia	James Young		5152	Wilmington Dist.
Militia	William Gandle		6050	Salisbury Dist.
Militia	S..... Young		257	Wilmington Dist.
Continental	Joel Yelverton		790	N. C.
Continental	John Yelverton		217	N. C.
Continental	Nathan Yammons		1462	Warrenton Dist.
Continental	Jame Forgarty		28	Halifax Dist.
Continental	Capt. Edward Yarborough		92	Halifax Dist.
Continental	James Yew		61	Hillsboro Dist.
Continental	Martin Young		13	Hillsboro Dist.
Continental	James Young (Waggoner)		581	Halifax Dist.

		No.	
Continental	John Yearley	143	N. C. A.
Militia	Archibald Young	6635	Salisbury Dist.
Militia	Benjamine Yates	3317	Wilmington Dist.
Militia	Joseph Young	4781	Wilmington Dist.
Militia	James Yandle	6045	Salisbury Dist.
Militia	Dobbs Young	5651	Wilmington Dist.
Militia	Andrew Yandle	5526	Salisbury Dist.
Militia	John Young	4528	Wilmington Dist.
Militia	Russel Yunt	7583	Salisbury Dist.
Continental	William Yates	60	Hillsboro Dist.
Continental	Leon Young	1863	Warrenton Dist.
Continental	Searjnt. James Gray	616	Halifax Dist.
Continental	James Yew	110	Hillsboro Dist.
Continental	William Yates	109	Hillsboro Dist.
Continental	Joshua Yealott	1403	Warrenton Dist.
Continental	Shadrick Yealott	1404	Warrenton Dist.
Continental	Robert Ruff	664	Hillsboro Dist.
Continental	Charles Reese	18	Warrenton Dist.
Continental	Johnathan Richards	154	Hillsboro Dist.
Militia	John Register	1975	Wilmington Dist.
Militia	Nicholas Richards	586	Wilmington Dist.
Militia	Hardy Richards	1676	Newbern Dist.
Militia	Leonard Rue	8472	Salisbury Dist.
Militia	John Raford	1293	Newbern Dist.
Militia	Peter Riggan	5615	Salisbury Dist.
Militia	Jessie Rowe	309	Newbern Dist.
Militia	Robert Russel	67	Salisbury Dist.
Militia	George Robinson	5187	Salisbury Dist.
Militia	Bartram Robinson	2946	Wilmington Dist.
Militia	Archibald Ranaldson	4927	Wilmington Dist.
Militia	Mether'on Roland	520	Newbern Dist.
Continental	Ralph Thomas	580	Hillsboro Dist.
Continental	Cornelius Ryan	1126	Halifax Dist.
Continental	Capt. Hezekiah Rice	20	Halifax Dist.
Continental	Daniel Rhodes	755	N. C. A.
Militia	Benja. Tiby Randolph	606	Wilmington Dist.
Militia	Thomas Russ	4954	Wilmington Dist.
Militia	Robert Ross	8624	Salisbury Dist.
Militia	John Reford	5520	Salisbury Dist.
Militia	Philip Raeford	3922	Wilmington Dist.
Militia	John Ron	1451	Newbern Dist.
Militia	Absolem Rouse	7566	Salisbury Dist.
Militia	Conrad Reather	4583	Morgan Dist.
Militia	James Rolston	2257	Salisbury Dist.
Militia	Edward Robeson	4094	Wilmington Dist.
Militia	Joseph Rooks	772	Wilmington Dist.
Militia	William Russell	3939	Wilmington Dist.
Continental	William Reason	18	Halifax Dist.
Continental	Cornelius Roomer	377	Hillsboro Dist.
Continental	William Reason	16	Halifax Dist.
Continental	John Reason	488	Hillsboro Dist.
Continental	William Red	330	Warrenton Dist.
Continental	Samuel Rowland	111	N. C. A.
Continental	John Russ	8	Hillsboro Dist.

ROSTER OF NORTH CAROLINA SOLDIERS

		No.	
Militia	Sonthy Ren	603	Newbern Dist.
Militia	Joseph Ross	4873	Salisbury Dist.
Militia	Hugh Royal	5557	Wilmington Dist.
Militia	B Reding	896	Newbern Dist.
Militia	Alex Reed	7186	Salisbury Dist.
Militia	Nat Reives	3077	Wilmington Dist.
Militia	Robert Ross	3857	Salisbury Dist.
Militia	Isaac Rich	....	Salisbury Dist.
Militia	Benjamine Randall	3257	Wilmington Dist.
Militia	Robert Rollings	2170	Wilmington Dist.
Militia	Ruben Raiser	4393	Wilmington Dist.
Militia	Jacob Roachel	1044	Newbern Dist.
Militia	William Runnels	82	Wilmington Dist.
Militia	William Roach	3747	Wilmington Dist.
Militia	Thomas Rowland	2951	Wilmington Dist.
Militia	Thomas Ragines	1258	Wilmington Dist.
Militia	Sat Rich	3430	Wilmington Dist.
Militia	James Roe	706	Newbern Dist.
Militia	Peter Riggon	7570	Salisbury Dist.
Militia	Thomas Rowe	1025	Newbern Dist.
Militia	Young Ryal	516	Wilmington Dist.
Militia	Dredge Runnels	823	Halifax Dist.
Militia	John Register	3579	Wilmington Dist.
Militia	John Rand	7100	Salisbury Dist.
Militia	Peter Rape	1497	Salisbury Dist.
Continental	William Ryles	416	Hillsboro Dist.
Continental	Jacob Richards	900	Halifax Dist.
Continental	John King	823	Halifax Dist.
Continental	James Roach	706	Newbern Dist.
Continental	Timothy Rich	1337	Halifax Dist.
Continental	Elijah Rodwell	612	Halifax Dist.
Continental	Daniel Rice	227	Halifax Dist.
Continental	Isaac Reddick	780	Halifax Dist.
Continental	William Robbs	1346	Halifax Dist.
Continental	Rowland Godfrey	641	Hillsboro Dist.
Militia	L. (?) Roe	824	Newbern Dist.
Militia	William Murrell	3314	Morgan Dist.
Militia	James Murrow	2034	Wilmington Dist.
Continental	Georg Muskinock	408	Hillsboro Dist.
Continental	John Mullins	876	Hillsboro Dist.
Continental	Barabas Murrill	750	Hillsboro Dist.
Militia	Alex Bigham	5153	Wilmington Dist.
Militia	David Murdough	2036	Wilmington Dist.
Militia	Joseph McKinney	9	Salisbury Dist.
Militia	Duncan McLelland	4750	Wilmington Dist.
Militia	Robert McCloud	4797	Salisbury Dist.
Militia	Joseph McDowel	403	Wilmington Dist.
Militia	Hugh McCracken	8631	Salisbury Dist.
Militia	Daniel McKetham	4370	Wilmington Dist.
Militia	L.... McCullen	3576	Wilmington Dist.
Militia	Reuben Small	12	Newbern Dist.
Militia	Wm. McKinsey	4756	Wilmington Dist.
Militia	Alex Steel	1495	Newbern Dist.
Militia	Aaron McWhorter	6102	Salisbury Dist.

		No.	
Militia	Alexander McCurday	4473	Salisbury Dist.
Militia	Capt. C. N. McCrany	428	Wilmington Dist.
Militia	John McCoy	721	Wilmington Dist.
Militia	Daniel McMillan	3366	Wilmington Dist.
Militia	Neil McMullan	4265	Wilmington Dist.
Militia	Edward McKay	4324	Wilmington Dist.
Militia	Francis McKay	4842	Wilmington Dist.
Militia	William McCleary	6044	Salisbury Dist.
Militia	Daniel McLevd	3838	Wilmington Dist.
Militia	Danel McDuffy	4293	Wilmington Dist.
Militia	Thomas Johnson	617	Newbern Dist.
Militia	Joseph Johnson	1235	Newbern Dist.
Militia	Isaac Johnson	7340	Salisbury Dist.
Militia	James Johnson	5603	Salisbury Dist.
Militia	Robert Johnson	4638	Salisbury Dist.
Militia	John Brumley	4041	Morgan Dist.
Militia	Chesley Dobbs	4852	Morgan Dist.
Continental	William King	288	Halifax Dist.
Militia	David Dudley	5901	Wilmington Dist.
Militia	Jacob Dry	8633	Salisbury Dist.
Militia	Abram Hill	78	Salisbury Dist.
Continental	Henry Hill	921	Halifax Dist.
Militia	Richard Hill	2374	Newbern Dist.
Militia	Simon Eagles	8397	Salisbury Dist.
Militia	Thomas Eakens	8395	Salisbury Dist.
Militia	John Edmonson	449	Newbern Dist.
Militia	Daniel Earely	6447	Salisbury Dist.
Militia	S..... Engor	5876	Wilmington Dist.
Militia	Martin Ekhard	4212	Morgan Dist.
Continental	Thomas Biby	409	Hillsboro Dist.
Continental	Benjamine Braddy	72	Hillsboro Dist.
Continental	Caleb Berry	187	Hillsboro Dist.
Continental	Michael Buckner	123	Assembly
Continental	P.... Burch	79	Assembly
Militia	Henry Bates	1535	Newbern Dist.
Militia	Edward Blinton Johnson	1944	Newbern Dist.
Continental	Archibald Butts	399	Halifax Dist.
Continental	Epharim Bullock	1659	Newbern Dist.
Militia	Nathan Bullock	898	Newbern Dist.
Militia	Nathan Barranton	2248	Newbern Dist.
Militia	Artila Burnett	891	Newbern Dist.
Militia	Cornelius Bray	324	Assembly
Militia	John Beasley	342	Newbern Dist.
Militia	Peter Banks	943	Newbern Dist.
Militia	Edward Baldwin	2128	Newbern Dist.
Militia	Thomas Boyakan	1050	Newbern Dist.
Militia	Thomas Blango	1187	Newbern Dist.
Militia	...... Barfield	1029	Newbern Dist.
Militia	Edward Blurton	1187	Newbern Dist.
Militia	Joseph Berwick	1236	Newbern Dist.
Militia	John Barllett	1058	Newbern Dist.
Militia	Georg Blackbourne	1061	Newbern Dist.
Militia	James Bosworth	140	Newbern Dist.
Militia	Edward Blurton	1157	Newbern Dist.

			No.	
Continental	Levi Branton	......	836	Hillsboro Dist.
Continental	Austin Bilfort	......	173	Assembly
Continental	Jessie Bunn	......	7	Hillsboro Dist.
Continental	Noah Bartlett	......	852	Hillsboro Dist.
Continental	George Beck	......	632	Hillsboro Dist.
Continental	Michael Brinkley	......	2	Hillsboro Dist.
Continental	Mathew Brickell	......	64	Halifax Dist.
Continental	Capt. Thomas Brickett	......	90	Halifax Dist.
Continental	Isaac Burges	......	196	Hillsboro Dist.
Against Cherokees	James Burnes	......	....	Hillsboro Dist.
Against Cherokee Ind.	Benjamine Blackburn	......	1132	Hillsboro Dist.
	Samuel Brownen	......	457	Assembly
	James Burbage	......	904	Warrenton Dist.
Continental	David Brodnell	......	108	Hillsboro Dist.
Continental	Alexander Balentine	......	213	Hillsboro Dist.
Continental	Bailey Benzor	......	1120	Halifax Dist.
Continental	Thomas Bowers	......	249	Hillsboro Dist.
Continental	Ezekial Boggs	......	270	Halifax Dist.
Continental	Luke Bates	......	539	Halifax Dist.
Continental	Jacob Bright	......	1433	Warrenton Dist.
Continental	John Bolton	......	1464	Warrenton Dist.
Continental	William Banks	......	1424	Warrenton Dist.
Continental	William Bobs	......	1173	Halifax Dist.
Continental	Benjamin Boutton	......	1954	Warrenton Dist.
Continental	Arthur Bright	......	1479	Warrenton Dist.
Continental	James Burley	......	1489	Warrenton Dist.
Continental	Solomon Borough	......	1795	Warrenton Dist
Continental	David Blalock	......	1791	Warrenton Dist.
Continental	Navey Bateman	......	1222	Warrenton Dist.
Continental	William Boyce	......	22	Hillsboro Dist.
Continental	Thomas Brinkley	......	586	Warrenton Dist.
Continental	William Boomer	......	638	Hillsboro Dist.
Continental	John Blanchard	......	234	Hillsboro Dist.
Continental	Hillery Brinson	......	797	Hillsboro Dist.
Continental	Thomas Biby	......	560	Hillsboro Dist.
Continental	Jessie Benton	......	270	Hillsboro Dist.
Continental	Drury Binum	......	425	Halifax Dist.
Continental	Charles Burk	......	987	Halifax Dist.
Continental	...... Giles	......	1134	Halifax Dist.
Continental	Charles Butlar	......	1047	Halifax Dist.

JOHN WRIGHT FAMILY

Militia	John Wright	......	4695	Morgan Dist.
Continental	John Wright	......	1618	Warrenton Dist.
Militia	James Wright	......	2835	Assembly
Continental	Job Wright	......	76	Assembly
Continental	Jacob Wright	......	60	Assembly

ROBERTS' FAMILY

Continental	Shadrick Roberts	......	435	Hillsboro Dist.
Continental	Ishmael Roberts	......	41	Hillsboro Dist.

		No.	
Militia	Jessie Roberts	5902	Wilmington Dist.
Militia	Richard Roberts	5925	Wilmington Dist.
Continental	Vincent Roberts	1064	Halifax Dist.
Continental	Binchen Roberts	1298	Halifax Dist.
Militia	Briton Roberts	435	Newbern Dist.
Continental	Samson Roberts	584	Assembly passed
Militia	William Roberts	632	Newbern Dist.
Militia	Henry Roberts	939	Newbern Dist.
Continental	Ruben Roberts	1194	Halifax Dist.
Militia	Rowl'd Roberts	1270	Newbern Dist.

Partin Family

Continental	Benjamine Partin	553	N. C. Assem.

Hays Family

Militia	William Hays	8677	Salisbury Dist.
Mil. & Cont.	David Hays	453	Salisbury Dist.
Militia	Adam Hays	1435	Salisbury Dist.
Continental	Lieut. Robert Hays	188	N. C. Assem.
Militia	John Hays	8998	N. C. Assem.
Militia	Henry Hays	5120	Salisbury Dist.
Militia	Jacob Hays	4554	Salisbury Dist.
Continental	Thomas Hays	903	Halifax Dist.
Militia	Robert Patrick Hays	7739	Salisbury Dist.

Wright Family

Militia	Capt. Thomas Wright	5021	Wilmington Dist.
Militia	Capt. William Wright	3464	Wilmington Dist.
Continental	Peter Wright	84	N. C. Assem.
Continental	Levi Wright	952	Warrenton Dist.
Militia	Archibald Wright	3470	Wilmington Dist.
Militia	Abraham Wright	5912	Wilmington Dist.
Continental	Caleb Wright	238	Hillsboro Dist.
Militia	Jo Wright	3483	Wilmington Dist.

Sims Family

Continental	Drury Sims	154	Assem. N. C.
Militia	James Sims	4162	Wilmington Dist.
Militia	William Sims	1644	Wilmington Dist.
Militia	Isaac Sims	3074	Wilmington Dist.
Continental	Joseph Sims	1304	Newbern Dist.

Lane Family

Continental	Benjamine Lane	1109	Halifax Dist.
Militia	James Lane	3759	Wilmington Dist.
Continental	Jethro Lane	1401	Halifax Dist.
Continental	Jacob Lane	761	Halifax Dist.

Shaw Family

Continental	Robert Shaw	141	Hillsboro Dist.
Militia	Neil Shaw	3176	Wilmington Dist.
Continental	Zacecheus Shaw	1403	Halifax Dist.
Militia	John Shaw	4471	Salisbury Dist.
Militia	James Shaw	1571	Wilmington Dist.
Continental	Finley Shaw	433	Hillsboro Dist.
Militia	Thomas Shaw	1263	Salisbury Dist.

Lee Family

		No.	
Continental	Thomas Lee	618	Hillsboro Dist.
Militia	Solomon Lee	1739	Wilmington Dist.
Continental	Richard Lee	135	Hillsboro Dist.
Militia	James Lee	1145	Wilmington Dist.
Militia	Jessie Lee	4707	Wilmington Dist.
Militia	Sampson Lee	2774	Wilmington Dist.
Militia	Joseph Lee	4476	Wilmington Dist.
Militia	William Lee	....	Newbern Dist.
Continental	Abraham Lee	201	Hillsboro Dist.
Continental	Major Lee	265	N. C. Assem.
Continental	Noah Lee	5900	Wilmington Dist.
Continental	Hardy Lee	96	N. C. Assem.
Continental	Timothy Lee	97	N. C. Assem.
Continental	John Lee	989	Halifax Dist.
Militia	David Lee	5792	Wilmington Dist.
Militia	C.... Lee	3369	Wilmington Dist.

Lamb Family

Militia	Arthur Lamb	4465	Wilmington Dist.
Militia	Nudy Lamb	4814	Wilmington Dist.
Militia	William Lamb	5868	Wilmington Dist.
Continental	Colonel Gideon Lamb	95	Halifax Dist.
Militia	Thomas Lamb	1595	Wilmington Dist.
Continental	Abner Lamb	299	N. C. Assem.

Pool Family

Militia	Samuel Pool	1190	Newbern Dist.
Continental	Elisha Pool	347	N. C. Assem.
Continental	Andrew Pool	39	N. C. Assem.
Militia	Levi Pool	1421	Newbern Dist.
Militia	Joshua Pool	813	Wilmington Dist.

Lewis Family

Continental	Nathan Lewis	167	Hillsboro Dist.
Continental	Willis Lewis	90	N. C. Assem.
Militia	John Lewis	5425	Wilmington Dist.
Continental	Edward Lewis	139	Hillsboro Dist.
Continental	Hardy Lewis	1314	Halifax Dist.
Militia	Richard Lewis	4443	Wilmington Dist.
Militia	Amos Lewis	829	Newbern Dist.
Militia	Elisha Lewis	1838	Newbern Dist.
Militia	Jessie Lewis	526	Newbern Dist.
Militia	Joseph Lewis	321	Newbern Dist.
Militia	Aaron Lewis	1622	Wilmington Dist.
Continental	Ephraim Lewis	363	Hillsboro Dist.
Militia	Joshua Lewis	549	Newbern Dist.
Continental	Charles Lewis	1016	Halifax Dist.
Continental	Thomas Lewis	589	N. C. Assem.
Militia	Walter Lewis	7226	Salisbury Dist.
Continental	Frances Lewis	1168	Halifax Dist.
Continental	Joel Lewis	555	Halifax Dist.
Continental	William Lewis	704	Halifax Dist.
Militia	Abraham Lewis	3000	Salisbury Dist.
Militia	Frederick Lewis	940	Wilmington Dist.
Continental	William Lewis	764	N. C. Assem.

RAY FAMILY

		No.	
Militia	Duncan Ray	1269	Wilmington Dist.
Militia	Isaac Ray	7025	Salisbury Dist.
Continental	Benjamin Ray	326	Hillsboro Dist.
Militia	John Ray	3840	Wilmington Dist.
Militia	Thomas Ray	4245	Salisbury Dist.
Militia	James Ray	4850	Salisbury Dist

WHITAKER FAMIILY

Salisbury	Mark Whitaker	7056	Salisbury Dist.
Continental	Joseph Whitaker	109	N. C. Assem.
Continental	John Whitaker	593	

MISCELLANEOUS

Continental	William Waddenton	17	Hillsboro Dist.
Continental	George Williamson	360	Hillsboro Dist.
Continental	Daniel Weston	904	Halifax Dist.
Continental	Mathew Worley	561	
	John Whaley	796	
Continental	John Weir	872	Halifax Dist.
Militia	Capt. Patrick Watson	440	Salisbury Dist.
Continental	Mathew Lucas	50	Hillsboro Dist.
Continental	John Woodward	174	Hillsboro Dist.
Continental	John Windom	220	Hillsboro Dist.
Militia	Johnson Womack	4069	Morgan Dist.
Militia	William Winehiston	2762	Salisbury Dist.
Militia	Elisha Woodward	3660	Wilmington Dist.
Continental	John Swanson	531	Hillsboro Dist.
Continental	Dempsey Sikes	23	Hillsboro Dist.
Continental	Henry Short	293	Hillsboro Dist.
Continental	James Strange	136	Halifax Dist.
Militia	Daniel Rayman	620	Salisbury Dist.
Militia	Demsey Taylor	258	Wilmington Dist.
Militia	Joseph Williams	1176	Newbern Dist.
Militia	Joseph Williams	5503	Wilmington Dist.
Militia	Capt. George Walker	452	Salisbury Dist.
Militia	William Taylor	43	Wilmington Dist.
Continental	Henry White	1035	Salisbury Dist.
Militia	William Turner	1502	Wilmington Dist.

WILEY AND WILDER FAMILY

Continental	Philip Wilder	1149	Warrenton Dist.
Continental	Stephen Wiley	624	Hillsboro Dist.
Continental	James Wiley	686	Halifax Dist.
Militia	Elijah Wiley	265	Wilmington Dist.
Militia	Capt. Oliver Wiley	2729	Salisbury Dist.
Continental	Hardy Wiley	1328	Halifax Dist.
Militia	Alexander Wiley	120	Wilmington Dist.
Militia	John Wiley	84	Wilmington Dist.
Militia	Drummer, Hardy Wiley	3309	Wilmington Dist.

WIGGENS FAMILY

Continental	Willis Wiggens	394	Hillsboro Dist.
Militia	James Wiggens	905	Newbern Dist.
Continental	James Wiggens	1178	Halifax Dist.

		No.	
Militia	William Wiggens	1672	Wilmington Dist.
Continental	Henry Wiggens	671	Hillsboro Dist.
Continental	George Wiggens	302	Hillsboro Dist.
Continental	Noah Wiggens	429	Hillsboro Dist.

Warren Family

Militia	Abram Warren	304	Newbern Dist.
Militia	Jeremiah Warren	708	Newbern Dist.
Militia	Henry Warren	679	Newbern Dist.
Militia	Horsonton Warren	237	Newbern Dist.
Militia	Robert Warren	3229	Morgan Dist.
Continental	William Warren	229	Hillsboro Dist.

Wallace Family

Militia	John Wallace	4192	Wilmington Dist.
Militia	William Wallace	2699	Salisbury Dist.
Continental	Fifer George Wallace	412	Halifax Dist.
Militia	Joseph Wallace	5134	Salisbury Dist.

West Family

Continental	William West	239	Hillsboro Dist.
Continental	Drummer Levi West	5446	Wilmington Dist.
Militia	John West	529	Wilmington Dist.
Militia	James West	932	Wilmington Dist.
Militia	Samuel West	2229	Wilmington Dist.
Militia	Lieut. William West	4183	Wilmington Dist.
Militia	Joseph West	889	Newbern Dist.
Continental	Riva West	189	Halifax Dist.

Willis Family

Militia	Samuel Willis	956	Newbern Dist.
Continental	Richard Willis	147	Hillsboro Dist.
Militia	Benjamine Willis	2935	Filmington Dist.
Militia	James Willis	....	Newbern Dist.
Militia	Lieut. Stephen Willis	....	Wilmington Dist.
Militia	Robert Willis	2936	Wilmington Dist.
Militia	George Willis	1789	Wilmington Dist.
Militia	Ephraim Willis	716	Newbern Dist.
Militia	Jeremiah Willis	1796	Newbern Dist.
Militia	Caleb Willis	714	Newbern Dist.
Militia	Agerton Willis (may mean Adjutant)	2906	Newbern Dist.
Militia	William Willis	637	Salisbury Dist.
Militia	Capt. John Willis	4374	Wilmington Dist.
Militia	William Wiley	2684	Salisbury Dist.

White Family

Continental	James White	979	Halifax Dist.
Continental	William White	431	Warrenton Dist.
Militia	Robert White	8912	Salisbury Dist.
Militia	Moses White	8931	Salisbury Dist.
Continental	Drummer Jacob White	8016	Halifax Dist.
Militia	Thomas White	4014	Salisbury Dist.
Militia	John White	2556	Salisbury Dist.
Continental	Malichi White	373	Hillsboro Dist.

		No.	
Militia	George White	576	Newbern Dist.
Militia	James White	3096	Wilmington Dist.
Continental	Haines White	502	Hillsboro Dist.
Militia	G.... White	3083	Wilmington Dist.
Militia	Mathew White	3175	Wilmington Dist.
Militia	Joseph White	3060	Wilmington Dist.
Militia	Andrew White	....	Salisbury Dist.
Continental	George White	446	Halifax Dist.
Militia	Benjamine White	362	Newbern Dist.
Continental	Stephen White	363	Halifax Dist.
Militia	Samuel White	..04	Salisbury Dist.
Militia	David White	2395	Wilmington Dist.
Continental	Daniel White	217	Halifax Dist.
Continental	Hampton White	1053	Halifax Dist.

Walker Family

Militia	Thomas Walker	4954	Morgan Dist.
Militia	John Walker	3252	Wilmington Dist.
Militia	William Walker	1465	Wilmington Dist.
Militia	Baker Walker	5940	Wilmington Dist.
Continental	Moab Walker	175	
Militia	Andrew Walker	5948	Salisbury Dist.
Militia	David Walker	5660	Wilmington Dist.
Militia	Henry Walker	807	Salisbury Dist.
Continental	James Walker	437	Hillsboro Dist.
Continental	Savin Walker	285	Halifax Dist.
Continental	Richard Walker	286	Halifax Dist.
Militia	Hugh Walker	4974	Wilmington Dist.
Militia	Robert Walker	678	Salisbury Dist.
Militia	Michael Walker	1349	Salisbury Dist.

These were found in the box of W's.

Harveys

Continental	Joshua Harvey	753	Halifax Dist.
Continental	Absalom Harvey	447	Hillsboro Dist.
Continental	John Harvey	505	Hillsboro Dist.
Continental	James Harvey	293	Hillsboro Dist.
Continental	Hugh Harvey	4208	Salisbury Dist.
Militia	Solnum Carter	2146	Wilmington Dist.
Militia	Mack Carter	4408	Wilmington Dist.
Militia	Mack Carter	657	Wilmington Dist.
Militia	John Carter	1209	Newbern Dist.
Militia	Bozin Brock Carter	1200	Wilmington Dist.
Continental	Giles Carter	41	Halifax Dist.
Continental	John Carter	839	Hillsboro Dist.
Continental	Sergt. John Carter	569	Halifax Dist.
Militia	Solman Carter	2274	Wilmington Dist.
Militia	Joseph Carter	923	Wilmington Dist.
Militia	John Carter	4086	Wilmington Dist.
Militia	Daniel Carter	4003	Salisbury Dist.
Continental	John Carter, Soldier	655	Hillsborough Dist.
Militia	Thomas Carter	1149	Wilmington Dist.
Militia	Joseph Carter	2972	Wilmington Dist.
Militia	John Carter	704	Newbern Dist.

ROSTER OF NORTH CAROLINA SOLDIERS

		No.	
Militia	Stephen Carter	5542	Wilmington Dist.
Militia	Isaac Carter	4409	Wilmington Dist.
Militia	Solomon Carter	245	Wilmington Dist.
Continental	Willis Carter	1429	Warrenton Dist.
Militia	William Carter	4633	Salisbury Dist.
Militia	Joseph Carter	1747	Wilmington Dist.
Continental	John Carter	636	Halifax Dist.
Continental	John Carter, Soldier	61	Hillsborough Dist.
Militia	Joseph Carter	6319	Salisbury Dist.
Militia	John Carter	918	Wilmington Dist.
Militia	Thomas Carter	4117	Morgan Dist.
Continental	Abraham Carter	166	Hillsborough Dist.
Militia	Abraham Carter	4069	Wilmington Dist.
Continental	Abraham Carter, Soldier	150	Hillsborough Dist.
Militia	Richard Creech, Lt.	1842	Wilmington Dist.
Militia	Joseph Croker	8460	Salisbury Dist.
Militia	James Ceilain	41	Morgan Dist.
Militia	Benj. Cochranuas	8756	Salisbury Dist.
Continental	John Crabb	469	Halifax Dist.
Continental	John Clay	1951	Warrenton Dist.
Continental	Benjamin Carroll	807	Halifax Dist.
	Lieut. Samuel Casnell	225	
Continental	James Crabb, Soldier	1626	Warrenton Dist.
Continental	John Carey	622	Hillsborough Dist.
Continental	Frederick Callem	456	Hillsborough Dist.
Militia	Brittin Carroll	629	Newbern Dist.
Continental	John Carroll, Soldier	1018	Halifax Dist.
Militia	Britian Carol	535	Newbern Dist.
Continental	Elijah Clay, Soldier	53	Hillsborough Dist.
Militia	Thos. Croley	4544	Salisbury Dist.
Militia	Francis Canfield	4462	Wilmington Dist.
Militia	Nathaniel Cook	3741	Salisbury Dist.
Militia	Wm. Curathorus	6641	Salisbury Dist.
Militia	Cullen Crumly	445	Wilmington Dist.
Continental	Brettor Carroll	804	Halifax Dist.
Continental	Abselom Cameron	410	Hillsborough Dist.
Continental	Abselom Cameron	279	Hillsborough Dist.
Militia	John Cameron	4870	Wilmington Dist.
Continental	Alexander Cameron	100	Warrenton Dist.
Militia	Daniel Cameron	1832	Wilmington Dist.
Continental	John Cameron	113	
Militia	Charles Copeland	630	Newbern Dist.
	Kedar Copeland, Soldier	810	Hillsborough Dist.
Continental	Richard Coupland, Private	200	Halifax Dist.
	George Coupland, Soldier	1141	Halifax Dist.
Militia	David Copelin	3638	Salisbury Dist.
Militia	Dennis Copelin	3621	Salisbury Dist.
Militia	Daniel Copeland	174	Hillsborough Dist.
Continental	William Carpenter	1939	Warrenton Dist.
Militia	Christian Carpenter	4634	Morgan Dist.
Militia	James Conner	2337	Wilmington Dist.
Continental	James Conner, Soldier	662	Halifax Dist.
Militia	James Conner	2258	Wilmington Dist.
Militia	Docias Conner	2749	Wilmington Dist.

		No.	
Militia	Docia Conner	2431	Wilmington Dist.
Militia	James Conner	2930	Salisbury Dist.
Continental	William Conner	152	Hillsborough Dist.
Militia	James Conner	5742	Salisbury Dist.
Militia	Theodolius Conner	1810	Wilmington Dist.
Militia	James Conner	2153	Wilmington Dist.
Militia	D.... Conner	2823	Wilmington Dist.
Militia	James Conner	3667	Wilmington Dist.
Continental	James Conner	610	Halifax Dist.
Continental	William Conner, Soldier	81	Hillsborough Dist.
Continental	Leuis Conner	612	Hillsborough Dist.
Continental	Leuis Conner	796	Hillsborough Dist.
	Samul Chapman, Capt.	520	Halifax Dist.
Militia	Joseph Champin	5007	Wilmington Dist.
Militia	Joseph Chevess	1035	Wilmington Dist.
Militia	Charles Chevess	70	Wilmington Dist.
Militia	Archibald Carr	1375	Wilmington Dist.
Militia	John Carr	985	Wilmington Dist.
Continental	James Carr	198	Hillsborough Dist.
Militia	William Carr	3036	Salisbury Dist.
Militia	Jonathan Carr	3373	Wilmington Dist.
Continental	James Carr, Soldier	225	Warrenton & Hillsboro D.
Militia	Thomas Coor	2063	Newbern Dist.
Militia	James Coor	348	Newbern Dist.
Continental	James Coor, Soldier	21	Warrenton Dist.
Militia	James Crno	2002	Salisbury Dist.
Continental	James Craig	120	Hillsboro Dist.
Militia	John Craig	4865	Wimington Dist.
Continental	James Craig, Soldier	331	Warrenton Dist.
Militia	Alexander Craig	4619	Salisbury Dist.
Militia	Thomas Cook	1042	Wilmington Dist.
Militia	Thos. Cook	1091	Wilmington Dist.
Continental	John Cook	2956	Warrenton Dist.
Militia	Archibald Cook	17	Wilmington Dist.
Militia	Robert Cook	1391	Salisbury Dist.
Militia	Jacob Cook	2568	Salisbury Dist.
Militia	Nathaniel Cook	4651	Morgan Dist.
Militia	Lazarus Cook	1937	Wilmington Dist.
Militia	Sergt. John Cook	3780	Wilmington Dist.
Militia	William Cook	3232	Wilmington Dist.
Militia	Henry Cook	2202	Wilmington Dist.
Militia	William Cook	2218	Wilmington Dist.
Continental	George Cook	653	
Continental	Rich'd D. Cook	461	
Militia	William Cook	4407	Wilmington Dist.
Militia	James Cook	7	Morgan Dist.
Militia	John Cook	6375	Salisbury Dist.
Militia	Wm. Cook	1789	Wilmington Dist.
Militia	John Cook	4619	Morgan Dist.
Militia	Philip Cook	7621	Salisbury Dist.
Militia	John Cook	2232	Wilmington Dist.
Militia	Adam Crine	8336	Salisbury Dist.
Militia	Benjamin Cray	5233	Wilmington Dist.
Militia	David Cinmore	5359	Salisbury Dist.

		No.	
Militia	James Coltrin	6433	Salisbury Dist.
Militia	David Calhorn	2454	Salisbury Dist.
Militia	Jos. Calahan	4696	Salisbury Dist.
Militia	Philip Christopher	7591	Salisbury Dist.
Militia	Abraham Colleh	4495	Morgan Dist.
Militia	Elisha Carroll	3356	Wilmington Dist.
Militia	Patrick Conely	4539	Salisbury Dist.
Militia	John Crinkleton	15	Morgan Dist.
Militia	David Coswel	2394	Salisbury Dist.
Continental	Thomas Chestnutt	587	
Continental	Solman Casey	65	
Continental	Elias Crockley	681	
Militia	John Critchett	616	
Continental	Philip Cakes	734	Halifax Dist.
Continental	Hezekiah Cooksey, Soldier	576	Hillsborough Dist.
Continental	William Cobb	114	
Continental	Thomas Cooksey, Soldier	517	Hillsborough Dist.
Continental	James Crain	320	
Continental	Richard Clifton, Soldier	50	Hillsborough Dist.
Continental	Thomas Costilloe	30	
Continental	Thil. Chance, Soldier	741	Halifax Dist.
Continental	Stephen Craft, Soldier	475	Hillsborough Dist.
Militia	Joseph Charlton	543	Newbern Dist.
Militia	Thomas Cirlwas	7505	Salisbury Dist.
Continental	John Christopher	500	
Militia	Charles Council	2391	Wilmington Dist.
Militia	Wm. Cash	4181	Salisbury Dist.
Militia	Timothy Clayborn	740	Wilmington Dist.
Militia	James Cadborn	4735	Salisbury Dist.
Militia	John Cliban	3163	Wilmington Dist.
Militia	Samson Caern	4491	Wilmington Dist.
Militia	John Callihan	2538	Salisbury Dist.
Militia	John Coones	7517	Salisbury Dist.
Continental	John Caeson, Sergt.	689	Halifax Dist.
Continental	John Carey	846	Hillsborough Dist.
Militia	Ezekiel Cliftin	274	Newbern Dist.
Continental	Benjamin Cumings	849	Hillsborough Dist.
Continental	Daniel Cellaes	346	
Continental	Francis Coston, Soldier	500	Hillsborough Dist.
Militia	Rich'd. Chanfield	58	Newbern Dist.
Militia	Sam'l Chard	236	Newbern Dist.
Militia	Patrick Connely	1479	Salisbury Dist.
Militia	Moses Cuthbasm	4302	Salisbury Dist.
Militia	Alexander Chestnutt	5898	Wilmington Dist.
Militia	Nathan Clirk	221	Wilmington Dist.
Militia	Cullen Connely	2838	Wilmington Dist.
Militia	Robt. Ceosnellner	6676	Salisbury Dist.
Continental	Absalom Costander	56	
Militia	Michal Cride	8331	Salisbury Dist.
Militia	Gunley Cor	3523	Wilmington Dist.
Militia	John Carouthers	292	Newbern Dist.
Militia	James Creemore	1660	Newbern Dist.
Continental	Danil Carroll	506	Halifax Dist.
Militia	Jas. Campain	694	Newbern Dist.

IN THE AMERICAN REVOLUTION

		No.	
Continental	Anthony Critcher, Lieut.	118	Halifax Dist.
Continental	John Campton	153	
Militia	Wm. Chanie	921	Newbern Dist.
Militia	James Cason	1985	Newbern Dist.
Militia	James Cariegan	2999	Salisbury Dist.
Militia	Richard Creech	4835	Wilmington Dist.
Militia	Isaac Currin	6901	Salisbury Dist.
Militia	Thomas Crinne	3736	Wilmington Dist.
Militia	Elisha Carroll	1192	Wilmington Dist.
Militia	James Canes	972	Wilmington Dist.
Militia	Cullan Connly	1653	Wilmington Dist.
Militia	Hugh Connoly	3842	Morgan Dist.
Militia	John Cuthberson	4301	Salisbury Dist.
Militia	Wm. Calahan	5093	Salisbury Dist.
Continental	Lieut. Anthony Critcher	117	Halifax Dist.
Militia	Jacob Caemack	1828	Newbern Dist.
Militia	Robt. Caeswell	7839	Salisbury Dist.
Militia	Robert Canneth	2506	Salisbury Dist.
Militia	Alexander Canneth	2025	Salisbury Dist.
Militia	James Canneth	2790	Salisbury Dist.
Militia	Archibald Clinton	4844	Morgan Dist.
Continental	Burnell Collins	1469	Warrenton Dist.
Continental	Dillard Collins	1468	Warrenton Dist.
Continental	Corporal Jeremiah Collins	1006	Halifax Dist.
Militia	Henry Collins	1710	Newbern Dist.
Militia	John Collins	4980	Wilmington Dist.
Continental	Burnell Collins	469	
Militia	Josiah Collins	868	Newbern Dist.
Militia	M.... Collins	3853	Wilmington Dist.
Continental	John Collins	981	Halifax Dist.
Continental	William Collins	1782	Warrenton Dist.
Continental	John Collins	952	Halifax Dist.
Militia	Stephen Collins	4039	Wilmington Dist.
Militia	Dele Collins	1162	Newbern Dist.
Militia	George Collins	581	Newbern Dist.
Militia	?...... Collins	1783	Wilmington Dist.
Militia	Stephen Collins	3862	Wilmington Dist.
Continental	Samson Collins	443	
Militia	John Collins	5987	Wilmington Dist.
Militia	William Collins	3861	Wilmington Dist.
Militia	Philip Collins	5243	Wilmington Dist.
Militia	Stephens Collins	4099	Wilmington Dist.
Militia	Nicholas Cook	2721	Salisbury Dist.
Militia	Nathan Cook	3499	Wilmington Dist.
Militia	Jno. Cook	7842	Salisbury Dist.
Militia	Wm. Cook	1414	Wilmington Dist.
Militia	William Cook	325	Wilmington Dist.
Militia	Joseph Cook	311	Wilmington Dist.
Continental	S..... Cook	690	Halifax Dist.
Continental	Sanders Cook, Soldier	1070	Halifax Dist.
Militia	Ruben Cook	1092	Wilmington Dist.
Militia	Henry Cook	2186	Wilmington Dist.
Continental	Lieut George Cook	71	Halifax Dist.
Militia	Cornelius Cook	484	Wilmington Dist.

		No.	
Militia	Thom's. Clements	1855	Newbern Dist.
Militia	Cornelius Clements	104	Morgan Dist.
Continental	John Clemons, Soldier	120	Hillsborough Dist.
Continental	David Clement	771	Hillsborough Dist.
Militia	Jno. Clemmons	4189	Salisbury Dist.
Continental	Jno. Clemmons, Soldier	373	Halifax Dist.
Militia	Mathew Clements	1232	Newbern Dist.
Continental	John Clemmons	206	Hillsborough Dist.
Militia	Charles Coplin	135	Newbern Dist.
Continental	Capt. Francis Child	47	Halifax Dist.
Continental	John Craddock, Capt. B. & M.	365	
Continental	Sergt. Bricknel C.	1139	Halifax Dist.
Continental	Lt. James Couper	457	Halifax Dist.
Militia	Moses Cogan	1225	Newbern Dist.
Continental	Thomas Donoho	439	
Continental	Thomas Donoho	435	
Continental	Thomas Donoho	440	
Continental	Thomas Donoho	433	
Continental	Thomas Donoho	434	
Continental	Thomas Donoho	443	
Continental	Thomas Donoho	432	
Continental	Thomas Donoho	436	
Continental	Thomas Donoho	442	
Continental	Thos. Donoho	269	
Militia	John Daniels	734	Newbern Dist.
Militia	John Daniels	2633	Newbern Dist.
Militia	Charles Doeherty	1268	Salisbury Dist.
Continental	Alxander Daugherty	751	
Continental	Absalom Daugherty	247	
Continental	Richard Daugherty	..21	
Continental	John Daugherty, Soldier	1121	Halifax Dist.
Militia	Benjamin Daugherty	278	Wilmington Dist.
Continental	Richard Daugherty, Soldier	24	Hillsboro Dist.
Militia	John Doherty	3714	Salisbury Dist.
Continental	James Damport	656	
Continental	Giles Damport	181	
Militia	John Damport	728	Wilmington Dist.
Militia	John Damport	3421	Wilmington Dist.
Militia	Patrick Davis	4849	Salisbury Dist.
Militia	John Davis	539	Wilmington Dist.
Militia	David Davis	1689	Wilmington Dist.
Militia	David Davis	1782	Wilmington Dist.
Militia	John Lahir Davis	4993	Salisbury Dist.
Militia	Jacob Davis	2130	Newbern Dist.
Continental	Jonah Davis	2	
Militia	Jonathan Davis	2854	Salisbury Dist.
Militia	Joseph Davis	7503	Salisbury Dist.
Militia	Jonah Davis	2237	Wilmington Dist.
Militia	John Davis	2853	Salisbury Dist.
Militia	John Davis	80	Newbern Dist.
Militia	Joseph Davis	1466	Salisbury Dist.
Militia	Thomas Davis	1919	Newbern Dist.
Militia	Joseph Davis	1783	Wilmington Dist.
Militia	Jonathan Davis	1779	Wilmington Dist.

		No.	
Militia	Thom's. Davis	1672	Newbern Dist.
Militia	James Davis	1042	Newbern Dist.
Continental	Samuel Davis	562	Hillsborough Dist.
Continental	James Davis, Soldier	454	Hillsborough Dist.
Continental	Archelius Davis	426	Hillsborough Dist.
Continental	Joshua Davis	147	Hillsborough Dist.
Continental	William Davis	573	Hillsborough Dist.
Continental	William Davis, Soldier	420	Hillsborough Dist.
Continental	Benjamin Davis	455	Hillsborough Dist.
Continental	Benjamin Davis	621	Hillsborough Dist.
Continental	Thomas Davis	434	Halifax Dist.
Continental	Frederick Davis, Soldier	833	Halifax Dist.
Continental	...... Davis	961	Halifax Dist.
Continental	John Davis	1135	Halifax Dist.
Continental	..cajah Davis	253	Halifax Dist.
Militia	Thomas Davis	4237	Morgan Dist.
Continental	William Davis	5	
Militia	William Davis	4859	Morgan Dist.
Militia	Capt. Myrick Davis	7473	Salisbury Dist.
Militia	Myrid Davis	7441	Salisbury Dist.
Militia	Wm. Davis	5113	Salisbury Dist.
Militia	Andrew Davis	683	Salisbury Dist.
Militia	Brisco Davis	913	Newbern Dist.
Militia	Raf. Davis	1239	Wilmington Dist.
Militia	Matthis Davis	1267	Wilmington Dist.
Continental	Acey Davis	3	
Continental	Matthew Davis	67	Hillsborough Dist.
Continental	Matthew Davis	187	Hillsborough Dist.
Continental	Joshua Davis	452	Newbern Dist.
Militia	Joshua Davis	1241	Newbern Dist.
Militia	James Davis	528	Wilmington Dist.
Militia	Robb. Davis	5947	Salisbury Dist.
Continental	James Davis, Soldier	1315	Newbern Dist.
Continental	John Davis	461	
Continental	James Davis	1317	Newbern Dist.
Continental	James Davis, Soldier	429	Hillsborough Dist.
Continental	James Davis	620	Hillsborough Dist.
Continental	Samul Davis	739	Hillsborough Dist.
Militia	Wm. Davis	8462	Salisbury Dist.
Militia	Jacob Davis	1298	Salisbury Dist.
Continental	Hugh Davis, Soldier	183	Hillsborough Dist.
Militia	Samuel Davis	5112	Salisbury Dist.
Militia	George Davis	7825	Salisbury Dist.
Militia	Wm. Davis	5903	Salisbury Dist.
Militia	John Davis	1443	Newbern Dist.
Militia	James Davis	2824	Salisbury Dist.
Militia	Daniel Davis	4570	Salisbury Dist.
Continental	Joshua Davis	324	
Militia	Abner Davis	9250	Salisbury Dist.
Militia	John Davis	2121	Newbern Dist.
Militia	Hugh Davis	5323	Salisbury Dist.
Militia	Hugh Davis	2989	Salisbury Dist.
Militia	Wm. Davis	830	Wilmington Dist.
Militia	Ephraim Davidson	8436	Salisbury Dist.

		No.	
Militia	Jno. Davidson	8366	Salisbury Dist.
Militia	Joseph Davidson	3400	Wilmington Dist.
Militia	John Davidson	4480	Morgan Dist.
Continental	Thomas Davidson	1829	Warrenton Dist.
Militia	Joseph Davidson	5033	Wilmington Dist.
Continental	John Davidson, Soldier	78	Hillsborough Dist.
Continental	James Davidson	1303	Halifax Dist.
Continental	William Davie, Soldier	825	Halifax Dist.
Continental	Hemphrey Durham	139	Hillsborough Dist.
Continental	John Durham	584	Hillsborough Dist.
Continental	John Durham, Soldier	432	Hillsboro Dist.
Continental	Hemphrey Durham	73	Hillsborough Dist.
Militia	William Durham	138	Newbern Dist.
Militia	William Durham	130	Newbern Dist.
Continental	William Durham, Soldier	482	Halifax Dist.
Continental	Nathanel Durham	1291	Halifax Dist.
Militia	John Durham	1311	Newbern Dist.
Militia	Robert Dixson	924	Newbern Dist.
Continental	Lieut.-Col.-Brig. Henry Dixon	204	
Militia	Edward Dickson	998	Wilmington Dist.
Militia	John Dixon	1980	Newbern Dist.
Continental	Charles Dixon	270	Hillsboro Dist.
Continental	Henry Dixon, Soldier	606	Hillsboro Dist.
Militia	Edw'd. Dickson	5502	Wilmington Dist.
Militia	James Dickson	....	Morgan Dist.
Militia	John Dickson	915	Newbern Dist.
Militia	Edward Dickson	4046	Wilmington Dist.
Militia	James Dickson	995	Wilmington Dist.
Continental	Benjamin Dickson	323	Hillsborough Dist.
Continental.	Lieut. Col. Brig. Henry Dickson	202	
	Col. Joseph Dickson	260	
Continental	Benjamin Dickson	456	Hillsborough Dist.
Militia	John Dixon	6621	Salisbury Dist.
Militia	Robt. Dickson	4228	Salisbury Dist.
Continental	Tilman Dixon	310	
Militia	William Dodd	1371	Newbern Dist.
Militia	David Dodd	1472	Wilmington Dist.
Militia	William Dunn	787	Newbern Dist.
Militia	George Dunn	8454	Salisbury Dist.
Militia	William Dunn	2292	Newbern Dist.
Militia	David Dunn	294	Newbern Dist.
Militia	George Dunn	4531	Salisbury Dist.
Militia	John Dunn	1639	Wilmington Dist.
Militia	Isaac Dunn	5711	Wilmington Dist.
Militia	Samul Dunn	1745	Wilmington Dist.
Militia	Robt. Dunn	6082	Salisbury Dist.
Militia	Samul Dunn	901	Wilmington Dist.
Continental	James Dillard	168	Hillsborough Dist.
Continental	Christopher Dorhn	101	Hillsborough Dist.
Continental	Robert Dennis	589	Hillsborough Dist.
Continental	James Deacon	651	Hillsborough Dist.
Continental	Ere Dego, Soldier	384	Hillsborough Dist.
Continental	Hugh Darally	738	Hillsborough Dist.
Militia	John Deer	1137	Newbern Dist.

			No.	
Continental	John Donas		109	Hillsborough Dist.
Continental	Timothy Decent		632	
Continental	Isaac Davis		626	
Militia	James Doty		5000	Wilmington Dist.
Militia	Arthur Donelly		4240	Wilmington Dist.
Militia	Francis Donelly		4085	Wilmington Dist.
Continental	Morgan Ducey		1311	Halifax Dist.
Continental	Martin Dickerson		945	Halifax Dist.
Continental	William Den.., Soldier		438	
Militia	William Dowdle		1530	Wilmington Dist.
Militia	Corp. Thos. Drish		7656	Salisbury Dist.
Militia	Martin Dye		4100	Wilmington Dist.
Militia	Ranol Dorning		2993	Wilmington Dist.
Militia	James Dyer		3941	Wilmington Dist.
Militia	Edward Everage		4334	Wilmington Dist.
Militia	William Dancey		3009	Salisbury Dist.
Militia	Jacob Dewalt		2500	Salisbury Dist.
Militia	Clayton Dunfield		4786	Wilmington Dist.
Continental	Sergt. James Dunnar		171	Halifax Dist.
Militia	George Davenport		1931	Newbern Dist.
Militia	George Davenport		1949	Newbern Dist.
Continental	Giles Davenport		255	
Militia	Joel Davenport		1887	Newbern Dist.
Militia	Joel Davenport		1932	Newbern Dist.
Militia	Wm. Davenport		984	Newbern Dist.
Continental	Ephriam Davenport, Soldier		681	Halifax Dist.
Militia	John Dobbin		703	Salisbury Dist.
Militia	John Dobbins		4111	Wilmington Dist.
Militia	Andrew Dobbins		2539	Salisbury Dist.
Militia	James Dobbins		3921	Wilmington Dist.
Continental	James Dobbins		606	Hillsborough Dist.
Militia	James Dobbins		699	Salisbury Dist.
Militia	James Dobbins		113	Hillsborough Dist.
Militia	James Dobbins		453	Hillsborough Dist.
Militia	Hugh Dobbins		5219	Salisbury Dist.
Militia	James Dobbins		4769	Wilmington Dist.
Continental	James Dobbins, Soldier		63	Hillsborough Dist.
Militia	John Dobbins		759	Salisbury Dist.
Militia	John Dobbins		5217	Salisbury Dist.
Militia	James Dobbins		6912	Salisbury Dist.
Militia	James Dobbins		3893	Wilmington Dist.
Militia	Capt. Alexander Dobbins		178	Halifax Dist.
Militia	Sergt. James Dobbins		6913	Salisbury Dist.
Continental	Sergt. Hugh Dobbins		1985	Warrenton Dist.
Continental	William Deal, Soldier		672	Hillsborough Dist.
Continental	John Deal		764	Halifax Dist.
Militia	Anthony Dean		796	Newbern Dist.
Militia	...ham Dees		1535	Wilmington Dist.
Continental	Col. Levi Dauson		34	Halifax Dist.
Militia	Nehemiah Dorms		1087	Newbern Dist.
Militia	....arfoot Dorch		1039	Newbern Dist.
Militia	Anthony Dean		359	Newbern Dist.
Continental	Isaiah Denis		613	
Continental	Robert Dawling		77	

		No.	
Continental	Sterling Dean	949	Warrenton Dist.
Militia	Avery Dze	3854	Wilmington Dist.
Militia	John Dennis	5974	Salisbury Dist.
Militia	Sergt. Tho. Devane	5170	Wilmington Dist.
Militia	John Donald	4275	Salisbury Dist.
Continental	Ephraim Dorning	349	
Continental	Absolom Durkins	254	
Continental	Holland Deek	237	
Continental	Jesse Donan	309	
Continental	John Drury	1310	Halifax Dist.
Continental	.... Diel	37	
Continental	Joshua Dunigan	223	Warrenton Dist.
Militia	Tho. Devane	348	Wilmington Dist.
Militia	Martin Dye	3851	Wilmington Dist.
Continental	Dempsey Daughtry	1402	Warrenton Dist.
Continental	Frances Delong, Soldier	177	Hillsborough Dist.
Continental	Isham Dyches, Soldier	178	Hillsborogh Dist.
Militia	Sugar Dulin	275	Newbern Dist.
Militia	Rue Duling	1481	Newbern Dist.
Continental	Sam Dozier	230	
Militia	John Dumbesh	6490	Salisbury Dist.
Militia	Edward Dofferty	4523	Morgan Dist.
Militia	.... Durkworth	6309	Salisbury Dist.
Militia	John Durkins	904	Newbern Dist.
Militia	Henry Davis	538	Wilmington Dist.
Militia	Archil. Duhemple	4298	Wilmington Dist.
Militia	William Dudley	63	Wilmington Dist.
Militia	Absolom Demont	517	Newbern Dist.
Militia	Charles Duart	812	Salisbury Dist.
Continental	Peter Delight	1423	Warrenton Dist.
Militia	Edward Doty	23	Wilmington Dist.
Militia	Mack Dedman	3029	Salisbury Dist.
Continental	Peter Duffee	637	Halifax Dist.
Continental	Charles Dodson, Soldier	793	Halifax Dist.
Continental	Henry Dunnehe	1245	Halifax Dist.
Militia	Thomas Deel	131	Newbern Dist.
Continental	John Dean	285	Hillsborough Dist.
Continental	.... Duncan	240	
Militia	John Delisslin	2118	Wilmington Dist.
Militia	William Deros	3848	Morgan Dist.
Militia	A.... Diggo	1160	Newbern Dist.
Militia	Aulling Dean	1090	Newbern Dist.
Continental	Lieut. Hugh Dobbins	473	
Militia	Lieut. Wm. Dobbins	7050	Salisbury Dist.
Militia	James Dobbins	4344	Wilmington Dist.
Continental	William Duncan	1339	Halifax Dist.
Militia	Isaac Duncan	3414	Wilmington Dist.
Militia	Edward Duncan	1196	Wilmington Dist.
Militia	Elias Duncan	5014	Wilmington Dist.
Continental	Jeremiah Duncan	166	
Militia	Wm. Dunkan	4536	Salisbury Dist.
Militia	George Davison	7861	Salisbury Dist.
Militia	Lieut. Geo. Davison	8359	Salisbury Dist.
Militia	Ruban Davison	831	Wilmington Dist.

		No.	
Militia	James Davison	896	Hillsborough Dist.
Militia	Ephriam Davison	8381	Salisbury Dist.
Militia	Lt. Jos. Davison	3645	Wilmington Dist.
Militia	Wm. Davison	3136	Salisbury Dist.
Militia	Joseph Davison	1475	Wilmington Dist.
Militia	Alexander Davidson	5962	Salisbury Dist.
Militia	James Davidson	6263	Salisbury Dist.
Militia	George Davidson	4196	Salisbury Dist.
Militia	Major George Davidson	427	Salisbury Dist.
Militia	Wm. Davidson	6314	Salisbury Dist.
Continental	John Davidson	231	Hillsborough Dist.
Militia	John Davidson	4496	Morgan Dist.
Militia	..... Dellamar	932	Newbern Dist.
Militia	Francis Delamar	1761	Newbern Dist.
Militia	Thomas Delamar	312	Newbern Dist.
Militia	Dempsey Delamar	1222	Newbern Dist.
Militia	Dempsey Delamar	1071	Newbern Dist.
Militia	Francis Dauson	967	Newbern Dist.
Continental	Matthew Dauson	1846	Warrenton Dist.
Militia	Bartholam Dauson	4985	Morgan Dist.
Continental	Isaac Dauson	239	
Militia	Capt. Levi Dauson	275	Newbern Dist.
Continental	Capt. Henry Dauson	297	Hillsborough Dist.
Continental	James Dickins	135	Hillsborough Dist.
Continental	Edmund Dickins	185	Hillsborough Dist.
Continental	Edmund Dickins, Soldier	109	Hillsborough Dist.
Militia	Abram Duck	4616	Salisbury Dist.
Militia	Jacob Duck	4646	Morgan Dist.
Militia	James Duck	4623	Wilmington Dist.
Continental	Peter Dandy	...3	
Continental	Josiah Dandy	597	Hillsborough Dist.
Militia	Obadiah Dandy	2991	Salisbury Dist.
Continental	Josiah Dandy, Soldier	443	Hillsborough Dist.
Continental	William Dunston	479	Halifax Dist.
Continental	Holland Delk	163	
Militia	Francis Doowely	5858	Wilmington Dist.
Militia	John Dofson	4211	Wilmington Dist.
Continental	Isaac Dean	705	
Continental	Am.... Dodley	1192	Warrenton Dist.
Militia	Isaac Davie	3654	Salisbury Dist.
Militia	Abraham Dickey	2653	Salisbury Dist.
Militia	Henry Diller	7240	Salisbury Dist.
Militia	Jacob Deal	5406	Salisbury Dist.
Militia	Michal Dillard	5324	Salisbury Dist.
Continental	Ephraim Downing	54	
Militia	James Diver	4197	Morgan Dist.
Militia	John Deer, Soldier	1550	Newbern Dist.
Militia	Daniel Dees	2155	Newbern Dist.
Continental	Sherrod Duke	19	Hillsborough Dist.
Continental	William Duke	119	Hillsborough Dist.
Continental	Samuel Darden	72	Hillsborough Dist.
Continental	William Dennis	122	Hillsborough Dist.
Continental	Frederick Desern	251	**Hillsborough Dist.**
Continental	Francis Desern	172	**Hillsborough Dist.**

		No.	
Continental	Henry Dauson, Capt.	427	Hillsborough Dist.
Continental	John Desheron	323	Hillsborough Dist.
Militia	Ahaseur Dzar	4538	Morgan Dist.
Militia	William Dieskel	2875	Salisbury Dist.
Militia	Edward Dudley	2011	Wilmington Dist.
Militia	Thos. Dudley	148	Wilmington Dist.
Continental	Zachariah Douge	788	Halifax Dist.
Continental	Griffieth Douge	36	Hillsborough Dist.
Continental	Griffieth Douge	35	Hillsborough Dist.
Continental	James Douge	32	Hillsborough Dist.
Continental	Griffieth Douge	38	Hillsborough Dist.
Continental	Griffieth Douge	37	Hillsborough Dist.
Continental	Richard Douge	1156	Halifax Dist.
Continental	Joab Douge, Soldier	363	Hillsborough Dist.
Continental	Griffieth Douge, Soldier	271	Hillsborough Dist.
Continental	James Douge	17	Hillsborough Dist.
Militia	John Daniel	611	Halifax Dist.
Militia	Jephtha Daniel	1901	Wilmington Dist.
Militia	Shadrack Daniel	193	Wilmington Dist.
Militia	Benj. Daniel	8989	Salisbury Dist.
Militia	Shaderick Daniel	2284	Wilmington Dist.
Militia	Francis Daniel	3978	Wilmington Dist.
Militia	Enoch Daniel	462	Newbern Dist.
Militia	Elias Daniel	568	Wilmington Dist.
Militia	Wm. Daniel	5926	Wilmington Dist.
Militia	Thomas Daniel	1943	Newbern Dist.
Militia	Enoch Daniel	1964	Newbern Dist.
Militia	Hezekiah Dunn	5710	Wilmington Dist.
Militia	Bartho'm. Dunn	4202	Wilmington Dist.
Militia	Simon Dunn	1348	Wilmington Dist.
Militia	James Dunn	5481	Wilmington Dist.
Militia	Bamhos Dunn	904	Salisbury Dist.
Continental	Jacob Dunn, Soldier	36	Halifax Dist.
Militia	James Dunn	141	Wilmington Dist.
Continental	Nicolas Dunn, Soldier	494	Hillsborough Dist.
Militia	Jno. D.... Dunn	952	Newbern Dist.
Militia	Andrew Dunn	1473	Salisbury Dist.
Militia	George Dunn	2626	Salisbury Dist.
Militia	Drury Dunn	1056	Wilmington Dist.
Militia	Wm. Dum	5713	Wilmington Dist.
Militia	Neheniah Dum	2359	Wilmington Dist.
Continental	Malachi Dum	34	Hillsborough Dist.
Militia	Robert Dum	1475	Salisbury Dist.
Continental	Nicolas Dum	663	Hillsborough Dist.
Continental	Jeffrey Dum, Soldier	35	Hillsborough Dist.
Continental	William Douglas, Soldier	320	Hillsborough Dist.
Continental	William Douglas	321	Hillsborough Dist.
Continental	Hezekiah Douglas	134	Halifax Dist.
Militia	Solomon Douglas	5728	Salisbury Dist.
Continental	William Douglas	454	Hillsborough Dist.
Continental	William Douglas	453	Hillsborough Dist.
Continental	William Drew, Soldier	355	Halifax Dist.
Continental	Jesse Donaldson	1287	Halifax Dist.
Militia	Capt. Abraham Demoss	747	Salisbury Dist.

		No.	
Continental	William Duvall, Soldier	1171	Halifax Dist.
Militia	Lieut. George Draughon	4149	Wilmington Dist.
Militia	Capt. James Devane	573	Wilmington Dist.
Continental	Sergt. John Dilliard	111	Halifax Dist.
Continental	Spencer Donaldson	936	Halifax Dist.
Militia	James Duson	6052	Salisbury Dist.
Militia	George Duckett	3634	Salisbury Dist.
Militia	William Dorton	622	Salisbury Dist.
Continental	Richard Dean	1033	Halifax Dist.
Militia	John Davie	3655	Salisbury Dist.
Continental	Absolom Durkins	180	
Continental	Isaac Dauson	165	
Militia	Daniel Dees	2101	
Militia	Alize Denny	4556	Salisbury Dist.
Militia	Samuel Denont	498	Newbern Dist.
Continental	Lieut. Benjamin Dillon	1986	Warrenton Dist.
Militia	Sterling Dupree	1639	Newbern Dist.
Militia	Obadiah Doddy	5177	Salisbury Dist.
Militia	David Davie	313	Newbern Dist.
Militia	Joseph Demster	3077	Salisbury Dist.
Militia	William Dollis	1285	Salisbury Dist.
Continental	John Duggan	133	
Militia	William Duce	4902	Morgan Dist.
Militia	Joshua Daughtery	5688	Wilmington Dist.
Militia	John Dumond	6031	Salisbury Dist.
Militia	John Dearmon	1400	Salisbury Dist.
Militia	Martin Die	4034	Wilmington Dist.
Militia	John Denoho	1646	Wilmington Dist.
Militia	John Devane	6022	Wilmington Dist.
Continental	S.... Daughtry	821	Halifax Dist.
Militia	Jacob Dulose	3474	Wilmington Dist.
Continental	Charles Dailey	1217	Halifax Dist.
Continental	John Desheson, Soldier	206	Hillsborough Dist.
Continental	William Duke	624	Hillsborough Dist.
Militia	John Durn	1273	Salisbury Dist.
Militia	Joseph Dobson	5004	Morgan Dist.
Continental	John Duckingham	354	
Militia	Bazel Dosey	1252	Salisbury Dist.
Militia	Jacob Dollar	5535	Wilmington Dist.
Militia	John Durdan	1258	Newbern Dist.
	Bird Dupree, Soldier	1644	Newbern Dist.
Militia	Benj. Dorsey	5730	Salisbury Dist.
Continental	Capt. Geo. Dudley	344	Halifax Dist.
Militia	Capt. Dubos	5140	Wilmington Dist.
Militia	**David Dickey**	5480	Salisbury Dist.
Militia	Wm. Danoldson	7245	Salisbury Dist.
Continental	Benjamin Dean	236	Hillsborough Dist.
Continental	Francis Dezearn	97	Hillsborough Dist.
Continental	David Danley	582	Hillsborough Dist.
Militia	Avery Dye	3847	Wilmington Dist.
Militia	Samuel Deans	739	Wilmington Dist.
Militia	Elijah Dudley	392	Newbern Dist.
Continental	Samuel Dowden, Soldier	57	Hillsborough Dist.
Militia	**John Davie**	4533	Salisbury Dist.

		No.	
Militia	A. Haukins, Durkworth	8619	Salisbury Dist.
Militia	Joseph Dobson	4464	Morgan Dist.
Continental	David Deffnall, Soldier	924	Halifax Dist.
Continental	John Duckingham	59	
Militia	Martin Dye	3849	Wilmington Dist.
Militia	Robert Davie	6228	Salisbury Dist.
Militia	Patrick Davie	6453	Salisbury Dist.
Militia	John Durkworth	4994	Morgan Dist.
Militia	William Dykes	1518	Newbern Dist.
Militia	Jacob Dardin	266	Newbern Dist.
Militia	James Dyck	3962	Wilmington Dist.
Militia	John Drayhan	4285	Wilmington Dist.
Continental	Ispin Dorran	235	
Continental	John Dawson	560	
Militia	George Devhan	1844	Wilmington Dist.
Militia	John Devane	5171	Wilmington Dist.
Continental	Isham Dyches	448	
Continental	David Douby, Soldier	430	Hillsborough Dist.
Continental	Hugh Donally	545	Hillsborough Dist.
Continental	William Duke	808	Hillsborough Dist.
Militia	Daniel Dillahunt	1151	Newbern Dist.
Militia	George Dudley	3896	Wilmington Dist.
Militia	Hopkins Dye	4046	Wilmington Dist.
Militia	Barton Dyson	5613	Salisbury Dist.
Continental	Frederick Desern	140	Hillsborough Dist.
Continental	Eli Drake	77	Hillsborough Dist.
Continental	Eli Drake, Soldier	39	Hillsborough Dist.

ERWIN FAMILY

		No.	
Militia	Jarrald Erwin	3182	Wilmington Dist.
Militia	Jarrel Erwin	2256	Wilmington Dist.
Militia	Gaevin Erwin	7137	Salisbury Dist.
Militia	Arthur Erwin	7368	Salisbury Dist.
Militia	Wm. Erwin	6770	Salisbury Dist.
Militia	John Erwin	7184	Salisbury Dist.
Militia	Wm. Erwin	6935	Salisbury Dist.
Militia	Jared Erwin	3215	Wilmington Dist.
Militia	Wm. Erwin	5499	Salisbury Dist.
Militia	Nath'l. Erwin	5137	Salisbury Dist.
Militia	Jarod Erwin	4548	Wilmington Dist.
Militia	Arthur Erwin	2285	Salisbury Dist.
Militia	William Erwin	5793	Salisbury Dist.
Militia	Thos. Erwin	....	Salisbury Dist.
Militia	Jno. Erwin	5881	Salisbury Dist.
Militia	John Erwin	7058	Salisbury Dist.
Militia	Robert Erwin	886	Salisbury Dist.
Militia	John Erwin	6419	Salisbury Dist.
Militia	John Erwin	6903	Salisbury Dist.
Militia	John Erwin	2286	Salisbury Dist.
Militia	John Erwin	5811	Salisbury Dist.
Militia	John Erwin	7211	Salisbury Dist.

EVANS FAMILY

		No.	
Militia	Edward Evans	4654	Salisbury Dist.
Militia	Samuel Evans	1925	Wilmington Dist.

		No.	
Continental	Charles Evans	177	Hillsborough Dist.
Continental	Charles Evans, Soldier	358	Hillsborough Dist.
Militia	David Evans	3491	Wilmington Dist.
Militia	George Evans	4054	Wilmington Dist.
Militia	Samul Evans	2217	Wilmington Dist.
Militia	Ephm. Evans	358	Newbern Dist.
Militia	James Evans	207	Newbern Dist.
Militia	Samuel Evans	316	Wilmington Dist.
Militia	David Evans	5143	Wilmington Dist.
Militia	George Evans	1647	Newbern Dist.
Militia	James Evans	3744	Wilmington Dist.
Continental	Rubin Evans, Soldier	590	Halifax Dist.
Continental	Charles Evans	101	Hillsborough Dist.
Continental	Charles Evans	178	Hillsborough Dist.
Militia	Benja Evans	1339	Wilmington Dist.
Militia	Benja Evans	964	Wilmington Dist.
Continental	Morris Evans, Soldier	315	Hillsborough Dist.
Continental	Joseph Evans	784	Halifax Dist.
Continental	David Evans	55	Wilmington Dist.
Continental	Saml' Evans	1088	Wilmington Dist.
Continental	William Evans	139	
Continental	Phillip Evans	655	
Continental	Capt. Thomas Evans	61	Halifax Dist.
Continental	Capt. Thomas Evans	64	Halifax Dist.
Militia	Thos. Evans	4581	Wilmington Dist.
Militia	Theopilis Evans	4568	Wilmington Dist.
Militia	John Ferrel	30	Wilmington Dist.
Militia	John Ferrel	2054	Newbern Dist.
Militia	Wm. Ferrel	6379	Salisbury Dist.
Continental	Nathan Ferrel	903	Halifax Dist.
Continental	Edward Ferrel, Soldier	157	Hillsborough Dist.
Continental	James Ferrel	1081	Halifax Dist.
Continental	Enoch Ferrel, Soldier	490	Halifax Dist.
Continental	Micajah Ferrel	194	Hillsborough Dist.
Continental	James Ferrel	143	Halifax Dist.
Continental	Edward Ferrel	269	Hillsborough Dist.
Continental	Gabriel Ferrel	6	Hillsborough Dist.
Continental	Robert Ferebee, Soldier	240	Hillsborough Dist.
Continental	Capt. Wm. Ferebee	129	Halifax Dist.
Continental	Abraham Finley, Soldier	40	Hillsborough Dist.
Militia	James Finley	2590	Salisbury Dist.
Militia	George Finley	3223	Salisbury Dist.
Militia	James Finley	3055	Salisbury Dist.
Militia	James Finley	3251	Salisbury Dist.
Militia	Joseph Findley	3226	Salisbury Dist.
Militia	Joseph Findley	8383	Salisbury Dist.
Continental	Abraham Findley	78	Hillsborough Dist.
Militia	George Finley	2733	Salisbury Dist.
Militia	John Finley	1241	Salisbury Dist.
Militia	Wm. Finley	592	Salisbury Dist.
Militia	George Finley	670	Salisbury Dist.
Militia	John Fleming	2080	Salisbury Dist.
Militia	John Fleming	1294	Wilmington Dist.
Militia	Mitchell Fleming	3076	Salisbury Dist.

		No.	
Militia	John Fleming	3111	Salisbury Dist.
Militia	Alison Fleming	2023	Salisbury Dist.
Militia	Mitchell Fleming	2555	Salisbury Dist.
Continental	James Fleming, Soldier	567	Halifax Dist.
Militia	James Fleming	4417	Morgan Dist.
Continental	Joseph Fleming	1164	Halifax Dist.
Militia	John Fleming	909	Salisbury Dist.
Continental	John Fleming	825	Warrenton Dist.
Militia	Gideon Freeman	4306	Salisbury Dist.
Militia	David Foster	803	Salisbury Dist.
Militia	William Falls	4076	Salisbury Dist.
Militia	Jermiah Fonville	5743	Wilmington Dist.
Militia	Zacheriah Field	3326	Wilmington Dist.
Continental	Timothy Fields	1927	Warrenton Dist.
Militia	Luke Fosque	792	Newbern Dist.
Militia	James Findall	1990	Newbern Dist.
Continental	Benjam. Flood, Soldier	599	Halifax Dist.
Militia	Jef Florees	1021	Newbern Dist.
Militia	Alex Ferguson	2696	Salisbury Dist.
Militia	James Faenal	5753	Wilmington Dist.
Militia	Richard Fair	3568	Wilmington Dist.
Continental	Nicholas Frazir	73	
Continental	Willis Floyd	927	Warrenton Dist.
Militia	...... Foley	5978	Salisbury Dist.
Militia	Arthur Forbes	46	Salisbury Dist.
Continental	Moses Frost	350	
Continental	Frederick Frances	440	
Militia	Frances Forks	3668	Wilmington Dist.
Militia	Joseph Foster	5241	Salisbury Dist.
Militia	John Fespeman	644	Salisbury Dist.
Continental	Hugh Forsyth, Soldier	176	Hillsborough Dist.
Continental	Cornelius Futrell	477	
Militia	James Floyd	2289	Wilmington Dist.
Militia	Hugh Fillips	2627	Salisbury Dist.
Militia	James Frazer	8392	Salisbury Dist.
Militia	Elizabeth Fry	4567	Morgan Dist.
Continental	David Fort, Soldier	1661	Newbern Dist.
Militia	Jacob Fingle	1852	Newbern Dist.
Militia	Elisha Faison	1521	Wilmington Dist.
Militia	Lieut. S... Fisher	526	Wilmington Dist.
Continental	Robert Fosett	1189	Halifax Dist.
Continental	Jesse Freeman, Soldier	611	Hillsborough Dist.
Militia	Mich. Freeman	8149	Salisbury Dist.
Militia	Peter Franklin	1780	Newbern Dist.
Continental	Wm. Fryar	1259	Halifax Dist.
Continental	Maj. Wm. Fen....	181	Halifax Dist.
Continental	Richard Fenn	305	Halifax Dist.
Militia	Capt. Gilbreth Falls	6686	Salisbury Dist.
Militia	Felix Fredrick	1180	Wilmington Dist.
Militia	James Gee	4631	Wilmington Dist.
Continental	Samul Gaines, Soldier	532	Halifax Dist.
Continental	Gilbert Grant	214	
Militia	John Gates	2931	Wilmington Dist.
Continental	James Glasco	1431	Warrenton Dist.

		No.	
Continental	George Glenn	1482	Warrenton Dist.
Continental	Thomas Ganott	1457	Warrenton Dist.
Militia	John Gardun	374	Newbern Dist.
Militia	David Gargainus	756	Newbern Dist.
Militia	Joshua Guard	500	Newbern Dist.
Continental	William Goldsbury	1421	Halifax Dist.
Militia	Arthur Gurley	1237	Newbern Dist.
Continental	Thomas Gamet, Soldier	962	Warrenton Dist.
Militia	Thos. Gardun	1045	Newbern Dist.
Militia	John Goff	1774	Wilmington Dist.
Militia	Jacob Gordin	1830	Wilmington Dist.
Militia	Fisher Gaskins	289	Newbern Dist.
Militia	George Gurley	1226	Newbern Dist.
Militia	Leuis Gurley	1291	Newbern Dist.
Militia	Hardy Galtin	990	Newbern Dist.
Continental	Thomas Girin	44	Halifax Dist.
Militia	Jos. Guilford	364	Newbern Dist.
Continental	Wm. Gaskins	21	Newbern Dist.
Militia	Jacob Gorley	1210	Newbern Dist.
Militia	William Gaskill	689	Newbern Dist.
Militia	Reeding Giest	2000	Newbern Dist.
Militia	Fisher Gaston	....	Newbern Dist.
Militia	Benjamin Grayson	4239	Morgan Dist.
Continental	Jenkins Goin	919	Halifax Dist.
Militia	Henry Gilbert	7611	Salisbury Dist.
Militia	Elias Garrison	6288	Salisbury Dist.
Militia	Stephen Griffud	5543	Wilmington Dist.
Continental	John Gautheop	802	Halifax Dist.
Militia	Wm. Gauff	5501	Wilmington Dist.
Continental	Benjamin Gorman	658	Halifax Dist.
Continental	George Gary	655	Halifax Dist.
Continental	Joseph Gawburn	978	Halifax Dist.
Continental	William Gooch	12	Halifax Dist.
Continental	Leuis Goodrich	1244	Halifax Dist.
Continental	Abraham Gamilion	817	Halifax Dist.
Continental	James Gilbert, Soldier	....	Halifax Dist.
Continental	Zachariah Gofoth	848	Halifax Dist.
Militia	Jacob Grindstaff	4452	Morgan Dist.
Militia	Isaac Grindstaff	4964	Morgan Dist.
Militia	John Gebbs	4958	Morgan Dist.
Militia	Wm. Goodrich	5785	Wilmington Dist.
Miltia	Robt. Givene	6706	Salisbury Dist.
Militia	James Greenlee	4486	Morgan Dist.
Militia	Wm. Glais	7085	Salisbury Dist.
Militia	Matthew Gordir	4629	Morgan Dist.
Militia	John Goas	6828	Salisbury Dist.
Militia	James Gordin	5788	Wilmington Dist.
Militia	Alexander Gunn	6871	Salisbury Dist.
Militia	Joseph Gilbroth	7041	Salisbury Dist.
Militia	John Gilbroth	7040	Salisbury Dist.
Militia	Henry Gougar	7218	Salisbury Dist.
Militia	John Gibbs	4795	Morgan Dist.
Militia	Frederick Grady	5780	Wilmington Dist.
Continental	Thomas Green	1821	Warrenton Dist.

		No.	
Militia	John Green	2223	Wilmington Dist.
Militia	Richard Green	5346	Salisbury Dist.
Militia	B...... Green	3311	Wilmington Dist.
Continental	Sutton Green, Soldier	326	Hillsborough Dist.
Continental	Randall Green	758	
Continental	Abraham Green, Soldier	218	Hillsborough Dist.
Militia	Soet Green	1688	Wilmington Dist.
Militia	Benj. Green	5269	Wilmington Dist.
Continental	William Green, Soldier	127	Hillsborough Dist.
Militia	John Green	1948	
Militia	Ruben Green	1701	Wilmington Dist.
Militia	James Green	858	Wilmington Dist.
Militia	James Green	691	Salisbury Dist.
Militia	Samul Green	3693	Wilmington Dist.
Militia	John Green	3310	Wilmington Dist.
Militia	Wm. Green	824	Wilmington Dist.
Continental	J. H. Green, Surgeon	239	Halifax Dist.
Continental	John Green, Soldier	428	Hillsborough Dist.
Continental	Solomon Green	1252	Halifax Dist.
Continental	Thomas Green	843	Halifax Dist.
Militia	Capt. Thomas Givens	3606	Salisbury Dist.
Militia	Capt. Bazel Grant	5279	Wilmington Dist.
Militia	Joseph Galbreath	4272	Salisbury Dist.
Militia	Moses Granbeay	1507	Newbern Dist.
Militia	Abner Goodrine	3728	Wilmington Dist.
Continental	John Gilbert, Soldier	201	Halifax Dist.
Continental	Thomas Geddy	106	Halifax Dist.
Militia	Edwd. Gather	960	Newbern Dist.
Militia	Daniel McGoodwin	3615	Salisbury Dist.
Militia	Wm. Bony Gene	5165	Wilmington Dist.
Militia	Saml Ginton	4510	Wilmington Dist.
Militia	Francis Glass	3584	Salisbury Dist.
Militia	John Guebbs	1815	Newbern Dist.
Militia	Cornelius Granger	5115	Wilmington Dist.
Militia	John Gates	2962	Wilmington Dist.
Militia	Benjamin Gaylard	1873	Newbern Dist.
Militia	Will Garnet	5092	Wilmington Dist.
Continental	Sergt. Samuel Gilston	804	Halifax Dist.
Militia	....as Geater	5571	Salisbury Dist.
Continental	Jeffrey Games	1249	Halifax Dist.
Continental	Isaac Gallop, Soldier	32	Hillsborough Dist.
Militia	Edward Gates	2961	Wilmington Dist.
Continental	Charles Grinesley	333	
Militia	James Gheen	4348	Salisbury Dist.
Militia	John Gallraith	4267	Salisbury Dist.
Continental	Lieut. Edward Gamble	96	Halifax Dist.
Militia	Eias Garrison	5117	Salisbury Dist.
Militia	Capt. Richard Graham	7364	Salisbury Dist.
Militia	Richard Graham	4684	Salisbury Dist.
Militia	Richard Graham	229	Salisbury Dist.
Militia	Col. William Graham	2741	Salisbury Dist.
Continental	James Gregory	1486	Warrenton Dist.
Militia	Lt. Hardy Gregory	3487	Wilmington Dist.
Continental	Thomas Gregory	626	Hillsboro Dist.

		No.	
Militia	Thomas Gregory	5147	Salisbury Dist.
Militia	John Gregory	127	Wilmington Dist.
Continental	Adam Gregory	863	Halifax Dist.
Militia	Lott Gregory	589	Newbern Dist.
Militia	Jacob Gill	681	Newbern Dist.
Militia	John Gunter	774	Newbern Dist.
Continental	Lieut. Francis Graves	297	Halifax Dist.
Militia	Solomon Goodman	5639	Wilmington Dist.
Militia	Luke Goodman	5695	Wilmington Dist.
Militia	Job Goodman	4914	Wilmington Dist.
Continental	Samul Goodman	1460	Warrenton Dist.
Militia	Lt. Henry Goodman	3397	Wilmington Dist.
Continental	Joeb Green	438	
Militia	Foster Green	1040	Newbern Dist.
Militia	Thomas Green	653	Newbern Dist.
Militia	Thomas Giles	....	Salisbury Dist.
Militia	Hugh Giles	382	Newbern Dist.
Militia	Wm. Giles	8824	Salisbury Dist.
Militia	James Giles	7725	Salisbury Dist.
Continental	Henry Guthrie	1196	Halifax Dist.
Militia	Ebenz. Guthey	531	Newbern Dist.
Continental	Howel Gillam	992	Halifax Dist.
Militia	Isaac Gillispie	2103	Salisbury Dist.
Militia	Robert Gillispie	5140	Salisbury Dist.
Militia	John Gilispie	815	Salisbury Dist.
Militia	Thomas Gillispie	708	Salisbury Dist.
Militia	George Gillispie	5205	Salisbury Dist.
Militia	Capt. Robert Gillispie	8449	Salisbury Dist.
Continental	Mathew Gillispie	293	
Continental	David Gillispie	563	
Militia	Borthick Gillispie	1283	Wilmington Dist.
Militia	David Gillispie	3959	Wilmington Dist.
Militia	William Gillispie	4172	Wilmington Dist.
Militia	Capt. James Gillispie	2014	Wilmington Dist.
Continental	Isaac Griffin	719	Hillsborough Dist.
Militia	Jacob Griffin	1284	Newbern Dist.
Militia	John Griffin	232	Wilmington Dist.
Militia	John Griffin	1802	Wilmington Dist.
Militia	Ezekiel Griffin	2857	Salisbury Dist.
Continental	Edward Griffin, Soldier	444	Halifax Dist.
Continental	Ezekiel Griffin	3	Hillsborough Dist.
Continental	Lawrence Griffin	554	Hillsborough Dist.
Continental	Corpl. James Griffin	711	Halifax Dist.
Continental	Capt. Hurley Griffin	1143	Halifax Dist.
Continental	Jacob Griffin	769	
Militia	John Griffin	5568	Wilmington Dist.
Militia	Ezekiel Griffin	3030	Salisbury Dist.
Continental	William Griffin, Soldier	353	Halifax Dist.
Continental	Henry Griffin	252	Halifax Dist.
Continental	Isaac Griffin	546	Hillsborough Dist.
Continental	Sergt. Edmund Griffin	62	Halifax Dist.
Militia	Wm. Griffin	2363	Newbern Dist.
Militia	Simon Griffin	2352	Newbern Dist.
Militia	Zeckal Griffin	2384	Salisbury Dist.

		No.	
Militia	Benj. Griffin	857	Newbern Dist.
Militia	Stephen Gurganis	804	Newbern Dist.
Continental	Samul Gainer	229	
Militia	Henry Goff	1131	Newbern Dist.
Militia	Wm. Guy	1754	Wilmington Dist.
Militia	Nicholas Gorgan	3285	Wilmington Dist.
Militia	Matthew Gainey	1287	Wilmington Dist.
Militia	Mich'l. Gurley	547	Newbern Dist.
Militia	Dennis Gladson	799	Newbern Dist.
Militia	John Gadett	1	Newbern Dist.
Militia	Frederick Gofs	1917	Salisbury Dist.
Militia	Alexander Gordon	1035	Salisbury Dist.
Militia	Leonard Gaever	616	Salisbury Dist.
Militia	John Gilmon	1243	Wilmington Dist.
Militia	James Gayley	590	Salisbury Dist.
Continental	Sergt. Samul Gilston	803	Halifax Dist.
Militia	Abel Goner	1217	Newbern Dist.
Militia	James Gatlin	727	Newbern Dist.
Militia	John Gatlin	934	Newbern Dist.
Militia	William Gatlin	412	Newbern Dist.
Militia	Levi Gatlin	225	Newbern Dist.
Militia	Hardy Gatlin	888	Newbern Dist.
Militia	Stephen Gatlin	1886	Newbern Dist.
Militia	Edwd. Gatlin	1013	Newbern Dist.
Militia	Frederick Grady	2138	Wilmington Dist.
Militia	Joshua Gist	1841	Wilmington Dist.
Militia	Matthew Gurley	595	Newbern Dist.
Militia	John Gardem	1652	Salisbury Dist.
Militia	Peter Gronel	3174	Salisbury Dist.
Militia	Henry Garrott	1945	Newbern Dist.
Continental	Hardy Garies, Soldier	795	Halifax Dist.
Continental	Thos. Garland	1289	
Militia	James Gardner	2383	Salisbury Dist.
Militia	Peter Gates	3120	Wilmington Dist.
Militia	Burges Gaitlin	5089	Salisbury Dist.
Militia	George Gary	5281	Wilmington Dist.
Militia	Charles Gorden	4470	Salisbury Dist.
Continental	John Grinder, Soldier	126	Hillsborough Dist.
Continental	Daniel Gaugh	618	
Continental	Francis Gord	472	
Continental	Arandell Grant	260	
Continental	Patrick Gaul	661	
Continental	Ephraim Genley	322	
Militia	Anthony Gillard	4956	Wilmington Dist.
Militia	Jeremiah Gaylard	1894	Newbern Dist.
Militia	Sergt. William Gilbert	1249	Newbern Dist.
Militia	Benjamin Gether	4634	Salisbury Dist.
Militia	Peter Gates	2903	Wilmington Dist.
Militia	John Gabriel	1849	Newbern Dist.
Militia	Basil Gaither	5086	Salisbury Dist.
Militia	Mathew Ghaston	4843	Salisbury Dist.
Militia	Neil Galbreath	3839	Wilmington Dist.
Militia	Capt. Nathaniel Gorden	857	Salisbury Dist.
Militia	Capt. William Green	4915	Wilmington Dist.

		No.	
Militia	Andrew Gurley	545	Newbern Dist.
Militia	Jeremiah Gurley	155	Newbern Dist.
Militia	Jessie Gurley	1169	Newbern Dist.
Militia	William Goner	153	Newbern Dist.
Militia	Nathan Granthan	1038	Newbern Dist.
Militia	...... Gaskins	1008	Newbern Dist.
Continental	Edmund Gamble	423	Halifax Dist.
Militia	John Grant	650	Wilmington Dist.
Militia	Idlick Gilitrape	855	Newbern Dist.
Militia	Capt. Joshua Guest	1227	Wilmington Dist.
Militia	Nathan Godley	1643	Newbern Dist.
Continental	John Godet	6	Newbern Dist.
Militia	Thomas Gilbreth	476	Salisbury Dist.
Militia	Wm. Gurley	1295	Newbern Dist.
Militia	J. Gaddy	4363	Wilmington Dist.
Militia	George Gurley	2112	Newbern Dist.
Militia	Elias Granehan	652	Wilmington Dist.
Continental	...... Hadrock	114	
Continental	...... Harjers	1771	Warrenton Dist.
Continental	Elisha Hirth, Soldier	114	Halifax Dist.
Continental	Nathanil Hughes	129	Halifax Dist.
Continental	Satterfield Holstein	1857	Warrenton Dist.
Continental	Joseph Hail	....	Halifax Dist.
Continental	William Haines, Soldier	30	Hillsborough Dist.
Militia	Samuel Hatch	446	Newbern Dist.
Militia	George Hauser	362	Salisbury Dist.
Militia	Zezidee Hancock	1084	Wilmington Dist.
Militia	John Hansley	110	Wilmington Dist.
Militia	Joel Holbert	475	Salisbury Dist.
Militia	Conrad Hennigar	544	Salisbury Dist.
Militia	Hugh Harris	5934	Salisbury Dist.
Continental	Thomas Harris	260	Hillsborough Dist.
Continental	John Hag	1838	Warrenton Dist.
Continental	John Hearn, Soldier	221	Hillsborough Dist.
Continental	Isaac Hunter	332	Hillsborough Dist.
Continental	William Hubbs, Soldier	1394	Newbern Dist.
Continental	Major Thomas Hogg	164	
Continental	John Hains	1208	Warrenton Dist.
Continental	Lieut. Samuel Hollowell	26	Halifax Dist.
Continental	Everit Huntington	278	
Continental	Joshua Hodges	465	Newbern Dist.
Continental	Howell Hearn, Soldier	234	Hillsborough Dist.
Continental	Keirchen Holomon	185	Hillsborough Dist.
Militia	Samuel Harison	364	Newbern Dist.
Continental	Jonathan Hopkins	40	Hillsborough Dist.
Continental	Daniel Hopkins	202	Hillsborough Dist.
Continental	Absalum Hopkins	68	
Continental	Joseph Hopkins	39	Halifax Dist.
Militia	William Harris	7024	Salisbury Dist.
Militia	William Harris	1670	Newbern Dist.
Militia	Josiah Harris	788	Wilmington Dist.
Militia	James Harris	4705	Salisbury Dist.
Militia	James Harris	1179	Halifax Dist.
Continental	Hugh Harris, Soldier	35	Halifax Dist.

		No.	
Continental	Willie Harris	171	Hillsborough Dist.
Militia	Major Harris	863	Wilmington Dist.
Militia	Elisha Harris	1939	Newbern Dist.
Militia	Daniel Harris	1623	Newbern Dist.
Militia	Capt. William Harris	....	Salisbury Dist.
Militia	Chas. Harris	6246	Salisbury Dist.
Militia	Jeremia Harris	8601	Salisbury Dist.
Militia	Jonathan Harris	8261	Salisbury Dist.
Militia	Major James Harris	428	Salisbury Dist.
Militia	J. Lewis Harris	3644	Salisbury Dist.
Continental	S..... Harris	563	Hillsborough Dist.
Continental	Nathan Harris	555	Hillsborough Dist.
Continental	Gibson Harris, Soldier	132	Halifax Dist.
Continental	Abraham Harris	1177	
Continental	Henry Harris, Soldier	310	Halifax Dist.
Militia	Stephen Harris	1076	Newbern Dist.
Militia	Thomas Harris	93	Newbern Dist.
Militia	Samul Harris	1228	Newbern Dist.
Militia	Laird Harris	2797	Salisbury Dist.
Militia	Benjamin Harris	2760	Wilmington Dist.
Militia	Daniel Harris	1628	Newbern Dist.
Militia	Samul Harris	948	Salisbury Dist.
Militia	Robert Harris	2836	Salisbury Dist.
Militia	George Harris	7045	Salisbury Dist.
Militia	Thomas Harris	8525	Salisbury Dist.
Continental	....ah Harris	79	Hillsborough Dist.
Continental	William Hopper	646	Hillsborough Dist.
Continental	John Hooker	105	
Militia	Sam Hogshead	3059	Salisbury Dist.
Militia	Nath'l Hawthorne	4654	Wilmington Dist.
Militia	Thomas Hooks	2422	Wilmington Dist.
Militia	John Hansley	3737	Wilmington Dist.
Militia	Henry Hoghen	1338	Salisbury Dist.
Militia	Charles Hardyson	3726	Wilmington Dist.
Militia	John Hutchinson	6172	Salisbury Dist.
Militia	John Henn	1596	Wilmington Dist.
Militia	William Henley	12	Wilmington Dist.
Militia	Samul Hemphill	1470	Salisbury Dist.
Militia	Allen Herron	5912	Salisbury Dist.
Militia	James Hodges	925	Newbern Dist.
Militia	William Hurst	197	Wilmington Dist.
Militia	Majr. Francis Hailgrace	834	Salisbury Dist.
Militia	William Hantley	5200	Wilmington Dist.
Continental	Lt. Aron Hatchcock	1078	
Continental	Ezekiel Habbitt, Soldier	170	Hillsborough Dist.
Continental	John Happer	813	Hillsbrough Dist.
Militia	Wm. Hatchet	5477	Wilmington Dist.
Militia	Natl. Hensley	4353	Wilmington Dist.
Militia	John Hamblin	4470	Wilmington Dist.
Militia	Joseph Hail	2372	Newbern Dist.
Militia	William Hooks	902	Wilmington Dist.
Militia	John Head	2943	Salisbury Dist.
Militia	Jacob Hoots	4651	Salisbury Dist.
Militia	Samuel Hemphill	3347	Salisbury Dist.

		No.	
Militia	Laban Heartley	2979	Salisbury Dist.
Militia	John Hollis	4780	Salisbury Dist.
Militia	William Heans	2876	Wilmington Dist.
Militia	Hardy Holmes	1658	Wilmington Dist.
Militia	John Hires	6013	Wilmington Dist.
Continental	Hardy Hardison	467	Hillsborough Dist.
Continental	Thomas Hays, Soldier	905	Halifax Dist.
Continental	Edward Hathcock	737	Hillsborough Dist.
Continental	Jonathan Hickman	815	Hillsborough Dist.
Continental	William Hubert	715	Hillsborough Dist.
Continental	George Hargrove	603	Hillsborough Dist.
Continental	William Happer	830	Hillsborough Dist.
Continental	Francis Huyze	296	Hillsborough Dist.
Continental	Thomas Hadaway	153	Halifax Dist.
Continental	James Hodges, Soldier	316	Hillsborough Dist.
Continental	Ezekiel Haws	612	Hillsborough Dits.
Continental	James Huggins	803	Hillsborough Dist.
Militia	Basil Holland	5143	Salisbury Dist.
Militia	Dan'l Hocton	4851	Morgan Dist.
Militia	Simon Horse	4415	Morgan Dist.
Militia	William Hooker	1110	Newbern Dist.
Militia	Valentine Hipp	1372	Salisbury Dist.
Militia	Gabriel Hardy	1058	Wilmington Dist.
Militia	Malichi Herford	683	Newbern Dist.
Militia	John Holloway	558	Newbern Dist.
Militia	James Hollingsnath	2743	Wilmington Dist.
Militia	J...... Herrington	822	Newbern Dist.
Militia	Zacariah Hollis	1797	Newbern Dist.
Militia	Joseph Horsenas	1850	Newbern Dist.
Militia	Charles Halton	8014	Salisbury Dist.
Militia	Lemul Hatch	642	Newbern Dist.
Militia	John Hemesy	1725	Wilmington Dist.
Militia	Simeon Hussey	2002	Wilmington Dist.
Militia	Wm. Holloway	884	Newbern Dist.
Militia	Thomas Hooks	2751	Wilmington Dist.
Militia	Henry Herring	787	Newbern Dist.
Continental	John Happer	629	Hillsborough Dist.
Continental	William Hewill	94	Hillsborough Dist.
Continental	John Hobgood	65	Hillsborough Dist.
Miltia	Allen Herron	4915	Salisbury Dist.
Militia	Wm. Hay	3891	Wilmington Dist.
Militia	Hambleton Hilbon	1671	Wilmington Dist.
Militia	Jacob Hofner	3739	Salisbury Dist.
Militia	Dan'l Hargett	1416	Newbern Dist.
Militia	Bazal Hollon	2224	Salisbury Dist.
Militia	Ab... Honey	3425	Wilmington Dist.
Militia	Thomas Huskinson	1480	Salisbury Dist.
Militia	Josiah Holton	3860	Wilmington Dist.
Militia	Colins Hardy	4050	Wilmington Dist.
Militia	John Horse	45	Morgan Dist.
Militia	Valentine Hip	3646	Salisbury Dist.
Militia	John Hawthorne	4410	Wilmington Dist.
Militia	Geo. Hobbs	3642	Wilmington Dist.
Militia	Adam Hedrick	7500	Salisbury Dist.

		No.	
Continental	John Heffeman	203	
Continental	Albert Hendricks	84	Hillsborough Dist.
Continental	Capt. James Harman	1005	
Militia	Jene Hickman	1574	Newbern Dist.
	Hodge	6037	Salisbury Dist.
Militia	Henry Hollingsworth	1482	Wilmington Dist.
Militia	Hillary Hooks	914	Wilmington Dist.
Militia	John Herring	897	Wilmington Dist.
Militia	Danil Highsmith	5002	Wilmington Dist.
Militia	Jacob Hainey	1074	Wilmington Dist.
Militia	Selathan Holson	671	Newbern Dist.
Militia	Hugh Herron	5007	Salisbury Dist.
Militia	Samul Hollyworth	4490	Wilmington Dist.
Militia	Sam Haphiel	3067	Salisbury Dist.
Militia	Richard Hoffum	1648	Wilmington Dist.
Militia	John Holley	4744	Wilmington Dist.
Militia	Philmon Hodge	4246	Wilmington Dist.
Militia	James Huggins	2072	Salisbury Dist.
Militia	James Henry	4209	Salisbury Dist.
Militia	John Hibbs	137	Newbern Dist.
Militia	Emit House	1116	Newbern Dist.
Militia	Phil Hodges	4341	Wilmington Dist.
Militia	Jno. Hysmith	1183	Newbern Dist.
Militia	David Holton	936	Newbern Dist.
Militia	Enos Harrold	178	Newbern Dist.
Militia	Robt. Holton	384	Newbern Dist.
Militia	Henry Holland	5778	Wilmington Dist.
Militia	David Hendry	4676	Salisbury Dist.
Militia	Leuis Henry	4222	Salisbury Dist.
Militia	John Hensy	5005	Wilmington Dist.
Militia	Uzzell Herring	5874	Wilmington Dist.
Militia	Geo. H	1558	Wilmington Dist.
Militia	Beacham Helton	4786	Salisbury Dist.
Militia	William Hooks	2756	Wilmington Dist.
Militia	Stephen Hollins	2908	Wilmington Dist.
Militia	Thomas Hooks	3042	Wilmington Dist.
Militia	Philip Hoos	2727	Salisbury Dist.
Militia	John Huffam	1740	Wilmington Dist.
Militia	Hill Hulbert	6001	Wilmington Dist.
Militia	Gasper Humpberrier	4581	Morgan Dist.
Continental	James Harpoon	222	
Militia	Wm. Hargrove	5682	Wilmington Dist.
Militia	Isaac Hughey	4206	Salisbury Dist.
Militia	James Hamilton	8235	Salisbury Dist.
Militia	Saml. Hemphill	5301	Salisbury Dist.
Militia	James Hanken	6017	Salisbury Dist.
Militia	Jonathan Thims	4239	Wilmington Dist.
Militia	Phil. Hodges	4348	Wilmington Dist.
Militia	Nathaniel Henseley	1870	Wilmington Dist.
Militia	George Hooks	5650	Wilmington Dist.
Militia	Hudnall Huffham	1431	Wilmington Dist.
Militia	John Hurley	2069	Newbern Dist.
Continental	Anthony Haney	559	Halifax Dist.
Continental	Joseph Hodges	466	

		No.	
Continental	Caleb Holly	839	
Continental	David Hass	185	Halifax Dist.
Continental	Brig. Gen. James Hogun	143	Halifax Dist.
Continental	Jacob Hanks	777	
Continental	William Hubert, Soldier	540	Hillsborough Dist.
Continental	Hardy Hardison	635	Hillsborough Dist.
Continental	Daniel Huggins	763	Hillsborough Dist.
Continental	Luke Heard	540	
Continental	Abien Halbe	491	
Continental	George Hargrove	450	Hillsborough Dist.
Continental	John Hacklemar	857	Hillsborough Dist.
Continental	Carter Hastings	325	Hillsborough Dist.
Continental	Moses Hopper	631	Hillsborough Dist.
Continental	Nicholas Hair	632	Hillsborough Dist.
Continental	Joseph Hayman	731	Halifax Dist.
Continental	Peter Hadcock, Soldier	449	Halifax Dist.
Continental	Corbin Hickman	261	Halifax Dist.
Continental	Ezekie Hans, Soldier	395	Hillsborough Dist
Continental	Steener Hannis, Soldier	5	Hillsborough Dist.
Continental	Francis Hugga, Soldier	396	Hillsborough Dist.
Continental	Jacob Hafner, Soldier	575	Hillsborough Dist.
Continental	Francis Hubbard	1204	Halifax Dist.
Continental	John Hobgood	127	Hillsborough Dist.
Continental	William Haines	52	Hillsborough Dist.
Continental	Joseph Harp	17	Hillsborough Dist.
Continental	Matthew Herring	1095	Halifax Dist.
Continental	Peter Hobbs	1060	Halifax Dist.
Continental	Joseph Harp	8	Hillsborough Dist.
Continental	John Headright, Soldier	7	Halifax Dist.
Continental	Nathan Horton	44	Hillsborough Dist.
Continental	Jacob Horton	1474	Warrenton Dist.
Continental	Everitt Hunter	204	
Continental	Solomon Hunter	454	Halifax Dist.
Militia	John Hunter	5276	Salisbury Dist.
Militia	Thomas Hunter	4203	Morgan Dist.
Militia	Wm. Hunter	4530	Salisbury Dist.
Militia	Nicolas Hunter	1767	Wilmington Dist.
Militia	Thomas Hunter	3772	Wilmington Dist.
Continental	Isaac Hunter	314	Hillsborough Dist.
Continental	Andrew Hunter	549	Halifax Dist.
Continental	Peter Herndon	217	
Continental	Luke Huggins	18	
Continental	Mark Haycraft, Soldier	382	Halifax Dist.
Continental	Jesse Hardyson, Soldier	497	Hillsborough Dist.
Continental	William Harrington	558	Warrenton Dist.
Continental	Willis Hastings	365	Hillsborough Dist.
Continental	William Hargrove	1613	Warrenton Dist.
Militia	Aldridge Hadnot	101	Wilmington Dist.
Militia	John Hinson	1540	Wilmington Dist.
Militia	Stephen Hipp	6307	Salisbury Dist.
Continental	Isham Hatchcock	1382	Halifax Dist.
Continental	Jonathan Hickman	631	Hillsborough Dist.
Militia	Benjamin Herndon	858	Salisbury Dist.
Continental	Jesse Hapiel	468	

		No.	
Continental	Micheil Huggins	287	Hillsborough Dist.
Continental	James Huggins	619	Hillsborough Dist.
Continental	Griffin Hanmontree, Soldier	138	Hillsborough Dist.
Militia	Christian Hisler	7518	Salisbury Dist.
Militia	Major Hurst	3800	Wilmington Dist.
Militia	George Hamilton	1119	Newbern Dist.
Continental	Frederick Hathcock	15	Halifax Dist.
Militia	Rubin Hobly	639	Newbern Dist.
	Joseph Hinson, Soldier	1450	Newbern Dist.
Militia	Peter Hargett	1508	Newbern Dist.
Militia	William Harp	158	Newbern Dist.
Militia	Michael Hook	3824	Morgan Dist.
Militia	John Headright	9170	Salisbury Dist.
Militia	Albert Hendrick	7222	Salisbury Dist.
Militia	John Haggans	6094	Salisbury Dist.
Militia	Roger Ha..ock	797	Newbern Dist.
Continental	Major Thomas Hogg	422	Halifax Dist.
Continental	Philip Hochamm	184	Halifax Dist.
Continental	John Hirchey	1250	Halifax Dist.
Continental	Corpl. John Honey	564	Halifax Dist.
Continental	Patrick Haggard, Soldier	4	Halifax Dist.
Continental	James Hearn	1137	Halifax Dist.
Continental	Philip Hochaman	183	Halifax Dist.
Continental	Lieut. William Harrison	515	Halifax Dist.
Continental	Abel Highman	621	
Continental	Samul Hurson	345	
Continental	Asa Hunter	303	Hillsborough Dist.
Continental	Hardy Hugbkins	260	Hillsborough Dist.
Continental	William Hawkins	83	Hillsborough Dist.
Continental	James Hiffeman	39	
Militia	Robert Hair	5477	Salisbury Dist.
Militia	Amos Holder	6005	Wilmington Dist.
Militia	James Hopkins	880	Newbern Dist.
Militia	...... Hunter	5123	Salisbury Dist.
Militia	William Holleman	604	Newbern Dist.
Militia	Joseph Hadnot	5238	Wilmington Dist.
Militia	William Hannot	1539	Wilmington Dist.
Continental	Hielry Hooks	1184	Warrenton Dist.
Continental	Michial Huggins	417	Hillsborough Dist.
Continental	John Hannord	420	Hillsborough Dist.
Continental	Howell Hoearn	361	Hillsborough Dist.
Continental	Michiel Hooks	466	
Continental	Stewart Hamberton, Soldier	97	Hillsborough Dist.
Continental	Shad'r. Hornes, Soldier	1088	Halifax Dist.
Continental	James Hodges	449	Hillsborough Dist.
Continental	Ezekiel Halbitt	283	Hillsborough Dist.
Continental	Major Thomas Heagg	423	Halifax Dist.
Militia	Jacob Hurst	3796	Wilmington Dist.
Militia	William Hancock	5223	Wilmington Dist.
Militia	Col. Frederick Hambright	273	Salisbury Dist.
Militia	S..... Herring	260	Wilmington Dist.
Militia	Henry Hodges	1977	Newbern Dist.
Militia	Whitfield Herring	247	Wilmington Dist.
Militia	Jacob Hysmith	1182	Newbern Dist.

		No.	
Militia	Gasper Hinkel	7582	Salisbury Dist.
Militia	Jesse Holton	287	Newbern Dist.
Militia	Floyd Hodges	1663	Newbern Dist.
Continental	Selly Harney	301	Hillsborough Dist.
Continental	John Hoggard	294	Hillsborough Dist.
Continental	John Hupsey	229	Hillsborough Dist.
Continental	Hance Hamilton	411	Hillsborough Dist.
Militia	William Harbert	1781	Wilmington Dist.
Militia	William Hooks	3788	Wilmington Dist.
Militia	John Herring	370	Wilmington Dist.
Militia	James Ho....	1191	Newbern Dist.
Militia	Will Hammonds	1198	Newbern Dist.
Continental	William Hargrave	74	Halifax Dist.
Continental	Capt. Joshua Hadly	439	Halifax Dist.
Continental	Michiel Higgins	46	Newbern Dist.
Continental	Sergt. Benjamin Hodges	491	Halifax Dist.
Continental	West Hadnot, Soldier	430	Hillsborough Dist.
Continental	Lemuel Halstead	242	Hillsborough Dist.
Militia	James Hethman	8021	Salisbury Dist.
Militia	Patrick Hughey	6998	Salisbury Dist.
Militia	Oneuphonis Hunt	5314	Wilmington Dist.
Militia	Benjamin Herndon	852	Salisbury Dist.
Militia	Sala.. Holson	1455	Newbern Dist.
Militia	Arthur Herring	5541	Wilmington Dist.
Militia	William Hagard	564	Newbern Dist.
Continental	John Holdbrooks	325	Hillsborough Dist.
Continental	John Hogan	878	Halifax Dist.
Continental	Robert Haley	544	
Militia	John Huske	5074	Wilmington Dist.
Militia	Francis Holloway, Soldier	1569	Newbern Dist.
Militia	Paul Hamilton	966	Newbern Dist.
Militia	Joshua	675	Newbern Dist.
Militia	Seth Hovey	1869	Newbern Dist.
Militia	Simon Heel	1666	Newbern Dist.
Militia	Parker Hutchinson	1894	Newbern Dist.
Militia	Peter Horsends	958	Newbern Dist.
Militia	Albert Henderson	7564	Salisbury Dist.
Militia	Joseph Hodges	257	Newbern Dist.
Militia	William Hay	2913	Salisbury Dist.
Militia	Duglas Hudin	7307	Salisbury Dist.
Militia	.... Haney	1034	Wilmington Dist.
Militia	Lieut. Thomas Hedley	1228	Wilmington Dist.
Militia	Capt. William Hooks	3037	Wilmington Dist.
Militia	Capt. Thomas Hadley	4896	Wilmington Dist.
Militia	Samuel Hollingsworth	2889	Wilmington Dist.
Militia	Robt. Hodge	8345	Salisbury Dist.
Militia	John Hank	4574	Morgan Dist.
Militia	Capt. Benjamin Herndon	864	Salisbury Dist.
Militia	Lieut. Joseph Hickman	5395	Salisbury Dist.
Militia	Lieut. Phil. Hodges	1783	Wilmington Dist.
Militia	George Holton	1218	Newbern Dist.
Militia	Philip Hose	1488	Salisbury Dist.
Militia	Aldridge Hadnot	5207	Wilmington Dist.
Continental	Micheal Harkley	480	

		No.	
Continental	John Heffeman	277	
Continental	Lieut. Speir Holland	32	Halifax Dist.
Continental	David Henson	1243	Warrenton Dist.
Militia	William Hargrove	268	Wilmington Dist.
Militia	Zebedee Hancock	86	Wilmington Dist.
Militia	Will Hullib	4993	Wilmington Dist.
Militia	Zedock Humford	5583	Wilmington Dist.
Militia	Elijah Herndon	4599	Salisbury Dist.
Militia	John Harris	269	Wilmington Dist.
Militia	Joseph Hejgit	1289	Salisbury Dist.
Militia	Moses Hnonan	....	Salisbury Dist.
Militia	Isaac Hosin	1261	Wilmington Dist.
Militia	Henry Haddock	1266	Wilmington Dist.
Militia	Capt. John Hambright	310	Salisbury Dist.
Continental	Major Thomas Hogg	421	Halifax Dist.
Continental	John Hamilton	710	Hillsborough Dist.
Continental	Joseph Hardison	1084	Halifax Dist.
Continental	William Hancock, Soldier	188	Hillsborough Dist.
Militia	Capt. Pendleton Isbell	882	Salisbury Dist.
Militia	Col. Elijah Isaacs	900	Salisbury Dist.
Militia	Curtis Ivey	2786	Wilmington Dist.
Militia	Wm. Irvinson	5726	Salisbury Dist.
Militia	John Isleeson	450	Newbern Dist.
Militia	John Irwin	5759	Salisbury Dist.
Militia	Shadrack Inman	4959	Morgan Dist.
Militia	James Ivey	4766	Wilmington Dist.
Militia	Jacob Iarrel	944	Newbern Dist.
Militia	Christ.. Ipock	880	Newbern Dist.
Militia	Jacob Ipock	852	Newbern Dist.
Militia	S..... Ipock	912	Newbern Dist.
Militia	Wm. Ireland	6425	Salisbury Dist.
Militia	Jacob Idel	7600	Salisbury Dist.
Militia	John Innis	3142	Salisbury Dist.
Militia	Hardin Ives	2301	Newbern Dist.
Militia	William Ives	1795	Newbern Dist.
Militia	Joseph Ingram	2152	Newbern Dist.
Militia	Joseph Irvin	1312	Newbern Dist.
Militia	Daniel Innes	3890	Wilmington Dist.
Militia	Isaac Irwin	5706	Salisbury Dist.
Militia	Edward Ingram	5139	Wilmington Dist.
Militia	John Stener	4482	Wilmington Dist.
Militia	Thomas Ivey	1293	Wilmington Dist.
Militia	Peter Ipock	1029	Newbern Dist.
Militia	Wm. Irnin	5307	Salisbury Dist.
Militia	James Isham	1412	Wilmington Dist.
Militia	Peter Irons	4718	Salisbury Dist.
Militia	Samuel Ipock	1771	Newbern Dist.
Militia	Ruben Isey	662	Wilmington Dist.
Militia	Hith Ipock	847	Newbern Dist.
Militia	Saml Irwin	2359	Salisbury Dist.
Continental	Elishai Ivey	588	
Continental	Samul Iggby	220	
Continental	Nicholas Icour	628	Hillsborough Dist.
Continental	Nicholas Isler	1131	Halifax Dist.

		No.	
Continental	Jacob Ivey	558	
Continental	John Ingles	80	
Continental	Reuben Ivey	153	Hillsborough Dist.
Continental	James Ives, Soldier	333	Halifax Dist.
Continental	I.... Ingram	421	
Militia	Thomas Ivey	2998	Wilmington Dist.
Militia	Henry Ikard	4442	Morgan Dist.
Militia	John Irwin	2444	Salisbury Dist.
Militia	John Isler	87	Newbern Dist.
Militia	Jacob Ipock	730	Newbern Dist.
Militia	Robert Irwin	2698	Salisbury Dist.
Militia	John Ingram	4615	Wilmington Dist.
Militia	Capt. Pendleton Isbell	83	Salisbury Dist.
Militia	Lieut. Thomas Isbell	693	Salisbury Dist.
Militia	Col. Elijha Isaacs	901	Salisbury Dist.
Militia	William Ingram	2119	Newbern Dist.
Militia	James Ireland	7871	Salisbury Dist.
Continental	Lieut. Adj. Curtis Ivey	293	Halifax Dist.
Continental	John Ingram	443	Halifax Dist.
Militia	Hugh Jorist	6415	Salisbury Dist.
Militia	Thomas Jordan	883	Newbern Dist.
Militia	John Jones	1308	Salisbury Dist.
Militia	John Jones	2004	Newbern Dist.
Militia	John Jones	2248	Wilmington Dist.
Militia	James Jones	426	Newbern Dist.
Militia	James Jones	6945	Salisbury Dist.
Militia	James Jones	806	Wilmington Dist.
Militia	William Jones	687	Newbern Dist.
Militia	Hardy Jones	1245	Newbern Dist.
Militia	Silvanus Jones	2365	Newbern Dist.
Militia	Matthew Jones	1983	Newbern Dist.
Militia	David Jones	4644	Salisbury Dist.
Militia	Joshua Jones	4321	Wilmington Dist.
Militia	David Jones, Soldier	1488	Newbern Dist.
Militia	Henry Jones	3159	Wilmington Dist.
Militia	Sampson Jones	2249	Wilmington Dist.
Militia	Peter Jones	3514	Wilmington Dist.
Militia	Stephen Jones	187	Wilmington Dist.
Militia	Edward Jones	3233	Wilmington Dist.
Militia	Robt. Jones	6465	Salisbury Dist.
Militia	Thomas Jones	5161	Salisbury Dist.
Militia	Insgrove Jones	3247	Wilmington Dist.
Militia	Fred Jones	1720	Newbern Dist.
Militia	Anthony Jones	2336	Wilmington Dist.
Militia	William Jones	810	Newbern Dist.
Militia	Elias Jones	1790	Wilmington Dist.
Continental	William Jones	1627	Warrenton Dist.
Continental	Drury Jones, Soldier	179	Halifax Dist.
Continental	Freman Jones	135	Halifax Dist.
Continental	Dempsey Jones	1205	Halifax Dist.
Continental	Elisha Jones	107	
Continental	Brittain Jones	1391	Halifax Dist.
Continental	Nathan Jones	1323	Halifax Dist.
Continental	Isham Jones	225	Halifax Dist.

		No.	
Continental	Josiah Jones	269	Hillsborough Dist.
Continental	Capt. Lieut. Phil Jones	393	
Continental	William Jones	423	Halifax Dist.
Continental	Lieut. Timothy Jones	602	Halifax Dist.
Continental	Richard Jones	215	Hillsborough Dist.
Continental	James Jones	274	Hillsborough Dist.
Continental	Fred Jones	601	
Continental	Thomas Jones	923	Halifax Dist.
Continental	Zachariah Jones, Soldier	1103	Halifax Dist.
Continental	David Jones	700	
Continental	Benjamin Jones	407	Hillsborough Dist.
Continental	David Jones	25	Hillsborough Dist.
Continental	Brillain Jones	660	Hillsborough Dist.
Continental	Benj. Jones	461	Hillsborough Dist.
Continental	Isaac Jones	363	Hillsborough Dist.
Continental	Frederick Jones	556	Hillsborough Dist.
Continental	Hezekiah Jones	268	Hillsborough Dist.
Militia	Elisha Jones	5781	Wilmington Dist.
Militia	William Jones	3052	Salisbury Dist.
Militia	Thomas Jones	4064	Wilmington Dist.
Militia	Bridger Jones	5212	Wilmington Dist.
Militia	Isaac Jones	1280	Newbern Dist.
Militia	David Jones	1553	Wilmington Dist.
Militia	Francis Jones	4076	Wilmington Dist.
Militia	Lieut. Samul Jones	147	Wilmington Dist.
Militia	Jacob Jones	382	Newbern Dist.
Militia	Capt. Kelber Jones	5578	Wilmington Dist.
Militia	Rich'd. Jones	1502	Newbern Dist.
Militia	Nuesh Jones	4406	Wilmington Dist.
Militia	Edward Jones	4241	Wilmington Dist.
Militia	Ant.... Jones	3665	Wilmington Dist.
Militia	William Jones	894	Wilmington Dist.
Militia	Isaac Jones	2774	Wilmington Dist.
Militia	Arthur Jones	122	Newbern Dist.
Militia	Nicholas Jones	4595	Salisbury Dist.
Militia	Shadrack Jones	612	Newbern Dist.
Militia	Edward Jones	2388	Wilmington Dist.
Militia	Peter Jones	5028	Salisbury Dist.
Militia	David Jones	1635	Salisbury Dist.
Militia	Solomon Jones	6833	Salisbury Dist.
Militia	Sampson Jones	2335	Wilmington Dist.
Militia	Handy Jones	114	Newbern Dist.
Militia	Nathaniel Jones	946	Wilmington Dist.
Militia	Abel Johnston	4137	Wilmington Dist.
Militia	Jesse Jones	262	Wilmington Dist.
Militia	Charles Jones	3561	Wilmington Dist.
Militia	Peter Kitner	7205	Salisbury Dist.
Militia	Lewis Kellar	1800	Salisbury Dist.
Militia	John Killian	4893	Morgan Dist.
Militia	John Knott	1036	Newbern Dist.
Militia	John King	1005	Wilmington Dist.
Militia	Anthony Keimore	918	Newbern Dist.
Militia	Michael Kenan	2806	Wilmington Dist.
Militia	Isaac Kemp	1047	Newbern Dist.

		No.	
Militia	Joshua Kree	1557	Newbern Dist.
Militia	William King	740	Newbern Dist.
Militia	George Kisbrough	4569	Salisbury Dist.
Militia	Absalom Kurx	4211	Salisbury Dist.
Militia	Nathaniel John Kerr	2004	Salisbury Dist.
Militia	George Kilner	1317	Salisbury Dist.
Militia	Joshua Kurx	552	Newbern Dist.
Militia	Nathaniel Kellar	1420	Newbern Dist.
Militia	Jno. Killinworth	647	Newbern Dist.
Militia	Absalom Kirby	445	Newbern Dist.
Militia	Joshua Kemp	467	Newbern Dist.
Militia	Thomas Kemp	678	Newbern Dist.
Militia	Joseph King	971	Newbern Dist.
Militia	Robert Kurx	1018	Newbern Dist.
Militia	George Killum	1028	Wilmington Dist.
Militia	Joseph Karr	2278	Salisbury Dist.
Militia	James Kellum	796	Newbern Dist.
Militia	Micajah King	3497	Wilmington Dist.
Militia	Capt. John Kees	844	Salisbury Dist.
Militia	Elepha. King	1686	Newbern Dist.
Militia	James King	970	Newbern Dist.
Militia	John Kiney	1069	Wilmington Dist.
Militia	Sharp Key	83	Newbern Dist.
Militia	James Murphey	8732	Salisbury Dist.
Militia	James Murray	3649	Wilmington Dist.
Continental	Isaac Parker	909	Halifax Dist.
Continental	William Price	636	Hillsborough Dist.
Militia	Jene Peacock	1744	Wilmington Dist.
Militia	William Price	4526	Morgan Dist.
Continental	Martin Penegar	352	Hillsborough Dist.
Continental	Daniel Peel	401	Hillsborough Dist.
Continental	John Polson	393	Hillsborough Dist.
Continental	Jacob Parish	254	Hillsborough Dist.
Continental	William Pervotham	367	Hillsborough Dist.
Continental	John Portress	213	Hillsborough Dist.
Continental	Erastus Peppett	1	Hillsborough Dist.
Continental	Miles Privitt	51	Hillsborough Dist.
Continental	Edward Prichett	134	Hillsborough Dist.
Continental	Daniel Peal	131	Hillsborough Dist.
Continental	George Pettiford	265	Hillsborough Dist.
Continental	Martin Phifer	310	Hillsborough Dist.
Continental	Thomas Pet	295	Hillsborough Dist.
Continental	William Poor	194	Hillsborough Dist.
Continental	Rainleigh Pendergrass	73	Hillsborough Dist.
Continental	Joel Pa...borne	340	Hillsborough Dist.
Continental	Noah Parr	213	Halifax Dist.
Continental	......Pender, Soldier	967	Halifax Dist.
Continental	Micajah Pettaway	247	Hillsborough Dist.
Continental	Joseph Palmer	640	Hillsborough Dist.
Continental	Stephen Pall	503	Hillsborough Dist.
Continental	William Pea	511	Hillsborough Dist.
Continental	Lieut. Thomas Pastiere	268	Halifax Dist.
Continental	Philip Peterford, Soldier	428	Halifax Dist.
Continental	Col. John Pattin	180	Halifax Dist.

		No.	
Continental	Peter Piland	1373	Halifax Dist.
Continental	Kedar Phelps	731	Halifax Dist.
Militia	Robert Parks	3281	Salisbury Dist.
Continental	Peter Parks, Soldier	622	Halifax Dist.
Continental	James Parks	426	Hillsborough Dist.
Continental	Thomas Parks	580	
Militia	John Parks	1253	Salisbury Dist.
Militia	Jesse Pollock	337	Newbern Dist.
Militia	Col. Calib Phifer	499	Salisbury Dist.
Militia	Lieut. Thomas Polk	5100	Salisbury Dist.
Militia	Lieut. James Purdee	4412	Wilmington Dist.
Militia	Lieut. James Philco	5960	Wilmington Dist.
Militia	John Padget	766	Wilmington Dist.
Militia	A.... Plummer	2892	Wilmington Dist.
Militia	Amos Pitman	5894	Wilmington Dist.
Militia	William Pharis	711	Wilmington Dist.
Militia	Moses Peterson	1932	Wilmington Dist.
Militia	Levi Peacock	2034	Newbern Dist.
Militia	Abraham Perry	4351	Wilmington Dist.
Continental	Job. Pendergrass	71	Hillsborough Dist.
Continental	William Parr	348	Hillsborough Dist.
Continental	William Plumer	272	Hillsborough Dist.
Continental	Jesse Prichard	310	Hillsborough Dist.
Continental	Edward Pendleton	163	Hillsborough Dist.
Continental	John Parrimore	89	Hillsborough Dist.
Continental	Francis Pridgen	9	Hillsborough Dist.
Continental	William Parr	255	Hillsborough Dist.
Continental	Abraham Parish	165	Hillsborough Dist.
Continental	Benjamin Sharp	....	Halifax Dist.
Militia	Ezekiel Sharpe	5252	Salisbury Dist.
Militia	Capt. Joseph Sharpe	4460	Salisbury Dist.
Militia	John Sharpe	4006	Salisbury Dist.
Militia	Charles Sharpe	5998	Wilmington Dist.
Militia	John Sharpe	6002	Wilmington Dist.
Militia	James Sharpe	8604	Salisbury Dist.
Continental	Capt. Anthony Sharpe	377	Halifax Dist.
Continental	Sergt. Ransom Savage	523	Halifax Dist.
Militia	Arthur Savage	2026	Wilmington Dist.
Militia	Jacob Savage	2287	Wilmington Dist.
Militia	Francis Savage	3399	Wilmington Dist.
Militia	Henry Savage	6724	Salisbury Dist.
Continental	Micajah Savage	1210	Warrenton Dist.
Continental	Luke Stansbury	125	Hillsborough Dist.
Continental	Joseph Seaburn	141	Hillsborough Dist.
Continental	Joseph Sketer	261	Hillsborough Dist.
Continental	John Smart	1053	Halifax Dist.
Militia	Absalom Sessions	4700	Wilmington Dist.
Militia	Ivey Smith	1299	Wilmington Dist.
Militia	Noah Smith	3628	Wilmington Dist.
Militia	Elisha Smith	4420	Wilmington Dist.
Militia	Abner Smith	204	Wilmington Dist.
Militia	Hardy Smith	4878	Wilmington Dist.
Militia	Zachariah Smith	551	Wilmington Dist.
Militia	Nathaniel Smith	4573	Morgan Dist.

		No.	
Militia	Nathan Smith	150	Newbern Dist.
Militia	Col. Robert Smith	1178	Salisbury Dist.
Militia	Duncan Smith	5619	Wilmington Dist.
Militia	Capt. Archibald Smith	4174	Wilmington Dist.
Militia	Josiah Smith	3543	Wilmington Dist.
Militia	Lieut. David Smith	7809	Salisbury Dist.
Militia	Jeremiah Smith	666	Newbern Dist.
Militia	Alex. Smith	534	Newbern Dist.
Militia	Benjamin Smith	1265	Newbern Dist.
Militia	Frederik Smith	2350	Wilmington Dist.
Militia	Peter Smith	2326	Newbern Dist.
Militia	Peter Smith	3029	Wilmington Dist.
Militia	Andrew Smith	385	Salisbury Dist.
Militia	Francis Smith	4882	Wilmington Dist.
Militia	Caleb Smith	5588	Wilmington Dist.
Militia	Charles Smith	737	Newbern Dist.
Militia	Ezekiel Smith	1294	Newbern Dist.
Militia	Capt. George Smith	5046	Morgan Dist.
Militia	Thomas Smith	807	Wilmington Dist.
Militia	Thomas Smith	8352	Salisbury Dist.
Militia	Thomas Smith	1072	Halifax Dist.
Militia	Capt. Daniel Smith	223	Salisbury Dist.
Militia	Daniel Smith	4196	Morgan Dist.
Militia	John Smith	3002	Wilmington Dist.
Militia	John Smith	117	Salisbury Dist.
Continental	John Smith	33	Hillsborough Dist.
Continental	Daniel Smith	480	Hillsborough Dist.
Continental	Thomas Smith	1338	
Continental	Peter Smith	128	Hillsborough Dist.
Continental	Arm Smith	633	Hillsborough Dist.
Continental	Lieut. Joley Smith	204	Hillsborough Dist.
Continental	Benjamin Smith, Soldier	595	Halifax Dist.
Continental	Richard Smith	381	Hillsborough Dist.
Continental	Charles Smith	1256	Halifax Dist.
Continental	Jeremiah Smith, Soldier	519	Halifax Dist.
Continental	Oren Smith	87	Hillsborough Dist.
Continental	Samuel Smith	48	Hillsborough Dist.
Continental	William Smith	219	Hillsborough Dist.
Continental	Peter Smith	214	Hillsborough Dist.
Continental	Willis Smith	1263	Halifax Dist.
Continental	Nathaniel Smith	1187	Warrenton Dist.
Militia	George Smith	5931	Wilmington Dist.
Militia	David Smith	4854	Wilmington Dist.
Militia	David Smith	449	Newbern Dist.
Militia	Alexander Smith	4104	Morgan Dist.
Militia	Archibald Smith	4817	Wilmington Dist.
Militia	Joseph Smith	1909	Newbern Dist.
Militia	Richard Smith	2639	Wilmington Dist.
Militia	Enridge Smith	2231	Wilmington Dist.
Militia	Malcom Smith	2583	Wilmington Dist.
Militia	Jeremiah Smith	3672	Wilmington Dist.
Militia	Ezekiel Smith	1045	Newbern Dist.
Militia	William Smith	3035	Salisbury Dist.
Militia	Lieut. William Smith	8220	Salisbury Dist.

		No.	
Militia	Alexander Smith	4138	Wilmington Dist.
Militia	David Smith	2258	Salisbury Dist.
Militia	Lewis Smith	1535	Newbern Dist.
Militia	Frederik Smith	3872	Wilmington Dist.
Militia	Tulligh Smith	754	Newbern Dist.
Militia	Lewis Smith	733	Newbern Dist.
Militia	Solomon Smith	838	Newbern Dist.
Militia	Clemm Smith	785	Wilmington Dist.
Militia	Nathaniel Smith	1322	Newbern Dist.
Militia	Ezekiel Smith	4900	Wilmington Dist.
Militia	Camm Smith	1023	Newbern Dist.
Militia	Stephen Smith	4522	Wilmington Dist.
Militia	Lurdu Smith	5637	Salisbury Dist.
Militia	Josiah Smith	3507	Wilmington Dist.
Militia	Nathan Smith	5719	Wilmington Dist.
Militia	Gasper Smith	764	Salisbury Dist.
Militia	Jesse Smith	1739	Newbern Dist.
Militia	Richard Smith	2665	Wilmington Dist.
Militia	Ezekiel Smith	4139	Wilmington Dist.
Militia	Moses High Smith	769	Newbern Dist.
Militia	Ivey Smith	1377	Wilmington Dist.
Militia	Joshua Smith	4477	Morgan Dist.
Continental	Mitchell Smith	1173	Halifax Dist.
Continental	Benjamin Smith	1204	Warrenton Dist.
Continental	Nehemiah Smith	1612	Warrenton Dist.
Continental	Simon Smith	309	Halifax Dist.
Continental	Samuel Smith, Soldier	1102	Halifax Dist.
Continental	Joseph Smith	444	
Continental	Nicholas Smith	457	
Continental	Alexander Smith	68	Hillsborough Dist.
Continental	Reuben Smith	438	Halifax Dist.
Militia	Arthur Smith	272	Newbern Dist.
Continental	George Smith	501	Halifax Dist.
Militia	James Smith	3682	Salisbury Dist.
Militia	James Smith	2060	Newbern Dist.
Militia	James Smith	4958	Wilmington Dist.
Continental	James Smith	493	Halifax Dist.
Militia	William Smith	2362	Newbern Dist.
Continental	John Smith	66	Hillsborough Dist.
Militia	John Smith	1506	Wilmington Dist.
Militia	John Smith	1208	Newbern Dist.
Militia	John Smith	4952	Morgan Dist.
Militia	William Smith	....	Salisbury Dist.
Militia	William Smith	5161	Wilmington Dist.
Militia	William Smith	1001	Newbern Dist.
Continental	John Smith	1427	Warrenton Dist.
Continental	Willis Sawyer	31	Hillsborough Dist.
Continental	Joseph Sawyer	156	Hillsborough Dist.
Militia	Henry Sewell	7401	Salisbury Dist.
Militia	Christopher Sewell	2265	Salisbury Dist.
Militia	Samuel Sewell	236	Wilmington Dist.
Militia	Wm. Sewell	7375	Salisbury Dist.
Militia	James Sewell	125	
Continental	Thomas Sewell	202	

		No.	
Militia	Peter Shrup	4578	Morgan Dist.
Continental	Jonathan Smiter	120	
Militia	John Stephens	3879	Wilmington Dist.
Militia	Soammey Stephens	3365	Wilmington Dist.
Militia	Moab Stephens	2919	Wilmington Dist.
Militia	Asa Stephens	5309	Wilmington Dist.
Militia	Benja. Stephens	5601	Wilmington Dist.
Militia	Nath'l. Stephens	5600	Wilmington Dist.
Militia	John Stephens	8985	Salisbury Dist.
Militia	Mathew Stephens	696	Newbern Dist.
Militia	Jesse Stephens	5602	Wilmington Dist.
Militia	Asa Stephens	5439	Wilmington Dist.
Militia	Robert Stephens	4194	Wilmington Dist.
Militia	William Stephens	5864	Wilmington Dist.
Militia	Abrien Stephens	591	Wilmington Dist.
Militia	Mathew Stephens	2184	Wilmington Dist.
Militia	William Stephens	27	Newbern Dist.
Militia	Samuel Stevenson	6266	Salisbury Dist.
Militia	Wm. Stevenson	8707	Salisbury Dist.
Militia	James Stevenson	4468	Salisbury Dist.
Militia	John Stevenson	....	Salisbury Dist.
Militia	William Stevenson	2255	Salisbury Dist.
Militia	John Stevenson	586	Newbern Dist.
Militia	Henry Stevenson	5625	Wilmington Dist.
Continental	James Stevenson	1455	Warrenton Dist.
Continental	Andrew Stevenson	93	
Continental	Abraham Stevenson	258	
Continental	John Sternes	1594	Warrenton Dist.
Continental	John Sternes, Soldier	300	Halifax Dist.
Continental	Henry Sternes	600	Halifax Dist.
Continental	Jesse Stancil	1283	Newbern Dist.
Continental	Jesse Stancil	1778	Warrenton Dist.
Continental	James Sexton	6197	Salisbury Dist.
Continental	James Sexton	180	Hillsborough Dist.
Continental	Henry Smith	513	Hillsborough Dist.
Continental	Henry Smith, Soldier	591	Halifax Dist.
Militia	Henry Smith	5936	Wilmington Dist.
Militia	Capt. Henry Smith	968	Newbern Dist.
Militia	Henry Smith	2905	Salisbury Dist.
Continental	Capt. Charles Stewart	301	Halifax Dist.
Militia	Joshua Sorrell	7377	Salisbury Dist.
Militia	Walton Sorrell	5015	Morgan Dist.
Continental	John Sorrell	472	Hillsborough Dist.
Continental	Thomas Sorrell	299	Hillsborough Dist.
Militia	John Sanders	1426	Newbern Dist.
Militia	Robert Sanders	371	Newbern Dist.
Militia	William Sanders	1369	Newbern Dist.
Militia	Charles Sanders	375	Newbern Dist.
Militia	Jesse Sanders	779	Newbern Dist.
Militia	Joseph Sanders	1415	Newbern Dist.
Militia	Jesse Sanders	3185	Wilmington Dist.
Continental	Benjamin Sanders	280	Hillsborough Dist.
Continental	James Sanders	392	Hillsborough Dist.
Continental	Joseph Sanders	828	Hillsborough Dist.

		No.	
Continental	Lieut. William Sanders	214	Halifax Dist.
Continental	Charles Sanders	430	Halifax Dist.
Continental	Andrew Sanders	3	
Continental	Joseph Sanderson	162	Newbern Dist.
Militia	David Sheppard	3964	Wilmington Dist.
Militia	Cyprian Sheppard	1038	Wilmington Dist.
Militia	John Sheppard	4864	Wilmington Dist.
Militia	Joseph Sheppard	3746	Wilmington Dist.
Militia	George Sheppard	1064	Wilmington Dist.
Militia	Benjamin Sheppard	5294	Wilmington Dist.
Continental	William Sheppard	330	Hillsborough Dist.
Continental	John Sheppard	210	Hillsborough Dist.
Continental	Col. Abraham Sheppard	611	Halifax Dist.
Continental	John Sheppard	499	
Continental	Arrington Sheppard	39	Hillsborough Dist.
Continental	Majr. John Sheppard	40	Halifax Dist.
Continental	Samuel Stewart	4269	Salisbury Dist.
Continental	Capt. William Stewart	4703	Salisbury Dist.
Continental	Jas. Stewart	6526	Salisbury Dist.
Continental	Matthew Stewart	4260	Salisbury Dist.
Continental	Samuel Stewart	3843	Morgan Dist.
Continental	David Stewart	1403	Salisbury Dist.
Continental	John Stewart	1962	Wilmington Dist.
Continental	Robert Stewart	445	
Continental	Dan. Stewart	5298	Salisbury Dist.
Continental	James Stewart	4803	Morgan Dist.
Continental	Alexander Stewart	3296	Salisbury Dist.
Continental	William Stewart	1167	Halifax Dist.
Continental	Joseph Stewart	177	Hillsborough Dist.
Continental	Gideon Simmons	319	Hillsboro Dist.
Continental	John Simmons	624	
Militia	Absolom Simmons, Jones Co.	770	Newbern Dist.
Militia	Benjamin Simmons, Jones Co.	1482	Newbern Dist.
Militia	John Simmons	2496	Salisbury Dist.
Continental	Samuel Simmons	368	Hillsboro Dist.
Continental	Peter Simmons		Assembly passed
Militia	Isaac Simmons	4910	Wilmington Dist.
Militia	Thomas Simmons	2503	Salisbury Dist.
Militia	Capt. Richard Simmons	2623	Salisbury Dist.
Militia	James Simmons, Jones Co.	456	Newbern Dist.
Militia	Elijah Simmons	3338	Wilmington Dist.
Militia	Willis Simmons	73	Wilmington Dist.
Continental	Felix Simmons	412	Halifax Dist.
Continental	Isles Simmons	347	Warrenton Dist.
Continental	Martin Simmons	42	Assembly
Militia	George Simmons	104	Newbern Dist.
Continental	James Simmons	285	Assembly
Continental	William Stuart	688	Halifax Dist.
Continental	Joseph Stuart	290	Hillsborough Dist.
Continental	William Stuart	386	Hillsborough Dist.
Militia	Felly Hearn	....	Salisbury Dist.
Militia	John Hearn	557	Hillsborough Dist.
Continental	Lieut. Thomas Watson	458	Halifax Dist.
Continental	Philip Watson	195	Hillsborough Dist.

		No.	
Continental	Ephraim Watson	210	Hillsborough Dist.
Continental	Solomon Watson	209	Hillsborough Dist.
Continental	Micajah Watson	402	Hillsborough Dist.
Continental	Cain Watson	4687	Salisbury Dist.
Militia	Sol'm. Watson	438	Newbern Dist.
Militia	James Watson	3676	Salisbury Dist.
Continental	Jacob Watson, Soldier	948	Halifax Dist.
Militia	Benj. Watson	4479	Wilmington Dist.
Militia	John Watson	684	Newbern Dist.
Militia	Reuben Wise	5148	Salisbury Dist.
Militia	Reuben Wise	4016	Wilmington Dist.
Militia	Abel Wise	4015	Wilmington Dist.
Continental	Abraham Wise	631	Halifax Dist.
Militia	Daniel Wise	1846	Newbern Dist.
Militia	Saven Wadkins	5811	Wilmington Dist.
Continental	James Wadkins	407	Hillsborough Dist.
Militia	John Rogers	3682	Wilmington Dist.
Militia	Jos. Rogers	833	Newbern Dist.
Militia	Stephen Rogers	1002	Wilmington Dist.
Militia	Thomas Rogers	3484	Wilmington Dist.
Militia	Benj. Rogers	1687	Newbern Dist.
Militia	Thos. Rogers	1714	Wilmington Dist.
Militia	Hugh Rogers	3242	Salisbury Dist.
Militia	James Rogers	8406	Salisbury Dist.
Militia	Dant Rogers	417	Newbern Dist.
Militia	Joseph Rogers	1418	Salisbury Dist.
Continental	David Rogers	299	Hillsborough Dist.
Continental	Ephraim Rogers	1099	Halifax Dist.
Continental	Jesse Rogers	160	
Continental	Eli Rogers	753	Hillsborough Dist.
Continental	James Rogers	124	Hillsborough Dist.
Continental	Stephen Rogers	371	Halifax Dist.
Continental	Lieut. Patrick Rogers	319	Hillsborough Dist.
Continental	Willoughby Rogers	27	Hillsborough Dist.
Continental	Samuel Wheeler	98	Hillsborough Dist.
Continental	David Wheeler, Soldier	933	Halifax Dist.
Continental	Emprey Wheeler	1250	Halifax Dist.
Continental	Batron Wheeler	1387	Halifax Dist.
Militia	Col. John Wilson	3017	Salisbury Dist.
Militia	Joseph Wilson	2897	Salisbury Dist.
Militia	Geo. Wilson	2788	Wilmington Dist.
Militia	John Wilson	6398	Salisbury Dist.
Militia	Saml. Wilson	4500	Wilmington Dist.
Militia	Saml. Wilson	2965	Salisbury Dist.
Militia	John Wilson	2519	Wilmington Dist.
Militia	Absolam Wilson	5644	Salisbury Dist.
Militia	Alexander Wilson	3482	Wilmington Dist.
Militia	David Wilson	3240	Salisbury Dist.
Militia	John Wilson	....	Newbern Dist.
Militia	Seth Wilson	1163	Newbern Dist.
Militia	James Wilson	4417	Wilmington Dist.
Militia	Alexander Wilson	4007	Salisbury Dist.
Militia	James Wilson	7649	Salisbury Dist.
Militia	Willis Wilson	1171	Newbern Dist.

			No.	
Militia	Robert Wilson	....	5624	Salisbury Dist.
Militia	Daniel Wilson	....	823	Newbern Dist.
Militia	Alsolm Wilson	....	7658	Salisbury Dist.
Militia	Alexander Wilson	....	2426	Wilmington Dist.
Militia	George Wilson	....	5103	Salisbury Dist.
Militia	Zacheus Wilson	....	3221	Salisbury Dist.
Militia	Matthew Wilson	....	4468	Morgan Dist.
Militia	William Wilson	....	1422	Wilmington Dist.
Militia	Capt. William Wilson	....	3015	Salisbury Dist.
Militia	David Wilson	....	3429	Salisbury Dist.
Militia	Timothy Wilson	....	583	Wilmington Dist.
Militia	William Wilson	....	1094	Newbern Dist.
Continental	Robert Wilson	....	376	Hillsborough Dist.
Continental	John Wilson, Soldier	....	939	Halifax Dist.
Continental	Whitfield Wilson	....	145	Hillsborough Dist.
Continental	Capt. James Wilson	....	75	Halifax Dist.
Continental	Seth Wilson	....	200	Hillsborough Dist.
Continental	Amos Wilson	....	211	Hillsborough Dist.
Continental	Edward Wilson	....	980	Halifax Dist.
Continental	Joshua Wilson	....	486	Halifax Dist.
Continental	Randolph Wilson	....	112	
Continental	Samuel Wilson	....	99	Hillsborough Dist.
Continental	John Wilson	....	563	Hillsborough Dist.
Continental	William Wilson	....	49	Hillsborough Dist.
Continental	John Wilson	....	1169	Halifax Dist.
Militia	Isaac Baldred, Soldier	....	1522	Newbern Dist.
Militia	Pengrine Buning	....	1903	Newbern Dist.
Militia	Thos. Barrow	....	544	Newbern Dist.
Militia	John Becton	....	625	Newbern Dist.
Militia	John Banks	....	297	Newbern Dist.
Militia	David Bang	....	455	Newbern Dist.
Militia	John Steele Beeton	....	1499	Newbern Dist.
Militia	Edw'd. Blachehead	....	376	Newbern Dist.
Militia	John Beeton	....	73	Newbern Dist.
Militia	Rub. Bullock	....	540	Newbern Dist.
Militia	Abel B........	....	1863	Newbern Dist.
Militia	Thomas Barrow	....	325	Newbern Dist.
Militia	John Ba.....	....	1645	Newbern Dist.
Militia	John Balton	....	....	Newbern Dist.
Militia	Ambors Britt	....	359	Newbern Dist.
Militia	Rich'd. Barrinton	....	736	Newbern Dist.
Militia	Will'm. Blakey	....	285	Newbern Dist.
Militia	Rich'd. Bullock	....	565	Newbern Dist.
Continental	David Brodnell	....	184	Hillsborough Dist.
Continental	Michiel Brinkley	....	2	Hillsborough Dist.
Continental	Leanus Barolin	....	148	Hillsborough Dist
Continental	Robert Buck	....	275	Hillsborough Dist
Continental	James Barnhill	....	79	Hillsborough Dist.
Continental	Christian Barnhart	....	24	Hillsborough Dist.
Continental	William Boyce	....	43	Hillsborough Dist.
Continental	David Burke	....	86	Hillsborough Dist.
Continental	Charles Bright	....	33	Hillsborough Dist.
Continental	Jesse Burn	....	16	Hillsborough Dist.
Continental	Nathaniel Belbuy	....	117	Hillsborough Dist.

		No.	
Continental	Joshua Brington	18	Hillsborough Dist.
Continental	Jacob Borean	121	Hillsborough Dist.
Continental	Mason Brown	350	Hillsborough Dist.
Continental	John Bradshaw	822	Halifax Dist.
Continental	Joseph Barrett	95	Hillsborough Dist.
Continental	Aaron Barham	619	
Continental	Baitham Bohannon	639	
Continental	Thomas Barnes	377	Hillsborough Dist.
Continental	Benjamin Buyer	247	Hillsborough Dist.
Continental	Luke Bates	542	Halifax Dist.
Continental	William Barket	374	Halifax Dist.
Continental	Album Bruce	327	Warrenton Dist.
Continental	Charles Burke	289	
Continental	Thomas Brees	259	Hillsborough Dist.
Continental	Mack Benson	246	
Continental	James Banon	221	
Continental	Nicolas Blanks	661	Hillsborough Dist.
Continental	Samuel Barkley	416	Hillsborough Dist.
Continental	Stephen Bowen	293	Halifax Dist.
Continental	James Besley	5	
Continental	Charles Bright	....	Hillsborough Dist.
Continental	Davis Benton	862	Warrenton Dist.
Continental	John Bullock, Soldier	919	Halifax Dist.
Continental	James Brittain	117	Halifax Dist.
Continental	Samuel Baxter	396	Halifax Dist.
Continental	William Boomer	822	Hillsborough Dist.
Continental	John Brinn	821	Hillsborough Dist.
Continental	Matthias Belts	628	Hillsborough Dist.
Continental	Plier Barber	....	Newbern Dist.
Continental	Job Benbo	46	
Continental	Robert Berry	344	
Continental	Stephen Beanfield	423	Halifax Dist.
Continental	White Bernick	398	Hillsborough Dist
Continental	William Bysom, Soldier	124	Halifax Dist.
Continental	John Brian	....	Halifax Dist.
Continental	Lieut.-Col. Lott Breuster	188	Halifax Dist.
Continental	Col. Wm. Blount	470	Halifax Dist.
Continental	James Bundy, Soldier	398	Halifax Dist.
Continental	Norma Bruce	14	
Continental	William Barkley	654	
Continental	Simon Braxton	216	
Continental	Simm Broadstreet	231	
Continental	Samuel Bulenton	197	
Continental	Henry Brady	599	Hillsborough Dist.
Continental	William Blake	202	Hillsborough Dist.
Continental	Dempsey Boyce	698	Hillsborough Dist.
Militia	William Bulls	2139	Newbern Dist.
Militia	John Burnet	16	Newbern Dist.
Militia	James Bayworth	1307	Newbern Dist.
Militia	Thomas Barrow	501	Newbern Dist.
Militia	Ramey Butts	1219	Newbern Dist.
Militia	John Barley	218	Newbern Dist.
Militia	John Broadstreet	1180	Newbern Dist.
Militia	John Ballinger	2146	Newbern Dist.

		No.	
Militia	Edward Blurton	1157	Newbern Dist.
Militia	James Bosworth	140	Newbern Dist.
Militia	Rubin Binn	....	Newbern Dist.
Militia	George Blackbourne	1061	Newbern Dist.
Militia	Edw'd. Blurton	1380	Newbern Dist.
Militia	Jno. Barttell	1058	Newbern Dist.
Militia	John Bernick	1236	Newbern Dist.
Militia	..... Barfield	1029	Newbern Dist.
Militia	Thomas Blango	1406	Newbern Dist.
Militia	Thomas Boyakan	1050	Newbern Dist.
Militia	Edward Baldwin	2128	Newbern Dist.
Militia	Peter Banks	943	Newbern Dist.
Militia	Nathan Barrington	998	Newbern Dist.
Militia	Artily Burnett	891	Newbern Dist.
Militia	Nathan Bullock	898	Newbern Dist.
Militia	Ephraim Bullock	1659	Newbern Dist.
Militia	Henry Bates	1535	Newbern Dist.
Militia	John Beasley	345	Newbern Dist.
Continental	Cornelius Bray	324	
Continental	Archibald Butts	399	Halifax Dist.
Continental	Michael Buckran	123	
Continental	Caleb Berry	187	Hillsborough Dist.
Continental	Benjamin Braddy	72	Hillsborough Dist.
Continental	Thomas Biby	409	Hillsborough Dist.
Continental	William Blunby	449	
Continental	Soloman Bandy	430	
Continental	....mon Briton	628	Halifax Dist.
Continental	John Balford	204	
Continental	Randall Britting	73	
Continental	Coldon Bashop	103	
Continental	Silas Bromfield	243	
Continental	Jesse Boseman	99	Hillsborough Dist.
Continental	Benjamin Brady	375	Hillsborough Dist.
Continental	Capt. Alex Buvard	191	
Continental	Lieut. Maj. Andrew Bay	236	Halifax Dist.
Continental	Sergt. Charles Bright	92	Halifax Dist.
Continental	Moses Blango	598	Hillsborough Dist.
Continental	Capt. Peter Bacot	375	Halifax Dist.
Continental	Roger Bratchen	1955	
Continental	Capt. Joel Brevard	108	Halifax Dist.
Militia	Jos. B......	514	Newbern Dist.
Continental	Edward Buncomb	224	Hillsborough Dist.
Continental	Hillery Brinson	613	Hillsborough Dist.
Continental	Josiah Benton	1230	Halifax Dist.
Continental	Benjamin Brady	515	Hillsborough Dist.
Continental	James Boon	823	Halifax Dist.
Continental	Frederick Bagurtt	99	
Continental	Noah Barttell	668	Hillsborough Dist.
Continental	Lt. Valentine Beard	650	Hillsborough Dist.
Continental	Matthew Betts	56	Hillsborough Dist.
Continental	Joshua Brennington	156	Hillsborough Dist.
Continental	Thomas Bulhard	289	Hillsborough Dist.
Continental	Mason Bims	487	Hillsborough Dist.
Continental	White Bennick	615	Hillsborough Dist.

IN THE AMERICAN REVOLUTION 405

		No.	
Continental	Josiah Bowers	271	Hillsborough Dist.
Continental	John Bradshaw	417	Halifax Dist.
Continental	Henry Burton	128	Hillsborough Dist.
Continental	George Binbow	262	Halifax Dist.
Continental	James Brock, Soldier	635	Halifax Dist.
Continental	Burgain Booles, Soldier	59	Halifax Dist.
Militia	Henry Blurton	2159	
Militia	Joshua Baltin	523	Newbern Dist.
Militia	Mathew Brinson	292	Newbern Dist.
Militia	William Bull	493	Newbern Dist.
Militia	Sanders Burnet	1189	Newbern Dist.
Militia	Baezella Blossom	643	Newbern Dist.
Militia	Edmund Becton	63	Newbern Dist.
Militia	Charles Bullock	1248	Newbern Dist.
Militia	Thomas Barrow, Soldier	1228	Newbern Dist.
Militia	T..... Braswell	474	Newbern Dist.
Militia	John Bedscot	1028	Newbern Dist.
Militia	Noah Barttell	1688	Newbern Dist.
Militia	Hopkins Bateman	302	Newbern Dist.
Militia	John Brothers	699	Newbern Dist.
Militia	Lt. Wm. Bryan	1620	Wilmington Dist.
Militia	George Baning	1055	Newbern Dist.
Continental	Dr. Robert Brownfield	90	
Continental	Sergt. Thomas Brickell	337	
Continental	Joseph Bedgood	1837	Warrenton Dist.
Continental	Drury Baggett	149	Halifax Dist.
Continental	Wm. Bedditt	1147	Warrenton Dist.
Continental	John Barco	1304	Halifax Dist.
Continental	James Brady	222	Hillsborough Dist.
Continental	Lewis Boon, Soldier	379	Halifax Dist.
Continental	Archibald Butts	400	Halifax Dist.
Continental	Thomas Barie	248	Halifax Dist.
Continental	Thomas Billops	727	Halifax Dist.
Continental	Isaac Bagby	1406	Halifax Dist.
Continental	Benjamin Bremington	826	
Continental	James Bootery, Soldier	1436	
Continental	Capt. Wm. Brinkley	120	Halifax Dist.
Continental	Daniel Bullock	1239	Halifax Dist.
Continental	Lieut. Samuel Budd	435	Halifax Dist.
Continental	Reuben Bullock, Soldier	910	Halifax Dist.
Continental	John Barnhill	584	Halifax Dist.
Continental	William Bond	845	Hillsborough Dist.
Militia	Wm. Boing	6669	Salisbury Dist.
Militia	Jno. Bullocke	785	Newbern Dist.
Militia	Mica.... Bull	1790	Newbern Dist.
Militia	Frances Beaseley	717	Newbern Dist.
Militia	John Bush	524	Newbern Dist.
Militia	Benj'm. Broolein	1189	Newbern Dist.
Militia	David Blackshear	380	Newbern Dist.
Militia	Ephraim Bullock	739	Newbern Dist.
Militia	George Bradley	738	Newbern Dist.
Militia	John Biggs	185	Newbern Dist.
Militia	David Barnhill	1576	Newbern Dist.
Indians	John Branden	1140	Hillsboro Dist.

		No.	
Indians	James Blake	1154	Hillsboro Dist.
Militia	Ambross Bull	591	Newbern Dist.
Militia	John Burn	2038	Newbern Dist.
Militia	William Barrow	1204	Newbern Dist.
Militia	Zollas Bucke	748	Newbern Dist.

MISCELLANEOUS

		No.	
Militia	Frederick Mims	326	Warrenton Dist.
Militia	Jacob Rochelle	2017	Newbern Dist.
Militia	David Kornegay	435	Newbern Dist.
Militia	Capt. Joseph Wood	776	Wilmington Dist.
Militia	James Wood	3319	Wilmington Dist.
Militia	Cornelius Wood, Soldier	1680	Salisbury Dist.
Militia	Robert Wood	3444	Salisbury Dist.
Militia	Samuel Wood	4029	Morgan Dist.
Militia	Zadack Wood	138	Wilmington Dist.
Militia	Philip Wood	3075	Wilmington Dist.
Militia	Simon Wood	1946	Wilmington Dist.
Militia	Joseph Wood	2088	Salisbury Dist.
Militia	Wm. Wood	7391	Salisbury Dist.
Militia	Frederick Wood	3320	Wilmington Dist.
Militia	Aaron Wood	18	Newbern Dist.
Militia	Capt. Samuel Wood	1022	Salisbury Dist.
Militia	Charles Wood	7946	Salisbury Dist.
Militia	Samuel Wood	3906	Morgan Dist.
Militia	Fred'k. Wood	5592	Wilmington Dist.
Militia	Matthew Wood	5707	Salisbury Dist.
Militia	Suvey Wood	2317	Wilmington Dist.
Militia	James Wood	7396	Salisbury Dist.
Continental	Joseph Wood	579	Halifax Dist.
Continental	John Wood, Soldier	546	Halifax Dist.
Continental	Charles Wood, Soldier	1032	Halifax Dist.
Continental	John Wood	571	Hillsborough Dist.
Continental	Sampson Wood, Soldier	391	Halifax Dist.
Continental	John Wood	394	Halifax Dist.
Continental	Aron Wood	793	Hillsboro Dist.
Continental	Nathaniel Wood	557	
Continental	Samuel Wood	102	
Continental	John Wood	748	Hillsborough Dist.
Militia	William Langston	553	Wilmington Dist.
Militia	John Langston	1246	Newbern Dist.
Continental	Josiah Langston	753	
Militia	John Lowe	4386	Wilmington Dist.
Militia	James Lowe	661	Wilmington Dist.
Militia	William Lowe	725	Wilmington Dist.
Militia	Matthew Lowe	6473	Salisbury Dist.
Militia	Robt. Lowe	5707	Wilmington Dist.
Continental	George Lowe	372	Hillsborough Dist.
Continental	Richard Lowe	566	Hillsborough Dist.
Continental	William Lowe	282	Hillsborough Dist
Continental	James Lowe	766	Hillsborough Dist.
Continental	Abraham Lowe	154	Hillsborough Dist.
Continental	William Lowe	496	
Continental	Drury Ledbetter	1166	Salisbury Dist.

		No.	
Continental	William Lannis	1528	Newbern Dist.
Continental	B.... Lanin	3646	Wilmington Dist.
Continental	Ensign J..... Lanin	3644	Wilmington Dist.
Continental	Corpl. Lewis Lanin	3613	Wilmington Dist.
Continental	Isham Lanin	1652	Newbern Dist.
Militia	Jesse Lanier	3647	Wilmington Dist.
Militia	Benjamine Lanier	3615	Wilmington Dist.
Continental	James Lanier	947	Halifax Dist.
Militia	John Pierce	1285	Newbern Dist.
Militia	.... Pierce	....	Newbern Dist.
Militia	John Pierce	2075	Newbern Dist.
Militia	William Pierce	763	Wilmington Dist.
Militia	Theophilus Pierce	161	Newbern Dist.
Militia	Snowden Pierce	2116	Wilmington Dist.
Continental	Ephraim Pierce	9	Newbern Dist.
Continental	Arthur Pierce	319	
Continental	William Pierce	551	Hillsborough Dist.
Continental	Thomas Pierce	395	Hillsborough Dist.
Continental	John Pierce	329	Hillsborough Dist.
Continental	Israel Pierce	666	Halifax Dist.
Militia	Daniel McDonald	408	Salisbury Dist.
Militia	Zachariah McDonald	784	Wilmington Dist.
Continental	Thomas Hines	463	Halifax Dist.
Continental	Jordan Hines	791	
Militia	James Hines	1655	
Continental	Hardy Hines	269	Hillsboro Dist.
Militia	Nathaniel Reeves	4497	Wilmington Dist.
Militia	Richard Reeves	1570	Newbern Dist.
Militia	Robert Reeves	1643	Newbern Dist.
Continental	John Reeves	160	Warrenton Dist.
Continental	John Reeves	562	Hillsboro Dist.
Continental	David Reeves	1199	Warrenton Dist.
Continental	Frederick Reeves	732	Hillsborough Dist.
Militia	Benj'm. Robertson	1273	Newbern Dist.
Militia	Capt. James Robertson	95	Salisbury Dist.
Militia	John Robertson	112	Wilmington Dist.
Militia	John Robertson	7069	Salisbury Dist.
Militia	Capt. Peter Robertson	2352	Wilmington Dist.
Militia	Moses Robertson	3627	Salisbury Dist.
Militia	David Robertson	4453	Morgan Dist.
Militia	Richard Robertson	2694	Salisbury Dist.
Militia	William Robertson	1984	Wilmington Dist.
Continental	Noah Robertson	516	Hillsborough Dist.
Continental	Mack Robertson	1359	Warrenton Dist.
Continental	Randal Robertson	144	Hillsborough Dist.
Continental	Edward Robertson	86	Hillsborough Dist.
Continental	Henry Robertson	726	Halifax Dist.
Continental	David Robertson	1130	Halifax Dist.

MISCELLANEOUS

Militia	Adam Williamson	4249	Wilmington Dist.
Militia	Henry Whitener	....	Salisbury Dist.
Continental	John Wilcocks	670	
Continental	John Worsley	1252	Warrenton Dist.

		No.	
Militia	Richard Williford	2878	Wilmington Dist.
Militia	Cleverly Wetherinton	1267	Newbern Dist.
Militia	George Whealy	4542	Morgan Dist.
Militia	Dewey Westbrook	5540	Wilmington Dist.
Militia	Muhager Williford	1188	Wilmington Dist.
Militia	William Wills	2861	Salisbury Dist.
Militia	James Wallace	5630	Salisbury Dist.
Militia	John Wadsworth	4048	Wilmington Dist.
Militia	Thomas Walton	5328	Wilmington Dist.
Militia	Fendell Whitworth	7688	Salisbury Dist.
Continental	James Winley	134	Hillsborough Dist.
Continental	Isaac Wells	730	Hillsborough Dist.
Continental	Absalom Wildey	727	Hillsborough Dist.
Militia	Anthony Willoughby	....	Newbern Dist.
Militia	Needham Whitley	3154	Newbern Dist.
Militia	Richard Williamson	1488	Newbern Dist.
Continental	John Whaley	796	Hillsborough Dist.
Continental	Francis Whaley	614	Hillsborough Dist.
Continental	Daniel Walden	317	Warrenton Dist.
Continental	Job. Williamson	184	
Continental	Holland Woolard	91	
Continental	Isaac Wells	555	Hillsborough Dist.
Continental	James Wenley	242	Hillsborough Dist.
Continental	William Walters	52	Hillsborough Dist.
Continental	William Wiseheart	10	Hillsborough Dist.
Continental	William Williamson	....	Halifax Dist.
Continental	Francis Werderhall, Soldier	77	Halifax Dist.
Continental	Sergt. Joel Wall	98	Halifax Dist.
Continental	Whitley	699	Halifax Dist.
Continental	Joshua Weirdon	640	
Continental	George Woodard	627	
Continental	Francis Wilkerson	961	Halifax Dist.
Continental	Thomas Wilkins	241	Hillsborough Dist.
Continental	Joshua Wilkins	824	Hillsborough Dist.
Continental	Benjamin Wilcox	805	Hillsborough Dist.
Continental	Cobb Woodward	529	Hillsborough Dist.
Continental	William Wynn	458	Hillsborough Dist.
Continental	Henry Whillis	530	Hillsborough Dist.
Militia	George Williamson	344	Newbern Dist.
Militia	Jesse Woodward	5521	Wilmington Dist.
Militia	Michael Wadkin	3622	Wilmington Dist.
Militia	John Wilkins	3139	Wilmington Dist.
Militia	Benjamin Windure	1486	Newbern Dist.
Militia	Lieut. T.... Worthy	4217	Wilmington Dist.
Militia	Micajah Windun	1803	Wilmington Dist.
Militia	.... Worthun	1372	Newbern Dist.
Militia	Sorin Watkins	3798	Wilmington Dist.
Militia	Joseph Wade	3437	Wilmington Dist.
Militia	Robert Whitington	662	Newbern Dist.
Militia	David Williamson	35	Newbern Dist.
Militia	John Wash	1293	Salisbury Dist.
Militia	John Week	4495	Salisbury Dist.
Militia	Joel Wells	1439	Wilmington Dist.
Militia	William Wilkins	5947	Wilmington Dist.

		No.	
Militia	John Wolum	136	Wilmington Dist.
Militia	William Whitager	.011	Salisbury Dist.
Indians	Phillip Waggoner	....	
Militia	John Wilkinson	1519	Newbern Dist.
Militia	Isaac Whaley	....	Newbern Dist.
Militia	John Whitley	1009	Newbern Dist.
Militia	Jno. White	1088	Newbern Dist.
Militia	Thomas Wilkins	408	Newbern Dist.
Continental	Caleb Woodward	387	Hillsborough Dist.
Continental	Willis Weathers	930	Halifax Dist.
Continental	James Wiggins, Soldier	162	Halifax Dist.
Continental	James Willoughby	676	Hillsborough Dist.
Continental	Thomas Woodley	254	Hillsborough Dist.
Continental	Thomas Wilkins	133	Hillsborough Dist.
Continental	Thomas Worsley	305	Hillsborough Dist.
Continental	John Weston	542	Hillsborough Dist.
Continental	Edward Woodrow	16	Hillsborough Dist.
Continental	William Hatford	179	Hillsborough Dist.
Continental	James Willoughby	507	Hillsborough Dist.
Continental	John Willoughby	506	Hillsborough Dist.
Continental	William Wharton	1409	Newbern Dist.
Continental	John Ware	....	Newbern Dist.
Continental	Daniel Witherington	....	Newbern Dist.
Continental	William Womack	529	Hillsborough Dist.
Continental	Henry Wallen	317	Hillsborough Dist.
Continental	John Wade	159	Hillsborough Dist.
Continental	Thomas Wigley	230	Hillsborough Dist.
Continental	Capt. John Welch	69	Halifax Dist.
Continental	Hopkins Witley	457	Hillsboro Dist.
Continental	Matthew Wesley	738	Hillsboro Dist.
Continental	John Wood	437	Halifax Dist.
Continental	Richard Whedbee	84	Halifax Dist.
Militia	Capt. Richmond Pierson	2840	Salisbury Dist.
Militia	John Pierson	5335	Wilmington Dist.
Militia	John Pierson	547	Newbern Dist.
Militia	James Pierson	4754	Morgan Dist.
Militia	Thomas Pierson	5218	Wilmington Dist.
Militia	James Pierson	1992	Wilmington Dist.
Continental	Richard Pierson	483	Hillsborough Dist.
Continental	Roger Pierson	1213	Halifax Dist.
Continental	Thomas Pierson	539	Hillsborough Dist.
Continental	Peter Payne	556	
Militia	Wm. Potts	8554	Salisbury Dist.
Militia	John Potts	60..	Salisbury Dist.
Militia	Capt. Jon't. Potts	2895	Salisbury Dist.
Continental	Alexander Potts	164	
Continental	Abraham Parrish	93	Hillsborough Dist.
Continental	Jacob Parrish	227	Hillsborough Dist.
Militia	Charles Parrish	605	Newbern Dist.
Militia	Jacob Parrish	5917	Wilmington Dist.
Militia	Seth Pearce	1856	Newbern Dist.
Militia	Shad'r. Pearce	1295	Newbern Dist.
Militia	Laza. Pearce	1632	Newbern Dist.
Continental	Israel Pierce	1456	Warrenton Dist.

		No.	
Continental	Hopkin Puree	622	
Continental	M.... Prevett	46	Halifax Dist.
Continental	Micajah Prevett	734	Hillsborough Dist.
Continental	John Prevett	1393	Halifax Dist.
Militia	Sion Picket	2948	Wilmington Dist.
Militia	James Picket	3538	Wilmington Dist.
Militia	Abraham Perry	4852	Wilmington Dist.
Militia	William Perry	..65	Newbern Dist.
Militia	Wavel Perry	176	Newbern Dist.
Militia	John Perry	1230	Wilmington Dist.
Militia	Robert Perry	4784	Wilmington Dist.
Militia	Hardy Perry	1556	Newbern Dist.
Militia	Demsey Perry	509	Newbern Dist.
Continental	Robert Perry	1308	Halifax Dist.
Continental	John Perry	577	Hillsborough Dist.
Continental	Isaac Perry	116	
Continental	Jeremiah Perry, Soldier	209	Halifax Dist.
Continental	Needum Perry	935	Halifax Dist.
Militia	John Marshall	....	Wilmington Dist.
Continental	Lieut. Dixon Marshall	146	Halifax Dist.
Continental	George Marshall	....	
Militia	Edmund Mattheis	2198	Wilmington Dist.
Militia	Mirsentine Matthews	7074	Salisbury Dist.
Militia	Hardy Mattheus	4843	Wilmington Dist.
Militia	Tho. Mattheus	4866	Wilmington Dist.
Militia	Hardy Mattheus	4902	Wilmington Dist.
Militia	Joseph Mattheus	4140	Wilmington Dist.
Militia	John Mattheus	1872	Wilmington Dist.
Continental	Moses Mattheus	114	Halifax Dist.
Continental	Bolin Mattheus	1625	Warrenton Dist.
Continental	Roll Mattheus	253	Hillsborough Dist.
Continental	Daniel Mattheus	701	Hillsborough Dist.
Continental	Gilbert Mattheus	267	Hillsborough Dist.
Continental	James Mattheus	1369	Salisbury Dist.
Continental	Richard Martin	122	Salisbury Dist.
Continental	Absalom Martin	262	Salisbury Dist.
Continental	Benjamin Martin	1631	Newbern Dist.
Continental	John Martin	424	
Continental	Christopher Martin	....	
Continental	Hosea Martin	1885	
Continental	Baron Martin	707	
Continental	Benjamin Mason	780	Hillsborough Dist.
Continental	Benjamin Mason	1420	Newbern Dist.
Militia	Richard Mason	1366	Wilmington Dist.
Militia	Wm. Mason	5889	Wilmington Dist.
Militia	Matthew Mason	1516	Wilmington Dist.
Militia	Kemp Herritt	144	Wilmington Dist.
Militia	Philip Hurst	3795	Wilmington Dist.
Militia	Wm. Honeycutt	5548	Wilmington Dist.
Militia	Wm. Handon	3064	Wilmington Dist.
Militia	John Holley	3442	Wilmington Dist.
Militia	Wm. Hansley	3515	Wilmington Dist.
Militia	Hillary Hooks	2796	Wilmington Dist.
Militia	Beason Holland	4540	Salisbury Dist.

		No.	
Militia	Alexander Hutchinson	1442	Salisbury Dist.
Militia	Leuis Hurvey	4026	Salisbury Dist.
Militia	James Herrin	1276	Newbern Dist.
Militia	John Hobbs	2032	Newbern Dist.
Militia	John Hennard	426	Newbern Dist.
Militia	Isam Holmes	2215	Wilmington Dist.
Militia	Reuben Hargrove	1507	Wilmington Dist.
Militia	Jeremiah Holland	1592	Wilmington Dist.
Militia	George Hobbs	3574	Wilmington Dist.
Militia	William Hansley	105	Wilmington Dist.
Militia	Abraham Honey	83	Wilmington Dist.
Militia	Thomas Haines	1471	Wilmington Dist.
Militia	Henry Hulet	2156	Wilmington Dist.
Militia	Matthew Holland	772	
Militia	Joshua Headley	1045	Salisbury Dist.
Militia	Samuel Hutchison	5055	Salisbury Dist.
Militia	Joseph Headen	2864	Salisbury Dist.
Militia	John Hutchison	6002	Salisbury Dist.
Militia	Simon Horse	4444	Morgan Dist.
Militia	Benj. Hickman	4095	Salisbury Dist.
Militia	Peter Hay	2175	Wilmington Dist.
Militia	Isaac Hortler	5754	Wilmington Dist.
Militia	Robt. Hogston	8914	Salisbury Dist.
Militia	John Handcock	2314	Newbern Dist.
Militia	Barzella Holtin	947	Newbern Dist.
Militia	James Hodges	1526	Newbern Dist.
Militia	Hardy Hargrove	5683	Wilmington Dist.
Militia	Lieut. John Hawthorne	4454	Wilmington Dist.
Militia	Gabriel Hardyson	1119	Wilmington Dist.
Militia	Josiah Hendon	3104	Wilmington Dist.
Militia	James Hurt	2230	Salisbury Dist.
Militia	Peter Hedrick	5152	Salisbury Dist.
Militia	William Hurst	3677	Wilmington Dist.
Militia	William Hodge	5627	Wilmington Dist.
Militia	Joseph Hardnot	5272	Wilmington Dist.
Militia	Thos. Hooks	5498	Wilmington Dist.
Militia	John Holley	5880	Wilmington Dist.
Militia	Ezekiel Hallimand	2048	Newbern Dist.
Militia	James Hyman	300	Newbern Dist.
Militia	James Handcock	2312	Newbern Dist.
Militia	Samuel Harrisday	1360	Salisbury Dist.
Militia	Jno. Hanna	2908	Salisbury Dist.
Militia	John Hollis	2978	Salisbury Dist.
Militia	John Head	958	Wilmington Dist.
Continental	Joseph Hodges	1319	Newbern Dist.
Continental	Edward Hathcock	560	Hillsborough Dist.
Continental	James Hoseford	121	Hillsborough Dist.
Continental	Joshua Halton	309	Hillsborough Dist.
Continental	James Hailey	241	
Continental	Willis Hodges, Soldier	134	Halifax Dist.
Continental	Jolly Holstead	33	Halifax Dist.
Continental	Thomas Harris, Soldier	954	Halifax Dist.
Continental	William Hamb	1091	Halifax Dist.
Continental	Lieut. William Hargrove	72	Halifax Dist.

		No.	
Continental	Ephriam Hooks	972	Halifax Dist.
Continental	David Holoway	790	Warrenton Dist.
Continental	James Hayward	582	
Continental	William Howerton	763	Halifax Dist.
Continental	John Harrell	1928	Warrenton Dist.
Continental	Zachariah Henly	322	Warrenton Dist.
Continental	Stephen Hamer	71	
Continental	Drury Hyme	843	Warrenton Dist.
Continental	James Hines	378	Warrenton Dist.
Continental	Henry Honess	134	
Continental	William Hancock	429	
Continental	Griffin Harmontree	29	
Continental	Joseph Hudnell	70	
Continental	George Hopenell	658	
Continental	James Heartfield	450	
Continental	Elisha Hogg	352	
Continental	Hert Hadnot	337	
Continental	Carter Hastings	207	Hillsborough Dist.
Continental	Daniel Harrison	1453	Warrenton Dist.
Continental	William Harrison	516	Halifax Dist.
Continental	Nicholas Hair	761	Halifax Dist.
Militia	John Walters	700	Newbern Dist.
Militia	George McWhorter	5960	Salisbury Dist.
Militia	Isaac Whitaker	1566	Newbern Dist.
Militia	Thomas Worsley	853	Newbern Dist.
Militia	Joseph Worsley	994	Newbern Dist.
Militia	George Wolfinden	1735	Newbern Dist.
Militia	John Whitaker	3042	Salisbury Dist.
Militia	Robarib Wick	2231	Wilmington Dist.
Militia	Lieut. Samuel Wason	5703	Salisbury Dist.
Militia	James Wasson	7685	Salisbury Dist.
Militia	James Walt	6906	Salisbury Dist.
Militia	William Wills	2267	Salisbury Dist.
Militia	Frederick Wills	3630	Wilmington Dist.
Militia	Joseph Whitley	3413	Wilmington Dist.
Militia	Savin Watkins	177	Wilmington Dist.
Militia	Joseph Whitney	3582	Wilmington Dist.
Militia	Daniel Wheaton	1713	Wilmington Dist.
Militia	John Wilkings	4571	Wilmington Dist.
Militia	William Whiten	4907	Wilmington Dist.
Militia	Joseph Whitley	3392	Wilmington Dist.
Militia	Nicolas Worley	3663	Wilmington Dist.
Militia	Richard Wilkinson	4538	Wilmington Dist.
Militia	Alex Whitley	1192	Newbern Dist.
Militia	William Whitley	1857	Newbern Dist.
Militia	Jno. Whaley	374	Newbern Dist.
Militia	Wm. Williamson	2164	Wilmington Dist.
Continental	John Wade	1449	Newbern Dist.
Continental	Obadiah Winson	1166	Halifax Dist.
Continental	Wyatt Warnick, Soldier	163	Halifax Dist.
Continental	David Welch	1145	Warrenton Dist.
Continental	Willis Whitehead	1407	Halifax Dist.
Continental	Hardin Warnese	160	Hillsborough Dist.
Continental	Absolm Woodard	325	

		No.	
Militia	Robt. Withington	976	Newbern Dist.
Militia	Wm. Williamson	53	Newbern Dist.
Militia	Charles Wilkerson	606	Newbern Dist.
Militia	Wm. Wellington	555	Newbern Dist.
Militia	Samuel Wade	2367	Newbern Dist.
Militia	Wm. Whealler	501	Newbern Dist.
Militia	Angus Warsdon	1269	Newbern Dist.
Militia	Jno. Whitford	1038	Newbern Dist.
Militia	Needham Whitley	1293	Newbern Dist.
Militia	William Whitley	2087	Newbern Dist.
Militia	William Wayne	321	Newbern Dist.
Militia	James Weirkle	1703	Newbern Dist.
Militia	Thomas Wharton	1216	Newbern Dist.
Militia	Joseph Whalfud	1595	Newbern Dist.
Militia	Benj. Windon	407	Newbern Dist.
Militia	Alex. Whitley	1756	Newbern Dist.
Militia	Jeremiah Watson	458	Newbern Dist.
Militia	James Williamson	789	Newbern Dist.
Militia	John Windham	888	Newbern Dist.
Militia	Andrew Willoby	699	Newbern Dist.
Militia	Wm. Wilkinson	1546	Newbern Dist.
Militia	Willis Whitehead	800	Newbern Dist.
Militia	Nehemiah Woolin	1558	Newbern Dist.
Militia	Joseph Whatford	387	Newbern Dist.
Militia	Jesse Walton	701	Newbern Dist.
Militia	William Wilkinson	1784	Wilmington Dist.
Militia	David Witherspoon	4585	Morgan Dist.
Militia	Alex. McWheartor	7128	Salisbury Dist.
Militia	Moses Winsley	8949	Salisbury Dist.
Militia	John Westrope	4579	Salisbury Dist.
Militia	David Wm	2884	Salisbury Dist.
Militia	Philip Woolf	3190	Salisbury Dist.
Militia	John Watson	882	Salisbury Dist.
Militia	Theadale Whitnith	4699	Salisbury Dist.
Militia	Joseph McWrath	6928	Salisbury Dist.
Militia	Richard Womack	7448	Salisbury Dist.
Militia	Kader Warrick	3433	Wilmington Dist.
Militia	Wm. Westbrook	5784	Wilmington Dist.
Militia	Hugh Watson	2978	Wilmington Dist.
Militia	Edward Wingate	4910	Wilmington Dist.
Militia	John Wade	3676	Wilmington Dist.
Militia	Arthur Whitehouse	1656	Newbern Dist.
Militia	Andrew Willsby	595	Newbern Dist.
Continental	William Withington	22	Halifax Dist.
Continental	Lieut. John Winborn	632	Halifax Dist.
Continental	Willis Wicker	266	Hillsborough Dist.
Continental	Richard Wallace	130	Hillsborough Dist.
Continental	William Watford	292	Hillsborough Dist.
Continental	Harden Warner	273	Hillsborough Dist.
Continental	Burnick Wilkins	252	Hillsborough Dist.
Continental	Willis Williford	168	Hillsborough Dist.
Continental	James Wasson	379	Hillsborough Dist.
Continental	John Warner	395	Hillsborough Dist.
Continental	Isaac Walters	146	Hillsborough Dist.

		No.	
Continental	William Worton	112	Hillsborough Dist.
Continental	William Walters	101	Hillsborough Dist.
Continental	Henry Williamson	68	Hillsborough Dist.
Continental	James Woolard	842	Hillsborough Dist.
Continental	William Womack	702	Hillsborough Dist.
Continental	John Weaver	411	Hillsborough Dist.
Continental	John Whaley	610	Hillsborough Dist.
Continental	Daniel Winchester	14	Hillsborough Dist.
Continental	Burnell Wilkins	141	Hillsborough Dist.
Continental	John Weston	398	Hillsborough Dist.
Continental	Absalom Wildey	718	Hillsborough Dist.
Continental	Abner Winns	19	Hillsborough Dist.
Continental	John Willoughby	700	Hillsborough Dist.
Continental	Thomas Winters	707	Halifax Dist.
Continental	James Woodard	93	
Continental	George Warnick	72	
Continental	William Welch	37	Halifax Dist.
Continental	Chaverly Witherington	469	Halifax Dist.
Continental	Frances Westduhall, Soldier	73	Halifax Dist.
Continental	Nathan Withington	463	Halifax Dist.
Continental	Moses Winters, Soldier	462	Halifax Dist.
Continental	Jno. Wills	630	Halifax Dist.
Continental	William Wilkerson, Soldier	738	Halifax Dist.
Continental	Corbin Weymonth	381	Halifax Dist.
Continental	Job Williamson	110	
Continental	Lieut. John Winborn	631	Halifax Dist.
Continental	Wm. Williamson	118	Halifax Dist.
Continental	Thomas Walden	953	Warrenton Dist.
Continental	Alexander Walch	238	
Continental	James Willace	107	
Continental	Daniel Woodland	1655	
Continental	Solomon Warbutton	1045	Halifax Dist.
Continental	Benj. Wilcocks	12	Halifax Dist.
Continental	Bryan Worsley	729	Halifax Dist.
Continental	Robert Woodland	830	Warrenton Dist.
Continental	Henry Williamson	34	Hillsborough Dist.
Continental	John Wood	591	Halifax Dist.
Continental	Charles Wincock, Soldier	778	Halifax Dist.
Continental	John Wrenn	476	Halifax Dist.
Continental	Joel Whiteherst	720	Halifax Dist.
Continental	Wyatt Warnick	793	Halifax Dist.
Continental	Elija Windley	1415	Halifax Dist.
Continental	Willis Williford	95	Hillsborough Dist.
Continental	Alexander Walsh	312	
Continental	James Woodard	167	
Militia	John Weeks	159	Wilmington Dist.
Militia	William Worsley	1298	Newbern Dist.
Militia	Aliga Wise	1170	Newbern Dist.

Found In Another Box

Militia	Robert Allison	5064	Salisbury Dist.
Militia	Theophilus Allison	5652	Salisbury Dist.
Militia	Fordman Gunzalus	2231	Salisbury Dist.
Militia	Richard Godwin	495	Wilmington Dist.

		No.	
Militia	Joseph Gorden	3452	Wilmington Dist.
Militia	James Gauncey	4567	Salisbury Dist.
Militia	Charles Garin	3423	Wilmington Dist.
Militia	Sam'l. Gauff	259	Wilmington Dist.
Militia	John Glenn	3553	Wilmington Dist.
Militia	Charles Goff	506	Wilmington Dist.
Militia	John Charlescraft	411	Wilmington Dist.
Militia	Isaac Cornnerlin	3372	Wilmington Dist.
Militia	Joseph Chears	3325	Wilmington Dist.
Militia	Alexander Chestnut	549	Wilmington Dist.
Militia	Jas. Guy	345	Wilmington Dist.
Militia	William Gaff	446	Wilmington Dist.
Militia	James Gailor	3436	Wilmington Dist.
Militia	Gillis Murphey	548	Wilmington Dist.
Militia	Thomas Graulton	521	Wilmington Dist.
Militia	Thomas Goff	3578	Wilmington Dist.
Militia	Joshua Armous	5691	Wilmington Dist.
Militia	John Akell	7,690	Salisbury Dist.
Militia	John Alcoun	8795	Salisbury Dist.
Militia	Henry Archibald	4635	Salisbury Dist.
Militia	Capt. Matthew Albitton	1049	Wilmington Dist.
Militia	William Atkinson	59	Wilmington Dist.
Militia	William Alphen	4965	Wilmington Dist.
Militia	James Atkinson	5986	Wilmington Dist.
Militia	James Alburton	727	Newbern Dist.
Militia	Nathan Archibald	692	Newbern Dist.
Militia	Benj. Almory	7743	Salisbury Dist.
Militia	Enoch Arnett	3336	Wilmington Dist.
Militia	Joseph Arthur	880	Salisbury Dist.
Militia	Thomas Archibald	1759	Salisbury Dist.
Militia	Benjamin Alferd	1200	Newbern Dist.
Militia	John Arthur	1109	Newbern Dist.
Militia	Nathan Atkinson	2145	Newbern Dist.
Militia	Amos Atkinson	1221	Newbern Dist.
Militia	Arch'd. Artis	511	Newbern Dist.
Militia	Jesse Agreston	765	Wilmington Dist.
Militia	Arnal Adkins	8997	Salisbury Dist.
Militia	Joseph Artis	3445	Wilmington Dist.
Militia	Adam Allison	7078	Salisbury Dist.
Militia	Wm. Adcock	4552	Salisbury Dist.
Militia	Sam'l. Archibald	4811	Salisbury Dist.
Militia	Sam'l. Aud	6528	Salisbury Dist.
Continental	Henry Harrison, Mecklenburg Co.	1780	
Continental	Anthony Haynes, Caswell Co.	....	
Continental	John Hall, Wake Co.	1791	
	Micajah Hicks, Wayne Co.	1791	
Continental	John Hooker, Granville Co.	1791	
Continental	William Hall, Rowan Co.	1791	
Continental	Peter Clifton	1158	Warrenton Dist.
Continental	Josiah Ellis	1159	Warrenton Dist.
Continental	Jeremiah Ellis	1658	Warrenton Dist.
Continental	William Nurckell	1849	Warrenton Dist.
Continental	Curtis Whitley	1817	Warrenton Dist.
Continental	John Christopher	1979	Warrenton Dist.

		No.	
Continental	Abraham Ballard	1156	Warrenton Dist.
Continental	Nathan Dees	1816	Warrenton Dist.
Continental	Robert Singleton	1997	Warrenton Dist.
Continental	Josiah Stevenson	1630	Warrenton Dist.
Continental	David Stokes	1645	Warrenton Dist.
Continental	Josiah Nunn	1996	Warrenton Dist.
Continental	Joseph Smith	1857	Warrenton Dist.
Continental	David Davis	1326	Warrenton Dist.
Continental	John Outlaw	1157	Warrenton Dist.
Continental	David Arnold	551	Halifax Dist.
Militia	Capt. Able Armstrong	4674	Salisbury Dist.
Militia	Enoch Arnold	2012	Wilmington Dist.
Continental	William Aldridge	1340	Halifax Dist.
Continental	James Ammons	237	Hillsborough Dist.
Militia	John Allison	2270	Salisbury Dist.
Militia	Nathan Askew	3307	Wilmington Dist.
Militia	James Atkinson	4979	Wilmington Dist.
Militia	John Askew	3520	Wilmington Dist.
Militia	Capt. Thomas Ard	4798	Wilmington Dist.
Militia	Alexander Afton	1996	Salisbury Dist.
Militia	John Arthur	1134	Newbern Dist.
Militia	Jesse Aldridge	1275	Newbern Dist.

Another Box

Militia	Lieut. Thomas Grantham	464	Wilmington Dist.
Militia	Jeremiah Groon	6886	Salisbury Dist.
Militia	James Garrison	7571	Salisbury Dist.
Militia	Jesse Gullet	761	Salisbury Dist.
Militia	Andrew George	1287	Salisbury Dist.
Militia	John Gardner	5019	Salisbury Dist.
Militia	John Gather	6980	Salisbury Dist.
Militia	Peter Glascock	4230	Salisbury Dist.
Militia	Samuel Calhoon	5444	Salisbury Dist.
Militia	Abraham Childers	2226	Salisbury Dist.
Militia	Alexander Carruth	3064	Salisbury Dist.
Militia	John Collum	4549	Salisbury Dist.
Militia	Lambeth Clayton	5833	Salisbury Dist.
Militia	Britton Cobb	832	Newbern Dist.
Militia	Peter Callmay	111	Newbern Dist.
Continental	James Gifford	1	
Militia	John Jenkins	4620	Salisbury Dist.
Militia	John Durrill	1099	Wilmington Dist.
Militia	Patrick Smith	5618	Wilmington Dist.
Continental	John Hill	14	Newbern Dist.
Continental	Moses Elmore	1246	Halifax Dist.
Continental	Spencer Donaldson	937	Halifax Dist.
Continental	Joseph Hill	1794	Warrenton Dist.
Militia	Joshua Devall	1116	Wilmington Dist.
Militia	David Dudley	1094	Wilmington Dist.
Militia	Jacob Daughtery	756	Wilmington Dist.
Militia	Edward Debruhl	1755	Wilmington Dist.
Militia	Joseph Eickilberg	781	Salisbury Dist.
Militia	Philip Eaple	2221	Salisbury Dist.
Militia	John Edmiston	3302	Salisbury Dist.

		No.	
Militia	Thomas Eakires	1382	Salisbury Dist.
Militia	Henry Eaple	2233	Salisbury Dist.
Militia	Joshua Eclin	1828	Newbern Dist.
Militia	Daniel Delle	1222	Newbern Dist.
Militia	Edmon Perkins	180	Newbern Dist.
Militia	Peter Gordun	5356	Salisbury Dist.
Militia	James Blanton	2228	Wilmington Dist.
Continental	Selby Harney	313	
Continental	James Kellun	32	
Continental	George Brownrigg	105	Halifax Dist.
Continental	John Bertie	11	Halifax Dist.
Continental	Welian Barkley	64	Halifax Dist.
Continental	Mundell Burke	831	Halifax Dist.

NORTH CAROLINA PENSION ROLL
(Copied from U. S. War Department, Report on Pensions, 1835)

NAMES, RANK, &c. OF INVALID PENSIONERS RESIDING IN ANSON COUNTY, NORTH CAROLINA

Names	Rank	Sums received	Description of service	Commencement of pension	Ages	Laws under which they were formerly inscribed on the Pension Roll and remarks
Josiah Abshier	Corporal	$ 345.97	3rd Regt. U.S. rifle	Dec. 20, 1826	64	Ex. mil. est.
Thomas Childs*	Captain	4,085.26	Army of Revolution	Mar. 4, 1795	—	Died Sept. 15, 1820
Alston Fort	Private	1,873.03	—	Sept. 16, 1814	—	Act Apr. 30, 1816
James Redfern	Do	277.08	Revolutionary Army	Sept. 5, 1808	—	
Do	Do	596.93	Do	Apr. 24, 1816	76	Act Apr. 24, 1816
Richard Russell	Private	228.63	Va. Cont'l line	Mar. 4, 1831	73	Died Jan. 13, 1834
James Ross	Do	202.50	N. C. Militia	Do	86	
William Ricketts	Do	210.00	S. C. Cont'l line	Do	86	
Richard Tomlinson	Pri. and Ser.	78.59	N. C. Militia	Do	84	
John Threadgill	Private	120.00	Do	Do	77	
Thomas Terry	Do	240.00	Do	Do	82	
William Vaughan	Do	90.00	Do	Do	78	
Leven Watson	Pri. Cav.	259.05	Georgia Militia	Do	82	
Edlyne Willoughby	Private	240.00	Va. Cont'l line	Do	74	
Jourdan Woodward	Do	60.00	N. C. Militia	Do	83	
William Wood	Do	240.00	Do Cont'l line	Do	77	
Robert Wilson	Do	66.99	Do Militia	Do		

Above found in North Carolina Pension Roll pages 2 and 60.

ASHE COUNTY, NORTH CAROLINA

Names	Rank	Sums received	Description of service	Commencement of pension	Ages	Laws under which they were formerly inscribed on the Pension Roll and remarks
David Johnson*	Private	$1,628.45	Army of the U. S.	Mar. 4, 1789	—	Died Feb. 18, 1829
Do	Do	1,327.00	Do	Apr. 24, 1816	—	Act Apr. 24, 1816
Francis Johnson	Do	1,310.08	Do	Sept. 5, 1808	71	
Do	Do	1,044.91	Do	Apr. 24, 1816		Do
Nathan Blevins	Private	40.00	Va. Militia	Mar. 4, 1831	74	
John Baldwin	Do	240.00	N. C. Militia	Do	77	
Landrine Eggers	Do	104.15	N. York Militia	Do		

IN THE AMERICAN REVOLUTION 419

Name			Rank		Amount		Service	Pension started	Age	Remarks
Jeremiah Green			Do		134.42		N. C. Militia	Do	78	
Francis Johnston			Pri. Ser. & Lieut.		196.32		Do Militia	Do	73	

Above found in North Carolina Pension Roll pages 2 and 60.

BEAUFORT COUNTY, NORTH CAROLINA

Name	Rank	Amount	Service	Pension started	Age	Remarks
Isaac Buck	Private	$ 180.00	N. C. Militia	Mar. 4, 1831	73	
Joseph Campen, Sen	Do	—	Do	Do	80	
James Creemer, Sen	Do	207.00	Do	Do	79	Died May 10, 1833
Joseph Guilford	Do	60.00	Do	Do	72	
Joshua Hill	Do	129.99	Do	Do	77	
Anthony Kinnin	Do	104.97	Do	Do	71	
Jacob O. Merry	Do	159.99	Do	Do	72	Died Oct. 20, 1833
John Nobles	Do	264.00	Do	Do	72	
Israel Pierce	Seaman & Private	169.98	Do	Do	70	
Joseph Wall	Private		Do	Do	76	

Above found in North Carolina Pension Roll page 65.

BLADEN COUNTY, NORTH CAROLINA

Name	Rank	Amount	Service	Pension started	Age	Remarks
Caleb Berry	Private	$ 575.48	1st Regt. U. S. Inf.	May 29, 1816	—	{Act mil. est. Died May 25, 1825
Robert Johnston	Private	87.48	N. C. Militia	Mar. 4, 1831	72	
Aaron Lewis, Sen	Do	60.00	Do	Do	73	Died Aug. 27, 1833
Duncan McCullock	Do	54.25	Do	Do	70	
Hugh Murphey	Do	166.65	N. C. Cont'l Line	Do	82	
William Pridgeon	Do	94.98	N. C. Militia	Do	102	
Samuel Pharis	Do	99.99	Do	Do	73	
John Parker	Do	134.64	Do	Do	81	
Joseph Russ	Do	150.00	Do	Do	71	
Jeremiah Rackley	Private and Ser.	75.00	N. C. Cont'l line	Do	74	
James Shipman	Captain	1,440.00	N. C. Militia	Do	82	
Josiah Singletary	Private	129.99	Do	Do	71	
Sanders Simmons	Do	120.00	Do	Do	71	
William Smith	Do	73.32	Do	Do	76	
Henry Wheeler	Do	53.32	S. C.	Do	72	

Above found in North Carolina Pension Roll pages 3 and 64.

BUNCOMBE COUNTY, NORTH CAROLINA

Names	Rank	Sums received	Description of service	Commencement of pension	Ages	Laws under which they were formerly inscribed on the Pension Roll and remarks
Adam Cooper	Private	$ 418.29	—	Dec. 20, 1825	—	{Died Apr. 27, 1830 {Act Mar. 3, 1827
James Alexander	Do	222.48	N. C. Cont'l line	Mar. 4, 1831	77	
Daniel Ball	Private and Ser.	120.00	N. C. Militia	Do	71	
William Britian	Private	60.00	Do	Do	72	
Edward Decoine	Ser. & Ser. Major	425.88	Va. Cont'l line	Do	77	(Act Mar. 18, 1818 Dropped and inscribed under Act 6/7/1832
Do	Do	300.00	Do		79	Died Feb. 1, 1834
Clement Davis	Private	240.00	N. C. Militia	Mar. 4, 1831	70	
William Deaver	Do	120.00	Va. Militia	Do	80	
William Erwin	Pri. Inf. and Cal.	132.48	N. C. Militia	Do	84	
Thomas Foster	Private	240.00	Va. Cont'l line	Do	78	
Reuben Fletcher	Do	120.00	N. C. Militia	Do	69	
Alexander Fuller	Do	—	Do	Do	70	
Joseph Henry	Do	60.00	Do	Do	73	
Elijah Henson	Do	240.00	Va. Cont'l line	Do	72	
James F. Jester	Do	60.00	N. C. Cont'l line	Do	77	
James Jennings	Do	240.00	N. C. Militia	Do	77	
John Lanning	Pri. Inf. and Cal.	112.47	N. C. Cont'l line	Do	77	
John Merrill	Private	73.93	N. C. Militia	Do	82	
Benj. Merrill	Do	—	Do	Do	73	
James Owenbey	Do	60.00	Do	Do	71	
Jess Palmer, Sen.	Do	53.32	Va. Militia	Do	71	
Thomas Payne	Do	60.00	N. C. Militia	Do	86	
Edmond Palmer	Pri. Inf. and Calv.	187.50	N. C. Cont'l line	Do	75	
Samuel Patton	Pri. & Ser. Drag's	133.95	N. C. Militia	Do	75	
Jonathan Prestwood	Pri. Inf. and Art.	275.00	N. C. Cont'l line	Do	76	
John Roberts	Private	—	N. C. Militia	Do	77	
Thomas Reid	Do	—	Do	Do	74	
William Robinson	Pri. Cal. and Inf.	67.50	N. C. Cont'l line	Do	80	
Thomas Sharp	Private	129.99	Va. Militia	Do	74	
Michael Tanner						

Valentine Thrash	Do	—	N. C. Militia	Do	85
Elijah Williamson	Pri. Inf. and Calv.	135.00	S. C. Militia	Do	79
Charles Williamson	Private	240.00	N. C. Militia	Do	80

Above found in North Carolina Pension Roll pages 3, 65, 66 and 67.

BURKE COUNTY, NORTH CAROLINA

Samuel Alexander	Private	$ 60.00	N. C. Militia	Mar. 4, 1831	75
John Arwood	Do	150.00	Do	Do	72
Benjamin Austin	Do	120.00	Do	Do	74
David Baker	Corporal	264.00	V. Cont'l line	Do	85
Sherwood Bowman	Private	60.00	N. C. Militia	Do	76
Steven Ballen	Do	79.98	Do	Do	72
William Crawley	Private of Art.	250.00	V. Cont'l line	Do	75
Jonathan Curtes	Private	230.40	N. C. Militia	Do	87
George Clontz	Sergeant	135.00	N. C. Cont'l line	Do	74
Conrad Crump	Private	139.98	N. C. Militia	Do	81
William Culberson, Sen.	Do	117.00	Do	Do	94
Samuel Davis	Do	99.99	V. Militia	Do	81
John Duckworth	Do	183.99	N. C. Militia	Do	76
Joseph Dovson	Do	199.98	Do	Do	78
William Freeman	Do	150.00	Do	Do	76
John Fox, Sen.	Do	79.98	Do	Do	70
John Green	Do	99.99	Do	Do	72
Solomon Good	Do	90.00	Do	Do	74
William Gragg	Do	69.99	Va. Militia	Do	76
Charles Haney	Do	93.30	Penna. Militia	Do	86
George Hodge	Do	76.98	N. C. Militia	Do	74
David Hays	Pri. Inf. and Calv.	114.99	Do	Do	74
Adam Hoppis	Private	90.00	Do	Do	80
Leonard Hise	Do	—	Va. Cont'l line	Do	78	Died Jan. 22, 1834
Robert Kincaid	Do	79.98	N. C. Militia	Do	70
James Kincaid	Do	99.99	S. C. Militia	Do	80
David Montgomery	Do	73.89	N. C. Militia	Do	79
Daniel Moore, Sen.	Do	100.00	Do	Do	69
William Morris, Sen.	Do	86.64	N. C. Militia	Do	84
Lewis Powell	Do	150.00	Do	Do	75
George Poplin	Do	139.98	Do	Do	81
John Presnell	Do	—	Do	Do	83

Names	Rank	Sums received	Description of service	Commencement of pension	Ages	Laws under which they were formerly inscribed on the Pension Roll and remarks
Joseph Pyett	Private	$ 183.99	N. C. Militia	Mar. 4, 1831	79	
Samuel Reed	Do	139.98	Do	Do	79	
George Silver	Do	240.00	Md. Cont'l line	Do	83	
Daniel Sullivan	Do	60.00	Pa. Militia	Do	71	
Aaron Stacy	Do	83.32	N. C. Militia	Do	74	
Joseph Starnes	Do	139.98	Va. Cont'l line	Do	78	
George Sigman	Do	75.00	N. C. Militia	Do	78	
Thomas Smith	Do		S. C. Militia	Do	70	
Benjamin Spencer	Do		Do	Do	73	
John Stewart	Do		N. C. Militia	Do	72	
John Swink	Do	120.00	Do	Do		
Isaac Thompson	Do	90.00	Do	Do	79	
Jacob Tipps	Do	90.00	Do	Do	86	
Samuel Turner	Do	69.99	S. C. Militia	Do	72	
Lawrence Unger	Do	178.35	N. C. Cont'l line	Do	78	
Reuben Walker	Do	120.00	N. C. Militia	Do	74	
Henry Woods	Do	90.00	Do	Do	81	

Above found in North Carolin Pension Roll pages 61 and 62.

BRUNSWICK COUNTY, NORTH CAROLINA

Names	Rank	Sums received	Description of service	Commencement of pension	Ages	Laws under which they were formerly inscribed on the Pension Roll and remarks
John Cason	Private	$ 150.00	N. C. Militia	Mar. 4, 1831	82	
Sedgwick Springs	Do	240.00	N. C. Cont'l line	Do	79	
Steven Williams	Do	96.65	Do	Do	71	

Above found in North Carolina Pension Roll page 63.

CABARRUS COUNTY, NORTH CAROLINA

Names	Rank	Sums received	Description of service	Commencement of pension	Ages	Laws under which they were formerly inscribed on the Pension Roll and remarks
John Gellon	Private	$ 275.07	Army of Revolution	Sept. 4, 1808	—	
Do	Do	1,000.13	Do	Apr. 24, 1816	—	Act Apr. 24, 1816
Abraham Alexander	Do		N. C. Militia	Mar. 4, 1831	72	Died Dec. 17. 1832

IN THE AMERICAN REVOLUTION 423

George Barnhardt	Do	38.33	Do	N. C. Cont'l line	73	Died Feb. 5, 1833
James Bradford	Do	79.98	Do	N. C. Cont'l line	72	
Charles Blackwelder	Do	66.30	Do	Do	73	Died Mar. 31, 1833
Thomas Campbell	Do	53.32	Do	N. C. Militia	73	
William Carrigan	Do	210.00	Do	Do	74	
Henry Furrer	Private and Sergt.	114.99	Do	Do	73	
James Hamilton	Private	133.32	Do	Do	71	
Thomas Irwin	Do	103.98	Do	Pa. Militia	75	
Samuel Killough	Do	90.00	Do	N. C. Militia	78	
Thomas McLure	Do	77.34	Do	Do	69	
Jacob Miller	Do	120.00	Do	N. C. Cont'l line	86	
Archibald McCurdy	Private and Lt.	339.99	Do	N. C. Militia	82	
Martin Phifer	Capt. of Drag.	1800.00	Do	Do	79	
Martin Stough	Private	75.00	Do	V. Cont'l line	80	
William Stow	Do	79.98	Do	N. C. Cont'l line	81	
Henry Smith	Captain	583.92	Do	N. C. Militia	92	
Caleb Toup	Private	139.98	Do	Pa. Militia	77	
William Walker	Do	—	Do	N. C. Militia	73	
Paul Walker	Do	157.50	Do	Do	79	
Reuben Parrott	Do	—	Do		72	

Above found in North Carolina Pension Roll pages 6 and 72.

CARTERET COUNTY, NORTH CAROLINA

Richard Arthur, Sen	Private	$ 79.93	Mar. 4, 1831	N. C. Militia	74	
John Brook	Do	89.41	Do	N. C. Cont'l line	83	
James Fulford	Do	240.00	Do	N. C. Militia	79	
Steven Fulford	Sergeant	200.42	Do	Do	86	Died Mar. 29, 1833
James G. Briel	Private and Sergt.	322.50	Do	Do	75	Died Feb. 4, 1834
John Hancock	Private	66.99	Do	Do	71	

Above found in North Carolina Pension Roll page 73.

CAMDEN COUNTY, NORTH CAROLINA

Robert Darrah	Sergeant	$1,077.06	June 16, 1815	1st Regt. U. S. Rifle	—	{Ex. mil. est. trans. from Va. 9/4/1826
Thomas Linton	Private	99.99	Mar. 4, 1831	N. C. Militia	79	
Thomas Walston	Do	129.99	Do	Do	72	

Above found in North Carolina Pension Roll pages 5 and 68.

CASWELL COUNTY, NORTH CAROLINA

Names	Rank	Sums received	Description of service	Commencement of pension	Ages	Laws under which they were formerly inscribed on the Pension Roll and remarks
Thomas Belsaih*	Private	$ 428.28	U. S. Army	Mar. 4, 1809	—	Died May 10, 1829
Do	Do	1,250.79	—	Apr. 24, 1815	—	Act Apr. 24, 1816
Braxton Carter	Do	119.36	Do	Jan. 1, 1813	—	Vide Act Aug. 2, 1813
Do	Do	1,000.13	Do	Apr. 24, 1816	—	Act Apr. 24, 1816
William Norman	Do	481.71	Donohoe's U.S. Art.	Feb. 20, 1824	—	Ex. mil. est.
Jacob A. Hart	Do	75.00	N. C. Militia	Mar. 4, 1831	90	
William Adkins, Sen.	Do	109.98	N. C. Cont'l	Do	76	
William Badget	Do	78.99	N. C. Militia	Do	72	
David Baker	Do	120.00	Do	Do	74	
Peter Badget	Private and Ens.	240.00	Do	Do	74	
Jeremial. Beaver	Private	75.00	Do	Do	77	
Robert Browning	Do	64.98	Do	Do	70	
Charles Cock	Do	60.00	Va. Militia	Do	72	
Joseph Dameron	Do	66.99	N. C. Militia	Do	71	
John Davis	Do	87.50	Do	Do	77	
John Dill	Do	90.00	Do	Do	75	
Elisha Evans, Sen.	Pri. Inf. and Cav.	157.98	Do	Do	74	
John Ferrell	Private	60.00	Do	Do	67	
Starling Gunn	Do	90.00	Do	Do	70	
Dudley Gatewood	Do	109.98	Va. Militia	Do	86	
Zacharia Hastings	Do	69.99	Do	Do	83	
Berry Hunt	Do	240.00	N. C. Militia	Do	79	
William Harville	Do	60.00	Do	Do	72	
Benjamin Long	Lt. and Capt.	79.98	Do	Do	75	
John McMullen	Private	379.98	N. C. Cont'l	Do	78	
Richard Martin	Do	240.00	Md. Militia	Do	79	
John Mathins	Do	90.00	N. C. Militia	Do	72	
Daniel Merrit	Do	150.00	Do	Do	72	
John Marlan	Do	240.00	Do	Do	74	
William McMennamy	Do	69.99	Do	Do	73	
William Pleasant	Do	180.00	Va. Cont'l	Do	78	
William Parker	Do	120.00	N. C. Militia	Do	79	
Thomas Roan	Pri. and Musc.	132.00	Do	Do	73	

IN THE AMERICAN REVOLUTION

William Roberts	Private	180.00	Va. Militia	Do	72
Elisha Rowark	Do	60.00	N. C. Militia	Do	76
William Roberts	Do	40.00	Va. Militia	Do	72
Samuel Stevens	Do	73.32	N. C. Militia	Do	72
William Slad, Sen.	Do	90.00	Do	Do	76
Jonothan Starkey	Pri. Inf. and Cav.	117.99	Do	Do	74
Richard Smith	Private	69.99	Do	Do	90
William Ware	Do	159.99	Do	Do	75
John Ware, Sen.	Do	120.00	Do	Do	79

Above found in North Carolina Pension Roll pages 4, 70 and 71.

CHATHAM COUNTY, NORTH CAROLINA

Joshua Adcock	Private	$ 240.00	N. C. Cont'l line	Mar. 4, 1831		74
Jesse Ausley	Do	129.99	N. C. Militia	Do		79
James Burns	Do	60.00	Do	Do		71
John Burgess	Do	75.00	Do	Do		73
Rackford Boon	Do	—	Do	Do		71
Nathaniel Clark	Do	109.98	N. C. Cont'l	Do		72
James Clark	Pri. Inf. and Cav.	137.49	Do	Do		74
Richard Drake	Private	90.00	N. C. Militia	Do		72
William Drake	Do	180.00	Do	Do		79
Daniel Ellington	Do	85.54	Do	Do		73
James Heathcock	Do	60.00	Do	Do		91
Jospeh Hackney	Capt. and Lt.	744.99	Do	Do	Died Jan. 4, 1833	82
Edmund Jones	Private	56.25	Do	Do		84
Herbert Lewis	Do	204.99	Va. Militia	Do		75
Hardy Lewter	Do	90.00	N. C. Militia	Do		90
John Lawrence	Do	174.99	Do	Do		72
William Marsh	Do	109.98	N. C. Cont'l	Do		75
John Moring	Do	63.30	Va. Militia	Do		70
John Mebane	Private and Capt.	308.32	N. C. Militia	Do		77
Richard Pope	Private	129.99	Do	Do		73
Charles Roe	Do	210.00	Do	Do		80
Bias Rogers	Do	87.50	Do	Do		79
John Rossen	Do	60.00	Do	Do		85
Abner Sasater	Do	50.00	Do	Do	Died Dec. 27, 1832	81
Lewis Tyson	Do	72.52	Do	Do		77
Nathan Yarborough	Do	—	Do	Do		84

Names	Rank	Sums received	Description of service	Commencement of pension	Ages	Laws under which they were formerly inscribed on the Pension Roll and remarks
Joseph Bridges	Lt. and Sergt.	$ 300.00	N. C. Militia	Mar. 4, 1831	84	
Thomas May	Private	—	Do	Do	73	
John Fooshee	Private and Lt.	330.00	Do	Do	75	

Above found in North Carolina Pension Roll page 69.

CHOWAN COUNTY, NORTH CAROLINA

Names	Rank	Sums received	Description of service	Commencement of pension	Ages	Laws under which they were formerly inscribed on the Pension Roll and remarks
Benjamin Bolton	Private	$ 800.17	20th Regt. U.S. Inf.	July 24, 1814	—	Act. mil. est.
Benjamin Vickery	Do	283.08	—	—	—	Act. Mar. 3, 1809
Do	Do	20.28	—	Apr. 24, 1816	—	Act. Apr. 24, 1816
John Avery	Do	64.98	N. C. Militia	Mar. 4, 1831	83	
William Ford	Do	60.00	Do	Do	90	
Henry Halsey	Do	60.00	Do	Do	77	
Malache Halsey	Do	60.00	Do	Do	75	
Jonathan Overton	Do	93.95	N. C. Cont'l line	Do	81	
John Pettijohn	Do	63.32	N. C. Militia	Do	82	
Thomas Smith	Do		Do	Do	81	

Above found in North Carolina Pension Roll pages 5 and 75.

COLUMBUS COUNTY, NORTH CAROLINA

Names	Rank	Sums received	Description of service	Commencement of pension	Ages	Laws under which they were formerly inscribed on the Pension Roll and remarks
Simon Bright	Private	$ —	N. C. Cont'l line	Mar. 4, 1831	70	
John Butler	Do	79.98	N. C. Militia	Do	75	
Joseph Cartwright	Do	120.00	Do	Do	72	
Theophilus Coleman	Pri. Inf. and Cav.	144.99	Do	Do	72	
Edward Davis	Private	164.99	Do	Do	73	
John Fowler	Do	60.00	Do	Do	87	
Pierce Goodwin	Do	50.00	Do	Do	74	
Ezekiel Hawes	Do	125.00	N. C. Cont'l line	Do	75	
Samuel Hickman	Do	99.99	S. C. Militia	Do	73	
Elias Jeannret	Do	293.29	N. C. Militia	Do	74	Died Sept. 28, 1833

John Mooney	Do	60.00	Do		77
Absalom Powell	Pri. Ens. & Sergt.	594.99	Do		82
David Ross	Private	79.15	Do		73
Benjamin Sasser	Do	54.15	Do		79
John Simmons	Pri. Cav. and Inf.	262.50	N. C. Cont'l line		71
John Mills	Private	120.00	Do		75

Above found in North Carolina Pension Roll page 74.

CRAVEN COUNTY, NORTH CAROLINA

Thomas Broughton	Private	$ 192.00	6th Regt. U. S. Inf.	Apr. 23, 1815	—
Do	Do	280.00	Do	Do	—
Herman Gaskins*	Do	906.75	U. S. Army	Sept. 4, 1793	—
Do	Do	663.28	Do	Apr. 24, 1816	—
Wiat Hinckley*	Do	559.35	Army of Rev.	Dec. 28, 1806	{Act. mil. est. trans. from N. Y. Sept. 4, 1821
Do	Do	1,522.89	Do	Apr. 24, 1816	Act. Apr. 24, 1816
Peter Banks	Private	99.99	N. C. Militia	Mar. 4, 1831	Do
Michael Ellis	Fifer	69.29	Md. Cont'l line	June 15, 1819	80 Act. Mar. 18, 1818
Do	Do	143.15		Mar. 4, 1831	74 Died Dec. 9, 1833
Samuel Gerock	Lieut.	360.00	German Regt.	Apr. 15, 1818	78 {Act. Mar. 18, 1818. Suspended under Act May 1, 1820 restored commencing Aug. 10, 1829. Died 9/8/1833
Do	Do	919.81	Do	Mar. 4, 1831	80
John P. Ives	Private	120.00	N. C. Militia	Do	75
Samuel Ipoch	Do	240.00	Do	Do	74
Daniel Lane	Private and Sergt.	84.99	N. C. Cont'l line	Do	76
Enoch Masters	Private	40.00	N. C. Militia	Do	74
Edward Nelson	Do	84.99	Do	Do	72
Jacob Pollard	Do	40.00	Do	Do	73
Peter Vendrick	Do	75.20	Do	Do	72 Died Dec. 30, 1833
Benjamin White	Do	60.00	Do	Do	73
Solomon Witherington	Do	113.28	Do	Do	73
Rufus Wiley	Do	60.00	Do	Do	69

Above found in North Carolina Pension Roll pages 4 and 71.

CUMBERLAND COUNTY, NORTH CAROLINA

Names	Rank	Sums received	Description of service	Commencement of pension	Ages	Laws under which they were formerly inscribed on the Pension Roll and remarks
James Christian*	Private	$1,628.45	Army of Revolution	Mar. 4, 1789	—	{Act. Sept. 29, 1789 {Died Oct. 11, 1826
Do	Do	1,004.79	Do	Apr. 24, 1816	—	Act. Apr. 24, 1816
John Spears*	Do	275.07	Revolutionary Army	Sept. 4, 1808		Died June 19, 1828
Do	Do	572.85	Do	Apr. 24, 1816		Act. Apr. 24, 1816
Consider Bushee	Private and Corpl.	258.00	R. I. Cont'l line	Mar. 4, 1831	71	
Lawrence Byrun	Private of Cav.	300.00	N. C. Cont'l line	Do	75	
John Cameron	Pri. Cav. and Inf.	77.49	N. C. Militia	Do	70	
William Cutts, Sen.	Private	79.98	Do	Do	81	
William Carver, Sen.	Do	120.00	Do	Do	81	
Sherwood Fort	Musician	186.99	Do	Do	75	
William Grice	Private	150.00	Do	Do	70	
James Guy	Do	60.00	Do	Do	76	
Alexander Johnson	Do	99.99	Do	Do	74	
John Lumsden	Private and Ensn.	259.98	Do	Do	75	
Nathan King	Captain	900.00	N. C. Cont'l line	Do	83	
Daniel McClellan	Private	150.00	N. C. Cont'l line	Do	75	
Edward McKay	Do	60.00	N. C. Militia	Do	75	
Hardy Mathews	Pri. Inf. and Cav.	144.99	Do	Do	75	
Malcolm McClellan	Private	60.00	Do	Do	79	
Malcolm Monroe	Private of Cav.	124.98	Do	Do	73	
Amos Nunnery	Pri. Cav. and Inf.	249.99	Do	Do	73	
Richard Plummer	Private	120.00	R. I. Cont'l line	Do	76	Died Dec. 1, 1833
James Reardon	Do	60.00	Md. Militia	Do	83	
John Small	Do	109.98	N. C. Militia	Do	77	
Robert Scoggins	Do	90.00	N. C. Cont'l line	Do	73	
Wm. L. Walker alias Needham Walker	Private of Inf.	74.16	N. C. Militia	Do	76	
John Wilson	Private	231.70	Do	Do	77	Died Jan. 27, 1833

Above found in North Carolina Pension Roll pages 6, 67 and 68.

CURRITUCK COUNTY, NORTH CAROLINA

Leven Balance	Private		N. C. Militia	Mar. 4, 1831	72
Hosea Ball	Private and Ensn.	293.32	Do	Do	77
Joshua Ball	Private	132.65	Do	Do	75
Samuel Ferebee	Ensign	210.00	Do	Do	73
Charles Riggs	Private		Do	Do	76
Thomas Ives	Do	180.00	Do	Do	81
Thomas Jarvis	Capt. Lt. and Pri.	919.98	N. C. Cont'l line	Do	79
David Lindsey	Private	240.00	N. C. Militia	Do	82
Thomas Poyner	Private and Capt.	462.39	Do	Do	74
Thomas Williams	Private	180.00	Va. Militia	Do	62
John Williams	Do	240.00	N. C. Cont'l line	Do	83
Willoughbly West, Sen.					77	Pension Suspended

Above found in North Carolina Pension Roll page 73.

DAVIDSON COUNTY, NORTH CAROLINA

John Beck	Private	$ 180.00	N. C. Troops	Mar. 4, 1831	74
Jonothan Barrett	Do	120.00	Md. Militia	Do	77
Isaac Barrett	Do	120.00	Do	Do	75
Buckner Daniel	Do	90.00	Va. Militia	Do	74
Benj. Dillen	Do	90.00	Do	Do	79
Peter Everhart	Do	90.00	N. C. Militia	Do	77
Joseph Essig alias Essick or Essix	Ind. Spy	90.00	N. C. Ind. Spy	Do	72
George Fritts	Private	159.99	N. C. Cont'l line	Do	81
James Gordon	Do	90.00	N. C. Militia	Do	86
John Gillian	Do	66.65	N. C. Cont'l line	Do	80
Jacob Goss	Do	240.00	N. C. Militia	Do	71
Peter Headrick	Private and Sergt.	240.00	Do	Do	72
Sherwood Kennedy	Private	94.93	Do	Do	74
John Koonts	Do	90.00	Do	Do	79
Moses Lambeth	Do	141.65	S. C. Militia	Do	77
David Lookebee	Do	129.99	N. C. Militia	Do	72
Jacob Leonard	Do		N. C. Militia	Do	75
Lewis Mullikin	Do	69.99	Md. Militia	Do	73
Jacob Miller	Do	240.00	N. C. Militia	Do	74

Names	Rank	Sums received	Description of service	Commencement of pension	Ages	Laws under which they were formerly inscribed on the Pension Roll and remarks
Joseph Nothern	Private	$ 69.59	N. C. Cont'l line	Mar. 4, 1831	72	
Steven Osborne	Do	240.00	N. C. Cont'l line	Do	81	
John Paine	Do	94.68	Del. Militia	Do	80	
John Richard	Do	60.00	N. C. Militia	Do	81	
John Scott	Do	75.00	Pan. Militia	Do	79	
Philip Sanders	Private and Lt.	150.00	N. C. Militia	Do	78	
Abraham Stoner	Private	90.00	Va. Cont'l line	Do	75	
Clairborne Spaine	Do	90.00	Va. Militia	Do	69	
Peter Smith	Do	240.00	N. C. Militia	Do	71	
Alexander Thomas	Do	235.00	N. J. Militia	Do	76	
George Thompson	Do	150.00	N. C. Cont'l line	Do	71	
Melcher Tar or Dor	Do	100.00	Do	Do	82	Dead
William Thompson	Do	90.00	N. J. Militia	Do	85	
William Waddsworth	Do	109.98	N. C. Militia	Do	85	
John White	Do	40.00	Do	Do	72	

Above found in North Carolina Pension Roll pages 77 and 78.

DUPLIN COUNTY, NORTH CAROLINA

Names	Rank	Sums received	Description of service	Commencement of pension	Ages	Laws under which they were formerly inscribed on the Pension Roll and remarks
William Alfin, Sen.	Private	$ —	N. C. Militia	Mar. 4, 1831	73	
Bezzant Brock	Pri. Inf and Cav.	97.50	Do	Do	76	
Burrell Branch	Private	120.00	Do	Do	77	
Jesse Brown	Pri. Inf. and Cav.	97.50	Do	Do	71	
Joshua Blake	Private	144.96	Do	Do	99	
Hilira Brinson	Do	149.45	Do	Do	76	
David Carlton	Do	125.00	Do	Do	77	
William Carr	Do	60.00	N. C. Cont'l line	Do	79	
John Davis	Do	120.00	N. C. Militia	Do	70	
Joshua Goodson	Do	75.00	N. C. Militia	Do	80	
Samuel Goff	Do	—	N. C. Cont'l line	Do	75	
Kidder Harrell	Pri. Inf. and Cav.	75.00	N. C. Militia	Do	85	Died Feb. 27, 1834
James Holland	Private	270.00	Do	Do	89	
Elisha Jones		69.99	Do	Do	73	

IN THE AMERICAN REVOLUTION 431

Thomas Keneday	Do	—	N. C. Cont'l line	Do	72	
Merrit Murrel	Do	—	N. C. Troops	Do	86	
John Page	Private of Cav.	250.00	N. C. Militia	Do	75	
David Quinn	Private	150.00	N. C. Cont'l line	Do	79	
John Rigby	Pri. Inf. and Cav.	232.50	N. C. Militia	Do	71	
Frederick Rivenbark	Private	90.00	Do	Do	87	
William Robert, Sen.	Do	75.00	N. C. Cont'l line	Do	77	
Jesse Swinson	Private and Musc.	134.58	N. C. Militia	Do	75	Died Apr. 17, 1834
Samuel Stanford, Sr.	Private	103.32	Do	Do	69	Died May 17, 1833
Robert Sloan	Do	150.00	Do	Do	82	
John Stuart	Do	150.00	Do	Do	100	
Theophilus Swinson	Pri. Inf. and Cav.	62.20	Do	Do	80	
William Taylor	Private	135.00	S. C. Militia	Do	77	
James Wallis	Do	129.99	N. C. Militia	Do	73	
Thomas Wright	Pri. Inf. and Cav.	112.50	Do	Do	79	
James Wright	Private	—	N. C. Cont'l line	Do	75	
Jacob Wells	Do				91	
James Wallis						

Above found in North Carolina Pension Roll pages 75 and 76.

EDGECOMBE COUNTY, NORTH CAROLINA

George Anderson	Private	$ 139.98	N. C. Militia	Mar. 4, 1831	77
William Anderson	Do	240.00	N. C. Cont'l line	Do	77
Jacob Braswell	Do	79.98	N. C. Militia	Do	71
Burrel Bradley	Do	79.98	Do	Do	80
Nathaniel Bilbrey	Do	240.00	Do	Do	76
Nichols Dunn	Do	64.98	Do	Do	80
David Forehand	Private Inf.	50.00	Do	Do	80
Hardy Howard	Private	87.48	Do	Do	74
Wilson Howard	Do	120.00	Do	Do	81
Isaac Jackson	Do	240.00	Va. Cont'l line	Do	79
Thomas Jenkins	Pri. Inf. and Cav.	99.99	N. C. Cont'l line	Do	76
Henry Kea	Private	75.00	N. C. Militia	Do	81
Shadrach Langley	Sergeant	60.00	Do	Do	71
Henry Lancaster	Private	300.00	Do	Do	82
William Morgan	Do	60.00	Do	Do	70
Enos Norwell	Do	199.98	Md. Militia	Do	75
Micajah Pettaway	Private and Adj.	389.97	N. C. Cont'l line	Do	74

Names	Rank	Sums received	Description of service	Commencement of pension	Ages	Laws under which they were formerly inscribed on the Pension Roll and remarks
Joseph Pippin	Ensign	—	N. C. Militia	Mar. 4, 1831	82	Died Apr. 10, 1833
James Scarborough	Sergt. and Capt.	675.00	Do	Do	85	
Richard Taylor	Private	69.99	Do	Do	87	
Gillead Thigphen	Do	189.99	N. C. Cont'l line	Do	74	
Lewis Todd	Pri. Cav. and Inf.	147.48	N. C. Militia	Do	71	
John Webb	Private	79.98	Do	Do	71	

Above found in North Carolina Pension Roll pages 78 and 79.

FRANKLIN COUNTY, NORTH CAROLINA

Names	Rank	Sums received	Description of service	Commencement of pension	Ages	Laws under which they were formerly inscribed on the Pension Roll and remarks
James Collins	Private	$ 90.00	N. C. Militia	Mar. 4, 1831	72	
Moses Carr	Do	50.00	Va. Militia	Do	92	
Ephriam Conyers	Do	108.32	N. C. Militia	Do	78	
Miles Hicks	Do	60.00	Do	Do	70	
William Jones	Private and Sergt.	212.64	Do	Do	76	
Moses Joiner	Private	99.99	Do	Do	75	
William Leonard	Do	60.00	Do	Do	74	
James Murray	Do	200.00	Do	Do	79	
John Piper	Private and Lt.	139.98	Do	Do	79	
Richard Peppen	Private	60.00	Do	Do	77	
Richard Reeves	Do	60.00	Do	Do	74	
Jonathan Stone	Do	53.33	Do	Do	80	
John Stone	Pri., Corpl. & Ser.	85.00	Do	Do	75	
William Sanders	Private	63.66	Do	Do	88	
Jesse Webb	Do	159.99	Do	Do	78	
Green Walker	Do	62.50	Do	Do	74	
Daniel Westray	Do	90.00	Do	Do	81	

Above found in North Carolina Pension Roll pages 79 and 80.

GATES COUNTY, NORTH CAROLINA

Names	Rank	Sums received	Description of service	Commencement of pension	Ages	Laws under which they were formerly inscribed on the Pension Roll and remarks
John Wilson*	Private	$ 208.15	—	Sept. 4, 1808	—	Died Aug. 11, 1815

Name	Rank	Amount	Service	Date of pension	Age	Remarks
William Brooks	Do	60.00	N. C. Militia	Mar. 4, 1831	80	
Do	Do	—	Do	Do	80	
Amos Dildee	Do	60.00	Do	Do	73	
William Pearce	Do	180.00	Do	Do	80	
Kider Parker	Do	53.32	Do	Do	75	
Uriah Ure	Do	60.00	Do	Do	75	

Above found in North Carolina Pension Roll pages 7 and 82.

GRANVILLE COUNTY, NORTH CAROLINA

Name	Rank	Amount	Service	Date of pension	Age	Remarks
Richard Grissom*	Private	$ 222.49	—	Sept. 14, 1808	—	Act. May 3, 1815
Do	Do	87.63	—	Nov. 8, 1814	—	Do
Do	Do	1,474.89	—	Apr. 24, 1816	—	Act. Apr. 24, 1816
Thomas Goodrum*	Do	164.18	—	Mar. 14, 1810	—	Act. Apr. 27, 1810
Do	Do	—	—	Mar. 4, 1831	—	Act. Apr. 24, 1816
William Allen	Ser. of Inf. & Cav.	430.86	Va. Militia	Do	74	
Thomas Blackwell	Private	240.00	Va. Cont'l line	Do	74	
Lewis Bledsoe	Pri. Ser. and Capt.	461.33	N. C. Militia	Do	76	
Charles Bullock	Private	125.00	N. C. Militia	Do	74	
Charles Barnett	Do	180.00	Va. Militia	Do	71	Died June 27, 1833
Peter Cash	Do	90.00	N. C. Militia	Do	78	
Lemuel Goodwin	Sergeant	105.63	N. C. Cont'l line	Do	82	
James Grisham, Sr.	Private	169.98	Do	Do	75	
Richard Glassgow	Do	120.00	Va. Cont'l line	Do	79	
William Guy	Do	120.00	5th Rgt. Col. Eaton	Do	71	
Edward Going	Do	159.99	N. C. Cont'l line	Do	92	
Zacharih Hester	Do	240.00	Do	Do	73	
Benj. Hester	Major	382.08	N. C. Troops	Do	74	
William Hunt	Private	99.99	N. C. Militia	Do	76	Died Mar. 8, 1833
James Haskins	Do	60.00	Do	Do	83	
Allen Howard	Do	240.00	Do	Do	71	
Harris Hicks						
John Lemay	Do	160.00	Va. Cont'l line	Do	75	(Cert. issued Anderson Paschall, guardian
Shadrach Owen	Pri. Inf. and Cav.	184.98	N. C. Militia	Do	73	Died Jan. 5, 1834
Thomas Parham	Private	180.00	Do	Do	72	
John Philips	Do	60.00	Va. Militia	Do	76	
John Smith	Pri. Inf. and Cav.	75.41	Do	Do	72	Died Apr. 4, 1833
Samuel Smith	Private	79.98	N. C. Militia	Do	74	

Names	Rank	Sums received	Description of service	Commencement of pension	Ages	Laws under which they were formerly inscribed on the Pension Roll and remarks
John Taylor, Sr.	Private and Capt.	$ 319.98	N. C. Cont'l line	Mar. 4, 1831	78	
William Taburn, Sr.	Private	103.32	N. C. Militia	Do	—	
Thomas Ussery	Do	87.50	Va. Militia	Do	75	
Vincent Vaughan	Do	150.00	N. C. Militia	Do	73	

Above found in North Carolina Pension Roll pages 7, 83 and 84.

GREENE COUNTY, NORTH CAROLINA

Names	Rank	Sums received	Description of service	Commencement of pension	Ages	Laws under which they were formerly inscribed on the Pension Roll and remarks
William Forrest	Private	$ —	N. C. Militia	Mar. 1, 1831	73	
John Taylor	Do	50.00	N. C. Cont'l line	Do	73	

Above found in North Carolina Pension Roll page 82.

GUILFORD COUNTY, NORTH CAROLINA

Names	Rank	Sums received	Description of service	Commencement of pension	Ages	Laws under which they were formerly inscribed on the Pension Roll and remarks
Thomas Smith, 2nd*	Private	$ 60.57	—	Apr. 18, 1814	—	Act. mil. est.
Do	Do	401.44	—	Apr. 24, 1816	—	Act. Apr. 24, 1816
Do	Do	342.00	N. C. Militia	Sept. 4, 1824	—	Act. Mar. 3, 1819
William Albright	Do	340.00	Do	Mar. 4, 1831	83	
Daniel Apple	Do	50.00	Do	Do	73	
Jonathan Brooks	Do	75.54	Do	Do	72	
John Boon	Do	79.98	Do	Do	79	
Thomas Cummings	Pri. Cav. and Inf.	67.50	N. C. Cont'l line	Do	76	
Leo Derick Clapp	Private	160.00	N. C. Militia	Do	92	Died Jan. 20, 1834
Jeremiah Cunningham	Do	99.99	Va. Militia	Do	74	
Lee Clark	Do	60.00	Va. Militia	Do	78	
Daniel Donnell	Do	79.98	N. C. Militia	Do	78	
Andrew Donnell	Do	69.99	Do	Do	77	
Joseph Denny	Do	79.98	Do	Do	76	
John Findley	Sergeant	360.00	Do	Do	69	
James Findley	Private	66.99	Do	Do	74	
William Fitzgerald	Do	240.00	Md. Cont'l line	Do	73	

Name	Rank	Amount	Service		Age	Remarks
Thomas Grear	Do	90.00	Pa. Militia	Do	78	
Fieldman Harris	Do	63.00	Va. Militia	Do	75	
James Henderson		65.64	N. C. Militia	Do	74	
Philip Jean	Pri. Inf. and Cav.	64.98	Do	Do	72	
Reuben Land	Private	180.00		Do	75	
John McBride	Private, Sergt. Ensn. and Lt.	504.99	Do	Do	78	
John Montgomery	Private	60.00	Do	Do	71	
William Maxwell	Do	55.25	Do	Do	72	
Josiah McBride	Do	41.29	Do	Do	—	Died Sept. 26, 1832 Cert. issued in favor of Jos. McBride, heir
Thomas McCuister	Do	86.25	Do	Do	71	
Joseph McLane	Do	146.16	Do	Do	82	
Massy C. Medaris	Do	120.00	N. C. Cont'l line	Do	79	
Philip Mason	Do	129.99	N. C. Militia	Do	81	
Jacob Newson	Do	75.96	Do	Do	72	
George Neese	Do	240.00	N. C. Cont'l line	Do	88	Died Dec. 23, 1832
Ezekiel Nolen	Do	120.00	Pa. Militia	Do	74	
William Riley	Pri. Inf. Cav. and Sergt.	318.54	N. C. Cont'l line	Do	75	
William Ryan	Private	180.00	N. C. Militia	Do	71	
Mathew Roe	Do	69.99	Do	Do	80	
James Stewart	Do	139.98	Do	Do	74	
William Smith	Do	182.85	Do	Do	88	
Mathias Swing	Do	240.00	N. C. Cont'l line	Do	86	Died June 17, 1833
Frederick Soots	Do	105.00	N. C. Militia	Do	77	

Above found in North Carolina Pension Roll pages 8, 80 and 81.

HALIFAX COUNTY, NORTH CAROLINA

Name	Rank	Amount	Service		Age	Remarks
Levi Browning	Private	$ 69.99	N. C. Militia	Mar. 4, 1831	76	
William Dickens	Do	69.99	Do	Do	73	
Solomon Drew	Do	84.99	Do	Do	80	
Joshua Drew	Do	79.98	Do	Do	83	
William Edmundson	Do	79.98	Do	Do	70	
George Green	Do	79.98	Do	Do	75	
Reuben Griffin	Private Art.	—	Do	Do	73	
John Harper	Pri. Cav. and Inf.	124.98	—	—	—	

Names	Rank	Sums received	Description of service	Commencement of pension	Ages	Laws under which they were formerly inscribed on the Pension Roll and remarks
Joseph Johnson	Private	$ 90.00	N. C. Militia	Mar. 4, 1831	70	
Shadrach Merritt	Do	40.00	Do	Do	78	
George Powell	Do	60.00	Do	Do	72	
William Perkins	Private and Lt.	150.00	Do	Do	78	
William Riggan	Private	60.00	Do	Do	73	
Robert L. Whitaker	Do	120.00	N. C. Cont'l line	Do	69	
William Wood	Do	—	N. C. Militia	Do	83	
John Lee	Do	175.00	N. C. Cont'l line	Do	72	Dropped and Inscribed under Act May 15, 1828 at Treas. Dept.
James Lock, Sen	Do	120.00	N. C. Militia	Do	75	

Above found in North Carolina Pension Roll pages 84 and 85.

HAYWOOD COUNTY, NORTH CAROLINA

Names	Rank	Sums received	Description of service	Commencement of pension	Ages	Laws under which they were formerly inscribed on the Pension Roll and remarks
Thomas Davis	Private	$ 60.00	N. C. Militia	Mar. 4, 1831	73	
Abraham Hooper	Do	240.00	S. C. Militia	Do	69	
Daniel Hinson	Do	180.00	Va. Militia	Do	70	
John Hood	Do	—	N. C. Militia	Do	84	
Robert Love	Sergeant	255.00	Va. Militia	Do	74	
Samuel Monteath	Private	—	N. C. Militia	Do	79	
John Massey	Do	240.00	Do	Do	76	
Louis Smith	Do	53.65	Va. Cont'l line	Do	71	
Andrew Shook	Do	60.00	N. C. Militia	Do	79	
Jacob Shook	Do	60.00	Do	Do	85	

Above found in North Carolina Pension Roll page 86.

HERTFORD COUNTY, NORTH CAROLINA

Names	Rank	Sums received	Description of service	Commencement of pension	Ages	Laws under which they were formerly inscribed on the Pension Roll and remarks
Mitchell Britton	Private	$ 50.00	N. C. Militia	Mar. 4, 1831	71	
Joseph Dilday	Do	120.00	Va. Militia	Do	79	

Name	Rank	Annual Allowance	Service	Date of enrollment	Age	Remarks
Charles Powell	Do	60.00	N. C. Militia	Do	77	
Nathaniel Saunders	Musician	66.00	Do	Do	78	
James Weston	Private	120.00	Do	Do	75	
Waring Williams	Do	90.00	Do	Do	71	

Above found in North Carolina Pension Roll page 85.

HYDE COUNTY, NORTH CAROLINA

Name	Rank	Annual Allowance	Service	Date of enrollment	Age	Remarks
William Spencer	Private	$ 90.00	N. C. Militia	Mar. 4, 1831	81	
Robert Silverthorn	Do	98.58	Do	Do	81	
George Williams	Do	—	Do	Do	77	

Above found in North Carolina Pension Roll page 85.

IREDELL COUNTY, NORTH CAROLINA

Name	Rank	Annual Allowance	Service	Date of enrollment	Age	Remarks
Thomas Harris*	Major	$2,627.82	Army of Revolution	Oct. 3, 1806	—	Died Aug. 31, 1826
Do	Do	1,185.51	Do	May 25, 1821	—	Act Apr. 24, 1816
Zachariah Linney	Private	489.75	—	May 16, 1818	—	Died Feb. 16, 1826
James Potts*	Do	197.05	Army of Revolution	Sept. 5, 1808	—	Act Apr. 24, 1816
Do	Do	282.75	Do	Apr. 24, 1816	—	Do
Do	Do	97.73	Do	Sept. 4, 1823	—	
John Patterson*	Do	832.00	Revolution Army	Sept. 18, 1815	—	Act Apr. 30, 1816
Do	Do	41.18	Do	Jan. 18, 1833	—	Act Apr. 24, 1816
Adams Terrence*	Do	227.33	N. C. Militia	Oct. 5, 1824	—	Act Feb. 4, 1822
Do	Do	563.16	Do	Apr. 23, 1828	—	Act Apr. 24, 1816
Hugh Andrews	Do	134.97	Do	Mar. 4, 1831	80	
Shadrach Allen	Do	240.00	Do	Do	83	
George Allen	Do	60.00	Do	Do	91	
James Alexander	Private Cav.	75.00	Va. Militia	Do	85	
Jacob Boston	Private	300.00	N. C. Cont'l line	Do	77	
David Beaty	Do	62.64	N. C. Militia	Do	72	
William Brown	Do	60.00	Do	Do	73	
Andrew Carson	Pri. Cav. and Inf.	180.00	Do	Do	78	
John Cavin	Private	122.29	Do	Do	73	
James Carter	Do	69.99	Md. Militia	Do	73	
Philip Drum	Do	79.98	Va. Militia	Do	74	
David Dickey	Pri. Inf. and Cav.	150.00	N. C. Cont'l line	Do	74	
William Falls	Do	193.38	N. C. Militia	Do	71	

ROSTER OF NORTH CAROLINA SOLDIERS

Names	Rank	Sums received	Description of service	Commencement of pension	Ages	Laws under which they were formerly inscribed on the Pension Roll and remarks
William Frenister	Pri. Inf. and Cav.	$ 122.49	N. C. Militia	Mar. 4, 1831	76	
John Grant	Private	135.00	N. C. Cont'l line	Do	79	
Robert Gracey	Pri. Cav. and Inf.	229.98	N. C. Militia	Do	70	
James Gunston	Private	90.00	Do	Do	73	
Alexander Hall	Do	90.00	Do	Do	79	
Abraham Hill	Pri. Inf. and Cav.	244.98	Do	Do	76	
James Holmes	Private	68.34	Do	Do	72	
Robert Hair	Do	180.99	N. C. Cont'l line	Do	82	
David Hair	Do	150.00	N. C. Militia	Do	72	
Claiborne Howard	Do	—	Va. Militia	Do	70	
Nicholas Jones	Pri. Cav. and Inf.	98.40	N. C. Militia	Do	86	Died June 14, 1833
Daniel Lewis	Private	60.00	N. Y. Militia	Do	79	
Thomas Lawson	Do	99.99	Do	Do	80	
John Luck	Do	109.98	Va. Militia	Do	74	
George Lackey	Pri. Cav. and Inf.	188.76	N. C. Militia	Do	78	
Thomas Lackey	Private	129.99	Do	Do	87	
Lawrence Maiden, Sen.	Do	60.00	N. C. Cont'l line	Do	80	
Alexander McKee	Do	64.65	Do	Do	71	
Robert McLeod	Do	90.00	Va. Militia	Do	78	
Benjamin Mays	Do	61.65	N. C. Militia	Do	77	
John Morrison	Do	99.99	Va. Cont'l line	Do	91	
William Mason	Do	69.99	N. C. Militia	Do	82	
Mathew McPherson	Do	79.76	Do	Do	76	
James Mitchell	Do	109.98	Do	Do	75	
John Mayhew	Do	58.32	Va. Militia	Do	77	
James Murphy	Do	169.98	N. C. Militia	Do	87	
Gilbreath Neill	Lieutenant	942.10	Do	Do	82	Died Jan. 29, 1834
John Norwood	Private	139.98	Do	Do	76	
Benjamin Recktor	Do	60.00	Do	Do	73	
Andrew Ramsay	Pri. Inf. and Cav.	82.21	Do	Do	79	
John Rounsavill	Private	75.00	S. C. Militia	Do	77	
Joseph Sharpe	Pri. Cav. Inf. Lt. and Capt.	528.48	N. C. Militia	Do	82	
Jeremiah Scroggs	Private	168.18	Do	Do	79	

John Scrogs	Do	69.99	Do		72
John Stewart	Do	112.50	Do		78
John Stevenson	Pri. Inf. and Cav.	53.32	Do		76
William Smith	Private	240.00	Mar. 4, 1831		72
John Scott	Do	90.00	Do		75
John Studthem	Pri. Inf. and Cav.	268.87	N. C. Cont'l line	Do	82
John Thomas	Private	60.00	Va. Cont'l line	Do	72
Mathew Vendivier	Do	105.99	N. C. Militia	Do	81
James Watts	Pri. Inf. and Cav.	107.67	Do	Do	77
William Woodsides	Do	229.98	N. C. Cont'l line	Do	79
David White	Private and Sergt.	69.99	Va. Militia	Do	79

Above found in North Carolina Pension Roll pages 8, 86, 87 and 88.

JONES COUNTY, NORTH CAROLINA

Hugh Stanley*	Private	$ 305.63	U. S. Army	Sept. 4, 1808	Died Aug. 26, 1823
Do	Do	469.85	Do	Apr. 24, 1816	Act Apr. 24, 1816
Samiel Davis	Do	—	N. C. Militia	Mar. 4, 1831	75
Frederick Foscue	Do	50.00	Do	Do	68
Lawson Mallard	Do	141.65	Do	Do	73
Ambrose Whitledge	Do	69.99	Do	Do	86

Above found in North Carolina Pension Roll pages 9 and 90.

JOHNSTON COUNTY, NORTH CAROLINA

Amos Atkinson	Private	$ 221.99	N. C. Militia	Mar. 4, 1831	81
William Capps	Do	240.00	N. C. Cont'l line	Do	83
James Carrell	Do	99.99	N. C. Militia	Do	69
Benjamin Edwards	Do	90.00	Do	Do	70
Dixon Faile	Do	180.00	S. C. Cont'l line	Do	78
Jesse Green	Do	90.00	N. C. Militia	Do	70
Chapman Hayles	Do	60.00	Do	Do	73
James Holt	Corpl. and Ensn.	156.00	Do	Do	80
Elijah Lassiter	Private	60.00	Do	Do	72
Joel Nichols	Do	60.00	Do	Do	82
James Odon	Do	40.00	Do	Do	82
Richard Pilkinton	Do	79.98	N. C. Cont'l line	Do	72
Britton Roberts	Do	60.00	N. C. Militia	Do	72

Names	Rank	Sums received	Description of service	Commencement of pension	Ages	Laws under which they were formerly inscribed on the Pension Roll and remarks
Valentine Sheppard	Private	$ 148.41	N. C. Cont'l line	Aug. 19, 1818	76	Act Mar. 18, 1818
Do	Do	120.00	Do	Mar. 4, 1831	74	
Robert Sterling	Do	210.00	N. C. Militia	Do	71	
Abel Sassen	Do	—	Do	Do	79	
William Tarlton	Do	240.00	Do	Do	72	
Charles Willons	Do	57.77	Va. Cont'l line			

Above found in North Carolina Pension Roll page 89.

LENOIR COUNTY, NORTH CAROLINA

Names	Rank	Sums received	Description of service	Commencement of pension	Ages	Laws under which they were formerly inscribed on the Pension Roll and remarks
Elisha Hunt	Private	$1,628.45	Army of Revolution	Mar. 4, 1789	—	Act Sept. 29, 1789
Do	Do	1,041.80	Do	Apr. 24, 1816		Act Apr. 24, 1816
Benjamin Cox	Private	141.65	N. C. Militia	Mar. 4, 1831	80	
John Cox	Do	120.00	Do	Do	72	
William Davenport	Do	150.00	Do	Do	80	
John Hartsfield	Do	120.00	Do	Do	77	
Stephen Parish	Do	229.98	S. C. Cont'l line	Do	77	
Charles Tull	Do	60.00	N. C. Militia	Do	81	
Marclin Wooters	Do	69.99	Do	Do	76	

Above found in North Carolina Pension Roll pages 10, 92 and 93.

LINCOLN COUNTY, NORTH CAROLINA

Names	Rank	Sums received	Description of service	Commencement of pension	Ages	Laws under which they were formerly inscribed on the Pension Roll and remarks
John Chittin	Private	$ 286.73	Revolutionary War	Jan. 1, 1815	—	{Act Apr. 30, 1816 {Died Dec. 24, 1818
Samuel Espey*	Do	125.90	—	Sept. 4, 1808	—	Act Apr. 24, 1816
Do	Do	777.44	—	Apr. 24, 1816	—	July 14, 1832
David Miller*	Do	200.00	Army U.S.	July 4, 1832	—	Died Mar. 18, 1832
Do	Do	332.63	Do	Sept. 4, 1808		Act Apr. 24, 1816
Do	Do	537.01	Do	Apr. 24, 1816		Act Mar. 3, 1819
	Do	383.30		Sept. 4, 1824		

Name	Rank	Amount	Revolutionary Army		Act July 5, 1812 / Act Apr. 24, 1816
				Apr. 20, 1811 / Apr. 24, 1816 / Mar. 4, 1831	
Mitchell Reep	Do	150.00	Do		
Do	Do	857.07	N. C. Militia	Do	82
Robert Abernathy	Do	40.00	Va. Militia	Do	78
Vincent Allen	Do	240.00	N. C. Militia	Do	85
Christian Arney	Do	169.98	N. C. Militia	Do	71
Mathew Armstrong	Do	99.99	N. C. Militia	Do	78
Casper Bolick	Do	109.98	Do	Do	75
Jonas Bradshaw	Do	120.00	N. C. Cont'l line	Do	72
Robert Berry	Do	60.00	N. C. Militia	Do	75
Samuel Baldwell	Do	160.00	N. C. Cont'l line	Do	74
Martin Coulter	Do	64.68	N. C. Militia	Do	73
Mitchell Cline	Pri. Inf. and Cav.	88.02	Do	Do	82
William Carrol	Private	120.00	Do	Do	87
Thomas Costner	Do	64.98	Do	Do	—
Samuel Collins	Do	78.48	Md. Militia	Do	75
William Elmore	Pri. Inf. and Cav.	114.99	N. C. Cont'l line	Do	69
Peter Edleman	Private	94.98	N. C. Militia	Do	76
Samuel Espey	Pr. Corp. & Capt.	296.16	Do	Do	76
Abraham Forney	Pri. Sergt. & Capt.	436.80	Do	Do	77
William Gregory	Private	60.00			
Joseph Graham	Sergt. Adg. Capt. and Maj.	870.00	N. C. Cont'l line	Mar. 4, 1831	75
Robinson Goodwin	Private	139.98	Do	Do	69
Simeon Hager	Do	99.99	N. C. Militia	Do	71
James Hill	Lieut.	360.00	S. C. Cont'l line	Do	75
James Henry	Private	210.00	N. C. Militia	Do	81
Nicholas Hofner	Do	90.00	Do	Do	78
John Harmon	Do	117.00	Do	Do	72
John Helm	Do	120.00	Va. Cont'l line	Do	73
Simeon Hager	Do	79.32	N. C. Militia	Do	79
John Kid	Do	159.99	N. C. Cont'l line	Do	76
Robert Knox	Do	80.00	N. C. Militia	Do	92
John Kinkaid	Do	229.98	S. C. Militia	Do	85
Alexander Moore	Do	101.64	N. C. Militia	Do	80
Tapley Mahanas	Do	240.00	Va. Cont'l line	Do	72
William Moore	Pri. and Capt.	210.00	N. C. Militia	Do	83
Samuel Martin	Do	750.00	S. C. Militia	Do	100
John Moore	Private	66.65	Do	Do	75
George Oliver	Do	150.00	N. C. Militia	Do	74
Jacob Plunk	Do	90.00	Do	Do	85

Names	Rank	Sums received	Description of service	Commencement of pension	Ages	Laws under which they were formerly inscribed on the Pension Roll and remarks
Hiram Pendleton	Private	$ 197.27	N. C. Cont'l line	Mar. 4, 1831	84	Died Aug. 27, 1833
William Potter	Pri. and Corpl.	74.49	N. C. Militia	Do	84	
Humphrey Parker	Private	99.99	Do	Do	72	
Adam Reep	Do	163.29	Do	Do	79	
James Robeson	Do	99.99	Do	Do	71	
William Rankin	Do	148.90	Do	Do	73	
Joshua Roberts	Do	69.99	Do	Do	74	
Charles Regan	Do	150.00	N. C. Cont'l line	Do	76	
Peter Scrum	Do	136.66	N. C. Militia	Do	72	
John Stamey	Do	210.00	Do	Do	72	
Conrad Tippong	Do	90.00	Do	Do	89	
John Turbyfill	Do	120.00	Va. Militia	Do	93	
Bartholomew Thompson	Do	199.98	Ga. Militia	Do	72	
Charles Thompson	Private Cav.	124.98	N. C. Militia	Do	72	
Philip Tilman	Private	90.00	N. J. Militia	Do	87	
Joseph Willis	Do	76.98	N. C. Militia	Do	79	
Charles Whit	Do	225.24	S. C. Militia	Do	70	
Elisha Weathers	Pri. Cav. and Inf.	137.49	N. C. Militia	Do	75	Died Dec. 28, 1833
John Woolfong	Private	112.62	Do	Do	72	
James Wilkinson	Do	84.63	Va. Militia	Do	71	
Nathan Mendenhall	Do	109.98	Pa. Militia	Do	88	
William McCarthy	Do	199.98	S. C. Militia	Do	76	

Above found in North Carolina Pension Roll pages 9, 90, 91 and 92.

MACON COUNTY, NORTH CAROLINA

Names	Rank	Sums received	Description of service	Commencement of pension	Ages	
Amos Brown	Private	$ 75.00	Ga. Militia	Mar. 4, 1831	68	
Samuel Broadway	Do	90.00	Va. Cont'l line	Do	71	
Isham Davis	Do	120.00	N. C. Militia	Do	76	
William Fortune	Do	60.00	Do	Do	78	
David Fulton	Do	199.98	N. C. Cont'l line	Do	84	
William Garret	Pri. Inf. and Cav.	204.96	Do	Do	81	

IN THE AMERICAN REVOLUTION 443

Peter Ledford, Sen............	Private Cav.	79.56	N. C. Militia	Do	85	
William McLeod...............	Private	99.99	N. C. Militia	Do	73	
William L. Queen.............	Do	120.00	N. C. Cont'l line	Do	85	
Samuel Rose..................	Do	90.00	N. C. Militia	Do	79	
Aaron Thomas................	Do	69.99	Do	Do	74	
Samuel Vermillion............		240.00	Md. Militia	Do	79	
Thomas Williams..............	Pri. Inf. and Cav.	264.96	N. C. Militia	Do	74	

Above found in North Carolina Pension Roll page 97.

MARTIN COUNTY, NORTH CAROLINA

John Pulley...................	Private	$1,506.36	Crane's Co. of Art'y	June 26, 1818	—	Act Jan. 11, 1812
John Bonner..................	Pri. and Sergt.	129.71	N. C. Militia	Mar. 4, 1831	76	Died Oct. 8, 1833
John Clark....................	Private	147.36	Do	Do	76	
Abraham Johnson.............	Do	60.00	Do	Do	73	
William May..................	Do	125.00	Do	Do	87	
James Medford...............	Sergeant	66.65	Do	Do	76	
William Mizell, Sen...........	Pri. of Cav.	132.48	Do	Do	77	
Thomas Price.................	Private	62.50	Va. Militia	Do	78	
Raleigh Robuck...............	Pri. Cav.	200.00	N. C. Militia	Do	77	
Daniel Robason...............		79.98	Do	Do	76	
John Smithwick, Sen..........		58.32		Do	76	

Above found in North Carolina Pension Roll pages 11 and 98.

MECKLENBURG COUNTY, NORTH CAROLINA

Charles Elam*................	Private	$ 351.44	U. S. Army	Sept. 4, 1808		Act Apr. 24, 1816
Do	Do	324.96	Do	Apr. 24, 1816		Act Mar. 3, 1819
David Flannigan*.............	Do	625.03	Do	Mar. 4, 1831		Died Sept. 26, 1826
Do	Do	250.90	—	Sept. 4, 1808		Act Apr. 24, 1816
Mathew Pitman...............	Do	497.44	—	Apr. 24, 1816		Died Aug. 16, 1815
Do	Do	249.93	—	Sept. 5, 1808		Act Apr. 24, 1816
John Wentz*..................	Do	—	U. S. Army	Apr. 24, 1816		Died Aug. 3, 1827
Do	Do	283.08	Do	Sept. 4, 1808		Act Apr. 24, 1816
Jeptha Yarborough............	Do	649.57	6th Inf.	Apr. 14, 1816		{Ex. mil. est. Transferred from Mo. from Sept. 4, 1832
		167.73		Dec. 6, 1830		

ROSTER OF NORTH CAROLINA SOLDIERS

Names	Rank	Sums received	Description of service	Commencement of pension	Ages	Laws under which they were formerly inscribed on the Pension Roll and remarks
Jeremiah Adams	Private	$ 83.64	N. C. Cont'l line	Mar. 4, 1831	78	
William Alexander	Captain	1,440.00	N. C. Militia	Do	85	
Charles Alexander	Pri. Inf. and Cav.	84.15	Do	Do	72	
Isaac Alexander	Pri. and Ser.	177.92	N. C. Cont'l line	Do	77	Died Sept. 2, 1833
Thomas Alexander	Private	125.00	Do	Do	81	
Samuel Bootwright	Do	75.54	Va. Militia	Do	70	Died May 4, 1834
Andrew Barry	Do	63.99	N. C. Militia	Do	75	
James Byrum	Do	73.98	Va. Cont'l line	Do	78	
Steven Billeu	Do	240.00	N. C. Cont'l line	Do	77	
Ezekiel Black	Do	64.98	Do	Do	76	
Thomas Barnett	Pri. and Sergt.	165.00	Va. Militia	Do	75	
Reuben Boswell	Private	240.00	N. C. Militia	Do	77	
Alexander Cathey	Do	162.00	Do	Do	74	
James Connor	Pr. Ser. & Qur. M.	819.96	Do	Do	80	
Jeremiah Clontz	Private	90.00	N. C. Cont'l line	Do	79	
Burwell Cashone	Do	129.99	N. C. Militia	Do	75	
Thomas Cashone	Do	240.00	Va. Militia	Do	76	
John Carrothers	Do	210.00	N. C. Militia	Do	80	
Hezekiah Dewise	Do	223.98	Do	Do	74	
Thomas Downs	Pri. and Lt.	199.98	Do	Do	78	
John Elliott	Pri. and Ser.	255.00	Do	Do	71	
Charles Finley	Private	50.00	Do	Do	76	
Hugh Forbus	Do	240.00	Do	Do	78	
Gabriel Ferrell	Do	120.00	Do	Do	74	
Nathaniel Farrar	Do	—	Do	Do	75	
James Gillespie	Pr. and Ser.	200.00	N. C. Militia	Do	74	
John Gardner	Private	204.63	Do	Do	74	
Richard Griffin	Do	90.00	Do	Do	78	
Bedford Garris	Do	240.00	N. C. Cont'l line	Do	71	
Samuel Givens	Do	134.64	N. C. Militia	Do	72	
William Hutchison	Pri. and Capt.	647.67	Do	Do	83	
George Howey	Private	90.00	Do	Do	72	
Allen Herron	Do	74.34	Do	Do	76	
William Howard	Do	66.65	Do	Do	71	Died Nov. 23, 1833

Name	Rank	Amount	Service	Description	Age	Notes
Henry Hunter	Do	70.82	Va. Militia	Do	83	
Robert Huddleston	Do	90.00	Do	Do	75	
Alexander Hodge	Pri. and Lt.	266.64	N. C. Militia	Do	71	
Valentine Hipp	Private	102.15	N. C. Cont'l line	Do	74	
James Knox	Do	66.65	Do	Do	74	Died Mar. 10, 1833
Samuel Knox	Do	80.54	S. C. Militia	Do	71	
George Kiher	Do	99.09	N. C. Militia	Mar. 4, 1831	80	
Robert Kerr	Private	60.00	Do	Do	84	
John McCain	Do	108.66	N. C. Cont'l line	Do	81	
John Mulwee	Do	88.68	N. C. Militia	Do	88	
Mitchell McLeary	Do	90.00	Do	Do	72	
George McWhorter	Do	124.65	Do	Do	72	
Ephraim Martin	Pri. and Sergt.	—	N. J. Militia	Do	74	
James Orr	Private	69.99	N. C. Militia	Do	84	
Robert Robinson	Do	104.64	N. C. Militia	Do	84	
Hugh Rogers	Do	69.66	S. C. Militia	Do	75	
David Rea	Pri. Inf. and Cav.	71.54	N. C. Cont'l line	Do	77	
William Smith	Private	159.99	Do	Do	76	
Richard Spring	Pr., Lt. and Capt.	466.32	N. C. Militia	Do	79	Died Dec. 20, 1833
James Sloan	Private	159.99	Do	Do	73	
John Stinson	Do	78.91	Do	Do	75	
George Thomason	Pri. Cav.	75.00	Do	Do	85	
William Thompson	Private	219.99	Do	Do	76	
Samuel Wilson	Pri. and Capt.	469.98	Do	Do	84	
William Weatherspoon	Private	141.96	Do	Do	75	Died Sept. 6, 1833
Andrew Walker	Do		N. C. Cont'l line	Do	77	

Above found in North Carolina Pension Roll pages 11, 93, 94 and 95.

MONTGOMERY COUNTY, NORTH CAROLINA

Name	Rank	Amount	Service	Description	Notes
George Bledsoe	Private	$1,298.45	—	Sept. 4, 1794	Act Apr. 20, 1796 Died July 1, 1831
Do	Do	466.89	—	Apr. 24, 1816	Act Apr. 24, 1816
Do	Do	655.48	—	Mar. 4, 1821	Act Mar. 3, 1819
John Frazier	Do	64.85	4th Va. Regt.	Nov. 16, 1814	Act Mar. 3, 1815 Died Aug. 5, 1816
Do	Do	20.36	Do	Apr. 24, 1816	Act Apr. 24, 1816
William Moore	Do	40.08	10th Regt. U.S. Inf.	Dec. 24, 1814	Ex. mil. est. Transferred from S. C. from Mar. 4, 1826

ROSTER OF NORTH CAROLINA SOLDIERS

Names	Rank	Sums received	Description of service	Commencement of pension	Ages	Laws under which they were formerly inscribed on the Pension Roll and remarks
William Moore	Private	$ 473.44	10th Regt. U.S. Inf.	Apr. 24, 1816		Act Apr. 24, 1816
Do	Do	368.00	Do	Mar. 4, 1826		
Mattiah Turner	Do	1,628.45	U. S. Army	Mar. 4, 1789		{Act Sept. 20, 1789 Died May 25, 1831
Do		1,448.25		Apr. 24, 1816		Act Apr. 24, 1816
Nathan Almond	Do	199.98	Do	Mar. 4, 1831	74	
Edward Allman	Do	90.00	N. C. Militia	Do	69	
Benjamin Bell	Do	60.00	N. C. line	Do	73	
Thomas Biles	Do	120.00	Do	Do	81	
Thomas Blake	Do	100.00	Va. line	Do	88	
Solomon Burris	Do	180.00	N. C. Cont'l line	Do	79	
John Barmer	Do	240.00	Va. Militia	Do	82	
George Crowell, Sen.	Do	90.40	N. C. Militia	Do	87	
James Duke	Do	73.98	Do	Do	70	
Daniel Easley	Do	240.00	Va. Militia	Do	80	
Samuel Hancock	Pri. Inf. and Cav.	94.40	N. C. line	Do	76	
Joshua Hurley	Private	142.50	Do	Do	72	
Ebenezer Hearne	Do	120.00	Do	Do	73	
Jesse Jones	Do	120.00	Do	Do	76	
Kinchen Pennington	Do	180.00	Do	Do	74	
William Poplin	Do	90.00	Do	Do	85	
Joseph Parsons	Pri. and Capt.	259.98	N. C. Militia	Do	73	
Williamson Ross	Private	75.00	N. C. Cont'l line	Do	74	
George Shankle	Do	90.00	N. C. line	Do	79	
Robert Surls	Do	120.00	Do	Do	85	
Philip Sell	Do	129.99	Do	Do	72	
Hudston Taylor	Do	120.00	Do	Do	72	
Edward Wright	Do	60.00	N. C. Militia	Do	76	
Andrew Stough	Do	—	N. C. line	Do	85	

Above found in North Carolina Pension Roll pages 10, 95 and 96.

MOORE COUNTY, NORTH CAROLINA

Solomon Arnold	Private	$ 60.00	N. C. Militia	Mar. 4, 1831	76
John Baker	Do	50.00	N. C. Cont'l line	Do	74
William Barratt	Do	178.29	N. C. Militia	Do	79
Jacob Gaster	Do	69.99	Do	Do	69
James Gaines, Sen	Do	90.00	Va. Militia	Do	72
George Horner	Pri. Ensn. & Lt.	219.99	N. C. Militia	Do	73
Howell Lashley	Private	60.00	Va. Militia	Do	73
Morris Morrison	Do	60.00	N. C. Militia	Do	70
Samuel Martindale	Do	99.99	N. C. Cont'l line	Do	82
John Morgan	Do	120.00	N. C. Militia	Do	73

Above found in North Carolina Pension Roll page 96.

NASH COUNTY, NORTH CAROLINA

William Hall*	Captain	$ 226.15	N. C. Militia	Nov. 28, 1804	—	Died June 3, 1835
Do	Do	361.86	Do	Sept. 5, 1808		
Do	Do	428.00	Do	Apr. 24, 1816		Act Mar. 3, 1819
Do	Do	32.60	Do	Mar. 25, 1825		
Josiah Davis	Private	84.99	Do	Mar. 4, 1831	73	
Thomas Griffin	Do	60.00	Do	Do	70	
Thomas Hamilton	Do	60.00	N. C. Cont'l line	Do	80	
Jacob Rice, Sen	Pri. and sergt.	270.00	N. C. Militia	Do	78	
Jordon Sherod	Private	120.00	Do	Do	73	
William Turner	Do	149.97	Do	Do	82	
Benjamin Williams	Do	79.98	Do	Do	77	

Above found in North Carolina Pension Roll pages 12 and 89.

NEW HANOVER COUNTY, NORTH CAROLINA

James Collins	Private	$ 90.00	N. C. Militia	Mar. 4, 1831	77	
Robert Cook	Do	64.65	Do	Do	80	
James Devane	Pri. and Capt.	550.00	Do	Do	77	
James Downing	Pri. Inf. and Cav.	189.96	Do	Do	90	
Stephen Felyan	Pri. Inf. and Cav.	64.59	Do	Do	72	
Taylor Halloway	Private	124.38	Va. Militia	Do	63	Died Sept. 24, 1832

Names	Rank	Sums received	Description of service	Commencement of pension	Ages	Laws under which they were formerly inscribed on the Pension Roll and remarks
Zachariah Jacobs	Private	$ 169.98	N. C. Militia	Mar. 4, 1831	81	
James Lee	Do	240.00	N. C. Cont'l line	Do	74	
Benjamin Larkins	Pri. Cav. and Inf.	—	N. C. Militia	Do	75	Died May 12, 1833
James Lewis	Private	117.90	Do	Do	77	
James Malpass	Do	90.00	Do	Do	74	
James Moore, Sen.	Do	79.98	Do	Do	85	
William New	Do	162.47	Do	Do	77	
Ephraim Powersm	Do	62.20	N. C. Cont'l line	Do	77	
Francis Pridgeon	Do	120.00	N. C. Militia	Do	74	
Josiah Sykes	Do	210.00	Do	Do	94	
John Taylor	Do	180.00	Do	Do	89	
John Wheeden	Do		Do	Do	77	
George Bannerman	Pri. Inf. and Cav.	—	Do	Do	73	

Above found in North Carolina Pension Roll page 98.

NORTHAMPTON COUNTY, NORTH CAROLINA

Names	Rank	Sums received	Description of service	Commencement of pension	Ages	Laws under which they were formerly inscribed on the Pension Roll and remarks
William Liles	Private	$ 91.39	20th Regt. U. S. Inf.	May 30, 1814	—	
Do	Do	859.07	Do	Apr. 24, 1816	78	Act Apr. 24, 1816
Do	Do	56.78	Do	June 30, 1827	78	Act Mar. 3, 1819
Christopher Cook	Do	69.99	N. C. Militia	Mar. 4, 1813	74	
Henry Garriss	Do	60.00	Do	Do	72	
Kedar Parker	Do	62.50	Do	Do	81	
James Roper	Do	160.00	N. C. Cont'l line	Do	72	
James Seat	Do	90.00	N. C. Militia	Do	73	
Drury Walden	Musc. and Pri.	114.99	Do	Do	72	
Samuel Wilson	Private	78.84	Do	Do	70	Died Feb. 19, 1833
Samuel Williams	Do	180.00	Do	Do	79	
John Winborne	Pri. and Adj.	133.32	Do	Do		
Buckner Williams	Private	50.00	Do	Do		

Above found in North Carolina Pension Roll pages 12 and 100.

ONSLOW COUNTY, NORTH CAROLINA

Reuben Arnold	Pri. Art. and Inf.	$ 225.00	R. I. Militia	Mar. 4, 1831	71
Stephen Costen	Do	90.00	N. C. Militia	Do	79
John Corbett	Do	—	Va. Militia	Do	79
Samuel Evans	Pri. Inf. and Cav.	82.21	N. C. Militia	Do	71
Purnell Marshall	Do	—	Do	Do	73
John Riggs	Private	200.00	N. C. Cont'l line	Do	90
Daniel Rodgers	Do	200.00	N. C. Militia	Do	74
William Reed	Do	—	Do	Do	70

Above found in North Carolina Pension Roll page 103.

ORANGE COUNTY, NORTH CAROLINA

Thomas Jacobs	Private	$ 30.86	10th Regt. U. S. Inf.	Oct. 9, 1814	—	Act mil. est.
Do	Do	571.62	Do	Apr. 24, 1816	73	Act Apr. 24, 1816
Jesse Rigsby*	Do	305.63	Army of Rev.	Sept. 5, 1808	73	Died Oct. 6, 1827
Do	Do	736.53	Do	Apr. 24, 1816	75	Act Apr. 24, 1816
James Allison	Pri. Inf. and Cav.	193.59	N. C. line	Mar. 4, 1831	77	
Samuel Allen	Pri. and Con.	150.00	Do	Do	73	
Henry Albright	Sergeant	137.50	Do	Do	73	
John Boudy	Private	240.00	Do	Do	75	(Act June 27, 1834
					77	Dropped and Inscribed
						under Act May 15,1834
George Carrington	Pri. Inf. and Cav.	137.49	N. C. Militia	Do	79	
William Cumming	Qr. Mr, and Lt.	360.00	Do	Do	76	
William Crabtree	Private	50.00	Do	Do	76	
James Cheek	Pri. Cav. and Inf.	56.25	Do	Do	72	
James Carter	Private	240.00	Va. Cont'l line	Do	75	
Richard Christmas	Pri. and Capt.	213.32	N. C. Militia	Do	81	[Died Mar. 18, 1833.
						Cert. issued to A. Craig,
						ex. &c.
Hardeman Duke	Private	240.00	N. C. Cont'l line	Do	74	
William Duke	Pri. and Sergt.	237.50	Do	Do	80	
Christopher Daniel	Private	240.00	Va. Militia	Do	75	
Elijah Dollars	Do	75.00	N. C. Cont'l line	Do	75	
Lewis Dishon, alias Dishong	Do	50.00	N. C. Militia	Do	71	
William Dollar	Do	79.98	N. C. Militia	Do	71	

Names	Rank	Sums received	Description of service	Commencement of pension	Ages	Laws under which they were formerly inscribed on the Pension Roll and remarks
John Dolley	Private	—	N. C. Militia	Mar. 4, 1831	81	
John Efland	Do	$100.00	Do	Do	72	
Joseph Fennel	Do	96.99	Do	Do	89	
Alexander Gattis	Pri. Cav. and Inf.	67.50	N. C. Cont'l line	Do	73	
Isaac Griffith	Private	91.65	Do	Do	67	
Thomas Horner	Sergeant	180.00	N. C. Militia	Do	74	
James Hart	Private	90.00	Do	Do	—	
George Holt	Pr. and sergt.	62.50	Do	Do	78	
Alexander Hatch	Private	150.00	Do	Do	69	
William Hopkins	Do	60.00	Do	Do	75	
John Hudgins	Pri. Inf. and Cav.	87.21	Do	Do	72	Died Mar. 28, 1833
John Jeffreys	Private	66.66	Do	Do	69	
Abner James	Do	131.25	Do	Do	70	
Thomas King	Do	50.00	Do	Do	86	
Gasper Long	Pri. Inf. and Cav.	87.50	N. C. Cont'l line	Do	80	
Barnabas Laskley	Private	50.00	Do	Do	82	
Thomas Marcum	Do	60.00	N. C. Militia	Do	82	Died
James McCullock	Do	—	N. C. Cont'l line	Do	96	
Ludwick May	Do	150.00	N. C. Militia	Do	70	
Andrew McBroom	Do	76.65	N. C. Cont'l line	Do	79	
Nathan Mann	Do	—	N. C. Militia	Do	77	
George Nease	Pri. Inf. and Cav.	164.60	S. C. Militia	Do	75	
Martin Nease	Private	95.82	N. C. Cont'l line	Do	73	
Samuel Nelson	Pri. and Ensn.	224.97	Do	Do	79	
John Pool	Pri. Inf.	77.49	N. C. Militia	Mar. 4, 1831	72	
Thomas Patterson	Private	75.99	Do	Do	72	
William Ray, Sen.	Captain	540.00	Do	Do	91	
Peter Stone, Sen.	Private	144.00	N. C. Cont'l line	Do	78	
Reuben Smith	Pri. Serg. & Cornet	125.60	Do	Do	85	
John Steader	Private	52.75	Do	Do	76	
William Strayhorn	Do	66.65	N. C. Militia	Do	77	
John Southard	Do	70.00	Va. Cont'l line	Do	75	
Lazarus Tilley	Do	69.99	N. C. Militia	Do	74	
Samuel Thompson	Do	159.99	Do	Do	83	

Henry Trolinger			Do	71
Robert Tinner		50.00	Do	71
Thomas Tate		60.66	N. C. Cont'l line	78
James Turner		166.65	Do	71
Benjamin Tutterton		75.00	N. C. Militia	82
John Underwood		102.00	Del. Cont'l line	79
John Watson	Com. Ass't. Qr. M.	187.47	N. C. Militia	83
Johnson Webb	Private	129.99	N. C. Militia	89
William Warren	Do	73.98	S. C. Militia	89
George Wright	Do		Pa. Militia	73
Brittian Bowers	Do		Va. Militia	71

Above found in North Carolina Pension Roll pages 13, 100, 101 and 102.

PASQUOTANK COUNTY, NORTH CAROLINA

John Koen	Ser. Drum	$ 307.98	N. C. Cont'l line	Mar. 4, 1831	77
Jesse Perry	Private	240.06	N. C. Militia	Do	74
William Palmer	Do	105.00	N. C. line	Do	71
Cornelius Rhodes	Do	60.00	Do	Do	76

Above found in North Carolina Pension Roll page 106.

PERQUIMANS COUNTY, NORTH CAROLINA

John Dail	Private	$ 200.00	N. C. Cont'l line	Mar. 4, 1831	79
John Goodwin, Sen	Do		N. C. Militia	Do	81

Above found in North Carolina Pension Roll page 105.

PERSON COUNTY, NORTH CAROLINA

Colman Clayton	Private	$ 210.00	N. C. line	Mar. 4, 1831	74
John Clayton	Do	75.00	Do	Do	76
Thomas Hargis	Pri. Ser. and Capt.	145.50	Do	Do	82
Ephraim Hawkins	Private	210.00	N. C. Militia	Do	73
Archibald Lipscome	Do	195.00	Va. Militia	Do	76
Isaac Lint	Do	120.00	N. C. Militia	Do	79
Richard Pullian	Do	50.00	Do	Do	71

Names	Rank	Sums received	Description of service	Commencement of pension	Ages	Laws under which they were formerly inscribed on the Pension Roll and remarks
Bennett Williams	Private	$ 79.98	N. C. Militia	Mar. 4, 1831	81	
Solomon Whitlow	Do	75.00	N. C. Cont'l line	Do	72	
Buckley Walker	Do	134.97	N. C. Militia	Do	72	

Above found in North Carolina Pension Roll Pages 103 and 104.

PITT COUNTY, NORTH CAROLINA

Names	Rank	Sums received	Description of service	Commencement of pension	Ages	Laws under which they were formerly inscribed on the Pension Roll and remarks
John Anderson	Private	$ 69.03	N. C. Cont'l line	June 16, 1819	74	Act Mar. 18, 1818 Dropped under Act May 1, 1820.
Do	Do	240.00	N. C. Militia	Mar. 4, 1831		
Henry Barnhill	Do	69.03	Do	June 16, 1819	75	Act Mar. 18, 1818 Dropped under Act May 1, 1820.
Do	Do	240.00	Do	Mar. 4, 1831		
Thomas Bently	Do	150.00	Do	Do	75	
William Cooper	Do	60.00	Do	Do	71	
Thomas Davis	Do	109.98	N. C. Cont'l line	Do	76	
Moses Highsmith	Do	54.15	Do	Do	74	
Benjamin Hope	Pri. Inf. and Cav.	85.03	N. C. Militia	Do	79	
Richard Jordan	Do	147.48	N. C. Cont'l line	Do	—	Died Jan. 7, 1834
Simon Keel	Private	101.82	N. C. Militia	Do	70	
David Kennedy		79.98	Do	Do	77	
Noah Nathan (L)	Do	60.00	Do	Do	75	
Nasby Mills	Do	184.98	Do	Do	71	
Giles Mathews	Do		Do	Do	80	
Giles Nelson	Do	125.03	N. C. Cont'l line	Nov. 16, 1818	87	Act Mar. 18, 1818 Dropped under Act May 1, 1820
Do	Do	240.00	Do	Mar. 4, 1831		
Clarborne Parrish	Do	60.00	N. C. Militia	Do	73	
John Rice	Do	60.00	N. C. line	Do	81	
Edmund Ricks	Pri. and Sergt.	75.00	Va. line	Mar. 4, 1818	76	

Name	Rank	Amount	Service	Date	Age	Notes
William Spain	Musc.	128.53	N. C. Cont'l line	Nov. 3, 1818	73	Act Mar. 18, 1818 Dropped under Act May 1, 1820
William Spain	Do	240.00	Do	Mar. 4, 1831	73	
Charles Smith	Private	90.00	Do	Do	76	
William Weaver	Do	60.00	N. C. Militia	Do	73	
Willis Wilson	Pri. Cav.	75.00	Do	Do	82	
Arthur Whitehurst, Sen.	Private	121.32	Do	Do	73	
Robert Williams	Sergeant	720.00	Do	Do	75	

Above found in North Carolina Pension Roll pages 104 and 105.

RANDOLPH COUNTY, NORTH CAROLINA

Name	Rank	Amount	Service	Date	Age
Richard Bell	Pri. Cav. and Inf.	$ 177.48	N. C. Militia	Mar. 4, 1831	76
Sterling Cooper	Private	109.98	Do	Do	70
John Graham	Pri. Cav.	83.34	Do	Do	73
Lemuel Glasgow	Private	240.00	N. C. Cont'l line	Do	81
Edmund Hays	Do	75.00	S. C. Militia	Do	75
William Hall	Do	46.66	Va. Militia	Do	87
Joseph Johnston	Pri. Cav.	124.98	N. C. Militia	Do	81
Thomas Jones, 2nd	Private	76.65	N. C. Militia	Do	82
Mitchell Luther	Do	199.98	Md. Militia	Do	84
George Luther	Do	100.00	Do	Do	80
Dan Merrel	Do	58.32	N. C. Militia	Do	79
Anthony Rains	Do	79.98	N. C. Cont'l line	Do	77
Thomas Yeargan	Do	102.00	Va. Militia	Do	71
Manring Brookshire	Lt. Cav.	600.00	N. C. Militia	Do	77
Burwell Barns	Private	90.00	Do	Do	77

Above found in North Carolina Pension Roll page 109.

RICHMOND COUNTY, NORTH CAROLINA

Name	Rank	Amount	Service	Date	Age	Notes
William Brown	Pri. Cav.	$ 112.50	N. C. line	Mar. 4, 1831	71	
John Curry	Q. M. Sergt.	80.00	N. C. Cont'l line	May 4, 1819	85	Mar. 18, 1818. Dropped under Act May 1, 1820
Do	Do	169.98	Do			
John Clemmens	Private	—	Md. line	Mar. 4, 1831	83	
John Dawkins	Pri. Inf. and Cav.	67.50	N. C. Militia	Do	83	

Names	Rank	Sums received	Description of service	Commencement of pension	Ages	Laws under which they were formerly inscribed on the Pension Roll and remarks
Thomas Everitt	Pri. Inf. and Cav.	$ 187.50	N. C. Militia	Mar. 4, 1831	92	
Elias Gardner	Do	127.50	Do	Do	70	
James Hasty, Sen	Do	180.00	Va. Militia	Do	82	
Edwin Ingram	Pri. and Ensn.	173.28	N. C. Militia	Do	84	
Walter Leah	Private	240.00	Do	Do	73	
Richard Morgan	Drummer	264.00	Do	Do	77	
John McAllister	Pri. Inf. and Cav.	180.00	Do	Do	68	
Isham Norton, Sen	Private	75.00	Do	Do	82	
Tillitson O'Brien	Do	90.00	Do	Do	73	
Lot Stricklin	Do	240.00	Do	Do	75	
John Surgenor	Do	109.98	Do	Do	83	
William Thomas	Pri. Inf. and Cav.	105.00	S. C. Cont'l line	Do	72	
Isaac Williamson, Sen	Private	240.00	Do	Do	76	
Thomas P. Williams	Pri. Inf. and Cav.	97.58	N. C. Cont'l line	Do	72	

Above found in North Carolina Pension Roll page 108.

ROBESON COUNTY, NORTH CAROLINA

Names	Rank	Sums received	Description of service	Commencement of pension	Ages	Laws under which they were formerly inscribed on the Pension Roll and remarks
Isaac Kennedy*	Private	$ 301.08	Army Revolution	Sept. 4, 1808	—	
Do	Do	510.53	Do	Apr. 24, 1816	85	Act Apr. 24, 1816
Samuel Bell	Do	109.98	N. C. Cont'l line	Mar. 4, 1831	70	
James Kersey	Do	120.00	N. C. Militia	Do	75	
James McNatt	Sergeant	135.00	Do	Do	80	
Nathan Musselwhite	Private	109.98	Do	Do	83	
Milbed Musselwhite	Do	90.00	Do	Do	76	
Nazareth Mitchell	Do	99.99	Do	Do	91	
Benjamin Tyner	Pri. Cav. and Inf.	97.50	Do	Do	73	
John Wooddill	Private	180.00	Do	Do	73	

Above found in North Carolina Pension Roll pages 14 and 110.

ROCKINGHAM COUNTY, NORTH CAROLINA

Robert Burton	Private	$ 60.00	Va. Militia	Mar. 4, 1831	70	
Chesley Barnes	Do	90.00	N. C. Militia	Do	74	
Elijah Brown	Do	64.98	Do	Do	82	
Peter Crawford	Do	79.98	Va. Militia	Do	70	
Thomas Carter	Do	60.00	Do	Do	88	
Henry Delap, Sen.	Do	48.88	Do	Do	96	
John Fields	Sergeant	180.00	N. C. Cont'l line	Do	81	
William Godsey	Private	60.00	Va. Militia	Do	70	
Samuel Gann, Sen.	Do	120.00	Do	Do	83	
Samuel Hill	Do	240.00	Do	Do	71	
Henry Knight			Do	Do	74	
Thomas Lowe	Sergeant	360.00	Va. Cont'l line	Do	79	
Alexander Lemonds	Private	90.00	N. C. Cont'l line	Do	73	
Elijah Lynch	Do	240.00	Va. line	Do	79	
John May	Sergt. and Ensn.	540.00	Do	Do	77	
Nicholas McCubbin	Private	210.00	N. C. Militia	Do	74	
Josiah Morton	Do	100.00	Va. Militia	Do	73	
Abner Powell	Private	79.98	Va. Cont'l line	Do	87	
Irby Phillips	Do	195.00	Va. Militia	Do	71	
William H. Rice	Pri. Ser. and Lt.	214.98	N. C. Militia	Do	73	
John Stegall	Private	120.00	Va. Cont'l line	Do	76	
Philip Rose	Ensign	600.00	Do	Do	73	
Adam Sharp	Do	210.00	N. C. Militia	Do	69	
William Smith	Pri. and Sergt.	251.64	Do	Do	71	
James Scales	Private	66.94	Do	Do	80	Died Sept. 6, 1833
Samuel Smith	Do	120.00	Do	Do	75	Died
Shadrach Tucker	Do	75.00	Do	Do	84	
Samuel Woodall	Do	60.00	Va. Militia	Do	75	
William Williams	Do	60.00	Do	Do	72	

Above found in North Carolina Pension Roll pages 110 and 111.

ROWAN COUNTY, NORTH CAROLINA

George Smitteel	Private	$ 37.50	—	June 9, 1814	Act mil. est.
Do	Do	315.12	Army U. S	Apr. 24, 1816	Act Apr. 24, 1816
John Wilfong*	Do	152.81		Sept. 4, 1808	

Names	Rank	Sums received	Description of service	Commencement of pension	Ages	Laws under which they were formerly inscribed on the Pension Roll and remarks
John Wilfong	Private	$ 571.59	Army U. S.	Apr. 24, 1816	—	Act Apr. 24, 1816
Henry Williams	Do	205.82	—	June 14, 1809	—	{ Act Mar. 16, 1802 Died July 1, 1829
Do	Do	632.92		Apr. 24, 1816	75	Act Apr. 24, 1816
John Blue	Do	53.32	N. C. Militia	Mar. 4, 1831	81	
Andrew Bostain	Pri. Cav.	300.00	Do	Do	74	
James Bell	Private	90.00	Do	Do	74	
Andrew Boston	Do	90.00	Do	Do	79	
Thomas Benson	Do	240.00	Do	Do	77	
George Clodfelter	Do	53.32	Do	Do	76	
George Campbell	Do	120.00	Do	Do	77	
Edmund Etchison	Do	79.98	Do	Do	78	
John M. Eller	Do	63.30	Do	Do	75	
Allison Flemming	Do	50.00	Do	Do	85	
Joseph Gibson	Do	48.20	Do	Do	76	
James Graham	Do	111.65	Md. Cont'l line	Do	79	Died Feb. 9, 1834
Zaddock Griffith	Do	210.00	Va. Militia	Do	74	
George Godby, alias Godley	Do	240.00	N. C. Militia	Do	74	
Martin Hoffner	Do	62.20	Do	Do	74	
Robert Horn	Do	129.99	Do	Do	83	
James Houston	Do	108.32	N. C. Cont'l line	Do	75	
Abraham Irick	Pri. Inf. and Cav.	79.98	N. C. Militia	Do	72	
Aaron Jenkins	Private	103.04	Do	Do	74	Died Nov. 11, 1834
Benjamin Knox	Pri. Cav.	50.00	Do	Do	82	
Henry Lee	Private	67.50	Do	Do	77	
William Luckie	Do	60.00	N. C. Cont'l line	Do	75	
Jonas Leib	Do	50.00	N. C. Militia	Do	74	
George Monroe	Do	240.00	Va. Cont'l line	Do	78	
John Myers	Do	90.00	Md. Cont'l line	Do	78	
Nathan Morgan	Do	83.97	N. C. Militia	Do	75	
Philip Miller	Pri. Inf. and Cav.	99.99	Do	Do	81	
John McLaughlin	Private	172.47	Pa. Cont'l line	Do	77	
John McNeely	Do	69.99	N. C. Militia	Do	76	
Frederick Menius		120.00	Do	Do		

IN THE AMERICAN REVOLUTION 457

Name	Rank	Amount	Service	Date	Age	Remarks
William Moore		172.62	Do	Do	70	
John Reaves	Do	60.00	Do	Do	74	
Thomas Rogers	Do	54.15	Va. Militia	Do	71	
Frederick Steigerwaldt	Do	120.00	N. C. Militia	Do	72	
Edward Stewart	Pri. Inf. and Cav.	247.50	Va. Cont'l line	Do	74	
Richard Smith	Private	240.00	N. C. line	Do	79	
Joseph Sawyer	Do	99.99	Va. Cont'l line	Do	69	
William Steelman	Do	159.99	N. C. Cont'l line	Do	84	
Jacob Trout	Do	50.00	Do	Do	85	
Archibald Woodside	Do	141.65	Do	Do	79	

Above found in North Carolina Pension Roll pages 14, 106 and 107.

RUTHERFORD COUNTY, NORTH CAROLINA

Name	Rank	Amount	Service	Date	Age	Remarks
Joshua Gordon*	Private	$ 275.07	—	Sept. 4, 1808	—	Died Aug. 7, 1816
Do	Do	16.60	—	Apr. 14, 1816	—	Act Apr. 24, 1818
Miles Goforth	Do	1,784.25	U. S. Rifle	Aug. 5, 1815	—	Act mil. est.
Elijah Kidwell	Do	814.22	Army Rev.	Mar. 4, 1789	—	{Act Sept. 29, 1789 Died Nov. 19, 1831
Do	Do	747.42	Do	Apr. 24, 1816	72	Act Apr. 24, 1816
Do	Do	29.63		Nov. 1, 1814	80	Act mil. est.
Charles McClain	Do	43.73		Apr. 24, 1816	74	Act Apr. 24, 1816
Do	Do	64.98		Mar. 4, 1831	80	
Bracy Bowen	Do	91.25	Va. Militia	Do	85	
George W. Bradley	Private Inf.	89.99	N. C. Militia	Do	77	
Edward Cook	Private	150.00	N. C. Militia	Do	80	
Andrew Bankston	Pri. Cav.	124.98	Ga. Militia	Do	72	
William Crane	Private	90.00	Va. Militia	Do	77	
Cornelius Clemments	Do	240.00	S. C. Militia	Do	75	
William Dalton	Do	60.00	Va. Militia	Do	72	
James Dobbins	Do	184.98	S. C. Militia	Do	82	
William Depreist	Do	132.48	N. C. Militia	Do	78	
Patrick Downey	Do	75.00	Do	Do	79	
John Ellison	Do	72.30	Va. Militia	Do	93	
Liford French	Do	116.65	S. C. Militia	Do	81	
Joseph Forbes	Private and Capt.	614.97	N. C. Militia	Do	77	
James Gray	Colonel	1,800.00	Do	Do		
William Graham	Pri. Inf. and Cav.	194.97	Do	Do		
Thomas Hutchins	Private	180.00	S. C. Militia	Do		
Robert Haney						

458   ROSTER OF NORTH CAROLINA SOLDIERS

Names	Rank	Sums received	Description of service	Commencement of pension	Ages	Laws under which they were formerly inscribed on the Pension Roll and remarks
William Hastin	Private	$ 84.00	Va. Cont'l line	Mar. 4, 1831	75	
William Holland	Pri. and Ensn.	165.00	N. C. Cont'l line	Do	87	
James Irvin	Private	60.00	S. C. Cont'l line	Do	69	Died Mar. 7, 1833
James Largent	Pri. Inf. and Cav.	168.46	N. C. Cont'l line	Do	82	
William Lucas	Private	79.98	N. C. Cont'l line	Do	80	
Drury Logan	Do	240.00	Do	Do	72	
John Laquire	Do	180.00	Do	Do	79	
Richard Ledbetter	Do	75.00	Do	Do	96	
Robert Lemonds	Do	64.65	Do	Do	73	
Jesse Mills	Do	240.00	Do	Do	72	
William Mayhew	Do	90.00	Do	Do	74	
Richard McCleiver	Do	169.32	Do	Do	77	
Alexander McFadden	Pri. Ser. and Capt.	570.00	Do	Do	74	
Danza Metcalf	Private	199.98	Do	Do	75	
Warner Metcalf	Do	210.00	Do	Do	72	
William McKinney	Do	—	Do	Do	70	
John Padgett	Pri. Inf. and Cav.	159.99	N. C. Militia	Do	72	
Humphrey Parish	Private	60.00	Do	Do	70	
Joseph Pittman	Do	90.00	Do	Do	76	
Henry Petit, Sen.	Do	180.00	S. C. Militia	Do	71	
John Searcy	Do	90.00	Va. Militia	Do	66	
Thomas Stovall	Do	90.00	N. C. Militia	Do	75	
Thomas Smith	Do	150.00	N. C. Cont'l line	Do	77	
Reuben Treadwell	Do	148.19	N. C. Militia	Do	82	
Jacob Tack	Pri. Cav. and Inf.	90.00	Va. Cont'l line	Do	78	
William Williams	Private	214.98	N. C. Militia	Do	77	Died May 29, 1833
Jonathan Wall	Do	81.00	Do	Do	90	
Moses Waters	Do	150.00	Do	Do	73	
William Weathers	Do	150.00	Do	Do	76	
James Withron	Lt. and Capt.	979.98	Do	Do	88	
William Watson, Sen.	Private	94.65	Do	Do	75	

Above found in North Carolina Pension Roll pages 13, 111, 112 and 113.

SAMPSON COUNTY, NORTH CAROLINA

Name	Rank	Amount	Service	Date	Age	Notes
John Boykin	Pri. Inf. and Cav.	$ 56.25	N. C. Militia	Mar. 4, 1831	70	
Joseph Carter, Sen.	Private	99.99	N. C. Cont'l line	Do	72	
William Graney	Do	50.00	Va. Militia	Do	76	
William Hobbs	Do	120.00	N. C. Militia	Do	92	
William Hay	Do	133.29	N. C. Cont'l line	Do	71	
H. Hollingsworth, Sen.	Do	238.74	N. C. Militia	Do	77	
Zebedee Hollingsworth	Do	127.50	Do	Do	73	
Charles Jones	Do	53.66	Do	Do	91	Died Nov. 10, 1833
Westbrook Lee	Do	60.00	Do	Do	75	
William Lewis	Private and Sergt.	167.31	N. C. Cont'l line	Do	73	
Christopher Manuel	Private	66.65	N. C. Militia	Do	82	
Daniel Merrett	Pri. Inf. and Cav.	222.48	Do	Do	70	
Bryan McCullen	Private	90.00	Do	Do	78	
John Peterson	Do	51.10	Do	Do	84	
Jeremiah Pope	Do	90.00	Do	Do	85	
John Register	Do	30.82	Do	Do	81	{Died Sept. 19, 1832 Cert. issued to the widow
Lot Rich	Do	60.00	N. C. Militia	Do	79	
John Register, Jr.	Do		Do	Do	78	
Peter Ryan	Do		Md. Militia	Do	76	
John Smith	Pri. Inf. and Cav.	206.70	N. C. Militia	Do	84	
Jeremiah Simmons	Private	120.00	Do	Do	73	
Joshua Tatom	Do	53.32	Do	Do	77	
Thomas Tart	Do	90.00	Do	Do	73	
James Thompson	Do	169.98	Do	Do	80	
Arthur D. Young	Do	97.50	Do	Do	75	
William Ward	Do	240.00	Do	Do	81	
John Wright, Sen.	Do	169.98	Do	Do	75	
Jacob Lockerman	Do	60.00	Do	Do	76	

Above found in North Carolina Pension Roll pages 117 and 118.

STOKES COUNTY, NORTH CAROLINA

Name	Rank	Amount	Service	Date	Notes
William Eaton	Sergeant	$ 95.74	1st Regt. U. S. Rifle	Jan. 15, 1814	
Do	Do	933.65	Do	Apr. 24, 1816	Act Mar. 16, 1802
Do	Do	286.23	Do	Mar. 12, 1830	Act Apr. 24, 1816

ROSTER OF NORTH CAROLINA SOLDIERS

460

Names	Rank	Sums received	Description of service	Commencement of pension	Ages	Laws under which they were formerly inscribed on the Pension Roll and remarks
James Larremore*	Private	$ 280.90	Army of U. S.	Sept. 4, 1808	70	Act Apr. 24, 1816
Do	Do	849.44	Do	Apr. 24, 1816	84	
Hezekiah Arnold	Do	120.00	N. C. Cont'l line	Mar. 4, 1831	81	
Noah Bailey	Do	240.00	Va. Militia	Do	84	
Benjamin Banner	Do	60.00	N. C. Militia	Do	81	
Joseph Banner, Sen.	Do	120.00	Do	Do	76	
Ephriam Banner	Do	139.98	Do	Do	78	
Frederick Binkley	Do	120.00	Do	Do	72	
William Beck	Do	69.99	Do	Do	73	
Benjamin Clements	Private Cav.	250.00	Va. Militia	Do	71	
Ephraim Carter	Private	75.00	S. C. Militia	Do	82	
James Cox	Do	60.00	Va. Militia	Do	84	
Charles Davis	Do	60.00	N. C. Cont'l line	Do	80	
Joseph Darnall	Do	60.00	N. C. Militia	Do	70	
James Davis, Sen.	Pri. Inf. and Cav.	56.66	Do	Do	79	
Thomas Fears	Private Cav.	200.00	Va. Cont'l line	Do	70	
Mitchell Fulp, Sen.	Private	74.64	N. C. Militia	Do	73	
Lowell Frazier	Do	60.00	Do	Do	83	
Jacob Hilsabeck	Pri. Inf. and Cav.	135.00	S. C. Militia	Do	70	
Robert Hill, Sen.	Pri. Lt. and Capt.	519.99	Do	Do	72	
Howell Hartgrove	Private	105.00	Va. Militia	Do	75	
Edwin Hickman	Do	87.99	N. C. Militia	Do	71	
Edward Jones	Do	240.00	Va. Cont'l line	Do	75	
Thomas Jones	Do	69.99	Va. Militia	Do	72	
Samuel Jackson	Do	60.00	N. C. Militia	Do	81	
Jacob Idol	Do	69.99	Do	Do	75	
Benjamin Jones	Do	139.98	Va. Militia	Do	102	
George Kreger	Do	43.32	Cont'l line	Do	83	
Ephraim Lands	Do	200.00	Va. Militia	Do	78	
Jacob Lochenour	Do	50.00	N. C. Cont'l line	Do	75	
George Lochenour	Do	250.00	Do	Do	92	
James Larrimore	Ser. Pri. and Corp.	1,209.90	N. C. Militia	Do	74	
James Martin	Colonel		Do	Do		
Harmon McGee	Private	83.32	Va. Militia	Do		

IN THE AMERICAN REVOLUTION 461

Name	Rank	Amount	Service			Notes
Bryant Medley	Private and M's	110.00	N. C. Militia	Do	84	
Benjamin Marshall	Private	180.00	Va. Militia	Mar. 4, 1831	74	
William Merritt	Pri. Inf. and Cav.	76.65	N. C. Cont'l line	Do	71	
John Maib, Sen.	Private	63.33	N. C. Militia	Do	76	
John Nicholson	Private and Lt.	210.00	Do	Do	77	
Henry Powers, Sen.	Pri. Inf. and Cav.	144.48	N. C. Cont'l line	Do	98	
David Poindexter	Private	109.98	Va. Cont'l line	Do	71	
James Patterson	Private and Sergt.	104.16	N. C. Militia	Do	74	
John Quillin	Private	68.64	Do	Do	77	
Stephen Ryerson	Do	120.00	N. Y. Militia	Do	71	
Thomas Ring, Sen.	Do	64.98	N. C. Cont'l line	Do	76	
John Riddle	Do	74.54	N. C. Militia	Do	84	
William Sands	Do	83.32	Va. Militia	Do	80	
John Snow	Do	84.99	N. C. Militia	Do	74	
Peter Smith	Do	109.98	Do	Do	84	
Christopher Stanley	Sergeant	300.00	Md. Cont'l line	Do	76	(Died Oct. 25, 1832 Cert. issued in favor of widow
Casper Stultz, Sen.	Private	83.32	N. C. Militia	Do	81	
Samuel Stupe	Do	76.56	Do	Do	77	
Francis Steele, Sen.	Do	200.00	Va. Militia	Do	76	
William Southern, Sen.	Do	81.00	N. C. Militia	Do	76	
John Shaffer	Do	109.98	N. C. Cont'l line	Do	72	
Henry Tilling	Do	56.95	Do	Do	80	Died Aug. 13, 1833
William Young	Do	90.00	S. C. Militia	Do	81	
Leonard Ziglar	Do	106.32	Va. Militia	Do	72	
John Venable	Do	150.00	N. C. Militia	Do	72	
John Ward	Do	190.62	Va. Militia	Do	78	
Joseph Welch	Do	120.00	N. C. Militia	Do	85	
John Whitworth	Do	99.99	Do	Do	74	
Lewis Wolf	Private and Fif.	96.48	Do	Do	76	
John Wilkins	Private	74.64	Do	Do	93	

Above found in North Carolina Pension Roll pages 15, 113, 114 and 115.

SURRY COUNTY, NORTH CAROLINA

Name	Rank	Amount	Service	Date		Notes
Edmund McKinney	Private	$ 96.80	4th Regt. U. S. Rifle	Jan. 5, 1814	—	Act Mar. 16, 1802
Do	Do	562.02	Do	Apr. 24, 1816		Act Apr. 24, 1816
Do	Do	608.00	Do	Sept. 4, 1824		Act Mar. 3, 1819

Names	Rank	Sums received	Description of service	Commencement of pension	Ages	Laws under which they were formerly inscribed on the Pension Roll and remarks
John Pierce	Private	$ 137.68	—	Jan. 7, 1814	71	Act Mar. 16, 1802
Do	Do	1,666.92	—	Apr. 24, 1816	77	Act Apr. 24, 1816
James Anthony	Pri. Inf. Cav. and Sergt.	126.99	N. C. Militia	Mar. 4, 1831	76	
Thomas Bryant	Private	240.00	N. C. Cont'l line	Do	88	
William Barber	Private Art.	250.00	Va. Cont'l line	Do	91	
David Bray	Private	60.00	N. C. Militia	Do	81	
David Cockerham	Private and Ensn.	156.75	N. C. Militia	Do	76	
Daniel Cockerham	Private	60.00	Do	Do	71	
Peter Chinn	Do	90.00	Va. Militia	Do	79	
Robert Davis	Do	60.00	Va. Cont'l line	Do	72	
Frederick Danner	Do	160.00	Ky. Militia	Do	77	
Christopher Eaton	Do	240.00	N. C. Cont'l line	Do		
James Forrester	Do	62.64	N. C. Militia	Do	71	
William Going	Do	—	Do	Do	72	{Dropped from the roll Aug. 13, 1833
Daniel Hunt	Do	120.00	Do	Do	74	
Carter Hudspeth	Do	100.00	N. C. Cont'l line	Do	86	
William Jean	Pri. of Artificers	70.00	N. C. Militia	Do	74	
William Jenkins	Private	240.00	Va. Militia	Do	72	
William Lewis	Do	129.99	Do	Do	72	
Laban Lindsay	Sergeant	90.00	N. C. Militia	Do	78	
Bartholomew Marrion	Private	59.06	Do	Do	78	
Patrick McGuire	Do		N. C. Cont'l line	Do	94	Died July 10, 1833
George Nix	Do	240.00	Va. Militia	Do	79	
Overton Phoenix	Do	61.98	Va. Cont'l line	Do	74	
Hezekiah Rhodes	Do	50.00	Va. Militia	Do	70	
John Riggs	Pri. Inf. and Cav.	240.00	Do	Do	86	
Morris Richards	Private	240.00	N. C. Cont'l line	Do	73	
John D. Reeves	Do	206.64	N. C. Militia	Do	75	
John Rose	Do	120.00	Do	Do	84	Died Sept. 9, 1833
Edward Smith	Pri. Inf. and Mar.	60.33	Do	Do	74	

IN THE AMERICAN REVOLUTION 463

Barnabas Binzant	Private	72.99	N. J. Militia	Do	79	
Samuel Wallace	Do	159.99	N. C. Militia	Do	94	
Thomas Wright	Do	210.00	N. C. Cont'l line	Do	75	
Stephen Wood	Do	50.00	Va. Cont'l line	Do	73	

Above found in North Carolina Pension Roll pages 15, 116 and 117.

TYRRELL COUNTY, NORTH CAROLINA

Uriah Hudson	Private	$ 51.20	10th Regt. U.S. Inf.	Oct. 2, 1813	—	Act Ex. mil. est.
Do	Do	267.70	Do	Apr. 24, 1816	—	Act Apr. 24, 1816
Aleazor Craddock	Do	150.00	N. C. Militia	Mar. 4, 1831	73	

Above found in North Carolina Pension Roll pages 16 and 118.

WAKE COUNTY, NORTH CAROLINA

James Ames	Private	$1,628.29	Army Rev.	Mar. 4, 1789	—	{ Act Sept. 29, 1789 { Died Jan. 8, 1828
Do	Do	1,138.89	Do	Apr. 24, 1816	—	Act Apr. 24, 1816
James Christian	Do	780.00	—	Mar. 4, 1789	—	{ Act Sept. 29, 1789 { Died Mar. 28, 1815
John Swenney	Do	1,530.00	—	Mar. 4, 1790	—	Act Sept. 29, 1789
Do	Do	—	U. S. Army	Apr. 24, 1816	—	Act Apr. 24, 1816
Joel Terrell	Do	94.04	Do	Dec. 18, 1813	—	Act Apr. 18, 1814 Dead
Do	Do	87.25	N. C. Militia	Apr. 24, 1816	—	Act Apr. 24, 1816
Berthett Allen	Do	66.00	Do	Mar. 4, 1831	77	
James Adams	Do	240.00	Do	Do	78	
Philip Adams	Do	240.00	Do	Do	75	
Jacob Byrum	Do	105.00	Do	Do	73	
James Brown	Do	130.32	Do	Do	—	
Christopher Babb	Do	60.00	Do	Do	97	
Jesse Bryant	Pri. Inf. and Cav.	165.38	Va. Militia	Do	76	
William H. Burton	Private	109.75	N. C. Militia	Do	73	
William Clifton	Do	69.99	Do	Do	68	
John Green	Do	100.00	Do	Do	83	
James Hughes	Pri. Inf. and Cav.	240.00	Va. Cont'l line	Do	72	
Vincent King	Private	184.98	N. C. Militia	Do	78	
David Mabry	Do	114.99	Do	Do	82	
Naaman Mills	Do	66.65	Do	Do	76	

464 ROSTER OF NORTH CAROLINA SOLDIERS

Names	Rank	Sums received	Description of service	Commencement of pension	Ages	Laws under which they were formerly inscribed on the Pension Roll and remarks
James Nance, Sen.	Pri. and Fif.	$ 105.99	Va. Cont'l line	Mar. 4, 1831	72	
William Polk	Major	1,566.44	S. C. Cont'l line	Do	76	
Elisha Pope	Private	—	Va. Militia	Do	73	Died Jan. 14, 1834
James Rigsby	Do	120.00	N. C. Militia	Do	71	
Thomas Ross	Do	120.00	Do	Do	—	
John Rhodes	Do	66.00	Do	Do	81	
Aaron Roberts	Private	—	N. C. Militia	Mar. 4, 1831	79	
Robert Sneed	Private Art.	144.00	Va. Cont'l line	Do	75	
Joseph Shaw	Private	120.00	Pa. Militia	Do	77	
Isaac Smith	Do	80.00	N. C. Militia	Do	74	
Samuel Standeford	Do	90.00	Va. Cont'l line	Do	84	
Sam'l Scarborough, Sen.	Do	79.98	Ca. Militia	Do	74	
Jonathan Smith, Sen.	Pr. and Capt.	259.42	N. C. Militia	Do	81	
John Sherron	Private	129.99	Do	Do	91	
William Tate	Private Cav.	153.56	Do	Do	79	
Nathan Upchurch	Private	79.98	Do	Do	74	Died Oct. 17, 1832
William Wilder	Do	120.00	Do	Do	86	
Burrell Whitehead	Pri. Cav. and Inf.	135.00	Do	Do	82	
John Walker	Private	117.66	Do	Do	77	
John Williams	Private Cav.	300.00	Do	Do	89	
Jesse Wall	Pri. Inf. and Cav.	112.33	Do	Do	80	Died Feb. 1, 1834

Above found in North Carolina Pension Roll pages 16, 122 and 123.

WARREN COUNTY, NORTH CAROLINA

Names	Rank	Sums received	Description of service	Commencement of pension	Ages	Laws under which they were formerly inscribed on the Pension Roll and remarks
Elijah Brainard	Private	$1,663.72	Col. Sage'sm. Regt.	Nov. 6, 1809	—	Act Apr. 27, 1810 Trans from Mass. from Mar. 4, 1827 Died May 23, 1828
Do	Do	96.00	Do	Mar. 4, 1827		
William Askew	Do	69.99	N. C. Militia	Mar. 4, 1831	95	
Augustas Balthrop	Do	—	Do	Do	74	

Name	Rank	Amount	Service	Date	Age	Notes
William Casey	Do	240.00		Do	73	
Burrell Davis	Do	53.32		Do	78	
John Dawton	Do	60.00		Do	74	
Thomas Hilliard, 1st	Do	60.00		Do	72	
Roben Harris	Do	60.00		Do	75	
Thomas Hilliard, 2d	Do	—		Do	72	
David King	Do	51.35		Aug. 23, 1819	72	{ Mar. 18, 1818 Dropped under Act May 1, 1820
Do	Do	120.00	N. C. Cont'l line	Mar. 4, 1831	72	
Nathaniel Laffoon	Do	73.59	Do	Do	88	
Francis Riggan	Do	60.00	N. C. Militia	Do	70	
Jesse Stegal	Do	180.00	Do	Do	78	
Henry Southall	Do	90.00	Do	Do	71	
Frederic Shearin	Do	69.99	Do	Do	73	
Joseph Wren	Do	41.53	N. C. Militia	Aug. 23, 1819	76	Died Apr. 1, 1833
William Williamson	Private	147.35			78	{ Mar. 18, 1818 Dropped under Act May 1, 1820
Do	Do	240.00	N. C. Cont'l line	Mar. 4, 1831	78	
John Wadkins	Do	99.99	Do	Do	72	
John L. Ward	Do	139.98	N. C. Militia	Do	71	

Above found in North Carolina Pension Roll pages 17 and 119.

WASHINGTON COUNTY, NORTH CAROLINA

Name	Rank	Amount	Service	Date	Age
Nathaniel Everett	Private	$ 90.00	N. C. Cont'l line	Mar. 4, 1831	71

Above found in North Carolina Pension Roll page 123.

WAYNE COUNTY, NORTH CAROLINA

Name	Rank	Amount	Service	Date	Age
David Edwards	Private	$ 120.00	N. C. Militia	Mar. 4, 1831	71
William Farrell	Do	90.00	N. C. Cont'l line	Do	79
John Howell	Private Cav.	171.00	N. C. Militia	Do	80
George Jernigan	Pri. Inf. Ser. Drag.	100.50	Do	Do	73
Jethro Odon	Private	60.00	Do	Do	87
Mitchell Revell	Do	50.00	S. C. Militia	Do	74
Ezekiel Slocumb	Private and Sergt.	237.40	N. C. Militia	Do	74
Benjamin Smith	Private	240.00	Do	Do	75

Names	Rank	Sums received	Description of service	Commencement of pension	Ages	Laws under which they were formerly inscribed on the Pension Roll and remarks
Jesse Spencer	Private	$ 105.00	Va. Militia	Mar. 4, 1831	73	
Nehimiah Tolar	Pri. Inf. and Cav.	72.90	N. C. Militia	Do	95	
John Wiggs	Do	92.13	Do	Do	76	

Above found in North Carolina Pension Roll page 121.

WILKES COUNTY, NORTH CAROLINA

Names	Rank	Sums received	Description of service	Commencement of pension	Ages	Laws under which they were formerly inscribed on the Pension Roll and remarks
Samuel Johnson*	Private	$ 438.94	Army Rev.	Jan. 1, 1809	—	Act Apr. 24, 1816
Do	Do	1,738.89	Do	Apr. 24, 1816	82	(Died Oct. 10, 1832 Cert. issued in favor of the heirs.
William Alexander	Do	90.00	N. C. Militia	Mar. 4, 1831	92	
Richard Allen	Private and Capt.	—	N. C. Cont'l line	Do		
John Bryan	Sergt. Ensn. Lt. and Capt.					
Jasper Billings	Private	210.99	Pa. Militia	Do	81	
Robert Bryant	Do	74.64	N. C. Militia	Do	75	
Thomas Bratherton	Pri. Inf. and Cav.	111.10	Do	Do	79	
Job Cole	Private	247.50	Md. Militia	Do	78	
Joseph Chapman	Do	114.00	N. C. Militia	Do	90	
John Church	Do	180.00	Do	Do	84	
Amos Church	Do	—	Do	Do	74	
Isham Dickeson	Do	90.00	Do	Do	76	
Anthony Foster	Private and Sergt.	118.68	Va. Cont'l line	Do	70	
Thomas Fletcher	Private	240.00	Va. Militia	Do	75	
Alexander Gilbreath	Private and Sergt.	107.31	N. C. Militia	Do	74	
James Gray	Private	63.32	Do	Do	78	
William Gilbreath	Private and Capt.	390.00	Va. Cont'l line	Do	70	
Benjamin Hammons	Private	65.54	N. C. Militia	Do	81	
William Johnson	Do	69.33	Va. Militia	Do	78	
William Johnson	Pri. and Ensn.	146.97	Do	Do	83	
George Johnson, Sen.	Private	63.30	Do	Do	80	
					85	

Name	Rank	Amount	Service		Age	
David Laws	Do	50.00	N. C. Cont'l line	Do	79	
William Lenoir	Pri. Lt. and Capt.	699.27	N. C. Cont'l line	Do	83	
John Love	Private	79.98	Do	Do	73	
John Montgomery	Do	60.00	Va. Militia	Do	78	
William Powell	Do	90.00	N. C. Militia	Do	74	
Elisha Reynolds	Private and Lt.	226.65	Do	Do	80	
Sterling Rose	Corpl. and Sergt.	178.17	N. C. Cont'l line	Do	77	
William Spicer	Private	175.35	Va. Militia	Do	79	
Joel Stamper	Do	96.99	N. C. Militia	Do	78	
John Swanson	Do	159.99	Do	Do	73	
James Smoot	Do	129.99	Va. Cont'l line	Do	70	
John Sparks	Do	87.00	N. C. Militia	Do	81	
Wimburn Sumerlin	Do	79.99	Do	Do	72	
Elijah Vickes	Do	206.75	Do	Do	75	
Moses Watters	Do	79.98	Do	Do	81	
Jacob Wall	Do	121.98	N. C. Cont'l line	Do	85	Died Feb. 26, 1834

Above found in North Carolina Pension Roll pages 17, 120 and 121.

YANCEY COUNTY, NORTH CAROLINA

Name	Rank	Amount	Service		Age	
Zephaniah Horton	Private	$ 60.00	N. J. Militia	Mar. 4, 1831	74	
Jonathan McPeters	Do	240.00	N. C. Militia	Do	78	

Above found in North Carolina Pension Roll page 123.

A list of the Invalid Pensioners who have been inscribed on the roll of North Carolina Agency, and whose residence, and other information called for by the Resolution of the Senate, cannot be ascertained, in consequence of the destruction of the papers in the War Office, in 1801 and 1814.

Name	Rank	Amount				
John Beaty	Private	—		Mar. 4, 1789	—	Dead
William Caps	Do	320.00		Do	—	Act Sept. 29 1789 Dead
James Carrigan	Do	36.00		—	—	
Do	Do	57.60		—	—	
Samuel Carter	Do	24.00		—	—	
Do	Do	38.40		—	—	
James Campin	Lieut.	551.48		Mar. 21, 1809	—	
Samuel Freeman	Private	125.00		Sept. 4, 1808	—	Act Mar. 3, 1811 Dead
Do	Do	38.40		—	—	

ROSTER OF NORTH CAROLINA SOLDIERS

Names	Rank	Sums received	Description of service	Commencement of pension	Ages	Laws under which they were formerly inscribed on the Pension Roll and remarks
Robert Harris	Private	$ 392.13	—	Sept. 4, 1797	—	Died Mar. 16, 1804
Daniel Houston	Do	36.00	—	—	—	
Do	Do	86.40	—	—	—	
William Kersey	Do	60.00	—	—	—	Dead, time unknown
John Knowles	Do	591.97	—	Mar. 4, 1794	—	Died Jan. 15, 1804
William Moor	Do	189.00	—	Mar. 4, 1789	—	Dead
Paul Mecham	Do	187.50	—	Mar. 4, 1790	—	Dead
Daniel McKissick	Captain	2,760.00	—	Mar. 4, 1795	—	
Robert Robinson	Private	60.00	—	—	—	Dead
Daniel Shaw	Do	390.00	—	Mar. 4, 1789	—	Dead
Joseph Singletary	Lieut.	160.00	—	—	—	
Joseph Sapp	Private	60.00	—	—	—	Died 1797
Richard Treasure	Do	120.00	—	—	—	{Trans. from Md. Died 1803}
Philip Thomas	Sergeant	180.00	—	Sept. 4, 1793	—	
Do	Do	96.00	—	—	—	
Benjamin Ward	Do	136.72	—	Aug. 22, 1814	—	

*William Avis. Remarks—No information respecting the residence of this man can be had. He has never drawn any money and is probably dead.

Above found in North Carolina Pension Roll page 18.

The residence of the following named persons was not ascertianed until after the list embracing the counties in which they reside had been prepared for the press.

Warren Benton	Private	$ 148.52	7th Regt. U. S. Inf.	May 29, 1816	—	{Act mil. est. Resided in Wilkes Died July 1,1819}
John Guthrie	Do	649.22	U. S. Army	Sept. 4, 1794	—	{Act June 7, 1785. Trans. from Ga. Sept. 4, 1821}
Do	Do	257.42	Do	Apr. 24, 1816	—	{Act Apr. 24, 1816. Resided in Buncombe Co. No. Car.}

James Houston	Captain	2,310.00	Do	Oct. 3, 1806	—	Act Mar. 3, 1807 Died Aug. 2, 1819
David Holton	Private	46.00	N. C. Militia	July 1, 1818	—	Resided in Craven Co.
William Lefever	Do	27.71	10th Regt. U.S. Inf.	Sept. 5, 1815	—	Act mil. est. Resided in Burke Co.
Do	Do	151.25	Do	Apr. 24, 1816	—	Act Apr. 24, 1816
Alexander Morrison	Sergeant	941.07	—	Mar. 4, 1790	—	Act Sept. 29, 1789. Resided in Cumberland Co.
Do	Do	178.89	—	Apr. 24, 1816	—	Act Apr. 24, 1816
Sullivan Newell	Private	139.28	2d Regt. U. S. Inf.	Sept. 28, 1815	—	Act mil. est. Resided in Currituck County
Humphrey Rogers	Do	461.88	—	Sept. 5, 1808	—	Act mil. est. Resided in Anson Co. Dead
Do	Do	130.92	—	Apr. 24, 1816	—	Act Apr. 24, 1816
Ithamer Singletary	Do	317.10	—	Mar. 4, 1795	—	Act June 7, 1785
Do	Do	92.72	—	Apr. 24, 1816	—	Act Apr. 24, 1816. Resided in Bladen Co.

Above found in North Carolina Pension Roll page 19.

A statement of names, &c. of heirs of non-commissioned officers, privates, &c. who died in the United States Service; who obtained five years' half pay in lieu of Bounty Land under the Second Section of the Act of April 16, 1816, and who resided in the County of Anson in the State of North Carolina.

Names of the original claimants	Rank	Description of service	Time of decease	Names of heirs
Eli Brooks..........	Private	10th Regt. Inf.	June 1814	Abraham and Ruthy Brooks..........

COUNTY OF CHATHAM, NORTH CAROLINA

Name of the original claimants	Rank	Description of service	Time of decease	Names of heirs
Azel or Asel Myrick .	Private	10th Regt. Inf.	Nov. 1813	Wm. Tyson and Eliz. Myrick......

Above found in North Carolina Pension Roll page 20.

COUNTY OF CUMBERLAND, NORTH CAROLINA

Names of the original claimants	Rank	Description of service	Time of decease	Names of heirs
Timothy Bass.......	Private	3d Regt. Rifle	Feb. 28, 1815	Lovedy and Wm. Madison Bass.....
Francis Potts.......	Do	20th Regt. Inf.	Oct. 31, 1814	Lenan, Eliz., and Francis Potts.....
William Ramsay....	Do	3d Regt. Rifle	Mar. 19, 1815	Thos, John and Mary Ramsay....

Above found in North Carolina Pension Roll page 21.

COUNTY OF HALIFAX, NORTH CAROLINA

Name of the original claimants	Rank	Description of service	Time of decease	Names of heirs
James Amos........	Private	35th Regt. Inf.	Feb. 1, 1815	Martha and Chas. Amos...........
Claiborne Baker.....	Do	10th Regt. Inf.	Nov. 30, 1814	Wm., Maria Lucretia & Claiborne Baker
Robert Freear......	Do	Do	Jan. 18, 1814	Henry and Jas. Freear...........
John Hardy........	Corporal	35th Regt. Inf.	Feb. 18, 1815	Louisa, Henrietta, Whitwell, Carolina, Lavinia and Fanny Hardy...........
Miles Zills or Sills...	Private	Do	Dec. 16, 1814	Thos., Joseph and Everit Zills.......

Above found in North Carolina Pension Roll page 21.

A statement of names, &c. of heirs of non-commissioned officers, **Privates, &c. who died in the United States Service; who obtained five years' half pay in lieu of Bounty Land under the Second Section of the Act of April, 16 1816, and who resided in the County of Anson in the State of North Carolina.**

Annual allowance	Sums received	When placed on roll	Commencement of pension	Ending of pension
$48.00	$240.00	Jan. 6, 1819	Feb. 17, 1815	Feb. 17, 1820

COUNTY OF CHATHAM, NORTH CAROLINA

Annual allowance	Sums received	When placed on roll	Commencement of pension	Ending of pension
$48.00	$240.00	Mar. 14, 1820	Feb. 15, 1820	Feb. 15, 1825

Above found in North Carolina Pension Roll page 20.

COUNTY OF CUMBERLAND, NORTH CAROLINA

Annual allowance	Sums received	When placed on roll	Commencement of pension	Ending of pension
$48.00	$240.00	May 1, 1818	Feb. 17, 1815	Feb. 17, 1820
48.00	240.00	Jan. 14, 1822	Dec. 7, 1821	Dec. 7, 1826
48.00	240.00	Apr. 18, 1818	Feb. 17, 1815	Feb. 17, 1820

Above found in North Carolina Pension Roll page 21.

COUNTY OF HALIFAX, NORTH CAROLINA

Annual allowance	Sums received	When placed on roll	Commencement of pension	Ending of pension
$40.00	$240.00	Mar. 5, 1819	Feb. 17, 1815	Feb. 17, 1820
48.00	240.00	Jan. 18, 1820	Dec. 24, 1819	Dec. 24, 1824
48.00	240.00	Mar. 16, 1818	Feb. 17, 1815	Feb. 17, 1820
60.00	300.00	Feb. 16, 1819	Do	Do
48.00	240.00	Jan. 25, 1819	Do	Do

Above found in North Carolina Pension Roll page 21.

COUNTY OF HERTFORD, NORTH CAROLINA

Names of the original claimants	Rank	Description of service	Time of decease	Names of heirs
Roderick Boon......	Private	20th Regt. Inf.	Jan. 29, 1815	Betsey, Cynthia, Patterson, Mary, Martha Boone....
Benjamin Weston...	Do	Do	Mar. 1, 1814	Uriah and Nancy Weston..........

Above found in North Carolina Pension Roll page 22.

COUNTY OF LINCOLN, NORTH CAROLINA

Name of the original claimants	Rank	Description of service	Time of decease	Names of heirs
John German.......	Private	10th Regt. Inf.	Nov. 5, 1814	Fanny, Levi and Betsy German....

PERSON COUNTY, NORTH CAROLINA

Names of the original claimants	Rank	Description of service	Time of decease	Names of heirs
Lewis Frederick.....	Private	10th Regt. Inf.	1814	Betsy, Jane, Polly, Sally, Susanna & Lewis Frederick...

Above found in North Carolina Pension Roll page 22.

WAKE COUNTY, NORTH CAROLINA

Name of the original claimants	Rank	Description of service	Time of decease	Names of heirs
Benjamin Deberry...	Private	25th Regt. Inf.	Dec. 2, 1814	Jemmy, Judy and Benj. Deberry....
Abingdon Wade.....	Do	2d Regt. Art.	Aug. 18, 1813	Esther and Isham Wade............

Above found in North Carolina Pension Roll page 23.

WAYNE COUNTY, NORTH CAROLINA

Name of the original claimants	Rank	Description of service	Time of decease	Names of heirs
Noah Hedgepeth....	Private	11th Regt. Inf.	June 2, 1814	Henry, Chilly, Noah, and Arcadia Hedgepeth.......

COUNTY UNKNOWN, NORTH CAROLINA

Names of the original claimants	Rank	Description of service	Time of decease	Names of heirs
Thomas Gregory....	Private	1st Regt. Rifle	1814	Isaac, Samuel, Noah, and Benj. H. Gregory.........

Above found in North Carolina Pension Roll page 23.

COUNTY OF HERTFORD, NORTH CAROLINA

Annual allowance	Sums received	When placed on roll	Commencement of pension	Ending of pension
$48.00	$240.00	July 31, 1818	Feb. 17, 1815	Feb. 17, 1820
48.00	240.00	Do	Do	Do

Above found in North Carolina Pension Roll page 22.

COUNTY OF LINCOLN, NORTH CAROLINA

Annual allowance	Sums received	When placed on roll	Commencement of pension	Ending of pension
$48.00	$240.00	Dec. 12, 1820	Feb. 17, 1820	Feb. 17, 1825

PERSON COUNTY, NORTH CAROLINA

Annual allowance	Sums received	When placed on roll	Commencement of pension	Ending of pension
$48.00	$240.00	Mar. 5, 1818	Feb. 17, 1815	Feb. 17, 1820

Above found in North Carolina Pension Roll page 22.

WAKE COUNTY, NORTH CAROLINA

Annual allowance	Sums received	When placed on roll	Commencement of pension	Ending of pension
$48.00	$240.00	Mar. 31, 1820	Feb. 24, 1820	Feb. 27, 1825
48.00	240.00	May 12, 1820	May 17, 1820	May 17, 1825

Above found in North Carolina Pension Roll page 23.

WAYNE COUNTY, NORTH CAROLINA

Annual allowance	Sums received	When placed on roll	Commencement of pension	Ending of pension
$48.00	$240.00	Dec. 11, 1819	Feb. 17, 1815	Feb. 17, 1820

COUNTY UNKNOWN, NORTH CAROLINA

Annual allowance	Sums received	When placed on roll	Commencement of pension	Ending of pension
$48.00	$240.00	Sept. 18, 1819	Feb. 17, 1815	Feb. 15, 1820

Above found in North Carolina Pension Roll page 23.

REFERENCE PAGES

Counties	Manuscript Pages	N. C. Pension Roll Pages
Anson	1	2 and 60
Ashe	1	2 and 60
Beaufort	2	65
Bladen	2	3 and 64
Brunswick	5	63
Buncombe	3	3, 65, 66 and 67
Burke	4 and 5	61 and 62
Cabarrus	5 and 6	6 and 72
Carteret	6	73
Camden	5	5 and 68
Caswell	6 and 7	4, 70 and 71
Chatham	7 and 8	69
Chowan	8	5 and 75
Columbus	8 and 9	74
Craven	9	4 and 71
Cumberland	10	6, 67 and 68
Currituck	11	73
Davidson	11 and 12	77 and 78
Duplin	12 and 13	75 and 76
Edgecombe	13	78 and 79
Franklin	14	79 and 80
Gates	14	7 and 82
Granville	14 and 15	7, 83 and 84
Greene	15	82
Guilford	16 and 17	8, 80 and 81
Halifax	17	84 and 85
Haywood	17	86
Hertford	18	86
Hyde	18	85
Iredell	18, 19 and 20	8, 86, 87 and 88
Jones	20	9 and 90
Johnston	20	89
Lenoir	21	10, 92 and 93
Lincoln	21 and 22	9, 90, 91, and 92
Macon	23	97
Martin	23	11 and 98
Mecklenberg	23, 24 and 25	11, 93, 94 and 95
Montgomery	25 and 26	10, 95 and 96
Moore	26	96
Nash	27	12 and 98
New Hanover	27	98
Northampton	28	12 and 100
Onslow	28	103
Orange	28 and 29, 30	13, 100, 101 and 102
Pasquotank	30	106
Perquimans	30	105
Person	31	103 and 104
Pitt	31 and 32	104 and 105
Randolph	32	109
Richmond	32 and 33	108
Robeson	33	14 and 110
Rockingham	33 and 34	110 and 111
Rowan	34 and 35	14, 106 and 107
Rutherford	35, 36 and 37	13, 111, 112 and 113
Sampson	37	117 and 118
Stokes	38 and 39	15, 113, 114 and 115

Counties	Manuscript Pages	N. C. Pension Roll Pages
Surry	40 and 41	15, 116 and 117
Tyrrell	41	16 and 118
Wake	41 and 42	16, 122 and 123
Warren	42 and 43	17 and 119
Washington	43	123
Wayne	43	121
Wilkes	43 and 44	17, 120 and 121
Yancey	44	123

Miscellaneous

Counties	Manuscript Pages	N. C. Pension Roll Pages
Invalid Pensioners	45 and 46	18 and 19
Names and heirs of non-commissioned officer	47 and 48 49 50	20, 21, 22 and 23

APPENDIX

THE KING'S MOUNTAIN MEN

Katherine Keogh White.

"I recommend the use of this list in your roster"
Mrs. Van Orsdell, Registrar Gen., Washington, D. C.

Reference
Pages
- 115. Col. Richard Allen, Sr., Wilkes Co.
- 119. Andrew Carson, Iredell Co.
- 124-125. William Lenoir, volunteer, Capt. Lt., Surry Co. (now Wilkes Co.)
- 140. Robert Abernathy
- 141. Daniel Alexander, in Mecklenburg militia, 1778-1781.
- 141. Elias Alexander, of Rutherford Co.
- 142. James Alexander, received pension for service in N. C. militia, both in Rowan County
- 142-143. Richard Allen, Col. of militia, Wilkes Co.
- 143. Vincent Allen, Lincoln Co.
- 143-144. William Alston { born in Warren Co., Lt. Col. of 3rd Reg.; member of Provincial Congress of 1776
- 144. Thomas Arbuckle, in Fincastle Co.
- 144. Matthew Armstrong, pensioned by N. C. in 1783
- 145. William Armstrong
- 145. John Baker, received pension in N. C.
- 146. John Barton, Wilkes Co.
- 146. George Bean (also Been)
- 146. Jesse Bean (also Been) Capt.
- 146. John Bean (also Been) } all Watauga riflemen, under Col. Sevier
- 146. Robert Bean (also Been)
- 146. William Bean (also Been)
- 148. Robert Berry, received pension from N. C., 1833
- 148. Thomas Bicknell, Wilkes Co.
- 148. William Blackburn
- 151. William Bradley, of Lincoln Co. } family tradition states he was in Battle of King's Mtn.
- 151. Richard Bradley, of Lincoln Co.
- 151. Matthew Brandon, born in Roane Co., N. C. (supposed to have served at King's Mtn.
- 152. Capt. Alexander Breckenridge, Fincastle Co.
- 152. Capt. Robert Breckenridge
- 153. Jacob Brown, lived in Watauga Co.
- 153. John Brown, Capt., lived on the Yadkin in Wilkes Co., in 1770
- 154. Samuel Caldwell, born in Orange Co., pensioned from N. C.
- 154. Joseph Callaway, Legislator from Ashe in 1804 and 1806.
- 156. William Carroll, of Lincoln Co., pensioned by N. C. in 1833.
- 156. Andrew Carson, Iredell Co., perhaps at King's Mtn.
- 156. John Carson, Capt., Burke Co.

* Fincastle and Tryon counties no longer exist; each named in honor of a royal Governor, but as these governors sided with Great Britain, in the war for American Independence, the names were abolished, by the expedient of subdividing the two counties. Fincastle was divided into the counties of Montgomery, Washington and Kentucky. Tryon being divided into Lincoln and Rutherford.

Pages
- 157. John Childers } From Wilkes Co.
- 157. Mitchell Childers }
- 158. John Chittim, pensioned in Lincoln Co., N. C.
- 158. James Clark, pensioned in Lincoln Co., N. C.
- 158. Michael Clark, pensioned in Lincoln Co., N. C.
- 159. Benjamin Cleveland, commanded the men from Surry and Wilkes Co., at King's Mtn.
- 159. Robert Cleveland, died in Wilkes Co. in 1812
- 159. Samuel Clowney, settled on the Catawba
- 161. James Collins, from Lincoln Co.
- 161. Samuel Collins, from Lincoln Co.
- 162. William Cook, in the Surry troops under Cleveland
- 162. Charles Cook }
- 162. Edward Cook } pensioned in N. C., claimed by descendants to have served at King's Mtn.
- 162. Robert Cook }
- 162. Thomas Costner, received pension in Lincoln Co., 1833
- 162. Martin Coulter, of Surry Co., pensioned in Lincoln Co., 1833
- 162. Thomas Cowan, born in Rowan Co.
- 162. William Cox, living on Watauga in 1775.
- 163. James Cozby (or Cosby), regimental surgeon under Sevier
- 164. Joseph Crockett, Capt. of militia
- 164. Walter Crockett, Maj. } of Fincastle County
- 164. William Crockett, in militia }
- 164. John Crockett, father of Davy Crockett, was with the militia from Lincoln Co.
- 166. John Crow, commanded a company from Fincastle at Point Pleasant
- 166. George Dameron, pensioned in Lincoln Co.
- 166. Lawrence Darnell, surveyor, went to Fincastle in 1774.
- 167. Benjamin Davidson } home at Davidson's Fort, in the extreme west of Burke Co.
- 167. William Davidson }
- 167. John Davis, Capt.
- 167. Nathaniel Davis
- 167. Samuel Davis }
- 167. Robert Davis } all owned land in Fincastle Co. in 1774
- 167. Joel Davis } pensioned by N. C.
- 167. Nathan Davis }
- 168. Joseph Dickson, commanded a company of Lincoln Co. men
- 168. Joseph Dickson, of Rowan Co., a Major at King's Mtn.
- 169. Joseph Dixon (Dickson) }
- 169. John Dixon (Dickson) } of the N. C. Line
- 169. Joel Dixon (Dickson) }
- 169. Rev. Samuel Doak of Watauga }
- 169. Jesse Duncan, in Cleveland's Regt. } Watauga County
- 169. Joseph Duncan, Sevier's }
- 169. John Duncan }
- 170. Peter Eddlemon, in Lincoln Co. regiment and pensioned in Lincoln Co., 1835
- 170. William Elmore, pensioned in N. C.
- 171. Benjamin Estill, one of the first justices of Fincastle
- 171. Samuel Espey, living in Lincoln Co., in 1770; wounded at King's Mountain
- 171. James Ewart } in N. C. Line
- 171. Robert Ewart }
- 171. James Farewell, with Lincoln Co. men
- 172. Edmund Fear, from Burke Co.
- 172. Thomas Fear, of N. C. Line, pensioned but name does not appear in the battle roll

Pages
- 173. James Gaines, Sr., pensioned in N. C., in 1833
- 174. Harris Gammon, in militia of Washington Co., N. C.
- 174. John Goss, of militia, Washington Co., N. C., Sergt. under Sevier
- 174. Thomas Gillespie } settled on Watauga in 1772
- 174. George Gillespie }
- 175. Devereux Gilliam, early settler in the fork at the mouth of the French Broad
- 175-176. Enoch Gilmer } brothers from Lincoln Co.
- 175-176. William Gilmer }
- 176. Benjamin Gist, a justice of Washington Co., in 1778, Capt. in its militia in 1780
- 177. Joseph Godwin } from Lincoln Co.,
- 177. Robinson Godwin } pensioned in Lincoln in 1833
- 177. Samuel Godwin }
- 177. Preston Goforth, in the Rutherford troops under Col. Hampton and was killed by brother who was on tory side.
- 177. Charles Gordon, native of Va., who moved to Wilkes Co., N. C., where he became a Maj. of militia.
- 178. Chapman Gordon } in the N. C. troops
- 178. George Gordon }
- 178. Thomas Gourley (also Gorly and Gorely) early settler on the Watauga
- 178. Col. William Graham, born in Va., moved to Shelby Co., N. C., where he died in 1835
- 178. James Gray, from Rutherford
- 178. Jesse Green, early settler in Watauga
- 178. Alexander Greer, early settler in Watauga
- 179. John Gregory } of Lincoln Co., pensioned there in 1833
- 179. William Gregory }
- 179. Nathan Gwaltney, from Lincoln, pensioned in 1833
- 180. Nicholas Hafner (Hofner), pensioned in Lincoln, 1833
- 180. Simon Hager, pensioned in Lincoln, 1833
- 180. John Haile, early settler at Watauga
- 180-181. Frederick Hambright, before the Revolution, moved to Long Creek in Tryon County
- 182. Andrew Hampton, born in England, but in 1751 was living in Rutherford Co., N. C.; Capt. in 1776; Col. in 1779
- 182. Edward Hampton, a brother and a Capt.
- 182. Jonathan Hampton, with Rutherford troops
- 182. Capt. Samuel Handly, born in N. C.
- 184. Robert Hansley, in N. C. militia
- 184. William Hansley, in Albemarle militia, was not at King's Mtn.
- 184. John Harrell }
- 184. Joseph Harrell } pensioned by North Carolina
- 184. Kidder Harrell }
- 184. James Harris, born in N. C., 1736
- 186. John Helm, in Lincoln militia, pensioned in Lincoln in 1833. It is a family tradition that he was in the battle of King's Mtn.
- 186. Abraham Helton, of N. C. militia
- 186. Conrad Henniger, on the Middle Fork of Hokton in Fincastle in 1774
- 186. Henry Henry }
- 186. James Henry } brothers living in Gaston Co., N. C.
- 186. Moses Henry }
- 188. James Hill, from Lincoln
- 189. Daniel Horton }
- 189. Henry Horton } early Watauga settlers
- 189. Joshua Horton }

Pages
- 189. Zephaniah Horton, pensioned in N. C., but his application does not say whether he was in the battle of King's Mtn.
- 191. David Hughes ⎫
- 191. Francis Hughes ⎬ early Watauga settlers
- 191. Thomas Hughes ⎭
- 191. Thomas Hunter, from Gaston Co.
- 192. Zachary Isbell, early Watauga settler
- 192. Jeremiah Jack, Watauga settler
- 193. William Jackson, Capt.
- 193. George Jarnigan (Jernigan), Lt., pensioned by N. C. in 1844
- 194. James Johnson, born in Lincoln Co., 1742.
- 194. Robert Johnston (Johnstone), pensioned by N. C., 1835, privt.
- 194. Capt. William Johnstone, pensioned in N. C.
- 195. Daniel Jones, of N. C.
- 195. John Jones, a Watauga rifleman
- 195. Robert Karr (Carr), lived in what is now Greene Co., N. C.
- 196. Robert Kennedy, mentioned by Heitman as a Capt. in the N. C. service
- 196. Henry Kerby, in N. C. militia
- 196. Joseph Kerr, born in Pennsylvania, the family moved to N. C. when he was very young.
- 197. John Kidd, with the Lincoln men and was pensioned
- 198. Robert Knox, in militia of Lincoln Co., N. C., pensioned in 1833
- 198. Benjamin Knox
- 198. James Knox ⎫
- 198. Samuel Knox ⎬ on N. C. pension list
- 198. Tidence Lane, born 1764, was in N. C. Line
- 199. George Ledbetter, Capt. of Rutherford troops
- 199. James Lee, born in Va., settled at High Shoals, N. C.
- 199. James Leeper, moved to Davidson Co. in the the winter of 1780-81, and was a Capt. on the border.
- 200. Shadrach Lefy, Lincoln Co. man, and pensioner
- 200. Maj. Micajah Lewis, born in Va., 1755, moved to Surry Co., N. C.
- 200. Capt. Joel Lewis, born in Va., 1760, moved to Surry Co., N. C.
- 201. Joseph Logan ⎫
- 201. William Logan ⎬ Lincoln Co. men in the Company of Mattocks
- 201. Robert Lucas, on the Watauga in 1772, at King's Mtn. A Capt. under Sevier
- 201. Major Isaac Lucas, brother of Robert; in 1781 moved to Davidson Co.
- 201. Capt. Joseph Lucas, an early Watauga settler.
- 201. Capt. Joseph Lusk, was on the Watauga in 1776.
- 202. John McAdoo, early settler on Watauga
- 202. William McCafferty, Irish merchant, near Charlotte, who turned the British army into a wrong road to protect the whigs on their way to King's Mtn.
- 203. William McCarthy, was under Cleveland, pensioned in Lincoln in 1833
- 203. Francis McCorkle, in 1774 on the Committee of Safety for Rowan Co., N. C.
- 204. Magnus McDonald, in the N. C. militia
- 204. Charles McDowell, Col., born in Va. 1743, did at Morganton, N. C., 1811
- 204. Maj. Joseph McDowell, brother to the colonel, commanded a regt. at King's Mountain
- 204. James McElwee, a native of N. C.
- 204. Robert McFarland, Lt. in the battle; moved from N. C. to Wythe Co.
- 205. McKee——, the mother of Maj. William Chronicle, first married a McKee in Penn. He died in Lincoln Co., N. C. The Maj. was the only son by her first marriage
- 205. Capt. David McKessick, wounded at Ramseur's Mill; it is claimed that he was present at King's Mtn.

Pages
- 205. Alexander McLain, came from Ireland to N. C.
- 206. Tapley Mahannas, from Lincoln Co., N. C., pensioned there
- 207. Josiah Manor, in the N. C. troops, is said to have been in the battle, pension application does not give it
- 207. Salathiel Martin, in the N. C. troop
- 208. Patrick Mason } of Lincoln Co., pensioned in 1833
- 208. Thomas Mason }
- 208. Capt. John Mattocks, of the Lincoln Co. men
- 209. William Mayes, a N. C. Soldier, pensioned in Lincoln as a privt., 1833
- 209. Adam Meek, came from Ireland while young, settled in Mecklenburg Co., N. C., and was a signer of the Mecklenburg petition. Lt. at King's Mtn.
- 209. Nathan Mendenhall, said to have been with the Lincoln men; pensioned in Lincoln, 1833
- 210. Elijah Mitchell, born in Mecklenburg Co., N. C.
- 211. Alexander Moore, in the Lincoln militia, pensioned in Lincoln, 1833. Tradition says he was at King's Mtn.
- 211. John Moore, born in Lincoln in 1759.
- 211. Alexander Moore }
- 211. James Moore } brothers of John, in Rev., and all claimed as King's Mtn. men
- 211. William Moore }
- 211. John Morehead, born in Richmond Co., Va., 1766, moved to Rockingham Co., N. C., where he died 1832
- 211. Peter Morrison } of Burke Co., N. C.
- 211. William Morrison }
- 211. Jeremiah Munday, a Lincoln Soldier, pensioned there in 1833
- 212. Henry Murfree, claimed as a N. C. participant
- 212. Teeler Nave, one of the first settlers of the Watauga
- 212. Abraham Nave } Sons of Teeler Nave
- 212. Conrad Nave } Tradition is that they were under Shelby
- 212. Henry Nave }
- 212. John Neal, of N. C. militia
- 212. John Nelson, N. C. private
- 213. Isaac Newman, in the militia from Guilford
- 213. John Newman, early immigrant to the Watauga
- 214. Eli Overton, of the N. C. militia
- 214. George Parke, born in Amherst Co., Va., when a boy went with his father to the Yadkin
- 215. Humphrey Parker, from Lincoln Co., where he was pensioned
- 215. Arthur Patterson, native of Ireland, settled near King's Mtn.
- 215. Arthur Patterson, Jr. }
- 215. Thomas Patterson } sons of Arthur, all in the battle
- 215. William Patterson }
- 215. William Patterson of Patterson's Mill on the Watauga was in the battle
- 216. Elias Peebar, one of the early Watauga settlers, signed the Halifax petition
- 216. Adam Peck came from Botetourt, one of the first pioneers on Mossy Creek
- 217. Jesse Perry, pensioned in Knox, 1833, for service in the N. C. militia; tradition is that he was in the battle
- 217. Joseph Phillips, served under Cleveland; moved from Surry Co., N. C., to Clairborne Co., Tenn.
- 217. Ezekiel Polk, signed the Mecklenburg declaration
- 218. William Potter, of the Lincoln militia, pensioned in N. C.; claimed he was in the battle
- 218. Thomas Preston, commanded a company under Sevier. In the Watauga purchase of 1775, his name appears, etc

Pages
- 219. William Rankin, with the N. C. troops
- 219. Benjamin Reed ⎫
- 219. James Reed
- 219. Thomas Reed
- 219. William Reed ⎬ pensioned at King's Mountain
- 219. John Reed
- 219. Joseph Reed
- 219. Samuel Reed ⎭

    The above seven names are those of James Reed's seven sons; all were at King's Mountain
- 219. Adam Reep, lived on west bank of Catawba
- 219. Michael Reep, pensioned in Lincoln Co., N. C., name does not appear as a King's Mtn. man
- 219. Charles Regan, pensioned in Lincoln; it is the tradition that he was in the battle
- 219. Henry Remfeldt, pensioned in Lincoln, 1833, not known whether he was at King's Mtn.
- 219. James Reese, lived in Greene Co., noted for the state of Franklin; the others from the county in the same convention being Daniel Kennedy, Joseph Hardin, John Newman, and James Roddy. All were King's Mtn. soldiers
- 219. David Reese, a signer of the Mecklenburg resolutions
- 219. William Reeves, on Watauga in 1775, signed the Halifax petition of 1776
- 220. Elisha Reynolds, born in Wilkes 1755; became a Lt.
- 221. William Robertson, of the Rutherford men, under Hampton, was wounded
- 221. William Robinson, lived in Rutherford Co.
- 221. Thomas Robinson, brother to William
- 221. William Robinson, a Lt. under Sevier; signed of the Halifax petition
- 221. James Roddy, early settler on the Watauga
- 222. John Ross, born 1764; served in the N. C. militia; said to have been at King's Mountain
- 223. Samuel Scott, Sr., a minute man under Campbell, born in N. C.
- 223. Thomas Scott, brother to Samuel, in militia
- 223. William Scott, brother to Samuel, in militia
- 223. Gen. John Sevier lived at fort on Watauga, the first built on that river
- 223. Valentine Sevier, Capt., born in London, settled first in Va., then came with his brother and father to Watauga where he settled
- 223. Robert Sevier, another brother, also a Capt.
- 223. Abraham Sevier, another brother, a privt.
- 223. Joseph Sevier ⎫ sons of the General
- 223. James Sevier ⎭
- 223. Robert Shannon, Capt. of Lincoln Co.
- 224. Adam Sherrill, born on the Yadkin, 1758
- 225. John Shirley, under Cleveland, probably from Watauga
- 225. John Sigman, of Burke Co., a Capt. under McDowell
- 225. Daniel Siske, of Wilkes Co., was killed
- 225. John Smart, a Rutherford soldier
- 225. David Smith, born in Anson Co., N. C.
- 226. John Stamey, said to have been in the battle, pensioned in Lincoln Co., N. C., 1833
- 227. Matthew Talbot, Sr., early Watauga settler
- 228. James Tatum, in the battle, pensioned in Watauga Co., N. C.
- 228. Andrew Taylor, Jr., in the N. C. troops
- 229. Major ——— Temple, moved to Mecklenburg Co. in 1766
- 229. Philip Tillman, a Lincoln man, pensioned in Lincoln Co., N. C., 1833
- 230. James Todd, probably of Watauga Co.

Pages
- 230. David Vance, born in Frederick Co., Va., 1748, early removed to N. C. In 1797, he was living in Buncombe, a Col. of militia
- 231. John Waddell, a settler on Watauga, 1775
- 231. Martin Waddell, also early settler
- 231. William Walker, of Rutherford Co., pensioned in N. C.
- 232. George Webb, a man of affairs on Watauga
- 232. John Weir, born in Ireland 1743, settled at Weir's Bridge in Gaston Co., N. C. In the Revolution a scout, then a Capt.
- 232. Charles Whit, of Lincoln Co., N. C., pensioned there
- 232. Isaac White, Lt. ⎫
- 232. James White, Capt. ⎬ born in Pennsylvania, moved to Lincoln Co., N. C., in 1779
- 232. Thomas White, Lt. ⎭
- 233. Daniel Williams, Capt. under Marion; he was born in Wilmington Co., N. C.
- 234. Samuel Williams, born in N. C. 1733; a Capt. under Sevier
- 234. Joseph Wilson ⎫ in the N. C. Line
- 234. Robert Wilson ⎭
- 234. Zaccheus Wilson, signer of Mecklenburg Declaration of Independence; member of provincial Congress of 1776, etc.
- 235. Maj. Joseph Winston, born in Louisa Co., Va., 1746; moved to Stokes Co., N. C., 1769, etc.
- 235. Elisha Wither, of the Lincoln Co. men, pensioned in N. C.
- 235. John Witherspoon, born in 1760, a privt. under Cleveland; after the war, represented Stokes two years in the legislature
- 235. James Withrow, born in Va., 1746, died 1836; moved to Rutherford Co., served under Hampton
- 236. Jacob Womack, on the Watauga, 1772; signed the Halifax petition

ADDITIONAL

Pages
- 237. James Alexander, born in Rowan Co., N. C., 1756; entered the army from Lincoln
- 237. William Carr, enlisted from Mecklenburg Co., N. C., 1775
- 237. Pharoah Cobb, born in Northampton Co., N. C., 1752; enlisted in Watauga settlement, 1776
- 238. Robert Culbertson, born in Penn., enlisted from Caswell Co., N. C., 1780
- 238. John Duckworth, born in Va., 1759; died in Burke Co., N. C., 1843; enlisted 1776
- 238. William Feinster, born in S. C.; died in Iredell Co., N. C.
- 238. John Floyd, born in Mecklenburg Co., N. C., 1758; enlisted 1776
- 238-239. Nicholas Gibbs, said to have been at King's Mountain, received a land grant from North Carolina for services in the Continental line
- 239. James Gray, born in Va., 1755, enlisted in the "Liberty Men," from Rutherford Co., N. C., applied for pension in Rutherford, 1832
- 239. Joel Hampton, enlisted from Wilkes Co., N. C., 1779; in service till 1783
- 239. John Helms, born in Botetourt, 1761, applied for pension in Lincoln Co., N. C., 1833
- 239. Joseph Henry, pensioned in Buncombe Co., 1832
- 239. Joseph Henry, enlisted from Lincoln Co., N. C.
- 239. John Henry ⎫ brothers of second Joseph, were killed at King's Mtn.
- 239. Moses Henry ⎭
- 240. Samuel Johnson, Lt. at King's Mtn., and was wounded, pensioned by North Carolina about 1798.
- 240-241. John Love, born in Va., pensioned 1832, when living in Wilkes Co., N. C., at King's Mtn., a substitute for his father, James

Pages
- 241. Francis McCorkle, born in Scotland 1740; died in Salisbury, N. C., 1802
- 241. Henry Massengale, born 1758, enlisted in N. C.
- 241. Michael Massengale, born in Northampton Co., N. C., 1756
- 241. Samuel Martin, born in Ireland, 1752; died in Lincoln Co., N. C., 1836.
- 241. Benjamin Newton, born in Va., enlisted from Caswell Co., N. C.
- 242. Asher Reeves, enlisted from Wilkes Co., N. C.
- 242. Elisha Reynolds, died in Wilkes Co., N. C., 1836, in service 1776-81
- 242. Bethiel Riggs, moved to Wilkes Co., N. C., and took Cleveland's place at King's Mtn. when the latter was wounded
- 242. David Smith, born in Anson Co., N. C., 1753
- 242. James Taylor, substituted in Surry Co., N. C., serving in the Third N. C.; moved to Blount Co., where pension was allowed in 1832.
- 242. William Utterly, born in Connecticut, died in Wilkes Co., N. C., 1794
- 244. William Walton, enlisted in Wilkes Co.
- 245. James Wyley, born in Mecklenburg Co., N. C., 1762., pensioned in Blount Co., 1833

APPENDIX

We are indebted to Mrs. A. G. Barnett of Asheville for her fine interest, in supplying the following items:

Capt. James Johnson (or Johnston) fought under Colonel Hambright in the battle of King's Mountain. After Major Chronicle fell mortally wounded, James Johnson was one of the men given orders such as the occasion demanded.

He was of the same company as "Hambright's party "The South Fork Boys."

Reference: "Commanders at Kings Mountain," by J. D. Bailey, page 196.

Tom Rutledge (Routledge) of Duplin County, North Carolina, was an officer in North Carolina troops of Continental Army.

Reference: History of North Carolina Colonial Records.

Major George Rutledge was sent by Governor Blount, 1793, to fight the Creek and lower Cherokee Indians.

Indians were seen at the Warm Springs (now Hot Springs, N. C.) Guards were stationed at four block houses at Hough's. At the Burnt Cane-brake. At the Painted Rock, and at the Warm Springs.

Reference: Ramseys Annals of Tennessee, pp. 569, 621, 624, 625, 626, 657, 658, 667, 668, 704.

George Rutledge was elected Brigadier General in General Sevier's place when Sevier was made Governor of Tennessee.

Records show George Rutledge helped protect the western frontier of North Carolina from Indian invasion.

He was a descendant of George Rutledge who was a member of Sam Corbin's Company in the "Spanish Alarm" in 1747; whose Company protected the coast of North Carolina in 1742 from the Spaniards.

William Rutledge, made Lieut. Jan. 25, '77 of 4 Regiment North Carolina troops, Continental line.

Reference: "Saunders North Carolina State Records," "North Carolina, 1780-81," Schenck, Appendix B., p. 478, gives the name of Wm. Rutledge (or Routledge of Lincoln County, North Carolina. The name in England was spelled Rootledge, also Routhledge.

Colonel James Brown, a Revolutionary officer, was killed by Indians as he was emigrating to Cumberland to enter into possession of lands alloted him for military services in the North Carolina army of the Revolution.

Reference: "Ramseys Annals of Tennessee, with Faries' Index, pp. 508-10-15-16-17-550.

His descendants were first settlers in Jefferson County, Alabama, where Birmingham is now situated.

Isaac Thomas, Indian fighter and defender of western frontier for many years prior and during the Revolution. Isaac Thomas of Watauga Settlement is one of the three men not killed at the fall of Fort London, 1760.

He sounded the warnings of Indian raids planned, and saved them many times from death. A monument to his memory is standing at Sevierville, Tennessee, in Sevier County, which was once part of North Carolina.

The Nancy Ward Chapter of Chattanooga, Tennessee, D. A. R., was named for the beautiful Indian maiden who furnished him valuable information which protected the settlers of the western boundaries of North Carolina.

Reference: "Gilmores Rear Guard of the Revolution," pp. 82-83.

Reference: "Ramsays Annals of Tennessee," p. 755; "Appleton's Cyclopedia of American Biography," Vol. VI, pp. 82-83.

Major Joseph Dickson (or Dixon) fought at the Battle of Kings Mountain. After Major Chronicle was killed he was one of the men who took charge of the Company.

Reference: "Commanders at Kings Mountain," by J. D. Bailey, p. 196.

William Brown, Regulator, captured by Governor Wm. Tryon 1771, after the Battle of Alamance. He was one of the twelve men condemned to death by Governor Tryon. Six were executed but William Brown with the other six men were condemned at Hillsborough to Court Martial, and respited to await the Kings pleasure.

Reference: "Some Neglected History of North Carolina," by William Edwards Fitch, M. W., p. 242. Also "Colonial Records," Vol. VIII, p. 635; Vol. IX, pp. 36-37-274-311.

* * * * * *

WAR DEPARTMENT
THE ADJUTANT GENERAL'S OFFICE
WASHINGTON, D. C., MARCH 10, 1917

Respectfully returned to Mrs. J. J. Eaton, 1327 South 20th Street, Birmingham, Alabama, with the information that the records show that James Rutledge served in the Revolutionary War as a private in Captain John Johnston's Company, Colonel John Collier's Regiment, North Carolina Militia. His name appears on a company pay roll dated December 22, 1780; showing that he was paid for service from September 3, to December 22, 1780; and on a receipt roll dated July 29, 1783 showing that he was paid for one tour of duty in said Company on December 16, 1780.

[Signed] N. T. McCLAIN,
The Adjutant General.

James Rutledge is buried at a Presbyterian Church Cemetery near Belmont, Gaston County, North Carolina. Gaston County was cut off from Lincoln County in 1845.

(APPENDIX)
REVOLUTIONARY WAR SOLDIERS LIVING IN RUTHERFORD COUNTY, NORTH CAROLINA, 1831-1837.

From County Court Minute Book:

Cook, Edward, b. Orange Co. N. C., 1760.
Davis, John, age 74
Dalton, Wm., age 78
Depriest, Wm.
Dicky, Anthony, age 87
Gray, James, age 77
Harvy, Robert, age 75
Holland, Wm., age 85
Hutchens, Thomas, 79

Lucas, Wm., '78
Marmy, David b. Pa., age 77
Metcalf, Danzn, age 73
Metcalf, Warren, age 70
McFadden, Alexander
Newton, Benf. Sr., age 84
Padgett, John, age 70
Sargent, James
Williams, John, age 79

NOTE: These names furnished by Lily Doyle Dunlap, Ansonville, N. C.

(APPENDIX)

GASTON COUNTY—REVOLUTIONARY SOLDIERS WHO PARTICIPATED IN THE BATTLE OF KING'S MOUNTAIN, OCTOBER 7, 1780

1. COL. FREDERICK HAMBRIGHT—At time of battle was near Long Creek. Wheeler 157—Draper 476, & on—Hunter 325—Schenck 159, 168.
2. MAJ. FREDERICK HAMBRIGHT—Family records.
3. JOHN H. HAMBRIGHT—Col. F. Hambright's son—Hunter 325.
4. MAJ. WILLIAM CHRONICLE—South Fork—Draper 477, 551, 214, 219, 225, 231, 232, 207, 278, 222, 477, 521, 547—Wheeler 158, Schenck 167, 168, 175—Hunter 158.
5. DR. WILLIAM MCLEAN—South Fouk—Draper 322 (footnote) Hunter 285, 286.
6. ALEXANDER MCLEAN, JR.—moved to Missouri after the war. Hunter 285, 286.
7. GEORGE MCLEAN—moved to Tennessee—Hunter 285, 286.
8. JOHN MCLEAN—Hunter 286.
9. MATTHEW LEEPER—Family Bible and tomb. Fought in the Battle of King's Mountain and was buried in Smith's Graveyard near Belmont.
10. CAPT. JOHN MATTOCKS—Wheeler 158, Draper 257, 322, 479—Hunter 291, 295.
11. CAPT. CHARLES MATTOCKS—Wheeler 158—Draper 257, 322, 479—Hunter 291, 295.
12. LIEUT. WILLIAM RABB—Wheeler 158—Draper 302, 322—Hunter 291.
13. JAMES MCKEE—Half brother of Maj. Chronicle. Wheeler 158, II Section.
14. COL. WILLIAM DAVENPORT—Draper 333, 334, 340, 473.
15. ROBERT HENRY—Draper 119, 122, 150, 198, 214, 224, 226, 228, 232, 257, 279, 280, 285, 292, 303, 365, 367, 473, 366, 258.
16. WILLIAM CALDWELL—Draper 258—Hunter 294, 291—Wheeler 158.
17. CAPT. SAMUEL CALDWELL—Draper 258—Hunter 294, 291—Wheeler 158.
18. HUGH ERVIN—Draper 365, 367.
19. ANDREW BARRY—Draper 365, 367.
20. ENOCH GILMER—Draper 225, 226, 228, 231—Schenck 158.
21. WILLIAM GILMER—Brother of Enoch Gilmer—Draper 257, 258.
22. JOHN CHITTIM—Draper 258, 303.
23. CAPT. SAMUEL MARTIN—Draper 86, 257, 303, 478—Hunter 291 to 294.
24. LIEUT. JOHN BOYD—Draper 302, 322.
25. JOHN GLENN—Family Bible. Fought in Battle of King's Mountain and buried at Goshen.
26. WILLIAM GREGORY—Family Bible. Fought in Battle of King's Mountain and buried in Bethel Section.
27. CAPT. SAMUEL ESPEY—Draper 100, 102, 157, 303, 478—Schenck 167.
28. CAPT. ISAAC WHITE—Draper 476 (White & Jenkins Mill).
29. LIEUT. JAMES WHITE—Draper 476 (White & Jenkins Mill).
30. CAPT. JAMES JOHNSTON—Draper 85, 86, 257, 577, 78—Hunter 244, 246, 247.
31. MOSES HENRY—Draper 302, 319, 320.
32. JAMES HENRY—Draper 319.
33. ISAAC HOLLAND, JR.—Hoffman's "Our Kin," page 521.
34. FELIX WALKER—Draper 325, 326 footnote.
35. JACOB HOFFMAN } Born in Germany, emigrated to America, settled in Gaston
36. JOHN HOFFMAN } County, fought at King's Mountain, died 1860, buried on "Earl Summey's Place."
37. MAJ. JOSEPH DICKSON—Draper 85, 257, 477—Hunter 29—Schanck 107, 108.
38. MATTHEW ARMSTRONG—From records in Court House, he fought at King's Mountain and is buried in Smith's graveyard near Belmont.
39. CAPT. JOHN KINCAID—Family Bible record shows he was in the Battle of King's Mountain and is buried at Olney Cemetery.
40. ADAM BAIRD—An officer, unable to find out his rank. Mrs. W. E. Weatherly of

IN THE AMERICAN REVOLUTION 489

Gastonia, Granddaughter of Adam Baird, has in her possession the gun with which he fought in the Battle of King's Mountain. Baird was with Martin.
41. JAMES BAIRD—Adam Baird's brother, records in family history.
42. JESSE LANE—Records in family history.
NOTE: Some Histories spell "Hambright" and others "Hambrite." However, his tombstone says "Hambright."

These muster rolls are presented to the North Carolina Society, Daughters of the American Revolution by Mrs. Edwin C. Gregory, to whom we are greatly indebted for this service.

DR. THE PROVINCE OF NORTH CAROLINA TO CAPT. CHARLES POLK AND COMPANY OF FOOT SERVICES DONE

1. Charles Polk, Capt.
2. William Ramsay, Lt.
3. John Lemmond, Ensn.
4. John McGinty, Sgt.
5. Hugh Lindsey, Drumr.
6. William Lemmond, Clk. & Surgn.
7. William Gallbreath
8. John Doneldson
9. John Hall
10. John Queriey
11. John Purser
12. John Findly
13. John Stansell
14. John Gallbreath
15. John Lowrey
16. John Polk, Senr.
17. Jonathan Queriey
18. James Maxwell
19. James Orr, Junr.
20. James McQuirt
21. James McGinty

} Foot Soldiers

Isaac Burilson
23. David Orr
24. Thomas Hall, Junr.
25. Thomas Martindale
26. Tumas Hood
27. William Maxwell
28. William Alexander, Junr.
29. William Morgain
30. William Blair
31. William Shields
32. Windsor Pearce
33. Moses Cubberson
34. Matthew Miller
35. Robert Gallbreath
36. Richard Turnbull
37. Robert Donaldson
38. Richard Kain
39. Daniel Wynchaster
    John Corruthers
40. Benjamin Cochran
41. Charles Polk, Junr.
42. Zabulon Robinet

} Foot Soldiers

The above acct. was duly proven according to Law before me
..........Alex,
George Mitchal,
July the A Domini 1776.
The List of Capt. Polks Foot Co. 1776.
(On the side of the sheet is inscribed "No. Carolina Mecklenburg Co., &c.")

Dr.—The Public of North Carolina to Capt. Charles Polk, for services done by him & Company of Light Horse to Brunswick in the service from March '76 to May 1776.

Capt. Charles Polk
1st. Lt. Wm. Ramsey
2nd Lt. John Lemonds
1st Sergt. John McGinty
2nd Sergt. Wm. Gelbreath
John Smith
Hugh Linsey
John Wyly
John Findley

John Gilbreath
Jos. Hall
John Stansel
Wm. McGowen
Humphrey Hunter
Henry Carter
John Miller
Jos. Maxwell
Robert Galbreath

John McCauley
Nicholas Iler
Sam'l. Linton
Thos. Shelby
Jas. Alexander
Robert Harris
Joseph Harris
John Ford
Jonathan Buckbee
Henry Powel
Charles Alexander
Wm. Ross
Sam'l. Hughs

Wm. Shields
John Purser
Charles Alexander, Jr.
Eph. Alexander
Geo. Mitchel
Jos. Jack
Wm. Lemens
Geo. Wilson
A copy
   John Hunt
Halifax 15, Jan. 1779
   Charles Polk's
      Light Horse Com'y.

THE STATE OF NORTH CAROLINA TO CAPT. CHARLES POLK AND HIS COMPANY TO CROSS CREEK

Capt. Charles Polk
Lt. William Ramsey
Ensn. John Lemonds
Sergt. John McGinty
Do. Wm. Galbreath
Drummer, Hugh Linsey
Clerk, William Lemonds
John Hall
John Donaldson
John Query
John Purser
John Stansel
John Findly
Jonathan Query
John Curethers
Tumas Hood

John Galbreath
Robert Donaldson
James McGinty
Benj'n. Cochran
Wm. Blair
James Maxwell
Daniel Winchester
Mathew Miller
Zebulon Robinet
Robert Galbreath
Charles Polk, Junr.
R'd. Timbell
Wm. Shields
James Ro......
Moses Culberson
John Lowrey

James McGuirt
Tho's. Martindel
(On back of roll)
Wm. Alexander, Junr.
Wm. Maxwell
Winsor Pearce
Isaac Burleson
R'd. Cain
Wm. Morgan
David Orr
Tho's. Hall
A copy
   John Hunt CP. H. C.
Halifax 15 Jan. 1779
    Capt. Polk's Foot Claim.

THE PUBLIC OF NORTH CAROLINA FOR SERVICES DONE CAPT. CHARLES POLK'S COMP'Y OF MILITIA FOOT SOLDIERS, ETC.

Capt. Charles Polk to services done.
Lt. William Ramsey
Ensn. John Lemmond
Sergt. John Meginty
Drummer, Hugh Lindsey
Surgeon, William Lemmond
John Queriey
J...... Parker
......Stansal
John Findly
Jonathan Queriey
Tumas Hood
Robert Donaldson
James Meginty
Benjamin Cochran
William Blair
Daniel Wynchaster
Matthew Miller

Zebulon Robinett
Charles Polk, Junr.
Richard Turnbull
William Shields
(on the side is written "To the Congress")
James Orr
John Lowry
James McGuirt
Thomas Martindale
William Alexander, Junr.
William Maxwell
Windsor Pearce
Isaac Burlison
Richard Cain
William Morgan
David Orr
Thomas Hall

IN THE AMERICAN REVOLUTION 491

"The enclosed sheets are exact copies of the 4 Muster Rolls sent by George W. Polk or, his attorney, to prove the truth of his claim that Charles was a Captain, and not merely a Lieutenant, as the North Carolina Rolls seemed to indicate."

The rolls are much disfigured, and show signs of careless handling before they were sent to the Department, Etc. The names have been spelled as in the original, Etc.

Dr. The Province of North Carolina
To Capt. Charles Polk and Company of foot for services Done

		Days	per	£	S	d
Capt.	1 Charles Polk	25	10	12	10	0
Leuetant	2 William Ramsay	25	7–6	10	1	6
Ensign	3 John Lemmond	25	5–4	6	13	
Sexgant	4 John McGinty	25	3–9	4	13	9
Drummer	5 Hugh Lindsey	25	4–6	5	12	
Clk & Churgeon	6 William Lemmond	25	9	22	5	
Foot soldiers	7 William Gallbreath	25	2–6	3	2	6
	8 John Doneldson	25	2–6	3	2	6
	9 John Hall	25	2–6	3	2	6
	10 John Queriey	25	2–6	3	2	6
	11 John purser	25	2–6	3	2	6
	12 John Findly	25	2–6	3	2	6
	13 John Stansell	25	2–6	3	2	6
	14 John Gallbreath	25	2–6	3	2	6
	15 John Lowrey	25	2–6	3	2	6
	16 John Polk Senr	25	2–6	3	2	6
	17 Jonathan Queriey	25	2–6	3	2	6
	18 James Maxwell	25	2–6	3	2	6
	19 James Orr Jun	25	2–6	3	2	6
	20 James Mcguirt	25	2–6	3	2	6
	21 James Mcginty	25	2–6	3	2	6
	22 Isaac Burilson	25	2–6	3	2	6
	23 David orr	25	2–6	3	2	6
	24 Thomas Hall Junr	25	2–6	3	2	6
	25 Thomas Martindale	25	2–6	3	2	6
	26 Tumas Hood	25	2–6	3	2	6
	27 William Maxwell	25	2–6	3	2	6
	28 William Alexander Junr	25	2–6	3	2	6
	29 William Morgain	25	2–6	3	2	6
	30 William Blair	25	2–6	3	2	6
	31 William Shields	25	2–6	3	2	6
	32 Windsor Pearce	25	2–6	3	2	6
	33 Moses Cubberson	25	2–6	3	2	6
	34 Matthew Miller	25	2–6	3	2	6
	35 Robert Gallbreath	25	2–6	3	2	6
	36 Richard Turnbull	25	2–6	3	2	6
	37 Robert Donaldson	25	2–6	3	2	6
	38 Richard Kain	25	2–6	3	2	6
	39 Daniel Wynchaster	25	2–6	3	2	6
	40 Benjamin Cochran	25	2–6	3	2	6
	41 Charles Polk Junr	25	2–6	3	2	6
	42 Zabulon Robinet	25	2–6	3	2	6
	John Corruthers	15	2–6			
	3 Waggons	25	16	60	0	0
	d r					
	1210 Rashions at 8 p			35	0	0
			£	258	6	4

The above acct was Duly Proven according
To Law Before Me
..............Alex
George Mitchal
July the   A Domini 1776
The List of Capt. Polks
Foot Company 1776
(On the side of the sheet is inscribed "No Carolina Mecklenburg County &c.")

Dr. The Publick of North Carolina to Capt. Charles Polk for services done by him & Company of Light Horse to Brunswick in the service from March 76 to May 1776.

Rank	Name	Days	per	£	s	d
Capt.	Charles Polk	53	12	31	16	0
Ist. Liut.	Wm. Ramsey	53	10	26	10	
2 Do	John Lemonds	53	10	26	10	
1 Sargt	John McGinty	53	6	15	16	
2 Sargt	Wm. Gelbreath	53	6	15	16	
	John Smith	53	5	13	5	
	Hugh Linsey	28	5	7		
	John Wyly	58	5	14	0	
	John Findley	53	5	13	5	
	John Gilbreath	53	5	13	5	
	Jos Hall	53	5	13	5	
	John Stansel	53	5	13	5	
	Wm. McGowen	53	5	13	5	
	Humphrey Hunter	53	5	13	5	
	Henry Carter	53	5	13	5	
	John Miller	53	5	13	5	
	Jas Maxwell	53	5	13	5	
	Robert Galbreath	53	5	13	5	
	John McCauley	53	5	13	5	
	Nicholas Iler	53	5	13	5	
	Saml Linton	53	5	13	5	
	Thos Shelby	53	5	13	5	
	Jas Alexander	53	5	13	5	
	Robert Harris	53	5	13	5	
	Joseph Harris	53	5	13	5	
	John Ford	62	5	15	10	
	Jonathan Buckbee	48	5	12	0	0
	Henry Powel	53	5	13	5	
	Charles Alexander	53	5	13	5	
	Wm. Ross	53	5	13	5	
	Saml Hughs	53	5	13	5	
	Wm. Shields	53	5	13	5	
	John Purser	53	5	13	5	
	Charles Alexander Junr	53	5	13	5	
	Eph. Alexander	53	5	13	5	
	Geo. Mitchel	46	2	4	12	
	Jas. Jack	46	2	4	12	
	Wm. Lemens	53	6	15	16	
Clark	Geo Wilson	53	2	4	12	

(On opposite side of sheet)

	£	s	d
Brought over	539	11	0
3 Waggons 53 Days at 15^d each	119	5	0
2005 Rations at 8^d	66	15	
	725	11	
deducted	6	12	4
£	718	18	8

£ 665 7

A Coppy
  John Hunt C1HC
Halifax 15 January 1779

  Charles Polks
  Light Horse Comy.

IN THE AMERICAN REVOLUTION

The State of North Carolina to Capt. Charles Polk and his Company to Cross Creek

		Days	per	£	s	d
Capt.	Charles Polk	26	7-6	9	15	
Lieut.	William Ramsey	26	5-	6	10	
Ensign	John Lemonds	26	4-6	5	17	
Sergt	John McGinty	26	4-	5	4	
Do.	Wm. Galbreath	26	4-	5	4	
Drummer	Hugh Linsey	26	3-6	4	11	
Clerk	William Lemonds	26	4-	5	4	
	John Hall	26	2-	2	12	
	John Donaldson	26	2	2	12	
	John Query	26	2	2	12	
	John Purser	26	2	2	12	
	John Stansel	26	2	2	12	
	John Findly	26	2-	2	12	
	Jonathan Query	26	2	2	12	
	John Curethers	26	2-	2	12	
	Tumas Hood	26	2-	2	12	
	John Galbreath	26	2-	2	12	
	Robert Donaldson	26	2	2	12	
	James McGinty	26	2-	2	12	
	Benjn Cochran	26	2	2	12	
	Wm. Blair	26	2-	2	12	
	James Maxwell	26	2	2	12	
	Daniel Winchester	26	2-	2	12	
	Mathew Miller	26	2	2	12	
	Zebulon Robinet	26	2-	2	12	
	Robert Galbreath	26	2	2	12	
	Charles Polk Junr	26	2	2	12	
	Rd Trimbell	26	2-	2	12	
	Wm. Shields	26	2-	2	12	
	James Ro..	26	2-	2	12	
	Moses Culberson	26	2-	2	12	
	John Lowrey	26	2-	2	12	
	James McGuirt	26	2-	2	12	
	Thos Martindel	26	2-	2	12	
	(On back of roll)					
	Wm Alexander Junr	26	2-	2	12	
	Wm. Maxwell	26	2-	2	12	
	Winsor Pearce	26	2-	2	12	
	Isaac Burleson	26	2-	2	12	
	Rd Cain	26	2-	2	12	
	Wm Morgan	26	2-	2	12	
	David Orr	26	2-	2	12	
	Thos Hall	26	2-	2	12	
	3 Waggons	26	15 td	58	1	
	Rations for	26 at	8	39	0	
	Total £			239	15	

A Coppy
John Hunt C1HC

Halifax 15 January 1779

Capt. Polks
Foot Claim

The Publick of North Carolina for services Done Capt. Charles Polks Compy of Militi foot soilders &c.

	Days	per	£	S	d
Capt Charles Polk to services done	25	10	12	10	0
Leutanent William Ramsey	25	7–6	9	7	6
Insigs John Lemmond	25	5–4	6	13	4
Sergt John Meginty	25	4–	5	0	0
Sergt William Gallbreath*	25	3–	3	15	
Drummer Hugh Linsey	25	3	3	15	
Churgeon William Lemmond	25	3–	11	5	
John Hall*	25	2–6	3	2	6
John Donaldson*	25	2–6	3	2	6
John Queriey	25	2–6	3	2	6
J........ Parker	25	2–6	3	2	6
.... Stansal	25	2–6	3	2	6
John findly	25	2–6	3	2	6
Jonathan Queriey	25	2–6	3	2	6
x John Carithers*	25	2–6	3	2	6
Tumas Hood*	25	2–6	3	2	6
x John Gallbreath*	25	2–6	3	2	6
Robert Donaldson	25	2–6	3	2	6
James Meginty	25	2–6	3	2	6
Benjamin Cochran	25	2–6	3	2	6
William Blair	25	2–6	3	2	6
James Maxwell*	25	2–6	3	2	6
Daniel Wynchaster	25	2–6	3	2	6
Matthew Miller	25	2–6	3	2	6
Zebulon Robinett	25	2–6	3	2	6

(On the side is written "To the Congress")

	Days	per	£	S	d
Robert Collbreath*	25	2–6	3	2	6
Charles Polk Junr.	25	2–6	3	2	6
Richard Turnbull	25	2–6	3	2	6
William Shields	25	2–6	3	2	6
James orr	25	2–6	3	2	6
Moses Culberson*	25	2–6	3	2	6
John Lowry	25	2–6	3	2	6
James McGuirt	25	2–6	3	2	6
Thomas Martingdale	25	2–6	3	2	6
William Alexander Junr	25	2–6	3	2	6
William Maxwell	25	2–6	3	2	6
x John Polk senr*	25	2–6	3	2	6
Windsor Pearce	25	2–6	3	2	6
Isaac Burlison	25	2–6	3	2	6
Richard Cain	25	2–6	3	2	6
William Morgan	25	2–6	3	2	6
David orr	25	2–6	3	2	6
Thomas Hall	25	2–6	3	2	6
		£	152	0	10
		D	S	£	
3 Waggons		25	16	60	
	d r				
Rashons for 43 Men at 8 p		25		35/6	
	£	95	17	1	
Carried Down		152	0	1	
	£	247	18	2	

NOTE—*In the Original Copy these names were marked through.

NORTH CAROLINA'S RECORD IN WAR—VOL. 4, 1904-1905
By Chief Justice Walter Clark

Vol. IV., Oct. 1904, No. 6. The North Carolina Booklet. Pages 19-20-21.

In the Revolution, 1775-1783. North Carolina had in the "Continental Line":

One Maj. Gen., Robert Howe; four Brig. Gens., (1) James Moore, died in service, Feb. 1777; (2) Francis Nash, killed at Germantown, Oct. 4, 1777; (3) Jethro Sumner; (4) James Hogun, died a prisoner of war at Charlestown, S. C., Jan. 4, 1781.

Besides these who were regular or Cont. officers the following Genl's. of militia, commanded troops in action: Gen. John Ashe, at Briar Creek, Ga., Mch. 3, 1779.

Gen. Rich'd Caswell, at Camden, S. C., Aug. 16, 1780.

Gen. Isaac Gregory, at Camden, S. C., Aug. 16, 1780, where he was wounded, and the conduct of his men highly praised by the British Gen. Griffith Rutherford, at Stono., 20 June, 1779, and at Camden, S. C., 16 Aug., 1780; where he was wounded and captured. (He commanded also in the expeditions against the Scovillite Tories and the Overhill Indians.

Gen. Wm. Lee Davison, killed at Cowan's Ford, Feb. 1, 1781. (He had been a Lt. Col. in the Cont. Line.)

Gen. John Butler, at Stono, 20th June, 1779; at Camden, 16th Aug., 1780, and at Guilford Court House, 15th Mch., 1781.

Gen. Thomas Eaton, at Guilford Court House, 15th Mch., 1781.

North Carolina furnished 10 regt's. of regulars, to the Cont. Line; 1 battery of artillery, (Kingsbury's) and 3 companies of Cavalry.

Besides this, her militia were frequently ordered out on "tours of duty."

Alone and unaided, they won the brilliant victory of Moore's Creek, Ramseur's Mill, and King's Mountain, and helped the Regulars lose the battles of Camden and Guilford Court House.

Under Rutherford's leadership, early in 1776, they so crushed the Scovillite tories in S. C. and in July of that year the Overhill Indians in Tenn., that neither gave further trouble during the entire year.

In the later expedition 2,400 N. C. militia were engaged. They also shared in the Battles of Stono, Briar Creek, Cowpens and the defense and surrender of Charleston.

The N. C. Continentals rendered efficient service at Brandywine, Germantown, Monmouth, at the capture of Stony Point (where they had a conspicuous part), at Hobkirks Hill, Eutaw, at both sieges of Charleston and Savannah, and elsewhere; and formed a part of the garrison of West Point, when our Maj. Gen. Howe succeeded Arnold in command there, upon his treason.

MECKLENBURG DECLARATION OF INDEPENDENCE

References—The Colonial Records of North Carolina, 1771 to 1775. Saunders, Vol. IX. Pages 1263-1264 and 1265.
 The Mecklenberg Declaration of Independence, May 20, 1775. And Lives of its Signers. George W. Graham, M.D.
[P. 81]
 References in the above book to Martin's History of North Carolina, which contains a minute description and detailed account of the proceedings.
 The above history proven authentic in as much that the book was written during the years 1791 to 1829—Martin's opportunities for ascertaining the truth, are that with the exception of Major Garden, he is the only historian who personally knew eye-witnesses and participants in the Mecklenburg Convention, etc.

Page 1236, Vol. IX
THE MECKLENBURG DECLARATION OF 20TH MAY, 1775—DECLARATION

Names of the Delegates Present

[P. 1264]
Col. Thomas Polk	John McKnitt Alexander
Ephraim Brevard	Hezekiah Alexander
Hezekiah J. Balch	Adam Alexander
John Phifer	Charles Alexander
James Harris	Zacheus Wilson, Sen.
William Kennon	Waightstill Avery
John Ford	Benjamin Patton
Richard Barry	Mathew McClure
Henry Downs	Neil Morrison
Ezra Alexander	Robert Irwin
William Graham	John Flenniken
John Quary	David Reese
Abraham Alexander	Richard Harris, Sen.

[P. 1265]
 Abraham Alexander was appointed chairman, and John McKintt Alexander, clerk.
 Resolutions were then drawn up, and "after discussing the resolves, and arranging by-laws and regulations for the government of a Standing Committee of Public Safety who were selected from these delegates the whole proceedings were unanimously adopted and signed. A select committee was then appointed.
 The names of the signers follow:

Reference
 Pages
   27. Ephraim Brevard (drew the week.bg Dec'n Indpndce.
   27-28. John McKintt Alexander (secretary)
   81. Major John Davidson (signer)
   20. James Harris
   20. Robert Irwin
         delegates & signers
   20. Col. Adam Alexander, member of Convention
   115. Rev. Hezekiah Balch (voted)
   117. Hezekiah Alexander served in the Mecklenburg Convention
   118. Capt. Zacheus Wilson, member of the Mecklenburg Convention

Pages
- 120. Neil Morrison, member of the Mecklenburg Convention
- 121. Richard Barry, member of the Mecklenburg Convention
- 122. John Flennikin, member of the Mecklenburg Convention
- 123. William Graham, member of the Mecklenburg Convention
- 123. Matthew McClure, member of the Mecklenburg Convention
- 124. John Queary, member of the Mecklenburg Convention
- 124-125. Ezra Alexander, delegate to the Mecklenburg Convention
- 125-126. Waightsill Avery (signer)
- 127-128. Col. William Kennon, member of the Mecklenburg Convention
- 128-129. Col. James Harris, delegate
- 130. David Reese, delegate to the Mecklenburg Convention
- 131. Henry Downs, reputed delegated to the Mecklenburg Convention
- 131. John Foard, reputed delegate to the Mecklenburg Convention
- 132. Charles Alexander, reputed delegate to the Mecklenburg Convention
- 131-134. Robert Harris, Sr.
- 134. Maj. John Davidson, delegate to the Mecklenburg Convention
- 136. Col. Ezekiel Polk, delegate, perhaps signer
- 137. Capt. James Jack, bearer of the Mecklenburg Resolves of May, 1775, to Philadelphia
- 139. Rev. Francis Cummings, DD., eye-witness of the Convention.
- 140. Gen. Joseph Graham, was present during the meeting of the Mecklenburg Convention
- .... Gen. George Graham.

COLONIAL RECORDS OF NORTH CAROLINA
Saunders, Vol. X—1775-1776

The Journal of the Proceedings of the Provincial Congress of North Carolina, held at Hillsboro, N. C., 20th of Aug. A. D. 1775.

Pursuant to a resolve of the late Convention, Mr. Samuel Johnston sommoned a meeting of the delegates, at Hillsborough on the 20th day of August, 1775, at which time the members from a majority of the counties and towns not appearing, he adjourned the Congress till tomorrow morning at ten o'clock.

MONDAY, AUG. 21ST., 1775

At the general meeting of the Delegates of the Inhabitants of this Province, at Hillsborough, the twenty-first day of August, A. Dom, 1775, aforesaid.

ANSON COUNTY—Thomas Wade, Samuel Spencer, William Thomas, David Love, William Pickett.

BEAUFORT COUNTY—Roger Ormond, Thomas Respass, jr., John Patten, John Cooper.

BLADEN COUNTY—William Salter, Walter Gibson, Thomas Owen, Thomas Robinson, jr., Nathaniel Richardson.

BERTIE COUNTY—William Gray, Johnathan Jaycocks, Charles Jaycocks, William Brimage, William Bryan, Jedekiah Stone, Thomas Ballard, Peter Clifton, David Standley, John Campbell, Johnston (John).

BRUNSWICK COUNTY—Robert Howe, Robert Ellis, Parker Quince, Thomas Allon, Roger Moore.

BUTE COUNTY—Green Hill, William Person, Thomas Eaton, Rev. Henry Patillo, Jethro Sumner, Josiah Reddick.

CRAVEN COUNTY—James Coor, William Bryan, Richard Cogdell, Joseph Leech, Jacob Blount, Edmund Hatch.

CARTERET COUNTY—John Easton, William Thomson, Brice Williams, Solomon Sheppard, Enoch Ward.

CURRITUCK COUNTY—Thomas Jarvis, Gideon Lamb, James Ryan, James White, Solomon Perkins.

CHOWAN COUNTY—Samuel Johnston, Thomas Jones, Thomas Benbury, James Blount, Thomas Hunter, Josiah Granbery.

CUMBERLAND COUNTY—Farquard Campbell, Thomas Rutherford, Alexander McKay, Alexander McAlister, David Smith.

CHATHAM COUNTY—Elisha Cain, Richard Kennon, Matthew Jones, Jeduthan Harper, John Birdsong, Ambrose Ramsey, Joshua Rosser, Robert Rutherford, John Thompson, William Clark.

DUPLIN COUNTY—James Kenan, William Dixon, Thomas Gray, Richard Clinton, Thomas Hicks.

DOBBS COUNTY—Richard Caswell, Simon Bright, James Glasgow, Abraham Sheppard, Spyers Singleton, George Miller, Andrew Bass.

EDGECOMBE COUNTY—Robert Bignal, Henry Irwin, Duncan Lamon, Thomas Hunter, Thomas Harminson Hall.

GRANVILLE COUNTY—Thomas Person, John Penn, John Williams, John Taylor, Memucan Hunt.

GUILFORD COUNTY—Alexander Martin, Ransom Southerland, James Park Farley, Thomas Henderson, William Dent, George Cortmer, Nathaniel Williams.

HYDE COUNTY—Joseph Hancock, John Jordan.

HERTFORD COUNTY—William Murfree, Lawrence Baker, Matthias Brickle, Dan Ridley, George Wynns.

HALIFAX COUNTY—Nicholas Long, James Hogan, David Sumner, John Webb, John Geddy.
JOHNSTON COUNTY—Benjamine Williams, Samuel Smith, Needham Bryan, William Bryan, John Smith.
MECKLENBURG COUNTY—Thomas Polk, John Phifer, Waightstill Avery, Samuel Martin, James Houston, John McNitt Alexander.
MARTIN COUNTY—Kenneth McKenzie, Whitmill Hill, John Everett, William Slade, John Stuart, William Williams.
NEW HANOVER COUNTY—George Moore, Alexander Lillington, Samuel Ashe, William Hooper, James Moore, John Ashe.
NORTHAMPTON COUNTY—Jeptha Atherton, Allen Jones, Howell Edmunds, Drewry Gee, Samuel Lockhart.
ONSLOW COUNTY—Isaac Guion, Henry Rhodes, Edward Starkey, John Spicer, John King.
ORANGE COUNTY—Thomas Bourk, John Kinchen, Thomas Hart, John Atkinson, John Williams.
PERQUIMANS COUNTY—Benjamin Harvey, Andrew Knox, Miles Harvey, Thomas Harvey, William Skinner.
PASQUOTANK COUNTY—Joseph Jones, Thomas Boyd, Devotion Davis, Edward Everigin, Demsey Burgess.
PITT COUNTY—John Simpson, Robert Salter, William Bryan, James Gorham, James Latham.
ROWAN COUNTY—Matthew Locke, James Smith, Moses Winslow, Samuel Young, William Kennon, William Sharpe, Robert Lanier.
SURREY COUNTY—Joseph Williams, William Hill, Martin Armstrong, Joseph Winston.
TYRRELL COUNTY—Joseph Spruell, Jeremiah Frazier, Peter Wynne, Stevens Lee, Thomas Hoskins.
TRYON COUNTY—John Walker, Robert Alexander, Joseph Hardin, William Graham, Frederick Hambright, William Kennon.
WAKE COUNTY—Joel Lane, John Hinton, Theophilus Hunter, Michael Rodgers, Tignal Jones, John Rand, Thomas Hines.
BATH TOWN COUNTY—William Brown.
EDENTON COUNTY—Joseph Hewes, Jasper Charlton.
NEWBERN COUNTY—Abner Nash, James Davis, William Tisdale, Richard Ellis.
WILMINGTON COUNTY—Cornelius Harnet, Archibald Maclain.
BRUNSWICK COUNTY—Maurice Moore.
HALIFAX COUNTY—Willie Jones, Francis Nash.
HILLSBOROUGH COUNTY—William Armstrong, Nathaniel Nash.
SALISBURY COUNTY—Hugh Montgomery, Robert Rowan.
COMBLETON COUNTY—James Hepburn.

The respective counties and towns having certified that the preceding persons were only elected delegates to represent said counties, and towns in General Congress, to be held at Hillsborough, the 20th day of August Inst. pursuant to which the following persons appeared, to wit:

Thomas Respess	Lawrence Baker	Nicholas Long
John Patten	Methias Brickle	Roger Moore
William Gray	Alexander Martin	Green Hill
Charles Jaycocks	Thomas Henderson	William Pearsons
William Bryan	Nathaniel Williams	Robert Alexander
Zedekiah Stone	Joseph Hancock	William Graham
John Johnston	William Sharp	Frederick Hambright
Robert Howe	Robert Lanier	William Kennon
John Jordan	Joseph Williams	Josiah Reddick

James Coor
William Bryan
Richard Cogdell
Richard Ellis
Cornelius Harnett
Archibald Maclain
Thomas Benbury
James Blount
James Kennon
William Dickson
Thomas Gray
Jacob Blount
John Easton
Brice Williams
Solomon Shepherd
Enoch Ward
Samuel Johnston
Thomas Jones
Thomas Person
John Penn
John Taylor
Memucan Hunt
Thomas Hart
John Williams
Benjamin Harvey
Andrew Knox
Miles Harvey
Thomas Harvey
William Skinner
John Simpson
James Hogan
Thomas Eston
Henry Patillo
Jethro Sumner
Kenneth McKinzie
Whitmill Hill
William Williams
George Moore
Alexander Lillington
Samuel Ashe
William Hooper
James Moore
John Ashe
Allen Jones
Isaac Guion
James Gorham
James Latham
Matthew Locke
James Smith
Moses Winslow
Samuel Young
William Kennon

Robert Ellis
Parker Quince
Thomas Allon
Day Ridley
Richard Clinton
Thomas Hicks
Richard Caswell
Simon Bright
James Glasgow
Abraham Sheppard
Spyers Singleton
Robert Bignal
Duncan Lamon
William Bryan
Josiah Granberry
John Webb
John Geddy
John Atkinson
William Salter
Walter Gibson
Thomas Owen
Thomas Roberson, jr.
Nathaniel Richardson
Thomas Wade
Samuel Spencer
David Love
William Picket
Elisha Cain
Richard Kennon
Matthew Jones
Robert Salter
Drewry Gee
Howell Edmunds
Samuel Lockhart
Jeremiah Frasier
Joseph Spruill
Peter Wynne
Robert Rowan
James Hepburn
Thomas Rutherford
Alexander McAlister
Farquard Campbell
Alexander McKay
Joseph Jones
Demsey Burgess
John Thompson
Samuel Martin
James Houston
James H. Hall
William Hill
Jasper Charlton
Joseph Leech
Maurice Moore

Willie Jones
Francis Nash
William Armstrong
John Walker
Joseph Hardin
David Sumner
Benjamin Williams
William Bryan
John Smith
Joel Lane
John Hinton
John Rand
William Brown
Joseph Hewes
James Davis
William Tisdale
Michael Rogers
Tignal Jones
John Cooper
Needham Bryan
Ambrose Ramsey
Robert Rutherford
William Clark
Theophilus Hunter
Thomas Polk
Thomas Boyd
Devotion Davis
Edward Everigin
Henry Rhodes
Edward Starkey
Thomas Burke
John King
John Kinchen
Gideon Lamb
Waightstill Avery
Martin Armstrong
Nathaniel Rochester
Hugh Montgomery
David Smith
John Williams
Henry Irwin
Thomas Hines
John Phifer
John McNitt Alexander
James White
Ransom Southerland
James Parke Farley
William Dent
George Courtner
Joshua Rosser
Joseph Winston
John Birdsong

[Page 186]

Friday, September 1st, 1775

The Congress met according to adjournment. Taking into consideration the arrangement of the Military troops—(A resolution having been made the day before, to raise a body of forces, consisting of a thousand men, to be done immediately) and the appointment of Officers to command the said troops. Resolved: That they be divided into 2 Regiments consisting of 500 men each, and that 400, part of the first Regiment, be stationed in the District of Wilmington, 200 in the District of Salisbury, 200 in the District of New Bern, and 200 in the District of Edenton—etc.

[Page 187]

Resolved that the following officers be and they are hereby appointed to command the first Regiment, viz:

James Moore, Esq., Colonel
Francis Nash, Esq., Lt. Col.
Thomas Clark, Esq., Major
Mr. William Williams, Adjutant

Captains in 1st Regiment

William Davis
Thomas Allon
Alfred Moore
Caleb Grainger
William Picket
Robert Rowan
John Walker
Henry Dickson
George Davidson
William Green

Lieutenants

John Lillington
Joshua Bowman
Lawrence Thompson
Thomas Hogg
William Berryhill
Hector McNeill
Absolom Tatum
Hezekiah Rice
William Brandon
William Hill

Ensigns

Neill McAlister
James Childs
George Graham
Maurice Moore, Jr.
John Taylor
Howell Tatum
Henry Neill
Berryman Turner
Robert Rolston
Henry Pope

Doctor Isaac Guion is appointed Surgeon of the First Regiment.

Officers for the 2nd Regiment

[Pages 187-188]

Robert Howe, Esq., Colonel
Alexander Martin, Lt. Col.
John Pattern, Esq., Major
Dr. John White, 1st. Capt. and Adjutant

Captains in Second Regiment

James Blount
Michael Payne
Simon Bright
John Armstrong
Henry Irwin Toole
Hardy Murphree
Charles Crawford
Nathaniel Keais
John Walker

Lieutenants, 2nd Regiment

John Grainger
Clement Hall
William Fenner
Benjamin Williams
Robert Smith
Edward Vail, Jr.
John Herritage
John Williams
Joseph Tate
James Gee

ENSIGNS OF 2ND REGIMENT

Henry Vipson	John Woodhouse
Whitmell Pugh	William Gardner
John Olliver	William Caswell
Philip Low	Benjamin Cleveland
James Cook	Joseph Clinch

Dr. William Pastuer, Surgeon to 2nd Regiment.

[Pages 204-5-6-7]

SATURDAY, SEPTEMBER 9TH, 1775

The Congress met according to adjournment. The House taking into consideration the appointment of the Field Officers of the Minute Men, came to the following Resolution:

Resolved, That the following persons be appointed to wit:

Edenton District—Edward Vail, Col.; Caleb Nash, Major; Andrew Knox, Lt. Col.

Halifax District—Nicholas Long, Col.; Jethro Sumner, Major; Henry Irwin, Lt. Col.

Salisbury District—Thomas Wade, Col.; Joseph Hardin, Major; Adlai Osburn, Lt. Col.

Hillsboro District—Jones Thackston, Col.; James Moore, Major; John Williams, Lt. Col.

New Bern District—Richard Caswell Col.; James Gorham, Major; William Bryan, Lt. Col.

Wilmington District—Alexander Lillington, Col.; Samuel Swann, Major; Robert Ellis, Lt. Col.

And that the following persons be Field Officers of the Militia.

CURRITUCK COUNTY—1 Company. Samuel Jarvis, Col.; Taylor Jones, 1st Major; Dennis Dauge, Lt. Col.; John Nicholson, 2nd Major.

PASQUOTANK COUNTY—1 Company. John Lowery, Col.; Demsey Burgess, Major; Isaac Gregory, Lt. Col.; Joshua Campbell, 2nd Major.

PERQUIMANS COUNTY—1 Company. Miles Harvey, Col.; Thomas, 1st Maj.; William Skinner, Lt. Col.; Richard Clayton, 2nd Major.

CHOWAN COUNTY—Two Companies. Thomas Bonner, Col.; James Blount, Lt. Col.; Thomas Benbury, 1st Major; Jacob Hunter, 2nd Major.

BERTIE COUNTY—2 Companies. Thomas Whitmill, Col.; Thomas Pugh, Lt. Col.; James Moore, 1st Major; Arthur Brown, 2nd Major.

HERTFORD COUNTY—1 Company. Benjamin Wynns, Col.; Matthias Brickle, Lt. Col.; Lawrence Baker, 1st Major; George Lyttle, 2nd Major.

TYRRELL COUNTY—1 Company. Edward Buncombe, Col.; Benjamin Blount, Lt. Col.; James Long, 1st Major; Joseph Spruill, 2nd Major.

MARTIN COUNTY—1 Company. William Wiliams, Col.; Whitmell Hill, Lt. Col.; Thomas Wiggins, 1st Major; Kenneth McKenzie, 2nd Major.

HALIFAX COUNTY—3 Companies. John Bradford, Col.; William Alston, Lt. Col.; David Sumner, 1st Major; Egbert Haywood, 2nd Major.

NORTHAMPTON COUNTY—2 Companies. Allen Jones, Col.; William Eaton, Lt. Col.; Jeptha Atherton, 1st Major; Howell Edmunds, 2nd Major.

EDGECOMBE COUNTY—3 Companies. William Haywood, Col.; Sherwood Haywood, Lt. Col.; Joseph Moore, 1st Major; Henry Horne, 2nd Major.

BUTE COUNTY—2 Companies. Williams Person, Col.; Phil Hawkins, Lt. Col.; William Alston, 1st Major; Thomas Sherwood, 2nd Major.

ANSON COUNTY—2 Companies. Samuel Spencer, Col.; Charles Medlock, Lt. Col.; James Auld, 1st Major; David Love, 2nd Major.

MECKLENBURG COUNTY—2 Companies. Thomas Polk Col.; Adam Alexander, Lt. Col.; John Phifer, 1st Major; John Davidson, 2nd Major.

GUILFORD COUNTY—1 Company. Ransom Sutherland, Col.; James Martin, Lt. Col.; John Paisley, 1st Major; John Tate, 2nd Major.

TRYON COUNTY—2 Companies—William Graham, Col.; Charles Maclaine, Lt. Col.; Thomas Beatty, 1st Major; Frederick Hambright, 2nd Major.

SURRY COUNTY—1 Company. Martin Armstrong, Col.; Joseph Williams, Lt. Col.; William Hall, 1st Major; Joseph Winston 2nd Major.

ROWAN COUNTY—2 Companies—Griffith Rutherford, Col.; Francis Locke, Lt. Col.; John Dobbin, 1st Major; James Brandon, 2nd Major.

CRAVEN COUNTY—2 Companies. Joseph Leech, Col.; John Bryan, Lt. Col.; John Benners, 1st Major; Frederick Becton, 2nd Major.

CARTERET COUNTY—1 Company. William Thomas, Col.; Solomon Shepherd, Lt. Col.; Thomas Chadwick, 1st Major; Malichi Bell, 2nd Major.

BEAUFORT COUNTY—1 Company. James Bomer, Col.; Thomas Bomer, Lt. Col.; Roger Ormond, 1st Major; William Brown, 2nd Major.

HYDE COUNTY—1 Company. Rotheas Latham, Col.; Benj. Parmerlin, Lt. Col.; William Russell, 1st Major; Thomas Jones, 2nd Major.

JOHNSTON COUNTY—1 Company. Needham Bryan, Col.; William Bryan, Lt. Col.; John Smith, 1st Major; Samuel Smith, Jr., 2nd Major.

DOBBS COUNTY—3 Companies. Abraham Sheppard, Col.; Thomas Torrans, Lt. Col.; Martin Caswell, 1st Major; William McKinnie, 2nd Major.

PITT COUNTY—1 Company. John Simpson, Col.; Robert Salter, Lt. Col.; George Evans, 1st Major; James Armstrong, 2nd Major.

BRUNSWICK COUNTY— 1 Company. John Davis, Col.; Thomas Davis, Lt. Col.; Richard Quince, Jr., 1st Major; Parkr Quince, 2nd Major.

ONSLOW COUNTY—2 Companies. William Cray, Col.; Henry Rhodes, Lt. Col.; Thomas Johnston, 1st Major; James Howard, 2nd Major.

DUPLIN COUNTY—2 Companies. James Kenon, Col.; Richard Clinton, Lt. Col.; Thomas Routledge, 1st Major; James Moore, 2nd Major.

CUMBERLAND COUNTY—1 Company. Thomas Rutherford, Col.; Alexander McAlister, Lt. Col.; Duncan McNeill, 1st Major; Alexander McDonald, 2nd Major.

NEWHANOVER COUNTY—2 Companies. William Purirance, Col.; Sampson Moseley, Lt. Col.; William Moseley, 1st Major; John Devane, 2nd Major.

BLADEN COUNTY—2 Companies. Thomas Roberson, Jr., Col.; Thomas Brown, Lt. Col.; Thomas Owens, 1st Major; James Richardson, 2nd Major.

ORANGE COUNTY—3 Companies. John Hogan, Col.; John Butler, Lt. Col.; William Moore, 1st Major; Nathaniel Rochester, 2nd Major.

GRANVILLE COUNTY—3 Companies. Joseph Taylor, Col.; Charles R. Eaton, Lt. Col.; Samuel Smith, 1st Major; William Williams, 2nd Major.

WAKE COUNTY—2 Companies. John Hinton, Col.; Theophilus Hunter, Lt. Col.; John Hinton, Jr., 1st Major; Thomas Hines, 2nd Major.

CHATHAM COUNTY—2 Companies. Ambrose Ramsey, Col.; Jeduthan Harper, Lt. Col.; Mial Scurlock, 1st Major; Elisha Cain, 2nd Major.

STATE RECORDS OF NORTH CAROLINA
Army Accounts—Halifax and Warrenton
Vol. XVII—1781-1785
(Clark)

Pages 189-263, inclusive.

Abstract of the Army Accounts, of the N. C. Line. Settled by the Commissioners at Halifax, from 1st Sept. 1784 to the 1st Feb. 1785, and at Warrenton in the year 1786, designating by whom the claims were receipted for respectively.

No.	Name & Rank	By Whom Received	Remarks
29.	Charles Allen	H. Montfort	for Charles Allen
33.	N. Alexander, M. G. H.	John Nelson	
36.	Charles Alexander, Lt.	do	
44.	Thos. Armstrong, Capt.	Tho. Armstrong	
25.	James Anthony	Ab. Thomas	
32.	William Aldridge	do	
51.	John Adcock	Robt. Fenner	
52.	Joshua Adcock	do	
97.	Daniel Alderman	Henry Montford	for D. Alderman
102.	Thomas Anderson	Philip Fishburn	
140.	Jesse Ashlock	Henry Montfort	for J. Ashlock
147.	William Adams	Alex Brevard	
222.	Thomas Ammons	J. Bradley	
414.	Samuel Ates	Ab Thomas	
450.	John Alcorn, Lt.	John Craven	
496.	John Addleman	Ardi Lytle	
503.	Joseph Aldridge	do	
518.	John Allen	Charles Dixon	
577.	Arthur Arnold	John McNees	
*589.	Philip Adams	William Sanders	
770.	Thomas Anderson	John Shepard	
771.	John Anderson	do	
799.	John Atkinson	Henry Montfort	for Atkinson
823.	Thomas Aldridge	John McNees	
862.	Charles Ashe	John Shepard	
870.	Henry Alligood	Fred Harget	
887.	David Allen	Will Sanders	
891.	John Abbett	Thomas Donoho	
926.	John Allison	Arch. Lytle	
944.	Simon Alderson, Lt.		
1055.	Jeremiah Ashley	John Craven ☞	for Hance Bond
1074.	William Anderson	Tho. Armstrong	
1096.	Garrett Altman	B. McCullock	
1102.	Philip Axum	do	
1104.	James Avery	Nich. Long	
1124.	David Adkins	Henry Montfort	for D. Adkins
1133.	John Alrick	John Bonds	
1166.	Arthur Adams	Robt. Fenner	
1197.	Cornelius\Allison	James X Simmon's	

* The black number ceases and the red begins. Observe that blanks left in the receipt column opposite the name denotes that it was drawn by himself.

[504]

No.	Name & Rank	By Whom Received	Remarks
1329.	Thomas Allen	Charles Dixon	
1351.	Michael Adkinson	do	
1374.	James Aulton	do	
1381.	John Abbute	William X Griffis	

[Page 190]

ABSTRACT. THE ARMY ACCTS. OF THE N. C. LINE
[Warrenton Settlements]

No.	Name & Rank	By Whom Received	Remarks
36.	James Armstrong, Lt.		not receipted for
1421.	Dempsey Archer	William Faircloth	
1422.	Hardy Atway	do	
1499.	Jesse Aldridge	John McNees	
1511.	Thomas Aims	B. McCulloch	for Jas. Glasgow
1614.	Thomas Ashley	John Price	
1639.	Hardy Atkinson	do	
1783.	Emanuel Asbett	William Faircloth	
1788.	Charles Atbett	do	
1824.	Zachariah Atbett	do	
1842.	Mark Allen	do	
1857.	Drury Anthony	Thomas Butcher	
1931.	Elias Ashburn	William Faircloth	
2094.	Mills Anderson	Thomas Butcher	
2116.	John Applewhite	Sherd. Barrow	
2123.	Abraham Applewhite	do	
2172.	Anthony Abbett	do	
2251.	William Adcock	William Sanders	
2263.	Moses Adcock	do	
2285.	John Airs, Senr.	do	
2286.	John Airs, Junr.	do	
2314.	Robert Acock	M. D. Johnston	for Robt. Acock
3715.	Moses Acock	do	
2357.	Thomas Adams	Philip Fishburn	
2361.	Peter Albright	do	
2363.	Simon Albright	do	
2374.	John Artis	Benj. McCulloch	for Arthur Pearce
2406.	Peter Allison	James Tatum	
2430.	Alexander Anthony	William Sanders	
2488.	James Atkins	"Paid to J. Macon"	receipt not signed
2512.	Richard Atkins	John Daves	
2513.	John Avery	do	
2537.	Jesse Allen, Lt.	Sam'l. Parker	
2544.	Benjamin Alexander	Wm. Sanders	
2550.	Joseph Alexander	do	
2574.	Andrew Andrews	John Price	
2707.	Philip Askew	Charles X Serugg his mark	
2708.	Serugg Askew	do	
2786.	Nathaniel Alexander	Philip Fishburn	
2828.	James Armstrong	Tho. Donoho	
2839.	John Adcock	do	
2903.	George Adcock	Sam'l. Parker	
3045.	Solomon Avery	Thomas Armstrong	

No.	Name & Rank	By Whom Received	Remarks
3078.	John Aycock	H. Montfort	
3126.	Benjamin Angel	J. Estes	for A. Tatum
3180.	Joseph Allen	John Marshall	The orders in
3210.	Isaac Anderson	do	fav. Charles Dixon
3229.	Richard Atchison	John Marshall	
3273.	Charles Anderson	do	for Wm. Sanders
3330.	Isaac Anderson	Timothy McCarthy	
3331.	Jacob Albritton	do	
3341.	John Ashburn	do	

[Page 191]

ABSTRACT. THE ARMY ACCTS. OF THE N. C. LINE

B

No.	Name & Rank	By Whom Received	Remarks
2.	Matthias Brickell, Ens.	H. Murfree	
6.	John Burton, Adjt.	do	
7.	T. Bedford, Clk. H. C. I.	Ab. Thomas	
16.	Joel Brevard, Capt.	N. Montfort	for J. Brevard
20.	Thomas Blount, Lt.	Ab. Thomas	
21.	Joseph Brevard, Lt.	Alex. Brevard	
25.	R. Brownfield, M. G. H.	Joe Nelson	
40.	Robert Blackwell, Lt.	Ab. Thomas	
41.	John Brevard, Capt.	Alex. Brevard	
73.	Wm. Brinkley, Col.	H. Montfort	for W. Brinkley
89.	William Boddington	Ab. Thomas	
96.	Council Bass	do	
97.	Uriah Bass	do	
108.	Drury Bass	do	
112.	John Boggs	Arch'd. Lytle	
135.	David Burnsides, Lt.	Jos. Hadley	
156.	Aaron Bledsoe	H. Montfort	for A. Bledsoe
189.	Absalom Burgess, Lt.	do	A. Burgess
191.	James Bradley	John Nelson	
192.	James Britnal	H. Montfort	for J. Britnal
194.	Daniel Bocker	J. Nelson	
196.	James Britain	H. Montfort	for J. Britain
198.	Benjamin Bridgers	J. Hunt	
211.	James Barnett	H. Montfort	for J. Barnett
228.	Drury Baggett	Jos. Hadley	
245.	David Benton	H. Montfort	for D. Benton
251.	John Baker	Edward Partee	
256.	Philip Brittain	H. Montfort	for P. Brittain
259.	Samuel Burton	James Bristow	
267.	Daniel Bullock	H. Montfort	for D. Bullock
268.	Isaac Barbaree	J. Craven	for Rob. Hulme
286.	Adam Brevard	Alex. Brevard	
294.	Edward Blurton	H. Montfort	for E. Blurton
305.	Stephen Blarfield	John Sheppard	
309.	Marmaduke Barfield	do	
315.	William Brown	H. Montfort	for W. Brown
331.	Moses Bishop	Jer Nelms	
356.	David Barnhill	H. Montfort	for D. Barnhill
359.	Josiah Benton	do	for J. Benton
360.	John Best	do	for J. Best
363.	Isaac Baker	do	for J. Baker

IN THE AMERICAN REVOLUTION 507

No.	Name & Rank	By Whom Received	Remarks
368.	John Burress	Thomas Vickers	
376.	Stephen Bowen	H. Montfort	
402.	Joseph Bird	Arch'd. Lytle	
403.	Thomas Bane	do	
410.	George Bristow	do	
414.	Ezekiel Boggs	do	
425.	Abraham Beaverhouse	Alex Brevard	
429.	Thomas Brannan, 3 yrs.	do	
431.	Thomas Brannan, 12 mos.	do	
450.	Edward Bradley, Lt.	J. Craven	
5B.			
	[Page 192]		
457.	Moses Bird	H. Montfort	for M. Bird
468.	Thomas Brickle, Sergt.		
483.	William Barnes	Selbey Harney	
485.	Thos. Billups, Drummer		
507.	Joseph Boon	Ab. Thomas	
508.	Andrew Bay, S. M.	do	
512.	William Baxter	J. Faulkner	
530.	Thos. Brown, Waggr.	John Ingles	for Maj. McRee
538.	John Barco	H. Montfort	for J. Barco
555.	Jones Breach	H. Montfort	for H. Hunt
559.	Darby Bryan	John Allen	
594.	Spencer Breedlove	Charles Dixon	
598.	James Bryan	do	
600.	Abner Barnes	do	
604.	William Bryant	do	
610.	Henry Burton	do	
634.	James Barton, Corpl.	do	
640.	James Barrow	J. Felts	
643.	John Boyd	H. Montfort	for J. Boyd
649.	Richard Bolton, Lt.	John McNees	
651.	William Boyd	H. Montfort	for W. Boyd
657.	Thomas Beotherton	Alex McMillan	
673.	Leonard x Brady x K.		
682.	Matthew Banks	William Sanders	
694.	John Bevars, Lt.		
708.	James Beaver	do	
720.	Sion Barnett	do	
724.	Osborn Ball	do	
728.	William Buckham	do	
729.	William Bevers	do	
737.	John Bailey	H. Montfort	for Jno. Bailey
742.	John Burnett	do	for J. Burnett
751.	Joseph Babb	Robt. Fenner	
766.	Barnabas Burns	John Sheppard	
769.	John Bruton	do	
780.	Esau Bass	do	
781.	James Bundy	do	
805.	Frederick Burns	H. Montfort	for F. Burns
840.	Hardy Brogden	Thomas Armstrong	
847.	Jethro Butler	David Collins	
850.	Joel Burmont	John Daves	
858.	Lewis Boon	Sampson Hays	

No.	Name & Rank	By Whom Received	Remarks
865.	Thomas Bently	John Sheppard	
869.	John Bradsher	F. Hargett	
874.	James Brown	do	
893.	William Brown, War	H. Montfort	
906.	Wm. Brown, 9 mos.	Arch'd. Lythe	
913.	Bazely Bourne	do	
916.	John Barnhill	do	
937.	William Brickell	do	
942.	Thomas Bowles	do	
957.	James Brannon	do	
958.	Phil'n Bristow, Drag.	do	
974.	Moses Bennett	Nich. Long	
985.	James Broadstreet	J. Craven	
995.	Hezekiah Barnes	Tho. Evans	
	[Page 193]		
998.	William Bell	do	
1001.	George Bachelor	Jesse Reed	
1018.	Benjamin Baker	H. Murfree	
1025.	David Boon	do	
1030.	Arthur Boice	H. Montfort	
1033.	James Brown	do	
1045.	William Barber		
1069.	William Bailey	do	for W. Bailey
1075.	William Brown	E. Gamble	
1089.	Joel Butler	B. McCulloch	
1099.	Daniel Barrow	do	
1111.	William Burch, Corpl.	John Kingsbury	
1112.	Michael Bullen	H. Montfort	for M. Bullen
1125.	John Burns	do	for J. Burns
1128.	Robert Bradley	do	for R. Bradley
1131.	Benjamin Brewer	Jere Nelms	
1132.	Robert Bailey	John Bonds	
1134.	Amos Baker	do	
1140.	Alias Bell	do	
1145.	John Brantly	do	
1146.	Elijah Boon	do	
1155.	Thomas Barco	T. Dixon	
1158.	George Bruce	Charles Dixon	
1183.	Bristow Brantley	John Bonds	
1185.	William Buckingham	Henry Overstreet	
1187.	James Blackwell	John Sheppard	
1193.	Thomas Blount	J. Craven	for Rob. Huhne
1196.	Henry Barnhill	H. Montfort	for Barnhill
1221.	John Bradshaw	John Sheppard	
1224.	William Bennett	do	
1225.	Benjamin Brewington	do	
1230.	Meredith Burke	do	
1240.	Arthur Brown	Tho. Armstrong, Junr.	
1256.	Stancell Barbree	H. Montfort	
1261.	Richard Bradley	John Grimes	
1279.	Isaac Bagby	H. Montfort	for Bagby
1299.	Richard Bolton	do	for Bolton
1305.	James Bradley	B. McCulloch	
1307.	Nehemiah Bennett	do	

No.	Name & Rank	By Whom Received	Remarks
1330.	William Baker	Charles Dixon	
1342.	Charles Baker	do	
1347.	James Baultrip	do	
1356.	John Bailey	do	
1369.	John Black	do	
1376.	Ambrose Bryan	do	
1382.	Wyllie Barrow	T. Dixon	
1383.	James Brown	do	
1404.	Frederick Brigsby	John Reachell	
1222.	James Boon	John Sheppard	

[Page 194]

[WARRENTON]

No.	Name & Rank	By Whom Received	Remarks
9.	Edwd. Buncombe, Col.		not rec'd. for
10.	Benjamin Bryer, Lt.		
1426.	Frederick Bagwell		
1427.	George Barlow		
1428.	Silas Biggs		
1429.	Benjamin Bird	William Faircloth	
1430.	Colden Bushop		
1431.	John Balford		
1432.	William Bushop		
1504.	(Isaac Bagley, C.)	B. McCulloch	for Art. Pearce
1505.	William Burley	do	for J. Glasgow
1521.	Michael Branner	John Price	
1532.	Arthur Britt	B. McCulloch	for Red Blount
1535.	Solomon Bandy	John Price	
1565.	Philip Burch	do	
1578.	Josiah Black	do	
1585.	Samuel Bradley	do	
1605.	William Babley	do	
1608.	William Brownen	do	
1609.	Michael Buckner	do	
1613.	Peter Brumfield	do	
1618.	Britain Bass	do	
1621.	Benjamin Blow	do	
1623.	William Blumby	do	
1625.	Samuel Brownen	do	
1636.	George Brooks, Lt.	do	
1641.	Shadrach Bosman	do	
1656.	Lewis Brooks	do	
1660.	Benjamin Bloodworth	do	
1682.	Stephen Barber	do	
1684.	Absalom Barnett	do	
1705.	Joel Bargeram	William Faircloth	
1712.	Wilkinson Barfield	do	
1715.	Taylor Bowling	do	
1741.	Benjamin Brittle	do	
1742.	Jesse Baggett, C.	do	
1750.	John Bettis, P.	do	
1786.	Booling Brimmer	do	
1796.	Aaron Barham	do	
1812.	Bart'w. Bohannan	do	
1823.	Willis Basdell	do	
1825.	Moses Braxton	do	

No.	Name & Rank	By Whom Received	Remarks
1827.	William Barkley	William Faircloth	
1832.	John Bolson	do	
1840.	Allen Brook	do	
1856.	Taylor Bowles	Thomas Butcher	
1862.	Taylor Brockley	do	
1863.	Aaron Breda	do	
1865.	Aaron Bendom	do	
1866.	David Bolston	do	
1879.	Gillam Baily	do	
1835.	Samuel Belward	William Faircloth	
1887.	Joel Bolson	do	

[Page 195]

No.	Name & Rank	By Whom Received	Remarks
1889.	William Brumbly	Thomas Butcher	
1894.	William Browner	do	
1906.	David Brittle	do	
1925.	Austin Belford	William Faircloth	
1926.	Arthur Brandum	do	
1935.	John Bradsley	do	
1941.	Peter Baker	do	
1949.	Samuel Buffington	do	
1968.	Simon Braxton	do	
1970.	Samuel Blackman	do	
1973.	James Barrow	do	
1981.	Anthony Barnes	do	
1983.	Simon Broadstreet	do	
1995.	Simon Brady	do	
1998.	Bark Benson	do	
2000.	Silas Bromfield	do	
2002.	James Britt	do	
2012.	Alexander Bentford	do	
2034.	George Burgess	B. McCulloch	for S. Harney
2047.	Hodges Benshaw	do	do
2065.	James Ballard	John Sheppard	
2069.	John Blanchard, M.	Joshua Davis	
2074.	Amariah Blanchard	do	
2075.	James Bennett	do	
2084.	Stephen Bans	Thomas Butcher	
2088.	James Belford	do	
2096.	William Bartea	do	
2098.	John Baconham	Serrod Barrow	
2107.	David Rook (?)	do	
2113.	Meredith Brantley	do	
2157.	William Bush	Thomas Butcher	
2176.	Isaac Bentford	Sherrod Barrow	
2186.	James Butworth	do	
2189.	Robert Biggs	do	
2192.	John Balmer, C.	John Sheppard	
2203.	William Burke	Thomas Butcher	
2225.	John Brunt	Isle Simmons	
2227.	Samuel Burnham	do	
2231.	Jacob Bennett	do	
2245.	William N. Burton	William Lytle	
2249.	Thomas Boyd	do	
2270.	Ignatius Beech	William Sanders	

No.	Name & Rank	By Whom Received	Remarks
2273.	Navy Bateman	William Sanders	
2306.	Robert Beech	John Marshall	
2308.	Samuel Boyett	do	
2333.	Job Branch, C.	Nathaniel Williams	
2334.	Job Bright	do	
2338.	John Brown, Lt.	Philip Fishburn	
2349.	Samuel Barkley	do	
(?)2366.	George Bell	do	
2392.	James Brabble	Griffith Dange	
2401.	Jacob Borean, Lt.		not receipted for
2417.	William Beasley	Benj. McCulloch	for Selby Harney
2420.	James Brown	Nath'l. Williams	
2426.	Richard Bailey	Coseno Medeci	
2437.	Thomas Brinkley	Robert Fenner	

[Page 196]

No.	Name & Rank	By Whom Received	Remarks
2445.	Matthias Betts	William Lytle	
2450.	James Barnhill	Thomas Pearson	
2452.	William Bushop	Robt. Alexander	
2468.	John Bentley	T. Dixon	
2502.	Thomas Breece	John Daves	
2518.	David Brothers	do	
2520.	Frederick Blount	do	
2526.	Archibald Bogle	Charles Guerard	
2531.	William Bochner	John McNees	
2543.	Thomas Best	William Sanders	
2546.	William Banks	do	
2554.	Samuel Burnham	do	
2555.	Jacob Bright	do	
2562.	Jesse Brown	Benjamin McCulloch	
2563.	Solomon Brown		not receipted for
2566.	Christian Barnhunt	Philip Fishburn	
2577.	Robert Bartlett	John Price	
2578.	James Barton	do	
2582.	Joseph Bartlett	do	
2592.	Isham Branch	do	
2595.	Solomon Bruton	do	
2612.	Randall Britting	John McNees	
2630.	John Bolton	William Sanders	
2637.	James Butler	do	
2639.	James Blanchitt	do	
2642.	James Ballard	do	
2645.	Arthur Bright	do	
2646.	Thomas Brooks	do	
2656.	Morris Barker	Thomas Butcher	
2662.	Job Benbow	do	
2678.	Jesse Bunn	Jesse Hammond	
2688.	Henry Blurton		not receipted for
2704.	Robert Berry, Jr.	John McRee	
2716.	Henry Butcher	John Price	
2735.	Aaron Butler	do	
2747.	Elisha Britt	do	
2749.	Joshua Bennett	do	
2758.	Jacob Bostian	Philip Fishburn	
2759.	Andrew Bostian	do	

No.	Name & Rank	By Whom Received	Remarks
2775.	William Bradley	John Garland, Junr.	
2788.	Jonas Beechey	Philip Fishburn	
2793.	Thomas Bond	do	
2816.	William Baker	John Sommers	
2820.	James Bell, C.	Thomas Donoho	
2826.	Thomas Brown, S.	do	
2863.	Clarel Barrs	William Faircloth	
2882.	Zebedee Baker	do	
2897.	Alberson Bruce	do	
2909.	John Black	William Lytle	
2910.	David Benton	do	
2917.	John Blanchard, M.	Charles Guerard	
2919.	Thomas Barnes, Drag.	Dems Spier	
2926.	Thomas Belbury		
2927.	Thomas Bekiah	John Armstrong	
2930.	Robert Biggs	Ben. Johnson	
2937.	Thomas Blair		
	[Page 197]		
2940.	James Burbage	James Homes	
2941.	Baker Brand	do	
2977.	David Bryan	Simon Totevine	for Maxwell, Jno.
3004.	William Butler	H. Murfree	Garland, Junr.,
3008.	Charles Briggs	Nathaniel Williams.	Jas. Holmes
3010.	Joseph Bedgood	do	
3013.	Maltier Ballentine	Benj. Easman	
3018.	Thomas Brown	Robert Fenner	
3021.	William Blake	John Sommers	
3023.	Peter Baker	do	
3026.	James Barnes	do	
3040.	John Betts	Thomas Armstrong	
3047.	Benjamin Bickings	do	
3054.	James Brady	Thomas Person	
3058.	Benjamin Brady, Lt.		not receipted for
3068.	John Baggett		
3070.	Joseph Barrott		do
3072.	Benjamin Boulton		
3077.	Moses Bass	H. Montfort	
3088.	Burrell Branch	Curtis Ivey	
3091.	Joseph Baker	do	
3127.	Zenas Bawlin	J. Estes	for A. Tatum
3145.	Simon Blackman		no receipt
3146.	Robinson Bradstreet		
3150.	Joseph Bradley	John Sheppard	for Asa Croom
3162.	Elihu Burke		no receipt
3175.	John Brock	John Marshall	order in fav. C. Dixon
3190.	White Berwick	do	do
3204.	Samuel Barber	do	do
3213.	Stephen Brady	do	do
3214.	Joseph Baker	do	do
3218.	Joshua Bruant	do	do
3223.	Joshua Brewington	Andrew Armstrong	for Jas. Pearl
3236.	Thomas Bullard	John Marshall	
3238.	Warren Blount	do	
3239.	Benjamin Banks	do	

No.	Name & Rank	By Whom Received	Remarks
3241.	William Burgay	John Marshall	
3247.	John Bush	Philip Fishburn	
3262.	Richard Brown	do	
3285.	Benjamin Bowling	John Marshall	for W. Sanders
3288.	James Busby	do	do
3290.	David Blalock	do	do
3294.	Solomon Boroughs	do	do
3295.	Nimrod Bradley	do	do
3296.	Joshua Brusfield	do	do
3300.	Benjamin Boulton	do	do
3312.	Thomas Blount	James Armstrong	
3329.	George Benton	Timothy McCarthy	
3334.	Abraham Ballard	do	
3344.	John Burus, L.	do	
3345.	Michael Bond	do	
3348.	Waker Ballard	do	
3356.	Abraham Beck	do	
3366.	William Buckley	do	
3367.	Benjamin Braswell	do	
3371.	Henry Bailey	do	
3373.	Joseph Bentley	do	

C

[Page 198]

No.	Name & Rank	By Whom Received	Remarks
	Benjn. Carter, Capt.	Alex Brevard	
15.	George Cook, Lt.	Selby Hearney	
102.	Thomas Cook	Ab. Thomas	
106.	Martin Cross, Fifer	do	
120.	Giles Carter	H. Murfree	
136.	William Carrol	Jos. Hadley	
137.	John Carr	Jno. Nelson	
138.	John Curry	Jno. Ingles	
143.	Shadrach Curry	do	
162.	William Cole	J. Craven	
172.	Elijah Cotton	Ephraim X Cotton his mark	
118.	Benjamin Crabb	Selby Harney	
218.	William Cogdell	Alex. Brevard	
220.	James Cavendar	John Atkinson	
243.	Andrew Canker	John Nelson	
277.	William Collins	William X Harrison his mark	
279.	Charles Collins	do	
283.	Robert Christie	H. Montfort	for R. Christie
284.	Joshua Cheason		
285.	Stephen Chance	James Cobb	
330.	Solomon Chavers	Jer. Nelms	
337.	William Childers	Thomas Armstrong	
393.	John Cochran	C. Dixon	
396.	Jonathan Clower	Eli McVey	
401.	James Clark	Archo. Lytle	
423.	John Conn	do	

No.	Name & Rank	By Whom Received	Remarks
428.	Lambert Clayton, Lt.	A. Brevard	
443.	Pleasant Childers	J. Craven	
445.	William Childers	do	
446.	Benjamin Clark	do	
460.	Nathan Cobb	H. Montfort	for N. Cobb
469.	Bird Cornett	do	for B. Cornett
471.	James Cain	Willie Jones	but not receipted
477.	James Carothers	William Lytle	
478.	Thomas Carothers	do	
490.	John Collins	David Collins	
492.	John Chester	Ab. Thomas	
493.	Thomas Chittim	do	
511.	Francis Capps	J. Faulcon	
518.	Thompson Curry, Sgt.	Thomas Armstrong	
528.	George Cathy	J. Craven	
531.	Philip Cakes	John Ingles	for Major McRee
542.	John Cornelius	Thomas Stewart	for J. Cornelius
560.	David Cozart	H. Montfort	for M. Hunt
564.	James Copeland	A. Lytle	
572.	Matthew Cates	do	
575.	Jacob Cliever	do	
582.	George Conder	do	
624.	Benjamin Conner	do	

[Page 199]

No.	Name & Rank	By Whom Received	Remarks
646.	William Clifton	do	for W. Clifton
704.	Osborn Crabb	William Sanders	
705.	Garrett Crabb	do	
707.	John Crabb	do	
734.	Drury Chavers	Thomas Person	
752.	John Callaham	H. Montfort	for J. Callahan
753.	William Callaham	do	for W. Callahan
755.	James Carmack	J. McNees	
762.	Daniel Carroll	H. Montfort	for D. Carroll
768.	James Cammell	J. Sheppard	
774.	Thomas Carraway	do	
782.	John Cotton, Lt.	do	
793.	James Cockburn	Ab. Thomas	
800.	George Coombs	H. Montfort	for G. Coombs
829.	Thomas Cocks or Cox	John Price	
839.	James Coomer	Jesse Reed	
851.	Benjamin Collins	John Daves	
854.	John Clemmons	do	
885.	Drury Cook	William Sanders	
886.	Daniel Carroll	do	
899.	Thomas Carpenter	William King	
921.	Daniel Camble	A. Lytle	
924.	Absalom Clifton	do	
930.	Robert Cates	do	
931.	Zachariah Cates	do	
938.	James Conner	do	
945.	John Coupland	do	
961.	Levi Coulter	do	
963.	Thomas Castles	do	
970.	Edward Cole	do	

No.	Name & Rank	By Whom Received	Remarks
972.	Jesse Cole	A. Lytle	
983.	William Crow	J. Craven	
991.	James Charlescraft	Tho. Evans	
1004.	Samuel Cooper	Jesse Reed	
1015.	John Cason	Robert Fenner	
1016.	Stephen Cook	do	
1024.	Cesar Chavers	H. Murfree	
1027.	Robert Churmmer	H. Montfort	
1028.	John Conner	do	
1049.	William Cox	Nicholas Long	
1088.	Britton Carrol	B. McCulloch	
1091.	Benjamin Carroll	do	
1092.	Richard Corbert	do	
1107.	Lan'lin Campbell, Lt.	H. Montfort	for L. Campbell
1116.	Wm. Campbell, Art.	John Kingsbury	
1148.	James Cremor	John Bonds	
1156.	John Clark	T. Dixon	
1160.	Robert Chumley	Charles Dixon	
1170.	John Curls	Henry Overstreet	
1191.	Isaac Cornelius	Willie Jones	
1216.	John Clinton	H. Montfort	for J. Clinton
1232.	John Chester	John Sheppard	
1243.	Francis Carraway	H. Montfort	for Carraway
1302.	Richard Corbett	B. McCulloch	
1311.	Joseph Case	H. Montfort	for Case
1313.	William Campbell	do	

[Page 200]

No.	Name & Rank	By Whom Received	Remarks
1321.	John Cole	C. Dixon	
1327.	Edmund Cole	do	
1336.	William Cavender	do	
1344.	John Curk	do	
1349.	James Cleveland	John Jones	
1352.	John Caven	C. Dixon	
1361.	Samuel Carey	do	
1365.	Frederick Coock	do	
1367.	Absalom Clifton	do	
1370.	Peter Curtis	do	
1372.	John Cutty	do	
412.	William Clower	Arch'd. Lytle	
419.	William Clark	do	

[WARRENTON]

No.	Name & Rank	By Whom Received	Remarks
1.	James Craven, Lt.	T. Dixon	
2.	Butler Crowell, Lt.		
4.	William Charleton, Lt.	B. McCulloch	for Col. Harney
18.	David Cowen, Lt.	Philip Fishburn	
70.	Wm. Coventon, Lt.		☞ no receipt
1406.	Thomas Cullas	William Faircloth	
1407.	John Cullas	do	
1440.	John Cameron	do	
1441.	Wm. Cobb	do	
1479.	Sampson Culliner	do	
1480.	John Campton	do	
1489.	Abraham Clark	J. McNees	

No.	Name & Rank	By Whom Received	Remarks
1490.	Jacob Clark	J. McNees	
1496.	Anthony Cross	do	
1546.	Jesse Cann	John Price	
1551.	Solomon Casey	do	
1583.	Joel Conigy	do	
1617.	Sampson Collins	do	
1637.	Brittain Culver	do	
1643.	Burwell Collins	do	
1645.	Job Carlisle	do	
1667.	Andrew Clark	do	
1676.	Elisha Cove	do	
1678.	Taylor Cole	do	
1680.	Dempsey Cain	do	
1687.	West Coley	do	
1700.	Malachi Crockley	William Faircloth	
1713.	Azariah Casey	do	
1716.	Thomas Crain	do	
1727.	Sampson Covenor	do	
1736.	Thomas Cain	do	
1745.	John Conner	do	

[Page 201]

No.	Name & Rank	By Whom Received	Remarks
1764.	Thomas Chestnut	do	
1766.	Joseph Chestnutt	do	
1781.	Etheldred Carter	do	
1793.	John Crichet	do	
1797.	John Cummins	do	
1799.	Coleman Cliavat	do	
1807.	Timothy Covener	do	
1811.	Oliver Clay	do	
1814.	Allen Clifton	do	
1826.	George Cook	do	
1841.	Dennis Corbett	do	
1844.	George Copewell	do	
1848.	Archibald Clary	do	
1849.	Benjamin Cannon, M.	do	
1858.	Elias Crockley	Thomas Butcher	
1881.	George Carby	do	
1888.	George Cockburn	do	
1912.	Elias Cand	do	
1919.	Peter Canaly	do	
1921.	Anthony Cheshire	do	
1965.	Willis Chandler	do	
1994.	Benjamin Cade	do	
2001.	Peter Calvin	do	
2037.	Thomas Caton	B. McCulloch	for Selby Harvey
2048.	Willoby Crief	do	do
2050.	Christopher Church	do	do
2055.	Hillary Crabb	John Sheppard	do
2058.	Anthony Charlton	do	
2061.	John Clark	do	
2091.	Arthur Cross	Thomas Butcher	
2095.	Noel Clark	do	
2108.	Edward Chappel	Sherd. Barrow	
2124.	Hick Cee	do	

No.	Name & Rank	By Whom Received	Remarks
2129.	Randall Cross	Sherd. Barrow	
2153.	Nathaniel Cooper	Tho. Butcher	
2155.	John Cate	do	
2173.	Silas Cross	Sherd. Barrow	
2183.	Henry Chamberlin	do	
2200.	John Crawford	John Sheppard	
2202.	William Carrell	do	
2219.	Solomon Campbell	Isles Simmons	
2224.	John Campbell	do	
2256.	Stephen Corch	William Sanders	
2258.	Abel Crump	do	
2262.	William Cooper	do	
2269.	Nathaniel Cooper	do	
2302.	Robert Cook	John Marshall	
2317.	John Christopher	Will Lytle	
2320.	John Connoway, Lt.	Griffith Dange	
2356.	James Caylachen	Philip Fishburn	
2402.	James Caton, C.	Griffith Dange	
2409.	Frederick Cooper	A. Nelson	
2411.	John Cheshire	do	
2432.	Stephen Cross	William Sanders	
2435.	Benjamin Carroll	Will Lytle	
2441.	William Campbell	Philip Fishburn	

[Page 202]

No.	Name & Rank	By Whom Received	Remarks
2447.	Jonathan Case	Isles Simmons	
2453.	James Craig		no receipt
2472.	William Clark	T. Dixon	
2533.	Malachi Chamberlin	Joshua Davis	
2534.	David Conway	J. Craven	for J. Ingles
2547.	Joseph Cooper	William Sanders	
2551.	Willis Curling	do	
2567.	David Crawley	{ No. 174 new D. Bills for Clark where Ptolemy Powile has rec'd. it who Smith owed. H. }	no receipt
2568.	George Carcher	Philip Fishburn	
2570.	Richard Clifton		no receipt
2590.	Absalom Castander	John Price	
2608.	Peter Cammell	John McNees	
2634.	Dillard Collins	Wm. Sanders	
2635.	Burwell Collins	do	
2643.	Zadock Coward	do	
2644.	Ephraim Coward	do	
2650.	Caleb Collins	do	
3281.	William Collins	do	J. Marchal for W. Sanders
2667.	Solomon Carr	John Macon	
2689.	Joseph Crief	George Scurlock	
2702.	Daniel Cellars	Griffith I. McRee	
2714.	Clement Cleverill	John Price	
2719.	Harris Coon	do	
2730.	John Chaflin	do	
2754.	Jacob Cersey	Philip Fishburn	
2755.	Henry Cersey	do	

No.	Name & Rank	By Whom Received	Remarks
2778.	Israil Cullon	Peter Cullom	
2795.	Joseph Cowan	Phillip Fishburn	
2798.	Alexander Cameron	do	
2804.	Robert Carmichael	Jno. Sommers	
2817.	William Clifton	Thos. Donoho	
2832.	James Crabb	do	
2845.	John Coats	J. Craven	
2862.	Valentine Cherry	William Faircloth	
2879.	Richard Claresp	do	
2884.	Hardy Coward	do	
2885.	Lawrence Connelly	do	
2918.	Chas. Coleman, Q. M.		
2920.	Wm. Capps		
2925.	Wm. Clack	Jno. Armstrong	
2958.	Jesse Caldwell	James Horner	
2965.	Morgan Coker	do	
2976.	Francis Caesar	Simon Toterine, Fra. Maxwell, John Garland, Sr., James Homes, Benj. Eastman	
3016.	Chas. Chamberlain		
3053.	John Carter	Thomas Person	
3055.	Hugh Catchem	William X Griffis (his mark)	
3084.	James Carr, Lt.	Curtis Ivey	
3085.	Henry Cobb	Andrew Armstrong	

[Page 203]

No.	Name & Rank	By Whom Received	Remarks
3090.	Thomas Canady	Curtis Ivey	
3102.	Abram Carter	Alexr. Carter	
3109.	William Clifton	John Marshall	
3117.	George Cole		not receipted for assigned to N. Jones
3120.	Wm. Carpenter	Timothy McCarthy	
3121.	Jonathan Carrell	do	
3137.	Wm. Cale, M.	Nathan Lassiter	
3157.	Johnson Cruise	James Bristow	
3177.	West Colson	John Marshall	or for C. Dixon
3237.	Jeffery Coley	do	
3259.	Jeremiah Claunce	Phillip Fishburn	
3265.	George Claunce	do	
3284.	Joshua Cherry	John Marshall	for W. Sanders
3297.	John Clay	do	do
3302.	John Cook	do	do
3308.	James Crow	Phillip Fishburn	
3313.	John Cox	Philip Miller	
3318.	Robert Cole		no receipt
3324.	John Cherry	Timothy McCarthy	
3328.	John Cousan	do	
3336.	Peter Clifton	do	
3343.	Andrew Cox	do	
3346.	John Coffuld	do	

D

[Page 204]

No.	Name & Rank	By Whom Received	Remarks
34.	Levi Dawson, Lt.-Col.	John Daves	

No.	Name & Rank	By Whom Received	Remarks
38.	Nathaniel Dickerson, Lt.	Chas. Dixon	
57.	William Dennis, Capt.	H. Montfort	for W. Dennis
63.	Wm. Davis, Lt.-Col.	do	
69.	Joshua Dailey, Capt.	Selby Harney	
70.	James Dupree, Armorer	H. Montfort	for J. Dupre
71.	Anthony Diggs, Lt.	Thos. Armstrong, Jr.	
190.	John Dillard, Lt.	A. Ramsey	
197.	David Dodd	John Nelson	
214.	Exum Drake	H. Montfort	for E. Drake
238.	John Davis	Jno. Nelson	
321.	Hezekiah Dewert	H. Montfort	for H. Dewert
327.	Nicholas Duboise	B. McCulloch	
350.	Jacob Debusk	H. Montfort	for Debusk
388.	Corn's Drake, Q. M. S.	J. Craven	
395.	Nathaniel Durham	H. Montfort	for Durham
441.	Hezekiah Douglass	J. Craven	
533.	James Davidson	H. Montfort	for Davidson
548.	Jonathan Dollar	David Pasmore	
550.	John Drury	H. Montfort	for Drury
551.	Morgan Drury	do	do
553.	Charles Dailey	John Allen	
568.	Edward Douglass	A. Lytle	
576.	Samuel Davis	do	
589.	Robert Deweze	Chas. Dixon	
592.	Zachariah Deweze	do	
597.	Wm. Davis	do	
608.	Wm. Donoho		
615.	Thomas Dobbins	do	
616.	Jesse Duncan	do	
678.	Waugh Darnell	Wm. Sanders	
681.	Matthew Davis	do	
702.	Wm. Darnell	do	
716.	John Dickerson	do	
717.	Wm. Daustan	do	
759.	John Dailey	Selby Harney	
763.	Wm. Duncan	H. Montfort	for Duncan
783.	Thomas Dison	John Sheppard	
808.	Wm. Denson	Wm. Sanders	
888.	James Dupreart	do	
889.	Robert Dane	do	
917.	Wm. Demmett	Archd. Lytle	
967.	Peter Duffee	do	
984.	John Durdan	J. Craven	
1044.	George Duncan	Thomas Person	
1090.	Benjamin Durdan	B. McCulloch	
1109.	Richard Douge	H. Montfort	for Douge
1171.	Jesse Donaldson	do	
1174.	John Doherty	Tho. Tison	
1180.	Richard Dean	John Bonds	
1219.	Lewis Daughtry	John Sheppard	
1229.	Bartley Davis	do	
1242.	Allen Denmey	Phillip Fishburn	
1258.	John Delaney	H. Montfort	for Delaney
1270.	Zachariah Douge	Selby Harney	

No.	Name & Rank	By Whom Received	Remarks
1282.	John Dunnegan		
1309.	Cornelius Durdan	B. McCulloch	
1315.	Wm. Dodd	Charles Dixon	
1324.	Bird Driver	do	
1332.	Jacob Dean	do	
1345.	Martin Dickerson	do	
1357.	Jeremiah Dickson	do	
1360.	James Daughtry	do	
1379.	Obadiah Doddy	do	
1302.	James Douge	Selby Harney	
1398.	George Dowing	George Claus	
1405.	James Dyal	John Rochel	

[WARRENTON]

No.	Name & Rank	By Whom Received	Remarks
6.	John Dickerson, Lt.		no receipt
14.	Hugh Dobbins, Lt.	John Marshall	
15.	Benjamin Dillon, Lt.	do	
1455.	John Duggan	William Faircloth	
1493.	Thomas Daniel	John McNees	
1497.	John Dean	do	
1500.	Jesse Duggan	B. McCulloch	for Glasgow
1514.	Thomas Duggan	do	do
1520.	Francis Duggan	John Price	
1528.	Asahel Davenport	B. McCulloch	do
1533.	Chas. Dailey	do	for R. Blount
1563.	Robert Dowling	John Price	
1573.	Joel Deel	do	
1668.	Louis Denn	do	
1670.	Charles Deake	do	
1686.	Abraham Dobbs	do	
1809.	Timothy Discent	William Faircloth	
1829.	James Davenport	do	
1864.	Joel McDowell	Thomas Butcher	
1872.	Peter Damon	do	
1882.	Isaac Dean	do	
F 21.			
1896.	Benjamin Dawson	do	
1897.	Joseph Delmore	do	
1901.	Albert Davis	do	
1905.	Chas. Dowden	do	
1910.	Joel Doxton	do	
1915.	Holland Dilk	William Faircloth	
1917.	Isaac Dowsam	do	
1918.	Jeremiah Duncan	do	
1932.	Absalom Dinkins	do	
1933.	Giles Davenport	do	
1940.	Christopher Dasher	do	
1979.	Anthony Douglass	do	
1987.	Jesse Donan	do	
1999.	Absalom Daughtry	do	
2015.	Alexander Daughtry	do	
2018.	Sterling Dean	Selby Harney	B. McCulloch for Selby Harney
2104.	John Davis	Sherd. Barrow	

No.	Name & Rank	By Whom Received	Remarks
2122.	Abraham Dean	Sherd. Barrow	
2127.	Gran. Duke	do	
2134.	Edmund Diggins	do	
2137.	John Dixon	do	
2142.	Joseph Davis	do	
2161.	James Davis	Tho. Butcher	
.....	Matthew Dawson		
2271.	Aquilla	Will Sanders	
2318.	Griffith Douge, Lt.		
2319.	Joab Douge, Dr.	Griffith Douge	
2336.	Malachi Dean	do	
2339.	David Dobbins	Phillip Fishburn	
2358.	James Douglass	do	
2359.	Moses Davis	do	
2360.	Henry Davis	do	
2375.	David Davis	B. McCulloch	for Art Pearce
2399.	George Dunn		no receipt
2403.	Samuel Dowden	William Weldon	
2408.	Jeffery Dean	Griffith Dange	
2438.	William Duke		not receipted for
2460.	Eve Dego	William Sanders	
2463.	John Downs	T. Dixon	
2490.	Zachariah Davis	John Davis	
2491.	Acey Davis	do	
2492.	John Davis	do	
2493.	Wm. Davis, Corpl.	do	
2509.	Richard Daughtry	do	
2539.	William Dennis	Sam'l. Parker	
2545.	Peter Delight	Will Sanders	
2588.	Ephraim Downing	John Price	
2593.	John Duchingham	do	
2607.	Peter Downing	John McNees	
2668.	Joshua Davis	John Macon	
2676.	Sharrod Duke	J. Craven	for Mary Duke
2694.	Benjamin Dean	Mar. Johnson	for Ch. Guerard
2724.	Moses Dodd	John Price	
2726.	David Durkett	do	
2733.	Presley Davis	do	
2766.	George Dunn, Lt.	Phillip Fishburn	
2767.	John Dawson	James Pearl	
2781.	Hezekiah Dennis		not receipted for
2809.	James Duke	John Sommers	
2811.	Francis Delong	do	
2815.	Hugh Davis	do	
2821.	Elizah Duncan	Tho. Donoho	
2842.	Charles Driver	Tho. Person	
2865.	Lewis Denkins	William Faircloth	
2871.	Julius Dover	do	
2876.	Nathan Deaver	do	
2878.	Dempsey Debusk	do	
2880.	Bartholomew Deloach	Wm. Faircloth	
2893.	Joshua Dunnagan	do	
2900.	Granville Davis	Sam'l. Parker	
2901.	Cyrus Davis	do	

No.	Name & Rank	By Whom Received	Remarks
2902.	Archelaus Davis	Sam'l. Parker	
2923.	James Dillard	John Armstrong	
2951.	Cornelius Durdan	James Homes	
2988.	Josiah Dennis	S. Totervine, F. Macwell, J. Garland Jr., J. Holmes	
2990.	Nathan Dees	do	
2995.	John Duke	H. Murfree	
3002.	Thomas Davidson	do	
3019.	Matthew Dawson	Robt. Fenner	
3035.	Isham Dyches	John Sommers	
3044.	Joel Dinbury	Tho. Armstrong	
3046.	William Daursey	do	
3071.	John Davidson		not receipted for
3074.	Dempsy Daughtry	H. Montfort	
3099.	John Douglas, Lt.	Curtis Ivey	
3113.	Solomon Debury	Neh. Long	for S. Debury
3123.	Emanuel Daniel	Timo. McCarthy	
3168.	Thomas Daniel, Lt.	John Davis	for James Coore
3169.	James Dickson	Tho. Person	
3211.	Stephen Davis	John Marshall	for C. Dixon
3250.	Matthew Davis		
3276.	Stephen Denkins	John Marshall	for W. Sanders
3370.	Ambrose Dudley	Timo. McCarthy	
3376.	Ethelred Daniel	do	
1708.	Julius Dowd	William Faircloth	
1790.	Isaiah Digns	do	
1803.	Isaac Digns	do	

E

[Page 208]

No.	Name & Rank	By Whom Received	Remarks
88.	Robert Edward	Ab Thomas	
105.	John English	do	
132.	George Elmore	Rob. Fenner	
158.	Brown Edwards		
177.	Joel Edwards	H. Montfort	
217.	Francis Endeakin	Wm. King	
223.	James Elmore	do	
253.	William Eldear	Alexander Brevard	
263.	Michal Ewait	John Nelson	
281.	Morgan Elmore	H. Montfort	
289.	Zachariah Elliot	Ab Thomas	
369.	John Earnhart	Philip Fishburn	
427.	George Ewing	Alex Brevard	
482.	Joseph Evans	Selby Harney	
513.	Edward Earp	J. Craven	
596.	Samuel Estes	Chas. Dixon	
664.	Stephen Edwards	William Sanders	
675.	Richard Earp	do	
718.	James Elms	do	
738.	Edward Everton	H. Montfort	
898.	John Egerton, Sergt.	J. Craven	
936.	Ephraim Etheridge	Arch Lytle	
973.	James Earl	do	

IN THE AMERICAN REVOLUTION

No.	Name & Rank	By Whom Received	Remarks
978.	Robert Eccard, F. M.	Ab Thomas	
1009.	Nathan Ewell	Robb Fenner	
1051.	Thomas Endless	J. Craner ☞	for Hance Bond
1165.	Ackes Ellison	do	for Robb Hulane
1206.	Robert Edwards	John Price	
1228.	Daniel Elmore	J. Sheppard	
1283.	Daniel Ellis	H. Montfort	for Ellis
1303.	Absolom Elist	B. McCulloch	
1348.	Burwell Evans	John Jones	
1373.	John Elliot	Chas. Dixon	

[WARRENTON]

7.	Lemuel Ely, Capt.	H. Montfort	
12.	Eli Ely, Capt.		no receipt
1466.	William Evans	William Faircloth	
1691.	Caleb Eastwood	John Price	
1821.	Josiah Ebb	William Faircloth	
1828.	Philip Evans	do	
2011.	Edmund Everitt	do	

F

[Page 210]

2042.	Samuel Etheridge	B. McCulloch	for Selby Harney
2040.	John Elliot	William Lytle	
2068.	Charles Evans	Will Sanders	
2347.	Frederick Exell	Philip Fishburn	
2353.	Peter Egnor	do	
2362.	John Earnhart	do	
2451.	George Eagle		assign'd to J. Misinhina
2503.	Stephen Emmery	John Davis	
2506.	Abel Edmunds	do	
2561.	William Elliott	B. McCulloch	
2610.	Isaac Etheridge	William Sanders	
2672.	Moses Estes	John Macon	
2677.	Morris Evans	Dan Hunter	
2752.	Ralph Edmundson	John Price	
2934.	Lemuel Edwards	Rich'd. Ship	
3082.	John Edwards	Isaac Gregory	
3089.	James Ellis	Curtis Ivey	
3184.	James Edwards	J. Marshall	for C. Dixon
3189.	Jesse Evars	do	do
3267.	Jacob Eason		
3268.	Thomas Everitt	James Armstrong	
3292.	Reuben Edwards	J. Marshall	for Sanders
3301.	Shadrach Elkin, M.	do	do
3337.	Josiah Ellis	Timothy McCarthy	
3353.	Josiah Enmor	do	
3369.	John Evans		
3372.	Benjamin Eavin	Timo. McCarthy	
82.	Joseph Futrill	H. Montfort	
107.	James Fogarty	Ab Thomas	
175.	Edward Farrell	H. Montfort	for Ferrell
227.	James Ferrell, 12 mo.	do	for J. Ferrell

No. G23.	Name & Rank	By Whom Received	Remarks
246.	John Ferrell	T. Dixon	
310.	William Fryer	H. Montfort	for W. Fryer
311.	Josiah Fryer	do	for J. Fryer
328.	George Fuller	do	for G. Fuller
335.	John Flind	Thomas Armstrong	
407.	David Fulton	Arch Lytle	
467.	James Ferrell, 3 yrs.	J. Craven	for J. Croom
486.	Patrick Foy, Corpl.	Thos. Armstrong	
567.	Samuel Fist	A. Lytle	
583.	Mack Furguson	do	
591.	Robert Fletcher	Chas. Dixon	
656.	Thos. Foley	Alexander McMillin	
661.	John Foley	do	
741.	Robert Furguson	H. Montfort	for Robt. Ferguson
754.	Nathan Freeman	Rob. Fenner	
759.	Abraham Fardwell	John McNees	
790.	William Fulcher	C. Dixon	
797.	Francis Fortney	H. Montfort	for Fortney
802.	William Filmon	do	do
809.	Nathan Farrell	C. Dixon	
868.	Richard Freeman	F. Harget	
884.	William Ferrill	Wynn Dixon	
933.	Gabriel Ferrill	A. Lytle	
949.	Thomas Flenning	do	
1050.	Thomas Frashier	J. Craven	for Hance Bond
1053.	John Floyd	do	do
1062.	William Farror	H. Montfort	for W. Farror
1118.	Joseph Fleming	do	for J. Flenning
1119.	John Franks	do	for J. Franks
1167.	Jonathan Fornes	do	for J. Fornes
1177.	David Foster	Henry Overstreet	
1213.	William Fornes		
1214.	John Fornes	H. Montfort	for W. & J. Fornes
1266.	Lazarus Flora	Selby Harney	
1295.	Joshua Forbes	do	
1353.	Isham Forge	C. Dixon	
1354.	James Flack	do	

[WARRENTON]

3.	Luke Ferrill, Lt.	B. McCulloch	for Col. Harney
35.	Micajah Ferrill, Lt.	J. Marshal	
1468.	Francis Fowler	William Faircloth	
1494.	Peter Farney	J. McNees	

[Page 211]

1534.	George Flood	J. Price	
1545.	Frederick Francis	do	
1559.	Nicholas Frasier	do	
1568.	Ambrose Fonton	do	
1602.	Thos. Fulcher	do	
1615.	William Frost	do	
1651.	Cornelius Futrell	do	
1711.	Lawrence Floyd	Wm. Faircloth	
1737.	Joel Fisher	do	

No.	Name & Rank	By Whom Received	Remarks
1753.	John Floyd	Wm. Faircloth	
1758.	John Fletcher	do	
1833.	Jacob Freeland	do	
1900.	Abel Fowler	Thomas Butcher	
1937.	Henry Fitner	William Faircloth	
1939.	Ambrose Fisher	do	
1946.	Hugh Frasier	do	
1947.	John Fusman	do	
1966.	Benjamin Fordice	do	
1985.	Simon Fitzpatrick	do	
1991.	James Fletcher	do	
1992.	Jacob Fitzgerald	do	
2032.	Thomas Fenton	Selby Harney	By B. McCulloch
2043.	Edon Fuller	do	do
2054.	Jacob Ferrell	John Sheppard	
2087.	Isaac Fisher	Thos. Butcher	
2103.	David Furbee	Sher'd. Barrow	
2205.	Peter Flood	Thos. Butcher	
2279.	Reuben Fletcher	William Sanders	
2282.	Nathan Fletcher	do	
2304.	Jotham Felps	John Marshall	
2396.	William Fletcher, S.	Griffith Dange	
2432.	Robert Ferrebee	do	
2477.	Samuel Freeman	T. Dixon	
2499.	James Fooks	John Dares	
2581.	Britain Foster	John Price	
2589.	Moses Frost	do	
2602.	Peter Foster	John McNees	
2585.	William Foster	John Price	
2629.	James Fenney	William Sanders	
2706.	Thomas Forrester	G. J. McKee	
2717.	John Fannen	John Price	
2722.	Patrick Flannegan	do	
2723.	Charles Forrest	do	
2751.	Sampson Forehand	do	
2768.	Jesse Fulton	Philip Fishburn	
2855.	Levi Forehand	William Faircloth	
2861.	Briggs Fitzpatrick	do	
2873.	William Filyan	do	
2891.	John Fitzflemming	do	
2922.	Peter Furguson	John Armstrong	
2963.	Willis Floyd	James Holmes	
3041.	Abner Fletcher	Thomas Armstrong	
3065.	Isham Furguson	William Peay	
3097.	Arthur Fennell	C. Ivy	
3098.	Nicholas Fennell	do	
	[Page 212]		
2500.	John Fooks	John Daves	
3100.	Maurice Fennell	C. Ivy	
3107.	Timothy Fields	John Marshall	
3129.	Jesse Fountain		
3136.	George Florence	Thos. Butcher	
3144.	Rich'd. Foslerlin		no receipt
3153.	Isaac Furguson	William Peay	

No.	Name & Rank	By Whom Received	Remarks
3208.	Jesse Flood	J. Marshall	for C. Dixon
3299.	Andrew Franks	do	for Wm. Sanders
3358.	Isham Finch	Timothy McCarthy	
2620.	William Foster	Wm. Sanders	

G

[Pages 213-15]

No.	Name & Rank	By Whom Received	Remarks
48.	Deniy Gregory, Capt.	Selby Harney	
59.	Isaac Guion, P. M.	John Daves	
68.	Thomas Gibson, Lieut.	Thos. Pasteur	
80.	Elisha Grant	H. Montfort	
85.	John Gooden, Lt.	do	
91.	William Gouch	Ab Thomas	
155.	Isaac Griffith	Elisha Foot	
201.	John Gunn, Drummer	Alexander Gunn	
250.	Hosea Gregory	J. Craven	for R. Hulme
254.	Joseph Graham, Q. M. S.	J. Nelson	
262.	George Goodman	do	
276.	Lewis Goodrich	H. Montfort	
308.	Sylvanus Gray	J. McNees	
378.	Thos. Garland	H. Montfort	for Garland
405.	Henry Griffin	Arch Lytle	
426.	Nicholas Grindstaff	A. Brevard	
458.	William Grant	William Grant	
543.	William Goin	H. Montfort	
544.	Samuel Garrett	J. Craven	
566.	Christopher Grantz	A. Lytle	
579.	Conrad Goodner	do	
588.	Zachariah Goforth	C. Dixon	
590.	William Guttery	do	
603.	Adam Gregory	do	
609.	John Gibbs	do	
670.	John Glover	Wm. Sanders	
680.	William Gail	do	
692.	Michael Goin	do	
713.	John Glaze	do	
715.	William Gray	do	
721.	Joshua Greenage	do	
777.	James Gilbert	J. Sheppard	
784.	Sikes Garris	Ben Manatkin	
786.	Isaac Gaskin	Chas. Dixon	
789.	John Gutlery	do	
863.	George Gardiner	John Sheppard	
877.	Peter Graham	Wynn Dixon	
880.	John Graham	do	
934.	Simon Gauslin	Arch Lytle	
955.	Daniel Gale, Corpl.	A. Lytle	
976.	Ephraim Grant	Ab Thomas	
990.	Benjamin German	James Armstrong	
997.	George Garey	Thos. Evans	
1010.	William Gray	Jesse Read	
1011.	Samuel Gray	do	
1020.	Bobie Gay	H. Murfree	
1041.	Robert Griest	Thos. Person	

No.	Name & Rank	By Whom Received	Remarks
1086.	John Gonthrop	B. McCulloch	
1101.	Abraham Gamelion	do	
1106.	Archibald Gray, Lt.	H. Montfort	
1159.	Joel Gunter	Chas. Dixon	for A. Gray
1161.	Elisha Gibson	do	

[Page 214]

No.	Name & Rank	By Whom Received	Remarks
1223.	John Grant	John Sheppard	
1260.	William Grimes	John Grimes	
1263.	Richard Gardner	H. Montfort	for R. Gardner
1275.	William Good	do	W. Goode
1287.	Jones Glover	do	Glover
1310.	Thomas Green	B. McCulloch	
1314.	William Grimes	C. Dixon	
1317.	Jenkins Goin	do	
1378.	Willis Gray	do	
1380.	Joseph Gollehorn	do	
1388.	Henry Guthrie	T. Dixon	
1393.	Alexander Gunn		
1397.	William Goldsbury	H. Montfort	for Goldsbury
1135.	William Gay	J. Bonds	
593.	James Guttery	C. Dixon	

[+ 4.29]

[WARRENTON]

No.	Name & Rank	By Whom Received	Remarks
27.	John Gist, M. Lt.	Thomas Donoho	
1467.	Gilbert Grant	William Faircloth	
1498.	John Giles, Q. M. S.	John McNees	
1537.	Anthony Griss	John Price	
1543.	Joab Green	do	
1549.	Peter Giles	do	
1562.	Josiah Grimes	do	
1627.	William Goodman	do	
1646.	Francis Good	do	
1675.	George Greenwood	do	
1706.	Solomon Griffin	William Faircloth	
1731.	Thomas George	do	
1732.	Willis Griffith	do	
1752.	Thomas Green, C.	do	
1763.	Henry Griffith	do	
1795.	Daniel Gaugh	do	
1834.	Patrick Gaul	do	
1838.	Jonathan Gray	do	
1938.	Arandall Grant	do	
1942.	Richard Gideon	do	
1976.	Mathew Gillespie	do	
1996.	Moses Greerson	do	
1997.	Simon Gibson	do	
2030.	Isaac Gollop	B. McCulloch	Selby Harney
2031.	Thomas Garrett, Lt.	do	do
2046.	John Gilbert	do	do
2076.	James Goodson	John Sheppard	
2102.	John Garvin	Sherd Barrow	
2126.	Dempsey Green	do	
2131.	Abraham Green	do	

No.	Name & Rank	By Whom Received	Remarks
2150.	Randall Green	Tho. Butcher	
2162.	Jacob Griffin	do	
2174.	Joshua Garvis	Sherd Barrow	
2209.	George Griffin [Page 215]	Thos. Butcher	
2441.	William Gwinn	William Lytle	
2250.	John Gibson	do	
2288.	Martin Griffin	William Sanders	
2316.	Joel Gibbs	John Macon	
2321.	Willis Gregory	Griffith Dange	
2322.	Clement Godfrey	do	
2344.	John Gerritt	Philip Fishburn	
2352.	John Goose	do	
2377.	Ephraim Gurley	Burwell Mourning	
2393.	Charles Greggs	Griffith Dange	
2443.	Peter Grover	Will Lytle	
2466.	William Graham, S.	T. Dixon	
2476.	Jesse Goldsmith, M.	do	
2480.	John Griffis	do	
2489.	James Gifford, Lt.	John Daves	
2501.	Robert Grissum, M.	do	
2504.	Ambrose Goslin	do	
2532.	Arthur Glesson	Joshua Davis	
2536.	James Greenlaw	J. Craven	for J. Ingles
2553.	James Glasco	Wm. Sanders	
2572.	Charles Grimsley	John Price	
2587.	Robert Greer	do	
2604.	George Gilhampton	John McNees	
2614.	Isaac Gately	William Sanders	
2623.	Thomas Garrott	do	
2625.	James Garrott	do	
2626.	Samuel Goodeman, C.	do	
2638.	James Gutray	do	
2711.	Hyman Gardner	John Price	
2748.	Simon Giles	do	
2770.	David Gillaspie	James Pearl	
2844.	John Gallimore, C.	Thomas Person	
2870.	Arthur Groves	William Faircloth	
2911.	Anthony Garrett	William Lytle	
2912.	James Gunn	do	
2954.	Sherrod Granger	James Holmes	
2961.	Reading Gamble	do	
2962.	Lawrence Graddy	do	
2994.	Thomas Green	Hardy Murfree	
3014.	William Gamewell	Benjamin Eastman	
3030.	David Grant		Paid to J. Macon
3050.	William Green, Lt.		no receipt
3056.	John Griffis	William Griffis	X his mark
3090.	Thomas Gregory	Curtis Ivey	
3104.	Lawrence Griffin	Nathan X Harris his mark	
3178.	Daniel Gunn	J. Marshall	
3185.	Peter Gates	do	

No.	Name & Rank	By Whom Received	Remarks
3188.	Joseph Garner	Tho. Butcher	
3203.	Arthur Graham	do	
3221.	James Gaylor	do	
3303.	John Griffin, Lt.	do	
2648.	George Glenn	William Sanders	
2652.	James Gregory	do	

H

[Pages 216-21]

No.	Name & Rank	By Whom Received	Remarks
3.	Samuel Hotwell, Lt.	J. Craven	
8.	William Hilton, Lt.	H. Montfort	
32.	Lewis Hicks, Ensn.	do	
58.	Spier Holland, Lt.	Tho. Armstrong	
83.	Patrick Hoggard	H. Montfort	
86.	John Headwright	do	
92.	Henry Hewes	Ab Thomas	
94.	Fred'k. Hathcock	do	
109.	John Henry	A. Lytle	
110.	Randolph Humphries	do	
114.	Hugh Harris	do	
134.	Andrew Haddock		
144.	Patrick Howard	John Ingles	
153.	Henry Hawkins	H. Montfort	
165.	William Hoggard	J. Craven	
185.	Isaac Hancock, Lt.	Thomas Person	
193.	Elisha Hiott	J. Craven	
204.	Reason Holland	E. Gamble	
208.	Nathaniel Hughes	do	
209.	Isaac Hudson		
213.	John Harmon	Philip Fishburn	
221.	Henry Hancock	H. Montfort	
232.	James Hewes	Joshua Hadley	
237.	Hugh Huston	John Nelson	
244.	Vetch Holdsbrooks	do	
247.	Joshua Harney	John Jones	
288.	Jacob Hobbs	H. Montfort	
290.	John Hinchey, Sen.	do	
316.	Ebenezer Huit	do	
338.	Corbin Hickman	Thomas. Armstrong	
362.	Isaac Hammons	H. Montfort	for Hammons
370.	Joshua Hall	Philip Fishburn	
387.	Thomas Hill	Nicholas Long	
408.	David Harris	Arch Lytle	
409.	Corbin Hickman	do	
415.	Thomas Hayes	do	
435.	John Harton, Drum.	J. Craven	
439.	Gibson Harris	do	
442.	David Hass	do	
451.	James Hester	do	
502.	Chamblin Hudson	J. Davis	
537.	Francis Harrison	Thomas Stewart	for F. Harrison
541.	Henry Harris	Nath. William	
571.	Andrew Hunter	A. Lytle	
581.	Turner Harrod	do	

No.	Name & Rank	By Whom Received	Remarks
584.	Thompson Harris	A. Lytle	
585.	Tucker Harris	do	
587.	Alexander Hammond	C. Dixon	
607.	George Hudson	do	
612.	John Hughes	H. Montfort	
619.	John Hogan	C. Dixon	
628.	William Hall	do	

[Page 217]

No.	Name & Rank	By Whom Received	Remarks
658.	William Hughes	Alex. McMillin	
659.	Sampson Hillis	do	
660.	Robert Hair	do	
667.	Goalman Harris	A. Lytle	
669.	John Harris	Wm. Sanders	
684.	John Hunt	do	
686.	David Hatches	do	
691.	Solomon Hunter	do	
693.	Nathan Hull, Dr.	do	
725.	James Hall	do	
732.	Benjamin Hester	do	
735.	Edward Howard	Thomas Person	
740.	John Hart	H. Montfort	
746.	John Howell	Robt. Fenner	
765.	Daniel Hunt	H. Montfort	
787.	Moses Hudson	C. Dixon	
795.	Arnold Hilton	H. Montfort	
801.	William Hodges	do	
826.	William Hamb	J. McNees	
827.	Elijah Hinson	do	
828.	Joseph Hart	do	
881.	James Humphrey	Wynn Dixon	
897.	William Hurt	H. Montfort	
907.	William Harris	A. Lytle	
915.	Henry Hayes	do	
922.	Thomas Hopkins	do	
969.	Hugh Hill	do	
980.	Thomas Henry	do	
982.	Isaac Hopkins	J. Craven	
987.	Moses Holmes	do	
1023.	James Hall	H. Murfree	
1034.	Joseph Hall	Thos. Person	
1056.	Francis Hubbard	J. Craven	for H. Bond
1059.	William Howerton	Jas. Thompson	
1064.	David Hall	H. Montfort	
1072.	Joseph Hayman	Thos. Pasteur	
1176.	Fred'k. Howell	B. McCulloch	
1095.	Moses Hill	do	
1115.	Kendall Hislep	H. Montfort	
1149.	Benjamin Heirn	do	
1175.	William Hair	Henry Overstreet	
1179.	Joseph Hardison	Thos. Armstrong, Jr.	
1189.	Henry Hicks	T. Dixon	
1199.	Nicholas Hair	Henry Overstreet	
1200.	Isham Hatchcock	H. Montfort	
1226.	Fred'k. Harper	John Sheppard	

No.	Name & Rank	By Whom Received	Remarks
1234.	John Haskins	J. Craven	
1238.	Jesse Haggerton	H. Montfort	
1249.	Nathan Harper	Philip Miller	
1254.	Henry Holland	H. Montfort	
1267.	James Heans	Philip Causey	
1277.	Willis Hughes	H. Montfort	
1280.	John Hare	do	
1281.	Mathew Herring	Jno. McNees	
1290.	Hicks Hansell	H. Montfort	

[Page 218]

No.	Name & Rank	By Whom Received	Remarks
1806.	Caleb Holley	B. McCulloch	
1319.	Henry Hill	C. Dixon	
1320.	Hugh Hill	do	
1326.	William Hill	do	
1358.	Jesse Henderson	do	
1364.	Enos Hopper	do	

[WARRENTON]

No.	Name & Rank	By Whom Received	Remarks
19.	Elias Hoell, Lieut.	M. Duke Johnston	
26.	E. Heimberg, Surg.	Thos. Donoho	
32.	William Hancock, Lt.	do	
1508.	Holland Harrell	B. McCulloch	for Jas. Glasgow
1515.	Moses Heggard	John Price	
1530.	James Harrison	Benj. McCulloch	
1531.	Stephen Harrison	do	
1541.	Lemuel Hawley	John Price	
1554.	Absolom Hopkins	do	
1556.	Joseph Hudnell	do	
1557.	Stephen Howell	do	
1561.	Peter Hooks	do	
1575.	Jasper Hood	do	
1580.	Joel Hubbard	do	
1581.	Edward Hawley	do	
1591.	John Hooker	do	
1594.	Benjamin Harrell	do	
1600.	Solomon Hadcock	do	
1601.	Simon Henderson	do	
1610.	Robert Huff	do	
1611.	Henry Herring	do	
1619.	Daniel Holmes	do	
1624.	James Hartfield	do	
1640.	Micharl Hocks	do	
1642.	Jesse Hassell	do	
1654.	Micharl Hockley	do	
1665.	Abner Hable	do	
1679.	Daniel Horney	do	
1688.	Arthur Hudson	do	
1693.	Willis Houby	William Faircloth	
1717.	Lake Heard	do	
1720.	James Howard	do	
1721.	Robert Haley	do	
1724.	George Hampton	do	
1725.	Andrew Holmes	do	
1729.	Joshua Hindes	do	

No.	Name & Rank	By Whom Received	Remarks
1759.	James Hayward	William Faircloth	
1767.	Andrew Hinden	do	
1780.	George Holton	do	
1791.	Harman Harrison	do	
1798.	Abel Highman	do	
1830.	Willis Hammon	do	

[Page 219]

No.	Name & Rank	By Whom Received	Remarks
1831.	George Hopewell	do	
1836.	Oliver Hostin	do	
1846.	Zebulon Hunter	do	
1876.	Christopher Haley	Thos. Butcher	
1887.	Dennis Holt	do	
1891.	Jesse Hardin	do	
1893.	Dobson Hooks	do	
1955.	John Hifferman	William Faircloth	
1956.	Everett Huntingdon	do	
1969.	Peter Herrenden	do	
1974.	James Harpoon	do	
1993.	James Hailey	do	
2007.	Stephen Hampton	do	
2009.	Silas Hollowell	do	
2027.	William Harrington	Selby Harney	for B. McCulloch
2041.	Isaac' Herrington	do	
2052.	Joseph Hanner	do	
2059.	Holiday Hathcock	John Sheppard	
2063.	Isaac Hutson	do	
2070.	William Harris	Joshua Davis	
2071.	George Harris	do	
2083.	Joshua Hermit	Thomas Butcher	
2086.	William Harmas	do	
2132.	John Hathcock	Sherd Barrow	
2133.	Ralph Hammons	do	
2136.	John Howell	do	
2139.	John Hallaway	do	
2143.	Amos Hathcock	do	
2160.	William Hendley	Thos. Butcher	
2170.	Ephriam Harnett	Sherd Barrow	
2175.	Charles Hansell	do	
2185.	Isham Henry	do	
2194.	John Haygood	John Sheppard	
2195.	Job Herring	do	
2199.	Edward Hammon	do	
2210.	Mathew Heath	Thos. Butcher	
2212.	Jonas Hinton		
2223.	Caleb Hanna	Isler Simmons	
2235.	Lemuel Halstead, C.	do	
2236.	Adam Hart	William Lytle	
2238.	Drury Hyme	do	
2248.	Howell Harrod	do	
2259.	John Hains	William Sanders	
2260.	Samuel Harris	do	
2264.	James Hudson	do	
2274.	John Harrison, M.	do	
2294.	David Henson	John Marshall his mark	

No.	Name & Rank	By Whom Received	Remarks
2296.	Locton Hawkins	Thomas X Fenn	
2297.	John Hamson	John Marshall	
2312.	Daniel Hopkins, C.	Const Redditt	
2313.	Francis Harris	John Marshall	
2325.	Willis Hastings	Nathaniel Williams	
2326.	Lemuel Horton	do	

[Page 220]

No.	Name & Rank	By Whom Received	Remarks
2327.	Thomas Hendricks	Nath'l. Williams	
2341.	William Huston	Philip Fishburn	
2378.	Sanders Hodges	Burwell Moening	
2379.	Right Howell	do	
2383.	Hardy Hines	do	
2385.	Lewis Hines	do	
2386.	Rich'd. Hines	do	
2387.	Joseph Herring	do	
2388.	William Hawley	Benjamin McCulloch,	for Arthur Pearce
2390.	Caleb Hawley	do	do
2391.	Samuel Hayes	do	do
2395.	Jonathan Henry	Isler Simmons	
2398.	John Hobgood		
2404.	John Hewes, Lt.	A. Nelson	
2428.	Nathan Horton	Warren Alford	
2458.	West Hadnot, Sergt.	Abraham Bush	X his mark
2481.	James Horsford	T. Dixon	
2514.	John Hill	John Davis	
2577.	Griffin Hammontree	do	
2525.	Peter Harrill, Lt.	Charles Gerrard	
2529.	William Hill	John Daves	
2541.	Miles Halfred	Wm. Sanders	
2552.	Joshua Hall	do	
2584.	Samuel Hurson	John Price	
2591.	Elisha Hogg	do	
2619.	Daniel Harrison	William Sanders	
2627.	William Hinton	Will Sanders	
2640.	Jacob Horton	do	
2647.	William Hooten, Lt.	do	
2655.	James Hifferman	Thomas Butcher	
2660.	Daniel Hendley	do	
2669.	James Harrison, L.	John Macon	
2670.	Paul Harrod	Tho. Butcher	
2671.	Travis Harper	Cosimo Medici	
2680.	Asa Hunter	And. Armstrong	
2681.	Joseph Harp		not receipted for
2698.	William Hedgepeth	Simon Tolevine	
2700.	Edwd. Hammonds, C.	do	
2709.	Isaac Hunter	William Hunter	
2713.	Abner Hobbs	John Price	
2718.	Sampson Hodsock	do	
2729.	Diah Henning	do	
2750.	John Hadlock	do	
2760.	Philip Hance	Philip Fishburn	
2762.	Bazel Holland	do	
2779.	John Henderson	James Pearl	
2787.	James Hutchinson	Philip Fishburn	

No.	Name & Rank	By Whom Received	Remarks
2792.	John Holdsbrook	Philip Fishburn	
2819.	William Hartgrove	Tho. Donoho	
2822.	Joseph Hewes, L.	do	
2823.	Anthony Howell	do	
2837.	Trubel Hicks	do	
2840.	Mathew Hubbard	do	
2841.	Alexander Hays	do	
2857.	Jordan Hines	William Faircloth	

[Page 221]

No.	Name & Rank	By Whom Received	Remarks
2859.	Jacob Hawks	do	
2883.	Daniel Hooks	do	
2889.	James Howe	do	
2892.	Zachariah Houby	do	
2953.	Jonathan Hays	James Holmes	
2957.	Russel Harper	do	
2979.	Stephen Henry	Sim Totevine, Fra.	
2984.	John Hurley	Maxwell, John Garland	
2985.	Arthur Henry	James Holmes	
2987.	Thomas Hall	do	
2989.	Francis Holmes	do	
2999.	Kinchen Holomon	H. Murfree	
3011.	John Hayes	Simon Totevine	
3024.	Satterfield Holstein	John Sommers	
3059.	Albert Hendricks, C.	William Peay	
3063.	Elijah Harris	do	
3066.	Stewart Hambleton		
3094.	Miles Hutson	Curtis Ivey	
3105.	Nathan Harris		
3108.	John Harrell	John Marshall	
3115.	Jonathan Hopkins, C.	Philip Miller	
3155.	Sherwood Harris	James Bristow	
3158.	John Hudson	do	
3160.	William Hall	Philip Fishburn	
3165.	William Hewell	John Daves	
3173.	Abraham Harrold	C. Dixon	by Marshall
3182.	Francis Huzza	do	do
3194.	Jesse Hall	do	do
3195.	John Hudson	do	do
3205.	Francis Huzza	do	do
3206.	Ezekial Haws	John Marshall	for C. Dixon
3212.	Miles Hudson	do	do
3219.	James Harvey	do	do
3224.	Nehemiah Huggins	do	
3225.	George Hedgeman	do	
3233.	Lewis Hedgeman	do	
3234.	Charles Hicks	do	
3246.	Richard Hopkins	do	
3257.	Joshua Hatten	James Armstrong	
3253.	John Hearn	do	
3270.	Abraham Hargis	John Marshall	for Wm. Sanders
3280.	John Hickman, C.	do	do
3289.	David Holeway	do	do
3291.	Benjamin Haywood	do	do
3293.	Joseph Hill	do	do

No.	Name & Rank	By Whom Received	Remarks
3304.	Thomas Hudson	John Marshall	for Wm. Sanders
3307.	Archibald Hood	William Burt	
3310.	James Hall		no receipt
3315.	John Hussey		do
3316.	Israel Harding, L.	James Armstrong	
3317.	Abraham Harding	do	
3339.	Hezekiah Hart	Tmo. McCarthy	
3354.	George Hackney	do	
3355.	Abraham Harris	do	
3362.	Willoby Hooks	do	
3375.	William Hizzard	do	
1628.	John Hare	John Price	
1634.	Stephen Hedgepeth	do	
3264.	David Hays	Philip Fishburn	

I & J

[Page 222]

No.	Name & Rank	By Whom Received	Remarks
43.	Samuel Jones, Ensn.	Nat Jones	
56.	Henry Irwin, Lt. Col.	H. Montfort	for H. Irwin
77.	Daniel Jones, Capt.		
119.	Richard Johnston	H. Murfree	
145.	Jonathan Jones	Selby Harney	
191.	Thomas Jeffries	H. Montfort	
210.	Freeman Jones	do	
224.	Jacob Jeffries	William King	
269.	Isham Jones	A. Thomas	
271.	James Jackson	H. Montfort	
334.	Eli Joiner	Jer. Nelms	
344.	William Inman	T. Armstrong	
355.	Henry Jones	H. Montfort	
384.	Samuel Johnston	Thos. Armstrong	
413.	William Jackson	Arch Lytle	
436.	Drury Jones	J. Craven	
454.	Charles Jones	Isaac Kenedy	
456.	David Journikin		
461.	John Jones	H. Montfort	
464.	Thomas Jones	do	
466.	John Jones	do	
497.	Bazel Jackson	Ab Thomas	
498.	Zachariah Jackson	do	
500.	Robert Jenkins	H. Montfort	
638.	Nathan Jean	C. Dixon	
652.	Fountain Jourdan	H. Montfort	
739.	Nathan Jones	do	
745.	Henry Jones	do	
773.	John Johnston	J. Sheppard	
817.	Nicholas Isler	William Polk	
818.	Benjamin Jackson	do	
846.	Fred'k. Jones	John Bonds	
859.	Thomas James	Sampson Hays	
860.	David James	do	
929.	William Jackson	Arch Lytle	
1003.	Asa Jenkins	Jesse Read	
1032.	John Jones	H. Montfort	

No.	Name & Rank	By Whom Received	Remarks
1057.	Dempsey Jones	J. Craven	for Hance Bond
1061.	Fred'k. Jackson	James Thompson	
1084.	Thomas Johnston	B. McCulloch	
1126.	James Jameson	H. Montfort	
1150.	Peter Jones	John Bonds	
1157.	Edmund Jackson	T. Dixon	
1186.	Jeremiah Jackson	John Sheppard	
1237.	Briton Jones	H. Montfort	
1325.	Thomas Jenks	C. Dixon	
1337.	James Johnston	do	
1341.	John Jeffries	do	
1375.	Jacob Jones	do	
1394.	John Johnston	Thos. Person	
1153.	Peter Jacobs	T. Dixon	

[WARRENTON]

No.	Name & Rank	By Whom Received	Remarks
38.	David Jones, Lieut.	C. Ivey	
1473.	Samuel Igby	William Faircloth	

[Page 223]

No.	Name & Rank	By Whom Received	Remarks
1474.	Stephen Jessop	do	
1475.	Archibald Johnston	do	
1476.	Josiah Jenkins	do	
1483.	John Jordan	do	
1522.	Wood Jones	John Price	
1529.	William Jenkins	Benj. McCulloch	Glasgow
1293.	Elisha Jones	John Price	
1603.	James Jenkins	do	
1631.	Daniel Joiner	do	
1632.	Arthur Johnston	do	
1653.	Isaac Joy	do	
1657.	Hickling Joiner	do	
1703.	Isaiah Johnston	William Faircloth	
1723.	Thomas Jarman	do	
1735.	Jacob Ivey	do	
1739.	John Jarvis	do	
1740.	Joshua Jones	do	
1747.	Hardy Johnston	do	
1765.	Elisha Ivey	do	
1855.	Isaac Johnston	Thos. Butcher	
1877.	David Jones	do	
2023.	Robt. Jackson	B. McCulloch	
2035.	Thomas Jennings	do	
2056.	Samuel Jones	John Sheppard	
2068.	Taylor Jones	Thos. Butcher	
2082.	George Johnston	John Sheppard	
2141.	Fredrick Jackson	Sherd. Barrow	
2221.	James Jenkins	Isler Simmons	
2310.	David James	John Marshall	
2311.	Frederick James	do	
2369.	David Johnson	Phillip Fishburn	
2382.	Gardner Jernigan	Burwell Moring	
2494.	Solomon Jennett, Lt.	John Daves	
2515.	James Jones	do	
2636.	William Johnston	William Sanders	

IN THE AMERICAN REVOLUTION 537

No.	Name & Rank	By Whom Received	Remarks
2659.	Dennis Jordan	Thos. Butcher	
2663.	Allen Jackway	do	
2666.	Willis Johnston, drag.:		
2673.	Richard Jones	John Macon	
2695.	Peter Jones	Simon Totevine	
2705.	Ruben Ivey	G. Ino. McRee	
2725.	Bartlett Jenes	John Price	
2840.	William Johnston	do	
2742.	James Isler	do	
2773.	Drury Jones		Pd. to W. Sandry no receipt
2803.	John Ingram, L.	John Sommers	
2833.	William Jones	Thos. Donoho	
2899.	Neil Joiner	William Faircloth	
2914.	David Ivey, M.	William Lytle	
2929.	Reuben Johnston	Ben Johnston	
2945.	Joshua James	James Homer	
2949.	Needum James	do	
3303.			
3095.	Benjamin Joiner	C. Ivey	
3116.	Willoby Jarvis	Iles Simmons	
3152.	John Jones	William Peay	
3187.	Miles Jordan	C. Dixon	by J. Marshall
3314.	Hardy Jones		no receipt
3349.	Harper Johnston	Timo. McCarthy	
3352.	Jacob Inn	do	

K

65.	James King, Capt.	Robt. Fenner	
148.	John King	John Ingles	
169.	Samuel Knight	James King	
183.	Jesse Knight	H. Murfree	
215.	James Kith	H. Montfort	for James Kith
325.	William King	Benjamin McCulloch	
326.	James King	do	
514.	Benjamin Kitchen, Lt.	H. Montfort	
536.	Isaac Kennedy		
579.	Arthur Kerney	A. Lytle	
626.	Hugh Kelly	C. Dixon	
671.	Thomas Kent	William Sanders	
747.	Jonathan Keay	H. Montfort	for Jon. Keay
760.	Joseph King	do	for J. King
857.	Edward King	John Daves	
909.	John Killian	Arch Lytle	
1008.	Malachi Ketanch	Jesse Reed	
1085.	John Killpatrick	B. McCulloch	
1093.	Richard Knobbs	do	
1241.	Hardy Keel	Thomas Armstrong	
1273.	William Keeter	Samuel Pitman	
1396.	Enoch King	H. Montfort	

[WARRENTON]

21.	William Knott		
1469.	John Kearsy		

No.	Name & Rank	By Whom Received	Remarks
1540.	Phillip Kelly	John Price	
1606.	Blake Kearney	do	
1648.	Bartholomew King	do	
1714.	Patrick Kelby	William Faircloth	
1754.	Andrew King	do	
1772.	Joseph Kelly	do	
1789.	Peter Kelly	do	
1989.	James Knowland		
2148.	William Kirkland	Thomas Butcher	
2158.	Hardy Keel, L.	do	
2299.	John Ketanch	John Marshall	
2442.	John Kettle, C.	William Lytle	
2464.	John Keeth	T. Dixon	
2495.	Jonathan Kinimy	John Daves	
2651.	Richard Kennady	William Sanders	
2738.	Saucer Keen	John Price	
2836.	James Kemp	Thos. Donoho	
3049.	Frederick Killian	Thomas Armstrong	
3321.	Allison Knox	Phillip Miller	

L

No.	Name & Rank	By Whom Received	Remarks
37.	John Lowe, Lieut.	Thos. Donoho	
51.	James Luken, Lieut.	H. Montfort	for Jas. Luten
64.	Nath'l. Lawrence, Lt.	Robt. Fenner	
67.	William Luten, Capt.	Thos. Person	
76.	S. Lockhart, Lt. Colo.		
98.	James Legare	H. Montfort	for M. Hunt
121.	Thomas Lassiter	H. Murfree	
124.	James Lett	H. Montfort	for J. Lett
133.	John Liddy	John Nelson	
147.	Jesse Linton	H. Montfort	for Linton
149.	Lemuel Litten	John Ingles	
151.	Abel Litten	do	
167.	John Lewis		
168.	Morgan Lewis		
206.	Jacob Lasseter	H. Murfree	
216.	James Lasseter	Austin Cicaty	
222.	Thomas Lucas	H. Montfort	for T. Lucas
320.	James Lewis	do	
385.	Valentine Lucas	Thomas Armstrong	
459.	William Lewis, Dr.	H. Murfree	
484.	Thomas Lewellen	Nicholas Long	
539.	Citizen Lane	H. Montfort	
540.	Benjamin Lane	Nath. Williams	
554.	Isaac Lilly	Benjamin Perry	
558.	John Lock	H. Montfort	for M. Hunt
569.	Moses Leathers	A. Lytle	
586.	John Logue	do	
645.	Hardy Lewis	H. Montfort	for H. Lewis
663.	William Lougby	Alexander McMillan	
699.	John Lefoy	William Sanders	
710.	Jesse Laneford	do	
719.	John Laneford	do	
727.	Isham Lucy	do	

No.	Name & Rank	By Whom Received	Remarks
803.	Frederick Lewis	H. Montfort	for F. Lewis
825.	Moses Lovick	John McNees	
853.	Aaron Lambert	John Daves	
883.	William Leak	Wynn Dixon	
1019.	Lewis Lilly	H. Murfree	
1108.	Stephen Linn, Lt.	H. Montfort	for S. Linn
1113.	David Laws	do	for D. Laws
1122.	Francis Lewis	do	do
1143.	Chas. Lewis	John Bond	
1154.	George Lott	T. Dixon	
1173.	Amos Lewis	H. Montfort	for A. Lewis
1203.	William Lawson	John McNees	
1205.	Elisha Lanston	John Price	
1215.	William Leathgo	John Jones	
1235.	John Laughinghouse	Thomas Armstrong, Jr.	
1244.	Phillip Lee	H. Montfort	for Lodwick Alford
1269.	Jethro Lane	do	for Lane
1288.	Thomas Leyden	do	for Leyden
1289.	John Lambert	do	for Lambert
1331.	Arthur Leekon	C. Dixon	
1339.	Adam Lawrence	Alexander McMillan	

[WARRENTON]

No.	Name & Rank	By Whom Received	Remarks
17.	John Lissenby, Lt.		no receipt
20.	William Lord	James Pearl	
1424.	Timothy Lee	William Faircloth	
1423.	Hardy Lee	do	
1495.	Joshua Larouse	Jno. McNees	
1526.	John Lawson	John Price	
1586.	Stephen Lynch	do	
1587.	Reubin Lolly	do	
1607.	John Lilly	do	
1612.	Stephen Larking	do	
1698.	Zechariah Lofton	William Faircloth	
1770.	Lewis Lemare	do	
1779.	Henry Lane	do	
1782.	Bennet Localare	do	
1794.	Stephen Lake	do	
1800.	Mark Lawson	do	
1839.	Timothy Lewis	do	
1850.	Drury Langston	do	
1869.	Isaac Lambkin	Thomas Butcher	
1890.	Francis Lolly	do	
1892.	Patrick Lancaster	do	
1902.	Joel Landom	do	
1980.	Robt. Langton	William Faircloth	
1984.	Martin Loubry	do	
2024.	Isaac Litter	B. McCulloch	for Selby Harney
2040.	John Litt	do	do
2081.	Joshua Lewis	Joshua Lewis	(say John Sheppard)
2101.	James Long	Sherd Barrow	
2109.	John Lippencut	do	
2145.	Jonah Langston	Thomas Butcher	
2146.	Henry Lambert	do	

No.	Name & Rank	By Whom Received	Remarks
2154.	William Lewis	Thomas Butcher	
2228.	John Luffman	Isles Simmons	
2289.	David Lippencut	William Sanders	
2293.	William Loyd	James Armstrong	
2307.	John Linn	John Marshall	
2309.	Abraham Lee	Const. Redditt	
2328.	George Low	Nathaniel Williams	
2340.	William Lurk	Phillip Fishburn	
2346.	William Loyd	do	
2351.	George Lareman	do	
2371.	Abraham Low	Andrew Armstrong	
2373.	William Lomas	Benjamin McCulluck	for Art Pearce
2413.	Joseph Lawrence	Nathaniel Williams	
2459.	William Low	George Shurlock	
2462.	Uriah Leftyear	T. Dixon	
2475.	John Landers	do	
2411.	Edward Lewis	John Davis	
2617.	Daniel Leving	William Sanders	
2653.	Isaac Letter	do	
2683.	Thomas Lewis	J. Craven	
2727.	Joshua Lacup	John Price	
2771.	Richard Lee	John Sheppard	
2802.	Walter Lindsey	John Sommers	
2928.	Patrick Lyon	John Armstrong	
2933.	Jesse Lee	Richard Ship	
2935.	Charles Lee, Sr.	do	
3009.	Moses Lain	Nathaniel Williams	
3081.	John Linton	Isaac Gregory	
3096.	John Laighton	C. Ivey	
3119.	John Lambert		not receipted for
3132.	William Lock	Samuel Parker	
3193.	Jesse Langston	C. Dixon	
3237.	Robert Locaber	B. McCulloch	
3245.	Joseph Lesly	John Marshall	
3274.	William Lynn	do	for Wm. Sanders
3283.	Jesse Loyd	do	
3368.	John Lacey	Timothy McCarthy	

M

No.	Name & Rank	By Whom Received	Remarks
1.	Fl'r'nce McCarthy, Lt.	Ab. Thomas	for F. McCarthy
9.	Jas. Morehead, Lt.	H. Montfort	for Jas. Moorehead
13.	Abel Mosslander, Lt.	do	
19.	Robt. McRennals, Ens.	John Adkinson	
27.	John Moore, A. D. Q. M.	I. B. Ashe	
50.	Dempsy Moore	William Sanders	
66.	H. Murfree, Lt. Col.	H. Murfree	
87.	Jacob Morton	Ab. Thomas	
90.	John Morrison	do	
93.	Alex McDonald, C.	do	
95.	John McCulloch	do	
100.	John McCoy	Archd. Lytle	
127.	Thomas Moore	H. Montfort	for Thos. Moore
128.	John Mires		
195.	Jas. McClellan, Sr.	John Nelson	

No.	Name & Rank	By Whom Received	Remarks
203.	Bartlett Moreland, Lt.	J. Craven	for H. Montfort
236.	Daniel McCay	Thomas Frahock	
239.	Robert Martin, Corpl.	Phillip Fishburn	
242.	Thomas Metisick	Isaac Hudson	
293.	George Mitchell	H. Montfort	for Geo. Mitchell
304.	Lemuel Moore	George Falconer	
313.	John Mitchell	Ab. Thomas	
322.	Andrew McNight	H. Montfort	for And. McKnight
332.	William Myham	Jer. Nelms	
336.	William Morris	Thomas Armstrong	
343.	John Morrison	do	
346.	Daniel Miller	F. Harget	
352.	Patrick Mason	C. Dixon	
354.	Josiah Mainor	H. Montfort	for Joe Mainor
366.	William Mooney, Lt.	C. Dixon	
371.	Benedict Miller	Phillip Fishburn	
375.	Benjamin Messer	F. Harget	
377.	J. Middlebrook, Corpl.	H. Montfort	(Say Chas. Nixon)
386.	George Marshall		
411.	John Mehaffy	Arch. Lytle	
417.	Andrew McBride, St.	do	
418.	Joseph McCalister	do	
420.	Wm. McCarthy, St.	do	
433.	Robt. McKinny	Alex Brevard	
470.	James Mitchell	Willie Jones	
479.	Reuben Moore	Hazord X Creed (his mark)	
506.	Agerton Mott	Ab. Mott	
515.	Benjamin Morris	J. Craven	for R. Holme
516.	John McElvea, Dr.	H. Montfort	
549.	Jethro Miltier	do	for Miltier
563.	John Mattock	A. Lytle	
577.	Jacob Myers	do	
614.	Andrew McClary	C. Dixon	
620.	William McClary	do	
622.	Hugh McClary	do	
623.	William McIntosh	do	
625.	Daniel Melton	C. Dixon	
654.	John Mabury	Tho. Armstrong	
666.	William Morris	William Sanders	
688.	John Madry	do	
695.	Frances Moser, Lt.	do	
696.	Samuel Moser	do	
703.	Thomas Minor	do	
723.	John Morris	Nicholas Long	
749.	Abraham Meadows	Robert Fenner	
758.	Philemon Morris	F. Harget	
792.	Patrick Murfree	J. Whitaker	
813.	Samuel Middleton	H. Montfort	for Middleton
819.	John Moseley	do	for Moseley
833.	William Madrid		Signed Wm. Madray Should be Wm. Madrid
844.	Abraham Moses		for A. Moses

No.	Name & Rank	By Whom Received	Remarks
892.	Hugh McRory	Ab. Thomas	
901.	John Montgomery	A. Lytle	
904.	William Melton	do	
920.	James Mullen	do	
932.	J. Mabry & H. Stephens	do	
940.	John Mitchell	do	
956.	Abraham Mitchell	do	
1000.	Thomas Massey	Upshaw Robinson	
1026.	Abel McPherson, Lt.	H. Montfort	
1029.	William Morgan	do	
1031.	Richard Morgan	do	
1048.	John Mason, Dd.	Ab. Thomas	
1065.	Richard Martin	H. Montfort	for Martin
1066.	Gilbert Matthews	do	do
1071.	John May	Philip Fishburn	
1073.	John Mason	Tho. Armstrong, Jr.	
1087.	John Mitchell	B. McCulloch	
1094.	John Manning	do	
1114.	Robert Morrison	John Kingsbury	
1139.	Caleb McPherson	John Bonds	
1141.	John Mooneham	do	
1176.	Jeremiah Mount	Robert Fenner	
1188.	Jacob Mitchell	H. Montfort	for Jacob Mitchell
1194.	Shadrach Mays	do	for Mays
1251.	Malcolm McDormid	Anthony Sharp	Signed by J. Craven
1263.	William Maleby	John Price	
1272.	Joel Merritt	Sen. Pitman	
1284.	Peter Marrisetti	H. Montfort	for Morrisette
1316.	John Matthews	C. Dixon	
1340.	Alexander McMullen		for McMillan
1384.	John Morgan	T. Dixon	
1385.	Richard Mount	do	
1391.	Thomas McClannen	Alexander McMillan	
1395.	Benjamin Morris	Thos. Armstrong, Jr.	
1402.	Edward Malloy	William Sanders	

[WARRENTON]

No.	Name & Rank	By Whom Received	Remarks
5.	Jacob Messick, Lt.	G. J. McRee	
22.	William Murray, Lt.	H. Murfree	
24.	John McGlahon, Capt.	do	
25.	Isaac Moore, Capt.	Nathaniel Williams	
30.	Josiah Mann, Lieut.	Thomas Donoho	
39.	James McRory, Ensn.	H. Montfort	for W. Lytle
1455.	Stephen McDowel	William Faircloth	
1456.	John Mulky	do	
1457.	Jonathan Miller	do	
1458.	Robert Magby	do	
1459.	John Mills, M.	do	
1460.	James Myrick	do	
1492.	George Morgan	John McNees	
1512.	Jesse McCalester	B. McCulloch	for J. Glasgow
1518.	William Martin	John Price	
1523.	Elisha Medlin	do	
1538.	Peter McFhagan	do	

No.	Name & Rank	By Whom Received	Remarks
1550.	Joel Monk	John Price	
1560.	Henry Malleby	do	
1564.	Elisha Modley	do	
1566.	Taylor Manning	do	
1569.	Elisha McCaw	do	
1571.	James Modlan	do	
1589.	Daniel Moore	do	
1590.	Samuel Martin	do	
1599.	Daniel McKenzie	do	
1594.	Patrick McKnight	do	
1620.	Levi Martin	do	
1630.	Reuben Mannin	do	
1638.	Thomas McFarmer	do	
1655.	Willis Melt	do	
1662.	George McGarret	do	
1674.	Job Morris	do	
1683.	Ephraim Mirrer	do	
1690.	Charles Mulden	do	
1695.	Josiah McLendon	William Faircloth	
1719.	Henry McFarshion	do	
1744.	Matthew Burwell, Lt.	do	
1755.	Lewis McNeal	do	
1787.	John Moss	do	
1810.	Isaac Morrison	do	
1851.	Jacob Molton	do	
1859.	Elisha Musa	Thomas Butcher	
1884.	Aaron Martin	do	
1913.	Charles McKelt	William Faircloth	
1944.	John Mauson	do	
1950.	Samuel Marrow	do	
1951.	George Muss	do	
1952.	Andrew McDonald	do	
1960.	Archibald McDougall	do	
1963.	Daniel McMoor	do	
1964.	David McGoin	do	
1967.	Marmaduke McCoy	do	
1971.	Theophilus Maxwell	do	
1977.	Samuel Mansfield	William Faircloth	
1982.	Simon McPhater	do	
1986.	Miles McCarthy	do	
2004.	John Miles	do	
2008.	John Markalmant	do	
2014.	Stephen McCarthy	do	
2020.	Thomas Mann	Benjamin McCulloch	for S. Harney
2062.	John Morrison	John Sheppard	
2078.	Jeremiah Modlin	Joshua Davis	
2090.	Stephen McPhadan	Thomas Butcher	
2092.	Isaac Milberry	do	
2115.	Lewis Morgan	Sherd. Barrow	
2125.	Morris Moore	do	
2135.	John Morgan	do	
2144.	Isham Morgan	do	
2149.	William Melts	Thomas Butcher	
2163.	Drury Morgan	Sherd. Barrow	

No.	Name & Rank	By Whom Received	Remarks
2166.	Tiberius March	C. Nixon	
2181.	Henry Noveal	do	
2191.	James Murray	John Sheppard	
2193.	John McCoy Senr.	do	
2197.	John McCoy, Junr.	do	
2207.	Josiah Moore	Thomas Butcher	
2215.	Edward Matthews		no receipt
2217.	Peter McGee	G. J. McRee	
2222.	William Manes	Isles Simmons	
2226.	Henry Morriset	do	
2230.	Josiah Miller	do	
2242.	Thomas *McDonald	William Lytle	*McDaniel
2243.	Micajah Menhew	do	
2252.	Joshua McEbbe	William Sanders	
2324.	Emanuel Marshall	Griffith Dange	
2331.	Zebulin Modlin (Wrong) Elish Modlin	Nath'l. Williams	
2332.	Miles Modlin	Nath'l. Williams	
2350.	John McNary	Phillip Fishburn	
2355.	John McWhorter	do	
2365.	Phillip Myers	do	
2397.	Alexander McCulloch	William Lytle	
2400.	William Martin		no receipt
2410.	George Mattison, C.	A. Nelson	
2414.	Richard Mohaves	Griffith Douge	
2416.	Thomas May	B. McCulloch	
2419.	John McGound		no receipt
	Lemuel Moore. See No. 304, Halifax Settlements		
2434.	Thomas Mullen		
2454.	William Morgan		
2470.	James McCaleb		
2471.	Joseph McCalister		
2478.	Duncan McBride		
2484.	James Maloy		
	Edward Maloy. See No. 1402, Halifax Settlements		
2485.	Alexr. McGlanglin		
2508.	Charles Murray, L.	John Daves	
2516.	William Midget	do	
2528.	William Meeks		no receipt
2565.	Samuel McClelland	Phillip Fishburn	
2569.	Moland Maibry	H. Montfort	for Mrs. Mabry
2571.	John Madry	Will Johnston	
2579.	Britain Moore	John Price	
2583.	Job Mayo	do	
2596.	Shadrach Mency	do	
2600.	Isham Macklin	do	
2601.	Charles Mannan	do	
2606.	Solomon Mosely	John McNees	
2615.	Richard Moss	William Sanders	
2631.	William Macon	do	
2632.	James Macon	do	
2651.	Henry Monk	Thomas Butcher	
2658.	John McCalop	do	
2674.	Timothy Mauning		

No.	Name & Rank	By Whom Received	Remarks
2690.	John Marr, Senr.	John Rochell	
2691.	Sampson Morgan	Nichos. Long	
2696.	Peter McClain	Simon Totevine	
2699.	William Martins	do	
2710.	Moses Morris	John Price	
2715.	Caleb McMoor	do	
2721.	Gilbert Mitchell	do	
2741.	Andrew Moorham	do	
2746.	Simon McFoster	do	
2761.	John May	Phillip Fishburn	
2764.	William Myers	do	
2765.	Alexander McCoy	do	
2769.	Ferrell Moss	Benj. Moss	
2780.	James McNatt	James Pearl	
2783.	Thomas McCormack	Phillip Fishburn	
2790.	Phillip Morris	do	
2799.	Marmaduke Maples	Thomas Donoho	
2827.	Bolen Matthews	do	
2829.	William McCormack	do	
2830.	John McCormack	do	
2848.	William Millage	William Faircloth	
2851.	Richard Naughton	do	
2868.	John McMurphy	do	
2894.	Sanders Michals	do	
2913.	Arthur McDonald	William Lytle	
2916.	William Morris	do	
2936.	Dempsey Marlow	Rich'd. Ship	
2944.	Lewis Martin	James Homer	
2950.	Benjamin Mound	do	
2959.	Griffin Michal	do	
2968.	John Mahoney	B. McCulloch	
2971.	Thomas Mosely	Nichos. Long	
2993.	John Morgan	H. Murfree	
2996.	Moses Manley	do	
2997.	Michael McKeel	do	
2998.	Nottingham Monk	do	
3000.	Southam Manly	do	
3005.	Marmaduke Moore	do	
3006.	James Morgan	do	
3022.	William Muckle	John Sommers	
3036.	John Murray	do	
3038.	Thomas Manning	Thomas Armstrong	
3080	Caleb Merchant	Isaac Gregory	
3103.	Arnold Mann	Nathan X Harris (his mark)	
3106.	William Miller	J. Marshal	
3133.	Thomas Mallett		not receipted
3148.	Aaron Medlin		do
3159.	John Lacolin	James Bristow	
3164.	John Mooring	John Daves	
3166.	Thomas Marstern	do	
3171.	Larkin McDonald	Thomas Person	
3182.	Thomas Morris	C. Nixon	

No.	Name & Rank	By Whom Received	Remarks
3196.	Matthias Morgan	C. Nixon	
3197.	Michael McMullen	do	
3202.	William McLellen	do	
3226.	Jesse Martin	John Marshall	
3231.	Matthias Menson	do	
3232.	Gabriel Manly	do	
3249.	William Moseley	James Armstrong	
3258.	Jacob Milles	Phillip Fishburn	
3282.	James McDonald	John Marshall	for W. Sanders
3357.	Bachford Morpass	Timothy McCarthy	

N

No.	Name & Rank	By Whom Received	Remarks
42.	William Neill, Lt.	Alexander Brevard	
161.	John Nicholson	J. Craven	
182.	Isaac Nicholson	Jos. Hadley	
207.	Shadrach Nettles	H. Montfort	for Shad Nettles
266.	James Nichols	do	for James Nichols
347.	Patrick Newton	do	for P. Newton
353.	William Neithercut	do	for Neithercut
463.	Boothe Newsom		
837.	Robert Newsom	Boothe X Newsom his mark	
873.	Dickson Nelly	F. Harget	
939.	Christopher Neale	Christopher Neale	Say H. Montfort for Neale
1040.	Joseph Nicks	Thomas Person	
1130.	Hancock Nichols	H. Montfort	for Nichols
1181.	Jeremiah Nichols	John Bonds	
1207.	Robert Newbry	John Price	
1212.	Enos Norwell	Phillip Causey	
1227.	John Newall	John Sheppard	
1264.	Francis Nash	William Faircloth	
1362.	John Nicholson	C. Dixon	
1368.	Jeremiah Nicholson	do	
876.	John Nichols	H. Montfort	for Nichols

[WARRENTON]

No.	Name & Rank	By Whom Received	Remarks
1548.	William Neal	John Price	
1582.	John Norwood	do	
1722.	Robert Nobles	William Faircloth	
1847.	Willoby Nobles	do	
1889.	Stephen Newton	Thomas Butcher	
1904.	Jesse Nate	do	
1908.	Allen Near	do	
1922.	Phillip Niles	William Faircloth	
1929.	Jethro Nott	do	
2033.	Samuel Nichols, L.	B. McCulloch	for Selby Harney
2156.	William Norwell	Thomas Butcher	
2257.	Thomas Newberry	William Sanders	
2277.	Drury Nann	do	
2245.	Samuel Nothern	Phillip Fishburn	
2389.	Richard Nash	B. McCulloch	for Art Pearce
2415.	Benjamin Nobles	do	Selby Harney
2431.	Levi Norman	William Sanders	

No.	Name & Rank	By Whom Received	Remarks
2444.	Joseph Newman	William Lytle	
2467.	John Needham	T. Dixon	
2558.	David Neakins	William Sanders	
2598.	Thomas Nail	John Price	
2633.	Nathaniel Nann	William Sanders	
2686.	Aaron Newsom	J. Craven	for B. McCulloch
2846.	Drury Nevill	William Faircloth	
2890.	Joseph Nunn	do	
2896.	Frederick Norris	do	
2942.	Darby Newsom	James Homes	
3027.	John Nixon, C.	John Sommers	
3154.	Jeremiah Norris	William Peay	
3176.	Matthew Newby	C. Nixon	by J. Marshall
3192.	Jesse Night	do	do
3240.	John Nelson, St.	John Marshall	
3333.	Daniel Nowell	Timo. McCarthy	

O

No.	Name & Rank	By Whom Received	Remarks
14.	Chas. O'Neill, Lt.	Ab. Thomas	
179.	Jacob Omerry	Thos. Armstrong	
184.	Francis Owens	Jos. Hadley	
200.	William O'Bannon	Thos. Person	
280.	David Owens, dd	H. Montfort	for D. Owens
358.	John Olive	do	J. Olive
438.	Bailey Owens	J. Craven	
472.	John Onen	"Pd. Willie Jones"	but not receipted
535.	William Orange	Henry Overstreet	
641.	Charles Orr, Corpl.	H. Montfort	for Orr
925.	William Overby	A. Lytle	
1047.	Enoch Owens	Ab. Thomas	
1163.	Daniel Obarr	Wynn Dixon	
1164.	Robert Obarr	do	
1291.	John Oliver	William Oliver	
1403.	John Overby	William Sanders	

053 [WARRENTON]

No.	Name & Rank	By Whom Received	Remarks
1652.	John Oakland	John Price	
1672.	Isaac Owell	do	
1699.	Josiah Oakland	William Faircloth	
1738.	Samuel Orr	do	
1771.	James Owell	do	
1785.	Henry Oliver	do	
1805.	Solomon Overton	do	
1806.	Thomas Owel	do	
1907.	Isaac Obedson	Thomas Butcher	
1911.	John Obedson	do	
1928.	Darby O'bryan	William Faircloth	
1945.	Archibald O'Neill	do	
1948.	Tide O'Bryan	do	
1953.	Daniel Oate	do	
2085.	Michael O'Phegan	Thomas Butcher	
2093.	William Oxby	do	
2100.	John Overstreet	Sherd Barrow	
2112.	Prince Orange	do	

No.	Name & Rank	By Whom Received	Remarks
2138.	Isham O'Neil	Sherd. Barrow	
2283.	Benjamin O'Hassel	Wm. Sanders	
2292.	Thomas Owens	do	
2556.	Daniel Overton	do	
2613.	James Overton	do	
2854.	Rowland Oliver	William Faircloth	
3017.	Joab Overton, C.	Benj. Easman	
3128.	John O'Neal		no receipt
3179.	John O'Guinn	John Marshall	for C. Nixon
3199.	Ricey Oliver	do	do
3335.	John Outlaw	Timo. McCarthy	

P

No.	Name & Rank	By Whom Received	Remarks
113.	Hugh Parks	Arch'd. Lytle	
122.	Thomas Pierce	H. Murfree	
125.	Ransom Prewet	Tho. Armstrong	
126.	Joshua Prewet	do	
129.	John Peasley	H. Montfort	for J. Peasley
141.	William Proctor	John Ingles	
146.	John Parish	H. Montfort	for Parish
166.	John Pritchet	J. Craven	
174.	Isham Pully	B. McCulloch	
187.	Isaiah Parr, St.	Selby Harney	
225.	Phil Paul	H. Montfort	for Paul
229.	George Powell	A. Brevard	
252.	James Pierce	Thomas Stokes	
257.	James Powell	Samuel Petman	
265.	Richard Phillips	H. Montfort	for Phillips
270.	Daniel Patter	do	
278.	Gideon Pettit, Fifer	Thos. Armstrong	
292.	Edward Pate	H. Montfort	for Pate
296.	Kedar Phelps	James Cobb	
301.	Hardman Portoise	H. Montfort	for Portoise
306.	William Parks	do	for Parks
339.	Robert Pierson	Thomas Armstrong	
342.	James Passons	do	
373.	John Platt	John Grimes	
374.	William Pate	F. Harget	
383.	John Proudford	Tho. Armstrong	
434.	James Prim, Corpl	J. Craven	
437.	Tilman Patterson, St.	do	
465.	David Poe	H. Montfort	
481.	Emanuel Partree	Selby Harney	
487.	Reubin Pierce	Tho. Armstrong	
496.	Noah Parr	Ab Thomas	
520.	Abraham Prim	Tho. Armstrong	
523.	James Pierce	(See No. 273 forward)	
523.	Caleb Parr	H. Montfort	for Parr
526.	Thomas Parker		
547.	Robert Perry	H. Montfort	for Perry
557.	Thomas Pryor	John McNees	
574.	Richard Philsby	A. Lytle	
647.	Tobias Purvis	H. Montfort	for Purvis
687.	Absolom Powers	William Sanders	

No.	Name & Rank	By Whom Received	Remarks
709.	John Patterson	William Sanders	
711.	Nathaniel Pharo	do	
733.	Benjamin Page	Thomas Person	
748.	Willoby Prescott	Robert Fenner	
767.	George Plumby	John Sheppard	
775.	Joseph Parker	do	
976.	William Pridgen	do	
812.	Charles Porter	Benj. Atkins	
820.	John Platt	H. Montfort	for John Platt
821.	John Pond	do	J. Pond
830.	James Paramore	John McNees	
841.	James Powers	H. Montfort	for Powers
875.	Thomas Pedon	David Passmore	
912.	Thomas Parks	A. Lytle	
941.	William Parrum	do	
943.	John Parks	do	
952.	Thophilus Pierce	do	
953.	Thomas Paddin	do	
954.	Adam Perkins	do	
960.	Beverly Parkinson	do	
986.	Henry Parish	J. Craven	
996.	John Perry	Thos. Evans	
1021.	Axum Powell	H. Murfree	
1035.	David Pendergrass	Thos. Person	
1036.	James Porch	do	
1060.	John Phillips	James Thompson	
1080.	Thomas Price	B. McCulloch	
1142.	Needum Perrit	John Bonds	
1169.	Peter Piland	H. Montfort	for Piland
1172.	Abraham Page	do	Page
1204.	Benjamin Powell	Tho. Tison	
1208.	Nicholas Parish	John Price	
1211.	William Proctor	Philip Causey	
1223.	Mathew Pollard	John Sheppard	
1231.	Stephen Pettis	do	
1239.	Wm. & Joshua Porter	Thos. Armstrong, Jr.	
1247.	John Privett	Thos. Armstrong, Jr.	
1259.	William Pierce	H. Montfort	for Privett
1292.	Roger Parsons	John Grimes	
1293.	Jesse Parsons	William Oliver	
1294.	Nathan Parsons	Rich'd. Crutchfield	X his mark
1296.	Samuel Pope	John McNees	
1298.	James Phelps, Fifer	William Faircloth	
1301.	George Plumby	John Price	
1318.	Thomas Prewet	Charles Dixon	
1333.	Needum Perry	do	
1400.	Jacob Pendergrass	Wm. Sanders	
1401.	William Petteford	do	
273.	James Pierce	H. Murfree	

[WARRENTON]

13.	John Pilly, P. M.	Cosimo Medici	
1442.	Joseph Purvie	William Faircloth	
1443.	Isaac Perry	do	

No.	Name & Rank	By Whom Received	Remarks
1444.	William Pollard	William Faircloth	
1445.	Willis Pipkin	do	
1485.	Peter Poyner	do	
1517.	Thomas Pettijohn	John Price	
1519.	William Phelps	do	
1527.	Zebulon Pratt	do	
1544.	John Pickman	do	
1576.	John Parr	do	
	[Page 240]		
1592.	Reuben Pope	do	
1596.	Francis Potter	do	
1626.	Samuel Parker	do	
1658.	Noah Phelps	do	
1659.	Moses Phelps	do	
1681.	Jesse Patterson	do	
1685.	Vinson Pope	do	
1696.	James Paxton	William Faircloth	
1701.	Cornelius Paynter	do	
1707.	Arm Proctor	do	
1733.	Peter Payne	do	
1748.	Francis Powell	do	
1751.	Nicholas Powel	do	
1762.	Robert Powers	do	
1769.	Mark Parish	do	
1773.	Peter Powel	do	
1774.	Titus Petty	do	
1775.	Daniel Pettis	do	
1792.	James Phillips	do	
1822.	Stephen Pelock	do	
1898.	Joshua Parnall	Thos. Butcher	
1909.	Aaron Poon	do	
1914.	David Pernalt	William Faircloth	
1916.	Alexander Potts	do	
1958.	Stephen Putnam	do	
1961.	Anthony Powel	do	
1988.	Stephen Philips	do	
2013.	Augustine Price	do	
2060.	Benjamin Pollock	John Sheppard	
2064.	Stephen Powell	do	
2080.	Moses Powel	do	
2117.	Mulford Portes	Sherd. Barrow	
2119.	Demsey Pace	do	
2140.	Isham Pitman	do	
2152.	David Pew	Tho. Butcher	
2167.	John Pusley	Sherd. Barrow	
2171.	Barnett Purvis	do	
2188.	Isham Parker	do	
2190.	Joseph Parker, Lt.	John Sheppard	
2196.	Mark Philips	do	
2201.	William Phillips	do	
2206.	William Patrick	Tho. Butcher	
2213.	Daniel Peal		no receipt Endorsed Will Barksdale

No.	Name & Rank	By Whom Received	Remarks
2244.	John Pennel	Will Lytle	
2266.	John Padget	William Sanders	
2295.	James Price	John Marshall	
2335.	William Parr	Griffith Dange	
2337.	Hillary Parker	Isles Simmons	
2394.	Austin Prescott		☞ no receipt for B. McCulloch
2497.	William Phelps, Senr.	J. Craven	
2527.	Tho. Prescott, Ser.	John Daves	
2530.	Elisha Phelps	John McNees	
2564.	Micajah Petaway	Nath'l. Belberry	
2573.	Andrew Pool	John Price	
2575.	Elisha Peters	do	
2580.	William Perdue	do	
2586.	Elisha Pool	do	
2597.	Elisha Price	do	
2599.	Joseph Phelps	do	
2605.	Peter Paul	John McNees	
2618.	Uriah Pendleton	William Sanders	
2622.	Israel Pierce	do	
2665.	Joshua Pelt	Thomas Butcher	
2687.	Micajah Prewet	Thomas Person	
2720.	Jethro Piper	John Price	
2743.	Andrew Parrot	do	
2777.	Thomas Potter	John Garland, Jr.	
2782.	Alexander Patterson	Philip Fishburn	
2797.	Hugh Patterson	do	
2867.	Parl Perry	William Faircloth	
2872.	Patrick Peal	do	
2881.	Willoby Proctor	do	
2886.	David Paul	do	
2906.	John Poor	William Lytle	
2931.	Elisha Parker	Richard Ship	
2943.	Barnaba Pate	James Homes	
2952.	Nathaniel Pledges	do	
3025.	S. Park, Lt. & Ensn.	John Sommers	
3048.	Martin Patterson	Thomas Armstrong	
3051.	Rawlei'h Pendergrass		Pd to Macon no receipt
3062.	Nathaniel Parrot		no receipt
3101.	Jacob Powel	Curtis Ivey	
3142.	Benjamin Partin	B. McCulloch	
3161.	Joseph Pack	Phillip Fishburn	
3174.	Hance Pillegrew	J. Marshall	for C. Dixon
3200.	William Plumer	do	do
3220.	John Phips	do	do
3266.	Charles Presley	Phillip Fishburn	
3269.	John Pollard	J. Marshall	for Saunders
3271.	James Pollard	do	do
3287.	Henry Phillips	do	do
3305.	John Powers	Absalom Powers	
3326.	Henry Pythrus	Timothy McCarthy	
3332.	Aaron Patt	do	
3342.	Jacob Parker	do	
3351.	Elliott Pass	do	
349.	David Quinn	H. Montfort	for Quinn

[Page 242]

R

No.	Name & Rank	By Whom Received	Remarks
4.	Francis Ross, Lt.	Ab Thomas	
12.	John Raiford, Lt.	H. Montfort	for Raiford
23.	Joseph Richardson	do	for Richardson
24.	John Richardson, Ensn.	do	
39.	Hezekiah Rice, Capt.	Ab. Thomas	
99.	James Rainey	do	
101.	Peter Rainey, Lt.	do	
103.	John Reddin	do	
115.	Thos. Robinson	Arch Lytle	
117.	Stephen Ray	H. Murfree	
140.	Nathaniel Roper	John Ingles	
150.	Jesse Rickson	do	
212.	John Reel	Alex Brevard	
235.	Jacob Robinson, Lt.	Thos. Armstrong	
248.	Andrew Randall, Lt.	David Passmore	
249.	Isaac Rhodes	H. Murfree	
255.	Jesse Reeves	Sam'l. Pitman	
264.	David Robinson	John Nelson	
272.	Abraham Reddick		
275.	Samuel Reeves	H. Montfort	for S. Revons
287.	Joshua Reams	do	
295.	Maurice Raiford	do	
302.	Peter Rheims	Richard Fenner	
307.	Benjamin Reeves	John McNees	
318.	Thomas Reasons	H. Bond	
324.	James Riddle	H. Montfort	
394.	Lewis Ralph	C. Dixon	
397.	Moses Roberts	H. Montfort	
399.	William Rowland	Arch Lytle	
400.	Robert Rowland	do	
406.	Thos. Robinson	do	
416.	James Rowland	do	
424.	James Ross	A. Brevard	
448.	Joel Robinson	J. Craven	
473.	Thomas Roberts	"pd Willie Jones"	not receipted
505.	Daniel Rice	Ab Thomas	
552.	Thomas Richardson	H. Montfort	
566.	John Rice	A. Lytle	
475.	Kinchen Roberts	H. Montfort	
611.	Joseph Robinson	C. Dixon	
627.	William Randall	do	
633.	Thomas Richardson	do	
642.	Isaac Reddick	Benj. Perry	
644.	James Rawls	H. Montfort	for Barksdale
655.	William Randolph	Alex. McMillin	
689.	Thomas Rice	Wm. Sanders	
701.	James Rigsby	do	
706.	Charles Rowe	do	
761.	Benjamin Revons	H. Montfort	for Reeves
772.	John Rigkins	J. Sheppard	
798.	William Robb	H. Montfort	
831.	Ephriam Rogers	J. McNees	

No.	Name & Rank	By Whom Received	Remarks
	[Page 243]		
838.	James Richards	Thomas Armstrong	
842.	Nathan Rhodes	B. McCulloch	
852.	Stephen Rogers	John Daves	
856.	Ephraim Reynolds	do	
861.	John Revills	John Sheppard	
894.	Frederick Reeves	H. Montfort	for M. Hunt
905.	Morris Richards	A. Lytle	
927.	George Reggs	do	
948.	Jesse Robinson	do	
977.	John Ross, Dag	Ab Thomas	
979.	Hudson Ray	A. Lytle	
993.	Jas. Rowe, F. Arty.	Thos. Evans	
999.	Reubin Robinson	Upshaw Robinson	
1012.	James Roberts	Robert Fenner	
1022.	William Rix	H. Murfree	
1077.	John Rowe	B. McCulloch	
1098.	William Russell	do	
1103.	Henry Robinson	B. Adkins	
1117.	Malachi Russell	H. Montfort	for M. Russell
1147.	Frederick Reed	John Bonds	
1151.	Vincent Roberts	T. Dixon	
1209.	Michael Rogers	John Price	
1236.	John Right	H. Montfort	for Right
1255.	Lazarus Revell	do	for L. Revell
1268.	William Rollins	do	for W. Rollins
1271.	Eli Rogers	John Price	
1297.	Jeremiah Reardon	H. Montfort	for J. Reardon
1346.	Joel Riggins	C. Dixon	
1350.	Samuel Rooks	do	
1359.	John Ross	do	
1371.	Peter Rame	do	
1386.	Reubin Roberts	T. Dixon	

[WARRENTON]

No.	Name & Rank	By Whom Received	Remarks
28.	Zeri Rice, Lieut.	Thos. Donoho	
37.	Lovick Rochell, Lt.	John Marshall	
1461.	Thomas Richardson	William Faircloth	
1462.	Solomon Ramsey	do	
1463.	Thomas Reddick	do	
1464.	Andrew Russell	do	
1484.	Aaron Renn	do	
1486.	Peter Reddick	do	
1487.	Jesse Rogers	do	
1501.	Andrew Rowel	John Sheppard	
1502.	Samuel Rowel	do	
1536.	Samuel Rutledge	John Price	
1579.	William Robins	do	
1597.	Samuel Rowland	do	
1622.	James Robins	do	
1633.	Andrew Rose	do	
1649.	Aron Ruther	do	
1650.	Howell Redman	do	
1689.	Moses Raley	do	

No.	Name & Rank	By Whom Received	Remarks
1692.	Jonas Riddick	William Faircloth	
1728.	Henry Richards	do	
1743.	John Russell	do	
1749.	James Roberts	do	
1761.	Sampson Roberts	do	
1815.	Solomon Robinson	do	
1903.	Elisha Roke	Thomas Butcher	
1923.	Jethro Randolph	William Faircloth	
1962.	David Ruster	do	
2003.	Benjamin Rowland	do	
2038.	John Ralph	Benjamin McCulloch	for S. Harvey
2053.	Andrew Rowell	John Sheppard	
2076.	Samuel Rowe, C.	Joshua Davis	
2077.	John Richardson	do	
2147.	Daniel Rhodes	Thomas Butcher	
2159.	Hardy Robertson	do	
2204.	Henry Ruff	do	
2216.	Eli Rogers	Robt. Fenner	
2237.	James Rainey	William Lytle	
5239.	Nicholas Rochester	do	
2272.	Buckner Rooks	William Sanders	
2298.	Larkin Rogers	John Marshall	
2343.	Jacob Rusher	Phillip Fishburn	
2370.	Jonathan Richards	James Bristow	
2421.	Abraham Reddick		no receipt
2429.	Mark Robertson	William Sanders	
2439.	James Rogers		no receipt
2448.	Anderson Runnery		do
2461.	Peter Roberts	William Sanders	
2469.	Charles Rosier	T. Dixon	
2473.	Jesse Rowel	do	
2482.	Jordan Rosier	do	
2486.	Samuel Ross	William Gowdy	
2498.	James Royall	John Davis	
2521.	Charles Roach	Charles Gerrard	
2535.	John Ridgeway	J. Craven	for J. Ingles
2558.	Shadrach Roberts	Samuel Parker	
2560.	Thomas Ryan, M.	William Sanders	
2624.	Arthur Rogers	do	
2675.	William Rogers	James Williams	
2745.	Andrew Right	John Price	
2805.	William Read	John Sommers	
2815.	John Roberts	H. Murfree	
2825.	Thomas Reddin	Thos. Donoho	
2834.	William Ridley	do	
2838.	George Roaper	do	
2853.	Ebenezer Rasberry	William Faircloth	
2866.	Jeremiah Reynolds	do	
2908.	John Ronniefer	Will Lytle	
2915.	Reason Rickets	do	
2938.	Constantine Reddit, C.		
2946.	Jarvis Raines	James Holmes	
2973.	Anthony Rogers	Sim Totevine, Fran	
2974.	Joseph Ritter	Maxwell, J. Garland &	

No.	Name & Rank	By Whom Received	Remarks
2982.	James Rickerson	James Homes	
2992.	Absolom Riggs	do	
3020.	James Roark	John Sommers	
3042.	Daniel Rowson, S.	Tho. Armstrong	
3057.	William Red		no receipt
3066.	Powell Riggins		
3087.	John Renton	B. Sanders	
3110.	Powell Riggins		
3114.	William Rogers	Samuel Parker	
3138.	Cornelius Roomer	Isles Simmons	
3156.	John Reeves	James Bristow	
3191.	George Rochell	C. Dixon	J. Marshall
3216.	William Roberts	John Marshall	for C. Dixon
3227.	David Rogers	do	
3242.	Thomas Rickets, M.	do	
3248.	Edward Robertson		no receipt
3261.	Charles Russ	Phillip Fishburn	
3311.	Frederick Reeves	Warren Alford	
3325.	William Redit	Timothy McCarthy	
3347.	David Ryan	do	
3363.	Daniel Ray	do	
3377.	David Reeves	do	

S

No.	Name & Rank	By Whom Received	Remarks
61.	James Spicer, P. M.	John Daves	
5.	John Sheppard, Major		
17.	John G. Scull, Lieut.	J. Leonard	
18.	Wm. Sheppard, Capt.	John Sheppard	
30.	Silas Stephenson, Cap.	Rich'd. Fenner	for J. Court
55.	Sedg'k. Springs, Armr.	H. Montfort	for S. Springs
60.	John Spicer, P. M.	John Daves	
74.	James Shine, Lieut.	M. Eelbeck, Junr.	
81.	Robert Sears, pri.	H. Montfort	
118.	Joseph Spearpoint	do	for Spearpoint
142.	Caleb Smith	John Ingles	
157.	Lewis Stephens	J. Craven	
180.	John Smith	John Bonds	
186.	Isles Simmons, Sergt.	Selby Harney	
205.	James Strange	John McNees	
230.	James Smith, Wag.	J. Craven	for R. Holme
233.	Christain Snider	A. Brevard	
234.	William Sheppard, St.	H. Montfort	for W. Sheppard
345.	William Snipes	do	for Will Snipes
357.	Willis Simmons	do	for W. Simmons
364.	William Sneatman	do	for W. Sneatman
365.	Frederick Stewalk	do	for Stewalk
367.	Thomas Searts	Thomas Vicars	
372.	Filix Simmons	F. Harget	
379.	George Simmons	C. Dixon	
381.	Jacob Stilwell	do	
382.	John Southerland	do	
389.	Thomas Scott	J. Craven	
392.	Robert Searts	H. Montfort	for R. Searts
421.	George Streider	Arch. Lytle	

No.	Name & Rank	By Whom Received	Remarks
432.	Thomas Stephens	Alexander Brevard	
440.	Christopher Strother	J. Craven	
494.	Francis Sumner	Ab Thomas	
495.	William Sketo	do	
522.	John Steptoe, St.	Henry Overstreet	
529.	Joseph Speight	John Ingles	Maj. McRee
545.	Benjamin Stephens	H. Montfort	for B. Stephens
804.	Micajah Springs	do	for Springs
806.	Hugh Stephenson	do	for Stephenson
811.	George Scurlock	do	for Scurlock
822.	Benjamin Simmons, Lt.	Thomas Evans	
824.	James Surrivan		Drawn by J. Sheppard no receipt
836.	Augustine Sabury	H. Montfort	
864.	Jonathan Stanley	John Sheppard	
866.	Robert Stranaland	F. Harget	
871.	Joseph Skipper	do	
872.	Nathan Skipper	do	
910.	William Shannon	Arch Lytle	
918.	Asa Searcey	do	
928.	John Sanders	do	
932.	H. Stephens & J. Maibry	do	
959.	James Spence, Drag.	do	
967.	James Stranaland	F. Harget	
962.	William Steele, Corpl.	Archd Lytle	
964.	Jesse Spilliards	do	
965.	William Spiers	do	
971.	John Scott	do	
1002.	John Simmons	Jesse Read	
1014.	William Stewart	Robert Fenner	
1042.	John Stepp	Thomas Person	
1076.	David Stillwell	E. Gamble	
1099.	James Scriven	B. McCulloch	
562.	James Sellers	A. Lytle	
601.	Robert Sanders, Senr.	C. Dixon	
602.	Robert Sanders, Junr.	do	
605.	Jesse Shy	do	
606.	James Shadden	do	
631.	Francis Standback	do	
632.	John Stilwell	do	
635.	Thomas Swann	do	
639.	Henry Singleton	Benjamin McCulloch	
668.	John Seagraves	William Sanders	
672.	Littleberry Stone	do	
676.	John Seagraves, SENR.	do	
677.	John Seagraves, JUNR.	do	
679.	Thomas Striplin	do	
685.	Newton Striplin	do	

[Page 247]

No.	Name & Rank	By Whom Received	Remarks
700.	William Skeborn	H. Montfort	
712.	William Scott	William Sanders	
722.	James Stallions	Nichos Long	
730.	John Smith	William Sanders	
731.	Aaron Springfield	do	

No.	Name & Rank	By Whom Received	Remarks
756.	William Shute	John McNees	
779.	Hugh Stephenson	John Sheppard	
791.	William Smith	William Muir	
794.	Benjamin Smith	H. Montfort	for Smith
796.	Joseph Spearpoint	H. Montfort	for Spearpoint
1100.	Insell Spence	do	
1121.	William Stewart	H. Montfort	for W. Stewart
1127.	Mitchell Smith	do	for Smith
1152.	Jeremiah Sexton	T. Dixon	
1182.	James Smith	H. Montfort	for J. Smith
1195.	Jesse Shevers	do	for Shevers
1210.	William Smith	Phillip Causey	
1218.	John Sullivan	H. Montfort	for Sullivan
1220.	James Scurlock	do	for Scurlock
1245.	Caldwell Stewart	do	for Stewart
1250.	James Slater	do	for Slater
1257.	Edward Stradley	do	for Stradley
1265.	John Suggs	William Faircloth	
1276.	Zaccheus Shaw	H. Montfort	for Shaw
1278.	Job Sanders	do	for Sanders
1286.	William Spires	do	for Spears
1304.	Joseph Sutton	Benjamin McCulloch	
1322.	James Swiney	C. Dixon	
1328.	Jordan Sherrod	B. McCulloch	Says Charles Dixon
1335.	George Southerland	C. Dixon	
1338.	William Starkey	do	
1377.	Robert Simms	do	
1389.	Jacob Spilmore	F. Dixon	

[WARRENTON]

[Page 248]

No.	Name & Rank	By Whom Received	Remarks
31.	Robert Singleton, Lt.	Thos. Donoho	
1446.	William Sparkman	William Faircloth	
1447.	Jonathan Smiler	do	
1448.	Andrew Skipton	do	
1449.	Joseph Scull	do	
1450.	John Stone	do	
1451.	Joshua Simons	do	
1452.	James Sowell	do	
1453.	Zedekiah Stone	do	
1454.	Edward Spalding	do	
1481.	Drury Simms	do	
1491.	Solomon Swift	John McNees	
1509.	Edward Smithwick	B. McCulloch	for Jas. Glascow
1516.	Peter Simmons	John Price	
1539.	Andrew Stadley	do	
1567.	Peter Sirls	do	
1570.	Samuel Spaun	do	
1572.	Edward Sordon	do	
1584.	Andrew Stephenson	do	
1598.	Thomas Spiers	do	
1644.	John Sprigg	do	
1697.	Joseph Samford	William Faircloth	
1704.	Jesse Stradley	do	

No.	Name & Rank	By Whom Received	Remarks
1756.	William Studman	William Faircloth	
1757.	James Steadmore	do	
1778.	James Scalf	do	
1784.	Joshua Steal	do	
1801.	John Simmons	do	
1802.	Joseph Steadmore	do	
1808.	Stephen Sobarton	do	
1817.	Joel Shubatton	do	
1819.	John Southall	do	
1861.	Garrett Still	Thomas Butcher	
1867.	Evenezer Smith	do	
1874.	John Stobo	do	
1875.	Jeptha Smith	do	
1878.	Thomas Singleton	do	
1880.	Andrew Sills	do	
1936.	Henry Stomer	William Faircloth	
1954.	Thomas Sewell	do	
1957.	Peter Smither	do	
1972.	Elias Skilar	do	
1975.	Peter Stealman	do	
2005.	Thomas Skipton	do	
2010.	Abraham Stephenson	do	
2019.	Isaac Sanderlin	B. McCulloch	for Selby Harney
2025.	William Sexton	do	do
2026.	Jabez Spence	do	do
2028.	Jonathan Sextons	do	do
2039.	Levi Sanderlin	do	do
2045.	Luke Sylvester	do	do
2059.	Charles Smith	John Sheppard	
2066.	Joseph Smith	do	
2067.	John Sollings	Thomas Butcher	
2072.	Daniel Swills	Joshua Davis	
2099.	William Short	Sherd Barrow	
2105.	David Short	do	
2110.	James Sikes	do	
2111.	Isham Short	do	
2118.	Overstreet Scott	do	
2120.	Samuel Scutchins	do	
2128.	Abraham Short	do	
2164.	Applewhite Sanders	do	
2165.	Elleck Sneed	do	
2168.	John Sanders		
2169.	William Shevers		
2177.	Lyas Savage		
2178.	John Sneed		
2180.	Merideth Scutchins		
2182.	Hancock Stanly		
2187.	Joel Stone		
2198.	Stephen Smith	John Sheppard	
2218.	Caleb Sanders, C.	Isles Simmons	
2232.	Cullen Sanderson	do	
2255.	Benjamin Smith	William Sanders	
2261.	Micajah Savage	do	
2265.	Myatt Stiley	do	

No.	Name & Rank	By Whom Received	Remarks
2275.	Thomas Skinner	William Sanders	
2278.	John Smithers	do	
2281.	Moses Smithers	do	
2284.	Jacob Simpson	do	
2287.	Isaac Simpson	do	
2300.	Jonathan Simpson	John Marshall	
2329.	Robert Staples, M.	Nathaniel Williams	
2330.	Willis Sawyer	do	
2342.	John Silliman	Phillip Fishburn	
2348.	James Simsell	do	
2364.	Robert Skipton	do	
2368.	Samuel Sloan	do	
2412.	Randall Shoemaker	Alex. Nelson	
2424.	William Smith	William Sanders	
2425.	William Smith		no receipt
2436.	Paul Sink	William Lytle	
2437.	Dempsy Sikes, M.	do	
2449.	John Swanson	James Hinton	
2455.	William Story	Abram X Bush (his mark)	
2456.	Lewis Sholt	do	
2465.	Samuel Serret	T. Dixon	
2487.	Charles N. Scrugg	John Macon	
2496.	Andrew Sanders	John Daves	
2497.	William Sanders	do	
2505.	Levi Surman	do	
2510.	Joseph Seaburn	do	
2519.	Whitak'r Shadforth, St.	do	
2522.	Austin Spain, St.	Charles Gerrard	
2523.	William Spain, F.	do	
2524.	Epps, Spain, Lt. C.	do	
2540.	William Stephenson	William Sanders	
2542.	Dred Simpson	do	
2548.	John Stealman	William Sanders	
2549.	John Smith	do	
2557.	Josiah Smith	do	
2576.	Martin Simmons	John Price	
2609.	David Spear, S.	John McNees	
2611.	John Smallwood	do	
2621.	James Steverston	William Sanders	
2641.	William Skinner	do	
2657.	Watson Stringer	Thomas Butcher	
2661.	Burwell Salls	do	
2662.	Frederick Stricklin	J. Craven	
2685.	Joseph Sketar	Thomas Butcher	
2692.	Arrington Sheppard	Phillip Miller	
2697.	Daniel Sullivan	Simon Totevine	
2731.	Ebenezer Stalling	John Price	
2732.	John Stegall	do	
2734.	Abner Shuffeld	do	
2737.	William Spivey	do	
2753.	Peter Seaner	Phillip Fishburn	
2756.	Frances Seals	do	

No.	Name & Rank	By Whom Received	Remarks
2757.	John Smith	Phillip Fishburn	
2763.	James Smith	do	
2772.	Isaac Solomon	John Sheppard	
2791.	James Sloan	Phillip Fishburn	
2800.	John Stephens, C.	Thomas Donoho	
2801.	James Standford	do	
2806.	William Spinney	John Sommers	
2808.	James Sexton, L.	do	
2812.	John Soulter	do	
2818.	Nehemiah Smith	Thomas Donoho	
2831.	William Symms	do	
2835.	Peter Stansell	do	
2849.	Raymond Solomons	William Faircloth	
2850.	Bartholomew Saul	do	
2852.	Allen Stringer	do	
2858.	Lamon Sionyeas	do	
2860.	William Sendal	do	
2864.	Jolly Sparkman	do	
2875.	James Sholders	do	
2877.	Calburn Saunders	do	
2895.	Benjamin Singleton	do	
2907.	Finley Shaw	William Lytle	
2921.	John Sandin, Lt.		
2929.	Hannah Steiner	John Armstrong	
2929.	Obadiah Sullivan	James Homes	
2955.	Uriah Sugg	do	
2966.	Samuel Sarlf	do	
2969.	John Swanson	Nicholas Long	
2970.	George Sweat	do	
2978.	William Snead	(Simon Totevine	
2981.	Curtis Sommers	Frau Maxwell, J. Garland	
2986.	Edmond Strange	Jr., J. Homes	
3007.	John Stone	Nathaniel Williams	
3012.	James Sutton	Robert Raiford	
3028.	Boston Splendar	John Sommers	
3029.	John Sheppard	do	
3031.	Joseph Smith	Thomas Donoho	
3033.	Alexander Simmons	do	
3039.	Skidmore Squires	Thomas Armstrong	
3064.	Jesse Syrus	William Peay	
3086.	James Skelton	Britain Sanders	
3092.	Joseph Stephens	C. Ivey	
3111.	David Sayers		
3114.	Richard Straughan	James Bristow	
3112.	Smith Simpson	Timothy McCarthy	
3124.	John Street	John Estes	for A. Tatom
3130.	Joseph Stephenson	Thomas Butcher	
3139.	Samuel Simmons	Selby Harney	
3141.	David Stokes	Solomon Green	
3147.	James Shaw		no receipt
3167.	Aaron Spilmore	John Daves	for Jas. Coor
3172.	Jesse Siddle	Thomas Person	
3186.	John Sluthers	J. Marshal	for C. Dixon
3198.	George Spivey	do	do

No.	Name & Rank	By Whom Received	Remarks
3201.	Joseph Singletary	J. Marshal	for C. Dixon
3215.	William Sloan	do	do
3222.	William Shoulders	do	do
3230.	James Savage	do	
3244.	Thomas Seamore	do	
3257.	Adam Seawalt	Phillip Fishburn	
3277.	Jesse Stancell	John Marshall	for Will Sanders
3279.	John Simpkins	do	do
3309.	John Swink	Phillip Fishburn	
3338.	Obediah Sewell	Timo McCarthy	
3350.	Ezekiel Skipper	do	
3360.	Edward Shirrod	do	
3365.	Nehemiah Smith	do	

T

[Page 252]

No.	Name & Rank	By Whom Received
28.	L. Thompson, Capt.	Ab Thomas
53.	Jacob Turner, Capt.	Thomas Turner
62.	H. Toomer, A. D. Q. M.	Nicholas Long
78.	Howell Tatum, Capt.	H. Montfort
84.	Amos Thomas	do
152.	F. Thorgood, Corpl.	John Daves
154.	Wm. Tate, Far.	H. Montfort
164.	William Thurston	J. Craven
170.	Samuel Thompson	John Jones
178.	Thomas Trotman	Benjamin Perry
240.	William Townson	John Nelson
303.	James Tice	Geo. Falconer
333.	Thomas Turner	Jer. Nelms
351.	James Tinnen	H. Montfort
361.	Philip Thomas	do
380.	Olive Terry	C. Dixon
391.	Thomas Tiffin	do
404.	Alexander Tinnin	A. Lytle
403.	Thomas Templeton	Alex Brevard
462.	Arthur Toney	Ab Thomas
476.	William Tipper	H. Montfort
499.	Nicholas Thompson	Ab Thomas
501.	William Tilghman	H. Montfort
503.	Eredick Threel	John Daves
517.	William Turpin	Thos. Armstrong
521.	Jas. Taylor, S. M.	Rich'd. Fenner
524.	Ambrose Towl	David Pasmore
534.	William Thompson	J. Craven
556.	John Tatum	H. Montfort
561.	James Tracey	A. Lytle
618.	James Tinnen	C. Dixon
637.	Thomas Thockston	do
690.	Merriman Thorn, Lt.	William Sanders
764.	Willis Truner	H. Montfort
834.	Coleburn Totevine	do
835.	Winder Totevine	do
900.	George Templin	A. Lytle
902.	Zaccheus Tate	do

No.	Name & Rank	By Whom Received	Remarks
903.	John Tate	A. Lytle	
966.	Bernard Tatum	do	
968.	Nathan Thompson	do	
989.	Maltiah Turner	James Armstrong	
1013.	William Thompson	Robb Fenner	
1037.	Richard Thomas	Thomas Person	
1043.	Asa Thomas	do	
1110.	J. Thompson, Corpl.	H. Montfort	
1136.	Jeremiah Thomas	John Bonds	
1137.	James Taun	do	
1138.	Ephraim Taun	do	
1144.	Allen Tayburn	do	
1168.	Abraham Tyson	George Falconer	
1190.	Tom Thomas	Willie Jones	
1198.	Thomas Tedor	Robb Fenner	

[Page 253]

No.	Name & Rank	By Whom Received	Remarks
1274.	Elijah Tindall	John McNees	
1285.	Archibald Tunin	H. Montfort	
1312.	James Towning	do	
1390.	David Teary	J. Craven	

[WARRENTON]

No.	Name & Rank	By Whom Received	Remarks
1409.	Charles Tutson	William Faircloth	
1425.	Benjamin Troublefield	do	
1477.	William Tinner	do	
1482.	John Todd	do	
1488.	Stephen Truitt Jr.	John McNees	
1507.	Arthur Tyner (S. C.)	B. McCulloch	
1547.	Spencer Towler	John Price	
1552.	Job Tipps	do	
1595.	Martin Tiner	do	
1647.	Simeon Tyar	do	
1666.	Jesse Tiel	do	
1694.	Amos Tellonson	William Faircloth	
1702.	Barthomew Thigpen	do	
1709.	Belitha Tate	do	
1726.	Joel Traverse	do	
1818.	Absolom Turner	do	
1820.	Abel Tope	do	
1853.	Amos Tilton	Thomas Butcher	
1860.	Patrick Titley	do	
1868.	Osburn Temple	do	
1883.	Paul Toter	do	
1886.	Sampson Tilmon	do	
1920.	Morris Taylor	William Faircloth	
1924.	Stephen Tilus	do	
1943.	David Thirnton	do	
1978.	Aaron Tuttle	do	
2017.	Alexander Toop	do	
2029.	Franklin Truitt	B. McCulloch	for S. Harney
2044.	Willoby Thompson	do	do
2049.	Solomon Truitt	do	do
2051.	Edward Thompson	do	do
2247.	Malliah Turner, C.	William Lytle	

No.	Name & Rank	By Whom Received	Remarks
2253.	John Tipper	William Sanders	
2254.	Trusel Daniel*	do	odd names to appear at the end of the Army Accts.
2354.	Michael Tilto	Philip Fishburn	
2369.	Thomas Todd, M.	do	do
2380.	Henry Taylor	Simon Totevine	
2381.	Joseph Toomer	Burl Moering	
2384.	John Thornal		
2433.	John Tucker, C.	Nathaniel Williams	
2440.	Henry Tice	John Sheppard	
2457.	Solomon Thrift	Abraham Bush	X his mark
2474.	Lewis Tilley	Tilman Dixon	
2479.	Abraham Thrift	do	

[Page 254]

No.	Name & Rank	By Whom Received	Remarks
2603.	James Tenar	Jno. McNees	
2664.	Absalom Travis	Thomas Butcher	
2703.	Richmond Terrill	G. J. McRee	
2712.	Vinson Taylor	John Price	
2739.	James Talton	do	
2784.	Melchar Tar	Philip Fishburn	
2789.	William Thomas	do	
2796.	Thomas Thompson	do	
2813.	Miles Thrift	John Sommers	
2847.	Jacob Ternage	William Faircloth	
2888.	John Todd	do	
2898.	Turner Turnage	do	
2964.	Travis Tyson	James Homes	
2967.	Joab Tart	do	
2972.	John Titterson	Simon Totevine, Fra.	
2980.	George Tree	Maxwell, John Garland, Jr.	
2983.	John Thompson	J. Holmes	
3140.	Richard Tucker	Isles Simmons	
3163.	John Turner, L.	John Daves	
3183.	William Townley	John Marshall	for C. Dixon
3207.	Moses Tyler	do	do
3209.	John Titherton	do	do
3217.	Parson Taylor	do	do
3298.	Menchy Taylor	do	Sanders
3359.	Josiah Todd	Timothy McCarthy	
3361.	Hardy Tyner	do	
3364.	William Taydor	do	
1871.	Isaac Tiplet	Thos. Butcher	
1873.	Osborn Taylor	do	
10.	Robert Varner, Lt.	H. Montfort	

U AND V

[Page 255]

No.	Name & Rank	By Whom Received	Remarks
312.	Shadrach Underwood	H. Montfort	for S. Underwood
650.	James Underhill	John McNees	
744.	Joseph Umphrey	H. Montfort	for Umphrey
648.	Daniel Venters	John Allen	
202.	Benjamin Vinson	Thomas Tabb	
599.	Thomas Vernon	C. Dixon	
807.	Moses Vinson	do	

No.	Name & Rank	By Whom Received	Remarks
890.	William Vincent	William Sanders	
1202.	Paul Vanboreas	H. Montfort	for Vanboreas
1252.	David Varden	do	for D. Varden
1343.	Peter Valentine	C. Dixon	
994.	Kedar Vincing	Thomas Evans	
1068.	James Vaughn	Charles Dixon	
1201.	Vincent Vaughan	Montfort Eelbert, Jr.	

[WARRENTON]

No.	Name & Rank	By Whom Received	Remarks
22.	Edward Vail, Capt.	H. Murfree	
33.	Andrew Venoy, Capt.	Thos. Donoho	
34.	James Vaughan, Capt.	H. Murfree	
1471.	Arthur Venters	William Faircloth	
1472.	Silas Valentine	do	
1671.	Absalom Venson	John Price	
1845.	Arthur Vanpelt	William Faircloth	
1885.	Aaron Volls	Tho. Butcher	
1959.	Robert Velvin	William Faircloth	
2036.	Malachi Valentine	B. McCulloch	for S. Harney
2073.	Willis Upton	Joshua Davis	
2179.	James Underwood	Sherd. Barrow	
2214.	Moses Venters	Robert Fenner	
2290.	Nathaniel Vasey	William Sanders	
2301.	James Vance	John Marshall	
2418.	Moses Venters	Griffith Dauge	
2810.	William Vowel	John Sommers	
3083.	Joseph Vicks	C. Ivey	
3131.	Richard Vaughn	Sam'l. Parker	
3278.	Hezekiah Vickory	John Marshall	for W. Sanders
3306.	Thomas Vernon	Phillip Fishburn	
3320.	Ezekiel Vicory		no receipt
3374.	Patrick Vinson	Timothy McCarthy	

W

No.	Name & Rank	By Whom Received	Remarks
11.	John Walker, Major	Ab. Thomas	
22.	John Williams, Lt.	Thomas Armstrong	
26.	Thomas White, Capt.	Austin Cicaty	
35.	Theo'l's. Williams, Lt.	H. Montfort	for T. Williams
45.	James Wilson, Capt.	C. Dixon	
46.	W. Williams, A. C. J.	B. McCulloch	
47.	Will Walters, Lt.	do	
49.	Solomon Walker, Lt.	William Sanders	
52.	Reub'n. Wilkinson, Lt.	B. McCulloch	
54.	Richard Whedbee, Lt.	Natl. Williams	
72.	David Wright, Lt.	T. Dixon	
75.	W. Williams, Capt. B. M.	Ab. Thomas	
116.	William Welch	William Lytle	
123.	Thomas Wright	John Nelson	
139.	John White	John Ingles	
159.	Thomas White	Phillip Fishburn	
160.	John Wilson	J. Craven	
163.	Alexander Williams	do	
173.	John Ward	John Nelson	
231.	James Wallis, St.	H. Montfort	for Jas. Wallace
260.	Joseph West	J. Craven	for Rob. Holme

No.	Name & Rank	By Whom Received	Remarks
297.	Absalom Wildie	H. Montfort	for A. Wildie
314.	Augustine Willis	do	
317.	Gillstrap Williams	do	
329.	Hansford Whitley	Jer. Nelms	
341.	Thomas Woodson	Thos. Armstrong	
348.	John Walden	H. Montfort	for J. Walker
390.	Robinson Williamson	J. Craven	
398.	Augustine Woodliffe	Arch. Lytle	
444.	James Williams, St.	J. Craven	
447.	Jeremiah Walker, St.	do	
449.	George Woodley	do	
452.	Benjamin Weaver	H. Montfort	for B. Weaver
453.	Arthur Whitley	Isaac Kennedy	
455.	William Whitley	do	
480.	Isaac Wood	H. Montfort	for J. Wood
488.	James White	David Collins	
489.	Edward Wilson	do	
504.	William Wilkinson	Ab. Thomas	
509.	John Walker, Q. M. S.	do	
510.	Richard Walker, S.	do	
519.	William Williamson	Thomas Armstrong	
525.	William Walker	David Passmore	
532.	James Wyatt	Robert Ward	
546.	Solomon Warburton	J. Craven	for Jas. Jones
578.	Edward Woodman	A. Lytle	
613.	John Willis	C. Dixon	
621.	Johnston Webb	do	
629.	William Walker, St.	do	
636.	Asa Wright	do	
662.	William Woodside	Alexander McMillan	
674.	Samuel Warnock	Wm. Sanders	
683.	George White	do	
697.	Francis West	do	
698.	James Ward	William Sanders	
714.	John Williams	do	
726.	Joshua Wilson	do	
736.	Thomas Welch, St.	H. Montfort	for J. Welch
743.	Hardy Wiley	do	
750.	Silas Weeks	John Daves	
778.	William Walker	John Sheppard	
785.	Thomas Waddle	C. Dixon	
788.	Samuel Wilson	do	
810.	Daniel Webster	do	
814.	Solomon Williams	John Daves	
815.	Benjamin Weeks	do	
816.	Levi Weeks, St.	do	
832.	Sion Wheelus	H. Montfort	
843.	Phillip Winburn	do	for P. Winburn
845.	Dixon Weeks	John Daves	
848.	Theophilus Weeks	do	
849.	John Walters	do	
855.	Levi Weeks, St.	do	
878.	John Wright	Wynn Dixon	
879.	Thomas Wynn	do	
882.	Thomas Wall	do	

No.	Name & Rank	By Whom Received	Remarks
895.	William White	H. Montfort	for M. Hunt
896.	Henry White	do	
908.	Richard Williams	A. Lytle	
911.	Joseph Wood	do	
914.	George Wilkie	do	
923.	John Wood	do	
935.	James Waggoner	do	
947.	Adam Wright, Fifer	do	
950.	George Woodliff	do	
951.	Thomas White, drag.	do	
981.	William Wadsworth	J. Craven	
988.	Levi West, Dr.	James Armstrong	
992.	Cornelius Weeks, St.	Thomas Evans	
1005.	Isham Woods	Jesse Read	
1006.	John Wells	do	
1007.	Abraham Wires	do	
1017.	Mosson, Williams	H. Murfree	
1038.	Hampton White	Thomas Person 2 accts 1 as 12 Mos. man & his other as 9 mos.	
1046.	W. Witherington, St.	H. Murfree	
1052.	Cyprean West	Will Jackson	
1054.	Peter White	J. Craven ☞	for Hance Bond
1058.	Miles Woodward	do ☞	do
1063.	Francis Wilks	H. Montfort	for Wilkes
1067.	Malachi Wiggins	Malachi Wiggins	for Wiggins
1070.	John Wamble	Robt. Fenner	
1078.	William Williams	B. McCulloch	
1081.	Thomas Winters	do	
1082.	Wyatt Warwick	do	
1105.	Bryan Worley	Nicholas Long	
1120.	Obediah Winnon	H. Montfort	
1123.	John Wilkerson	John Kingsbury	
1129.	John Walters	H. Montfort	for Walters
1178.	James Webb	Robert Fenner	
1184.	Mial Watson	H. Montfort	for Watson
1192.	Charles Wincoak	Willie Jones	
1217.	Butson Wheelas	H. Montfort	for Wheelas
1246.	William Wilder	John Bonds	
1248.	Samuel Williams	B. McCulloch	
1253.	Jeremiah Woodall	John Bonds	
1300.	Edward Williams	Phillip Miller	
1308.	Moses Williams	B. McCulloch	
1333.	Robert Woodward	C. Dixon	
1334.	Jones Wynn	do	
1335.	Robert Warwick	do	
1363.	Francis Wilkerson	do	
1366.	John Waggoner	do	
1387.	Robert Whitlock	T. Dixon	
1399.	George Waff	William Gar ☞	We suppose
241.	Richard White	☞ John Armstrong	

[WARRENTON]

| 8. | J. Williams, P. Capt. | H. Montfort | |

No.	Name & Rank	By Whom Received	Remarks
16.	Whitfield Wilson, F. M.	Robt. Fenner	
29.	John Williams, Col.	Thos. Donoho	
41.	John Wade, Capt.	John Marshall	
1408.	Thomas Winstell	William Faircloth	
1410.	William Wright	do	
1411.	Peter Wright	do	
1412.	Titus Wood	do	
1413.	Jordan Wilkins	do	
1414.	Giorge Wilkins	do	
1415.	Solomon Willis	do	
1416.	Peter Williams	do	
1417.	Jacob Wells	do	
1418.	Thomas Wooten	do	
1419.	Peter Ward	do	
1420.	James Woodward	do	
1433.	Jesse Witherington	do	
1434.	James Willace	do	
1435.	Jacob Witherington	do	
1436.	Joseph Whitaker	do	
1437.	Job Williamson	do	
1438.	Samuel Weaver	do	
1439.	Randolph Wilder	do	
1478.	Benjamin Willis	do	
1503.	Obadiah Watson	John Sheppard	
1506.	William Warren	B. McCulloch	for Jas. Glasgow
1510.	Jesse Woolard	do	do
1513.	Jesse Whitfield	do	do
1524.	James Williams	John Price	
1525.	Joseph Williams	do	
1542.	Benjamin Winston	do	
1553.	Jeremiah Wyatt	do	
1555.	Jeremiah West	do	
1558.	George Warwick	do	
1574.	Josiah Whitney	do	
1577.	Holland Woolard	do	
1588.	Samuel Wood	do	
1616.	Sampson Wright	do	
1629.	Taylor Willis	do	
1635.	Stephen Webb	do	
1661.	Malachi Wier	do	
1663.	Etheldred Woodam	do	
1664.	Francis Woodruff	do	
1669.	Ebenezer West	do	
1673.	Emanuel Wright	do	
1677.	Alexander Worrel	do	
1710.	Josiah Wimberty	William Faircloth	
1718.	Ephraim Wyatt	do	
1730.	Absalom Wallace	do	
1734.	Nathaniel Wood	do	
1746.	James Wilkinson	do	
1760.	Jonathan Woolard	do	
1768.	Nathan Wood	do	
1776.	Zebulon Wells	do	
1777.	Charles Wardon	do	
1804.	George Woodard	do	

No.	Name & Rank	By Whom Received	Remarks
1813.	Joshua Windom	William Faircloth	
1816.	Joshua Wabbleton	do	
1843.	John Wilcocks	do	
1852.	Etheldred Watson	do	
1854.	Richard Wilkinson	Thomas Butcher	
1870.	Ignatius Watts	do	
1927.	Moab Walker	do	
1930.	Aaron Welch	do	
1934.	Clayborn Williams	do	
1990.	Alexander Walsh	do	
2006.	Samuel Waller	do	
2021.	Levi Wright	B. McCulloch	for Selby Harney
2022.	Thomas Walden	do	do
2089.	Ambrose Whaley	Thomas Butcher	
2097.	Jordan Wilkins	Sherd. Barrow	
2106.	John Williams	do	
2114.	David Ward	do	
2121.	James Wade	do	
2130.	John Wincoak	do	
2184.	Isaac Walters	do	
2208.	Levi Westbrook	Thomas Butcher	
2211.	Joseph Wyatt	do	
2220.	Timothy Ward	Isles Simmons	
2229.	Malachi White	do	
2234.	George Williamson	do	
2246.	Robert West	William Lytle	
2267.	William White	William Sanders	
2276.	Amos Wilson	do	
2280.	John White	do	
2303.	John Worsley	John Marshall	
2305.	Thomas Williams	do	
2323.	John Wyatt	Griffith Dauge	
2376.	Absalom Woodward	Burwell Moring & Simon Totevine	
2405.	Thomas Woodley	Griffith Dauge	
2446.	George Wilkins	William Lytle	
2507.	John Whitehead	John Daves	
2559.	John Winbury	Wm. Sanders	
2594.	Jacob Wright	John Price	
2610.	Job Wright	John McNees	
2649.	Willis Wickar, S.	William Sanders	
2679.	Andrew West	Andrew Armstrong	
2693.	Caleb Wright	M. Duke Johnson	for Charles Gerrard
	Isaac Waters		Error
2728.	Moses Waddle	John Price	
2736.	Ezekiel Watson	do	
2744.	Peter Wilford	do	
2774.	Robert Woodland	John Garland, Junr.	
2776.	John Woodland	do	
2785.	James Wilson	Phillip Fishburn	
2794.	Samuel Wheeler	do	
2807.	John Woodward	John Sommers	
2824.	John Wright	Thos. Donoho	
2843.	Robert Woodall	Thomas Person	
2869.	Mason Weatherington	William Faircloth	

No.	Name & Rank	By Whom Received	Remarks
2874.	Anthony Williamson	William Faircloth	
2887.	Daniel Walden	do	
2904.	Richard Wallace		no receipt
2905.	Phillip Watson		
2932.	John West	John West	
2947.	Elias Walston	James Homes	
2948.	John Wine	do	
2956.	Darlin West	do	
2960.	Zebulon Wasdon	do	
2991.	Curtis Whitley	Sim. Totevine, Trau Maxwell Jno. Garland, Jr. & J. Homes	
3001.	William White	H. Murfree	
3015.	Isaac Ward	Benjamin Easman	
3043.	Joseph Walters	Thomas Armstrong	
3061.	Kinchen Wilkins	George X King his mark	
3069.	Nicholas Williams, C.		no receipt
3073.	Elijah Ward, C.	H. Montfort	
3079.	Thomas Wigley, S.	Isaac Gregory	
3112.	George White	Alexander Carter	
3118.	*Thomas Wiggins	J. Craven	
3252.	John Windom	James Armstrong	
3255.	Daniel Winchester	Philip Fishburn	
3256.	Samuel Wilson	do	
2125.	Nathaniel Williams	John Estes	
2143.	Peter Warden		
2149.	John Walker	John Sheppard	
3151.	Daniel Woodland	do	
3170.	Allenby Williams	Thomas Person	
3243.	George Wiggins	J. Marshall	
3260.	William Waddenton	Philip Fishburn	
3263.	Abner Wines	do	
3272.	Nathaniel Waddle	J. Marshall	for Sanders
3275.	Stephen Wright	do	do
3286.	Henry Woodard	do	do
3319.	Thomas Worsley	Jas. Armstrong	
3322.	Mundy White	Timothy McCarthy	
3323.	David Welch	do	
3327.	Philip Wilder	do	
3340.	Hillery Ward	do	

Y AND Z

[Page 262]

No.	Name & Rank	By Whom Received	Remarks
199.	John Young	Isaac Hudson	
274.	Richard Yarborough	H. Montfort	for Yarborough
946.	John Yeates	Arch. Lytle	
1162.	William York	Wynn Dixon	

[WARRENTON]

1470.	John Yearby	William Faircloth	
2628.	Nathan Yammons	William Sanders	
2684.	William Young		not receipted for
2856.	Joel Yelverton	Wm. Faircloth	

No.	Name & Rank	By Whom Received	Remarks
3037.	Sion Young	Thomas Armstrong	
3228.	James Yarborough	John Marshall	
3254.	Martin Young	Philip Fishburn	

[WARRENTON]

No.	Name & Rank	By Whom Received	Remarks
2291.	Peter Zuly	William Faircloth	
3075.	Shadrack Zealot	H. Montfort	
3076.	Joshua Zealot	do	
*	Miscellaneous names, for explanation	see Vol. XVII, P. 263.	
1050.	Thomas Frasier	J. Craven	for H. Bond
1051.	Thomas Endless		
1055.	Jeremiah Ashley		
1053.	John Floyd		
1054.	Peter White		
1056.	Francis Hubbard		
1059.	Dempsey Jones		
1058.	Miles Woodward		See Vol. 17, State Records P. 263
2394.	Austin Prescott		
2682.	Fred'k. Strickland		
2683.	Thos. Lewis		
241.	Richard White		
1399.	George Waff		
3032.	Daniel Thomas	Thomas Donoho	
3034.	William Trotwell	John Sommers	
3067.	Thomas Thomas	J. Craven	
3135.	John Thompson	Isles Simmons	

EXTRACT FROM THE MORNING CHRONICLE AND LONDON ADVERTISER, JAN. 16, 1775—ASHE'S HIST., P. 429

Edonton women who refused to use tea imported through Great Britain.

1. Abagail Charlton
2. Elizabeth Creacy
3. Anne Johnstone
4. Mary Woolard
5. Jean Blair
6. Frances Hall
7. Mary Creacy
8. Mary Blount
9. Margaret Cathcart
10. Jane Wellwood
11. Penelope Dawson
12. Susanna Vail
13. Elizabeth Vail
14. Elizabeth Vail
15. J. Johnstone
16. Elizabeth Patterson
17. Margaret Pearson
18. Sarah Beasley
19. Grace Clayton
20. Mary Jones
21. Mary Creacy
22. Anne Hall
23. Sarah Littlejohn
24. Sarah Haskins
25. M. Payne
26. Elizabeth Cricket
27. Lydia Bonner
28. Anne Horniblow
29. Marion Wells
30. Sarah Mathews
31. Elizabeth Roberts
32. Rebecca Bondfield
33. Sarah Howcott
34. Elizabeth P. Ormond
35. Sarah Valentine
36. Mary Bonner
37. Lydia Bennett
38. Tresia Cunningham
39. Anne Houghton
40. Elizabeth Roberts
41. Ruth Benbury
42. Penelope Barker
43. Mary Littledle
44. Elizabeth Johnstone
45. Elizabeth Green
46. Sarah Howe
47. Mary Hunter
48. Anne Anderson
49. Elizabeth Bearsley
50. Elizabeth Roberts

THE STATE RECORDS OF NORTH CAROLINA
(CLARK)
Vol. XXII—Miscellaneous

Pages 55 to and including 92.
North Carolina Revolutionary pensioners under the Acts of 1818 and 1832, as reported by Secretary of State to Congress in 1835

Name—Rank

1. Adcock, Joshua, Privt.
2. Apple, Daniel, Privt.
3. Allison, Burch, Privt.
4. Allen, John, Privt.
5. Anderson, James (decsd)
6. Alexander, Stephen, Lt. & Capt.
7. Alexander, William, Capt. of Infantry & Cavalry
8. Amos, John, Privt.
9. Allen, Benjamin, Privt.
10. Archer, Evans, Privt.
11. Allgood, William, Privt.
12. Albright, Henry, Privt. & Sergt.
13. Adkins, William, Senr., Privt.
14. Allen, Richard, Privt. & Capt.
15. Ansley, Jesse, Privt.
16. Arnold, Reuben, Privt., Artillery & Infantry
17. Austin, Benjamin, Privt.
18. Alexander, Abram, Privt.
19. Arnold, Solomon, Privt.
20. Arney, Christian, Privt.
21. Allen, Bartlett, Corpl.
22. Adams, James, Privt.
23. Alfin, William, Privt.
24. Avery, John, Privt.
25. Adams, Philip, Privt.
26. Alexander, James, Privt.
27. Arnold, Hezekiah, Privt.
28. Armstrong, Matthew, Privt.
29. Anders, James, Privt.
30. Addington, William, Privt.
31. Arrand, Peter, Privt.
32. Adams, Bryant, Privt.
33. Allen or Alston, Joseph J., Privt.
34. Armistead, Westwood, Privt.
35. Adams, Jeremiah, Privt.
36. Ahart, Jacob, Privt.
37. Andrews, Hugh, Privt.
38. Abernathy, Robert, Privt.
39. Albright, William, Privt.
40. Allen, Paul, Privt. & Ensign
41. Alexander, Samuel, Privt.
42. Atkinson, Amos, Privt.

Name—Rank

43. Allen, Vincent, Privt.
44. Anderson, John, Privt.
45. Alexander, Charles, Privt., Infantry & Cavalry
46. Alexander, Thomas, Privt.
47. Anderson, George, Privt.
48. Askew, William, Privt.
49. Alley, Shadrick, Privt.
50. Arthur, Richard, Privt.
51. Allen, George, Privt.
52. Angel, John, Cavalry, Infantry & Sergt.
53. Allen, William, Cavalry, Infantry & Sergt.
54. Arwood, John, Privt.
55. Almond, Nathan, Privt.
56. Anthony, James, Privt., Infantry & Cavalry
57. Allen, Samuel, Privt. & Commissary
58. Allison, James, Privt., Infantry & Cavalry
59. Allman, Edward, Privt.
60. Alexander, Isaac, Privt. & Sergt.
61. Anderson, William, Privt.
62. Alexander, James, Privt.
63. Brooks, John, Privt.
64. Bradshaw, Robert (decsd.) Privt.
65. Brown, Robert, (decsd.) Privt.
66. Bryan, Hardy (decsd.), Capt. & Adjutant Commanding
67. Burton, Robert, Privt.
68. Badget, William, Privt.
69. Byrum, Jacob, Privt.
70. Byrum, Lawrence, Privt. (of Cavalry)
71. Brown, James, Privt.
72. Bell, Richard, Privt. (Cavalry & Infantry)
73. Brown, William, Privt. (of Cavalry)
74. Buck, Isaac, Privt.
75. Ballow, Stephen, Privt.
76. Boston, Andrew, Privt.
77. Barmer, John, Privt.
78. Bentley, Thomas, Privt.

Name—Rank

79. Blanton, James, Privt. (Infantry & Cavalry)
80. Bird, Bonner, Privt. & Sergeant
81. Brady, James, Privt. & Corporal
82. Bailey, John (decsd.), Privt.
83. Bright, Simon (decsd.), Privt.
84. Brookshire, Mannering (decsd.), Lt. of Cavalry
85. Brasfield, John, Privt.
86. Bertie, John, Privt.
87. Bamble, Hackett, Privt.
88. Brewer, William, Privt.
89. Bowles, Benjamin, Privt.
90. Baker, Isaac, Privt.
91. Barr, Isaac, Privt.
92. Butler, Jethro, Privt.
93. Barrott, Peter, Privt.
94. Baswell, William, Privt.
95. Benton, Elkanak, Privt.
96. Boyd, Daniel, Privt.
97. Bartholomew, John, Privt.
98. Barham, Hartwell, Privt.
99. Bryan, Reuben, Privt.
100. Barrington, Joseph Billings, Corporal
101. Burch, William, Privt.
102. Bletcher, Jacob, Privt.
103. Bailey, Stephen, Privt.
104. Bartlett, Haston, Privt.
105. Baker, John, Privt.
106. Browning, Francis, Privt.
107. Bledsoe, Lewis, Privt., Sergeant & Captain
108. Brown, Elijah, Privt.
109. Browning, Levi, Privt.
110. Burns, James, Privt.
111. Billings, Jasper, Privt.
112. Beck, William, Privt.
113. Bushee, Consider, Privt. & Corpl.
114. Ball, Hosea, Privt. & Ensign
115. Brown, Amos, Privt.
116. Biles, Thomas, Privt.
117. Browning, Robert, Privt.
118. Bowman, Sherwood, Privt.
119. Bryan, Robert, Privt.
120. Barnes, Burwell, Privt.
121. Braswell, Jacob, Privt.
122. Ball, Joshua, Privt.
123. Bradley, Burrell, Privt.
124. Bowen, Bracey, Privt.
125. Bullock, Charles, Privt.
126. Bryant, Thomas, Privt. of Artillery
127. Bell, James, Privt.
128. Bilbry, Nathaniel, Privt.
129. Blake, Thomas, Privt.

Name—Rank

130. Bevan, William, Privt.
131. Bell, Richard, Privt., Cavalry & Infantry
132. Brewington, Joshua (decsd.), Privt.
133. Bradshaw, Jonas, Privt.
134. Ball, Daniel, Privt. & Sergeant
135. Banks, Peter, Privt.
136. Berry, Robert, Privt.
137. Bradley, George W., Privt.
138. Bradford, James, Privt.
139. Barber, William, Privt.
140. Bullard, Thomas, Privt.
141. Beaver, Jeremiah, Privt.
142. Black, Ezekiel, Privt.
143. Babb, Christopher, Privt.
144. Bright, Simon, Privt.
145. Brotherton, Thomas, Privt., Infantry & Cavalry
146. Bell, Samuel, Privt.
147. Boston, Jacob, Privt. of Cavalry
148. Bryant, Jesse, Privt.
149. Burris, Solomon, Privt.
150. Branch, Burrell, Privt.
151. Brown, Jesse, Privt., Infantry & Cavalry
152. Bonner, John, Privt. & Sergeant
153. Burton, William H., Privt., Infantry & Cavalry
154. Burgess, John, Privt.
155. Britton, Michael, Privt.
156. Butler, John, Privt.
157. Beaty, David, Privt.
158. Barnett, Charles, Privt.
159. Bray, David, Privt. & Ensign
160. Boon, John, Privt., Infantry & Cavalry
161. Brock, Bezzant, Privt., Infantry & Cavalry
162. B., George
163. Bean, Jesse, Privt.
164. Bridges, Joseph, Lt. & Sergeant
165. Blake, Joshua, Privt.
166. Brittain, William, Privt.
167. Benson, Thomas, Privt.
168. Broadway, Samuel, Privt.
169. Beck, John, Privt.
170. Brinson, Hillary, Privt.
171. Barnett, Thomas, Privt. & Sergeant
172. Bondy, John, Privt.
173. Boswell, Reuben, Privt.
174. Barrett, William, Privt.
175. Barrett, Jonathan, Privt.
176. Barrett, Isaac, Privt.
177. Bankston, Andrew, Privt.

Name—Rank

178. Brooks, William, Privt.
179. Blackwelder, Charles, Privt.
180. Balthrop, Augustine, Privt.
181. Boon, Raeford, Privt.
182. Bowers, Brittain, Privt.
183. Blackwelder, Isaac, Privt. & Sergeant
184. Brooks, James, Privt.
185. Benton, Job, Privt.
186. Brown, Willis, Privt.
187. Barker, David, Privt.
188. Brookshire, William, Privt. & Infantry
189. Bowels, Thomas, Privt.
190. Bryson, Daniel, Privt.
191. Boon, Lewis, Privt.
192. Boney, Daniel, Privt.
193. Brown, Joseph, Privt.
194. Bibbie, Solomon, Privt.
195. Byrd, Thomas, Privt.
196. Bingham, Joseph, Privt.
197. Blalock, John, Lieutenant
198. Bryan, John, Privt.
199. Burrow, Dobson, Privt.
200. Beville, Robert, Privt.
201. Beck, John (decsd.), Privt.
202. Bryan, William (decsd.), Privt.
203. Blackwell, Thomas, Privt.
204. Bailey, Noah, Privt.
205. Brookes, Jonathan, Privt.
206. Banner, Benjamin, Privt.
207. Barker, David, Privt.
208. Badget, Peter, Privt. & Ensign
209. Banner, Joseph, Privt.
210. Banner, Ephraim, Privt.
211. Binkley, Frederick, Privt.
212. Boykin, John, Privt., Infantry & Cavalry
213. Brooks, William, Privt.
214. Benson, John, **Privt.**
215. Barnhardt, George, Privt.
216. Braswell, Richard, Privt.
217. Barnes, Chesley, Privt.
218. Blevins, Nathan, Privt.
219. Boyt, Jacob B., Privt.
220. Bastain, Andrew, Privt. of Cavalry
221. Blue, John, Privt.
222. Bolick, Casper, Privt.
223. Baldwin, John, Privt.
224. Burnhill, Henry, Privt.
225. Boatwright, Samuel, Privt.
226. Berry, Andrew, Privt.
227. Bell, Benjamin, Privt.
228. Byrum, James, Privt.
229. Ballance, Leven, Privt.

Name—Rank

230. Cheshire, Richard, Privt.
231. Cockerham, David, Privt.
232. Coulter, Martin, Privt.
233. Cumming, William, Quartermaster Sergeant
234. Carrington, George, Privt. (Infantry & Cavalry)
235. Costen, Stephen, Privt.
236. Chinn, Perry, Privt.
237. Campbell, George, Privt.
238. Clark, James, Privt. (Infantry & Cavalry
239. Clements, Cornelius, Privt.
240. Currey, Hugh, Privt.
241. Carter, James, Privt.
242. Capps, William, Privt.
243. Chapman, Nicholas, Privt.
244. Chapel, Samuel, Privt. & Sergeant
245. Carson, John (decsd.), Privt. & Ensign
246. Cate, Robert, Privt.
247. Combs, George, Privt.
248. Chatham, John, Privt.
249. Cox, John, Privt.
250. Carmical, Duncan, Privt.
251. Clark, Isaac, Privt.
252. Childers, Miller, Privt.
253. Cassel, Thomas, Privt.
254. Cowen, Joseph, Privt.
255. Crabb, Jarrott, Privt.
256. Coggin, Robert, Privt.
257. Carter, Landon, Privt.
258. Crysel, Jeremiah, Privt.
259. Carmack, John, Privt.
260. Carter, Henry, Privt.
261. Cathey, Alexander, Privt.
262. Cook, Edward, Privt. (Infantry & Cavalry)
263. Carroll, William, Privt.
264. Carrell, James, Privt.
265. Carter, Josiah, Sr., Privt.
266. Cox, Benjamin, Privt.
267. Clark, Lee, Privt.
268. Cole, Job, Privt.
269. Collins, James, Privt.
270. Clark, Nathaniel, Privt.
271. Cook, Christopher, Privt.
272. Creemer, James, Senr., Privt.
273. Cox, James, Privt.
274. Curry, John, Privt. & Sergeant
275. Craddick, Eleazer, Privt.
276. Crabtree, William, Privt.
277. Cheek, James, Privt. (Cavalry & Infantry)

Name—Rank

278. Cavin, John, Privt.
279. Clayton, Coleman, Privt.
280. Clayton, John, Privt.
281. Costner, Thomas, Privt.
282. Crump, Conrad, Privt.
283. Cameron, John, Privt., Cavalry & Infantry
284. Carr, Moses, Privt.
285. Cutts, William, Senr., Privt.
286. Clodfelter, George, Privt.
287. Clontz, George, Sergeant
288. Collins, James, Privt.
289. Cartwright, Joseph, Privt.
290. Cole, Joseph, Privt.
291. Conner, James, Privt, Seargeant & Qr. Master
292. Carlton, David, Privt.
293. Coson, John, Privt.
294. Crane, William, Privt., Cavalry
295. Crowell, George, Senr., Privt.
296. Congers, Ephraim, Privt.
297. Corbett, John, Privt.
298. Carver, William, Senr., Privt.
299. Cook, Robert, Privt.
300. Chapman, Joseph, Privt.
301. Clontz, Jeremiah, Privt.
302. Coleman, Theophlus, Privt. (Infantry & Cavalry)
303. Carr, William, Privt.
304. Cashon, Burwell, Privt.
305. Cashon, Thomas, Privt.
306. Christmas, Richard, Privt. & Captain
307. Culberson, William, Senr., Privt.
308. Cain, James, Senr., Privt.
309. Cooper, William, Privt.
310. Carrothers, John, Privt.
311. Clemmons, John, Privt.
312. Collins, Samuel, Privt.
313. Church, John, Privt.
314. Church, Amos, Privt.
315. Campbell, John, Privt.
316. Carroll, Benjamin, Privt.
317. Cross, Joseph, Privt.
318. Corn, Peter John, Privt.
319. Crittendin, William, Privt. of Artillery
320. Caldwell, James, Privt.
321. Castle, Samuel, Privt.
322. Childress, William (decsd.), Privt. & Captain
323. Cunningham, George, Privt.
324. Cash, Peter, Privt.
325. Clements, Benjamin, Privt. of Cavalry

Name—Rank

326. Campbell, Thomas, Privt.
327. Cockerham, Daniel, Privt.
328. Cummings, Thomas, Privt. (Infantry & Cavalry)
329. Carson, Andrew, Privt.
330. Cock, Charles, Privt.
331. Clapp, Ludwick, Privt.
332. Carpenter, Isaac, Privt.
333. Carrigan, William, Privt.
334. Caldwell, Samuel, Privt.
335. Candel, Absalom, Privt.
336. Cason, John, Privt.
337. Crawford, Peter, Privt.
338. Carter, Thomas, Privt.
339. Crawley, William, Privt. of Artillery
340. Curtis, Jonathan, Privt.
341. Clifton, William, Privt.
342. Casey, William, Privt.
343. Clarke, John, Privt.
344. Cunningham, Jeremiah, Privt.
345. Cline, Michael, Privt., Infantry & Cavalry
346. Carter, Ephraim, Privt.
347. Cooper, Sterling, Privt.
348. Campen, Joseph, Senr., Privt.
349. Daniel, Christopher, Privt.
350. Dalton, William, Privt.
351. Davis, Robert, Privt.
352. Deaver, William, Privt.
353. Dollar, William, Privt.
354. Duke, James, Privt.
355. Dolley, John, Privt.
356. Deal, Jacob, Privt.
357. Dollar, James, Privt.
358. Davis, Simon, Privt.
359. Davis, David, decsd., Privt.
360. Drury Henry, Privt.
361. Dickson, John, Privt.
362. Dickson, Joel, Privt.
363. Dickson, Joseph, Privt.
364. Duncan, George, Privt.
365. Denton, John, Privt.
366. Decone, Edward, Sergeant
367. Davis, Cyrus, Privt.
368. Dickens, Thomas, Privt.
369. Danner, Frederick, Privt.
370. Dilday, Joseph, Privt.
371. Dollars, Elijah, Privt.
372. Daniel, Buckner, Privt.
373. Davis, Edward, Privt.
374. Davis, Isham, Privt.
375. Devane, James, Privt. & Captain
376. Duckworth, John, Privt.
377. Davis, Clement, Privt.

Name—Rank

378. Dishon (alias Deshong) Lewis, Privt.
379. Drake, Richard, Privt.
380. Dickerson, Isham, Privt.
381. Davis, Josiah, Privt.
382. Dillen, Benjamin, Privt.
383. Davis, Samuel, Privt.
384. Dunn, Nicholas, Privt.
385. Downing, James, Privt. (Infantry & Cavalry)
386. Depriest, William, Privt.
387. Dobson, Joseph, Privt.
388. Davis, Francis, Privt. & Captain
389. Davis, Thomas, Privt.
390. Dewise, Hezekiah, Privt.
391. Drake, William, Privt.
392. Downes, Thomas, Privt. & Lieutenant
393. Downey, Patrick, Privt.
394. Dickson, John, Privt.
395. Dollar, Jonathan, Privt.
396. Dalton, Thomas, Privt.
397. Dedmon, Mark, Privt.
398. Deveney, Aaron, Lieutenant & Captain
399. Davis, Sampson, Privt.
400. Durham, James, Privt.
401. Duke, William, Privt.
402. Davis, William, Privt.
403. Davis, Charles, Privt.
404. Dail, John, Privt.
405. Dildey, Amos, Privt.
406. Darrach, John, Privt.
407. Duke, Hardernan, Privt.
408. Duke, Williams, Privt. & Sergeant
409. Decoine, Edward, Privt. & Lieutenant Major
410. Donnell, Daniel, Privt.
411. Dowtin, John, Privt.
412. Davis, Burrell, Privt.
413. Denney, Joseph, Privt.
414. Donnell, Andrew, Privt.
415. Demeson, Joseph, Privt.
416. Davis, John, Privt.
417. Delap, Henry, Sr., Privt.
418. Drum, Philip, Privt.
419. Davenport, William, Privt.
420. Dickey, David, Privt. (Infantry & Cavalry)
421. Dicken, William, Privt.
422. Dobbins, James, Privt.
423. Davis, James, Senr., Privt. (Infantry & Cavalry)
424. Darnall, Joseph, Privt.
425. Dawkins, John, Privt. (Infantry &

Name—Rank

Cavalry)
426. Drew, Solomon, Privt.
427. Drew, Joshua, Privt.
428. Dill, John, Privt.
429. Evans, Elisha, Senr., Privt., Infantry & Cavalry
430. Edleman, Peter, Privt.
431. Epps, John, Privt.
432. Elms, Charles, decsd., Privt.
433. Emery, William, decsd., Privt.
434. Emerson, Henry, Privt.
435. Ellis, Robert, Privt.
436. Evans, Reuben, Privt.
437. Edwards, David, Privt.
438. Eggers, Landricee, Privt.
439. Easly, Daniel, Privt.
440. Etchison, Edmund, Privt.
441. Everhart, Peter, Privt.
442. Edmundson, William, Privt.
443. Easly, Daniel, Privt.
444. Ellis, Michael, Fifer
445. Edwards, Benjamin, Privt.
446. Everitt, Thomas, Privt. (Infantry & Cavalry)
447. Evans, Samuel, Privt.
448. Eller, John M., Privt.
449. Elfand, John, Privt.
450. Elmore, William, Privt.
451. Ellison, John, Privt.
452. Eaton, Christopher, Privt.
453. Everitt, Nathaniel, Privt.
454. Erwin, William, Privt. (Infantry & Cavalry)
455. Ellington, Daniel, Privt.
456. Essig (alias Essick or Essix) Joseph, Indian Spy
457. Elliott, John, Privt. & Sergeant
458. Espey, Samuel, Privt., Corporal & Captain
459. Earp, Abednego, Privt.
460. Foster, Anthony, Privt. & Sergeant
461. Forney, Abraham, Privt., Sergeant & Captain
462. Furrer, Henry, Privt. & Sergeant
463. Fort, Turner, Privt.
464. Fort, Sherwood, Musician
465. Frost and Snow, Privt.
466. Fergus, John, Wagon master of Infantry & Cavalry
467. Fountain, Soloman, Privt.
468. Felmott, Dorus, Privt.
469. Fox, Francis, Privt.
470. Flinn, John, Privt.
471. Foster, Edmund, Privt.

Name—Rank

472. Forehand, David, Privt.
473. Freeman, William, Privt.
474. Forbes, Hugh, Privt.
475. Farrell, William, Privt.
476. Fletcher, Thomas, Privt.
477. Fuller, Alexander, Privt.
478. Ferebee, Samuel, Privt. & Ensign
479. Ferrell, Gabriel, Privt.
480. Fooshee, John, Privt. & Lieutenant
481. Frazer, Sowell, Privt.
482. Fox, John, Senr., Privt.
483. Farrar, Nathaniel, Privt.
484. Forrest, William, Privt.
485. Forney, Peter, Privt.
486. Fry, Nicholas, Privt.
487. Frederick, Felix, decsd., Privt.
488. Fight, Conrad, decsd., Privt.
489. Frey, Philip M., decsd., Drummer
490. Forster, Thomas, Privt.
491. Fuller, Arthur, Privt.
492. Findley, John, Sergeant
493. Ferrell, John, Privt.
494. Fears, Thomas, Privt. of Cavalry
495. Fields, John, Sergeant
496. Fowler, John, Privt.
497. Findley, James, Privt.
498. Fitzgerald, William, Privt.
499. Findley, Charles, Privt.
500. French, Liafford, Privt. of Cavalry
501. Fortune, William, Privt.
502. Ford, William, Privt.
503. Fulford, James, Privt.
504. Fennel, Joseph, Privt.
505. Foscue, Frederick, Privt.
506. Fletcher, Reuben, Privt.
507. Forrester, James, Privt.
508. Fulp, Michael, Senr., Privt.
509. Fulford, Stephen, Sergeant
510. Falls, William, Privt. of Cavalry
511. Fulton, David, Privt.
512. Felyaw, Stephen, Privt. (Infantry & Cavalry)
513. Fritts, George, Privt.
514. Frenister, William, Privt. (Infantry & Cavalry)
515. Faile, Dixon, Privt.
516. Fleming, Allison, Privt.
517. Forbes, Joseph, Privt.
518. Green, Jesse, Privt.
519. Gunn, Starling, Privt.
520. Godsey, William, Privt.
521. Green, John, Privt.
522. Green, George, Privt.
523. Griffith, Isaac, Privt.

Name—Rank

524. Gracey, Robert, Privt. (Cavalry & Infantry)
525. Gilbreath, Alexander, Privt. & Sergeant
526. Griffin, Richard, Privt.
527. Godwin, Pierce, Privt.
528. Garret, William, Privt. (Infantry & Cavalry)
529. Gaster, Jacob, Privt.
530. Going, William, Privt.
531. Gaines, James, Senr., Privt.
532. Gulley, John, decs'd., Privt.
533. Gibson, Thomas, decsd., Privt. of Cavalry
534. Gouch, Rowland, Privt.
535. Gregory, Abraham, Privt.
536. Griffin, John, Privt.
537. Grigsby, Moses, Privt.
538. Gatten, Jesse, Privt.
539. Gregory, Thomas, Privt.
540. Glanden, Major, Privt.
541. Gerock, Samuel, Lieutenant
542. Guilford, Joseph, Privt.
543. Graham, James, Privt.
544. Good, Solomon, Privt.
545. Gray, James, Privt.
546. Graham, Joseph, Sergt. Adjt. Capt. & Major
547. Gilreath, William, Privt. & Captain
548. Gragg, William, Privt.
549. Gimston, James, Privt.
555. Garris, Bedford, Privt.
556. Griffith, Zaddock, Privt.
557. Goodwin, Robinson, Privt.
558. Griffis, Reuben, Privt. of Artillery
559. Going, Edward, Privt.
560. Grice, William, Privt.
561. Griffin, Thomas, Privt.
562. Ganey, William, Privt.
563. Glasgow, Lemuel, Privt.
564. Guy, James, Privt.
565. Graham, William, Colonel
566. Goss, Jacob, Privt.
567. Goff, Samuel, Privt.
568. Godby (alias Godley), George, Privt.
569. Givens, Samuel, Privt.
570. Griggs, Charles, Privt.
571. Goodwin, John, Privt.
572. Gibbs, John, Privt.
573. Green, David, Privt.
574. Gudger, William, Privt.
575. Gurganus, Reuben, Privt.
576. Gargis, Job, Privt.
577. Green, William, Privt.

Name—Rank

578. Grider, Job, Privt.
579. Gillespie, James, Privt. & Sergeant
580. Gatewood, Dudley, Privt.
581. Green, Jeremiah, Privt.
582. Gardner, John, Privt.
583. Graham, John, Privt. of Cavalry
584. Gann, Samuel, Senr. Privt.
585. Goodwin, Samuel, Sergeant
586. Graves, Richard, Privt.
587. Grear, Thomas, Privt.
588. Gorden, James, Privt.
589. Gibson, Joseph, Privt.
590. Gregory, William, Privt.
591. Gardner, Elias, Privt. (Infantry & Cavalry)
592. Grisham, James, Senr., Privt.
593. Glasgow, Richard, Privt.
594. Gabriel, James, Privt. & Sergeant
595. Garriss, Henry, Privt.
596. Goodson, Joshua, Privt.
597. Gilliam, John, Privt.
598. Guy, William, Privt.
599. Grant, John, Privt.
600. Gettis, Alexander, Privt. (Cavalry & Infantry)
601. Hilsabeck, Jacob, Privt. of Infantry
602. Hays, Edmund, Privt.
603. Hickman, Edwin, Privt.
604. Hilliard, Thomas, Privt.
605. Hatch, Alexander, Privt.
606. Harmon, John, Privt.
607. Hair, David, Privt.
608. Holeman, Yancy, Privt.
609. Hammond, John, Privt.
610. Hood, Charles, Privt.
611. Holdway, Henry, Privt.
612. Harris, William, Privt.
613. Hickman, Jacob, Privt.
614. Harris, Jesse, Privt.
615. Harrison, John, 2nd., Privt.
616. Harrison, William, Privt.
617. Hayes, Thomas, Privt.
618. Hall, John, Privt.
619. Hembre (alias Emery), Abraham, Privt.
620. Hicks, Micajah, Privt.
621. Harrison, Joseph, Privt.
622. Hart, James, Privt.
623. Hutchins, Thomas, Privt. (Infantry & Cavalry)
624. Howard, Hardy, Privt.
625. Hall, Alexander, Privt.
626. Harris, Robin, Privt.
627. Hager, Simon, Privt.

Name—Rank

628. Hall, William, Privt.
629. Halsey, Henry, Privt.
630. Halsey, Malchi, Privt.
631. Howell, John, Privt. of Cavalry
632. Hasty, James, Senr., Privt.
633. Hayles, Chapman, Privt.
634. Heathcock, James, Privt.
635. Hough, John, Privt.
636. Hooper, Absolam, Privt.
637. Horton, Zephaniah, Privt.
638. Hanille, William, Privt.
639. Holt, George, Privt. & Sergeant
640. Hudgins, John, Privt. (Infantry & Cavalry)
641. Hay, William, Priv.
642. Hill, Abraham, Privt.
643. Hargis, Thomas Privt., Sergeant & Cavalry
644. Houston, James, Privt.
645. Hill, James, Lieutenant
646. Henry, James, Privt.
647. Hofner, Nicholas, Privt.
648. Haney, Charles, Privt.
649. Harper, John, Privt. (Cavalry & Infantry)
650. Hicks, Miles, Privt.
651. Holmes, James, Privt.
652. Hodge, George, Privt.
653. Howard, Wilson, Privt.
654. Harrell, John, Privt. (Cavalry & Infantry)
655. Hamilton, Thomas, Privt.
656. Hodges, Joseph, Privt. of Cavalry
657. Haney, Robert, Privt.
658. Hair, Robert, Privt.
659. Hays, David, Privt. (Infantry & Cavalry)
660. Hoppis, Adam, Privt.
661. Highsmith, Moses, Privt.
662. Hopkins, William, Privt.
663. Howard, William, Privt.
664. Hinson, Charles, Privt.
665. Handcock, John, Privt.
666. Hammons, Benjamin, Privt.
667. Hunter, Henry, Privt.
668. Hackney, Joseph, Captain & Lieutenant
669. Hastin, William, Privt.
670. Hanson, Daniel, Privt.
671. Hendrickson, Isaac, Privt.
672. Helm, John, Privt.
673. Hollinan, James, Privt.
674. Hagar, Simeon, Privt.
675. Haggard, John, Privt.

Name—Rank

676. Hancock, Samuel, Privt. (Infantry & Cavalry)
677. Hope, Benjamin, Privt.
678. Horner, George, Privt., Ensign & Lieutenant
679. Huddleston, Robert, Privt.
680. Haskins, James, Privt.
681. Hollingsworth, Henry, Jr., Privt.
682. Hollingsworth, Zebedee, Privt.
683. Henry, Joseph, Privt.
684. Holland, William, Privt. & Ensign
685. Holly, Osborne, Privt.
686. Hawkins, Philemon, decs'd., Colonel
687. Hopkins, Isaac, Privt.
688. Hartman, Philip, Privt.
689. Herndon, James, Privt. (Cavalry & Infantry)
690. Hopson, William, Privt. of Cavalry
691. Hudgins, James, F., Privt.
692. Hart, James, Privt.
693. Hill, Reuben, Privt.
694. Hood, Reuben, Privt.
695. Hyde, William, Privt.
696. Hughes, John, Senr., Privt.
697. Hedgepeth, Abraham, Privt.
698. Howard, Allen, Privt.
699. Henderson, James, Privt.
700. Hodge, Alexander, Privt. & Lieutenant
701. Headrick, Peter, Privt.
702. Holland, James, Privt. (Infantry & Cavalry)
703. Holt, James, Privt., Corporal & Ensign
704. Hise, Leonard, Privt.
705. Hipp, Valentine, Privt.
706. Harrell, Josiah, Privt.
707. Howard, Claiborne, Privt.
708. Henson, Elijah, Privt.
709. Hicks, Harris, Privt.
710. Hood, John, Privt.
711. Hawkins, Ephraim, Privt.
712. Hurley, Joshua, Privt.
713. Hearne, Ebenezer, Privt.
714. Henry, John, Privt. & Captain
715. Harwood, James, Privt.
716. Hollingsworth, Stephen, Privt.
717. Hester, Zachariah, Privt.
718. Hester, Benjamin, Privt.
719. Hill, Robert, Senr., Privt., Lieutenant & Captain
720. Hester, Thomas, Privt.
721. Hunt, Daniel, Privt.
722. Hutchinson, William, Privt. & Captain

Name—Rank

723. Hartgrove, Howell, Privt.
724. Hawes, Ezekiel, Privt.
725. Hastings, Zachariah, Privt.
726. Hobbs, William, Privt.
727. Harthsfield, John, Privt.
728. Howrey, George, Privt.
729. Hamilton, James, Privt.
730. Harris, Fieldman, Privt.
731. Hughes, James, Privt.
732. High, Gardner, Privt.
733. Hunt, William, Privt., Ensign & Major
734. Hoffner, Martin, Privt.
735. Hickman, Samuel, Privt.
736. Hill, Samuel, Privt.
737. Hunt, Berry, Privt.
738. Harrell, Kidder, Privt.
739. Halloway, Taylor, Privt.
740. Hudspeth, Carter, Privt.
741. Hill, Joshua, Privt.
742. Horner, Thomas, Privt.
743. Herron, Allen, Privt.
744. Horn, Robert, Privt.
745. Idole, Jacob, Privt.
746. Ipock, Samuel, Privt.
747. Ingram, Edwin, Privt. & Ensign
748. Ives, John P., Privt.
749. Irwin, Thomas, Privt.
750. Irly, John, Privt. & Captain
751. Irick, Abraham, Privt.
752. Irvin, James, Privt.
753. Ives, Thomas, Privt.
754. Jones, Musgrove, Privt.
755. Jean, Philip, Privt. (Infantry & Cavalry)
756. Jeffreys, John, Privt.
757. Jones, William, Privt.
758. James, Abner, Privt.
759. Johnston, Francis, Privt., Sergeant & Lieutenant
760. Jones, Francis, Captain of Cavalry
761. Jones, Moses, Privt.
762. Johnson, Samuel, decs'd., Privt. of Infantry & Capt. of Cavalry
763. Johnson, Joseph, Lieutenant
764. Jenkins, Charles, Privt.
765. Jacobs, Primus, Privt.
766. Jean, Nathan, Privt.
767. Jinks, Thomas, Corporal
768. Jones, Peter, Captain
769. Jones, Britain, Privt.
770. Johnson, James, Privt.
771. Jones, Benjamin, Privt.
772. Johnston, George, Sr., Privt.
773. Johnston, Joseph, Privt.

Name—Rank

774. Jones, Edmund, Privt.
775. Joiner, Moses, Privt.
776. Jones, Charles, Privt.
777. Jones, Thomas, Privt.
778. Jamison, Williams, Privt.
779. Jones, John, Privt.
780. Joiner, Thomas, Privt.
781. Jackson, William, decs'd., Privt.
782. Jackson, Isaac, Privt.
783. Jones, Edward, Privt.
784. Johnston, Robert, Privt.
785. Jean, William, Privt.
786. Jernigan, George, Privt. & Lt. Drag'n.
787. Johnson, Abram, Privt.
788. Jeannet, Elias, Privt.
789. Jones, Elisha, Privt.
790. Jordan, Richard, Privt. (Cavalry & Infantry)
791. Jacobs, Zachariah, Privt.
792. Johnson, William, Privt., Sergeant & Lieutenant
793. Johnson, Alexander, Privt.
794. Jester, James, T., Privt.
795. Jenkins, Thomas, Privt.
796. Jackson, Samuel, Privt.
797. Jarvis, Thomas, Privt., Lieutenant & Captain
798. Jenkins, William, Privt.
799. Johnson, William, Privt.
800. Jones, Jesse, Privt.
801. Jenkins, Aaron, Privt. (Cavalry & Infantry)
802. Jones, Nicholas, Privt.
803. Jennings, James, Privt.
804. Kidds, John, Privt.
805. Kennedy, Thomas, Privt.
806. King, Henry, Privt.
807. King, John, Privt.
808. Keen, William, Privt.
809. King, David, Privt.
810. King, Nathan, Captain
811. Knox, Robert, Privt.
812. Kreger, George, Privt.
813. Kennire, Anthony, Privt.
814. Kea, Henry, Privt. (Cavalry & Infantry)
815. Killough, Samuel, Privt.
816. Knox, Benjamin, Privt.
817. Kennedy, Sherwood, Privt. & Sergeant
818. Karcher (alias Karraher), George, Privt.
819. Kincaid, John, Privt.

Name—Rank

820. Koonts, John, Privt.
821. Kincaid, Robert, Privt.
822. Kincaid, James, Privt.
823. Keel, Simon, Privt. (Infantry & Cavalry)
824. Knox, James, Privt.
825. King, Vincent, Privt. (Infantry & Cavalry)
826. Keon, John, Sergeant, Drummer & Corporal
827. King, Thomas, Privt.
828. Knox, Samuel, Privt.
829. Kiher, George, Privt.
830. Kersey, James, Privt.
831. Kerr, Robert, Privt.
832. Kennedy, David, Privt.
833. Knight, Henry, Privt.
834. Kinncair, John, Privt.
835. Kensaul, John, Privt.
836. Limonds, Alexander, Privt.
837. Leonard, William, Privt.
838. Ledford, Peter, Senr., Privt. of Cavalry
839. Lint, Isaac, Privt.
840. Lassiten, Elijah, Privt.
841. Lee, James, descd., Privt.
842. Lewis, Charles, descd., Privt. of Cavalry
843. Leiper, Matthew, descd., Privt.
844. Lloyd, William, descd., Privt.
845. Loughry, William, Privt.
846. Lyttle, Thomas, decsd., Lieutenant & Captain
847. Lane, John, Privt.
848. Lewis, Willis, Privt.
849. Lomack, William, Privt.
850. Lock, John, Privt.
851. Love, Thomas, Privt.
852. Lovett, Joseph, Privt.
853. Lyon, Jacob, Privt.
854. Lewis, John, Privt.
855. Lomax, William, Privt.
856. Luck, John, Privt.
857. Love, John, Privt.
858. Latham, Noah, Privt.
859. Lackey, George, Privt. (Cavalry & Infantry)
860. Lashley, Barnabas, Privt.
861. Lipscomb, Archibald, Privt.
862. Lambreth, Moses, Privt.
863. Logan, Drury, Privt.
864. Lookebee, David, Privt.
865. Lewis, William, Privt.
866. Lumsden, John, Privt. & Ensign

Name—Rank

867. Lackey, Thomas, Privt.
868. Lindsey, David, Privt.
869. Linton, Thomas, Privt.
870. Lednum, John, Privt.
871. Luckie, William, Privt.
872. Leib, Jonas, Privt.
873. Lindsay, Laban, Sergeant
874. Lee, John, Privt.
875. Laquire, John, Privt.
876. Lee, Wstbrook, Privt.
877. Ledbitter, Richard, Privt.
878. Long, Benjamin, Privt.
879. Lemonds, Robert, Privt.
880. Lashley, Howell, Privt.
881. Love, Robert, Sergeant & Lieutenant
882. Lanning, John, Privt.
883. Lewis, William, Privt.
884. Lewis, James, Privt.
885. Lancaster, Henry, Sergeant
886. Lawrence, John, Privt.
887. Lomax, William, Privt.
888. Leonard, Jacob, Privt.
889. Lewis, Thomas, Privt.
890. Lowe, Nathan, Privt.
891. Lasater, William, Privt. of Cavalry
892. Lasater, Abner, Privt.
893. Lumpkin, Joseph, Privt.
894. Langley, Miles, decs'd., Dragoon
895. Lindsey, Walter, decs'd., Privt.
896. Lands, Ephraim, Privt.
897. Lewis, Aaron, Privt.
898. Lachenour, Jacob, Privt.
899. Lowe, Thomas, Sergeant
900. Lachenour, George, Privt.
901. Land, Reuben, Privt.
902. Lockhart, John, Privt.
903. Lockerman, Jacob, Privt.
904. Laffoon, Nathaniel, Privt.
905. Lee, Henry, Privt., of Cavalry
906. Larrimore, James, Privt., Sergeant & Corporal
907. Leman, John, Privt.
908. Lane, Daniel, Privt. & Sergeant
909. Lucas, William, Privt.
910. Largent, James, Privt. (Cavalry & Infantry)
911. Leak, Walter, Privt.
912. Lewis, Daniel, Privt.
913. Lawson, Thomas, Privt.
914. Lock, James, Senr., Privt.
915. Langley, Shadrach, Privt.
916. Lewis, David, Privt.
917. Laws, David, Privt.
918. Lynch, Elijah, Privt.

Name—Rank

919. Lenoir, William, Lieutenant & Captain
920. Luther, Michael, Privt.
921. Luther, George, Privt.
922. Long, Gasper, Privt. (Infantry & Cavalry)
923. Larkins, Benjamin, Privt. (Infantry & Cavalry)
924. Lewter, Hardy, Privt. (Infantry & Cavalry)
925. McLellan, Daniel, Privt.
926. Marsh, William, Privt.
927. McCuister, Thomas, Privt.
928. Masters, Enoch, Privt.
929. May, Ludwick, Privt.
930. Money, John, Privt.
931. McBroom, Andrew, Privt.
932. McAllister, John, Privt. (Infantry & Cavalry)
933. McKinney, William, Privt.
934. Myrick, Moses, Privt.
935. Marshbourne, Daniel, Privt.
936. Mitchell, David, decs'd., Privt.
937. McDaniel, James, decs'd., Privt. (Calvary)
938. Montrose, Elijah, decs'd., Privt.
939. McIntosh, Murdock, decs'd., Privt.
940. McNeill, Laucklin, decs'd., Privt.
941. McNeill, Archibald, decs'd., Privt.
942. Munk, James, Privt.
943. Medlin, Shadrack, Privt.
944. Moore, James, Privt.
945. Mainor, Josiah, Privt.
946. Moony, William, Sergeant
947. McDaniel, Arthur, Privt.
948. Maples, Marmaduke, Privt.
949. Marshall, Isaac, Privt.
950. Manley, Moses, Privt.
951. Manuel, Jesse, Privt.
952. Main, Henry, Privt.
953. Matthews, James, Privt.
954. Matlock, John, Sergeant
955. Munday, Jeremiah, Privt.
956. Mason, Patrick, Privt.
957. Martin, Robert, Privt.
958. Mitchell, Jacob, Privt.
959. Mitchell, George, Privt.
960. Morris, Micajah, Privt.
961. Mayes, William, Privt.
962. McKeithan, John, Privt.
963. Morgan, Richard, Drummer
964. Mulikin, Lewis, Privt.
965. Monroe, George, Privt.
966. McKee, Alexander, Privt.

IN THE AMERICAN REVOLUTION 581

Name—Rank

967. McNatt, James, Sergeant
968. McKay, Edward, Privt.
969. Marcum, Thomas, Privt.
970. Morgan, William, Privt.
971. Merrill, John, Privt. (Infantry & Cavalry)
972. Myers, John, Privt.
973. McLeod, Robert, Privt.
974. Matthews, Hardy, Privt. (Infantry & Cavalry)
975. Mallard, Lawson, Privt.
976. Merritt, William, Privt.
977. Mabry, David, Privt.
978. McClellan, Malcolm, Privt.
979. Morrison, Morris, Privt.
980. McPeters, Jonathan, Privt.
981. Musselwhite, Nathan, Privt.
982. Musselwhite, Millen, Privt.
983. Merril, Daniel, Privt.
984. McCullock, James, Privt.
985. Mays, Benjamin, Privt.
986. Morrison, John, Privt.
987. Mebane, John, Privt. & Captain
988. Malpass, James, Privt.
989. Mason, William, Privt.
990. McPherson, Matthew, Privt.
991. Medaris, Masy C., Privt.
992. Mitchell, James, Privt.
993. Mayhew, John, Privt.
994. Moore, Alexander, Privt.
995. McNeely, John, Privt.
996. Morgan, Nathan, Privt.
997. Miller, Philip, Privt.
998. Merritt, Shadrach, Privt.
999. Marshall, Purnell, Privt. (Cavalry & Infantry)
1000. Miller, John, Privt.
1001. Marshall, Jesse, Privt.
1002. Monteath, Samuel, Privt.
1002. May, William, Privt.
1004. Medford, James, Privt.
1005. Merritt, Daniel, Privt. (Infantry & Cavalry)
1006. Mills, Jesse, Privt.
1007. McLaughlin, John, Privt. (Infantry & Cavalry)
1008. Moore, Daniel, Senr., Privt.
1009. Mulivee, John, Privt.
1010. Mills, John, Privt.
1011. McCurdy, Archibald, Privt. & Lieutenant
1012. Mahanes, Tapley, Privt.
1013. Moore, William, Privt. & Captain
1014. Moore, John, Privt.

Name—Rank

1015. Martin, Kinchen, Privt.
1016. Mayhew, William, Privt.
1017. Monroe, Malcolm, Privt. of Calvary
1018. Morris, William, Privt.
1019. Mizell, William, Sergeant
1020. Maib, John, Senr., Privt.
1021. Menius, Frederick, Privt.
1022. Martindale, Samuel, Privt.
1023. Merrill, Benjamin, Privt.
1024. Marlar, John, Privt.
1025. McClewer, Richard, Privt.
1026. McLadden, Alexander, Privt., Lieutenant & Captain
1027. Mitchell, Nazareth, Privt.
1028. McLeary, Michael, Privt.
1029. Moore, James, Sr., Privt.
1030. Mills, Naaman, Privt.
1031. Metcalf, Danga, Privt.
1032. Metcalf, Warner, Privt.
1033. Massey, John, Privt.
1034. Martin, Samuel, Privt. & Captain
1035. Murphy, James, Privt.
1036. McWhorter, George, Privt.
1037. Miles, Narby, Privt.
1038. Matthews, Giles, Privt.
1039. McMennamy, William, Privt.
1040. McLeod, William, Privt.
1041. Murrel, Merritt, Privt.
1042. Miller, Jacob, Privt.
1043. Moore, William, Privt.
1044. Murphy, Hugh, Privt.
1045. Mason, Philip, Privt.
1046. McCullen, Bryan, Privt.
1047. Mendenhall, Nathan, Privt.
1048. Martin, Ephraim, Privt. & Sergeant
1049. Mann, Nathan, Privt.
1050. May, Thomas, Privt.
1051. McGuire, Patrick, Privt.
1052. McNeill, Hector, Privt.
1053. Mabrey, Matthew, Privt.
1054. Morgan, James, Privt.
1055. Murrill, George, Privt.
1056. Minnis, John, Privt. & Sergeant
1057. McCorkle, Archibald, Privt.
1058. McFalls, Arthur, Privt.
1059. McEller, John, Privt.
1060. Maybin, Mathew, Privt.
1061. Mathis, Arthur, Privt. of Cavalry
1062. Miller, George, decs'd., Privt.
1063. McDonald, James, decs'd., Dragoon
1064. Martin, Jacob, Privt.
1065. McSwain, William, decs'd., Privt.
1066. Matthews, John, decs'd., Corporal
1067. Martin, James, Colonel

Name—Rank
1068. Montgomery, John, Privt.
1069. Marion, Bartholomew, Privt.
1070. May, John, Sergt. & Ensign
1071. McGee, Harmon, Privt.
1072. McCullock, Duncan, Privt.
1073. McMulline, John, Lieutenant & Captain
1074. Martin, Richard, Privt.
1075. Medley, Bryant, Privt. & Musician
1076. Matkins, John, Privt.
1077. Manuel, Christopher, Privt.
1078. McBride, John, Privt., Sergeant, Ensign & Lieut.
1079. Maxwell, William, Privt.
1080. McClure, Thomas, Privt.
1081. McBride, Josiah, Privt.
1082. McLane, Joseph, Privt.
1083. Morton, Josiah, Privt.
1084. Merrett, Daniel, Privt.
1085. Montgomery, David, Privt.
1086. Marshall, Benjamin, Privt.
1087. Maidere, Laurence, Sr., Privt.
1088. Moring, John, Privt.
1089. McCubbin, Nicholas, Privt.
1090. Miller, Jacob, decs'd., Privt.
1091. Murphy, Daniel, Privt.
1092. Messer, Jeremiah, Privt.
1093. McCain, John, Privt.
1094. Murray, James, Privt.
1095. Northern, Joseph, Privt.
1096. Nix, George, Privt.
1097. Nichelston, James, Privt.
1098. Nowell, Josiah, Privt.
1099. Nailor, Joshua, Privt.
1100. Newsome, Jacob, Privt.
1101. Neese, George, Privt.
1102. Nolen, Ezekiel, Privt.
1103. Nance, James, Senr., Privt. & Fifer
1104. Nicholson, John, Privt. & Lieutenant
1105. Nelson, Giles, Privt.
1106. Nease, George, Privt. (Cavalry & Infantry)
1107. Nichols, Joel, Privt.
1108. Nobles, John, Privt.
1109. Nease, Martin, Privt.
1110. Neill, Gilbraith, Lieutenant
1111. Nunnery, Amos, Privt. (Cavalry & Infantry)
1112. Nelson, Samuel, Privt.
1113. New, William, Privt.
1114. Nelson, Edward, Privt.
1115. Nash, Michael, Privt.
1116. Norwood, John, Privt.
1117. Norvill, Enos, Privt.

Name—Rank
1118. Norton, Isham, Senr., Privt.
1119. Newton, Benjamin, decs'd., Lieutenant
1120. Overton, Jonathan, Privt.
1121. Ownby, James, Privt.
1122. Oliver, James, decs'd., Privt.
1123. Osborn, Jesse, Privt.
1124. Overton, Samuel, Privt.
1125. Overton, James, Privt.
1126. Odom, James, Privt.
1127. Orr, James, Privt.
1128. Osborn, Jonathan, Privt.
1129. Oliver, George, Privt.
1130. Owen, Shadrach, Privt. (Infantry & Cavalry)
1131. Osborn, Stephen, Privt.
1132. O'Merry, Jacob, Privt.
1133. O'Brien, William, Privt.
1134. O'Bryan, Tillotson, Privt.
1135. Odom, Jethro, Privt.
1136. Pettaway, Micajah, Privt.
1137. Poplin, George, Privt.
1138. Pope, Richard, Privt.
1139. Pippin, Richard, Privt.
1140. Patton, Samuel, Privt. (Infantry & Cavalry)
1141. Pyron, William, Privt.
1142. Payne, Thomas, Privt.
1143. Previtt, John, decs'd., Privt.
1144. Powell, John, Privt.
1145. Phillips, Adam, Privt.
1146. Parks, Samuel, decs'd., Privt.
1147. Palmer, Jesse, decs'd., Privt.
1148. Pettiford, Drury, Privt.
1149. Philips, Mark, Privt.
1150. Pettiford, William, Privt.
1151. Petit, Gideon, Privt.
1152. Pratt, Zebulon, Privt.
1153. Patterson, Tilman, Privt.
1154. Pafford, William, Privt.
1155. Privet, John, Privt.
1156. Penninger, Martin, Privt.
1157. Pettiford, George, Privt.
1158. Peterson, James, Privt.
1159. Paylor, William, Privt.
1160. Powers, Ephraim, Privt.
1161. Parker, William, Privt.
1162. Parham, Thomas, Privt.
1163. Powell, Abner, Privt.
1164. Phillips, Irby, Privt.
1165. Potter, William, Privt. & Corporal
1166. Piper, John, Privt. & Lieutenant
1167. Pendleton, Hiram, Privt.

Name—Rank

1168. Perkins, William, Privt. & Lieutenant
1169. Poplin, William, Privt.
1170. Powell, Lewis, Privt.
1171. Parson, Joseph, Privt. & Captain
1172. Pharis, Samuel, Privt.
1173. Page, John, Privt. of Cavalry
1174. Pittman, Joseph, Privt.
1175. Petit, Henry, Senr., Privt.
1176. Price, Thomas, Privt. of Cavalry
1177. Peterson, John, Privt.
1178. Pope, Jeremiah, Privt.
1179. Parker, Humphrey, Privt.
1180. Parker, John, Privt.
1181. Poyner, Thomas, Privt. & Captain
1182. Parrot, Reuben, Privt.
1183. Palmer, Edmond, Privt.
1184. Parker, Elisha, Privt.
1185. Parker, Kidar, Privt.
1186. Palmer, William, Privt.
1187. Prestwood, Jonathan, Privt. & Sergeant
1188. Presnell, John, Privt.
1189. Patterson, James, Privt. & Sergeant
1190. Pridgeon, Francis, Privt.
1191. Phillips, John, Privt.
1192. Patterson, Thomas, Privt.
1193. Pyatt, Joseph, Privt.
1194. Plummer, Richard, Privt.
1195. Pope, Elisha, Privt.
1196. Potts, Thomas, Privt.
1197. Pippen, Joseph, Ensign
1198. Penby, John, Privt.
1199. Powell, Elijah, Privt.
1200. Pone, David, Privt. (Infantry & Cavalry)
1200. Paris, William, Prit.
1202. Pope, Harwood, Privt.
1203. Peter-Corn, John, Privt.
1204. Peddy, Andrew, Privt.
1205. Porterfield, John, Privt.
1206. Phillips, John, Privt.
1207. Painter, George, Privt.
1208. Powell, Britton, decs'd., Privt.
1209. Pass, Holloway, Privt.
1210. Pierce, John, Privt.
1211. Parrish, Claiborne, Privt.
1212. Powell, Charles, Privt.
1213. Padgett, John, Privt. (Infantry & Cavalry)
1214. Plunk, Jacob, Privt.
1215. Porter, Charles, Privt.
1216. Powell, Absalom, Privt., Ensign, Sergt. & C. A.

Name—Rank

1217. Pleasants, William, Privt.
1218. Pulliam, Richard, Privt.
1219. Pridgeon, William, Privt.
1220. Pool, John, Privt. (Infantry & Cavalry)
1221. Perry, Jesse, Privt.
1222. Paine, John, Privt.
1223. Phifer, Martin, Captain Dragoons
1224. Powers, Henry, Senr., Privt. (Infantry & Cavalry)
1225. Pearce, William, Privt.
1226. Pollard, Jacob, Privt.
1227. Pennington, Kincher, Privt.
1228. Parrish, Stephen, Privt.
1229. Polk, William, Major
1230. Peonix, Oberton, Privt.
1231. Pennil (alias Penrose), Reuben, Privt.
1232. Powell, George, Privt.
1233. Pilkenton, Richard, Privt.
1234. Powell, William, Privt.
1235. Parker, Kedar, Privt.
1236. Pierce, Israel, Prvt. & Sergeant
1237. Poindexter, David, Privt.
1238. Pettijohn, John, Privt.
1239. Palmer, Jesse, Senr., Privt.
1240. Payne, Thomas, Privt.
1241. Parish, Humphrey, Privt.
1242. Quillin, John, Privt.
1243. Quinn, David, Privt.
1244. Quinn, William, L., Privt.
1245. Ryerson, Stephen, Privt.
1246. Rice, William H., Privt., Sergt. & Lt.
1247. Ross, James, Privt.
1248. Rigsby, James, Privt.
1249. Rector, Benjamin, Privt.
1250. Rankin, William, Privt.
1251. Reed, Samuel, Privt.
1252. Roe, Charles, Privt.
1253. Reid, Thomas, Privt.
1254. Roberts, Aaron, Privt.
1255. Ripley, Edward, Privt. of Cavalry
1256. Riggs, James, Privt.
1257. Rocket, John, Privt.
1258. Roberts, James, decs'd., Privt.
1259. Roach, James, decs'd., Privt.
1260. Richardson, David, decs'd., Privt.
1261. Rippy, Edward, Privt.
1262. Roberts, George, Privt.
1263. Roberts, Martin, Forage Master
1264. Robinson, Lambert, Privt.
1265. Reaves, Zachariah, Privt.
1266. Rigsby, Frederick, Privt.

ROSTER OF NORTH CAROLINA SOLDIERS

Name—Rank
1267. Raper, Robert, Privt.
1268. Riggins, Joel, Privt.
1269. Rhodes, Nathan, Privt.
1270. Redding, John, Privt.
1271. Revell, Michael, Privt.
1272. Ross, Thomas, Privt.
1273. Rhodes, John, Privt.
1274. Rose, Sterling, Corporal & Sergeant
1275. Roberts, John, Privt. (Infantry & Cavalry)
1276. Ring, Thomas, Senr., Privt.
1277. Rodgers, Hugh, Privt.
1278. Rounsavall, John, Privt.
1279. Rigsby, John, Privt. (Cavalry & Infantry)
1280. Ross, Williamson, Privt.
1281. Reavis, John, Privt.
1282. Robeson, Daniel, Privt.
1283. Robeson, James, Privt.
1284. Rodgers, Daniel, Privt.
1285. Ray, Jesse, Privt.
1286. Roberts, Joshua, Privt.
1287. Ricks, Edmund, Privt.
1288. Rogers, Thomas, Privt.
1289. Register, John, Privt.
1290. Rea, David, Privt. (Infantry & Cavalry)
1291. Rhodes, Cornelius, Privt.
1292. Regan, Charles, Privt.
1293. Revenback, Frederick, Privt.
1294. Roberts, William, Senr., Privt.
1295. Rogers, Bias, Privt.
1296. Redd, William, Privt.
1297. Riddle, John, Privt.
1298. Rice, John, Privt. & Sergeant
1299. Ricketts, William, Privt.
1300. Reardon, James, Privt.
1301. Rackley, Jeremiah, Privt. & Sergeant
1302. Rose, Samuel, Privt.
1303. Robinson, William, Privt.
1304. Ray, William, Senr., Captain
1305. Raines, Anthony, Privt.
1306. Rich, Lot, Privt.
1307. Rowark, Elisha, Privt.
1308. Roe, Matthew, Privt.
1309. Rosen, John, Privt.
1310. Reeves, Richard, Privt.
1311. Register, John, Junr., Privt.
1312. Ryan, Peter, Privt.
1313. Rogers, Randall, Privt.
1314. Reeves, John, Privt.
1315. Rudd, John, Senr., Privt.
1316. Rector, Lewis, Privt.
1317. Rayner, Amos, Privt.

Name—Rank
1318. Ray, Francis, decs'd., Privt.
1319. Rhodes, Hezekiah, Privt.
1320. Roper, James, Privt.
1321. Riggs, John, Privt.
1322. Ross, David, Privt.
1323. Russ, Joseph, Privt.
1324. Roan, Thomas, Privt. & Musician
1325. Rose, Philip, Ensign
1326. Riley, William, Privt. (Infantry & Cavalry)
1327. Ryan, William, Privt.
1328. Russell, Richard, Privt.
1329. Riggan, Francis, Privt.
1330. Richard, John, Privt.
1331. Roebuck, Raleigh, Privt.
1332. Reynolds, Elisha, Privt.
1333. Riggs, John, Privt. (Infantry & Cavalry)
1334. Reep, Adam, Privt.
1335. Richards, Morris, Privt.
1336. Reeves, John D., Privt.
1337. Robinson, Robert, Privt.
1338. Rose, John, Privt.
1339. Reynolds, Elisha, Privt.
1340. Riggan, William P., Privt.
1341. Robert, Brittain, Privt.
1342. Ramsay, Andrew, Privt. (Infantry & Cavalry)
1343. Swanson, John, Privt.
1344. Strader, John, Privt.
1345. Stoner, Abraham, Privt.
1346. Smith, Lewis, Privt.
1347. Swink, John, Privt.
1348. Shipp, Thomas, Privt.
1349. Snow, Frost and, Privt.
1350. Stephenson, James, Privt.
1351. Sessoms, Solomon, decs'd., Privt. & Lieut.
1352. Stillwell, John, decs'd., Privt.
1353. Smith, Sihon, decs'd., Privt.
1354. Shaw, Michael, Privt.
1355. Springs, Micajah, Privt.
1356. Stratten, William, Privt.
1357. Salmon, Vincent, Privt.
1358. Smith, Peter, Privt.
1359. Seagrove, John, Privt.
1360. Spain, Thomas, Musician
1361. Smith, Charles, Privt.
1362. Sampson, Isaac, Privt.
1363. Spelmore, Asa, Privt.
1364. Steely, Jeremiah, Privt.
1365. Scott, Isham, Privt.
1366. Stephens, John, Privt.
1367. Sullivant, Owen, Privt.

Name—Rank	Name—Rank
1368. Shipe, Philip, Privt.	1418. Shooks, Andrew, Privt.
1369. Shank, Manus, Privt.	1419. Shooks, Jacob, Privt.
1370. Stokes, Richard, Privt.	1420. Springs, Sedgwick, Privt.
1371. Sexton, John, Privt.	1421. Spencer, Benjamin, Privt.
1372. Sterling, Seth, Privt.	1422. Spring, Richard, Privt., Lieut. & Capt.
1373. Shoemaker, Randal, Privt.	1423. Smith, Samuel, Privt.
1374. Shenault, Benjamin, Privt.	1424. Sterling, Robert, Privt.
1375. Stiles, John, Privt.	1425. Stow, William, Privt.
1376. Spain, William, Privt.	1426. Simmons, John, Cavalry & Infantry
1377. Searcy, John, Privt.	1427. Soots, Frederick, Privt.
1378. Steel, Francis, Senr., Privt.	1428. Spain, Claiborne, Privt.
1379. Simmons, Sanders, Privt.	1429. Studthern, John, Privt. (Infantry & Cavalry)
1380. Simmons, Jeremiah, Privt.	1430. Smith, Henry, Captain
1381. Scroggs, John, Privt.	1431. Sloan, James, Privt.
1382. Stewart, John, Privt.	1432. Sell, Philip, Privt.
1383. Stevenson, John, Privt. (Infantry & Cavalry)	1433. Stough, Andrew, Privt.
1384. Surgener, John, Privt.	1434. Stinson, John, Privt.
1385. Stewart, Edward, Privt. (Infantry & Cavalry)	1435. Steelman, William, Privt.
1386. Scarborough, James, Sergeant & Captain	1436. Stroup, Adam, Privt.
1387. Sullivan, Daniel, Privt.	1437. Sellars, Jordan, Privt.
1388. Sykes, Josiah, Privt.	1438. Springfield, Moses, Privt.
1389. Smith, Richard, Privt.	1439. Sillaven, William, Privt.
1390. Smith, Benjamin, Privt.	1440. Steele, Thomas, Privt.
1391. Sasser, Benjamin, Privt.	1441. Samuel, Andrew, Corporal of Artillery
1392. Smith, Jonathan, Senr., Sergeant & Captain	1442. Scarlet, Thomas, Privt.
1393. Sherron, John, Privt.	1443. Strickland, Lot, Privt.
1394. Surls, Robert, Privt.	1444. Smith, Daniel, Privt.
1395. Stacy, Aaron, Privt.	1445. Steele, William, Privt.
1396. Smith, William, Privt.	1446. Strayhorn, John, Privt.
1397. Sumerlin, Winburn, Privt.	1447. Slade, Nathan, Privt.
1398. Starns, Joseph, Privt.	1448. Stanly, Christopher, Sergeant
1399. Spencer, Jesse, Privt.	1449. Stegall, John, Privt.
1400. Sasater, Abner, Privt.	1450. Stevens, Samuel, Privt.
1401. Sussen, Abel, Privt.	1451. Sanders, William, Privt.
1402. Sigmon, George, Privt.	1452. Stultz, Casper, Senr., Privt.
1403. Strayhorn, William, Privt.	1453. Smith, Edward, Privt.
1404. Southard, John, Privt.	1454. Slade, William, Senr., Privt.
1405. Stuart, John, Privt.	1455. Starkey, Jonathan, Privt. (Infantry & Cavalry)
1406. Stamey, John, Privt.	1456. Sharp, Adam, Privt.
1407. Swearingen, Richard C., Privt.	1457. Strape, Samuel, Privt.
1408. Stovall, Thomas, Privt.	1458. Smith, William, Privt. & Sergeant
1409. Southern, William, Sr., Privt.	1459. Swing, Matthias, Privt.
1410. Shaffer, John, Privt.	1460. Saunders, Nathaniel, Musician
1411. Sawyer, Joseph, Privt.	1461. Seat, James, Privt.
1412. Smith, Louis, Privt.	1462. Stanford, Samuel, Senr., Privt.
1413. Scott, John, Privt.	1463. Stough, Martin, Privt.
1414. Swinson, Theophilus, Privt.	1464. Scales, James, Senr., Privt.
1415. Sanders, Philip, Privt. & Sergeant	1465. Smith, Isaac, Privt.
1416. Scoggins, Robert, Privt.	1466. Sandiford, Samuel, Privt.
1417. Smith, Thomas, Privt.	1467. Scarborough, Samuel, Senr., Privt.

Name—Rank	Name—Rank
1468. Silverthorn, Robert, Privt.	1515. Taburn, Joel, Privt.
1469. Smith, John, Privt. (Infantry & Cavalry)	1516. Tyler, Moses, Privt.
1470. Sherod, Jordan, Privt.	1517. Tucker, Robert, Privt.
1471. Sawthall, Henry, Privt.	1518. Tirford, George, Privt.
1472. Stegall, Jesse, Privt.	1519. Tharp, Jonathan, Privt.
1473. Shearin, Frederick, Privt.	1520. Tate, James, Privt.
1474. Steigerwaldt, Frederick, Privt.	1521. Taylor, Richard, C.
1475. Singletary, Josiah, Privt.	1522. Thigpen, Gilead, Privt.
1476. Shipman, James, Captain	1523. Taylor, Isaac, Privt.
1477. Smithwick, John, Privt. of Cavalry	1524. Taylor, John, Privt.
1478. Slocum, Ezekiel, Privt. & Sergeant	1525. Tipps, Jacob, Privt.
1479. Sheppard, Valentine, Privt.	1526. Tack, Jacob, Privt.
1480. Small, John, Privt.	1527. Tutterton, Benjamin, Privt.
1481. Stone, John, Privt., Corporal & Sergeant	1528. Thompson, Charles, Privt. of Cavalry
1482. Stone, Jonathan, Privt.	1529. Titman, Philip, Privt.
1483. Sneed, Robert, Privt. & Artif'r.	1530. Tyson, Lewis, Privt.
1484. Shaw, Joseph, Privt.	1531. Terry, Thomas, Privt.
1485. Spicer, William, Privt.	1532. Trolinger, Henry, Privt.
1486. Stone, Peter, Senr., Privt.	1533. Thompson, William, Privt.
1487. Stamper, Joel, Privt.	1534. Thompson, James, Privt.
1488. Spencer, William, Privt.	1535. Taburn, William, Senr., Privt.
1489. Snow, John, Privt.	1536. Thrash, Volintine, Privt.
1490. Sands, William, Privt.	1537. Tilley, Edmund, Senr., Privt.
1491. Sharp, Thomas, Privt. (Cavalry & Infantry)	1538. Thomason, George, Privt. of Cavalry
1492. Shankle, George, Privt.	1539. Taylor, Hudston, Privt.
1493. Silver, George, Privt.	1540. Toliner, Jesse, Privt.
1494. Stewart, James, Privt.	1541. Turner, Samuel, Privt.
1495. Swinson, Jesse, Senr., Privt. & Musician	1542. Thompson, William, Privt.
1496. Striklin, Lot, Privt.	1543. Taylor, William, Privt. (Infantry & Cavalry)
1497. Smith, Reuben, Privt., Sergt. & Cornet	1544. Tuttle, John, Privt. & C. A.
1498. Sharpe, Joseph, Privt. Cavalry, Lt. & Capt.	1545. Tallow, Thomas, Privt.
1499. Smoot, James, Privt.	1546. Taborvin, Burwell, Privt.
1500. Scrum, Peter, Privt.	1547. Trammell, William, decs'd., Privt.
1501. Sloane, Robert, Privt.	1548. Tarlton, William, Privt.
1502. Sparks, John, Privt.	1549. Turbyfill, John, Privt.
1503. Scroggs, Jeremiah, Privt.	1550. Tomlinson, Richard, Privt. & Sergeant
1504. Turner, James, Privt.	1551. Toap, Caleb, Privt.
1505. Todd, Lewis, Privt. (Cavalry & Infantry)	1552. Threadgill, John, Privt.
1506. Thomason, George, Privt.	1553. Taylor, John, Senr., Privt., Capt. & Adj't. Commissary
1507. Tart, Thomas, Privt.	1554. Turner, William, Privt.
1508. Thomas, Aaron, Privt.	1555. Tucker, Shadrack, Privt.
1509. Tyner, Nicholas, Privt.	1556. Thompson, Isaac, Privt.
1510. Thompson, Jarrell, Corporal	1557. Thomson, Bartholomew, Privt.
1511. Toney, Arthur, decs'd., Privt.	1558. Tar, Melcher, Privt.
1512. Tankard, John, Surgeon	1559. Thomas, John, Privt.
1513. Topp, George, Privt.	1560. Thomas, Alexander, Privt.
1514. Tarney, Gilbert, Privt.	1561. Trout, Jacob, Privt.
	1562. Taylor, Richard, Privt.

Name—Rank

1563. Thomas, William, Privt. (Infantry & Cavalry)
1564. Tull, Charles, Privt.
1565. Tate, William, Privt. of Cavalry
1566. Tolar, Nehemiah, Privt. (Infantry & Cavalry)
1567. Tatom, Joshua, Privt.
1568. Tanner, Michael, Privt.
1569. Tippong, Conrad, Privt.
1570. Tilley, Henry, Privt.
1571. Tilley, Lazerous, Privt.
1572. Thompson, Samuel, Privt.
1573. Treadwell, Reuben, Privt.
1574. Tinnen, Robert, Privt.
1575. Tyner, Benjamin, Privt. (Cavalry & Infantry)
1576. Tate, Thomas, Privt.
1577. Upchurch, Moses, Privt.
1578. Utley, Burwell (or Burrell), Privt.
1579. Ure, Uriah, Privt.
1580. Upchurch, Nathan, Privt.
1581. Ussery, Thomas, Privt.
1582. Unger, Lawrence, Privt.
1583. Underwood, John, Privt.
1584. Vandiver, Matthew, Privt.
1585. Vinzant, Barnabas, Privt.
1586. Vick, Jesse, Privt.
1587. Viars, William, Privt.
1588. Vendrick, Peter, Privt.
1589. Vermillion, Samuel, Privt.
1590. Vickes, Elijah, Privt.
1591. Venable, John, Privt.
1592. Vaughan, Vincent, Privt.
1593. Vaughan, William, Privt.
1594. Wooters, Marclin, Privt.
1595. Williamson, Alexander, Privt.
1596. Watson, William, Privt.
1597. Williams, Thomas, Privt. (Infantry & Cavalry)
1598. Warner, Harden, decs'd., Privt.
1599. Wallace, John, decs'd., Privt. of Cavalry
1600. Woods, William, decs'd., Privt.
1601. Wood, William, Privt. of Cavalry
1602. Wood, Charles, Privt.
1603. West, William, Privt.
1604. Wiles, Abraham, Privt.
1605. White, John, Privt.
1606. White, Peter, Privt.
1607. Whaley, Ezekial, Privt.
1608. Wallis, John, Privt.
1609. Waller, Nathaniel, Privt.
1610. Whitley, Micajah, Privt.

Name—Rank

1611. Walker, Tandy, Privt.
1612. Wise, John, Privt.
1613. Wood, William, Privt.
1614. Widgburr (alias Underwood) William, Privt.
1615. Woosley, William, Privt.
1616. Wiley, James, Privt.
1617. Worsley, Thomas, Privt.
1618. Wood, Sampson, Privt.
1619. Williamson, Elijah, Privt. of Infantry & Cavalry
1620. Wilson, Robert, Privt.
1621. Whitaker, Robert L., Privt.
1622. Wooddill, John, Privt.
1623. Winborne, John, Privt. & Adjutant
1624. Williams, Buckner, Privt.
1625. Wiggs, John, Privt., Cavalry & Infantry
1626. Watts, James, Privt.
1627. Wall, Jonathan, Privt.
1628. Wright, Thomas, Senr., Privt.
1629. Whitledge, Ambrose, Privt.
1630. Wilson, James, Privt.
1631. Williamson, Isaac, Senr., Privt.
1632. Wright, James, Privt., Infantry & Cavalry
1633. Witherington, Solomon, Privt.
1634. Witherington, William, Privt.
1635. Walker, Green, Privt.
1636. Waters, Moses, Privt.
1637. Woodsides, William, Privt.
1638. Whitehursh, Arthur, Sr., Privt.
1639. Walker, Reuben, Privt.
1640. Woodside, Archibald, Privt.
1641. Ware, John, Senr., Privt.
1642. White, David, Privt.
1643. Wells, Jacob, Privt.
1644. Weathers, Willis, Privt.
1645. Withrow, James, Lieutenant & Captain
1646. Warren, William, Privt.
1647. Woods, Henry, Privt.
1648. Williams, Benjamin, Privt.
1649. Wellons, Charles, Privt.
1650. Westray, Daniel, Privt.
1651. Wilson, Robert, Privt.
1652. Whetmore, Charles, Privt.
1653. Ward, James, Privt.
1654. Wilson, Samuel, Privt. & Captain
1655. Williams, Robert, Surgeon
1656. Wilkinson, James, Privt.
1657. Williams, Thomas P., Privt., Infantry & Cavalry

Name—Rank

1658. Walston, Thomas, Privt.
1659. Wall, Jesse, Privt., Infantry & Cavalry
1660. Ward, William, Privt.
1661. Wilkins, John, Privt.
1662. Wiley, Rufus, Privt.
1663. Wagg, John, Artificer
1664. Witherspoon, William, Privt.
1665. Ward, John L., Privt.
1666. Whitlow, Solomon, Privt.
1667. Wright, John, Senr., Privt.
1668. Weedon, John, Privt.
1669. Walden, John, Privt.
1670. Williamson, Charles, Privt.
1671. Wallis, James, Privt.
1672. Walker, Buckley, Privt.
1673. Walker, Andrew, Privt.
1674. Wright, George, Privt.
1675. Williams, George, Privt.
1676. West, Willoughby, Senr., Privt.
1677. Wardrope, Edward, Privt.
1678. Wilhings, John, Privt. of Cavalry
1679. Wilkerson, John, Privt.
1680. Winingham, James, Privt.
1681. Witherington, Daniel, Privt. of Infantry
1682. West, Alexander, Privt.
1683. Williams, Job, Privt.
1684. Williams, William, Privt.
1685. Weaver, William, Privt.
1686. Wilson, John, Privt.
1687. Wadsworth, William, Privt.
1688. Ward, John, Privt.
1689. Walden, Drury, Privt. & Musician
1690. Weston, James, Privt.
1691. Williams, Waring, Privt.
1692. Woodall, Samuel, Privt.
1693. Welch, Joseph, Privt.
1694. Whit, Charles, Privt.
1695. Ware, William, Privt.
1696. Whitworth, John, Privt.
1697. Willoughby, Edlyne, Privt.
1698. Williams, Samuel, Privt.
1699. Wallace, William, Privt.

Name—Rank

1700. Wheeler, Henry, Privt.
1701. Walter, Paul, Privt. (Infantry & Cavalry)
1702. Williams, Bennett, Privt.
1703. Woodward, Jourdan, Privt.
1704. Wren, Joseph, Privt.
1705. Watson, John, Privt. (Infantry & Cavalry)
1706. Williamson, William, Privt.
1707. Wadkins, John, Privt.
1708. Williams, John, Privt.
1709. Wilson, Willis, Privt. of Cavalry
1710. Wolf, Lewis, Privt. & Fifer
1711. Wright, Edward, Privt.
1712. Wall, Joseph, Privt.
1713. Willis, Joseph, Privt.
1714. Watford, William, Privt.
1715. Webb, Jesse, Privt.
1716. Watson, Levin, Privt.
1717. Wiggins, Arthur, Privt.
1718. Wilfong, John, Privt.
1719. Wallace, Samuel, Privt.
1720. Wilder, William, Privt.
1721. Whitehead, Burrel, Privt. (Cavalry & Infantry)
1722. Walker, John, Privt.
1723. Wood, Stephen, Privt.
1724. Weathers, Elisha, Privt. (Cavalry & Infantry)
1725. Walters, Moses, Privt.
1726. Wall, Jacob, Privt.
1727. White, Benjamin, Privt.
1728. Webb, Johnson, Privt.
1729. Walker, William L., Privt. (Infantry & Cavalry)
1730. Webb, John, Privt.
1731. Williams, Stephen, Privt.
1732. Yates, John, Privt.
1733. Yarborough, Joseph, Privt.
1734. Yeargan, Thomas, Privt.
1735. Young, William, Privt.
1736. Young, Arthur D., Privt.
1737. Yarborough, Nathan, Privt.
1738. Ziglar, Leonard, Privt.

DECLARATIONS FOR PENSIONS

Page

93. John Abbott, enlisted June 1st, 1781, Guilford County.
93. Joshua Adcock, of Caswell County.
94. Daniel Alexander, of Mecklenburg County.
95. Jesse Alsobrook, enlisted in Halifax County.
97. Col. Richard Allen, Sr., of Rowan County (now Wilkes), entered the services in 1775.

IN THE AMERICAN REVOLUTION

101. William Allen, volunteered Sept. 1781.
102. John Allison, entered the service in 1778, in Orange County, under Capt. William Lytle.
104. Francis Antrican, entered the service in April 1781, under Capt. Thomas Donohough.
106. Westwood Armistead, of Northampton County. In battle of Guilford Courthouse his company having to flee to Troublesome Iron Works, he then was returned a soldier under his brother Anthony Armistead.
107. William Armstrong, of Lincoln County.
111. Wyatt Ballard, entered the service in 1781, in Warren County, in Capt. Carter's Company in the Regt. of Col. Dixon.
111. John Butler, enlisted in Windsor, N. C., in 1776.
112. John Denny, of Guilford County.
113. Andrew Carson, of Iredell County.
126. William Graham, of Rutherford County.
128. Pleasant Henderson, born in Granville County, Jan. 9, 1756.
131. Benjamin Hester, of Granville County, joined Capt. Taylor's Company at Troublesome Iron Works the day after the Battle of Guilford Court House.
132. William Hunt, of Granville County.
133. John P. Ives, volunteered in the Militia about the beginning of the Revolutionary War.
133. James Jones of Daviess County, Ky., born in York County, Penn. in yr. 1760, moved to Rowan County, where he resided during the Revolutionary War. A volunteer in 1778 in Rowan County, under Capt. Wm. Wilson.
135. William Lenoir, a volunteer from Surry County (now Wilkes).
142. Daniel Lane, in 17th year, drafted to guard the jail in New Bern, volunteered in 1779.
143. James McBride, of Guilford County.
145. James Martin, of Guilford County.
150. Salathiel Martin, in the Battle of King's Mtn. & Guilford C. H.
151. John Montgomery of Guilford County.
152. William Polk, of Wake County.
154. Austin Prescott, private N. C. Artillery in the Continental Line, in Rev. War.
154. John Taylor, Senr., of Granville County.
158. John Wilfong, of Lincoln County, enlisted in 1780.

BOX OF MILITIA RETURNS, 1770-1779

Field return of the Regt. of Militia for Hyde Co., at a general muster the 24th day of May, 1780, by Wm. Russel, Colo.

COMMISSIONED OFFICERS

1. Caleb Forman, Captn.
   Lt.
   William Wright, Ensn.
2. Thomas Smith, Capt.
   John Fortescue, Lt.
   Reuben Bartee, Ensn.
3. Steph'n Gaylard, Capt.
   William Saterthwait, Lt.
   Jeremiah Gaylard, Ensn.
4. Solomon Rew, Capt.
   Christopher Mason, Lt.
   Ensn.
5. Joseph Gibbs, Capt.
   Benjamin Gibbs, Lt.
   William Gibbs, Ensn.
6. Solomon Jones, Capt.
   Ezekiel Turner, Lt.
   Case Gibbs, Ensn.

ONSLOW FIELD RETURNS

Capt. John Boston	Ensn. Jno. Beeseley	Lt. Jno. Starkey
Lt. En. Battle	Capt. Geo. Mitchell	Ensn. Jos. Wharton
Ensn. John Marrill	Lt. Thos. Farnell	Capt. Moses Fox
Capt. Reuben Grant	Ensn. Jno. Cooper	Lt. Solomon Ward
Lt. Stanton Spooner	Capt. James Gray	Ensn. Wm. Jenkins
Ensn. Geo. Hazzard	Lt. James Foy	Capt. Rich'd. Brack
Capt. John Spicer	Ensn. Jer'h. Furwelle.	Ensn. Thos. Godly
Lt. John Spicer, Junr.	Capt. Stu Grant	

(Commissions filled as for the above eight Comp's.)
Aug. 1, 1777.   Wm. Cray.

No. 1	No. 2	No. 3	No. 4
Ezek'l Creech	Jos'a Barwick.	Wm. Vining	Simon Herring
John Heartsfield	John Kennedy	Joseph Smith	David Williams
Clint Wine	Moses Lovick	Aaron Pool	Shadrach Campbell
John Aldridge	Jacob Ingram	Sanders Bush	John Cox
....	Jacob Thompson	Jesse Smith	Sam'l Pool
John Hodges	Fra's Hill	Thos. Daniel, Jr.	Benj. Bruton, Jr.
John Tull	Nathan Arrendale	John Woodland	Stanton Smith
Sam'l Caswell	John Brown, Jr.	John Fontaine	John Heartsfield, Jr.
Gray Westbrook	David Heartsfield	Job Williams	Reuben Freeman
Benj. Creech, Jr.	James Smith	James Pool	Paul Heartsfield, Jr.
John Grant, Jr.	Jesse Aldridge	Wm. Woodland	Wm. Ferrill
Fra's. Freeman	Thos. Byrd	Wm. Ayler	Wm. Skinner
John Parrot	Jas'a Williams	John Creech	Wm. Tull
Wm. Arrendale	Benj. Byrd	Moses Westbrook	Robert Bird
Jas. Ingram	Jude Walters	William Berwick	Robert Woodland
Wm. Berwich, Jr.	Stringer Potts	Walter Kennedy	Jos'a Croom
Benj. Risher	John Barrs	Fra's Hodges.	Abra. Bush
	Wm. Aldridge	Jesse Cobb	Wm. Brown

(Drafted in Capt. Kennedy's Company, 26th July, 1777.)

A LIST OF CAPT. SHEPPERD'S COMP., MAY THE 18TH, 1777

1. Isaac Bass
2. Luke Bates
3. Thos. Fail
4. Thos. Potter
5. Benj. Davis
6. Edward Evens
7. William Martin
8. Abr. Hay
9. John Faircloth
10. Marmaduke Barfield
11. John Ward
12. James Martin
13. Samuel Pope, Sr.
14. Samuel Pope, Jr.
15. Shadrach Barfield
16. Richard Suddell
17. Jesse Taylor
18. Abraham Denny
19. David Denny
20. John Weaver
21. Wm. Jackson
22. Benj. Coleson
23. Thos. Price
24. James Jorden
25. John Jorden
26. John Goodson
27. Philip Dean
28. Thos. Caraway
29. Hugh Stephenson
30. Peter Harrell
31. Jesse Nelson
32. Sam'l Sanford
33. Waddel Cade
34. John Jackson
35. Kador Phelps
36. James Phelps
37. James Campbell
38. George Downing
39. William Fulkes
40. Ismeal Semons
41. Frederick Eckles
42. John Mitchell
43. George Turnage

A JUST AND TRUE RETURN OF SOLDIERS ENLISTED IN THE CONTINENTAL SERVICE FOR THE TERM OF 3 YEARS IN THE 6TH N. C. BATTALION

1777.
June 12th. John Willibough enlisted.
Sept. 3rd. Anthoney Wiles, enlisted.
Sept. 6th., Francis Delong, enlisted.
Sept. 20th., Thomas Cartwright, enlisted.
Oct. 4th., Samuel Prise, enlisted.
Nov. 10th., Robert Cartwright, enlisted.
  (Returned by Joseph Richardson, Ensn.)

Agreeable to the Orders of the Day the officer of the 3rd Regt. of N. C. Continental Troops met at Mrs. William Martins in Halifax in order to ascertain and settle the Rank of said Regt. which appears to be as follows:

Apl. ye 16th. 77.
Jethro Summer, Col., Wm. Alston Lt. Col., and Saml. Lockhart, Major Comr. dates 15 Apl. 1776.

Jacob Turner, 1st. Capt.
Pinkethman Eaton, 2nd Capt.
James Emmet, 3rd Capt.   Appointed by Congress, Apr.
Thos. Granbury, 4th Capt.   16th, 1776.
Wm. Brinkley, 5th Capt.   Recommended and approved of
Gabriel Jones, 6th Capt.   by Gen. Lee, 24 July, '76.
James Bradley, 7th Capt.
Nich's Edmonds, 8th Capt.   Recomd'd by ye officers 16th April, '77.

1st Lts.
1. Kador Ballard, 1st. Lt.
2. Math. Wood, Lt.   Appointed by Congress, 16th Apr., 1776.
3. John Medows, Lt.   Recommended and approved of by
4. Gee Bradley, Lt.   Gen. Lee, 24 July, '76.
5. John Granbury, Lt.
6. Christ'r. Lackey   Recommended by ye officers,
7. Edward Yarborough   16th Apr., 1777.
8. Jos. Montfort

2nd Lts.
1. Wm. Linton, 2nd Lt.
2. John Morphes   Rec'm'd. & Apprd. of by Genl. Lee
3. Wm. Fawn   24 July '76
4. Wm. Rushworms
5. Harry Vincents   Rec'm'd. by ye officers ye 16 Apr. '77.
6. John Fellows   John Clendenning 1st Ensn.
7. Anthony Hart   Rec'm'd. Chas. O'Neal, 2nd Ensn.
8. Oliver Hodgson   16 Apl., '77.

Endorsed: Return of 3rd Battalion. All Continental Coms. made out & dd to Col. John Williams, 11 May, 1777.

A LIST OF THE VOLUNTEERS AND DRAFTED MEN, HALIFAX RETURN, MCH. 1779

William Jackson	John Caine	John Ford	William Reed
James Brewer	Isaac Aaron	John Bishops	John Sullivent
William Dicken	James Streaker	Fredrick Jones	James Henley
Volentine Garner	Jorden Baker	James Alsobrook	Joshua Sikes
William Yerbrough	John Richardson	John Channel	Littleberry Overbay
John Powell	Joseph Worley	Isom Good	William Gurley
Rodrick Easley	William Purkins	Samuell Porter	Mark Browning
Henry Harper, Junr.	Josias Lock	Samuell Smith	Walton Vaughters
James Baker	Jonathan Lock	Jones Stevens	Jos. Hadley
Rily Walker	Joseph Whealor	Burrell Long	Jessy Heath
John Thompson	Josiah Smith	William Dunkin	Jorden Powell
John Kilpatrick	Tobias Ingram	(37 volunteers)	Nicholas Prince
John Garlond	Henry Nunnery	Drafted men (13)	Jessey Wyatt

Here returned by me Jas. Allen, Colo. Co.

Several of the above men taken for wagoners by the request of Col. Long; their names to (wit) William Barksdell, Isaac Aaron, John Garland, James Brewer, Vol. Garnor, Mark Browning, John Cane, John Martin.

Roll of Officers and private Soldiers detached from the first or Southern Battalion of the Militia of the County of Orange to march against the hostile Indians under the command of Col. Ambrose Ramsey.

Maj. Hugh Tinnian
Capt. William Williams
—— William Murray

Lt. Joseph Thompson
—— Peter Oneal
Ensn. Edward Gwin
—— Elias Powel

John Murray } Sgts. of Capt. Murrays Co.
Robert Powel }

George Holt } Corporals of Capt. Murrays Co.
John Williams }

Jacob Albright, Drummer of Capt. Murrays Co.

Rank &	Robert Paysly	James McCall	Charles McClury
File	Amariah Reeves	Howel Harwood	John McAdams
Hugh Muhulum	John Abbot	Major May	Arch'd Mahon
Joseph Thompson	John Strowd	Charles Williams	Dan'l Hoffman
William Car	Rich'd Williams	Arnold Bruce	William Thrift
James Car	Robert Mains	John Paris	Isaac Earthen
Walter Ellis	Andrew Hopkins	John Allison	Hezekiah Purdum
Morris Richards	William Hawkins	Solomon Swift	Jesse George
John Pogue	Aquilla Darlohside	Frederick Davis	David Horton
William Graves	(Dollahide)	Thomas Flemming	Nowel Mercer
John Pugh	William Rayny	Thomas Minor	Stephen Seagraves
Anthony Godfree	John Logue	Richard Webb	Thomas May

Non-commissioned officers and private soldiers of Capt. William Williams' Co., as appear by Roll returned to Brig. Gen. Persons.

Aug. 20th, 1776.   Col. Butlers' Detachment.

ARMY RETURNS, VOL. 8, NO. 27, PAGE 1

A list of the officers that served in the 2nd Battalion since Jan. 9, 1778.
Sept. 9, 1778.

Names	Date of Commission	Remarks
Field Officers.		
1. Alexander Martin, Col.	1777	Resigned Nov. 22nd, 1777
2. John Patten, (Sic) Lt. Col.	Nov. 22, 1777	Promoted Nov. 22, 1777
3. John White, Maj.	Feb. 1, "	Promoted to command a Regt. in Georgia
4. Hardy Murfree, Capt.	"	Promoted to Maj.
5. Selby Harney, Maj.	Nov. 22	Promoted Lt. Col. from 8th to 2nd Regt.
6. John Armstrong, Capt.	Oct. 4	Promoted Maj. to 4th Regt.
Captains.		
7. James Gee		Died Nov. 12, 1777
8. John Heritage		Resigned May 15, 1777
9. Wm. Fenner	Oct. 24	Promoted Maj. of 7th Regt.
10. Edward Veal, (Sic)		Cashiered Dec. 21, 1777
11. Benjamin Williams	July 19, 1776 1777	
12. Clement Hall	Apr. 24	
13. James Martin		Transferred to 5th Regt.
14. Joseph Tate		Died 2nd June 1777
15. Charles Allen		Trans. to 5th Regt.
16. Benj'm Coleman	Apr. 30	Trans. from 5th Regt.
17. Robert Fenner		Date of Commission in dispute
18. John Ingles	Oct. 24	
19. Thos. Armstrong	Oct. 25	Trans. from 5th Regt.
20. Manlove Tarrant		Sent to N. C. agreeable to arrangement
21. John Craddock	Dec. 21	
22. Thomas Standiss		Resigned May 15, 1777
1st Lieuts.		
23. Joseph Worth		Died Apr. 6, 1777
24. Phillip Lowe		Resigned Feb. 1, 1777
25. Clement Nash		Resigned Feb. 1, 1777
26. Isaac Rolston		Sent to N. C. agreeable to arrangement
27. David Vance		" " " " " "
28. Charles Steward, (t) (?)		Trans. from 5th Regt.
29. Thomas Evans	May 15	
30. John Jacobs		Resigned Mch. 1, 1778
31. John Daves	Oct. 4	
32. James Parkerson		Died 26 Mch. 1778
33. Samuel Budd	Nov. 11	
34. John Williams		Sent to N. C. agreeable to arrangement
35. James Campen	Dec. 21	
36. Arthur Colgrove	Mch. 26	
37. Chas. Gerrard	June 1st	Trans. to 5th Regt.
2nd Lts.		
38. William Killeby		Died Apr. 6, 1777
39. Sam'l McKlewaine		Resigned Oct. 24, 1777
40. John Radford		Resigned Feb. 1, 1778
41. James Luton		Resigned Mch. 10, 1778
42. Levi Sawyer		Resigned Mch. 16, 1778
Ensigns.		
43. William Ferrill	Sept. 8	
44. Samuel Jones		Died July 1778

Names	Date of Commission	Remarks
45. Richard Andrews	Nov. 1	
46. Thomas Finney	Nov. 12	
47. Levi Gatling		Cashiered Aug. 26, 1778
48. Stephen Southall	Apr. 1st	
49. Nath. Lawrence	June 1st	
50. James Verrier	June 1st	
		John Patton, Col.

N. B.—This return is not dated in the original, but other records show it to have been Sept. 9, 1778.

	Appt.	
51. Richard Bradley, Paymaster	Mch. 5, 1777	Dismissed June 1, 1778. Agreeable to the new arrangement
52. Lehancius Dekeyser, adjutant	Nov. 15, 1775	Resigned Dec. 10, 1776
53. John Rice, Adjutant	Dec. 10, 1776	1st prom. Mch. 28, 1777
54. Stephen Conger, Adjutant	Jan. 29, 1778	Dismissed June 1, 1778
55. Yelverton Fowkes, Quar. Mr.	Feb. 3, 1776	Resigned Aug. 1st, 1776
56. Patrick Rogers, Quar. Mr.	Nov. 1776	1st promtn. Mch. 28, 1777
57. William Womack, Quar. Mr.	Jan. 1778	Resigned June 1st, 1777
58. William Kennon, Comissary	Sept. 1777	Resigned Apr. 1777

(N.B.—The Ensigns first promotion was to 2nd Lieut.)

LIST OF MEMBERS OF CAPT. WILLIAM WILLIAMS' CO., 7TH ORANGE MILITIA

Capt. Williams
1. Jno. Griffy
2. Jas. Allison
3. Andrew McBroom
4. Th's Curtess
5. Jno. Clark
6. Ja's Rutherford
7. Jno. Rutherford
8. David Pinkerton
9. Jas. McCallister
10. Wm. Woods
11. Wm. Clinton
12. Jas. Clark
13. Jno. Makor
14. Jno. Disharoon
15. Wm. Clenny
16. Benj. Jones
17. Dan'l Andrew
18. Abijah Massey
19. Nath'l Newman
20. Elijah Green
21. John Rhodes
22. Joshua Horn
23. Wm. Rhodes
24. Jas. Turner
25. Dan'l Chissenhall
26. Henry Wood
27. Isaac Forrest
28. Rich'd. Nichols
29. Beverly Perkinson
30. Jeremiah Harris
31. Jno. Strayhorn
32. Jno. Gess
33. Aquilla Rhodes
34. Abraham Nelson
35. Jno. Wilkinson
36. Sam'l Aken
37. Wm. Talbie
38. Jas. McColloch
39. Jas. Hartt
40. And'w Reed
41. Thos. Baker
42. Hugh Currothers
43. Jno. Gee
44. Jno. Mitchell
45. George Hightower
46. Wm. Jones
47. John Parton
48. John McBride
49. Jno. Minnis
50. Thos. Capper

The foregoing is a list lodged with me at Hillsborough by Capt. Williams of Col. Butler's Battalion.

Thos. Person, Br. Gen.
22nd. Aug., 1776.

PAY ROLL OF CAPT. TURNER'S COMPANY

From Caswell Co. and Chatham Co., N. C., under the command of Col. McDowell, from 15 of Mch. to the 30 day of July, 1779.

1. Berryman Turner, Capt.
2. John Taylor, Lt.
3. Josiah Shumaker, Sgt.
4. William Holiness
5. Abraham Fuller, Sgt.
6. Benjamin Abbot, Ensn.
7. John Taylor, Corpl.
8. John Williams, Sergt.
9. Calep Carman, Drum
10. Colman Claton
11. David Barnet
12. John Stone
13. Carter Lee
14. Richard Boyd
15. Thermon Hicks
16. Daniel Merrit
17. Shadrick Adkins
18. John Swiney
19. Charles Brooks
20. Joseph Walker
21. Edmon Haggard
22. Michal Burk
23. Daniel Walker
24. William Thackston
25. Robert Childers
26. David Lee, died 20th June
27. William Slade
28. John Meadows
29. John Floyd
30. James McCollister
31. Peter Skeen
32. William Mason
33. Stephen Hamblin
34. Benjeman Melton
35. David Enouch
36. Joel Corder
37. John Ransol
38. William Parr
39. John Summers
40. Richard Jones
41. William Worthy
42. Thos. Mason

THE MEN FROM CHATHAM CO.

43. Jerdon Williams, Ensn.
44. John Malown
45. Jimes Coplin, Corpl.
46. Mack Osborne
47. Samuel Brazeal
48. William Jones
49. Stephen Poe
50. William Leperd
51. William Poe
52. John Poe
53. John Roson
54. Richard Copland
55. Aron Terrel
56. Thos. Henry
57. Stephen Powel
58. Denis Phillips
59. Moses Terrel

Caswell Richard Boyd, Corpl.
John Swiney, Corpl.

A LIST OF CAPT. JOSHUA BOWMANS COMP., FEB. 19, 1778

Names—When Inlisted

Edw'd Robinson, Compl., 1776
Wm. Locke, 1776
Zach' Jackson, 1777
Wm. Wood, 1777
Jesse Pritchard, 1777
William Morgan, Compl., 1776
Daniel Potter, 1776
Geo. Williams, 1776
Duncan McBride
Wm. Waters, 1776
Wm. Bell, 1777
Jacob Norton, 1777
Geo. Richards
James Strange?
Shadrick Atkins, 1777
Wm. Gaudy, 1777
Wm. Norton
Thos. Bozer, 1776
Joel Martin, 1777

Joseph Spikes, 1776
Thos. Edge, 1776
Duncan McBride
Wm. Henry, 1776
Wm. Henry Bayley, 1776
Rich'd Walton, 1776
Thom's Jones, 1776
Hubart Carter, 1776
Dan'l McCoy, 1777
Wm. Brantley, 1776
Alex. McDauval, 1777
Wm. Themnel, 1776
Geo. Lote, 1777
Wm. Kincaid, 1776
James Irvin, 1777
Jordan Rozer
James Young, 1777
Thos. Ward, 1777
Hugh McDonnell, 1776

Peter Jacobs, 1777
Joseph Keys
Robt. Berry
Benj. Stevens
Wm. Gipson
Benj. Tomson, 1777
Thos. Jones, 1777
Sam'l Whitley
Simon Christopher
Chas. ———zer
Jesse Rowel
Benj. Davis, 1776
James Davis, 1776
Thos. Higgins
Wm. Goref, 1776
Neal Blue
Peter Biznard
Arthur McDonald, 1776
Sylus Dotterhide

Box 1770-1779

Roll of Capt. Joshua Bowmans Light Infantry Co. of the N. C. Battalion, Commanded by Col. Thomas Clark, Sept. 8, 1778

1. William Smith
2. Daniel Potter
3. ——— ———
4. William Morgan
5. Demean McBride
6. John Cook
7. Isaac Manchester
8. John Walters
9. Shadrick Elkin
10. Peter Biznard
11. Arthur McDonald
12. William Kincaid
13. John Hendry
14. John Gaudy
15. Daniel Sellers
16. John Riggins
17. John McKay
18. Jesse Spittards
19. James Young
20. Alex. Morrison
21. Daniel Motte
22. Thomas Bozer
23. Rich'd McKay
24. John Turner
25. Edgerton Mott
26. Dan'l McKay
27. Alex'r McDonald
28. William H. Bagley
29. John Wilkeson
30. Henry Cocker
31. James ONeal
32. Samuel Simmons
33. Edw'd Crump
34. Solomon Carr
35. Sam'l Rowe
36. Thomas Sawyer
37. James Almonds
38. Hugh McDonald
39. John Stradford
40. Timothy Rich
41. Francis Owens
42. William Gibson
43. Richard Mounte
44. William Apperson
45. David Benton
46. Alex. Gordon
47. Benj. Smith
48. James Raney
49. Samuel Smith

MUSTER ROLL OF PART OF THE 6TH N. C. REG'T.

Commanded by Col. Gideon Lamb, Dec. 1778

Commissioned or Appointed
- Benj Baley, Lieut., Oct. 20, 1777
- John S. Hare, Oct. 12, 1777
- Benj. Coffield, Adj't., May 17, 1777

Lieutenants
- Gideon Bonney
- Blake Chace

Drum & fife
- William Miller

1. Joseph Borchnes, pt.
2. ——— ———
3. Wm. Barber
4. John Winburry
5. ——— Davis
6. Peter Brean
7. Thomas Staples
8. Lewis
9. Malachi M'Coy
10. Isaac Herrington
11. Leven Sumers
12. Daniel Ballance
13. Hirim Pendlon
14. James Tiland
15. Willoughby Weaver
16. Willis Bright
17. William Fular
18. Joseph Haymon
19. Daniel Leggitt
20. James ———
21. Jothan Morrisett
22. Peter Morrisett

Copy of the Enlistment of H. Tatum, Compt., Feb. 26, 1778

1. Alex Morryson
2. Jim Standen
3. Joshua Forbes
4. Wm. White
5. Isaac' Griffith
6. Samuel Roberts
7. Thos. Billops
8. Etheldred Washington
9. Joseph Howard
10. Elias Ford
11. Jos. Miller
12. Willie Burrows
13. Fred'k. Lucey
14. Christson Wooten
15. Joseph Stephens
16. John Williams
17. Tho. Williams
18. Jim Chinn
19. George Top
20. Chas. Conner
21. Henry Smith
22. Lawrence Lyner
23. Christ'v Bardon
24. Joshua Fenton
25. Eph'm Branton
26. Bazzell Jackson
27. Benj. Modlin
28. Jeremiah Modlin
29. Christ'er Low
30. James Wharton
31. Wm. Conner
32. David Gold
33. Nottingham Mont
34. John White
35. Robt. Moss
36. Josiah Cooper
37. Thos' Ames
38. John Williams
39. John Jones
40. Mills Ramsey
41. Robert Wilbourn
42. Simon Lumbby
43. Henry Bartley
44. Wm. Holland
45. Thomas Lader
46. Tickle Thomson
47. Stephen Ray
48. Daniel Tise
49. Eph'm Todd
50. Wm. Todd
51. Arthur Corbin

May 25, 1778

A Discriptive list of men raised under the present Act of Assembly, in Companies 1-15 Inclusive. Signed by Capt. Ralph Williams, 9-N.B.
(The yellowed sheets tell the age, height, color eyes and hair and trade.)

Capt. Richard Taylor's Co.
  John Beavor, shoemaker
  John Williams, planter
  Jeffrey Garus, planter in the room of Wm. Edwd. Cock
  Edmund Kelly, planter

Capt. Sam'l Fowler's Company
  John Smith, planter
  Charles Floid, planter
  John Langford, planter
  Jesse Landford, planter
  Henry Hays, planter
  Corben Hickmen, planter

Capt. John Rush
  Abraham Jones
  Jonathan Jones
  Bird Driver
  Isaac Anderson, planter
  Jenkens Gowan (mulatto)

Capt. Abraham Pollard
  James Gallemore, planter
  Luke Searsey, planter
  Henry Nowlin, planter
  John Henry Singen, in the room of Joseph Okey

Capt. Samuel Walker's Company
  George Woodlift, planter
  David Hunt, planter
  Gibson Harris, planter
  David Hatcher, planter
  Tolbert Tucker (several trades)
  John Kennedy, trader

Capt. Benjamine Wade's Company
  Drusy Cook, planter
  John Emery, planter
  Edmund Emery, planter
  John Taylor, planter
  Thomas Taylor, planter

Capt. James Langston's Company
  William Langston, planter
  Thomas Merryweather, shoemaker and planter
  Thomas Bressie, planter
  George Reaves, planter

Capt. Bartlet Searsey's Co.
  Benjamin Hester, planter
  Francis Stainback, card maker by trade
  William Beaver, planter
  Thomas Miner, planter

Capt. William Gibb's Company
  Buckner Rooks, carpenter
  Joseph Allen, (mulatto) planter
  John Glaze, planter
  Francis Wilkerson, planter

Capt. Thomas Bradford
  Salkens Nauts, planter
  Elisha Lunceford
  John Hooker
  William Pettiford (mulatto)—Thomas Bradford

Capt. Richard Searsey's Co.
  Asa Searsey, planter
  David Harris, planter
  Oswell Searsey, carpenter
  Lewis Simms, planter

Capt. William Knight's Co.
  John Martin, wheelwright for Col. Sam'l Smith
  Fulvill Hall, planter
  Augustus Woodliff, planter
  David Allen, planter
  James Beaver

Capt. James Currins' Co.
  John Hopkins, planter
  George Bristoe, planter
  Aaron Sprinkfield, blacksmith
  Alex. Hamilton, blacksmith
  John Hudson, planter

Capt. Thomas Saleswhites' Co.
  John Pharoah, carpenter
  Arthur Marcum, carpenter
  Charles Regan, planter
  Thomas Mullet, planter
  Richard Edwards, blacksmith
  William Tabor, planter

Capt. James Jones' Co.
  William Cox, planter
  Hempton White, planter
  James Jones, planter
  Joshua Greenwitch, planter

Return of the Aid Volunteers and Drafts from Wilkes Co., Jan. 19, 1779

William Combs, Rec'd. his Bounty of—
John Oakley, Rec'd. his Bounty of—
John Morris, Rec'd. his Bounty of—
Abejah Bickas, Rec'd. his Bounty of—
William Gray, Rec'd. his Bounty of
John Gray, Rec'd. his Bounty of—
Maj'r Grissom, Rec'd. his Bounty of—
Bhences Cox, Rec'd. his Bounty of—
William Walters, Rec'd. his Bounty of—
William Brewer, Rec'd. his Bounty of—
Menoah Crais, Rec'd his Bounty of—
William Rhodes, Rec'd. his Bounty of—
Thomas Watts, Rec'd. his Bounty of—
John Thrasher, Rec'd. his Bounty of—
Robt. Boyd, Rec'd. his Bounty of—
Edward Bell, Rec'd his Bounty of—
John Marlen, Rec'd. his Bounty of—
Jesse Hains, Rec'd. his Bounty of—
Thos' Hall, Rec'd. his Bounty of—
Jonathan Hickman, Rec'd. his Bounty of—
Joshua Ware, Rec'd. his Bounty of—
Lewas Baldwin, Rec'd. his Bounty of—
Joshua Touson, Rec'd. his Bounty of—
Alex'r. Renard?, Rec'd. his Bounty of—
Elijah Cay, Rec'd. his Bounty of—

A List of Men Drafted in Capt. Thos. Williams Co., 30th Oct., 1778

Arthur Smith, farmer
Daniel Howell, farmer
John Peacock, farmer
Lewis Hutchings

Pay Roll of Capt. Samuel Reid, Aug. 9, 1780—Name and Rank

Samuel Reid, Capt. (Rowan Co.)
Robert Allison, Lieut.
Robert Rawlston, 1st Lt.
Boston Dyson, 2nd Lt.
Allen MacCaboy, Ensn.
Peter Reggen, 1st Corpl.
James Marlow, 2nd Corpl.
Arch McCoerade, pt.
William Whitfield, pt.
James Norris, pt.
William Dobbins, pt.
James McHargers, pt.
Patrick Hamers, pt.
Aaron Laranison, pt.
Robt. Wilson, pt.
James Weil, pt.
R. D. Walker, pt.
James I. Boostax, pt.
James H. Ware, pt.
James Ware, pt.
James Walton, pt.
William Taylor, pt.
Arch Smith, pt
William Anderson, pt.
Robert Holmes, pt.

Thos. Bailey, pt.
Philip Dyson, pt.
Robt. Barley, pt.
Leander Smith, pt.
James Kidd, pt.
Ebenezer Dickey, pt.
Alexander Patterson, pt.
Michael Kinleven, pt.
Tarden Ann Hollow, pt.
William Patterson, pt.

Note, copied from an original record, by Miss Virginia Alexander of Charlotte. Record is owned by a former N. C. family now living in Montecello, Ga.

Pension Roll of Invalids

Omitted to have been reported by the Comptroller of N. C. to the War Office of the United States, Nov. 1, 1782 (Raleigh Archives)

William Kersey, Caswell Co.
Harman Gaskins, Craven Co.
Robert Robertson, Mecklenburg Co.

STATE RECORDS

[Vol. XIII, Pages 343-44]

U. S. Pension Office—North Carolina Miscellaneous Rolls

[Not paged. No Dates.]

Names of commissioned and non-commissioned officers belonging to the 3rd, N. C. Battalion, copied from the orderly book of Sergt. Isaac Rowel of North Carolina.

James Hogan, Col.
William L. Davidson, Lt. Col.
Thomas Hogg, Major
Anthy Hart, Adjt.
John Horton
Humphy McEnberg
Wm. Shadford
Charles Rhodes
Andrew Rowan
Richard Holes
S. Bolten

S. Brown
Francis Graves, Q. M.
John Baker, S. M.
Jonathan Lumos, Surg'n.
John Godwin
Wm. Johson
Benjamin Kitchen
Moses Bishop
J. Beasly
Joseph Parker
S. Miller

Captains

Blount
Baker
Childs
Montford
Farterson
Thomas Roberds, S. M.
Henry Miller, D. M.

Ballard
Bradley
Hart
Quinn
John Fleming, Q. M. S.
Thomas Endlys, F. M.

Lieutenants

Yarborough
Mackney
Clendennin
Fawn
Graves
Verrier
Powers

Allen
Conniel
Campbell
Ford
Tatum
Wallace
Wilkinson

Orderly Sergeants

John Steptoe
John Reddie
Jesse Hardison
Saul Reed
Isaac Rowel

Henry Cooper
Elijah Hinson
John Hall
Bryant Lee

STATE RECORDS—CLARK'S. U. S. PENSION OFFICE
P. 479, Vol. XIII

Name and Rank	Date of Com. Ecb.	Remarks
Thos. Clark, Capt.	1 Jan. '77	
Thos. J. Carnes, Lt.	1 " "	Resigned Mar. 8, '79
John Van Duyck, 1 Lt.	1 Feb. "	
Wm. Clark, Sergt.	1 Jan. "	
Wm. Pennington, Sergt.	7 Mar. "	
Wm. Johnston, Corpl.	1 Jan. "	
Isaac Lawrence, Corpl.	1 " "	
Major Scudder, Bombadies	7 Jan. "	Resigned 31 Oct. '78
Nathaniel Ross, Bombadies	1 " "	Resigned 30 Apr. '79
Daniel Whitehead, Gunner	1 " "	
Ezekial DeCamp, Gunner	1 " "	
Hamblen Robinson, Gunner	2 " "	
Joseph Chase, Music		{A deserter sent to his Regt. June '78
Thos Clark, Matross		
John Fletcher, Matross	26 May '78 9 mo.	Destd 1 Dec. '78. Dischg 28 Feb '79
Oliver Kelly, Matross	1 Jan. '77	
Nathaniel Little, Matross	1 " "	
John Mitchell, Matross	1 " "	
James Miller, Matross	6 Feb. '78	
Daniel Southerland, Matross	2 Jan. '77	

No date nor signature. Probably 9 Sep. '78.
U. S. Pension Office, in a dilapidated old book, entitled N. C. Rolls, not paged.
(This return is more complete than that in the Army Returns, No. 27, P. 80.)

STATE RECORDS OF N. C.—CLARK'S
(Pages 475-476, Vol. XIII)

A list of officers of the 1st N. C. Continental Battalion from its first Establishment Sep. 1, 1775 to Sep. 1, 1778. For detailed information of their appointment, promotions, deaths, resignations, etc., see Vol. XIII.

Name and Rank	When Appointed	Remarks
James Moore, Col.	Sep. 1, 1775	Died Apr. 22, 1777
Francis Nash, Lt. Col.	" " "	{Wounded Oct. 4, '77, And died Oct. 7, '77
Thomas Clark, Maj'r	" " "	
William Davis, Capt.	" " "	{Transf'd to one of the 4 Regts in Carolina
George Davidson, Capt.	" " "	Resigned Feb. 5, '77
Caleb Grainger, Capt.	" "	Resigned Apr. 26, '77
John Walker, Capt.	" "	Dec. 22, '77
Alfred Moore, Capt.	" "	March 8, '77
Henry Dixon, Capt.	" "	To a Majority in ye 3rd Regiment
Robert Rowan, Capt.	" "	Resigned 29 June '76
Thomas Allen, Capt.	" "	Resigned Aug. 15, '76
(No. first name) Pickett, Capt.	" "	{These two Cos. reduced by order of the Council of Safety of the State of N. C. Jan. 4, 1776
William Green, Capt.	" "	
John Lillington, Lieut.	Sep. 1, 1775	Resigned May '76
William Brannon, Lieut.	"	
Thomas Hogg, Lieut.	"	To a Majority in 5th Regt.
Absolom Tatum, Lieut.	"	Resigned Sep. 19, '76
Lawrence Thompson, Lieut.	"	{Transf'd to one of the 4 Regts in Carolina.
Hector McNeil, Lieut.	"	{Destd to ye Torys Feb. 3, '76 Condemed by a Court Martial, March '76. Escaped

Name and Rank	When Appointed	Remarks
Joshua Bowman, Lieut.............	Sept. 1, 1775	
Tilman Dixon, Lieut...............	Nov. 15 "	
Henry Neal, Ensign................	Sep. 1, 1775	Resigned Apr. 3, '77
Robert Rolston, Ensign............	"	Resigned Aug. 29, '77
Howell Tatum, Ensign.............	"	
George Grayham, Ensign..........	"	Resigned Apr. 15, '76
Neil McAllister, Ensign............	"	Resigned Jan. 20, '77
Maurice Moore, Ensign............	"	Killed Jan. 18, '76
Lebancius DeKeyser, Ensign.......	Nov. 15 "	Resigned 10 Dec. '76
John Brown, Ensign...............	"	Transfd to one of the 4 Regts in Carolina
Joseph McLemmy, Ensign.........	Jan. 4, 1776	Died July '76
Wm. Crawford, Ensign............	"	Resgn'd Aug. 15, '76
Adam Boyd, Ensign...............	"	Resgn'd May '76
James Read, Ensign...............	"	
Wm. Armstrong, Ensign...........	"	Transfd to one of the 4 Regts in Carolina
Stephen Daniel, Ensign............	"	Resgn'd 3 June '76
Joseph Eagle, Ensign..............	"	Resgn'd 20 March '76
Robert Council, Ensign............	"	Resgn'd 10 Sep. '76. Ill health
Edmunds Gambell, Ensign.........	Mar. 28 "	Transfd to one of the 4 Regts in Carolina
Samuel Blyth, Ensign..............	"	Resgn'd May 16, '78
John Summers, Ensign............	"	
Robt. Varner, Ensign..............	"	
Septimus Robinson, Ensign........	June 1, 1776	Resgn'd Oct. 10, '76
James King, Ensign...............	"	
John Gambier Scull, Ensign........	June 6 "	
Thos. Collender, Ensign...........	June 12 "	
James Craven, Ensign.............	"	
John Cheese, Ensign............... (P. 475)	Sep. 19, 1776	Resgn'd April 1, '77
Charles Triflet, Ensign.............	Sep. 19 "	Died Dec. '76
William Walters, Ensign...........	"	Transfd to one of the 4 Regts in Carolina
Peter Bacot, Ensign...............	"	
Thomas Hall, Ens'n...............	Dec. 24, 1776	Resgn'd April 3, '77
Samuel Walters, Ens'n............	"	Resgn'd April 23, '77
Patrick Rogers, Ens'n.............	Mar. 28, 1777	Died Apr. 19, '78
John Rice, Ens'n..................	"	Transfd to one of the 4 Regts in Carolina
John Erwin, Ens'n................	"	Resgn'd Aug. 28, '77
James Milligan, Ens'n.............	"	In N. C. Never joined. Broke by a Court Martial 13 July '78
Dixon Marshall, Ens'n............	"	
Robert Council, Ens'n.............	"	Transfd to one of the 4 Regts in Carolina
James Tate, Staff Chaplain........	Oct. 13, 1775	Transfd to one of the 4 Regts in Carolina
Isaac Guion, Surgeon..............	Sep. 1 "	Resgn'd Dec. '75
James GaKee, Surgeon............	Dec. 1775	Resgn'd May '76
John Fergus, Surgeon.............	May 1776	Resgn'd Apr. '77
Fred'k Heimburg, Surgeon........	Mar. 13, 1778	
Sam'l Ashe, Paymaster............	Sep. 1, 1775	Resgn'd Apr. 16, '76
William Lord, Paymaster..........	Dec. 1776	Resgn'd Mar. 5, '77
Rich'd Bradley, Paymaster........	Mar. 5, 1777	Dismissed June 1, '78. Agreeable to the new arrangement
Lehancius DeKeyser, Adjt.........	Nov. 15, 1775	Resgn'd 10 Dec. '76
John Rice, Adjt...................	Dec. 10, 1776	
Stephen Conger, Adjt.............	Jan. 29, 1778	Dismissed June 1, '78
Nelverton Folkes, Qr. Mr..........	Feb. 3, 1776	Resgn'd Aug. 1, '76
Patrick Rogers, Qr. Mr............	Nov. 1776	
Wm. Wommack, Qr. Mr...........	Jan. 1778	Dismissed June 1, '78
Wm. Kennon, Commissary........	Sep. 1777	

CLARK'S

(Pages 504-505, Vol. XIII)

Roll of Capt. Benjamin Coleman's Company, in 2nd N. C. Battalion, commanded by Col. John Patton, White Plains, Sept. 9, 1778.

Name and Rank	Time Enlisted	War	Yrs.	Remarks
1. Stephen Carman, Sgt.		1		
2. Peter Rhem, Sgt.	Feb. 10, '77			
3. Abram Burgess, Sgt.		1	3	
4. James Christian, Pri.	May 19, '77		3	
5. Mala Cotouch, Pri.	Jan. 11, '77		3	
6. William Harriss, Pri.	Nov. 7, '76			
7. Akis Ellison, Pri.		1		
8. Josiah Lilley, Pri.	Nov. 7, '76		3	On Light Infantry
9. Jessy Wollard, Pri.		1		
10. John Squars, Pri.	May 22, '77		3	
11. Samuel Gainer, Pri.			3	
12. Wallace White, Pri.		1		
13. David Smith, Pri.	Nov. 20, '76		3	
14. Silas Linton, Pri.	Aug. 7, '76		3	
15. Thomas Jones, Pri.	Sept. 28, '77		3	
16. Dudley Reardon, Pri.	Aug. 25, '77		3	
17. Charles Peters, Pri.		1		
18. Lewis Wilford, Pri.	Aug. 25, '77		3	
19. Thomas Gaddy, Pri.	Mch. 21, '76		3	
20. Thomas Reasons, Pri.	Aug. 5, '77		3	
21. Osborn Clark, Pri.	June 1, '77		3	
22. Gardner Moy, Pr.	May 22, '77		3	
23. James Clark, Pri.	Feb. 7, '77		3	
24. Benjamin Aged, Pri.	May 11, '76		2½	
25. Norris Baker, Pri.	Apr. 18, '76		2½	
26. Thomas Campain, Pri.	Apr. 18, '76		2½	
27. John Garland, Pri.	Apr. 29, '76		2½	
28. Fred'k Smith Pri.	Dec. 5, '76		3	
29. John Lewis, Pri.	Aug. 1, '77		3	
30. William Handley, Pri.	July 28, '77		3	
31. Richard Johnson, Pri.	Feb. 9, '77		3	
32. William Smith, Pri.	May 13, '77		3	
33. James King, Pri.	Aug. 1, '77		3	
34. James Hughkins, Pri.	Dec. 4, '76		3	
35. Elijah Hunt, Pri.		1		
36. Charles Bright, Pri.	Aug. 7, '77		3	
37. John Killingsworth, Pri.		1		
38. Abram Fowler, Pri.		1		
39. Hardy Hukins, Pri.	May 1, '76		2½	
40. William Richards, Pri.		1		
41. David Sweat, Pri.	Sept. 5, '77		3	
42. Job Branch, Pri.		1		
43. Stephen Truet, Pri.	July 1, '77		3	
44. Thomas Lane, Pri.	May 1, '77		3	
45. James Brasfield, Pri.	July 5, '77		3	
46. Joseph Cooper, Pri.	Nov. 17, '77		3	
47. John O'Neal, Pri.	Feb. 18, '77		3	
48. James Pierce, Pri.	Aug. 24, '77		3	
49. James Richard, Pri.	Apr. 23, '77		2½	
50. David Riskey, Pri.	Aug. 9, '77		3	
51. Samuel Williams, Pri.	Nov. 10, '77		3	
52. Edward Magell, Pri.	July 28, '77		3	
53. Sikes Garress, Pri.	May 4, '77			
54. Moses Reed, Pri.	"		3	

Name and Rank	Time Enlisted	War	Yrs.	Remarks
55. Edward Lucas, Pri............		1		
56. Marmaduke, Moor, Pri.......	Nov. 1, '77		3	
57. Ben Atkins, Pri..............	Dec. 10, '77		3	
58. Caleb Taylor, Pri............	Nov. 5, '77		3	
59. Burrell Loyd, Pri............		1		
60. John Jeffries, Pri............				
61. William *...................				
62. Thomas *...................				

Ben. Coleman, Capt. Sam'l Budd, 1st Lt. Stephen Southall, Lt.
* (Surnames illegible) apparently erased.

Roll of Capt. Clement Hall's Company, in the 2nd Battalion, commanded by Col. John Patten, White Plains, Sept. 9, 1778.
(Pages 506-507)

Names	Time Enlisted	War	Yrs.	Remarks
1. Bennet Morgan..............				
2. John Hammon..............	May 9		2½	
3. John Dudley................	Apr. 7		3	
4. Henry Johnston.............		1		
5. Robert Brownley............		1		
6. George Brownrigg...........	July 7		3	
7. Josiah Douge...............		1		
8. Kader Phelps...............	May 1, '77		3	
9. William Davis...............		1		
10. Franklin Truit..............		1		
11. Thomas Thomas.............	May 14, '76		2½	
12. Clement Godfrey............		1		
13. James Harris...............		1		
14. Eleamus Quinby............	May 4, '76		2½	
15. James Echols...............		1		
16. John Delaney...............	Apr. 1, '76		3	
17. James Amos................	May 25, '77		2½	
18. Hezekiah Shirmentine........	Dec. 20, '76		3	
19. James Martin...............	May 4, '77		3	
20. Isaac Pivikins...............	May 16, '77		3	
21. Martin Black................	"		3	
22. John Steward...............			3	
23. Nicholas Irwin...............	Oct. 7, '76	1		
24. Robert Watson..............		1		
25. Demsey Marlow.............	July 1, '77		3	
26. William Banks..............		1		
27. Archibald Butes.............			3	
28. James Martin...............	July 15, '76		2½	
29. Robert Carter...............			2½	
30. Isaac Cornelius..............	May 14, '76		2½	
31. Edward Lewis...............	May 7, '76		3	
32. Cadar Copeland.............			3	
33. Thomas Davis...............			3	
34. Henry Martin...............	Nov. 7, '76		3	
35. John Smith.................			3	
36. Asa Thomas................	Apr. 29, '76		2½	
37. Levi Right..................	May 7		3	
38. William Gaskins.............		1		
39. Joseph Casway.............	Mch. 26, '76			

Names	Time Enlisted	War	Yrs.	Remarks
40. William Caps	May 27, '77		3	
41. John Howell	June 17		3	
42. Demsey Jarkins	June 19		3	
43. Richard Morgan	July 26		3	
44. Charles Ellums	Oct. 28, '76		2½	
45. William Boon			3	
46. William Burnett			3	
47. Isaac Carter			3	
48. Willis Thompson			3	
49. Thomas Cox	June 1		3	
50. Douglas Carroll			3	
51. Peter McDougal		1		
52. John Weaver			3	
53. James Coggin		1		
54. Matthew Dawson		1		
55. Jacob Burke		1		
56. James Gifford			3	
57. Asa Davis		1		
58. Hardy Pierce				Orderly at the Valley Forge
59. Adam Scott		1		Orderly at the Valley Forge
60. William Bryan				
61. Marmaduke Maples	Jan. 1, '77		3	
62. John Carter		1		
63. John Sharpley		1		
64. William Butts			3	
65. James Saunders			2½	Sick, Yellow Swamp
66. David Vance			2½	" "
67. Elijah Vance			2½	" " "
68. John Conner			3	Sick Valley Forge
69. Isaac Deal		1		
70. Sesar Santee			3	
71. John Hambleton		1		Sick Brunswick
72. Samuel Simpson			2½	Sick Valley Forge
73. Wm. Bugg			2½	Sick Yellow Swamp
74. John Mann			3	Sick Lancaster
75. Jacob Owens			3	

Clem Hall, Capt. Jesse Reed, Lieut.

CLARK'S STATE RECORDS

Roll of Capt. John Ingles' Company, 2nd N. C. Battalion, commanded by Col. John Patton. Sept. 9, 1778.
(Pages 509, 510, 511. Vol XIII)

Names	Time Enlisted	War	Yrs.	Remarks
1. Solomon Berry, Sergt.		1		
2. Ransom Savage, Sergt.	June 7, '77		3	
3. Matthew Gallop, Sergt.		1		
4. Sampson Dillard, Corpl.		1		
5. Noah James, Corpl.	Nov. 7, '76			
6. Dan Dunbarr, Corpl.	Jan. 12			
7. Isaac Geldin Fifer	Nov. 7			
8. Abell Littin, Drummer	Dec. 1			
9. Thomas Anderson, Privt.	Dec. 18			
10. John Berry, Privt.	Nov. 9	1		
11. Joseph Brown, Privt.	"			

ROSTER OF NORTH CAROLINA SOLDIERS

Names	Time Enlisted	War	Yrs.	Remarks
12. Balam Bullock.............		1		
13. John Curry................		1		
14. John Collings..............	Mch. 18		2½	
15. Shade Cowny..............	May 30, '77			
16. Richard Coddle............	Nov. 1, '76			
17. Frederick Davis............	Dec. 18		3	
18. John Ember...............	July 26, '77		3	
19. John Ellett................	June 16			
20. Thomas Grigory...........		1		
21. William Griffin............		1		
22. John Glover...............	Apr. 22, '76		2½	
23. Kinchin Hollomon..........	May 4		2	
24. Samuel Littin..............	Dec. 18		3	
25. John Lynch................		1		
26. Frederick Moore............		1		
27. Phillip Pinkum.............	Aug. 12, '77		3	
28. John Ridgway.............		1		
29. James Rooper.............	Apr. 7		3	
30. John Stevens..............		1		
31. Gideon Simmons...........	May 2		3	
32. Benjamin Smith............	Aug. 20		3	
33. Corbin Waymouth..........	Dec. 18, '76		3	
34. William Williams...........	May 5		2½	
35. William Thompson.........	Apr. 26		2½	
36. Hopkins Dye...............	Jan. 4, '77		3	
37. Robert Fosett..............	Nov. 20, '77		3	
38. Nathan Ewell..............	Aug. 29		3	
39. Jeremiah Beamon...........		1		
40. Giles Carter...............	Mch. 1		3	
41. Malachi Malbone...........		1		
42. Thomas Moore.............		1		
43. Jeremiah Perrey............	Apr. 29, '76			
44. Samuel Rowe..............	Aug. 9, '76			
45. Caleb Smith...............		1		
46. Darling Madree............	Apr. 26, '76			
47. Josiah Stafford............	July 5, '77		3	
48. John Toxa................		1		
49. Henry Johnson.............	May 29		3	
50. Thomas Spain..............	Feb. 10		3	
51. Isom Pulley................	May 5, '76		2½	
52. John Paterson..............		1		
53. Jacob Matthews............		1		
54. Thomas Brown.............		1		
55. John Brooks...............	May 15		2½	
56. William Drew..............		1		
57. Thomas Danagan...........		1		
58. William Ferus..............	June 28, '77		3	
59. Daniel Humphries..........	Mch. 18, '76		2½	
60. William Proctor............	May 15		2½	
61. William Seaborn...........		1		
62. John Sheppard.............		1		
63. John Taylor...............		1		
64. Avery Tillet...............		1		
65. Joseph Taylor.............		1		
66. John Young...............	May 3		2¼	
67. Phillip Burges.............		1		
68. Samuel Pope...............	May 5, '77		3	
69. Thomas Daffell............	Feb. 10		3	
70. William Tryer.............	May 3,		2½	
71. Thomas Quin..............	May 5, '77		3	

John Ingles, Capt.   Arthur Cotgraves, Lieut.

[Pages 512, 513, 514]
Roll of Capt. Fenner's Company—2nd Battalion, commanded by Col. John Patton. Camp White Plains—9 Sept., 1778

James Scandrett
Patrick Campbell
Thomas Smith

John Mathews ⎫
Jonathan Hopkins ⎬ Corporals
John Parkerson ⎭

Samuel Grey ⎫
Thomas Taunt ⎬ Drums and fifes

1. James Barnes
2. George Nichols
3. John Pond
4. John Thomas
5. Aaron Wilson
6. George Brooks
7. Jesse Taunt
8. William Taunt
9. Edward Hutchins
10. Isaiah Vick
11. Jesse Nelson
12. Thomas Cole
13. William Pate
14. James Brown
15. James Paramore
16. Jesse Rickerson
17. William Grey
18. Stephen Rogers
19. William Stewart
20. Michael Watson
21. Stephen Cook
22. Abraham Taylor
23. James Taylor
24. Charles Williamson
25. Thomas Blanchett
26. John Smith
27. John Lawson Arthur
28. Bagley Benson
29. David Dawley
30. Felix Simons
31. Thomas Tiffen
32. James Herrard
33. Thomas Angle
34. John Moseley
35. Benjamin Davis
36. Aaron Lambert
37. Joseph Babb
38. Daniel Johnston
39. Jordan Ammons
40. Thomas Carraway
41. Richard White
42. John Fook
43. Benjamin Womble
44. Hansford Whitley
45. William Peoples
46. Arthur Parker
47. Samuel Wheeler
48. Brazil Welsh
49. Ebenezer Hoskins
50. Isaac Carter
51. Elisha Lewis
52. Jesse McDowel
53. James Pierce
54. Henry Spill
55. Hardy Hines
56. David Grant
57. John Ellis
58. John Clark
59. William Baker
60. Francis Fox
61. Roger Parson
62. John Wallis
63. William Baker
64. Isascl Gregory
65. James Gilbert

Wm. Baker (59) sick at Georgetown
Wm. Baker (63) sick at Valley Forge
Robt. Fenner, Capt.
James Campen, Lieut.
Nathan Lawrence, 2nd Lieut.

CLARK'S STATE RECORDS

[Page 515]
Roll of Col. John Patton's Company in the 2nd Battalion, commanded by Col. Patton. Sept. 9, 1778.

1. David Spiers, Sergt. Majr.
2. Authur Boice, Qr. M. Sergt.
3. John Lacy, Sergt.
4. Phinehas Latham, Sergt.
5. Reuben Yerberry, Sergt.
6. Phillip Mason, Drum Majr.
7. Thomas Tiack, Fife Majr.
8. John Worsley, Drummer

9. John Darren, Fifer
10. James Tisen, Corpl.
11. Benjamin Johnson, Corpl.
12. Peter Dunnick, Corpl.
13. Epps Spain, privt.
14. Joseph Nash, privt.
15. Joseph Messick
16. Francis Williams
17. John King
18. Thomas Garrott
19. Noah Fair
20. Thomas Waldren
21. Simon Alderson
22. William Sexton
23. John Davis
24. James Erven
25. James Gamberlin
26. Eli Rogers
27. Miles Privett
28. Joseph Bailey
29. John Clements
30. Joseph Hartley
31. Thomas Bryant
32. James Underhill
33. Daniel Venters
34. William King
35. Henry Singleton
36. William Caps
37. Benjamin Messer
38. William Charlton
39. William Smith
40. John Conner, Sr.
41. Elisha Williams
42. Robert Meeks
43. William Meeks
44. Isaac Gallop
45. Abraham Hays
46. Joseph Aldridge
47. Cornelas Bray
48. Frederick Blanchet
49. James Reade
50. William Dove
51. Henry Tison
52. Hugh Stephenson
53. James Phelps
54. James Ives
55. Enos Bizzel
56. James Nicholas
57. Arthur Tayner
58. James Townen
59. John Myers
60. William Cox
61. Bryant Worsley
62. John Cooke
63. John Peacock
64. James Simons
65. George Moye
66. Josiah Davis
67. Alexander Scull
68. James Barron
69. David Poe
70. Jesse Wooten
71. John Striker
{ John Craddock, Capt.
{ William Terrell, Lieut.

CLARK'S STATE RECORDS

[Pages 517, 518, 519, 520]

Roll of Lieut. Col. Harney's Company, 2nd N. C. Battalion, commanded by Col. John Patton. Sept. 9, 1778.

1. John Wood
2. Abel McPherson
3. William Robinson
4. Shubal Claghorn
5. James Griffin
6. James Bundy
7. William Spain
8. Jacob White, Jr.
9. William Boyd
10. Mason Broom
11. Willis Barrow
12. Robert Chumner
13. Zachariah Davis
14. Abraham Denny
15. Robt. Ellis
16. Fred'k. Hathcock
17. Jesse Lane
18. Melone Mullen
19. Wm. Nichols
20. James Purdie
21. James Moore
22. John Raiper
23. Phillip Shackly
24. John Thomas
25. Sutton Truheek
26. Francis Westerdale
27. Joel Wall
28. George Willis
29. Duncan Curry
30. Jabesh Elliot
31. John Wallace
32. Shad'k. Cummins
33. Thos. Harrison
34. Jacob White, Senr.

35. Ben Collins
36. Dan'l. Miller
37. Moses Brown
38. Joseph Phillips
39. Isaac Fonville
40. Major Glanders
41. John Little
42. Elijah Cotton
43. Jo. Bartholomew
44. Rich'd. Webster
45. Thos. Jones
46. John Dew
47. Michael McKeel
48. Valentine Lucas
49. William Reason
50. Jesse Shute
51. Absalom Spires
52. Josiah Stringer
53. William Thomas
54. Phillip Jones
55. Zachariah Hathcock
56. Major Russell
57. William Pope
58. David Dufnel
59. Wm. Dufnel
60. Willis Hastings
61. Arch. Hood
62. John Hill
63. James Stewart
64. Jacob Hewling
65. William Smith
66. Henry Miller
67. John Warner
68. Robt. Raiper
69. Joseph Alexander
70. Charles Burke
71. Ben Bridges
72. Thos. Davidson
73. Joseph McGraw
74. Amos Lewis
75. Michael Delaney
76. Ben Simmons
77. Edmund Griffin
{Chas. Stewart, Lt.
{Stephen Slade, Ensign.

CLARK'S STATE RECORDS

[Vol. XIII. Pages 521-23]
Roll of Major Hardy Murfree's Company in 2nd North Carolina Battalion, commanded by Col. John Patton. Sept. 9, 1778.

1. Anthony Crutcher, Sergt.
2. John Poulson, Sergt.
3. Samuel Stringer, Sergt.
4. John Mardsay, Corpl.
5. Willis Wiggins, Corpl.
6. Pearson Peal, Corpl.
7. William Ponder, Drummer
8. Ezekiel Whaley, Fifer
9. Kadar Blanton, privt.
10. Thomas Metisuck
11. Hardy Bird
12. William Saunderson
13. Samuel Baxter
14. James Pulley
15. John Harvey
16. Balitha Tilmon
17. Miles Knight
18. William Scott
19. Andrew Wilkins
20. James Roberts
21. Arthur Foorms
22. Reuben Knight
23. William Sweat
24. William Thurston
25. Robert Jinkins
26. William Mitchell
27. Abel Edmunds
28. Jacob Brabsy
29. William Farmer
30. Spinencoy Raifield
31. John Skinner
32. Thomas Dyson
33. John Harigrooves
34. Humphrey Callahan
35. Thomas Scott
36. John Husk
37. William Goggard
38. Samuel Carter
39. William Church
40. Hezekiah Jones
41. Arthur Whilley
42. Mathew Herring
43. John Skean
44. Nathaneal Cooper
45. Ephriam Hooks
46. Alexander Flood
47. John Tilmon
48. Theophilus Hays
49. Andrew Saunders
50. William Swinson
51. Francis Copes
52. Robert Williams
53. Richard Roberts
54. Morson Williams

55. William Powell
56. Brien Smith
57. John Parrish
58. John Stringer
59. Stephen Emery
60. Francis Sumner
61. Archib'd. Henderson
62. Mark Waycroft
63. Joseph Seaborn
64. Isaac Rhoads
65. Michael Bull

66. David Wall
67. Elisha Mills
68. Thomas Pierce
69. Thomas Pridgen
70. Abraham Therrell
71. William Jones
72. William Tilman
73. John Cummins
74. Solomon Jinnett
{ Thos. Evans, Lieut.
{ Rich'd. Andrews, Ensn.

CLARK'S STATE RECORDS

[Pages 524, 525, 526]

Roll of Capt. Thomas Armstrong's Company, 2nd N. C. Battalion, commanded by Col. John Patton. Sept. 10, 1778.

1. Arch'd. Boyle
2. Sam'l. Gover
3. Charles Webb
4. John Richardson
5. Edward Stradley
6. Thomas Best
7. Thomas McDaniel
8. John Smith
9. David Ambrose
10. Frederick Bates
11. Caleb Dolly
12. Joshua Harvey
13. Skidmore Squires
14. George Phillips
15. Wm. Brian
16. Francis Thorogood
17. George Cole
18. Jeremiah Smith
19. Hezekiah Linton
20. Peter Harrell
21. Bigford Garriss
22. Drury Binham
23. Thomas Jirmins
24. John Upton
25. Benjamin Dun
26. Robert Jackson
27. James Jones
28. James Sirks
29. Molaha Wiggins
30. Isaac Hays
31. Joshua Webb
32. William Flood
33. John Webb
34. James Wiggins
35. Sterling Dun
36. John Anderson

37. Stephen Chance
38. John Cotton
39. Philamon Chance
40. Holland Johnston
41. Henry Albertson
42. David Haulborn
43. Jacob Jones
44. Amose Passmore
45. John Colwell
46. John Atkinson
47. James Bond
48. Thomas Smith
49. Sovereign Blokam
50. Daniel White
51. Marmaduke Barfield
52. Barnabas Davant
53. Peter Bateman
54. Abraham Tison
55. William Green
56. Richard Downams
57. Thompson Curry
58. John Blanchard
59. Nath'l. Dobey
60. George Marshall
61. Drury Ham
62. Robert Acock
63. William Williamson
64. Charles Butler
65. John Bullock
66. Henry Starke
67. John Barganiear
68. Simon Smith
69. Elijah Hanish
{ Thos. Armstrong, Capt.
{ Chas. Gerrard, 1 Lieut.
{ James Verrier, Ensign.

CLARK'S STATE RECORDS

[Page 527, Vol. 13]

Return of the Soldiers of the 2nd. N. C. Battalion reinlisted during the war agreeable to Resolve of Congress and General orders. March 12, 1779.

Col. Patton's Company

1. James Ives
2. James Simmons
3. James Read
4. John Durremfiss

Lt. Col. Harney's Company

5. George Willis
6. James Stewart
7. Zachariah Hatchcock
8. Shad'k. Cummins
9. Joel Wall
10. Jesse Lane
11. John Wallace
12. Charles Burke
13. John Gunnell

Maj. Murfree's Company

14. Pearson Peal
15. Miles Knight
16. John Stringer
17. Thomas Dyson
18. Mathew Herrin
19. Mark Haycraft
20. Ezekial Wheely
21. Belisha Tilman
22. William Swinson
23. Patrick Brown
24. Andrew Wilkins
25. Samuel Baxter
26. Hardy Bird
27. John Skien

Capt. William's Company, L. I.

28. Elisha Grant
29. Thomas Geddy
30. John Howell
31. John Smith
32. William King
33. Moses Brown
34. John Clemmons
35. Joseph Lilley
36. Henry Martin
37. Jesse Shute
38. John Parkerson
39. Abraham Houston
40. James Ansley
41. Henry Singleton
42. Bryant Worsley

Capt. Hall's Company

43. William Burnett
44. Joseph Causway
45. Caesar Santee
46. Kadar Copeland
47. Dempsey Marlo
48. John Delany
49. Bennett Morgan
50. George Browning
51. John Stewart
52. Marmaduke Malpes
53. Levi Wright

Capt. Coleman's Company

54. Thomas Jones
55. Arch. Butts
56. James Hukins
57. Lewis Wilford
58. James King
59. David Sweat
60. George Wallace
61. Edward Majett
62. James Pearce
63. William Handley
64. Marmaduke Moore
65. Stephen Trent
66. William Harris
67. Malachi Cotanch
68. David Smith
69. William Smith
70. David Riskey

Capt. Fenner's Company

71. Richard White
72. Thomas Carraway
73. William Stewart
74. Jesse Nelson

Capt. Ingle's Company

75. Philip Pinkum
76. Thomas Anderson

Capt. Armstrong's Company

77. Drury Bynum
78. Thomas Smith
[Page 530]
81. James Wiggins
82. Sterling Dean
79. John Upton
80. John Adkerson

83. Robt. Jackson

[Page 532, Vol. XIII]
CLARK'S STATE RECORDS—SENATE JOURNAL
19th January, 1779

When the following members appeared:

James Coor	William Thompson
Elisha Battle	Henry Rhodes
Robert Harris	Mr. Speaker
Edward Jones	Thomas Respass
Kenneth McKenzie	James Kenan
Ben Exum	Alexius Mson Forster
Jeremiah Frazier	Charles Robeson
John Brown	Alexander Martin
John Ashe	Robert Sumner
William Russell	William Graham
Thomas Owen	Nathan Boddie
Thomas Harvey	Ebenezer Folsom
Michael Rogers	John Kinchen
Robert Salter	Robert Irwin
William Shepherd	John Birdsong
Luke Sumner	John Chiles

[Page 784, Vol. XIII]
CLARK'S STATE RECORDS—HOUSE JOURNAL
State of North Carolina. In the House of Commons, May, 1779

At a General Assembly begun and held at Smithfield, on the Third Day of May, in the year of our Lord One Thousand seven Hundred and Seventy-Nine, and in the third year of the Independence of the said State, being the first Session of this Assembly.

The Sherriff's and other returning officers within this State certified that the following persons were duly Elected as members of the Commons House of Assemby for the respective Counties and Towns as follows, Viz.:

Anson—Stephen Miller, Charles Medlock.
Brunswick—
Beaufort—Robert Trip, John Kennedy.
Bladen—Thomas Brown, Samuel Cain.
Bertie—
Burke—Thomas Whitson, William Morrison.
Craven—Hardy Bryan, Benjamin Williams.
Chowan—Thomas Benbury, William Boyd.
Cumberland—Robert Cochran, Robert Rowan.
Chatham—Jonathan Harper, John Luttrell.
Currituck—
Camden—Willis Bright, Caleb Grandy.

Carteret—
Caswell—William Moore, Peter Farrow.
Dobbs—Thomas Gray, Jesse Cobb.
Duplin—Richard Clinton, James Gillespie.
Edgecombe—William Haywood, Ethelred Exum.
Franklin—Thomas Sherrod, Green Hill.
Granville—Thomas Person, Philemon Hawkins, Jr.
Guilford—James Hunter, Daniel Gillespie.
Gates—Jacob Hunter, William Baker.
Hertford—William Wynns, Authur Cotton.
Hyde—
Halifax—
Johnston—Lewis Bryan, Phillip Raiford.
Jones—Frederick Harget, Samuel Hill Lincoln.
[Page 785]
Martin—Samuel Smithwick, Samuel Williams.
Montgomery—John Kimbrough, Solomon Gross.
Mechlinburg, Caleb Phifer, David Wilson.
New Hanover, John A. Campbell, Timothy Bloodworth.
Northampton—Robert Peebles, James Vaughan.
Nash—William Horn, Thomas Hunter.
Orange—William M. Crawley, Mark Patterson.
Onslow—James Howard, Edward Starkey.
Perquimans—
Pasquotank—
Pitt—James Gorham, John Williams.
Rowan—
Randolph—
Rutherford—
Surrey—Gray Bynum, Frederick Miller.
Tyrrell—Benjamin Spruill, Joshua Swain.
Wilkes—
Washington—
Warren—Joseph Hawkins, John Macon.
Wake—Thomas Hines, John Hunter, Jr.

Towns

Wilmington—William Hooper, Gray Bynum.
New Bern—Richard Cogdell, Green Hill.
Edenton—Robert Smith, Thomas Sherrod.
Halifax—Henry Montford, John Macon.
Hillsborough—Robert Rowan.
Salisbury—Robert Cochran.

Pursuant to which the following members appeared and qualified by taking the several Oaths by Law appointed for the qualification of Members of the General Assembly, subscribed the same and took their seats, to wit, Messrs.,

William Haywood	William Horn	Fred Harget
William McCrawley	Thomas Hunter	Samuel Hill
Mark Patterson	Richard Cogdell	Thomas Person
Wiliam Morrison	Lewis Bryan	Samuel Cain
David Wilson	Thomas Hines	Thomas Gray
Caleb Phifer	John Hinton	Gray Bynum
Stephen Miller	Timothy Bloodworth	Green Hill
[Page 786]	Jesse Cobb	Thomas Sherrod
Charles Medlock	Thomas Benbury	John Macon

Robert Rowan
Robert Cochran
[Page 399, Vol. XV]
Henry Montford
John Williams
Joseph Hawkins
James Gorham
Daniel Gillespies
James Hunter
Jonathan Harper
Thomas Brown

Samuel Williams
Authur Cotton
Hardy Bryan
Phil Hawkins
John Kennedy
James Howard
Philip Raiford
James Gillespie
John Luttrell
John A. Campbell

Robert Tripp
Willis Bright
Richard Clinton
Solomon Gross
James Vaughan
Peter Farrow
Joshua Swain
Benjamin Spruill
Jacob Hunter
William Boyd

CLARK'S STATE RECORDS

Extract from Pay Roll of Capt. Elisha Rhodes' Company of the 1st N. C. Regiment of Militia, commanded by Col. Samuel Jarves. June 5, '80.

1. Elisha Rhodes, Capt.
2. James Swinhow Grover, Lieut.
3. Stephen Buck, Ensn.
4. Joseph Sanderson, Ensn.
5. Peter Pilant, Corpl.
6. Thomas Thomas, Fifer
7. John Doers, privt.
8. Jas. Wilks, privt.
9. Jacob Bass, privt.
10. Geo. Harrison, privt.
11. Edw'd Wilson, privt.
12. Henry Holland, privt.
13. John Cockran, privt.
14. Ben. Sorrel, privt.
15. Christ Harrell, privt.
16. Levi Johnson, privt.
17. Fred'k. Holland, privt.
18. Blake Raby, privt.
19. Shadh. Harrell, privt.
20. St. McDuel

Gates County Men

21. Edw'd Pilant, privt.
22. Jesse Jones, privt.
23. Bray Jones, privt.
24. Elisha Osborne, privt.
25. Jos. Carter, privt.
26. Tilberias Purvis, privt.
27. Elisha Ellis, privt.
28. Uriah Ure, privt.
29. Samuel Williams, privt.
30. Reub. Sparkman, privt.
31. Asa Harrell, privt.
32. John Hamilton, privt.
33. Josiah Harrell, privt.
34. Arthur Williams, privt.

[Page 400]

CLARK'S STATE RECORDS

Pay Roll of Capt. John Harvey's Company of the 1st Regiment of Militia, commanded by Col. Samuel Jarvis.

1. John Harvey, Capt.
2. John Creery, Lieut.
3. Frederick Nixon, Ensn.
4. John Ming, Sergt.
5. John Davis, Sergt.
6. Alexander Stafford, Corpl.
7. Thomas Penrice, Corpl.
8. James Chew, privt.
9. John Bains, privt.
10. Benjamin Baterman, privt.
11. William Turner, privt.
12. Benjamin Turner, privt.
13. Miles Turner, privt.
14. James Harman, privt.
15. William Winget, privt.
16. Joseph Theach, privt.
17. James Goodwin, privt.
18. John Ellis, privt.
19. Green Thach, privt.
20. Jas. Boush, privt.
21. Ezekiel Ears, privt.
22. David Overton, privt.
23. John Tucker, privt.
24. Charles Jones, privt.
25. Francis Sutton, privt.
26. John Leming, privt.
27. Richard Hatfield, privt.
28. Thos. Ray, privt.

[Page 509, Vol. XV, 1780-1781]
A list of Capt. Wood's Horse in Colo. Malmedy's Regiment.

1. Solomon Wood, Capt.
2. Mark Myatt, Lt.
3. Thomas Gray, Cornet
4. Bryant McCullers, Sergt.
5. Amos Wheeler, Sergt.
6. Charles Johnson, Corpl.
7. Bolen Liphot, Corpl.
8. Charles Lane
9. Rich'd. Lane
10. John Myatt
11. Russell Jones
12. John Mallaby
13. James Tate
14. Thos. Wilmoth
15. Thos. Driver
16. John Orr
17. Charles Cardin
18. Abraham Lumbley
19. Ezekiah Utley, deserted
20. John Humphries
21. Benjamin Pullum
22. Elijah Pope
23. Joseph Ward
24. Nicholas Atkins
25. Elisha Railey
26. Traves Johnson
27. James Lewis
28. Michael Tedrick
29. Ephraim Williams (Quit camp, sent a substitute who was accepted)
30. David McCullers
31. Andrew McKleroy
32. Reubin McKleroy
33. John McKleroy
34. Ford Butler
35. John Hunt
36. William Ambrose
37. Robt. Humphries
38. Benjamin House
39. Nimrod House
40. Joseph Gray
41. William Wheeler
42. John Armstrong
43. Runnell Allen
44. Thomas Barns
45. Robert Martin
46. Frederick Beesley
47. Sion Perry
48. Gideon Allen
49. John Pool
50. Robert Johnson
51. William Hazewood
52. Roland Williams
53. Griffin Hazewood
54. James Sexton
55. Samuel Sexton
56. Alexander Boling, in the comp. of Capt. Patterson quit the camp without leave.
57. Thomas Greene, in the comp. of Capt. Patterson quit the camp without leave, but returned 3 weeks after.
58. John Watson, of Capt. Moore's comp., sent on errand and never returned.
59. Henson Utter, a light horse, of Orange County, left camp without leave.

Aug. 23, 1781

60. John Fitz Garrold ⎫
61. Jesse Lane ⎪
62. Peter Roberson ⎬ Gunstockers
63. Thomas Neal ⎭
64. Zachariah Dillard ⎫
65. Icham Scott ⎬ Timbergetters for
66. William Curlew ⎪ Wagons, Etc.
67. Jesse Rowan ⎭
68. John Barrot ⎫
69. James Fawcett ⎬ Wagon Makers
70. Rich'd. Thompson ⎭
71. James Amis
72. William Stephinson ⎫
73. Thomas Collom ⎪
74. Thomas Tuchor ⎪
75. Joseph Hawkins ⎬ Saddlers
76. William Watson ⎪
77. David Pugh ⎪
78. John Hews ⎪
79. William Sikes ⎭
80. Joshua Jones ⎫
81. Joshua Gammon ⎬ Canteen Makers
82. Henry Overstreet ⎭
83. William Trewathan ⎫
84. Thomas Bird ⎪ Shoe makers to
85. Robert Thompson ⎪ furnish shoes
86. James Turner ⎬ clear of expense
87. James Carlisle ⎪ to the public.
88. John Knight ⎪
89. Willis Halyon ⎭
90. Geo. Ware ⎫
91. Nickolas Bryant ⎪
92. Benj. Bell ⎬ Taylors
93. Joel Wooten ⎪
94. William Campbell ⎭
95. Thomas Hines, express rider for 12 months.

[Page 638]

Names of the officers who were killed and wounded in the action of the Eutaw Springs. Sept. 8, 1781.

NORTH CAROLINA BRIGADE

Capt. Goodman
Capt. Goodwin
Lieut. Porterfield
Lieut. Dillain
} Killed

Capt. Hadley
Lieut. Dixon
Lieut. Andrews
Lieut. Dudley
Ensn. Moore
Ensn. Lamb
} Wounded

CLARK'S STATE RECORDS

[Pages 718, 719. Vol. XV]

Roll of Col. Thomas Clark's Company, 1st N. C. Battalion, commanded by Col. Thomas Clark. Sept. 8, 1778. (Book of "Army Returns" No. 27, P. 21).

1. Isaiah Pare, Sergt.
2. William Stanfast
3. Benj. Crab
4. Edward Howell, Corpl.
5. Henry Barksdale
6. Caleb Thomas, Drummer
7. William Howe, Fifer
8. Isle Simmons
9. Clement Smith
10. John Boggs
11. George Burges
12. Joseph King
13. Thomas Castle
14. Joseph McDonald
15. Joel Ramsey
16. William Maines
17. Richard Martin
18. David Basmore
19. John Barnes
20. Robt. Herman (?)
21. Patrick Scantling
22. Henry Mires
23. John Lafferty
24. John Hughes
25. John Ross
26. John Call
27. Jesse Boice
28. George White
29. Richard Tucker
30. Hugh Harris
31. John Davis
32. John Needham
33. John Clinton
34. Jacob Pearce
35. William Dillard
36. Thomas Kelly
37. John Lufman
38. Jesse Doughty
39. Geo. Raibourn
40. Joseph Davidson
41. William Cooper
42. Ezekiel White
43. John Barrow
44. Thomas Newburn
45. Cornelius Larry
46. Josiah Miller
47. Thomas Smith
48. Solomon Seymore
49. Thomas Moore
50. Peter Burges
51. Wilson Liscombe
52. John McLaughlan
53. Josiph Mitchell
54. John Bryant
55. Lewis Ralph
56. Samoul Morrow
57. Hugh Parks
58. Thomas Parker
59. William Auldridge
60. Richmond Terryl
61. Martin Campbell
62. Ezekiel Bogs
63. Osborn Dillard
64. Daniel Freeman
65. Lewis Beddlehizer
66. James Raney
67. Powell Riggans
68. George Glenn
69. John Pendergrass
70. Thomas Degnum
71. John Downes
72. Jeremiah Dailey
73. Charles Murray
74. Thomas Gilmore
75. Hugh Huston
76. John Evans
77. Jesse Cox
78. John Tipper

CLARK'S STATE RECORDS

[Page 724. Vol. XV]

Roll of Lt. Colonel Mebane's Company of 1st N. C. Battalion, commanded by Colonel Thomas Clark. (Army Returns, Book 27, P. 22.) Sept. 8, 1778.

1. Benjamin Hodge, Sergt.
2. Rob Homes, Sergt.
3. Peter Raney, Sergt.
4. Thomas Modling, Corpl.
5. Thomas Pittyjohn, Corpl.
6. James Williams, Corpl.
7. William Lippincott, Drum
8. John Midsleya, Fife
9. Thomas Fee
10. Samuel Chappel
11. Phillip Britton
12. William Logan
13. James Britton
14. James Willey
15. Jacob Lane
16. Francis Dugan
17. Zebulon Pratt
18. Joseph Williams
19. William Brown
20. John Rogers
21. John Bartee
22. Elisha Modlin
23. Thomas May
24. William Williams
25. Isaac Howard
26. Isaac Reddick
27. Thomas Hendricks
28. William Boswell
29. Caleb Overton
30. Samuel Overton
31. Zebulon Modlin
32. William Mullin
33. Proctor Hogan
34. John Deal
35. Martin Miller
36. William Epps
37. Thomas Brannon
38. Mallica Chew
39. Peter Williams
40. Samuel Price
41. William Roberts
42. James Ferrill
43. David Corzzorte
44. Ebenezer Hewitt
45. Howell Gilliam
46. Joseph Keys
47. William Hawkins
48. James Britnell
49. David Donaldson
50. Elisha Bond
51. George Bruce
52. William Poore
53. John Conneway
54. Richard Mullen
55. Michael Scantling (?)
56. John Lock
57. Arthur Rogers
58. David Brown
59. Henry Harris
60. Peter Hatrock
61. Spencer Donaldson
62. David Bullock
63. Ripley Copeland
64. James Sutherland
65. Phillip Watson
66. Chas. Rozer
67. Thomas Norman
68. Edward Harris
69. Enoch King
70. Miller Modling
71. John Bane (?)
72. James Anthoney
73. William Seamore
74. John Carter
75. William Stumm
76. William Gough
77. Jarreed Craig

Robert Nicholson, Lieut.
Thomas Pasteur, 2nd Lt.
Acting Ensign.

CLARK'S STATE RECORDS

Roll of Captain Griffith John McRee's Company of the 1st N. C. Battalion, commanded by Col. Thomas Clark. ("Army Returns," Book 27, P. 23).

1. James McLelland, Sgt.
2. John Jones, Sgt.
3. Geo. Ammins, Sgt.
4. William Campbell, Corp.
5. Hezekiah Barns, Corp.
6. John Matlock, Corp.
7. Daniel Thompson, Drummer
8. Robert Gessum, Fifer
9. Martin Bullock
10. George Gasey
11. Levi Weeks
12. Joel Dixon

13. Benj. Ray
14. Peter McGee
15. Edward Kelly
16. John Perry
17. Frederick Desern
18. William Jackson
19. John Kirk
20. Nathan Durham
21. John Carter
22. Theophilus Weeks
23. John Wood
24. Alex Ballentine
25. Thomas Baker
26. Miles Thrift
27. William Rose
28. James Lezar
29. Ransom Prewitt
30. David Pendergrass
31. John Jackson
32. Thomas Garey
33. Joel Gunter
34. William Parr
35. John Carter, Sr.
36. Joshua Prewitt
37. Thomas Breece
38. John Conner
39. John Nash
40. Sylas Dollerhide
41. Willobey Prescote
42. Robert Lynn (?)
43. Henry Colston
44. Drury Ward
45. Richard Rabsby
46. Benj. Johnson
47. James Caruthers
48. Thomas Caruthers
49. Robert Nelson
50. John Donaldby
51. Nathan Freeman
52. Joseph Reynolds
53. William Dennis

CLARK'S STATE RECORDS

[Page 671. Vol. XVI]

List of officers, prisoners of war, Nov. 26, 1782.
Col. Thomas Clark, N. C., taken 12, May, 1780.
Col. John Patten, N. C., taken 12, May, 1780.
Maj. John Nelson, N. C., taken 12, May, 1780.
Capt. Kedar Ballard, N. C., taken 12, May, 1780.
Capt. John Ingles, N. C., taken 12, May, 1780.
Capt. John Craddock, N. C., taken 12, May, 1780.
Capt. John Summers, N. C., taken 12, May, 1780.
Capt. George Bradley, N. C., taken 12, May, 1780.
Capt. Joseph Montford, N. C., taken 12, May, 1780.
Capt. James Reed, N. C., taken Sept. 12, 1781.
Capt. Lieut. Phil Jones, N. C., taken May 12, 1780.
Capt. Lieut. Charles Stewart, N. C., taken May 12, 1780.
Capt. Lieut. William Fawn, N. C., taken May 12, 1780.
Capt. Lieut. Thos. Callender, N. C., taken May 12, 1780.
Lieut. James Tatum, N. C., May 12, 1780.
Lieut. Wm. Hargrove, N. C., taken May 12, 1780.
Lieut. Jesse Reed, N. C., taken 8 Sept., 1781.
Lieut. John Clendennin, N. C., taken 8 Sept., 1781.
Lieut. Samuel Budd, N. C., taken 8 Sept., 1781.
Surgeon James N. Greene, N. C., taken 13 May, 1780.

Note: (Those captured 12 May, 1780, were surrendered at fall of Charleston, and those on Sept. 8, 1781 in the Battle of Eutaw Springs.)

CLARK'S STATE RECORDS

[Page 1054. Vol. XVII]

Pay Roll of Capt. Alexander Whitehall's Co. of the 1st N. C. Reg'd. of militia, commanded by Col. Sam'l. Jarvis. 1780.

1. Alexander Whitehall, Capt.
2. Thos. Jarvis, Lieut.
3. Hezekiah Wordley, Lieut.
4. Thos. Davis, Lt.
5. Griffin Doug, Ens'n.
6. Randall Jones, Sergt.

7. Charles Diar, Sergt.
8. Hilary Hanars, Corpl.
9. Jacob Dowdy, Corpl.
10. Jacob Gregory, Dmr.
11. Cornelius Gregory, Fifer

1. Henry Woodhouse, pt.
2. John Bacon, pt.
3. Thomas Sanderson, pt.
4. David Hill, pt.
5. Joshua Ball, pt.
6. Joshua Tabor, pt.
7. Elisha Kite, pt.
8. Joseph Jones, pt.
9. Wm. McKoy, pt.
10. William Williams, pt.
11. Samuel Gregory, pt.
12. Jarris Allen, pt.
13. James Parker, pt.
14. Colin Cook, pt.
15. Peter Camp, pt.
16. Jacob Smith, pt.
17. Jonathan Case, pt.
18. John Fourband, pt.
19. John Sally, pt.
20. Adam Seemore, pt.
21. Jos. White, pt.
22. Devotion White, pt.
23. Thos. Sawyer, pt.
24. Robb Bell, pt.
25. Amos Upton, pt.

26. Henry Upton, pt.
27. Nathan Bell, pt.
28. Jos. Michel, pt.
29. John Sicks, pt.
30. Caleb Gregory, pt.
31. Henry Keeton, pt.
32. Hez'kl. Cartwright, pt.
33. Robb Lowry, pt.
34. James Spence, pt.
35. Samuel Spence, pt.

[Page 1055]

36. John Wooten, pt.
37. Thos. Wooten, pt.
38. Joel Leek, pt.
39. Timothy Meeds, pt.
40. Thos. Casey, pt.
41. Daniel Lister, pt.
42. William Boyd, pt.
43. Reuben Davis, pt.
44. Joab Simson, pt.
45. Benj. Lanyard, pt.
46. David Harris, pt.
47. Clabb Glasgow, pt.
48. Devotion Davis, pt.
49. Jos. Banks, pt.
50. Meeds White, pt.
51. William Deel, pt.
52. Nicholas Jordan, pt.
53. Sam'l. Ray, pt.
54. Severn Scott, pt.

CLARK'S STATE RECORDS

[Pages 1057-8, Vol. XVII]

Pay Roll, 2nd N. C. Reg't. of militia, Capt. Augustus Spain's Co., formerly under command of Col. Benj. Exum, now under Col. Sam'l. Jarvis of 1st Reg.

Augustus Spain, Capt.
Jno. Reddick, Lieut.
Nathan Godfrey, Ensn.
William Spencer, Ensn.
1. Thos. Worsley, Sergt.
2. David Everett, Sergt.
3. Peter Stephens, Corpl.
4. Micajah Savage, Corpl.
5. Joel Nichols, Corpl.
6. Stephen Cader, Corpl.
7. Isaac Stocks, Corpl.
8. Bailey Munger, Corpl.
9. Amos Mayo, Corpl.
10. John Smith, Corp.
11. Elijah Moore, Corpl.
12. Micajah Bull, Corpl.
13. Timothy Collins, Corpl.
14. Wm. Norton, Corpl.
15. Jno. King, Corpl.

16. Jno. Nelson, Corpl.
17. Samuel Spook, Corpl.
18. Henry Warren, Corpl.
19. Joshua Gard, Corpl.
20. Thos. Richardson, Corpl.
21. Thos. Ammons, Corpl.
22. Wm. Smith, Corpl.
23. Wm. Justice, Corpl.
24. David Justice, Corpl.
25. Allen Glover, Corpl.
26. Lemuel Parker, Corpl.
27. Benj. Glover, Corpl.
28. Benj. Salisbury, Corpl.
29. Solomon Jackson, Corpl.
30. Philip Jean, Corpl.
31. Augustin Caltrip, Corpl.
32. Jas. Caltrip, Corpl.
33. Gideon Pegram, Corpl.
34. Aaron Cox, Corpl.

35. Moses Cox, Corpl.
36. Jacob Wiliferd, Corpl.
37. Nathan Brake, Corpl.
38. Wm. Gad, Corpl.
39. Roan Spicer, Corpl.
40. Samuel Moore, Corpl.
41. Isac Coyed, Corpl.
42. James Briemfield, Corpl.
43. Jonah Sunderlin, Corp.
44. John Hugo Mannen, Corpl.
45. Abraham Johnston, Corpl.
[Page 1058]
46. Jesse Riden, Corpl.
47. Micajah Heard, Corpl.
48. Rich'd. Timberlake, Corpl.
49. Jesse Crown, Corpl.
50. Henry Kelly, Corpl.
51. Jno. Omet, Corpl.
52. Francis Mundine, Corpl.
53. Wright Bass, Corpl.
54. William Caleb, Corpl.
55. Peter Smith, Corpl.
56. Isom Norton, Corpl.
57. Wm. Norton, Corpl.

N. B.—Faithfully copied from State Records, all names from 2 to 57, Corpls., we venture this is a misprint, from 4 to 57 probably privates.

CLARK'S STATE RECORDS
[Page 1059, Vol. XVII]

Pay Roll, of Wm. Earl's of the 1st N. C. Regt., commanded by Col. Sam'l. Jarvis.

William Earl, Capt.
Earl Venelson, Lieut.
John Smithers, Ensn.
Thomas Barnes, Ensn.
James Dalmer, Ensn.
1. Aaron Harkins, Sergt.
2. John McDaniel, Sergt.
3. John Griffin, Sergt.
4. Rich'd. Stubbs, Corpl.
5. Jesse Holt, Corpl.
6. Daniel Richardson, Corpl.
7. Edward Hazell, Drum'r.
8. Thomas Johnson, Fifer
9. William Matthews, private
10. Rich'd Davis, private
11. John Clifton, private
12. Josiah Telph, private
13. John Davis, private
14. Richard Frazier, private
15. Isaac Alexander, private
16. Joseph Hassel, private
17. Adkins Mosey, private
18. James Davenport, private
19. Fred'k. McNeil
20. William Dartreck
21. Stephen Long, private
22. Miles Hatfield, private
23. Thomas Roberts, private
24. Colin Bouch, private
25. Henry Milers, private
26. William Burch, private
27. Wm. Simons, private
28. Finch Terry, private
29. Thomas Terry, private
30. Benjamin James, private
31. Wm. Mills, private
32. Wm. Cole, private
33. Samuel Brothers, private
34. Wm. Briggs, private
35. Joseph Terrell
36. Joshua Armes
37. Stephen Barnes
38. Thomas Allen
39. James Onion

CLARK'S STATE RECORDS
[Pages 1056, Vol. XVII]

Sundry Rolls Militia. Light Horse Service.

1. Joseph Sharpe, Capt.
2. Arch. Sloan, Lieut.
3. James Sharpe, private
4. Richard Homes, private
5. Hugh Andrew, private
6. John Shaw, private
7. John McGagbey, private
8. Edward Griffith, private
9. Solomon Shelby
10. William Cowan
11. Alexander McUrday
12. James Stevenson
13. Samuel Sloan
14. Francis Queen
15. Alexander Carson
16. Arch'd Wasson
17. Joseph Milsaps
18. Samuel Billingsbe
19. John McCoy
20. Arch'd Hogstone
21. William McHorgul
22. George Laskey
23. John White
24. John Smith

STATE RECORDS, VOL. XVII

Pay Roll Capt. Wm. Brinkley's Co. of the 1st Reg. of N. C. Commanded by Col. Sam'l Jarvis.

[Page 1060]

William Brinkley, Capt.
John Pitts, Capt.
Davis Bagby, Lieut.
James Judge, Lieut.
Samuel Long, Lieut.
Arthur Long, Ensn.
Robb Benn, Ensn.
William Sikes, Q. M.
1. Abraham Johnson, Sergt.
2. John Cone, Sergt.
3. Jacob Michel, Sergt.
4. Stephen Edwards, Sergt.
5. David Mathis, Corpl.
6. David Lewis, Corpl.
7. Randal Newsom, D. Ma'r.
8. Luke Senter, D. Ma'r.
9. Sam'l. Senter, private
10. William Senter, private
11. Mathew Killeworth, private
12. John Smith, private
13. William Jones
14. William Shepherd, private
15. Caleb Etheridge
16. Wm. Dickens, private
17. Charles Sturdivant, private
18. Wm. Yarborough, private
19. Samuel Williams, private
20. James Shaw, private
21. Jeremiah Brinkley, private
22. Wm. Coneway, private
23. Thos. Young, private
24. Rich'd. Drake, private
25. Nelson Kelley, private
26. James Gilbert, private
27. James Scott, private
28. Mart Killeworth, private
29. Mark Rickmon, private
30. John Hall, private
31. William Kelly, private
32. Wm. Marshal, private
33. James Butt, private
34. Jesse Powers, private
35. John Edwards, private
36. Wm. Jordan, private
37. Wm. Bynum, private
38. Daniel Merritt, private
39. James Kitchen, private
40. Moses Battloy, private
41. Benj. Whitehead, private
42. Joseph Crief, private
43. Robert West, private
44. George Night, private
45. Stephen Merritt, private
46. Benj. Greene, private
47. Spencer Rosfield, private
48. Sutton Roe, private
49. Daniel Thomson, private
50. John Barrott, private
51. Traves Weaver, private
52. William Burt, private
53. Joseph Perry, private
54. Higdon Roberson, private
55. Bennet Whitehead, private
56. Henry Ealbeck
57. David Crowley, private
58. Mathew Howell, private
59. William Edmonds, private
60. Wm. Morean, private
61. Absolom Moreland, private
62. Starling Daniel, private
63. Benjamin Hines, private
64. Wm. Gilbert, private
65. Aaron Ethridge, private
66. Abraham Wood, private
67. John Brown, private
68. Abraham Dean, private
69. Nathaniel Sledge, private
70. Colin Brown, private
71. Robb. Etheridge, private
72. Arnold Bradley, private
73. Arthur Merritt, private
74. John Stulker, private
75. John Wallis, private
76. Jeremiah Sullivant, private
77. Thos. Bose, private
78. John Turner, private
79. Thos. Heath, private

STATE RECORDS

[Page 1042, Vol. 17]
(From Pension Office, N. C. Miscellaneous Rolls)
Roll endorsed by Capt. Bynum N. C. Militia. 7 April, 1781.

Turner Bynum, Capt.
Isaac Rowell, Lieut.
Wm. Sykes, Ensign
Nich's Lane, Surgt.

624   ROSTER OF NORTH CAROLINA SOLDIERS

John Louday, Sergt.
Seth Harrison, Corpl.
Nath'l. Woodroof, Corpl.
Nath'l Tatum, Sergt. Major
Wm. McKendree, Q. M., Sergt.

Cordell Dupree, Serg't.
John Blick, Serg't.
Thos. Yeargin, Corp'l.
Frs. Foggerson, Corp'l.

Privates

Thomas Garris
Peter Smith
James London
Elijah Harrison
James Going
Rich'd. Mason (destd.)
John Hamour
Anth'y. Sweet
Jno. Williamson
Geo. Graham
Joseph Graham
Hugh Lambert
Charles Bailey
Jno. Singleton
Robon Ingall
Alex'r. Stewart
John White
Wm. Dupree
Arch'd. Wood
Avent Massey
Peter Avent
Robt. Hill
Daniel Harrison
Jno. Edwards
Henry Jones

Thos. Goin
Benj. Harris
Thos. Johnson
Wm. Wright
Charles Avery
Ainsworth Harrison
Rice Rollins (dischgd.)
Peter Williams (dischgd.)
Edw'd. Wallis
Lewis Williams
John Jordan (dischgd.)
Michael Gwaltney (dischgd.)
Lewis Brewer
John Rivers (destd.)
Clifton Harrison
John Thompson
Peter Willis
Britain Bynum
Drury Bynum
Peter Wyche (dischgd.)
Peter Clark
James Thompson
Burnwell Jordan
Rich'd. Mason (dest'd.)

CLARK'S STATE RECORDS

[Vol. XVII]

Roll of Militia Prisoners on board Forbay Prison Ship, 18 May, 1781.

Axson, Williams, Jun'r.
Ash, Sam'l.
Arthur, George
Anthony, John
Atmore, Ralph
Barnwell, John, Major
Baddily, John, Major
Barnwell, Edwd., Capt.
Bonnethean, Peter, Capt. Lt.
Bembridge, Henry
Black, John, Lieut.
Branford, William
Ball, Joseph
Barnwell, Robt.
Blumdell, Nath'l.
Bricken, James
Bailey, Francis
Baoqum, William
Clarke, Jonathan

Cockran, Thomas
Cooke, Thomas
Calhoon, John (protection)
Cray, Joo. Capt. 16 Aug. '80
Conyers, Norwood
Cox, James
Cummins, Rich'd.
Cohen, Jacob
Dorsins, John
Dewar, Robt.
Desaussure, William
Dunlap, Joseph
Edmunds, Rever
Eveleigh, Thomas
Edwards, John, Jr.
Edwards, John Warren
Elliott, Thomas, Sen'r.
Elliot, Joseph, Junior
Evans John

Eberly, John
Ezan, John (protection)
Elliott William
Guerard, Benjamin
Gibbons, John
Grayson, Thomas
Guerard, Peter
Graves, William
Geir, Christain
Gadsden, Philip
Graves, John
Glover, Joseph
Grott, Francis
George, Mitchel
Holmes, William
Hughes, Thomas
Heward, James
Harris, Thomas
Hornby, William
Harvey, Wm., Lieut.
Henry, Jacob
Hamilton, David
Holmes, John B.
Jones, George
Jacobs, Daniel
Kent, Charles
Kain, John
Lockhart, S., Capt. 16 Aug. 80
Libby, Nathaniel
Liston, Thomas
Lee, Stephen, Lieut.
Legare, Thomas
Lessesne, John
Legbert, Henry
Meyers, Philip
Miche, John
Minott, John, Sen'r.
Moncrief, John
Prioleau, Samuel, Sen'r.
Prioleau, Philip
Pinkney, Charles, Jun'r.
Pogas, James
Palmer, Job
Robinson, Joseph
Revin, Thomas

Rhodes, Daniel
Righton, Joseph
Scott, John, Sen'r.
Snelling, William
Stephenson, John, Jun'r.
Stephens, Daniel
Snyder, Paul
Smith, Samuel
Seavers, Abraham
Singleton, Rippily
Scotton, Samuel
[Page 1044]
Magdalen, Charles
Minoth, John, Jr.
Miller, Samuel
Moore, St'n., Col. 16 Aug. '80
Murphy, William
Monks, George
Jonathan, Morgan
Moss, George, Doctor
Marriett, Abraham
Miller, Solomon, Lieut.
Neufville, John, Jun'r.
Owen John
Sayle, William (protection 61 yrs. of age does not mean to be exchanged)
Shrewsbury, Stephen
Tonsiger, James
Tanders, John
Tayloe, Paul
White, Sime., Lieut.
Wigg, William
Williams, James
Warham, Charles, Adjt.
Waring, Thomas, Sen'r.
Waring, Rich'd.
White, Isaac
Welch, George
Wheller, Benjamin
Watirs, John, Jr.
Wilcocks, William
Warham, David
Wilkie, William
Yore, Thomas
Yeadon, Richard

CLARK'S STATE RECORDS—ARTILLERY

(Page 1196)

Name and Rank	Dates of Commission and Enlistment	Period of Service	Occurrences
John Kingsbury, Capt............			
Phillip Jones, Capt. Lt..........			
James Wall, 1st Lt..............			
Jno. Curlew Vance, 2nd Lt......			
Robt. Douglas, 3rd Lt...........			
Geo. Reynolds, Sergt............	17 Nov. '77	W	
Geo Reynolds, Sergt.............	17 Nov. '76	W	
Rich'd Douge, Sergt.............	13 Aug. "		Pt. July 1778
Arch'd Gray, Sergt..............	17 Dec. "		
Laughlin Campbell, Sergt........	4 June '77		Destd 1 Apl. 1779
Stephen Lynn, Sergt.............	25 Nov. '76		
Jeremiah Sutton, Sergt..........	13 Aug. "		
Philip Cake, Corpl..............	17 Apl. '77		
Wm. Ross Vance, Corpl..........	10 June "	3 yrs.	Dischgd 11 Mar. 1779
David Jones, Corpl..............	15 June '76	W	
Mich'l Bullen, Corpl............	17 May "	"	Pt. July 1778
Wm. Burk, Corpl................	15 July "	W	
John Thomason, Corpl...........	20 Mar. '77	"	
Joseph Fleming, Bombr..........	12 Aug. '76	"	Omtd Jan. 177
Malachi Russell, Bombr..........	17 Nov. '77	"	Destd 1 Apl. 1779
Kendle Hislip, Bombr............	22 Aug. '77	"	
David Laws, Bombr..............	22 Nov. '76	"	
William Campbell, Bombr........	12 Aug. "	"	Pt. Oct. 1778
Robert Morrison, Bombr.........	26 Aug. '77	"	Sergt. July 1778
John Barnes, Gunner............	1 Oct. '76	"	Sergt. 1 Apl. 1779
Mich'l Smith, Gunner...........	1 June '77		
John Sullanaver, Gunner........	9 May '76	W	
William Fear, Gunner...........	"	"	Pt. Oct. 1778
Mich'l Nash, Gunner............	28 Aug. '77	"	Destd 1 Apl. '79
Obadiah Wynnon, Gunner.......	20 May '76	"	Omtd Jan. '79
Benjn Mott, Drumr..............	19 July "	"	
James Rowe, Fifer...............	17 Aug. "	"	
John Babtists, Matross..........	5 June '77	"	Destd 8 Apl. '78
Robert Bradley, Matross.........	9 May '76		
Philip Burgess, Matross.........			Omtd May '78
Wm. Cornelius, Matross.........	15 July '76	W	Omtd June '78
James Jamison, Matross.........	2 Aug. '77	"	
Francis Lewis, Matross..........	30 Mar. "	"	
Thos. Morrison, Matross.........	12 Aug. '76	"	{Mustd not fit for duty and Omtd May '78
Hancock Nickolas, Matross......	"	"	
Austin Prescott, Matross........	19 " "	"	
John Wilkinson, Matross........	13 " "	"	
Peter Dunnick, Matross.........			Omtd May '78
Wm. Stewart, Matross..........	1 Dec. '76	W	Destd 1 Apl. '79
John Franks, Cadet.............	20 Oct. '77	"	
Jno. Walters, Mats.............	11 Apl. '78	3 yrs.	
Duncan Read, Mats.............	19 Nov. '76	W	Destd 18 Jan. '78
Francis Ogeline, Mats...........	24 Dec. "	"	Destd 16 Jan. '78
Joseph Calaway, Mats...........	12 Aug. "	"	Destd 16 Jan. '78
John Robison, Mats.............	1 Aug. '77		Died 12 Feb. '78
John Hawks, Mats..............	12 May '76	3 yrs.	Died 19 Feb. '78
James Toliver, Mats.............	26 Aug. '77	W	{Mustd Sept. '78, destd 18 Dec. '78
James Kelve, Mats..............	7 July '79	3 yrs.	
William Swords, Mats...........	17 Apl. '76	W	
David Adkins...................	24 Aug. "	"	Destd 1 Apl. '79

STATE RECORDS (Cont.)

The following names were entered in book containing the North Carolina Register but do not belong to the line of the State, they are therefore not to be attended to, they would not have been entered here had it been previously ascertained.
(Page 1197)

Name and Rank	Dates of Commission and Enlistment	Period of Service	Occurrences
Thos. Clark, Capt...............	1 Jan. '77		
Thos. J. Carnes, Capt. Lt.........	"		Resigned 8 Mar. '79
John Van Duyck, 1st Lt..........	1 Feb. '77		
Wm. Clark, Sergt................	1 Jan. "	3 yrs.	
Wm. Pennington, Sergt..........	7 Mar. "	"	
Wm. Johnson, Corpl.............	1 Jan. "	"	
Isaac Lawrence, Corpl...........	" "	"	
Maj. Scudder, Bombr............	7 " "	"	Pt. 31 Oct. '78
Nath'l Ross, Bombr..............	1 Jan. '77	3 yrs.	Pt. 31 Apl. '79
Dan'l Whitehead, Gunner.......	1 " "	"	
Ezekiel DeCamp, Gunner........	1 " "	"	
Haml'n Robinson, Gunner.......	2 " "	"	
Jos. Chase, Muss................			{ A deserter sent to his Regt. June '78
Thos Clark, Mats................	1 Jan. '77	"	
Jno. Fletcher, Mats..............	26 May '78	9 Mo.	{ Destd 1 Dec. '78, dischgd 28 Feb. '79
Oliver Kelly, Mats...............	1 Jan. '77	3 yrs.	
Nath'l Little, Mats...............	" "	"	
John Mitchell, Mats.............	" "	"	
James Miller, Mats..............	6 Feb. '78	"	
Dan'l Sullivan, Mats.............	2 Jan. "	"	

United States,
Office of Accounts.

We do certify, that the preceding is a true Register of the North Carolina Line of the late Army of the United States, taken from Official Documents.
Philadelphia, 20th July 1791.

Lynde Catlin
Benja. Mifflin.

INDEX

INDEXER'S NOTE: That this index may be of greatest value it is well to call attention to several significant facts. A wide divergency in spelling names undoubtedly the same required the inclusion of the names as spelled, so that one will need to look for the name sought in the position of its correct spelling, and any and all possible variations. In numbers of instances only abbreviations of names were given. Where these were plainly evident, as in the cases of *Jas.* (James), *Jos.* (Joseph), *Sam'l.* (Samuel), *Jno.* (John), *Wm.* (William), *et als.*, these were included with those the names of which were spelled completely. In a few instances where the names were evidently the same, although slightly misspelled, as in the case of *Joseph* and *Joheph*, the indexer placed these together. Otherwise the printed copy, that taken from the original records, has been followed scrupulously. Below, where a small number ([2] or the like) appears, it indicates that the name so marked appears that number of times on that particular page. Otherwise all figures indicate page numbers.

Aaron, Isaac, 593[2]
Aaron, Roberts, 464
Aaronheart, Jno., 105
Abbett, Anthony, 505
Abbett, John, 504
Abbett, Jonathan, 281
Abbitt, Elijah, 271
Abbitt, Ezekial, 77
Abbitt, John, 262
Abbitt, Wodington, 273
Abbot, Benjamin, 597
Abbot, James, 200, 225, 346
Abbot, John, 3, 104[2], 105, 346, 588, 593
Abbot, Thomas, 346
Abbott, Isaac, 280
Abel, B., 402
Aberrian, John, 272
Abernathy, Robert, 441, 497, 571
Abraham, Medaris, 265
Abriam, Tide, 286
Abram, Duck, 375
Abrams, Joseph, 283
Absalom, Spires, 611
Abshier, Josiah, 418
Abuck, John, 265
Abute, John, 3, 105, 505
Acherson, Richard, 209
Achison, Richard, 209
Acock, Moses, 65, 263, 347, 505
Acock, Rob't, 65, 263, 505, 612
Acock, Sam'l., 105
Acock, Simon, 3, 180
Acock, William, 263, 347
Acquard, Alex'r., 304
Adams, Arthur, 104, 305, 316, 504
Adams, Benjamin, 316[2]
Adams, Bird, 316
Adams, Bryant, 571
Adams, Ceasar, 316
Adams, Charles, 296
Adams, Daniel, 316
Adams, David, 3, 105, 316
Adams, Elijah, 316
Adams, Elisha, 316
Adams, Eze'cl., 85
Adams, Jacob, 316
Adams, James, 316, 463, 571
Adams, Jeremiah, 444, 571
Adams, John, 104, 197, 316[4]
Adams, Lanier, 58
Adams, Levi, 316
Adam, Lewis, 281
Adams, Niper, 51
Adams, Peter, 316
Adams, Philip, 3, 104, 179, 185, 316, 463, 504, 571
Adams, Robert, 316
Adams, Thomas, 316, 505
Adams, William, 3[2], 104, 105, 199, 224, 225, 254, 316[2], 504
Adams, Zachariah, 3
Adams, Zach'l., 104
Adcock, Edward, 3, 257
Adcock, George, 51, 253, 505

Adcock, John, 104, 207, 242, 317, 346, 504, 505
Adcock, Joshua, 104, 241, 425, 504, 571, 588
Adcock, Moses, 317
Adcock, Robert, 347
Adcock, William, 415, 505
Addams, Philip, 104
Addleman, John, 104, 105, 257, 504
Addington, William, 571
Adkerson, John, 614
Adkerson, Rich'd., 104
Adkins, Arnal, 415
Adkins, Benj., 104
Adkins, David, 246, 315, 504, 626
Adkins, Ese—, 316
Adkins, Gideon, 104, 105
Adkins, Harrison, 316
Adkins, James, 315, 346[2]
Adkins, John, 315
Adkins, Richard, 3, 105, 316
Adkins, Samuel, 3
Adkins, Saml Reed, 261
Adkins, Shadrick, 597
Adkins, Thos., 104
Adkins, William, 571
Adkins, William, Sr., 424
Adkinson, Jno., 85, 104
Adkinson, Michael, 505
Adkison, Hardy, 317
Admons, John, 286
Afton, Alexander, 416
Aged, Benjamin, 65, 605
Agreston, Jesse, 415
Ahart, Jacob, 571
Ajaton, John, 266
Akell, John, 415
Akinclos, Absalom, 303
Akins, Gideon, 3, 186, 251
Akins, James, 206
Aid, Reuben, 317
Aid, Thomas, 317
Aikens, Gideon, 3[2]
Aims, John, 256
Aims, Thomas, 202, 256[2], 505
Airs, Ezekiel, 3, 105
Airs, John, Jr., 505
Airs, John, Sr., 505
Airs, Patt, 104
Aitkin, James, 27
Aken, Sam'l., 596
Albarty, Fred'k., 27
Alberton, Henry, 347
Albertson, Caleb, 104
Alberton, Henry, 77, 192, 612
Albitton, Matthew, 415
Albright, Henry, 449, 571
Albright, Jacob, 316, 593
Albright, James, 290
Albright, Michel, 316
Albright, Peter, 316, 505
Albright, Simon, 316, 505
Albright, William, 434, 571
Albrith, John, 3
Albritton, Henry, 260

Albritton, Jacob, 506
Albrooks, William, 3[2], 104
Alburton, James, 415
Alcock, Wm., 104
Alcorn, John, 415, 504
Alderman, Daniel, 3, 504
Alderman, David, 316
Alderman, John, 3
Alderson, Simeon, 27
Alderson, Simon, 58, 77, 200, 215, 275, 347, 504, 610
Alderson, Thomas, 27
Aldridge, Francis, 3
Aldridge, Gess, 104
Aldridge, Jesse, 202, 347, 416, 505, 590
Aldridge, Joseph, 77, 310, 347, 504, 610
Aldridge, John, 590
Aldridge, Thos., 104, 346, 504
Aldridge, William, 247, 416, 504, 590
Alderson, Robert, 3
Alexander, Abner, 315
Alexander, Abraham, 315, 422, 496
Alexander, Abram, 315[2], 571[1]
Alexander, Adam, 496[2], 502
Alexander, Amos, 315
Alexander, Andrew, 314
Alexander, Anthony, 105, 205, 314
Alexander, Benj., 91, 315, 505
Alexander, Charles, 27, 70, 189, 247, 314[2], 315, 444, 490[2], 492, 496, 497, 504, 571
Alexander, Charles, Jr., 492
Alexander, Chestnutt, 368
Alexander, Daniel, 315, 479, 588
Alexander, David, 314[2], 315
Alexander, Edward, 315
Alexander, Elias, 314, 315[2], 479
Alexander, Elijah, 315
Alexander, Eph., 490, 492
Alexander, Ezekiel, 3, 315[2]
Alexander, Ezrah, 315, 496, 497
Alexander, Gabriel, 315
Alexander, George, 315[2]
Alexander, Hezekiah, 27, 496[2]
Alexander, Isaac, 314, 315[4], 444, 571, 622
Alexander, James, 420, 437, 479, 490, 492, 571[2]
Alexander, Jediah, 314[2]
Alexander, John, 104, 315[4]
Alexander, John McNitt, 499, 500
Alexander, Jonah, 315
Alexander, Joseph, 58, 301, 314, 505, 611
Alexander, Levy, 85, 279
Alexander, Mathew, 315
Alexander, Moses, 314, 315[2]
Alexander, N—, 504
Alexander, Nathan, 249, 314, 505
Alexander, Roland, 315[2]
Alexander, Robert, 27, 499[2]
Alexander, Samuel, 421, 571

[629]

INDEX

Alexander, Stephen, 315², 571
Alexander, Thos., 314, 315⁵, 444, 571
Alexander, William, 3³, 27², 58², 104, 186, 236, 304⁵, 314, 315⁸, 444, 466, 489, 571
Alexander, William, Jr., 490², 491, 493, 494
Alexon, Peter, 3, 205, 261
Alfin, William, 430, 571
Alferd, Benjamin, 415
Alford, Thomas, 277
Alhead, Vernon, 276
Allcock, Nelson, 347
Allen, 602
Allen, Alexander, 318³
Allen, Bartlett, 571
Allen, Andrew, 318
Allen, Benjamin, 571
Allen, Berthett, 463
Allen, Charles, 27, 58, 191, 233, 318, 504, 594
Allen, David, 504, 600
Allen, Dempsey, R., 318
Allen, Elijah, 3
Allen, Elkanah, 318
Allen, George, 437, 571
Allen, Gideon, 617
Allen, Hardy, 104
Allen, Hugh, 318
Allen, James, 310⁴, 179, 264, 593
Allen, Jarris, 621
Allen, Jesse, 51, 297, 505
Allen, Jeremiah, 200, 225, 318
Allen, John, 27, 77, 86, 240, 241, 270, 318³, 504, 571
Allen, Jonathan, 3
Allen, Joseph, 3, 104², 208, 318, 346, 506, 571, 600
Allen, Josiah, 318
Allen, Mark, 505
Allen, Paul, 571
Allen, Reuben, 318
Allen, Richard, 27, 318⁴, 466, 479², 571, 588
Allen, Robert, 200, 225, 318⁴
Allen, Runnell, 617
Allen, Samuel, 449, 571
Allen, Shadrach, 437
Allen, Thomas, 27², 77, 186, 241, 270, 277, 318³, 505, 603, 622
Allen, Vincent, 441, 479, 571
Allen, Walter, 27, 77, 105, 185², 241
Allen, William, 58, 104, 279, 433, 589
Allens, Arthur, 105
Alley, Shadrick, 571
Allgood, William, 571
Alligood, Henry, 260, 316, 504
Alis., Samuel, 317
Allison, Achis, 77
Allison, Adam, 415
Allison, Andrew, 190, 238, 316
Allison, Burch, 571
Allison, Cornelius, 504
Allison, David, 316
Allison, James, 449, 596
Allison, John, 416, 504, 589, 593
Allison, Jos., 317
Allison, Peter, 205, 505
Allison, Rich'd., 317
Allison, Robert, 414, 601
Allison, Theophilus, 316, 414
Alliston, Richard, 317
Allman, Edward, 446, 571
Allmand, Joshua, 293
Allon, Thomas, 498, 500, 501
Allsbrood, Jesse, 3
Almerry, Benjamin, 199, 255, 346
Almond, Nathan, 446, 571
Almonds, James, 598
Almory, Benj., 415

Alphen, William, 415
Alphin, David, 317
Alrick, John, 504
Alsbrook, Amos, 104
Alsbrook, Claburn, 3
Alsbrook, Jesse, 104
Alsobon, William John, 302
Alsobrook, Amos, 194, 225, 346
Alsobrook, James, 593
Alsobrook, Jesse, 180, 588
Alsobrook, Joseph, 195, 225, 346
Alston, John, 314
Alston, Phil., 314
Alston, William, 196, 225, 314², 479, 502², 592
Alsworth, Joseph, 91
Altman, Garret, 104, 301, 317, 504
Aluckson, Peter, 185
Aman, Philip, 317
Ambrose, David, 3², 58, 183, 251, 612
Ambrose, William, 617
Ames, James, 463
Ames, John, 91, 188
Ames, Thos., 91, 599
Amis, James, 617
Amis, Thomas, 27
Amis, William, 27
Ammins, Geo., 619
Ammis, Jos., 65
Ammons, Dempsey, 347
Ammons, Howel, 347
Ammons, Jas., 100, 196, 225, 346, 416
Ammons, Jordan, 77, 198, 224, 225, 309, 346², 609
Ammons, Thomas, 104, 316, 504, 621
Ammons, Wood, 105
Amos, James, 183, 187, 273, 346, 470, 606
Amos, John, 105, 571
Amsley, James, 104
Ancinclash, Duncan, 279
Anders, James, 571
Anders, Stephen, 317
Anderson, Anne, 570
Anderson, Baletha, 302
Anderson, Charles, 276, 317, 506
Anderson, David, 317
Anderson, Francis, 317, 318
Anderson, George, 3, 104, 105, 185, 317, 431, 517
Anderson, Isaac, 104, 305, 318², 506², 600
Anderson, James, 70, 77, 197, 225, 245, 318³, 571
Anderson, John, 77, 104, 193, 195, 223, 225, 257, 265, 307, 317⁵, 318, 346, 452, 504, 571, 612
Anderson, Joseph, 317
Anderson, Lawrence, 317
Anderson, Mills, 505
Anderson, Robt., 105
Anderson, Simon, 27
Anderson, Thomas, 3, 77, 105, 259, 317², 504², 607, 614
Anderson, William, 91, 104, 180, 243, 317², 318⁴, 431, 504, 571, 601
Anderson, Wilson, 77
Andrews, — 618
Andrews, Abiel, 70
Andrews, Alfred, 3, 105, 195, 223, 225, 317, 346
Andrews, Andrew, 317³, 505
Andrew, Dan'l., 596
Andrews, Evan, 182
Andrews, Hugh, 317, 437, 571, 622
Andrews, Isaac, 104

Andrews, John, 268, 346
Andrews, Joseph, 3, 105, 187, 317²
Andrews, Leonard, 317
Andrews, Richard, 27, 58, 179, 235, 317, 346, 595, 612
Andrews, Thomas, 279
Andrews, Watson, 311
Andrewson, George, 183
Angel, Benjamin, 65, 506
Angel, John, 462, 571
Angel, Thomas, 3, 77, 234
Angle, Benjamin, 295, 346
Angle, Thomas, 182, 609
Anglen, Cornelius, 200, 225, 346
Anglin, Cornelius, 241
Angline, Cornelius, 51
Ansgood, Thomas, 310
Ansley, James, 613
Ansley, Jesse, 571
Anthony, Alexander, 505
Anthony, Drury, 346, 505
Anthony, James, 100, 253, 462, 504, 571, 619
Anthony, John, 624
Antory, John, 104
Antrican, Francis, 589
Apleton, John, 303
Apple, Daniel, 434, 571
Apley, Jacob, 309
Apperson, William, 51, 245, 598
Applewhite, Abraham, 283, 505
Applewhite, Jesse, 290
Applewhite, John, 505, 583
Apsley, John, 104
Aram, Elijah, 3
Arane, Stephen, 180
Arbuckle, John, 100
Arbuckle, Thomas, 479
Archer, Baker, 235²
Archer, Caleb, 196, 225, 346
Archer, Dempsey, 91, 184, 235, 291, 316, 505
Archer, Evans, 571
Archer, Jesse, 184, 235
Archer, John, 180
Archer, Libba, 237
Archdeacon Richd., 3
Archibald, Henry, 415
Archibald, Nathan, 415
Archibald, Thomas, 316, 415
Archibald, Sam'l., 415
Ard. Thomas, 416
Arelir, John, 183
Arlack, Jesse, 183
Armes, Joshua, 622
Armous, Joshua, 415
Armistead, Anthony, 589
Armistead, Westwood, 571, 589
Armstrong, Able, 314⁸, 416
Armstrong, Andrew, 27, 85, 190, 239, 314
Armstrong, Benj., 105, 314
Armstrong, Cha—., 314
Armstrong, James, 26, 27², 97, 182⁸, 197, 202, 225, 234, 314⁵, 503, 505²
Armstrong, John, 3², 26, 27², 58, 70, 179, 233, 250, 314¹¹, 501, 594, 617
Armstrong, Martin, 314, 499, 500, 503
Armstrong, Mathew, 314, 441, 479, 488, 571
Armstrong, Richard, 314
Armstrong, Thomas, 3, 27, 77, 179, 234, 277, 314, 504, 594, 612²
Armstrong, William, 3³, 27, 51, 186, 234, 314⁶, 479, 499, 500, 589, 604
Arnall, Benjamin, 316
Arnel, William, 3

INDEX 631

Arnett, Enoch, 415
Arney, Christian, 441, 571
Arnold, Aaron, 3
Arnold, Arthur, 77, 243, 504
Arnold, David, 183, 295, 347, 416
Arnold, Enoch, 416
Arnold, Hezekiah, 460, 571
Arnold, John, 104, 345
Arnold, Reuben, 449, 571
Arnold, Solomon, 447, 571
Arnuld, William, 182
Aron, George, 180
Aron, Isaac, 180
Arrand, Peter, 571
Arrendale, Nathan, 590
Arrendale, Wm., 590
Arrindal, Nathan, 347
Arrington, John, 3
Arthur, Stephen, 195, 223, 225,
Artis, Arch'd., 415
Artis, John, 3, 105, 205, 505
Artis, Joseph, 415
Artist, John, 297
Arthur, George, 624
Arthur, John, 415, 416
Arthur, Jno., L., 77
Arthur, John Lawson, 77, 188, 609
Arthur, Joseph, 200, 225, 346[2], 415
Arthur, Lawson, 188, 609
Arthur, Richard, 571
Arthur, Richard, Sr., 423
Arthur, Stephen, 195, 223, 225, 309, 346
Arthur, William, 85, 273
Arwood, John, 421, 571
Asbett, Emanuel, 505
Asbett, Jas., 104
Ashbrook, Amos, 346
Ashburne, Elias, 347, 505
Ashburn, John, 506
Ashe, Charles, 3, 261, 504
Ashe, John, 28, 316, 495, 499, 500, 614
Ashe, John, Jr., 28
Ashe, John B., 25[2], 26, 28, 85, 243
Ashe, Jno. M., 184
Ashe, Samuel, 3[2], 28, 105, 183, 192, 245[2], 316, 346, 499, 500, 604, 624
Ashe, Samuel, Jr., 28
Ash, Stephen, 290
Ashley, Jerekirah, 346
Ashley, Jeremiah, 504, 570
Ashley, John, 104, 196, 225, 346
Ashley, Thomas, 505
Ashlock, Jesse, 3, 104, 347, 504
Ashton, William, 25, 28, 65
Ashue, Charles, 3
Asken, Jesse, 290
Askew, John, 416[2]
Askew, Philip, 505
Askew, Serugg, 505
Askew, William, 464, 571
Askins, John, 3, 104, 286
Aspey, John, 3
Aspley, John, 180, 242
Atbett, Charles, 505
Atbett, Zachariah, 505
Atchinclash, John, 283
Atchison, Richard, 346, 506
Ates, Samuel, 504
Atherton, Jeptha, 499, 502
Atherson, Thomas, 347
Athison, John, 346
Atkin, James, 28
Atkins, Benj., 3, 77, 186, 264, 315, 605
Atkins, David, 51
Atkins, Isaac, 316
Atkins, James, 70, 316[2], 505

Atkins, John, 186, 305, 316
Atkins, Nicholas, 617
Atkins, Richard, 206, 505
Atkins, Silas, 315
Atkins, Shadrack, 598
Atkins, Thomas, 189, 240
Atkinson, Amos, 415, 439, 571
Atkinson, Hardy, 505
Atkinson, James, 3, 317, 415, 416
Atkinson, Joel, 3
Atkinson, John, 194, 225, 237, 499, 500, 504, 612
Atkinson, Michael, 267
Atkinson, Nathan, 415
Atkinson, William, 415
Atkison, John, 346
Atmore, Ralph, 624
Atway, Hardy, 289, 505
Atwood, John, 3
Aud, Sam'l., 415
Audler, Etancis, 3
Auld, James, 502
Auldridge, William, 618
Aulton, James, 505
Ausley, Jesse, 425
Austin, Absolem, 100
Austin, Benjamin, 421, 571
Avarette, Thos., 104
Avent, James, 104, 193, 234
Avent, Peter, 624
Avera, Alexander, 317[3]
Avera, John Alban, 317
Avera, William, 317[2]
Avera, Jonathan, 317
Averitt, Benjamin, 316
Averitt, Lewis, 316[2]
Averitt, William, 316[2]
Avery, Andrew, 317
Avery, Charles, 624
Avery, Daniel, 317
Avery, Estrige, 299
Avery, George, 3
Avery, Isam, 3
Avery, James, 100, 191, 259, 309, 317, 504
Avery, John, 206, 317[2], 426, 505, 571
Avery, Thomas, 270, 271, 317
Avery, Soloman, 505
Avery, Waitsill, 28, 496, 497, 499, 500
Avery, Wm., 317
Axson, Williams, 624
Axum, Philup, 104, 346, 504
Aycock, John, 506
Ayer, Hugh, 316
Ayer, John, 191
Ayler, Wm., 590

Babb, Christopher, 463, 572
Babb, John, 181
Babb, Joseph, 507, 609
Babb, Josh., 59
Bahle, John, 110
Babley, William, 509
Babtists, John, 626
Bacchus, Joseph, 3
Bacchus, William, 3, 191
Bachelor, George, 271, 508
Bachus, Wm., 110
Bachur, Josh., 112
Backhannon, John, 210
Backingham, Wm., 107
Bacon, John, 621
Baconham, John, 286, 510
Bacot, Peter, 3[2], 28, 111, 186, 238, 404, 604
Baddily, John, 624
Badgett, Jesse, 107, 203
Badget, Peter, 424, 573
Badget, Sam'l., 105
Badget, William, 424, 571

Badsley, John, 285
Badwell, Zachariah, 285
Bagby, Davis, 623
Bagby, Isaac, 405, 508
Baggett, Drury, 405, 506
Baggett, Drew, 109
Baggett, Jesse, 203, 509
Baggett, John, 109, 210, 512
Baggott, Allen, 108
Baggott, John, 3
Baggot, Josiah, 210
Bagley, Isaac, 106, 202, 270, 509
Bagley, James, 28
Bagley, Matthews, 311
Bagley, Nathan, 108
Bagley, William H., 598
Bagnel, John, 51
Bagwell, Frederick, 296, 404, 509
Bagwell, John, 111
Bailee, Jno., 110
Bailes, John, 3
Bailey, Archibald, 3
Bailey, Benjamin, 3[4], 28, 78, 186, 244
Bailey, Benson, 192
Bailey, Charles, 249, 624
Bailey, Etheldred, 299
Bailey, Francis, 624
Bailey, Henry, 209, 513
Bailey, Isaac, 112
Bailey, John, 3[3], 109, 237, 507, 509, 572
Bailey, Joseph, 186, 270, 304, 610
Bailey, Josh., 59, 112
Bailey, Lewis, 66, 192, 256
Bailey, Mason, 301
Bailey, Morris, 301
Bailey, Noah, 460, 573
Bailey, Richard, 111, 205, 511
Bailey, Robert, 107, 265, 508
Bailey, Thomas, 601
Bailey, Stephen, 3, 109, 196, 224, 225, 572
Bailey, William, 108[2], 200, 225, 226, 508
Bailey, William H., 51, 193, 225, 307
Baily, Gillam, 510
Bains, John, 616
Baird, Adam, 488
Baird, James, 28, 489
Baits, James, 3
Baker, 602
Baker, Aaron, 291
Baker, Amos, 265, 508
Baker, Benjamin, 3, 109, 508
Baker, Charles, 191, 509
Baker, Claiborne, 470
Baker, David, 421, 425
Baker, Dempsey, 111
Baker, Elias, 275
Baker, Enos, 107
Baker, Isaac, 110, 506, 572
Baker, James, 4, 110, 185, 593
Baker, John, 4[2], 28[2], 78, 92, 108, 111, 183, 247, 447, 479, 506, 572, 606
Baker, Jonathan, 281
Baker, Jorden, 593
Baker, Joseph, 4[2], 254, 512[2]
Baker, Josh., 112[2]
Baker, Lawrence, 498, 499, 502
Baker, Lemon, 281
Baker, Norris, 196, 210, 224, 225, 308, 605
Baker, Peter, 28, 51, 283, 510, 512
Baker, Richard, 200, 226
Baker, Samuel, 225
Baker, Solomon, 217
Baker, Thos., 71, 596, 620
Baker, Wm., 85, 106[2], 107, 291, 509, 512, 609[4], 615

INDEX

Baker, Zebedee, 512
Bakot, Peter, 111
Balance, Leven, 429²
Balantine, Maltire, 307
Balch, Hezekiah, 496
Balch, J. Hezekiah, 496
Balch, John, 348
Baldin, William, 348
Baldred, Isaac, 402
Baldwell, Samuel, 441
Baldwin, Edward, 4, 112, 359, 404
Baldwin, Henry, 296
Baldwin, John, 418, 573
Baldwin, Lewas, 601
Baleman, Peter, 319
Baler, Norris, 66
Baley, Benj., 599
Balford, John, 293, 404, 509
Ball, Daniel, 420, 572
Ball, Elias, 265
Ball, Hasea, 4, 28, 110, 429, 572
Ball, Joshua, 429, 572, 621
Ball, Joseph, 624
Ball, Osborn, 507
Ballance, Daniel, 599
Ballard, 602
Ballard, Abraham, 416, 513
Ballard, Burwell, 299
Ballard, Drewry, 290
Ballard, Dudley, 4, 109, 182
Ballard, Jacob, 4
Ballard, James, 269, 510, 511
Ballard, Joal, 111
Ballard, Joshua, 282
Ballard, Kedar, 4², 28, 66, 183, 265, 592, 620
Ballard, Lewis, **4, 110**
Ballard, Peter, 277
Ballard, Thomas, 498
Ballard, Waker, 513
Ballard, Wakor, 288
Ballard, Wyatt, 4, 110, 183
Ballen, Steven, 421
Ballender, Jethro, 285
Ballentine, Alex, 106, 196, 210, 225, 308, 360, 620
Ballentine, Jas., 70
Ballentine, Malachi, 105
Ballentine, Maltier, 512
Ballinger, John, 403
Ballinger, William, 351
Ballow, Stephen, 571
Balmer, John, 269, 510
Balson, John, 293
Balstaff, Frederick, 4
Balthrop, Augustas, 464
Balthrop, Augustine, 573
Baltin, Joshua, 405
Baltloy, Moses, 623
Balton, John, 402
Baltrip, John, 279
Bamble, Hackett, 572
Bandy, Soloman, 404
Bane, John, 619
Bane, Thomas, 348, 507
Baney, Lyon, 107
Bang, David, 402
Bandy, Solomon, 509
Baning, George, 405
Banks, Benj'n., 209
Banks, Jeremiah, 281
Banks, John, 402
Banks, Joseph, 111, 621
Banks, Matthew, 507
Banks, Peter, 359, 404, 427, 572
Banks, William, 78, 110, 360, 511, 606
Bankston, Andrew, 457, 572
Banner, Benjamin, 460, 573
Banner, Ephriam, 460, 573
Banner, Joseph, 460, 573
Bannerman, George, 448

Bannerman, Robert, 348
Banns, William, 290
Banon, James, 403
Banot, Peter, 4
Bans, Stephen, 510
Bantley, John, 271
Baoqum, William, 624
Barbaree, Isaac, 506
Barber, James, 297
Barber, John, 28, 107
Barber, Joshua, 190, 279
Barber, Nicholass, 283
Barber, Plier, 403
Barber, Samuel, 209, 512
Barber, Stephen, 509
Barber, William, 28, 51, 108, 191, 297, 462, 508, 572, 599
Barbere, Isaac, 107
Barbree, Stancell, 508
Barce, John, 4
Barco, John, 106, 190, 405, 507
Barco, Leaman, 106
Barco, Thomas, 508
Barco, Willis, 188
Barco, Wyllis, 106
Barcot, John, 250
Bardon, Christ'v., 599
Barfield, 359, 404
Barfield, Jas., 105, 184, 243
Barfield, Marmaduke, 242, 506, 591, 612
Barfield, Marmask, 105
Barfield, Rich'd., 242
Barfield, Shadroch, 591
Barfield, Stephen, 242
Barfield, Wm., 242, 509
Barganiear, John, 612
Barge, George, 210, 348
Bargeram, Joel, 509
Barginer, John, 234
Bargoner, Jno., 66
Barham, Aaron, 403, 509
Barie, Thomas, 405
Baris, Simon, 245
Barker, David, 573²
Barker, Dan'l., 85
Barker, Horress, 348
Barker, Isaac, 4
Barker, Jas., 92
Barker, Jesse, 85
Barker, John, 183
Barker, Joseph, 109
Barker, Levi, 191, 255, 348
Barker, Morris, 511
Barker, Penelope, 570
Barker, Samuel, 198, 277
Barker, Wm., 106
Barket, William, 403
Barley, John, 403
Barley, Robt., 601
Barlow, Christ, 92
Barlow, George, 276, 509
Barlow, Robert, 258
Barmer, John, 446, 571
Barolin, Leanus, 402
Barkley, Samuel, 403, 511
Barkley, William, 293, 403, 417, 510
Barksdale, Henry, 71, 179, 618
Barksdell, William, 593
Barko, Leyman, 4², 92, 110
Barko, Wyllis, 52
Barnard, Peter, 51
Barnard, William, 188
Barner, Abner, 507
Barnes, Anthony, 510
Barnes, Britton, 51
Barnes, Burwell, 248, 572
Barnes, Chesley, 455, 573
Barnes, Hezekiah, 265, 508
Barnes, Hez'l., 85
Barnes, Jas., 59, 295, 512, 609
Barnes, John, 246, 618, 626

Barnes, Moses, 4, 112
Barnes, Stephen, 622
Barnes, Thomas, 28, 108, 207, 248, 403, 512, 622
Barnes, Wm., 77, 108, 258, 507
Barnet, David, 597
Barnet, Jas., 108
Barnet, Jno., 108
Barnett, Absolom, 509
Barnett, Charles, 433, 572
Barnett, James, 506
Barnett, Peter, 299
Barnett, Sion, 4, 256, 507
Barnett, Thomas, 444, 572
Barnett, Wm., 350
Barnhardt, Christian, 402
Barnhardt, George, 423, 573
Barnhill, David, 4, 109, 405, 506
Barnhill, Henry, 107, 452, 508
Barnhill, James, 109, 402, 511
Barnhill, John, 405, 508
Barnhunt, Christian, 511
Barnwell, Edw., 624
Barnwell, John, 624
Barns, Burwell, 453
Barns, Hezekiah, 619
Barns, Josiah, 210
Barns, Thomas, 617
Barnwell, Robt., 624
Barr, Caleb, 197, 210, 225
Barr, Hugh, 350
Barr, Isaac, 572
Barr, Patrick, 350
Barranton, Nathan, 359
Barrett, Isaac, 429, 572
Barrett, Jonathan, 429, 572
Barrett, Joseph, 4, 403
Barrett, William, 28, 244, 447, 572
Barrer, Moses, 111
Barrington, Isaac, 217
Barrington, Joseph B., 572
Barrington, Nathan, 404
Barrington, Rich'd., 402
Barritt, Thomas, 244
Barrlow, Robt., 101
Barron, James, 610
Barron, Joshua, 348
Barror, James, 304
Barrot, Joseph, 109, 512
Barrott, John, 180, 289, 617, 623
Barrott, Peter, 572
Barrow, John, 71, 618
Barrow, Samuel, 28
Barrow, Thomas, 402², 403, 405
Barrow, James, 66, 106, 507, 510
Barrow, Jacob, 28
Barrow, Dan'l., 107, 348, 508
Barrow, Abram, 348
Barrow, William, 406
Barrow, Willis, **610**
Barrow, Wyllie, 509
Barrs, Clarel, 512
Barrs, John, 590
Barry, Andrew, 444, **488**
Barry, Richard, 496, 497
Barson, James, 353
Bartea, William, 510
Bartee, John, 294, 619
Bartee, Reuben, 590
Bartholomew, John, 66, 189, 266, 572, 611
Bartie, John, **106**
Bartlett, Haston, 572
Bartlett, John, 354, 359, 404
Bartlett, Joseph, 511
Bartlett, Noah, 201, 225, 226, 360, 404, 405
Bartlett, Robert, 511
Bartley, Henry, 92, 599
Bartlie, John, 275
Barton, James, 507, 511
Barton, John, 28, 479

INDEX 633

Barwick, Jos'a., 590
Basdel, Jacob, 280
Basdell, Willis, 509
Base, Right, 350
Bashop, Coldon, 404
Basket, Wm., 108
Baskett, William, 188
Basmore, David, 618
Bastain, Andrew, 573
Bass, Aaron, 108
Bass, Andrew, 498
Bass, Britain, 298, 509
Bass, Burwell, 320
Bass, Council, 107, 506
Bass, Dred, 108
Bass, Drew, 181
Bass, Drewry, 250
Bass, Drury, 506
Bass, Esau, 264, 507
Bass, Ezdras, 105
Bass, Hardy, 4, 109, 182, 320
Bass, Isaac, 591
Bass, Jacob, 616
Bass, Jonathan, 301
Bass, Moses, 108, 297, 320, 512
Bass, Richard, 109, 319, 320
Bass, Timothy, 470
Bass, Uriah, 107, 506
Bass, William, 320
Bass, Wright, 192, 622
Baswell, William, 182, 572
Bateman, Hopkins, 405
Bateman, Jona, 59
Bateman, Nary, 107
Bateman, Navey, 301, 360
Bateman, Navy, 511
Bateman, Peter, 105, 612
Bateman, William, 4, 111
Baterman, Benjamin, 616
Bates, Edw'd., 108
Bates, Frederick, 59, 612
Bates, Henry, 359, 404
Bates, James, 109
Bates, Luke, 4[2], 105, 183, 243, 360, 403, 591
Bates, Matthias, 295
Bates, Simeon, 267
Batey, Hugh, 51
Bation, David, 108
Batley, William, 298
Batstaff, Fred'k., 111
Battes, John, 107
Battle, ———, 590
Battle, Elisha, 614
Battle, Ephraim, 319
Battle, Ephriam, 318
Battle, Thos., 318[3]
Batts, Sampson, 280
Baultrip, James, 509
Bawlin, Zeanus, 208
Bawlin, Zenas, 512
Baxter, Andrew, Jr., 28
Baxley, Joseph, 4, 254
Baxley, Josh., 111
Baxter, Lemuel, 4
Baxter, Samuel, 4[3], 58, 182, 238, 611, 613
Baxter, Thomas, 4, 112, 281
Baxter, William, 4[2], 110, 507
Bay, Andrew, 101, 250, 404, 507
Bayley, Wm. Henry, 598
Bayne, John, 101
Bayworth, James, 403
Bazemore, Robert, 284
Bazor, Thomas, 51
Beach, Ignatious, 301
Beach, Robt., 107, 225, 301
Beafield, Stephen, 71
Beal, Jno., 59
Bealey, Arch'd., 110
Beamon, Jeremiah, 59, 608
Bean, Edmund, 301
Bean, George, 479

Bean, Jacob, 348
Bean, Jesse, 301, 479, 572
Bean, John, 479
Bean, Robert, 301, 479
Bean, William, 301, 479
Beanfield, Stephen, 403
Bearfield, Stephen, 319
Beard, James, 293, 350
Beard, Lewis, 296
Beard, Valentine, 199, 404
Beard, William, 210
Bearsley, Elizabeth, 570
Beascley, Frances, 405
Beasley, J., 602
Beasley, John, 296, 359, 404
Beasley, Sam'l., 108, 112
Beasley, Sarah, 570
Beasley, William, 4, 511
Beasley, Wm., 205
Beason, John, 199
Beaton, Peter, 210
Beats, James, 348
Beattie, Thomas, 28
Beatty, Thomas, 503
Beaumount, Jeremiah, 192
Beausnaut, Jos., 85
Beavans, Robert, 28
Beaver, James, 507, 600
Beaver, Jeremiah, 424, 572
Beaver, John, 108, 267
Beaver, Nicholas, 210
Beaver, William, 600
Beaverhouse, Abraham, 4, 507
Beavor, John, 600
Beavous, Geo., 106
Beaty, David, 319, 437, 572
Beaty, John, 467
Beaty, Robt., 348
Beaty, Thomas, 350
Beck, Abraham, 513
Beck, Fred'k., 100
Beck, George, 198, 225, 267, 360
Beck, John, 319, 350, 429, 572, 573
Beck, William, 192, 460, 572
Beckenham, William, 270
Beckham, Archibald, 299
Becks, William, 255
Becton, Edmund, 405
Becton, Frederick, 503
Becton, John, 402
Bedditt, Wm., 405
Beddlehizer, Lewis, 618
Bedford, T., 506
Bedford, Thomas, 348
Bedgood, Joseph, 405, 512
Bedo, John, 112
Bedscot, John, 405
Beech, Ignatius, 510
Beech, Robert, 195, 511
Beechey, Jonas, 512
Beeks, William, 28, 91
Beeman, Francis, 273
Beene, Jesse, 28
Beeney, Joseph, 108
Beeseley, Jno., 590
Beesley, Frederick, 617
Beesley, Huston, 351
Beesley, James, 209
Beesley, William, 110[2]
Beeson, Edward, 28
Beeton, John, 402
Beeton, John Steele, 402
Beggett, Jesse, 268
Begworth, Stephen, 284
Bekiah, Thomas, 512
Belbuy, Nathaniel, 402
Belbury, Thomas, 512
Belch, James, 290
Belch, Philip, 78
Belew, Chas., 70
Belew, John, 4, 112
Belew, Wm., 351

Belford, Austin, 510
Belford, James, 510
Belks, Mathias, 200
Bell, Alias, 508
Bell, Benj., 59, 181, 446, 573, 617
Bell, Edward, 200, 226, 601
Bell, Elias, 107
Bell, George, 4, 108, 308, 511
Bell, Green, 28
Bell, Hosa, 185
Bell, James, 4, 111, 207, 456, 512, 572
Bell, John, 51
Bell, Josiah, 4, 110
Bell, Malichi, 503
Bell, Nathan, 621
Bell, Richard, 453, 571, 572
Bell, Robert, 4[5], 28[2], 108, 188, 233, 621
Bell, Samuel, 4, 111, 454, 572
Bell, William, 4, 110, 508, 598
Belsaih, Thomas, 424
Belsire, Thos., 85
Bellwood, Samuel, 293, 510
Bembridge, Henry, 624
Benbo, Job, 403
Benbow, Job, 511
Benbury, Ruth, 570
Benbury, Thomas, 498, 500, 502, 614, 615
Bencham, Hodges, 97, 297
Bendom, Aaron, 510
Benford, Isaac, 288
Benham, Drury, 78
Benion, John, 243
Benn, Robb, 623
Benners, John, 503
Bennet, Henry, 290
Bennet, Jas., 92
Bennet, John, 350
Bennet, ———, 66
Bennet, Reuben, 108, 180
Bennet, Richard, 4
Bennet, Solomon, 108
Bennet, Thomas, 312
Bennett, Benj., 106
Bennett, D., 320
Bennett, Francis, 199, 320
Bennett, Jacob, 106, 199, 204, 225, 320, 510
Bennett, Jas., 92, 194, 203, 225, 320, 510
Bennett, John, 111
Bennett, Joshua, 511
Bennett, Larsin, 320
Bennett, Lydia, 570
Bennett, Moses, 66, 268, 508
Bennett, Nehemiah, 508
Bennett, Peter, 321[3]
Bennett, Sion, 111
Bennett, Solomon, 288
Bennett, Stephen, 320
Bennett, Wm., 107, 108, 198, 225, 264, 320, 508
Bennick, White, 404
Bennit, Jacob, 295
Bennit, Nehemiah, 264
Benshaw, Hodges, 510
Benson, Bagley, 609
Benson, Bailey, 78, 243
Benson, Bark, 510
Benson, John, 277, 573
Benson, Mack, 403
Benson, Sarah, 243
Benson, Thomas, 456, 572
Bentford, Alexander, 510
Bentford, Isaac, 510
Bentford, James, 288
Bentley, John, 511
Bentley, Joseph, 513
Bentley, Thos., 110, 571
Bently, Isaac, 275
Bently, Thomas, 452, 508

INDEX

Benton, David, 71, 207, 403, 506, 512, 598
Benton, Dempsey, 4, 111
Benton, Edom, 106
Benton, Elkanak, 572
Benton, George, 513
Benton, Jesse, 66, 70, 196, 360
Benton, Jethro, 200, 226
Benton, Job, 573
Benton, John, 4, 110
Benton, Josiah, 4
Benton, Josh., 109, 404, 506
Benton, Kader, 196
Benton, Kedar, 225, 297
Benton, Keedar, 66
Benton, Nathan, 4, 110
Benton, Solomon, 284
Benton, Warren, 468
Benton, William, 244, 281, 468
Benzor, Bailey, 360
Beotherton, Thomas, 507
Bergis, Mali'k., 210
Berk, Meredith, 264
Berkes, James, 185
Berry, Amos, 106
Berry, Andrew, 573
Berry, Caleb, 112[2], 195, 210, 223, 225, 359, 404, 419
Berry, Francis, 280
Berry, James, 4, 110, 111, 210, 224, 226, 249
Berry, John, 51, 59, 189, 240, 289, 607
Berry, Robt., 85, 249, 403, 441, 479, 572, 598
Berry, Robert, Jr., 511
Berry, Solom, 59, 189, 240, 607
Berryhill, William, 28, 501
Berryman, John, 351
Bermet, Joel, 265
Bermit, Jacob, 295
Bernell, Neheh, 107
Bernent, Joel, 265
Bernick, John, 404
Bernick, White, 403
Bert, John, 226
Berten, John, 256
Bertie, John, 180, 417, 572
Bertie, Thomas, 28
Berwich, Wm., Jr., 590
Berwick, Joseph, 359
Berwick, White, 512
Berwick, William, 590
Besall, Elisha, 274
Beseley, John, 70
Besley, James, 403
Best, John, 4, 200, 301, 506
Best, Thomas, 58, 511, 612
Bethel, William, 29
Beton, Stephen, 351
Bett, Jonathan, 280
Bettis, John, 203, 509
Betts, John, 268, 512
Betts, Mathew, 70, 404
Betts, Mathias, 4, 110, 205, 226, 403
Betts, William, 4, 110
Bevan, William, 572
Bevars, John, 507
Bever, Mathias, 348
Beverhouse, Ab'm., 110
Bevers, James, 266
Bevers, William, 266, 507
Beville, Robert, 573
Bexley, James, 4, 109
Bibbe, Solomon, 4
Bibber, Dan'l., 110
Bibbie, Solomon, 573
Bibboy, Absolom, 179
Bibby, Absolom, 109
Bibby, Edward, **182**
Bibby, Solomon, 110
Bibley, Solomon, 237
Biby, Thos., 108, 198, 359, 360, 404
Bickas, Abejah, 601
Bickerstaff, John, 29, 210
Bickey, Jacob, 267
Bickings, Benjamin, 512
Bicknell, Thomas, 479
Biddlehizer, Lewis, 71
Bido, John, 112
Biggor, Robert, 210
Biggs, Benjamin, 351
Biggs, John, 405
Biggs, Nathaniel, 289
Biggs, Robert, 311, 510, 512
Biggs, Silas, 589, 509
Bighom, Alex, 358
Bighorn, John, 348
Bignal, Robert, 498, 500
Bilbe, Edward, 4
Bilberry, Nathaniel, 66, 307
Bilbey, Edmund, 311
Bilbings, Jasper, 572
Bilbrey, Nathaniel, 431
Bilbry, Nathaniel, 572
Biles, Thomas, 446, 572
Billen, Steven, 444
Biley, Thomas, 225
Bilfort, Austin, 360
Billego, John, 301
Billings, Ab'm, 108
Billings, Jasper, 466
Billingsbe, Samuel, 622
Billips, Rich'd, 110
Billips, Thomas, 108, 291
Billops, John, 235
Billops, Richard, 4, 182
Billops, Thomas, 92, 183, 405, 599
Billups, Thomas, 4, 507
Bims, Mason, 404
Binbou, George, 405
Bingham, John, 4
Bingham, Joseph, 111, 573
Binham, Drury, 4, 612
Binkley, Frederick, 460, 573
Binn, Rubin, 404
Binnell, William, 276[2]
Binum, Drury, 360
Binum, Wm., 109
Binzant, Barnabas, 463
Birch, John, 244
Birch, William, 244
Bird, Benj., 107, 202, 509
Bird, Bonner, 572
Bird, Francis, 294
Bird, Hardy, 105, 191, 257, 611, 613
Bird, Jacob, 108
Bird, Joseph, 507
Bird, Moses, 71, 112, 259, 507
Bird, Robert, 590
Bird, Thomas, 617
Bird, William, 181
Birdsong, Bat., 188, 350
Birdsong, John, 498, 500, 614
Birgay, Wm., 112
Bishop, Chris, 70
Bishop, Moses, 106, 506, 602
Bishop, Thomas, 348, 351
Bishop, Wm., 110, 210
Bishop, Woodmond, 210
Bishops, John, 593
Bissell, Enos, 106
Bivin, Joseph, 319
Biznard, Peter, 598[2]
Bizzell, David, 235
Bizzel, Enos, 184, 235, 610
Blachehead, Edw'd., 402
Black, Anthony, 294
Black, Ezekiel, 444, 572
Black, Geo., 111
Black, Giren, 111
Black, Guin, 111
Black, Jas., 111[2]
Black, John, 101, 197, 207, 225, 263, 266, 509, 512, 624
Black, Josiah, 509
Black, Martin, 105, 112, 189, 606
Black, Peter, 299
Blackbourne, George, 359, 404
Blackburn, Benjamine, 360
Blackburn, William, 479
Blacke, Given, 4
Blacker, Michael, 348
Blackleach, Thos., 97
Blackley, E., 106
Blackly, Ebenezer, 29
Blackman, Avandal, 283
Blackman, J—iab., 350
Blackman, Rice, 350
Blackman, Samuel, 510
Blackman, Simon, 512
Blackmore, Aron, 298
Blackshear, David, 405
Blackson, Sovereighn, 243
Blackstone, Henry, 109, 111
Blackwell, James, 264, 508
Blackwell, Robert, 506
Blackwell, Thomas, 433, 573
Blackwelder, Charles, 423, 573
Blackwelder, Isaac, 573
Blago, Moses, 106, 200
Blainer, John, 254
Blair, Jean, 570
Blair, John, 207
Blair, Thomas, 512
Blair, William, 489, 490[2], 491, 493, 494
Blake, Chris., 78
Blake, James, 406
Blake, Joshua, 430, 572
Blake, Thomas, 446, 572
Blake, William, 51, 271, 403, 512
Blakey, Will'm, 402
Blalock, David, 209, 360, 513
Blalock, John, **573**
Blalock, Wm., 101
Blamer, James, 294
Blamer, John, 112, 305
Blanchard, Amariab, 510
Blanchard, John, 203, 207, 306, 360, 510, 512, 612
Blanchard, Michaja, 110
Blanchard, Micajah, 4, 188
Blanchet, Frederick, 610
Blanchet, John, 66, 203
Blanchets, Jos., 107
Blanchett, Fred'k., 106
Blanchett, Thos., 106, 609
Blanchitt, James, 511
Bland, James, 210
Bland, John, 350
Bland, Joseph, 348
Blanks, Nich'ls, 85, 199, 226, 403
Blango, Benjamin, 106, 200, 226
Blango, Moses, 226, 404
Blango, Thomas, 359, 404
Blansett, Frederick, 272
Blansett, Thomas, 272
Blanshett, Robert, 281
Blanton, James, 351, 417, 572
Blanton, Kadar, 611
Blanton, Levy, 108
Blanton, Richard, 183
Blanton, Rowland, 29
Blarfield, Stephen, 506
Blaxton, Henry, 4
Bledsoe, Aaron, 506
Bledsoe, Aron, 260
Bledsoe, George, 445
Bledsoe, Jacob, 260
Bledsoe, Lewis, 433, 572
Bletcher, Jacob, 4, 110, 572

INDEX 635

Blevins, Nathan, 418, 573
Blick, John, 624
Blizard, Ezekiah, 210
Block, James, 4²
Blocker, George, 348
Blocker, William, 348
Blocksom, Sovvain, 78
Blockwell, James, 107
Blokam, Sovereign, 612
Bloodgood, Isaac, 303
Bloodworth, Benjamin, 509
Bloodworth, Timothy, 319, 615²
Blossom, Baezella, 405
Blount, ——, 602
Blount, Benj., 109, 251, 502
Blount, Benj. Hodge, 245
Blount, Edmond, 109, 181
Blount, Frederick, 4³, 111, 206, 243, 511
Blount, Jacob, 29, 498, 500
Blount, James, 29, 78, 498, 500, 501, 502
Blount, Jess, 29
Blount, Jno. 85
Blount, Mary, 570
Blount, Reading, 4⁵, 25, 26, 29, 78, 185, 238
Blount, Thomas, 4, 29, 78, 108, 109, 238, 245, 506, 508, 513
Blount, Warren, 112, 512
Blount, William, 29, 403
Blow, Benj., 273, 509
Bloxoni, Sovereign, 192
Blue, Daniel, 348
Blue, John, 210, 456, 573
Blue, Neil, 51, 598
Blue, William, 348
Blumdell, Nath'l., 624
Blunby, William, 404, 509
Blunt, Benjamin, 4
Blunt, Thos., 106
Blunt, Whitmal, 29
Blurton, Edw'd., 78, 359², 404², 506
Blurton, Henry, 78, 405, 511
Blyth, Joseph, 29
Blyth, Samuel, 29, 604
Blythe, Joseph, 4⁵, 108, 183, 237
Blythe, Samuel, 51, 186
Boatwright, Samuel, 573
Bobason, Daniel, 443
Bobs, William, 360
Bobbs, William, 192
Bobson, Joseph, 190
Bochner, William, 511
Bocker, Daniel, 506
Bockner, Michoel, 298
Boddie, Nathan, 614
Boddington, William, 506
Bodenhammer, William, 351
Boga, Benjamin, 4
Bogas, Benajab, 112
Bogart, Tunis, 106
Boggs, Ezekiel, 70, 257, 507, 360
Boggs, Jno., 70, 253, 506, 618
Bogle, Archibald, 58, 11
Bogle, Sam'l., 210
Bogs, Ezekiel, 618
Bogue, Mark, 273
Bohannan, Bart'w., 509
Bohannon, Baitham, 403
Bohn, Andrew, 238
Bohng., Baxter, 210
Boice, Arthur, 508, 609
Boice, Jesse, 618
Boid, Benjamin, 4
Boing, Jno. 351
Boing, Wm., 405
Bokin, Thomas, 273
Boldwin, William, 348
Bolick, Casper, 441, 573
Boling, Alexander, 617

Boling, Baxter, 198
Boling, Benjamin, 209
Boling, Thomas, 4, 112
Bolson, Joel, 510
Bolson, John, 510
Bolston, David, 510
Bolten, S., 602
Bolton, Benj., 110, 426
Bolton, John, 360, 511
Bolton, Richard, 107, 351, 507, 508
Bomer, James, 503
Bomer, Thomas, 503
Bond, Elisha, 100, 233, 619
Bond, James, 4², 179, 252, 259, 612
Bond, Michael, 513
Bond, Richard, 4, 78, 111
Bond, Thos., 100, 207, 305, 512
Bond, William, 201, 226, 260, 405
Bondfield, Rebecca, 570
Bondy, John, 572
Bone, Jas., 58
Bone, Thomas, 351
Bone, Wm., 210
Boney, Daniel, 573
Boni, Wm., 210
Bonner, John, 443, 572
Bonner, Lydia, 570
Bonner, Mary, 570
Bonner, Thomas, 502
Bonner, Wm., 109
Bonnethean, Peter, 624
Bonney, Gideon, 599
Bonny, Gideon, 70
Booles, Burgain, 405
Booling, Wm., 109
Bools, Jesse, 179²
Bools, William, 179
Boomer, William, 112, 200, 226, 360, 403
Boon, David, 4, 107, 109, 286, 508
Boon, Elisha, 4, 107, 109, 183, 286, 508
Boon, Jacob, 290
Boon, Jas., 107, 264, 404, 509
Boon, John, 112, 210, 434, 572
Boon, Joseph, 71, 507
Boon, Lewis, 107, 405, 507, 573
Boon, Rackford, 425
Boon, Raeford, 573
Boon, Roderick, 472
Boon, Whylis, 78
Boon, Wm., 97, 187, 210, 607
Boone, Joshua, 273
Boons, Wm., 112
Boostax, James, 601
Bootery, James, 405
Bootey, Cendall, 200
Bootey, Caudel, 107
Bootle, Thos., 70
Booth, Jesse, 291
Boothe, Jno., 97
Bootwright, Samuel, 444
Booty, Cendall, 226
Borchnes, Joseph, 599
Borden, Hampton, 301
Borean, Jacob, 403, 511
Borganeor, John, 193
Borough, Joel, 267
Borough, Solomon, 360
Borough, Wiley, 262
Boroughs, Solomon, 513
Borows, John, 59
Borring, Tom, 351
Bored, John, 351
Bose, Thos., 623
Boseman, Jesse, 194, 290, 404
Bosen, Jacob, 59
Bosman, Shadroch, 509
Bost, Elias, 348

Bostain, Andrew, 271, 456, 511
Bostian, Jacob, 511
Boston, Andrew, 4, 108, 189, 456, 571
Boston, Chrisn., 108
Boston, Christopher, 4, 189
Boston, Jacob, 271, 351, 437, 572
Boston, John, 590
Boswell, Reuben, 444, 572
Boswell, Wm., 106, 304, 619
Bosworth, James, 359, 404
Bouch, Colin, 622
Boudy, John, 449
Boulton, Benjamin, 512, 513
Bourk, Thomas, 499
Bourke, Chas., 97
Bourne, Bozely, 508
Boush, Jas., 616
Boutton, Benjamine, 360
Bowan, Samuel, 201
Bowell, Lewis, 210
Boweles, Benjamin, 4, 572
Bowels, Thomas, 573
Bowen, Bracy, 457, 572
Bowen, Clifton, 350
Bowen, Isaac, 351
Bowen, Jas., 112
Bowen, Stephen, 112², 237, 403, 507
Bowers, Brittian, 451, 573
Bowers, Giles, 107, 111, 192, 242
Bowers, Jiles, 4²
Bowers, John, 190, 234
Bowers, Josiah, 196, 210, 225, 405
Bowers, Solomon, 4, 109
Bowers, Thomas, 196, 225, 360
Bowers, Wm., 77, 196, 210, 225
Bowler, James, 276
Bowles, Taylor, 348, 510
Bowles, Thomas, 508
Bowlin, Baxter, 51
Bowlin, Jereh, 51
Bowling, Baxter, 225
Bowling, Benjamin, 513
Bowling, Taylor, 509
Bowman, Charles, 299
Bowman, James, 350
Bowman, John, 304, 350
Bowman, Joshua, 29, 51, 191, 501, 598, 604
Bowman, Rob't., 51, 294
Bowman, Samuel, 210
Bowman, Sherwood, 421, 572
Bowin, Elijah, 210
Bowney, Daniel, 319
Boya, Dempsey, 110
Boya, Wm., 110
Boyakan, Thomas, 359, 404
Boyaken, Jas., 111
Boyakin, James, 4
Boyce, Arthur, 106, 266
Boyce, Dempsey, 199, 224, 226, 403
Boyce, Jesse, 247
Boyce, John, 4, 109
Boyce, Seth, 97, 260
Boyce, William, 225, 360, 402
Boyce, Jesse, 193
Boyce, William, 193
Boyd, Adam, 29, 51, 77, 190, 238, 488, 572, 604
Boyd, Benj., 111
Boyd, Hugh, 29
Boyd, Jas., 107
Boyd, John, 85, 105, 261, 507
Boyd, Joseph, 107, 196, 225
Boyd, Richard, 597²
Boyd, Robt., 601
Boyd, Sam'l, 107
Boyd, Thomas, 4, 299, 499, 500, 510

INDEX

Boyd, William, 105, 507, 610, 614, 616, 621
Boyer, Thomas, 302
Boyes, Jesse, 71
Boyett, Samuel, 511
Boykin, Frederick, 351
Boykin, John, 350, 459, 573
Boyles, Arch'd., 612
Boyle, Robt., 351
Boyles, Benj., 110[3]
Boyles, Jonathing, 210
Boyles, Wm., 110
Boylin, John, 210
Boyt, B. Jacob, 573
Boyt, Benjamin, 193, 225
Bozeman, Jesse, 225
Bozer, Thomas, 598[2]
Bozman, Ethelredge, 107
Bozman, Jesse, 107
Brabble, James, 258, 511
Brabble, John, 258
Brabham, John, 351
Brable, Jas., 105
Braboy, Jacob, 78, 259, 611
Bracell, Geo., 111
Brachen, Joseph, 296
Bracher, Sam'l., 70
Bracher, Isaac, 110
Braddy, Benj., 106, 359, 404
Braddy, Henry, 106
Bradford, James, 423, 572
Bradford, John, 502
Bradford, Thomas, 600[2]
Bradford, William, 29
Bradley, ——, 602
Bradley, Arnold, 322, 623
Bradley, Benjamin, 322[4]
Bradley, Burrell, 431, 572
Bradley, Burrill, 322
Bradley, Edward, 321, 507
Bradley, Enoch, 322[2]
Bradley, Gee, 4[4], 29, 66, 183, 239, 322[2], 592
Bradley, Geo., 322, 405, 457, 572, 620
Bradley, Harton, 322
Bradley, Jacob, 322
Bradley, James, 71, 66, 247, 248, 506, 508, 321[4], 322[13], 592
Bradley, John, 277, 321[3], 322[5]
Bradley, Joseph, 512
Bradley, Len, 322
Bradley, Leonard, 321, 322
Bradley, Nimrod, 322, 513
Bradley, Richard, 29, 51, 52, 111, 191, 264, 321[4], 322[2], 479, 508, 595, 604
Bradley, Robert, 246, 322, 508, 626
Bradley, Sam'l., 78, 202, 322[3], 509
Bradley, Stephen, 322
Bradley, Thomas, 321[2], 322[3]
Bradley, Walter, 322[2]
Bradley, William, 280, 321, 322[6], 479, 512
Bradley, Zion, 311
Bradnell, David, 360
Bradshaw, John, 264, 403, 405, 508
Bradshaw, Jonas, 441, 572
Bradshaw, Robert, 571
Bradsher, John, 508
Bradsley, John, 510
Bradstreet, Robinson, 512
Branton, Eph'm., 92
Branton, Levi, 201
Brady, Benjamin, 5, 109, 197, 208, 225, 404[2], 512
Brady, Burnell, 322
Brady, Henry, 200, 226, 403
Brady, Jas., 78, 405, 512, 572
Brady, John, 5, 111

Brady, Leonard, 507
Brady, Simon, 510
Brady, Stephen, 209, 512
Bragwell, John, 5
Brainard, Elijah, 464
Brains, Michl., 106
Brake, Nathan, 622
Braker, Matthew, 283
Braley, Neil, 351
Braoley, Rich'd., 65
Brasfield, James, 605
Brasfield, John, 572
Braswell, Baker, 301
Braswell, Benjamin, 513
Braswell, David, 281
Braswell, George, 5
Braswell, Jacob, 431, 572
Braswell, Richard, 573
Braswell, T——, 405
Bratchen, Roger, 404
Bratcher, Ephraim, 309
Bratcher, John, 256
Bratcher, Thos., 210
Bratherton, Thomas, 466
Bratney, Robert, 351
Braunon, Jas., 85
Braur, Jessie, 349
Brawn, Solomon, 5
Braxton, Moses, 293, 509
Braxton, Simon, 403, 510
Bray, Cornelius, 106, 189, 240, 359, 404, 610
Bray, David, 350, 462, 572
Brayboy, Jacob, 187
Brayboy, John, 108, 217
Brazeal, Samuel, 597
Brazel, Jno., 106
Brazil, Benj., 107
Brazle, Bird, 106
Branch, Arthur, 273
Branch, Burrell, 5, 109, 430, 512, 572
Branch, Isham, 511
Branch, Jesse, 318[2]
Branch, Job, 59, 262, 511, 605
Branch, Moses, 318[2]
Branch, Thomas, 318
Brand, Baker, 512
Brand, Jno., 78
Branden, John, 405
Brandon, Benj., 350
Brandon, James, 210, 503
Brandon, John, 29, 210
Brandon, Matthew, 479
Brandon, Thos., 101, 108
Brandon, William, 29, 66, 106, 501
Brandum, Arthur, 510
Braner, Joseph, 280
Braner, Michael, 281
Branford, William, 624
Brann, Joseph, 183
Brannan, Thomas, 507[2]
Brannen, Thomas, 5
Branner, Michael, 509
Brannon, Daniel, 351
Brannon, James, 263, 508
Brannon, Jese, 108
Brannon, Thomas, 237, 619
Brannon, William, 603
Brannor, Michael, 266
Bransley, Amos, 111
Brant, Jas., 110
Brantley, Amos, 5
Brantley, Benjamin, 319
Brantley, Bristow, 508
Brantley, Brittin, 107
Brantly, James, 179, 348
Brantley, Jeremiah, 274
Brantley, John, 5, 85, 107, 108, 111[2], 187, 508
Brantley, Marmaduke, 283
Brantley, Meredith, 510

Brantley, Wm., 598
Branton, Britain, 265
Branton, Eph'm., 599
Branton, Levi, 225, 226, 360
Breace, Thomas, 308
Breach, Jones, 507
Breacher, John, 107
Brean, Peter, 599
Breas, Cornelius, 210
Breckenridge, Alexander, 479
Breckenridge, Robert, 479
Breda, Aaron, 510
Bredric—, James, 210
Breece, Thomas, 511, 620
Breedlove, Spencer, 267, 507
Brees, Thomas, 224, 403
Breevard, Joseph, 5[3]
Bremington, Benjamin, 405
Brenier, Henry, 187
Brenkley, Isaiah, 284
Brennington, Joshua, 404
Brennon, Chrisn, 51
Bressie, Thomas, 600
Brevard, Adam, 107, 506
Brevard, Alexander, 5[4], 29, 70, 186, 248
Brevard, Ephraim, 29, 496[2]
Brevard, Joel, 29, 504, 506
Brevard, John, 29, 101, 506
Brevard, Joseph, 5[3], 29, 108, 248, 506
Brewer, Benjamin, 92, 106, 302, 508
Brewer, Henry, 5, 237
Brewer, James, 593[2]
Brewer, Joshua, 112
Brewer, Lewis, 107, 624
Brewer, Moses, 111
Brewer, Rice, 111
Brewer, Robt., 108
Brewer, William, 5, 111, 194, 225, 572, 601
Brewster, Lott, 25, 26, 29, 65, 91, 403
Breyon, Hilleoy, 218
Brewington, Benjamin, 264, 508
Brewington, Joshua, 512, 572
Brian, John, 403
Brian, Wm., 612
Briant, Hezekiah, 5
Price, John, 112
Brice, Peter, 29
Brickell, John, 184
Brickell, Mathew, 92, 360
Brickell, Matthias, 506
Brickell, Thomas, 29, 92, 405
Brickell, William, 508
Bricken, James, 624
Brickett, Thomas, 360
Brickle, John, 184
Brickle, Matthias, 498, 502
Brickle, Methias, 499
Brickle, Nathaniel Richard, 311
Brickle, Thomas, 241, 507
Brickle, William, 348
Brickles, William, 5
Bricknel, C., 370
Bridges, Benjamin, 66, 250, 321[4], 506, 611
Bridges, David, 321[2]
Bridges, Isaac, 321
Bridger, James, 301
Bridges, John, 321
Bridges, Joseph, 426, 572
Bridges, Moses, 321
Bridges, Nathan, 321
Bridges, Thomas, 321
Bridges, William, 321[4]
Bridget, Wm., 106
Briel, James G., 423
Briemfield, James, 622
Brierly, William, 260
Briggs, Charles, 512

INDEX 637

Briggs, Robert, 5, 108², 207
Briggs, Wm., 622
Bright, Arthur, 360, 511
Bright, Charles, 5⁴, 59, 110, 181, 193, 225, 251, 402, 403, 404, 605
Bright, Jacob, 360, 511
Bright, Jesse, 5, 110, 185
Bright, Job, 108, 205, 511
Bright, John, 5, 110
Bright, Simon, 5, 29, 110, 426, 498, 500, 501, 572²
Bright, Wm., 112
Bright, Willis, 614, 616, 599
Bright, Wyllis, 112²
Brightman, Pelig., 217
Brigsby, Frederick, 509
Brimage, William, 498
Brimmer, Booling, 509
Brington, Joshua, 403
Brinkley, Jeremiah, 623
Brinkley, John, 29
Brinkley, Michael, 110, 193, 225, 360, 402
Brinkley, Mitch'l., 106
Brinkley, Thos., 109, 205, 351, 360, 511
Brinkley, William, 29, 66, 110, 405, 506, 592, 623²
Brinn, John, 200, 217, 226, 403
Brinson, Hillary, 200, 226, 360, 404, 430, 572
Brinson, John, 348
Brinson, Mathew, 405
Brintley, Micharl, 5, 111
Brinton, John, 108
Brisler, Philemon, 110
Brister, James, 240
Bristes, Phileman, 251
Bristoe, George, 600
Bristol, Philemon, 184
Briston, James, 192
Bristow, George, 507
Bristow, Philemon, 5, 508
Britain, Hardy, 281
Britain, James, 253, 506
Britain, Phillip, 253
Britnal, James, 100, 506
Britnall, James, 248
Britnell, James, 619
Briton, Mon, 404
Britt, Ambors, 402
Britt, Arthur, 107, 206, 297, 509
Britt, Elisha, 511
Britt, James, 510
Britt, Sherrard, 277
Brittain, James, 403
Brittain, Philip, 506
Brittian, William, 420, 572
Brittle, Benjamin, 107, 203, 269, 509
Brittle, David, 510
Brittle, Wm., 109
Britting, Randall, 404, 511
Britton, James, 100, 619
Britton, Joseph, 350
Britton, Michael, 572
Britton, Mitchell, 436
Britton, Philip, 101, 619
Britton, Wm., 109
Brizner, Henry, 238
Broadbent, Rich'd., 97, 260
Broadley, George, 29
Broadsher, Jno., 97
Broadstreat, Jas., 107, 265, 508
Broadstreet, John, 403
Broadstreet, Simon, 510
Broadstreet, Simm, 403
Broadway, Samuel, 442, 572
Broadwell, David, 107, 194, 225
Brocher, Michael, 210
Brock, Barnet, 351
Brock, Bezzant, 430, 572

Brock, James, 108, 185, 405
Brock, John, 112, 208, 512
Brock, Rich'd., 590
Brock, Robert, 210
Brock, Zedekiah, 311
Brockley, Taylor, 510
Brockley, William, 5
Brocky, Wm., 111
Brodnell, David, 402
Brogden, Hanod, 321
Brogden, Hardy, 321², 507
Brogden, John, 321
Brogden, Thomas, 321
Brogden, William, 321
Bromfield, Silas, 404, 510
Brook, Allen, 510
Brook, John, 423
Brookin, Thos., 110
Brooks, Asa, 78, 276
Brooks, Charles, 597
Brooks, C. William, 239
Brooks, David, 284
Brooks, Eli, 470
Brooks, George, 106, 192, 203, 238, 509, 609
Brooks, James, 573
Brooks, John, 106, 199, 226, 301, 308, 571, 608
Brooks, Jonathan, 434, 573
Brooks, Lewis, 509
Brooks, Robert, 293
Brooks, Samuel, 303
Brooks, Thomas, 105, 511
Brooks, William, 433, 573²
Brookshire, Mannering, 572
Brookshire, Manring, 453
Brookshire, William, 573
Broolein, Benj'm, 405
Broom, Mason, 78, 197, 225, 256, 610
Brothers, David, 5, 109, 206, 511
Brothers, John, 405
Brothers, Samuel, 622
Broughton, Thomas, 427, 572
Broswell, Byrd, 193, 253
Browing, Wm., 112
Browen, Josiah, 210
Brower, Henry, 105
Browne, Bezelys, 319
Brown, Amos, 442, 572
Brown, Arthur, 5, 109, 502, 508
Brown, Benjamin, 5, 92, 111, 251, 291, 319
Brown, Charles, 319⁴
Brown, Clement, 249
Brown, Colin, 623
Brown, Collin, 109
Brown, Collins, 51
Brown, Daniel, 319²
Brown, David, 78, 101, 258, 619
Brown, Demcy, 319
Brown, Dempsey, 319
Brown, Dumon, 310
Brown, Edwin, 319
Brown, Elijah, 455, 572
Brown, Francis, 319
Brown, Frederick, 274
Brown, George, 319⁵
Brown, Henry, 108, 110
Brown, Isaac, 5, 112, 306
Brown, James, 5³, 29, 106, 108, 109², 112, 184, 262, 263, 319², 463, 486, 508², 509, 511, 571, 609
Brown, Jacob, 199, 225, 479
Brown, Jacob, I. B., 218
Brown, Jennings, 267
Brown, Jesse, 181, 319³, 206, 276, 430, 511, 572
Brown, John, 5², 29, 51, 107, 109, 111, 112, 200², 225, 226², 249², 275, 479, 511, 590, 604, 614, 623

Brown, Joseph, 5², 59, 70, 85, 108, 109, 304, 573, 607
Brown, Lewis, 251
Brown, Mason, 403
Brown, Morgan, 100
Brown, Morgan W., 30
Brown, Moses, 105, 184, 319, 611, 613
Brown, Nathan, 319
Brown, Patrick, 613
Brown, Peter, 71, 319
Brown, Pond, 105
Brown, Richard, 209, 318, 319², 513
Brown, Robt., 106, 180, 319, 571
Brown, S., 602
Brown, Sam'l., 106, 109, 319
Brown, Solomon, 109, 193, 206, 511
Brown, Stephen, 319
Brown, Thomas, 5³, 51, 78, 92, 105², 106, 197, 319⁴, 225, 252, 503, 507, 512², 608, 614, 616
Brown, Warren, 5², 110, 111, 187
Brown, William, 5³, 101, 252, 307, 318, 319, 437, 453, 487, 499, 500, 503, 506, 508², 571, 590, 619
Brown, Willie, 319
Brown, Willis, 573
Browne, Wm., 52
Brownen, Samuel, 298, 360, 509
Brownen, Wm., 203², 297, 348, 509
Browner, John, 303
Browner, William, 510
Brownfield, John, 348
Brownfield, R., 506
Brownfield, Robert, 249, 405
Brownines, John, 285
Browning, Elijah, 5
Browning, Francis, 572
Browning, Geo., 106, 181, 243, 613
Browning, Levi, 435, 572
Browning, Mark, 5, 108, 181, 593²
Browning, Robert, 424, 572
Browning, Wm., 203
Brownlay, Robt., 77, 196, 224, 225, 606
Brownrigg, George, 417, 606
Brownum, Elizah, 109
Bruant, Joshua, 209, 512
Bruce, Alberson, 512
Bruce, Album, 403
Bruce, Arnold, 593
Bruce, George, 100, 310, 508, 619
Bruce, Giles, 299
Bruce, Morma, 403
Bruce, Thos., 58
Bruen, Richard, 351
Bruenlon, Joshua, 351
Bruenton, Lewis, 319
Bruington, Benj., 106
Bruington, Joshua, 112
Brukins, John, 297
Brukins, Thomas, 251
Brum, Mark, 348
Brumager, Edward, 5
Brumbly, William, 510
Brumfield, Moses, 277
Brumfield, Peter, 509
Brumley, William, 298
Brummager, Edw'd., 111
Brunt, John, 298, 510
Brusfield, Joshua, 513
Bruster, Lott, 188
Bruties, ——— 58
Bruton, Benj. Jr., 50?
Bruton, John, 259, 5?7
Bruton, Solomon, 511

INDEX

Bryan, Ambrose, 509
Bryan, Benjamin, 30, 92
Bryan, David, 112, 512
Bryan, Darby, 507
Bryan, Dempsey, 5, 251
Bryan, Hardy, 30, 571, 614, 616
Bryan, Hez'h., 109, 199, 224, 225
Bryan, James, 507
Bryan, John, 30, 91, 92, 108, 192², 237, 289, 466, 503, 573
Bryan, Jonathan, 348
Bryan, William Jno., 185
Bryan, John C., 188
Bryan, Kedar, 5
Bryan, Keeder, 111
Bryan, Lewis, 615²
Bryan, Mills, 291
Bryan, Needham, 499, 500, 503
Bryan, Randle, 52
Bryan, Reuben, 572
Bryan, Robert, 572
Bryan, Thos., 105
Bryan, Wm., 58, 97, 180, 248, 405, 498², 499², 500³, 502, 503, 573, 607
Bryant, Ambrose, 105, 239
Bryant, Charles, 5, 110
Bryant, Darby, 107
Bryant, Dempsey, 5, 111
Bryant, James, 5, 192, 238
Bryant, Jesse, 463, 572
Bryant, John, 5⁴, 30, 71, 92, 111³, 618
Bryant, Nicholas, 617
Bryant, Obea, 277
Bryant, Robert, 466
Bryant, Thos., 107, 190, 239, 462, 572, 610
Bryant, William, 5², 105, 107, 182, 192, 266, 281, 507
Bryce, William, 223
Bryer, Benjamin, 30, 201, 210, 509
Bryley, Charles, 51
Bryly, Wm., 70
Bryner, William, 289
Bryon, Dempsey, 5
Bryson, Daniel, 573
Bubby, Edw'd., 108
Buck, Abraham, 107, 288
Buck, Isaac, 419, 571
Buck, Robert, 402
Buck, Stephen, 30, 616
Buck, William, 276
Buckbee, Jonathan, 490, 492
Bucke, William, 351
Bucke, Zollas, 406
Buckham, William, 507
Buckhannon, Benjamin, 289
Buckingham, William, 508
Buckle, Thomas, 290
Buckley, William, 209, 513
Buckner, Michael, 359, 509
Buckran, Michael, 404
Bucoe, Ab'm., 111
Budd, Samuel, 5⁴, 30, 58, 190, 248, 348, 405, 594, 606, 620
Buford, William, 30, 59
Buffelow, William, 210, 350
Buffenton, Samuel, 285
Buffington, Samuel, 510
Burgay, William, 209
Burges, George, 203, 297
Bugg, William, 66, 193, 244, 607
Bulenton, Samuel, 403
Bulhard, Thomas, 404
Bull, Ambrose, 275, 406
Bull, Mica, 405
Bull, Micajah, 621
Bull, Michael, 58, 612
Bull, Thomas, 5, 30, 112
Bull, William, 405

Bullard, Thomas, 112, 512, 572
Bullen, Michael, 508, 626
Bullin, Michael, 246
Bullock, Charles, 405, 433, 572
Bullock, Daniel, 30, 101², 107, 248, 405, 506
Bullock, David, 619
Bullock, Drewry, 242
Bullock, Drury, 242
Bullock, Ephraim, 359, 404, 405
Bullock, James, 296
Bullock, Jeremiah, 189
Bullock, Joshua, 189
Bullock, Jno., 78, 97, 189, 242², 403, 405, 612
Bullock, Lemuel, 311
Bullock, Moses, 97, 242
Bullock, Martin, 71, 619
Bullock, Nathan, 5, 111, 359, 404
Bullock, Richard, 189, 402
Bullock, Rub., 402
Bullock, Thos., 71
Bullock, Bolaam, 59, 187, 242, 608
Bullock, Rich'd., 402
Bulls, William, 403
Bulworth, James, 288
Bunbardy, Jno., 108
Bunch, Clement, 5, 112
Buncombe, Edward, 26, 30, 77, 201, 254, 404, 502, 509
Buncombe, Thomas, 254
Bundy, James, 97, 266, 403, 507, 610
Bunkley, Michael, 5, 181
Bunkley, Thomas, 5
Buning, Pengrine, 402
Bunington, Demsey, 281
Bunington, William, 281
Bunn, Jesse, 5, 111, 206, 511
Buntin, James, 288
Burbage, James, 360, 512
Burch, Jo., 319
Burch, Jno., 107
Burch, P., 359
Burch, Philip, 509
Burch, William, 244, 508, 572, 622
Burden, Jacob, 284
Burden, Thos., 108
Burdenton, John, 108
Burdock, Ezekiel, 291
Burdon, Archibald, 302
Burdoz, James, 351
Burges, Absalom, 78
Burges, Geo., 70, 618
Burges, Isaac, 52, 195, 360
Burges, John, 106
Burges, Joseph, 85
Burges, Peter, 70, 618
Burges, Phillip, 608
Burgess, Philip, 106, 246, 626
Burgess, Abram, 605
Burgess, Absolom, 253, 506
Burgess, Bryant, 111
Burgess, Demsey, 499, 500, 502
Burgess, Drury, 272
Burgess, George, 510
Burgess, Isaac, 225
Burgess, John, 425, 572
Burilson, Isaac, 489, 491
Burk, Charles, 190, 273, 360
Burk, David, 110
Burk, Elihu, 110, 208
Burk, Jacob, 77, 261
Burk, Michal, 597
Burk, William, 299, 626
Burke, Charles, 403, 611, 613
Burke, David, 5, 194, 223, 225, 402
Burke, Elihu, 5, 512
Burke, Francis, 298

Burke, Jacob, 196, 224, 225, 607
Burke, James, 238
Burke, John, 238
Burke, Meredith, 508
Burke, Meredy, 107
Burke, Mundell, 417
Burke, Thomas, 500
Burke, William, 510
Burket, Uriah, 5, 109, 210
Burleson, Isaac, 490, 493, 494
Burley, James, 360
Burley, William, 509
Burlison, Isaac, 490
Burmley, John, 359
Burmont, Joel, 507
Burn, Jesse, 402
Burn, John, 406
Burnes, David, 5
Burnes, James, 360
Burnes, John, 245, 348
Burnet, David, 78
Burnet, John, 403
Burnet, Sanders, 405
Burnet, Thomas, 348
Burnet, William, 5, 109, 252
Burnett, Artila, 359
Burnett, Artily, 404
Burnett, Chas., 108
Burnett, James, 5
Burnett, John, 5, 109, 507
Burnett, William, 5, 105, 185, 607, 613
Burnsides, David, 85, 237, 506
Burnsides, James, 210, 218
Burnum, Isaac, 257
Burnham, Jesse, 92
Burnham, Isaac, 253
Burnham, Samuel, 112², 204, 206, 510, 511
Burnhill, Henry, 573
Burnhill, James, 5
Burns, Barnabas, 261, 507
Burns, David, 111, 112
Burns, Fred'k., 110, 210, 507
Burns, Hezekiah, 351
Burns, Isum, 277
Burns, James, 425, 572
Burns, Jesse, 110
Burns, John, 508
Burns, Thomas, 190
Burns, Otway, 319
Burns, William, 245
Burrap, Nat., 351
Burress, Absolum, 290
Burress, John, 507
Burris, Aaron, 112
Burris, Geo., 112
Burris, Solomon, 446, 572
Burren, Andrew, 284
Burroughs, Aaron, 5
Burrow, Wyly, 51
Burrow, Dobson, 573
Burrows, Sam'l., 108
Burrows, Willie, 599
Burruss, John, 5, 110
Burshaw, Jno., 108
Burt, John, 109
Burt, William, 623
Burton, Andrew, 267
Burton, Henry, 405, 507
Burton, Jacob, 267
Burton, John, 5, 110, 236, 506
Burton, Julius, 105, 305
Burton, Robert, 455, 571³
Burton, Samuel, 250, 506
Burton, William, H., 463, 572
Burton, William, N., 510
Burtonshell, Joshua, 78
Burtson, Jesse, 70
Burus, John, 71, 209, 513
Burus, Sterral, 85
Burus, Wm., 106
Burwell, Matthew, 543

INDEX 639

Burwick, Edw'd., 106
Butcher, Henry, 511
Butes, Archibald, 606
Butler, Aaron, 511
Butler, Andrew, 320[2]
Butler, Arthur, 320, 321
Butler, Charles, 191, 240, 320, 321, 360, 612
Butler, Christopher, 320
Butler, Clareys, 78
Butler, Curry, 320
Butler, Edward, 267
Butler, Elias, 320
Butler, Elisha, 321
Butler, Ford, 617
Butler, Fort, 320
Butler, James, 260, 320[5], 321[2], 511
Butler, Jethro, 109, 320, 321[2], 507, 572
Butler, John, 30, 107, 185, 188, 235, 320[5], 321, 426, 495, 503, 572, 589
Butler, Joel, 107, **508**
Butler, Joseph, 107, 320
Butler, Isaac, 107, 184, 235
Butler, Lawrence, 4, 109, 194, 223, 225, 320[2]
Butler, Nathan, 302
Butler, Robert, 320
Butler, Samuel, 320[2]
Butler, Simon, 320
Butler, Stephen, 320[4]
Butler, Zachariah, 320[2]
Butler, William, 107, 320[4], 321[5], 512
Butler, Willis, 320[2]
Butt, James, 623
Butts, Archibald, 5, 105, 182, 241, 359, 404, 405, 613
Butts, Jacob, 66
Butts, Job, 66
Butts, Jona, 66
Butts, Nancey, 249
Butts, Ramey, 403
Butts, Wm., 105, 249, 607
Butworth, James, 510
Busbey, Isea, 210
Busbey, John, 210
Busby, James, 513
Busby, John, 348
Bush, Aaron, 301
Bush, Abra, 590
Bush, Chany, 70
Bush, Jar, 210
Bush, John, 30, 97, 190, 237, 405, 513
Bush, Josh, 209
Bush, Sanders, 590
Bush, William, 5[5], 30, 92, 97, 184, 204, 210, 236, 351[2], 510
Bushee, Consider, 428, 572
Bushop, Colden, 289, 509
Bushop, William, 289, 509, 511
Busler, Jno., 109
Busley, William, 5
Bussell, Wm., 111
Buvard, Alex, 404
Buyer, Benjamin, 403
Byers, Joseph, 210[2]
Bynum, Britain, 624
Bynum, Drewry, 241
Bynum, Drury, 4, 181, 614, 624
Bynum, Elijah, 4
Bynum, Gray, 615[2]
Bynum, James, 573
Bynum, Turner, 30, 623
Bynum, William, 179, 623
Byors, David, 319
Byran, William, 499
Byrd, Banj., 590
Byrd, Thomas, 573, 590
Bysom, William, 403

Byrum, Jacob, 46a, 571
Byrum, James, 444
Byrum, Lawrence, 237, 428, 571

Cabeen, Thos., 332
Cadborn, James, 368
Cade, Benjamin, 516
Cade, John, 347
Cade, Stephen, 329, 332, 347
Cade, Waddel, 591
Cader, Stephen, 621
Cadle, Zack'b., 117
Caemack, Jacob, 369
Caern, Samson, 368
Caesar, Francis, 115, 518[2]
Caeson, John, 368
Caeswell, Robt., 369
Caffield, Benj., 85
Cahoon, Jona, 97
Cahoon, Jonathan, 304
Cahoon, Joseph, 281
Cail, Amo, 92
Cail, Amos, 198, 226, 331
Cail, William, 307
Cainahan, Andrew, 258
Cain, Dempsey, 516
Cain, Elisha, 498, 500, 503
Cain, James, 514, 574
Cain, Jno., 115
Cain, Jos., 115
Cain, Rd., 493
Cain, Richard, 5, 117, 490[2], 494
Cain, Thomas, 516
Cain, Samuel, 614, 615
Cain, Wm., 114
Caine, John, 593
Cains, Elisha, 323
Cains, James, 323[2]
Cains, John, 323[2]
Cains, Samuel, 323[2]
Cains, Thomas, 323
Cains, Wm., 323[4]
Cake, John, 329
Cake, Phillip, 117, 246, 626
Cakes, Philip, 368, 514
Calaghan, Cornl's., 97
Calahan, Humphy, 114
Calahan, Jos., 368
Calahan, Wm., 118, 369
Calaway, Joseph, 626
Calbraith, Daniel, 332
Calchnon, Hugh, 331
Caldwell, David, 326[2]
Caldwell, James, 326, 574
Caldwell, Jesse, 518
Caldwell, John, 255
Caldwell, Lemuel, 299
Caldwell, Samuel, 479, 488, 574
Caldwell, Thos., 326
Caldwell, William, 299, 488
Cale, Abner, 116, 298
Cale, Wm., 117, 518
Caleb, William, 622
Calender, Thomas, 251
Calf. Rob't., 59
Calhoon, John, 624
Calhoon, Samuel, 416
Calhorn, David, 368
Call, John, 618
Callahan, Cornelius, 186
Callahan, Humphrey, 611
Callahan, John, 30, 251, 514
Callahan, Martin, 5
Callahan, William, 514
Callas, John, 331
Callaway, Joseph, 479
Callem, Frederick, 366
Callendar, Thomas, 5[4]
Callender, Thomas, 30, 52, **186**, 620
Callihan, John, 368
Callihan, Robert, 245

Callmay, Peter, 416
Callum, Fred'k., 113, 198, 226, 331
Callyhan, Cornelius, 245
Caltrip, Augustin, 621
Caltrip, Jas., 621
Calvard, Jno., 115
Calwell, John, 181
Calvet, Stephen, 5, 117
Calvin, John, 310
Calvin, Peter, 516
Camble, Daniel, 514
Cameron, Alexander, 5, 305, 309, 366, 518
Cameron, Absalom, 226, 366[2]
Cameron, Daniel, 6, 117, 366
Cameron, John, 366[2], 428, 515, 574
Cammell, Henry, 299
Cammell, James, 514
Cammell, Peter, 328, 517
Cammeron, Alex'r., 115
Campain James, 239, 368
Campain, Thomas, 605
Campbell, —— 602
Campbell, Alex, 326
Campbell, Andrew, 326
Campbell, Anguis, 326
Campbell, Angus, 117
Campbell, Archibald, 326
Campbell, Arthur, 30
Campbell, Charles, 326
Campbell, Colin, 326
Campbell, Daniel, 267, 271, 326
Campbell, David, 326
Campbell, Dugale, 326
Campbell, Duncan, 326
Campbell, Duncey, 249
Campbell, Farquard, 498, 500
Campbell, George, 114, 198, 226, 326[2], 456, 573
Campbell, Hugh, 326
Campbell, Israel, 6, 116, 185
Campbell, James, 30, 113, 115, 196, 240, 226, 259, 326[2], 591
Campbell, Jesse, 6, 116, 179
Campbell, Jno., 6[5], 30[2], 85, 115, 186, 204, 233, 326[2], 498, 517, 574
Campbell, John A., 615, 616
Campbell, Joshua, 502
Campbell, Laughlin, 245, 515, 626
Campbell, Martin, 71, 187, 618
Campbell, Mary, 259
Campbell, Michel, 326
Campbell, Neil, 117, 326
Campbell, Niel, 6
Campbell, Patrick, 59, 187, 234, 326, 609
Campbell, Robert, 326[2]
Campbell, Shadroch, 590
Campbell, Solomon, 249, 326, 517
Campbell, Thomos, 113, 253, 326, 423, 574
Campbell, Walter, 6, 116
Campbell, William, 6, 52, 85, 116, 190, 205, 246, 249, 326[4], 515[2], 517, 617, 619, 627
Campen, James, 6[5], 191, 594, 609
Campen, John, 6[2], 117, 252
Campen, Joseph, 419, 574
Camper, James, 331
Camphill, Thomas, 179
Campin, James, 59, 467
Campton, John, 369, 515
Canady, Rich'd., 117
Canady, Thomas, 6, 116, 518
Canaly, Peter, 516
Canaway, John, 205
Cand, Elias, 516
Canddy, David, 311

INDEX

Candel, Absalom, 574
Candler, Joseph, 280
Candy, Wm., 113
Cane, John, 593
Cane, William, 276
Canes, James, 369
Caney, Richard, 329
Canfield, Francis, 366
Canker, Andrew, 513
Cann, Jesse, 516
Cannady, James, 276
Cannady, Patrick, 327
Canneth, Alexander, 369
Canneth, James, 369
Canneth, Robert, 369
Cannon, Arch, 324
Cannon, Benj., 66, 203, 324², 516
Cannon, Bind, 115
Cannon, Caleb, 324
Cannon, David, 323
Connon, David, 323
Cannon, Dennis, 324
Cannon, Edward, 6, 309
Cannon, Farnifold, 324
Cannon, Henry, 191, 324
Cannon, Jno., 117, 203, 324²
Cannon, Lewis, 30, 113, 182, 257, 324
Cannon, Penn, 323
Cannon, Pugh, 324
Cannon, Radford, 324
Cannon, Reeding, 324
Cannon, Sampson, 303
Cannon, Thomas, 277
Canstanphin, Jas., 92
Cantrell, John, 311
Cansway, Joseph, 330
Canwas, Henry, 327
Capehart, John, 290
Capel, Charles, 6
Caper, Robert, 52, 250
Cappell, Chas., 117
Capper, Thos., 596
Capps, Dempsey, 115, 189, 298
Capps, Francis, 116, 514
Capps, James, 276
Capps, William, 113, 190, 242, 310, 328, 439, 518, 573
Caps, Francis, 6
Caps, William, 79, 331², 467, 607, 610
Capton, John, 289
Car, James, 593
Car, Solomon, 259
Car, William, 593
Caraway, Thos., 113, 591
Carbet, Joshua, 330
Carbett, Jas., 115
Carby, George, 516
Carcher, George, 206, 330, 331, 517
Card, Jno., 97
Card, Joseph, 260
Card, Wm., 6, 116, 185
Cardin, Charles, 617
Carey, Andrew H., 66
Carey, Arthur, 114
Carey, George, 526
Carey, John, 226, 366, 368
Carey, Samuel, 515
Carey, Thomas, 332
Carey, Williams, 309
Cariegan, James, 369
Carithers, John, 494
Carles, Cole, 183
Carleton, David, 6, 117
Carleton, John, 6, 117
Carlisle, Job, 329, 516
Carlisle, James, 617
Carlock, George, 306
Carlton, David, 330, 574
Carlton, Jas., 113

Carlton, John, 296, 430
Carmack, Jas., 97, 294, 514
Carmack, John, 6, 116, 328, 573
Carmady, Jas., 79
Carman, Calep, 597
Carman, Stephen, 59, 605
Carmical, Duncan, 573
Carmical, Duncan, 191
Carmicarl, Duncan, 115
Carmichael, Robert, 52, 518
Carmicheil, Robert, 330
Carner, Isum, 262
Carnes, Thos., 603
Carnes, Thos. J., 627
Carney, Anth'y., 52
Carney, David, 332²
Carney, Jno., 115, 183
Carns, Joshua, 115
Carol, Britain, 366
Carol, Britton, 114
Carol, Dempsey, 327
Carol, Jno., 114
Carothers, James, 329, 514
Carothers, Thos., 327, 514
Carothers, William, 226
Carouthers, John, 368
Carpenter, Christian, 366
Carpenter, Isaac, 574
Carpenter, Job, 302
Carpenter, Peter, 30
Carpenter, Thos., 116, 514
Carpenter, William, 298, 366, 518
Carpenter, William Green, 270
Carr, Abner, 301
Carr, Archibald, 367
Carr, Jas., 116, 367², 518
Carr, John, 367, 514
Carr, Jonathan, 367
Carr, Moses, 432, 574
Carr, Solm'n, 92, 517, 598
Carr, William, 300, 367, 430, 485, 574
Carrall, Bulter, 113
Carraway, Bed'r., 324
Carraway, Francis, 324, 515
Carraway, James, 324
Carraway, Jessie, 324
Carraway, John, 114, 324
Carraway, Thomas, 271, 331, 514, 609, 613
Carrell, Hardy, 6
Carrel, Jno., 115
Carrel, Thomas, 329
Carrell, Abso, 347
Carrell, Benj., 79
Carrell, Douglas, 184
Carrell, Daniel, 266
Carrell, Hardy, 118
Carrell, Harvel, 266
Carrell, James, 439, 573
Carrell, John, 330
Carrell, Jonathan, 518
Carrell, William, 269, 330, 517
Carrier, John, 101, 281
Carrigan, William, 423, 467, 574
Carrigher, Henry, 328
Carrin, Emanuel, 117
Carrington, George, 449, 573
Carrol, Benjamin, 6
Carrol, Britton, 515
Carrol, Douglas, 114
Carrol, Douglass, 235
Carrol, John, 191
Carrol, William, 6, 197, 226, 441, 513
Carroll, Benjamin, 116, 205, 366, 515, 517, 574
Carroll, Brettor, 366
Carroll, Brittin, 366
Carroll, Butler, 30
Carroll, Daniel, 514²

Carroll, Danil, 368
Carroll, Douglas, 607
Carroll, Elisha, 368, 369
Carroll, John, 6, 366
Carroll, Laniel, 329
Carroll, Wm., 85, 116, 328, 479, 573
Carrom, James, 286
Carroner, Chris'r., 117
Carrothers, John, 444, 574
Carroway, Gideon, 30
Carruth, Alexander, 416
Carruth, John, 327
Carruthers, Thos., 72
Carruthors, John, 329
Carry, Samuel, 303
Carsey, Henry, 306
Carson, Alex, 327, 622
Carson, Andrew, 30, 437, 479², 574, 589
Carson, Charles, 327
Carson, Hugh, 327
Carson, Jno., 59, 289, 327, 329, 479, 573
Carson, Robert, 327
Carstaphen, John, 187
Carstapher, James, 332
Carter, Abraham, 366²
Carter, Abram, 518
Carter, Ab'm., 115
Carter, Benjamin, 6⁴, 30, 71, 247, 513
Carter, Braxton, 424
Carter, Bozin, Brock, 365
Carter, Daniel, 365
Carter, David, 112, 116, 267
Carter, Edw'd., 79
Carter, Ephraim, 460, 574
Carter, Etheldred, 516
Carter, Gales, 251
Carter, George, 299
Carter, Giles, 66, 608, 315, 513
Carter, Henry, 118, 277, 492, 489
Carter, Hibbard, 85
Carter, Hubart, 598
Carter, Humphrey, 253
Carter, Isaac, 6², 97, 113, 116, 118, 193, 255, 366, 607, 609
Carter, James, 437, 449, 573
Carter, John, 6, 52, 78, 85, 114², 117, 185, 187, 201, 226, 252, 253, 307, 356², 366³, 518, 573, 607, 619, 620²
Carter, Jno., Jr., 85
Carter, Josiah, 573
Carter, Joseph, 365², 366³, 459, 616
Carter, Landon, 573
Carter, Lenl., 179
Carter, Moses, 6, 118
Carter, Robt., 78, 192, 248, 606
Carter, Samuel, 611, 78, 190, 307, 309, 467
Carter, Sewall, 115
Carter, Sewel, 6
Carter, Solnum, 365², 366
Carter, Stephen, 118, 366
Carter, Thomas, 365, 366, 455, 574
Carter, Timothy, 311
Carter, William, 6, 92, 115, 180, 365², 366²
Cartwright, Heze, 324, 621
Cartwright, Joseph, 6, 117, 250, 426, 574
Cartwright, Josiah, 113
Cartwright, Robt., 52, 189, 250, 592
Cartwright, Thos., 52, 189, 250, 324, 592
Caru, John, 329
Caruthers, James, 71, 247, 620

INDEX 641

Caruthers, Thomas, 620, 247
Caruthers, Andrew, 30
Carver, Isam, 329
Carver, Lemand, 329
Carver, Robert, 331
Carver, William, 574
Carvin, Thomas, 79, 194, 226, 329
Carvin, Wm., 115
Carvons, Shadrock, 327
Cary, Jno., 59
Case, Jona., 116
Case, Jonathan, 205, 517, 621
Case, Jos., 115, 249, 515
Casey, Azariah, 516
Casey, Solman, 368, 516
Casey, Thos., 621
Casey, William, 465, 574
Cash, John, 267
Cash, Peter, 433, 574
Cash, William, 330, 368
Cashon, Burwell, 574
Cashon, Thomas, 574
Cashone, Burwell, 444
Cashone, Thomas, 444
Cashway, Josh., 59
Casidy, Jno., 85
Casnell, Samuel, 366
Cason, Benj., 116
Cason, Canon, 116
Cason, Cannon, 6, 117
Cason, Hilly, 117
Cason, James, 327, 329, 369
Cason, John, 422, 515, 574
Cason, Thomas, 6
Cason, Wm., 79, 243
Cassel, Thomas, 573
Cassel, Wm., 329
Castandee, Metrue, 285
Castauder, Absalom, 517
Caste, John, 6
Casteele, William, 298
Casteen, Wm., 6, 117
Casten, Francis, 114
Caster, Jacob, 114
Caster, Jno., 114
Castilloe, Miles, 198, 226
Castle, Sanwel, 574
Castle, Thomas, 618
Castles, Thomas, 271, 514
Casway, Joseph, 606
Caswell, Martin, 503
Caswell, Richard, 30, 495, 498, 500, 502
Caswell, Sam'l., 590
Caswell, Thomas, 6, 71
Caswell, William, 31, 78, 188, 236, 502
Catchem, Hugh, 208, 518
Cate, John, 517
Cate, Matthias, 223
Cate, Robert, 573
Caten, Charles, 329
Cates, Mathew, 85, 331
Cates, Matthew, 253, 514
Cates, Matthias, 113, 194, 226, 329
Cates, Robert, 330, 514
Cates, Zachariah, 263, 329, 514
Cathcart, Margaret, 570
Cathey, Alexander, 326, 444, 573
Cathey, George, 325, 514
Cathey, James, 325², 326
Cathey, John, 325
Cathey, Richard, 325
Cathey, William, 325
Catlin, Lynde, 627
Caton, Frank, 115
Caton, James, 205, 258, 517
Caton, Thos., 113, 203, 516
Caton, William, 332

Cator, John, 280
Catrill, Amos, 328
Catton, Thomas, 298
Causay, Jas., 328
Caustophan, James, 31
Causway, Joseph, 613
Caven, John, 331, 515
Cavender, James, 6, 116, 329, 513
Cavender, William, 6, 71, 116, 197, 224, 226, 328, 329, 515
Caver, William, 428
Cavin, John, 437, 574
Cavuner, Timothy, 293
Cay, Elijah, 601
Caylachen, James, 517
Cayson, Thos., 118
Cee, Hack, 271
Cee, Hick, 516
Ceeley, Tobias, 52
Ceilain, James, 366
Ceelaes, Daniel, 368, 518
Centchal, Michel, 331
Ceosneller, Robt., 368
Cersey, Henry, 517
Cersery, Jacob, 306, 517
Cimmon, Wm., 330
Cinmore, David, 367
Cirlwas, Thomas, 368
Civil, David, 117
Chace, Blake, 118, 599
Chaddock, Charles, 224
Chadwick, Benjamin, 245
Chadwick, Thomas, 503
Chaimberlin, Henry, 288
Chalco, Wm., 92
Chalk, William, 52, 190, 332
Chamberlain, Chas., 518
Chamberlain, Chris., 59
Chamberlain, Malachi, 114
Chamberlin, Dixon, 117
Chamberlin, Henry, 517
Chamberlin, Malachi, 517
Chambers, Arthur, 327
Chambers, Henry, 327
Chambers, James, 115, 200, 224, 226, 327
Chambers, Robert, 327
Chambers, William, 327
Champin, Joel, 347
Champin, Joseph, 367
Champion, Thos., 66
Chance, Phil, 183
Chance, Philemon, 6, 113, 116, 256, 612
Chance, Stephen, 113, 213, 242, 513, 612
Chance, Thil., 368
Chance, Thomas, 330
Chandler, Thomas, 6, 116
Chandler, Willis, 516
Chanfield, Rich'd., 368
Chanie, Wm., 369
Channel, John, 593
Chapell, Edw'd., 114
Chapel, Sanwel, 573
Chapel, William, 330, 332
Chapman, Abner, 323
Chapman, David, 323
Chapman, James, 323
Chapman, Joseph, 466, 574
Chapman, Nicholas, 573
Chapman, Samuel, 6, 31, 97, 189, 251, 325, 367
Chapman, Thompson, 299
Chapman, Weeks, 325
Chappel, Samuel, 6, 101, 115, 181, 192, 195, 223, 226, 253, 619
Chappell, Edward, 286, 516
Chappell, Samuel, 328
Charbe, Winroke, 192
Charborough, Stephn, 115

Chard, Sam'l., 368
Chardick, Benj., 115
Charles, Dodson, 190
Charles, Winoke, 78
Charles, Wynnick, 114
Charlecroft, Isaac, 347
Charlescraft, James, 265, 515
Charlescraft, John, 415
Charlescraft, Stephen, 226
Charlescroft, Saml., 330
Charlescroft, Stephen, 114
Charleton, William, 113, 116, 118, 515
Charlton, Abagail, 570
Charlton, Anthony, 516
Charlton, Jasper, 500
Charlton, Joseph, 368
Charlton, Jasper, 499
Charlton, William, 31, 186, 191, 201, 240, 280, 309, 327, 331, 610
Charney, David, 71
Charter, Anthony, 269
Chase, Blake, 115
Chase, Joseph, 603, 627
Chatham, John, 573
Chaulton, George, 6
Chaver, Henry, 198
Chavers, Cesar, 515
Chavers, Henry, 331²
Chavers, Caezer, 117
Chavers, Drury, 6, 116, 514
Chavers, Solomon, 513
Chavers, Wm., 116
Chavers, Caesar, 6
Chavers, Henry, 226
Chavis, C——, 325
Chavis, Ishmael, 325²
Chavons, Drury, 115
Chavus, William, 183
Chears, Joseph, 415
Cheason, Joshua, 329, 266, 513
Cheavus, William, 6
Cheek, James, 449, 573
Cheek, William, 305
Cheeseborough, Jno., 85
Cheesboro, John, 31
Cheese, John, 31, 604
Chermmy, Robert, 242
Cherry, Alexander, 195, 226, 296, 325²
Cherry, Don'l., 79, 195, 226, 325
Cherry, Jesse, 256
Cherry, Job, 277
Cherry, John, 256, 325, 518
Cherry, Jonathan, 282
Cherry, Joshua, 114, 325, 518
Cherry, Lemuel, 325
Cherry, Valentine, 518
Cherry, Willis, 325²
Cheshire, Anthony, 516
Cheshire, H'dy., 59
Cheshire, H'y., 59
Cheshire, Jno——, 116, 331, 517
Cheshire, Richard, 573
Chesson, Joshua, 92
Chester, David, 6⁸, 52
Chester, Henry, 331
Chester, John, 6, 114, 118, 264, 329, 514, 515
Chestnut, Alexander, 415
Chestnut, Joseph, 293
Chestnut, Thomas, 516
Chestnutt, Joseph, 516
Chestnutt, Joshua, 347
Chestnutt, Thomas, 368
Chetry, Alex, 71
Chevess, Charles, 367
Chevess, Joseph, 367
Chew, James, 616
Chew, Malachi, 113

Chew, Mallica, 619
Child, James, 31
Child, Francis, 31, 233, 329, 332[2], 370
Childas, Wm., 115
Childers, Abraham, 416
Childers, John, 311, 480
Childers, Miller, 573
Childers, Mitchell, 480
Childers, Pleasant, 332, 514
Childers, Robt., 118, 597
Childers, William, 118, 329, 513, 514
Childs, . . . 602
Childs, Francis, 86, 182
Childs, James, 31, 501
Childs, Thomas, 31, 418
Childress, William, 574
Chiles, John, 614
Chilley, James, 347
Chilos, Jeremiah, 327
Chinn, Jim, 599
Chinn, Perry, 573
Chinn, Peter, 462
Chisserball, Dan'l., 596
Chissum, James, 311
Chissum, Igntius, 311
Chistin, Bickwell, 192
Chister, David, 187
Chitham, Thos., 114
Chitten, Thomas, 328, 229
Chittim, John, 480, 488
Chittim, Thomas, 514
Chittin, John, 440
Choves, Solm'n., 114
Christian, John, 66, 193
Christian, James, 59, 101, 192, 193, 234, 235, 347, 428, 463, 605
Christee, David, 234
Christie, John, 114, 233
Christie, Joseph, 328
Christie, Robert, 188, 513
Christie, Waggoner, Robert, 347
Christman, Nathaniel, 31
Christman, Richard, 31
Christmas, John, 185, 234, 332
Christmas, Jos. D., 52
Christmas, Richard, 449, 574
Christopher, John, 368, 415, 517
Christopher, Neab, 546
Christopher, Philip, 332, 368
Christopher, Simon, 52, 598
Chrovester, James, 223
Chronicle, William, 31, 488
Chubbuck, Jeremiah, 6, 116, 331
Chumley, Robert, 327, 515
Chumner, Robert, 610
Chumney, John, 253, 113
Chumney, Robt., 113
Church, Amos, 466, 574
Church, Christopher, 298, 516
Church, James, 189
Church, John, 466, 574
Church, William, 78, 259, 611
Churchell, Samuel, 263
Churmmer, Robert, 515
Churn, Jno., 52
Clock, Wm., 71, 330, 518
Claddenin, John, 6
Clagburn, Shubal, 79
Clagg, David, 307
Clagborn, Shubal, 226, 331, 610
Claghorn, Shuibal, 328
Clagborne, Shubal, 198
Clagburn, Shubal, 224
Claike, Thos., 6[3]
Clampett, Govey, 113
Clance, Jeremiah, 209
Clandennin, John, 6[2]
Clanghorn, Timothy, 114
Clans, George, 328

Clapp, Leo, Derick, 434
Clapp, Ludwick, 574
Claresp, Richard, 518
Clark, Abner, 78
Clark, Abraham, 113, 202, 266, 515
Clark, Andrew, 516
Clark, Arthur, 330
Clark, Benjamin, 330[3], 331, 514
Clark, Daniel, 331
Clark, David, 324[4]
Clark, George, 330
Clark, H., 114
Clark, Isaac, 6[3], 52, 114, 184, 251, 259, 573
Clark, J., 203
Clark, Jacob, 52, 202, 516
Clark, Jas., 97, 191, 240, 271, 275, 331, 425, 480, 513, 573, 596, 605
Clark, Jesey, 330
Clark, Jessie, 330
Clark, John, 66, 72, 114, 261, 330[4], 331, 443, 515, 516[2], 596, 609
Clark, Jonas, 330, 331
Clark, Jonathan, 31, 331, 624
Clark, Joseph, 331
Clark, Josiah, 275
Clark, Lee, 434, 573
Clark, Major W., 218
Clark, Michael, 480
Clark, Nathan, 330[3]
Clark, Nathaniel, 425, 573
Clark, Niel, 204, 261
Clark, Noel, 516
Clark, Orsborn, 113
Clark, Osborn, 294, 605
Clark, Peter, 624
Clark, Thomas, 6, 25[2], 31[3], 52, 101, 113, 116, 117[2], 184, 238, 330[3], 501, 598, 602, 603[2], 618[2], 619[2], 620, 627[2]
Clark, William, 218, 270, 271, 330[5], 331[3], 498, 500, 515, 517, 603, 627
Clarke, Isaac, 6
Clarke, John, 71, 574
Clarke, Neil, 86
Clarke, Noell, 204
Clarke, Ozburn, 186
Clarke, Thomas, 6[6], 234
Clarks,— 324
Clarkson, Thomas, 6, 116, 191
Clary, Archibald, 516
Claton, Colman, 597
Claunce, George, 328, 518
Claunce, Jeremiah, 518
Clay, David, 6, 118, 328
Clay, Elijah, 194, 226, 327, 366
Clay, Jeremiah, 295
Clay, John, 296, 366, 518
Clay, Lambert, 332
Clay, Oliver, 516
Clayborn, Timothy, 368
Clayton, Coleman, 197, 224, 226, 331, 451
Clayton, Colemay, 331
Clayton, Grace, 570
Clayton, John, 451, 574
Clayton, Lambert, 6, 115, 514
Clayton, Lambert, 416
Clayton, Lieut., 328
Clayton, Miles, 311
Clayton, Richard, 502
Clayton, Wm., 330
Cleaner, Jacob, 85
Cleaton, Coleman, 115
Cleghorn, Thuball, 347
Clement, David, 200, 226, 370
Clements, Benjamin, 460, 574
Clements, Cornelius, 370, 573

Clements, Curtis, 189
Clements, Custis, 113
Clements, John, 113, 610
Clements, Mathew, 370
Clements, Thom's, 370
Clemments, Cornelius, 457
Clemmens, John, 115, 453
Clemmons, John, 194, 223, 370[3], 514, 574, 613
Clemons, Curtis, 258
Clemons, John, 226, 370
Clendenin,— 602
Clendenin, John, 31, 66
Clendennin, John, 180, 620
Clendennin, Mathew, 333
Clendenning, John, 592
Clendennon, John, 249
Clendinson, James, 330
Clenny, Wm., 596
Cleon, Jacob, 253
Clerk, William, 267
Cleveland, Absolan, 332
Cleveland, Benjamin, 31, 480, 502
Cleveland, James, 114, 515
Cleveland, John, 324
Cleveland, Larkin, 31, 332
Cleveland, Robert, 31, 480
Cleverill, Clement, 517
Cliavat, Coleman, 516
Cliban, John, 368
Cliever, Jacob, 514
Clifford, Michal, 331
Clifford, Jacob, 332
Cliftin, Ezekiel, 368
Clifton, Absalom, 268, 514, 515
Clifton, Allen, 516
Clifton, Clay, 117
Clifton, Cloid, 6
Clifton, Daniel, 115, 257
Clifton, John, 622
Clifton, Peter, 291, 415, 498, 518
Clifton, Richard, 66, 258, 329, 368, 517
Clifton, William, 101, 116, 207, 327, 328, 463, 514, 518[2], 574
Clinch, James, 31
Clinch, Joseph, 502
Clindinner, Joseph, 329
Cline, Michael, 574
Cline, Mitchell, 441
Clinton, Archibald, 369
Clinton, John, 52, 241, 515, 618
Clinton, Richard, 498, 500, 503, 615, 616
Clinton, Wm., 596
Clirk, Nathan, 368
Clodfelter, George, 456, 574
Clontz, George, 421, 574[2]
Clontz, Jeremiah, 444
Close, Geo., 114
Clowen, Wm., 6
Clower, Daniel, 6, 117
Clower, Jno., 116
Clower, Jonathan, 513
Clower, William, 117, 271, 515
Clowney, Samuel, 480
Cloyd, John, 286
Clubb, Samuel, 6, 117
Clyer, James, 306
Coalston, James, 247
Coats, Benjamin, 6, 113, 116, 182, 294
Coats, Ezek'l., 114, 195, 223, 226, 327
Coats, John, 207, 328, 331, 518
Cobb, Antony, 299
Cobb, Britton, 416
Cobb, Henry, 6, 116, 329, 331, 518
Cobb, James, 329

INDEX 643

Cobb, Jesse, 590, 615²
Cobb, Nathan, 114, 514
Cobb, Peter, 277
Cobb, Pharoah, 485
Cobb, Shadrock, 272
Cobb, William, 92, 202, 291, 368, 515
Cobb, Zebulan, 290
Cobert, Richard, 515
Coble, Shadrock, 79
Cochran, Benjamin, 489, 490, 491, 493, 494
Cochran, John, 52, 513
Cochran, Robert, 614, 615, 616
Cochranuas, Benj., 366
Cock, Charles, 424, 574
Cock, Edw., 600
Cock, Jessie, 331
Coçk, Reuben, 327
Cockar, John, 284
Cockburn, James, 514
Cockburn, John, 114, 188, 301
Cockburn, George, 516
Cocker, Henry, 598
Cocker, Hy., 113
Cockerham, Daniel, 462, 574
Cockerham, David, 462, 573
Cockram, John, 249
Cockran, Benjamin, 490
Cockran, John, 616
Cockran, Thomas, 624
Cocks, Aaron, 286
Cocks, Thomas, 514
Coddle, Richard, 608
Coen, Caleb, 191
Coffen, John, 331
Coffield, Benjamin, 31, 191, 241, 332, 599
Cofield, Samuel, 6, 118
Coffuld, John, 518
Cogan, Moses, 370
Cogdell, Richard, 498, 500, 615²
Cogdell, William, 6, 513
Cogdill, Wm., 116
Cogen, Robert, 6
Coggin, James, 607
Coggin, Robert, 117, 573
Coggins, Jas., 78
Coggins, Robert, 181
Cohen, Jacob, 624
Coice, Jesse, 265
Coker, Josh., 116
Coker, Morgan, 518
Cokerwas, Isaac, 330
Cokron, Joseph, 329
Cokron, William, 329
Colants, John, 254
Colbert, Lawrence, 301
Colbreath, Archibald, 6, 118, 305
Colbreath, Dan'l., 114
Colby, Wm., 188
Colchester, John, 293
Colchorn, Robert, 198, 226, 311
Colden, Phillip, 301
Cole, Abimelech, 238
Cole, Abner, 6
Cole, Alexander, 194, 226, 308, 324²
Cole, Burwell, 286
Cole, Charles, 6, 115, 179
Cole, Edmund, 515
Cole, Edward, 257, 514
Cole, George, 59, 246, 324², 518, 612
Cole, Henry, 267
Cole, Jesse, 115, 257, 515
Cole, Joab, 324
Cole, Job, 466, 573
Cole, John, 275, 515
Cole, Joseph, 574

Cole, Martin, 6³, 52, 185, 234, 324
Cole, Robt., 52, 245, 324², 518
Cole, Stephen, 324
Cole, Taylor, 516
Cole, Martin, 52, 78, 188, 242, 324, 609
Cole, William, 6², 115, 208, 246, 251, 513, 622
Cole, Wm. I., 71
Cole, Wm. Temple, 238
Cole, Willis, 324
Coleman, Benjamin, 6⁴, 31, 79, 184, 238, 594, 606
Coleman, Charles, 31, 66, 207, 327, 331, 518
Coleman, John, 6, 31, 116, 117, 180, 182
Coleman, Joseph, 6
Coleman, Levi, 6, 194, 223, 226, 328, 329
Coleman, Levy, 115
Coleman, Theophelus, 31, 426, 574
Coleman, Wm., 71
Coles, William Timple, 189
Coles, William T., 31
Coles, Alex'r., 101
Coleson, Benj., 591
Coleston, Henry, 236
Coley, Gabriel, 217
Coley, Jeffrey, 518
Coley, West, 516
Colgrave, Arthur, 265, 331
Colgrove, Arthur, 594
Colihorn, Rob't., 59
Colin, Cook, 621
Collbreath, Robert, 494
Collen, Abraham, 368
Collender, Thos., 604
Collens, Jno., 117
Collett, William, 200, 226, 331, 332
Colley, Absolam, 279
Colley, Wm., 52
Collier, John, 31
Collins, Benj., 97, 265, 514, 611
Collins, Burnell, 369²
Collins, Burwell, 256, 516, 517
Collins, Caleb, 517
Collins, Charles, 113, 247, 513
Collins, Dele, 369
Collins, Dilliard, 256, 369, 517
Collins, George, 285, 369
Collins, Henry, 369
Collins, Hezekiah, 6, 116
Collins, James, 432, 447, 480, 573, 574
Collins, Jereh., 116
Collins, Jeremiah, 7, 191, 369
Collins, John, 7⁴, 59, 78, 97, 114, 116, 117², 190², 246, 253, 369⁴, 514
Collins, Joseph, 259, 310
Collins, Josh., 71
Collins, Josiah, 284, 369
Collins, M., 369
Collins, Math'w., 86
Collins, Matthew, 304
Collins, Philip, 369
Collins, Sampson, 298, 516
Collins, Samson, 369
Collins, Samuel, 59, 277, 441, 480, 574
Collins, Shadrock, 7, 114, 117
Collins, Stephen, 369²
Collins, Thos., 97
Collins, Timothy, 621
Collins, William, 247, 369², 513, 517
Collins, Williams, 245

Collings, John, 608
Collom, Thomas, 617
Collum, John, 416
Colman, Benjamin, 7
Colnell, Jno., 97
Colsan, James, 7²
Colson, West, 208, 332, 518
Colston, Henry, 620
Colston, Jas., 117
Coltain, Abraham, 294
Colter, Levy, 7
Coltrin, James, 368
Colven, Obed., 301
Colwell, David, 7, 117
Colwell, John, 612
Comber, Hugh, 118
Combs, George, 7, 116, 573
Combs, Robt., 117, 188
Combs, William, 601
Comer, James, 191, 235
Conaway, John, 101
Cominel, Frans., 114
Compen, John, 7, 118
Conaway, Wm., 117
Conder, George, 331, 514
Condon, Jno., 52
Cone, John, 330, 623
Cone, W., 66
Conely, Patrich, 368
Coneway, Wm., 623
Conger, Jona, 71
Conger, Stephen, 31, 52, 194, 226, 595, 604
Congers, Ephraim, 574
Congleton, Abraham, 330
Congur, Stephen, 308
Conigy, Joel, 516
Conn, Benj., 117
Conn, David, 92
Conn, John, 7, 114, 513
Conn, William, 348
Connaway, William, 7
Connelly, Lawrence, 518
Connly, Cullan, 369
Connely, Cullen, 347, 368
Connely, Patrick, 368
Conner, Benjamin, 7, 265, 514
Conner, Chas., 52, 599
Conner, Christopher, 268
Conner, D., 367
Conner, Davey, 253
Conner, Docia, 367
Conner, Docias, 366
Conner, Dorsey, 7
Conner, James, 7, 366³, 367⁵, 514, 574
Conner, John, 7, 190, 262, 516, 607, 619, 620
Conner, John, Sr., 610
Conner, Lewis, 200, 226, 367²
Conner, Theodolius, 367
Conner, William, 226, 367², 599
Conners, James, 184
Conniel, 602
Connol, Samr., 327
Connolly, Hugh, 369
Conoly, John, 329
Conoly, Peter, 332
Connon, David, 117
Connor, Edw'd., 117
Connor, Benj., 117
Connor, Jacob, 92
Connor, Wm., 92, 115², 117
Connor, Doshey, 117
Connor, Jas., 115, 444
Connor, Jno., 113, 114
Connor, Thomas, 332
Connor, Mordical, 118
Connoway, John, 331, 517
Conally, Jno., 52
Cover, Jno., 85

INDEX

Conver, Wm., 97
Conway, David, 517
Conway, Francis, 7
Conyers, Ephriam, 432
Conyers, Norwood, 624
Coock, Frederick, 515
Coock, Stephen, 329
Cook, Allen, 7
Cook, Charles, 480
Cook, Christopher, 448, 573
Cook, Cornelius, 369
Cook, D. Rich'd., 101
Cook, Drury, 514
Cook, Drusy, 600
Cook, Edward, 457, 480, 487, 573
Cook, Francis, 97
Cook, Frederick, 294
Cook, George, 31, 113, 235, 293, 367, 369, 513, 516
Cook, Henry, 367, 369
Cook, Isaac, 281
Cook, Jacob, 367
Cook, James, 32, 367, 502
Cook, Jno., 52, 85, 113, 367[3], 369, 518, 598
Cook, Joseph, 59, 369
Cook, Lazarus, 367
Cook, Nathan, 369
Cook, Nathaniel, 366, 367
Cook, Nicholas, 369
Cook, Peltit, 235
Cook, Richard D., 32, 367
Cook, Robt., 114, 330, 367, 447, 480, 517, 574
Cook, Ruben, 369
Cook, S—, 369
Cook, Sanders, 113, 250, 369
Cook, Stephen, 59, 515, 609
Cook, Thos., 101, 367[2], 513
Cook, Wm., 117, 367[4], 369, 480
Cooke, Isaih, 281
Cooke, John, 610
Cooke, Richard D., 189
Cooke, Saunders, 192
Cooke, Thomas, 624
Cooke, William, 7
Cooker, Joseph, 7
Cookey, Isaac, 117
Cookey, Thomas, 332
Cooksey, Hezk., 7, 116, 199, 224, 226, 368
Cooksey, Thomas, 7, 116, 199, 224, 226, 368
Cooley, Gabriel, 114, 115, 226[2]
Cooley, Jefferry, 114, 209
Cooley, Samuel, 32, 78, 188, 241
Cooley, Wm., 114
Coolock, Fredrick, 327
Cooly, Francis, 325[6]
Cooly, Frank, 325
Cooly, Gabriel, 196, 198, 325[2], 331
Coonie, Wm., 327
Coombs, George, 514
Coombs, Robert, 7
Coomer, Hugh, 7
Coomer, James, 514
Coon, Harris, 517
Coonce, Philip, 329
Conner, John, 515
Coones, John, 368
Cooper, Adam, 420
Cooper, Benjamin, 7, 116, 188, 328
Cooper, Frederick, 7, 115, 205, 328[2], 517
Cooper, Henry, 92, 197, 226, 308, 328, 602
Cooper, James, 328[2]
Cooper, Jer'h., 78

Cooper, Jno., 71, 92, 195, 226, 328[2], 498, 500, 590
Cooper, Josh., 79, 328, 517, 605
Cooper, Josiah, 92, 599
Cooper, Nath., 78
Cooper, Nathan, 275
Cooper, Nathaneal, 611
Cooper, Nath'l., 114, 183, 204, 258, 328, 517[2]
Cooper, Samuel, 265, 328, 515
Cooper, Soloman, 32, 113, 277
Cooper, Sterling, 453, 574
Cooper, Thomas, 183, 328
Cooper, William, 32, 71, 79, 328[3], 452, 517, 574, 618
Coops, Wm., 98
Coor, James, 367[2], 498, 500, 614
Coor, Thomas, 367
Coots, James, 32, 71, 191, 239
Copeland, Cador, 606
Copeland, Daniel, 366
Copeland, George, 192
Copeland, James, 514
Copeland, Joel, 254
Copeland, John, 256
Copeland, Joseph, 249
Copeland, Kadar, 613
Copeland, Kedar, 233, 366
Copeland, Keeder, 113
Copeland, Richard, 66, 235
Copeland, Ripley, 619
Copeland, Riply, 234
Copelin, David, 366
Copelin, Dennis, 366
Copelin, Job, 7
Copes, Francis, 611
Copewell, George, 516
Copland, Jas., 115
Copland, John, 115
Copland, Rich'd., 115[2], 597
Copland, Ripley, 101
Copeland, Charles, 366
Coplin, Charles, 370
Coplin, Job, 118
Coplin, Jimes, 597
Coplin, Reuben, 71
Copper, Frederick, 328
Cor, Gunley, 368
Coram, John, 296
Corban, Arthur, 226, 297
Corben, John, 330
Corbert, Richard, 264
Corbet, James, 118
Corbett, Alex'r., 79
Corbett, Dennis, 516
Corbett, John, 268, 324[2], 329, 449, 574
Corbett, Richard, 515
Corbett, Thomas, 324[2]
Corbin, Arthur, 92, 199, 296, 331, 332, 599
Corbin, Francis, 260
Corbin, James, 260
Corbin, Sam, 486
Corbit, Rich'd., 114
Corbit, Windeth, 328
Corch, Stephen, 517
Corder, Joel, 597
Cordle, Rich'd., 66
Corey, Jno., 114, 201
Corger, John, 329
Corinth, Wm., 86
Corlock, David, 332
Corlock, Frederick, 331
Cormis, William, 194
Corn, John Peter, 574
Corne, Thomas, 276
Corneilson, Conrad, 327
Cornelison, Jno., 115
Cornelius, Isaac, 78[2], 276, 515, 606
Cornelius, John, 7, 116, 332, 514

Cornelius, Wm., 626
Cornelius, Elijah, 288
Cornet, Bird, 114
Cornett, Bird, 514
Cornnerlin, Isaac, 415
Coroband, Wyllis, 118
Corothers, John, 332
Corothers, Robert, 332
Corothers, William, 201, 330
Corrington, William, 202
Corroner, Christopher, 7
Corruthers, John, 489, 491
Corson, Simon, 286
Cortmer, George, 498
Cortslow, Thos., 71
Corways, Joseph, 180
Corzzorte, David, 619
Cotanch, Jno., 114, 204, 301
Cotanch, Peter, 301
Cotanch, Malachi, 79, 613
Cotants, John, 7
Cotgrave, Arthur, 32, 59
Cotgraves, Arthur, 181, 608
Cotouch, Mala, 605
Cotree, Mathew, 7
Cotten, Ephrain, 269
Cotter, Levi, 7
Cotterhed, James, 331
Cottle, Jno., 113, 194, 226, 329, 330
Cotton, Arthur, 615, 616
Cotton, Elijah, 113, 189, 263, 513, 611
Cotton, Jno., 113, 325, 514, 612
Cotton, Josiah, 32
Cotton, Thomas, 32
Coson, John, 574
Cosse, William, 332
Cossen, Lorance, 332
Cossey, Joseph, 263
Costander, Absalom, 368
Costen, Henry, 52, 308
Costen, Stephen, 449, 573
Costilloe, Thomas, 193, 328, 368
Costin, Henry, 190
Costner, Thomas, 441, 480, 574
Coston, Francis, 199, 226, 329, 332, 368
Coston, Stephen, 327
Coswel, David, 368
Couch, William, 252
Couger, Stephen, 328, 329
Coulson, Hy., 71
Coulter, Levi, 514, 251
Coulter, Levy, 113
Coulter, Martin, 441, 480, 573
Coumbs, John, 286
Council, Arthur, 32, 256, 368
Council, Robbenon, 52
Council, Robert, 32, 604[2]
Couper, James, 370
Coupland, George, 366
Coupland, Jno., 186, 514
Coupland, Kadar, 186
Coupland, Richard, 193[2], 366
Couppels, Wm., 329
Courtner, George, 500
Cousan, John, 518
Cove, Elisha, 516
Covenan, Benjamin, 280
Covener, Timothy, 516
Covenor, Sampson, 516
Coventon, William, 270, 515
Covington, James, 32
Covington, William, 32, 71, 328[2]
Covry, Shad'k., 113
Cowan, David, 32, 118, 201
Cowan, Joseph, 305, 518
Cowan, Robt., 92, 193
Cowan, Thomas, 32[2], 480
Cowan, William, 622
Coward, Absalom, 282

INDEX 645

Coward, Elisha, 329
Coward, Eph'm., 114, 330, 517
Coward, Hardy, 517
Coward, Zad'k., 114, 517
Cowell, Butler, 201, 328, 332
Cowen, David, 515
Cowen, Joseph, 305, 324, 573
Cowens, James, 290
Cowny, Shade, 608
Cox, Aaron, 327, 621
Cox, Andrew, 518
Cox, Ann, 260
Cox, Benjamin, 440, 573
Cox, Bhences, 601
Cox, Caleb, 327
Cox, Charles, 301, 327
Cox, Edw'd., 113, 258
Cox, Elisha, 327
Cox, James, 460, 573, 624
Cox, Jesse, 7, 113, 118, 191
Cox, John, 7², 116, 117, 256, 327², 440, 518, 573, 590
Cox, Joseph, 59, 201, 226, 327²
Cox, Moses, 622
Cox, Philip, 71
Cox, Simon, 327
Cox, Solomon, 327
Cox, Thos., 113, 258, 265, 607
Cox, Wm. Armon, 52
Cox, Wm., 52, 79, 113, 201, 226, 274, 327, 480, 515, 600, 610
Coxey, Thos., 117
Coyed, Isac, 622
Cozart, David, 245, 514
Cozby, James, 480
Cozime, Nicholas, 332
Cozzart, David, 101
Crab, Benj., 71
Crab, Hillery, 269
Crabb, Benjamin, 295, 513, 618
Crabb, Garrett, 514
Crabb, Hillary, 114, 203, 516
Crabb, Jairah, 118
Crabb, James, 366, 518
Crabb, Jarrott, 573
Crabb, John, 366, 514
Crabb, Osborn, 514
Craben, Chas., 86
Crable, Dan'l., 118
Crabtree, John, 251
Crabtree, William, 449, 573
Craddick, Eleazer, 573
Craddock, Aleazor, 463
Craddock, John, 7⁴, 32, 59, 179, 243, 370, 594, 610, 620
Craford, Jno., 116
Craft, 85
Craft, Stephen, 85, 331, 368
Craft, Stephen, Charles, 199
Crafton, Bennett, 32
Crage, Joab, 327
Cragg, Elias, 329
Cragg, Henry, 329
Craig, Alexander, 367
Craig, Elias C., 218
Craig, Geo., 78
Craig, Gerald, 85
Craig, James, 297, 366², 517
Craig, John, 367
Craige, Arch'd., 86
Craigge, Archibald, 243
Craighead, 32
Craik, Thomas, 32
Craike, Archibald, 261
Craimor, Jas., 115
Crain, James, 368
Crain, Thomas, 293, 516
Crais, Menoah, 601
Crandal, James, 331
Crane, Stephen, 7, 116

Crane, William, 457, 574
Crasy, Henry, 328
Craven, James, 32, 52, 201, 279, 331, 515, 604
Crawford, Benjamine, 325
Crawford, Charles, 32, 325², 501
Crawford, David, 32
Crawford, William, 32
Crawford, Jas., 114, 325
Crawford, John, 269, 325⁴, 517
Crawford, Malachi, 281
Crawford, Moses, 325
Crawford, Peter, 455, 574
Crawford, Wm., 604
Crawley, Daniel, 206
Crawley, David, 115, 328, 330, 517
Crawley, William, 270, 421, 574
Crawley, William M., 615
Cray, Benjamin, 367
Cray, Joo., 624
Cray, William, 503
Creacy, Elizabeth, 570
Creacy, Mary, 570²
Creamor, James, 7
Creech, Benj. Jr., 590
Creech, Ezek'l., 590
Creech, John, 590
Creech, Richard, 366, 369
Creecy, John, 32
Creed, Hazard, 114, 189
Creef, Thos., 113
Creef, Willoughby, 295
Creege, John, 283
Creekman, Mathia, 114
Creekman, Mathew, 187
Creel, Lazrus, 347
Creemore, James, 368, 419, 573
Creery, John, 616
Creil, Thos., 332
Cremor, James, 515
Cremortice, William, 7
Crenshaw, Arthur, 32
Crether, Jereh., 92
Crews, Ethelred, 7, 118
Crice, Theophilus, 7
Crichet, John, 516
Cricket, Elizabeth, 570
Cride, Michal, 368
Crider, Jacob, 71
Crief, Joseph, 328, 517, 623
Crief, Willoby, 516
Crimor, James, 329
Crine, Adam, 367
Crinkleton, John, 368
Crinne, Thomas, 369
Crispin, Joseph, 328
Criswell, Thos., 117
Critcher, Anthony, 369²
Critchett, John, 368
Crittendin, William, 574
Crockett, John, 480
Crockett, Joseph, 480
Crockett, Walter, 480
Crockett, William, 480
Crockley, Abraham, 301
Crockley, Elias, 368, 516
Crockley, Malachi, 516
Croe, Wm., 118
Croker, Joseph, 366
Croley, Thos., 366
Cromose, Samuel, 347
Cron, William, 265
Croncraft, George, 329
Cronester, Jas., 116
Cronister, William, 256
Cronnister, James, 194, 226, 327
Crook, Hillery, 283
Crook, William, 285
Croom, Jos'a., 590
Crosbey, Wm., 116

Crosby, William, 347
Crosley, William, 252
Cross, Anthony, 114, 202, 276, 516
Cross, Arthur, 516²
Cross, Frederick, 288
Cross, Joel, 286
Cross, Joseph, 574
Cross, Martin, 513
Cross, Randall, 283, 517
Cross, Silas, 517
Cross, Silus, 288
Cross, Stephen, 117, 205, 347, 517
Croswell, Robert, 328, 347
Croswell, Wm., 327
Crothers, William, 225
Croucher, Anthony, 7²
Crounister, James, 328
Crover, Peter, 7, 115, 205
Crow, James, 7, 115, 518
Crow, John, 480
Crow, William, 515
Crowell, Butler, 515
Crowell, George, 446, 574
Crowley, David, 623
Crown, Jesse, 622
Crozine, George, 329
Cruder, Jacob, 297
Cruise, Johnston, 331, 518
Cruise, Johnstone, 208
Cruise, William, 252
Crumdy, William, 332²
Crumety, Wm., 117
Crumly, Cullen, 366
Crump, Abel, 332, 517
Crump, Abraham, 279
Crump, Conrad, 421, 574
Crump, Edward, 71, 598
Crumpton, James, 7, 117
Crumpton, Thomas, 7, 118, 347
Crunkleton, James, 332
Cruse, Johnson, 273
Crusse, Johnson, 328
Crutchen, Anthony, 240
Crutcher, Anthony, 7, 32, 179, 240, 611
Crutcher, H'y., 78
Crutches, Anth'y., 79
Crylwas, Wm., 329
Crysel, Jeremiah, 573
Cubert, —— 52
Cubberson, Moses, 489, 491
Culberson, Moses, 490, 493, 494
Culberson, William, 421, 574
Culbertson, David, 197, 226, 331, 332
Culbertson, Robert, 485
Cullas, John, 515
Cullas, Thomas, 328, 515
Cullennver, Sampson, 293
Culliner, Sampson, 515
Culliseon, William, 286
Cullom, Israel, 327
Cullom, Richard, 329
Culloms, Thomas, 180
Cullon, Israil, 518
Cullum, Israel, 71, 267
Culp, John, 328
Culver, Brittain, 516
Cumberland, J., 332
Cumings, Benjamin, 368
Cumming, Shadrack, 188
Cummings, William, 573, 449
Cummings, Benjn., 79, 201, 328, 330
Cummings, Edw'd., 114
Cummings, Francis, 497
Cummings, Geo., 85
Cummings, Jno., 72, 113, 203
Cummings, Shad'k., 113
Cummings, Thomas, 434, 574

INDEX

Cummins, Benjamin, 226
Cummins, Eleazor, 327
Cummins, Edmund, 254
Cummins, John, 308, 329², 516, 612
Cummins, Rich'd., 624
Cummins, Shad'k., 610
Cummins, Shadrach, 251, 329, 613
Cunagin, William, 7
Cunkerton, John, 330
Cunningham, George, 574
Cunningham, James, 272, 323
Cunningham, Jeremiah, 434, 574
Cunningham, Joseph, 323⁴
Cunningham, Tresia, 570
Cunningham, William, 7, 116, 117, 186
Curathorus, Wm., 366
Curbo, Jas., 71
Curbo, Wm., 71
Curby, Wm., 115
Curethers, John, 490, 493
Curk, John, 328, 515
Curk, William, 279
Curlee, Isaack, 189
Curlee, John, 273
Curlee, Thomas, 273
Curlew, William, 617
Curley, Anthony, 339
Curling, Wm., 118
Curling, Willis, 206, 517
Curls, John, 114, 327, 515
Curmon, Michl, 328
Currell, Peter, 329
Curren, Elisha, 246
Curren, Hugh, 246
Currey, Hugh, 573
Currin, Isaac, 369
Currin, James, 600
Currothers, Hugh, 596
Curry, Archibald, 331, 332
Curry, Cery, 331
Curry, Duncan, 113, 610
Curry, Jno., 59, 71, 117, 271, 307, 329, 453, 513, 573, 608
Curry, Robt., 52, 113
Curry, Shadrach, 513
Curry, Thompson, 66, 514, 612
Curry, Thomson, 304
Curtes, Jonathan, 421
Curtess, Th's., 596
Curtis, Batholamew, 194, 226, 294
Curtis, Booth, 59
Curtis, John, 32, 79
Curtis, Jonathan, 574
Curtis, Joshua, 32, 71, 194, 226, 294
Curtis, Moses, 115
Curtis, Peter, 72, 515
Curtis, Reuben, 32, 59, 194, 226
Curtis, Thomas, 32, 268
Cusick, George, 330
Custis, Thos., 114
Cuthbasm, Moses, 368
Cuthberson, John, 369
Cutts, William, 428, 574
Cutty, John, 515
Cypert, Robert, 193
Cyprell, John, 233
Cyrus, Davis, 307

Dadrick, Jacob, 279
Daffell, Thomas, 608
Daffin, John, 286
Daget, James, 227
Dail, John, 451, 575
Dailey, Charles, 297, 377, **519**, 520
Dailey, Jeremiah, 72, 618
Dailey, John, 93, 519

Dailey, Joshua, 519
Dalmer, James, 622
Daly, Joshua, 32, 308
Dalton, Thomas, 575
Dalton, William, 457, 487, 574
Dameron, George, 480
Dameron, Joseph, 424
Damon, Peter, 520
Damport, Giles, 370
Damport, James, 370
Damport, John, 370²
Dan, Jeffrey, 295
Danagan, Thomas, 608
Danage, James, 193
Danby, Solomon, 290
Dance, Etheldred, 32
Dancey, William, 373
Dandy, Josiah, 375²
Dandy, Obadiah, 375
Dandy, Peter, 375
Dane, Robert, 519
Dange, James, 226
Dange, Peter, 185
Daniel, Banjamin, 284
Daniel, Buckner, 429, 574
Daniel, Christopher, 449, 574
Daniel, Elias, 376
Daniel, Emanuel, 522
Daniel, Enoch, 376²
Daniel, Ephraim, 293
Daniel, Ethelred, 522
Daniel, Francis, 376
Daniel, Howell, 601
Daniel, James, 32
Daniel, Jepha, 120
Daniel, Jeptha, 7, 376
Daniel, Job, 7
Daniel, Jno., 79, 376
Daniel, Josh, 92, 101
Daniel, Lawful, 217
Daniel, Shadrack, 376
Daniel, Starling, 623
Daniel, Stephen, 32, 604
Daniel, Thos., 119, 202, 208, 299, 376, 520, 522
Daniel, Thos. Jr., 590
Daniel, Trusel, 563
Daniel, Wm., 376
Daniels, Joab, 121
Daniels, Jno., 120, 370²
Daniels, Thos., 121
Danley, David, 198, 377
Danner, Frederick, 462, 574
Danoldson, Wm., 377
Danolson, Jesse, 119
Darally, Hugh, 372
Darbey, Patrick, 281
Darden, John, 265
Darden, Samuel, 375
Dardin, Jacob, 378
Darley, Jno., 72
Darlohside, Aquilla, 593
Darnal, Henry, 79
Darnald, Anth'y., 119
Darnald, Augustine, 280
Darnald, Henry, 188, 260
Darnald, William, 281
Darnall, Henry, 32
Darnall, Joseph, 460, 575
Darnell, Lawrence, 480
Darnell, Waugh, 519
Darnell, Wm., 519
Darrach, John, 575
Darrah, Robert, 423
Darren, John, 610
Dartreck, William, 622
Dasher, Christopher, 119, 203, 283, 520
Daug, Peter, 118
Daugh, Zacha, 118
Dauge, Dennis, 502
Dauge, Peter, 307, 308
Daugherty, Absalom, 370

Daugherty, Alexander, 370
Daugherty, Benjamin, 370
Daugherty, George, 233
Daugherty, John, 370
Daugherty, Richard, 370²
Daughtery, Jacob, 416
Daughtrey, John, 243
Daughtery, Joshua, 377
Daughtry, Absalom, 520
Daughtry, Alexander, 520
Daughtry, Dempsy, 60, 374, 522
Daughtry, James, 520
Daughtry, John, 192
Daughttry, Lewis, 519
Daughtry, Richard, 186, 521
Daughtry, S——, 377
Daughty, Jacob, 181
Daughty, Jese, 118
Daursey, William, 522
Dauson, Bartholam, 375
Dauson, Francis, 375
Dauson, Henry, 375, 376
Dauson, Isaac, 375, 377
Dauson, Levi, 373, 375
Dauson, Matthew, 375
Daustan, Wm., 519
Davant, Barnabas, 612
Daven, Samuel, 257
Davenport, Asabel, 93, 202, 275, 520
Davenport, Epharaim, 182
Davenport, Ephraim, 373
Davenport, George, 373²
Davenport, Giles, 373, 520
Davenport, James, 520, 622
Davenport, Joel, 373²
Davenport, William, 119, 191, 373, 440, 488, 575
Daves, John, 7, 32, 33, 594
Daves, Samuel, 263
Daves, Syrus, 257
Daves, William, 238
Davey, Jas., 120
David, Wm., 413
Davidson, Alexander, 375
Davidson, Benjamin, 480
Davidson, Emanuel, 121
Davidson, Ephrain, 371
Davidson, George, 33, 238, 375², 501, 603
Davidson, Jas., 120, 372, 375, 519
Davidson, Jno., 120, 372², 375², 496, 497, 502, 522
Davidson, Joseph, 72, 372²
Davidson, Thomas, 33, 119, 304, 372, 522, 611
Davidson, Wm., 72, 238, 375, 480, 602
Davidson, Wm. L., 25, 26², 79
Davidson, William Lee, 33
Davie, David, 377
Davie, Isaac, 375
Davie, John, 377²
Davie, Patrick, 378
Davie, Robert, 378
Davie, William, 372
Davie, William Richardson, 33
Daviees, John, 72
Davin, Richard, 233
Davin, William, 239
Davis, ——, 371, 599
Davis, Aaron, 7, 79, 119, 121
Davis, Abner, 371
Davis, Abraham, 33
Davis, Acey, 206, 371, 521
Davis, Albert, 520
Davis, Andrew, 371
Davis, Angukes, 190
Davis, Archelaus, 522
Davis, Archelius, 371
Davis, Archibald, 7, 86, 121, 262
Davis, Archiles, 259

INDEX 647

Davis, Asa, 60, 607
Davis, Augustin, 259
Davis, Bartley, 119, 519
Davis, Banjamin, 52, 118, 189, 198, 226, 250, 371², 591, 598, 609
Davis, Brantley, 264
Davis, Brisco, 371
Davis, Burrell, 120
Davis, Burrell, 465, 575
Davis, Case, 118
Davis, Charles, 460, 575
Davis, Clement, 420, 574
Davis, Cyrus, 86, 521, 574
Davis, Daniel, 371
Davis, David, 9³, 205, 311, 370², 416, 521, 574
Davis, Devotion, 499, 500, 621
Davis, Edw'd., 121, 426, 574
Davis, Elisha, 118, 250
Davis, Francis, 575
Davis, Fred'k., 60, 189, 371, 593, 608
Davis, George, 263, 371
Davis, Granville, 86, 273, 521
Davis, Henry, 305, 374, 521
Davis, Hugh, 72, 371³, 521
Davis, Isaac, 373
Davis, Isham, 442, 574
Davis, Jacob, 370, 371
Davis, Jas., 53², 119, 198, 204, 226, 275, 371³, 488, 499, 500, 521, 575, 598
Davis, Jehu, 120
Davis, Jem, 192
Davis, Jesse, 289
Davis, Joel, 7, 120, 187, 480
Davis, John, 7², 60², 119², 121³, 187, 204, 206, 239, 242, 275, 310³, 312, 370, 371⁴, 424, 430, 480, 487, 503, 519, 520, 521, 575, 610, 616, 618, 622
Davis, John Lahir, 370
Davis, Jonah, 370²
Davis, Jonathan, 370²
Davis, Joseph, 7, 120, 121, 268, 370³, 521, 610, 618
Davis, Joshua, 122, 270, 347, 371⁴, 521
Davis, Josiah, 119, 190, 447, 575
Davis, Lee, 121
Davis, Leonard, 120, 253
Davis, Matthew, 209, 371², 519, 522
Davis, Matthis, 371
Davis, Micajah, 7, 120, 181, 187, 257
Davis, Moses, 308, 521
Davis, Myrick, 371
Davis, Nathan, 480
Davis, Nathaniel, 480
Davis, Numa, 301
Davis, Patrick, 370
Davis, Presley, 521
Davis, Raf., 371
Davis, Reuben, 621
Davis, Richard, 118, 190, 622
Davis, Robb, 371
Davis, Robert, 7, 121, 462, 480, 574
Davis, Sampson, 575
Davis, Samuel, 66, 86, 119, 200, 226, 371³, 421, 439, 480, 519, 575
Davis, Simon, 574
Davis, Stephen, 119, 121, 209, 522
Davis, Thomas, 7, 60, 121³, 187, 188, 255, 370, 371⁴, 436, 452, 503, 575, 606, 620
Davis, William, 7², 25², 33, 53, 60, 86, 120², 121, 198, 206, 224, 226, 267, 290, 371³, 501, 519², 521, 575, 603, 606
Davis, Wyllis, 79
Davis, Zachariah, 60, 296, 521, 610
Davis, ——cajah, 371
Davison, Amos, 290
Davison, Benjamin, 293
Davison, Ephrain, 375
Davison, George, 374²
Davison, James, 375
Davison, Joseph, 375²
Davison, Ruban, 374
Davison, Wm., 375
Davison, Wm. Lee, 495
Dawby, I. Wm., 121
Dawes, Abraham, 33
Dawes, Josiah, 33
Dawe, Mallicha, 295
Dawkins, John, 453, 575
Dawley, David, 118, 224, 226, 609
Dawling, Robert, 373
Daws, Abrm., 92
Daws, Jonah, 92
Dawsey, William S., 7
Dawson, Benjamin, 520
Dawson, Henry, 33, 196, 226
Dawson, Hy, 92
Dawson, John, 120, 378
Dawson, Isaac, 273
Dawson, John, 7, 521
Dawson, Levi, 26², 33, 79, 98, 261, 518
Dawson, Matthew, 60, 298, 521, 522, 607
Dawson, Penelope, 570
Dawton, John, 465
Dawtry, Jacob, 119
Dawtry, Lewis, 119
Dawtry, Thos., 119
Day, Jno., 60
Dayley, Joshua, 92
Deacon, James, 199, 226, 372
Deacon, William, 271
Deake, Charles, 520
Deal, Edw'd., 190, 241
Deal, Isaac, 60, 607
Deal, Jacob, 375, 574
Deal, James, 248
Deal, John, 7, 118, 121, 255, 349, 373, 619
Deal, Louis, 293
Deal, Reuben, 60
Deal, Wm., 60, 201, 227, 373, 621
Deale, Paul, 347
Dealer, George, 302
Dean, Abraham, 7, 120, 204, 271, 521, 633
Dean, Anthony, 373²
Dean, Aulling, 374
Dean, Benj'n., 79, 377, 521
Dean, Isaac, 375, 520
Dean, Jacob, 520
Dean, Jeffery, 521
Dean, Jno., 119, 202, 374, 520
Dean, Malachi, 521
Dean, Moses, 7, 120²
Dean, Philip, 7², 121, 591
Dean, Robert, 7², 119, 254, 377, 519
Dean, Sterling, 118, 203, 374, 520, 614
Deans, Samuel, 377
Dearmon, John, 377
Deaver, Nathan, 521
Deaver, William, 420, 574
Deberry, Benjamin, 472
Debruhl, Edward, 416
Debury, Solomon, 522
Debush, Jacob, 121
Debusk, Dempsey, 521
Debusk, Jacob, 519
De Camp, Ezekiel, 603, 627
Decent, Timothy, 373
Decoine, Edward, 420, 575
Decone, Edward, 574
Dedrick, Jacob, 120, 121
Dedman, Mack, 374
Dedmon, Mark, 575
Deek, Holland, 374
Deel, Joel, 520
Deel, Thomas, 374
De Ell, Wm., 119
Deen, Moses, 186
Deen, Sterling, 274
Deer, John, 372, 375
Dees, Daniel, 375, 377
Dees, Nathan, 416, 522
Dees, ——ham, 373
Deffnall, David, 118, 188, 378
Defnel, Wm., 118
Defnell, David, 257
Deffnell, William, 257
Deggs, Anth'y., 79
Degnum, Thomas, 618
Dego, Ere, 372
Dego, Eve, 121, 521
DeGunsalis, Ferdinand, 7
DeKeyser, Lehancius, 33, 595, 604²
Delamar, Dempsey, 375²
Delamar, Francis, 375
Delamar, Thomas, 375
Delaney, Antich, 98
Delaney, John, 98, 294, 519, 606
Delaney, Michael, 309, 611
Delany, John, 613
Delany, Mich'l., 122
Delap, Henry, 455
Delap, Henry, Sr., 575
Delerase, Peter, 121
Delidge, Peter, 121
Delight, Peter, 374, 521
Delisslin, John, 374
Delk, Holland, 375
Dellamar ——, 375
Delle, Daniel, 417
Dellinger, John, 33
Dellong, Francis, 53
Delmore, Joseph, 520
Deloach, Bartholomen, 521
Delong, Frances, 374, 521, 592
De Medici, Cosmo, 33
Demass, Abraham, 376
Demenson, Jeremiah, 575
Demmett, Wm., 519
Demmitt, William, 268
Demont, Absolom, 374
Dempsey, Allen, 7
Dempsey, Hesbk'h., 119
Dempsey, Jno., 119
Dempsey, Squire, 79
Dempsey, Wm., 119, 181
Demry, Allen, 120
Demry, Jehu., 121
Demster, Joseph, 377
Den——, William, 373
Denis, Isaiah, 373
Denkins, Lewis, 521
Denkins, Stephen, 522
Denmeny, Allen, 519
Denn, Louis, 520
Denney, Joseph, 575
Dennis, Abner, 86, 297
Dennis, Abraham, 186
Dennis, Ezekiah, 264
Dennis, Ezekier, 207
Dennis, Hezekiah, 79, 207, 521
Dennis, Jno., 98, 374
Dennis, Josiah, 522
Dennis, Robt., 53, 101, 198,

648 INDEX

226, 372
Dennis, William, 33, 86, 98, 120, 207, 375, 519, 521, 620
Dennis, William, Riardon, 246
Denny, Ab'm., 119, 242, 591, 610
Denny, Alize, 377
Denny, David, 188, 242, 260, 591
Denny, John, 589
Denny, Joseph, 434
Denoho, John, 377
Denont, Samuel, 377
Denson, Wm., 120, 266, 519
Dent, William, 33, 498, 500
Denton, John, 574
Denrebesy, And'u., 121
Depreast, James, 279
Depreist, William, 457, 487, 575
Depriest, James, 7
Deros, William, 374
Derraberry, Andrew, 7
Derrum, Nath'l., 72
Desaussure, William, 624
Desern, Francis, 375
Desern, Frederick, 86, 195, 244, 375, 378, 620
Desheron, John, 376
Desheson, John, 377
Devane, James, 377, 447, 574
Devane, John, 377, 378, 503
Devane, Tho., 374[2]
Devall, Joshua, 416
Deveney, Aaron, 575
Devenshire, Joshua, 301
Devhan, George, 378
Dew, John, 118, 306, 611
Dewalt, Jacob, 373
Dewar, Robt., 624
Dewert, Hezekiah, 519
Dewet, Jesse, 281
Deweze, Robert, 519
Deweze, Zachariah, 519
Dewise, Hezekiah, 444, 575
Dews, Jno., 186
Dezearn, Francis, 194, 377
Dial, John, 188
Diar, Charles, 621
Dicken, William, 593, 575
Dickens, Thomas, 574
Dickens, William, 435, 623
Dickenson, Henry, 121
Dickenson, Richard, 33, 86
Dickenson, Wm., 119
Dickerson, Henry, 306
Dickerson, Isham, 575
Dickerson, John, 195, 519, 520
Dickerson, Martin, 372, 520
Dickerson, Nathaniel, 33, 101, 234, 519
Dickeson, Isham, 466
Dickey, Abraham, 375
Dickey, David, 437, 377, 575
Dickey, Ebenezer, 601
Dickey, John, 33
Dickins, Edmund, 223, 226, 375[2], 195
Dickins, James, 7, 375
Dickins, Thomas, 7
Dickinson, Geo., 53
Dickinson, Henry, 301
Dickinson, John, 201
Dickinson, Richard, 201
Dickons, Thos., 121
Dickson, Benjamin, 197, 226, 306, 372[2]
Dickson, Edward, 372[3]
Dickson, Henry, 372, 501
Dickson, James, 372[2], 522
Dickson, Jeremiah, 520
Dickson, Joel, 574
Dickson, John, 372, 574, 575

Dickson, Joseph, 372, 480[2], 487, 488, 574
Dickson, Michael, 7
Dickson, Robt., 372
Dickson, William, 500
Dicky, Anthony, 487
Diddin, Jacob, 7
Didley, Amos, 575
Die, Martin, 377
Diel, —— 374
Dieskel, William, 376
Diggins, Edmund, 204, 521
Diggins, Edw'd., 79
Dignam, Thos., 72
Digns, Isaac, 522
Digns, Isaih, 522
Diggo, A——, 374
Diggs, Anthony, 33, 255, 519
Dikons, Edw'd., 119
Dilday, Joseph, 436, 574
Dildee, Amos, 433
Dilk, Holland, 520
Dill, George, 283
Dill, John, 424, 575
Dillahunt, Daniel, 378
Dillain, 618
Dillan, John, 305
Dillard, James, 7, 120, 372, 522
Dillard, John, 72, 122, 249, 377, 519
Dillard, Michal, 375
Dillard, Osborn, 72, 193, 249, 618
Dillard, Peter, 277
Dillard, Sampson, 60, 190, 304, 607
Dillard, Wm., 72, 193, 249, 618
Dillard, Zachariah, 179, 617
Dillen, Benj., 429, 575
Diller, Henry, 375
Dilliard, James, 207
Dillion, Benjamin, 520
Dillon, Benjamin, 92, 201, 303, 309, 377
Dillon, James, 33
Dillon, John, 33
Dilloway, George, 301
Dilmore, Joseph, 293
Dimery, John, 310
Dimneuck, Peter, 179
Dimont, Epsilom, 347
Dinbury, Joel, 522
Dines, Isaac, 293
Dinkins, Absalom, 520
Disarn, Francis, 52
Discent, Timothy, 520
Discern, Frederick, 226
Discorn, Francis, 226
Discum, Tros., 308
Disern, Francis, 259
Disharoon, Jno., 596
Disheroon, John, 226
Dishon, Lewis, 449, 575
Dison, Thomas, 260, 519
Diver, James, 375
Dixon, 618
Dixon, Caswell, 121
Dixon, Charles, 7[3], 33, 86, 182, 234[2], 372
Dixon, Chasell, 7
Dixon, Geo., 66
Dixon, Henry, 25[2], 33, 53, 66, 86, 183, 200, 227, 234, 370, 372, 603
Dixon, Jeremiah, 7, 72, 120, 186
Dixon, Joel, 86, 480, 619
Dixon, Jno., 86, 204, 270, 308, 372[2], 480, 521
Dixon, Josel, 270
Dixon, Joseph, 33, 120, 480
Dixon, Mich'l., 121
Dixon, Retson, 119

Dixon, Robt., 120, 372
Dixon, Thos., 120
Dixon, Tillman, 233
Dixon, Tilghman, 33
Dixon, Tilman, 7[4], 52, 180, 372, 604
Dixon, Wm., 119, 120, 498
Dixon, Winne, 234
Dixon, Wynne, 33, 75, 120[2], 181
Doak, Samuel, 480
Dobbin, John, 373, 503
Dobbins, Alexander, 373
Dobbins, Andrew, 373
Dobbins, David, 521
Dobbins, Eph'm., 120
Dobbins, James, 7, 194, 198, 223, 226[2], 373[10], 374, 457, 575
Dobbins, John, 373[3]
Dobbins, Hugh, 33, 101, 201, 373[2], 374, 520
Dobbins, Thomas, 519
Dobbins, Wm., 8, 121, 254, 374, 601
Dobbs, Abraham, 520
Dobbs, Chesley, 359
Dobey, Nathaniel, 119, 185, 233, 612
Dobson, 33
Dobson, Elias, 293
Dobson, Joseph, 8, 121, 377, 378, 575
Docan, John, 118
Dodd, David, 72, 248, 372, 519
Dodd, Jesse, 72
Dodd, Moses, 521
Dodd, Thomas, 8, 121, 310
Dodd, William, 372, 520
Doddy, Obadiah, 377, 520
Doddriel, Jas., 119
Dodge, Jonah, 60
Dodley, Am——, 375
Dodson, Chas., 72, 233, 374
Dodson, John, 267
Doeherty, Charles, 370
Doers, John, 616
Dofferty, Edward, 374
Dofson, John, 375
Doherty, George, 8[4], 26[2], 33, 86, 182
Doherty, John, 101, 370, 519
Doherty, Rich'd., 119
Doiland, Benj., 120
Doley, Nath'l., 66
Dollahide, Aquilla, 593
Dollar, Jacob, 377
Dollar, James, 574
Dollar, Jonathan, 8, 120, 519, 575
Dollar, William, 449, 574
Dollars, Elijah, 449, 574
Dollerhide, Sylas, 620
Dolley, John, 450, 574
Dollis, William, 377
Dolly, Caleb, 119, 612
Dolohide, Silas, 53
Doming, Speakman, 118
Donagin, David, 121
Donald, John, 374
Donaldby, John, 620
Donaldson, David, 53, 619
Donaldson, Francis, 53
Donaldson, Jacob, 121
Donaldson, Jesse, 242, 376, 519
Donaldson, John, 490, 493, 494
Donaldson, Robert, 489, 490[2], 491, 493, 494
Donaldson, Spencer, 118, 191, 255, 377, 416, 619
Donally, Hugh, 8, 121, 199, 224, 226, 378
Donally, John, 72
Donahoe, Thomas, 26

INDEX

Donahue, Thomas, 26
Donalson, Jacob, 8
Donan, Jesse, 374, 520
Donas, John, 373
Dondalout, Henry, 53
Doneldson, John, 489, 491
Donelly, Arthur, 373
Donelly, Francis, 373
Dondon, Sm'l., 66
Donge, Griffith, 241
Donge, Joab, 241
Donge, Richard, 241
Donibo, Henry, 93
Donnell, Andrew, 575
Donnell, Daniel, 434, 575
Donobo, Thomas, 8[4], 33, 86, 237, 370[10]
Donoho, Wm., 519
Donohough, Thomas, 589
Donohu, Thomas, 182
Dooer, Jiulius, 519
Doowely, Francis, 375
Dorch, ——arfoot, 373
Dorhn, Christopher, 372
Dorman, West, 301
Dorms, Nehemiah, 373
Dorner, John, 53
Dorning, Ephraim, 374
Dorning, Ranol, 373
Dorsey, Benj., 377
Dorsins, John, 624
Dorr, Melcher, 430
Dorran, Ispin, 378
Dorton, Benjamin, 193, 310
Dorton, William, 377
Dorsey, Basel, 377
Dosier, James, 305
Dotey, Isaac, 8
Dotey, James, 299
Dotterhide, Sylus, 598
Doty, Edward, 374
Doty, Isaac, 121
Doty, James, 373
Douby, David, 378
Doude, Jno., 121
Doudge, Griffith, 521
Doug, Griffin, 620
Douge, Griffieth, 376[8]
Douge, Jas., 53, 253, 258, 376[2], 520
Douge, Joab, 93, 376, 521
Douge, Josiah, 606
Douge, Richard, 245, 376, 519, 626
Douge, Zachariah, 258, 376, 519
Doughlas, Benjamin, 291
Doughlass, Martin, 292
Doughty, Jesse, 618
Doughtry, Lewis, 264
Douglas, Hezekiah, 376
Douglas, John, 53, 72, 86, 522
Douglas, Robert, 34, 245, 626
Douglas, Solomon, 376
Douglas, William, 8[2], 34, 53, 72, 121, 197[2], 226[2], 376[4]
Douglass, Anthony, 520
Douglass, Edward, 519
Douglass, Hezekiah, 519
Douglass, James, 308, 521
Douglass, John, 208, 244
Douglass, William, 187, 234
Douglass, Wm., 8
Dougtey, Saml., 270
Dourday, Mills, 305
Dove, Wm., 118, 189, 297, 610
Dove, Josiah, 280
Dovson, Joseph, 421
Dowal, David, 34
Dowall, James, 237
Dowell, James, 53, 191, 245
Dowell, William, 193
Dowd, John, 252

Dowd, Julius, 522
Dowden, Anthony, 259
Dowden, Chas., 520
Dowden, Samuel, 259, 377, 521
Dowdle, John, 8, 121
Dowdle, William, 373
Dowdy, Francis, 120
Dowdy, Geo., 119
Dowdy, Jacob, 621
Dowdy, John, 286
Dowdy, Josiah, 198, 226
Dowing, George, 520
Dowling, Dennis, 86
Dowling, Robert, 520
Downams, Richard, 612
Downham, Speakman, 256
Downhan, Richard, 256
Downey, Patrick, 457, 575
Downes, John, 618
Downes, Thomas, 575
Downing, Ephraim, 375, 521
Downing, George, 263, 591
Downing, James, 447, 575
Downing, Peter, 521
Downing, Rich'd., 118
Downing, Thomas, 8, 121
Downing, Wm., 121
Downman, Richard, 179
Down, Henry, 496, 497
Downs, John, 72, 205, 521
Downs, Thomas, 347, 444
Dowlin, John, 575
Dowsam, Isaac, 520
Doxton, Joel, 520
Dozier, Sam, 374
Drake, Axom, 120
Drake, Cornelius, 241
Drake, Corn's, 519
Drake, Cove, 60
Drake, Ely, 119, 194, 226, 378[2]
Drake, Exum, 519
Drake, Richard, 425, 575, 623
Drake, William, 425, 575
Draminas, Demana, 285
Draper, Roger, 79
Draughon, George, 377
Drawhorn, John, 290
Drayhon, John, 378
Drew, Joshua, 435, 575
Drew, Solomon, 435, 575
Drew, William, 60, 187, 376, 608
Drewery, Henry, 302
Drewry, John, 251
Dring, Thomas, 60, 294
Drischall, David, 118
Drish, Thos., 373
Driskell, David, 254
Driver, Bird, 520, 600
Driver, Charles, 207, 269, 521
Driver, Giles, Jr., 269
Driver, Thomas, 617
Druge, Griffin, 93
Drum, Philip, 437, 575
Drummon, Joseph, 301
Drury, Henry, 574
Drury, John, 121, 374, 519
Drury, Morgan, 121, 251, 519
Dry, Jacob, 359
Duart, Charles, 374
Dubberly, ——, 347
Dubberly, John, 347
Duberry, Solomon, 119
Dubois, Nich., 119
Duboise, Nicholas, 519
Dubos, ——, 377
Dubust, Jacob, 8
Ducan, George, 519
Ducast, Ezekial, 8
Ducawin, James, 283
Duce, William, 377
Ducey, Morgan, 372

Duchan, Humphrey, 226
Duchingham, John, 521
Duck, Jacob, 385
Duck, James, 375
Duckett, George, 377
Duckingham, John, 377, 378
Duckworth, John, 421, 485, 574
Dudley, 618
Dudley, Ambrose, 119, 522
Dudley, Bennet, 299
Dudley, David, 359, 416
Dudley, Edward, 376
Dudley, Elijah, 377
Dudley, George, 86, 377, 378
Dudley, Guilford, 34
Dudley, John, 60, 606
Dudley, Matthias, 299
Dudley, Thomas, 8[4], 34, 86, 120, 186, 236, 376
Dudley, William, 374
Due, John, 8, 121
Duert, Hezh., 120
Duester, Abraham, 283
Duester, James, 283
Duffee, Peter, 374, 519
Duffell, Peter, 248
Duffell, Thos., 98, 180, 243
Duffey, Peter, 248
Dufnel, David, 611
Dufnel, Wm., 611
Dugald, John, 283
Dugan, Francis, 118, 266, 619
Duggan, Francis, 520
Duggan, Jesse, 202, 520
Duggan, John, 289, 377, 520
Duggan, Thomas, 520
Duggin, Francis, 202
Duggin, Jesse, 79, 256
Duggin, Thomas, 79, 202, 256
Duggin, William, 256[2]
Duggs, William, 299
Duhemple, Archil, 374
Duke, Buckner, 92
Duke, Gran, 283, 521
Duke, Hardeman, 449
Duke, Hardernan, 575
Duke, Harmon, 273
Duke, James, 92, 446, 521, 574
Duke, John, 121, 207, 522
Duke, Sharrod, 521
Duke, Sherard, 120
Duke, Sherrod, 375
Duke, Shurrod, 279
Duke, Wm., 120, 200, 205, 227, 254, 375, 377, 378, 449, 521, 575
Duke, William, 575
Dukemore, Marina, 119
Dukes, Arthur, 277
Dukes, Elisha, 280
Dukes, Hardmond, 118
Dukes, John, 8, 267
Dukes, William, 119
Duling, Rue, 374
Dulose, Jacob, 377
Dum, Jeffrey, 376
Dum, Malachi, 376
Dum, Nehemiah, 376
Dum, Nicolac, 376
Dum, Robert, 376
Dum, Wm., 376
Dumbesh, John, 374
Dummick, Peter, 246
Dumond, John, 377
Dun, Benjamin, 612
Dun, Sterling, 612
Dunagon, John, 243
Dunbar, Dan, 239, 607
Dunbar, Dunn, 60
Dunbar, Isaac, 299
Dunbar, John, 309
Duncan, ——, 374

650   INDEX

Duncan, Edward, 374
Duncan, Elias, 374
Duncan, Elijah, 122, 236
Duncan, Elizah, 521
Duncan, George, 8, 119, 120, 183, 265, 574
Duncan, Isaac, 374
Duncan, Jeremiah, 374, 520
Duncan, Jesse, 53, 190, 243, 480, 519
Duncan, John, 480
Duncan, Joseph, 480
Duncan, Peter, 120, 180
Duncan, Robert, 34, 72
Duncan, William, 119, 374, 519
Dundele, Hugh, 291
Dundelor, Benjamin, 284
Dunegan, Thomas, 190
Dunfield, Clayton, 373
Dunham, Jno., 120
Dunick, Peter, 8
Dunigan, Joshua, 374
Dunkan, Wm., 374
Dunkin, William, 266, 593
Dunkinson, John, 283
Dunlap, Joseph, 624
Dunn, Andrew, 376
Dunn, Bamhos, 376
Dunn, Bartho'm., 376
Dunn, David, 372
Dunn, Drury, 376
Dunn, George, 207, 372², 521²
Dunn, Hezekiah, 376
Dunn, Isaac, 372
Dunn, Jacob, 118, 119, 179, 376
Dunn, James, 376²
Dunn, Jeffrey, 118
Dunn, John, 372
Dunn, Jno. D., 376
Dunn, Malachi, 118, 205
Dunn, Nicolas, 376
Dunn, Nicholas, 120, 199, 224, 226, 575
Dunn, Nichols, 431
Dunn, Robt., 372
Dunn, Samul, 372²
Dunn, Simon, 376
Dunn, Thomas, 274
Dunn, William, 372²
Dunnagan, David, 8
Dunnagan, Joshua, 521
Dunnan, James, 181
Dunnar, James, 373
Dunnegan, John, 520
Dunnehe, Henry, 374
Dunneloe, Henry, 193
Dunnick, Peter, 119, 610, 626
Dunnigan, Thos., 119
Dunning, James, 67, 299
Dunning, Uriah, 119
Dunnock, Peter, 306
Dunsee, Edmond, 53
Dunson, Wm., 119
Dunstan, Charles, 8, 184
Dunstand, Chas., 120
Dunston, William, 375
Dupreart, James, 519
Dupree, Bird, 377
Dupree, Cordell, 624
Dupree, James, 519
Dupree, Jas. Arms, 53
Dupree, Sterling, 377
Dupree, Wm., 624
Duport, Jesse, 283
Duport, Joseph, 283
Dupriest, Jas., 121²
Durdan, Banjamin, 519
Durdan, Cornelius, 520, 522
Durdan, John, 377, 519
Durden, Banj., 119
Durden, Cornelius, 119
Durden, Mills, 8

Durdon, Mills, 121
Durkett, David, 521
Durkins, Absolom, 374, 377
Durkins, John, 374
Durham, Humphrey, 120, 194, 223, 372²
Durham, John, 119, 198, 224, 226, 372², 575
Durham, Nathaniel, 237, 372, 519, 620
Durham, William, 8², 120, 180, 372²
Durham, Zachariah, 290
Durkworth, ——, 374
Durkworth, A. Hawkins, 378
Durkworth, John, 378
Durn, John, 377
Durnegan, Jno., 119
Durning, James, 250
Durremfiss, John, 613
Durrill, John, 416
Duson, James, 377
Duvall, William, 377
Dyal, James, 520
Dyches, Isham, 374, 378, 522
Dyches, Isom, 53
Dyck, James, 378
Dye, Avery, 377
Dye, Hopkins, 98, 306, 308, 378, 608
Dye, Martin, 373, 374, 378
Dyer, James, 373
Dykes, William, 378
Dyson, Barton, 378
Dyson, Boston, 601
Dyson, Philip, 601
Dyson, Thomas, 98, 611, 613
Dzar, Ahaseur, 376
Dze, Avery, 374

Eager, Jno., 122
Eagle, Geo., 122, 333, 523
Eagle, Jno., 333
Eagle, Joseph, 604
Eagle, Philip, 333
Eagle, Robert, 34
Eagle, Thomas, 8
Eagles, Simon, 359
Eakens, Thomas, 359
Eakires, Thomas, 417
Ealbeck, Henry, 623
Eaple, Henry, 417
Eaple, Philip, 416
Earely, Daniel, 359
Earhart, Philip, 8, 123
Earl, Jas., 72, 262, 522
Earl, John, Baylus, 334
Earl, Russel, 333
Earl, William, 34, 622²
Earle, Wm., 333
Earley, Thomas, 194
Early, Jas., 79
Early, Thomas, 227
Earnhart, John, 522, 523
Earp, Abedney, 575
Earp, Edward, 333, 522
Earp, Richard, 522
Ears, Ezekiel, 616
Earthen, Isaac, 593
Easeley, Roderick, 122, 593
Easley, Daniel, 446
Easley, Roderick, 181
Easly, Daniel, 575²
Easman, Benjamin, 241
Eason, Benjamin, 334
Eason, Iaac, 333
Eason, Jacob, 209, 303, 523
Eason, Joseph, 261
Eason, Seth, 200, 227
Eason, Thomas, 261, 305, 308
Eason, Wm., 122, 198, 227
Easten, Moses, 274

Easter, David, 101
Eastman, Benj., 122, 189, 333
Eastmead, John, 93
Easton, Abner, 333, 347
Easton, Sanders, 347
Easton, Seth, 34, 93
Easton, Thos., 333, 495, 498
Eastwood, Caleb, 523
Eastwood, John, 282
Eaton, Charles, R., 503
Eaton, Christopher, 462, 575
Eaton, James, 8
Eaton, John, 240, 498, 500
Eaton, Pinketham, 17, 34, 67, 185, 592
Eaton, Pinkeyton, 240
Eaton, William, 459, 502
Eavin, Benjamin, 523
Ebb, Josiah, 523
Eberly, John, 625
Eborn, John, 188, 235, 333²
Eborn, Perkethman, 333
Eborn, Zenos, 333
Eborne, John, 34²
Eburn, Jno., 79
Eburn, Thos., 79
Eccard, Robert, 523
Eccart, Robert, 249
Eccles, Gilbert, 333
Eccles, John, 333
Echols, James, 606
Eckland, John, 246
Eckles, Frederick, 591
Eckles, Wm., 123
Eckols, Wm., 258
Ecleon, Abner, 333
Ecles, Gilbert, 332
Ecklin, Joshua, 417
Ecnet, Robt., 53
Ecum, Ethelred, 272
Edens, Jno., 122, 286
Edenton, Nicholas, 122, 196, 227
Eddlemon, Peter, 480
Edge, Joseph, 309
Edge, Marmaduke, 309
Edge, Thos., 53, 598
Edgner, Math's, 123
Edins, Thomas, 333
Edleman, Francis, 306
Edleman, Peter, 333, 441, 575
Edlow, Jno., 123
Edmiston, John, 416
Edmiston, Joseph, 333
Edmon, Haggard, 597
Edmonds, David, 122
Edmonds, Kitt, 334
Edmonds, Nich's, 592
Edmonds, William, 623
Edmonds, Abel, 60
Edmons, Wm., 123
Edmonson, Jno., 123, 359
Edmonson, Thomas, 333
Edmunds, Abel, 262, 333, 523, 611
Edmunds, Howell, 449, 500, 502
Edmunds, Nicholas, 34, 67, 193, 333
Edmunds, Rever, 624
Edmundson, Ralph, 523
Edmundson, William, 435, 575
Edoc, Jas., 122
Edulus, Thos., 79
Edward, Robert, 522
Edwards, Andrew, 334
Edwards, Benj., 67, 439, 575
Edwards, Brown, 122, 522
Edwards, Charles, 180, 334
Edwards, David, 8, 123, 179, 295, 465, 575
Edwards, Etheridge, 309
Edwards, Henry, 334
Edwards, Israil, 334
Edwards, Jacob, 334

Edwards, James, 523
Edwards, Jarrot, 188
Edwards, Jesse, 295
Edwards, Joel, 189, 334, 522
Edwards, John, 8, 60, 86, 123³, 182, 183, 184, 208, 334⁵, 523, 623, 624
Edwards, John, Jr., 8, 123, 624
Edwards, John, Sr., 8
Edwards, John, Warren, 624
Edwards, Joseph, 194, 227, 334
Edwards, Joshua, 334
Edwards, Lemuel, 122, 123, 334, 523
Edwards, Micajah, 334
Edwards, Obidiah, 334
Edwards, Reuben, 523
Edwards, Richard, 600
Edwards, Robert, 257, 309, 334, 523
Edwards, Ruben, 334
Edwards, Simon, 122, 180, 334
Edwards, Solomon, 122, 334
Edwards, Stephen, 122, 334, 522, 623
Edwards, William, 334
Edwin, Nicholas, 185
Efland, John, 450, 575
Eggerton, Jesse, 122
Egerton, John, 522
Eggers, Landricee, 575
Eggers, Landrine, 418
Eggleston, James, 333
Eggleston, Noah, 333
Egle, Philip, 333
Egner, Matthias, 252
Egner, Peter, 523
Eickilberg, Joseph, 416
Ekels, Wm., 191
Ekhard, Martin, 359
Elam, Charles, 443
Elbert, Conrade, 181
Eldear, William, 522
Elder, William, 8, 123
Eldridge, Levi, 238
Eldridge, Levy, 72
Elist, Absolom, 523
Eliot, Jabez, 98
Eliot, Jesse, 332
Eliot, Jno., 72
Elixon, Jonathan, 218
Elixon, Peter, 8
Elkin, Shadroch M., 523
Elkin, Shadrock, 598
Elkins, Josh, 86, 199, 227, 333
Elkins, Shad'k., 86, 334
Elkins, William, 333
Elks, Wm., 79
Ellams, Charles, 333
Elledge, Benjamin, 333
Eller, John, 8, 123, 279
Eller, John M., 456, 575
Eller, Joseph, 8, 123, 257
Ellett, John, 608
Elleums, Jas., 123
Ellick, Joshua, 122
Ellington, Daniel, 425, 575
Ellins, Charles, 184
Elliot, Jabesh, 610
Elliot, Jabeth, 260
Elliot, John, 241, 271, 299, 523²
Elliot, Zacheriah, 8, 123, 522
Elliott, Alexander, 332
Elliott, Edward, 332
Elliott, James, 242
Elliott, Jno., 122, 192, 204, 332², 444, 575
Elliott, Joseph, 122, 288
Elliott, Joseph, Jr., 624
Elliott, Thomas, 302, 332
Elliott, Thomas, Sr., 624
Elliott, William, 206, 332, 523, 625

Elliott, Zack, 332
Ellis, Aaron, 8, 122
Ellis, Absalom, 122, 179, 334
Ellis, Bartholemn, 8, 122
Ellis, Bert, 181
Ellis, Daniel, 523
Ellis, Ebenezar, 334
Ellis, Elisha, 616
Ellis, Henry, 334
Ellis, James, 8, 123, 334, 523
Ellis, Jeremiah, 415
Ellis, Jno, 86, 122², 252, 334, 609, 616
Ellis, Joseph, 334
Ellis, Josiah, 415, 523
Ellis, Michael, 427, 575
Ellis, Richard, 499, 500
Ellis, Robt., 8, 60, 123, 185, 274, 334, 498, 500, 502, 575, 610
Ellis, Shadrack, 334
Ellis, Thos., 122
Ellis, Walter, 593
Ellis, Wm., 93, 334
Ellison, Ackes, 523
Ellison, Ackiss, 273
Ellison, Akis, 523
Ellison, Andrew, 72
Ellison, Corn'ls., 122
Ellison, John, 457, 575
Ellison, Peter, 123
Elloms, Chas., 67
Ellum, James, 182
Ellums, Charles, 607
Ellums, Jas., 123
Elluns, James, 8
Ellwell, Benjamin, 333
Elmer, Eli, 34
Elmes, Charles, 8, 123
Elmes, James, 8
Elmore, Daniel, 122, 523, 264
Elmore, George, 522
Elmore, James, 8, 122, 522
Elmore, Morgan, 122, 301, 522
Elmore, Moses, 416
Elmore, Randolph, 333
Elmore William, 441, 480, 575
Elmoure, George, 249
Elms, Charles, 189, 575
Elms, James, 522
Elsmore, Ephraim, 8, 123
Elwell, Richard, 333
Ely, Eli, 34, 93, 201, 523
Ely, Leml., 93, 201, 523
Ely, Samuel, 34
Emason, Henry, 123
Emboey, Jno., 122
Embry, John, 192
Ember, John, 608
Emerson, Henry, 575
Emerson, Sam'l., 123
Emery, Edmund, 600
Emery, John, 600
Emery, Stephen, 612
Emery, William, 575
Emes, Charles, 333
Emly, David, 123
Emlin, David, 8
Emmery, Stephen, 262, 523
Emmery, John, 238
Emmery, William, 8
Emmett, James, 25, 34, 67, 240, 592
Emmett, James, 25
Emmitt, James, 184, 333
Emory, Jno., 122, 194, 227
Emory, Stephen, 60
Emory, Wm., 123
Enax, David, 8
Endeakin, Francis, 522
Enderkin, Francis, 8, 123
Endless, Thomas, 523, 570
Enloe, John, 333

Enloe, Lucky, 236
Enloe, John, 34, 79, 166, 236
Endlys, Thomas, 602
Enganus, William, 8, 123
English, John, 522, 250
English, Joseph, 260
English, Joshua, 282
Engor, S., 359
Engrum, Tobias, 8, 123
Enman, William, 8
Enmor, Josiah, 523
Enouch, David, 597
Enox, Thomas, 333
Enson, Colin, 347
Enzor, Lum, 333
Epps, Jno., 101, 186, 307, 575
Epps, Wm., 101, 186, 310, 619
Equals, Wm., 122
Erexon, Johnathan, 198, 227
Erixon, Samuel, 334
Erricks, David, 122
Erven, James, 610
Ervin, Hugh, 488
Erving, Thomas, 196, 227
Erwin, Arthur, 378²
Erwin, Gaevin, 378
Erwin, Jas., 79
Erwin, Jared, 378
Erwin, Jarod, 378
Erwin, Jarrald, 378
Erwin, Jarrel, 378
Erwin, Jno., 53, 72, 333, 378⁸, 604
Erwin, Nath'l., 378
Erwin, Robert, 378
Erwin, Thos., 378
Erwin, William, 378⁴, 420, 575
Erxion, A——, 334
Eslick, Jas., 72, 201, 227
Espey, Samuel, 440, 441, 480, 488, 575
Espy, Samuel, 34
Essick, Joseph, 423
Essig, Joseph, 429, 575
Essins, Thos., 123, 261
Essix, Joseph, 423
Essoms, Thomas, 8
Ester, William, 281
Esterlege, Eph'm., 123
Esteridge, Thos., 123
Esters, John, 8
Estes, Thos., 333, 522, 523
Estill, Benjamin, 480
Estis, Samuel, 262
Eston, Thomas, 500
Estridge, Ephraim, 8
Estridge, Thomas, 246, 263
Estwood, Caleb, 333
Etchison, Edmund, 456, 575
Etherage, John, 8⁸
Etheredge, William, 286
Etheridge, Caleb, 623
Etheridge, Dan'l., 98, 298
Etheridge, Ephraim, 333, 522
Etheridge, Isaac, 206, 523
Etheridge, John, 180
Etheridge, Robb, 623
Etheridge, Samuel, 523
Etherige, John, 252
Etherington, William, 8
Ethridge, Aaron, 623
Ethridge, Jno., 53, 334
Ethrington, Wm., 123
Eubank, Daniel, 334
Euing, George, 8
Euman, Wm., 123
Evans, Benja, 379²
Evans, Burrell, 122
Evans, Burwell, 523
Evans, Charles, 8, 122², 194², 204, 223, 227, 379⁴, 523
Evans, Charley, 227
Evans, David, 379⁴

INDEX

Evans, Edward, 378
Evans, Elisha, 424, 575
Evans, Ephm., 379
Evans, Geo., 93, 379, 503
Evans, James, 122, 179, 379[2]
Evans, Jeremiah, 293
Evans, Jesse, 523
Evans, John, 8, 72, 122, 123[2], 523, 618, 624
Evans, Joseph, 72, 298, 379, 522
Evans, Maurice, 8
Evans, Morris, 206, 379, 523
Evans, Murin, 123
Evans, Nel, 8
Evans, Philip, 293, 379, 523
Evans, Reuben, 8, 184, 575
Evans, Reubens, 122
Evans, Rich'd., 122, 257, 310
Evans, Rubin, 379
Evans, Samuel, 378, 379[2], 449, 575
Evans, Theopilis, 379
Evans, Thomas, 8[4], 34, 60, 86, 179, 244, 379[3], 594, 612
Evans, William, 289, 378, 523
Eveleigh, Thomas, 624
Evens, Chas., 122
Evens, Edward, 591
Everage, Edward, 373
Everedge, Abner, 270
Everet, Jno., 53
Everett, David, 621
Everett, John, 499
Everett, Nathaniel, 465
Everett, Thomas, 209
Everhart, Peter, 429, 575
Everheart, David, 227
Everheart, David, 197
Everidge, Isaac, 122, 206
Everidge, Mal, 334
Everigin, Edward, 499, 500
Everington, Edw'd., 122
Everit, John, 227
Everitt, Edmund, 523
Everitt, James, 334
Everitt, John, 195
Everitt, Nathaniel, 575
Everitt, Thomas, 302, 454, 523, 575
Evers, James, 333[2]
Evers, John, 333[2]
Everton, Edward, 264, 522
Eves, Wm.,
Evins, Thomas, 254
Evitt, Lewis, 333
Ewait, Michal, 522
Ewart, James, 480
Ewart, Robert, 480
Ewell, Caleb, 8
Ewell, Calleb, 123
Ewell, Nath'l., 122, 265, 523, 608
Ewell, S., 208
Ewell, Samuel, 296
Ewell, Stephen, 122, 183, 255
Ewell, William, 34, 79, 122, 241
Eweman, Christopher, 8
Ewing, Geo., 123, 522
Ewing, Nathaniel, 333
Ewmen, Chris'r., 123
Excll, Frederick, 523
Exum, Ben, 614, 621
Exum, Ethelred, 615
Exum, Philip, 269
Ezan, John, 625
Ezell, Timothy, 8, 123

Faddes, Andrew, 257
Faddles, Jas., 125
Fadlock, Drewry, 302
Faenal, James, 380
Fagety, Jas., 101

Faigan, George, 274
Fail, John, 336
Fail, Thos., 123, 591
Faile, Dixon, 439, 576
Fain, William, 8
Fair, Melcher, 305
Fair, Noah, 610
Fair, Richard, 380
Faircloth, Jno., 124, 126, 336[2], 591
Faircloth, Newson, 352
Faircloth, Thomas, 335
Faircloth, William, 34, 123, 189
Fairfax, Frederick, 279
Fairfax, William, 280
Faison, Elias, 337
Faison, Elisha, 351, 380
Faison, Jas., 124
Faison, John, 337
Faison, Kelbey, 335
Faithell, William, 190
Faithfood, William, 8
Faithful, William, 8[2], 125, 251
Falconer, Jas., 124, 335, 336
Falkner, James, 335
Falls, 34
Falls, Gilbreth, 380
Falls, Galeth, 352
Falls, Wm., 345, 352, 380, 437, 576
Fann, Wm., 125, 335
Fannen, John, 525
Farden, Joseph, 283
Fardwell, Abraham, 335, 524
Farebee, Thomas, 8
Farell, William, 336
Farewell, James, 480
Farley, James Park, 498, 500
Farmer, Benjamin, 125, 197, 224, 227, 336, 352
Farmer, Jas., 125, 337
Farmer, Jesse, 8, 125
Farmer, Jno., 124[2], 195[2], 227[2], 283, 335, 336
Farmer, Henry, 124
Farmer, Peter, 299
Farmer, Thomas, 291
Farmer, Wm., 80, 125, 192, 241, 611
Farnal, James, 335
Farnavil, Rich'd., 125
Farnell, Thos., 590
Farnes, Thomas, 246
Farnes, William, 246
Farney, Peter, 524
Faroah, Joshua, 351
Farr, George, 306
Farr, James, 352
Farr, Rich'd., 352
Farragut, George, 335
Farrar, Nathaniel, 196, 227, 444, 516
Farrel, Abram, 181
Farrel, Clement, 8
Farrell, Edward, 523
Farrell, Nathan, 524
Farrell, William, 179, 465, 576
Farrior, John, 352
Farriss, William, 218, 336
Farron, Nathaniel, 336
Farror, William, 524
Farrow, Nathaniel, 337
Farrow, Peter, 615, 616
Farrow, Thos., 86, 125, 253
Farrow, William, 255
Farterson, ——, 602
Fast, James, 345
Fatherly, Stephen, 335
Fatheroe, Stephen, 335
Faulke, John, 335
Faulkner, Ephraim, 337
Faulkner, Francis, 72
Faulkner, John, 335[2], 345

Faulks, James, 8[3], 254
Faulks, John, 8, 252
Faulks, Joseph, 238
Faun, William, 8[4]
Fauner, Benjamin, 8
Fauney, Jno., 124
Fauning, Peter, 124
Faunt, William, 245
Fautner, Caleb, 335
Fawcett, James, 181, 337, 617
Fawn, 602
Fawn, William, 34, 67, 183, 237, 336[2], 351, 592, 620
Feamster, William, 337
Fear, Edmund, 34, 335, 480
Fear, Thomas, 480
Fear, William, 626
Fearle, Ansol, 124
Fearless, Elisha, 124
Fears, Thomas, 460, 576
Fee, Thos., 101, 619
Fegan, Aaron, 335
Feinster, William, 485
Fellows, John, 592
Felmott, Dorus, 575
Feloes, William, 255
Felps, Garret, 60
Felps, Jotham, 336, 525
Felton, Sam'l., 125
Felyan, Stephen, 447, 576
Fen, Wm., 380
Fenn, Richard, 380
Fennel, Frederick, 352
Fennel, Joseph, 450, 576
Fennel, Maurice, 208
Fennel, Arthur, 525
Fennell, Maurice, 525
Fennell, Morris, 352
Fennell, Nicholas, 336, 525
Fenner, Richard, 8[5], 9[4], 34, 185, 241, 336
Fenner, Robert, 34, 179, 594, 609
Fenner, Wm., 26, 34, 60, 93, 186, 336, 501, 594
Fenney, James, 525
Fenney, Thomas, 9
Fentice, Moses, 9, 125
Fenton, Caleb, 248
Fenton, Elizabeth, 248
Fenton, Joshua, 93, 599
Fenton, Mary Pain, 248
Fenton, Sarah, 248
Fenton, Thos., 124, 345, 525
Ferebee, Joseph, 123, 246
Ferebee, Samuel, 429, 576
Fereby, Robt., 125
Ferges, James, 248
Fergison, Thos., 337
Fergus, James, 9, 34, 126
Fergus, John, 575, 604
Ferguson, Isham, 9, 208, 336
Ferguson, Mack, 200, 227, 336[2]
Ferguson, Peter, 9, 207, 249, 335
Ferguson, Robert, 9
Ferguson, Thos., 351
Feribee, William, 185
Fernathan, William, 224
Ferrabee, Wm., 93
Ferrebee, Joseph, 34
Ferrebee, Robert, 205, 379, 525
Ferrebee, William, 34, 247, 379
Ferrel, Edward, 379[2]
Ferrel, Enoch, 379
Ferrel, Gabriel, 379
Ferrel, Henry, 296
Ferrel, James, 9, 379
Ferrel, John, 296, 379[2]
Ferrel, Micajah, 379
Ferrel, Mich'l., 352
Ferrel, Nathan, 379
Ferrel, Wm., 379
Ferrell, Clement, 254

INDEX

Ferrell, Clem't., 125
Ferrell, Edward, 195, 227, 255
Ferrell, Enoch, 123, 183, 233
Ferrell, Gab'l., 125, 223, 227, 444, 576
Ferrell, Jacob, 269, 525
Ferrell, Jas., 101, 124, 233, 523, 524
Ferrell, John, 9, 125, 126, 253, 424, 524, 576
Ferrell, Luke, 126
Ferrell, Luke L., 35
Ferrell, Luke Lamb, 201, 295
Ferrell, Micajah, 34, 101, 202
Ferrell, William, 35, 124[2], 188, 255, 295
Ferrill, Gabriel, 9, 193, 524
Ferrill, James, 619
Ferrill, Luke, 524
Ferrill, Micajah, 524
Ferrill, William, 524, 590, 594
Ferus, William, 608
Fespeman, John, 380
Fesperman, Henry, 335
Fest, Samuel, 257
Fetner, Henry, 285
Few, Alexander, 309
Fichpatrick, John, 352
Field, John, 335
Field, Timothy, 124, 335
Field, Zacheriah, 380
Fields, John, 9, 124, 125, 194, 227, 352[3], 455, 576
Fields, Lewis, 60
Fields, Timothy, 299, 380, 525
Fifter, Jacob, 352
Fight, Conrad, 9, 125, 576
Fike, James, 198, 227
Fikes, Jas., 53
Fillgon, William, 290
Fillips, Hugh, 380
Fillips, Jno., 123
Fillips, Josh, 123
Filman, Wm., 125, 524
Filsby, Rich'd., 72
Filson, William, 227, 336, 352
Fillyan, John, 352
Filyan, William, 525
Finch, Isham, 351[2], 526
Finch, Isom, 124
Findall, James, 380
Findley, Abraham, 379
Findley, Charles, 576
Findley, James, 337, 434, 576
Findley, John, 434, 489, 492, 576
Findley, Joseph, 379[2]
Findly, John, 489, 490[2], 491, 493, 494
Fingle, Jacob, 380
Finley, Abm., 93, 194, 223, 227, 291, 379
Finley, Charles, 444
Finley, George, 379[3]
Finley, James, 379[3]
Finley, John, 379
Finley, Shaw, 207
Finley, Wm., 379
Finner, Hobert, 239[2]
Finner, Rich'd., 60
Finner, Wm., 239
Finney, James, 336, 352
Finney, John, 337, 345
Finney, Samuel, 9, 254
Finney, Thomas, 9[4], 35, 60, 180, 220, 595, 235
Firgy, John, 337
Fishburn, Philip, 336, 354
Fisher, Ambrose, 525
Fisher, Isaac, 525
Fisher, Jas., 124, 352
Fisher, Joel, 293, 524
Fisher, Jno., 124, 199, 227, 335
Fisher, S., 380

Fisher, Wm., 124
Fist, Sam'l., 125, 524
Fist, Thomas, 9
Fitchjarrell, Jarrell, 302
Fitner, Henry, 351, 525
Fitspatrick, Simon, 345
Fitz, Benjamin, 336
Fitzerald, William, 434
Fitzflemming, John, 525
Fitzgarrald, John, 181
Fitzgerald, Jacob, 525
Fitzgerald, William, 576
Fitzpatrick, Briggs, 525
Fitzpatrick, Simon, 525
Flack, James, 525
Flanagan, Edward, 335
Flanigan, George, 299
Flannagan, Dennis, 9
Flannegan, Patrick, 525
Flannigan, David, 443
Fleetwood, Francis, 124
Flemhen, Samuel, 337
Flemin, Joseph, 245, 380, 524, 626
Fleming, Alison, 380
Fleming, John, 124, 380[3], 379[2], 602
Fleming, Mitchell, 379, 380
Fleming, Wm., 124
Flemming, Allison, 456, 576
Flemming, James, 9, 124, 184, 380[2]
Flemming, Thomas, 268, 308, 524, 593
Flend, John, 352
Flenniken, John, 496, 497
Flere, Thos., 351
Flessur, Samuel, 289
Fletcher, Abner, 525
Fletcher, James, 334, 525
Fletcher, Jeremiah, 291
Fletcher, John, 334, 525, 603, 627
Fletcher, Joseph, 299
Fletcher, Joshua, 273
Fletcher, Nathan, 334, 525
Fletcher, Reuben, 334, 420, 525, 576
Fletcher, Robert, 270, 524
Fletcher, Thos., 124, 179, 246, 334, 466, 576
Fletcher, William, 123, 253, 334
Fletcher, William S., 525
Flind, John, 524
Fling, John, 337
Fling, Michael, 276
Fling, Thos., 124
Flinn, David, 86
Flinn, John, 124, 575
Flinn, Thomas, 183
Flinn, Wm., 124
Floch, Lewis, 9
Floid, Charles, 600
Flood, Alex, 60, 184
Flood, Alexander, 247, 336, 611
Flood, Benjamin, 9, 124, 185, 241, 380
Flood, Elisha, 274
Flood, Enoch, 9, 125, 181, 352
Flood, Frederick, 9, 125, 254
Flood, George, 524
Flood, Jesse, 526
Flood, Jessee, 209
Flood, Joseph, 280
Flood, Peter, 525
Flood, Sam'l., 125
Flood, Wm., 123
Flood, Zachariah, 280
Flora, Lazars, 124
Flora, Lazarus, 524
Flora, Rich'd., 124, 179
Florence, George, 525
Florees, Jef, 380

Florida, Francis, 125
Flounder, Robt., 60
Flowers, Charles, 277
Flowers, John, 335, 352[2]
Flowers, Thomas, 335
Flowers, William, 9, 125, 335
Flowron, Lazarus, 253
Flowron, Richard, 253
Floyd, Augustine, 282
Floyd, Buckner, 124, 183, 352
Floyd, Charles, 266
Floyd, Francis, 274
Floyd, James, 380
Floyd, John, 124, 203, 269, 351, 485, 524, 525, 570, 597
Floyd, Lawrence, 524
Floyd, Willis, 380, 525
Floyed, Griffin, 336
Floyed, Uriah, 336
Fluallen, Jonas, 301
Fluelin, Arch, 336
Fluellen, William, 345
Flury, Wm., 79
Flusher, James, 276[2]
Fly, Chas., 125
Flye, Charles, 9
Flynn, Elizabeth, 248
Flynn, Laughlin, 248
Flynn, Thomas, 248
Foakes, Yelverton, 35
Foard, Hezekiah, 35
Foard, John, 497
Foddes, James, 246
Foddes, John, 246
Fogarty, Ed., 336
Fogarty, James, 523
Fogertee, James, 237
Fogetty, Edmond, 352
Foggerson, Frs., 624
Foisett, Rob't., 60
Foke, James, 311
Foke, Malachi, 311
Folar, John, 311
Folcaner, James, 184
Foley — 380
Foley, Flud, 335
Foley, John, 125, 524
Foley, Thos., 524
Folk, Christopher, 260
Fulk, James, 9
Folkes, Nelverton, 604
Folkner, Calop, 345
Folkner, John, 351
Folks, Jas., 125[2]
Follock, Jesse, 9
Folly, John, 9
Folsom, Ebenezer, 614
Folsom, Isarel, 335
Fomes, William, 187
Fones, John, 282
Fontain, Jese, 124
Fontaine, John, 590
Fonton, Ambrose, 524
Fonville, Isaac, 123, 611
Fonville, Jeremiah, 380
Fonville, William B., 337
Foods, James, 352
Fook, John, 609
Fookes, James, 345
Fookes, John, 345
Fooks, James, 80, 206, 525
Fooks, Jno., 80, 206, 335, 525
Foorms, Arthur, 611
Fooshee, John, 426, 576
Forbe, Joseph, 185
Forbes, Arthur, 35, 380
Forbes, Hugh, 576
Forbes, John, 35
Forbes, Joseph, 457, 576
Forbes, Joshua, 524
Forbes, William, 9, 125
Forbis, Joshua, 246
Forbus, Hugh, 444

Forbus, Joshua, 93
Forbush, Robt., 125
Ford, 602
Ford, Ab'm., 123
Ford, Elias, 93, 599[2]
Ford, Hezekiah, 79
Ford, James, 335
Ford, John, 9[5], 124[2], 180, 238, 335[3], 490, 492, 496, 593
Ford, Lewis, 124
Ford, Simon, 267
Ford, William, 101, 426, 576
Fordene, Francis, 249
Fordice, Benjamin, 351, 525
Forehand, David, 431, 576
Forehand, Jarvis, 125
Forehand, Levi, 525
Forehand, Sampson, 525
Foreman, Caleb, 35, 98, 187, 590
Forge, Isham, 345, 524
Forgarty, Jame, 356
Forhead, Jarvis, 183
Forister, William, 337
Forks, Frances, 380
Forlice, Joseph, 185
Forms, Jno., 124, 524
Fornes, Jonathan, 245, 524
Fornes, Thomas, 245[2], 336
Fornes, Wm., 123, 524
Forney, Abraham, 441, 575
Forney, Peter, 35, 576
Forney, William, 335
Fortescue, John, 590
Fortner, Francis, 335
Fortney, Francis, 524
Forrest, Charles, 525
Forrest, Isaac, 596
Forrest, Matthew, 288
Forrest, William, 434, 576
Forrester, James, 462, 576
Forrester, Thos., 86, 525
Forrister, William, 243
Forrist, William, 217
Forster, Alexius Mson, 614
Forster, Brittain, 337
Forster, David, 351
Forster, Thos., 309, 576
Forsythe, Hugh, 195, 227, 335, 380
Fort, Alston, 418
Fort, David, 380
Fort, Elias, 184
Fort, John, 335[3]
Fort, Nowel, 335
Fort, Sherwood, 428, 575
Fort, Thos., 335
Fort, Turner, 575
Forte, William, 182
Fortune, William, 9[2], 126, 442, 576
Foscue, Frederick, 439, 576
Fosdick, West, 124
Fosett, Robert, 380, 608
Fosque, Arthur, 345
Fosque, Luke, 380
Fossett, Edw'd., 101, 198, 227, 335
Fossett, Robert, 193
Foster, Anthony, 466, 575
Foster, Britian, 525
Foster, Burwell, 288
Foster, David, 124, 125, 380, 524
Foster, Edmund, 575
Foster, John, 351
Foster, Joseph, 380
Foster, Peter, 352[2], 525
Foster, Richard, 9, 125, 191, 525
Foster, Robt., 124
Foster, Thomas, 420

Foster, William, 9[2], 124, 125[2], 206[3], 336, 525, 526
Fosterby, Stephen, 335
Fountain, David, 9, 125, 181
Fountain, James, 9, 186, 337
Fountain, Jesse, 126, 344, 525
Fountain, Jos., 125
Fountain, Solomon, 124, 198, 227, 336, 575
Fourband, John, 621
Fowkes, Yelverton, 35, 595
Fowlar, John, 192
Fowler, 335
Fowler, Abel, 525
Fowler, Abin, 80
Fowler, Abraham, 9[3], 186, 605
Fowler, Ashby, 336
Fowler, Asheley, 197
Fowler, Ashley, 224, 227
Fowler, Ashly, 125
Fowler, Dan'l., 53, 335
Fowler, Francis, 293, 345, 524
Fowler, George, 9, 125, 183, 336, 344
Fowler, Joshua, 281, 352, 426, 576
Fowler, Sam'l., 600
Fowler, Wm., 101
Francis, Fox, 98, 192, 243, 336, 352, 575, 609
Fox, J—, 352
Fox, John, 576
Fox, John, Sr., 421
Fox, Joseph, 125, 186
Fox, Moses, 335, 590
Foxa, John, 60
Fox, Wm., 93, 199, 227, 281, 336
Foy, James, 351[2], 590
Foy, Patrick, 124, 256, 524
Foy, Patrick, 351
Frailey, Jno., 125
Fraiser, Jeremiah, 500
Frances, Frederick, 380
Francis, 35
Francis, Ant'y., 126
Francis, Frederick, 524
Francis, Jno., 126
Francis, Sam'l., 125
Francisco, Thos., 101
Francks, John, 246
Frank, Wickliff, 335
Franklin, Jesse, 35
Franklin, John, 35, 86
Franklin, Peter, 380
Franklin, Willis, 125
Franks, Andrew, 336, 526
Franks, John, 336, 524, 626
Fraser, John, 335
Frasier, Hugh, 351, 525
Frasier, Nicholas, 524
Frashier, Thomas, 524, 570
Frasur, Jeremiah, 287
Frausher, Hugh, 285
Frazell, Daniel, 188
Frazer, Alex'r., 93
Frazer, James, 380
Frazer, Sowell, 576
Frazier, Lowell, 460
Frazier, Jeremiah, 499, 614
Frazier, John, 266, 445
Frazier, Richard, 622
Frazier, Simon, 272
Frazier, Thos., 124
Frazir, Nicholas, 380
Frazzle, Dan'l., 79
Freas, John, 189
Freazer, Dan'l., 125
Frederick, Chrisn., 125
Frederick, Christopher, 9, 189
Frederick, Lewis, 472
Fredrick, Feliz, 380, 576
Freear, Robert, 470

Freeland, Jacob, 293, 335, 525
Freeluck, Sutten, 344
Freeman, Aaron, 336
Freeman, Binga, 351
Freeman, Dn'l., 72, 234, 618
Freeman, David, 271
Freeman, Edw'd., 125
Freeman, Fra's., 590
Freeman, Gideon, 380
Freeman, Howell, 9, 125
Freeman, Jese, 124
Freeman, Jesse, 200, 227, 380
Freeman, Jessie, 336
Freeman, Mich, 380
Freeman, Moses, 9, 125
Freeman, Nathan, 234, 524, 620
Freeman, Nath'l., 86
Freeman, Reuben, 590
Freeman, Richard, 258, 524
Freeman, Roger, 9, 125
Freeman, Sam'l., 93, 352, 467, 525
Freeman, William, 124, 290, 421, 576
French, Liafford, 576
French, Liford, 457
Frenister, William, 438, 576
Frey, Philip M., 576
Frick, Jacob, 351
Fries, Peter, 345
Frieze, Jno., 124
Frigel, John, 337
Frigle, Daniel, 344
Frilson, Ebenezer, 345
Frim, William, 183
Frinch, Henry, 352
Frisher, George, 345
Frisher, Jacob, 345
Frisor, Jos., 336
Frissell, Daniel, 351
Frittz, George, 425, 576
Froger, John, 9
Frohack, Thos., 335
Frost, Miller, 9, 125
Frost, Moses, 344, 380, 525
Frost, William, 298, 524
Fry, Elizabeth, 380
Fry, John, 199, 227, 344
Fry, Nicholas, 576
Fry, Peter, 352
Fryar, John, 352
Fryar, Josiah, 60, 257
Fryar, Wm., 67, 257[2], 380
Fryar, Willis, 125
Fryer, Josiab, 524
Fryer, William, 9, 524
Fryes, John, 9
Fryont, Jacob, 336
Fular, William, 599
Fulch, Martin, 336
Fulcher, Cason, 126
Fulcher, Benjamine, 336
Fulcher, John, 336
Fulcher, Thomas, 336, 524
Fulcher, William, 524
Fulford, James, 423, 576
Fulford, Stephen, 576
Fulford, Steven, 423
Fulkes, William, 591
Fulks, Garret, 291
Fuller, Abraham, 597
Fuller, Alexander, 420, 576
Fuller, Arthur, 576
Fuller, Edon, 5
Fuller, Geo., 125, 524
Fuller, John, 9, 125, 254, 299, 337
Fuller, Wm., 126, 299
Fullington, Micajab, 272
Fulp, Michael, 576
Fulp, Mitchell, 460
Fulsher, Cason, 9

INDEX 655

Fulskir, Cason, **335**
Fulton, David, 442, 524, 576
Fulton, Jesse, 207, 345, 525
Fulton, Jessie, 336
Furbee, David, 525
Furlee, David, 287
Furguson, Isaac, 525
Furguson, Isham, 525
Furguson, Isom, 124
Furguson, Jno., 53
Furguson, **Mack, 524**
Furguson, Peter, 125, 525
Furguson, Robt., 124, 524
Furnavil, Richard, 9
Furney, Peter, 124, 202, 276
Furrer, Henry, 423, 575
Furwelle, Jer'h., 590
Fusman, John, 285, 345, 525
Fussell, Sam'l., 126
Futch, Martin, 126
Futral, Joseph, 9
Futrel, Dempsey, 125
Futrell, Cornelius, 380, 524
Futrell, Joseph, 124, 125
Futrill, Joseph, **523**

Gabriel, James, 577
Gabriel, John, 384
Gad, Wm., 622
Gaddy, J., 385
Gaddy, James, 340
Gaddy, Thos., 80, 605
Gadett, John, 384
Gadsden, Philip, 625
Gaever, Leonard, 384
Gaff, William, 415
Gafford, William, 300
Gagens, Michael, 9
Gail, William, 526
Gailor, James, 9, 415
Gain, Gideon, 338, 341
Gainer, Samuel, 9[a], 80, 184, 239, 339, 340, 384, 605
Gainer, Stephen, 127
Gaines, Anthony, 235
Gaines, James, 447, 576
Gaines, James, Sr., 481
Gaines, Samul, 380
Gainey, Nicholas, 384
Gainey, Stephen, 261
Gains, Richard, 238
Gains, Thos., 339, 340
Gaither, Basil, 323, 384
Gaither, Benjamin, 323
Gaither, Burges, 323
Gaither, Edward, 339
Gaither, Nicholas, 338, 341
Gaither, Peter, 323
Gaitlin, Burges, 384
Gakae, James, 35
GaKee, James, 604
Gaklin, Emd., 184
Galbraith, John, 340, 382
Galbreath, John, 323, 490, 493
Galbreath, Joseph, 340, 382
Galbreath, Neil, 323, 384
Galbreath, Robert, 489, 490, 492, 493
Galbreath, Wm., 490, **493**
Gale, Daniel, 268, 526
Gale, Geo., 127
Galesby, David, 128
Galespie, Robert, 190
Gallaway, John, 269
Gallbreath, John, 489, 491, 494
Gallbreath, Robert, 489, 491
Gallbreath, William, 489, 491, 494
Gallemore, James, 600
Gallimore, John, 9, 127, 207, 528
Gallimore, William, 9, 182

Gallop, Isaac, 61, 295, 340, 382, 610
Gallop, Mathew, 61, 607
Gallop, Shadrack, 198, 228
Galloway, Richard, 280
Galtin, Hardy, 381
Gamalion, Ab'm., 127
Gambell, Edm'd., 53
Gambell, Edmunds, 604
Gamberlin, Jas., 61, 610
Gambier, John, 187
Gamble, D. M. Edmund, 341
Gamble, Edmund, 35, 340, 385, 386
Gamble, Edwd., 188, 189, 382
Gamble, Reading, 528
Gambling, James, 191, 250
Gamelion, Abraham, 527
Games, Jeffrey, 382
Gamet, Thomas, 381
Gamewell, Wm., 126, 307, 528
Gamileon, Henry, 339
Gamilion, Abraham, 381
Gamilson, Henry, 340
Gammon, Harris, 481
Gammon, Joshua, 180, 617
Gammond, Jesse, 129
Gandip, Jno., 53
Gandle, William, 356
Gandy, Ephraim, 9, 129
Ganess, Willy, 9
Ganey, Mathew, 339
Ganey, William, 576
Ganis, Bigford, 9
Ganlor, Daniel, 282
Gann, Samuel, 455, 577
Gannon, Thomas, 293
Ganott, Thomas, 381
Gard, Joshua, 621
Gardem, John, 384
Gardiner, George, 526
Gardner, Dempsey, 126, 189, 242
Gardner, Elias, 454, 577
Gardner, Geo., 127, 261
Gardner, Hyman, 528
Gardner, James, 35, 273, 323, 384
Gardner, Jno., 129[a], 339, 416, 444, 577
Gardner, Lewis, 261
Gardner, Nathan, 288
Gardner, Needham, 338
Gardner, Richard, 527
Gardner, Thomas, 9, 127, 339
Gardner, William, 35, 502
Gardnor, John, 306
Gardon, Joshua, 457
Gardun, John, 381
Gardun, Thos., 381
Garen, Samuel, 338
Garet, James, 80
Garey, Thomas, 620
Gargainus, David, 339, 381
Gargainus, Stephen, 339
Gargan, Nicholas, 339
Gargas, Job, 129
Gargis, Job, 576
Garies, Hardy, 384
Garin, Charles, 415
Garland, Elisha, 67
Garland, Henry, 128
Garland, Humphrey, 251
Garland, Humphy, 87
Garland, John, 67, 593[a], 605
Garland, Thos., 128, 323, 384, 526
Garland, William, 9, 128
Garner, Dempy, 128
Garner, Elijah, 200, 228, 338
Garner, Francis, 338
Garner, Jeffery, 193

Garner, John, 338, 340
Garner, Joseph, 529
Garner, Stephen, 338
Garner, Thos., 128, 196, 224, 228, 338
Garner, Valentine, 593
Garnes, Anth'y., 93, 248
Garnes, Gab'l., 127
Garnes, Jeffrey, 248
Garnes, Jeffry, 93
Garnet, Will, 382
Garnor, Vol., 593
Garns, James, 9
Garrard, Charles, 182
Garrell, John, 93, 188, 253
Garress, Sikes, 605
Garret, Dan'l., 80
Garret, Sam'l., 128, 526
Garret, Thos., 61, 80
Garret, Wm., 102, 442, 576
Garrett, Anthoney, 207, 309, 528
Garrett, Jesse, 291
Garrett, Samuel, 9
Garrett, Thomas, 203, 527
Garrett, William, 266
Garrick, Black, 72
Garris, Begford, 128, 263, 444, 576
Garris, Buckford, 185
Garris, Hardy, 9, 128, 187, 323
Garris, Sikes, 526
Garris, Sykes, 252
Garris, Thomas, 624
Garris, William, 187
Garrisen, Stephen, 9
Garrison, Elias, 340, 381, 382
Garrison, James, 416
Garrison, Stephen, 129[2]
Garriss, Benjamine, 339
Garriss, Bigford, 612
Garriss, Henry, 448, 577
Garrison, Stephens, 245, 296
Garrison, William, 299
Garrold, John Fitz, 617
Garroth, Henry, 323
Garrott, Henry, 384
Garrott, James, 528
Garrott, Thomas, 340, 528, 610
Garster, Jacob, 341
Garus, Jeffrey, 600
Garver, Lenard, 339
Garvey, Thos., 87, 196, 200, 224[a], 227, 228, 308
Garvin, John, 527
Garvis, Joshua, 288, 528
Garvis, Nicholas, 299
Garvis, Sykes, 126
Garvis, Wylley, 127
Garvy, Mathew, 87
Gary, George, 265, 323, 381, 384
Gary, Joseph, 265
Gasey, George, 619
Gasin, Charles, 347
Gaskill, William, 381
Gaskin, Fisher, 339, 381
Gaskin, Isaac, 526
Gaskin, Joseph, 127
Gaskin, William, 80, 339
Gaskins, 385
Gaskins, Herman, 427, 601
Gaskins, Wm., 128, 381, 600
Gaster, Jacob, 338, 447, 576
Gaston, Alexander, 35
Gaston, Robert, 35, 339, 381
Gathey, Joseph, 190
Gateley, Samuel, 245
Gately, Isaac, 528
Gates, Edwards, 340, 382
Gates, John, 340[2], 382
Gates, Peter, 323, 338, 341, 380, 384[a], 528

656 INDEX

Gatewood, Dudley, 424, 577
Gather, Edwd., 382
Gather, John, 416
Gatlin, Edward, 9, 127, 341, 384
Gatlin, James, 340, 384
Gatlin, Jesse, 9, 129
Gatlin, Lazarus, 339
Gatlin, Levi, 186, 341[2], 384
Gatlin, Levy, 126
Gatlin, William, 384
Gatling, Levi, 35, 595
Gatree, Mat'u., 129
Gatten, Jesse, 576
Gattin, Hardy, 341, 384
Gattin, James, 341
Gattin, John, 341, 384
Gattin, Stephen, 341[2], 384
Gattin, William, 341
Gattis, Alexander, 450
Gaudy, John, 598
Gaudy, Wm., 598
Gauff, Sam'l., 415
Gauff, T., 339
Gauff, Thomas, 339, 340
Gauff, Wm., 381
Gaugh, Daniel, 323, 384, 527
Gaul, Patrich, 323, 384, 527
Gaultney, John, 280
Gauncey, James, 415
Gaunt, Giles, 128, 198, 224, 228
Gause, Charles, 338
Gause, Needham, 338, 341
Gauslin, Simon, 526
Gautheop, John, 381
Gawburn, Joseph, 381
Gay, Allen, 9, 127, 181, 338
Gay, Babee, 9
Gay, Bable, 338
Gay, Bobie, 526
Gay, Henry, 9, 128, 180
Gay, James, 9[a], 128, 129, 189, 338
Gay, Jonathan, 280
Gay, Joshua, 127, 181
Gay, Richard, 9, 128, 180
Gay, Robt., 338
Gay, Simon, 127, 128, 338
Gay, William, 9, 127, 129, 265, 527
Gaylard, James, 340
Gaylard, Jeremiah, 384, 590
Gaylard, Steph'n., 590
Gaylard, Winfield, 340
Gayley, James, 384
Gaylor, Jas., 129, 209, 529
Gaylord, Aaron, 279
Gaylord, Benjamine, 340, 382
Gaylord, Jeremiah, 323
Gazloy, Charles, 9
Geary, Geo., 87
Geary, Josh, 87
Geater, —as, 382
Geater, Douglas, 340
Gebbins, Jonatham, 339
Gebbs, John, 381
Geddie, James, 339
Geddie, Thomas, 339
Gedding, Thos., 339, 340
Geddy, John, 499, 500
Geddy, Thomas, 181, 265, 340, 382, 613
Gee, Drewry, 499, 500
Gee, Howell, 35, 179
Gee, James, 35, 61, 180, 233, 340, 380, 501, 594
Gee, Jesse, 127
Gee, John, 233, 596
Gee, Wm., 67, 93, 185, 233
Geedin, Isaac, 60
Geen, Abraham, 204

Geffrey, John, 184
Geikee, James, 35
Geir, Christian, 625
Gelbreath, Wm., 489, 492
Geldin, Isaac, 607
Gellon, John, 422
Gene, Wm. Bony, 382
Genley, Ephraim, 384
Genienes, Miles, 127
Gennings, Thomas, 253
Gentil, George, 338, 341
George, Andrew, 416
George, Britain, 9[3], 240
George, Brittian, 53
George, Briton, 185
George, Jesse, 593
George, Lewis, 9, 129
George, Mitchell, 625
George, Samson, 281
George, Thomas, 282, 527
Gerald, Chas., 80
Gerard, Charles, 234
Germain, Benjamin, 526
German, Benj., 129, 217, 257
German, Emory, 129
German, John, 472
Germany, Thos., 53, 195, 223, 228
Germins, Thomas, 297
Gerner, Anthony, 185
Gerns, Jas., 128
Gerock, Samuel, 427, 576
Gerrard, Charles, 9[2], 35, 594, 612
Gerrard, Jacob, 254
Gerrel, Wm., 93
Gerritt, John, 528
Gervis, John, 254
Gess, Jno., 596
Gessum, Robert, 619
Gether, Benjamin, 384
Gettis, Alexander, 577
Ghaston, Mathew, 323, 384
Gheen, James, 382
Gibdon, Isaac, 192
Gibbs, Benjamin, 590
Gibbs, Case, 590
Gibbs, Joel, 93, 236, 528
Gibbs, John, 381, 526, 576
Gibbs, Joseph, 590
Gibbs, Lamb, 238
Gibbs, Nicholas, 485
Gibbs, Rabon, 236
Gibbs, William, 590, 600
Gibbins, Jonathan, 340
Gibbons, John, 625
Gibbson, David, 9
Gibreath, Alexander, 576
Gibson, Charles, 127, 196, 228, 337
Gibson, Colin, 128
Gibson, Collin, 9
Gibson, David, 128
Gibson, Elisha, 527
Gibson, Fuller, 267
Gibson, George, 337
Gibson, Henry, 9, 128, 185
Gibson, Jacob, 127, 197, 224, 228, 337
Gibson, Joel, 296
Gibson, John, 53, 198, 204, 228, 276, 337, 528
Gibson, Joseph, 337, 456, 577
Gibson, Simon, 527
Gibson, Thomas, 35, 129, 526, 576
Gibson, Walter, 498, 500
Gibson, William, 87, 192, 247, 337, 598
Gidcomb, Josh, 129
Gidean, Richard, 285

Gideon, Lewis, 93
Gideon, Richard, 527
Giest, Reeding, 381
Gifford, James, 98, 206, 295, 416, 528, 607
Gilaspy, David, 98
Gilbard, Anthony, 323
Gilbert, Henry, 381
Gilbert, Jas., 126, 260, 338, 340, 381, 526, 609
Gilbert, John, 9, 126, 128, 184, 210, 295, 340, 382, 527
Gilbert, Jos., 98
Gilbert, Peter, 87
Gilbert, William, 198, 228, 287, 338, 339, 340, 384, 623[a]
Gilbreath, Alexander, 466
Gilbreath, John, 489, 492
Gilbreath, William, 466
Gilbreth, Thomas, 385
Gilbroth, John, 381
Gilbroth, Joseph, 381
Giles, 360
Giles, Hugh, 383
Giles, James, 383
Giles, John, 80, 202, 234, 527
Giles, Peter, 527
Giles, Simon, 528
Giles, Thomas, 383
Giles, Wm., 383
Gilespy, Isaac, 129
Gilgo, Fibin, 128
Gilham, Thomas, 9
Gilhampton, George, 528
Giligan, Jno., 126
Gilitrape, Idick, 385
Gilkey, Charles, 347
Gilmer, Enoch, 481, 488
Gilmer, William, 481, 488
Gilmon, John, 341, 384
Gilmore, Charles, Hud, 338
Gilmore, James, 338
Gilmore, John, 338
Gilmore, Thomas, 10, 72, 338, 618
Gilmore, Wm., 127, 338
Gill, Alexander, 9, 129, 254
Gill, Jacob, 383
Gill, John, 9[a], 129, 252
Gill, Robert, 9, 129
Gillam, Howell, 191
Gillaspie, David, 183, 207, 528
Gilleham, Howell, 126
Gillespie, Daniel, 615, 616
Gillespie, David, 236
Gillespie, George, 481
Gillespie, Isaac, 10
Gillespie, James, 444, 577, 615, 616
Gillespie, Mathew, 527
Gillespie, Robert, 35, 240
Gillespie, Thomas, 481
Gilliam, Devereux, 481
Gillam, Howel, 383
Gilliam, Howell, 619
Gilliam, John, 577
Gillian, John, 429
Gilliard, Anthony, 384
Gillis, Dugald, 340, 339
Gillispie, Borthick, 383
Gillispie, David, 383
Gillispie, George, 383
Gillispie, Isaac, 383
Gillispie, James, 383
Gillispie, John, 383
Gillispie, Mathew, 383
Gillispie, Robt., 72, 383[a]
Gillispie, Thomas, 383
Gillispie, William, 383
Gillum, Howell, 241
Gillum, John, 241

INDEX

Gilreath, William, 576
Gilston, David, 237
Gilston, Samuel, 53, 190, 237, 382, 340, 341
Gilston, Samul, 384
Gimston, James, 576
Ginew, Wm., 126
Ginlirie, Levi, 182
Ginn, David, 281
Ginn, Elijah, 10
Ginn, Hardy, 10, 127, 181
Ginn, Henry, 282
Ginn, Jack, 228
Ginn, Jacob, 10, 128, 180, 196, 223
Ginn, James, 10
Ginn, Wm., 204
Ginnings, George, 10, 129
Ginnings, John, 189
Ginnis, George, 253
Ginolien, Abraham, 301
Ginon, Isaac, 93
Ginton, Samuel, 340, 382
Gipson, Wm., 598
Girens, Thos., 339
Girin, Thomas, 381
Gist, Benjamin, 481
Gist, John, 527
Gist, Jno. Martin, 201
Gist, Joshua, 341, 384
Gist, Robert, 10, 128, 259
Gitstrape, Jeblick, 341
Giun, Hardy, 127
Giun, Roland, 128
Giun, Wm., 129
Givene, Robt., 381
Givens, Samuel, 444, 576
Givens, Thomas, 340, 382
Gladhan, Dan'l., 80
Gladson, Denis, 339
Gladson, Dennis, 384
Glais, Wm., 381
Glanden, Major, 576
Glanders, Major, 180, 611
Glandon, Major, 126, 233
Glandor, Major, 10
Glanhan, Jer'h., 80
Glasco, James, 340, 380, 528
Glascock, Jessie, 341
Glascock, Peter, 416
Glasgow, Caleb, 61
Glasgow, Clobb, 621
Glasgow, James, 498, 500
Glasgow, Lemuel, 453, 576
Glasgow, Richard, 577
Glass, Francis, 340², 382
Glass, Jas., 61
Glass, Lemuel, 129
Glass, Levy, 129
Glasscow, Sam'l., 129
Glassgow, Richard, 433
Glaze, John, 526, 600
Glaze, Jonathan, 251
Glaze, Samuel, 251
Glechan, John, 35
Glenn, Geo., 72, 340, 381, 529, 618
Glenn, John, 415, 488
Glenn, Tobias, 61, 72
Glesson, Arthur, 528
Glisson, Arthur, 127
Glisson, Denis, 339
Glissom, Dennis, 340
Glohon, Jeremiah, 199
Glohorn, Jeremiah, 228
Gloscolk, Jesse, 338
Gloss, Francis, 339
Gloughn, William, 291
Glover, Allen, 128, 621
Glover, Benjamin, 128, 182, 621
Glover, James, 279
Glover, John, 10², 67, 127, 181, 196, 224, 228, 266, 526, 608
Glover, Jones, 527
Glover, Joseph, 625
Glover, Sam'l., 61, 182, 307, 339, 340
Glover, Thos., 53
Glover, William, 35, 341
Gnott, Mike, 333
Goas, John, 381
Gober, Abel, 341
Gobble, Peter, 341
Goble, Peter, 338
Godby, George, 456, 576
Godden, Martin, 129
Godet, John, 10, 385
Godett, John, 128, 340
Godfree, Anthony, 593
Godfren, William, 341
Godfrey, Anthony, 127, 268
Godfrey, Anthony, Jr., 271
Godfrey, Clement, 87, 304, 528, 606
Godfrey, Francis, 93
Godfrey, Nathan, 621
Godfrey, Rowland, 358
Godfrey, William, 35, 195, 227, 259
Godins, Christopher, 187
Godley, Nathan, 385
Godly, Thos., 590
Godsey, William, 455, 576
Godwin, Jacob, 339
Godwin, John, 127, 602
Godwin, Joseph, 481
Godwin, Josiah, 339
Godwin, Pierce, 576
Godwin, Richard, 414
Godwin, Robinson, 481
Godwin, Samuel, 481
Goff, Charles, 415
Goff, Henry, 339, 384
Goff, John, 339, 381
Goff, Samuel, 430, 576
Goff, Thos., 72, 415
Gofoth, Zachariah, 381
Goforth, Miles, 457
Goforth, Preston, 481
Goforth, Zachariah, 526
Gofs, Frederick, 384
Goggard, William, 611
Goin, Jenkins, 381, 527
Goin, Michael, 526
Goin, Thos., 624
Goin, William, 127, 526
Going, Edward, 195, 433, 576
Going, James, 624
Going, William, 462, 576
Gold, David, 93, 291, 599
Golden, Stephen, 182
Goldin, And'w., 128
Goldsberry, William, 339
Goldsburry, William, 271
Goldsbury, William, 80, 381, 527
Goldsmith, Jesse, 53, 206, 307, 528
Gole, Stephen, 299
Gollehorn, Joseph, 527
Gollop, Isaac, 527
Goloher, Hugh, 339
Goner, Abel, 384
Goner, William, 385
Gonthrop, John, 527
Gonsalez, de - Ferdinando, 127
Gonsolos, Ferdenand, 189
Gonzelos, Ferdinand, 10
Gooch, John, 183
Gooch, William, 381
Good, Francis, 323, 527
Good, Isom, 593
Good, John, 10, 126, 129
Good, Solomon, 421, 576
Good, Wm., 127, 527
Goodat, Jno., 127
Goodeman, Samuel, 528
Gooden, Christopher, 252, 329
Gooden, John, 526
Gooden, Martin, 10
Gooden, Robertson, 10
Gooden, Thomas, 339
Gooden, William, 193
Gooden, Willie, 10
Gooden, Wyly, 129
Godfrey, William, 338
Goodin, Christopher, 35, 86, 340
Gooding, Thomas, 10
Gooding, William, 292
Goodloe, Robert, 35
Goodman, 618
Goodman, Chloe, 247
Goodman, George, 526
Goodman, Henry, 383
Goodman, Jacob, 239
Goodman, Job, 383
Goodman, Luke, 383
Goodman, Thomas, 306
Goodman, Sam'l., 86, 383
Goodman, Solomon, 383
Goodman, William, 35, 72, 189, 239, 247, 527
Goodnas, Richard, 277
Goodner, Conrad, 526
Goodrich, Lewis, 381, 526
Goodrich, Matthias, 228
Goodrich, Wm., 381
Goodridge, Lewis, 127
Goodridge, Matthias, 198
Goodridge, Mat'w., 67
Goodrine, Abner, 382
Goods, Israel, 128
Goodson, Israel, 10
Goodson, James, 204, 269, 527
Goodson, John, 10, 128, 591
Goodson, Joshua, 430, 577
Goodson, Uzal, 129, 186
Goodsoon, Enos, 280
Goodwin, 618
Goodwin, Edw'd., 127
Goodwin, James, 616
Goodwin, John, 10, 35, 127, 451, 576
Goodwin, Jonas, 341
Goodwin, Lemuel, 433
Goodwin, Peter, 267
Goodwin, Pierce, 426
Goodwin, Robertson, 129
Goodwin, Robinson, 441, 576
Goodwin, Samuel, 577
Goodwin, Thos., 129, 433
Goodwin, Tiney, 93
Goodwin, Tobias, 294
Goodwine, Abner, 340
Goon, William, 10, 93, 291
Goose, John, 528
Gord, Francis, 384
Gordan, Alex, 598
Gorden, Charles, 323, 384
Gorden, Joseph, 415
Gorden, Nathaniel, 384
Gordin, Jacob, 381
Gordin, James, 381
Gordir, Matthew, 381
Gordon, Alexander, 87, 384
Gordon, Chapman, 481
Gordon, Charles, 35, 481
Gordon, George, 481
Gordon, Hoston, 299
Gordon, James, 429, 577
Gordon, John, 339, 340
Gordon, Solomon, 10, 128, 182, 481
Gordon, Zebulon, 181
Gordun, Peter, 417
Gore, John, 339, 340
Goref, Wm., 598
Goren, John, 127
Gorgan, Nicholas, 384

INDEX

Gorham, Francis, 189
Gorham, James, 499, 500, 502, 615, 616
Gorley, Jacob, 381
Gorman, Benjamin, 381
Goseley, Chas., 129
Goslin, Ambrose, 61, 528
Goslin, Simon, 127
Goss, Jacob, 429, 576
Goss, John, 194, 481
Gothrop, John, 126, 261
Gotson, James, 127, 204
Gouch, Jno., 87
Gouch, Rowland, 576
Gouch, William, 87, 526
Gouder, George, 217
Gougar, Henry, 381
Gouge, John, 244
Gough, William, 53, 303, 619
Gouing, Edward, 228
Gourley, Thomas, 481
Gowan, Jenkens, 600
Gowers, William, 341
Gowin, David, 285
Gover, Sam'l., 612
Grace, James, 276
Gracey, Robert, 438, 576
Graddy, Lawrence, 528
Grady, Frederick, 341, 381, 384
Grady, Ruebin, 309
Graff, Anthony, 10
Graft, Ant'y., 128
Gragg, William, 421, 576
Gragham, Arthur, 128
Graham, Alexander, 337
Graham, Arthur, 10, 195, 209, 223, 227, 529
Graham, Benjamine, 337
Graham, Francis, 10[2], 128, 129
Graham, George, 36, 497, 501, 624
Graham, George, W., 496
Graham, Hugh, 337
Graham, James, 337, 456, 576
Graham, John, 10[4], 128[2], 337, 453, 526, 577
Graham, Joseph, 36, 441, 497, 526, 576, 624
Graham, Peter, 128, 296, 526
Graham, Richard, 36, 382[2]
Graham, Robert, 337
Graham, Samuel, 337
Graham, William, 36, 101, 180, 205, 382, 457, 481, 496, 497, 499[2], 503, 528, 576, 589, 614
Graig, Jarreed, 619
Grainger, Caleb, 36, 501, 603
Grainger, John, 36, 501
Grainijer, Cornelius, 340
Granbeay, Moses, 382
Granberry, George, 36
Granberry, John, 36, 67, 183, 235
Granbery, Josiah, 498, 500
Granberry, Moses, 340
Granberry, Thomas, 36, 67, 228
Granbury, John, 592
Granbury, Thos., 592
Grandal, John, 274
Grandy, Caleb, 614
Grandy, Davis, 188
Grandy, Obdh., 93
Granehan, Elias, 385
Graney, William, 459
Granger, Caleb, 25
Granger, Cornelius, 382
Granger, John, 340
Granger, Sam, 347
Granger, Sherrod, 528
Gransberry, Thomas, 196
Granston, George, 283
Grant, Arandall, 323, 384, 527
Grant, Bazel, 340, 382

Grant, David, 61, 307, 528, 609
Grant, Elijah, 126
Grant, Elisha, 257, 526, 613
Grant, Ephraim, 127, 264, 526
Grant, Gilbert, 289, 380, 527
Grant, Giles, 10
Grant, Joel, 284
Grant, John, 10, 127, 129, 264, 385, 438, 527, 577
Grant, John, Jr., 590
Grant, Lewis, 275
Grant, Reuben, 36, 590
Grant, Stu, 590
Grant, Thomas, 36
Grant, Wm., 87, 127, 340, 526
Grantham, Elias, 340
Grantham, John, 340
Grantham, Lewis, 339, 340
Grantham, Nathan, 341
Grantham, Thomas, 416
Granthan, Nathan, 385
Grantz, Christopher, 526
Grass, John, 228
Graulton, Thomas, 415
Graves, 602
Graves, Francis, 10[5], 36, 98, 126, 240, 383, 602
Graves, John, 625
Graves, Joseph, 277
Graves, Richard, 577
Graves, William, 593, 625
Gravis, Pigford, 126
Gray, Andrew, 301
Gray, Archibald, 245, 337, 527, 626
Gray, Babel, 127
Gray, Cocks, 127
Gray, Cox, 10, 128, 200[2], 225, 228[2], 337
Gray, Geo., 270
Gray, Henry, 10, 127, 128, 193, 223, 227, 285, 307, 337
Gray, Isom, 127
Gray, Jas., 126, 185, 234, 295, 337, 357[2], 457, 466, 481, 485, 487, 576, 590
Gray, John, 36, 295, 337, 601
Gray, Jonathan, 337, 527
Gray, Joseph, 295, 617
Gray, Lodwick, 337
Gray, M. Wm., 126
Gray, Peter, 285
Gray, Robert, 337
Gray, Sam'l., 126, 255, 526
Gray, Silas, 255
Gray, Slyanus, 526
Gray, Thomas, 337, 498, 500, 615[2], 617
Gray, Wm., 126, 127, 189, 191, 242, 255, 337, 498, 499, 526[2], 601
Gray, Willis, 527
Grayham, George, 604
Grayham, John, 10, 252
Grayham, Wm., 128
Grayson, Benjamin, 381
Grayson, Thomas, 625
Grear, Thomas, 435, 577
Greggs, Chas., 126, 528
Gregory, Adam, 383, 526
Gregory, Abraham, 576
Gregory, Caleb, 621
Gregory, Cornelius, 621
Gregory, Dempsey, 36, 126
Gregory, Deniy, 526
Gregory, Hardy, 382
Gregory, Hosea, 242, 526
Gregory, Isaac, 36, 126, 185, 240, 260, 495, 502, 609
Gregory, Jacob, 621
Gregory, Jas., 127, 382, 529
Gregory, John, 383, 481
Gregory, Lott, 383

Gregory, Robt., 127
Gregory, Samuel, 621
Gregory, Thos., 61, 29, 189, 228, 382, 383, 472, 528, 576
Gregory, Wm., 53, 441, 481, 488, 577
Gregory, Willis, 304, 528
Greear, Robert, 187
Greece, Thoplus, 129
Green, Abm., 93[2], 204, 288, 382, 527
Green, B———, 382
Green, Benj., 382
Green, David, 576
Green, Demcey, 283
Green, Dempsey, 527
Green, Elijah, 596
Green, Elizabeth, 570
Green, Hobart, 129
Green, Foster, 383
Green, Fred'k., 127
Green, George, 435, 576
Green, Jas., 129, 382[2]
Green, J. H., 382
Green, James W., 10[4], 36, 184
Green, James West, 126, 179, 241
Green, Jeremiah, 419, 577
Green, Jesse, 439, 481, 576
Green, Joab, 527
Green, Joeb, 383
Green, Jno., 80, 198, 228, 381, 382[2], 421, 463, 576
Green, Joseph, 36
Green, Josiah, 67
Green, Randall, 382, 528
Green, Randolph, 129
Green, Richard, 382
Green, Ruben, 382
Green, Samuel, 288, 307, 382
Green, Soet, 382
Green, Sol'm., 101, 193, 382
Green, Sutton, 10, 128, 224, 228, 382
Green, Thos., 127, 198, 203, 207, 381, 382, 383, 527[2], 528
Green, William, 10, 36[2], 53, 87, 126, 185, 187, 241, 382[2], 384, 501, 528, 576, 603, 612
Green, Wilson, 126
Greenage, Joshua, 526
Greene, Benj., 623
Greene, James N., 620
Greene, Randal, 275
Greene, Thomas, 617, 269
Greenlaw, James, 528
Greenlee, James, 381
Greenman, Caleb, 10, 128, 196, 223, 228
Greensbury, Thomas, 36
Greenway, John, 299
Greenwitch, Joshua, 600
Greenwood, George, 527
Greenwood, Jno., 93
Greer, Alexander, 481
Greer, David, 338
Greer, Jessie, 337
Greer, Jno., 129, 338
Greer, Joseph, 338
Greer, Moses, 338
Greer, Robert, 36, 98, 257, 338, 528
Greer, Thomas, 338
Greerson, Moses, 527
Grey, Samuel, 609
Grey, William, 609
Grice, Gabriel, 10, 129
Grice, Theophilus, 309
Grice, William, 428, 576
Gridor, Jacob, 296
Griest, Robert, 526
Griffen, Joseph, 306

INDEX

Griffeth, Edward, 338
Griffeth, Henry, **338**
Griffeth, Isaac, **338**
Griffeth, John, 338
Griffeth, William, **338**
Griffin, Benj., 384
Griffin, Dan'l., 126, **295**
Griffin, Dempsey, 10, 128
Griffin, Edmond, 61, 180, 295, 383, 611
Griffin, Edward, 10, 128², **180**, 277, 383
Griffin, Ezekiel, 10, 126, 128, 193, 223, 227, 383²
Griffin, George, 528
Griffin, Henry, 383, 526
Griffin, Hurley, 383
Griffin, Isaac, 93, 192, 199, 228, 281, 383²
Griffin, Jacob, 275, 383³, 528
Griffin, James, 10², 80, 87, 128, 129, 181, 182, 256, 383, 610
Griffin, Jesse, 127
Griffin, John, 383³, 529, 576, 622
Griffin, Josh., 53, 288
Griffin, Josiah, 282
Griffin, Lawrence, 383, 528
Griffin, Lemon, 280
Griffin, Martin, 127, 302, 528
Griffin, Reuben, 435
Griffin, Richard, 444, 576
Griffin, Robt., 86
Griffin, Samuel, 274
Griffin, Simon, 383
Griffin, Solomon, 527
Griffin, Thomas, 447, **576**
Griffin, William, 10², 93, 128, 187, 197, 228, 240, 383, 608
Griffin, Zeckal, 383
Griffis, **Allen, 53**
Griffis, John, 208, 528²
Griffis, Reuben, 576
Griffis, Samuel, 276
Griffith, Edw., 93, 622
Griffith, Henry, 527
Griffith, Isaac, 126, 450, 526, 576, 599
Griffith, John, McRee, 244
Griffith, Willis, 527
Griffith, Zaddock, 456, 576
Griffiths, Henry, 282
Griffiths, Jno., 53
Grifford, Jas., 53
Griffud, Stephen, 381
Griffy, Jno., 596
Griggs, Charles, 253, 576
Grigory, Thomas, 608
Grimes, Andrew, 282
Grimes, Benjamin, 272
Grimes, Elisha, **53**
Grimes, Josiah, 527
Grimes, Simon, 281
Grimes, Wm., 129, 261, 527
Grimmage, John, 254
Grimsley, Charles, 528
Grinage, Jno., 129
Grinder, Jno., 126, 195, 227, 257, 323, 384, 577
Grindstaff, Micharl, 10, 128
Grindstaff, Michs., 128
Grindstaff, Isaac, 381
Grindstaff, Jacob, 381
Grindstaff, Nicholas, 526
Grinesley, Charles, 382
Grinnage, John, 10
Grisby, Moses, 576
Grisham, James, 433
Grishman, Major, 129
Grishman, James, 577
Griss, Anthony, 527
Grissel, Willy, 129
Grissell, Willie, 10
Grissom, Maj., 601

Grissom, Richard, 433
Grissom, Robt., 87, 206, 528
Grist, Reeding, 339
Griswit, Thos., 72
Gro, Jas., 127
Grogan, Jacob, 281
Grogan, James, 282
Grogan, John, 127, 280
Grogin, Jas., 126
Gronel, Peter, 384
Groon, Jeremiah, 416
Gross, Solomon, 615, 616
Grott, Francis, 625
Grove, Wm. Barry, 339
Grover, James, Swinhow, 616
Grover, Peter, 205, 528
Groves, Arthur, 528
Groves, Solomon, 277
Groves, William, 36, 80, 182, 276
Growel, Peter, 323
Guard, Jno., 126
Guard, Joshua, 10, 128, 381
Gudger, William, 576
Guebbs, John, 382
Guerard, Benjamin, 625
Guerard, Peter, 625
Guest, Joseph, 338, 339, 341
Guest, Joshua, 340, 385
Guilford, Joseph, 381, 419, 576
Guin, Roland, 10
Guin, Samuel, 129, 295
Guinn, Daniel, 280
Guinn, Samuel, 10
Guinn, Thomas, 255
Guinn, William, 204, 305
Guion, Isaac, 36, 499, 500, 526, 604
Guist, Thomas, **283**
Gulbarger, Joseph, 333
Gulham, George, **337**
Gullet, Jesse, 416
Gulley, John, 576
Gulley, William, 339
Gumbs, Isaac, 196, 228
Gumbo, Gibson, **328**
Gums, Isaac, 127
Gun, Hardy, 288
Gunn, Abraham, 283
Gunn, Alexr., 87, 186, 248, 381, 527
Gunn, Daniel, 208, **528**
Gunn, David, 272
Gunn, Hardy, 181
Gunn, Jas., 126, 128, 528
Gunn, John, 248, 526
Gunn, Starling, 424, 576
Gunnel, Jno., 126
Gunnell, John, 613
Gunston, James, 438
Gunter, Joel, 53, 266, 527, 620
Gunter, John, 383
Gunzalus, Fordman, 414
Gurganis, Stephen, 383
Gurganos, Reuben, 194², 227
Gurganus, Aaron, 323
Gurganus, Jeremiah, 279
Gurganus, Reuben, 127, 576
Gurley, ——, 338
Gurley, Andrew, 341, 385
Gurley, Arthur, 339, 381
Gurley, Ayers, 270
Gurley, Ephraim, 528
Gurley, George, 339, 381, **385**
Gurley, James, 268
Gurley, Jeremiah, 341, 385
Gurley, Jessie, 385
Gurley, Joseph, 10⁴, 128, 181, 242, 339, 340
Gurley, Lewis, 339², 381
Gurley, Matthew, 384
Gurley, Michael, 339, 384
Gurley, Simon, 61

Gurley, William, 36, 340, 385, 593
Guthey, Ehenz, 383
Guthridge, Lewis, 200, 228
Guthrie, Henry, 383, 527
Guthrie, John, 179, 468
Gutlery, John, **526**
Gutray, James, 323, 528
Guttery, Henry, 262
Guttery, Hy., 126
Guttery, James, 527
Guttery, William, 526
Guy, James, 339, 340, 415, 428, 576
Guy, William, 339, 384, 433, **577**
Gwalt, Mial, 333
Gwaltney, Michaeel, 624
Gwaltney, Nathan, 481
Gwin, Edward, 593
Gwinn, Jacob, 267
Gwinn, William, 528

H——, Geo., 386
Ha——ock, Roger, 390
Habbet, Ezek'l., 130
Habbett, Anthony, 288
Habbitt, Ezekiel, **386**
Habit, Ezekiel, 227
Hable, Abner, **531**
Hack, Alex'r., 134
Hackleman, John, 201, 227
Hacklemar, John, 389
Hackner, Daniel, 300
Hackney, George, 535
Hackney, Joseph, 425, 577
Hacksaw, James, 287
Hacton, Dan'l., 387
Hadaway, 180, 387
Hadcock, Peter, 389
Hadcock, Soloman, 531
Haddock, Admiral, 258
Haddock, Andrew, 10, 54, 135, 238, 254, 255, 529
Haddock, Henry, 392
Haddock, Peter, 242
Haddock, Richard, **135**
Hadley, ——, 618
Hadley, John, 188
Hadley, Jos., 593
Hadley, Joshua, 10⁵, 36, 87, 234
Hadley, Thomas, 391
Hadley, William, 10, 135
Hadlock, John, 533
Hadly, Joshua, 391
Hadnot, Aldridge, 389, 397
Hadnot, Hert, 412
Hadnot, Joseph, 390
Hadnot, West, 87, 205, 298, 391, 533
Hadock, Richard, 345
Hadrock, ——, 385
Hadsock, Josiah, 290
Hafner, Pete, 10², 181
Hafner, Jacob, 133, 200, 224, 227, 389
Hafner, Nicholas, 481
Hag, John, 385
Hagar, Simeon, 577
Hagard, William, 391
Hagenton, Jese, 134
Hagenton, Jesse, 10
Hager, Simeon, 441²
Hager, Simon, 481, 577
Haggans, John, 390
Haggard, John, 577
Haggard, Patrick, 390
Haggerton, Jesse, 531
Hagins, James, 251
Hagwood, James, 269
Hail, Edward, 273

660   INDEX

Hail, Joseph, 257, 385, 386
Haile, John, 481
Hailey, Caleb, 10²
Hailey, James, 411, 532
Hailey, Robert, 293
Hailgrace, Francis, 386
Haimburg, Frederick, 343
Haines, John, 10
Haines, Phillip, 268
Haines, Thomas, 411
Haines, Wm., 133, 193, 227, 385, 389
Hainey, Anth'y., 132
Hainey, Jacob, 388
Hainey, Jno., 132
Hains, Jesse, 601
Hains, John, 204, 385, 532
Hair, David, 302, 438, 577
Hair, James, 10, 133, 272
Hair, John, 54, 272
Hair, John L., 36
Hair, Nicholas, 198, 227, 389, 412, 530
Hair, Robert, 61, 390, 438, 530, 577
Hair, Thos., 131, 136
Hair, William, 131, 272, 530
Haire, William, 304
Halaway, Thomas, 345
Halbe, Abien, 389
Halbitt, Ezekiel, 390
Halcom, Phillip, 238
Halcom, William, 270
Hale, David, 187
Hale, Thos., 54
Haley, Christopher, 532
Haley, Robert, 391, 531
Halfaker, Conrad, 311
Halfred, Miles, 533
Hall, Abner, 343
Hall, Alexander, 343, 438, 577
Hall, Anne, 570
Hall, Anthony, 197, 224, 227, 342
Hall, Clement, 10⁵, 36, 61, 182, 183, 244, 343, 501, 594, 606, 607
Hall, David, 98, 245, 343, 530
Hall, Davis, 136
Hall, Delany, 67
Hall, Drury, 342
Hall, Durham, 345
Hall, Edward, 131, 188, 342²
Hall, Frances, 570
Hall, Fulvill, 600
Hall, Futrell, 196, 343
Hall, Futrill, 136, 227
Hall, Hugh, 343
Hall, James, 10², 36, 54, 94, 102, 132, 133, 134, 290, 342², 346, 489, 492, 530², 535
Hall, James H., 500
Hall, Jessee, 10, 132, 134, 99, 224, 227, 534
Hall, Jessee, 208
Hall, Jessie, 342, 346
Hall, John, 10⁵, 132, 135², 188, 193, 223, 227, 255, 415, 489, 490, 491, 493, 494, 577, 602, 623
Hall, Jos., 102, 131, 530
Hall, Joshua, 10, 135, 343, 345, 529, 533
Hall, Josua, 134
Hall, Martin, 343
Hall, Morgan, 343
Hall, Nathan, 132, 266
Hall, Robert, 36, 342
Hall, Sam, 342
Hall, Thomas, 36, 53, 131, 194, 227, 255, 342², 489, 490³, 491, 493, 494, 498, 534, 601, 604

Hall, William, 10, 36, 134, 208, 342², 415, 447, 453, 503, 530, 534, 577
Hallaway, John, 532
Hallaway, Thomas, 10
Halloway, Taylor, 578
Halloway, Thomas, 10
Hallimond, Ezekiel, 411
Halling, Solomon, 36
Halsey, Henry, 426, 577
Halsey, Malache, 426
Halsey, Malchi, 577
Halstead, Jolly, 130
Halstead, Lemuel, 204, 391, 532
Halsy, Malacke, 426
Halton, Brazil, 135
Halton, Charles, 387
Halton, Joshua, 411
Halyon, Willis, 617
Ham, Drury, 612
Hamb, Wm., 131, 411, 530
Hambelton, Hilbon, 387
Hamberton, Stewart, 390
Hamberton, Hanes, 246
Hambleton, James, 287
Hambleton, John, 271, 607
Hambleton, Stewart, 10², 210, 534
Hambleton, Thomas, 246
Hamblin, John, 386
Hamblin, Stephen, 597
Hambright, Frederick, 36, 390, 481, 488³, 499², 503
Hambright, John, 392
Hamer, Stephen, 412
Hamers, Patrick, 601
Hamilton, Alex, 600
Hamilton, Andrew, 210
Hamilton, David, 625
Hamilton, George, 390
Hamilton, Hanse, 37, 93, 391
Hamilton, Horace, 210
Hamilton, James, 388, 423, 578
Hamilton, Jno., 54, 80, 199, 210², 227². 616
Hamilton, Michael, 227
Hamilton, Paul, 391
Hamilton, Stewart, 133, 346
Hamilton, Thomas, 447, 577
Hamilton, Hance, 196
Hamilton, John, 196, 224, 392
Hamm, William, 276
Hammett, John, 287
Hammock, Samuel, 10, 135, 287
Hammon, Edward, 532
Hammon, Isaac, 10, 134²
Hammon, James, 287
Hammon, John, 606
Hammon, John B, 80
Hammon, Matthias, 295
Hammon, Willis, 532
Hammond, Alexander, 530
Hammond, Edmund, 269
Hammond, George, 37
Hammond, James, 197, 227
Hammond, John, 577
Hammond, John B., 189, 247
Hammond, Judah, 87
Hammond, Lewis, 300
Hammonds, Edw., 81, 533
Hammonds, Festor, 288
Hammonds, Ralph, 287
Hammonds, Will, 391
Hammons, Abraham, 280
Hammons, Benjamin, 466, 577
Hammons, Edmund, 204
Hammons, Isaac, 532
Hammons, Ralph, 532
Hammontre, Griffin, 10
Hamontree, Griffith, 133, 345, 533
Hamour, John, 624

Hampton, Andrew, 37, 481
Hampton, Edward, 481
Hampton, George, 293, 531
Hampton, Joel, 485
Hampton, Jonathan, 481
Hampton, Stephen, 532
Hampton, Zacha, 133
Hamson, John, 533
Hanars, Hilary, 621
Hanberry, Jesse, 133
Hanberry, Jessie, 346
Hanbury, John, 180
Hance, Philip, 533
Hancock, Henry, 132, 529
Hancock, Isaac, 54, 243, 262, 529
Hancock, Joseph, 498, 499
Hancock, Randal, 272
Hancock, Samuel, 446, 578
Hancock, Wm., 87, 202, 390, 392, 412, 531
Hancock, Zebedee, 392
Hancock, Zezidee, 385
Hand, Joseph, 135
Handcock, James, 411
Handcock, John, 411, 423, 577
Handcock, William, 37
Handley, Joseph, 346
Handley, Wm., 130, 605, 613
Handly, Samuel, 481
Handock, John, 243
Handon, Wm., 410
Handy, Levin, 10
Haney, ———, 138, 391
Haney, Anthony, 10, 388
Haney, Charles, 421, 577
Haney, Robert, 457, 577
Hanille, William, 577
Hanish, Elijah, 612
Hank, John, 391
Hanken, James, 388²
Hanks, Jacob, 389
Hanmontree, Griffin, 390
Hanna, Caleb, 532
Hanna, Jno., 411
Hanner, Joseph, 532
Hanners, Henry, 130
Hanners, Joseph, 298
Hannis, Steener, 389
Hannord, John, 390
Hannot, William, 390
Hannus, Henry, 253
Hans, Ezekie, 389
Hansel, Charles, 288, 532
Hansell, Hicks, 531
Hansley, John, 385, 386
Hansley, Robert, 481
Hansley, William, 410, 411, 481
Hanson, Daniel, 577
Hantley, William, 386
Haphiel, Sam, 388
Hapiel, Jesse, 389
Happer, John, 386, 387
Happer, William, 387
Harback, Jno., 136
Harbert, William, 391
Harbison, William, 354
Harbourd, Jno., 136
Harbut, Benj., 131
Harden, Benjamine, 341
Harden, John, 341
Harden, Lewis, 10
Harden, Solomon, 341
Harden, Thomas, 341
Harden, William, 341
Hardenson, Samuel, 292
Hardewick, Richard, 345
Hardgroves, James, 300
Hardgroves, Wm., 304
Hardick, Richard, 10, 11, 134, 251
Hardin, Jesse, 532

INDEX 661

Hardin, John, 193, 234
Hardin, Joseph, 499, 500, 502
Hardin, Lewis, 130
Hardin, William, 199
Harding, Abraham, 133, 535
Harding, Isarael, 341
Harding, Israel, 11, 133, 209, 535
Harding, Lewis, 135
Hardison, Hardy, 94, 227, 387, 389
Hardison, Jesse, 131, 227, 602
Hardison, Joseph, 131, 392, 530
Hardnot, Joseph, 411
Hardon, Robert, 306
Hardrock, Peter, 11
Hardway, Israel, 346
Hardwick, Richard, 11²
Hardy, Colins, 387
Hardy, Gabriel, 387
Hardy, John, 274, 470
Hardy, Joseph, 133², 183
Hardy, Lewis, 185
Hardy, Robt., 134, 345
Hardy, Thos., 67, 185
Hardy, William, 37, 227
Hardyson, Charles, 386
Hardyson, Gabriel, 411
Hardyson, Hardy, 198
Hardyson, Jesse, 199, 389
Hare, James, 182
Hare, John, 531, 535
Hare, John L., 193
Hare, John Laurance, 235
Hare, John S., 599
Hare, Nich'ls., 131
Hare, S. John, 599
Harget, Frederick, 615²
Hargett, Daniel, 244, 387
Hargett, Peter, 390
Hargis, Abraham, 241, 534
Hargis, Thomas, 451, 577
Hargitt, Frederick, 237
Hargrave, Hezekiah, 11⁵, 135
Hargrave, Jno., 130
Hargrave, William, 37, 129, 391
Hargrave, George, 198, 227, 387, 389
Hargrove, Hardy, 411
Hargrove, Hezekiah, 346
Hargrove, John, 184, 239
Hargrove, Reuben, 411
Hargrove, William, 179, 188, 239, 388, 389, 392, 411
Hargrove, Wm., 620
Harigrooves, John, 611
Harison, Samuel, 385
Harjers, ———, 385
Harjett, Frederick, 37
Harkins, Aaron, 622
Harkley, Michael, 391
Harman, James, 11, 388, 616
Harmas, William, 532
Harmon, James, 134
Harmon, John, 268, 441, 529, 577
Harmon, Robt., 73
Harmond, Jno., 132
Harmontree, Griffin, 412
Harnet, Cornelius, 499
Harnett, Cornelius, 500
Harnett, Ephraim, 288, 532
Harney, Joshua, 529
Harney, Selby, 26, 37, 188, 391, 417, 594
Harney, Selley, 25
Harney, Silbey, 11⁴
Harney, Silby, 234
Harp, Joseph, 389², 533
Harp, Mattw, 136
Harp, Rich'd., 132
Harp, William, 390
Harper, Andrew, 37

Harper, Frederick, 131, 264, 283, 342, 530
Harper, Henry Jr., 593
Harper, James, 342
Harper, Jeduthan, 503
Harper, Jett, 11, 135
Harper, John, 11, 133, 198, 224, 227, 342, 435, 577
Harper, Jonathan, 37, 614, 616
Harper, Joseph, 133
Harper, Moses, 11²
Harper, Nathan, 133, 531
Harper, Robert, 130
Harper, Russel, 534
Harper, Soseph, 11
Harper, Thomas, 342
Harper, Travis, 533
Harper, William, 11, 133, 342
Harpoon, James, 388, 532
Harpus, Basford, 131
Harrard, Jas., 130
Harrel, Holland, 202
Harrell, ———, 333
Harrell, Asa, 616
Harrell, Benjamin, 531
Harrell, Christ, 616
Harrell, Holland, 261, 263, 531
Harrell, James, 277
Harrell, John, 54, 188, 261, 263, 412, 481, 534, 577
Harrell, Joseph, 481
Harrell, Josiah, 578, 616
Harrell, Kidder, 430, 481, 578
Harrell, Peter, 260, 591, 612
Harrell, Shadk, 616
Harrick, Elisha, 130
Harrill, James, 219
Harrill, Kedar, 219
Harrill, Peter, 533
Harrington, Drury, 281
Harrington, Giles, 135
Harrington, Richard, 289
Harrington, Thos., 135
Harrington, William, 389, 532
Harris, Abel, 217
Harris, Abner, 131
Harris, Abraham, 131, 288, 386, 535
Harris, Benjamine, 11, 135, 386, 624
Harris, Chas., 386
Harris, Clabern, 251
Harris, Daniel, 386²
Harris, David, 135, 529, 600, 621
Harris, Edward, 11, 102, 136, 197, 227, 258, 342², 619
Harris, Elijah, 11, 133, 217, 534
Harris, Elish, 294, 386
Harris, Fieldman, 435, 578
Harris, Francis, 533
Harris, Geo., 67, 203, 280, 386, 532
Harris, Gibson, 386, 529, 600
Harris, Goalman, 530
Harris, Goldman, 262
Harris, Goodman, 87
Harris, Hardy, 288
Harris, Harry, 130
Harris, Henry, 11, 134, 135, 186, 262, 346, 386, 528, 619
Harris, Hugh, 130, 385², 529, 618
Harris, Jas., 80, 192, 256, 385², 386, 481, 496², 497, 606
Harris, J. Lewis, 386
Harris, Jeremia, 386
Harris, Jeremiah, 596
Harris, Jese, 131, 135
Harris, Jesse, 11, 577
Harris, Job, 292

Harris, Jno., 54, 61, 87, 199, 227, 235, 266, 292, 392, 530
Harris, Jonathan, 386
Harris, Joseph, 490, 492
Harris, Josiah, 385
Harris, Laird, 386
Harris, Major, 386
Harris, Nathan, 272, 386, 534
Harris, Nelson, 11, 132, 345
Harris, Peter, 54
Harris, Richard, 265, 496
Harris, Roben, 465
Harris, Robert, 11, 132, 180, 386, 468, 490, 492, 614
Harris, Robert, Sr., 497
Harris, Robin, 577
Harris, S———, 386
Harris, Samuel, 279, 386², 532
Harris, Sherwood, 208, 534
Harris, Sherwood H., 268
Harris, Stephen, 80, 386
Harris, Thomas, 11, 37, 130, 134, 190, 195, 227, 262, 265, 385, 386², 411, 437, 625
Harris, Thompson, 257, 530
Harris, Tucker, 530
Harris, West, 37
Harris, William, 61, 276, 385², 386², 530, 532, 577, 613
Harris, ———ah, 386
Harrisday, Samuel, 411
Harrison, Augustine, 282
Harrison, Ainsworth, 624
Harrison, Charles, 281
Harrison, Clifton, 624
Harrison, Dan'l., 131, 412, 533, 624
Harrison, Demcey, 245
Harrison, Dempsy, 130, 189
Harrison, Edward, 281
Harrison, Elijah, 624
Harrison, Francis, 11, 133, 265, 296, 345, 528
Harrison, Geo., 73, 616
Harrison, Gilbert, 302
Harrison, Harman, 532
Harrison, Henry, 11², 133, 287, 415
Harrison, Jas., 53, 67, 94, 202, 265, 272, 296, 342², 531, 533
Harrison, Jesse, 130, 189, 250
Harrison, John, 130, 195, 227, 282, 342, 532, 577
Harrison, John, Oxley, 274
Harrison, Jonathan, 276
Harrison, Joseph, 184, 577
Harrison, Richard, 37, 342
Harrison, Robert, 287
Harrison, Seth, 624
Harrison, Stephen, 275, 531
Harrison, Thomas, 11, 133, 184, 240, 346, 610
Harrison, William, 11, 37, 94, 131, 132, 183, 189, 390, 412, 577
Harriss, Peter, 267
Harriss, Thomas, 236
Harriss, William, 605
Harrod, Howell, 532
Harrod, Paul, 533
Harrod, Turner, 529
Harrold, Abraham, 208, 534
Harrold, Enos, 388
Harrold, Peter, 206
Hart, ———, 602
Hart, Adam, 11³, 238, 532
Hart, Anthony, 37, 67², 132, 186, 251, 592, 602
Hart, Hardy, 287
Hart, Hezekiah, 535
Hart, Jacob A., 424
Hart, James, 450, 577, 578
Hart, John, 37, 98, 260, 530

INDEX

Hart, Joseph, 530
Hart, Lazenous, 282
Hart, Nathaniel, 37
Hart, Peggy, 247
Hart, Samuel, 11, 37, 87, **135**, 195, 227, 304
Hart, Thomas, 37, 67, 190, 247, 499, 500
Hartfield, James, 531
Hartgrove, Howell, 460, 578
Hartgrove, Wm., 207, 534
Harthsfield, John, 578
Hartley, Jno., 130, 267, 296
Hartley, Joseph, 130, 239, 610
Hartley, Thomas, 267
Hartly, John, 184
Hartman, Philip, 378
Harton, John, 529, 602
Hartsfield, John, 440
Hartt, Jas., 596
Harvey, Absolom, 11, 134, 197, 227, 365
Harvey, Benjamin, 499, 500
Harvey, Hugh, 365
Harvey, James, 37, 94, 136, 217, 365, 534
Harvey, John, 37, 61, 134, 197, 183, 227, 365, 611, 616
Harvey, Joshua, 11[2], 61, 132, 253, 365, 612
Harvey, Miles, 499, 500, 502
Harvey, Robert, 487
Harvey, Selby, 98
Harvey, Thomas, 499, 500, 614
Harvey, Wm., 625
Harville, William, 424
Harwood, Howel, 593
Harwood, James, 578
Harwood, Thomas, 289
Hosin, Isaac, 392
Haskell, Frederick, 190
Haskins, James, 433, 578
Haskins, John, 531
Haskines, Sarah, 570
Haslips, Chas., 87
Hass, David, 389, 529
Hassel, Joseph, 133, 345
Hassel, Joseph, 622
Hassell, Jesse, 531
Hassell, Joseph, 11
Hassell, Stephen, **182**
Hassey, John, 345
Hassle, Stephen, 132
Hastin, Oliver, 293
Hastin, William, 458, 577
Hastings, Carter, 131, 195, 223, 227, 389, 412
Hastings, Willis, 282, 389, 533, 611
Hastings, Wylie, 67
Hastings, Zacharia, 424, 578
Haston, Daniel, 280
Hasty, James, 454, 577
Hataway, Thos., 133
Hatch, Alexander, 11, 345, 450, 577
Hatch, Edmund, 498
Hatch, Lemul, 387
Hatch, Samuel, 385
Hatchcock, Aron, 386
Hatchcock, Isham, 389, 530
Hatchcock, Isom, 130
Hatchcock, Wm., 131
Hatchcock, Zachariah, 613
Hatcher, David, 136, 266, 600
Hatches, David, 530
Hatchet, Wm., 386
Hatchett, Edward, 263
Hatcock, Edw'd., 130
Hatfield, Miles, 622
Hatfield, Richard, 616
Hatford, William, 409
Hathaway, Jno., 94

Hathcock, Amos, 287, 532
Hathcock, Aron, 191, 199, 227, 387, 411
Hathcock, Frederick, 303, 390, 529, 610
Hathcock, Holiday, 532
Hathcock, Holladay, 269
Hathcock, John, 283, 532
Hathcock, William, 184
Hatrock, Peter, 619
Hatten, Joshua, 534
Haulborn, David, 612
Hauser, George, 385
Hawes, Ezekiel, 209, 426, 578
Hawkins, Ephraim, 11, 135, 451, 578
Hawkins, Ezekiel, 342
Hawkins, Hardy, 243
Hawkins, Henry, 131, 529
Hawkins, James, 243
Hawkins, John, 342[2]
Hawkins, Joseph, 342, 615, 616, 617
Hawkins, Lewerton, 204
Hawkins, Locton, 533
Hawkins, Loeston, 130, 131, 279, 533
Hawkins, Lofton, 342
Hawkins, Lorton, 11, 135, 204
Hawkins, —— M., 342
Hawkins, Phil, 502, 616
Hawkins, Philemon, 37, 578
Hawkins, Philemon Jr., 615
Hawkins, Rich'd, 131
Hawkins, Uriah, 342
Hawkins, Wm., 129, 194, 223, 227, 342, 390, 593, 619
Hawks, Jacob, 534
Hawks, John, 626
Hawley, Benjamin, 261
Hawley, Caleb, 294, 533
Hawley, Edward, 531
Hawley, Jacob, Jr., 261
Hawley, Joseph, 259
Hawley, Lemuel, 531
Haws, Ezekiel, 387, 534
Haws, John, 134
Hawstory, Henry, 199
Hawthorne, John, 132, 387, 411
Hawthorne, Nath'l., 386
Hay, Ab'm, 130, 242, 591
Hay, Isaac, 242
Hay, Peter, 411
Hay, Samuel, 279
Hay, Wm., 387, 391, 459, 577
Hayar, Robert, 287
Haycroft, Mark, 87, 130, 188, 255, 389, 613
Hayes, Henry, 530
Hayes, Isaac, 130, 186, 345
Hayes, John, 98, 532, 534
Hayes, Joshua, 345
Hayes, Robert, 11[4], 130, 185
Hayes, Samuel, 533
Hayes, Sonthy, 345
Hayes, Southy, 134
Hayes, Thomas, 529, 577
Hayes, Wifliam, 11
Haygood, Wm., 132
Hayles, Chapman, 439, 577
Hayman, Joseph, 389, 530, 599
Haynes, Anthony, 415
Haynes, Bythell, 94
Haynes, Chrisr., 94
Haynes, Jno., 54, 270
Haynes, William, 11, 54, 300, 345
Hays, Abraham, 610
Hays, Adam, 361
Hays, Alexander, 534
Hays, David, 361, 421, 535, 577
Hays, Edmund, 453, 577
Hays, Henry, 361, 600

Hays, Jacob, 361
Hays, James, **37, 94**
Hays, Jno., 102, 132, 134, 207, 257, 258, 361
Hays, Jonothan, 534
Hays, R., 201
Hays, Robert, 37, 240, 361
Hays, Robert Patrick, 361
Hays, Sarah, 258
Hays, Southey, **308**
Hays, Theophilus, 183, 239, 611
Hays, Thos., 87, 190, 361, 387
Hays, Wm., 135, 361
Hayse, Robert, 11
Hayse, Thomas, 257
Hayse, William, 267
Hayward, James, 412, 532
Haywood, Benjamin, 534
Haywood, Edw'd., 131
Haywood, Egbert, 502
Haywood, Sherwood, 502
Haywood, William, 502, 615[2]
Hazell, Edward, 622
Hazewood, Griffin, 617
Hazewood, William, 617
Hazzard, Geo., 590
Head, John, 386, 411
Head, Luke, 293, 389
Headen, Joseph, 411
Headley, Joshua, 411
Headrick, Peter, 429, 578
Headright, John, 11, 133, 389, 390, 529
Heagg, Thomas, 390
Heal, Elisha, **131**
Heans, James, 531
Heans, William, 387
Heath, Jessy, 593
Heath, Mathew, **532**
Heath, Thos., 623
Heath, William, 135
Heathcock, Aaron, 132
Heathcock, James, 425, 577
Heard, Lake, 531
Heard, Micajah, 345, 622
Hearn, Benj., 131
Hearn, Felly, 400
Hearn, George, 300
Hearn, Howell, 196, 223, 227, 385
Hearn, Jas., 131, 390
Hearn, John, 385, 400, 534
Hearne, Ebenezer, 446, 578
Hearon, Armwill, 191
Hearon, Matthew, 255
Heartley, Laban, 387
Heartly, Joseph, 183
Heartfield, James, 412
Heartsfield, David, 590
Heartsfield, John, 590
Heartsfield, John, Jr., 590
Heartsfield, Paul, Jr., 590
Hedgeforth, John, 11
Hedgeman, Geo., **136**
Hedgeman, Lewis, 136, 534
Hedgepath, Abraham, 11, 578
Hedgepeth, James, 346
Hedgepeth, John, 180
Hedgepeth, Marmaduke, 192
Hedgepeth, Noah, 472
Hedgepeth, Peter, 345
Hedgepeth, Stephen, 535
Hedgepeth, William, 533
Hedgpeth, Ab'm., 135
Hedgpeth, Marmaduke, 273
Hedgpeth, Peter, 187
Hedley, Thomas, 391
Hedrick, Adam, 387
Hedrick, Peter, 411
Hedspeth, Jno., 133, 267
Hedspeth, Mar'duke, 54
Hedspeth, Peter, 134
Heel, Joseph, 276

INDEX 663

Heel, Simon, 391
Heffman, John, 388, 392
Heggard, Moses, 531
Heimberg, E., 531
Heimbergh, Fred, 54
Heimberg, Fred'k., 604
Heimburg, Frederick, 201
Heirn, Benjamin, 530
Hejgit, Joseph, 392
Helderman, Nicholas, 133, 347
Helm, John, 441, 481, 577
Helms, John, 485
Helton, Abraham, 481
Helton, Beacham, 388
Hem, John, 11
Hembre, Abraham, 577
Hemesy, John, 387
Hemphill, Andrew, 336
Hemphill, Samuel, 386[2], 388
Henderson, Abraham, 284
Henderson, Albert, 391
Henderson, Arch., 184
Henderson, Arch'd., 130, 236, 612
Henderson, James, 306, 435, 578
Henderson, Jesse, 531
Henderson, John, 533
Henderson, Michail, 37
Henderson, Pleasant, 37, 589
Henderson, Richard, 37
Henderson, Robert, 11, 135, 256
Henderson, Simon, 531
Henderson, Thomas, 498, 499
Hendley, Daniel, 533
Hendley, William, 532, 204
Hendly, William, 275
Hendon, Josiah, 411
Hendricks, Abbot, 346
Hendricks, Albert, 11, 132, 208, 388, 390, 534
Hendricks, Samuel, 11, 135
Hendricks, Thos., 130, 205, 304, 533, 619
Hendrickson, Isaac, 577
Hendry, David, 388
Hendry, John, 598
Henley, James, 593
Henley, William,' 386
Henly, John, 207
Henly, Zachariah, 412
Henn, John, 386
Hennard, John, 411
Hennigar, Conrad, 385
Henniger, Conrad, 481
Henning, Diah, 533
Henry, Arthur, 534
Henry, Burrel, 135
Henry, Henry, 481
Henry, Hugh, 343
Henry, Isham, 532
Henry, Ishum, 288
Henry, James, 343, 388, 441, 381, 388, 577
Henry, Jacob, 625
Henry, Jno., 54, 73, 200, 227, 254, 343[3], 388, 485, 529, 578
Henry, Jonathan, 205, 298, 343, 533
Henry, Joseph, 420, 485, 578
Henry, Lewis, 388
Henry, Moses, 481, 485, 488
Henry, Robert, 488
Henry, Stephen, 534
Henry, Thomas, 224, 597, 530
Henry, William, 11, 134, 598
Hensley, Natl., 386, 388
Hensley, Wm., 11, 135
Henson, David, 532, 392
Henson, Elijah, 420, 578
Henson, William, 11, 135
Hepburn, James, 499, 500

Herbert, William, 87, 199, 227
Herford, Malichi, 387
Heritage, John, 594
Herman, Jno., 130
Herman, Robt., 618
Hermit, Joshua, 532
Hern, Drury, 67, 234
Hern, Howell, 133
Hern, Jno., 133
Herndon, Benjamin, 37, 389, 391[2]
Herndon, Elijah, 392
Herndon, James, 578
Herndon, Joseph, 37
Herndon, Peter, 389
Herrard, James, 609
Herrendon, Peter, 203, 532
Herrin, James, 411
Herrin, Mathew, 613
Herring, Arthur, 391
Herring, Burwell, 305
Herring, Henry, 387, 531
Herring, Jacob, 269
Herring, Job, 532
Herring, John, 388, 391
Herring, Joseph, 533
Herring, Mathew, 531, 611
Herring, Matthew, 389
Herring, S———, 390
Herring, Simon, 590
Herring, Uzzell, 388
Herring, Whitfield, 390
Herrington, Isaac, 203, 532, 599
Herrington, J———, 387
Herrington, Jiles, 11
Herrington, Peter, 98
Herrington, Samuel, 11, 135
Herrington, Thomas, 11[2], 133
Herritage, John, 37, 236, 501
Herritt, Kemp, 410
Herron, Allen, 386, 387, 444, 578
Herron, Armwell, 37, 130
Herron, Hugh, 388
Herron, Matt'w., 130
Hertsock, Peter, 130
Hester, Benj., 132, 183, 433, 530, 578, 589, 600
Hester, David, 273
Hester, James, 529
Hester, John, 11, 132, 134, 273
Hester, Joseph, 11, 134
Hester, Lewis, 281
Hester, Thomas, 578
Hester, Zachariah, 433, 578
Hethman, James, 391
Heward, James, 625
Hewell, Caleb, 133
Hewell, William, 37, 208, 534
Hewes, Henry, 529
Hewes, James, 529
Hewes, John, 533
Hewes, Joseph, 37, 132, 207, 499, 500, 534
Hewet, Ebenezer, 87
Hewett, Jeremh., 131
Hewey, John, 345
Hewell, William, 387
Hewings, Thos., 87
Hewit, Ebenezer, 308
Hewitt, Ebenezer, 619
Hewitt, John, 341
Hewitt, Philip, 341
Hewlett, Chas., 131
Hewling, Jacob, 611
Hews, James, 11, 133
Hews, John, 617
Hews, Williams, 135
Hews, Willis, 135
Hezard, Moses, 245
Hibbs, John, 388
Hichmen, Corben, 600

Hickerison, Chester, 288
Hickman, Benj., 411
Hickman, Charles, 277
Hickman, Corbin, 132[2], 300[2], 529[2]
Hickman, Edwin, 460, 577
Hickman, Jacob, 11, 135, 577
Hickman, Jene, 388
Hickman, Jonathan, 200, 227, 387, 389, 601
Hickman, Joseph, 391
Hickman, Samuel, 426, 578
Hickman, William, 37, 73
Hicks, C. Tubel, 102
Hicks, Chas., 136, 342, 534
Hicks, Corbin, 342
Hicks, Dempsy, 134
Hicks, Hansel, 259
Hicks, Harris, 433, 578[2]
Hicks, Hassell, 132
Hicks, Henry, 87, 135, 248, 254, 345, 530
Hicks, Isaac, 196, 227
Hicks, Jacob, 267
Hicks, Jas., 80, 192, 342
Hicks, Jno., 80, 192, 292, 342, 534
Hicks, Lewis, 342, 529
Hicks, Micaja, 133, 135
Hicks, Micajah, 11[2], 179, 415, 577
Hicks, Miles, 432, 577
Hicks, Moses, 342
Hicks, Robert, 192, 240, 342
Hicks, Therman, 597
Hicks, Thomas, 102, 342, 498, 500
Hicks, Trubal, 342
Hicks, Trubel, 534
Hicks, Truell, 267
Hicks, William, 37, 292
Hicksman, Chas., 132
Hickson, Corbin, 187
Hide, Sal, 132
Hiffeman, James, 390
Hifferman, James, 533
Hifferman, John, 532
Higgins, Michiel, 391
Higgins, Peter, 87
Higgins, Thos., 87, 598
High, Gardner, 578
Highfield, Hezekiah, 11, 135
Highman, Abel, 532
Highsmith, Abel, 390
Highsmith, Daniel, 388
Highsmith, Moses, 452, 577
Hightower, George, 596
Hilbert, Jno., 132
Hilen, Bernard, 276
Hill, Abram, 359, 438, 577
Hill, Benj., **263**
Hill, David, 621
Hill, Fra's, 590
Hill, Henry, 359, 531
Hill, Hugh, 530, 531
Hill, George, 132, 342
Hill, Green, 133, 498, 499, 615[3]
Hill, Isaac, 267, 341
Hill, James, 288, 342, 441, 481, 577
Hill, Jesse, 11, 133, 346
Hill, John, 11[6], 38, 130[2], 132[2], 133, 181, 192, 185, 243, 206, 263, 342[2], 416, 533, 611
Hill, Joseph, 132, 209, 302, 416, 534
Hill, Joshua, 341, 419, 578
Hill, Moses, 131, 530
Hill, Reuben, 578
Hill, Richard, 11, **134, 181**, 346, 347, 359

INDEX

Hill, Robert, 11, **134, 179**, 342, 460, 578, 624
Hill, Robertson, 287
Hill, Samuel, 11, 346, 455, 578, 615
Hill, Shadrock, 342
Hill, Solomon, 11, 135, 345
Hill, Thomas, 11, 80, 133, 342, 345, 529
Hill, Whitmill, 499, 500, 502
Hill, William, 11, 38, 130, 134, 342, 499, 500, 501, 533
Hilliard, Thomas, 465[2], 577
Hillis, Sampson, 530
Hills, Sam'l, 133
Hilsabeck, Jacob, 460, 577
Hilton, Arnold, 11, 134, 530
Hilton, Daniel, 233
Hilton, William, 38, 87, 185, 233, 341, 529
Hinchey, John, 529
Hinckley, Wiat, 427
Hind, Daniel, 11
Hinde, John, 11
Hinden, Andrew, 532
Hindes, Joshua, 531
Hinds, Benjamin, 11
Hinds, Dan'l, 136
Hinds, John, 345
Hinds, Lewis, 11, 133, 345
Hinds, Thomas, 181
Hines, Andrew, 282
Hines, Benberry, 283
Hines, Benjamin, 135, 623
Hines, Hardy, 269, 407, 533, 609
Hines, James, 407, 412
Hines, Jordan, 407, 534
Hines, Lewis, 185, 533
Hines, Rich'd, 533
Hines, Thomas, 407, 499, 500, 503, 615[2], 617
Hinkel, Gasper, 391
Hinsen, David, 131
Hinson, Charles, 577
Hinson, Daniel, 436
Hinson, Elijah, 530, 602
Hinson, Elizah, 131
Hinson, John, 389
Hinson, Joseph, 390
Hinton, Isaac, 341
Hinton, John, 292, 499, 500, 503, 615
Hinton, John, Jr., 503
Hinton, Jonas, 131, 341, 532
Hinton, Noah, 341
Hinton, William, 533
Hiott, Elisha, 529
Hip, Valentine, 387
Hipp, Stephen, 389
Hipp, Valentine, 387, 445, 578
Hirchey, John, 390
Hires, John, 387
Hirth, Elisha, 385
Hise, Leonard, 421, 578
Hislep, Kendall, 530
Hisler, Christian, 390
Hislep, Kindle, 246
Hissett, Moses, 202
Hitchcock, Fred'k, 67
Hitchcock, John, 300
Hitchcock, Zack'h, 130
Hitson, John, 288
Hizzard, Moses, 201
Hizzard, William, 535
Hnonan, Moses, 392
Ho———, James, 391
Hoard, Micajah, 134, 183
Hobbit, Ezekiel, 195
Hobbs, Abner, 533
Hobbs, Geo., 387, 411
Hobbs, Isaac, 292

Hobbs, Jacob, 11, **134**, 529
Hobbs, Joel, 292
Hobbs, John, 411
Hobbs, Joseph, 11, 133, 183
Hobbs, Moses, 94, 292
Hobbs, Peter, 131, 191, 389
Hobbs, Reuben, 134
Hobbs, Reubin, 188
Hobbs, William, 459, 578
Hobgood, Jno., 130, 387, 389, 533
Hobby, Rubin, 320
Hoby, Wm., 131
Hochaman, Philip, 390[2]
Hochammer, Philip, 54
Hockanner, Philip, 183
Hockley, Micharl, 531
Hocks, Micharl, 531
Hodge, ———, 388
Hodge, Alexander, 445, 578
Hodge, Benjamin, 619
Hodge, George, 421, 577
Hodge, Phil, 343
Hodge, Philmon, 388
Hodge, Robt., 391
Hodge, William, 411
Hodgepeth, Peter, 11
Hodges, Benj., 130, 191, 255, 391
Hodges, Floyd, 391
Hodges, Fra's, 590
Hodges, Hardy, 265
Hodges, Henry, 390
Hodges, James, 133, 197, 224, 227, 386, 387, 390, 411
Hodges, John, 38, 80, 191, 255, 590
Hodges, Joseph, 131, 388, 391, 411, 577
Hodges, Joshua, 385
Hodges, Phil, 388[2], 391
Hodges, Robt., 133
Hodges, Sanders, 533
Hodges, William, 11, 131, 346, 530
Hodges, Willis, 180, 411
Hodges, Wyllis, 133
Hodgs, Wm., 133
Hodgson, Oliver, 592
Hodgton, Alvery, 38
Hodsock, Sampson, 533
Hoearn, Howell, 390
Hoehamer, Phillip, 273
Hoell, Elias, 201, 531
Hoffman, Dan'l, 593
Hoffman, Jacob, 488
Hoffman, John, 488
Hoffum, Richard, 388
Hofner, Jacob, 387
Hofner, Nicholas, 441, 456, 577, 587
Hogan, James, 93, 185, 239, 499, 500, 602
Hogan, John, 391, 503, 530
Hogan, Proctor, 619
Hogan, Proser, 102
Hogan, Samuel, 239
Hogg, Andrew, 11, 134
Hogg, Elisha, 412, 533
Hoog, Gideon, 11, 134
Hogg, Thomas, 11[4], 25, 26, 38, 54, 80, 188, 239, 385, 390, 392, 501, 602, 603
Hoggard, John, 195, 227, 391
Hoggard, Patrick, 529
Hoggard, Wm., 80, 272, 529
Hoggart, Jno., 131
Hoggart, Pat'k, 131
Hoggs, William, 304
Hoghen, Henry, 386
Hogshed, Sam, 386
Hogston, Robt., 411
Hogstone, Arch, 622

Hogun, James, 26, 38, 132, 389
Hogun, James, 495
Holbert, Joel, 385
Holbrooks, John, 271, 391
Holdbrook, John, 207
Holden, Isaac, 302
Holden, Jas., 80
Holden, Job, 342
Holder, Amos, 390
Holdin, Wm., 132
Holdman, Mardecai, 267
Holdsbrooks, John, 534
Holdsbrooks, Vetch, 529
Holdway, Henry, 577
Holeman, Yancy, 577
Holes, Richard, 602
Holeway, David, 534
Holland, Bazil, 387
Holland, Bazel, 533
Holland, Bazil, 11, 135, 206
Holland, Beason, 410
Holland, Charles, 302
Holland, Daniel, 11, 135
Holland, Fred'k, 616
Holland, Henry, 11, **134**, 388, 531, 616
Holland, Isaac, Jr., 488
Holland, James, 38[2], 430, 578
Holland, Jeremiah, 411
Holland, Joseph, 247[2]
Holland, Josiah, 80, 193, 247
Holland, Matthew, 411
Holland, Reason, 73, 238, 529
Holland, Spear, 80
Holland, Speir, 392
Holland, Spier, 38, 529
Holland, William, 458, 487, 578, 599
Holleman, William, 390
Hollenbeck, Jno., 80
Hollenhead, Benj., 135
Hollenhead, Thos., 135
Holley, Benjamin, 346
Holley, Caleb, 264, 631
Holley, Henry, 267
Holley, 388, 410, 411
Holley, John, Jr., 309
Holley, Joseph, 54
Holliman, Kinchin
Hollin, Jeremiah, 135
Hollinan, James, 577
Holiness, William, 597
Hollinghead, Benjamin
Hollinghead, Thomas, 11
Hollingsnath, James, 387
Hollingsworth, Charles, 38
Hollingsworth, H., 459
Hollingsworth, Henry, 388
Hollingsworth, Henry, Jr., 578
Hollingsworth, Samuel, 391
Hollingsworth, Stephen, 578
Hollingsworth, Thomas, 299
Hollingsworth, Zebedee, 459, 578
Hollins, Stephen, 388
Hollis, James, 11, 136, 346
Hollis, John, 387, 411
Hollis, Zacariah, 387
Holloman, Aaron, 287
Hollomon, Kinchin, 130, **608**
Hollon, Bazal, 387
Hollow, Tarden, Ann, 601
Hollsway, David, 132, 209
Holloway, Francis, 391
Holloway, John, 283, 387
Holloway, Taylor, 447
Holloway, Wm., 387
Hollswell, Samuel, 38, 98, 385
Hollowell, Silas, 532
Holly Benjamin, 11, 133
Holly, Caleb, 389
Holly, Jacob, 133
Holly, John, 12, **134, 346**

INDEX

Holly, Nathaniel, 290
Holly, Osborne, 578
Hollyworth, Samul, 388
Holmes, Andrew, 531
Holmes, Daniel, 531
Holmes, David, 210
Holmes, Francis, 534
Holmes, Hardy, 12[5], 38, 134, 190, 210, 237, 387
Holmes, Isaac, 210
Holmes, Isam, 411
Holmes, James, 210, 438, 577
Holmes, John, 12, 134, 210, 345
Holmes, John B., 625
Holmes, Josiah, 12, 134, 345
Holmes, Moses, 210, 930
Holmes, Robt., 130, 210, 601
Holmes, Shadrach, 248
Holmes, Shadrock, 80, 131, 192
Holmes, William, 625
Holomon, Keirchen, 385
Holomon, Kinchen, 534
Holoway, David, 412
Holson, Sala———, 391
Holson, Selathan, 388
Holstan, James, 343
Holstead, Jesse, 258
Holstead, Jolly, 179, 253, 411
Holstead, Samuel, 258
Holsteain, Satterfield, 385, 534
Holston, Bazel, 12
Holston, Salathien, 135
Holt, Dennis, 532
Holt, George, 450, 577, 593
Holt, James, 439, 578
Holt, Thomas, 12, 54, 134, 179
Holtin, Barzella, 411
Holton, David, 388, 469
Holton, George, 391, 532
Holton, James, 277
Holton, Jasser, 391
Holt, Jesse, 622
Holton, Josiah, 387
Holton, Robt., 388
Homes, Andrew, 282
Homes, Richard, 622
Homes, Robert, 191, 619
Honeford, James, 308
Honess, Henry, 412
Honey, Ab———, 387, 411
Honey, John, 12, 390
Honeycutt, Wm., 410
Honycutt, Jno., 132
Hood, Arch'd, 67, 209, 341, 535, 611
Hood, Charles, 12, 135, 246, 577
Hood, Geo., 73
Hood, Jasper, 531
Hood, John, 341, 436, 578
Hood, Reuben, 578
Hood, Tumas, 489, 490[2], 491, 493, 494
Hood, William, 12, 54, 135, 253
Hooder, John, 12
Hodgton, Alveny, 67
Hook, George, 271
Hook, Michael, 390
Hooker, Evan, 292
Hooker, John, 133, 202, 292, 386, 415, 531, 600
Hooker, Robt., 102
Hooker, William, 387
Hooks, Daniel, 534
Hooks, Hillary, 410
Hooks, Dobson, 532
Hooks, Epha'm, 81, 131, 187, 259, 412, 611
Hooks, George, 388
Hooks, Hielry, 390
Hooks, Hillary, 388
Hooks, Jacob, 386

Hooks, John, 273
Hooks, Michiel, 390
Hooks, Peter, 531
Hooks, Thomas, 386, 387, 388, 411
Hooks, William, 288, 386, 388, 391, 397
Hooks, Willoby, 535
Hooks, Willowby, 131
Hooper, Abraham, 436
Hooper, Absolom, 577
Hooper, Anth'y, 129
Hooper, William, 38, 499, 500, 615
Hoos, Philip, 388
Hooten, William, 533
Hoover, Henry, 131
Hoover, Sam'l, 131
Hope, Benjamin, 452, 578
Hope, William, 12, 136
Hopewell, George, 293, 412, 532
Hopkins, Absalum, 385
Hopkins, Absolom, 531
Hopkins, Andrew, 593
Hopkins, Dan'l, 131, 204, 385, 533
Hopkins, Isaac, 87, 88, 265, 530, 576
Hopkins, James, 390
Hopkins, John, 289, 600
Hopkins, Jonathan, 265, 384, 534, 609
Hopkins, Joseph, 12, 132, 134, 345, 385
Hopkins, Rich'd, 87, 209, 261, 534
Hopkins, Thomas, 530
Hopkins, William, 450, 577
Hopper, Enos, 531
Hopper, John, 12, 134, 200, 225, 227
Hopper, Moses, 132, 198, 224, 227, 289
Hopper, Wm., 54, 200, 227, 267, 306
Hoppis, Adam, 421, 577
Hopson, William, 578
Hormon, James, 191
Horn, Henry, 12, 134
Horn, Joshua, 596
Horn, Robert, 456, 578
Horn, William, 615[a]
Hornby, William, 625
Horne, Henry, 179, 502
Horner, George, 447, 578
Horner, Thomas, 450, 578
Hornes, Shad'r, 390
Horney, Daniel, 531
Horney, Selby, 61
Horniblow, Anne, 570
Hornsby, Thomas, 12, 134
Horse, John, 387
Horse, Simon, 387, 411
Horseford, Jas., 54
Horsenas, Joseph, 387
Horsends, Peter, 391
Horsford, James, 533
Hortler, Isaac, 411
Horton, Daniel, 481
Horton, David, 593
Horton, Henry, 481
Horton, Jacob, 389, 533
Horton, Jas., 54, 192, 248
Horton, Jno., 131, 191
Horton, Joshua, 481
Horton, Lemuel, 533
Horton, Levy, 54
Horton, Nathan, 205, 489, 533
Horton, Samuel, 304
Horton, Sarah, 248
Horton, Zephaniah, 467, 482, 577

Hose, Philip, 391
Hoseford, James, 411
Hoskins, Ebenezer, 61, 609
Hoskins, Thomas, 499
Hostin, Oliver, 532
Hotwell, Samuel, 529
Houby, Willis, 531
Houby, Zachariah, 534
Hough, John, 577
Houghton, Anne, 570
House, Benjamin, 617
House, Emit, 388
House, Isam, 341
House, Nimrod, 617
House, Sam, 341
Houston, Abraham, 613
Houston, Archibald, 219
Houston, Christopher, 38, 219
Houston, Daniel, 219, 468
Houston, Edward, 219
Houston, Henry, 219
Houston, James, 38, 456, 469, 499, 500, 577
Houston, John, 219
Houston, Samuel, 219
Houston, Wm., 219, 308
Hover, Hany, 302
Hovey, Seth, 391
Howard, Allen, 433, 578
Howard, Barnet, 211
Howard, Benjamin, 211, 265
Howard, Claiborne, 438, 578
Howard, Edmond, 199, 211
Howard, Edmond, 12, 130, 132, 227, 237, 353, 530
Howard, Elias, 211
Howard, Elijah, 211
Howard, Ely, 210
Howard, Geo., 73
Howard, Gideon, 211
Howard, Hardy, 577
Howard, Isaac, 102, 244, 619
Howard, Isaack, 190
Howard, James, 282, 503, 531, 615
Howard, John, 199, 211, 227
Howard, Joseph, 12, 133, 184, 211, 235, 599
Howard, Patrick, 61, 210, 529
Howard, Rich'd, 276
Howard, Samuel, 210
Howard, Solomon, 80, 192, 247
Howard, William, 12, 87, 133, 181, 188, 210, 302, 444, 577
Howard, Willis, 12, 345
Howard, Wilson, 133, 181, 345, 431, 577
Howcott, Sarah, 570
Howe, James, 534
Howe, Jesse, 191
Howe, Robert, 25, 38, 495, 498, 499, 501, 570, 618
Howell, Anthony, 534
Howell, Daniel, 273
Howell, Dempsey, 12, 132, 343
Howell, Edw'd, 73, 199, 227, 237, 343, 618
Howell, Elias, 38
Howell, Fred'k, 94, 262, 530
Howell, Henry, 67, 187, 305
Howell, Hopkins, 343
Howell, James, 277
Howell, John, 61, 131, 217, 237, 262[2], 287, 465, 530, 532, 577, 607, 613
Howell, Mathew, 623
Howell, Peter, 277
Howell, Robert, 303, 533
Howell, Silas, 102, 343
Howell, Stephen, 102, 531
Howell, T., 277
Howerton, William, 412, 530
Howey, George, 444

INDEX

Howey, Joshua, 12
Howill, Dimpsey, 181
Howington, Wm., 131
Howrey, George, 578
Howry, Burrell, 12
Hozle, Thos., 61
Hubbard, Elisha, 87
Hubbard, Francis, 389, 530, 570
Hubbard, Jas., 131
Hubbard, Joel, 531
Hubbard, John, 12, 133
Hubbard, Mathew, 534
Hubbard, Warburton, 276
Hubbert, John, 187
Hubbs, William, 385
Hubert, William, 387, 389
Huckins, James, 190
Huddleston, Robert, 183, 445, 578
Huddleton, Robert, 12
Huddy, Wm., 131
Hudgin, Holder, 270
Hudgins, James, 578
Hudgins, John, 450, 577
Hudin, Duglas, 391
Hudlar, John, 192
Hudlar, Joseph, 192²
Hudlar, Samuel, 192
Hudler, John, 242
Hudler, Joseph, 242²
Hudler, Lem'l, 130
Hudler, Samuel, 242
Hudlestone, Robert, 256
Hudlestone, William, 256
Hudley, Joseph, 131
Hudnell, Joseph, 412, 531
Hudson, Arthur, 531
Hudson, Chamberlain, 263
Hudson, Chamblin, 529
Hudson, George, 262, 530
Hudson, Isaac, 67, 239, 529
Hudson, James, 219, 532
Hudson, Joel, 287
Hudson, Jno., 131, 132, 208, 219, 534², 600
Hudson, Joseph, 219
Hudson, Lewis, 219
Hudson, Miles, 12, 209, 219, 304, 534
Hudson, Moses, 530
Hudson, Nath'l, 219
Hudson, Thos., 73, 87, 197, 219², 227, 535
Hudson, Uriah, 463
Hudspeth, Carter, 462, 578
Hueston, Hugh, 248
Huff, Robert, 531
Huffey, John, 12
Huffham, Hudnall, 388
Huffman, John, 388
Huit, Ebenezer, 529
Hugbkins, Hardy, 390
Hugga, Francis, 209, 389
Huggans, Micheil, 196
Huggin, Jeff, 87
Huggins, Daniel, 200, 227, 389
Huggins, James, 12, 98, 132, 200, 225, 227, 387, 388, 390
Huggins, Luke, 12, 132, 389
Huggins, Michael, 132, 224
Huggins, Micheil, 390
Huggins, Michial, 390
Huggins, Nehemiah, 136, 209, 534
Hughes, David, 482
Hughes, Francis, 482
Hughes, Henry, 98, 252
Hughes, James, 343, 463, 578
Hughes, Jno., 73², 343, 530, 618
Hughes, John, Sr., 578
Hughes, Joseph, 207, 343

Hughes, Nathanil, 385, 529
Hughes, Samuel, 135, 343
Hughes, Thomas, 343, 482, 625
Hughes, William, 12, 530
Hughes, Willis, 12, 343, 531
Hughes, Zacha, 302
Hughey, Isaac, 388
Hughey, Patrick, 391
Hughkins, Hardy, 196
Hughkins, James, 605
Hughlet, Jeremiah, 301
Hughes, Burwell, 292
Hughs, David, 284
Hughs, George, 290
Hughs, John, 297
Hughs, Nathaniel, 233
Hughs, Sam'l, 490, 492
Hukins, Hardy, 605
Hukins, James, 12, 613
Hulbert, Hill, 388
Hulet, Henry, 411
Huling, Jacob, 61
Hull, Jackson, 67
Hull, Nathan, 530
Hull, Nathaniel, 135
Hullib, Will, 392
Humford, Zedack, 392
Humpberrier, Gasper, 388
Humphress, Randolph, 249
Humphrey, James, 530
Humphrey's, Dan'l, 61
Humphrey, Randle, 87
Humphries, Daniel, 241, 608
Humphries, Henry, 282
Humphries, James, 306
Humphries, John, 617
Humphries, Joseph, 260
Humphries, Randolph, 529
Humphries, Robt., 617
Humphries, William, 295
Humphries, Willis, 280
Humphrey, Joseph, 343
Hunsucker, Abraham, 12, 134
Hunt, Berry, 424, 578
Hunt, Charles, 492
Hunt, Daniel, 462, 530, 578
Hunt, David, 131, 183, 266, 600
Hunt, Elijah, 605
Hunt, Elisha, 181, 235, 440
Hunt, Jesse, 38
Hunt, John, 134, 490², 530, 617
Hunt, Memucan, 498, 500
Hunt, Oneuphonies, 391
Hunt, William, 433, 578, 589
Hunter, ———, 390
Hunter, Andrew, 389, 529
Hunter, Asa, 12, 133, 346, 390, 533
Hunter, Elisha, 294
Hunter, Everitt, 389
Hunter, Geo., 132
Hunter, Henry, 445, 577
Hunter, Humphrey, 489, 492
Hunter, Isaac, 385, 389, 533
Hunter, Jacob, 502, 615, 616
Hunter, James, 38, 615, 616
Hunter, John, 389
Hunter, John, Jr., 615
Hunter, Mary, 570
Hunter, Nicholas, 389
Hunter, Solomon, 300, 389, 530
Hunter, Theophilus, 499, 500, 503
Hunter, Thomas, 389², 482, 498², 615²
Hunter, Timothy, 292
Hunter, Wm., 389
Hunter, Zebulon, 532
Huntingdon, Everett, 532
Huntington, Everit, 385
Hupsey, John, 391

Hurley, David, 12, 135
Hurley, John, 12⁴, 73, 134², 238, 388, 534
Hurley, Joseph, 12
Hurley, Joshua, 135, 446, 578
Hurley, Wm., 87
Hursk, Thomas, 273
Hurson, Samuel, 533
Hurson, Samul, 390
Hurst, Jacob, 390
Hurst, Major, 390
Hurst, Philip, 410
Hurst, William, 386, 411
Hurt, James, 411
Hurt, Wm., 87, 252, 530
Hurton, Hugh, 73
Hurvey, Lewis, 411
Huse, Joseph, 12
Husk, John, 611
Huske, John, 391
Huskinson, Thomas, 387
Hussar, Francis, 132
Husser, Francis, 208
Hussey, John, 134, 136, 209, 535
Hussey, Simeon, 387
Huste, John, 61
Huston, Daniel, 238
Huston, David, 219
Huston, Hugh, 219, 529, 618
Huston, Jas., 219
Huston, Neil, 238
Hutchens, Edward, 12, 289
Hutchens, James, 255
Hutchens, Thomas, 487
Hutchings, Lewis, 601
Hutchings, Jesse, 223
Hutchins, Edw'd., 134, 184, 345, 609
Hutchins, James, 184
Hutchins, Jesse, 132, 194, 227
Hutchins, Robt., 131, 274
Hutchins, Thomas, 457, 577
Hutchinson, Alexander, 411
Hutchinson, James, 533
Hutchinson, John, 386, 411
Hutchinson, Parker, 391
Hutchinson, William, 578
Hutchison, Elizah, 134
Hutchison, Samuel, 411
Hutchison, William, 444
Hutson, David, 135
Hutson, Isaac, 269, 532
Hutson, John, 266
Hutson, Miles, 12, 133, 135², 136, 534
Huston, William, 533
Hutston, Abin, 67
Huttliston, Robert, 132
Hutway, John, 12
Huver, John, 300
Huzza, Francis, 208, 387, 534²
Hyde, Andrew, 73
Hyde, William, 578
Hyman, James, 411
Hyman, Joseph, 87
Hyme, Drury, 412, 532
Hymer, Lewis, 135
Hysmith, Jacob, 390
Hysmith, Jno., 388

Iarrel, Jacob, 392
Icour, Nicholas, 198, 224, 228, 392
Idel, Jacob, 392
Idol, Jacob, 460
Idole, Jacob, 578
Igby, Samuel, 536
Iggby, Samul, 392
Ijmes, Vachil, 12
Ikand, Henry, 393
Iler, Nicholas, 492

INDEX

Ingall, Robon, 624
Inglas, John, 38
Ingles, John, 12[4], 61[2], 181, 239, 393, 594, 607, 608, 620
Inglish, Jno., 136
Inglish, Joseph, 80
Ingraham, Jno., 54, 136
Ingram, Edward, 392
Ingram, Edwin, 454, 578
Ingram, George, 286
Ingram, I, 393
Ingram, Jacob, 590
Ingram, James, 26, 38, 590
Ingram, John, 188, 272, 393[2], 537
Ingram, Joseph, 392
Ingram, Tobiah, 181
Ingram, Tobias, 593
Ingram, William, 393
Inman, Shadrock, 392
Inman, Wm., 136, 535
Inn, Jacob, 537
Innes, Daniel, 392
Innis, John, 392
Ipock, Samuel, 427
Ipock, Christ, 392
Ipock, Hith, 392
Ipock, Jacob, 392, 393
Ipock, Peter, 392
Ipock, S., 392
Ipock, Samuel, 392, 578
Ireland, Dannie, 217
Ireland, James, 393
Ireland, Wm., 392
Irick, Abraham, 456, 578
Irly, John, 578
Irnin, Wm., 392
Irons, Peter, 392
Irvan, James, 598
Irvin, James, 458, 578
Irvin, Joseph, 392
Irvinson, Wm., 392
Irwin, Henry, 26, 38, 80, 279, 498, 500, 502, 535
Irwin, Isaac, 392
Irwin, Jas., 54
Irwin, John, 38, 392, 393
Irwin, Nich's., 61, 606
Irwin, Robert, 393, 496[2], 614
Irwin, Sam'l., 392
Irwin, Thomas, 423, 578
Isaac, Elijah, 392
Isaacs, Elijha, 393
Isaacs, Elisha, 38
Isbell, Pendleton, 392, 393
Isbel, Thomas, 393
Isbell, Zachary, 482
Isdall, Geo., 136
Isey, Ruben, 392
Isham, James, 396
Isleeson, John, 392
Isler, James, 537
Isler, John, 393
Isler, Nicholas, 392, 535
Ives, Hardin, 392
Ives, James, 12[2], 187, 243, 393, 610, 613
Ives, John, P., 427, 578, 589
Ives, Thomas, 429, 578
Ives, William, 392
Ivey, Curtis, 12[2], 38, 236, 392, 393
Ivey, David, 12, 207, 250, 537
Ivey, Elisha, 282, 536
Ivey, Elishai, 392
Ivey, Jacob, 393, 536
Ivey, James, 392
Ivey, Reuben, 12, 393
Ivey, Reubin, 136, 206
Ivey, Ruben, 537
Ivey, Thomas, 392, 393
Ivy, Curtis, 80

Ivy, David, 136
Ivy, Jas., 80

J——, John, 221
Jaby, Samuel, 289
Jack, 12
Jack, Francis, 137
Jack, James, 211, 221, 492, 497
Jack, Jeremiah, 482
Jack, Jos., 490
Jackney, Allen, 211
Jacks, Richard, 211
Jackson, ——, 211
Jackson, Archibald, 211
Jackson, Basil, 94
Jackson, Bazel, 535
Jackson, Bazzell, 599
Jackson, Benjamin, 211, 535
Jackson, Colby, 138
Jackson, Coleby, 12
Jackson, Edmon, 305
Jackson, Edmund, 211, 309, 536
Jackson, Edward, 94, 137, 193, 211[2], 227
Jackson, Fred'k., 137, 272, 536[2]
Jackson, Isaac, 431, 579
Jackson, Isaiah, 290
Jackson, James, 12, 137, 211, 272, 356, 535
Jackson, Jeremiah, 137, 264, 536
Jackson, Job, 285
Jackson, John, 88, 221, 240, 591, 620
Jackson, Joseph, 356
Jackson, Josiah, 270
Jackson, Levi, 211
Jackson, Lewis, 211
Jackson, Nathan, 221, 343
Jackson, Philip, 277
Jackson, Roberson, 280
Jackson, Robt., 61, 211, 280, 295, 536, 612, 614
Jackson, Samuel, 460, 579
Jackson, Solomon, 621
Jackson, Thomas, 98, 295
Jackson, William, 73, 138, 199, 211[2], 221[3], 236, 239, 288, 353, 535[2], 579, 591, 593, 620
Jackson, Zachariah, 88, 211, 535, 598
Jacob, Benjamin, 136, 191, 238
Jacob, Jno., 61
Jacobas, Ambrose, 301
Jacobs, Daniel, 267, 625
Jacobs, Edward, 211
Jacobs, Henry, 138, 188
Jacobs, Hezk., 138
Jacobs, John, 38, 594
Jacobs, Joshua, 81, 138, 297
Jacobs, Josiah, 12, 211[2]
Jacobs, Joshua, 297
Jacobs, Matthew, 211[2]
Jacobs, Peter, 54, 262, 536, 598
Jacobs, Prinias, 12
Jacobs, Primus, 138, 578
Jacobs, Thomas, 449
Jacobs, Wm., 138
Jacobs, Zachariah, 12, 138, 448, 579
Jacobus, Abraham, 276
Jackway, Allen, 537
Jaene, Sherrod, 138
Jaison, Thomas, 304
Jakins, William, 272
Jam, William, 211
Jamerson, Thomas, 192
James, Abner, 450, 578
James, Benj., 12, 138, 196, 211, 224, 228, 622
James, Charles, 302
James, Dave, 221

James, David, 137, 535, 536
James, Dinnard, 354
James, Edwin, 80, 198, 211, 221, 228
James, Frederick, 211, 536
James, Jeremiah, 12, 137[2], 196, 211, 228, 354
James, John, 38, 211, 221, 277
James, Joshua, 221, 537
James, Mecaja, 137
James, Mecajah, 194
James, Micajah, 211[2], 228
James, Moses, 221
James, Needum, 537
James, Noah, 62, 190, 607
James, Solomon, 221
James, Thos., 137, 211[2], 221, 535
James, William, 12, 136, 138, 198, 211[2], 228, 251
Jameson, James, 536
Jameson, Thos., 88
Jamison, James, 626
Jamison, William, 579
Janus, Charles, 302
Jarkins, Demsey, 607
Jarman, John, 221
Jarman, Thomas, 536
Jarmany, Peter, 280
Jarmiss, Benj., 138
Jarnigan, George, 482
Jarrell, Britton, 211
Jarrett, John, 211
Jarrott, Richard, 211
Jarves, Samuel, 616
Jarvis, Joel, 293
Jarvis, John, 12[2], 38, 136, 137, 138, 188, 193, 203, 211, 228, 536
Jarvis, Levi, 211[2], 196, 228
Jarvis, Levy, 73
Jarvis, Thos., 88, 198, 211[2], 228, 429, 498, 579, 620
Jarvis, Samuel, 38, 620, 621, 622, 623, 502
Jarvis, Willoby, 537
Jarvis, Willibee, 253
Jarvis, Willoughby, 136, 179, 211
Jason, Henry, 136
Jay, Simmons, 311
Jaycocks, Charles, 498, 499
Jaycocks, Johnathan, 498
Jean, Nathan, 535, 578
Jean, Philip, 435, 578, 621
Jean, William, 462, 579
Jeanes, Nathan, 137
Jeannet, Elias, 579
Jeannret, Elias, 426
Jeans, Jesse, 190
Jeduthan, Harper, 498
Jefferson, Joel, 292
Jeffres, John, 279
Jeffrey, Jno., 81, 137
Jeffrey, Drewry, 12, 137
Jeffreys, Jacob, 211
Jeffreys, John, 211, 239, 450, 578
Jeffreys, Simon, 211
Jeffries, Jacob, 12, 137, 535
Jeffries, John, 536, 605
Jeffries, Thos., 67, 535
Jelkes, Lemuel, 196, 211[2], 228
Jelton, Joel, 221
Jenes, Bartlett, 537
Jenet, Solomon, 259
Jenkins, Aaron, 456, 576
Jenkins, Abraham, 80, 192
J——kins, Asa, 211
Jenkins, Asa, 535
Jenksins, Charles, 578
Jenksins, Demcey, 235
Jenkins, Dempsey, 62

INDEX

Jenkins, Elijah, 137
Jenkins, Elisha, 193, 211, 223, 228, 354
Jenkins, James, 211, 308, 536
Jenkins, John, 416
Jenkins, Jonathan, 218
Jenkins, Josiah, 211, 290, 536
Jenkins, Lewis, 310
Jenkins, Robt., 80, 535
Jenkins, Sam'l., 211
Jenkins, Thomas, 356, 431, 579
Jenkins, Wm., 81, 202, 462, 536, 579, 590
Jenks, Thos., 137, 536
Jenneson, Absolom, 12
Jennet, Joseph, 221
Jennet, Solo., 211
Jennet, Solomon, 61
Jennet, Lewis, 279
Jennett, Solomon, 206, 211, 536
Jennings, Elisha, 221
Jennings, James, 137, 420, 579
Jennings, John, 136
Jennings, Thos., 61, 203, 221, 536
Jennings, Wm., 136
Jerman, Leanence
Jermany, Thomas, 282
Jernagan, Gardner, 271
Jernigan, Cary, 356
Jernigan, Elisha, 211
Jernigan, Gardner, 536
Jernigan, Wm., 211
Jerningan, George, 465, 579
Jero, Alexander, 12
Jesse, John, 138
Jessey, John, 12
Jessop, Stephen, 211, 289, 536
Jester, James, F., 420
Jester, James, T., 579
Jett, Jeremiah, 254
Jett, Peter, 274
Jeth, Tanner, 277
Jethro, Josiah, 94
Jew, James, 137
Jewel, Samuel, 307
Jewell, Sm'l., 61, 197, 211, 228
Jimes, Vachel, 138
Jimmason, Thomas, 251
Jimmison, James, 246
Jinkens, Moses, 211
Jinkings, ——, 211
Jinkins, Abram, 241
Jinkins, Asa, 271
Jinkins, Burwell, 272
Jinkins, Dempsey, 189
Jinkins, James, 221²
Jinkins, John, 221
Jinkins, Joshua, 221
Jinkins, Levi, 283
Jinkins, Robert, 611
Jinkins, William, 275
Jinks, Thomas, 578
Jinmett, Solomon, 612
Jinnings, John, 250
Jirmins, Thomas, 612
Jilt, Jesse, 280
Joh—, Fred, 211
John, Dan'l., 211
Johrson, Abraham, 443, 579, 623
Johnson, Absolom, 12, 137, 353, 355
Johnson, Adam, 352
Johnson, Alexander, 352, 428, 579
Johnson, Ambrose, 353
Johnson, Amos, 353
Johnson, Archibald, 211, 352
Johnson, Balaam, 136
Johnson, Barnaby, 353
Johnson, Barns, 137

Johnson, Benj., 62, 88, 189, 610, 620
Johnson, Benjamine, 352, 353
Johnson, Blinton Edward, 359
Johnson, Brutus, 136
Johnson, Charles, 211, 352, 353, 617
Johnson, Crafford, 352
Johnson, Crowford, 12, 73
Johnson, Daniel, 12, 136, 137, 181, 192, 353
Johnson, David, 308, 418, 536
Johnson, Dempsey, 136, 353
Johnson, Dock Lancelott, 190
Johnson, Edw'd., 102
Johnson, Eph'm., 138
Johnson, Francis, 418
Johnson, Fred'k., 138
Johnson, George, 466
Johnson, Harper, 355
Johnson, Henry, 62, 136, 137, 608
Johnson, Holland, 81, 352
Johnson, Jacob, 137, 181, 353
Johnson, James, 8, 54, 137, 352, 359, 486, 578, 482
Johnson, Jeremiah, 353
Johnson, Jese, 137
Johnson, John, 12², 62, 81, 137, 138, 221², 353
Johnson, Joseph, 12, 88, 352, 353, 359, 436, 578
Johnson, Joshua, 38, 102, 136, 354
Johnson, Isaac, 352, 359
Johnson, Lewis, 353
Johnson, Levi, 616
Johnson, Littleton, 88
Johnson, Mathias, 137, 352
Johnson, Matthias, 197
Johnson, Nathaniel, 352
Johnson, Oliver, 352
Johnson, Reuben, 73, 310, 353
Johnson, Rich'd., 98, 186, 353, 605
Johnson, Robert, 353, 355, 349, 617
Johnson, Samuel, 39, 353, 355, 466, 484, 578
Johnson, Soasby, 138
Johnson, Solomon, 136, 138, 353
Johnson, Starling, 353
Johnson, Thomas, 54, 68, 137, 352, 359, 622, 624
Johnson, Traves, 617
Johnson, Travis, 352
Johnson, Willeby, 54
Johnson, Wm., 73, 137, 138, 300, 352, 466², 579², 627
Johnston, ——, 211
Johnston, Abel, 394
Johnston, Abraham, 312, 622
Johnston, And'w., 211
Johnston, Archibald, 290, 536
Johnston, Arthur, 536
Johnston, Benjamin, 190, 195, 211, 257, 228, 235, 309
Johnston, Bretain, 256
Johnston, Charles, 195, 211, 228
Johnston, Craffor, 243
Johnston, Crawford, 12², 184
Johnston, Daniel, 248, 609
Johnston, Dempsey, 197, 288
Johnston, Ephraim, 12
Johnston, Frances, 211
Johnston, Francis, 419, 578
Johnston, Frederick, 12
Johnston, George, 269, 536
Johnston, George, Sr., 578
Johnston, Gilbert, 39
Johnston, Hardy, 269, 536
Johnston, Harmon, 288

Johnston, Harper, 288, 537
Johnston, Henry, 182, 185, 233, 245, 606
Johnston, Holland, 182, 245, 612
Johnston, Howell, 303
Johnston, Hugo, 39
Johnston, Isaac, 536
Johnston, Isaiah, 536
Johnston, James, 39, 185, 194, 228, 254, 308, 488, 536
Johnston, Jesse, 184
Johnston, Joel, 211
Johnston, John, 39, 192, 197, 211², 218, 228, 264, 487, 498, 499, 535, 536
Johnston, Jones, 39
Johnston, Jo's, 211
Johnston, Joseph, 39, 190², 211, 453, 588
Johnston, Launcelot, 39
Johnston, Martin, 218
Johnston, Matthias, 228
Johnston, Moses, 353
Johnston, Oliver, 199, 228
Johnston, Peter, 277
Johnston, Reuben, 537
Johnston, Rice, 307
Johnston, Richard, 243, 247, 535
Johnston, Robert, 211, 419, 482, 579
Johnston, Samuel, 195, 211², 228, 256, 498², 500, 535
Johnston, Snoden, 247
Johnston, Thomas, 194, 196, 228², 263, 278, 503, 536
Johnston, William, 12, 39, 191, 206, 482, 536, 637, 603
Johnston, Willis, 537
Johnstone, Anne, 570
Johnstone, Elizabeth, 570
Johnstone, J., 570
Johson, Wm., 602
Joice, David, 303
Joiner, Benjamin, 12², 137, 537
Joiner, Daniel, 536
Joiner, Eli, 535
Joiner, Ely, 136
Joiner, Freeman, 288
Joiner, Henry, 136
Joiner, Hickling, 536
Joiner, Hugh, 303
Joiner, James, 221
Joiner, Moses, 432, 579
Joiner, Nath'l., 137
Joiner, Neil, 537
Joiner, Thomas, 579
Jolley, Mallachi, 200, 211, 221
Jolley, Menoah, 303
Jolly, Malachi, 61, 98, 228
Jolock, Arthur, 302
Jonas, John, 356
Jonathan, Morgan, 625
Jones, Aaron, 278
Jones, Abraham, 12², 138², 250, 254, 600
Jones, Absolom, 282
Jones, Allen, 39, 499, 500, 502
Jones, Ant, 394
Jones, Anthony, 393
Jones, Arthur, 302, 394
Jones, Bedford, 311
Jones, Benjamin, 12, 138, 211, 300, 394², 460, 578, 596
Jones, Berry, 137, 197, 224, 228
Jones, Bray, 616
Jones, Bridger, 394
Jones, Brillian, 394
Jones, Brinson, 61, 250
Jones, Britain, 12, 578
Jones, Brittain, 201², 393
Jones, Briton, 228², 536

INDEX

Jones, Britton, 138, 225
Jones, Broton, 137
Jones, Chas., 80, 394, 457, 535, 579, 616
Jones, Daniel, 39, 68, 259, 482, 535
Jones, David, 12, 39, 73, 138, 191, 202, 203, 211, 240, 307, 393^2, 394^4, 536^2, 626
Jones, Davis, 259
Jones, Dempsey, 393, 536
Jones, Demsey, 570
Jones, Drury, 207, 393, 535, 537
Jones, Edmund, 425, 579
Jones, Edward, 393, 394^2, 460, 579, 614
Jones, Elias, 393
Jones, Elisha, 393, 394, 430, 579
Jones, Evan, 244^2
Jones, Ezekiel, 138
Jones, Francis, 12, 138, 394, 578
Jones, Frederick, 12^2, 137^2, 199, 224, 228, 307, 393, 394^2, 535, 593
Jones, Freeman, 12, 137, 393, 535
Jones, Gabriel, 592
Jones, George, 625
Jones, Griffith, 12, 137
Jones, Hardy, 137, 188, 209, 236, 393, 394, 537
Jones, Henry, 12, 137, 393, 535^2, 624
Jones, Hesk., 68
Jones, Hezekiah, 196, 211, 228, 280, 394, 611
Jones, Insgrove, 393
Jones, Isaac, 12, 196, 223, 228, 394^3
Jones, Iscca, 137
Jones, Isham, 393, 535
Jones, Isom, 136
Jones, Jacob, 67, 282, 394, 536, 612
Jones, James, 13^3, 81, 137, 138^2, 180, 185, 262, 393^3, 394, 536, 589, 600^2, 612
Jones, Jay, 184
Jones, Jeremiah, 184
Jones, Jesse, 277, 394, 446, 579, 616
Jones, Jethro, 191
Jones, John, 13^2, 39, 54, 81, 94, 136, 137, 138^2, 208, 234, 244, 264, 277, 393^3, 482, 535^3, 537, 579, 599, 619
Jones, Jona, 94, 138
Jones, Jonathan, 13, 535, 600
Jones, Jones, Lytleton, 81
Jones, Joseph, 499, 500, 621
Jones, Joshua, 182, 269, 393, 536, 617
Jones, Josiah, 13^3, 68, 137, 186, 196, 211, 228, 247, 280, 394
Jones, Kedar, 277
Jones, Kelber, 394
Jones, Lazarus, 191, 244
Jones, Marym, 570
Jones, Martin, 277
Jones, Matthew, 393, 498, 500
Jones, Maurice, 39
Jones, Miles, 311
Jones, Moses, 13, 138, 578
Jones, Musgrove, 578
Jones, Nathan, 13^2, 137, 393, 535
Jones, Nathaniel, 236, 394
Jones, Nicholas, 394, 438, 579
Jones, Nuesh, 394
Jones, Oliver, 310

Jones, Peter, 137, 206, 266, 393, 394, 536, 537, 578
Jones, Phil, 394, 620
Jones, Philip, 39, 98, 187^2, 259
Jones, Phillip, 136, 138^2, 238, 611
Jones, Randall, 620
Jones, Rich'd., 67, 394^2, 537, 597
Jones, Robert, 62, 393
Jones, Runard, 274
Jones, Russell, 617
Jones, Samuel, 13^4, 39^2, 88, 138, 186, 236^2, 269, 394, 535, 536, 594
Jones, Sampson, 393, 394
Jones, Shadrock, 394
Jones, Silvanus, 393
Jones, Simon, 191
Jones, Solomon, 311, 394, 590
Jones, Stephen, 305, 393
Jones, Taylor, 277, 502, 536
Jones, Thomas, 13, 39, 54, 67, 88, 94, 136, 137, 187, 244, 258, 393, 394^2, 453, 460, 498, 500, 503, 535, 579, 598^2, 605, 611, 613
Jones, Thophilus, 288
Jones, Tignal, 499, 500
Jones, Timothy, 39, 136, 191, 394
Jones, Underhill, 311
Jones, William, 13^2, 39, 54, 94, 136^2, 137, 138^3, 181, 186, 190, 240, 264^2, 393^3, 394^3, 432, 499, 500, 537, 578, 596, 597, 612, 623
Jones, Woode, 266, 536
Jones, Zachariah, 13, 138, 182, 192, 394
Jonican, David, 137
Joperton, Taylor, 277
Jordan, Burnwell, 624
Jordan, Caleb, 13^2, 137, 185, 221, 251
Jordan, Dennis, 537
Jordan, Fountain, 13, 211
Jordan, Jeremiah, 288
Jordan, John, 136, 202, 211, 256, 536
Jordan, Joseph, 211, 288
Jordan, Miles, 211, 537
Jordan, Nathan, 138
Jordan, Nicholas, 621
Jordan, Pilate, 288
Jordan, Richard, 452, 579
Jordan, Robert, 194, 211, 221, 228
Jordan, Thomas, 275, 393
Jordan, William, 256, 623
Jordan, Zeblin, 13
Jordans, Avan, 211
Jorden, Caleb, 13
Jorden, Fountain, 13
Jorden, James, 591
Jorden, John, 591
Jorden, Nathan, 13
Jordon, Fountain, 138, 248
Jordon, John, 498, 499, 624
Jordon, Nath'l, 62
Jordon, Rives, 138
Jordon, Robert, 54, 250
Jordon, Stephen, 13, 138
Jordon, Zel'l., 138
Jorist, Hugh, 393
Josea, Wm., 94
Josey, James, 211
Josey, John, 182
Joshua, ———, 391
Joshua, Porter, 549
Josnes, David, 137
Jourdan, Fountain, 535
Jourdan, Grey, 211

Jourdan, Mills, 211
Journikin, David, 535
Joy, Isaac, 354, 536
Joyner, Benjamin, 238
Joyner, Israel, 211
Joyner, Joel, 255
Joyner, Lewis, 287
Joyner, Stephen, 272
Joyner, Thomas, 211, 303
Judge, James, 67, 189, 257, 623
Jumper, Rich'd., 67
Jun, Orr James, 491
Justice, David, 621
Justice, Wm., 621

Kail, Joab, 195
Kail, Jacob, 139
Kail, Job, 228
Kail, Jno., 139
Kain, John, 625
Kain, Richard, 489, 491
Karcher, George, 579
Karr, James, 39
Karr, Joseph, 395
Karr, Robert, 482
Karray, Jacob, 348
Kates, Thomas, 13
Kea, Henry, 431, 579
Keais, Nathaniel, 39, 501
Kean, Jacob, 13, 139
Kean, Saucer, 13
Kearney, Blake, 538
Kearsy, John, 537
Keates, Thos., 139
Keay, James, 13
Keay, Jonathan, 270, 537
Keay, William, 13
Kedwill, Elijah, 185
Kee, Jona, 88
Keel, Charles, 13, 139, 186
Keel, 13, 139^2, 204, 275, 537, 538
Keel, Simon, 452, 579
Keen, Saucer, 139, 538
Keen, William, 13, 139, 348, 579
Keener, Martin, 13, 139
Keener, John, 13, 139
Kees, John, 395
Kees, Joseph, 88
Keeter, Nehemh, 139
Keeter, William, 537
Keeton, Henry, 621
Keeth, John, 538
Keeth's, John, 305
Keimore, Anthony, 394
Keith, Jno., 54, 62, 205
Kelby, Patrick, 538
Kellahan, Martin, 139
Kellar, Lewis, 394
Kellar, Nathaniel, 395
Kellehan, Isaac, 13
Keller, Leonard, 311
Keller, Mich'l., 139
Kelley, Chas., 138, 241
Kelley, Henry, 622
Kelley, James, 13
Kelley, Jno., 54, 184, 242
Kelley, Joseph, 538
Kelley, Nelson, 623
Kelley, Thomas, 253
Kelly, Dugold, 309
Kelly, Edmund, 600
Kelly, Edwd., 88, 620
Kelly, Hugh, 537
Kelly, Jas., 88, 139, 140, 184
Kelly, John, 13, 54, 62^2, 139, 296
Kelly, Joseph, 293
Kelly, Mason, 192
Kelly, Oliver, 603, 627
Kelly, Park, 98

INDEX

Kelly, Peter, 538
Kelly, Phillip, 538
Kelly, Thos., 139, 194, 228, 618
Kelly, Wm., 139, 195, 228, 623
Kellihan, Isaac, 140
Kellion, Jacob, 139
Kellion, Jno., 139
Kellum, George, 13, 140
Kellum, James, 395, 417
Kellum, John, 13, 140
Kelongh, Samuel, 348
Kelve, James, 626
Kemmy, Jonathan, 206
Kemp, David, 283
Kemp, Isaac, 394
Kemp, James, 538
Kemp, John, 348[2]
Kemp, Joshua, 395
Kemp, Thomas, 395
Kenadye, David, 348
Kenan, James, 498, 614
Kenan, Michael, 348, 394
Kenan, Owen, 349
Kendall, William, 180
Keneday, Thomas, 431
Kenedy, David, 252
Kenedy, John, 13[2]
Kenedy, Richard, 13
Kennedy, Archibald, 81
Kennedy, Benj'n., 81, 139, 195, 228, 308
Kennedy, David, 452, 579
Kennedy, Geo., 81
Kennedy, Isaac, 54, 62, 454, 537
Kennedy, Jno., 81, 139, 140, 590, 600, 614, 616
Kennedy, Joseph, 348
Kennedy, Mich'l., 140
Kennedy, Richard, 538
Kennedy, Robert, 39, 482
Kennedy, Sherwood, 429, 579
Kennedy, Thomas, 39, 579
Kennedy, Walter, 590
Kennedy, Wm., 139
Kennire, Anthony, 579
Kennon, James, 500
Kennon, John, 39
Kennon, Richard, 498, 500
Kennon, William, 39, 396, 497, 499[2], 595, 604
Kenny, Abraham, 200, 228
Kenny, Robt., 139
Kenny, Thos., 139, 228
Kenon, James, 503
Kensaul, John, 579
Kent, Charles, 625
Kent, Levy, 13, 140
Kent, Thos., 139[2], 266, 537
Keon, John, 579
Kerby, Henry, 482
Kerkendowl, John, 310
Kerney, Arthur, 257, 537
Kerr, George, 348
Kerr, John, 305
Kerr, Joseph, 348, 482
Kerr, Nathaniel John, 395
Kerr, Robert, 445, 579
Kersey, James, 13, 140, 454, 579
Kersey, John, 202
Kersey, William, 469, 601
Kesley, Rich'd., 139
Ketanch, John, 204, 538
Ketanch, Malachi, 537
Ketter, Nehemiah, 13
Kettle, Jacob, 62, 139
Kettle, John, 205, 538
Key, Jas., 140
Key, Sharp, 395
Key, Wm., 140
Keys, Joseph, 598, 619
Kickman, Corbin, 139

Kid, John, 441
Kidd, James, 601
Kidd, John, 482
Kidds, John, 13, 579
Kids, Jno., 140
Kidwell, Elijah, 245, 457
Kidwell, Elisha, 73
Kight, Charles, 140, 195
Kight, Demsy, 140, 195
Kiher, George, 445, 579
Kilby, William, 39
Kilby, Wm., Tyler, 39
Kilgo, Jas., 73
Killebrew, John, 200, 225
Killeby, William, 594
Killet, Joseph, 139
Killeworth, Mart, 623
Killeworth, Mathew, 623
Killian, Daniel, 197, 228
Killian, Frederick, 538
Killian, John, 394, 537
Killibrew, John, 228
Killingworth, John, 243, 395
Killingworth, Jno., 81, 192, 347, 605
Killon, John, 254
Killon, Thomas, 348
Killough, Samuel, 423, 579
Killpatrick, John, 537
Killum, George, 395
Kilner, George, 395
Kilpatrick, Andrew, 348
Kilpatrick, Hugh, 13, 140
Kilpatrick, John, 266, 593
Kilpatrick, Robt., 94
Kilson, William, 344
Kilyan, Jacob, 13
Kilyon, John, 13
Kimbrough, John, 615
Kime, David, 140
Kincade, William, 347
Kincaid, James, 421, 579
Kincaid, John, 488, 579
Kincaid, Robert, 421, 579
Kincaid, William, 598[2]
Kinchen, John, 499, 500, 614
Kineade, William, 348, 349
Kiney, John, 395
King, Andrew, 182, 282, 538
King, Anthony, 13, 139, 283
King, Bartholomew, 538
King, Charles, 347
King, David, 13, 139, 182, 465, 579
King, Edmund, 252
King, Edward, 13[4], 139[2], 537
King, Elepha, 395
King, Enoch, 138, 266, 295, 537, 619
King, Ephaphroditus, 293
King, George, 249
King, Henry, 579
King, James, 39, 54, 62, 88, 138, 139, 186, 217, 249, 264, 395, 537[2], 604, 605, 613
King, Jno., 68, 138, 187, 252, 279, 358, 394, 499, 500, 537, 579, 610, 621
King, Joseph, 73, 246, 395, 537, 618
King, Julius, 249
King, Mason, 139
King, Micajah, 395
King, Nathan, 348, 428, 579
King, Richard, 289
King, Robert, 249
King, Thomas, 139, 199, 228, 450, 579
King, Vincent, 13, 140, 463, 579
King, William, 218, 309, 359, 395, 537, 610, 613
King, Woody, 13, 139
Kingsbury, John, 39, 240, 626

Kingston, Sam'l., 140
Kinimy, Jonathan, 538
Kinkaid, John, 441
Kinkaid, Wm., 88
Kinleven, Michael, 601
Kinncair, John, 579
Kinney, Thomas, 197
Kinnin, Anthony, 419
Kinsborough, John, 184
Kinsey, Wm., 139
Kinston, Samuel, 349
Kippey, Peter, 68
Kirby, Absaloni, 395
Kirk, Jno., 73, 249, 620
Kirk, Roger, 139
Kirkindall, Sameul, 302
Kirkland, William, 275, 538
Kirvin, Thomas, 240
Kisbrough, George, 395
Kitchen, Benjamin, 139, 537, 602
Kitchen, James, 623
Kite, Charles, 228
Kite, Dempsey, 228
Kite, Elisha, 621
Kite, Geo., 139
Kite, Jas., 139
Kite, William, 290
Kith, James, 537
Kitner, Peter, 394
Kittering, Henry, 211
Kittle, Benj., 139
Kittle, Jacob, 13, 54
Kittrell, Jno., 139
Knight, Absolom, 13
Knight, George, 13, 180
Knight, Henry, 455, 579
Knight, Jesse, 235, 537
Knight, John, 343, 617
Knight, Mary, 235
Knight, Miles, 13[2], 139, 190, 237, 240, 611, 613
Knight, Morgan, 81
Knight, Peter, 278
Knight, Reuben, 68, 310, 611
Knight, Sam'l., 102, 237, 537
Knight, William, 600
Knop, Adm., 73
Knott, John, 394
Knott, William, 39, 73, 201, 304, 537[2]
Knowland, James, 538
Knowles, James, 349, 468
Knowles, Richard, 301
Knox, Allison, 260, 538
Knox, Andrew, 499, 500, 502
Knox, Benjamin, 456, 482, 579
Knox, James, 445, 482, 579
Knox, John, 258
Knox, Joseph, 349
Knox, Robert, 441, 482, 579
Knox, Samuel, 445, 482, 479
Knox, William, 258, 260
Koen, Caleb, 39, 139
Koen, John, 139, 250, 451
Koonts, John, 429, 579
Kornegay, David, 406
Kree, Joseph, 395
Kreger, George, 460, 579
Kurx, Absolom, 395
Kurx, Joshua, 395
Kurx, Robert, 395

Labiel, Francis, 141
Lacey, Isom, 68
Lacey, John, 39, 62, 141, 198, 218, 219, 540
Lacey, John, Richard, 308
Lachenour, George, 580
Lachenour, Jacob, 580
Lacho, Francis, 13
Lackey, Christopher, 39, 68,

INDEX 671

196, 218, 219, 592
Lackey, George, 438, 579
Lackey, Thomas, 13, 142, 288, 438, 580
Lackey, William, 219
Lacolin, John, 645
Lacup, Joshua, 540
Lacy, Burwell, 68, 228, 609
Laden, Thos., 94
Lader, Thomas, 599
Laferty, John, 73
Lafferty, John, 618
Laffoon, Nathaniel, 465, 580
Lafton, Canon, 142
Laighton, John, 540
Laighton, William, 142, 263
Lain, Abram, 288
Lain, Jacob, 13, 142
Lain, James, 288
Lain, Jethro, 309
Lain, Jonathan, 309
Lain, Moses, 540
Laind, Nathaniel, 219
Laine, Thomas, 295
Laird, John, 218
Laiton, John, 218
Lake, Stephen, 539
Lamb, ——, 618
Lamb, Abner, 13⁵, 39, 142, 184, 251, 362
Lamb, Arthur, 362
Lamb, Gibbs, 13³ 54, 190, 213
Lamb, Gideon, 26², 39, 86, 184, 253, 362, 498, 500, 599
Lamb, John, 13, 142, 268
Lamb, Lemonlation, 192
Lamb, Nathan, 284
Lamb, Nudy, 362
Lamb, Thomas, 362
Lamb, William, 362
Lambert, Aaron, 140, 539, 609
Lambert, Benj'm., 212
Lambert, Enoch, 142
Lambert, Henry, 212, 275, 539
Lambert, Hugh, 624
Lambert, John, 141, 186, 212², 539, 540
Lambeth, Jno., 140
Lambeth, Moses, 429, 579
Lambkin, Isaac, 539
Lambley, Phillip, 142
Lambreck, James, 284
Lamon, Duncan, 498, 500
Lancaster, Henry, 431, 580
Lancaster, Patrick, 212
Lancaster, Rich'd, 218
Land, Henry, 13, 142
Land, John, 13, 142
Land, Thomas, 183, 435, 580
Landers, Applewhite, 289
Landers, John, 540
Landford, Jesse, 600
Landon, Joel, 539
Lands, Ephraim, 460, 580
Landers, Jno., 88
Lane, Benjamin, 13, 142, 361, 538
Lane, Charles, 617
Lane, Citizen, 13, 142, 538
Lane, Daniel, 427, 580, 589
Lane, Henry, 539
Lane, Isaac, 40, 141
Lane, Jacob, 140, 189, 255, 361, 619
Lane, Jas., 141, 361
Lane, Jesse, 68, 183, 251, 489, 610, 613, 617
Lane, Joel, 499, 500
Lane, Jethro, 140², 361, 539
Lane, John, 309, 579
Lane, Nich's,
Lane, Rich'd, 617
Lane, Thos., 140, 258, 605

Lane, Tidence, 482
Lane, Timothy, 13, 142, 191
Lane, William, 13, 143
Laneford, Jesse, 538
Laneford, John, 538
Lanfield, Joseph, 141
Langford, Alloway, 40, 99
Langford, John, 600
Langford, Peter, 278
Langley, Miles, 580
Langley, Shadrach, 431, 580
Langton, Robt., 539
Langston, Drury, 539
Langston, Elisha, 141, 264
Langston, James, 600
Langston, Jesse, 540
Langston, John, 273, 406
Langston, Jonah, 539
Langston, Josiah, 276, 406
Langston, William, 406, 600
Lanier, Benjamine, 407
Lanin, Isham, 407
Lanier, David, 40
Lanier, James, 40, 99, 187, 242, 407
Lanier, Jesse, 407
Lanier, Peter, 282
Lanier, Robert, 499²
Lanier, William, 40
Lanin, B., 407
Lanin, Ensign, J., 407
Lanin, Lewis, 407
Lankon, James, 185
Lannings, John, 420, 580
Lannis, William, 407
Lanston, Elisha, 539
Lanyard, Benj., 621
Lapsley, Jas, 55
Laquire, John, 458, 580
Laram, Isom, 219
Laranison, Aaron, 601
Larbe, Francis, 13
Larbo, Francis, 13
Larcy, Patrick, 13
Lareman, George, 540
Larey, Pat'k, 143
Largan, James, 228
Largent, James, 458, 580
Largon, James, 194, 218
Larkie, Wm., 219
Larkin, John, 212
Larking, Stephen, 539
Larkins, Benjamin, 448, 580
Larkins, John, 212
Larkins, Roger, 212
Larks, Francis, 142
Larouse, Joshua, 141, 276, 539
Larouze, Joshua, 202
Larremore, James, 460
Larrimore, James, 460, 580
Larrimore, Marmaduke, 310
Larry, Cornelius, 73, 618
Lasater, Abner, 580
Lasater, William, 580
Lasciter, Josiah, 301
Lasciter, Shadrach, 241
Lashley, Barnabas, 579
Lashley, Howell, 447, 580
Lashorn, Jas., 142
Lasiter, Jacob, 140
Lasiter, Jas., 141², 142
Lasiter, Jese, 142
Lasiter, Jethro, 40, 187
Lasiter, Jonas, 141, 184
Lasiter, Luke, 141, 184
Laskey, George, 622
Laskley, Barnabas, 450
Lasley, Joseph, 218
Lasseter, Jacob, 538
Lasseter, James, 538
Lassiter, Elijah, 579
Lassiter, Demcey, 247
Lassiter, Elijah, 439

Lassiter, Jacob, 212, 247
Lassiter, James, 13, 212
Lassiter, Jesse, 13, 188
Lassiter, Jethro, 94, 212
Lassiter, Samuel, 287
Lassiter, Thomas, 212, 247, 538
Laster, James, 290
Laster, Josiah, 290
Lastly, John, 218
Laston, Camas, 13
Later, Ambroze, 88
Lath, Abner, 301
Latham, Finehas, 187
Latham, James, 499, 500
Latham, Noah, 579
Latham, Noel, 219
Latham, Phineas, 62
Latham, Phinehas, 245, 609
Latham, Rotheas, 503
Lathinghouse, Richid, 218
Lathinghouse, Young, 218
Laton, John, 245
Laton, William, 245
Laughinghouse, John, 13, 142, 539
Laughinghouse, Thomas, 81, 201, 219, 229
Launceford, Elisha, 600
Laurance, Nathaniel, 274
Laurence, Joshua, 290
Law, France, 251
Law, John, 13, 143
Lawbun, James, 13
Lawhorn, Sam'l, 141
Lawless, Mathew, 275
Lawley, Wm., 219
Lawmon, George, 219
Lawrance, ——, 212
Lawrance, Abraim, 212
Lawrance, Adam, 212²
Lawrance, John, 212²
Lawrance, Joseph, 212
Lawrecy, Daniel, 284
Lawrence, Adam, 539
Lawrence, Isaac, 603, 627
Lawrence, John, 425, 580
Lawrence, Joseph, 13, 141, 142, 212, 540
Lawrence, Nat, 13
Lawrence, Nath., 13, 595
Lawrence, Nathan, 609
Lawrence, Nathaniel, 40, 140, 240, 538
Lawrence, William, 13, 141, 187
Laws, Andrew, 219
Laws, David, 246, 467, 539, 580, 626
Laws, Jno., 88
Laws, Richard, 308
Lawson, John, 539
Lawson, Mark, 539
Lawson, Obediah, 218
Lawson, Richard, 54
Lawson, Thomas, 438, 580
Lawson, William, 13, 142, 275, 539
Lavender, Lemuel, 218
Lavender, Sam, 218
Le——, George, 219
Leach, John, 13², 62
Lead, Alendem., 13
Leadingham, Isaac, 307
Leadon, John, 248
Leadon, Robert, 248
Leadone, John, 192
Leagal, Michael, 218
Leah, Walter, 454
Leak, Walter, 580
Leak, William, 539
Lean, George, 218
Leany, George, 218
Leary, Patrick, 305

INDEX

Leatch, William, **218**
Leath, Wm., 218
Leathgo, William, 539
Leathers, Moses, 88, **538**
Lechro, Francis, 187
Leak, Henry, 300
Lector, Andrew, 303
Ledbetter, Drury, 406
Ledbetter, George, 482
Ledbetter, Richard, 458
Ledbitter, Richard, 580
Ledford, Peter, 443, 579
Ledenham, Isaac, 182
Lednum, John, 580
Ledum, Jno., 55
Lee, Aaron, **13**, 142
Lee, Abraham, 141, 362, 540
Lee, Bryan, 141
Lee, Bryant, 602
Lee, C., 362
Lee, Carter, 597
Lee, Chas., 141
Lee, Charles, Sr., 540
Lee, David, 362, 597
Lee, Hardy, 292, 362, 539
Lee, Henry, 456, 580
Lee, James, **13**, 142, 362, **448**, 482
Lee, Jesse, 141, 278, 540, 579
Lee, Jessie, 362
Lee, John, 14², 191, 251, 362, 436, 580
Lee, Joseph, 362
Lee, Major, 362
Lee, Noah, 362
Lee, Peter, 280
Lee, Phillip, **141, 539**
Lee, Richard, **14**, 142, 362, 540
Lee, Sampson, 362
Lee, Solomon, 362
Lee, Stephen, 625
Lee, Stevens, 499
Lee, Thomas, 141, 200, 225, 229, 362
Lee, Timothy, 292, 362, 539
Lee, Westbrook, 429, 580
Lee, William, 141², 362
Lee, Wm., Jr., 141
Leech, James, 218
Leech, John, **14**, 185, 251
Leech, Joseph, 498, 500, 503
Leek, Joel, 621
Leekon, Arthur, 539
Leeper, James, 482
Leeper, Matthew, 488
Leept, Edm'd, 141
Leer, John, 219
Lefever, William, 469
Lefoy, John, **538**
Leftyear, Joseph, 196, 219, 228
Leftyear, Uriah, 94, 205, 218, 540
Lefty, Shadrach, 482
Legal, Michael, 219
Legar, Jas., 88
Legal, Michael, 199, 228
Legare, James, 538
Legare, Thomas, 625
Legbert, Henry, 625
Legett, Lewis, 199
Leggett, Abraham, 14
Leggett, Abs'm, 142
Leggett, Elias, 282
Leggett, Lewis, 141, 219, 228
Leggitt, Daniel, 599
Leggitt, Lewis, 219
Leib, Jonas, 456, 580
Leigh, Lewis, 14, 142
Leighton, William, **14, 200**, 224, 229, 309
Leiper, Matthew, 579
Leir, Jas., 143
Leman, John, 580

Lemare, Lewis, 293, 539
Lemay, John, 433
Lemens, Wm., 490, 492
Leming, John, 616
Lemon, Alexander, 194, 228
Lemon, Land, 140
Lemonds, Alexander, 455
Lemonds, Robert, 458
Lemmond, John, 489, 490, 491, 494
Lemmond, William, 489, 491, 494
Lemmy, Joseph, 40
Lemonds, John, 489, 490, 492
Lemonds, Robert, 580
Lemonds, William, 490, 493
Lenear, James, 40
Lenier, John, 218
Lenier, Robert, 278
Lenior, William, 580
Lennihan, Jno., 142
Lennon, Ephraim, 309
Lenoir, William, 40, 467, 479, 589
Lenox, Burrell, 218
Lenter, James, 196
Lentex, Samuel, 180
Leonard, Henry, 213
Leonard, Jacob, 213, 429, 580
Leonard, James, 213²
Leonard, Philip, 213
Leonard, Sam, 213
Leonard, William, 432, 579
Leony, Mic'l, 99
Leopard, Wm., 142
Lepard, William, **14, 597**
Lerr, James, 305
Lesley, John, 14, 143
Lesly, James, 209
Lesly, Joseph, 540
Lessenby, John, 201
Lessesne, John, 625
Lester, Wm., 140
Leston, Jeremiah, 250
Lethgo, William, **14, 141**
Letour, Conrad, 14
Lett, James, **14**, 141, **538**
Lettan, Abel, 218
Letter, Isaac, 540
Lewes, Francis, 246
Lewellen, Thomas, 538
Lewellin, Thomas, 241
Lewis, ———, 599
Lewis, Aaron, 362, 419, 580
Lewis, Amos, 81, 263, 362, 539, 611
Lewis, Araham, 362
Lewis, Benj., 141, 143
Lewis, Chas., 140, 270, 362, 539, 579
Lewis, Daniel, 438, 580
Lewis, David, 14, 287, 580, 623
Lewis, Edw'd, 140, 362, 540, 606
Lewis, Elisha, 140, 201, 229, 362, 609
Lewis, Eph'm, 140, 197, 228, 362
Lewis, Frances, 362, 539, 626
Lewis, Frederick, **14, 142**, 362, 539
Lewis, Hardy, 14, 142, 362, 538
Lewis, Herbert, 425
Lewis, Isaac, 14⁴, 142, 251
Lewis, Jacob, 140
Lewis, James, **14**, 142, **448**, 538, 580, 617
Lewis, James Martin, 40
Lewis, Jessie, 362
Lewis, Joel, 40, 143, 190, 234, 238², 362, 482

Lewis, John, 102, 140, 142, 269, 362, 538, 579, 605
Lewis, Jona, 140, 142
Lewis, Jonathan, **14, 189**, 266
Lewis, Jones, 14
Lewis, Joseph, 40, 362
Lewis, Joshua, 94, 140, 141, 204, 269, 362, 539
Lewis, Macaja, 73
Lewis, Martha, 236
Lewis, Marshall, **14**, 141, 142
Lewis, Micajah, 40, 190, 234, 482
Lewis, Morgan, 140, 272, **538**
Lewis, Nathan, 141, 194, 228, 362
Lewis, Richard, 14², 142², 197, 224, 228, 309, 352
Lewis, Robert, 251
Lewis, Sampson, 236
Lewis, Simpson, West, 185
Lewis, Thomas, **14**, 142, 362, 540, 570, 580
Lewis, Timothy, 539
Lewis, Walter, 362
Lewis, William, 40, 54, 94, 102, 235, 296, 362², 459, 462, **538**, 540, 579, 580
Lewis, W., Sam'l, 140
Lewis, William, T., 190
Lewis, William, Terrell, 234
Lewis, Willis, 194, 228, 362, 579
Lewis, Wyllis, 141
Lewter, Hardy, 425, 580
Levi, Mathew, 276
Leving, Daneil, 540
Leviston, Robert, 219
Levy, Curtis, 184
Leyden, Thomas, 539
Lezar, James, 620
Libbincutt, John, 287
Libby, Nathaniel, 625
Liddle, Jesse, 208
Liddy, John, **538**
Lidell, Richard, 258
Ligman, John, 40
Liggett, Dan'l, 81
Liles, John, 141, 186
Liles, William, **448**
Lille, John, 202, 288
Lille, Lewis, 73, 142
Lilley, Hardy, 218
Lilley, Joseph, 613
Lilley, Josiah, 605
Lilley, Lewis, 14
Lilly, Isaac, 142, **538**
Lilly, Lewis, 218, **539**
Lilly, John, 202, 539
Lillington, Alexander, 499, 500, 502
Lillington, John, 40, 501, 603
Lillington, John A., 26
Lillington, John Alexander, 40
Limonds, Alexander, 579
Linch, James, 218
Linch, Jno., 62, 94
Linch, Lawne, 54
Linch, Thos., 141
Lincoln, Samuel, Hill, 615
Lindal, William, 219
Linden, Patrick, 14
Lindenham, Isaac, 142
Lindon, Pat'k, 142
Lindsay, Labor, 462, 580
Lindsey, David, 429, 580
Lindsey, Hugh, 489, 490, 491
Lindsey, James, 14
Lindsey, John, 219
Lindsey, Walter, 218, 540, 580
Lindsy, John, 218
Liner, Thomas, 141
Link, Paul, 141

INDEX 673

Linn, John, 540
Linn, Robert, 73, 237
Linn, Stephen, 245, 539
Linney, Zachariah, 437
Linsaywhite, David, 218
Linsey, Hugh, 489, 490, 493, 494
Linsey, Jas., 143
Linsey, Walter, 73
Linsney, Isaac, 311
Lint, Isaac, 451, 579
Linton, Geo., 218
Linton, Hezekiah, 244², 612
Linton, Hezekiah, Jr., 237
Linton, Hezekiah, Sr., 237
Linton, Jesse, 244, 538
Linton, John, 244, 540
Linton, Samuel, 218, 490, 492
Linton, Silas, 191, 250, 605
Linton, Theheu, 62
Linton, Thomas, 423, 580
Linton, Wm., 40, 68, 185, 245, 592
Liphot, Bolen, 617
Lippencutt, David, 218, 540
Lippencut, John, 539
Lippincott, William, 140, 189, 619
Lipscomb, Archibald, 579
Lipscomb, Wyllis, 73
Lipscome, Archibald, 451
Liscomb, Wilson, 304
Liscombe, John, 40, 88
Liscombe, Wilson, 193, 618
Lisk, Jas., 81
Lisles, George, 184
Lisles, Wm., 184
Lissenby, John, 539
Lister, Daniel, 621
Lister, James, 219
Liston, Thomas, 625
Litchworth, Andrew, 284
Lithco, William, 279
Litle, Guinn, 212
Litman, Mathew, 218
Litt, John, 539
Litten, Abel, 195, 223, 228, 538
Litten, Abell, 62
Litten, Isaac, 141, 203
Litten, Lemuel, 195, 218, 228, 538
Litter, George, 14, 142
Litter, Isaac, 539
Litter, William, 14, 142
Litterel, Jeremiah, 296
Little, Abraham, 212
Little, Andrew, 189
Little, Arch'd, 88, 182
Little, Duncan, 212
Little, Guin, 142
Little, Jno., 62, 141, 212², 611
Little, Joseph, 218
Little, Nathaniel, 603, 627
Little, Quinn, 188
Little, Th——, 212
Little, Thos., 142, 212²
Little, Wm., 88
Littledle, Mary, 570
Littlejohn, Sarah, 570
Littleton, Edward, 218
Littleton, William, 14, 143
Littin, Abell, 607
Littin, Samuel, 608
Linely, Mathew, 276
Liningston, Robert, 219
Ller, Nicholas, 490
Lloyd, Burwell, 196, 228
Lloyd, William, 579
Loca—, Bennett, 219
Locabar, Robert, 540
Localare, Bennet, 539
Lochenour, George, 460

Lochenour, Jacob, 460
Lock, Alexander, 212
Lock, Benj., 212²
Lock, David, 212
Lock, David, Jr., 212²
Lock, Francis, 212²
Lock, George, 212²
Lock, James, 436
Lock, James, Sr., 580
Lock, John, 55, 212³, 245, 538, 579, 619
Lock, Jonathan, 593
Lock, Joseph, 212
Lock, Josias, 593
Lock, L——, 212
Lock, Matthew, 212³
Lock, Richard, 212
Lock, Thomas, 212²
Lock, William, 88, 212⁵, 251, 540
Lockabar, Robert, 209
Locke, Francis, 40, 503
Locke, George, 40
Locke, Matthew, 499, 500
Locke, Wm., 598
Lockerman, Jacob, 459, 580
Lockerman, James, 218
Lockhard, Frank, 218
Lockhard, James, 218
Lockhart, Brit, 218
Lockhart, Jas., 98, 218²
Lockhart, Joel, 218
Lockhart, John, 141, 179, 218³, 580
Lockhart, S., 538, 625
Lockhart, Samuel, 25, 26, 40, 68, 98, 499, 500, 592
Lockheart, John, 244
Lockheart, Samuel, 244
Lockland, Jonathan, 303
Locust, Thomas, 287
Lodge, Lewis, 81, 193, 228, 307
Loe, George, 304
Loflin, Ebenezer, 218
Lofton, Zechariah, 539
Logan, Drury, 458, 579
Logan, Joseph, 482
Logan, Philip, 73, 198, 218, 219, 228
Logan, William, 55, 482, 619
Logue, John, 538, 593
Lohar, Jno., 141
Lohrey, William, 218
Lollar, Jno., 142
Lollard, Jno., 140
Loller, John, 14
Lofley, Wm., 99
Lolly, Francis, 539
Lolly, Reubin, 539
Lomack, William, 297, 579
Lomas, William, 540
Lomax, William, 141², 180, 205, 218, 219, 247, 579, 580
London, Wm., 218
Long, Arthur, 623
Long, Benjamin, 424, 580
Long, Burrell, 593
Long, Gabriel, 183
Long, Gasper, 450, 580
Long, Haywood, 287
Long, Henry, 143
Long, James, 14, 141, 142, 198, 224, 228, 287, 502, 539
Long, John, 14², 94, 193, 194, 223, 228²
Long, Nehemb, 81
Long, Nehemiah, 40, 183, 237
Long, Nicholas, 40, 188, 499², 502
Long, Samuel, 623
Long, Stephen, 622
Long, William, 14³, 142², 253

Longden, James, 219, 624
Lonman, Mark, 293
Lookebee, David, 429, 579
Loomax, William, 14
Loomes, Jonathan, 246
Loomis, Abner, 40
Loomis, Jona, 99
Loomis, Jonathan, 14, 40, 183
Looney, Moses, 310
Lorain, Henry, 73
Lord, William, 40, 143, 199, 201, 218, 219², 224, 228, 539, 604
Lote, Geo., 598
Lott, George, 88, 218, 262, 539
Lott, James, 234
Lott, Job, 81
Loubry, Martin, 539
Louday, John, 624
Lougby, William, 538
Loughry, Martin, 219
Loughry, William, 579
Louis, David, 142
Love, Alexander, 212
Love, Amos, 40
Love, Cornelius, 200, 212, 229
Love, David, 40, 187, 212, 239, 498, 500, 502
Love, James, 212
Love, John, 212², 467, 485, 579
Love, Robert, 436, 580
Love, Samuel, 14, 142, 212
Love, Thos., 94, 140, 189, 579
Love, William, 295
Loveday, Thomas, 14
Lovell, Jno., 141
Lovell, Wm., 141
Lovesy, Boling, 143
Lovet, Moses, 141
Lovett, Joseph, 579
Lovick, Moses, 539, 590
Lovin, Arthur, 141
Loving, Daniel, 219
Loving, Jno., 143
Lovuk, Moses, 218
Low, Abraham, 141, 273, 540
Low, Christ'er, 599
Low, Geo., 62, 540
Low, James, 200, 224, 229
Low, Jno., 140
Low, Jonathan, 271
Low, Philip, 502
Low, Rich'd, 140, 200, 229
Low, Thomas, 14, 142
Low, Wm., 73, 143, 205
Lowe, Abraham, 406
Lowe, George, 205, 406
Lowe, James, 141, 406²
Lowe, John, 41, 191, 538
Lowe, Matthew, 406
Lowe, Nathan, 580
Lowe, Philip, 41, 594
Lowe, Richard, 406
Lowe, Robt., 406
Lowe, Thomas, 455, 580
Lowe, William, 279, 406³
Lowell, Ambrose, 238
Lowell, James, 291
Lowell, Lewis, 254
Lowery, John, 502
Lowman, Mark, 293
Lowrey, Charles, 218
Lowrey, John, 489, 490, 491, 493
Lowry, Charles, 218
Lowry, James, 218, 219
Lowry, Jno., 218, 490, 494
Lowry, Robt., 621
Loyd, Burrel, 81, 606
Loyd, Henry, 141
Loyd, Jesse, 141, 540
Loyd, Leonard, 73, 236, 238

674 INDEX

Loyd, Thomas, 88, 236
Loyd, William, 540[2]
Loyesey, Boling, 14
Lroper, Patrick, 303
Lucas, Ambrose, 141
Lucas, Arthur, 140
Lucas, Ballenger, 198
Lucas, Ballinger, 228
Lucas, Billing, 141
Lucas, Chas., 140
Lucas, Edw'd, 54, 606
Lucas, Famoth, 140
Lucas, Farnath, 191
Lucas, Isaac, 482
Lucas, Joseph, 482
Lucas, Mathew, 363
Lucas, Matthew, 81, 193, 228
Lucas, Rich'd, 140
Lucas, Robert, 482
Lucas, Thomas, 14[2], 142, 143, 191, 538
Lucas, Valentine, 249, 538, 611
Lucas, William, 458, 487, 580
Lucey, Burrel, 14[2]
Lucy, Fredick, 197, 599
Lucis, Benjamin, 282
Luck, John, 438, 579
Luckey, John, 218
Luckie, David, 218
Luckie, William, 456, 580
Lucky, Robt., 219
Lucus, Valentine, 68
Lucy, Bunel, 14
Lucy, Burrell, 180, 242
Lucy, Fred'k, 54, 219, 224, 228
Lucy, Isham, 218, 538
Lucye, Fred'k, 218
Ludwick, Lewis, 14, 143
Lufman, John, 73, 618
Luffman, John, 540
Luken, James, 538
Lumbby, Simon, 599
Lumberly, Simon, 94
Lumbley, Abraham, 617
Lumos, Jonathan, 41, 602
Lumpkin, Joseph, 580
Lumsden, John, 428, 579
Lurk, William, 540
Lusk, Joseph, 482
Lusk, Samuel, 218[2]
Lusk, Thomas, 219
Lusk, Wm., 308
Luten, John, 219
Luten, Lemuel, 94
Luten, William, 538
Luther, George, 453, 580
Luther, Michael, 580
Luther, Mitchell, 453
Luton, James, 41, 595
Luton, John, 181
Luts, Jno., 140
Lutt, John, 203
Luttrell, John, 41, 26, 195, 219, 228, 614, 616
Lutzell, Jno., 102
Lyerly, Chrisr., 141
Lyles, Benjamin, 267
Lymus, John, 284
Lynce, Peter, 218
Lynch, Elijah, 455, 580
Lynch, George, 284
Lynch, James, 218
Lynch, John, 41, 297, 608
Lynch, Stephen, 219, 539
Lyner, Lawrence, 599
Lynn, David, 14[2]
Lynn, Robert, 190, 620
Lynn, Stephen, 626
Lynn, William, 540
Lyon, Jacob, 579
Lyon, John, 197, 218[2], 228
Lyon, Patrick, 540
Lyon, Wm., 143

Lyons, William, 14
Lypeart, Robert, 307
Lythe, William, 183
Lytle, Archibald, 14[5], 26, 41, 212, 233
Lytle, Andrew, 238
Lytle, William, 233, 238
Lytle, Micajah, 41
Lytle, Thomas, 186
Lytle, William, 14[5], 41, 212[4], 589
Lytterall, John, 250
Lyttle, George, 502
Lyttle, James, 212
Lyttle, Thomas, 579

McAdams, John, 593
McAdoe, Jonah, 312
McAdoo, John, 482
McAbee, Azariah, 148, 255
McAffee, John, 14, 148
McAlister, John, 251
McAlister, Neill, 501
McAllister, Alexander, 498, 500, 503
McAllister, Jas., 82
McAllister, John, 149, 454, 580
McAllister, Neil, 41, 604
McAlpin, Robert, 144, 197, 229
McAltree, Barnabas, 82
McAndrews, Andrew, 300
McArthue, Alexander, 308
McBane, Dan'l, 145
McBride, Andrew, 541
McBride, David, 350
McBride, Demean, 598
McBride, Duncan, 55, 89, 311, 544, 598[2]
McBride, James, 298, 589
McBride, John, 435, 582, 596
McBride, Josiah, 435, 582
McBride, Robert, 350[2]
McBroon, Andrew, 450, 580, 596
McC——, Francis, 350
McCabe, Peter, 285
McCafferty, William, 482
McCain, John, 213, 445, 582
McCain, Wm., 349
McCaleb, James, 544
McCalester, Jesse, 542
McCalister, Joseph, 541, 544
McCall, Benjamin, 14
McCall, Dan'l, 148
McCall, David, 213
McCall, James, 350, 593
M'Callister, John, 14, 311
McCalop, John, 544
McCan, Hugh, 148, 252, 268
McCann, John, 41, 88, 146, 237
McCann, Nathaniel, 237, 350
McCarran, Dan'l, 149
McCarron, Daniel, 305
McCarter, Alexander, 199, 229
McCarthur, Alex, 55
McCarthy, Florence, 41, 74, 349, 540
M'Carthy, James, 14
McCarthy, Miles, 543
McCarthy, Jas., 148
McCarthy, Stephen, 543
McCarthy, William, 442, 482, 541
McCarty, John, 349
McCashran, Robert, 349
M'Caskey, Allan, 14
McCathey, Flourance, 256
McCauley, John, 490, 492
McCauley, Matthew, 41, 235
McCaw, Elisha, 543
McCawley, Matthew, 191
McCawn, Wm., 350

M'Cay, Daniel, 14
McCeebe, Joshua, 204
McClain, Charles, 457
McClain, Peter, 545
McClainey, Wm., 146
McClammy, Joseph, 41
McClammey, Joseph, 273
McClane, Chas., 350
M'Clannen, Thomas, 14, 542
McClarney, Henry, 296
McClaskey, Allen, 147
McClaskey, Geo., 145
McClearie, Wm., 350
McCleary, Samuel, 350
McCleary, William, 359
McCleiver, Richard, 458
McClellan, Daniel, 428
McClellan, Jas, Sr., 540
McClellan, Malcolm, 428, 580
McClelland, Daniel, 41
McCleland, James, 74, 238
McClelland, Samuel, 206, 544
McClenahan, Malcome, 148
McClenchorn, Malcom, 14
McClendon, Isaac, 349
McClendon, Thomas, 349
McClennin, Wm., 209
McClever, Richard, 581
McCleyea, Jno., 102
McClory, Andrew, 541
McClory, Hugh, 541
McClory, William, 541
McCloud, Alexander, 148, 268
McCloud, Daniel, 74, 276, 350
McCloud, Robert, 358
McClouskin, Alexander, 268
M'Clund, John, 14
M'Clunney, William, 14
McClure, Francis, 102
McClure, James, 41
McClure, Mathew, 496
McClure, Matthew, 497
McClure, Thomas, 350, 582
McClure, William, 41, 62, 248
McClury, Charles, 593
McClury, William, 183
McCobb, Jas., 55
McColrade, Arch, 601
McColister, James, 256
McColister, Jesse, 256
McCollester, John, 143
McColley, Mat'w, 143
McCollister, Jas., 596, 597
McCollister, Joseph, 143
McCollock, Jas., 596
McCollom, Daniel, 349
McCollom, Sam'l, 349
McComber, Benj., 144
McComber, Humph, 145
McCombs, Andrew, 350
McConnaguhey, James, 213
McConnar, Jno., 349
McConnel, Alex, 350
McConnel, John, 349
McConnel, Philip, 63
McConnical, Patrick, 300
McConnough, Abraham, 286
McConnough, Dougal, 145
McConnough, Dugald, 276
McConnough, Samuel, 276
McCoran, William, 180
McCord, D——, 350
McCord, Jno., 14
McCorkle, Archibald, 581
McCorkle, Francis, 482, 486
McCormack, John, 545
McCormack, Reuben, 311
McCormack, Thomas, 545
McCormack, William, 545
M'Cormic, Archibald, 14, 148
McCormick, John, 294
McCoul, Alexander, 253
McCould, Archibald, 253

INDEX 675

McCowley, Mat., 188
McCown, Dinskin, 350
McCoy, Alexander, 545
McCoy, Daniel, 89, 233, 305, 541, 598
McCoy, Dugald, 268
McCoy, James, 311
McCoy, John, 14, 82, 89, 249, 254, 269, 349, 359, 540, 622
McCoy, John, Jr., 204, 544
McCoy, John, Sr., 204, 544
M'Coy, Malachi, 599
McCoy, Marnaduke, 543
McCoy, Morris, 287
McCoy, Patrick, 311
McCoy, Reuben, 145, 199, 229
McCoy, Rich'd, 55
McCoy, Roger, 309
McCoy, Thomas, 187
McCoy, William, 219
McCracken, Hugh, 358
McCracken, James, 350
McCraine, Dan'l, 350
McCrainey, Neill, 349
McCrany, C. N., 359
McCrany, N——, 350
M'Craw, Roger, 14[2]
McCrawley, William, 615
McCree, Charles, 288
McCrory, Thomas, 41
McCubbin, Nicholas, 455, 582
McCubbins, Israel, 267
McCuister, Thomas, 435, 580
McCullen, Bryan, 459, 581
McCullen, ——, 213
McCullen, L., 358
McCuller, Joseph, 94
McCullers, Bryant, 617
McCullers, David, 617
McCulloch, Alexander, 205, 544
McCulloch, Joseph, 268
McCullock, Alexander, 55, 244
McCullock, Duncan, 419, 582
McCullock, James, 450, 581
McCullock, John, 257, 540
McCullock, Robert, 244
McCullock, Thos., 349
M'Culloh, Francis, 14
McCullot, David, 350
McCullough, Frans., 149
McCullough, John, 74
McCulsury, Benjamin, 179
McCumber, Humpy, 144
McCurday, Alexander, 359
McCurdy, Archibald, 523, 581
McDaniel, Alexander, 257, 310
McDaniel, Allen, 284
McDaniel, And'w, 148
McDaniel, Arthur, 580
McDaniel, Daniel, 295
McDaniel, Hugh, 14, 74, 248
McDaniel, Jas., 145, 209, 580
McDaniel, John, 284, 622
McDaniel, Joseph, 143
McDaniel, Larkin, 269
McDaniel, Thomas, 204, 299, 612
McDaniel, William, 199, 229
McDannell, Hugh, 598
McDash, John, 303
McDauval, Alex., 598
McDermid, Malcom, 146
McDewell, Stephen, 292
McDilton, Joseph, 303
McDogal, James, 349
McDonald, Alex'r, 89, 503, 540, 598
McDonald, Andrew, 543
McDonald, Arch'd, 309
McDonald, Arthur, 14[2], 89, 187, 251, 545, 598[2]
McDonald, Benj., 148
M'Donald, Col., 14

McDonald, Coll, 148
McDonald, Colin, 308
M'Donald, Daniel, 14, 147, 407
McDonald, Findley, 147
McDonald, George, 195, 229
McDonald, Gus, 68
McDonald, Hugh, 89, 147, 598
McDonald, Jas., 149, 209, 546, 581
McDonald, Jona, 144
McDonald, Joseph, 618
McDonald, Larkin, 208, 545
McDonald, Larkins, 146
McDonald, Magnus, 482
McDonald, Malcolm, 89
McDonald, Sam'l, 145
McDonald, Thos., 62, 68, 242, 544
McDonald, William, 189, 296
McDonald, Zachariah, 407
McDonall, Thomas, 204
McDonnock, Jno., 149
McDormid, Malcolm, 542
McDoug, Jas., 55
McDoug, Sam'l, 55
McDougal, Dougal, 147
McDougal, Peter, 607
McDougall, Archibald, 349, 543
McDougall, James, 41
McDowal, Peter, 81
McDowell, David, 88
McDowell, Jesse, 609
McDowell, Joseph, 358
McDowell, Stephen, 542
McDowell, Charles, 41, 482
McDowell, Geo., 63
McDowell, Jesse, 144
McDowell, Joel, 520
McDowell, John, 146
McDowell, Joseph, 41
McDowell, Joseph, 482
McDuel, St., 616
McDuell, Willis, 285
McDuffy, Danel, 359
McDugal, John, 349
McDugald, Alexander. 349
McDugald, Anguish, 349
McDugald, Archebald, 284
McDugald, Donald, 349
M'Dugald, Dugald, 14
M'Durmid, Malcomb, 14
McEbbe, Joshua, 204, 544
McEller, John, 581
McElroy, Sm'l, 81
McElroy, Wm., 88
McElya, Wm., 149
McElvea, John, 541
McElwee, James, 482
McEnberg, Humphy, 602
McFadden, Alexander, 458, 487
McFadden, James, 41
McFailin, Alex'r, 143
McFalls, Arthur, 581
McFalter, Dan'l, 89, 252
McFarlane, Morgan, 147
M'Farland, Morgan, 14
McFarland, Robert, 482
McFarlin, Morgan, 260
McFarlin, Walter, 276
McFarmers, Thomas, 543
McFarshion, Henry, 543
McFarson, Duncan, 286
McFarson, John, 349
McFarson, Jonathan, 219
McFarson, Ma——, 219
McFashin, Caleb, 144
McFashions, Henry, 282
McFashon, Caleb, 287
M'Fater, Daniel, 14[2]
McFhagan, Peter, 542
McFirney, Alexander, 291
McFoster, Simon, 545

McFoy, Morris, 288
McGackey, Benjamin, 196, 229
McGackey, 196
McGagbey, John, 622
McGarret, George, 543
McGaw, Neil, 102
McGoughey, John, 213
McGounds, Jno., 146
McGee, Harmon, 460, 582
McGee, Peter, 55, 204, 544, 620
M'Gee, Thomas, 14
McGehee, Thos., 146
McGennis, Jno., 149
McGibbon, Neil, 55
McGibbon, Patrick, 239
McGibbony, Patrick, 41, 74, 191
McGill, Jas., 74
M'Ginnis, Daniel, 14, 146
McGinty, James, 489, 490, 491, 493
McGinty, John, 350, 489[2], 490, 491, 493
McGlahan, John, 201, 542
McGlanghlin, Alexander, 206
McGlanglin, Alexr., 544
McGlanhan, John, 95
McGlaughlin, John, 41
McGlaughlin, John, 250
McGlauhlin, John, 74
McGoin, David, 543
McGoodwin, Daniel, 339, 382
McGound, John, 544
M'Gounds, John, 14
McGowen, Wm., 489, 492
McGraw, Cornelius, 197, 229
McGraw, Joseph, 611
M'Graw, Roger, 14, 148
McGuire, Michael, 81, 198, 229, 261
McGuire, Patrick, 462, 581
McGuire, Silas, 63, 262
McGuirt, James, 490[2], 491, 493, 494
McGuo——, Joseph, 213
McHargers, James, 601
McHenry, Charles, 349
McHenry, Isaac, 349
McHenry, John, 349
McHorgul, William, 622
McIntire, Chas., 148
McIntire, Duncan, 349
McIntire, Gilbert, 148
McIntire, Jas., 149
McIntire, William, 14[2], 88, 198, 224, 229, 246
McIntire, Murdock, 350
McIntyre, Charles, 14
McIntyre, Gilbert, 14
McIntyre, James, 14
McIntosh, John, 350
McIntosh, Morticae, 14
McIntosh, Murdock, 148, 580
McIntosh, William, 541
McIlwaine, Stringer, 41, 63
McIlyea, Wm., 258
McKabe, Joshua, 94, 204
McKay, Alexander, 349, 498, 500
McKay, Dan'l, 598
McKay, Dougal, 148, 261
McKay, Edward, 359, 428, 581
McKay, Francis, 359
M'Kay, John, 14, 146, 598
McKay, Reuben, 224
McKay, Rich'd, 598
McKay, Robert, 200
McKay, Wm. 621
McKeal, Thomas, 200
McKean, John, 145
McKee, ——, 482
McKee, Alexander, 438, 580
McKee, Ambrose, 349
McKee, James, 488

INDEX

McKee, Jno., 148
McKee, Samuel, 349
M'Kee, William, 14, 148
McKeel, Joshua, 302
McKeel, Mich'l, 144, 262, 545, 611
McKeil, Thos., 144, **229**
McKein, Jno., 349
McKeithan, John, 580
McKelt, Charles, 543
McKendree, Wm., 624
McKenney, Sam'l, 149
McKenny, Robt., 14[2], 145, 541
McKenny, William, 224
M'Kensey, Alexander, 14, 149, 229
McKensey, Jas., 148
M'Kensey, William, 14
M'Kensie, Hugh, 14
McKensie, Daniel, 543
McKenzie, Kenneth, 499, 500, 502, 614
McKenzie, William, 307, 350
McKessick, David, 482
McKetham, Daniel, 358
M'Ketham, John, 14
McKey, James, 229
McKey, James, 197
McKey, Jno., 148
McKincy, Hugh, 268
McKinley, David, 102, 350
McKinley, Jno., 150
McKinly, David, 258
McKinne, Timothy, 300
McKinney, Charles, 250
McKinney, Daniel, 349
McKinney, Edmund, 461
McKinney, James, **41**
McKinney, Joseph, 358
M'Kinney, Robert, 15
McKinney, William, 197, 252, 458, 580
McKinnie, Robert, 252
McKinnie, William, 503
McKinnis, John, 276
McKinny, William, 229
McKinsey, Alexander, 194
McKinsey, Hugh, 148
McKinsey, Kenneth, 229
McKinsey, Kenneth, 200
M'Kinsey, William, 15[2], 147, 149, 237, 358
McKintt, John, 496[2]
McKinzey, Allisander, 295
McKissick, Daniel, 41, 237, 468
McKithen, Duncan, 148
McKithen, Jno., 148
McKleroy, Andrew, 617
McKleroy, John, 617
McKleroy, Reubin, 617
McKlewaine, Sam'l, 594
M'Knight, Andrew, 15, 147
McKnight, Patrick, 543
McKnight, William, 349
McLadden, Alexander, 581
McLain, Alexander, **483**
McLain, Hugh, 148
McLain, Jeremiah, 272
M'Lain, William, 15, 149
M'Lamore, John, 15, 147
M'Lane, Hugh, 15
McLane, John, 41
McLane, Joseph, 435, 582
McLane, Wm., 41
M'Laren, ——, 15
McLaughlan, John, 41, 618
M'Laughlin, Alexander, 15, 148
McLaughlin, John, 186, 456, 581
McLean, Alexander, Jr., **488**
McLean, George, **488**
McLean, John, **488**
McLean, William, 41, **488**

McLeary, Mitchell, 445, 581
McLeland, Wm., 145
McLellan, Daniel, 580
McLelland, Duncan, 358
McLelland, James, 619
McLellen, William, 546
McLemmy, Joseph, 604
McLemore, John, 309
McLendon, Josiah, 543
M'Leod, Alemonde, 15
McLeod, Daniel, 359
M'Leod, John, 15, 148
McLeod, Robert, 438, 581
McLeod, William, 443, 581
McLoud, Jno., 149
McLure, Sam'l, 349
McLure, Thomas, 423
McLure, William, 182
McMahan, Barnet, 149
McMeans, Thomas, 194, 229
McMennamy, William, 424, 581
McMillan, Daniel, 359
McMoor, Caleb, 545
McMoor, Daniel, 543
McMullan, Michael, 199
McMullen, Alexander, 542
McMullen, Jas., 68, 187, 258
McMullen, Jerome, 74
McMullen, John, 349, 424
McMullen, Mich'l, 150, 208, 224, 229, 546
McMullen, Neil, 359
McMullin, Isaac, 290
McMullin, Michael, 145, 309
McMulline, John, 582
McMurphy, John, 545
McMurry, William, 286
McNalty, John, 99
McNary, John, 544
McNatt, James, 207, 454, 545, 581
McNaughton, John, 41
McNeal, Arch'd, 55
McNeal, Hector, 148
McNeal, Lewis, 543
McNeel, Absolom, 303
McNeel, John, 286
McNeel, Zebulon, 303
McNeely, Adom, 350
McNeely, John, 456, 581
McNees, John, 15[4], 41, 81, 179
McNeil, Fred'k, 622
McNeil, Hector, 15, 42, 603
McNeill, Archibald, 580
McNeill, Duncan, 503
McNeill, Hector, 501, 581
McNeill, Laucklin, 580
McNeese, John, 239
McNier, Neil, 349
McNight, Andrew, 541
McNorton, John, 188
McNulty, John, 309
McOllister, Dan'l, 74
McParish, Charles, 311
McPeak, Roger, 350
McPherson, Abell, 63
McPeters, Jonathan, 467, 581
McPhadan, Stephen, 543
McPhater, Simon, 543
McPherson, Abel, 265, 542, 610
McPherson, Caleb, 542
McPherson, John, 219
McPherson, Mathew, 438
McPherson, Matthew, 581
McPherson, Othmiel, 145
McPherson, Wm., 145
McQuillin, Walter, 147
McQuirt, James, 489
McRae, Griffith, Jr., 25
McRay, Jno., 147
McRay, Robert, 229
M'Ree, Griffith, Jr., 15[5]

McRee, Griffith, John, 142, 187, 619
McRee, J. Griffith, 89
M'Ree, John, 15, 349
McRaee, Roger, 252
McRee, Samuel, 349
McRee, William, 349[3], 350
McRennals, Robt., 540
McRevels, Robt., 143
McReynolds, Robert, 42
McRory, Arthur, 311
McRory, Hugh, 542
McRory, James, 42, 102, 202, 233, 542
McRory, Thos., 102, 192, 233
McSheeby, Miles, 42, 102
McShehe, Miles, 255
McSwain, McAm, 148
McSwain, William, 581
McSwine, William, 15, 149
McTeebee, Joshua, 204
McUrday, Alexander, 622
M'Vay, Eli, 15, 147, 189
M'Vay, John, 15, 148, 189
McVey, Eli, 238
McVey, John, 238
McVery, John, 254
McWhorter, Alex., 413
McWhorter, Aaron, 358
McWhorter, George, 412, 445, 581
McWhorter, John, 544
McWrath, Joseph, 413
McYea, John, 258
Mabaneys, Wm., 74
Mabery, Benjamin, 15
Mabray, John, 146
Mabrey, Matthew, 581
Mabry, David, 463, 581
Mabry, J., 542
Mabry, John, 300
Mabry, Philip, 149
Mabury, Benj., 146
Mabury, John, 541
MacCaboy, Allen, 601
MacFarland, Alex, 300
Machen, Paul, 181
Machlin, Isham, 544
Mackafoy, Azariah, 187
Mackay, Alexander, 349
Mackay, Donnal, 355
Mackelway, John, 242
Mackey, Robert, 217
Mackey, Thomas, 349
Macklin, Isham, 355
Mackney, ——, 602
Maclain, Archibald, 499, 500
Maclaine, Charles, 503
MacNeil, Daniel, 349
Macomes, Aquila, 258
Macon, James, 540
Macon, John, 94, 236, 261[2], 615[3]
Macon, William, 261, 544
Madara, Jno., 146
Madborn, David, 192
Maddin, Bryan, 99
Maddry, Brylan, 144
Maddry, Darling, 149
Maddry, John, 81
Maderris, John, 233
Madra, Darling, 15
Madra, William, 213
Madrass, John, 15
Madray, John, 193
Madree, Darling, 608
Madrey, Darling, 190
Madrid, William, 541
Madry, Darling, 258
Madry, John, 145, 206, 247, 541, 544

INDEX 677

Madry, Moses, 295
Madry, William, 188, 253
Magby, Robert, 289, 543
Magdalen, Charles, 625
Magell, Daniel, 255
Magell, Edward, 605
Magee, Peter, 261
Magee, Philip, 355
Magee, Robert, 355
Magee, William, 355
Magness, Wm., 42
Mahains, William, 296
Mahanas, Topley, 441
Mahanes, Topley, 581
Mahannas, Topley, 483
Mahaus, Sam'l, 143
Mahon, Arch'd, 593
Mahoney, John, 207, 545
Majett, Edward, 613
Makor, Jno., 596
Maib, John, 461, 581
Maibry, J., 556
Maibry, Moland, 544
Maiden, Lawrence, 438
Maidere, Lawrence, 582
Main, Henry, 580
Mainer, Henry, 218
Mainer, Josiah, 15, 147
Maines, William, 618
Mainis, Frederick, 15
Mainor, Josiah, 541, 580
Mains, Robert, 593
Mains, William, 297
Malaby, Wm., 145
Malbone, Malachi, 608
Malborn, David, 243
Malborn, Solomon, 243
Malden, Humphrey, 147, 223
Maleby, William, 275, 542
Mallaby, James, 298
Mallaby, John, 617
Mallard, Lawson, 439, 581
Mallard, Peter, 355
Malleby, Henry, 543
Mallery, Joseph, 284
Mallery, Levy, 88
Mallet, Thomas, 190, 208, 545
Mallett, Daniel, 42
Mallett, Peter, 42
Mallison, Jno., 102
Mallot, Jacot, 149
Malloy, Edward, 542
Malone, Isaac, 149
Malone, Peter, 229
Malottee, Jacob, 15
Malown, John, 597
Maloy, Edward, 544
Maloy, James, 206, 544
Malpas, James, 355
Malpas, Jeremial, 355
Malpass, James, 448, 581
Malpes, Marmaduke, 613
Malphus, Henry, 148
Malpus, Henry, 309
Maltimore, Wm., 145
Mammons, Willis, 293
Man, John, 144
Man———, John, 213
Manchester, Isaac, 55, 598
Manders, William, 15, 149
Manes, William, 544
Manewell, Jese, 148
Manifee, David, 311
Manifee, John, 310
Maning, John, 264
Manis, Fred'k, 149
Manley, Allen, 15, 147, 213, 247
Manley, Anna, 235
Manley, Gabriel, 209
Manley, Jane, 247
Manley, Lilleton, 15, 149

Manley, Moses, 15², 148, 207, 237, 545, 580
Manley, Solomon, 192, 235
Manley, William, 15, 213, 236
Manly, ———, 213
Manly, Allen, 193
Manly, Gabriel, 546
Manly, Mark, 192
Manly, Morris, 146
Manly, Moses, 146
Manly, Sounthan, 545
Manly, William, 189
Mann, Absolom, 213
Mann, Arnold, 208, 213, 306, 545
Mann, Francis, 300
Mann, John, 146, 192, 248, 607
Mann, Josiah, 202, 542
Mann, Nathan, 248, 450, 581
Mann, Robert, 282
Mann, Thomas, 203, 213, 295, 543
Mannan, Charles, 206, 355, 544
Mannen, John Hugo, 622
Manner, Tymmothy, 304
Mannin, Reuben, 543
Manning, Charles, 206
Manning, John, 15, 145, 149, 355, 542
Manning, Taylor, 543
Manning, Thomas, 144, 208, 545
Manning, Timothy, 68
Manning, William, 213
Manor, John, 355
Manor, Josiah, 483
Manora, Nich., 74
Mansfield, Samuel, 543
Manshare, George, 303
Manson, John, 284
Mantey, William, 213
Manuel, Christopher, 459, 582
Manuel, Jesse, 580
Manuel, Josse, 15
Mapenjale, Daniel, 355
Maples, Jeremiah, 355
Maples, Josiah, 355
Maples, Marmaduke, 144, 207, 213, 304, 545, 580, 607
Marbery, Jesse, 281
Marcey, John, 274
March, B———, 213
March, Barnet, 146, 224
March, Barnett, 229
March, Febreas, 288
March, Tiberius, 544
Marchant, John, 63
Marcum, Arthur, 229, 600
Marcum, Thomas, 450, 581
Mardera, James, 290, 292
Mardray, Darlin, 144
Mardsay, John, 611
Marion, Bartholomew, 582
Markalmant, John, 543
Markland, John, 213
Markum, Arthur, 199, 213
Marlan, John, 424
Marlar, John, 581
Marlen, John, 601
Marley, Dencey, 271
Marley, Wm., 149
Marlin, James, 15
Marlin, Robert, 257
Marlo, Dempsey, 613
Marlo, Robert, 252
Marlow, Dempsey, 355, 545
Marlow, Demsy, 144, 606
Marlow, James, 355, 601
Marlow, John, 355
Marlow, Robt., 146
Marmaduke, Moor, 606
Marmy, David, 487
Maroney, Anthony, 15, 148

Marr, James, 248
Marr, John, 206, 213, 229, 248², 355, 545
Marriett, Abraham, 625
Marrill, John, 590
Marrion, Bartholomew, 462
Marrisetti, Peter, 542
Marritt, Drury, 15
Marrow, Samuel, 355, 543
Mars, John, 199
Mars, Timothy, 275
Marsh, Barnett, 15
Marsh, Eli, 311
Marsh, Thos., 355
Marsh, William, 425, 580
Marshall, Wm., 623
Marshall, Adam, 15, 146
Marshall, Benjamin, 461, 582
Marshall, Charles, 302
Marshall, Dixon, 15⁴, 55², 181, 262, 410, 604
Marshall, Emanuel, 55, 205, 304, 544
Marshall, Geo., 68, 251, 410, 541, 612
Marshall, Isaac, 580
Marshall, Jesse, 581
Marshall, John, 410
Marshall, Purnell, 449, 581
Marshall, Rob't, 62
Marshall, Wyllis, 55
Marshbourne, Daniel, 580
Marshall, Dixon, 42
Marshburn, Wm., 184
Martel, Miles, 310
Martin, Aaron, 543
Martin, Ab'm, 145
Martin, Absolone, 15, 196, 224, 229, 410
Martin, Alexander, 25², 42, 62, 196, 229, 233, 498, 499, 501, 594, 614
Martin, Archibald, 74, 250
Martin, Baron, 410
Martin, Benjamin, 410
Martin, Christopher, 410
Martin, Ephraim, 445, 581
Martin, Gabriel, 15, 148
Martin, George, 281
Martin, Harry, 229
Martin, Henry, 62, 191, 197, 241, 606, 613
Martin, Hosea, 410
Martin, Jacob, 300, 581
Martin, James, 42, 62, 81, 143, 147, 183, 235, 239, 460, 503, 581, 389, 591, 594, 606³
Martin, Jeil, 15
Martin, Jese, 148
Martin, Jesse, 546
Martin, Jessee, 209
Martin, Joel, 55, 99, 197, 229, 598
Martin, John, 146, 276, 410, 593, 600
Martin, Joshua, 15, 143, 146, 182, 199, 229, 233
Martin, Kinchen, 581
Martin, Levi, 543
Martin, Lewis, 545
Martin, Mich'l, 149
Martin, Nicholas, 302
Martin, Phiffer, 189
Martin, Rich'd, 74², 143, 194, 229, 244, 410, 424, 542, 582, 618
Martin, Robt., 55, 541, 580, 617
Martin, Salathiel, 483, 589
Martin, Samuel, 42, 62, 196, 229, 441, 486, 488, 499, 500, 543, 581
Martin, Thomas, 256

INDEX

Martin, Wm., 145, 202, 205, 257, 542, 544, 591
Martindale, Samuel, 447, 581
Martindale, Thomas, 489, 490, 491
Martindel, Tho's, 490, 493
Martindole, Thomas, 494
Martins, William, 545
Marton, Jacob, 145
Marstern, Thomas, 545
Marston, Thomas, 208
Mash, Ely, 55
Mash, Jno., 55[2]
Mashburn, Wm., 147
Mashborne, Edw'd, 99
Mashum, William, 15, 213
Masey, Zebulon, 297
Mason, Benjamin, 200, 217, 229, 410[2]
Mason, Christopher, 590
Mason, John, 42, 143, 144, 181, 269, 542[2]
Mason, Matthew, 410
Mason, Patrick, 15, 146, 483, 541, 580
Mason, Philip, 15[2], 62, 63, 275, 281, 435, 581, 609
Mason, Richard, 42, 410, 624[2]
Mason, Thomas, 483, 597
Mason, William, 15, 410, 438, 581, 597
Masons, John, 189
Massengale, Henry, 486
Massengle, Michael, 486
Massey, Abijah, 596
Massey, Avent, 624
Massey, John, 68, 355, 436, 581
Massey, Joseph, 15, 253
Massy, Lewis, 182
Massey, Philip, 15
Massey, Reuben, 236
Massey, Thos., 68, 236, 542
Massingill, Daniel, 213
Massongale, Daniel, 182
Masten, Thos., 147
Master, Wm., 330
Masters, Enoch, 427, 580
Masters, Thomas, 213
Maston, Thomas, 15
Matchett, Edw'd, 143
Materson, James, 42
Mathews, Chas., 73
Mathews, Daniel, 15
Mathews, Edw'd, 68
Mathews, Gilbert, 145
Mathews, Giles, 452
Mathews, Hardy, 428
Mathews, Jacob, 15, 62, 182
Mathews, John, 15, 82, 184, 294, 609
Mathews, Richard, 266
Mathews, Riot, 15
Mathews, Sarah, 570
Mathews, William, 276
Mathias, James, 15
Mathias, Moses, 15
Mathias, Stephen, 15, 148
Mathins, John, 424
Mathis, Arthur, 581
Mathis, David, 623
Mathis, Moses, 147
Matkins, John, 582
Matlock, John, 244, 619, 580
Matterson, George, 15, 147
Mattheis, Edmund, 410
Mattheus, Bolin, 410
Mattheus, James, 410
Mattheus, John, 410
Mattheus, Joseph, 410
Mattheus, Moses, 410
Mattheus, Roll, 410
Mattheus, Tho., 410

Matthews, Bolen, 545
Matthews, Dan'l, 147, 200, 224, 229, 410
Matthews, Edward, 204, 544
Matthews, Gilbert, 195, 229, 295, 410, 542
Matthews, Giles, 581
Matthews, Hardy, 410[2], 581
Matthews, Jacob, 238, 608
Matthews, Jas., 145, 146, 580
Matthews, Jno., 148, 266, 542, 581
Matthews, Joseph, 145
Matthews, Reps., 147
Matthews, Roll, 196, 229
Matthews, William, 622
Mattison, George, 544
Mattlock, John, 74
Mattock, John, 541
Mattocks, John, 483, 488
Mattocks, Charles, 488
Matzlear, John, 15
Maudley, Wm., 144
Maudlins, Mibs, 295
Maularn, Jno., 187
Maulborn, David, 82
Mauley, Sothy, 144
Maun, Thos., 94
Mauning, Chas., 94
Mauning, Timothy, 544
Mauson, John, 543
Mavis, Samuel, 189
Maxwell, Daniel, 355
Maxwell, James, 489[2], 490, 491, 492, 493, 494
Maxwell, Theophilus, 543
Maxwell, William, 435, 482, 489, 490[2], 491, 493, 494
May, Gardner, 143, 180, 278
May, Henry, 197, 213, 229
May, James, 42
May, John, 149, 206, 455, 542, 545, 582
May, Joseph, 15, 147, 185, 355
May, Ludwick, 450, 580
May, Major, 102, 194, 229, 248, 593
May, Mich'l, 149
May, Thos., 102, 205, 248, 426, 544, 581, 593, 619
May, William, 443, 581
Maybin, Mathew, 581
Maye, Gardner, 260
Mayes, William, 483, 580
Mayhew, John, 438, 581
Mayhew, William, 458, 581
Maynor, Henry, 149
Mayo, Amos, 621
Mayo, Benjamin, 581
Mayo, Henry, 270
Mayo, Job, 544
Mayo, John, 288
Mays, Benjamin, 438
Mays, Shad'k, 145
Mays, Shadrach, 542
Mays, Thomas, 213
Meacon, Jas., 68
Meacon, Wm., 68
Meadoms, Abraham, 541
Meadows, John, 597
Meafee, Azariah, 255
Meallen, Richard, 255
Meaner, Henry, 15
Means, Thomas, 190
Mears, Abraham, 278
Mears, John, 278
Mears, Timothy, 241
Mears, Willis, 280
Mebane, John, 425, 581
Mebane, Robert, 25[2], 26, 42, 94, 191, 236
Mebane, Wm., 236
Mecham, Paul, 468

Meck, Jno., 148
Medaris, John, 42
Medaris, Massy, C., 435
Medaris, Masy, C., 581
Medearis, John, 181, 188
Medeoris, John, 68
Medford, James, 443, 581
Medgett, Jacob, 279
Medgett, Wm., 147
Medicie, Cosimo, 189
Medici, Cosmode, 42
Medicies, Cisimo de, 304
Medley, Bryant, 461, 582
Medley, Harry, 229
Medlin, Aaron, 545
Medlin, Elisha, 542
Medlin, Henry, 195, 223
Medlin, Shadrock, 15, 68, 147, 200, 229, 580
Medlock, Charles, 502, 614, 615
Medlock, Nath'l, 146
Mednum, Jno., 74
Medows, Abm., 88
Medows, John, 592
Meeds, Timothy, 621
Meek, Adam, 483
Meek, John, 15
Meek, Robert, 186
Meek, Thomas A., 192
Meeks, Robt., 82, 243, 610
Meeks, Wm., 15, 82, 149, 206, 274, 544, 610
Meggs, James, 15, 145
Meginty, James, 490, 494
Meginty, John, 490, 494
Mehaffy, John, 541
Meigs, Thos., 144
Melary, Thomas, 286
Melene, Peter, 273
Mellegan, Jas., 55
Mells, William, 543
Melone, Peter, 195
Melt, Willis, 543
Melteri, Jethro, 15
Melton, Benjamin, 15
Melton, Benjeman, 597
Melton, Daniel, 541
Melton, Jona, 88
Melton, Wm., 55, 197, 229, 542
Mency, Shadrach, 544
Mendelhall, Joseph, 380
Mendenhall, Nathan, 442, 483, 581
Menhew, Micajah, 544
Menius, Frederick, 456, 581
Menson, Matthias, 209, 546
Menshen, Micajah, 305
Mercer, John, 42, 94, 185
Mercer, Nowel, 593
Merchant, Caleb, 55, 250, 545
Meredith, William, 15, 42
Merrel, Dan, 453
Merrell, John, 420
Merrett, Daniel, 459, 582
Merrett, Isaac, 198
Merriam, Philip, 55
Merrideth, Wm., 148
Merril, Daniel, 581
Merrill, Benj., 420, 581
Merrill, John, 581
Merrit, Benjamin, 252
Merrit, Daniel, 424, 597
Merrit, Joel, 144
Merritt, Arthur, 623
Merritt, Daniel, 581, 623
Merritt, Drury, 149
Merritt, Isaac, 229
Merritt, Joel, 542
Merritt, Shadrach, 581
Merritt, Shadrack, 436
Merritt, Stephen, 252, 623
Merritt, Thomas, 147, 180
Merritt, William, 272, 461, 581

INDEX 679

Merry, Jacob O., 419
Merryhew, Benj., 217
Merryweather, Thomas, 600
Mesey, Philip, 149
Messer, Benj., 144, 244, 541, 610
Messer, Jereh, 146
Messer, Jeremiah, 183, 582
Messer, Jno., 147, 187
Messey, Joseph, 149
Messick, Aaron, 15, 147
Messick, Jacob, 42, 201, 244[2], 542
Messick, Joseph, 63, 610
Messle, Josiah, 194, 229
Messley, Josiah, 144
Metcalf, Danza, 458, 581
Metcalf, Danzen, 487
Metcalf, Warner, 458, 581
Metcalf, Warren, 487
Metchler, Jno., 149
Metisick, Thomas, 541
Metissick, Thos., 68
Metisuck, Thomas, 611
Metters, Jethro, 146
Metts, Willis, 275
Mewshaw, John, 264
Mexico, Abue, 63
Meyzick, Joel, 217
Meyers, Philip, 625
Mezick, Jacob, 99
Miars, Timothy, 190
Michal, Griffin, 545
Michals, Sanders, 545
Micham, Paul, 144
Miche, John, 625
Michel, Abner, 15
Michel, Ezk'l., 146
Michel, Jacob, 623
Michel, Jos., 621
Michel, Wm., 146
Michell, Willial, 15
Middlebrook, J., 541
Middleton, Daniel, 82, 197, 229
Middleton, Sam'l., 99, 263, 541
Middleton, Solomon, 15[3], 147, 252
Midget, William, 15, 544
Midlen, Shadrick, 180
Midsleya, John, 619
Miers, Geo., 149
Mifflin, Benja, 627
Milberry, Isaac, 543
Milers, Henry, 622
Miles, Jacob, 296
Miles, John, 543
Miles, Narby, 581
Miflage, William, 545
Millegan, Jas., 55
Millen, Martin, 147
Miller, Abel, 144, 195, 229
Miller, Benedict, 147, 541
Miller, Benedik, 15
Miller, Christo, 149
Miller, Conrad, 15[2], 149
Miller, David, 440
Miller, Dan'l., 143, 541, 611
Miller, Frederick, 615
Miller, George, 15, 149, 498, 581
Miller, Gilbert, 102
Miller, Henry, 15[3], 81[2], 184, 251, 602, 611
Miller, Jacob, 423, 429, 581, 592
Miller, James, 42, 62, 276, 599, 603, 627
Miller, John, 15, 94, 143, 145, 147, 191, 200, 257, 489, 492, 581
Miller, Jonatham, 292, 542
Miller, Josiah, 73, 204, 544, 618

Miller, Martin, 15[2], 210, 489, 490[2], 491, 493, 494, 619
Miller, Peter, 15, 148
Miller, Philip, 456, 581
Miller, S., 602
Miller, Samuel, 625
Miller, Solomon, 290, 625
Miller, Stephen, 614, 615
Miller, Wm., 150, 208, 545, 599
Milles, Jacob, 546
Milligan, James, 604
Mills, Benjamin, 42, 189, 263
Mills, Dan'l., 147, 287
Mills, Elisha, 143, 195, 223, 229, 612
Mills, Elijah, 260
Mills, Fred, 354
Mills, Jacob, 15, 148
Mills, James, 15[4], 42, 147, 189, 243
Mills, Jesse, 458, 581
Mills, John, 15, 145, 147, 181, 202, 289, 427, 542, 581
Mills, Joseph, 55
Mills, Naaman, 463, 581
Mills, Nasby, 452
Mills, William, 260[2], 622
Milsaps, Joseph, 622
Miltier, Jethro, 541
Milton, Daniel, 256, 264
Milton, John, 99, 260
Milton, William, 224, 257
Mims, Frederick, 406
Miner, Thomas, 600
Ming, John, 616
Mingo, ———, 55
Minnis, John, 581, 596
Minor, Thomas, 541, 593
Minory, George, 276
Minoth, John, Jr., 625
Minott, John, 625
Minshaw, Micajah, 271
Minshaw, William, 271
Minshew, John, 143
Minshew, Richard, 273
Minson, Mas, 145
Minyard, John, 146
Mires, David, 15
Mires, Henry, 618
Mires, John, 143, 250, 540
Mirrer, Ephraim, 543
Misser, John, 15
Mitchal, George, 491
Mitcheall, William, 188
Mitchel, Ewd., 184
Mitchel, Geo., 490, 492
Mitchel, Wm., 62
Mitchell, Abner, 55, 149
Mitchell, Abraham, 268, 542
Mitchell, Arthur, 74
Mitchell, Beth'w., 144
Mitchell, Charles, 15, 147
Mitchell, David, 580
Mitchell, Drewry, 15
Mitchell, Elijah, 483
Mitchell, Fred'k., 74
Mitchell, George, 16, 42, 147, 541, 580, 590
Mitchell, Gilbert, 545
Mitchell, Jacob, 144, 285[2], 542, 580
Mitchell, Jas., 145, 438, 541, 581
Mitchell, Jese, 146
Mitchell, Jesse, 145, 181
Mitchell, Job, 74
Mitchell, John, 16[2], 143, 145, 146, 180, 249, 541, 542[2], 591, 596, 603, 627
Mitchell, Joseph, 189, 236, 618
Mitchell, Josh, 74
Mitchell, Nazareth, 454, 581

Mitchell, Oliver, 16, 144, 149
Mitchell, Reuben, 249
Mitchell, Samuel, 302
Mitchell, Theopelus, 199
Mitchell, Theophilus, 16, 146, 213, 224, 229
Mitchell, William, 16[2], 144, 147, 149, 182, 185, 235, 611
Mitchels, Nathaniel, 42
Mitts, Peter, 280
Mixom, Chas., 88
Mizell, William, 443, 581
Modlan, James, 543
Modley, Elisha, 543
Modlin, Benj., 94, 599
Modlin, Elisha, 143, 202, 262, 266, 619
Modlin, Ezek'l., 143, 198, 229, 308
Modlin, Jereh, 94
Modlin, Jeremiah, 543, 599
Modlin, Miles, 143, 205, 544
Modlin, Thos., 143, 189, 262
Modlin, Zebod, 262
Modlin, Zebulin, 544
Modlin, Zebulon, 143, 619
Modling, Miller, 619
Modling, Thomas, 619
Moglin, Freeman, 150
Moglin, Stephen, 311
Mohaves, Richard, 544
Molbone, Malachi, 62
Molborne, Solomon, 229
Molborne, Solomon, 201
Molden, Humphrey, 16, 193, 229
Mollet, Thos., 145
Mollet, Thomas, 208
Molton, Jacob, 543
Moncriefs, 179, 625
Monday, Arthur, 196, 229
Monerciff, Thomas, 253
Money, John, 580
Moneyham, Thos., 148
Monger, Jesse, 184
Monger, Robt., 144
Monk, James, 16, 149
Monks, George, 625
Monks, Joel, 543
Monk, Henry, 540
Monk, Israel, 95
Monk, Nollingham, 95, 259, 545
Monnyhan, John, 144
Montague, Bryan, 62
Montague, Sam'l., 62
Montcrief, Maxwell, 144
Montford, ———, 602
Montford, Henry, 615, 616
Montford, Joseph, 42, 68, 179, 239, 620
Montfort, Jos., 592
Montgomery, David, 421, 582
Montgomery, Hugh, 499, 500
Montgomery, John, 435, 467, 542, 582, 589
Montgomery, William, 256
Monroe, George, 456, 580
Monroe, Malcolm, 428, 581
Monroe, Timothy de, 298
Mont, Nottingham, 599
Monteath, Samuel, 436, 581
Monto, Fred'k., 145
Montrose, Elijah, 580
Moody, Thomas, 16, 147
Moon, Sampson, 16, 145, 149
Mooneham, John, 542
Mooney, John, 427
Mooney, Thos., 65
Mooney, William, 16, 146, 541
Moons, Shad'k., 82
Moony, William, 580
Moor, Geo., 147
Moor, James, 16[3]

Moor, John, 16
Moor, Lemuel, 16
Moor, William, 148, 468
Moor, Willis, 16, 181
Moore, ———, 618
Moore, Alexander, 441, 483², 581
Moore, Alfred, 42, 501, 603
Moore, Benjamin, 294
Moore, Britian, 544
Moore, Cuffee, 145
Moore, Dan'l., 146, 202, 543, 581
Moore, Daniel, Sr., 421
Moore, Demcey, 237
Moore, Dempsey, 43, 88
Moore, Dempsy, 540
Moore, Elijah, 16⁴, 43, 145, 149, 182, 233, 237, 621
Moore, Frederick, 81, 184, 266, 608
Moore, George, 16, 199, 224, 229, 499, 500
Moore, Isaac, 43, 143, 201, 255, 542
Moore, Jacob, 81
Moore, James, 16, 25, 43², 147, 149, 184, 233, 243, 263, 307, 319, 448, 483, 495, 499, 500, 501, 502², 503, 580, 610
Moore, James, Sr., 581
Moore, Jese, 146
Moore, Jesse, 16, 145
Moore, John, 62, 94, 99, 144, 148, 195, 196, 223, 229², 441, 483, 540, 581
Moore, Joseph, 81, 144, 502
Moore, Josiah, 544
Moore, Lemuel, 82, 146, 541, 544
Moore, Marmaduke, 143, 253, 545, 613
Moore, Mat'w., 144
Moore, Maurice, 43, 499, 500, 604
Moore, Maurice, Jr., 501
Moore, Morris, 271, 543
Moore, Moses, 294
Moore, Nath'l., 74
Moore, Nicholas, 276
Moore, Ralph, 62
Moore, Reuben, 144, 541
Moore, Robert, 43
Moore, Roger, 43, 498, 499
Moore, Samuel, 269, 622
Moore, Shadrack, 148, 195, 223
Moore, Simeon, 16
Moore, Simion, 149
Moore, Stephen, 43, 625
Moore, Thos., 74, 81, 147, 236, 540, 608, 618
Moore, W———, 144
Moore, William, 16, 43, 74, 82, 144², 147, 199, 229, 261, 294, 441, 445, 446, 457, 483, 503, 581², 615
Moore, Wyllis, 148
Moorham, Andrew, 545
Mooring, John, 545
Mooring, Maurice, 190
Moorsoldin, William, 185
Moran, John, 275
Moran, Wm., 147
Morean, Wm., 623
Morehead, James, 43, 150, 257, 540
Morehead, John, 483
Morehouse, Daniel, 274
Moreland, Absolom, 623
Moreland, Bartlet, 144
Moreland, Bartlett, 541
Morgain, William, 489, 491

Morgan, Benjamin, 16, 43, 147, 183
Morgan, Bennet, 16³, 62, 606
Morgan, Bennett, 188, 240, 613
Morgan, Chas., 81, 145, 198, 229
Morgan, Drewry, 288
Morgan, Drury, 543
Morgan, George, 542
Morgan, Griffin, 282
Morgan, Hordy, 193
Morgan, Humphrey, 282
Morgan, Isaac, 16, 149
Morgan, Isham, 287, 543
Morgan, Jacob, 278
Morgan, James, 290, 298, 545, 581
Morgan, John, 16², 88, 102, 146², 187, 204, 207, 262, 447, 542, 543, 545
Morgan, Jos., 94
Morgan, Lewis, 283, 543
Morgan, Matthias, 208, 546
Morgan, Morriss, 234
Morgan, Nathan, 456, 581
Morgan, Peter, 305
Morgan, Reuben, 16
Morgan, Reuben, 147
Morgan, Richard, 143, 262, 454, 542, 580, 607
Morgan, Robin, 183
Morgan, Sampson, 16, 146, 148, 206, 545
Morgan, Timothy, 196
Morgan, Timothy, 144, 229
Morgan, Wm., 55, 145, 189, 205, 254, 262, 290, 308, 431, 490², 493, 494, 542, 544, 581, 598²
Moring, John, 425, 582
Moring, Maurice, 147
Moriss, John, 261
Morner, Henry, 286
Morning, Jno., 62
Morpass, Bachford, 546
Morpass, Bashford, 209
Morphes, John, 592
Morphus, John, 310
Morreson, John, 257
Morrin, Morris, 16
Morris, Abraham, 16, 146
Morris, Benj'n., 81, 145, 261, 263, 541, 542
Morris, Coffin, 16
Morris, Edward, 102, 196, 229
Morris, Griffin, 146, 180
Morris, James, 81, 229, 261, 263
Morris, Job, 543
Morris, Jno., 81, 143, 149, 186, 263², 268, 541, 603
Morris, Micajah, 580
Morris, Moses, 545
Morris, Nathan, 16, 149
Morris, Philem, 55
Morris, Phileman, 541
Morris, Philip, 207, 305, 545
Morris, Rich'd., 81, 308
Morris, Thomas, 208, 545
Morris, William, 16, 144, 146, 147, 149², 194, 254, 279, 298, 541², 545, 581
Morris, William, Sr., 421
Morris, Witt, 16, 149
Morriset, Henry, 544
Morrisett, Henry, 94
Morrisett, Peter, 150, 599
Morrison, Alexander, 16, 55, 184, 233, 469, 598
Morrison, Duncan, 309
Morrison, Isaac, 94, 203, 543
Morrison, Joel, 295
Morrison, John, 147, 203, 269, 438, 540, 541, 543, 581

Morrison, Morris, 447, 581
Morrison, Neil, 496, 497
Morrison, Peter, 483
Morrison, Robert, 246, 542, 626
Morrison, Thos., 626
Morrison, William, 483, 614, 615
Morriss, James, 195
Morriss, John, 261
Morriss, Phillimon, 244
Morriss, Thomas, 310
Morriston, John, 16
Morron, Samuel, 284
Morrow, Samuol, 618
Morrow, Samuel, 74, 203
Morrow, Thomas, 305
Morryson, Alex, 599
Morse, Farrell, 88
Morse, Francis, 143
Morton, Jacob, 540
Morton, Jones, 272
Morton, Josiah, 455, 582
Morton, W., 88
Morton, William, 16, 149, 269
Moseley, John, 99, 541
Moseley, Sampson, 503
Moseley, Thos., 82, 259
Moseley, William, 43, 145, 503
Mosely, John, 311, 609
Mosely, Solomon, 544
Mosely, William, 546
Moseman, Robert, 198, 229
Moser, Frances, 541
Moser, Samuel, 541
Moses, Abraham, 179, 146, 541
Moses, Mathews, 180
Mosey, Adkins, 622
Mosir, Francis, 279
Mosir, Samuel, 279
Mosland, John, 303
Moslander, Abel, 43, 73
Mosley, Thomas, 545
Moss, Ferrell, 545
Moss, George, 625
Moss, John, 543
Moss, Richard, 145, 206, 544
Moss, Robt., 95, 197, 229, 599
Mossam, Richard, 43
Mosslander, Abel, 250, 540
Mossom, Rich'd., 144
Mosson, Richard, 183
Mosure, Francis, 295
Mott, Abraham, 276
Mott, Agenton, 541
Mott, Benjamin, 16, 147, 190, 251, 307, 626
Mott, Dan'l, 55, 307
Mott, Edge, 55, 292
Mott, Edgerton, 16, 598
Motte, Benjamin, 16
Motte, Cogerton, 251
Motte, Daniel, 598
Motte, Edgerton, 16²
Moulborn, Sol'm, 82
Mound, Benjamin, 545
Mound, Jereh, 145
Mount, Jeremiah, 542
Mount, Rich'd, 88, 279, 542
Mounts, Richard, 598
Moveal, Henry, 288
Moy, Gardner, 605
Moy, George, 186
Moy, John, 16
Moye, Geo., 81, 240, 610
Moye, John, 271
Muckle, William, 545
Muckleroy, John, 295
Muckleya, William, 16
Muhulum, Hugh, 593
Mulden, Charles, 543
Mulford, Portis, 283
Mulikan, Lewis, 580
Mulivee, John, 581

INDEX 681

Mulkey, John, 289
Mulky, John, 542
Mullen, James, 542
Mullen, John, 229
Mullen, Melone, 188, 610
Mullen, Michael, 16, 149, 253
Mullen, Richard, 143, 189, 619
Mullen, Thomas, 205, 544
Mullen, Wm., 143, 188, 255
Mullet, Thomas, 600
Mullett, Thomas, 208
Mullikin, Lewis, 429
Mullin, Malone, 144
Mullin, William, 619
Mullins, John, 200, 229, 358
Mullins, Milond, 233
Mulwee, John, 445
Mumford, Chas., 148
Mumford, Joseph, 16[4], 43
Munday, Jeremiah, 483, 580
Mundin, Joseph, 143
Mundine, Francis, 622
Mundine, Joseph, 282
Mundine, Reubin, 281
Mundine, Zebulon, 281
Munger, Bailey, 621
Munger, Jesse, 16
Munger, Jese, 146
Munk, James, 580
Murdock, Allen, 284
Murdock, McCloud, 284
Murdough, David, 358
Murfree, Daniel, 197
Murfree, H., 540
Murfree, Hardy, 16[4], 25[2], 43, 62, 183, 594, 611
Murfree, Henry, 483
Murfree, James, 16
Murfree, Patrick, 541
Murfree, William, 498
Murkinock, George, 198, 229
Murphey, Archibald, 229, 309
Murphey, Gillis, 415
Murphey, Hardy, 235
Murphey, Hugh, 419
Murphey, James, 395
Murphey, Patrick, 240
Murphree, Daniel, 229
Murphree, Hardy, 501
Murphrey, Patrick, 294
Murphy, Archibald, 16, 43, 148, 197, 224
Murphy, Daniel, 144, 582
Murphy, Hugh, 581
Murphy, James, 145, 149, 438, 581
Murphy, Moses, 145
Murphy, Patrick, 16, 145
Murphy, Solomon, 145
Murphy, Thos., 81
Murphy, William, 145, 625
Murray, Charles, 74, 206, 544, 618
Murray, James, 395, 432, 544, 582
Murray, John, 74, 545, 593
Murray, Joshua, 280
Murray, L. Alex'r, 147
Murray, Morgan, 147
Murray, Samuel, 300
Murray, Timothy, 229
Murray, William, 43, 73, 201, 542, 593
Murrel, Matt'w, 144
Murrel, Merritt, 581
Murrell, Barabas, 358
Murrell, Barnaba, 229
Murrell, Barnabas, 144
Murrell, Henry, 288
Murrell, Jacob, 272
Murrell, Matthew, 203, 269
Murrell, Merrit, 431

Murrell, William, 358
Murrey, Timothy, 217
Murrill, Barnaba, 200
Murrill, George, 581
Murrow, James, 358
Murry, Alexander, L., 16
Murry, Charles, 271
Murry, James, 269
Murry, Morgan, 16, 183
Musa, Elisha, 543
Mushaw, John, 144
Muskenoch, George, 224
Musknock, George, 16, 147, 358
Muss, George, 543
Muss, John, 286
Musselwhite, Milbed, 454
Musselwhite, Millen, 581
Musselwhite, Nathan, 454, 581
Muster, John, 146
Muzles, Micajah, 285
Myatt, John, 617
Myatt, Mark, 617
Myers, Jacob, 273, 541
Myers, John, 581, 610
Myers, Phillip, 544
Myers, William, 207, 268, 545
Myham, William, 302, 541
Myhan, Wm., 144
Myre, Henry, 143
Myres, David, 146
Myers, George, 16
Myers, John, 546
Myers, Philip, 145
Myers, Wm., 145
Myrick, Azel, 470
Myrick, James, 542
Myrick, John, 43
Myrick, Moses, 580
Myson, Zach'l, 148

N———, John, 213
Nail, Thomas, 213, 547
Naile, Williams, 353
Nailor, Joshua, 582
Nance, David, 272
Nance, Elijah, 259
Nance, James, 464
Nance, James, Sr., 582
Nann, Drury, 546
Nann, Nathaniel, 547
Narress, David, 287
Nash, Abner, 499
Nash, Caleb, 502
Nash, Clement, 43, 594
Nash, Francis, 25[2], 43, 82, 187, 242, 248, 495, 499, 500, 501, 546, 603
Nash, Jno., 74, 234, 620
Nash, Joseph, 63, 610
Nash, Michael, 246, 582, 626
Nash, Nathaniel, 499
Nash, Richard, 297, 546
Naswoethy, Sam'l, 151
Nate, Jesse, 546
Nathan, Andrew, 303
Nathan, Noah, 452
Nations, John, 284
Naughton, Richard, 545
Nave, Abraham, 483
Nave, Conrad, 483
Nave, Henry, 483
Nave, Teeler, 483
Neakins, David, 546
Neal, Andrew, 43
Neal, Benjamine, 200, 217, 229
Neal, Chris'r, 150, 217
Neal, Christopher, 16
Neal, Daniel, 201, 229
Neal, Henry, 604
Neal, John, 483
Neal, Philip, 16
Neal, Thomas, 617

Neal, Whitaker, 301
Neal, William, 43, 546
Neale, Francis, 217
Neale, Henry, 43
Neale, Thomas, 217
Near, Allen, 546
Nease, George, 450, 582
Nease, Martin, 450, 582
Neathercut, Wm., 213
Neckins, Malachi, 150
Needham, John, 74, 206, 547, 618
Needham, Thos., 55
Neese, George, 435, 582
Negroe, Benj'n, 63
Negrove, Fred'k, 63
Neil, Jno., 68, 151
Neil, Philip, 150
Neill, Gilbraith, 582
Neill, Gilbreath, 438
Neill, Henry, 501
Neill, William, 546
Neilson, John, 209
Neithercutt, William, 546
Nelly, Dickson, 546
Nelms, Charles, 259
Nelms, Francis, 353
Nelms, Jesse, 277, 613
Nelson, Abraham, 596
Nelson, Alexander, 43, 74, 179, 213, 236
Nelson, Arthur, 150, 201, 213, 229, 354
Nelson, Collins, 301
Nelson, David, 213
Nelson, Edward, 427, 582
Nelson, Estridge, 299
Nelson, Giles, 180, 263, 452, 582
Nelson, Hardy, 201, 213, 229
Nelson, Jesse, 150, 186, 241, 260, 591, 609
Nelson, John, 16[3], 25, 26, 43, 74, 179, 213[3], 233, 275, 353, 483, 547, 620, 621
Nelson, Joshua, 213
Nelson, Nathenial, 274
Nelson, Robt., 74, 89, 191, 238, 620
Nelson, Samuel, 540, 582
Nelson, Thom's, 213
Nelson, Wm., 82, 192, 241, 259
Nesbett, Jno., 213
Nettles, Jesse, 150
Nettles, Shadrack, 150, 546
Nettles, Shadreck, 16
Neufville, John, Jr., 625
Nevil, James, 213
Nevill, Drury, 547
Nevill, Geo., 151
Nevur, David, 287
Nevy, Fred'k, 74
New, Wm., 74, 448, 582
Newall, John, 264, 546
Newark, Nicholas, 16, 151
Newbern, Thos., 74, 204
Newberry, Alex, 353
Newberry, Thomas, 204, 546
Newberry, William, 292
Newbry, Robert, 546
Newburn, Thomas, 618
Newbury, Mathew, 16
Newby, Mathew, 16[2], 151
Newby, Matthew, 192, 208
Newby, Robert, 265
Newell, Jno., 150
Newell, Nathan, 150
Newell, Sullivan, 469
Newham, Francis, 151
Newhan, Francis, 150, 306
Newkins, Joseph, 275
Newly, Matthew, 151, 547
Newman, Edward, 309

682 INDEX

Newman, Isaac, 483
Newman, John, 483
Newman, Joseph, 16, 151, 205, 547
Newman, Nath'l, 596
Newman, Reuben, 55
Newport, Jas., 74
Newshan, Aaron, 264
Newsom, Aaron, 547
Newsom, Aron, 353
Newsom, Boothe, 150, 546
Newsom, Crawford, 305
Newsom, Darby, 547
Newsom, Edw'd, 151
Newsom, Etheridge, 182
Newsom, Moses, 307
Newsom, Nathelrid, 150
Newsom, Randal, 623
Newsom, Rand'h, 151
Newsom, Robt., 150, 546
Newsom, Thos., 150
Newsome, Jacob, 582
Newson, Aaron, 150
Newson, Jacob, 435
Newson, Randal, 192
Newson, Rand'l, 82
Newton, Benj., Sr., 487
Newton, Benjamin, 486, 582
Newton, Edward, 16[2], 151[2], 254
Newton, Estridge, 296
Newton, Henry, 306
Newton, Jesse, 150
Newton, Joseph, 16, 151
Newton, Levi, 16
Newton, Levy, 150
Newton, Patrick, 16, 150, 213, 546
Newton, Stephen, 293, 546
Nichelston, James, 582
Nicheus, Malicha, 16
Nichins, Malichi, 182
Nicholas, James, 610
Nicholby, William, 304
Nicholas, Geo., 63[2]
Nicholas, John, 63, 150, 151
Nicholas, Sam'l, 63, 203, 249
Nicholas, William, 16, 150, 196, 229
Nicholes, Hancock, 246
Nichols, ———, 213
Nichols, Caleb, 213
Nichols, Hancock, 546
Nichols, George, 609
Nichols, Henry, 16, 150, 183
Nichols, Jacob, 150, 195, 213[2], 229
Nichols, Jeremiah, 546
Nichols, Jas., 82, 213, 546
Nichols, Joel, 213, 439, 582, 621
Nichols, John, 16, 95, 188, 257, 295, 546
Nichols, Joseph, 16, 150, 186, 213
Nichols, Rich'd, 596
Nichols, Samuel, 203, 546
Nichold, William, 16, 150, 151, 213, 223, 304, 610
Nicholson, Isaac, 16, 74, 150, 546
Nicholson, Jeremiah, 546
Nicholson, John, 150, 461, 502, 546[2], 582
Nicholson, Robert, 43, 150, 619
Nickolas, Hancock, 626
Nickleson, James, 288
Nicks, Joseph, 546
Niclett, John, 286
Niel, Dan'l, 99
Niel, Jno., 99
Niel, Wm., 102
Night, Absolon, 150[2]
Night, George, 623

Night, James, 278
Night, Jesse, 150, 547
Nikins, Edw'd, 151
Niles, Philip, 546
Niles, Phillip, 213
Nilson, Martin, 213
Nisco, Nich's, 150
Nisio, Nicholas, 16
Nithercut, Wm., 150
Nithucut, William, 16
Nix, George, 462, 582
Nixon, Frederick, 616
Nixon, Jno., 150, 547
Nixon, Robert, 299
Nixon, Thomas, 43
Nobleand, William, 303
Noble, Wm., 43, 89, 192, 263
Nobles, Benj., 150, 546
Nobles, Drury, 150, 183
Nobles, Ezl., 150
Nobles, Hezekiah, 16, 82, 185[2], 353
Nobles, Jas., 150, 201, 229, 352
Nobles, John, 16, 151, 306, 419, 582
Nobles, Levi, 353
Nobles, Philemon, 353
Nobles, Robert, 293, 546
Nobles, Thomas, 352
Nobles, Willoby, 546
Nocks, Asel, 253
Nolen, Ezekiel, 435, 582
Nolly, Anderson, 281
Nolley, Dixon, 99
Nolley, Dixson, 260
Nonnery, Anderson, 150
Nookes, Asbel, 151
Nooles, George, 213
Nooning, Wm., 74
Norkell, Wm., 89
Norkett, Nicholas, 356
Norkett, William, 356
Norman, Levi, 205, 546
Norman, Thos., 150, 188, 295, 619
Norman, William, 424
Norrard, Theoph'l, 217
Norris, Frederick, 547
Norris, George, 282
Norris, James, 601
Norris, Jeremiah, 208, 547
Norris, Nahor, 354
Norris, Nathan, 354
Norris, Thos., 95
Norris, William, 197, 229[2]
North, Jas., 150
Northern, Joseph, 582
Northern, Samuel, 546
Northern, Solomon, 197, 224
Northgroves, Wm., 95
Norton, Isham, 454, 582
Norton, Isom, 622
Norton, Jacob, 55, 598
Norton, Joseph, 213
Norton, Solomon, 229
Norton, Wm., 55, 68, 194, 229, 294, 598, 621, 622
Norvel, Enos, 150
Norvill, Enos, 582
Norwell, Enos, 431, 546
Norwell, William, 546
Norwood, Jno., 150, 189, 202, 354, 438, 546, 582
Norwood, Obid, 217
Norwood, Wm., 150, 300
Nosworthy, Sam'l, 95
Notestine, Daniel, 304
Nothern, Joseph, 430
Nothern, Solomon, 16, 150
Nott, Jethro, 213, 546
Noveal, Henry, 544
Nowell, Josiah, 151
Nowell, Daniel, 547

Nowell, James, 290
Nowell, Josiah, 16
Nowell, Josiah, 582
Nowell, William, 275
Nowles, Rich'd, 150
Nowlin, Henry, 600
Nube, Francis, 16, 150
Nucum, Aaron, 270
Nuly, David, 213
Nuly, Sam'l, 213
Numan, Joseph, 205
Nunn, Joseph, 547
Nunn, Josiah, 416
Nunnery, Amos, 428, 582
Nunnery, Andrewson, 274
Nunnery, Henry, 68, 306, 593
Nurckell, William, 415[2]
Nuson, Nutheldred, 16
Nusom, Thomas, 16
Nusum, Etheldred, 242
Nuthall, Nath, 102
Nuthall, Nathaniel, 43
Nutter, John, 200, 213, 229

Oakland, John, 547
Oakland, Josiah, 547
Oakley, John, 601
Oans, Thomas, 204
Oate, Daniel, 284, 547
O'Banion, Wm., 151
O'Bannon, William, 547
O'Bar, Daniel, 55, 262
O'Bar, Mich'l, 56
Obar, Robert, 55, 262
Obarr, Daniel, 547
Obarr, Michael, 267
Obarr, Robert, 547
Obedson, Isaac, 547
Obedson, John, 547
Oberton, John, 16
O'Brien, Tillitson, 454
O'Brien, William, 582
Obryan, Darby, 547
O'Bryan, Dennis, 102
O'Bryant, Jno., 152
O'Bryan, Richard, 16, 152
O'Bryan, Tide, 547
O'Bryan, Tillotson, 582
Odam, Aron, 196
Odder, Peter, 17, 152
Odin, Robt., 95
Odom, Jethro, 582
Odon, James, 439, 582
Odon, Jethro, 465
O'Donnally, Hugh, 151
O'Donnelly, Benj., 151
O'Donnelly, Daniel, 151
Odum, Aaron, 151
Odum, Lewis, 151
Ogeline, Francis, 626
Ogewin, John, 208
Ogiven, Jno., 208
Oglesbey, Rich'd, 277
O'Guinn, John, 548
O'Guien, Jno., 82
Oharion, William, 244
O'Hassel, Benjamin, 548
Oiler, Francis, 152
O'Kelly, Pat'k, 99
Okey, Joseph, 600
Olam, Aaron, 229
Oldham, John, 43
Oldridge, Wm., 151
Olfin, Wm., 152
Oligood, Henry, 151
Olive, John, 547
Oliver, Abisha, 55
Oliver, George, 195, 229, 441, 582
Oliver, Henry, 547
Oliver, James, 582
Oliver, John, 17, 43, 151, 152, 547

INDEX

Oliver, Ricey, 208, 548
Oliver, Rowland, 548
Oliver, William, 17, 152
Olliver, Elijah, 262
Olliver, John, 502
Olphin, William, 17
O'Merry, Jacob, 152, 547
Omerry, Owen, 197, 229
Omery, Jacob, 17
Omery, Owen, 270
Omery, Richard, 270
Omet, Jno., 622
O'Neal, Archebald, 284, 547
O'Neal, Benjamin, 17, 152
O'Neal, Charles, 43, 68, 246, 592
O'Neal, Isom, 151, 287, 548
O'Neal, Jas., 151, 199, 224, 229, 252, 598
O'Neal, Jno., 151, 208, 548, 605
O'Neal, Mathias, 284
O'Neal, Peter, 593
O'Neal, Wm., 151
O'Neale, John, 17
O'Neill, Chas., 547
O'Phegan, Michael, 847
Onen, John, 547
Onion, James, 622
Onooles, Isham, 287
Oram, James, 183, 309
Oram, Jno., 68
Oran, Jas., 99
Orange, Prince, 547
Orange, William, 17, 151², 179, 275, 547
Order, Peter, 17, 152
Ordon, Petor, 305
Organ, Wm., 151
Ormond, P. Elizabeth, 570
Ormond, Roger, 498, 503
Orr, ——, 68
Orr, Charles, 55, 249, 547
Orr, David, 489, 490², 491, 493, 494
Orr, James, 195, 229, 284, 445, 489, 490, 494, 582
Orr, John, 617
Orr, Nathan, 249
Orr, Samuel, 269, 547
Orrell, James, 199, 229
Orrell, Thomas, 44, 152, 190, 259
Orroll, James, 218
Osborn, Alexander, 44
Osborn, Benj., 152
Osborn, Jesse, 152, 582
Osborn, Joseph, 63
Osborn, Jonathan, 582
Osborn, Mack, 597
Osborn, Morgan, 152
Osborn, Squire, 152
Osborn, Stephen, 582
Osborne, Elisha, 616
Osborne, Jesse, 17
Osborne, Jno., 151
Osborne, Squire, 17
Osborne, Steven, 430
Osburn, Adlai, 502
Osbourne, Morgan, 17
Osser, Charles, 299
Osteen, William, 17, 152
Oston, William, 306
Outlaw, Edward, 44
Outlaw, James, 17, 152
Outlaw, John, 416, 548
Outlaw, Lewis, 95
Outlow, Aaron, 291
Overbay, Littleberry, 593
Overby, John, 547
Overby, William, 547
Overstreet, Henry, 179, 617
Overstreet, John, 287, 547
Overton, ——, 151

Overton, Caleb, 619
Overton, Daniel, 151, 548
Overton, David, 616
Overton, Eli, 483
Overton, Jas., 151, 206, 250, 548, 582
Overton, Joab, 95, 307, 548
Overton, John, 17, 152, 296
Overton, Jona, 152
Overton, Jonathan, 426, 582
Overton, Lem'l, 151
Overton, Samuel, 582, 619
Overton, Solomon, 293, 547
Overton, Thomas, 190
Overturie, Jno., 151
Owel, James, 293
Owel, John, 293
Owel, Thomas, 547
Owell, Isaac, 547
Owell, James, 547
Owen, David, 89
Owen, Enoch, 151
Owen, Ethelred, 151
Owen, Francis, 89, 237
Owen, John, 17, 625
Owen, Omery, 68
Owen, Shadrach, 433, 582
Owen, Stephen, 44
Owen, Thomas, 498, 500, 614
Owenbey, James, 420
Owens, Bailey, 151
Owens, Baily, 547
Owens, Daniel, 89
Owens, David, 306, 547
Owens, Enoch, 17, 547
Owens, Etheldred, 17
Owens, Ethelred, 180
Owens, Francis, 547, 598
Owens, Jacob, 67, 99
Owens, Jas., 99
Owens, John, 44, 82, 151², 152
Owens, Stephen, 99, 183, 308
Owens, Thos., 151², 204, 503, 548
Owens, William, 274, 333
Owles, Piram, 152
Ownby, James, 582
Owns, Thomas, 204
Oxby, William, 547
Oyler, Jno., 151

Pa—borne, Joel, 395
Pace, Demcy, 271, 550
Pack, Joseph, 208, 221, 551
Paden, Thos., 152
Paddin, Thomas, 271, 549
Padget, Jno., 156, 396, 551
Padget, Solomon, 82
Padgett, John, 17, 354, 458, 487, 583
Padgett, Thomas, 259
Padgitt, John, 182
Pafford, William, 17, 249, 582
Paford, William, 17
Page, Ab'm, 153, 549
Page, Abraham, 264
Page, Benjamin, 17, 154, 549
Page, John, 219, 431
Page, Lemuel, 219
Page, Solomon, 17, 155
Page, Vincent, 219
Paget, Joab, 221
Pain, Armon, 306
Pain, John, 306
Paine, John, 430, 583
Pains, Peter, 283
Painter, George, 583
Pair, Wm., 152, 205
Paisley, John, 503
Pall, Stephen, 197, 221, 395
Palmer, Benjamin, 281
Palmer, Edmond, 420, 583

Palmer, Elisha, 306
Palmer, Jess, 420
Palmer, Jesse, 582, 583
Palmer, Job, 625
Palmer, Joseph, 44, 198, 230, 282, 395
Palmer, Robt., 99
Palmer, Thomas, 17, 155
Palmer, William, 451, 583
Palmore, Elisha, 17
Palmore, Joseph, 152
Paltan, Joseph, 354
Panks, John, 17
Panniger, Martin, 230
Paramore, Amos, 82
Paramore, Jas., 152, 549, 609
Paratree, Emanuel, 298
Parcmore, Amos, 182
Pardmore, Jno., 153
Pare, Isaiah, 618
Parett, Jacob, 354
Parham, Drewry, 193
Parham, Drury, 153, 310, 356
Parham, Thomas, 433, 582
Parham, Wm., 153, 193, 221
Paris, John, 593
Paris, William, 583
Paris, Abram, 230
Parish, Abraham, 194, 396
Parish, Edward, 17, 155
Parish, Henry, 549
Parish, Humphrey, 458, 583
Parish, Jacob, 196, 230, 395
Parish, John, 82, 548
Parish, Mark, 550
Parish, Nicholas, 549
Parish, Stephen, 440
Park, S., 551
Park, Solomon, 208
Parke, George, 483
Parker, Abraham, 17, 156
Parker, Amos, 17², 155
Parker, Arthur, 17, 82, 155, 240, 279, 609
Parker, Daniel, 153, 220²
Parker, Elisha, 207, 551, 583
Parker, Francis, 219
Parker, Hillary, 205, 308, 551
Parker, Hillery, 152
Parker, Hollida, 220
Parker, Hubard, 220
Parker, Humphrey, 442, 483, 583
Parker, Humphreys, 220
Parker, Isaac, 395
Parker, Isbom, 550
Parker, Isum, 288
Parker, J., 490, 494
Parker, Jacob, 219, 551
Parker, James, 17, 56, 180, 219, 621
Parker, Jephtha, 234
Parker, Jeptath, 210
Parker, Jepteth, 17
Parker, Jeptha, 180
Parker, Jesse, 89
Parker, Jno., 184, 219, 419, 583
Parker, Jonas, 220
Parker, Joseph, 153, 219, 264, 549, 602
Parker, Josiah, 219
Parker, Kedar, 44, 185, 236, 448, 583²
Parker, Keder, 89
Parker, Kedor, 219
Parker, Lemuel, 621
Parker, Leonard, 154
Parker, Peter, 179
Parker, Samuel, 56, 203, 219, 236, 550
Parker, Sessoms, 220
Parker, Simon, 193, 220, 244

INDEX

Parker, Thos., 75, 220, 308, 548
Parker, Wm., 95, 180, 192, 275, 424, 433, 582
Parkerson, James, 594
Parkerson, John, 69, 609, 613
Parkes, William, 172
Parkeson, James, 238
Parkinson, Beverly, 549
Parkinson, Jacob, 153
Parkinson, James, 44, 63
Parkmon, ——, 183
Parks, Andrew, 17, 155, 180
Parks, Hugh, 17, 75, 154, 253, 548, 618
Parks, James, 155, 196, 224, 230, 396
Parks, John, 56, 154, 396, 549
Parks, Peter, 17, 155, 396
Parks, Robert, 396
Parks, Sam'l., 95, 292, 582
Parks, Solomon, 278, 298
Parks, Thomas, 396, 549
Parks, Wm., 153, 154², 155, 296, 548
Parley, Micajah, 189
Parmer, Jno., 153
Parmerlin, Benj., 503
Parmaley, Ephraim, 295
Parnal, John, 221
Parnall, Joshua, 550
Parnel, Ab'm., 156
Parnel, Joshua, 278
Parr, Caleb, 354, 548
Parr, Isaac, 75
Parr, Isaih, 241, 548
Parr, John, 356, 550
Parr, Noah, 63, 221, 241, 395, 548
Parr, William, 179, 205, 221, 253, 396², 551, 597, 630
Parradiso, William, 221
Parramore, Jno., 221
Parrimore, John, 194, 230, 356, 396
Parrish, Abraham, 153, 223, 409
Parrish, Charles, 409
Parrish, Claiborne, 583
Parrish, Clarborne, 452
Parrish, Henry, 265
Parrish, Jacob,/153, 409²
Parrish, John, 259, 612
Parrish, Marks, 293
Parrish, Nicolas, 265
Parrish, Stephen, 583
Parrot, Andrew, 551
Parrot, John, 296, 590
Parrot, Nathaniel, 551
Parrot, Reuben, 583
Parrott, Nathaniel, 17, 154, 221
Parrott, Reuben, 423
Parrum, William, 549
Parry, John, 17
Parsmore, John, 275
Parson, Joseph, 583
Parson, Roger, 609
Parsons, Jas., 153, 154
Parsons, Jesse, 99, 549
Parsons, Joseph, 446
Parsons, Nathan, 99, 549
Parsons, Roger, 99, 549
Parsons, Sam'l., 99
Parthis, Hardy, 153
Partin, Benj., 153, 361, 551
Partlock, Caleb, 189
Parton, John, 596
Partree, Emanuel, 75, 548
Parum, William, 17, 154
Pasens, James, 17
Pasmore, David, 17, 152, 155, 187, 241
Pasmore, Enock, 268
Pasmore, Joshua, 302

Pasmore, Oliver, 311
Pass, Elliott, 551
Pass, Holloway, 583
Pass, William, 195, 230
Passemore, James, 221
Passmore, Amose, 612
Passons, James, 548
Pasteur, John, 4
Pasteur, Thomas, 17⁵, 44, 183, 619
Pastiene, Thomas, 395
Pasteur, William, 44², 188
Pasteur, William, 502
Pasture, Jno., 273
Pasture, Thomas, 75, 238
Pate, Barnaba, 551
Pate, Cordie, 154
Pate, Coride, 17
Pate, Daniel, 221
Pate, Edward, 17, 154, 548
Pate, Rich'd., 221
Pate, Wm., 99, 221, 245, 548, 609
Patillo, Henry, 498, 500
Patrie, Peter, 155
Patt, Aaron, 551
Pattaway, James, 17
Patten, John, 17, 25³, 44, 182, 213, 353, 498, 499, 501, 594, 606, 620, 621
Patten, William, 44
Patter, Daniel, 548
Patterson, 213
Patterson, Alexander, 207, 483, 551, 601
Patterson, Arthur, Jr., 483
Patterson, Duncan, 17
Patterson, Hugh, 207, 271, 551
Patterson, Elizabeth, 570
Patterson, James, 213, 356, 461, 583
Patterson, Jesse, 300, 550
Patterson, Jno., 63, 82, 198, 213², 230, 297, 437, 549, 608, 612
Patterson, Mark., 615²
Patterson, Martin, 551
Patterson, Robert, 213
Patterson, Thomas, 213, 450, 483, 583
Patterson, Tilman, 156, 548, 582
Patterson, William, 17, 155, 181, 213, 483², 601
Pattin, Jno., 63, 155, 395
Patton, Benjamin, 496
Patton, John, 17³, 240, 354, 607, 609², 610, 611
Patton, Samuel, 420, 582
Patton, Thomas, 213, 221
Patrick, Andrew, 75
Patrick, Benj., 56
Patrick, Dan'l., 156
Patrick, Jno., 75, 354
Patrick, Spencer, 17, 155
Patrick, Wm., 75, 550
Paul, David, 551
Paul, James, 296
Paul, Peter, 551
Paul, Phil, 548
Paul, Philip, 17, 154
Paul, Stephen, 82, 230, 297
Pavey, Nehemb, 155
Pavy, Thos., 153
Paxton, James, 354, 550
Paybourn, Joel, 252
Payford, William, 17, 155
Paylor, Thomas, 195
Paylor, William, 582
Payn, Charles, 356
Payne, M., 570
Payne, Michael, 44, 501
Payne, Peter, 278, 409, 550

Payne, Thos., 153, 420, 582, 583
Payner, Peter, 221
Paynter, Cornelius, 550
Paysby, Robert, 593
Pea, William, 395
Peacock, J., 221
Peacock, Jene, 395
Peacock, Jno., 152, 601, 610
Peacock, Levi, 396
Peal, Dan'l., 95, 230, 395, 550, 551
Peal, Pearson, 153, 611, 613
Peale, Daniel, 204
Pearce, Edmund, 17
Pearce, George, 44
Pearce, Hardy, 248
Pearce, Israel, 182
Pearce, Jacob, 74, 618
Pearce, James, 44, 247, 613
Pearce, John, 247, 248
Pearce, Laga, 409
Pearce, Shad'r., 409
Pearce, Seth., 409
Pearce, Theophilus, 254
Pearce, William, 583
Pearce, Windsor, 489, 490, 491, 494
Pearce, Winsor, 490, 493
Pearcy, Nehemiah, 252
Pearl, James, 17⁴, 44, 181, 294
Pearl, Jos., 99
Pearsall, Edward, 354
Pearsall, Jeremiah, 354
Pearsall, James, 354
Pearse, Abner, 156
Pearse, Ephraim, 17
Pearse, Israel, 154
Pearse, William, 433
Pearsey, John, 202, 548
Pearson, Margaret, 570
Pearson, Richard, 199, 224, 230
Pearson, Samuel, 191
Pearson, Thomas, 17, 153, 186, 199, 230
Pearsons, William, 499
Peavey, Thos., 56
Peck, Adam, 483
Peck, Fred'k., 56
Peck, Joseph, 154
Peddy, Andrew, 583
Pedon, Thomas, 221, 296, 549
Pee, Jona, 153
Peebar, Elias, 483
Peebles, Robert, 615
Peekman, John, 356
Peel, Daniel, 260, 395
Peel, James, 260
Peele, Daniel, 196
Peevel, Jno., 163
Pegram, Gideon, 621
Pelock, Stephen, 550
Pelt, Isaac, 291
Pelt, Joshua, 354, 356, 551
Pell, Gilbert, 153
Pellsie, Francis, 221
Pemberton, John, 221
Pemel, Jno., 74
Pen, Arthur, 248
Pen, David, 248
Pen, Lewis, 275
Penagar, Martin, 223
Penby, John, 583
Pender, ——, 395
Pender, Benjamin, 291
Pendergast, Will, 184
Pendergrass, David, 89, 259, 549, 620
Pendergrass, Jacob, 549
Pendergrass, Job, 156, 194, 230, 234, 396

INDEX 685

Pendergrass, Jno., 152, 238, 271, 618
Pendergrass, Rainleigh, 395
Pendergrass, Rawlei'h, 551
Pendergrass, Will, 296
Pendergrast, Job, 191
Pendergrast, John, 191
Pendleton, Benjamin, 17, 155
Pendleton, Edmund, 89, 194, 221, 230
Pendleton, Edward, 396
Pendelton, Hiram, 156, 206, 442, 582
Pendelton, Uriah, 206, 551
Pendlon, Hirim, 599
Penegar, Martin, 221, 395
Peney, Francis, 286
Penigar, Martin, 154
Penn, John, 44, 498, 500
Pennel, John, 551
Pennell, Nicholas, 336
Pennil, Reuben, 583
Penninger, Martin, 196, 582
Pennington, Kinchen, 446
Pennington, Kincher, 583
Pennington, Wm., 603, 627
Penrice, Francis, 17, 155, 199, 230
Penrice, Samuel, 17, 155, 191
Penrice, Thomas, 616
Penris, Francis, 155
Penrise, Francis, 224
Penrose, Reuben, 583
Pennell, Morris, 336
Penticost, Dancey, 68
Peonix, Oberton, 583
Peoples, Balam, 356
Peoples, Wm., 82, 609
Peppen, Richard, 432
Peppett, Erastus, 395
Perdie, James, 221
Perdue, Caleb, 153
Perdue, William, 551
Percy, William, 292
Perkerson, Drury, 154
Perkins, Ab'm., 102, 200, 220, 230
Perkins, Adam, 26, 44, 156, 220, 268, 259
Perkins, Andrew, 192
Perkins, David, 17, 155
Perkins, Edmond, 417
Perkins, Isaac, 152, 200², 297
Perkins, Jesse, 296
Perkins, Joshua, 220
Perkins, Rich'd., 153
Perkins, Solomon, 498
Perkins, Stephen, 293
Perkins, Thomas, 17, 155
Perkins, William, 436, 583
Perkins, Zedekiah, 292
Perkinson, Beverly, 596
Perkison, Beverly, 268
Pernal, 221
Pernalt, David, 550
Perrett, Needum, 153
Perrit, Needum, 549
Perry, Abraham, 396, 410
Perry, George, 44
Perry, Hardy, 410
Perry, Isaac, 291, 410, 549
Perry, Jeremiah, 186, 244, 410, 608
Perry, Jerry, 69
Perry, Jesse, 451, 483, 583
Perry, Jno., 892, 155, 198, 230, 265, 410², 549, 620
Perry, Joseph, 623
Perry, Needum, 410, 549
Perry, Parl, 551
Perry, Robert, 154, 294, 410², 548
Perry, Sion, 617

Perry, Wavel, 410
Perry, Wm., 89, 292, 410
Perrymore, James, 264
Persey, John, 291
Person, Jesse, 260
Person, Jona, 153
Person, Natha, 260
Person, Roger, 260
Person, Thomas, 498, 500, 615²,
Person, William, 498
Person, Williams, 502
Persythe, Joseph, 277
Pervas, Tiberius, 154
Pervatt, John, 293
Pervatham, William, 395
Pervie, James, 289
Pet, Thomas, 395
Peter, Abraham, 278
Peter, Camp, 621
Peter, Daniel, 293
Peter,-Corn, John, 583
Peterford, Philip, 395
Peters, Chs., 152, 605
Peters, Elisha, 551
Peters, Jno., 153, 278
Peters, Titus, 283
Peters, Will, 356
Peterson, Hardy, 267
Peterson, James, 582
Peterson, John, 221², 459, 583
Peterson, Moses, 396
Peterson, William, 354
Pethosel, Thos., 154
Philip, Petiford, 182
Petiford, William, 17, 154, 549, 582, 600
Petigrew, Ance, 153
Petit, Henry, 458, 583
Petman, Isham, 287
Petrie, Peter, 17
Pettaway, Micajah, 192, 395, 431, 551, 582
Petteford, 182
Petterson, Duncan, 155
Petteway, Jas., 155
Petteway, Michael, 356
Pettie, John, 17
Pettiferd, William, 183
Pettiford, Drury, 582
Pettiford, Elias, 17, 154
Pettiford, George, 195, 213, 230, 395, 582
Pettiford, Philip, 17, 154
Pettigrew, Hance, 208, 274
Pettijohn, Abraham, 17, 154
Pettijohn, John, 426, 583
Pettijohn, Thomas, 298, 550
Pettis, Daniel, 550
Pettis, James, 17
Pettis, Stephen, 153, 264, 549
Pettit, Tideon, 99, 255, 311, 548
Petty, Jno., 155, 270
Petty, Titus, 550
Pettyway, Micajab, 265
Petyjohn, 152, 266
Pevier, Jas., 89
Pevy, Nehemiah, 310
Pevy, Sam'l., 155
Pew, Arthur, 56, 353
Pew, David, 550
Pew, John, 278
Pfifer, Martin, 230, 233
Pharas, Ablm., 154
Pharies, Levy, 354
Pharis, Samuel, 419, 583
Pharis, William, 396
Phariss, Samuel, 356
Pharo, Abram, 191
Pharo, Nathaniel, 549
Pharoah, John, 600
Pharough, Joshua, 356
Phelps, Garrett, 303

Phelps, Jas., 152, 241, 549, 591, 610
Phelps, Joseph, 551
Phelps, Kedar, 241, 396, 548
Phelps, Kader, 606
Phelps, Kador, 591
Phelps, Keeder, 152
Phelps, Moses, 550
Phelps, Noah, 550
Phelps, Stephen, 292
Phelps, William, 298, 550, 551
Phew, Richard, 278
Phifer, Caleb, 44, 615²
Phifer, Calib, 396
Phifer, John, 496, 499, 500, 502
Phifer, Martin, 44, 195, 356, 395, 423, 583
Philco, James, 396
Philip, Geo., 63
Philip, Jones, 626
Philip, Wm., 155
Philips, Andrew, 230
Philips, Aron, 156
Philips, Bush, 194, 230
Philips, David, 68, 181, 190
Philips, Henry, 153, 209
Philips, Jno., 153, 230, 433
Philips, Joseph, 75, 188, 190
Philips, Lovan, 230
Philips, Loven, 223
Philips, Lovin, 154
Philips, Mark, 269, 550, 582
Philips, Mason, 188
Philips, Michael, 282
Philips, Mitchell, 189
Philips, Rich'd., 75
Philips, Stephen, 550
Philips, Thos., 154
Philips, William, 254
Philips, Zacha, 154, 155
Philips, Zachariah, 17, 194, 223, 230
Phillip, Irby, 455
Phillip, Stephen, 213
Phillips, Aaron, 17
Phillips, Abraham, 220
Phillips, Adam, 582
Phillips, Andrew, 198, 220, 238
Phillips, Bush, 82, 220
Phillips, David, 155, 233
Phillips, Denis, 597
Phillips, Edward, 220
Phillips, George, 186, 236, 612
Phillips, Henry, 220, 551
Phillips, Irby, 582
Phillips, James, 550
Phillips, Jno., 153, 196, 220, 272, 549, 583²
Phillips, Joseph, 44, 152, 238, 483, 611
Phillips, Levi, 220
Phillips, Loven, 193, 220
Phillips, Mich'l., 56
Phillips, Richard, 237, 254, 548
Phillips, Risbin, 220
Phillips, Rush, 220
Phillips, Sampson, 192, 220
Phillips, Stephen, 220
Phillips, Thomas, 220, 273
Phillips, William, 17, 153, 220, 269, 550
Phillips, Zacheriah, 220
Phillips, Zebulon, 305
Philsby, Richard, 257, 548
Phimer, Wm., 209
Phips, John, 156, 221, 551
Phoenix, Overton, 462
Phmuphry, Silvenus, 354
Pickerin, Aaron, 221
Picket, James, 410
Picket, Sion, 410
Picket, William, 500, 501
Pickett, ———, 603

Pickett, Thomas, 44
Pickett, William, 44, 498
Pickle, Richard, 280
Pickman, John, 550
Pickrin, William, 353
Pierce, ——, 407
Pierce, Arthur, 407
Pierce, Edw'd., 155
Pierce, Eph'm., 155, 407
Pierce, Hardy, 152, 607
Pierce, Israel, 17, 153, 407, 409, 419, 551, 583
Pierce, Jas., 152, 154, 548[2], 549, 605, 609
Pierce, Jeremiah, 247
Pierce, John, 197, 407[2], 462, 583
Pierce, Lewis, 154
Pierce, Theops, 89
Pierce, Reubin, 548
Pierce, Ruben, 154
Pierce, Snowden, 407
Pierce, Theophilus, 407
Pierce, Thos., 63, 82, 198, 230, 247, 407, 548, 549, 612
Pierce, Wm., 75, 82, 95, 199, 230, 261, 407[2], 549
Pierson, James, 409[2]
Pierson, John, 409[2]
Pierson, Richard, 17, 155, 409
Pierson, Robert, 548
Pierson, Roger, 409
Pierson, Richmond, 409
Pierson, Samuel, 243
Pierson, Thos., 89, 154, 409[2]
Pike, Benjamin, 44, 89
Pike, James, 335
Pike, Samuel, 265
Piland, Peter, 17, 396, 549
Pilant, Edw'd., 616
Pilant, Peter, 616
Pilchard, Jno., 82
Pilgrim, William, 213, 221
Pilkenton, Richard, 583
Pilkinton, Richard, 439
Pillegrew, Hance, 551
Pilley, John, 44
Pilly, John, 201, 213, 549
Piner, Thomas, 281
Pinkerton, David, 596
Pinkney, Charles, 625
Pinkston, Williams, 17, 155
Pinkum, Philip, 152, 608, 614
Pinkstone, Wm., 155
Pinneger, Martin, 17
Piper, Jethro, 551
Piper, John, 432, 582
Pipkin, Arthur, 221
Pipkin, Asher, 354
Pipkin, Wm., 155
Pipkin, Willis, 291, 550
Pippen, Joseph, 583
Pippin, Joseph, 432
Pippin, Richard, 582
Pitchet, Oliver, 89
Pitillo, Littleton, 221
Pitman, Amos, 396
Pinman, Isham, 550
Pitman, John, 17, 154
Pitman, Jordan, 213
Pitman, Mathew, 443
Pitman, Thomas, 186
Pitnon, John, 272
Pits, Rigdon, 213
Pitt, Matthias, 295
Pitt, Thos., 153
Pittia, Jas., 154
Pittman, Thomas, 356
Pittman, Joseph, 458, 583
Pitts, James, 17, 155
Pitts, John, 44, 623
Pitts, Regdon, 221
Pittyjohn, Thomas, 619

Pivikins, Isaac, 606
Platt, John, 17[2], 154, 252, 356, 548, 549
Platt, Sam'l, 95
Pleasant, William, 424
Pleasants, Williams, 583
Pledges, Nathaniel, 551
Plumby, George, 221, 549[2]
Plumer, William, 221, 396, 551
Plumley, George, 153, 259
Plumley, Lucy, 259
Plummer, A., 396
Plummer, Aaron, 221
Plummer, Jeremiah, 221
Plummer, Moses, 221
Plummer, Richard, 428, 583
Plummer, William, 195, 213[2], 230
Plummer, Zachariah, 221
Plumpus, Tinity, 89
Plunk, Jacob, 441, 583
Poe, David, 152, 221, 548, 610
Poe, Henry, 155
Poe, John, 308, 597
Poe, Simeon, 155
Poe, Stephen, 597
Poe, William, 597
Pogas, James, 625
Pogus, John, 593
Poindexter, David, 461, 583
Pointer, Argulas, 356
Pointer, John, 95, 186
Polk, Charles, 44, 75, 221, 489[2], 490[2], 491[2], 492, 493, 494
Polk, Charles, Jr., 489, 490[2], 493, 494
Polk, Ezekiel, 483, 497
Polk, John, 277, 489
Polk, John, Sr., 491, 494
Polk, Thomas, 44, 74, 179, 213, 236, 396, 496, 499, 500, 502
Polk, William, 26, 44, 102, 179, 189, 213, 236, 464, 583, 587
Polks, Charles, 492
Pollard, Abraham, 600
Pollard, Everit, 356
Pollard, Jacob, 221, 427, 583
Pollard, James, 354
Pollard, John, 354, 551
Pollard, Matt'w, 153
Pollard, Matthew, 264, 549
Pollard, Wm., 63, 202, 550
Pollock, Benjamin, 269, 550
Pollock, James, 221
Pollock, Jesse, 17, 156, 393
Pollock, John, 213
Pollock, William, 221[2]
Polls, Thomas, 26
Polmore, Elijah, 156
Polson, Jno., 69, 196, 280, 395
Pond, John, 63, 258, 356, 549, 609
Ponder, Thomas, 155, 296
Ponder, William, 82, 184, 235, 611
Ponds, Zachariah, 281
Pone, David, 583
Pooe, David, 254
Pool, Aaron, 590
Pool, Andrew, 362, 551
Pool, Elisha, 362, 551
Pool, Jas., 153, 590
Pool, John, 211, 273, 450, 583, 617
Pool, Joshua, 362
Pool, Levi, 362
Pool, Samuel, 362, 590
Poole, Abraham, 307
Poole, James, 301
Poon, Aaron, 550
Poor, John, 294, 356, 551

Poor, Wm., 152, 194, 223, 230, 395
Poore, William, 619
Pope, Elijah, 617
Pope, Elisha, 464, 583
Pope, Harward, 583
Pope, Henry, 44, 501
Pope, Jeremiah, 459, 583
Pope, Peter, 278
Pope, Reuben, 550
Pope, Richard, 425, 582
Pope, Samuel, 82, 152, 192, 255, 310, 549, 608
Pope, Samuel, Jr., 591
Pope, Samuel, Sr., 591
Pope, Vinson, 550
Pope, Wm., 152, 186, 294, 611
Poplin, George, 421, 582
Poplin, William, 446, 583
Porch, Henry, 185
Porch, James, 156, 549
Porks, Henry, 154
Pormpion, John, 221
Porter, Alexander, 213, 219[2]
Porter, Charles, 549, 583
Porter, Hugh, 219
Porter, Jacob, 195, 230, 289
Porter, James, 44, 153, 219
Porter, John, 219
Porter, Joshua, 154, 219, 270
Porter, Robert, 44
Porter, Samuel, 219, 300, 593
Porter, Wm., 56, 154, 270, 549
Porterfield, ——, 618
Porterfield, Den., 213
Porterfield, Dennis, 44
Porterfield, Denny, 188
Porterfield, Demsey, 235
Porterfield, James, 235
Porterfield, John, 213, 221, 356, 583
Porter, Mulford, 550
Portis, Lewis, 17, 154
Portivent, James, 221
Portlock, Caleb, 95, 304
Portoise, Hardman, 548
Portress, John, 69, 195, 230, 395
Posam, Jones, 311
Potaway, Macaja, 68
Poteat, John, 258
Potter, Daniel, 17, 89, 155, 294, 598[2]
Potter, Edw'd, 155
Potter, Francis, 550
Potter, Jno., 68, 187, 221, 233, 356
Potter, Miles, 221
Potter, Peleg., 153
Potter, Sam'l, 99
Potter, Thomas, 551, 591
Potter, William, 442, 483, 582
Potterfield, Dennis, 89
Potts, Alexander, 409, 550
Potts, Francis, 470
Potts, James, 437
Potts, Jesse, 188
Potts, John, 409
Potts, Jon't, 409
Potts, Thomas, 583
Potts, Wm., 409
Pough, Stephen, 155
Pouh, Henry, 17
Poulson, John, 230, 611
Poulston, Jonas, 154
Pound, Sam'l, 95
Pounds, J., 221
Pow, Arthur, 193
Powel, Anthony, 550
Powel, Elias, 593
Powel, Henry, 490, 491
Powel, Peter, 550
Powel, Robert, 593

INDEX

Powel, Stephen, 597
Powell, Abner, 455, 582
Powell, Absalom, 427, 583
Powell, Axom, 154
Powell, Axum, 549
Powell, Benjamin, 549
Powell, Brittian, 221
Powell, Britton, 583
Powell, Charles, 437, 583
Powell, Elijah, 583
Powell, Francis, 269, 550
Powell, Geo., 17, 155, 431, 548, 583
Powell, Isaac, 45, 213
Powell, Jacob, 156, 551
Powell, James, 548
Powell, John, 68, 187, 259, 582, 593
Powell, Jorden, 593
Powell, Jos., 153
Powell, Lewis, 154, 155, 188, 421, 583
Powell, Matthew, 310
Powell, Moses, 269, 550
Powell, Nicholas, 269, 550
Powell, Peter, 221, 283
Powell, Stephen, 155, 203, 221, 269, 550
Powell, Thos., 153, 185, 221, 235
Powell, William, 17, 153², 155, 184, 221, 235, 467, 583, 612
Power, Wm., 56, 153, 156
Powers, ———, 602
Powers, Absolom, 17, 153, 154, 180, 187, 220, 548
Powers, David, 63
Powers, Ephraim, 213, 582
Powers, Henry, 461, 583
Powers, James, 17, 45, 95, 213, 191, 258, 549
Powers, Jesse, 17, 154, 623
Powers, John, 213², 551
Powers, Jos., 155
Powers, Moses, 17, 154, 180
Powers, Robert, 283, 550
Powers, William, 187
Powersm, Ephraim, 448
Poyner, Peter, 152, 202, 253, 282, 550
Poyner, Thomas, 583
Poynter, John, 45, 294
Praet, Thos., 154
Pratt, Peter, 275
Prat, Thomas, 17, 199, 224, 230
Pratt, Zebulon, 152, 202, 221, 266, 550, 582, 619
Pravey, Nehemiah, 17²
Preater, Bazil, 354
Prebit, Jno., 154
Precott, William, 221
Pendergrass, Rawleigh, 208
Prescoll, Augustin, 356
Prescoate, Thomas, 294
Prescot, Willoughby, 264
Prescote, Austin, 295
Prescote, Willobey, 620
Prescott, Aaron, 75
Prescott, Austin, 551, 570, 589, 626
Prescott, Chas., 75
Prescott, Thos., 152, 206, 551
Prescott, Willoughby, 89, 549
Presley, Charles, 551
Presnell, John, 421, 583
Pressley, Charles, 221
Preston, Thomas, 483
Prestwood, Jonathan, 420, 583
Preton, George, 286
Prevet, John, 17
Prevett, John, 410
Prevett, M., 410
Prevett, Micajah, 410

Previtt, John, 582
Prewite, Ransom, 243
Prewet, Joshua, 75, 548
Prewet, Micajah, 551
Prewet, Ransom, 75, 548
Prewet, Thomas, 549
Prewitt, Joshua, 620
Prewitt, Ransom, 620
Price, Abner, 17
Price, Augustine, 550
Price, Dixon, 213
Price, Edward, 17, 154
Price, Elisha, 213, 551
Price, James, 153, 198, 213, 221, 224, 230, 279, 551
Price, John, 190, 213, 230
Price, Joseph, 152
Price, Lewis, 18, 155, 186
Price, Mat'w, 153
Price, Micajah, 95, 193, 292
Price, Rice, 278
Price, Richard, 213
Price, Samuel, 56, 189, 282, 619
Price, Thomas, 265, 443, 549, 583, 591
Price, William, 18², 153, 155, 198, 230, 252, 299, 395²
Prichard, Clement, 277
Prichard, James, 220
Prichard, Jesse, 195, 295, 396, 598
Prichel, Jno., 69
Prichell, Edward, 194
Prichett, Edward, 395
Prickell, Edward, 221
Pricket, George, 213
Pridgen, Francis, 193, 223, 229, 356, 396
Pridgen, Ruffin, 221
Pridgen, Thomas, 612
Pridgeon, William, 221, 549
Pridgeon, Francis, 155, 448, 583
Pridgen, William, 255, 419, 583
Pridgeon, Zachariah, 273
Pridgion, Thos., 99
Priest, Wm., 153
Priestley, Wm., 221
Prigin, Crekiel, 280
Prigion, Mark, 355
Prim, Abraham, 548
Prim, James, 548
Primm, Abraham, 266
Prince, Nicholas, 593
Prine, Nathan, 356
Priolean, Philip, 625
Priolean, Samuel, 625
Prior, Thomas, 153, 186
Prise, Samuel, 592
Pritchard, James, 274
Pritchard, Jesse, 230
Pritchard, Jese, 89
Pritchard, Jessie, 356
Pritchell, Edward, 230
Pritchell, John, 230
Pritchet, Edward, 307
Pritchet, John, 548
Pritchet, Joshua, 153, 197, 213, 221
Pritchet, William, 181
Pritchett, Edward, 74, 223
Prival, Wm., 156
Privat, Peter, 154
Private, Miles, 82
Privet, John, 582
Privet, Peter, 18
Privet, William, 18
Privett, John, 549
Privett, Miles, 610
Privitt, Miles, 193, 221, 395
Procter, Aaron, 18, 155, 550
Proctor, Francis, 156

Proctor, Joshua, 99, 200, 230, 274
Proctor, Willoby, 551
Proctor, William, 18, 82, 153, 264, 309, 356, 548, 549, 608
Proudfoot, Jno., 75
Proudford, John, 548
Prozer, Jno., 155
Pruit, Miles, 230
Pruite, Joshua, 243
Pruitt, Miles, 193
Pryor, Thomas, 548
Psowdford, John, 256
Pucket, Solomon, 154
Pudney, Jereh, 155
Pugh, David, 275, 617
Pugh, Fredrick, 280
Pugh, James, 219
Pugh, John, 593
Pugh, Stephen, 219
Pugh, Thomas, 502
Pugh, Whitmill, 45, 502
Pughe, John, 190
Pulley, Benjamin, 278
Pulley, George, 283
Pulley, Isom, 68, 608
Pulley, Jas., 69, 247, 280, 611
Pulley, John, 443
Pully, Isham, 548
Pully, James, 193
Pully, Wassdon, 153
Pullian, Richard, 451, 583
Pullum, Benjamin, 617
Punal, Ab'm., 153
Punang, John, 300
Purdee, James, 396
Purdie, James, 610
Purdum, Hezekiah, 593
Purdy, Jas., 152, 184, 235
Puree, Hopkin, 410
Purirance, William, 503
Purkins, Abraham, 245
Purkins, Adam, 248
Purkins, Addams, 220
Purkins, Isaack, 189
Purkins, James, 245
Purkins, William, 593
Purser, James, 356
Purser, Joseph, 154, 197, 213, 221, 224, 230
Purser, John, 489, 490², 491, 492, 493
Purser, Robert, 356
Pursly, John, 288
Purton, Ellexana, 288
Purviance, James, 45, 213
Purvice, Barnett, 288
Purvie, Joseph, 549
Purview, James, 306
Purvis, Barnett, 550
Purvis, Jos., 156
Purvis, Tobias, 548
Purvis, Tilberias, 616
Pusley, John, 550
Putman, Randal, 288
Putnam, Stephen, 550
Putnell, William, 292
Pyatt, Joseph, 583
Pyatt, Peter, 45, 102
Pyatt, Thomas, 187
Pycate, Peter, 191
Pycatt, Peter, 239
Pyeatt, Peter, 154
Pyett, Joseph, 422
Pyland, Peter, 155
Pyot, Thos., 63
Pyron, William, 582
Pyson, William, 190
Pythrus, Henry, 356, 551

Quary, John, 496
Queary, John, 497

INDEX

Queen, Francis, 622
Queen, Thomas, 187
Queen, William, L., 443
Queriery, John, 491, 494
Queriery, John, 489, 490
Queriey, Jonathan, 489, 490, 491, 494
Query, John, 214, 490, 494
Query, Jonathan, 490, 493
Quick, George, 355
Quigley, Charles, 214
Quilina, Shad'k., 156
Quillany, Shadrack, 18
Quillin, Daniel, 305
Quillin, John, 461, 583
Quilman, Peter, 214
Quin, David, 214
Quin, William, 214
Quinby, Eleamus, 606
Quinby, Eleazer, 156
Quince, Parker, 498, 500
Quince, Parkr, 503
Quince, Richard, Jr., 503
Quinn, 602
Quinn, David, 18, 156, 431, 551
Quinn, Francis, 156
Quinn, James, 214
Quinn, Michael, 45, 99, 261
Quinn, Thos., 156, 355, 608
Quinn, William L., 583

Reingbark, Frederick, 214
Rabb, William, 488
Rabby, Adam, 198, 222, 230
Rabby, Blake, 199, 215, 230, 344
Rabsby, Richard, 620
Raby, Adam, 75
Raby, Blake, 616
Raby, Cader, 75
Rack, Joseph, 222
Rackby, Jeremiah, 215², 419, 584
Ractliff, Wm., 157
Radford, John, 215, 357, 594
Raeford, Philip, 357
Rafle, Caleb, 158
Ragan, Charles, 196
Ragines, Thomas, 358
Ragly, Biack, 157
Rahter, Hardy, 18
Raibourn, Geo., 618
Raifield, Caleb, 18
Raifield, Spencer, 69
Raifield, Spinecoy, 611
Raiford, John, 45, 63, 258, 552
Raiford, Maurice, 552
Raiford, Morris, 215
Raiford, Peter, 45
Raiford, Philip, 214, 224, 616
Raiford, Phillip, 615
Raiford, Robert, 18⁵, 45, 99, 181, 215, 257
Railey, Edm'd., 159
Railey, Elisha, 617
Railey, Isaac, 159
Railsback, Edward, 214
Raindtree, Reuben, 45
Raindtree, Ruben, 156
Rainer, John, 291
Raines, Anthony, 584
Raines, Jarvis, 554
Raines, Ruben, 214
Rainey, Jas., 75, 103, 204, 215, 238, 268, 552, 554
Rainey, Peter, 238, 254, 552
Rains, Anthony, 453
Rains, Ephraim, 270
Rains, John, 270
Raiper, John, 610
Raiper, Robt., 611
Raiser, Ruben, 358
Rakes, Jas., 157

Raley, Moses, 553
Rall, Jas., 158
Ralph, Jno., 56, 295, 554
Ralph, Lewis, 75, 267, 552, 618
Ralph, Thomas, 18, 158, 200, 215, 224, 230
Ralston, Isaac, 63, 230
Ram, Jacob, 157
Ramage, Alex, 103
Ramage, Alexander, 250
Ramage, Thos., 159
Rame, Peter, 553
Ramsay, Allen, 45, 95
Ramsay, Andrew, 438, 584
Ramsay, Dan'l, 158, 230
Ramsay, Joel, 230
Ramsay, John, 247
Ramsay, Mathew, 103
Ramsay, Matthew, 45, 188, 214², 236
Ramsay, Mills, 95, 247
Ramsay, Solomon, 222
Ramsay, William, 470, 489, 491
Ramsey, Allen, 189, 214, 235
Ramsey, Andrew, 214, 284
Ramsey, Ambrose, 45, 498, 500, 503, 593
Ramsey, Daniel, 199, 214, 215², 224
Ramsey, Henry, 306
Ramsey, Joel, 75, 194, 215², 248, 307, 618
Ramsey, James, 353
Ramsey, Jno., 159
Ramsey, Mills, 193, 292, 599
Ramsey, Robert, 215
Ramsey, Solomon, 291, 553
Ramsey, Wm., 89, 214, 356, 489, 490², 492, 493, 494
Ranaldson, Andrew, 222
Ranaldson, Archibald, 357
Rand, John, 183, 358, 499, 500
Rand, Wm., 215
Randall, Andrew, 241, 552
Randall, Andrews, 156
Randall, Benjamine, 358
Randall, Coty, 241
Randall, John, 275
Randall, William, 552
Randolph, Jethro, 222, 554
Randolph, Nehemiah, 214
Randolph, Rich'r, 215
Randolph, Tiby, 357
Randolph, William, 552
Randsome, Isaac, 214
Raney, James, 618, 598
Raney, Peter, 619
Rankin, Robert, 222
Rankin, William, 442, 484, 583
Ransol, John, 597
Rape, Francis, 275
Rape, John, F., 157
Rape, Peter, 358
Raper, Caleb, 63, 310
Raper, James, 18
Raper, Jno., 63, 307
Raper, Rob't, 63, 307, 584
Rarke, Pekel, 222
Rarks, Tekel, 198
Rasberry, Ebenezer, 554
Rasber, Hardy, 159
Rasko, Tekel, 230
Rasko, Tettle, 95
Ratcleft, James, 215
Ratley, Benjamin, 18, 158
Ratliff, James, 215
Rawlens, James, 343
Ravell, Nath'l, 157
Rawel, Jesse, 598
Rawls, James, 552
Rawlston, Robert, 601
Raws, Lawrence, 157
Rawson, Daniel, 18, 159

Ray, Archibald, 18, 159, 268, 294
Ray, Benj'n, 90, 195, 223, 230, 259, 263, 620
Ray, Dan'l, 157, 288, 555
Ray, Duncan, 363
Ray, Elizabeth, 247
Ray, Francis, 584
Ray, Hudson, 553
Ray, Isaac, 363
Ray, James, 296, 363
Ray, Jesse, 584
Ray, John, 363
Ray, Sam'l, 621
Ray, Stephen, 95, 247, 552, 599
Ray, Thomas, 363, 616
Ray, William, 450, 584
Rayburn, Geo., 75
Rayfield, Spencer, 265
Rayford, John, 214
Rayford, Maurice, 259
Rayma, John, 18
Rayman, Daniel, 362
Raymond, Dan'l, 158
Raymore, Daniel, 277
Rayner, Amos, 584
Raynor, Amos, 285
Rayny, William, 593
Razor, Christopher, 18, 157
Razor, Jno., 156
Rea, David, 445, 584
Read, Benjamin, 18
Read, Duncan, 626
Read, Jacob, 196
Read, James, 45, 180, 219², 224, 237, 604, 613
Read, Jesse, 45, 189, 219
Read, Samuel, 189
Read, William, 219, 554
Reade, James, 610
Readon, Thomas, 215
Reading, Jno., 160
Reads, William, 271
Ready, Hezekiah, 292
Reagon, Thomas, 214
Really, Abraham, 273
Reams, Joshua, 552
Reams, William, 18, 159
Reanolds, Ephraim, 230
Rearding, Jereh, 75
Reardon, Dodley, 156
Reardon, Dudley, 193, 214, 247, 605
Reardon, Elizabeth, 247
Reardon, James, 428, 584
Reardon, Jeremiah, 248, 553
Reardon, Nancey, 247
Reason, John, 215, 230, 357
Reason, Thomas, 254, 343
Reason, William, 238, 357², 611
Reasoner, John, 18, 158, 224
Reasons, Thos., 156, 552, 605
Reasons, Wm., 83, 157, 179
Reather, Conrad, 357
Reaves, Benjamin, 255, 277
Reaves, David, 287
Reaves, Frederick, 18
Reaves, George, 600
Reaves, Hardy, 214
Reaves, John, 268, 457
Reaves, Nehemiah, 272
Reaves, William, 290
Reaves, Zachariah, 583
Reavis, John, 584
Recford, Morris, 83
Recktor, Benjamin, 438
Rector, Benjamin, 583
Rector, Lewis, 584
Red, John, 222
Red, Wm., 158, 208, 357, 555
Redd, William, 222, 584
Reddick, Abraham, 18, 158, 205, 552, 554

INDEX 689

Reddick, Constantine, 222
Reddick, Isaac, 261, 292, 358, 551, 619
Reddick, John, 45, 222, 621
Reddick, Joseph, 261
Reddick, Josiah, 498, 499
Reddick, Thos., 222, 291, 553
Reddick, Peter, 222, 278, 553
Reddie, John, 602
Reddin, John, 247, 552
Reddin, Thomas, 207, 554
Redding, John, 584
Reddit, Constant, 157
Reddit, Constantine, 554
Reddit, Samuel, 304
Redfern, James, 418
Redford, John, 215
Redicks, Isaac, 156
Redings, B., 358
Redit, William, 555
Redley, Berriman, 272
Redley, Hardy, 157, 197
Redley, William, 215
Redman, Howell, 215, 553
Redner, Geo., 95
Redpith, John, 45, 75
Redy, Jacob, 277
Reece, John, 189
Reed, Alex, 358
Reed, Andrew, 219², 596
Reed, Benj., 158, 184, 235, 484
Reed, Dempsey, 180
Reed, Fred'k, 157, 209, 553
Reed, George, 45, 219
Reed, Hugh, 219
Reed, Jas., 56, 256, 257, 219², 448, 620
Reed, Jesse, 18⁴, 239, 607, 620
Reed, Joseph, 95, 292, 484
Reed, John, 484
Reed, Moses, 156, 604
Reed, Robb, 219
Reed, Samuel, 45, 157, 219, 422, 484, 583
Reed, Saul, 602
Reed, Stephen, 278
Reed, Thomas, 219, 484
Reed, Watson, 311
Reed, William, 18, 75, 308, 449, 484, 593
Reel, James, 276
Reel, John, 552
Reel, Joshua, 18, 159
Reeks, Wm., 158
Reep, Adam, 442, 484, 584
Reep, Michael, 484
Reep, Mitchell, 441
Rees, Joel, 215
Rees, Jno., 159, 257
Rees, Roger, 160
Reese, Charles, 357
Reese, David, 484, 496, 497
Reese, George, 45
Reese, James, 484
Reese, John, 237
Reese, Roger, 237
Reeves, Amariah, 593
Reeves, Asher, 486
Reeves, Benjamin, 552
Reeves, David, 407, 555
Reeves, Frederick, 245, 407, 553, 555
Reeves, Jese, 157, 552
Reeves, John, 208, 407², 555, 584
Reeves, John D., 462, 584
Reeves, Nathaniel, 407
Reeves, Robert, 407², 432, 584
Reeves, Sam'l, 75, 552
Reeves, William, 484
Reff, Chas., 63
Reford, John, 357

Regan, Charles, 442, 484, 584, 600
Regan, John, 343
Regan, Richard, 214
Regans, John, 259
Regans, Mary, 259
Regbey, Ezekeel, 285
Reggen, Peter, 601
Reggs, George, 553
Register, Benjamin, 215
Register, John, 357, 358, 459, 584²
Register, John, Jr., 459
Register, Silus, 214
Register, William, 353
Reid, Alvin, 219
Reid, Jacob, 197, 219, 230²
Reid, James, 230
Reid, Jese, 82
Reid, Samuel, 601
Reid, Thomas, 420, 583
Reinbort, Christian, 222
Reives, Nat, 358
Remer, Henry, 214
Remes, Joshua, 157
Remfeldt, Henry, 484
Ren, Sonthy, 358
Renalds, Amos, 222
Renard, Alex'r, 601
Renn, Aaren, 278
Renn, Aaron, 553
Renn, Aron, 222
Renn, Jesse, 278
Renney, Peter, 103
Renton, John, 222², 555
Repass, Thomas, Jr., 498
Respass, Thomas, 614
Respers, John, 45
Respess, Thomas, 499
Retley, Micajah, 18
Reuben, Yerberry, 609
Revell, Lazarus, 158, 553
Revell, Michael, 584
Revell, Mitchell, 465
Revenback, Frederick, 584
Reverr, John, 277
Reves, Fred'k, 158
Revill, Elijah, 287
Revill, John, 271
Revills, John, 553
Revin, Thomas, 625
Revons, Benjamin, 552
Rew, Solomon, 590
Reyley, John, 284
Reymond, Daniel, 252
Reynolds, Elisha, 45, 467, 484, 486, 584²
Reynolds, Ephraim, 196, 214, 222, 224, 553
Reynolds, George, 191, 214, 240, 625²
Reynolds, James, 157, 214
Reynolds, Jeremiah, 554
Reynolds, John, 308
Reynolds, Joseph, 620
Reynolds, Robt., 214
Reynolds, William, 18, 159, 215, 254
Reynord, Launey, 230
Reynord, Lawney, 215, 222
Reynord, Lowney, 197
Rhea, Joseph, 18
Rheims, Peter, 552
Rhein, Peter, 99
Rhem, Peter, 214, 243, 605
Rhinehart, Jacob, 159
Rhoades, Henry, 298
Rhoades, William, 601
Rhoads, Isaac, 612
Rhoads, William, 298
Rhodes, Aquilla, 596
Rhodes, Chas., 82, 602
Rhodes, Cornelius, 451, 584

Rhodes, Daniel, 357, 554, 625
Rhodes, Elisha, 616²
Rhodes, Henry, 99, 499, 500, 503, 614
Rhodes, Hezekiah, 462, 584
Rhodes, Isaac, 82, 248, 552
Rhodes, J., 215
Rhodes, Jacob, 302
Rhodes, Jas., Thos., 186
Rhodes, John, 464, 584, 596
Rhodes, Joseph, 45, 158
Rhodes, Joseph, T., 18
Rhodes, Joseph Thomas, 18⁴, 245
Rhodes, Nathan, 18, 158, 553, 584
Rhodes, Wm., 99, 157, 222, 596
Rhone, John, 274
Ribber, Daniel, 18
Rice, Benj., 157
Rice, Daniel, 238, 358, 552
Rice, Ephraim, 214
Rice, Geni, 222
Rice, Hezekiah, 45, 103, 357, 501, 552
Rice, Jacob, 447
Rice, Jeptha, 45, 156, 183, 193
Rice, John, 45, 56, 215, 452, 552, 584, 595, 604
Rice, Joshua, 214
Rice, Roger, 187
Rice, Timothy, 156
Rice, Thomas, 56, 214, 552
Rice, William H., 455, 583
Rice, Zeri, 201, 553
Ricely, Jeptha, 103
Ricey, Thomas, 214
Rich, Isaac, 358
Rich, James, 273
Rich, Joseph, 215
Rich, Lot, 459, 584
Rich, Sot, 358
Rich, Timothy, 197, 214, 230, 292, 358, 598
Richard, James, 605
Richard, John, 430, 584
Richard, Sam'l, 222
Richard, Chas., 75²
Richards, Curtis, 18, 158
Richards, David, 222
Richards, George, 56, 187, 598
Richards, Hardy, 357
Richards, Henry, 283, 554
Richards, Jacob, 89, 190, 237, 358
Richards, James, 103, 270, 553
Richards, Jesse, 273
Richards, John, 273
Richards, Jonathan, 156, 205, 222, 241, 357, 554
Richards, Jos., 69
Richards, Lewis, 158, 160
Richards, Levy, 159
Richards, Morris, 215, 462, 553, 584, 593
Richards, Nicholas, 18, 159, 343, 357
Richards, William, 63, 605
Richardson, Amos, 355
Richardson, Andrew, 18, 159,², 353
Richardson, Benjamine, 353
Richardson, David, 353, 583
Richardson, Daniel, 622
Richardson, Ellis, 18, 158
Richardson, James, 157, 181, 284, 290, 503
Richardson, Jesse, 185
Richardson, John, 18, 45, 63, 156, 184, 222, 240, 353, 552, 554, 593, 612
Richardson, Joseph, 45, 552, 592
Richardson, Lewis, 157

INDEX

Richardson, Moses, 296
Richardson, Nathaniel, 498, 500
Richardson, Richard, 18, 158
Richardson, Thomas, 353, 552², 553, 621
Richardson, William, 18, 159, 187, 242, 355
Riche, Joseph, 215
Riche, Steph, 214
Richey, John, 215
Richey, Thomas, 311
Richey, William, 214
Richmond, Jno., 157
Ricly, Samuel, 299
Ricly, Thomas, 299
Rickerson, James, 555
Rickerson, Jese, 82, 609
Rickeson, Jesse, 272
Ricketts, Reason, 215
Ricketts, William, 418, 584
Rickets, Reason, 103, 554
Rickets, Thos., 103, 555
Rickitts, Thomas, 209
Rickmon, Jesse, 215
Rickmon, Mark, 623
Ricks, Benjamin, 18, 158, 183²
Ricks, Edmund, 353, 452, 584
Ricks, Joseph, 214
Ricks, Lewis, 287
Rickson, Jesse, 552
Rictor, Lewis, 18
Riddick, Jonas, 554
Riddle, James, 18, 158, 552
Riddle, John, 461, 584
Riden, Jesse, 622
Ridgeway, Jno., 63, 214, 554
Ridgeway, Joseph, 157
Ridgway, John, 608
Ridley, Dan, 498
Ridley, Day, 500
Ridley, Hardy, 230
Ridley, William, 45, 69, 197, 222, 230, 343, 554
Riel, Jno., 158
Riely, Ezekiel, 267
Rigan, John, 214
Rigan, Rich'd, 222
Rigby, John, 214, 431
Riggan, Powell, 355
Riggan, Francis, 465, 584
Riggan, Peter, 357, 358
Riggan, William, 436
Riggan, William P., 584
Riggans, Powell, 75, 618
Riggs, William, 18, 158, 180, 215
Riggin, Jno., 89
Riggins, James, 18, 159
Riggins, Joel, 553, 584
Riggins, John, 598
Riggins, Powell, 158, 222, 237, 555²
Riggs, Absalom, 222, 555
Riggs, Bethiel, 486
Riggs, Charles, 429
Riggs, George, 214
Riggs, James, 583
Riggs, John, 214, 215, 449, 462, 584²
Riggs, Shad, 214
Riggs, She———, 215
Right, Andrew, 554
Right, Charles, 215
Right, John, 553
Right, Levi, 203, 606
Right, Levy, 156
Right, Thomas, 249
Righton, Joseph, 625
Rigins, Joel, 279
Rigkins, John, 214, 552
Rigleston, Isaah, 291
Rigsby, James, 18, 159, **464**, 552, 583

Rigsby, Jesse, **449**
Rigsby, John, 584
Rigsby, Frederick, 75, 248, 583
Rilert, Noel, 254
Riles, William, 18, 158, 224
Riley, Edmund, 18
Riley, John, 268
Riley, William, 18², 159, 190, 435, 584
Rinefield, Henry, 75
Rinehart, Jacob, 18
Rinehart, Joshua, 295
Ring, Jas., 63
Ring, James, Sen., 63
Ring, Moody, 182
Ring, Thomas, 461, 584
Ring, William, 278
Ripley, Edward, 583
Rippy, Edward, 583
Risby, Zaddock, 292
Risceing, David, 159
Rishell, David, 187
Rising, David, 18
Rish, Wm., 157
Riskey, David, 605, 613
Rison, David, 268
Ritter, John, 214
Ritter, Joseph, 554
Rittey, Micajah, 159
Ritto, Josiah, 157
Ritto, Peter, 157
Rivenbark, Frederick, 431
Rivenbark, Simon, 355
Rivers, Benjamin, 18³, 159, 251
Rivers, John, 217, 624
Rives, Foster, 289
Rix, William, 18, 214, 553
Ro, James, 490, 493
Roach, Charles, 206, 554
Roach, David, 214
Roach, James, 358, 583
Roach, John, 214, 343
Roach, Solomon, 215
Roach, William, 358
Roachel, Jacob, 358
Roan, Thomas, 424, 584
Roaper, George, 214, 554
Roaper, John, 214
Roaper, Robert, 192, 214
Roark, James, 214, 555
Roark, Jas., 56
Roark, Nich's, 157, 159
Roback, Wm., 56
Robards, Ishmael, 230
Robb, Wm., 90, 236, 552
Robbins, John, 292
Robbs, William, 358
Robel, Peter, 355
Roberds, Thomas, 602
Roberson, Benjamin, 186
Roberson, Elijah, 250
Roberson, Higdon, 623
Roberson, John, 18, 256
Roberson, Mark, 158
Roberson, Peter, 617
Roberson, Thomas, Jr., 500, 503
Roberson, Upshaw, 187
Robert, Brittain, 584
Robert, John, 82
Robert, William, 431
Roberto, Peter, 205
Roberts, Aaron, 583
Roberts, Binchen, 361
Roberts, Briton, 361
Roberts, Britton, 439
Roberts, Elizabeth, 570³
Roberts, Elijah, 299
Roberts, George, 583
Roberts, Hardy, 283
Roberts, Henry, 361
Roberts, Isaac, 158
Roberts, Ishmael, 156, 194, 259, 360

Roberts, James, 157, 203, 264, 553, 554, 583, 611
Roberts, Jessie, 361
Roberts, John, 45, 56, 290, 306, 420, 554, 584
Roberts, Joseph, 300
Roberts, Joshua, 289, 442, 584
Roberts, Kinchen, 552
Roberts, Kitchin, 69, 259
Roberts, Martin, 583
Roberts, Moses, 18, 158², 552
Roberts, Peter, 554
Roberts, Reuben, 90
Roberts, Reubin, 553
Roberts, Richard, 18⁴, 63, 156, 159, 188, 252, 361, 611
Roberts, Rowl'd, 361
Roberts, Ruben, 361
Roberts, Rubin, 262
Roberts, Sampson, 283, 554
Roberts, Samson, 361
Roberts, Samuel, 56, 599
Roberts, Shadrach, 554
Roberts, Shadrick, 360
Roberts, Thos., 82, 157², 552, 622
Roberts, Vincent, 103, 361, 553
Roberts, Vinson, 264
Roberts, William, 18, 56, 159², 361, 425², 555, 584, 619
Robertson, Benj'n, 83, 407
Robertson, Charles, 45
Robertson, Cornelius, 223
Robertson, David, 407²
Robertson, Edw'd, 90, 209, 407, 555
Robertson, Gardiner, 278
Robertson, Hardy, 204, 554
Robertson, Henry, 95, 407
Robertson, Hooker, 303
Robertson, Isaac, 289
Robertson, Jacob, 83
Robertson, James, 158, 270, 407
Robertson, Jese, 90
Robertson, John, 18, 56, 159², 270, 407²
Robertson, Joseph, 300
Robertson, Mack, 407
Robertson, Mark, 18, 205, 554
Robertson, Moses, 407
Robertson, Noah, 407
Robertson, Peter, 215, 407
Robertson, Randel, 195
Robertson, Randol, 407
Robertson, Richard, 407
Robertson, Robert, 601
Robertson, Servie, 278
Robertson, Thomas, 18, 158, 160, 183
Robertson, Upsher, 18, 159
Robertson, William, 407, 484
Robeson, Benjamin, 215
Robeson, Benjamine, 354
Robeson, Charles, 614
Robeson, Cornelius, 195, 214, 215
Robeson, Daniel, 584
Robeson, David, 215
Robeson, Edward, 309, 357
Robeson, Hardy, 275
Robeson, James, 442, 584
Robeson, John, 18
Robeson, Mark, 158
Robeson, Noah, 197
Robeson, Peter, 215
Robeson, Philip, 214
Robeson, Thomas, 249
Robeson, Wm., 156
Roberts, Jas., 156
Robido, Peter, 159
Robinet, Zabulon, 489, 491
Robinet, Zebulon, 490, 493, 494

INDEX

Robinett, Zebulon, 490
Robinsa, David, 222
Robins, George, 215
Robins, James, 95, 187, 280, 553
Robins, Jesse, 268
Robins, John, 95, 159
Robins, William, 553
Robinson, Bartram, 357
Robinson, Cornelius, 230, 303
Robinson, David, 353, 552
Robinson, Edward, 306, 598
Robinson, George, 353, 357
Robinson, Hamblen, 603
Robinson, Haml'n, 627
Robinson, Hardy, 157
Robinson, Henry, 269, 553
Robinson, Hugh, 75, 214
Robinson, Jacob, 75, 243, 355, 552
Robinson, James, 214, 222
Robinson, Jesse, 214, 250, 553
Robinson, Joel, 262, 552
Robinson, Jno., 157, 159, 246, 250, 353
Robinson, Joseph, 214, 353, 552, 625
Robinson, Lambert, 583
Robinson, Mark, 18
Robinson, Patrick, 263
Robinson, Reubin, 553
Robinson, Robt., 215, 445, 468, 584
Robinson, Reuben, 69
Robinson, Septimus, 45, 604
Robinson, Solomon, 554
Robinson, Thomas, 484, 498, 552[2]
Robinson, William, 420, 484[2], 584, 610
Robinson, Willoughby, 18, 158
Robison, Benjamin, 258
Robison, Henry, 215
Robison, James, 215
Robison, Jesse, 246
Robison, John, 158, 215[2], 626
Robison, Moses, 222
Robison, Noah, 157, 230
Robison, Randal, 230
Robison, Rob't., 215
Robison, Samuel, 353
Robison, Thos., 353
Robison, William, 222
Robsen, Joseph, 348
Robson, ——, 214
Robson, Jam's, 215
Robston, Lieut, 215
Robuck, Raleigh, 443
Rochal, Jacob, 248
Roche, Moses, 292
Rochee, Amos, 18
Rochel, Amos, 159
Rochel, John, 45, 103
Rochel, Lodowick, 46
Rochel, Louise, 103
Rochel, Aaron, 18
Rochell, George, 159, 208, 555
Rochell, Isaac, 193
Rochell, Isaiah, 248
Rochell, John, 181
Rochell, Lovick, 553
Rochelle, Jacob, 406
Rochester, Nathaniel, 46, 500, 503
Rochester, Nicholas, 554
Rochester, Nich's, 89
Rochester, Wm., 89, 158, 268
Rock, Jack, 157
Rocket, John, 583
Rockwell, George, 215
Rockwell, Lovick, 222
Roddy, James, 484
Rodes, Joseph, Thomas, 214
Rodes, Lewis, 292

Rodes, Wm. Thomas, 214
Rodgers, Arthur, 56, 215
Rodgers, Daniel, 449, 584
Rodgers, Hugh, 584
Rodgers, Michael, 499
Rodgers, William, 298
Rodwell, Elijah, 358
Roe, Charles, 425, 583
Roe, James, 358
Roe, Jesse, 158, 159
Roe, Jessee, 18
Roe, L., 358
Roe, Lemuel, 95
Roe, Mathew, 435, 584
Roe, Sam'l, 63
Roe, Sutton, 623
Roebuck, Raleigh, 584
Roger, Daniel, 18
Roger, Stephen, 299
Rogers, Thos., 401
Rogers, Absolam, 278
Rogers, Anthony, 554
Rogers, Arthur, 266, 554, 619
Rogers, Benj., 401
Rogers, Bias, 425, 584
Rogers, Dan'l, 159, 275
Rogers, David, 159, 555
Rogers, Dant, 401
Rogers, Dunson, 158
Rogers, Dunston, 18
Rogers, Eli, 83, 204, 401, 553, 554, 610
Rogers, Elisha, 265
Rogers, Ephraim, 243, 401, 552
Rogers, Hugh, 401, 445
Rogers, Humphrey, 469
Rogers, Jacob, 215
Rogers, James, 18, 158, 205, 292, 401[2], 554
Rogers, Jesse, 278, 401, 553
Rogers, Joseph, 401[2]
Rogers, John, 156, 401, 619
Rogers, John, Jr., 46
Rogers, Joshua, 257
Rogers, Larkin, 204, 554
Rogers, Michael, 265, 300, 500, 553, 614
Rogers, Patrick, 46, 56, 197, 215, 230, 296, 401, 595, 604[2]
Rogers, Parker, 18[2], 158[2], 159
Rogers, Randall, 584
Rogers, Silverter, 157
Rogers, Stephen, 156, 308, 401[2], 553, 609
Rogers, Thomas, 401, 457, 584
Rogers, Willoughby, 159, 193, 215, 223, 230, 401
Rogers, William, 18[2], 159[3], 554, 555
Rogerson, John, 189, 304
Rogerson, Willoughby, 280
Rogester, Nicholas, 263
Roke, Elisha, 554
Rolain, Mathas, 215
Rolan, James, 298
Rolan, Samuel, 298
Roland, Godfrey, 156
Roland, John, 230
Roland, Mether'on, 357
Roland, Methusala, 215
Rolany, Daniel, 18
Rollen, Henry, 267
Rollen, James, 267
Rollen, William, 236
Rollings, Robert, 358
Rollins, Rice, 624
Rollins, Robt., 99
Rollins, William, 553
Rollon, William, 222
Rolls, James, 18
Rolston, James, 357

Rolston, Isaac, 46, 201, 215, 253, 594
Rolston, Robert, 46, 56, 222, 253, 501, 604
Roman, Daniel, 215
Roman, Thomas, 18, 159
Ron, John, 357
Ronaldson, Ardil, 214
Ronniefer, John, 554
Rook, David, 510
Rooks, Buckner, 554, 600
Rooks, Dempsey, 193
Rooks, Hardiman, 157
Rooks, Henry, 343
Rooks, Jesse, 214
Rooks, Joseph, 357
Rooks, Samuel, 553
Roomer, Cornelius, 215, 357, 555
Rooper, James, 608
Roor, John, 207
Rop, John, 355
Roper, Caleb, 310
Roper, George, 18, 158, 207
Roper, James, 448, 69, 159, 183, 187, 279, 448, 584
Roper, John, 192
Roper, Nathaniel, 552
Roper, Richard, 272
Rose, Andrew, 553
Rose, David, 267
Rose, John, 89, 95, 462, 584
Rose, Philip, 455
Rose, Phillip, 584
Rose, Richard, 280
Rose,, Samuel, 302, 443, 584
Rose, Solomon, 343
Rose, Sterling, 467, 584
Rose, Wm., 75, 185, 297, 620
Rosean, Simon, 303
Rosen, John, 584
Roser, David, 159
Roser, Jno., 159
Rosfield, Spencer, 623
Rosair, Robert, 214
Rosias, Rubin, 215
Rosier, Charles, 222, 554
Rosier, Jordan, 554
Rosier, Rhuben, 214
Roske, Pekel, 215
Roson, Daniel, 185, 214
Roson, John, 597
Ross, Abel, 217
Ross, Abram, 257
Ross, Benj., 159
Ross, Chas., 157
Ross, David, 427, 584
Ross, Francis, 46, 214, 257, 552
Ross, Hugh, 222
Ross, Isaac, 214
Ross, James, 18, 159, 418, 552, 583
Ross, Jno., 75, 214, 215, 263, 275, 306, 484, 553[2], 618
Ross, Joseph, 358
Ross, Nathaniel, 603, 627
Ross, Robert, 357, 358
Ross, Samuel, 215[2], 294[2], 554
Ross, Thos., 157, 464, 584
Ross, Wm., 214[2], 222, 353, 490, 492
Ross, Williamson, 446, 584
Rossen, John, 425
Rosser, Joshua, 498, 500
Rothnell, William, 194[2]
Rothwell, David, 222[2], 230, 238
Rothwell, William, 214, 222, 238
Rotley, Jno., 69
Rough, Peter, 75
Rouledge, William, 46
Roundtree, Archer, 299

INDEX

Roundtree, Jesse, 18, 159
Roundtree, Obadiah, 343
Roundtree, Reubin, 240
Rountree, Reuben, 46, 191, 214
Rounsavall, John, 584
Rounsavill, John, 438
Rounsever, John, 207
Rouick, Marvin, 215
Rouse, Absolem, 357
Rouse, Jessie, 347
Routledge, Nicholas, 214
Routledge, Sarah, 236
Routledge, Thomas, 503
Routledge, Wm., 75, 214, 236
Row, George, 243
Row, James, 246
Row, Jesse, 243
Rowan, Andrew, 602
Rowan, Jesse, 617
Rowan, John, 46
Rowan, Robert, 46, 499, 500, 501, 603, 614, 615, 616
Rowan, Samuel, 215
Rowark, Elisha, 425, 584
Rowe, Chas., 157, 552
Rowe, Demsey, 282
Rowe, Geo., 99, 191
Rowe, James, 215, 553, 626
Rowe, Jese, 99
Rowe, Jessee, 18, 281, 357
Rowe, John, 553
Rowe, Lemuel, 204, 214
Rowe, Samuel, 190, 598, 608
Rowe, Thomas, 358
Rowel, Andrew, 553
Rowel, Isaac, 602[a]
Rowel, Jesse, 554
Rowel, Samuel, 553
Rowel, And'w., 157, 202, 203, 269, 554
Rowell, Howell, 199, 214, 215, 230, 294
Rowell, Isaac, 157, 186, 214, 623
Rowell, Jesse, 56, 214
Rowl, William, 214
Rowland, Benj., 222, 554
Rowland, Fred'k., 157
Rowland, Godfrey, 200, 214, 230
Rowland, James, 215, 257, 552
Rowland, Jno., 158, 194, 215[2], 222, 223
Rowland, Robert, 552
Rowland, Sam'l., 214, 357, 553
Rowland, Thomas, 358
Rowland, William, 18, 103, 159, 180, 552
Rowlang, Dan'l., 159
Rown, Henry, 159
Rows, John, 263
Rowse, ——, 214
Rowse, Simon, 214
Rowson, Daniel, 555
Royal, Hugh, 358
Royal, Jas., 63, 206, 215, 242
Royal, Joseph, 255
Royal, Wm., 63
Royall, James, 554
Royals, Joseph, 56
Rozer, Chas., 56, 619
Rozer, Jorden, 56, 598
Rozier, Charles, 206
Rozier, Daniel, 18
Rozier, David, 18
Rozier, John, 18
Rozier, Jordan, 214
Rudd, John, 584
Rudpath, John, 183
Rudpeth, Elizabeth, 235
Rudpeth, John, 235
Rue, Chas., 82, 297
Rue, Leonard, 357

Ruff, Daniel, 214
Ruff, Henry, 554
Ruff, Robt., 157, 201, 230, 357
Rule, Jas., 90
Runnals, Joseph, 56, 193, 215
Runnals, Mark, 355
Runnals, William, 355
Runnels, Dredge, 358
Runnels, Ephraim, 18
Runnels, Ephriam, 217
Runnels, Eph'm., 159
Runnels, Shadrack, 215
Runnels, William, 358
Runnels, James, 190
Runner, Corns, 63
Runnery, Anderson, 205, 222, 554
Runnion, Joseph, 214
Runnols, Joseph, 230
Ruth, Edward, 305
Ruther, Aaron, 215
Ruther, Aron, 553
Rutherford, Griffith, 46, 495, 503
Rutherford, Henry, 215
Rutherford, Jas., 596
Rutherford, John, 46, 188, 343, 596
Rutherford, Robert, 498, 500
Rutherford, Thomas, 18, 159, 305, 498, 500, 503
Ruthledge, James, 355, 487
Rutland, Randolph, 18, 158, 181
Rutland, Reden, 182
Rutland, Reding, 18, 158
Rutledge, George, 486[a]
Rutledge, John, 215
Rutledge, Samuel, 553
Rutledge, Tom, 486
Rutledge, William, 184, 486[2]
Rutler, Joseph, 249
Rutler, Thomas, 249
Rutor, Lewis, 159
Rutter, Joseph, 156
Ruse, James, 214
Rusdwas, George, 215
Rush, Absolom, 158
Rush, John, 600
Rush, William, 289
Rusher, Jacob, 222, 554
Rushworm, William, 46, 69
Rushworms, Wm., 592
Russ, Charles, 555
Russ, Elecazer, 215
Russ, Epaphros, 18
Russ, James, 214
Russ, Jno., 158, 193, 215, 223, 230, 357
Russ, Joseph, 214, 419, 584
Russ, Thomas, 357
Russ, William, 215[2]
Russel, M., 215
Russel, John, 214
Russel, Robert, 357
Russel, Andrew, 222, 291, 552
Russel, George, 46, 214
Russel, James, 157, 181, 214, 250
Russel, Jno., 83, 90, 203, 269, 554
Russell, Major, 83, 611
Russell, Mala, 214
Russell, Malachi, 245, 552, 626
Russell, Nicholas, 311
Russell, Richard, 418, 584
Russell, Uriah, 279
Russell, Urias, 158
Russell, Wm., 157[2], 357, 503, 553, 614
Rust, Robert, 215
Ruster, David, 554
Rusters, David, 286
Ryal, David, 214

Ryal, William, 18, 19[2], 252, 310
Ryal, Young, 358
Ryall, Wm., 159
Ryals, Joseph, 307
Ryan, Cornelius, 19[3], 158, 159, 192, 214, 215, 240, 357
Ryan, David, 555
Ryan, Hercules, 75
Ryan, James, 498
Ryan, Patrick, 75, 180, 239, 343
Ryan, Peter, 459, 584
Ryan, Thos., 82, 158, 215, 554
Ryan, Wm., 157, 435, 584
Ryerson, Stephen, 461, 583
Ryles, David, 157
Ryles, William, 198, 215, 230, 358
Ryley, John, 214
Ryon, Cornelius, 252
Ryon, John, 189
Ryon, Patrick, 19

Sabury, Augustine, 556
Sage, Edward, 582
Sailor, George, 19, 164
Saleswhite, Thomas, 600
Sailsbury, Benj., 621
Salkens, Nauts, 600
Sallenger, Absalom, 198, 231
Salls, Burwell, 559
Sally, John, 621
Salmon, Vincent, 19[3], 164, 185, 237, 554
Salomon, Lazarus, 164
Salter, James, 46
Salter, John, 96, 271
Salter, Robert, 46, 499, 500, 503, 614
Salter, William, 498, 500
Salyers, Martin, 163
Samford, Joseph, 557
Sammson, George, 217
Samples, Wm., 160
Sampson, David, 302
Sampson, Isaac, 19, 164, 200, 231, 584
Sampson, Jacob, 302
Samuel, Andrew, 585
Sanford, Sam'l., 591
Sandelin, Jermiah, 188
Sanderlin, Isaac, 160, 203, 282, 310, 558
Sanderlin, Jno., 64
Sanderlin, Josiah, 19, 164
Sanderlin, Levi, 203, 295, 558
Sanderlin, Levy, 64
Sanderlin, Robert, 19, 166
Sanders, Andrew, 64, 259, 400, 559
Sanders, Applewhite, 558
Sanders, Benj., 162, 195, 230, 399
Sanders, Caleb, 558
Sanders, Charles, 399, 400
Sanders, Duss, 83
Sanders, Henry, 19, 166
Sanders, Isaac, 96
Sanders, James, 83, 198, 262, 399
Sanders, Jesse, 399
Sanders, Jesse, 161, 264, 557
Sanders, John, 268, 289, 399, 556, 558
Sanders, Joseph, 95, 162, 200, 399[2]
Sanders, Peter, 296
Sanders, Philip, 430, 585
Sanders, Richard, 46, 296
Sanders, Robert, 19, 163, 399
Sanders, Robert Jr., 556

INDEX

693

Sanders, Robert Sr., 556
Sanders, Samuel, 19, 166
Sanders, Thos., 165
Sanders, William, 19⁴, 64, 234, 399, 400, 432, 559, 585
Sanderson, Caleb, 160
Sanderson, Cullen, 558
Sanderson, Joseph, 400, 616
Sanderson, Thomas, 621
Sandiford, Amos, 165
Sandiford, Robt., 162
Sandiford, Samuel, 585
Sandin, John, 560
Sands, William, 461, 586
Sante, Cesar, 251
Santee, Caesar, 613
Santee, Michael, 19, 164, 189
Santee, Sesar, 607
Santy, Caesar, 69
Sapp, Joseph, 468
Sargent, James, 487
Sarlf, Samuel, 560
Sasater, Abner, 425, 585
Sassen, Abel, 440
Sasser, Benjamin, 427, 585
Saterthwait, William, 590
Saul, Bartholomen, 560
Saulberry, Benj'm. 231
Saules, Ceaser, 185
Saunderlin, Thomas, 280
Saunders, Andrew, 611
Saunders, Calburn, 560
Saunders, Caleb, 204
Saunders, Charles, 188
Saunders, Isaac, 292
Saunders, Jacob, 311
Saunders, James, 231, 607
Saunders, Jesse, 46
Saunders, Joseph, 231
Saunders, John, 19, 163
Saunders, Josh, 167
Saunders, Nathaniel, 437, 585
Saunders, Robert, 190
Saunders, Thomas, 19, 186
Saunders, William, 46, 90, 182, 258
Saunderson, Caleb, 204
Saunderson, William, 611
Savage, Arthur, 396
Savage, Elias, 289
Savage, Francis, 396
Savage, Henry, 396
Savage, Jacob, 396
Savage, Michael, 204
Savory, Jas., 162, 209, 281, 561
Savage, Joseph, 281
Savage, Lyas, 558
Savage, Mecaijah, 279
Savage, Micaja, 166
Savage, Mich'l., 69
Savage, Micajah, 19, 204, 396, 558, 621
Savage, Moses, 19, 165, 183
Savage, Rans'm., 161, 184, 235, 279, 396
Savage, Thomas, 19, 166
Sawthall, Henry, 586
Sawyer, Henry, 57
Sawyer, Howell, 192
Sawyer, Joseph, 19, 164, 194, 223, 230, 398, 457, 585
Sawyer, Levi, 46, 594
Sawyer, Levy, 64
Sawyer, Miller, 95, 190, 239, 297
Sawyer, Thos., 90, 250, 598, 621
Sawyer, William, 46, 64
Sawyer, Willis, 96, 205, 308, 398, 559
Saydon, Thomas, 253
Sayers, David, 208, 560

Sayle, William, 625
Saxton, Jas., 76
Saxton, Jerch, 57
Saxton, Wm., 161
Scabriel, Joshua, 182
Scaff, Joseph, 166
Scales, James, 455, 585
Scalf, James, 558
Scalf, Jno., 160, 189
Scalp, James, 293
Scandling, Mich'l, 103
Scandrelt, James, 609
Scandrett, Wm., 64
Scanthen, Wm., 90
Scanthing, Pat'k, 76
Scanting, Michael, 619
Scantling, Patrick, 618
Scarborough, James, 432, 585
Scarborough, Nathan, 19, 306
Scarborough, Nath'n, 167
Scarborough, Samuel, 19, 164, 181, 464, 585
Scarborough, Shad'k, 164
Scarbrough, Shadrack, 180
Scarborough, Shadrick, 19
Scarf, John, 244
Scarfe, John, 192
Scarlet, James, 19, 165, 196, 223, 231, 254
Scarlet, Thomas, 19, 165, 195, 216, 223, 230, 585
Scarlet, William, 19, 165
Scarlo, George, 216
Scarsey, Asiah, 164
Scathers, Moses, 257
Scews, Wm., 166
Schaw, Daniel, 216
Schaw, Duncan, 307
Schoolfield, Benj., 96
Schultz, Lewis, 161
Scipio, Hill, 164
Scoggins, Robert, 428, 585
Scollar, Isaac, 83, 194, 230
Scorborough, Stephen, 19
Scott, Ab'm, 167
Scott, Adam, 161, 607
Scott, Dannis, 19
Scott, Dennes, 187
Scott, Dennis, 19, 164, 166
Scott, Drewry, 167
Scott, Drury, 19
Scott, Emanuel, 19, 163, 180
Scott, Icham, 617
Scott, Isaac, 19, 166
Scott, Isham, 584
Scott, Israel, 161, 190, 230
Scott, Isam, 19, 190
Scott, Isom, 164
Scott, Isum, 179
Scott, James, 19², 64, 166, 623
Scott, Jno., 19, 185, 187, 268, 430, 439, 556, 585
Scott, Mich'l, 162, 197, 231
Scott, Nath'l, 162
Scott, Overstreet, 271, 558
Scott, Philip, 162
Scott, Sam'l, 163
Scott, Samuel, Sr., 484
Scott, Saul, 19, 198, 224, 231
Scott, Severn, 621
Scott, Sterling, 161, 195
Scott, Thomas, 19, 64, 167, 243, 484, 555, 611
Scott, Wm., 161², 162, 196, 231, 484, 556, 611
Scotton, Samuel, 625
Screw, Joseph, 165
Screws, Joseph, 19
Screws, William, 19
Scriggs, Rich'd, 166
Scrimshire, Jno., 166
Scriven, James, 556
Scroggs, Jeremaiah, 438, 586

Scroggs, John, 585
Scrogs, John, 439
Scruggs, Charles, N., 559
Scruggs, Charles, A., 206
Scrugs, Richard, 19
Scrum, Peter, 442, 586
Scudder, Abner, 19, 164
Scudder, Major, 603, 627
Scull, Alexander, 161, 200, 231, 353, 610
Scull, Jno., 56
Scull, John, G., 555
Scull, John Gambier, 46, 259, 604
Scull, Joseph, 291, 557
Scurlock, George, 556
Scurlock, James, 19⁵, 46, 161, 166, 179, 184, 188, 236, 557
Scurlock, Mial, 503
Scutchins, Meredy, 289
Scutchins, Merideth, 558
Scutchins, Samuel, 272, 558
Seaborn, Joseph, 612
Seaborn, William, 608
Seaborne, Joseph, 19
Seaburn, Joseph, 262, 396, 559
Seagraves, John, 19, 166
Seagraves, John, Jr., 556²
Seagraves, John, Sr., 556²
Seagraves, Stephen, 593
Seagreaves, Jacob, 197, 224
Seagreoves, John, 19
Seagrove, Jno., 90, 584
Seagroves, John, 556
Seagroves, Thos., 164
Seals, Francis, 306, 559
Seals, Jno., 95
Seamore, Thomas, 561
Seamore, William, 619
Seaner, Peter, 559
Searcey, Asa, 556
Searcey, Luke, 250
Searchwell, Joshua, 278
Searcy, John, 458, 585
Searles, Thos., 162²
Scarly, Christopher, 19
Sears, Arthur, 302
Sears, Asa, 184
Sears, Asia, 19
Sears, David, 162, 208
Sears, Jno., 160
Sears, Robert, 555
Searesy, Asa, 19, 600
Searsey, Bartlet, 600
Searsey, Luke, 600
Searsey, Oswell, 600
Searsey, Richard, 600
Searts, Robert, 555
Searts, Thomas, 555
Seat, James, 448, 585
Seavers, Abraham, 625
Seavron, John, 277
Seawatt, Adam, 561
Seawell, Benjamin, 46
Seayers, Robert, 19², 165
Sebaston, Stephen, 293
Sebriel, Joshua, 19
Sebril, Joshua, 164
Sebron, Joseph, 64
Seburrn, Joseph, 19
Seeberry, Alstone, 259
Seeberry, Mary, 259
Seeburn, Joseph, 165
Seemore, Adam, 621
Seener, Peter, 306
Seers, Asa, 163
Segare, James, 254
Segrones, Jacob, 10, 164, 231
Segrove, John, 245
Selenarvis, John, 188
Sell, Philip, 446, 585
Sellars, Daniel, 261
Sellars, John, 289

INDEX

Sellars, Jordon, 585
Sellars, Robert, 289
Sellers, Dan'l., 90, 598
Sellers, Henry, 75
Sellers, Isam, 350
Sellers, James, 556
Sellers, Jno., 165
Sellers, Jordon, 19
Sellinger, Absolem, 83
Sellis, Thomas, 19
Selves, David, 161
Semons, Ismeal, 591
Sendal, William, 560
Senter, James, 231
Senter, Luke, 623
Senter, Sam'l., 163, 623
Senter, William, 623
Sentez, Sam'l., 161
Serratt, Sam'l., 160
Serret, Samuel, 559
Serrett, Samuel, 205, 307, 353
Sersy, Luke, 167
Seskon, Thomas, 250
Sessams, Asel, 19
Sessoms, Solomon, 584
Sessions, Abel, 165
Sessions, Absalom, 396
Sessions, Jno., 64
Sessums, Abell, 309
Setgreaves, Jacob, 273
Setgreaves, John, 273
Sevier, Abraham, 484
Sevier, James, 484
Sevier, John, 46, 484
Sevier, Joseph, 484
Sevier, Robert, 46, 484
Sevier, Valentine, 46, 484
Sevills, Daniel, 203
Sewell, Christopher, 398
Sewell, Henry, 398
Sewell, James, 398
Sewell, Obediah, 561
Sewell, Samuel, 398
Sewell, Thomas, 398, 558
Sewell, Wm., 398
Sewells, Daniel, 64, 203
Sexton, James, 207, 399[2], 617
Sexton, James L., 560
Sexton, Jermiah, 557
Sexton, Jonathan, 558
Sexton, John, 585
Sexton, Samuel, 617
Sexton, William, 203, 250, 558, 610
Seyers, Robert, 19
Seymore, Edmund, 274
Seymore, Phelix, 83
Seymore, Sol., 76, 234, 618
Seymore, Wm., 103, 234
Seymour, Solomon, 193
Seymour, Thomas, 209
Seymour, William, 193
Shabshaw, Peter, 162
Shackler, Philip, 64, 180, 240
Shackly, Phillip, 610
Shadden, James, 556
Shaddock, Chas., 160, 199, 231, 216, 308
Shafford, Joel, 289
Shadford, Wm., 602
Shadforth, Whitaker, 206, 559
Shadforth, Whittier, 161
Shaffer, Henry, 284, 461, 585
Shank, Manus, 585
Shanks, Jas., 161, 278
Shankle, George, 446, 586
Shanon, James, 231
Shannon, James, 196
Shannon, Robert, 484
Shannon, William, 216, 556
Sharp, Adam, 455, 585
Sharp, Anthony, 46, 186, 234
Sharp, Anty, 103

Sharp, Benj'n., 90, 185, 234, 396
Sharp, John, 46
Sharp, Jonas, 285
Sharp, Joseph, 190
Sharp, Thomas, 420, 586
Sharp, William, 499
Sharpe, Anthony, 19[5], 46, 396
Sharpe, Benjamin, 19[2]
Sharpe, Charles, 396
Sharpe, Ezekiel, 396
Sharpe, James, 396, 622
Sharpe, John, 396[2]
Sharpe, Joseph, 46, 246, 396, 438, 622
Sharpe, Josiah, 586
Sharpe, William, 499
Sharpley, Jno., 161, 607
Shavers, Jno., 167
Shaw, Daniel, 19[4], 46, 90, 188, 269, 468
Shaw, Duncan, 19, 165
Shaw, Finely, 361, 560
Shaw, James, 361, 560, 623
Shaw, John, 300, 361, 622
Shaw, Joseph, 464, 586
Shaw, Robt., 76, 194, 230, 361
Shaw, Thomas, 361
Shaw, Michael, 584
Shaw, Neil, 361
Shaw, Zaccheus, 557
Shaw, Zacecheus, 361
Shaw, Zachus, 266
Sheaver, Frederick, 19
Shearin, Frederic, 465
Shearin, Frederick, 586
Shearley, Thomas, 186
Shebee, Miles M., 191
Sheets, David, 166
Sheffied, Wm., 165
Sheffield, William, 19
Sheborn, Wm., 162
Shelby, Moses, 46
Shelby, Solomon, 622
Shelby, Thomas, 216, 490, 492
Shelton, James, 19
Shelton, Jos., 163
Shenault, Benjamin, 585
Shepard, Abraham, 26, 47, 160, 498
Shepard, Bird, 166
Shepard, Jno., 64
Shepard, Wm., 75, 160, 164
Shepherd, John, 19[2]
Shepherd, Solomon, 500, 503
Shepherd, William, 19[2], 47, 614, 623
Shepherd, Willoughby, 19
Sheppard, Arington, 206
Sheppard, Arrington, 559
Sheppard, Abram, 303
Sheppard, Abraham, 192[2], 400, 500, 503
Sheppard, Benjamin, 400
Sheppard, Cyprian, 400
Sheppard, David, 400
Sheppard, George, 400
Sheppard, John, 57, 182, 251, 307, 400[2], 555, 560, 608
Sheppard, Sepean, 354
Sheppard, Solomon, 498
Sheppard, Valentine, 287, 440, 586
Sheppard, Valte, 166
Sheppard, William, 196, 303, 400, 555[2]
Sheppard, Willoughby, 167
Shepperd, William, 230
Sherly, Thos., 163
Shermantine, Hezekiah, 197, 231
Shermintine, Hezekiah, 606
Sherod, Benjamin, 19

Sherod, Jordan, 585
Sherod, Jordon, 447
Sherod, Robert, 273
Sherrard, Edw'd., 161
Sherrard, Jordon, 161
Sherrard, Rich'd., 162
Sherrill, Adam, 484
Sherrin, Jacob, 69
Sherrod, Benj., 163
Sherrod, Jordan, 557
Sherrod, Thomas, 615[a]
Sherron, John, 464, 585
Sherrord, Thomas, 282
Sherwood, Benjamin, 188
Sherwood, Edmund, 266
Sherwood, Jordon, 163
Sherwood, Thomas, 502
Sherwood, William, 300
Shevers, Jesse, 557
Shevers, William, 558
Shields, William, 57, 489, 490[2], 491, 493, 494
Shilkes, Lewes, 256
Shine, James, 555
Shinner, Thos., 161
Shinners, Evans, 164
Shipe, Philip, 585
Shipman, Asa, 161
Shipman, Jacob, 161
Shipman, James, 47, 419, 586
Shipman, Toney, 161
Shipp, Thomas, 584
Shippard, Bird, 19
Shippard, William, 190
Shirley, John, 484
Shirly, Thomas, 186
Shirpir, Moses, 350
Shirrod, Edward, 561
Shivers, Jese, 162
Shivers, Jas., 162
Shivers, William, 289
Shockley, Isaac, 83, 270
Shoecroft, Abram, 275
Shoemaker, Randal, 19, 585
Shoemaker, Randall, 559
Shoemaker, Randler, 164
Shoematstine, Hezekiah, 307
Shoementon, Hezk., 69
Sholders, James, 560
Sholt, Lewis, 559
Shook, Andrew, 436
Shook, Jacob, 436
Shooks, Andrew, 585
Shooks, Jacob, 585
Shores, David, 90, 198
Short, Abraham, 283, 558
Short, Chas., 162, 197, 224, 231
Short, David, 287, 558
Short, Hardy, 161
Short, Henry, 161, 196, 231, 363
Short, Isham, 287, 558
Short, William, 287, 558
Shoulder, Wm., 162
Shoulders, Wm., 167, 561
Showers, David, 231
Shrewsbury, Stephen, 625
Shrode, Adam, 19, 164
Shrup, Peter, 399
Shubatton, Joel, 558
Shuffield, Abner, 559
Shuffield, Ephraim, 216
Shultz, Lewis, 205
Shumaker, Josiah, 597
Shurer, Fred'k, 166
Shurley, Thomas, 19, 162
Shute, Jese, 161
Shute, Jesse, 245, 611, 613
Shute, Samuel, 278
Shute, Thomas, 47, 160, 190, 311
Shute, Wm., 160, 243, 557

INDEX   695

Shutes, Jesse, 180
Shy, Jesse, 19, 556
Siborn, Wm., 64
Sicks, John, 621
Siddle, Jesse, 164, 560
Sidle, Jesse, 19
Sigman, George, 422
Sigman, John, 484
Sigmon, George, 585
Sikes, Dempsey, 205, 363
Sikes, Dempsy, 559
Sikes, Henry, 19
Sikes, Isaiah, 215
Sikes, James, 19, 287, 558
Sikes, Joshua, 593
Sikes, Sampson, 252
Sikes, William, 617, 623
Sikes, Zedekiah, 245
Silas, Thomas, 19, 166
Sill, Thos., 76
Sillard, Thos., 160
Sillaven, William, 585
Silliman, John, 559
Sillinaver, John, 240
Sills, Andrew, 558
Silver, George, 422, 586
Silver, Joseph, 354
Silvertham, Robt., 165
Silverthorn, Robert, 437, 586
Silvester, Luke, 160, 296
Silvester, Nathan, 19
Silvester, Nath'l, 166, 167
Simkins, Joseph, 19, 162
Simmonds, Alexander, 19
Simmonds, Jeremiah, 19
Simmonds, John, 20
Simmonds, Sam'l, 160
Simmons, Absolom, 400
Simmons, Alanson, 267
Simmons, Alexander, 560
Simmons, Anthy, 96
Simmons, Benj., 76, 100, 242, 400, 556, 611
Simmons, Elijah, 400
Simmons, Felix, 244, 400, 555
Simmons, George, 400, 555
Simmons, Gideon, 160, 223, 400, 608
Simmons, Holdin, 310
Simmons, Isaac, 278, 400
Simmons, Isle, 618
Simmons, Isler, 75
Simmons, Isles, 295, 400, 555
Simmons, Jas., 64, 161, 185, 233, 400[2], 613
Simmons, Jereh, 165, 459, 585
Simmons, John, 19, 160, 163, 164, 165, 181, 185, 265, 400[2], 427, 556, 558, 585
Simmons, Malachi, 64, 185
Simmons, Martin, 400, 559
Simmons, Mellica, 273
Simmons, Peter, 160, 166, 202, 266, 400, 557
Simmons, Richard, 400
Simmons, Samuel, 400, 460, 598
Simmons, Sander, 165, 419, 585
Simmons, Thomas, 400
Simmons, William, 298
Simmons, Willis, 20, 164, 400, 555
Simms, Drewry, 290
Simms, Drury, 557
Simms, Lewis, 600
Simms, Robert, 557
Simon, Ephraim, 243
Simons, Felix, 20, 609
Simons, Gideon, 197, 230
Simons, James, 610
Simons, John, 20, 294
Simons, Jno. Jr., 160
Simons, Joshua, 291, 557
Simons, Peter, 47

Simons, Wm., 622
Simpkins, John, 20, 167, 561
Simpkins, Josh, 166
Simpson, Andrew, 96, 200, 224, 231, 242
Simpson, Benj., 90
Simpson, Dred, 559
Simpson, Israel, 225, 559
Simpson, Jacob, 559
Simpson, John, 20[3], 57, 185, 234, 499, 500, 503
Simpson, Jonathan, 559
Simpson, Joseph, 83
Simpson, Moses, 161, 275
Simpson, Richard, 20, 165
Simpson, Samuel, 20[3], 69, 191, 251, 607
Simpson, Smith, 76, 298, 560
Simpson, William, 20, 165
Sims, Drury, 361
Sims, Isaac, 361
Sims, James, 361
Sims, Joseph, 361
Sims, Thomas, 275
Sims, William, 361
Simsell, James, 559
Simson, David, P., 218
Simson, Joab, 621
Sinclair, Thomas, 200, 231
Sinclair, William, 20, 163, 187
Sinclear, Thomas, 249
Siner, Joseph, 284
Singen, John Henry, 600
Singletary, Ithamer, 469
Singletary, Joseph, 47, 195, 230, 468, 561
Singletary, Josiah, 419, 586
Singletary, William, 47, 197, 231
Singleton, Benjamin, 560
Singleton, Henry, 100, 251, 556, 610, 613
Singleton, Jno., 624
Singleton, Richard, 47
Singleton, Rippily, 625
Singleton, Rob, 160
Singleton, Robert, 47, 202, 416, 557
Singleton, Spyers, 498, 500
Singleton, Thomas, 558
Singletory, Joseph, 209
Sink, Paul, 20, 205, 559
Sionyeas, Lamon, 560
Sippo, Hill, 20
Sircey, Asa, 181
Sirks, James, 612
Sirls, Peter, 575
Sirmore, Levy, 162
Siscoe, 103
Sisk, James, 20[2], 160, 182, 251
Siske, Daniel, 484
Sitgreaves, John, 47
Sivel, Daniel, 306
Sivet, Allen, 166
Skean, John, 611
Skeborn, William, 556
Skeen, John, 160, 215, 240
Skeen, Peter, 597
Skeets, Wm., 162
Skelton, James, 560
Skelton, Joseph, 273
Sketar, Joseph, 559
Sketer, Joseph, 396
Sketo, Joseph, 162
Sketo, William, 556
Skien, John, 613
Skilar, Elias, 558
Skinner, Evan, 20, 182
Skinner, John, 20, 69, 166, 194, 230, 278, 611
Skinner, Thomas, 559
Skinner, Wm., 161, 499, 500, 502, 559, 590

Skipper, Ezekiel, 289, 561
Skipper, Geo., 167
Skipper, Hardy, 289
Skipper, James, 20, 165
Skipper, Joseph, 100, 258, 556
Skipper, Josh, 617
Skipper, Nathan, 258, 556
Skipton, Andrew, 291, 557
Skipton, Robert, 559
Skipton, Thomas, 558
Sky, Jese, 166
Slad, William, 425
Slade, Frederick, 20, 165
Slade, James, 20
Slade, Nathan, 20, 585
Slade, Nath'l, 166, 284
Slade, Stephen, 20[4], 47, 64, 179, 242, 611
Slade, Thomas, 20
Slade, William, 47, 76, 216, 243, 499, 585, 597
Slade, Williams, 190
Slater, James, 164, 557
Slaughter, Constantine, 285
Slaughter, James, 200, 224, 231
Slaughter, John, 20, 47, 165
Slaughter, Rob't., 20, 165
Slaven, Sam'l, 90
Slawson, Ezekell, 285
Sledge, Arthur, 47
Sledge, Nathaniel, 623
Sloan, ———, 218
Sloan, Alen, 216
Sloan, Alexander, 216[a]
Sloan, Arch, 216, 622
Sloan, Archibald, 47
Sloan, David, 216, 271
Sloan, Fargus, 216
Sloan, James, 207, 216, 445, 560, 585
Sloan, John, 216
Sloan, Patrick, 216
Sloan, Robert, 431
Sloan, Samuel, 216, 559, 622
Sloan, Thos., 216
Sloan, Wm., 167, 216[a], 561
Sloane, Robert, 586
Slocum, Ezekiel, 47, 586
Slocumb, Ezekiel, 465
Slocumb, John, 215
Sluthers, John, 560
Small, John, 428, 586
Small, Reuben, 358
Smallwood, John, 559
Smally, James, 278
Smart, Amos, 183
Smart, John, 20, 164, 185, 302, 396, 484
Smart, Thomas, 287
Smethers, Garet, 162
Smiler, Jonathon, 557
Smiter, Valente, 76
Smith, ———, 47
Smith, Aaron, 20, 163, 225, 231
Smith, Abner, 396
Smith, Alex, 230, 397
Smith, Alexander, 194, 260, 397, 398[2]
Smith, Andrew, 397
Smith, Arch, 601
Smith, Archibald, 300, 397[2]
Smith, Arm, 397
Smith, Aron, 200
Smith, Arthur, 273, 398, 601
Smith, Benjamin, 20, 76, 160[2], 164, 181, 185, 204, 246, 255, 266, 397[2], 398, 465, 557, 558, 585, 598, 608
Smith, Brien, 612
Smith, Bryan, 184
Smith, Bryant, 160, 236
Smith, Burrel, 20
Smith, Burrell, 166

Smith, Burwell, 253
Smith, Caleb, 64, 397, 555, 608
Smith, Camm, 398
Smith, Chas., 161, 269, 282, 397[2], 453, 558, 584
Smith, Clem, 76
Smith, Clement, 192, 245, 618
Smith, Clemm, 398
Smith, Daniel, 197, 231, 585
Smith, David, 83, 167, 397[7], 398, 484, 486, 498, 500, 605, 613
Smith, Drew, 95
Smith, Drewry, 166
Smith, Edward, 462, 585
Smith, Elias, 161
Smith, Elisha, 396
Smith, Elijah, 218
Smith, Enridge, 397
Smith, Evenezer, 558
Smith, Ezekial, 20
Smith, Ezekiel, 397[2], 398
Smith, Ez'l., 167
Smith, Francis, 397
Smith, Frederick, 397, 398, 605
Smith, Galesy, 230
Smith, Gasper, 398
Smith, George, 57, 181, 192, 246, 397[2], 398
Smith, Hardy, 396
Smith, Henry, 20, 56, 161, 163, 167, 181, 183, 197, 231, 233, 399[5], 423, 585, 599
Smith, Hezekiah, 272
Smith, Isaac, 20, 164, 185, 464, 585
Smith, Ivey, 396, 398
Smith, Jabez, 47, 83
Smith, Jacob, 20[2], 165, 166, 192, 621
Smith, Jahlul, 266
Smith, James, 20[4], 160, 162[2], 165[2], 167, 183, 207, 247, 251, 307, 398[4], 499, 500, 555, 557, 560, 590
Smith, Jeptha, 558
Smith, Jeremiah, 20, 64, 165, 182, 243, 397[3], 612
Smith, Jesse, 398, 590
Smith, Jo., 203
Smith, Joab, 165
Smith, Joal, 283
Smith, Job, 20, 90, 310
Smith, Joley, 195, 397
Smith, John, 20[4], 47, 64[2], 76, 90, 95, 160[2], 162, 163, 165, 166[3], 180, 184, 185, 194, 206, 230, 242, 244, 255[2], 258, 261, 306, 397[3], 398[5], 433, 459, 489, 492, 499, 500, 503, 555, 556, 559, 560, 586, 600, 609, 612, 613, 621, 622, 623
Smith, Jno. Jr., 64
Smith, Jonatham, 291, 399, 464, 585
Smith, Joseph, 57, 162, 187, 237, 251, 263, 397, 398, 416, 558, 560, 590
Smith, Josh, 167
Smith, Joshua, 398
Smith, Josiah, 397, 398, 559, 593
Smith, Leander, 601
Smith, Lewis, 398[2], 584
Smith, Louis, 436, 585
Smith, Lurder, 398
Smith, Malachi, 96, 164
Smith, Malcom, 397
Smith, Micajab, 280
Smith, Michael, 246, 626
Smith, Minor, 47
Smith, Mitchell, 398, 557
Smith, Moses, High, 398

Smith, Nathan, 397, 398
Smith, Nathaniel, 396, 397, 398
Smith, Nehemb, 161
Smith, Nehemiah, 207, 209, 289, 398, 560, 561
Smith, Nicholas, 398
Smith, Noah, 396
Smith, Oren, 397
Smith, Owen, 57, 194, 230, 271
Smith, Patrick, 416
Smith, Peter, 20, 165, 166[2], 195, 223, 230, 397[4], 430, 461, 584, 622, 624
Smith, Plate, 191
Smith, Platt, 161
Smith, Redick, 64, 258
Smith, Reuben, 167, 241, 450, 586
Smith, Richard, 20[2], 163, 165[2], 166, 180, 197, 224, 231, 397[2], 398, 425, 585
Smith, Robert, 47, 76, 186, 188[2], 236, 397, 501, 615
Smith, Rueben, 398
Smith, Samuel, 20, 47, 76, 95, 167, 192, 193, 230, 236, 397, 398, 433, 455, 499, 503, 585, 593, 598, 600, 625
Smith, Samuel, Jr., 503
Smith, Sihon, 584
Smith, Simon, 69, 186, 260[2], 398, 612
Smith, Solomon, 398
Smith, Stanton, 590
Smith, Stephen, 20, 167, 254, 269, 305, 398, 558
Smith, Thomas, 20, 57, 69, 75, 83[2], 90, 161, 163[2], 183, 186, 189, 191, 238, 244, 245, 261[2], 397[4], 422, 426, 434, 458, 585, 590, 609, 612, 614, 618
Smith, Tulligh, 398
Smith, William, 20[3], 56, 64[2], 69[2], 83[3], 95, 96, 160, 161[2], 162[4], 163, 164[2], 180[2], 181, 182[2], 186[2], 188[2], 190, 191, 199, 200, 205, 217, 231[2], 240, 258, 260, 261, 307, 397[3], 398[4], 419, 435, 439, 445, 455, 557[2], 559[2], 598, 605, 610, 611, 613, 621
Smith, Willie, 397
Smith, Willis, 192, 252
Smith, Zachariah, 396
Smither, Peter, 558
Smithers, John, 559, 622
Smithers, Moses, 559
Smithick, Edward, 256
Smithick, John, 256
Smithwick, Edd, 83
Smithwick, Edw'd., 83, 202, 557
Smithwick, James, 275
Smithwick, John, 443, 586
Smithwick, Wm., 162, 198, 231
Smithy, George, 299
Smitteel, George, 455
Smoot, James, 467
Smoot, Joseph, 586
Smythe, Joel, 284
Snead, William, 560
Snead, Zadock, 165
Sneatman, William, 555
Sneed, Elick, 289
Sneed, Elleck, 558
Sneed, John, 289, 558
Sneed, Robert, 464, 586
Sneed, Wm., 165
Snell, Allen, 20
Snell, Jas., 95
Snelling, William, 625
Snider, Anthony, 20
Snider, Christain, 555
Snider, Christian, 29

Snider, Drury, 267
Sniles, Anty, 165
Snipes, William, 164, 555
Snither, Peter, 286
Snoddy, Andrew, 216, 354
Snow, Frostand, 575, 584
Snow, John, 461, 586
Snowden, Nathaniel, 47, 167
Snowden, William, 47
Snowden, Zebu., 160
Snutman, Wm., 164
Snyder, Chrisn., 163
Snyder, Paul, 625
Sobarton, Stephen, 558
Soddin, Jno., 95
Solebury, Benjamin, 199, 215
Solevine, Colburn, 356
Sollings, John, 558
Solman, John, 296
Solomon, Isaac, 207, 560
Solomon, Lazarus, 20, 179
Solomon, Northern, 197
Solomon, William, 20, 163
Solomons, Raymond, 560
Solsberry, Benj'n, 69
Sommers, Curtis, 560
Soots, Frederick, 435, 585
Soper, Michaul, 218
Sordon, Edward, 557
Sorrel, Ben, 616
Sorrel, Thomas, 161, 230, 292
Sorrell, John, 197, 231, 399
Sorrell, Joshua, 399
Sorrell, Lewis, 165
Sorrell, Obadiah, 285
Sorrell, Thomas, 195, 216, 399
Sorrell, Walton, 399
Soulter, John, 560
Southall, Furney, 163
Southall, Furney, 20
Southall, Henry, 465
Southall, John, 558
Southall, Stephen, 160, 180, 595, 606
Southard, John, 450, 585
Southerland, Daniel, 603
Southerland, Geo., 56, 264, 303, 557
Southerland, James, 184, 259
Southerland, Jno., 90, 237, 555
Southerland, Ransom, 47, 498, 500
Southerland, Wm., 57, 264
Southern, William, 461, 585
Sowell, Isaac, 166
Sowell, James, 557
Sowell, Wm., 166
Sowel, Zadock, 95, 256
Spaight, Joseph, 307
Spain, Augusta, 192
Spain, Augustin, 47
Spain, Augustus, 83, 621[2]
Spain, Austin, 206, 559
Spain, Claiborne, 585
Spain, Epps, 559, 610
Spain, Eps., 64, 303
Spain, James, 216
Spain, Thomas, 20, 100, 166, 182, 303, 584, 608
Spain, Wm., 100, 206, 303, 453[2], 559, 585, 610
Spaine, Clairborne, 430
Spalding, Edmund, 293
Spalding, Edward, 557
Span, James, 231
Span, Miles, 230
Spann, James, 197, 295, 353
Spann, Willis, 195, 251
Sparepoint, Joseph, 244
Sparkman, Edward, 285
Sparkman, Jolley, 560
Sparkman, Reub, 616
Sparkman, William, 291, 557

INDEX

Sparks, John, 467, 586
Sparks, Joseph, 278
Spaun, Samuel, 557
Speaker, Mr., 614
Spear, David, 64, 206, 559
Spear, Joseph, 161
Spear, Sam'l, 161, 621
Spear, Seth, 302
Spear, Spencer, 164
Spearman, George, 20, 166
Spearpoint, Joseph, 20, 76, 555, 557
Spears, Absolom, 185
Spears, David, 206
Spears, John, 428
Spears, Joseph, 162, 164, 199, 231
Spears, Kindred, 20, 163, 181
Spears, Samuel, 199, 231
Spears, Willis, 20, 166
Speed, ——, 47
Speer, Jno., 161
Speers, Joseph, 20
Speight, Francis, 280
Speight, Joseph, 556
Speir, David, 206
Spellman, Simon, 162
Spells, Henry, 69
Spelmore, Aaron, 20, 163
Spelmore, Asa, 584
Spelmore, Jacob, 20, 163, 165
Spence, Incell, 162
Spence, Insell, 557
Spence, Jabez, 203, 558
Spence, James, 268, 556, 621
Spence, John, 297
Spence, Solomon, 199, 231
Spence, William, 285
Spencer, Benjamin, 422, 585
Spencer, Jesse, 466, 585
Spencer, John, 216
Spencer, Samuel, 498, 500, 502
Spencer, Solomon, 161
Spencer, Thomas, 180
Spencer, William, 437, 586, 621
Spense, Jabez, 96
Spenser, Robt., 163
Sperpoint, Joseph, 164
Spewell, Godfrey, 20
Spicer, James, 555
Spicer, John, 47, 63, 499, 555, 590
Spicer, John, Jr., 590
Spicer, Roan, 622
Spicer, William, 467, 586
Spiers, David, 609
Spiers, Spencer, 252
Spiers, Thomas, 183, 557
Spiers, William, 556
Spikes, Joseph, 56, 598
Spilmore, Aaron, 208, 560
Spilmore, Jacob, 557
Spill, Henry, 609
Spillards, Jese, 56
Spilliards, Jesse, 556
Spindler, Boston, 76
Spinery, E—ond, 216
Spinney, William, 560
Spires, Alsalm, 64
Spires, Absalom, 235
Spires, Thomas, 20, 163
Spires, William, 557
Spittards, Jesse, 598
Spivey, George, 208, 560
Spivey, William, 559
Splendar, Boston, 560
Splendor, Boston, 308
Spook, Samuel, 621
Spoolman, William, 267
Spooner, Stanton, 590
Sport, Wm., 166
Sportman, Wm., 162
Spratt, Thomas, 47

Sprewell, Godfrey, 164
Sprigg, John, 557
Spring, Richard, 445[2], 585
Springfield, Aaron, 556
Springfield, Michael, 20
Springfield, Moses, 585
Springs, Micajah, 20, 164, 556, 584
Springs, Sdrh., 57
Springs, Sedgwich, 422
Springs, Sedgwick, 585
Springs, Sedg'k, 555
Sprinkfield, Aaron, 600
Spruell, Joseph, 499
Spruell, Richard, 285
Spruill, Benjamin, 615
Spruill, Joseph, 500, 502[2]
Spuill, Benjamin, 616
Spycer, James, 47
Squares, Thos., 167
Squars, John, 605
Squires, Andrew, 20, 164, 310
Squires, Jno., 64, 190, 240
Squires, Skidmore, 64, 560, 612
Sriven, Jas., 161
Stacey, Jno., 163
Stacy, Aaron, 422, 585
Stadley, Andrew, 557
Stafford, Alexander, 616
Stafford, Jno., 90
Stafford, Josiah, 160, 182[2], 263, 608
Staggs, William, 197, 231
Stainback, Francis, 600
Stallings, Ebenezer, 559
Stallings, Jas., 93
Stallion, Moses, 20
Stallions, James, 268, 556
Stallions, Moses, 163, 181
Stamey, John, 442, 484, 585
Stamper, Joel, 467, 586
Stamy, John, 20
Stanaland, Benjamin Jr., 258[2]
Stanaland, James, 258
Stanaland, Robert, 258
Standback, Francis, 556
Standard, Wm., 216
Standen, John, 306
Standen, Jim, 599
Standeford, Samuel, 464
Stander, John, 216
Stancil, Jesse, 399[2], 561
Standfast, Wm., 76, 618
Standford, James, 560
Standin, Thomas, 47
Standiss, Thomas, 594
Standley, David, 498
Standley, Handcock, 289
Standley, James, 20, 166, 255
Standley, Jona, 162
Standley, Jonathan, 259
Standley, Jos., 100
Standley, Robert, 255
Stanfied, Jas., 165
Stanfield, James, 20
Stanford, James, 207
Stanford, Samuel, 431, 585
Stanley, Christopher, 461
Stanley, Hugh, 439
Stanley, Jonothan, 556
Stanley, Robert, 100
Stanly, Christopher, 585
Stanly, Hancock, 558
Stannul, Peter, 162
Stansal, ——, 490, 494
Stansberry, Luke, 162, 194, 223
Stanbury, Luke, 230, 396
Stansel, John, 489, 490, 492, 493
Stansell, John, 489, 491
Stansell, Peter, 560
Stanton, John, 56, 161

Staples, Robert, 90, 205, 304, 559
Staples, Thomas, 599
Starke, Henry, 612
Starkes, Benjamin, 181
Starkey, Edward, 499, 500, **615**
Starkey, Jno., 590
Starkey, Jonathan, 425, 585
Starkey, William, 249, 557
Starks, Benj., 163
Starn, Peter, 302
Starnes, Joseph, 422
Starns, Joseph, 585
Starr, Hance, 294
Stayway, Jno., 166
Steader, John, 450
Steadham, Tobias, 290
Steadman, Benjn., 231
Steadmore, James, 558
Steadmore, Joseph, 558
Steal, Joshua, 558
Stealman, John, 559
Stealman, Peter, 558
Stearn, Moses, 160
Stedham, Isaih, 284
Stedman, Benjamin, 47, 83
Stedman, Benjamine, 200
Stedmon, James, 293
Stedmon, John, 293
Stedmon, Peter, 293
Steed, Jese, 162
Steed, Jesse, 20[5], 47, 76, 215, 234, 244
Steel, Alex, 358
Steel, Francis, 585
Steel, Ninian, 215
Steel, William, 20, 165
Steele, Francis, 461
Steele, John, 302
Steele, Thomas, 585
Steele, William, 556, 585
Steell, Anthony, 160
Stellard, Peter, 166
Steelmon, Jno., 64
Steelmon, William, 20, 437, 585
Steelley, Jeremiah, 301
Steely, Jeremiah, 584
Steem, Wm., 67
Stegal, Jesse, 465
Stegall, Jesse, 586
Stegall, John, 455, 559, 585
Steigerwaldt, Frederick, 457, 586
Steiner, Hannah, 560
Steiner, Hannes, 207
Stener, John, 392
Step, Abraham, 300
Step, Henry, 310
Step, Jno., 163, 194, 216, 223, 230
Stephen, Truet, 605
Stephens, Abrien, 399
Stephens, Asa, 399
Stephens, Benja., 399
Stephens, Benjamin, 20, 556
Stephens, Daniel, 625
Stephens, H., 542, 556
Stephens, Henry, 285
Stephens, Hugh, 20
Stephens, Jesse, 399
Stephens, John, 399[2]
Stephens, John, C., 560
Stephens, Joseph, 296, 560, 599
Stephens, Lewis, 555
Stephens, Mathew, 399[2]
Stephens, Moab, 399
Stephens, Nath'l, 399
Stephens, Peter, 621
Stephens, Robert, 399
Stephens, Soammey, 399
Stephens, Thomas, 250, 556
Stephens, William, 399[2]
Stephenson, Abraham, 558

INDEX

Stephenson, Andrew, 557
Stephenson, Hugh, 556, 557, 591, 610
Stephenson, James, 584
Stephenson, John, 274, 625
Stephenson, John, R., 311
Stephenson, Joseph, 560
Stephenson, Peter, 303
Stephenson, Silas, 555
Stephins, James, 185
Stepp, John, 263, 556
Steptoe, Thos., 166
Sterling, Elisha, 164, 185
Sterling, Elihu, 20
Sterling, Isaac, 64
Sterling, Robt., 164, 185, 440, 585
Sterling, Seth., 165, 585
Sternes, Henry, 399
Sternes, John, 399[2]
Stertevant, Barnas, 160
Stevens, Benj., 165, 598
Stevens, Henry, 20, 163, 164
Stevens, Hugh, 165
Stevens, James, 20, 164
Stevens, Jno., 161[3], 162, 207, 304, 556, 584, 602, 608
Stevens, Jones, 593
Stevens, Joseph, 56
Stevens, Joshua, 287
Stevens, Lewis, 69, 294
Stevens, Samuel, 425, 585
Stevens, Thomas, 20, 56, 166
Stevenson, Abraham, 399
Stevenson, Andrew, 399
Stevenson, Benj'n, 90
Stevenson, Henry, 399
Stevenson, Hugh, 160, 264
Stevenson, James, 302, 399[2], 622
Stevenson, Joseph, 100, 162, 399[2], 439, 585
Stevenson, Josiah, 416
Stevenson, Samuel, 399
Stevenson, Silas, 47, 160
Stevenson, William, 64, 399[2] 559, 617
Steverston, James, 559
Stewalk, Frederick, 555
Steward, Charles, 594
Steward, Dan'l, 163
Stewart, Alexander, 400, 624
Stewart, Andrew, 303
Stewart, Charles, 20[5], 47, 56, 83, 167, 185, 294, 399, 611, 620
Stewart, Coldwell, 163, 557
Stewart, Daniel, 20, 165, 186, 268, 400
Stewart, David, 400
Stewart, Dempsey, 20[2]
Stewart, Dempsy, 167
Stewart, Edward, 457, 585
Stewart, George, 47, 100
Stewart, James, 20, 166, 400[2], 435, 586, 611, 613
Steward, Jno., 160, 161, 165, 242, 303, 400, 422, 439, 585, 606, 613
Stewart, Joseph, 47, 103, 160, 195, 400
Stewart, Matthew, 400
Stewart, Nicholas, 47
Stewart, Robert, 400
Stewart, Sam'l, 163, 400[2]
Stewart, William, 57, 64, 196, 246, 400[2], 556, 557, 609, 613, 626
Stiles, John, 585
Stiley, Myatt, 558
Still, Garrett, 558
Still, Jas., 164
Still, John, 20, 166

Stilliard, Peter, 20
Stillwel, Jacob, 20
Stillwell, David, 57, 257, 556
Stillwell, Jacob, 56, 237
Stillwell, Jeremiah, 296
Stillwell, John, 584
Stillwell, Semon, 285
Stilwell, Jacob, 163, 555
Stilwell, John, 556
Stinson, James, 47
Stinson, John, 278, 445, 585
Stiwoll, Frederick, 21
Stobath, James, 303
Stobo, John, 558
Stock, Joshua, 189
Stockley, Jehu, 273
Stocks, Benjamin, 20
Stocks, Isaac, 621
Stocks, Joshua, 163
Stokely, Alexander, 299
Stokely, Peter, 165
Stokeley, Thos., 165
Stokely, Peter, 21[3]
Stokes, David, 208, 416, 560
Stokes, Drury, 76
Stokes, Henry, 162
Stokes, Joel, 160
Stokes, John, 267
Stokes, Peter, 300
Stokes, Richard, 585
Stokes, Young,
Stomer, Henry, 558
Stone, Benj., 161
Stone, Jedekiah, 498
Stone, Joel, 289, 558
Stone, Jno., 21, 162, 202, 207, 291, 432, 557, 560, 586, 597
Stone, Jonathan, 432, 586
Stone, Littleberry, 300, 556
Stone, Peter, 450, 586
Stone, Sylvanus, 311
Stone, Warren, 184
Stone, Zedkiah, 291, 499, 557
Stoner, Abraham, 430, 584
Stonn, Andrew, 311
Storm, Andrew, 311
Storry, Wm., 100
Story, Caleb, 160, 197, 216, 231, 250
Story, Henry Haws, 231
Story, Isaiah, 303
Story, John, 250, 264
Story, Wm., 205, 250, 559
Stother, Williams, 262
Stough, Andrew, 446, 585
Stough, Martin, 423, 585
Stovall, Thomas, 458, 585
Stove, Warren, 164
Stovealls, John, 256
Stow, William, 423, 585
Stphens, Asa, 399
Strader, Geoe., 57
Strader, George, 271
Strader, John, 584
Stradford, John, 598
Stradley, Edward, 64, 294, 557, 612
Stradley, James, 256
Stradley, Jesse, 557
Stradley, Jos., 160
Strahorn, Noah, 216
Stranaland, James, 556
Stranaland, Robert, 556
Strand, John, 284
Stranfield, ———, 166
Strange, Edmond, 560
Strange, Eph'm, 162
Strange, James, 240, 241, 363, 555, 598
Strange, William, 21, 166
Stranges, Jas., 90, 162
Stranghan, Richard, 208
Strape, Samuel, 585

Stratin, Joal, 302
Stratten, William, 584
Straughon, Richard, 252, 560
Strawn, Rich'd, 165, 208
Strayhorn, John, 585, 596
Strayhorn, William, 450, 585
Streaker, James, 593
Street, John, 76, 560
Streider, George, 555
Strend, Ludwick, 191
Stricker, Martin, 241
Stricking, Frederick, 21
Strickland, Fred'k, 570
Strickland, John, 21, 163, 180
Strickland, Lot, 585
Strickland, Malachi, 224
Strickland, Malechi, 231
Strickland, Malichi, 198
Strickland, Mallachi, 216[2]
Strickland, Marm'k, 163
Stricklen, Frederick, 216
Strickler, Jno., 69
Stricklin, Frederick, 163, 559
Stricklin, Lot, 454, 586
Striker, John, 610
Stringer, Allen, 560
Stringer, George, 257
Stringer, Hezekiah, 21, 167
Stringer, John, 21[4], 160, 165, 185, 252, 612, 613
Stringer, Josiah, 83, 182, 256, 611
Stringer, Limage, 296
Stringer, Mingar, 21
Stringer, Mingo, 186
Stringer, Noah, 21, 164, 181
Stringer, Potts, 590
Stringer, Sam'l, 83, 181, 185, 255, 611
Stringer, Watson, 559
Stringer, Winger, 163
Stringfied, Aaron, 166
Stripes, Demsey, 305
Striplin, Newton, 266, 297, 556
Striplin, Thomas, 556
Strother, Christopher, 556
Stroud, Jno., 57, 191
Stroud, Lott, 160
Stroup, Adam, 585
Strowd, John, 593
Struker, John, M., 190
Stuart, Daniel, 21
Stuart, John, 21, 431, 499, 585
Stuart, Joseph, 230, 400
Stuart, William, 231, 400[2]
Stubbs, Rich'd, 622
Studman, William, 558
Studthem, John, 439
Studthern, John, 585
Stulker, John, 623
Stultz, Casper, 461, 585
Stumm, William, 619
Stupe, Samuel, 461
Sturdevant, Charles, 21
Sturdivant, Charles, 623
Sturt, Henry, 69
Sturtevant, Chas., 166
Styles, Jno., 163
Styrewall, Fred'k, 162
Styron, Samuel, 265
Subalt, Edmund, Gamble, 245
Suddell, Richard, 591
Suet, Sam'l, 163
Suffman, John, 218
Sug, John, 162
Sugins, Joseph, 162
Sugg, John, 240, 241
Sugg, Uriah, 560
Suggs, Aleygood, 21
Suggs, Eligood, 165
Suggs, Ezekial, 21, 165
Suggs, John, 557
Suggs, George, 48

INDEX

Suik, Paul, 163
Suillivan, Owen, 165
Suit, Jesse, 21
Sulivant, Owen, 21
Sullanaver, John, 626
Sullivan, Abel, 310
Sullivan, Daniel, 422, 559, 585, 627
Sullivan, James, 21, 164, 191, 306
Sullivan, John, 21, 163, 167, 254, 557
Sullivan, Obadiah, 560
Sullivan, Tenig, 167
Sullivant, Jeremiah, 623
Sullivant, Owen, 584
Sullivent, John, 593
Sully, Thomas, 300
Sumerlin, Winburn, 467, 585
Sumers, Leven, 599
Summer, Jethro, 25, 592
Summeral, James, 308
Summers, Francis, 292
Summers, George, 163, 279
Summers, James, 56, 183, 239
Summers, John, 21[4], 48, 56[2], 182, 237, 240, 597, 604, 620
Summers, Leven, 167
Sumner, ———, 190
Sumner, David, 499, 500, 502
Sumner, Francis, 21, 100, 167, 255, 556, 612
Sumner, George, 21
Sumner, Jacob, 292
Sumner, Jethro, 48, 69, 236, 495, 498, 500, 502
Sumner, Luke, 614
Sumner, Richard, 161, 196, 216, 231
Sumner, Robert, 614
Sunderlin, Jonah, 622
Surgener, John, 585
Surgenor, John, 454
Surles, Rob., 162
Surlock, Ephraim, 270
Surls, Joseph, 278
Surls, Robert, 446, 585
Surls, Thomas, 21
Surman, Levi, 559
Surrivan, James, 556
Sussen, Abel, 585
Sutherland, Jas., 160, 619
Sutherland, Ransom, 503
Sutton, Francis, 616
Sutton, Jeremiah, 188, 304, **626**
Sutton, James, 48, 560
Sutton, Jas., 162, 557
Sutton, Ralph, 162
Swagot, George, 274
Swaim, Nimrod, 298
Swaim, Thomas, 296
Swain, Joshua, 615, 616
Swales, Enoch, 162
Swan, Benjamin, 354
Swan, Nimrod, 48, 83
Swann, Samuel, 502
Swann, Thomas, 556
Swanson, Jno., 163, 294, 363, 467, 559, 560, 584
Swearingen, Richard C., 585
Swearingham, Van., 76
Sweat, Abraham, 21, 163
Sweat, David, 21[2], 160, 184, 252, 605, 613
Sweat, George, 560
Sweat, Wm., 69, 180, 239, 611
Sweating, Henry, 192
Sweeny, Thos., 165
Sweet, Anth'y, 624
Sweet, Geo., 161
Sweetman, William, 21

Swenet, Jas., 69
Swenney, John, 463
Swift, Solomon, 557, 593
Swills, Daniel, 558
Swindell, Abraham, 217
Swindle, Jese, 83
Swindle, Solomon, 164
Swiney, John, 597[2]
Swiney, James, 557
Swing, Mathias, 435
Swing, Matthias, 585
Swink, John, 422, 561, 584
Swinney, James, 185
Swinney, Thomas, 21
Swinson, Jesse, 431
Swinson, Jesse, Sr., 586
Swinson, Theophilus, 431, 585
Swinson, William, 611, 613
Swords, William, 626
Swunney, James, 185
Syas, Jese, 163
Syas, Jesse, 21
Syhes, Cornelius, 216
Sykes, Adam, 83
Sykes, Dempsey, 21, 163
Sykes, Henry, 164, 185
Sykes, James, 21, 165, 166, 180, 216
Sykes, John, 216
Sykes, Josiah, 448, 585
Sykes, Samps, 161
Sykes, Sampson, 21[2], 163
Sykes, T., 190
Sykes, William, 48, 623
Sykes, Zedekiah, 96
Sypness, Robt., 69
Sylvester, Luke, 203, 558
Sylvester, Nathan, 21
Symms, William, 560
Syrus, Jas., 76
Syrus, Jesse, 560

Tabor, William, 600
Taborin, Burwell, 586
Tabourne, Burrell, 169
Tabourne, Joel, 168
Taburn, William, 434, 586[2]
Tack, Jacob, 458, 586
Taddss, James, 21
Tailor, Wm., 57
Tailton, James, 21
Talbert, John, 21, 170
Talbie, Wm., 596
Talbot, Matthew, 484
Talifarro, Richard, 284
Tallow, Thomas, 586
Talor, Jese, 167
Talton, James, 65, 169, 198, 216[2], 224, 279, 563
Talton, Joseph, 21[2]
Talton, Josiah, 169, 186
Talton, Thomas, 287
Tafton, William, 84, 198, 216[2]
Tan, Drewry, 170
Tanders, John, 625
Tankard, John, 586
Tankesley, Wm., 169
Tann, Drury, 21
Tann, Ephraim, 168, 265
Tann, Jas., 168
Tann, Joseph, 265
Tanner, Benja., 216
Tanner, Jenning, 168
Tanner, Jinnings, 21
Tanner, John, 290
Tanner, Michael, 420, 587
Tapp, Geo., 57
Tar, Melchar, 430, 563
Tar, Melcher, 586
Tar, Milchar, 344
Tarbarra, Sam'l, 170

Tarber, Samuel, 21
Tarbor, Joshua, 621
Tarleton, James, 231
Tarleton, William, 231
Tarlton, Jno., 169
Tarlton, Josiah, 169
Tarlton, William, 440, **586**
Tarney, Gilbert, 586
Tarrant, Manlove, 48, 65, 193, 244, 594
Tart, Joab, 563
Tart, Thomas, 168, 195, 231, 459, 586
Tartanson, Francis, 48, 198, 231, 344[2]
Tartarson, Francis, 100
Tase, William, 216
Tate, Adam., 246
Tate, Belitha, 562
Tate, James, 48, 57, 190, 234, 586, 604, 617
Tate, John, 503, 562
Tate, Joseph, 48, 199, 216[2], 231, 246, 501, 594
Tate, Thomas, 300, 451, 587
Tate, William, 233, 464, 561, 587
Tate, Zaccheus, 561
Tatom, Joshua, 459, 587
Tatum, ———, 602
Tatum, Absolom, 48, 501, 603
Tatum, Hailey, 344
Tatum, Howell, 21, 48, 57, 179, 239, 268, 344, 501, 561, 562, 604
Tatum, James, 21[4], 48, 103, 180, 239, 484, 620
Tatum, Jno., 57, 245, 561
Tatum, Nath'l, 624
Taun, Ephraim, 562
Taun, James, 562
Taunt, Jese, 167
Taunt, Jesse, 187, 245
Taunt, Thos., 167, 184, 245, 609
Taunt, Wm., 167, 187, 336, 609
Tawnsend, Thomas, 344
Taxey, Nathaniel, 21
Tayborn, William, 216
Tayborne, Joel, 196, 231
Taybourn, Burrell, 21
Taybourn, Joel, 21
Tayburn, Allen, 168, 344, 562
Tayhorn, Joel, 212, 223
Tayloe, Paul, 625
Taylor, Aaron, 168, 220
Taylor, Abel, 21, 170
Taylor, Abue, 83
Taylor, Andrew, Jr., 484
Taylor, Ab'm, 21, 169, 184, 260, 609
Taylor, Benjamin, 21, 169[2] 170
Taylor, Caleb, 168, 195, 220, 231, 606
Taylor, Chas., 170, 220
Taylor, Christopher, 48
Taylor, Dempsey, 363
Taylor, Eleanor, 259
Taylor, Elias, 167
Taylor, Elijah, 220, 303
Taylor, Emanuel, 21, 169, 180, 220
Taylor, Henry, 220, 278, 563
Taylor, Hudston, 446, 586
Taylor, Isaac, 586
Taylor, Jacob, 170, 220[2]
Taylor, James, 21, 83[2], 170, 184, 190, 220[2], 244, 486, 561, 609[2]
Taylor, Jese, 168
Taylor, Jesse, 255, 591
Taylor, John, 21, 48[2], 65, 76, 100, 168[2], 170, 181, 189,

198², 220³, 224, 231², 305, 306, 307, 434², 448, 498, 500, 501, 586², 597², 600, 608
Taylor, John, Sr., 589
Taylor, Jonathan, 220
Taylor, Joseph, 83, 503, 608
Taylor, Lewis, 21, 169, 200, 220, 225, 231
Taylor, Menchy, 563
Taylor, Michael, 220
Taylor, Morris, 220, 562
Taylor, Osborn, 563
Taylor, Parson, 563
Taylor, Person, 209
Taylor, Philip, 48, 90, 190, 237
Taylor, Richard, 432, 586, 600
Taylor, Richard C., 586
Taylor, Saban, 220
Taylor, Sampson, 170
Taylor, Samuel, 21, 168, 196, 220, 231
Taylor, Thos., 96, 220³, 231, 600
Taylor, Valentine, T., 21
Taylor, Vinson, 563
Taylor, William, 21, 26, 48, 167, 170, 209, 242, 363, 431, 563, 586, 601
Tayner, Arthur, 610
Teachy, Daniel, 217
Teack, Thomas, 609
Teal, Eman'l, 168, 194, 216
Teal, Jacob, 310
Teale, Jacob, 216
Teaner, Jas., 169
Tear, William, 184
Teary, David, 562
Teder, Thos., 168
Teddlerton, Benj., 344
Tedor, Thomas, 562
Tedrick, Michael, 617
Teel, Jesse, 216
Teel, Moses, 216
Teer, William, 246
Tellerton, John, 193
Tellet, Avery, 65
Tellonson, Amos, 562
Telph, Josiah, 622
Temple, ———, 484
Temple, Osburn, 562
Templeton, William, 286
Templeton, David, 344
Templeton, Thos., 103, 266, 561
Templin, George, 561
Tenar, James, 563
Tennison, Absolom, 169
Tennison, Matt'w, 170
Ternage, Jacob, 563
Ternathan, William, 216
Ternigan, Elisha, 217
Ternison, Absolom, 182
Terrall, Richmond, 90
Terrell, Aron, 597
Terrel, Jno., 169
Terrel, Moses, 597
Terrell, Joel, 463
Terrell, Joseph, 622
Terrell, William, 234, 610
Terrence, Adams, 437
Terrill, Richmond, 563
Terry, David, 168
Terry, Finish, 622
Terry, Joseph, 297
Terry, Olive, 561
Terry, Oliver, 297
Terry, Pompey, 21, 170
Terry, Thomas, 418, 586, 622
Terryl, Richmond, 618
Tervathan, William, 196, 231
Tesley, Jno., 168
Tetterton, John, 193
Thach, Green, 616

Thackston, James, 26, 48, 180, 237
Thackston, Jones, 502
Thackston, Thomas, 561
Thackston, William, 21, 183, 597
Thames, Jonathan, 223
Thares, Samuel, 216
Tharp, Bishop, 84
Tharp, Chas., 168
Tharp, Eleazer, 168
Tharp, James, 168, 231
Tharp, Jno., 168
Tharp, Jonathan, 586
Tharpe, James, 196
Tharpe, John Allen, 271
Thatcher, David, 170
Thaxon, Col———, 216
Thaxton, Jas., 76
Theach, Joseph, 616
Themmel, Wm., 598
Thermody, Benjamin, 191
Thernton, David, 216
Therrell, Abraham, 298, 611
Therrogood, Frances, 250
Thexton, Wm., 169
Thigpen, Barthomew, 562
Thigpen, Gilead, 586
Thigphen, Gillead, 432
Thims, Jonathan, 388
Thirnton, David, 562
Thipps, John, 216
Thom, Thos., 65
Thomas, ———, 502
Thomas, Aaron, 443, 586
Thomas, Abisha, 57
Thomas, Abishai, 188
Thomas, Alexander, 430, 586
Thomas, Amasa, 21
Thomas, Amos, 168², 182, 216, 561
Thomas, Asa, 259, 562, 606
Thomas, Ashia, 83
Thomas, Benjamin, 103, 249
Thomas, Brittain, 270
Thomas, Caleb, 21², 168, 188, 252, 618
Thomas, Daniel, 570
Thomas, David, 217
Thomas, Isaac, 216, 487²
Thomas, James, 21, 169, 185
Thomas, Jere, 168
Thomas, Jeremiah, 265, 287, 562
Thomas, John, 48, 65, 83, 170, 185, 216², 259, 290, 344, 439, 586, 609, 610
Thomas, Luke, 217
Thomas, Lem'l, 57
Thomas, Lemuel, 217
Thomas, Nathan, 217
Thomas, Philemon, 21, 192
Thomas, Philip, 21, 90, 169, 217, 468, 561
Thomas, Ralph, 357
Thomas, Rass, 217
Thomas, Remple G., 217
Thomas, Reuben, 216
Thomas, Rich'd, 90, 192, 249, 562
Thomas, Ross, 200, 217, 231, 255, 296
Thomas, Samuel, 21, 168, 181, 186, 242
Thomas, Spincer, 217
Thomas, Stephen, 21, 160, 199, 216, 224, 231
Thomas, Thomas, 21, 83, 168, 181, 217, 290, 562, 570, 606, 616
Thomas, Thilemon, 168
Thomas, Tickle, 599

Thomas, William, 21², 103, 168, 190, 207, 217, 241, 454, 498, 503, 563, 587, 611
Thomas, Zebulon, 301
Thomasson, John, 246
Thomaston, Chas., 169
Thompkins, Jordan, 168
Thompon, Ned, 297
Thompson, Absalom, 220
Thompson, Ahab, 302
Thompson, Bartholomew, 442
Thompson, Charles, 22, 168, 195, 196, 220, 223, 231², 442, 586
Thompson, Daniel, 76, 220, 234, 284, 619
Thompson, Dugal, 220
Thompson, Edward, 96, 217, 562
Thompson, Elijah, 220
Thompson, Enoch, 220
Thompson, George, 21, 169, 199, 220, 231, 430, 445
Thompson, Goodwin, 84
Thompson, Isaac, 422, 586
Thompson, J., 562
Thompson, Jacob, 590
Thompson, James, 220, 459, 586, 624
Thompson, Jarrell, 586
Thompson, Jese, 169
Thompson, Jesse, 21, 182
Thompson, John, 21³, 76², 169, 170², 207, 208, 220, 277, 498, 500, 563, 570, 593, 624
Thompson, Joseph, 593²
Thompson, Joshua, 278
Thompson, L., 561
Thompson, Lawr, 57
Thompson, Lawrence, 48, 501, 603
Thompson, Nath———, 220
Thompson, Nathan, 562
Thompson, Nicholas, 21, 220, 561
Thompson, Nichs., 169
Thompson, Peter, 220
Thompson, Richard, 181, 218, 617
Thompson, Robert, 181, 217, 220, 617
Thompson, Samuel, 21, 48, 169, 184, 450, 561, 587
Thompson, Thomas, 217, 250, 563
Thompson, Uriah, 168
Thompson, William, 21², 48, 167, 168, 170², 179, 186, 188, 220², 250, 253, 295, 297, 430, 445, 561, 562, 586², 608, 614
Thompson, Willis, 167, 607
Thompson, Willoby, 562
Thompson, Willough'y, 167
Thompson, Willoughby, 203
Thomson, Andrew, 96
Thomson, Ayler, 305
Thomson, Bartholomew, 586
Thomson, Daniel, 623
Thomason, George, 586²
Thomson, Lawrance, 249
Thomson, Nath'l, 167
Thomson, Samuel, 274
Thomson, Thos., 103, 220
Thomson, William, 220, 498
Thope, Thomas, 273
Thornburn, John, 218
Thorgood, F., 561
Thorn, Merriman, 561
Thornal, John, 563
Thornall, John, 205, 278
Thornhill, Benj., 169
Thornton, Thomas, 344
Thornton, William, 344

INDEX 701

Thorogood, Francis, 64, 612
Thorpe, James, 216
Thow, Thomas, 186
Thrash, Valentine, 421
Thrash, Volintine, 586
Thrasher, John, 601
Threadgill, John, 418, 586
Threat, Fred'k, 69
Threel, Eredick, 561
Thrift, Abraham, 103, 272, 563
Thrift, Miles, 563, 620
Thrift, Mills, 57
Thrift, Solomon, 103, 205, 216, 272, 563
Thrift, William, 593
Thristin, William, 21
Thulley, ———, 344
Thurnell, Jno., 90, 205
Thurrell, Abm., 100, 309
Thurston, Wm., 69, 170, 272, 561, 611
Thust, William, 284
Tice, Henry, 21, 169, 205, 217, 563
Tice, James, 21, 169, 561
Tice, Thos., 169
Tiel, Emanuel, 231
Tiel, Jesse, 562
Tiffen, Thomas, 609
Tiffin, Thomas, 609
Tiffin, Thomas, 64, 169, 237, 561
Tiland, James, 599
Tilghman, Belitha, 192
Tilghman, Bellitha, 255
Tilghman, John, 192, 255
Tilghman, William, 255, 561
Tiller, Thos., 169
Tillery, Jacob, 21
Tillery, John, 48, 69, 188
Tillet, Avery, 608
Tillett, Averry, 189
Tilley, Avery, 90
Tilley, Edmund, 586
Tilley, Henry, 587
Tilley, Jacob, 169, 170
Tilley, Lazarus, 450
Tilley, Lazeroug, 587
Tilley, Lewis, 76, 563
Tilling, Henry, 461
Tillingham, Robert, 336
Tillman, Aaron, 169
Tillman, Belitha, 65
Tillman, Philip, 484
Tillman, William, 21
Tilly, Jacob, 21
Tilman, Aaron, 21, 217
Tilman, Belisha, 613
Tilman, Belitha, 167
Tilman, Jno., 167
Tilman, Philip, 442
Tilman, Wm., 167, 344, 612
Tilmon, Balitha, 611
Tilmon, John, 611
Tilmon, Sampson, 562
Tilson, William, 197
Tilto, Michael, 563
Tilton, Amos, 344, 562
Tilton, Richard, 292
Tilus, Stephen, 562
Timbell, R'd, 490
Timberlake, Rich'd, 622
Timbrel, Jno., 76
Times, Jonathan, 194, 216, 231, 344
Timer, Dan'l, 170
Tims, Jona, 169
Tindal, Joshua, 242
Tindall, Elijah, 562
Tiner, Jesse, 170
Tiner, Martin, 562
Tiney, Jas., 168
Tinker, Jno., 168

Tinnen, Robert, 587
Tinnen, James, 561[2]
Tinner, James, 206
Tinner, Robert, 451
Tinner, William, 562
Tinney, Jno., 168, 216
Tinney, Sam'l, 170
Tinnian, Hugh, 593
Tinning, Alexander, 561
Tinning, ———, 48
Tinon, James, 21
Tins, Jonathan, 21
Tinsley, Chas., 168, 194, 216, 231
Tinsley, John, 344
Tipper, Jno., 76, 237, 563
Tipper, William, 21, 169, 561
Tippet, George, 21, 170
Tippett, Erasmus, 194, 216
Tippett, Erastus, 168, 193, 344
Tippett, Erastus, 170
Tippit, Erasmus, 231
Tippit, Erastus, 231
Tiplet, Isaac, 563
Tippong, Conrad, 442, 587
Tipps, Jacob, 422, 486
Tipps, Job, 562
Tipson, John, 220
Tirford, George, 586
Tisdale, William, 499, 500
Tise, Daniel, 599
Tisen, James, 610
Tison, Abraham, 612
Tison, Aron, 306
Tison, Edmund, 280
Tison, Henry, 182, 610
Tison, James, 186
Tissom, Isaac, 217
Titherton, John, 209, 563
Titley, Patrick, 562
Titman, Philip, 586
Titterson, John, 216, 563
Titterson, Jno., 170
Titus, Martin, 281
Titus, Stephen, 216
Toaler, William, 217
Toap, Caleb, 586
Tobin, Wm., 170
Toby, Wm., 69
Tockker, Wm., 344
Todd, Adam, 344
Todd, Ephm., 96, 199, 231, 599
Todd, Ephraim, 216, 217
Todd, Jas., 96, 199, 216[3], 231, 484
Todd, Jno., 168, 202, 207, 216, 289, 563, 562
Todd, Josiah, 168, 265, 563
Todd, Lewis, 432, 586
Todd, Thomas, 96, 199, 205, 216, 231
Todd, Thomas M., 563
Todd, Wm., 96, 199, 216, 224, 231, 299, 344, 599
Todwine, Coleman, 83
Tolar, Daniel, 261
Tolar, Nehemiah, 587
Tolar, Nehimiah, 466
Toliner, Jesse, 586
Toliver, James, 626
Tolly, John, 216
Tomblin, Jno., 168
Tomlinson, Aaron, 21, 169
Tomlinson, Richard, 418, 586
Tomson, Benj., 598
Tomson, Nathan, 248
Toney, Anthony, 22[2], 234
Toney, Arthur, 561, 586
Toney, John, 22, 169, 194, 216, 223, 231, 344
Tonsinger, James, 625
Tonvielle, William, 335
Tony, Arthur, 344

Toole, Henry Irwin, 48, 501
Toomer, H., 561
Toomer, Joseph, 278, 563
Toop, Alexander, 562
Top, George, 599
Tope, Abel, 562
Topp, George, 186, 233, 586
Torbush, Robert, 22
Torrans, Thomas, 503
Torrentine, Alexander, 250
Torrentine, John, 250
Torry, David, 344
Toschey, William, 48
Tossitta, Robert, 241
Toter, Paul, 562
Totevine, Coleburn, 255, **561**
Totevine, Simon, 255[2]
Totevine, Winder, 255, 561
Tottevaine, Winder, 168
Toup, Caleb, 423
Tousan, Joshua, 231, 344[2]
Touson, Joshua, 601
Tow, Chris'r, 96
Towe, Malachi, 191
Towel, Ab'm, 168
Towell, Stephen, 254
Towl, Ambrose, 561
Towler, Abraham, 234
Towler, John, 337
Towler, Spencer, 562
Towler, William, 336
Town, William, 337
Townen, James, 266, 610
Towning, Jas., 100
Towning, James, 562
Townley, Philemon, 22, 169
Townley, Wm., 57, 208, 563
Townson, William, 561
Towsan, Joshua, 194
Toxa, John, 608
Toxey, Nath'l, 169
Tracey, James, 257, 561
Tracey, Jno., 167
Tradder, Geo., 168
Trader, Jonathan, 22
Trader, Jno., 169, 170
Traider, Jonathan, 191
Trainer, Arthur, 84, 202
Trammell, William, 586
Trantham, Martin, 57
Tranton, Jno., 169
Trap, Martin, 169
Trapp, Elijah, 22, 169
Trapp, Martin, 243
Traverse, Amos, 344
Traverse, Joel, 562
Traverse, Patrick, 216
Travis, Absalom, 216, 563
Trawl, Jno., 168
Trayner, James, 238
Treadwell, Reuben, 458, **587**
Treasure, Richard, 468
Tree, George, 563
Trent, Stephen, 613
Trent, William, 22, 170, 216
Trenton, Thomas, 298
Trewathan, William, 617
Trueclink, Sutton, 336
Truelock, Sutton, 83
Trueluck, George, 293
Truet, Parnel, 344
Truett, Solomon, 298
Truett, Wm., 170
Truheek, Sutton, 610
Truit, Franklin, 65, 336, **606**
Truit, Peter, 306
Truit, Stephen, 65, 243
Truitt, Franklin, 246, 562
Truitt, Solomon, 562
Truitt, Stephen, 202
Truitt, Stephen, Jr., 562
Truluck, Sutton, 188, 263

INDEX

Truman, Howell, 179
Truner, Willis, 561
Tryal, Christopher, 275
Tryer, William, 608
Trice, Henry, 344
Triflet, Charles, 604
Trimbell, Rd., 493
Trimnal, Dennis, 311
Trip, Robert, 614
Triplett, Charles, 48
Tripp, John, 284
Tripp, Robert, 616
Trivitts, Peter, 187
Trolinger, Henry, 451, 586
Trotman, Thomas, 22, 169, 561
Trotwell, William, 570
Troublefield, Benjamin, 216, 291, 562
Trousdale, James, 48
Trout, Jacob, 457, 586
Trouter, Thomas, 302
Trowell, Wm., 57, 208
Troy, Jas., 96
Tuchor, Thomas, 617
Tucker, Carrel, 169
Tucker, Curell, 22
Tucker, Curl, 168, 182, 195, 223, 231, 344
Tucker, George, 344
Tucker, Gray, 22, 169, 287
Tucker, James, 252
Tucker, John, 22[2], 169, 170, 205, 336, 344, 616
Tucker, John C., 563
Tucker, Joshua, 344
Tucker, Matthew, 344[2]
Tucker, Richard, 76, 344[2], 563, 618
Tucker, Robert, 586
Tucker, Samuel, 298
Tucker, Shadrack, 455, 586
Tucker, Thos., 103, 184
Tucker, Tolbert, 600
Tucker, Willey, 278
Tucker, William, 270, 344
Tucker, Wright, 344
Tuckers, Matthew, 344
Tue, Alexr., 169
Tuliker, Thad, 337
Tull, Charles, 440, 581
Tull, John, 590
Tull, Wm., 590
Tulley, Isham, 297
Tulston, Wm., 69
Tumberlic, R'd, 344
Tunin, Archibald, 562
Tunk, Rob't, 168
Turbee, William, 48
Turbyfill, John, 442, 586
Turnage, ———, 216
Turnage, George, 591
Turnage, Turner, 563
Turnbull, Richard, 489, 490, 491, 494
Turner, 220
Turner, Absolom, 291, 562
Turner, Adam, 170[2], 194, 220, 231
Turner, Arthur, 22, 169, 182
Turner, Benaiah, 306
Turner, Benjamin, 64, 262, 616
Turner, Berryman, 48, 501, 597
Turner, Bryan, 69
Turner, Dan'l, 100, 220
Turner, David, 22, 169, 220
Turner, Ezekiel, 262, 590
Turner, George, 220[3]
Turner, Jacob, 48, 69, 220[2], 249, 561, 592
Turner, James, 181, 220, 249, 451, 586, 596, 617
Turner, John, 57, 96, 220, 261, 598, 623

Turner, John L., 563
Turner, Malliah C., 562
Turner, Maltiah, 204, 256, 562
Turner, Mathias, 100
Turner, Mattas, 220
Turner, Mattiah, 446
Turner, Miles, 616
Turner, Robert, 48, 167
Turner, Samuel, 422, 586
Turner, Thos., 168, 220[2], 561
Turner, William, 57, 168[2], 183, 220[3], 300, 363, 447, 586, 616
Turpin, Wm., 169, 561
Tutson, Charles, 278, 562
Tutson, Thos., 168
Tutterton, Benjamin, 586
Tuttle, Aaron, 562
Tuttle, John, 586
Twig, Dan'l, 170, 183, 257
Twigg, David, 22, 169
Tyock, Thomas, 22
Tyak, Thos. D., 83
Tyar, Siemon, 562
Tyer, Thomas, 22
Tyler, Moses, 170[2], 209, 216[2], 563, 586
Tyler, Moss, 22
Tyler, Owen, 22[3], 170, 238
Tyler, Thomas, 22
Tyler, Wm., 167
Tyner, Arthur, 170, 193, 202, 247, 270, 562
Tyner, Arthur Pearce, 300
Tyner, Benjamin, 454, 587
Tyner, Daniel, 22
Tyner, Hardy, 209, 344, 563
Tyner, Nicholas, 170, 193, 247, 300, 586
Tyner, William, 22, 170, 291
Tyrell, M———, 216
Tyser, Ellis, 22
Tysinger, Ad., 168
Tyson, 216
Tyson, Aaron, 170, 216
Tyson, Abm., 100, 562
Tyson, Aron, 344
Tyson, Ellis, 170
Tyson, Frederick, 216
Tyson, Henry, 84
Tyson, Hezekiah, 216[2]
Tyson, Jas., 84, 216, 271
Tyson, Lewis, 425, 586
Tyson, Moses, 216
Tyson, Thomas, 344
Tyson, Travis, 563
Tyson, Zachariah, 216

Uell, William, 22
Uentress, John, 277
Ulren, James, 277
Umphrey, John, 217
Umphrey, Jonathan, 217
Umphrey, Joseph, 563
Umphries, Daniel, 190
Umstead, John, 250
Underdo, Dempsey, 182
Underdoo, Dempsey, 22[2]
Underdue, Demcey, 233
Underhill, James, 294, 563, 610
Underhill, William, 217
Underwood, Elizabeth, 247
Underwood, George, 217
Underwood, Howell, 287
Underwood, James, 289, 564
Underwood, John, 451, 587
Underwood, Shadrack, 563
Underwood, Shadrick, 266
Underwood, William, 587
Undudoo, Dempsey, 22
Unger, Lawrence, 22, 217, 422, 587
Upchurch, Moses, 587

Upchurch, Nathan, 464, 587
Upchurch, Charles, 200, 217, 231, 310
Upton, Amos, 621
Upton, Henry, 621
Upton, John, 65, 282, 612, 614
Upton, Joseph, 281
Upton, Josiah, 96
Upton, Robert, 217
Upton, Willis, 96, 203, 282, 564
Ure, Uriah, 587, 610
Urell, John, 217
Uriah, Ure, 433
Usher, William, 48, 76
Ussery, Thomas, 434, 587
Utley, Burwell, 587
Utley, Ezekiah, 617
Utter, Henson, 617
Utterly, William, 486

Vail, Edward, 48, 65, 199, 201, 502, 564
Vail, Edward, Jr., 501
Vail, Elizabeth, 570[2]
Vail, Susana, 570
Vaison, Lem'l, 171
Vaisy, Nath'l, 171
Vale, Edward, 231
Valentine, Malachi, 298, 564
Valentine, Peter, 171, 279, 564
Valentine, Sarah, 507
Valentine, Silas, 291, 564
Vallentine, Dan'l, 171
Vallentine, Thomas, 287
Vallo, Nicholas, 22
Vallow, Nich's, 171
Van, Nath'n, 171
Vanboreas, Paul, 564
Vance, David, 22, 48, 65, 171, 186, 187, 260, 485, 594, 607
Vance, Elijah, 84, 187, 607
Vance, James, 204, 564
Vance, John, 184, 197, 231, 239
Vance, John Carlow, 48
Vance, John Curlew, 626
Vance, Jos., 171
Vance, William, 185, 241
Vance, Wm. Ross, 626
Vandeford, Noah, 96
Vanderfield, William, 290
Vandergrift, Leonard, 171
Vandiver, Matther, 587
Van Duyck, John, 603, 627
Vandyke, Chas., 103
Vansy, Andrew, 49, 170, 202
Vanpett, Arthur, 564
Vanpelt, Peter, 90
Varcaze, James, 49, 170
Varden, David, 22, 564
Varder, David, 171
Varey, Benj., 100
Varner, Robert, 49, 57, 563, 604
Vaugh, Rich'd, 57
Vaughan, Ab'm., 171
Vaughan, Benjamin, 49
Vaughan, Dan'l., 171, 184
Vaughan, James, 49, 96, 202, 564, 615, 616
Vaughan, Vincent, 170, 434, 564, 587
Vaughan, West, 96
Vaughan, William, 171, 181, 418, 587
Vaughn, Abraham, 252
Vaughn, Jas., 57, 264, 564
Vaughn, Jno., 171
Vaughn, Richard, 208, 253, 564
Vaughn, William, 22, 171
Vasey, Nathaniel, 564
Vase, Joseph, 22[3]
Vaughters, Walton, 593

INDEX

703

Veal, Edward, 594
Velven, Robert, 286
Velvin, Robert, 564
Venable, John, 461, 587
Vendivier, Mathew, 439
Vendrick, Peter, 427, 587
Venelson, Earl, 622
Venoy, Andrew, 564
Venson, Absalom, 564
Venters, Arthur, 564
Venters, Dan'l., 170, 563, 610
Venters, Moses, 96, 204, 205, 564[2]
Venters, William, 285
Ventress, Lem'l., 57
Venus, Patrick, 289
Verrier, ———, 602
Verrier, James, 84, 171, 595, 612
Vessire, Lemuel, 22
Vermillion, Samuel, 443, 587
Vernon, James, 49
Vernon, Richard, 49
Vernon, Robert, 250
Vernon, Thomas, 209, 563, 564
Viars, William, 587
Vicas, Thomas, 171
Viccary, Luke, 22
Vick, Isaac, 65
Vick, Isaah, 231
Vick, Isaiah, 196, 224, 609
Vick, Jacob, 22, 171
Vick, Jesse, 171, 587
Vick, Joseph, 22, 171
Vicker, Thomas, 22
Vickers, Elijah, 197, 231, 587
Vickers, Marmaduke, 254
Vickery, Benjamin, 426
Vickery, Henry, 273
Vickery, John, 223, 243
Vickery, Luke, 171
Vickery, Marma, 171
Vickery, Marmiduke, 22
Vickes, Elijah, 467
Vickny, Jno., 171
Vickory, Henry, 90
Vickory, Hezekiah, 564
Vickory, John, 194, 231
Vickory, John, 22
Vicks, Joseph, 564
Vicory, Ezekiel, 564
Vincen, David, 171
Vincent, Benj., 171
Vincent, William, 564
Vincents, Harry, 592
Vincing, Kedar, 564
Vines, John, 22[2], 171[2], 183
Vines, Samuel, 22, 171
Viney, Thomas, 273
Vining, Keeder, 171
Vining, Wm., 590
Vinson, Benjamin, 563
Vinson, Charterite, 289
Vinson, George, 289
Vinson, John, 273
Vinson, Moses, 266, 563
Vinson, Patrick, 564
Vinson, William, 279
Vinters, Daniel, 271
Vinzant, Barnabas, 587
Vipson, Henry, 502
Visson, Henry, 49
Vize, Henry, 57
Volls, Aaron, 564
Vose, Joseph, 171
Voss, Joseph, 252
Vowel, William, 564
Vowells, Wm., 90

Wabbleton, Joshua, 568
Waddell, John, 485
Waddell, Martin, 485
Waddenton, William, 363, 569

Waddle, James, 22, 174
Waddle, Moses, 568
Waddle, Nathaniel, 569
Waddle, Thomas, 565
Waddsworth, William, 430
Wade, Abingdon, 472
Wade, Andrew, 140, 192
Wade, Benjamine, 600
Wade, Dan'l., 76
Wade, Elisha, 176
Wade, James, 568
Wade, John, 22, 177, 409, 412, 413, 567
Wade, Joseph, I., 103
Wade, Joseph, 408
Wade, Joseph, J., 49
Wade, Joseph John, 202
Wade, Samuel, 413
Wade, Thomas, 498, 500, 502
Wade, Wm., 174
Wadkin, Michael, 408
Wadkins, James, 198, 232, 401
Wadkins, Jno., 172, 465, 588
Wadkins, Seven, 401
Wadkins, William, 270
Wadsworth, John, 408
Wadsworth, William, 22, 265, 566, 588
Waff, George, 566, 570
Wagg, John, 588
Waggoner, James, 175, 566
Waggoner, John, 566
Waggoner, Jno. Ellis, 185
Waggoner, Phillip, 409
Wagh, Wm. Taylor, 181
Wagoner, James, 271
Waid, And'w., 90
Waide, Elisha, 22
Wainwright, Obediah, 22, 176, 254
Wair, George, 217
Waker, Green, 287
Wakefield, Wm., 96
Walch, Alexander, 414
Walden, Daniel, 408, 568
Walden, David, 174
Walden, Drury, 448, 588
Walden, John, 22, 174, 565, 588
Walden, Thomas, 414, 568
Waldren, Thomas, 610
Waldron, Thomas, 65, 203
Waldron, Wm., 217
Walker, Green, 587
Walker, Aaron, 294
Walker, Andrew, 365, 445, 588
Walker, Baker, 365
Walker, Buckley, 452, 588
Walker, Daniel, 597
Walker, David, 365
Walker, Felix, 49, 488
Walker, George, 363
Walker, Green, 432
Walker, Henry, 365
Walker, Hugh, 365
Walker, James, 198, 224, 365
Walker, Jeremiah, 22, 174, 181, 565
Walker, John, 22, 25, 49, 58, 103, 173, 174, 184, 238, 241, 258, 365, 464, 499, 500, 501[2], 564, 565, 569, 588, 603, 626
Walker, Joseph, 49, 96, 597
Walker, Michael, 365
Walker, Moab, 365, 568
Walker, Mons, 188
Walker, Moses, 91, 239
Walker, Needham, 428
Walker, Paul, 423
Walker, R. D., 601
Walker, Reuben, 422, 587
Walker, Richard, 365, 565
Walker, Richard, Sherwell, 281
Walker, Rily, 593

Walker, Robert, 355, 365
Walkeh, S. Rich'd., 173
Walker, Samuel, 354, 600
Walker, Savin, 365
Walker, Solomon, 49, 91, 176, 564
Walker, Tandy, 587
Walker, Thos., 58, 173, 365
Walker, Walter, 302
Walker, William, 22, 49, 171, 173, 176, 254, 271, 365, 423, 485, 565[2]
Walker, Wm. L., 428, 588
Walkins, Joseph, 287
Wall, David, 612
Wall, Jacob, 467, 588
Wall, James, 49, 245, 626
Wall, Jesse, 464, 588
Wall, Joel, 172, 181, 274, 408, 610, 613
Wall, John, 174, 201, 225, 232
Wall, Jona, 177
Wall, Jonothan, 22, 458, 587
Wall, Joseph, 419, 588
Wall, Richard, 22, 175
Wall, Thomas, 565
Wallace, ———, 602
Wallace, Aaron, 177
Wallace, Absolom, 283, 567
Wallace, Brown, 284
Wallace, George, 100, 364, 364, 613
Wallace, James, 49, 172, 173, 408
Wallace, John, 364, 610, 587, 613
Wallace, Joseph, 364
Wallace, Rich'd., 173, 413, 569
Wallace, Samuel, 463, 588
Wallace, Thomas, 22, 174, 176, 275
Wallace, William, 364, 588
Wallard, Jonathan, 294
Wallen, Henry, 409
Waller, Henry, 197, 232
Waller, Nath'l., 176, 587
Waller, Samuel, 568
Wallis, Edw'd., 624
Wallis, George, 22, 182, 238
Wallis, James, 22, 49, 174, 431[2], 564, 588
Wallis, John, 22, 172, 174, 587, 609, 623
Walsh, Alexander, 414, 568
Walsh, John, 49, 100
Walsh, Robt., 100
Walsh, Theo., 174
Walston, Elias, 569
Walston, Thomas, 423, 588
Walt, James, 412
Walter, Dempsey, 96
Walter, Jereh, 177
Walter, Nathaniel, 22
Walter, Paul, 588
Walter, Wm., 96
Walters, Isaac, 194, 231, 413, 568
Walters, Jeremiah, 22
Walters, Jno., 58, 412, 565, 566
Walters, Joseph, 569
Walters, Jude, 590
Walters, Moses, 458, 587, 588
Walters, Samuel, 604
Walters, Solomon, 22
Walters, Walters, 173
Walters, Will, 564
Walters, William, 194, 231, 408, 414, 601, 604
Waltom, James, 344
Walton, James, 601
Walton, Jesse, 413
Walton, Rich'd., 58, 598
Walton, Thomas, 408

INDEX

Walton, William, 22[4], 49, 96, 186, 235, 486
Wamble, Benj'n, 84, 186
Wamble, John, 566
Warberton, Solomon, 22
Warburton, Solomon, 175, 565
Warburton, Thomas, 22[2], 176
Warbutton, Solomon, 414
Ward, Benjamin, 174, 279, 468
Ward, David, 271, 568
Ward, Drewry, 77
Ward, Drury, 190, 236, 620
Ward, Edward, 49
Ward, Elijah, 173, 177, 306, 569
Ward, Enoch, 498, 500
Ward, Francis, 272
Ward, Hillery, 569
Ward, Isaac, 173, 282, 569
Ward, James, 90, 271, 565, 587
Ward, Job, 84
Ward, John, 77, 174, 190, 237, 267, 354, 461, 564, 588, 591
Ward, John L., 465, 588
Ward, Joseph, 172, 201, 232, 617
Ward, Ludwick, 173
Ward, Michael, 292
Ward, Peter, 278, 567
Ward, Richard, 172, 173, 191, 198
Ward, Solomon, 273, 590
Ward, Thomas, 57, 84, 598
Ward, William, 22, 49, 96, 176, 459, 588
Ward, Willis, 22, 175
Warden, Peter, 569
Wardon, Charles, 567
Wardrope, Edward, 588
Wardsworth, Wm., 177
Ware, George, 301, 617
Ware, James, 601[2]
Ware, John, 409, 587
Ware, John, Sr., 425
Ware, Joshua, 601
Ware, Thomas, 297
Ware, William, 425, 588
Wareley, Jno., 171
Warf, George, 22, 174
Warham, Charles, 625
Warham, David, 625
Waring, Rich'd., 625
Waring, Thomas, 625
Warldon, Charles, 294
Warlow, Peter, 217
Warner, Harden, 231, 310, 413, 587
Warner, Hardin, 173, 223
Warner, Jno., 84, 196, 231, 310, 413, 611
Warner, Richard, 310
Warnese, Hardin, 412
Warnick, George, 414
Warnick, Wyatt, 412, 414
Warnock, Samuel, 565
Warren, Abram, 364
Warren, Archibald, 22[2], 175, 184
Warren, Edw'd., 84
Warren, Edward, 256
Warren, Hardin, 195
Warren, Henry, 364, 62?
Warren, Hezekiah, 285
Warren, Horsonton, 364
Warren, Jeremiah, 364
Warren, John, 22[2], 175, 184
Warren, Mathew, 91
Warren, Robert, 364
Warren, Samuel, 22, 176, 276
Warren, Thomas, 275
Warren, Wm., 84, 202, 256, 364, 451, 567, 587
Warren, Zebn., 84
Warrick, Kader, 413

Warrick, West, 181
Warrod, Howell, 268
Warsoon, Angus, 413
Warwick, George, 567
Warwick, Jno., 172
Warwick, Robert, 267, 566
Warwick, Shadrach, 173, 263
Warwick, Thos., 103
Warwick, Wiat, 22
Warwick, Wiott, 263
Warwick, Wyatt, 174, 566
Wasdon, Zebulon, 569
Waseley, John, 297
Wash, John, 408
Washington, Dredd, 292
Washington, Eth'd., 97, 193, 599
Washington, Ethelred, 244
Washington, Robert, 49
Washington, William, 49, 65, 103, 191, 237, 244
Wason, John, 353
Wason, Samuel, 412
Wasson, Arc'h., 622
Wasson, James, 412, 413
Waters, Isaac, 76, 204, 568
Waters, James, 49
Waters, Jeremiah, 253
Waters, John, 90, 172, 294, 598
Waters, Samuel, 49, 58
Waters, Solomon, 22[2], 175, 252
Waters, Thomas, 297
Waters, William, 49, 57, 263, 304, 598
Waters, Wist, 217
Watford, William, 172, 195, 232, 413, 588
Watirs, John Jr., 625
Watkins, Benjamin, 22, 176
Watkins, Evan, 299
Watkins, John, 189
Watkins, Savin, 412
Watkins, Shad'k., 57
Watkins, Sorin, 408
Watkins, Walter, 302
Watlon, Chrisn, 57
Watson, Alexander, 22, 176
Watson, Benj., 401
Watson, Cain, 401
Watson, Ephraim, 195, 232, 401
Watson, Etheldred, 568
Watson, Ezekiel, 568
Watson, Hugh, 413
Watson, Jacob, 189, 297, 401
Watson, Jas., 77, 401
Watson, Jermiah, 413
Watson, John, 401, 413, 451, 588, 617
Watson, Leven, 418
Watson, Levin, 588
Watson, Lott, 22[2], 176, 252
Watson, Mial, 566
Watson, Mich'l, 84, 609
Watson, Micajah, 198, 224, 232, 308, 401
Watson, Miles, 172
Watson, Neal, 22, 172, 176, 191
Watson, Neil, 186
Watson, Obadiah, 567
Watson, Patrick, 363
Watson, Philip, 103, 400
Watson, Phillip, 569, 619
Watson, Robert, 84, 606
Watson, Solomon, 172, 195, 232, 401[2]
Watson, Thomas, 49, 65, 97, 187, 400
Watson, William, 291, 458, 587, 617
Watt, James, 22
Watters, Moses, 467
Watts, Andrew, 77

Watts, Garrot, 297
Watts, Ignatius, 568
Watts, James, 439, 587
Watts, Jno., 174, 187
Watts, Thomas, 297, 601
Watts, William, 103, 303
Wattson, Everitt, 287
Waughmock, Jesse, 281
Waycroft, Mark, 612
Waymouth, Corbin, 65, 608
Wayne, William, 413
Weaks, Dixon, 22, 175
Weaks, Lewis, 175
Weare, George, 191
Wearing, Jas., 57
West, Nath'l., 84
Weather, Jno., 173
Weatherington, Mason, 568
Weatherley, Isaac, 286
Weathers, Elisha, 442, 588
Weathers, Philip, 175
Weathers, William, 458
Weathers, Willis, 22, 188, 409, 887
Weatherspoon, William, 273, 445
Weaver, Benjamin, 22, 174, 565
Weaver, Daniel, 22, 174, 199, 224
Weaver, Edward, 22, 174, 187
Weaver, Isaiah, 301
Weaver, Jno., 171, 186, 198, 232, 256, 414, 591, 607
Weaver, Lewis, 77
Weaver, Moses, 267
Weaver, Richard, 187
Weathers, Benjamin, 286
Weaver, Samuel, 290, 567
Weaver, Traves, 623
Weaver, William, 268, 453, 588
Weaver, Willoughby, 599
Webb, Chas., 65, 185, 294, 612
Webb, Elisha, 49
Webb, George, 485
Webb, Giles, 236
Webb, Jacob, 22, 175, 182
Webb, Jas., 173, 566
Webb, Jesse, 432, 588
Webb, John, 22, 49, 77, 171, 263, 354, 432, 499, 500, 588
Webb, Johnson, 190, 451, 565, 588
Webb, Joseph, 84, 171, 188, 236
Webb, Joshua, 65, 186, 294, 612
Webb, Lewis, 22, 176, 300
Webb, Rice, 22, 175, 182
Webb, Richard, 593
Webb, Sam, 218
Webb, Samuel, 22, 176, 199, 354
Webb, Stephen, 567
Weble, Jno., 175
Webley, Sam'l., 91
Webster, Daniel, 565
Webster, Rich'd., 65, 304, 611
Weedon, John, 588
Weeds, Thomas, 218
Weeks, Benjamin, 262, 565
Weeks, Cornelius, 265, 565, 566
Weeks, Cornes, 91
Weeks, Hardy, 65
Weeks, John, 408, 414
Weeks, Levi, 22, 565[2], 619
Weeks, Levy, 91, 261
Weeks, Silas, 91, 264, 565
Weeks, Sylvanius, 194
Weeks, Sylvanus, 58, 270
Weeks, Theophelus, 270
Weeks, Theophilus, 91, 565, 620
Weeks, Thomas, 197, 232
Weight, Gabriel, 281
Weil, James, 601
Weir, John, 363, 485

INDEX

Weirdon, Joshua, 408
Weirkle, James, 413
Welburne, Robt., 97
Welch, Aaron, 568
Welch, Basil, 70
Welch, C. Noah, 176
Welch, David, 412, 569
Welch, George, 625
Welch, Goodman, 284
Welch, John, 180, 257, 409
Welch, Joseph, 461, 588
Welch, Noel, C., 22
Welch, Thomas, 22, 277, 565
Welch, William, 23^2, 57, 175, 237, 414, 564
Weldon, Samuel, 181
Wellington, Wm., 413
Wellman, James, 287
Wellons, Charles, 587
Welloughby, Edbyne, 588
Wells, Daniel, 285
Wells, Isaac, 173, 175, 199, 224, 408^2
Wells, Isaah, 232
Wells, Jacob, 278, 431, 567, 587
Wells, Joel, 408
Wells, John, 23^3, 174, 235, 566
Wells, Marion, 570
Wells, Uriah, 173
Wells, Zebulon, 294, 567
Wellwood, Jane, 570
Welsh, Brazil, 609
Welsh, James, 23
Walsh, Theo., 174
Welsh, William, 23
Wenley, James, 408
Wensett, James, 285
Wentz, John, 443
Werderball, Francis, 408
Werton, Edward, 282
Wesbrook, Wm., 57
Wesley, Matthew, 409
West, Alexander, 588
West, Andrew, 568
West, Ciprian, 173
West, Cyperan, 264
West, Cyprean, 566
West, Darlin, 569
West, Ebenezer, 567
West, Francis, 266, 297, 565
West, James, 177, 364
West, Jeremiah, 567
West, John, 207, 364, 569
West, Joseph, 84, 273, 364, 564
West, Levy, 90
West, Levi, 256, 364, 566
West, Meredith, 175
West, Merideth, 23
West, Riva, 364
West, Robert, 568, 623
West, Samuel, 23, 176, 364
West, Stephen, 185
West, William, 23, 174, 206, 364^2, 587
West, Willoughbly, 429
West, Willoughby, 588
Westbrook, Dewey, 408
Westbrook, Gray, 590
Westbrook, Levi, 568
Westbrook, Moses, 590
Westbrook, William, 23, 174, 188, 413
Westduball, Francis, 414
Westerdale, Francis, 23^2, 65, 610
Westerdhal, Francis, 180
Western, John, 23
Westmouth, Corbin, 190
Weston, Amos, 172
Weston, Benjamin, 472
Weston, Daniel, 363

Weston, James, 437, 588
Weston, John, 175, 198, 224, 232, 409, 414
Westray, Daniel, 432, 587
Westrope, John, 413
Westudale, Francis, 23
Westwardhall, Francis, 240
Wetherspoon, Laure, 90
Wetherington, William, 587
Wetherinton, Cleverly, 408
Wewley, Matthew, 242
Weymouth, Corbin, 242, 414
Whaley, Ambrose, 568
Whaley, Ezekial, 23^2, 587
Whaley, Ezekiel, 180, 242, 611
Whaley, Ezl., 172
Whaley, Francis, 172, 200, 232, 408
Whaley, Isaac, 409
Whaley, James, 217
Whaley, John, 172, 200, 232, 363, 408, 412, 414
Whalfud, Joseph, 413
Wharton, James, 97, 599
Wharton, Jos., 590
Wharton, Thomas, 413
Wharton, William, 409
Whatford, Joseph, 413
Whatson, Ephm., 172
Whealer, Benjamin, 290
Whealey, Isum, 291
Whealler, Wm., 413
Whealor, Joseph, 593
Whealy, George, 408
Wheaton, Daniel, 412
Whedbee, Richard, 49, 409, 564
Whedbey, Rich'd., 96
Wheeden, John, 448
Wheelar, Benjamin, 188
Wheelas, Buston, 566
Wheeler, Amos, 617
Wheeler, Asa, 23, 175
Wheeler, Batron, 401
Wheeler, Benjamin, 23
Wheeler, David, 23, 176, 187, 253, 401
Wheeler, Emperor, 177
Wheeler, Empery, 247
Wheeler, Emprey, 401
Wheeler, Empry, 193
Wheeler, Henry, 419, 588
Wheeler, Isaac, 273
Wheeler, Mourning, 247
Wheeler, Samuel, 70, 305, 401, 568, 609
Wheeler, William, 617
Wheelis, Sion, 172
Wheelor, Benj., 175
Wheelor, David, 173
Wheelow, H. Edw'd., 174
Wheelus, Sion, 565
Wheely, Ezkial, 613
Wheeler, Benjamin, 625
Whetmore, Charles, 587
Whidbie, Richard, 184
Whilley, Arthur, 611
Whillis, Henry, 408
Whit, Charles, 442, 485, 588
Whitager, William, 409
Whitaker, Hudson, 49
Whitaker, Isaac, 412
Whitaker, John, 198, 363, 412
Whitaker, Joseph, 291, 363, 567
Whitaker, Josiah, 292
Whitaker, Mark, 363
Whitaker, Robert L., 436, 587
White, Andrew, 365
White, Benjamin, 23^4, 176, 177, 252, 427, 588
White, Benjamin, 365
White, Burrall, 173
White, Cald. O., 217
White, Chrisr., 174

White, Church, 23, 175
White, Churchill, 23, 177
White, Dan'l, 84, 103, 186, 255, 365, 612
White, David, 23, 177, 365, 439, 587
White, Dempsey, 65
White, Devotion, 621
White, Edgar, 44
White, Edw'd, 176
White, Elisha, 173
White, Ezx'l, 77, 185, 235, 618
White, George, 23, 76, 173, 176, 266, 365^3, 565, 569, 618
White, Haines, 173, 365
White, Hampton, 23, 174, 365, 566, 600
White, Haynes, 197, 231
White, Henry, 58, 243, 363, 566
White, Isaac, 49, 495, 488, 625
White, Jacob, 23, 180^2, 238^2, 364
White, Jacob, Sr., 610
White, Jacob, Jr., 171, 610
White, James, 49, 97, 173, 199, 235, 364, 365, 485, 488, 498, 500, 565
White, Jesse, 300
White, Joseph, 49, 171, 172, 365, 621
White, John, 23, 25, 65, 70, 91, 97, 172, 176, 184, 187, 204, 409, 430, 501, 564, 568, 587, 594, 599, 622, 624
White, Malachi, 84, 204, 568
White, Malicha, 260, 364
White, Matthew, 49, 91, 365
White, Meeds, 621
White, Moses, 364
White, Mundy, 569
White, Peter, 172, 566, 570, 587
White, Philip, 23, 174^2, 182
White, Rich'd, 65, 250, 566, 570, 609, 613
White, Robert, 309, 364
White, Samuel, 365
White, Sime, 625
White, Stephen, 57, 183, 187, 243, 365
White, Thomas, 49, 91, 174, 190, 234, 235, 364, 485, 564^2, 566
White, Timothy, 177
White, Wallace, 605
White, Walter, 274
White, William, 23, 49, 58, 96, 97, 172^2, 176^2, 189, 204, 243, 247, 307, 364, 566, 568, 569, 599
Whitehead, Benj., 623
Whitehead, Bennet, 623
Whitehead, Burrel, 588
Whitehead, Burrell, 464
Whitehead, Daniel, 603, 627
Whitehead, John, 23, 177, 568
Whitehead, Thomas, 297
Whitehead, Thomas Barrott, 184
Whitehead, Wm., 177, 249
Whitehead, Willis, 412, 413
Whitehall, Alexander, 50, 260^2
Whiteherst, Joel, 414
Whitehouse, Anthony, 23
Whitehouse, Anty, 177
Whitehouse, Arthur, 413
Whitehouse, Joel, 100, 255
Whitehursh, Arthur, 587
Whitehurst, Arthur, 453
Whitehurst, Joel, 182
Whiten, William, 412
Whitener, Henry, 407

INDEX

Whites, Batson, 172
Whitfield, William, 263
Whitfield, Jesse, 261, 263, 567
Whitfield, William, 601, 261
Whitfield, Willis, 23, 176
Whitford, Joh—, 217, 413
Whitington, Robert, 408
Whitledge, Ambrose, 439, 587
Whitley, ——, 408
Whitley, Arthur, 84, 565
Whitley, Alex, 412, 413
Whitley, Curtis, 415, 569
Whitley, Hance, 302
Whitley, Haniford, 70
Whitley, Hansford, 565, 609
Whitley, James, 186
Whitley, John, 409
Whitley, Joseph, 412[2]
Whitley, Micajah, 23, 175, 176, 185, 587
Whitley, Needham, 408, 413
Whitley, Sam'l, 598
Whitley, Solomon, 298
Whitley, Thos., 173
Whitley, Wm., 84, 412, 413, 565
Whitlock, Robert, 262, 566
Whitlock, William, 297
Whitlow, Solomon, 452, 588
Whitman, Fred'k, 176
Whitman, William, 277
Whitmel, Blunt, 77, 239
Whitmill, Thomas Blount, 189
Whitmill, Thomas, 502
Whitney, James, R., 311
Whitney, Joseph, 412
Whitney, Josiah, 567
Whitnith, Theadale, 413
Whitsell, Philip, 248
Whitson, Benj., 175
Whitson, Thomas, 614
Whittaker, Robert, 23, 176
Whitton, Isom, 289
Whitton, William, 297
Whitworth, Fendell, 408
Whitworth, John, 461, 588
Whorton, Jacob, 173
Whorton, James, 189
Whorton, Lem'l, 58
Wiatt, John, 205
Wick, Robarib, 412
Wickar, Willis, 568
Wicker, Willis, 177, 413
Wicks, Silvanus, 231
Widener, Samuel, 23, 177
Widgburr, William, 587
Wier, Malachi, 567
Wigg, William, 625
Wiggens, George, 364
Wiggens, Henry, 364
Wiggens, James, 363[2]
Wiggens, Noah, 305, 364
Wiggens, William, 364
Wiggens, Willis, 363
Wiggin, Absolm, 65
Wiggins, Arthur, 23, 176, 588
Wiggins, Charter, 289
Wiggins, Chas., 173
Wiggins, Edw'd., 173
Wiggins, Elisha, 23
Wiggins, Geo., 177, 209, 569
Wiggins, Henry, 70, 199
Wiggins, Jacob, 272
Wiggins, James, 23, 97, 171, 172, 174, 182, 192, 409, 612, 614
Wiggins, Jereb, 177
Wiggins, Levi, 23[2], 193, 244
Wiggins, Levy, 23, 175
Wiggins, Malachi, 172, 566
Wiggins, Mathews, 23
Wiggins, Matthew, 176, 192, 248
Wiggins, Molaha, 612

Wiggins, Noah, 70, 198
Wiggins, Samuel, 263
Wiggins, Thomas, 84, 172, 173, 183, 186, 263, 502, 569
Wiggins, William, 23, 96, 175
Wiggins, Willis, 70, 196, 232, 611
Wiggle, Demsey, 280
Wiggs, John, 466, 587
Wigley, Demcey, 281
Wigley, Samuel, 280
Wigley, Thomas, 171, 282, 409, 569
Willie, Absolom, 182
Wilbourn, Robert, 599
Willbourne, Zack, 174
Wilburn, John, 275
Wilburn, Robert, 188, 303
Wilburn, Zachariah, 23, 183
Wilcock, John, 407
Wilcocks, Benj., 414
Wilcocks, David, 192
Wilcocks, John, 568
Wilcocks, William, 625
Wilcox, Benjamin, 174, 200, 225, 232, 408
Wilcox, David, 173, 176, 307
Wilcox, Geo., 84
Wilcox, Jno., 175, 252
Wilday, Absolom, 173
Wilder, Philip, 363, 569
Wilder, Randol, 291
Wilder, Randolph, 567
Wilder, William, 23, 175, 464, 566, 588
Wildey, Absolom, 199[2], 224, 408, 414
Wildie, Abslom, 565
Wildie, Absolom, 174
Wildie, Roger, 279
Wile, Martin, 76
Wiles, Abraham, 587
Wiles, Anthoney, 592
Wiley, Alexander, 363
Wiley, Elizah, 363
Wiley, Hardy, 363[2], 565
Wiley, James, 23, 175, 363, 587
Wiley, John, 218, 363
Wiley, Rufus, 588
Wiley, Oliver, 363
Wiley, Rufus, 427
Wiley, Stephen, 84, 198, 363
Wiley, William, 364
Wilfong, John, 455, 456, 588, 589
Wilford, Archibald, 23[2], 177
Wilford, Lewis, 605, 163
Wilford, Peter, 568
Wiliferd, Jacob, 622
Wilkens, Elisha, 180
Wilkenson, James, 269
Wilkerion, William, 183
Wilkerson, Charles, 413
Wilkerson, Francis, 408[2], 566, 600
Wilkerson, Jno., 171, 175, 233, 246, 566, 588
Wilkerson, Wm., 171, 172, 175, 414
Wilkerson, John, 598
Wilkie, George, 354, 566
Wilkie, William, 625
Wilkings, John, 412
Wilkerson, John, 184
Wilkins, Andrew, 172, 611, 613
Wilkins, Benjamin, 272
Wilkins, Burnell, 414
Wilkins, Burnick, 413
Wilkins, Burrel, 174
Wilkins, Burrell, 279
Wilkins, Burwell, 195, 223, 231

Wilkins, Elizah, 23, 174
Wilkins, Elisha, 172, 272
Wilkins, George, 23, 175, 202, 205, 279, 568
Wilkins, George, 566
Wilkins, John, 408, 461, 588
Wilkins, Jones, 272
Wilkins, Jordan, 202, 204
Wilkins, Jordan, 173, 279, 567, 568
Wilkins, Joseph, 280
Wilkins, Joshua, 58, 200, 225, 232, 408
Wilkins, Kinchen, 23, 569
Wilkins, Kinchin, 176
Wilkins, Thomas, 23[2], 174, 176, 195, 223, 231, 408, 409[2]
Wilkins, Wm., 173, 408
Wilkinson, ——, 602
Wilkinson, James, 442, 567, 587
Wilkinson, John, 23, 409, 596, 626
Wilkinson, Reuben, 23, 50[2], 77, 260, 564
Wilkinson, Richard, 412, 568
Wilkinscn, William, 268, 413[2], 565
Wilks, Francis, 255, 566
Wilks, Jas., 616
Will, James, 185
Willace, James, 567, 414
Willard, Maj., 77
Willbough, John, 592
Willcocks, David, 242
Willebough, John, 224
Willeford, 184
Willey, James, 619
Willford, Lewis, 172
Williard, Stephen, 299
Willie, James, 182
Willie, Robert, 281
Williford, Arch'd, 176
Williford, Jas., 177
Williford, Joseph, 267
Williford, Mohager, 408
Williford, Richard, 217, 408
Williford, Theo., 174
Williford, Theophilus, 23
Williford, Willis, 173, 194, 231, 413, 414
William, Brice, 498
William, David, 57
William, Matthew, 402
William, Morson, 611
William, Thomas, 587
Williams, ——, 596
Williams, Adam, 354
Williams, Alexander, 172, 564
Williams, Allenby, 23, 174, 569
Williams, Arthur, 616
Williams, B. Nath'l, 100
Williams, Benjamin, 23[2], 50, 65, 96, 176, 232, 241, 447, 500, 501, 587, 594, 614
Williams, Benjamine, 198, 354, 499
Williams, Bennett, 452, 588
Williams, Brice, 500
Williams, Buckner, 448, 587
Williams, Charles, 65, 593
Williams, Clayborn, 355, 568
Williams, Colden, 23
Williams, Coleden, 176
Williams, Daniel, 50, 193, 231, 295, 485
Williams, David, 23, 175, 309, 590
Williams, Dudley, 23, 177, 254
Williams, Edward, 23[2], 175, 254, 566
Williams, Elisha, 84, 190, 238, 610
Williams, Ephraim, 617

Williams, Francis, 23³, 176, 187, 234, 610
Williams, Frans., 65
Williams, Geo., 91, 177, 187, 199, 224, 265, 354, 437, 588, 598
Williams, Gilstrap, 173, 565
Williams, Henry, 456
Williams, Herbert, 251
Williams, Isaac, 355
Williams, J., 566
Williams, Jacob, 172
Williams, James, 50, 76, 171, 173, 202, 242, 251, 266, 274, 355, 565, 567, 619, 625
Williams, Jas'a, 590
Williams, Jerdon, 597
Williams, Jeremiah, 23, 355
Williams, Jesse, 290, 296
Williams, Job, 588, 590
Williams, Joel, 354
Williams, John, 23, 50, 57, 65, 96, 97, 103, 172, 175, 192, 202, 204, 243, 247², 260, 298, 355, 429, 464, 487, 498, 499, 500², 501, 502, 564, 565, 567, 568, 588, 592, 593, 594, 597, 599², 600, 615, 616
Williams, J. P., 203
Williams, John P., 26, 50, 201
Williams, John Pugh, 297
Williams, Joseph, 50, 172, 202, 266, 274, 363², 499², 503, 567, 619
Williams, Ladock, 193
Williams, Lewis, 624
Williams, Mich'l, 175
Williams, Morson, 172
Williams, Moses, 566
Williams, Mosson, 236, 566
William, Nath, 23
Williams, Nathan, 23³
Williams, Nathan, B., 312
Williams, Nathaniel, 175, 183, 233, 295, 498, 499, 569
Williams, Nathaniel, B., 50
Williams, Nicholas, 23, 355, 569
Williams, Nich, 174
Williams, Nich's, 177
Williams, Olver, 286
Williams, P. Jno., 84
Williams, Peter, 23, 172, 175, 182, 202, 256, 278, 567, 619, 624
Williams, Phillip, 302
Williams, Ralph, 50, 103, 189, 234, 354
Williams, Richard, 355, 566, 593
Williams, Robert, 23, 50, 100, 175, 176, 190, 238, 354, 587, 611
Williams, Roberts, 453
Williams, Roland, 617
Williams, Samuel, 23, 50, 84, 174, 181, 184, 191, 263, 355², 448, 485, 566, 588, 605, 616², 623
Williams, Seth, 176
Williams, Solomon, 90, 262, 565
Williams, Spence, 171, 191
Williams, Stephen, 23², 175, 176, 181, 588
Williams, Steven, 422
Williams, Theo., 90
Williams, Theo'l's, 564
Williams, Theophilus, 50, 193, 247, 922, 308
Williams, Thophe's, 96
Williams, Thos., 57, 84², 204, 242, 290, 355, 429, 443, 568, 587, 599
Williams, Thomas P., 454

Williams, W., 564²
Williams, Waring, 437, 588
Williams, William, 23, 50², 76, 97, 172², 174, 176, 177, 180, 187, 196, 217, 232, 260, 271, 273, 294, 308, 354, 455, 458, 499, 500, 501, 502, 503, 566, 588, 593, 608, 619, 621
Williams, William B., 50, 58
Williams, Willoughby, 245
Williams, Zachariah, 262, 282
Williams, Zadock, 96, 247
Williams, Zeb, 355
Williams, Zebede, 171
Williams, Zebedee, 189
Williamson, Adam, 175, 407
Williamson, Alexander, 587
Williamson, Anthony, 569
Williamson, Benjamin, 286
Williamson, Charles, 23, 84, 421, 588, 609
Williamson, Dan'l., 91
Williamson, Elijah, 421, 587
Williamson, Francis, 23
Williamson, Geo., 91, 204, 298, 363, 408, 568
Williamson, Henry, 58, 194, 231, 414²
Williamson, Hugh, 256
Williamson, Isaac, 454, 587
Williamson, Jame, 413
Williamson, Job, 291, 408, 414, 567
Williamson, Jno., 624
Williamson, Richard, 408
Williamson, Robert, 84
Williamson, Robinson, 565
Williamson, Samuel, 217
Williamson, William, 23, 70, 76, 175, 180, 312, 408, 412, 413, 414, 465, 565, 588, 612
Willing, Evan, 23
Willis, Agerton, 364
Willis, Augustine, 565
Willis, Augustor, 70
Willis, Benjamin, 298, 567
Willis, Benjamine, 364
Willis, Caleb, 364
Willis, Ephraim, 364
Willis, Geo., 65, 364, 610, 613
Willis, Jacob, 284
Willis, James, 290, 364
Willis, Jeremiah, 364
Willis, John, 364
Willis, Joseph, 44², 588
Willis, Josiah, 292
Willis, Peter, 624
Willis, Richard, 195, 223, 231, 364
Willis, Robert, 364²
Willis, Stephen, 364
Willis, Solomon, 278, 567
Willis, Stephen, 364
Willis, Taylor, 298, 567
Willis, William, 364
Willis, Wilton, 298
Willis, John, 565
Willoby, Andrew, 413
Willons, Charles, 440
Willoughby, Anthony, 408
Willoughby, Edlyne, 418
Willoughby, James, 173, 199, 232, 409²
Willoughby, Jno., 173, 199, 274, 409, 414
Willowby, John, 100
Wills, Frederick, 412
Wills, Jno., 186, 414
Wills, William, 408, 412
Wills, Willis, 77
Willsby, Andrew, 413
Willson, James, 23
Willson, Robert, 23, 224

Willson, Thomas, 23²
Willson, William, 23², 84
Wilmoth, Thos., 617
Wiloughby, Solomon, 289
Wilsh, Thomas, 277
Wilson, Aaron, 65, 609
Wilson, Absolam, 401
Wilson, Alexander, 401², 402
Wilson, Alsolm, 402
Wilson, Amos, 402, 568
Wilson, Daniel, 402
Wilson, David, 401, 402, 615²
Wilson, Edward, 173, 402, 565, 616
Wilson, Geo., 77, 300, 401, 402, 490, 492
Wilson, Henry, 173
Wilson, James, 50, 171, 176, 187, 401², 402, 564, 568, 587
Wilson, John, 23, 57, 100, 172, 173, 176, 190, 200, 232, 275, 401⁴, 402², 428, 432, 564, 588
Wilson, Jonah, 184
Wilson, Joseph, 174, 401, 485
Wilson, Joshua, 402, 565
Wilson, Robert, 50, 90, 175, 177, 196, 232, 418, 402², 485, 587², 601
Wilson, Samuel, 262, 401², 402, 445, 448, 565, 569, 587
Wilson, Seth, 195, 232, 401
Wilson, Thos., 173, 174, 176
Wilson, Timothy, 402
Wilson, William, 174, 175, 185, 194, 223, 231, 402⁴, 589
Wilson, Willis, 274, 401, 453, 588
Wilson, Whitfield, 50, 69, 201, 402, 567
Wilson, Zacheus, 402, 496²
Wilson, Zaccheus, 485
Wilton, James, 23, 177
Wimbertey, Josiah, 567
Wimer, Casper, 284
Wimpie, Thomas, 294
Winbern, Philip, 174
Winborn, John, 177, 193, 235, 292, 413, 414
Winborn, William, 235
Winborne, Henry, 96
Winborne, John, 50, 448, 587
Winbright, William, 310
Winburn, Henry, 184, 235
Winburn, Jno., 96
Winburn, Philip, 23, 565
Winbury, John, 568
Winburry, John, 599
Winchester, Daniel, 414, 490, 493, 569
Wincoak, Charles, 566
Wincoak, John, 568
Wincock, Charles, 414
Winder, Levin, 23
Winder, William, 23⁴
Windham, John, 413
Windley, Elija, 414
Windom, John, 363, 569
Windom, Joshua, 568
Windon, Benj., 413
Windslow, Silvester, 91
Windun, Micajah, 408
Windure, Benjamin, 408
Wine, Clint, 590
Wine, John, 569
Wines, Abner, 569
Winehiston, William, 363
Wingate, Edward, 413
Winget, William, 616
Wingfield, Jacob, 292
Winham, Jno., 172
Winingham, James, 588
Winkles, Josiah, 285

INDEX

Winley, James, 23, 175, 195, 223, 231, 408
Winman, James, 287
Winne, Zachariah, 23
Winnon, Obediah, 566
Winnor, Obadiah, 246
Winns, Abner, 414
Winoak, John, 283
Winsley, Moses, 353, 413
Winslow, Moses, 499, 500
Winson, Obadiah, 412
Winstell, Thomas, 278, 567
Winston, Benjamin, 567
Winston, Joseph, 50, 485, 499, 500, 503
Winters, Moses, 23, 175, 182, 414
Winters, Thomas, 265, 414, 566
Wires, Abraham, 566
Wisdom, John, 297
Wise, Abel, 401
Wise, Abraham, 401
Wise, Abram, 271
Wise, Aliga, 414
Wise, Daniel, 401
Wise, Jesse, 23, 174, 187
Wise, Jno., 84, 100, 258, 587
Wise, Reuben, 401[2]
Wisehart, William, 307
Wiseheart, Wm., 100, 193, 231, 408
Wiset, Jas., 171
Wither, Elisha, 485
Witherington, Chaverly, 414
Witherington, Daniel, 409, 588
Witherington, Jacob, 567
Witherington, Jesse, 291, 567
Witherington, Joseph, 96, 186, 291, 310
Witherington, Solomon, 427, 587
Witherington, W., 566
Witherington, Wm., 96, 179, 265
Witherspoon, David, 50, 413
Witherspoon, John, 485
Witherspoon, William, 588
Withings, John, 588
Withington, Nathan, 414
Withington, Robt., 413
Withington, William, 413
Withron, James, 458
Withrow, James, 50, 485, 587
Witley, Hopkins, 409
Witley, Micajah, 23
Witt, Berge, 177
Witt, Burgess, 24
Wittey, James, 192
Witty, Jas., 103, 234
Witwell, Thos., 176
Wodle, Jacob, 173
Woesley, Bryan, 84
Wolard, James, 232
Wolf, Christopher, 274
Wolf, Lewis, 461, 588
Wolf, Philip, 353
Wolfenden, George, 294
Wolfinden, George, 412
Wollard, Jessy, 605
Wolum, John, 409
Womack, Jacob, 485
Womack, Johnson, 363
Womack, Richard, 413
Womack, William, 50, 199, 409, 414, 595
Womble, Benj., 176
Womble, Benjamin, 609
Womble, Benjamine, 354
Womble, Demcey, 237
Womble, Dempsey, 183
Womble, Dempy, 174
Womble, Jno., 173, 303
Wommack, Wm., 604

Womwell, Benjamin, 272
Wood, Aaron, 172, 200, 232, 406[2]
Wood, Abraham, 623
Wood, Archibald, 209, 309, 624
Wood, Bennet, 24
Wood, Bennett, 177
Wood, Charles, 24[3], 90, 191, 233, 240, 406[3], 587
Wood, Edw., 172
Wood, Frederick, 406[2]
Wood, Henry, 596
Wood, Isaac, 24, 175, 565
Wood, Isaiah, 281
Wood, Isham, 271
Wood, Jas., 177, 406[2]
Wood, Jesse, 173
Wood, John, 24[2], 57, 84, 174[2], 175, 180, 181, 183, 188, 200, 232, 224, 239, 274, 305, 406[4], 409, 414, 566, 610, 620
Wood, Joseph, 173, 268, 406[2], 566
Wood, Math, 592
Wood, Mathew, 70, 188
Wood, Matthew, 50, 244, 406
Wood, Mor'l, 218
Wood, Nathan, 567
Wood, Nathaniel, 283, 406, 567
Wood, Philip, 406
Wood, Robert, 406
Wood, Sampson, 24, 174, 406, 587
Wood, Samuel, 50[2], 406[4], 567
Wood, Simon, 188, 406
Wood, Solomon, 50, 274, 617
Wood, Stephen, 463, 588
Wood, Suvey, 406
Wood, Thomas, 173, 283
Wood, Titus, 278, 567
Wood, William, 24, 175, 182, 406, 418, 436, 587, 598
Wood, Willis, 24, 177
Wood, Zadack, 406
Woodall, Jeremiah, 566
Woodall, Robert, 207, 568
Woodall, Samuel, 455, 588
Woodam, Etheldred, 567
Woodard, Absolm, 412
Woodard, George, 408, 567
Woodard, Henry, 24, 569
Woodard, James, 414[2]
Woodcock, William, 217
Wooddill, John, 454, 587
Woodell, Jno., 176
Wodert, Henry, 174
Woodhouse, Henry, 621
Woodhouse, John, 50, 502
Woodland, Daniel, 414, 569
Woodland, John, 568, 590
Woodland, Joseph, 183
Woodland, Robert, 414, 568, 590
Woodland, Wm., 590
Woodle, Geremiah, 24
Woodle, Jereb, 175
Woodle, John, 24
Woodle, Joseph, 24, 175
Woodley, George, 565
Woodley, Thomas, 171, 295, 409, 568
Woodliffe, Augustine, 565
Woodliff, Augustus, 600
Woodliff, George, 257, 566
Woodlift, George, 600
Woodman, Edward, 91, 253, 565
Woodroe, Edward, H., 231
Woodroof, Nath'l., 624
Woodrough, Edw. H., 24
Woodrough, John, 279
Woodrow, Edward, 409
Woodrow, Edward H., 193, 223

Woodrow, H. Ed'w., 174
Woodruff, Francis, 567
Woodruff, Jno., 174
Woods, Henry, 422, 587
Woods, Isham, 566
Woods, William, 96, 587, 596
Woodside, Archibald, 457, 587
Woodside, William, 565
Woodsides, William, 439, 587
Woodson, Thomas, 565
Woodward, Absalom, 568
Woodward, Caleb, 172, 197, 231, 408, 409
Woodward, David, 24, 176
Woodward, Edward, 24, 176
Woodward, Elisha, 363
Woodward, George, 294
Woodward, Henry, 209
Woodward, James, 278, 567
Woodward, Jesse, 408
Woodward, John, 58, 363, 568
Woodward, Jourdan, 418, 588
Woodward, Micaijah, 297
Woodward, Miles, 566, 570
Woodward, Robert, 566
Woolard, Benjamin, 280
Woolard, Holland, 408, 567
Woolard, James, 201, 414
Woolard, Jesse, 84, 202, 567
Woolard, Jonathan, 567
Woolard, Mary, 570
Woolf, Philip, 413
Woolfong, John, 442
Woolin, Nehemiah, 413
Woollard, Jesse, 256
Woosley, William, 587
Wooten, Alex'r., 240
Wooten, Christopher, 191
Wooten, Christson, 599
Wooten, Jesse, 172, 610
Wooten, Joel, 617
Wooten, John, 621
Wooten, Nathaniel, 240
Wooten, Shadrach, 50
Wooten, Thomas, 278, 567, 621
Wooten, Wm., 65
Wooters, Marclin, 440, 587
Wordley, Hezekiah, 620
Workman, Peter, 24, 174, 189
Worley, Bryan, 566
Worley, James, 192, 308
Worley, Joseph, 593
Worley, Matt'w., 172, 200, 232, 363
Worley, Nicolas, 412
Wormington, William, 191
Worneck, Wm., 103
Worrel, Alexander, 567
Worrel, John, 24, 176
Worseley, John, 271
Worsley, Bryan, 259, 310, 414
Worsley, Bryant, 610, 613
Worsley, Joseph, 412, 217
Worsley, Jno., 173, 187, 270, 407, 568, 609
Worsley, Leman, 24, 176
Worsley, Simon, 182
Worsley, Thos., 172, 409, 212, 569, 587, 621
Worsley, William, 414
Worth, Giles, 191
Worth, Joseph, 50, 594
Worthun, ——, 408
Worthy, T., 408
Worthy, William, 597
Worton, William, 414
Wosson, James, 196, 232
Wotton, Wm., 100
Wren, Joseph, 465, 588
Wren, Wm., 77, 217
Wrenn, John, 414
Wright, Abram, 309
Wright, Abraham, 24, 175, 361

INDEX

Wright, Adam, 77, 251, 566
Wright, Archibald, 361
Wright, Arthur, 206
Wright, Asa, 565
Wright, Caleb, 206, 361, 568
Wright, Daniel, 50
Wright, David, 171, 564
Wright, Edward, 446, 588
Wright, Emanuel, 567, 267
Wright, Ewel, 24, 176
Wright, George, 451, 588
Wright, Jacob, 360, 568
Wright, James, 297, 360, 431, 587
Wright, Jo, 361
Wright, Job, 360, 568
Wright, Jno., 77, 275, 360[2], 459, 565, 568, 588
Wright, Joseph, 218
Wright, Levi, 361, 568, 613
Wright, Micaja, 173
Wright, O. Prince, 173
Wright, Peter, 279, 361, 567
Wright, Sampson, 567
Wright, Stephen, 569
Wright, Thomas, 77, 361, 431, 463, 564, 587
Wright, William, 278, 361, 567, 590, 624
Wyatt, Ephraim, 283, 567
Wyatt, James, 172, 266, 565
Wyatt, Jeremiah, 567
Wyatt, Jessey, 593
Wyatt, John, 58, 568
Wyatt, Jonathan, 281
Wyatt, Joseph, 568
Wyche, Peter, 624
Wyley, James, 486
Wyly, John, 489, 492
Wynchaster, Daniel, 489, 490, 491, 494
Wynn, Ezk'l., 177
Wynn, Jones, 566
Wynn, Thomas, 565
Wynn, William, 197, 232, 408
Wynne, Jones, 51, 262
Wynne, Knibb, 57
Wynne, Peter, 499, 500
Wynne, William, 58

Wynnon, Obadiah, 626
Wynns, Benjamin, 502
Wynns, George, 498
Wynns, William, 615
Wyns, Jno., 292

Yammons, Natham, 353, 569
Yancey, Charles, 50
Yancey, John, 270
Yandle, Andrew, 357
Yandle, James, 357
Yarbrough, ——, 602
Yarborough, David, 24, 91
Yarborough, Edd, 70
Yarborough, Edward, 24[4], 50, 236, 356, 592
Yarborough, Jas., 91, 209, 570
Yarborough, Jeptha, 443
Yarborough, Joseph, 588
Yarborough, Nathan, 425, 588
Yarborough, Ruben, 70
Yarborough, Richard, 91, 569
Yarborough, Wm., 623
Yarborough, David, 279
Yarbrough, Edward, 179
Yarbrough, John, 187
Yarkins, Janajah, 300
Yates, Benjamine, 357
Yates, David, 91
Yates, John, 91, 233, 356, 588
Yates, Samuel, 91
Yates, Thomas, 24, 91
Yates, William, 91, 194, 232, 357[2]
Yeadon, Richard, 625
Yealott, Joshua, 357
Yealott, Shadrick, 357
Yearby, John, 569
Yeargan, Thomas, 453, 588
Yeargin, Thos., 624
Yearley, John, 357
Yearly, Isaiah, 292
Yearly, John, 291
Yeates, David, 24
Yeates, John, 569
Yeates, William, 223
Yelverton, Joel, 569
Yelverton, John, 356

Yene, James, 232
Yeoman, Harris, 191
Yerbrough, William, 593
Yet, Jas., 91
Yew, James, 194, 356, 357
Yewman, Christ'r., 91
Yoeman, Harris, 91[2]
Yorden, John, 24
Yordon, Philip, 91
York, Wm., 58, 262, 569
Yore, Thomas, 265
Young, Archibald, 357
Young, Arthur D., 459, 588
Young, Dobbs, 357
Young, Isaac, 91
Young, James, 191, 356[2], 598[2]
Young, John, 70, 91, 244, 357, 569, 608
Young, Joseph, 58, 356, 357
Young, Leon, 357
Young, Martin, 356, 570
Young, Michael, 24, 91
Young, S., 356
Young, Samuel, 499, 500
Young, Sion, 238, 570
Young, Thos., 623
Young, William, 91, 279, 461, 569, 588
Yunt, Russel, 356

Zakel, James, 58
Zaney, George, 302
Zarlett, James, 300
Zarlett, Timothy, 300
Zarlett, Zachariah, 300
Zarlett, Shadrach, 300
Zealot, Joshua, 570
Zealot, Shadrack, 570
Zealott, Jonathan, 297
Zealott, Joshua, 300
Zealott, Nelson, 300
Zealott, William, 297
Ziglar, Leonard, 461, 588
Zills, Miles, 470
Zollikoffer, John Conrad, 50
Zuly, Peter, 570
Zutson, John, 287

www.ingramcontent.com/pod-product-compliance
Lightning Source LLC
Chambersburg PA
CBHW020629300426
44112CB00007B/65